満ち足りる生活へ

芽生え
花ひらき
果実が成る

新しい土地を
切り拓く尊さ、
学ぶよろこび——

私たちは、育みます
一人一人の大切な
ひとつひとつの
明日への種を

株式会社 ユーキャン　https://www.u-can.co.jp

教育・出版・文化——
先進のコンテンツが多数揃っています

生涯学習の
ユーキャン

緑効青汁®

スーパー・ボタニカル・ドリンク

SUPER BOTANICAL DRINK

1箱[3.5g×90袋入]税込9,980円

※商品には別途送料550円（税込）がかかります。

おいしい青汁で健康習慣はじめませんか。

アサヒ緑健が求めたのは、お子様からご年輩の方まで誰もが抵抗なく飲める味。青汁を毎日の習慣にして健康づくりに役立ててもらいたいから。アサヒ緑健は青汁専門会社としてより良い商品とともに、様々なサービスや活動を通して皆様のはつらつと明るく輝く日々をお手伝いしてまいります。

株式会社アサヒ緑健　福岡県福岡市博多区博多駅東3-5-15 〒812-0013　TEL 092-471-4800（代）

「通販ビジネス」のことなら

ベルーナBizにお任せください

40年以上の実績と2,500万件以上の顧客リストを持つベルーナは**50～70代中心の女性層**からの圧倒的支持を受けています。通販ビジネスのことなら経験と実績を持つ弊社にお任せください。

ベルーナには通販に関わるすべてのソリューションがあります。

1 新規顧客の獲得
- 商品同梱
- カタログ同送
- 単独DM

2 既存顧客のリピート率をUP
- インバウンド
- アウトバウンド

5 新しい商品の模索には
- 健康食品
- ワイン
- 食品などのご提案

3 コスト削減
- 物流コスト
- 発送コスト
- 制作印刷コスト
- コンテンツの見直し

4 通販事業の立ち上げ
- クリエイティブ制作
- フルフィルメント代行（コンタクトセンター、DM発送、物流）
- システム支援

お気軽にお問い合わせください

TEL.03-5524-1735 FAX.03-5524-1737

e-mail ml020_houjin@belluna.co.jp
HP https://belluna.biz/

［受付］平日9:00～18:00　（株）ベルーナ　ベルーナBiz　〒104-0031　東京都中央区京橋2丁目13-10　京橋MIDビル5階

お客様の声に耳を傾けて、改善を重ねていく。
そうして磨き上げたサービスで、厳選した本当にいいモノだけを届けたい。

家電も、グルメも、旅も。
それ、ジャパネットかも。

効率の良い新規顧客獲得活動、もっと出来るはずです。

新聞とテレビの膨大なデータと、37年に及ぶ媒体社とのリレーション。

時代に合わせた効率の良いクリエイティブと、出稿への創意工夫。東京アドとハニーマスタードは、御社の新規顧客獲得活動を全力でサポートします。

DIRECT MARKETING　　　本当に売れるクロスメディア

クロージングには最適な新聞/オリコミなどの紙媒体を中心に、ラジオ/テレビ/WEBをクロスさせ相乗効果を狙います。
時代の流れを読み、的確な判断でレスポンスを高めていきます。

全取扱広告の通販広告比率は 97%以上

弊社は全国でも数少ない媒体中心の通販広告専門代理店です。全国紙・ブロック紙・地方紙・スポーツ紙、さらにテレビ・ラジオ媒体の取り扱いでは、絶対の自信を持っております。

現在、お取引中の通販企業は 70社以上

高レスポンスが期待できる媒体を低料金で提供する、的確な広告原稿をスピーディに制作するなど、37年の実績と経験を活かして、多くの通販企業を全力でサポートしています。

★定評ある"売れる通販広告"に特化した広告代理店です★
媒体提案から料金交渉・原稿制作まで、絶大な信頼をいただいております。弊社買切スペースもあります。お気軽にご相談ください。

株式会社 東京アド
http://www.tokyo-ad.net

お問い合わせ
03-5405-1871
〒105-0013 東京都港区浜松町2-1-17
松永ビル5F/6F

株式会社 ハニーマスタード
http://www.honey-mustard.jp

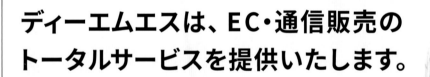

ディーエムエスは、EC・通信販売の
トータルサービスを提供いたします。

いま、通信販売のユーザーがどんどん増えています。
お買い上げの瞬間はもちろん、
商品との出会いから、ご注文、お届け、お問合わせ…
オンライン・オフライン…実にさまざまな接点ができています。
その接点が、できるだけ、多く、長く、より価値の感じられるものであるよう、
ディーエムエスは、貴社の「総合情報ソリューション企業」を目指してまいります。

ダイレクトメール	他社会員データベースを活用したターゲティングDM	**バックオフィス**	コールセンター事務局 ECショップ運営・SNS運用
ロジスティクス	送料コスト削減・365日出荷 冷蔵冷凍倉庫・検査修理対応	**イベント**	サンプリング・ポスティング 催事・展示会出店運営

詳細は、当社のソリューション情報サイト **+D** SOLUTION をご覧ください。

株式会社 ディーエムエス

本　　　社	〒101-0052 東京都千代田区神田小川町1-11 千代田小川町クロスタ　Tel. 03-3293-2970
関 西 支 社	〒571-0015 大阪府門真市三ツ島5-36-1　Tel. 072-883-3300
福岡営業所	〒812-0011 福岡県福岡市博多区博多駅前3-19-14 ビーエスビル博多6F　Tel. 092-471-7321

通信販売・Eコマースの
バックエンドを
幅広くサポートします。

■ 受発注業務・在庫統制・流通加工・輸配送管理を一括受託

■ 戦略的物流基盤となるロジスティクス・システムをご提供

■ データ処理／メーリングサービスは、個人情報保護を徹底

アドレス通商株式会社

〒134-8588 東京都江戸川区臨海町3-6-3　TEL:03-3877-3111

www.adotsu.co.jp

10860030

通販のお悩み、一緒に解決しませんか？

顧客対応、物流、セキュリティ、広告表示、食品表示…通販事業を行ううえでの悩みはつきません。
魔法のように解決する方法はありませんが、気軽に相談する仲間がいると、心が軽くなったりもします。
ジャドマでは会員向けに、通販の各セクション担当者が情報交換できる委員会活動や、
顧客対応や広告表示に関する相談窓口を設けています。

広告表示やセキュリティ、
いま対応すべき事項について
セミナーなどで教えてほしい

ほかの通販企業と
現場ならではの悩みを
相談・意見交換してみたい！

顧客対応で
トラブル発生･･･
こんなとき
どうすればいい？

物流倉庫や通販企業、
自社以外の取り組みを
見学してみたい

　◀ 入会案内はこちら
https://jadma.or.jp/join

～ SNSでもJADMAの情報を発信しています ～

🔍 JADMA

JADMA®　公益社団法人 日本通信販売協会

東京都中央区日本橋小舟町3-2 リブラビル2F
TEL:03-5651-1155　　FAX:03-5651-1199

大人の為の提案します
きっと 見つかる **もっと** 素敵

株式会社 **京都通販**

京都通販がお届けする 世代らしさを追求したファッションカタログ
京都らしさだけじゃない 見て楽しむカタログをぜひご覧ください！

LAURIER ロリエ
さらに輝くミセス・シニアのための
上品でエレガントな
最新ファッションカタログ

LAURIERplus ロリエプラス
感動的な価格で魅せる！
リッチ＆ハッピーな
ファッショングッズカタログ

miyako ミヤコモア
毎日を幸せ気分にしてくれる
ちょっと大人の
ファッションカタログ

本社：京都市下京区中堂寺命婦町1番地　〒600-8807
TEL：075-812-2111(代)　　FAX：075-802-2449
http://www.kyoto-tsuhan.co.jp

「フリー項目」×「受注サポート機能」にて特許取得！(特許第 7302830 号)

特許取得

通販・EC専用販売管理システム
通販Ace®

在庫問題
商品登録
名寄せ問題
受注問題
全て解決！

通販まるっと一元管理！

通販Ace 🔍

ARS Always Rising System
エー・アール・システム株式会社
Tel：03-5811-1864

通販Ace
詳細はこちら ▶

通販新聞記事検索サービス 利用料無料 のご案内

通信販売業界の足跡を全てデータ化!!
過去27年分が自由に御利用いただけます!!

記事データベースには、98年4月から前月までの約27年分の「通販新聞」全掲載記事がストックされております。任意のキーワード（企業名・商品分野など）を入力することで必要な情報を検索・閲覧できます。いつでも、何回でも無料でご利用いただけます。

御利用には、まず通販新聞縮刷版の申込みを!!

「記事検索サービス」をご利用いただくには個別のIDナンバーとパスワードが必要です。「通販新聞縮刷版」購入者ののみこれらを発行します。サービスのご利用期間は来年2月末日までの1年間、途中申込みの場合は申込時から2月末日までとなります。

通販新聞縮刷版　価格25,000円（送料・税込）

◆昨年発行の「通販新聞」通常号・特集号を全ページ縮小収録。
◆見やすいA4サイズ、約440ページ。記事検索サービス付き。
※代金お支払後、本品とIDナンバー・パスワードをお届けします。

編集・発行　通販新聞社　お問合せは 03-3815-7635 まで。

新版刊行

体験ページはこちらから…
サービスの便利さを今すぐご体験ください！

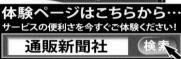

通販新聞社　検索

充実した運営できていますか?
売れるから楽しい、楽しいから売れる

楽天市場なら「商売の楽しさ」を実感できます。

あなたも楽天市場にお店を開きませんか?

店長の生の声がつまった
「成功事例集」プレゼント!!

・老舗企業がネットで小売に挑戦
・初めての小売でも安心して運営

楽天 出店 検索

なにげない感動をずっと。

世の中をわっと驚かせる感動もあれば、

一人の日常にしみじみと満ちる感動もある。

肌の調子が安定している、

昨日よりも身体が軽く思える、

そんなささやかな喜びが続く毎日を届けたい。

だからファンケルは、あなたという一人をとことん想う。

想いが形になるまでひたすら挑む。

新しい価値観をつくった無添加化粧品もサプリメントも、

そうやって生まれてきたのです。

変化の激しい時代にこそ、

どんなに小さな不安や不満にも寄り添い、

なにげない感動がある一生をあなたへ。

さぁ、今日も、はじめよう。

FANCL

通信販売年鑑 2025年版

宏文出版株式会社

刊行に際して

　通信販売業界をはじめ関連企業の皆様にご好評を戴いております「通信販売年鑑」は、1993年の創刊以来、本年の2025年版で33号目となりました。お蔭様で順調に版を重ねてまいりましたが、これもひとえに業界関係各位のご支援、ご協力の賜物と深く感謝している次第です。

　インターネットの登場により、既存のカタログを軸とした通販ビジネスは変化を余儀なくされるなど通販業界は混沌たる状況の中にあって、「通信販売年鑑」では"通信販売業界の健全発展"を機軸・目標とし、わが国の通販業界における1年間の動向を網羅しつつ、業界が抱える課題や問題点、目指すべき方向性などその年々におけるタイムリーなテーマについて、業界内外による識者の論文や談話を中心に取り上げており、「通販業界の羅針盤」たらんと、現状・未来に向けた提言も盛り込んでまいりました。

　本年発行の2025年版では、「総コストアップ時代を乗り切るための通販戦略は？」を特集のテーマといたしました。昨今、燃料費や材料費、物価高、円安などにより、これまでよりも事業運営コストがかさみ、通販事業者の経営を圧迫しています。こうした厳しい環境は今後も終わりは見えず、物流費や人件費はさらに上昇していく可能性があり、コストアップは一過性のものではなさそうです。こうした中でAIや物流への投資、競争力のある独自商品の開発、先進的なマーケティングの実践など様々な工夫を行い、試行錯誤をしながらコストを吸収しつつ成長を維持して事業を継続、拡大するための施策を展開している通販実施企業各社に具体的な取り組みや考え方、今後の展開などについてご意見を伺いました。通信販売ビジネスを行われるすべての企業にとりまして、これからの通信販売市場を生き抜くヒントとなれば幸いです。

　さらに、恒例企画の通販業界各社の商品担当者に売れ筋商品の開発過程や販促策などを取材した「2024年の通販ヒット商品」や2024年の通販業界の主な出来事をまとめました「年次動向」、週刊通販新聞編集部が総力をあげて調査致しました通販・通教実施企業上位300社の売上高を掲載いたしました売上高ランキングを含む各種の「ランキング表」、主要な通販各社の通販カタログを一覧した「カタログ総覧」、通販関連企業の基礎情報をまとめた「会社概要」など、通販業界を網羅する他に類を見ない1冊としてお役に立てて戴ければと願っています。

　最後になりましたが、出版に当たり、業界の皆様から多大なご支援、ご協力を頂戴しましたことを、心より感謝申し上げる次第です。

宏文出版株式会社
代表取締役社長
國重　琢己

通信販売年鑑2025年版

第1部　総コストアップ時代を乗り切るための通販戦略は？

松村　亮 ◉楽天グループ　常務執行役員コマース＆マーケティングカンパニーシニアヴァイスプレジデント
モバイルが楽天市場の顧客基盤拡大に貢献、AIの活用で楽天市場はもっと成長できる ……… 9

後藤　孝之 ◉ベルーナ　企画本部営業推進室室長兼経営企画室参与
「小売りとしてのあるべき姿」を目指し、消費者が求める商品やサービスを提供していく ……… 13

橋爪　裕和 ◉タンスのゲン　代表取締役社長
付加価値あるPB商品で競合と差別化、海外事業も強化し売上高1000億円へ ……………… 17

田中　裕輔 ◉ジェイドグループ　代表取締役社長
物流とITの統合を前提としたM&Aでコスト削減を実現する ……………………………… 21

坪井　春樹 ◉ゴルフダイジェスト・オンライン　リテールビジネス ユニット長
複数メニューで購買体験を向上、ECでの買いやすさにつなげる ………………………… 25

田辺　晃司 ◉伝食　代表取締役社長
スマートファクトリーで生産・流通コスト抑え、カニを物価高から守る ……………… 29

岡本　洋明 ◉ジェネレーションパス　代表取締役社長
独自の技術革新やアイデアで打ち勝っていく時代に ……………………………………… 33

高岡　本州 ◉エアウィーヴ　代表取締役会長兼社長
商品価値を伝え、良いものを出す、持続性のある正攻法の努力を ……………………… 37

年次動向(2024.1〜2024.12) ……………………………………………………………… 41

ランキング表 ……………………………………………………………………………… 55

第2部　商品・媒体

2024年の通販ヒット商品 …………………………………………………………… 79

　　千趣会○「サラリスト」／79

　　カタログハウス○「フジヒート」／82

　　ハルメク○「ハルメクのおせち」／85

　　ユーグレナ○「からだにユーグレナ フルーツミックス」
　　　　　　　「からだにユーグレナ いちごミックス」／88

　　大作商事○「冷却ミスト付き真空断熱ドリンクボトル」／91

楽天市場 2024年の売れ筋ランキング ……………………………………………… 94

カタログ総覧 ………………………………………………………………………… 105

第3部　会社概要

通販実施企業 ………………………………………………………………………… 123

通販関連企業 ………………………………………………………………………… 227

索引 …………………………………………………………………………………… 333

第4部　関連資料

関連協会会員名簿 ……………………………………………………………………… 349
日本通信販売協会／日本ダイレクトメール協会／日本メーリングサービス協会／日本コールセンター協会

関連法規 ………………………………………………………………………………… 380

関連統計データ ………………………………………………………………………… 402

第1部

総コストアップ時代を乗り切るための通販戦略は？

●楽天グループ
常務執行役員コマース＆マーケティングカンパニーシニアヴァイスプレジデント
松村　亮
モバイルが楽天市場の顧客基盤拡大に貢献、AIの活用で楽天市場はもっと成長できる／9

●ベルーナ
企画本部営業推進室室長兼経営企画室参与
後藤　孝之
「小売りとしてのあるべき姿」を目指し、消費者が求める商品やサービスを提供していく／13

●タンスのゲン
代表取締役社長
橋爪　裕和
付加価値あるPB商品で競合と差別化、海外事業も強化し売上高1000億円へ／17

●ジェイドグループ
代表取締役社長
田中　裕輔　物流とITの統合を前提としたM＆Aでコスト削減を実現する／21

●ゴルフダイジェスト・オンライン
リテールビジネス ユニット長
坪井　春樹　複数メニューで購買体験を向上、ECでの買いやすさにつなげる／25

●伝食
代表取締役社長
田辺　晃司　スマートファクトリーで生産・流通コスト抑え、カニを物価高から守る／29

●ジェネレーションパス
代表取締役社長
岡本　洋明　独自の技術革新やアイデアで打ち勝っていく時代に／33

●エアウィーヴ
代表取締役会長兼社長
高岡　本州　商品価値を伝え、良いものを出す、持続性のある正攻法の努力を／37

モバイルが楽天市場の顧客基盤拡大に貢献、AIの活用で楽天市場はもっと成長できる

談●松村　亮
楽天グループ　常務執行役員コマース＆マーケティングカンパニーシニアヴァイスプレジデント

【プロフィール】　慶應義塾大学卒、ロンドン大学修士。外資系IT企業のエンジニア、外資系戦略コンサルの東京、ロンドンオフィスを経て、2013年8月に楽天入社。社長室を経て、2017年に執行役員に着任。2022年4月に上級執行役員兼マーケットプレイス事業デピュティヴァイスプレジデントに就任。2022年10月から現職。

顧客体験のさらなる強化を進める

　近年は、さまざまな原材料費や物流費などのコストアップが続いており、それによるインフレが起こっています。消費者目線でいうと、生活必需品の値上がりが続く中、し好品については買い控えが起きているのは確かでしょう。ただ、価格自体が上がっているので、EC企業や楽天市場の売上高・流通額という点でみれば、ポジティブなところもあります。

　つまり、インフレは楽天市場の出店者様にとって必ずしもネガティブとはいえないわけで、インフレ自体が店舗様の成長を妨げる要因になっているわけではありません。とはいえ、原材料費や物流費が上がる中で、販売する商品の価格にきちんと転嫁していかないと、継続的に事業が続けられなくなってしまうのは事実です。

　楽天市場では、店舗様の売上成長を後押ししていくために、マーケティング施策、売り場、物流、店舗コミュニケーションなど、さまざまな観点の取り組みを通じて、顧客体験のさらなる強化を図っています。

　その中でも特に注力している3つのポイントが、「楽天モバイル」との連携、ジャンル別の顧客体験のさらなる進化、AIの活用です。今後も、これらをより強力に推進していくための新たな仕掛けを継続的に展開していきます。

　例えば、昨年から「楽天スーパーSALE」をスケールアップし、「楽天モバイル」契約者向けに向けた先行セールを開始しました。その結果、2024年10〜12月の大型セールイベントの流通規模は、前年同期比14.5％増と伸長しています。

　AI活用については、2024年3月に「RMS AI アシスタントβ版」をリリースし、店舗運営の業務効率化を推進しています。店舗様の声もいただきながら、実際の業務に役立てていただけるよう、継続的に機能改善に取り組んでいます。

　現在3万以上の店舗様が利用したことがあり、定着が広がる中で、すでに、AI活用による店舗運営の作業効率や広告効率の向上といった事例も出てきています。より多くの店舗様にAIを日常的に活用いただけるよう、オンライン講座「楽天AI大学」を中心に、ノウハウや成功事例を共有し、使ってもらうための支援を行っていきたいと考えています。

　さらに、ECコンサルタントによるコンサルティングにおいてもAIを全面活用し、サポート体制をより一層強化・拡充することで、店舗様の成長を後押ししていきます。

　また、適正な価格を維持するという観点でいえば、出店様向け価格と在庫の最適化プラットフォームとして「Price and Inventory Optimization Platform（PIOP）」を提供しており、利用店舗も増加しています。PIOPには楽天のマーケティングデータを活用した需要予測の技術が組み込まれており、価格設定や適正在庫のシミュレーションを通じて、店舗様に価格設定や在庫最適化の提案を行うほか、事業者の運営戦略に基づいた予測やシミュレーションを行うことを可能にしています。

第1部　総コストアップ時代を乗り切るための通販戦略は？

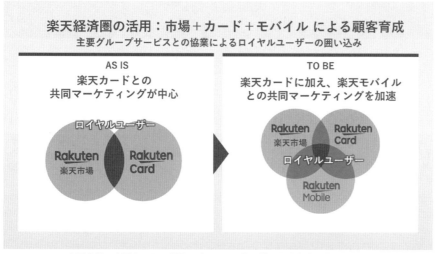

楽天市場・楽天カード・楽天モバイルの三位一体で顧客育成を進めている

「売り上げを最大化する」「利益を最大化する」など、いくつかの目的に応じた価格設定を可能しており、特にSKUの多い店舗様に活用されています。

「市場」「カード」「モバイル」三位一体に

2025年の楽天市場に関しては、進むべき方向性そのものはここ数年と変わりません。「経済圏」と一言でいっても、大きいサービスもあれば限定的なサービスもあるわけですが、「楽天経済圏」は楽天グループ全体で展開しているのが大きな特徴なわけです。そんな中、楽天市場と楽天カードが両輪となって成長してきたわけですが、現在は楽天モバイルも加わり、三位一体となってコアユーザーを育てる形となっています。楽天市場としても、カードユーザーとモバイルユーザーをテコとして、成長につなげていくというのが大前提です。

実際、楽天モバイルと楽天カードを両方契約している顧客における、24年12月に開催された「楽天スーパーSALE」購入金額は、71.9%増加。楽天モバイル単体は30.1%、楽天カード単体は18.3%の増加だったのに対し、両サービス利用による顧客育成効果は非常に高くなっています。もちろん、セール時以外でも同様の傾向が出ています。

楽天モバイル契約数は25年2月末現在で850万回線を超えました。回線数が1000万、1500万と増えていけば、ある意味自動的に楽天市場の流通額も伸びていくわけですから、そういった形をグループとして目指しています。

また、楽天モバイルは若年層の利用者が増えているのが特徴ですが、楽天市場においても、流通額に占める楽天モバイルユーザーの世代別シェアをみると、特に10～30代の押し上げが相対的に大きい構成となっており、楽天市場の顧客基盤拡大にも貢献していると考えています。

定期購入とギフト機能を全面刷新

もちろん、楽天市場自体ももっと魅力的になっていかなければなりません。楽天市場においては、「楽天スーパーSALE」と、「お買い物マラソン」のように、定期的に開催される「買い回り」の大型セールは、店舗様のパワーが結集されるので、流通としても大きくなります。当社としても大きなリソースを投じて消費者をモールに連れてきて、店舗様もMDを充実させたり、在庫を増やしたり、プロモーションを行ったり、といった形で買い回りが盛り上がるわけですが、最近はそれ以外の「仕掛

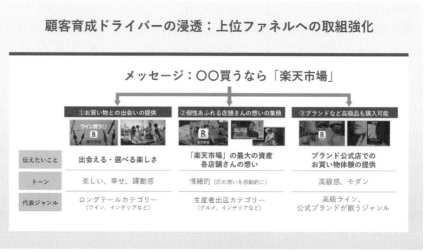

3つの切り口から動画を作成

け」にも注力しています。

シーズナルイベントとしては、最近では「クリスマス特集」や「お歳暮特集」が大きく盛り上がりました。また、ファッション通販サイト「Rakuten Fashion」におけるセールイベントや、化粧品や家電などのナショナルブランドが参加する「Rakuten Brand Day」についても、流通拡大と集客に大きく寄与しています。

また、顧客育成の観点では、新規ユーザーやこれまで楽天市場の利用頻度が低かったユーザーにも、より使ってもらうための施策を展開しています。楽天市場の魅力をパッケージ化し、そういったユーザーに届けていこうという取り組みの一環として、24年には「○○買うなら『楽天市場』」というメッセージを込めて、「出会える・選べる楽しさ」「楽天市場最大の資産である各店舗様の想い」「ブランド公式店でのお買い物体験の提供」という3つの切り口で動画を作成し、テレビCMやSNSなどで流しており、新規・復活ユーザー獲得という面で効果が出てきています。

顧客周りの部分では、定期購入の仕組みを全面的に刷新し、より見つけやすく・出品しやすいサービスとします。3月末には定期購入を見つけやすいユーザーインターフェイスとし、さらに定期購入固定費を廃止、商品出品を簡易化しました。これにより、ユーザーにも店舗様にも使いやすい仕組みを目指します。定期購入にフィットする商材を扱っている店舗様を中心に活用していただき、次の成長の柱としたい考えです。

もう一つの目玉がギフト機能の改善です。現在あるギフト機能の利便性に関しては改善の余地があります。昨今、ソーシャルギフトは非常に盛り上がっていることも背景に、ギフト機能を定期購入の次の目玉プロジェクトとして全面刷新します。既存のギフト機能については、検索性やユーザーエクスペリエンスを改善するとともに、住所を知らない相手に対して気軽にギフトを贈れるよう、ソーシャルギフト機能を新規導入します。

さらには、ユーザーと商品との出会いにおける体験価値を、AIを活用して高めていきたいと考えています。例えば、商品レビューのAI要約や、トピックに絞ったレビューの表示を2025年1月より順次拡大しています。また、検索機能にパーソナライズド技術やLLM（大規模言語モデル）などを使うことで、よりユーザーニーズにあった検索の実現を目指します。2025年下期には、個人のし好、時間、季節、地域などに応じて異なる検索結果が表示できるようになる予定です。さらには、ユーザーごとに最適なコンテンツを表示するなど、個々のユーザーニーズに合わせた商品との出会いの創出を図ります。

店舗様からすると、自店の商品がユーザーの目に留まることが重要なので、地域や男女で検索結果が変わると、楽天市場内SEOなどが従来と変わってくる部分はあるかもしれません。ただ、検索結果という観点でいうと「ユーザーが買ってくれるであろう商品」を、より上に掲載していきたいという趣旨なので、店舗様からしても「買ってもらえそうな商品」を出品すれば、それが自ずと検索の上に行くという形です。なので、今までとは異なる工夫が必要になるかもしれませんが、欲しいものが見つかる検索を強化することでユーザー利便性や満足度の向上に繋がると考えています。

顧客体験のさらなる強化進める

配送関連の機能については、24年7月に「最強翌日配送」を導入しました。ラベル獲得商品の売上成長率は、ラベル未獲得商品に比べて18.6ポイント高くなっており、楽天市場の売上成長をけん引しています。こうしたデータを元に、より多くの店舗様にラベル獲得を促していきたいと考えています。

AIを活用して楽天市場内検索を進化させる

配送関連の機能を活用強化している

また、これまで制度の対象外となっていた、ふるさと納税の返礼品についても、早く受け取りたいというユーザーニーズが一定あることから、制度の対象範囲をふるさと納税の自治体様や事業者様へも拡大することとしました。ユーザーにおける配送の利便性を追求し、「楽天市場」全体の満足度向上に取り組んでいきます。

ラベル獲得商品の楽天市場内での検索順位結果への適用については、開始当初より段階的に行っています。ユーザーが商品を検索した際に、配送品質の高い「最強翌日配送」ラベル付き商品を見つけやすくすることが趣旨ですが、あくまで検索順位決定の要素のひとつとなります。ラベルつき商品だけが優遇されるのではなく、配送品質の高い商品はユーザーからの支持が高まり、売り上げが増え、さらに検索ページの上位に表示されるという流れが結果的に生まれると想定しています。

継続的にA/Bテストを繰り返している段階であり、効果を感じている店舗様もあれば、まだこれからという店舗様もいるとは思いますが、テストをしながら一番良い状態を目指しています。

SPU改変はポジティブ

2024年12月期の国内EC流通総額は、23年12月のSPU改変や2023年7月に一部終了した「楽天トラベル」の全国旅行支援による高い前年比ハードル、同年9月より楽天ペイメント（オンライン決済）事業をフィンテックセグメントに移管したことなどが影響したことでマイナス成長とはなったものの、楽天市場と楽天トラベルの流通総額については前年比プラスとなりました。

楽天市場においては、楽天モバイルとの連携強化やジャンル別の顧客体験のさらなる進化などの施策が奏功。その結果、大型セールイベントの流通規模において第4四半期の流通総額は前年同期比14.5％増と伸長したほか、新規・復活ユーザーも同10％以上の増加と、堅調に推移しています。2025年12月期も引き続き大きな伸長が期待できるでしょう。

SPU改変の影響に関してですが、ロイヤルユーザーに手厚く付与していたポイントを減らし、ライトユーザーや新規ユーザーの育成に回すことで、楽天市場として健全に成長していこう、という狙いがありました。

結果としては、これまで購入していたユーザーの数が継続的に伸びています。もちろん、一部のロイヤルユーザーについては、貰えるポイントが減ったことで毎月の購入額は減っています。ただ、その一方で楽天市場では引き続き買い物をしてくれており、その頻度も変わっていません。

もし、SPU改変で「楽天市場で購入するのをやめた」となればネガティブな影響が出たことになりますが、顧客数や買い物頻度は維持しているので、25年以降は成長軌道に乗っていけると思っており、実際に25年1月以降はそのように進んでいます。

「エンタメ性」は楽天市場のコア

25年2月に開催された「楽天市場サービス向上委員会」では、ユーザーの買い物体験の質の向上を目指し、エンターテインメントの再定義について議論が行われました。楽天市場は仮想モールであり、たくさんの店舗様の個性を表現するとともに「Shopping is Entertainment!」というコンセプトを実現していかなければなりません。

一方、ユーザー視点でいうと、個性だけではなくモールとしての統一性も大事になってきます。どうしてもアジェンダとしては「統一性」についての課題が目立ちますが、そこを整備した上で、いかに各店舗様の個性を引き出していけるか。これについては、当社としても「向上委員会」に参加する「楽天市場 友の会」メンバーと認識は同じです。

ですから、「友の会」だけではなく、店舗様と一緒に「買い物のエンターテインメント性」について議論している段階です。具体的に何をするかについては、まさに話をスタートしたところですが、「エンタメ性」が楽天市場のコアであるという点を再認識し、新たな購買体験の創出を店舗様とともに進めていきます。

2

「小売りとしてのあるべき姿」を目指し、消費者が求める商品やサービスを提供していく

談●後藤　孝之
ベルーナ
企画本部営業推進室室長
兼経営企画室参与

【プロフィール】　1979年生まれ。2005年ベルーナ入社。マーケティング部門、情報システム部門を経て2020年より商品開発部門に異動。2023年より経営企画室を兼務、部門責任者。

チラシのビジュアル変更でレスポンス率向上

　当社では2025年3月期より、不動産やホテルの「プロパティ・ホテル事業」と、化粧品健康食品事業やグルメ事業、ナース関連事業などの「専門通販事業」に関して、収益性拡大を目指す「グロース領域」に分類しました。その一方で、「アパレル・雑貨事業」などは収益性の効率化を第一とした「サステナブル領域」としています。カタログやチラシなど、紙を使った通販事業については、売り上げ規模は国内ではトップを維持しているものの、高齢化・過疎化を支える消費インフラと位置づけ、継続性と収益効率の最大化を主眼に、安定した収益を上げられる事業としていく方針です。

　アパレル・雑貨事業は24年3月期に赤字転落しており、現在は顧客リストの収集・活用を図っているほか、時代にあった商品力・ビジュアル力を強化することで立て直しを図っています。

　2024年4〜12月期のアパレル・雑貨事業は、長引く残暑の影響により秋冬シーズンの序盤においては計画を大きく下回ったものの、中盤以降においてレスポンスが改善。また、新規顧客の獲得数が前年同期と比べ増加したことなどにより増収増益となりました。同事業の売上高は前年同期比0.7％増の592億8000万円、セグメント赤字は9億4200万円となり、前年同期の15億3900万円から赤字幅を大きく縮小させることができました。

　成果が出ている取り組みの一つとして、折込チラシの刷新が挙げられます。当社のチラシは、もともとは社長の安野が開発したものです。次ページの左画像を見れば分かるように、たくさんの商品を1枚のチラシに詰め込んだもので、これを磨きに磨き上げて売り上げを作ってきました。まさに「ベルーナならでは」のチラシであり、さまざまな経験やノウハウが詰め込まれています。実のところ、他社にもさんざん真似をされてきたのですが、この形で実績を作り続けてきたのは当社だけだと自負しています。

　ところが、当社の最大の武器であったチラシも時を経るにつれてだんだんとレスポンスが悪くなってきたわけです。もちろん、売り上げの減少は新聞の部数減も大きいわけですが、加えて反応も以前より良くない。「チラシのビジュアルを変えたほうがいいのではないか」となりました。

　次ページ右のチラシが改良版です。全体的に白基調で見やすさを重視するとともに、掲載商品数も以前より絞っています。また「ネットの声」として、通販サイトのレビューから抜粋して掲載しました。

　改良版チラシを発案したのは、制作室に在籍する若手の女性社員です。従来型のチラシと改良版のチラシを同時に配布してテストしたのですが、改良版のレスポンス率の方が高くなっています。

　実は、チラシに掲載の靴の見せ方を通常チラシの半分のサイズとし、テスト的に配布した際、若手の感性を取り入れたビジュアルに変更した、という経緯があります。その際に非常に良いレスポンス率が出たので、「ビジュ

第1部　総コストアップ時代を乗り切るための通販戦略は？

これまで配布してきた折込チラシのデザイン

デザインを一新した「シン・通常マス」

アルを変えてみたらどうか」となったわけです。

　折込チラシというのは、基本的には新規獲得が目的のため、そこからカタログに誘導して刈り取る、というのが常道です。ところが、改良版チラシは、チラシだけで利益が出るほどレスポンス率が良かった。もちろん、ここまで良い数字が出たのは、ビジュアルを刷新した直後という点も大きいでしょうから、継続して配布することで当然効率は落ちてくるでしょう

　従来版から完全に置き換えるために、商品の組み合わせや見せ方などをトライアンドエラーしている段階です。社長からも「早く全面的に切り替えたらどうか」と言われているのですが、商品を入れ替えても似たような結果が出るのかを試しています。

　これまでのチラシは、現在の視点で見るとビジュアル面で「古めかしさ」が感じられるのは確かです。そういった点では、新しいチラシは洗練された印象を消費者に与えたのかもしれません。とはいえ、商品の組み合わせや見せ方、さらには商品の手配など、長年培ってきた従来チラシのノウハウがあったからこそ、新しいチラシが生まれたわけです。そういう意味では、とても良い進化

形といえます。「シン・エヴァンゲリオン」ならぬ「シン・通常マス」といったところでしょうか（笑）。新規顧客獲得のレスポンス率が良くなっているので、新規獲得数も底を打ち、反転しはじめました。刷新したチラシが起爆剤となっています。

　チラシの改良については24年の夏から取り組みを開始し、秋冬に本格化したわけですが、新規顧客だけではなく、休眠顧客の掘り起こしにも大きな成果が出ています。24年3月期は両方とも低迷していたのですが、最近はかなり回復傾向にあります。特に、掘り起こしがうまくいっている。飽きていた既存顧客に対し、改良版チラシがうまく働きかけているようです。

　折込チラシの配布部数そのものは、新聞購読者数の低迷もあり、やはり減少しています。ただ、25年3月期は新規獲得や掘り起こしがうまくいったことで、前期に比べてチラシ経由の売り上げは伸びる見込みです。

若手の感性が業績改善に寄与

　新しいチラシはデザインや色使いを刷新するとともに、

一方で掲載する商品数は減っているわけですが、ネットの世界でいう「セッション時間」が増えたのではないかとみています。いろいろなチラシが配られる中で、少し見ただけで捨てられてしまうのか、それとも目に留めてくれるのか。改良版チラシの方が見てもらいやすい、ということなのでしょう。

掲載商品は減っていますが、商品1点ごとの売り上げは伸びたことでカバーしています。さらに、発注面でもやりやすくなったと思います。新聞折込チラシに掲載する商品は、一定量の在庫を確保しないといけないわけで、在庫のコントロールは非常に重要です。商品を絞り込むことで、不良在庫になる恐れが減ったという面もあります。

また、本番のチラシを配布する前に、テスト的にチラシを配布しているわけですが、掲載予定の商品数が多いとテストのために配布する枚数も増えてしまいます。商品数をあらかじめ絞っておけば、枚数も減らせるのでそれに付随するコストも減らせる。昨今の用紙代高騰などを考えると、テストは絞らなければなりません。現場からすると、やはりヒット商品を生み出したいので「数打てば当たる」的な思考になってしまいがちなのですが、そこは時流に合わせてコストを削減する必要があるのです。

商品選定の基準に関しては、従来版チラシで売れていたような商品は、改良版でも売れているので、引き続き掲載しています。ただ、年齢よりやや若く見える洋服などは、従来チラシではあまり反応が良くなかったものが、新しいチラシでは売れる。これは、別に改良版チラシの購買層が若くなっているというわけではありません。高年齢層の感性も変化しているので、従来版チラシでは目に留めてくれなかったものが、デザインを刷新したことで目を向けてくれるようになった、ということだと思います。

実は、カタログ「BELLUNA」においても、2年ほど前からこれまでよりも若いモデルを起用するようになっており、実はそちらの方がレスポンス率は良いんですね。もともと、媒体がターゲットとする年齢よりも、実際に購入する年齢層は一回りほど高くなるものなのですが、最近はそういった傾向が加速している感があります。

とはいえ、当社の武器であったチラシのデザインを、大きく刷新することができたのは、やはり若手ならではの感性があってこそ。ベテランではできなかったことでしょうね。

26年3月期は、チラシのビジュアルを完全に刷新することになるでしょうが、そうなったときにどの程度効率を維持することができるのか。数字によっては今考えているよりも、多数の部数を配布できるようになるかもしれません。

顧客指向に立ち返った商品開発推進

商品価格の面では、2024年3月期においては、各種コストが大きく上がってしまった分を吸収するために、一部商品の値上げを実施したわけですが、そこでレスポンス率が悪化してしまった。そのため25年3月期は、一律値上げするのではなく、値上げする商品・据え置く商品を分けて、メリハリを付ける形に変えたことも、レスポンス改善に寄与しています。

ただ、そうなると利益面でバランスをとるのが難しくなってきます。値上げをしても、価格に見合った商品力がなければ消費者は買ってくれないわけで、MDの変革を進めています。

まだ明確な結果が伴っているわけではありませんが、社長からアドバイスをもらっているのは「今一度顧客指向に立ち返れ」ということ。直接顧客の声を聞く、あるいは顧客と接しているメンバーの気づきを活かすべく、取り組んでいます。

やはり業績好調な小売り企業を分析すると、「消費者の声をいかに取り入れるか」が大事であるということが見てくるのです。それは、アパレル以外の業種でも同じです。この時代だからこそ「プロダクトアウト」ではなく「マーケットイン」が求められます。

当社の場合、顧客の声を取り入れてサービスを改善するという点では非常にうまくいっていると思っています。ただ、顧客の声を商品に取り入れるという点では、他社と比較すると競争優位性を発揮できていない。まだまだできる余地があるのではないでしょうか。

具体的にいえば、通販サイトにおけるレビューとアパレル店舗における接客員の声が挙げられます。また、コールセンターも自前で運営していますから、今まで以上に連携を強化します。「顧客から商品に対してどんな声があったか」という意見を視覚化する仕組みは取り入れています。あとは、それをいかに料理するか。「マーケットイン」への意識をしっかりと持ち、行動に移せば実現可能だと思います。

すでに、ネットのレビューを踏まえたMDはスタート

しています。コールセンターに寄せられる声については、現在収集している段階です。オペレーターや顧客に、商品の改善点などをヒアリングするようにもしていきます。早ければ25年度秋冬あたりから成果が出てくるのではないでしょうか。

やはり、当社の根幹は商品力です。商品が良ければ顧客が喜んでくれるし、継続的に使ってくれる。そして、周囲にもくちコミで広めてくれる。アパレル・雑貨事業が赤字に陥るという、今まで経験したことのない状況だからこそ、「小売りとしてのあるべき姿」を目指し、当たり前のことは当たり前にやっていくべきです。

紙媒体通販のインフラは 社会的にも重要

大局的にみると、今後紙媒体は一層シュリンクしてしまうのは避けられません。一方、現時点では紙媒体が好きな人は一定以上いるわけで、そこは大切にしていきたいという思いがあります。

残存者利益というわけではありませんが、まだまだ戦える余地はあると考えています。今回、折込チラシのビジュアルを変えたことでレスポンス率が反転したように、やれることはあります。

もちろん、用紙代や印刷代は今後も上がっていくでしょう。そういった中でいかに利益を確保することができるか。もう一つ大事になってくるのは、紙媒体経由の売り上げが減る中で、ECを強化することで全体の売り上げをいかに維持・拡大していくか。

ECの拡大で収益性もついてくるのであれば、それは当社が勝ちうる戦場ということなので、当然力を入れていきます。ただ、それが投資対効果に見合うかどうか。金銭面はもちろんのこと、人的な資源も含めて、それが見合わないと判断すれば、アパレル通販に固執しないということもあり得ます。

もちろん、アパレル通販は当社にとって祖業であり、大切な事業です。私たちにとっても、ベルーナの服を身に着けて日常を過ごしてくれる顧客がたくさんいるというのは、この上ない喜びといえます。そして、日本の社会全体で高齢化が進み、地方では買い物難民が増える中、当社の持つ紙媒体を中心とした通販のインフラは、社会的にも非常に重要だと考えています。ですから、早期に事業の黒字化を達成し、営業利益率も3％の水準まで戻すことが大事になってきます。

思い共有できるメンバーに 参画してもらいたい

当社はいろいろな事業を手掛けているので「社内転職ができる」というのが魅力の一つでもあります。

「消費者が求める商品やサービスを提供する」のがベルーナのあるべき姿。変化の激しい時代において「この仕事しかできません」「あの仕事しかやりたくないです」というのではなく、いろいろな仕事にチャレンジし、視野や価値観を広げることを重視する人材をいかに集められるかが重要になってきます。思いを共有できるメンバーに参画してもらうべく、当社としてもブランド価値を高めていきたいですね。

付加価値あるPB商品で競合と差別化、海外事業も強化し売上高1000億円へ

談●橋爪　裕和
タンスのゲン
代表取締役社長

【プロフィール】　福岡県大川市出身、2012年タンスのゲンに入社。ネット通販事業の黎明期より、各事業部の責任者を歴任し、企業成長を支える体制構築や仕組み化に携わる。2013年よりタンスのゲン常務取締役、2024年4月より代表取締役に就任。経営と事業推進に舵取りをしつつ、地域のDX推進など循環型の企業成長に向けたチャレンジを図っている。

アマゾン店が急成長

　当社の2024年7月期売上高は、前期比25％増の330億円と好調に推移しました。25年7月期も業績は順調で、売上高は同10％増の360億円前後を見込んでいます。家具のD2C企業として右肩上がりの成長を遂げているわけですが、売り場という点でいえばアマゾンが非常に売れています。各社仮想モールともに前年対比では売り上げが上回っているわけですが、その中でもアマゾンは大きく伸びています。アマゾンの好調はプラットフォーム自体が積極的に広告を投下している点が大きいと思いますが、そういうこともあって、当社でもアマゾンにリソースを投入しているのが現状です。

　仮想モールの場合「アマゾンで買った」「楽天で買った」と感じる顧客が多く、店舗名はあまり意識されないのが実際のところですが、やはり顧客層などモールの特徴にあわせた施策も大事になってきます。アマゾンの場合、以前の顧客層は男性中心でしたが、最近はプライムビデオやアマゾンミュージックの普及もあり、男女比もフラットに近づきつつあります。

　また、フルフィルメント・バイ・アマゾン（FBA）をどう活用するかも大事です。FBAを使えば、顧客対応や出荷手配はアマゾン側が全て代行してくれるわけです。確かに、手数料自体は高いのですが、バックオフィスを兼ねていることを考えれば、総合的にみるとペイできているわけです。

　競合サービスと比べても、FBAはオペレーションのクオリティーが高いですし、大型商品も扱えます。ですから、FBAの梱包サイズを意識した商品開発も行っています。もちろん、FBAに預けられないサイズなら、自社倉庫から出荷するわけですが、運賃値上げが相次いでいることを考えると、できる限り梱包はコンパクトにしていかないと、今後は事業そのものが成り立たなくなる恐れすらある。物流はEC企業にとって切っても切り離せない存在ですから、FBAの活用が会社としての成長にもつながっています。

　またFBAの荷物は「配送まで早い」「配送日が分かる」というのが顧客にとってのメリットですから、そういった点も含めて「アマゾンはお得」という感覚が消費者にはあります。なので、アマゾンで購入する顧客が増えているのではないでしょうか。

足し算と引き算繰り返す

　とはいえ、アマゾンの場合、ナショナルブランドの商品だと出店者同士で「カゴの取り合い」になるわけで、そうなると価格を下げる、つまり身を削らないといけません。やはり、プライベートブランド（PB）商品を扱わないと利益面で厳しくなるわけです。

　当社の場合、2024年はPBの新商品を約1000投下しています。もちろん、その中には新色追加などのバリエーション追加や、小物類も多いですが、これだけのPBを開発できたことが、ここ1〜2年成長できている要因かと思います。PBの新商品数が消費者に提案できる商品

第1部　総コストアップ時代を乗り切るための通販戦略は？

急成長しているアマゾン店

の数にもつながりますので、商品開発についてはスピードをゆるめることなく進めていきたいですね。

商品開発の部隊は、海外オフィスもメンバーも含めて20名ほどです。今ある商品に何か付加価値を付けられないかを検討するのはもちろん、メーカーからいろいろな提案をもらい、当社ならではの付加価値をつけていくやり方も行います。やはり、提案された商品をそのまま売るだけでは競合他社でもできるわけです。タンスのゲンが売るのであれば、デザインや機能面の付加価値で差別化をしていかないといけないわけで、そこはいろいろと工夫しています。

当然、1000商品もあれば売れるものも売れないものもあります。最初のロットが2週間から1カ月で売り切れるような商品はどんどん継続して発注をかけていく。販売数が落ちてきたときに、テコ入れ策としてその商品をリニューアルするのか、廃盤にして新たなチャレンジをするのか、といった流れですね。

明確な目安となる期限を設けているわけではありませんが、最初のロットがどれくらいで売り切れるかが鍵です。継続して発注をかけられる商品は20〜30％というところでしょうか。十分合格点といえると思います。

どんな場所でも情報が拾える世の中になり、商品の寿命もどんどん短くなってきています。ですから、同じ商品だけをずっと売り続けるのは非常に厳しい。やはり、新しい商品・新しい血を入れ続けていかないといけない、とひしひしと感じています。

例えば、最近のヒット商品に、ロボット掃除機に対応したダイニングチェアがあります。これは、アームをテーブルにかけることができるチェアなのですが、アフターコロナの世の中で清潔志向が広がり、「こまめに掃除しないと」という人が増える中、「もっと手軽にロボット掃除機使いたい」いうニーズにマッチしたようです。

ただ、こういった商品はすぐに真似されてしまいがちです。もちろん、特許や実用新案を取るということも必要になってきますが、仮に真似をされても、カラーやスペック面で自社商品に付加価値をつけることが大事です。類似商品のスペックをチェックしながら、勝っているポイントと負けているポイントを洗い出す。そして「この部分の機能を落として競合商品と価格を合わせる」といったように、足し算と引き算を繰り返しながら、競争力の高い商品を生み出しています。

単なる値上げはしない

最近は、原材料値上げや円安の影響もあり、商品の価格を上げざるを得ない状況にあります。とはいえ、単に値上げするだけでは売れなくなるだけ。例え価格を改定するにしても、スペックを見直すなど、商品そのものを

リニューアルすることで、以前と遜色ない価値がある商品にしなければいけません。

平均注文単価は、ここ1、2年で約10％上がっています。これは商品を値上げした影響も大きいわけですが、既存の商品に改めて価値を付け直すことに成功したことで、小売りにとって厳しい状況を乗り切れたのではないかと思います。

例えばマットレスでいうと、スペックを落とした廉価版と、スペックを上げたリニューアル版の両方を販売しています。また、定番のロングセラー商品であるオフィスチェアは、もともと4999円で販売していたのですが、今は6999円で売っています。これも単に値上げをしただけではなく、カラーを変えたり、キャスターを壊れにくいものに変えたりといった付加価値をつけました。

ネット通販はレビューが大事です。なぜかといえば、SEOにも大きく影響してくるからです。高評価レビューのついたページを活用することを前提に、商品をリニューアルし、値上げをしても継続的に買ってもらえるような仕組みを作らないといけない。オフィスチェアでいうなら、2000円値上げはしたものの、売れ行き・レビューともに悪くなっていません。

実はコロナ禍において、円安が急激に進んだことを理由として、一律で商品の値上げをしたことがあります。このときは単なる値上げだったので、売れ行きが非常に厳しくなりました。ですから「値上げをするなら相応のスペックアップもしなければいけない」というのは、このとき得た教訓でもあります。

一方で、値上げをせずに粘っている商品もあります。マーケットにおいて最安ラインからかけ離れると、とたんに売れなくなるような商品もあるので、そこは踏ん張らないといけない。要は数がたくさん出る「客寄せ商品」ですから、苦しみながら価格を維持しながら販売を続けています。

ロボット掃除機に対応したダイニングチェアがヒットしている

インテリアバレー構想も着々

当社では、2040年までに売上高1000億円を達成するという目標を掲げています。毎年10％増やすペースなら達成もめどがたつわけですが、とはいえ国内だけに目を向けていては厳しいのも実情です。

前期の海外売上高は2億5000万円ですから、まだまだ小さい数字。どこでどんな形で本格的に展開するのか、検討している段階です。

現地の代理店と契約し、有識者の力を借りながら事業を行うのも一つのやり方でしょうし、現地法人を設立して社員を常駐させるという形を採る可能性もあります。テストマーケティング繰り返している中で、どういった商品が売れるのか、どういったニーズあるのかを把握しなければいけないと思っています。

現段階で想定しているのは、すでに展開している中国のほか、東南アジア、アメリカです。アメリカは去年ビジネスをスタートし、東南アジアについては今年から展開する予定です。やはり、日本で得たノウハウを持っていても全く通用しませんから、商品をローカライズしなければいけません。

日本で売れていた商品がそのまま通用するケースもありますが、リサイズやデザインの変更などが必要です。そういった観点からMDを構築している段階ですね。販路としては基本的には100%オンライン販売。ただ、ポップアップストアを展開する可能性はあります。また、中国はもちろん、東南アジアでもライブコマースがメインストリームになってきているので、ライブコマースの活用も大事になってくるでしょう。

その他新規事業としては、昨年に法人向けECの本格展開を開始しました。マーケットとしては、BtoCよりもBtoBの方が大きいので、オンライン販売だけではなく、例えばテレビやラジオを使った通販も視野に入れています。法人向け部署として「タンスのゲンBUSINESS」を立ち上げ、大口の受注を視野にいれた直接営業も行っています。

また、コーポレートメッセージに掲げる「大川を、世界のインテリアバレーに。」を実現するために、地域貢献活動や行政を巻き込んだ取り組みも行っています。大川の事業者が元気にならなければ、当社が世界に打って出ることもできませんし、世界から人を呼ぶこともできない。インテリアバレー構想を踏まえて、さまざまなDX戦略を立案実行していきます。

2023年10月からは大川市のふるさと納税事業の支援に取り組んでおり、商品選定やふるさと納税の返礼品ページの改修を実施、寄付額が大幅に向上しました。

マーケスキルを重視

売上高1000億円の達成に向けては、社員教育も大事になってきます。私は、ECの仕事において全ての基本となるのは「マーケティングスキル」だと思っています。マーケティングの考え方はいろいろなところに応用が効くので、スキルを磨き上げればどんな部署でも通用する人材になります。要は「どうすればネットで商品が売れるか」を全社員が知っていないといけない。

最近は新卒採用にも力を入れていますが、SEOなど基本的な考え方から、実践的な手法まで、ECでのノウハウを叩き込んでいます。最近は地元九州だけではなく、関東や関西の学生の応募も増えており、会社の知名度が増してきたことを実感しています。

また、人工知能（AI）の活用も課題になってくるでしょう。商品ページ作成やCRMなどはもちろん、物流においても荷物の振り分けなどに活用していければと思っています。

福岡県大川市に本社を構える

物流とITの統合を前提とした
M&Aでコスト削減を実現する

談●田中　裕輔
ジェイドグループ
代表取締役社長

【プロフィール】 大阪府生まれ。2003年一橋大学経済学部卒業後、マッキンゼーアンドカンパニージャパン入社。07年同社史上最年少マネージャーに就任。11年株式会社ジェイド（現・株式会社ジェイドグループ）の創業に参画。12年代表取締役社長に就任し現職。22年RBKJ株式会社の代表取締役社長就任。24年マガシーク株式会社の代表取締役会長兼CEOに就任。University of California, Berkeley（MBA）修了（2009）

ECモールを中心にM&Aを実施

　総コストアップ時代にEC中心の企業が進化を続け、利益を出していくには高水準の内製物流倉庫と内製IT基盤を持つことがとても大事です。それは、アマゾンが巨大化した背景のひとつに内製化した物流とIT基盤があることを見ても明らかです。主力の靴とファッションの通販サイト「ロコンド」を運営するジェイドグループは少数精鋭のエンジニア、デザイナーたちが、EC基盤や管理画面、倉庫管理システム（WMS）、店舗POSなどのシステムをすべて自社開発しています。

　これまで数多くのM&Aを実施してきましたが、買収後の統合プロセス（PMI）において、買収した企業の物流・IT基盤をジェイドグループのインフラにリプレイスすることで、コスト削減を図ることができます。

　当社は多くのPMIを経験し、その過程で物流もIT基盤もバージョンアップを繰り返してきました。2022年にM&Aを実施した、リアル店舗も卸もECも展開しているリーボックジャパンのPMIによって、あらゆる事業に対応できる物流・ITインフラに磨き上げることができました。OMOのシステムとしてもかなり進んでいると思っています。PMIが買収した企業、事業の利益創出ドライバーになっていますので、物流・ITインフラの統合を前提にM&Aを実施しています。

　24年は数多くのM&Aを実施しました。マガシーク社のM&Aを通じてファッションECモール間での在庫一元化と情報一元化を実現しましたし、ブランデリ社のM&AによってアウトレットEC市場での存在感を高めることができました。また、セレクトショップの「ファシネイト」のM&Aではハイブランド領域の強化につなげました。当社は18年に"ファッションEC専業で圧倒的な2位を目指す"ことを掲げましたので、マガシーク社の買収によって2位のポジションを確立できたことは非常にうれしいことです。

マガシーク社の苦戦で業績修正も

　一方で、前期の第3四半期業績は商品取扱高が計画を下回りました。マガシーク社のM&A効果で3〜11月期の商品取扱高は前年比67.8％増の約370億円に拡大しましたが、通期計画の商品取扱高550億円に対する進捗率は68％にとどまりました。第3四半期での進捗率は72〜73％を目安としていましたので、物足りない結果でした。

　この最大の要因はファッション通販サイト「マガシーク」と、NTTドコモさんと共同運営するファッション通販サイト「d fashion」の商品取扱高が計画値を大きく下回ったからです。マガシーク社のM&Aを実施した時点で両サイトの成長率は大きく低下していました。24年9月に行った「ロコンド」と両サイト間の在庫連携で少なくとも成長率をマイナスからゼロにすることを目指していましたが、苦戦しました。25年2月期の商品取扱高は計画に対して50億円ショートする500億円に修正しました。

　両サイトが苦戦しているのにはいくつかの理由があり

第1部 総コストアップ時代を乗り切るための通販戦略は？

1年前に子会社化した「マガシーク」の通販サイト

NTTドコモと共同運営する「d fashion」の成長に期待している

ますが、はやりマガシーク社の退職者が想定よりも多かったことが挙げられます。解雇や不当な部署異動などはしていませんし、給与水準は9割くらいのスタッフで上がったのですが、カルチャーの違いやリモート勤務の縮小などさまざまな理由で退職してしまいました。そうした中で24年6月に物流の統合を実施しましたが、内情を良く知るスタッフが退職していて予期せぬトラブルが起きたり、10月には「マガシーク」とのシステム統合によってマガシーク社が運営代行するブランド自社ECのリプレイス時にもシステムトラブルが生じたり、営業担当者の退職で取引先ブランドのフォローアップが手薄になったりしたことが大きいと思います。

「d fashion」のシステム統合は25年6月頃を計画していて、ブランドの自社EC支援以外はシステムと物流面の統合が完了します。M&Aから約1年3カ月で統合を終え、そこから本格的にリカバリーしていくストーリーを描いています。

「d fashion」の売り上げを作るためにやりたいことはたくさんありますが、旧システムのままではできないことが多いのが実情です。「マガシーク」のシステムをコピーしている感じではありますが、NTTドコモさん用のカスタマイズをたくさんしています。ドコモさんと検証しながらリプレイスを行う必要があるので、「マガシーク」のリプレイスよりも大変です。元々、25年3月くらいのシステム統合を予定していましたが、3カ月遅れで進んでいます。

これまでのM&Aよりも買収後の統合プロセスに時間がかかったのは、従来のM&Aと比べてマガシーク社は規模が大きいのと、やはり退職者が多かったのも影響しています。あと、マガシーク社は当社のように何でも作って内製化する会社ではなく、エンジニアや物流、各種サービスまで外注していて、とにかく仕組みが複雑化していました。ただ、物流やシステムを内製化しようと思っても難しい状態だったからこそ、当社がM&Aを実施した意味もあります。

「d fashion」のシステム統合が完了するまでに、マガシーク社が運営代行するブランド自社ECのシステムリプレイスは全体の3割くらいが完了しているイメージで、すべてのシステム統合が終わるのは26年の春先くらいになりそうです。サービスを終了するサイトも複数あります。

M&A加速で中間持株会社設立も

ファッション系のECモールはM&Aが進んでいます。「ゾゾタウン」はLINEヤフーさんとの連携もあって引き続き成長していますが、「マガシーク」は当社が子会社化し、「ショップリスト」や「グラッド」も買収されました。また、各ブランドが自社ECを強化していて、ECモールの市場自体も伸び悩んでいますし存在感が低下しています。マガシーク社をM&Aしてできることはたくさんありますが、それだけだと中長期的には危ない

ブランデリ社のM&Aでアウトレット EC 領域「ロコレット」の充実化を図った

ファシネイトのM&Aでハイブランド EC 領域「ロコメゾン」を強化した

と思っています。

　これまで当社が実施してきたM&AはECモールが多かったのですが、「リーボック」の国内事業を22年から手がけるなどブランドのM&Aも実施していて、伸びしろが大きいと感じています。「リーボック」は「ロコンド」内での売り上げも上がりましたし、「ファシネイト」も売り上げの数十%が「ロコンド」経由での販売になっています。

　ブランドのM&Aを実施するメリットですが、当社はプラットフォーム事業としてブランドの自社EC運営と物流受託機能を持っていますので、商品在庫を効率よく回して収益性を上げられます。また、「ロコンド」にしかない商品を展開できますので、新規ユーザーの獲得にもつながります。ECモールの運営が厳しくなっている理由の一つは、「ここでしか買えない商品」が少ないからだと思います。どこでも買えるのであれば規模の大きな「ゾゾタウン」や、ポイントを貯めたり使えたりする「楽天市場」で買いますよね。「ここでしか買えない商品」という点でも、ブランドのM&Aは当社の成長戦略に合致します。

　成長するための打ち手として、24年はマガシーク社のM&AによってファッションECモールで「圧倒的2位」というポジションを確立しました。第2章はブランドのM&Aが成果を上げていますので、ここを一気にブーストさせるためのスキームとして、中間持株会社の設立も視野にあります。25年度は10社くらいのM&Aが成立するかもしれません。

　中間持株会社を持つ理由は、買収するブランドの独立性を維持できる点です。子会社になった時点でグループとしてのゴール感が出てしまいますが、ホールディングス化と中間持株会社を用意することで、独立体として各ブランドが再成長や上場できる仕組みを作りたいと思っています。中には事業承継をサポートするようなケースも出てくると思います。

　M&Aの対象カテゴリーとしてはファッションがメインになりますが、セグメントは女性、男性、キッズ、プチプラ、高価格帯など何でもいいと思っています。「ロコンド」ユーザーは35歳～49歳の女性がメインですが、キッズアイテムやパートナーの商品も買いますので、「ロコンド」とのシナジーがあればセグメントはこだわりません。

3サイトのデザイン最適化に着手

　「ロコンド」と「マガシーク」「d fashion」の3サイトについては、3月から各サイトのリブランディングというか、サイトごとのデザイン最適化に取り組んでいます。中・高価格帯の靴を中心に見せる「ロコンド」は"ポップな百貨店"、中価格帯の服がメインでエレガント寄りな「マガシーク」は"ファッション誌"、低中価格帯のファッションアイテムが軸になる「d fashion」は"おしゃれなポイ活"のイメージで展開します。同じブランド、ショップでも各サイトのターゲット層に合わせてバナーを変えたりもしています。

　取引先ブランドと話をすると、「d fashion」でやりたいことがたくさんあるのにできないと言われます。例えば、タイムセールなどよりもポイントアップ施策は直接的な割引ではないのでブランドは実施しやすいのですが、今のシステムでは「d fashion」でポイント施策を打ちたくても、全商品一律でポイントを付けることしかできません。本当はこのアイテムにだけポイントを付けたいとか、この商品のこの色だけタイムセール価格にしたいといったニーズがあってもシステム上の制約でできませんでした。

　そうしたブランドからの要望に6月のシステム統合で応えられるようになります。M&Aを実施する前は「d

「ロコンド」として初となるスーパーセール「よロコンドるスーパーセール」を開催した

"自宅で試着、気軽に返品"をコンセプトにスタートした「ロコンド」

fashion」でのポイント施策がそこまで大事なことだとは思っていませんでしたが、システム統合の価値を感じてもらっています。

「マガシーク」は王者の「ゾゾタウン」と完全に競合しますので立ち位置としてはなかなか大変です。現状の商品取扱高としても「d fashion」は「マガシーク」の倍以上です。dポイントは楽天ポイント、PayPayポイントなどと競合しますが、消費者はそれぞれメインのポイントを決めているので、dポイントが中心の人は「d fashion」で買い物をしてもらえると思います。

「d fashion」の利用者は40代以上が多く、NTTドコモさんに対する信頼感、安心感があるのだと思います。「dメニュー」の中に「d fashion」への導線はありますが、これまでは「『d fashion』に来ても欲しいものがない」と思われていたのかもしれません。「ロコンド」との商品在庫の統合は完了していますので品ぞろえは増えましたが、競合と比較したときにベストプライスになっているわけではないのが現状です。

「d fashion」は6月のシステム統合によってSKU単位でのポイント施策や割引施策などをブランドが設定できるようになりますので、「d fashion」の商品が勝てる機会が増えます。

一方の「マガシーク」については、「ロコンド」との在庫、システム連携によってサイズ交換などができるようになったことを知らない「マガシーク」ユーザーがまだ多いと思います。そうした認知も含めてやるべきことをしっかりやり、計画値を下回っている「マガシーク」の商品取扱高を底上げしていきたいです。

主力の「ロコンド」では、新しい取り組みとしては3月19日〜25日の1週間、「よロコンドるスーパーセール」を開催します。スーパーセールの期間中はテレビCMも放映する予定で、サイト訪問者数アップにつなげたいですね。

雑誌のM&Aなども検討へ

足もとでは、物流費や人件費などコストアップ要因は多いですが、利益を出すという意味では当社の場合、外注ではなく内製化を進めることでコストを下げています。マガシーク社も高いコストをかけてシステムや物流を含めて外注していました。これを、当社のITシステムや物流と統合することで収益性を高めることができました。

実際、マガシーク統合によるコスト削減プロジェクトが順調に進んだので、キャッシュフローは大幅に改善し、マガシーク社のM&Aに要した銀行借入は24年末に完済しています。マガシーク社のM&Aは投資回収という意味ではすでに成功したと評価していますし、今後のM&Aや投資に向けての財務基盤も整ってきました。

マガシーク社のM&Aに伴って3月から新倉庫を借りています。昔よりも商品取扱高の規模が増えたことで、倉庫も少しずつではなく一気に広いスペースを借りる必要があります。3月から借りる新倉庫は約3万5500㎡で、既存倉庫の約11万5500㎡と合わせた稼働率は8割程度になるので問題はありません。ただ、もったいない部分もあるので、商品取扱高が想定の規模になるまではシェアリングや物流受託機能の強化、転貸なども含めて検討しています。

25年度は「ゾゾとは違う"オンリーワン"へ」をテーマに、既存事業の細部の磨き込みはもちろん、M&A強化に向けた中間持株会社の設立など、ブランド事業で新たな"独立ブランド連合"を形成していきます。さらに、M&Aを通じてオンラインだけでなく雑誌などオフラインの領域までカバーできるメディアミックス体制の構築を目指します。また、海外工場のM&Aによる生産領域への参入と直接的な途上国支援モデルを作っていきたいと思います。越境ECの拡大については、世界情勢を見据えながら徐々に引き上げていくつもりです。

5

複数メニューで購買体験を向上、ECでの買いやすさにつなげる

談●坪井　春樹
ゴルフダイジェスト・オンライン
リテールビジネス ユニット長

【プロフィール】　カタログ通販会社で商品調達の経歴を経て、2012年にゴルフダイジェスト・オンライン入社、リテールビジネスユニットで商品部にて在庫管理、バイヤー職を担当。その後、企画部に異動し、販促マネージャー、企画部部長を歴任。2022年よりユニット長に就任。

中古事業が好調に推移

　前期（2024年12月期）を振り返りますと、実店舗やECなどの小売り事業全体は、前年対比で104％くらいの売り上げとなりました。ECだけで見てもやはり104％程度の伸長になっています。市況が厳しいと言われている業界の中では、比較的、順調に推移したと捉えています。

　商品カテゴリー別の動向を見ますと、引き続き、中古事業が好調に推移しており、売上高は対前年比で120％程度に成長しました。（ゴルフクラブの購入と同じタイミングで手持ちのゴルフクラブの買い取りができ、買い取り額との差額で決済する）「下取り割」や、（ゴルフクラブのサブスクリプション型サービスである）「トライショット」といったサービスが変わらず好調に伸びています。そのため、中古の調達が増えて、売り上げが上がっている状態が続いています。この2つのサービスをエンジンとして中古販売が好調に伸びており、うまく循環できています。

　当社は中古事業での取扱商品の99％がゴルフクラブです。新品の値上がりに連動して中古も値上がりするのですが、それでも新品に比べると割安感があると思います。我々の立場からすると、中古は競合がまだそこまで多くはなく、限られている状況ですので、ECで中古の在庫をたくさん持っているということは強みとなり、まだまだ成長段階にあると考えています。

　一方で厳しかったのがゴルフウェア類です。アパレルのカテゴリーに関しては、前年割れの状況で、ここは市場でも結構ダウントレンドだとは聞いていたのですが、我々も同じくそういった状態になってしまいました。元々、我々は比較的アパレルが強い売り場だったのですが、昨今は大手量販店がECでの販売を強化されていたり、メーカーによる直営サイトの強化や、大手ECモールでのゴルフ関連商品の取扱拡大など、競合が増えてきたことが影響していると見ています。

　ゴルフ市場を全体的に見ますと、2021年、2022年はコロナ禍に伴って（3密を回避できるレジャーとして）ゴルフ利用者が増えましたが、そこから比べると、2023年は落ち込んでいて、2024年もそれが続いたイメージです。コロナのタイミングで始められた若い方や、もう1回やり直し出した方などがかなり多くいらっしゃったのですが、そうした方たちが他のレジャーもできるようになってきたタイミングで、離れていったと業界では捉えています。

　また、もう1つの外部要因として、商品の単価が上がっていることがあります。人件費であったり、製造に関わる費用、物流費、素材自体の高騰なども重なっていて、特にゴルフクラブは毎年のように単価が上がっています。一部アパレルにも影響している面がありますので、そういった単価自体が上がることによって買い辛くなったことは今までよりかは増えていると思います。ゴルフクラブの価格に関しては、メーカーによって異なるのですが、特に海外のブランドなどでは1年前と比べて10％程度は上がっている印象です。

そうしたことから、新品のゴルフクラブの販売については厳しい状況で、今、価格を気にせずに買えるという方はやはりそこまで多くはありません。新商品が発売されたタイミングで売れる量というのはそこまで大きくは変わっていないのですが、その次くらいの中間期のタイミングで購入する層がかなり減ってきたのではないでしょうか。以前までは6万円程度で買えた新品のクラブが、10万円となってしまうと購入を躊躇してしまう人もいるでしょう。おそらく今は、高くても新品を買える層と、なるべく安く中古や特価品で買うという層の二極化がこれまで以上にはっきりしてきていると思います。

物価高などを受けて、下取りやサブスクサービスが堅調に

こうした販売価格の上昇を受けたこともあり、当社では下取り割やトライショットの利用が伸びた面もあります。トライショットについては、サブスク感覚で一度試してみて、気に入ったら残価を払って購入できるというサービスであり、月々5000、6000円などの値段で新作のドライバーを試せることから、安心して購入される方が増えています。1カ月、3カ月、6カ月という形でプランを選べるのですが、一度使ってすぐ返却するというレンタル感覚で利用される人も増えています。以前は、利用者の約7割が返却して、残りの約3割が残価を払って購入するという割合でしたが、今は約8割が返却している状況です。

このサービスについては、既存顧客にはかなり浸透してきたのですが、世の中のゴルファーがどれだけ知っているかというと、まだまだ認知を取っていく必要はあるかと思います。今はその作業に力を入れていまして、例えば、定期的にテレビCMを放映したり、リアルでのイベントも開催しています。その時々でどの媒体を活用するか確立したものはまだないのですが、色々と考えて行っています。

CMに関しては、BS放送や九州地方の地上波などで15秒・30秒の内容を放映しました。リアルイベントについては、2024年では4月に北海道で開催された「ゴルフフェスタ」というイベントに出展して、来場者にサービスの提案をしたりしていきました。これは2025年も引き続き行う予定です。

また、下取り割に関しても利用が伸びているのは、徐々に認知拡大が進んだことが影響しているかと思いま

通販サイト内にユーチューブ動画を取り入れた

す。こちらは外部広告を積極的に利用したということではないのですが、通販サイト内でのキャンペーンとして、買取金額アップするような販促企画を定期的に行って、利用件数が増えていった状況です。傾向としては、繰り返し利用されるリピーターが多いようです。一度使ってもらえるとサービスの利便性を理解してもらえるため、次に購入する時に、再び下取り割を使ってくれる形です。

どちらのサービスも基本的にはゴルフクラブが対象なのですが、トライショットについては、距離測定器を追加したり、下取り割ではシャフトだけでも買い取れるようにしています。やはり、リセール（再販売）しやすいアイテムがやりやすいため、その観点で、キャディバッグなど対象を広げることは考えています。最終的にはアパレルも取り扱いたいのですが、アパレルは単価が低いこともあり、買い取ったものを商品化して、サイトにアップしてというオペレーションコストに見合う利益が得られるのかという課題もあります。おそらく、ニーズはものすごくあると思うのですが、そのあたりも踏まえてサービスを設計しないといけないでしょう。

動画コンテンツで商品の魅力を伝える

そのほか、2024年から積極的に取り組んでいることとしては、動画やリアル店舗の活用があります。まず、動画についてですが、やはり、ECの場合、テキストベースだと中々商品の魅力を伝えづらいということが課題としてありました。そこに対して、もう少し楽しく情報を紹介していくコンテンツを作る取り組みとして、今は通販サイトの下の方に「ユーチューブ」のコーナーを設けています。例えば、都内の秋葉原にある当社の（セレクトショップ型の）実店舗「GDO Select」を舞台に、店長役のスタッフがバイヤーと掛け合い形式で商品を紹介していく「"絶対に悪口を言わない"ゴルフ用品店」をはじめ、話題のゴルフクラブなどについて忖度なしで

トークバラエティ形式で紹介する「ミタナラバコウタロウ」、また、当社のそれぞれのジャンルに詳しいスタッフが商品を試してレポートする内容など様々あります。

元々、これらの動画は公式ユーチューブで独立して配信していたものなのですが、2024年末ごろから通販サイトの中でも、商品を見せながら楽しんでもらうという意図で、1つのコンテンツとして抜粋して掲載しています。月に1～2本くらいのペースで公開しています。

動画に出演しているのは当社の社員であり、EC部門のメンバーも打ち合わせに参加しながら編集と一緒に社内でシナリオを考えています。また、動画内のアニメーション制作や編集についても、当社のデザイン部隊にいるデザイナーが作っています。手が回らない時は作業を外注することもありますが、基本的には自社でほぼすべての作業を内製化しています。

再生回数が数万以上のコンテンツもあって、測定は難しいのですが、コンテンツができたことで購買に多少なりとも影響している面があります。単品で紹介したコンテンツの商品などは明らかにユーチューブ経由での購入が伸びています。単純なコンバージョンだけで見るのではなく、こうしたことを継続することで、コンテンツをきっかけにGDOを知ってもらえたり、その中で買い物をする機会が増えていったりすることはあるでしょう。

ポップアップで注目のブランドを紹介

また、リアルショップの活用についてですが、こちらは前述の秋葉原のGDO Selectを使ったものです。ここは50㎡ほどの小さな店舗なのですが、ユーチューブの動画でも紹介した商品を実際に店内で並べるようにしています。動画の中でも商品を紹介して、最後にはこの店舗で扱っているということを発信しています。動画から送客して、実際の商品に触れてもらうという立て付けです。

また、メーカーさんの中でもまだまだ認知が足りないところもあって、様々なところでの露出面を探しているケースは少なくありません。そうしたメーカーさんとの協賛企画として、店舗内の一部のスペースを開放してポップアップのような形で展示することを行っています。その場で購入することもできれば、ECで買えることもできるという形です。

元々、この店舗は、限定品や希少クラブなどを扱う内容だったのですが、試し打ちなどを行えるようなスペー

秋葉原の実店舗ではポップアップ機能のほか、動画撮影なども行っている

スがなかったため、2024年からコンセプトを大きく転換して、ゴルフのアパレルやバッグなどソフト系の商品を中心に置くようにしました。今はポップアップの開催告知などウェブを使って集客もしています。やはり、数万円するキャディバッグを実物を見ないままEC上で購入するというのは中々ハードルがあります。それが、この店舗であれば実際に確認した上で購入できますので、ポップアップで展示したブランドの商品はやはりその時期はECでもかなり売れる成果が出ています。

運営自体は、当社のリテール部門の中にある店舗運営グループが行っています。そこでは、「ゴルフガレージ」というゴルフ用品販売の店舗を6店舗ほど持っているため、店舗運営のノウハウを有しています。あとは、どういった商品を置いていくかはEC部門のバイヤーとも相談して決めています。

取扱商品の基準としては、どこでも売っているものを扱ってもあまり意味がありませんので、まだ認知が低いけれども、本質的に良いものを作っているというブランドの商品を扱うことをテーマとしています。バイヤーが仕入れを行う中で、ポップアップで取り扱うのか、あるいは常設で販売するのかを決めています。もちろん、常設とは言え、店舗スペースが限られていますので、固定するのではなく、時に入れ替えも行いながら提案している状況です。

AI通じたバーチャル試着も提供開始

物価高の影響を受けて、モノが売れにくい時代になったということはあるのですが、当社では基本的には今期もさらに売り上げを上げるという計画でいます。

まずは強みとなっている中古事業をさらに注力させたいと思っています。今は調達ができるルートをある程度確立できましたので、それを商品化していくためのインフラ周りをより強化していく考えです。特に物流に関わるところで、買い取りの査定体制や、撮影して商品化するところなど、オペレーションコストがかかる部分なので、そこにDX化を図って上手くソリューションを活用することで、人力でやっていた部分を少しでも生産性を上げていくことができるようになると思います。

あとは会社としても、デジタル体験をいかに強化していくかという話はかなり出ています。その中でもAIの活用は1つテーマにもなっていますので、今年はそれに取り組んでいき、成果を出せるようにしたいと思います。

今は、ECで「AI試着室」というサービスをテストしています。バーチャル試着のような仕組みなのですが、顧客が自身の撮影画像をアップして、それに通販サイトにあるアパレル商品の画像を選んで当て込むと、AIが実際に着用している様子の画像を生成することができるものです。着用時のシワなども上手く表現して、自然に着ているような画像を生成できるというところがポイントです。モデルの画像に着せ替えのように当て込むことも可能です。

これは電通デジタルさんと共同で、自社開発したもので、テスト版を2025年2月にリリースして一部の商品で開始しており、今後はこれを徐々に改良していきたいと思っています。ある程度まではできているのですが、サイズ感までを完璧に表現できているという段階ではまだないので、次のステップで実現できるようにしたいです。最終的には、「あなたにはこういった商品が似合います」や、「このトップスにはこういった機能もあります」というような形で、コメントとして顧客に対してレコメンドできるようなAI機能を持たせたいです。いわば、実店舗でスタッフが接客しているようなイメージでしょう。こうした機能をECに取り入れる効果としては、購入の最後の後押しになるというコンバージョンへの期待もありますが、単純にウェブ上で商品を選びやすくするという目的もあると思います。

また、先ほど、DX化で生産性を上げるということを申し上げましたが、それは様々な場面で必要だと考えています。例えば、今は査定担当のスタッフがゴルフクラブを見て、いつのどのブランドのものかということを判断していくのですが、その作業自体はある程度ゴルフの知識やゴルフクラブのことを分かっていないと行うことができません。作業自体にも時間がかかるので、そうしたところを人の目ではなくて、カメラとAIを駆使して、撮影しただけで商品の状態も含めてランク分けなども自動でできるようになるとかなり生産性が上がるでしょう。

あとは、実店舗の話になりますが、中古クラブの場合、商品ごとにそれぞれ価格シールを付けなくてはいけません。今は、店内に陳列するゴルフクラブのヘッドに1枚ずつ価格シールを作って貼っているのですが、新商品の売れ行きなどによって中古商品の価格も連動して相場が変わっています。何かを見て値札を変えるという作業は、割と頻繁に発生するため、価格チェックは、毎週、担当者がやっています。これが非常に大変な作業となるため、例えば電子タグを導入して、PCで価格変更したものをアップロードするとその電子タグの価格情報も変わるなどが考えられます。中古クラブはSKU数も膨大なため、まだ取り入れることはできていないのですが、こうしたところもテコ入れしていく必要はあると思います。RFIDも導入することで、もっと商品管理も楽になると思うのでそうしたところも含めて生産性を上げていきたいです。その結果、商品化も速くなりますし、顧客にお届けするスピードも速くできるでしょう。

購入ハードルを下げるための取り組み

これからいかにして商品を売っていくのかということを、現在の物価高というポイントを1つ意識して申し上げますと、やはり購入するハードルをいかに下げられるかということが大事になるかと思います。それは金額的な部分もそうですし、やはり、利便性ということもそうだと思います。

あとはECはどうしても商品を直接見て手に取ることができないため、ECでの買い物で失敗をしないようにできるかという課題を解消することが重要です。当社で言えば、トライショットであったりバーチャル試着など。金額的な部分で言えば下取り割などの取り組みがあるかと思います。そうしたサービスのどれか1つというよりかは、組み合わせなのではないでしょうか。ユーチューブのようなコンテンツの取り組みもそうですが、情報があまり得られないとECで商品を買いづらいということは当然あるかと思います。最新のAI施策も含めてですが、こうしたサービスを蓄積していき、購買体験を向上させていくということが大事になるでしょう。

スマートファクトリーで生産・流通コスト抑え、カニを物価高から守る

談●田辺　晃司
伝食
代表取締役社長

【プロフィール】 2000年に増米商店に入社。2001年4月より「越前かに問屋ますよね」の店長として、カニを中心とした海産物の通販サイト運営を始める。増米商店を退職後、2011年3月に伝食を創業し、代表取締役社長に就任。

円安や国際情勢によるダメージを軽減しながら仕入れを行う

我々は自社通販サイト「甲羅組」で、カニを主軸とした海産物の販売を行っています。2025年はありがたいことに「楽天市場」の「楽天ショップ・オブ・ザ・イヤー（SOY）2024」において、総合1位を受賞させていただきました。

受賞の要因としては、流通総額の2桁成長を目指して、物流や仕入れのシステムを整えたのが大きかったと思いますね。1年間通して、いかに新規のお客様に買っていただいて、リピートしていただくかというところに注力していました。お客様から寄せられたレビューも逐一チェックして、どうすれば高得点に引き上げられるのかということを考えていましたね。

近年はSOY総合10位の中にライクインさせていただくことが多かったのですが、「SOY2023」は、巣ごもり需要の反動や物価高の影響があって売り上げを伸ばすことができず、受賞することができませんでした。

当社はカニを海外から輸入していますが、コロナウイルスの流行やロシアのウクライナ侵攻などさまざまな要因を受けて、カニの仕入れ価格は大きく変動しています。今年2月、アメリカ政府がカナダからの輸入品に25%の関税を課しました。カナダは世界で一番カニが獲れる地域です。通常は大半がアメリカに輸出されるのですが、そこに関税がかかるとなると今後どうなっていくのか、カニ業界全体が揺らいでいます。カナダからの輸入に依存することなく、ロシアやノルウェーなどさまざまな産地からまんべんなく仕入れていくことが重要だと思っています。

カニ販売はそもそも非常にリスクが大きいもの。単年度の買い付けでは相場が不安定になったときに大きなダメージを受けてしまうので、2～3年のスパンで区切って買い付けを行うことも重要です。「昨年はこの価格だったのだから今年も同じ価格で売ってくださいよ」というお客様からのお声も多いのですが、利益率を下げても価格変動なしに販売すべきなのかは判断が難しいところですね。

カニ以外の商材強化は必須

現状売り上げに占めるカニの割合はおよそ半分ですが、カニへの依存度を下げていかなければならないと感じます。カニは11～翌2月のシーズン時期に限って売れるものなので、それ以外の時期に価格を下げてもなかなか売れません。カニのオフシーズンは、ウナギなど他の商材で新規購入をしてもらえるよう促しています。ウナギは夏に売り上げのピークが来る商材で、買い付け時期もカニとちょうど反対になります。冷凍庫の空き状況や資金繰りの観点から見ても、カニをカバーしてくれる商材として最適です。

「甲羅組」では冷凍むきエビや骨取り加工をした魚の切り身なども毎月一定の需要があります。こうした冷凍食品やウナギを入り口商品として、利益度外視で試して

第1部 総コストアップ時代を乗り切るための通販戦略は？

「伝食ロジスティクス」の外観

もらい、当社のメールマガジンに誘導するなどしてリピートにつなげています。

顧客の離脱を防ぐという点では、商品の品質担保は避けて通れないところ。どんなにサービスが良くても商品自体が悪かったらお客様はリピートしてくれないと感じます。「楽天市場」の商品レビューにおいては4.5点以上を獲得することを目指しています。

また、お客様にとっては「コスパ」という観点も重要です。500g2000円で売ってきたものを、3kg 4000円で売るとレビューの点数は上がるのかなど、試行錯誤しながら価格を調整しています。「楽天市場」では、2商品をまとめ買いすると送料が600円オフになる「まとめ買いクーポン」という施策を行っています。お客様に「まとめ買い」を促すことで、当社としても利益を出しつつ、お客様にとってもお得感を感じてもらえるように尽力しています。

同じく「楽天市場」では「最強翌日配送」にも対応しており、午後2時までに注文を受け付けた商品は即日出荷を行っています。主力商品であるカニの注文が増える12月31日も同様です。他社は30日の午前や正午で注文を締め切るところが多かったので、その分当社に流れてきたところはあったのかなと思います。

なにより、売り上げを上げるためには、売れ筋商品の数を増やすことが欠かせません。今後は新商品の開発にも力を入れていきたいですね。ECで他と被らないような食品ジャンルを展開していきたいです。昨年から「伝食ロジスティクス」でおせちの製造を始めたので、それをメインに広げていくことも考えられます。おせちは配送リスクなどの問題もあり、参入障壁が高くなかなか販売できずにいたのですが、ついに踏み切りました。オフシーズンで新規顧客を取り込み、年末商戦でカニなどの高単価商材を買ってもらって、最終的にはおせちを買ってもらうという、一連のサイクルをいかに綺麗に回していくか考えています。客単価は年々上がってきていて、カニのシーズンで1万円ほど、それ以外のシーズンで5000円ほどです。

「食の総合商社」目指し多様な食品を展開

我々が目指すのは食全般を取り扱う「食の総合商社」。「甲羅組」に加えて、さまざまな食品ジャンルを展開

「伝食ロジスティクス」ではカニを含むさまざまな海産物の加工を行う

しようということで、2020年頃に菓子類等を販売する「祖の食庵」を始めました。こちらも「SOY2024」のスイーツ・お菓子ジャンル賞で大賞を受賞するなど成長を見せています。「楽天市場」の「リアルタイムランキング」上位商品のアイデアを参考にしたり、新入社員や女性の意見を取り入れたりしながら、既成概念にとらわれない商品づくりを行っています。3店舗目にはワイン専門店「WineDish」を始めたので、こちらも注力していきたいですね。

現状「祖の食庵」の売り上げは「甲羅組」の8分の1程度、月商7000～8000万円で推移しています。いずれは年間10億円ほどの売り上げを作りたいですね。「祖の食庵」だけでなく、10億円規模の事業を数多く作っていきたいと考えています。

物価高に備える
スマートファクトリーを設立

高成長を続けるためには物流のインフラを整えることが不可欠です。外部委託にはリスクが伴うため、当初から物流は内製化すべきと考えていました。我々は2022年に物流倉庫「伝食ロジスティクス」を設立しました。冷凍倉庫と出荷拠点を兼ね備える形になっており、カニを含むさまざまな食品の加工を行っています。

また、26年春にも新工場の設立を予定しています。「伝食ロジスティクス」と同じく、福井県敦賀市の「敦賀市第二産業団地」内に竣工します。新工場は物価高への対抗措置として、高い作業効率で生産コストを削減する〝スマートファクトリー″化を計画しています。

アレルギー等の観点から、カニの加工は単体の工場で行った方がいいと考え、新工場はカニの専門工場にしました。出荷機能はありません。新工場の冷凍庫で加工したカニを、「伝食ロジスティクス」から出荷するという流れになります。両方の工場でカニ加工を行えば、出荷量は約2倍に拡大することが予測されます。

新工場は観光施設を併設しているのが大きな特徴です。「伝食ロジスティクス」にもカニの加工見学ができるエリアを設けていますが、一度に見学できるのはわずか5～10人と少ない。「もっと多くの人が見学できる工場を作りたい」と考え、見学型のオープンファクトリーにしました。単なる加工見学に限らず、カニを使った料理の提供や、加工したカニの持ち帰りなど、さまざまな企画を予定しています。

敦賀は24年3月に北陸新幹線の終着駅となりましたが、金沢や福井で降車してしまう人が多く、期待したほどの地域活性化は図れていません。新工場を通して、集客・雇用の面で、たくさんの人が敦賀に集まるきっかけ作りができればと考えています。

「伝食ロジスティクス」の2階には通販オペレーションセンターを設ける

　また、敦賀市のふるさと納税寄付金額は全国の自治体でトップ20に入ると言われています。新工場は、大規模なふるさと納税返礼品のオペレーションを支える場としても機能させたいですね。現状はECからふるさと納税への誘導を行っていますが、やはり現地に来ていただいて、ふるさと納税に興味を持ってもらうことが重要です。敦賀市とも話を進めていて、何かイベントなどを開催できないかと考えています。

　何よりも大事なのはECの売り上げを最大化すること。新工場を訪れた人に敦賀市やカニの魅力を知ってもらい、「通販でも注文してみよう」という風に思ってもらえれば嬉しいですね。

ゆくゆくは年商1000億円を目指す

　当社は2025年で創業14年目を迎えます。創業する際に銀行に提出した事業計画書には「10年で年商50億円を目指す」と記載しましたが、担当に「夢を追いかけるのはいいけど現実を見てくださいね」と言われました。でも10年後、年商は100億円になりました。前期の売上高は137億円。今期は140億円以上の着地を目指しています。

　高い成長を果たせた要因は、やはり守りに入らなかったことが大きいと思います。一つの大きな転換点は、巣ごもり需要が起きた2020年。非常に売り上げが伸びて利益も出ましたが、年末に出荷機能がパンクして、物理的に出荷できなくなりました。その時に「伝食ロジスティクス」の建設に踏み切りました。約30億円の投資です。当時の売り上げは100億円程度でしたが、年商100億円で満足していたらおそらく今の成長はなかったでしょう。150、200、300億円と次の売り上げ目標があるから、節目の判断で守りに入らずにアクセルを踏み続けることができます。

　会社全体の中期計画では年間10％の売り上げ成長を目指しています。「1.1をかけていくと約10年で年商1000億円になる」と会社で言ったらみんなに笑われましたが（笑）、なにくそ精神で目指しています。

　食品全般を扱いながら、リアルの場でのBtoBなど、新たな事業にもどんどん挑戦していかなければならないと感じます。1000億円のうち、通販の売り上げは半分以下になるようなイメージで考えています。

　今考えている一つの方向性としてはネットスーパー。現在は野菜などの産直系商材を取り扱っていないので大きなチャレンジになります。生産者の開拓など苦労もあるでしょうし、農業に乗り出すか否かなどいろいろ考えています。

　ゆくゆくは上場も視野に入れています。上場してからはM＆Aなどを行い、事業規模を拡大していきたいです。

独自の技術革新やアイデアで打ち勝っていく時代に

談●岡本 洋明
ジェネレーションパス
代表取締役社長

【プロフィール】 1964年4月1日生まれ、静岡県浜松市出身。86年駒澤大学経済学部卒業後に日本信販（現三菱UFJニコス）に入社し新規事業開発を担当、99年ハーバード大ビジネススクールPMD卒業、2000年にソフトブレーンの取締役として経営全般と営業部門を統括。2002年にジェネレーションパスを創業し、代表取締役就任。2014年9月東証マザーズに上場。

　前期（2024年10月期）の業績を振り返りますと、増収増益とはなりましたが、2024年は為替の変動が激しすぎて見えない部分が多くありました。ここまで円相場が動いたのは、おそらくここ数年ではなかったと思います。3年前に110円程度だったものが、160円ぐらいまで一気に変化したかと思えば、また140円ぐらいまで落ちていくなどとにかく変化が激しかったです。そのため、為替予約もなかなかやりづらい状況でした。あまりにもボラティリティが大きすぎて、下手に動くことができず、結局は毎月その変動幅に合わせていったという形になりました。当社の場合、モノ作りを行っているとは言え、そこまで1年間続けて売っているわけではなく、あくまでもマーケティング会社ですから。

　また、海外のベトナム工場に対して5億円ほど貸付金がありましたが、国内は10月決算であるのに対して、海外は9月決算となります。9月決算の段階の為替相場でいくと、為替差損が出てしまって、連結ではどうしてもその影響を受けたというのが一番大きいです。

　ベトナムの工場では日本などの大手販売店向けに家具を販売していますが、ここはコロナ需要の反動減を受けました。コロナ禍の時に、リモートワークなどの影響で、家具の需要が爆発的に増えたのですが、その後は買い替え需要が世界中で一巡したような印象を受けています。

　国内だけで見ますと、商材によっての好不調はあると思います。例えば、当社で力を入れている家電について、（シンプルな家電シリーズPBの）「Simplus（シンプラス）」が非常によく売れました。これは工場直送で販売しているため、価格が安くて需要も高くあり、途中から在庫切れの連続となりました。このシリーズに関しては季節家電であったり、テレビや冷蔵庫などそういったものを取り扱っています。

　特にテレビで言うと、40インチや50インチのようにサイズが大きいものほど売れていきました。おそらく、消費環境の低迷も関係するのですが、消費者が自宅で過ごす時間が増えているのかもしれません。一人暮らしの世帯だとテレビではなく、スマホを見ることが多いのかと思っていて、それであれば24インチぐらいのサイズが適正なのではと考えていましたが、意外にも大型サイズが売れました。

　昨年から商社を介さずに、（中国やベトナム、インドネシアなどといった海外のOEM先の）工場から直接取引するD2C事業を行っています。50インチくらいのサイズの場合だと、日本の大手ナショナルブランドメーカーでは15万円〜20万円く

シンプラスシリーズでも人気となった大型テレビ

らいはしますが、当社は半額近い8万円程度で販売しています。結果的にシンプラスブランドの家電については、トータルで前期までで40万台近く販売することができました。このD2C事業で言うと、全体の利益率で数パーセントの改善になっていると思います。

家電が好調な反面、インテリアが伸びなかったことについてですが、確かに価格は上がっていますが、マーケティングの考え方で言うと、生活環境が変わったということもあるでしょう。例えば都内であれば、今は独身の一人暮らしの割合が40～50%程度あると聞きます。マクロ的に独身世帯が増えているとなると、家族向けの4人掛けのソファーなどを作ってもあまりニーズがありません。一人暮らしの場合、ワンルームであれば、ベッドとテーブルを置けばあとは収納ぐらいしか必要がなくなるのではないでしょうか。

これに関連して取扱商品の構成も変化しており、家電の比率がだいぶ高くなりました。インテリアの定義も広いのですが、一昨年くらいまではインテリアに対しておおよそ8対2くらいの比率でしたが、今では売り上げベースで見るとほぼほぼ同じくらいにまでなっています。

商材ごとに特化した自社ECの開設が進む

前期より、商材ジャンルに特化した自社ECサイトを開設しており、すでに10サイトまでできていますが、これは100サイトまで作っていく予定です。今は日本のEC市場がどうもアメリカ的になってきています。これまで日本はEC市場におけるモール比率が海外と比べて非常に高くありました。それが今は若干、伸びが止まってきていて、一方で、専門のECサイトは伸びています。これはECサイト構築のプラットフォームが伸びてきていることもありますし、前述した増え続けている独身世帯が何かちょっと人と違う変わった商品を買いたいと思っているところが影響していると思います。ちょっと変わった商品となると、やはり専門店みたいなところで買ってみようという心理はあるのかもしれません。

また、専門サイトを作る理由の1つとして、我々の顧客は消費者でもありますが、一番は取引先のメーカーでもあります。すべてではないのですが、取引先の中には専門サイトで販売するのであれば商品を提供してみたいというところが出てきています。大量販売ができるようなところとは別に、コンスタントに地道に販売するような規模ですと、専門サイトくらいの方が都合が良いという場合もあるのでしょう。

1店舗当たりの売り上げも、とにかく月500万円程度売れれば成功だろうという考え方なので、今のところ順調にその10店舗は近づいてきています。これがある程度いけるようになると、100店舗を出せます。1店舗当たり年間で6000万円の売り上げとなるため、100店舗となれば60億円の売り上げになります。

現在、出している専門サイトとしては、ギフトやインテリアなどがあります。特に調子が良いのは「DigKag（ディグカグ）」という家具を深掘りしたサイトです。これは、モールなどのトレンドとは逆行していて、大型家具を専門にしているものです。爆発的に売れているというわけではないのですが、コンスタントに毎月数百万円以上の売り上げが取れるようになっています。ここは、何千点もの商品を載せるのではなく、限られた商品数だけを載せているので、買う側からすると選びやすくなります。

各サイトで掲載する商品については、仕入先のメーカーとコミュニケーションをとって決めています。例えばある仕入れ先のメーカーでは、職人さんたちが売れる商品ばかり作っていても面白くないと感じていることがあるといいます。その話を聞いてから、売れないとしても何らかのニーズが獲得できるような大きい家具を集めてやってみないかという話になりました。メーカーからするとそうした面で気遣ってくれていると感じてもらえたのでは。

運営担当について、今は1店舗に1人がそれぞれ付いています。社員教育の一環で行っている面もあり、これは非常に勉強になります。ECはスタートした時は全部自分で行いますが、規模が大きくなると、仕入れやマーケティングなど業務がいくつかに分かれていき、全体を知るという人が少なくなってきます。それが小さい規模

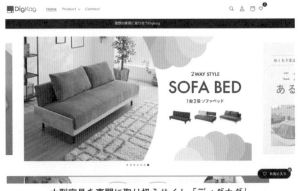

大型家具を専門に取り扱うサイト「ディグカグ」

の店舗ですと、仕入れや広告の出し方などを色々と1人でやっていくことになるため、自分で考えるようになっていくのでしょう。

　今後の目標として、今、当社では300万点以上の商品を取り扱っていて、それをより細かくしていくということが1つあります。あとは、（メーカーや店舗などの）取引先のEC運営代行の店舗を行うという考え方もあります。もし、自社ECをやっているけれどもあまりうまくいっていないということであれば、当社で集客など実績値をベースに話をしていきたいです。

　また、3年先のことなども具体的に考えています。今は（サービスの）形態も少しずつ変わっていっていて、まずはD2Cの比率を今の10％程度から3年以内に50％まで高めていきたいです。専門店の自社ECについても3年以内に100店舗まで広げることができれば、さらに100店舗増やしていくことはできます。100店舗を1000店舗にすることは実はそこまで難しいことではありません。受発注やカスタマー対応など裏側の仕組みはすべてこちらで持っているので、例えば定年退職した人や副業でやりたい人などに店舗を運営してもらうこともあるかもしれません。

　あとはどのような商品を取り扱うかや、店舗設計、テキストといった部分だけです。社内にもたくさん商品があるので、新しく取引先を開拓する手間もかからないはずです。子育てをしている人など、外に働きに出ていくのは大変だけれども、実は子供向けの商品など、どのようなものが支持されているのか気づきを持っています。集客については当社がサポートしながら、やっていければそこまでは難しくないと思っています。

AIはマーケティングなど集客面での活用が進む

　AIに関して、新商品開発での素材の組み合わせのヒント探しなどで活用が進んでいましたが、今一番使っているのはマーケティングなどの集客の部分です。例えばある商品を売りたいとなれば、そこでのキーワードは何がいいか、どういう言葉で検索されているかということはAIでまずリサーチします。その検索されているものに対して、例えば小さな広告を出して、それに対してのコンバージョン率がどのぐらいになるのかということをひとつずつ全部計算することをAIが自動で行っています。

　例えば「アレルギー」というキーワードで出しても、クリック数は多くなりますが、コンバージョン率はそこまで高くはなりません。そこに対して、2つ

開発した新素材を使った接触冷感・持続冷感機能を持つ敷パッド

3つのキーワードを重ねていくことで、コンバージョンを最適化するのです。検索キーワードの組み合わせ方で高効率のコンバージョンを導き出せるようなイメージです。

　ただ、AIの活用が進むことで人手が減っていくということはないと思います。今はAIを活用することでシステム要員が増えていますので、将来的には減っていくこともあるのかもしれませんが。そもそも当社の場合、商品を企画するのは新人が多いです。バイヤーの平均年齢では20代前半くらいなので、基本的にはAIを活用しながらとなります。価格設定の場面でも使うので、相場を踏まえて仕入れ値はどの程度になるのかなど、AIがあればある程度は上手くいきます。ただし、アパレルの場合は個人の趣味嗜好などが関わるものなので、この分野では（活用までに）時間がまだまだかかるのではないでしょうか。

直接取り引きの強化を最優先に

　物価高の影響もあり、小売市場が低迷している時代ではありますが、今優先していく方向性としては、直接取り引きしていくD2C事業を増やしていくことだと思います。それは利益の面でも価格の面でもです。社内では私たちが、D2Cの「2」の部分になろうと言っています。作る人の「D」とコンシューマーの「C」は、橋渡し役がいないとつながりません。であるからこそ、D2Cを行うための橋渡し役となりたいです。

　また、必ずしも自分たちで作るということだけではありません。今、どういったものを作れば良いのか困っているというメーカーの工場に対してもデータを提供していくことができます。もし、そこでリスクを感じるのであれば、当社がすべて購入しますということもできます。

メーカーに対してマーケティングデータやアイデア提案をしながら、自分たちなりのD2Cを行っていきたいです。おそらく今後は、専門店に特化した形態か、メーカーが直接販売するかというこの2つに分かれていくと思います。

あとは、国内の消費が低迷しているということで、海外向けのビジネス展開も1つの活路になると思います。当社で言うと、今はベトナムの製造子会社について、半分くらいが日本の国内向けで、残り半分は海外向けの供給になっています。

また、ECで言えば、再び中国向けを考えなければいけないとは思います。当社では中国に子会社を持っていて、日本の報道を見ると、中国の経済がどんどん縮小しているような話をされていますが、あれだけ中国政府が国内需要の喚起ということを強く打ち出しているので、その大きなマクロの流れはやはり積極的に捉えていきたいです。

やはり、中国では国内の消費需要を上げるということで、ティームーやアリババなどがしっかり伸びています。それ以外にも、海外の商品、特に日本商品は高い人気であることも大きいです。自社通販サイトになるのか、あるいはライブコマースを活用するのかということを考えています。

過去には中国向けの越境ECを色々行いましたが、やはり、消費者に結びつくことをやらなくてはいけません。ライブコマースであれば、売れるとその人たち（ライバー）にも利益が入るため、ある意味やりやすいでしょう。テレビ通販に近いものをライブで行う形です。現地のライブコマース会社と一緒になって行うか、場合によっては中国の子会社で（ライブコマースサービスを）作ることもあるかもしれません。

中国子会社が繊維製品開発で特許を取得

現状、中国の子会社では、繊維を開発しています。少し前にも機能性繊維の研究開発において、現地で高性能繊維製品分野における高新技術企業認定（ハイテク企業認定）を受けることができました。この認定を受けると、法人税が軽減される優遇措置があります。最近では、羽毛に関して新しい素材も組み合わせていくことで、羽毛と同じ機能であるにもかかわらず、半額程度の安い価格で販売することができるという技術の特許も取りました。

やはり、マイクロファイバー素材のようなものだけですと、どうしても少しごわごわしてしまうのですが、これは半分を羽毛にするという技術です。そのため、今は日本でリサイクル羽毛を集めています。

そのほかにも、今はコットンが値上がりしていますが、当社の機能性素材の場合、ポリエステルの形状を色々と変えて、発汗性能や保温機能を高めたものにコットンを巻き付けて作った素材があります。1本の糸の真ん中にポリエステルが入っていて、その周りがコットンで巻かれているため、肌触りはコットンのままです。それでいて、コットンを使う量も少なくなるため、価格が安くなります。形状を変えれば、夏は涼しく、冬は暖かくなるという機能を実現できます。

いかに工夫するかが大事

こうしたアイデアは先ほど触れた小売市場の低迷にもつながる話です。やはり、今は知恵とアイデアがないと打ち勝つことはできないと思います。インフレが起きているからと言って、ただ高く売れば良いということではなく、技術革新であったり、工夫を図ることが必要です。先ほど言った羽毛についても価格を高くすれば良いということではなくて、同じ機能であっても安くするためにはどうしたら良いかということを研究開発する必要があるのではないでしょうか。

また、私たちはマーケティング会社でありながら、メーカーの仕事も行っているため、それがやはり一番伸びると思います。過去において、企業は良いものをより良くするということでモノ作りをしていたと思いますが、今はコストが上がっているために、値段を高くしようという話になってしまっています。そこをいかに工夫するかということが、これから大事なのではないかと思います。

やはり中小ベンチャーであれば、そうしたことはやっていかないといけません。特許を取って「これはうちにしかできない技術です」と言えるものをやっていくことが大事です。さっき言った中古の羽毛布団をリサイクルして、そこに新しい素材を混ぜて1つの布団にするということは言われてみれば当たり前のことではありましたが、意外とあまりやっていなかったのでしょう。糸が高くなっているのであれば、その糸をいかにして安くしていくのかを考えないといけません。昨年からそうしたところを色々取り組んでいます。

8

商品価値を伝え、良いものを出す、持続性のある正攻法の努力を

談●高岡 本州
エアウィーヴ
代表取締役会長兼社長

【プロフィール】 1960年名古屋市生まれ、1983年名古屋大学工学部応用物理学科卒業、1987年スタンフォード大学大学院経済システム工学科修士課程修了、1998年日本高圧電気代表取締役社長就任（現・取締役）、2004年中部化学機械製作所（現・エアウィーヴ）を引き継ぎ、2007年「エアウィーヴ」を販売開始（現・代表取締役会長兼社長）

実店舗、通販ともに成長が続く

　2023年5月にコロナが5類感染症に移行し、そこから、消費行動が家の中から外へと変化していったことがあり、旅行需要なども増えていきました。ですから、2023年の後半については様々な需要が一巡した影響を受けていることになります。2024年に関してはそれがフルに1年間で受けたと言えます。

　そうしたこともあって、一般の市場全体を見てみますと、あまり伸びていないという印象を受けます。実店舗での動向としてもお客さまの数が減っているのではないでしょうか。デパートのリビング関係の売り場などは、若干、人の入りが少なくなっている感じもあります。そうした中で、我々は2024年について、パリ五輪（でのオフィシャル寝具サポーター活動）や環境配慮型寝具の促進などに取り組み、実店舗での売り上げが対前年比でプラスになりました。現在、約450人いる販売員達が全国各地の250店舗ほどの売り場でお客さまと接触して、その声を聞いて販売活動をしているという状況です。

　実店舗は場所や時間の面で売り場に制約がありますが、通販はそれを補完する場として非常に重要な役割を果たしています。2024年は前年比でプラスになっていますし、トータルで見て非常に堅調でした。

　2025年はエアウィーヴが商品の販売を開始してから18年目を迎えます。我々は、「睡眠の質」を提供するという新しい切り口で、（独自素材の）「エアファイバー」という、従来のスプリングやウレタンとは全く違った新しい形の寝具を世に出していき、寝具を通じて「眠りの質を売る」ことに注力してきました。ここ10年〜20年で、社会の「睡眠」への関心が高まってきたと思っていますが、その中で我々も足跡を残してきたのではないかと感じています。我々と同じような切り口で新規参入される会社も、毎年少しずつ淘汰されながらも出てきている状況です。

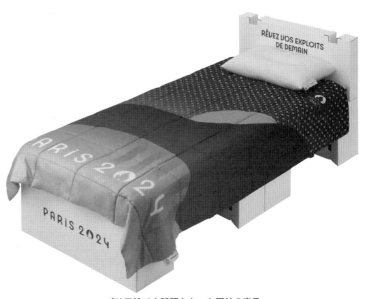

パリ五輪でも話題となった同社の寝具

オフィシャル寝具サポーターとして、選手村の全1万6000床に供給

パリ五輪での活動を通販の各媒体に活用

　2024年に開催されたパリ五輪でのオフィシャル寝具サポーター活動についてですが、我々がスポンサードして寝具を（選手村の全1万6000床に）提供したことは、通販媒体も含めて、テレビCMや新聞広告などの各媒体でマーケティング的なアセットとして使わせてもらいました。そのため、7月の大会開催時期はテレビ通販などでは想定の2〜3倍ぐらいに商品が売れました。選手達が（マットレスなど）我々の商品を使ってくれたということ。そして、なぜ使ってくれているのかということについても、中の素材が3分割になっていて個別の体形に合わせてカスタマイズすることで腰などへの負担が減るといった機能性の部分をうまく伝えていきました。

　こうした商品の機能性について、実店舗では販売員が説明するわけですが、通販の場合、テレビではMCの人が語ったり、紙媒体であれば機能の要素を絞って（テキストなどで）説明したりします。その時にやはり、消費者から見て「Wow!（ワォ）」というような驚きのアテンションを感じ取れる部分は何かしら必要であると考えています。例えば、会社によってはちょっと刺激的なキャッチコピーを作ったり、とても安いと感じられるような値引きをしたりなど。我々の場合は、それをこのパリ五輪で作ることができたわけです。（オフィシャル寝具という）アテンションで皆さんの興味を引いて、商品の機能をお伝えできたということで、やはり五輪というものは非常に大きかったと思います。

　ただ、残念ながら2024年については、この五輪での活動に相当のリソースを割いたことで、国内ではそこまでの展開ができなかったという面もありました。2024年の7〜8月は当社の社員が、入れ替わり立ち替わりパリに出張しました。延べ60人が1週間〜10日間ほどパリに滞在して、そこにリソースを割くわけですから、仮にこのリソースを国内の営業に使えた場合、相当な活動ができたわけです。本来は、環境対応や個別化された機能など、国内のマーケットにも浸透させる努力はもっとできたのかもしれませんし、するべきだったのでしょう。それは2025年に挽回しようと思っています。

アメリカ市場での本格展開にも着手

　また、2024年にパリ五輪での活動と同時並行して取り組んでいたこととして、アメリカ市場での寝具販売の準備がありました。当社の副社長が1年半前からロサンゼルスに赴任しています。アメリカの市場はグローバルな市場の縮図だと思います。ハイエンドな寝具もあって、スウェーデンの会社では1台250万円程度から、その上は600万円、もっと高いものでは2000万円というマットレスもあります。そのほかにもアメリカの会社では環境対応のマットレスなどが伸びていたりと、日本とは違う面があります。現実にそうしたマーケットを作っている人達がいるわけです。そうしたところから、今のエアウィーヴは果たしてどうしていくべきなのかということを知る機会ができると感じています。

　例えば、1960年に（本田技研工業の創設者である）本田宗一郎氏が（当時はまだ国内展開が中心だった）Hondaのバイクをロードレース世界選手権の「マン島TTレース」に出場させ、海外勢のバイクに勝つことができました。我々も、自社の商品がパリ五輪でのオフィシャル寝具の座を勝ち取ったという実績があります。「五輪」という場を通じて、いわば「レース」で勝てる商品はもう作ることができていたのですが、ただ、それを海外で売るための準備がまだできていなかったわけです。そのために今は商品にさらに磨きをかけ、デザインもアップデートしています。そうした学びはこの1年半

かけてアメリカで得ることができたので、国内の事業にも活かそうと思っています。商品のMDであったり、売り方であったり両方の部分です。

ですから、今、副社長がアメリカでマーケティングチームを作りながら、私も現地の報告を受けてパートナー会社ともロサンゼルスに何回も行っています。日本では通販も含めて認知が高くなりましたが、足りないところはないのか、海外を見てみると、学ぶべきことがまだあるので、それを吸収することができた年にもなりました。

竹内まりやさんを起用して、会社の想いを伝播

広告的な話で言いますと、2024年は4月から竹内まりやさんにCM曲として「Days of Love」を作っていただきました。「愛がずっと続く、環境も続く、人生もずっと続く」という想いを込めて作ってもらったものです。会社のテーマソングのような位置付けでもあり、マーケティング活動においてもこのメッセージを伝えていきたいと思っています。

竹内まりやさんは幅広い世代からの支持を得ている方です。当社は、マットレスパッドを売り始めた頃のニッチ層に向けたメッセージから、さらにもっと広い世代に向けて包括的なメッセージを伝えていこうというステージに今はなっているのかと考えており、ネットやテレビ通販、新聞広告媒体でもこの曲を使わせていただいております。

「Days of Love」は我々のメッセージです。愛が続くということ。竹内さんにお願いしたのは、「続く」ということが大事だということで、それは、愛が続く、人生（命）が続くということです。これにもう一つあるのが、我々の責務として、地球を守り続けるということです。環境を破壊しない、つまり我々の寝具が環境配慮型であるということです。これを歌詞の中に取り込んでいただき、曲名としては愛が続くということを表現されているのですが、そこには命や環境が続くという意味も込められているのです。

2025年は、より一層この曲を活用していきたいと考えています。曲や映像はとてもメッセージ性の強いコンテンツだと思います。そういう意味で、通販にも活用できる非常に強力なコンテンツができたなと思っております。通販サイトやテレビの中でこの曲を活用することに加え、2025年は、曲に関連したコンテンツをもう一つ世に送り出そうとも考えています。こうした取り組みを通じて、お客さまに向けて訴求することで、アテンションを取り、信頼を高めることができるだろうと考えています。

結局、寝具については、使ってもらった人達の満足度はとても高いのですが、その前の段階である使ってもらうところまでが中々難しいわけです。お客さまが我々を信頼してくれないといけないわけですから。そのために、皆さんが信頼されているような（著名なホテルや劇場、医療施設といった）様々な施設に導入されるという実績を作っています。商品の機能と同時に様々な情報アセットを積み重ねていくわけです。従来は紙媒体やテレビがありましたが、そこに曲が加わることになるため、また違う角度から伝わっていく部分があるでしょう。

選手村には「マットレスフィッティングセンター」も設けた

通販での販売も好調に推移している（画像は同社の公式通販サイト）

荷姿の規格変更で通販での取り扱いが伸長

物価高の影響を受けている今の小売市場への考え方ですが、端的に申し上げますと、物価高の中で安い値段で訴求した場合、一時的に売り上げが伸びることはあるかと思います。ただ、実は我々は通販も含めて、2024年に商品を値上げしています。一時的に安いものを出して、売り上げを伸ばして収益を上げるという手法もあるのですが、それでは持続性が無いものになります。当然、経営努力で値段を抑えるような取り組みは会社としても行いますが、為替であったり、人件費の上昇など、どうしても上げざるを得ない要素があるわけです。

2023年は商品価格を平均3％程度上げました。2024年についてはその時に上げきれていなかった枕を中心に、価格を是正させてもらったので、やはりトータルとしての価格は上がっています。その上で、今まで以上に努力して、商品の価値を伝え、良いものを出して、お客さまに認めていただくという正攻法の努力をするしかないのかなと思っています。

また、物流に関する話となりますが、ベッドマットレスについては大型商品で人数をかけて運ぶことになるので、配送面がネックになります。そのため、当社ではマットレスの梱包を2個口にして一つひとつの箱を1人でも運べるようにしています。

さらに、3分割構造のマットレスについて、これまでは体形や好みに合わせて、表裏で硬さの異なる中材を自由に組み合わせてファスナー付きのカバーに並べて収納するという仕組みでした。2024年にファスナー式ではなく、着脱式のボックスカバーに改良した商品を開発しました。上から掛けるだけの仕様となり、付け外しが非常に楽になっています。同時に梱包サイズも物流事業者が扱いやすいサイズに変更したことで運びやすくなり、通販での販売が大きく伸びました。

大手ECプラットフォームにおいては、在庫管理を効率化する上で1個口の方が適しています。物流事業者のニーズに合わせ、これまでの2個口梱包から1個口梱包へと仕様変更したことで、倉庫で取り扱ってもらえるようになり、お客さまのもとへ迅速にお届けできるようになりました。物流の2024年問題の影響もあり、輸送の効率化が一層求められるようになる中、ニーズに合わせて柔軟に商品の規格を変えていき、通販に適したサイズや組み立て方に改良できたということです。

商品に対する顧客からの声を理解する

通販の場合は、どうしても発信者からの一方向のコミュニケーションに陥りやすいという特性があります。そのため、当社が伝えたいことを盛り込んだ商品説明だけでは限界があるかと思います。通販を伸ばすためには、自分達の商品のどういったところが気に入ってもらえたのかというお客さまの声を拾い、誰もが自分事化できるコンテンツを作っていく必要があります。したがって、通販事業を毎年きちんと維持していくということは、自分達の商品に対するお客さまからの声をきっちりと理解し続けていくということに他ならないわけです。今までやってきたことを理解して、それを通販（の各チャネル）に載せて、今まで以上に情報をきちんと伝えていくということが大事です。

パリ五輪も終わったということで、2025年は前年よりも大きな余力があります。これまで余裕がなくてあまりできていなかった商品のアップデートや、新しい通販チャネルでの取引先の開拓などは今後ぜひ広げていきたいと思っています。

年次動向

2024.1 ～ 2024.12

1月　2024年

■能登半島地震が1日に発生。被災地に向けて通販企業各社が支援物資や寄付金などを提供。

■アマゾンジャパンは12日、仮想モール事業「アマゾンマーケットプレイス」で商品を出品・販売している優れた販売事業者を表彰する「Amazon.co.jp販売事業者アワード2023」の受賞事業者を発表。最優秀賞には電子機器メーカーのアンカー・ジャパンらを選出した。

■ユニクロは16日、ファッション通販サイト「SHEIN（シーイン）」を運営するシンガポールのRoadget Business（ロードゲットビジネス）、Fashion Choice（ファッションチョイス）およびシーインジャパンの3社に対して提訴したと発表。

■オイシックス・ラ・大地は18日、冷凍品の物流拠点を新設した。冷凍品に特化した物流センターは初めてで、敷地倉庫面積は約3.7倍に、物流稼働量は2.8倍に拡大した。2月末から稼働。

■菓子メーカーの名糖産業は22日、干し芋のネット通販を手掛けるおいもやと、干し芋の製造販売を手掛ける平松商店を買収した。

■全日本空輸（ANA）は22日、中国の旅行サービスプラットフォーム運営会社である携程集団と連携し、中国各地から日本への訪日旅行拡大に向けた「戦略的提携」を行うことについて合意した。ライブコマースなども含めたEC分野での協業も行う。

■ファミリーマートは22日、展開中の通販商品の受け取りなどができる店内設置の宅配ロッカー「ファミロッカー」で、佐川急便の再配達の荷物に対応して、利用者が同ロッカーで受け取ることができるようにした。

■LINEヤフーは22日から、運営する仮想モール「ヤフーショッピング」で配送方法の選択の際に置き配を指定した利用者にポイントを付与する取り組みを開始した。付与ポイントの原資はLINEヤフーが負担し、店舗からは徴収しない。

■楽天グループは24日、仮想モール「楽天市場」に出店する、約5万7000店舗を対象にした「楽天ショップ・オブ・ザ・イヤー（SOY）2023」の授賞式を都内ホテルで開催。総合グランプリは、家電量販店のヤマダ電機が初受賞となった。

■化粧品通販を行うRAVIPA（ラヴィパ）は25日、東京証券取引所プロマーケット市場に新規上場した。女性用育毛剤や美容液の通販で成長。

■国土交通省は26日、下請けのトラック事業者に法令に違反する行為を強要していた疑いがあるとして貨物自動車運送事業法に基づきヤマト運輸と王子マテリアに是正を勧告したと発表。

■山口県を中心にスーパーマーケットを展開する丸久は27日、ネットスーパーを開始した。10Xが提供するプラットフォーム「ステイラー」を導入し、買い物の時短ニーズや、共働きや高齢者の宅配ニーズに対応する。

■オイシックス・ラ・大地は31日、キッチンレス社食の企画・運営を手がけるノンピを連結子会社化した。

2月　2024年

■ニトリホールディングスの子会社であるニトリは1日付で、代表取締役会長の似鳥昭雄氏が代表取締役社長を兼任する代表人事を行った。似鳥氏は2014年に同社社長を退任して会長となっており、今回は約10年振りの社長復帰。

■ユーグレナは1日付けで、化粧品の企画・製造を行

■うサティス製薬など3社の全株式を取得し子会社化した。ヘルスケア事業の中核事業と位置づけ成長を図る。
■エアークローゼットは1日、三菱商事とパナソニックハウジングソリューションズ、SBS即配サポートと共同で、宅配ボックスを活用した非対面型交換配送の実証実験を開始した。
■ヤマト運輸は1日、日本郵便の配送網を使って荷物を届けるメール便「クロネコゆうメール」の提供を開始した。
■化粧品やエアゾール、医療用・美容用注射針のOEM事業を行うエア・ウォーター・リアライズは1日付で、ナノエッグの化粧品通販事業を譲受。美白・エイジングケア関連の6ブランド（商標）の企画販売事業を取得している。
■合繊織物メーカーの丸井織物は2日、ディーエスエスアールからファッションD2Cブランドを扱う通販サイト「パフデザインズ」の事業を買収したと発表。
■消費者庁は8日、ニトリなど4社に対して、景品表示法に基づく措置命令（優良誤認）を下したと発表した。販売する糖質カット炊飯器に関して、通販サイトなどで通常の炊飯機能で炊飯した米飯と同様の炊き上がりで、米飯に含まれる糖質がカットできるかのように示す表示をしていたとしている。
■東京高等裁判所は8日、2017年に発生したアスクルの埼玉県内の物流拠点の火災の原因について、同社と拠点内で段ボール回収を委託していた宮崎とが争っていた控訴審判決で、アスクルへ賠償額94億2638万9260円の支払いを宮崎に命じた。一審の賠償額よりも43億円程度の増額となる。2月27日までに上告しなかったことから判決が確定した。
■ジェイ・エスコムホールディングス傘下の東京テレビランドは、13日付で東京メトロポリタンテレビジョンと業務提携を結んだ。両社で新たに通販番組を制作する。
■久原本家グループ本社は13日、システム開発などを行うフォービスと資本業務提携を締結した。グループ全体のIT構想に対しフォービスが参加し導入を支援していく。
■全日空商事は20日、空港売店事業などを手がけるANAFESTAやギフト事業などを行うANAフーズとのグループ合同の取り組みで、新ブランドとして「ANA FINDS」を立ち上げ、食品やバッグ、雑貨などを発売した。
■東日本旅客鉄道（JR東日本）と日本郵政、日本郵便は21日、社会課題の解決を目的とした連携協定を締結した。通販や物流関連では、駅ナカの多機能ロッカーを活用した荷物受け取りや、鉄道車両と郵便車両を組み合わせた共同配送の実証実験などを検討していく。
■オイシックス・ラ・大地は22日、藤田和芳会長が同日付で藤田氏が会長職を辞任した。藤田氏は「X」で東京電力福島第1原発の処理水を「放射能汚染水」と発信し、風評被害をあおる行為などとSNS上で批判を受け炎上していた。
■アダストリアは22日、中国・上海のファッションブランドの商品を中心に販売する越境EC型の通販サイト「Wardro」を開設した。品ぞろえは、モード・ストリート系を中心に10ブランド、約200アイテムを展開する。受注後商品を買い付け、決済後14営業日程度で海外仕入れ先から購入者に直送する。
■再春館製薬所は28日、子供向け職業・社会体験施設「キッザニア福岡」に、パビリオン「漢方研究所」をオープンした。漢方研究員として参加してもらい、旬の植物が出てくるバスボムを作る。子供たちはバスボム作りの前に漢方理念の知識を座学で深め、お客様のことを想像しながらデコレーションの素材を選択するプログラムに参加できる。
■アスクルは29日、2017年に発生した埼玉県内の同社物流拠点での火災の原因について、段ボール回収を委託していた宮崎と争っていた控訴審裁判での判決が確定したと発表した。同月8日に東京高等裁判所が控訴審判決で宮崎に対してアスクルに賠償額94億2638万9260円の支払いを命じていた。宮崎が上告の申し立て期限までに上告しなかったことから判決が確定した。

3月 2024年

■ジェイドグループは1日、マガシークを子会社化した。NTTドコモが保有する75％と、伊藤忠商事が保有する3％分の合計78％の株式を取得した。取得額は33億2600億円。残りのマガシーク株22％は伊藤忠商事が継

続保有している。田中裕輔ジェイドグループ社長は同日付でマガシークの代表取締役会長兼CEOに就任。井上直也社長は代表権のない社長兼COOとなった。

■ジェイフロンティアは1日、ウェルヴィーナスを子会社化した。株式の過半を約15億円で取得した。中野正幾氏が約8割の株式を保有しており中野氏ら個人2人、法人1社から株式を取得した。買収後のジェイフロンティアの議決権所有割合は67％となった。

■サントリーウエルネスは1日、タイ・バンコクでスキンケアブランドを展開するNBD Healthcareの全株式を取得した。買収を機に東南アジア市場で強固な事業基盤を築くことを目指す。

■菅公学生服は4日、通販サイト「カンコーオンラインショップ原宿セレクトスクエア」が第三者による不正アクセスを受け、3827人分のクレジットカード情報が漏えいした可能性があると発表した。21年4月25日〜23年8月21日の期間に同サイトで商品を購入した顧客のクレジットカード情報が漏えいしたほか、一部顧客のカード情報が不正利用された可能性があることが分かったという。

■総務省は5日、LINEヤフーに行政指導を行った。23年秋に同社サーバーが不正アクセスを受けて、「LINEアプリ」の利用者および従業員らの個人情報などが流出。電気通信事業法の規定に基づく報告徴収を行い、安全管理措置、サイバーセキュリティ対策、業務委託先管理などに不備があったとし、通信事業者に適正な扱いを求める通信の秘密の漏えいを認定した。

■ベネッセホールディングスは5日、スウェーデンの投資会社EQTと共同で実施したMBO（経営陣が参加する買収）について、TOB（株式公開買い付け）が成立したと発表した。1月30日から3月4日まで1株2600円で行った公開買い付け期間に発行済み株式数の70.21％にあたる6773万8016株の応募があった。買い付け総額は約1760億円。東京証券取引所プライム市場から上場廃止となった。

■オイシックス・ラ・大地は7日、関連会社のアグリゲートを連結子会社化したと発表した。新株予約権の行使と既存株主から株式を取得した。取得額は非公開。連携強化を通じて実店舗での販売や調理加工品の取り扱いを進める。

■花王とアイスタイルは11日、「皮脂RNAモニタリング」技術を核としたビジネス共創をめざす「RNA共創コンソーシアム」を共同設立した。共創パートナーとして、コーセー、マツキヨココカラ＆カンパニー、キリンホールディングス、パーフェクト、ヘルスケアシステムズを幹事社に迎えた。

■バリューコマースは12日、自社株の公開買い付けを開始した。LINEヤフー子会社のZホールディングスが保有する同社発行済み株式51.92％のうち、33.1％にあたる1069万株を110億円で取得した。TOB期間は4月9日までで、TOB成立後はLINEヤフーの子会社から外れ、持分法適用会社となった。

■スクロールは14日、化粧品と健康食品、旅行事業の「HBT事業」を「eコマース事業」に統合すると発表した。eコマース事業の業績不振脱却とHBT事業の経営効率化のため、事業会社の統廃合。HBT事業の規模を縮小した。

■消費者庁は15日、サンに対し特定商取引法に基づいて3カ月間の業務停止命令を下した。健康食品「PLatte」の広告に記載した10項目にわたる「NO.1」表示について、公平・公正な調査が行われていなかったとして誇大広告にあたるとした。代表取締役の峯岸直樹氏に対しては、3か月間の業務禁止命令を下した。

■アンファーは15日付で取締役だった吉田南音氏が代表取締役社長に就任した。主力の発毛事業の持続的成長を図りつつ、新領域の開拓で、事業の多角化を進める。前社長の叶屋宏一氏は退任した。

■公正取引委員会は19日、製造委託先に支払う代金総額約8205万円を不当に減額したことが下請法違反（下請代金の減額の禁止）に当たるとして、ファッション通販サイト「GRL」を運営するGioに対して再発防止を勧告した。Gioは2022年1月〜23年6月までの間に、製造委託先1社に対し、支払いまでの期間を短縮する代わりに値引きと称して下請代金約1527万円を減額したほか、委託先13社に対しては商品サンプルの納期遅延などを理由に支払い金額約6678万円を減額した。

■小林製薬は22日、健康食品「紅麹コレステヘルプ」など紅麹配合製品5製品について販売中止と回収を発表した。21年4月から24年2月に販売された累計106万個。年間約6億円を売り上げていた。売上構成は、店頭が約6割、通販が約3割。健康被害は23年8〜10月頃に販売された特定の原料ロットを含む製品で発生し、むくみや尿の色が濃くなるなど腎疾患が発生し入院者数は106件（27日）に拡大した。機能性表示食品制度での安全性問題は初。

■ジュピターショップチャンネルは22日、インアゴー

ラが出店する中国向け越境ECアプリの「豌豆公主（ワンドウ）」に出店した。日用雑貨やファッションアイテムなどを販売する。

■東京都は27日、ニコリオとヘルスアップに対し、景品表示法に基づく措置命令を下した。ニコリオは機能性表示食品「フラボス」について、アフィリエイト広告で「お腹の脂肪、減り方凄すぎ？50代でも成功者続出中！」などと表示。ヘルスアップは機能性表示食品「シボローカ」について、アフィリエイト広告で、「1週間でマイナス10キログラムは余裕！ほとんど全員痩せた」と表示していた。両社は東京都に対し合理的根拠を示す資料を提出したが、表示の裏づけとなる合理的根拠と認めなかった。ニコリオは同日、処分取消しを求める行政訴訟を提起した。

■政府の個人情報保護委員会は28日、LINEヤフーに対し勧告を行った。不正アクセスにより通信アプリ「LINE」の利用者ら約52万人の個人情報が流出した事件を受け、データの取り扱いの安全管理体制の改善などを求め、再発防止策の実施状況をまとめた初回報告の提出を求めた。

■インシップが夢実耕望を刑事・民事双方で責任追及していた問題で28日、警視庁がインシップの刑事告訴を受理した。夢実耕望の取締役ら3人について、原料偽装に関する詐欺既遂罪で告訴していた。インシップによると18年、製品に使用していたコラーゲンを主原料にする健食「コラーゲンプレミアム」について、3人は同社が指定した原料を使わず、原産地や価格が異なる原料を配合することで、差額を搾取したという。被害額は780万円（時効の関係から13〜18年で算出）。

■アマゾンジャパンは29日の受注分から、送料無料となる購入金額を1500円引き上げ3500円とした。従来まで1回の購入額が2000円以上の場合、410〜450円とする配送料を徴収しなかった。

■TORICOは29日、テイツーと資本業務提携を締結した。テイツーがTORICOによる第三者割当増資を引き受け、TORICOの株式30万株を3億2040万円で取得した。テイツーの議決権比率は19.7％となる。ECに関しては、テイツー「ふるいちオンライン」と漫画全巻ドットコム」の会員サービスを統合するとした。海外事業についてもノウハウ共有することで強化する。

4月　2024年

■全国通販は1日、商号を「株式会社ハルメク・アルファ」に変更した。ハルメクブランドのさらなる浸透を図るとした。

■ヤマト運輸は1日から、宅配便の届出運賃を値上げした。値上げ幅はサイズや配送先によって異なるが改定率は2％。引き上げ対象は「宅急便」では180サイズと200サイズ。このほか、「クール宅急便」と「ゴルフ宅急便」となる。

■日本郵便は1日、ゆうパックと速達郵便物についてサービスを見直し、一部地域で配達日数が最大で半日程度遅くなるようにした。

■ハーバー研究所は1日付で、代表取締役会長だった小柳典子氏が代表取締役会長兼社長に就任した。代表取締役社長だった宮崎一成氏は3月31日付で、一身上の都合により退任し取締役に就任した。

■ファンケルは1日付で、組織改正した。組織名称は「海外マーケティング部」を「海外広告販促部」に変更した。海外事業本部は、傘下に海外戦略全体の企画・立案を行う「海外事業戦略部」、展開国での広告企画等を行う「海外マーケティング部」、人材・商品の管理を行う「海外事業推進部」、「海外オフィス統括室」を持つ。アテニアも同日付で、組織改正した。「事業戦略本部」の名称を「事業統括本部」に変更。社長直轄の部署をなくし、「コレクション部」は「商品企画部」傘下のグループに、「制作部」は「通販営業部」傘下のグループに再編・集約した。

■全日空商事は1日付で、新社長にANAホールディングス上席執行役員兼全日本空輸取締役常務執行役員の宮川純一郎氏が就任した。國分裕之前社長は顧問に就任した。同日付で組織変更も行い、「リテール戦略推進室」を「マーケティング＆プロモーション室」に改組。あわせて、「デジタル・メディア事業部」を廃組した。

■協和は1日付で、社名を「FRACORA」に変更した。コーポレートロゴを刷新し、顧客との4つの約束を象徴するシンボルマークを採用した。新たなタグラインとして「その肌にサイエンス」を定めた。

■NEは1日付で、日本の伝統工芸品や地場産業品を扱うリアルジャパンプロジェクトの国内リテール事業を買収した。

■ZOZOは1日、通販サイト「ゾゾタウン」の送料を改定し、税込250円から同330円に値上げした。キャンセル可能条件を変更し、予約商品・受注生産商品のキャンセルは注文後24時間以内から60分以内に変更した。

■ZOZOは2日、通販サイト「ゾゾタウン」のユーザーが通常配送よりも遅い配送時期を選択した場合にゾゾポイントを受け取ることができる「ゆっくり配送」を試験導入した。商品注文日の5日後から10日後までに発送する新たな配送の選択肢となる。

■ワタミは6日、ローソンと物流で協業した。ローソンの店舗へ商品配送を行っているトラックの非稼働時間を活用して、宅食事業「ワタミの宅食」の商品を営業所へ配送した。土日祝日の夜間から早朝に稼働し、首都圏を対象に1日当たり約3200食を営業所20カ所届けるとした。

■良品計画は8日、欧州事業の不振に伴い英国100％子会社「MEH」を清算することを決定した。負債総額は9734万1000英ポンド（約187億円）。36の直営店・卸販売、ECで事業を展開していた。

■消費者庁は9日、健康食品通販を行うオルリンクス製薬に特定商取引法に基づく3カ月の業務停止を命じた。違反は、誇大広告と、「特定申込み」に関する映像面の表示義務違反。違反行為で主導的役割を果たしたとして元代表取締役の北川雅人氏に3か月間の業務禁止命令を下した。

■経済産業省は10日、官民でクレジットカードの不正利用を防ぐための取り組みを推進する会合「クレジットカード・セキュリティ官民対策会議」の第1回を開催した。不正利用の状況や関係事業者における取り組みの状況、対策の方向性等について官民で認識を共有し、一体的に取り組むのが目的。通販業界からは、日本通信販売協会の粟野光章会長が出席した。

■ZOZOは10日、通販サイト「ゾゾタウン」の即日配送サービスの対象エリアを拡大し、新たに北海道（札幌市、千歳市）と宮城県、福島県、石川県、富山県、福井県、福岡県、佐賀県、長崎県、大分県、熊本県の1道10県を追加した。38都道府県での利用が可能となった。

■アマゾンジャパンは10日、NTTドコモのポイントサービス「dポイント」と連携すると発表した。ドコモの回線契約があるユーザーが、アマゾンの有料会員サービス「アマゾンプライム」の月間プランに登録すると、dポイントを毎月付与する。

■総務省は16日、LINEヤフーに2度目の行政指導をした。同月1日に提出された報告書は示された対策について「現時点で安全管理措置及び委託先管理が十分なものとなったとは言い難い」とした。また、総務省の指摘を受けてネイバーへの業務委託の縮小などを盛り込んだ内容について、総務省は資本構成の見直しについてはネイバーへ要請しているとの表現にとどまっており、具体性がなく不十分だと判断した。

■消費者庁は19日、小林製薬製造の「紅麹」の健康被害問題を受けて健康被害の情報収集、製造工程の品質管理を争点に、機能性表示食品制度を議論する検討会を始めた。

■消費者庁は19日、電子たばこの通販を行うHALに特定商取引法に基づく3カ月の業務停止を命じた。業務で主導的な役割を果たしたとして、代表取締役の座波長氏に同期間の業務禁止を命じた。電子たばこ「Dr. STICK TypeX スターターキット」を販売し、リキッドフレーバーの定期購入を提案していた。は23年10月末から24年1月まで、商品のランディングページなどで「消費者都合によるキャンセルや返品、交換を受け付けないこと」などの解約要件を表示しておらず、「特定申込み」に関する表示義務違反を認定した。

■公正取引委員会は22日、米グーグルに独占禁止法に基づく行政処分を出した。ヤフー（現・LINEヤフー）が展開する検索連動型広告事業を巡る独禁法違反の疑いについて、グーグルの自主改善計画を公取委が認定した。公取委によるとヤフーに対してグーグルが2014年11月にスマートフォン向けサイトなどには広告の配信を行わないよう要求。グーグルから広告配信技術や検索エンジンの提供を受けていたヤフーは要求を受け入れざるを得ず、15年9月以降は要求のあったサイトには検索連動型広告を配信できなくなったという。公取委はグーグルの要求が独占禁止法違反にあたる疑いがあると22年から調査を進めていた。

■フェリシモは26日、リニューアルオープンした「神戸ポートタワー」の運営を始めた。展望層の5フロアおよび、屋上フロア、低層1階エントランスエリアと低層2～3階の共有フロアを運営する。周辺用地でのイベント企画も行う。

■BEENOSは30日、ブランド品の買い取り販売サイ

トを運営するデファクトスタンダードと、酒類の買い取りや販売を行うJOYLABの2社の全株式を、オークネットに売却する。譲渡価格は約29億円を見込んでいる。

5月 2024年

■イーベイ・ジャパンは8日、フリマアプリ「楽天ラクマ」でリユース事業者が中心に出店する「ラクマ公式ショップ」の一部商品を、eBayに出品できる試験運用を開始した。楽天ラクマがeBayに出品を開始することで、ラクマ公式ショップの一部事業者の商品を米国版のeBayで販売できるようになった。

■楽天グループは10日、タイの商務省国際貿易振興局とタイ産品の販売促進について覚書を締結した。仮想モール「楽天市場」において、出店店舗が販売するタイ産品を集めたページ「TOPTHAI（トップタイ）ストア」を開設し、約3000アイテムを販売した。国とECにおいて連携するのは初となる。

■ジーユーは14日、初の海外の旗艦店「ジーユーソーホー ニューヨーク店」を秋に開店すると発表した。あわせて通販サイトも初開設して、米国でのネット販売を開始するとした。ウィメンズとメンズのウェアに加え、シューズ、バッグ、アクセサリーのグッズを含めた商品を取り扱う。通販サイトは店舗と同じ品揃え、米国全土への商品配送を行うとした。

■オイシックス・ラ・大地は14日、KURKKU FIELDSと合弁でオイシクルを設立し、連結子会社化した。千葉・木更津市の体験型施設「KURKKU FIELDS」でオイシックスの会員や一般客向けに「クルックフィールズ」でのツアーやイベントの実施、共同で商品開発や販売を行う。オイシクルの代表にはオイシックス・ラ・大地の高島宏平社長とKURKKU FIELDSの代表で音楽プロデューサーの小林武史氏が就任した。

■丸井織物は15日、カジメイクの株式59.2％を取得する株式譲渡契約を締結した。買収金額は非公開。

■朝日新聞社は20日付でライトアップショッピングクラブを連結子会社化した。親会社のスタイリングライフ・ホールディングスからライトアップショッピングクラブの全株式を47億円で取得した。同社買収で朝日新聞社は通販事業の強化などを狙う。

■白鳩は20日付で、取締役の菅原知樹氏が社長に昇格した。服部理基氏は任期満了により退任し退社した。5月29日の取締役会で、歯愛メディカル常務取締役の山内昌晴氏が社外取締役に就いた。

■国民生活センターは22日、アームリング付き浮き輪について注意喚起を行った。背側に浮力体をつけた誤った使用方法で幼児が溺水した事故情報を受けたもの。業界に向けて適切な表示と商品構造の改良を求めたほか、アマゾンジャパンやLINEヤフー、楽天グループに対し協力を要請した。アームリング付き浮き具の商品情報に正しい使い方を記載し、購入者に対して注意喚起や啓発を行うよう依頼した。

■警視庁は23日、夢グループの収益約3700万円を別会社に送り、損害を与えたとして、背任容疑で同社元従業員ら2人を逮捕した。夢グループに支払われる広告費用の一部を別会社に送金し、不正に流用していた疑いがある。

■消費者庁は27日、「機能性表示食品を巡る検討会」で報告書をまとめ公表した。機能性表示食品制度は、健康被害報告やGMP（製造管理基準）の義務化するとした。健康被害報告は、「医師の診断」で機能性表示食品に起因、もしくは疑いがあるものについて、「症状の重篤度」や「因果関係不明」を含め報告を求めるとした。食品表示基準など内閣府令等による対応を前提にするとした。

6月 2024年

■楽天グループは1日、仮想モール「楽天市場」の月額出店料を現行料金から約3割値上げした。2月22日

に出店店舗へ通知していた。中長期的な店舗運営支援とユーザー利便性の向上・改善を図ることを目的と出店店舗に説明。システム投資や、物価高など外部環境への対応、AI（人工知能）などイノベーションへの適応を行うための原資の一部とする。

■江崎グリコは3日付で、Greenspoonの全株式を取得し子会社化した。買収金額は非公開。注力領域の一つである健康・食品事業の成長を加速させるとした。

■アマゾンジャパンは5日、ネットス―パーサービスの対象顧客の制限を撤廃した。これまでは有料会員「Amazonプライム会員」のみを対象としていたが、非会員の一般ユーザーも利用できるようにした。ただ、配送料金は一般ユーザーには有料会員よりも200円多く聴収する。また、1回の注文で一定額を超える場合、有料会員は送料を徴収しない設計にしているが、一般ユーザーでは一定額を超えた場合でも200円を徴収する。

■メルカリは5日、ヤクルト配達員が家庭内の不要品を回収する実証実験を、広島県内で開始すると発表した。ヤクルト山陽のほか、広島県安芸高田市と三次市が参加し25年3月末まで実施するとした。再利用できる物品についてはフリマアプリ「メルカリ」で販売、売上金は自治体や福祉団体と連携して社会貢献活動に使われるとした。

■アマゾンジャパンは6日までに、商品購入時の決済手段の1つである代金引換をやめた。支払い方法などを含めたサービスの見直しに伴う。直販商品だけでなく、出品者商品も代金引換による決済ができなくなった。

■KADOKAWAは8日、システム障害が発生し、グループの複数のウェブサイトが利用できなくなった。複数のサーバーにアクセスできない障害が発生。動画配信サービス「ニコニコ動画」などのサービスを標的に、ランサムウエアを含む大規模なサイバー攻撃を受けたことが原因。複数の通販サイトにおいて、商品の受注不能や出荷の一部遅延が発生した。

■エアークローゼットは11日、誰でも加入できる月額課金制の会員プログラム「エアクロプライム」を開始した。月額税込385円で、会員は補償や割引の特典を得られるとした。

■キリンホールディングスは14日、ファンケルに対し株式公開買い付け（TOB）を行い、完全子会社化を目指すと発表した。TOBが成立した場合の買収額は約2200億円になる見込み。キリンHDはファンケルの株式の約33％を保有し、今後67％を追加取得することで、持分法適用関連会社から完全子会社化する。買付額は2690円（1株あたり）で買い付けを行う。TOBの成立後、ファンケルは上場廃止になるとした。

■アルファユニは17日、通販サイト「アルファユニ公式ショップ」が不正アクセスを受け、クレジットカード情報約1054件が漏えいした恐れがあると発表した。今年1月18日に千葉県警本部サイバー犯罪対策課から顧客のカード情報の漏洩の恐れがあるとの連絡を受けて発覚した。2021年5月21～今年1月2日の期間に、通販サイトで購入した顧客のカード情報が漏えいし、一部のカード情報が不正利用された可能性があることなどが分かった。

■IKホールディングスは28日、連結子会社のアルファコムの株式を、クウゼン譲渡する。譲渡額は非公開としている。IKホールディングスが所有するアルファコム株式は、発行済株式の97.9％に当たる184万株。譲渡日までに他の株主から2.1％を取得した後に譲渡した。

■リクルートは30日付で、仮想モール「ポンパレモール」のサービスを終了した。数年間の様々な環境変化や同モールの利用状況などを総合的に判断した。

7月　2024年

■歯愛メディカルは1日、ニッセンホールディングスを子会社化した。セブン＆アイ・ホールディングス子会社のセブン＆アイ・ネットメディアから株式を譲受した。取得価額は41億9900万円（アドバイザリー費用9900万円含む）。

■DGフィナンシャルテクノロジー（DGFY）は1日付で、ニッセンとの合弁で後払い決済事業を手掛けるSCOREを完全子会社化した。ニッセンが保有する全株式（51％分）をDGFTが取得する。

■千趣会は5日、送料を改定した。レギュラー会員は従来の一律税込490円を改め、購入金額が税込7990円未満の場合は同590円に100円値上げした。購入金額

が7990円以上で送料無料とした。新規購入者にも送料無料となる基準を設け、ブロンズ・シルバー会員の送料無料ラインを引き下げた。

■エアークローゼットは7月、物流拠点を千葉県流山市内の「GLPALFALINK流山6」に拡張移転した。物流プラットフォームの外部提供を含む事業規模の拡大に伴い、倉庫、クリーニング、メンテナンスの機能が一体となった物流拠点構築を構築した。

8月　2024年

■全国漁業協同組合連合会は19日、通販サイト「JFおさかなマルシェ　ギョギョいち」が不正アクセスを受け、顧客の個人情報2万1728件、クレジットカード情報1万1844件が漏えいした可能性があると発表した。同会は5月17日に同サイトが不正アクセスを受け、個人情報が漏えいした恐れがあることを公表している。5月14日に警視庁から、サイト内のプログラムの一部が不正に改ざんされていること、会員登録および利用した顧客の個人情報の漏えい懸念があることについて連絡を受け、同日サイトを閉鎖していた。

■国民生活センターは21日、刈払機（草刈機）の事故が寄せられているとして注意喚起した。業界に向けて正しい使用方法や危険性を理解できるよう啓発活動を要望した。また、消費者が手軽に購入できることから、日本通信販売協会など業界団体に対しても情報提供を行った。刈払機に関する事故は、2019年度から24年6月末までの約5年間で29件だった。このうち、刈刃に触れ事故が17件で、飛散物による事故が11件、その他の事故が1件だった。治療については通院が14件、入院が11件だった。

■ケーキ・スイーツ専門通販サイトを運営するCake.jp（ケーキジェーピー）は26日、東京・世田谷の老舗洋菓子店「池ノ上ピエール」の洋菓子事業を譲受したと発表した。譲受額は非公開。「池ノ上ピエール」は後継者不足や設備の劣化を理由に24年3月末に閉店していた。同店は50年以上にわたって愛されてきた洋菓子店で、店舗のある世田谷周辺だけでなく通販チャネルで全国にファンが多く、閉店を悲しむ声が多く寄せられていたため、ケーキジェーピーが事業譲受することで洋菓子ファンに愛されてきた味を後世に残していく。

■アマゾンジャパンは28日、災害発生時に帰宅困難となった人々に配布する支援物資を歌舞伎座に寄贈した。同社では東京都中央区や同区の施設・団体・事業者らで組織する災害発生時に帰宅できない人々を保護する取り組みを進める中央区帰宅困難者支援運営協議会と同協議会に参加し、帰宅困難者一時滞在施設として登録する歌舞伎座と協力して同日、帰宅困難者受入れ訓練を実施した。

■千趣会は30日、関連会社でテレビ通販事業を展開するセンテンスの保有株式のすべてを、合弁会社である読売テレビ放送譲渡したと発表した。譲渡額は非公開。センテンスの今後の成長に向けては、読売テレビの完全子会社として意思決定の迅速化を図ることで、より番組コンテンツと連携した商品提供を行い、読売テレビグループとの相乗効果の最大化を目指すことが最善と判断した。今後、センテンスは創業以来培ってきたブランド力、通販ノウハウ、顧客基盤を活かし、読売テレビグループにおける販売プラットフォームとしての機能、役割を一段と強固にし、事業の成長と企業価値の向上を図るとする。

9月　2024年

■D2Cブランドを手がけるnewn（ニューン）は2日、身長150cm前後の小柄女性向けアパレルブランド「コヒナ」の事業をサザビーリーグに譲渡した。譲渡額は非公開。サザビーリーグは高水準の物作りやオフラインコミュニケーション能力、海外展開のノウハウなどを持つことから、「コヒナ」が次の成長ステージを目指すのに最適な譲渡先と判断した。譲渡後、コヒナ事業はサザビーリーグが新設した100％子会社のEGBA（イー・ジ

ー・ビー・エー）が運営。「コヒナ」のディレクターを務める田中絢子氏や人気ライバーなど大半のスタッフが新会社に移った。

■公正取引委員会は4日、パルシステム生活協同組合連合会に下請代金支払遅延等防止法に基づく勧告を行った。食品のプライベートブランド商品の製造を委託する5社に対し、下請代金を減額していた。減額の総額は約2770万円で、パルシステムは8月6日に減額した代金を下請け業者に支払った。

■ゴルフ用品のネット販売などを行うゴルフダイジェスト・オンラインは4日、運営するサイトにおいて第三者による不正なログインが発生したことを明らかにした。4000件超の顧客アカウントで不正ログインが確認されたとしている。同社では、8月29日～9月1日にかけて複数のIPアドレス群から、大量のユーザーID（任意の文字列やメールアドレス）とパスワード情報を用いてログインを試みる事象を確認。第三者が他サービスから入手したIDとパスワードの組み合わせを用いてログインを試みるリスト型アカウントハッキングで行われたと推測している。

■ベルーナ子会社で飲食事業を展開するエルドラドは6日、焼肉・ステーキ店「エイジング・ビーフ」を展開する新和の全株式を取得した。新和はエイジング・ビーフに関するノウハウを持つだけではなく、安定的で高品質な店舗運営を行っていることから、ベルーナグループへの参画に至ったという。ベルーナが資本的側面で支援することで、新規店舗の出店の加速など事業拡大を図る。

■ジャパネットホールディングスは6日、元社員を対象とした中途採用「ウエルカムバック採用」を強化すると発表した。同採用制度は出産や育児、介護、転職や留学などを理由に退職した元社員を対象としたもので専用の応募フォームと選考ルートを用意。応募者には検討中段階や選考前でカジュアル面談を実施して、再雇用を検討する上で必要な疑問やギャップを解消する考え。元社員の再雇用促進で社員時代に培った知識や経験、スキルを活かして即戦力の確保などを狙う考えのようだ。

■通販物流を手がける関通は12日から、第三者から攻撃を受けてサーバーがランサムウエアに感染したことで、システム障害が続いている。このため、同社の倉庫管理システムを利用しているEC企業の通販サイトにおいて、出荷遅延や個人情報漏えいなどが相次ぐ事態となっている。同社によれば、9月12日午後6時頃からサーバーの障害を検知したため調査したところ、一部サーバーがランサムウエアに感染していることが判明。サーバーが第三者による不正アクセスを受けたことを確認し、さらなる攻撃予防のため取引先および外部とのネットワークを遮断してクローズ環境を構築した。

■国民生活センターは13日、2023年度の65歳以上の消費生活相談のまとめを公表した。65歳の相談件数は前年度から3％増の27万6988件。全体の35.8％を占めた。このうち「通信販売」に関する相談件数は9万1892件で、33％だった。在宅時間が長くなりネット通販を利用する機会が増えたことが原因とした。「通信販売」の相談について年齢別にみると、65歳から69歳が最も多く、2万6981件だった。年齢の上昇に伴い割合は下がった。65歳未満の相談件数は22万3967件で、全体の45.1％を占めている。

■ヤマト運輸は24日、ふるさと納税業務の支援事業や農産物の通販サイト運営などを行うレッドホースコーポレーション（RHC）と業務提携した。ふるさと納税の業務において連携し、地域情報の発信や魅力的な返礼品の開発、寄附サイトの運営代行、管理システムの提供、返礼品の流通加工やラストマイル配送まで一貫したサービスを自治体向けに提供してふるさと納税支援事業の拡大を両社で進める。また、RHCが運営する各地域の生産者の農産物のネット販売を支援する通販サイト「産直アウル」についてもヤマト運輸の顧客基盤を生かし、生産者の新規開拓やヤマト運輸の個人向け会員サービス「クロネコメンバーズ」との連携などを通じて事業拡大を支援する。

■経済産業省は25日、電子商取引に関する2023年の市場調査の結果を発表した。それによると、日本国内のBtoCのEC市場規模は前年比9.23％増の24兆8435億円で、「物販系」におけるEC化率については、前年の9.13％から0.25ポイント増の9.38％となった。市場規模を分野別に見ると「物販系」が同4.83％増の14兆6760億円。内訳としては「食品、飲料、酒類」が同6.52％増の2兆9299億円（EC化率は4.29％）でトップとなった。次いで「生活家電・AV機器・PC周辺機器等」が同5.13％増の2兆6838億円（同42.88％）、「衣類・服装雑貨等」が同4.76％増の2兆6712億円（同22.88％）、「生活雑貨、家具、インテリア」が同5.01％増の2兆4721億円（同31.54％）とそれぞれ割合が大きく、これらの上位4カテゴリーが合計で2兆円を超過するとともに、物販系分野の73％を占めた。

■化粧品のD2C事業を行うAiロボティクスは27日、

東証グロース市場に新規上場した。初日は公開価格の1760円を42.8％上回る2514円で初値を付けた。終値は2525円だった。同社の龍川誠代表取締役社長は記者会見で「化粧品といった特定のジャンルにとらわれず、アパレルやヘアケア用品など、様々なジャンルで商品を展開していきたい」と話した。

■ヤマトホールディングスは30日、ルクセンブルク大公国のベンチャーキャピタルファンド「ノルディックニンジャファンドⅡ特別リミテッド・パートナーシップ」に出資した。出資額は明らかにしていない。ヤマトHDはサステナビリティや環境領域の世界最先端の技術情報を迅速に入手して当該領域をリードする北ヨーロッパ地域へネットワークを拡大させるため、同ファンドへの出資を決めた。

10月　2024年

■QVCジャパンは1日、売り上げを乳がん啓発運動を行う団体に寄付する商品の販売を開始した。乳がんの早期発見や早期診断、早期治療を啓発するピンクリボン運動に賛同した活動の一環という。1日から同社で売れ筋のブランド「Gibe Re-Collection」のオリジナルチャリティーロングTシャツを12月31日まで販売。ピンクリボン運動に合わせてブランドのマスコットである犬のホット君のリボンの色をピンクに変えたロングTシャツで期間中の売上金額全額（消費税を除く）を認定NPO法人の乳房健康研究会に寄付した。

■製菓食材の販売などを行うcottaは1日、システムエンジニアリングサービスやシステム開発を行うTERAZを連結子会社化した。TERAZの技術力やノウハウを生かして自社サービスの拡充や、製菓・製パン業界のEC化やDX化を推進する。cottaはTERAZの発行済み株式667株を取得。所有株式割合は66.7％で取得金額は非公開。

■MonotaROは1日、石川県と「災害時における生活必需物資の供給に関する協定」を締結した。同協定では、石川県内で災害が発生、または発生の恐れがある場合において、同社と同県が連携し、同社で取り扱う商品を迅速かつ円滑に被災地に供給するために必要な事項を取り決めた。また、同社と同県は、平時から相互の連絡体制および生活必需品の供給などについて情報交換を行い、災害時に円滑な対応ができるよう備える。対象となる生活必需品物資は、毛布や下着などの衣類、割り箸や紙コップなどの日用品など。

■朝日新聞社グループで新聞折込チラシを使った広告事業などを展開する朝日オリコミは1日、グループの朝日オリコミ名古屋および朝日オリコミ西部を吸収合併し、商号を「株式会社朝日コネクト」とした。同社社長は朝日オリコミ社長の増井一実氏が引き続き務める。また、同日付でグループの朝日オリコミ大阪も商号を「株式会社朝日コネクト大阪」に変更した。朝日コネクトは東京に本社を、名古屋と福岡に支社を置き、また、朝日コネクト大阪と連携して全国サービスを展開していくとする。

■タリーズコーヒージャパンは3日、運営する「タリーズオンラインストア」が第三者による不正アクセスを受け、顧客個人情報9万2685件、クレジットカード情報5万2958件が漏えいした恐れがあると発表した同社によれば、24年5月20日、同社通販サイトを利用した顧客のカード情報漏えい懸念について警視庁より連絡を受け、同日にカード決済を停止、23日には通販サイトを一時閉鎖した。この時点で情報漏えいの可能性があったため、5月30日に同社サイトとメディアを通じて告知した。その後、第三者調査機関によるフォレンジック調査が完了し、通販サイトに会員登録した顧客の個人情報と、21年7月20日〜24年5月20日の期間に同サイトで使われた顧客のクレジットカード情報が漏えいした恐れがあることが分かった。

■消費者庁は3日、美容クリームの通販を行うSUNSIRIに対し、特商法に基づいて3カ月の業務停止命令を行った。美容クリームで誇大広告を行っていたほか、申し込み手続きを表示していた映像で解約についての表示義務違反があった。代表取締役の榊原実氏に対し、同期間の業務禁止を命令した。同社は少なくとも5月22日から7月2日まで、美容クリーム「ケシミシワ」の広告で「塗って速攻？深いシワも完全消滅！！」、「塗ると速攻顔中のシワが完全に消えた！」などの文言を表示。顔面にクリームを塗ってなでるような動作をすると即座にしわが消えたかのような動画や、商品の使用前後の状況を対比したような画像を表示していた。

■健康食品産業協議会は6日、台湾の健食メーカーが加盟する業界団体「台湾保健栄養食品工業同業公会」と連携に向けた協定の了解覚書（MOU）を締結した。両国の団体の交流を深め、各会員企業の事業を支援する。台湾の健食市場では日本製の機能性素材や製品が高い支持を得ている。両国間の素材の流通や共同開発、製品販売、OEMの事例も増えている。MOUの締結で団体間の関係を深める。年次会合や相互訪問、共催イベント、技術・ビジネス情報の交流により、加盟企業のビジネスマッチングを支援する。

■ベースフードは8日、農林水産省の補助事業「中小企業イノベーション創出推進事業」の採択を受けた。

■ジャパネットホールディングスは10日、ネット販売支援事業やコンサルティング事業などを行うMOON-Xへ出資した。同社傘下の事業者らが展開するブランドや製品の支援について「ジャパネットグループのノウハウも活用しながら支援していければ」（同社）としている。出資額は明らかにしていないが、MOON-Xは10月10日付で資金調達のために実施した投資ラウンドでジャパネットHDを含む6社から合計19億4000万円を調達したと発表している。

■IKホールディングスの子会社でテレビ通販事業を手掛けるプライムダイレクトは11日、コスメなどの輸入卸・小売を行うフローラ・ハウスのEC事業を譲り受けた。IKホールディングスでは中期経営計画において、韓国コスメ事業をはじめ、企業向け卸事業、EC事業の強化、海外事業の再チャレンジなどを進めている。今回、フローラ・ハウスのEC事業を譲り受けることにより今後の成長や他の販路とのシナジー効果を見込んでいる。

■消費者庁は16日、美容液の通販を行うHappyLifeBio（ハッピーライフバイオ）に、特定商取引法に基づく9カ月の業務停止を命じた。「シミが消える」などの誇大広告、解約条件に関する表示義務を違反したため。

■夢展望は21日、通販サイト「Temu」との連携を開始したと発表。Temu内の日本向け専用サイトに出店し、衣料品を販売する。

■健康食品通販のスローヴィレッジは24日、運営する通販サイト「スローヴィレッジオンラインショップ」が第三者による不正アクセスを受け、3万2345件の個人情報が流出した恐れがあると発表。うち3394件はクレジットカード情報を含んでいる。

■ベルーナは31日、あおぞら銀行と、あおぞらESGフレームワークローンに基づくポジティブ・インパクト・ファイナンス（PIF）の契約を締結したと発表。借り入れ金額は10億円で、借り入れ期間は5年間。資金は事業資金とする。

■I-neは31日、化粧品の企画・販売を行うトゥヴェールの全株式を取得し、子会社化した。株式の取得価格は約101億円。主力のヘアケア関連事業に続き、スキンケア領域の強化を図る狙い。

■マッシュホールディングス子会社のウサギオンラインは31日、メディア型通販サイト「スタイルヴォイスドットコム」を閉鎖した。同サイトで展開するブランドは、ファッション商材やコスメなどを扱うモール型通販サイト「ウサギオンライン」でも販売しているため、閉鎖後は当該サイトの利用を促す。「スタイルヴォイスドットコム」は2019年6月にジュンとマッシュホールディングス、デイトナ・インターナショナルの3社が出資して設立したスタイルヴォイスが運営していたが、23年4月にマッシュの完全子会社となり、同年9月1日付でグループのウサギオンラインが存続会社となる吸収合併を実施。当該サイトはウサギオンラインが運営する形となっていた。

11月　2024年

■スクロールは1日、子会社で物流センター運営のスクロールロジスティクスと、ソリューション事業のスクロール360が、DIY関連商品の通販サイト「DIY FACTORY」を運営する大都と同社役員3名、スクロールロジスティクス元社員2名を刑事告訴すると発表した。両子会社の営業秘密の持ち出しやアルバイトスタッフ16人の引き抜きなどを行ったことを理由としている。大都側は「「犯罪行為を行った事実はない」と反論。

■ファンケルグループのアテニアは1日から、ベトナム市場における展開を始めた。現地代理店と提携し、主力のスキンケアラインを展開する。

■DINOS CORPORATIONは1日から、過去に販売

した敷布団を回収、再び原料として敷布団を製造、販売する取り組みを開始した。

■東京都は1日、美容液や育毛剤の通販を行うLIALUSTER、hairju、TRIBEの3社に特定商取引法に基づく3カ月の業務停止を命じた。「定期縛りなし」、「返金保証付き」などと広告していたが、注文後、特典で「定期縛り」に誘導していたため。3社の代表は同じで、美容液や育毛剤の定期購入など通販、電話勧誘販売を行っていた。

■楽天グループと日本郵便、静岡県内でスーパーマーケットと展開するタカラ・エムシーの3社は、静岡市内の中山間地域において、5日より買い物支援サービスの実証運用を開始した。

■東西哲学書院は5日、同社が運営する、創価学会の仏壇などを販売する通販サイト「博文栄光堂オンラインショップ」が不正アクセスを受け、クレジットカード情報約1万8000件と個人情報約5万件が漏えいした恐れがあると発表した。

■楽天グループは6日、自動配送ロボットによる小売店や飲食店の商品配送サービスを、東京都中央区晴海全域、月島と勝どきの一部で開始した。同社が自動配送ロボットによる配送サービスを都内で提供するのは初。自動配送ロボットは人が随行せず、自動走行と遠隔操作で運行する。

■ドラッグストア大手のウエルシア薬局は8日、同社通販サイト「ウエルシアドットコム」に携わる従業員のパソコンが不正アクセスを受け、約4万人分の顧客情報などが漏えいした恐れがあると発表した。

■大日本印刷は8日、アニメ・漫画・ゲームなどの知的財産を通じたゴルフブランド「FUN'S GOLF」を立ち上げ、自社通販サイトなどでの販売を開始した。第1弾企画としてアメリカンコミックブランドの「マーベル」シリーズのコレクションを取り扱う。

■LINEヤフーは11日から、運営する仮想モール「ヤフーショッピング」において、利用者が注文時に商品の最短配送日から3日以上遅く配送日を指定した場合や受け取りを「置き配」に指定した場合、再配達せず1回で商品を受け取った場合に10円相当の「PayPayポイント」を付与する取り組みを開始した。

■楽天グループは13日、子会社の楽天カードがみずほフィナンシャルグループ（みずほFG）と資本業務提携を締結すると発表。楽天グループは、楽天カード普通株式の14.99％をみずほFGに譲渡する。

■LINEヤフーは13日、生鮮品や日用品を受注から最短30分で利用者まで配達する即配サービス「Yahoo!クイックマート」で、購入額5％分を「PayPayポイント」で還元する取り組みを開始した。

■消費者庁は13日、大正製薬がステルスマーケティングを行っていたとして、景品表示法に基づく措置命令を下した。販売する「NMN taisho」というサプリメントについて、インフルエンサーの投稿を自社サイトに転載していたため。

■歯科医院向け通販を展開する歯愛メディカルは15日、肌着ECの白鳩にTOB（株式公開買い付け）を行うと発表。同社は2023年12月、小田急電鉄から33.21％の株式を取得し、白鳩の筆頭株主となっていた。TOBにより持ち株比率を50.3％まで高め、連結子会社化する。

■ゾゾグループのZOZO NEXTでは、16～24日に開催されたファッションブランド「アンリアレイジ」の新コレクション先行受注会で、360度のバーチャル空間上で次世代のショッピング体験ができるゴーグル型端末「アップルビジョンプロ」用のアプリを提供した。

■アマゾンジャパンの処方薬のネット販売サービス「Amazonファーマシー」において、18日から「マイナ保険証」の利用を可能にした。

■日本郵便は18日、簡易郵便局を含めた全国の郵便局でグループ独自のポイントサービスとして「ゆうゆうポイント」を開始した。

■松屋フーズは18日、食品ECのコンサルティング事業を行う新会社「モールハック」を設立した。食品ECに特化したノウハウ提供や、冷凍物流代行サービスなどを行う。

■楽天グループは19日、日本ロレアルと美容領域において顧客体験の向上を図ることを目的としたパートナーシップ契約締結に向けて協議をはじめたと発表した。

■アマゾンジャパンは19日、同社専用宅配ロッカー「Amazonロッカー」の外観を、人気アニメ「ガンダム」のイラストを描いたデザインとしたものを都内などに設置すると発表した。

■ジュピターショップチャンネルは19日、運営する通販サイトに不正に入手したとみられる情報を用いて第三者による不正ログインが発生したことが分かったと発表し、約1万5000人分の顧客の氏名、住所、電話番号、メールアドレス、生年月日（月日のみ）などの個人情報が不正に閲覧された可能性がある。

■楽天グループは20日、茨城県土浦市と包括連携協定

を締結したと発表した。楽天と茨城県内の自治体が協定を結ぶのは初。

■トラストバンクは20日、ゾゾ創業者の前澤友作氏が社長を務めるカブ＆ピースとの連携を開始。カブ＆ピースが運営するふるさと納税サイトで、トラストバンクの契約自治体の返礼品を選べるようにした。

■日本通信販売協会（JADMA）は21日、消費者ニーズに対応した先進的な施策を展開している事業者を表彰するイベント「次世代コマース大賞」の受賞者を発表し、大賞は谷治新太郎商店が運営する通販サイト「卒塔婆屋さん」に、特別賞は仕入れサイト「グッズ」に決定した。

■アマゾンジャパンは11月22～24日、東京・新宿でセール商品を展示したり、ギフト券などの賞品を贈与するイベント「BLACK FRIDAY イルミネーション by Amazon」を開催した。11月19日から12月6日まで同社通販サイトで実施したセール「Amazon ブラックフライデー」PRの一環。

■メルカリは11月22～24日、サステナブルファッションの楽しみ方を提案する体験型イベントを都内で開催。アダストリアやオンワード樫山など、過去最多となる計11社のアパレル企業が参加し、古着を使ったファッションショーや不要品の交換会などの催しでリユース活用を啓発した。

■経済産業省は「透明化法」に基づき、25日付で公正取引委員会に対し、アマゾンジャパンに適当な措置をとるよう請求した。透明化法に基づいて公取委に措置請求を行ったのは初めて。

■メルカリは25日、フリマアプリ「メルカリ」において、取引された商品にすり替え・模倣品などの疑いがある場合に、同社が実物を確認するための「商品回収センター」を新設すると発表。X（旧ツイッター）などのSNSにおいて、「違う商品が返品された」など、利用者間のトラブルが多数報告されたことを受けて設置するもの。

■公正取引委員会は26日、独占禁止法違反の疑いで、アマゾンジャパンに立ち入り検査した。「おすすめ出品」と表示されるカートボックスの表示を名目に、商品の値下げを要求していたとみられる。

■オルビスは27日、2025年1月1日付で、DECENCIAの代表取締役社長だった山口裕絵氏が、代表取締役社長に就任すると発表。現社長の小林琢磨氏は、ポーラの代表取締役社長に就く。

■アスクルは27日、ふるさと納税ポータルサイト「さとふる」でふるさと納税の返礼品の提供を開始した。アスクルがふるさと納税返礼品提供事業者となって、まずは粉ミルクや食器用および洗濯用の洗剤、トイレットペーパーなど約30商品を返礼品として提供する。

■イトーヨーカ堂は27日、クイックコマースを手掛けるONIGOと資本業務提携を締結。新しいネットスーパーサービス「オニゴ上のイトーヨーカドーネットスーパー」を2025年2月より開始する。

■三井不動産は27日、同社商業施設事業におけるオムニチャネル戦略を推進する目的で独自のオムニサービス・プラットフォームを開発し、運用を開始したと発表した。

■ヤマト運輸は28日、ネット通販事業者向けに商品保管庫や梱包などの発送作業場、通販サイトなどで使用する商品写真の撮影スペースなどを設けた新たな店舗を、神奈川・戸塚に開設した。

■千趣会は29日開催の取締役会において、住商グローバル・ロジスティクス（SGL）が66.6%、千趣会が33.4%出資するベルメゾンロジスコの発行済株式について、SGLが保有する全株式を千趣会が取得する株式譲渡契約を締結することを決議した。

■小林製薬の株式を保有する香港ファンド、オアシス・マネジメントは11月下旬、創業家出身の小林一雅前会長ら7人らに対し、会社に与えた損害の賠償を求め提訴するよう請求した。

12月 | 2024年

■明治は12月より、他社と共同出資する関連会社を通じて、自社通販を再開した。過去には行っていたが、現在は仮想モールにおける販売だけだった。

■楽天グループは2日、山形県、宮城県、秋田県でスーパーマーケットを展開するヤマザワが、楽天が運営するネットスーパーのプラットフォーム「楽天全国スーパー」に、ヤマザワが運営する食品スーパーマーケット「ヤマザワ」が出店する契約を締結したと発表した。

第1部 総コストアップ時代を乗り切るための通販戦略は？

■ベルーナは3日、ファッションECモール「RyuRyumall」のサービスを2025年3月31日で終了すると発表。同社では閉鎖理由を「近年の外部環境変化やサイトの利用状況などを総合的に判断した」と説明しており、採算が取れなかったことが要因となったもよう。

■ブルックスは4日、美容と健康に特化した仮想モールを開設した。食や運動、癒しに関連する商品を取り扱い、40～70代を中心としたブルックスの顧客へ訴求する。目標売上高は10億円。

■DINOS CORPORATIONは4日から、展開する新品の家具のレンタルサービス「フレクト」で返却された商品を奨学金を受給する大学生に無償で提供する取り組みを開始した。

■日本サブスクリプションビジネス振興会は4日、優れたサブスクリプションサービスを表彰する「日本サブスクリプションビジネス大賞2024」の表彰式を都内で開催。グランプリにはスピークバディのAI英会話アプリ「AI英会話スピークバディ」を選出した。

■LINEヤフーは5日、運営する仮想モール「ヤフーショッピング」で、ふるさと納税サービス「Yahoo!ふるさと納税」を開始した。

■女性向け下着を販売する三恵は9日、5月まで運用していた下着の通販サイトが不正アクセスを受け、顧客情報約29万件、クレジットカード情報約7万件が漏えいした恐れがあると発表した。

■LINEヤフーは11日から、「ヤフーショッピング」で販売する衣料品や服飾雑貨、アクセサリーなどファッション関連商品の販売時に、顧客都合の返品料を補償する保険商品「あんしん返品」の提供を始めた。

■LINEヤフーは15日、コミュニケーションアプリ「LINE」で11月に発生したアルバム機能の不具合で、自分の画像が他人の「サムネイル」に表示された利用者が国内で7万人、海外と合わせると13万5000人と推定されると発表した。

■仮想モール「Qoo10」を運営するイーベイ・ジャパンは16日、同モール内で最も活躍した出店者を表彰する「Qoo10 AWARDS 2024」を開催。最優秀賞となったI-neや新日本製薬などをはじめ、カテゴリー賞を含めた合計92社と、インフルエンサー4人を選出してい

■ヤマトホールディングスは18日、小型荷物の配送などで協業中の日本郵便に対して、郵便受けに投函するタイプの小型薄型荷物「クロネコゆうパケット」の配達委託スケジュールの見直しを申し入れていると発表した。

■ファンケルは18日、東京証券取引所プライム市場の上場を廃止した。

■アマゾンジャパンは19日から、運営する通販サイト内で「Amazonふるさと納税」を開始。返礼品の配送には出品者向けに展開中の物流代行サービス「フルフィルメント by Amazon」も活用する。

■LINEヤフーは19日、越境EC関連事業のBEENOS（ビーノス）を買収すると発表。2025年2月末にもTOB（株式公開買付け）で全株式取得を目指す。

■ファンケルは20日付で、キリンホールディングス常務執行役員の三橋英記氏が、代表取締役社長執行役員を兼任する人事を発表。社長の島田和幸氏は取締役を退任し、キリンホールディングスの特別顧問に就任した。

■日本郵便は23日、ヤマト運輸に対して120億円の損害賠償を求める訴訟を提起したと発表した。

■新経済連盟は23日、市販薬をネット通販する際に、ビデオ通話を義務付ける厚生労働省の案の撤回を求めるオンライン署名を開始した。

■ジャパネットホールディングスは23～29日、都内で開催された高校のバスケットボール部の日本一を争う大会「SoftBank ウインターカップ2024 令和6年度第77回全国高等学校バスケットボール選手権大会」に協賛した。

■ジャパネットホールディングスは25日、一橋ビジネススクール（国際企業戦略専攻）が主催する独自性にある優れた戦略を実践し、高い収益性を達成、維持している日本の企業・事業得を表彰する「ポーター賞」を受賞したと発表した。

■ゴルフ関連商品ECのリアルマックスは26日、川島覚専務執行役員が代表取締役社長に就任した。川島専務は親会社のテレビ東京グループの通販企業、テレビ東京ダイレクトでゴルフ事業部長を務める。創業者の青松勇介氏は同日付で顧問に就任した。

■通販サイト構築システム「BASE」を提供するBASEは26日、Eストアーを子会社化すると発表した。買収完了は2025年7月中旬を予定しており、買収額は約33億円。

■ベルーナが運営する「ベルーナグルメ」は、29日に配送予定だった新年用のおせち料理のうち、約1万6000件分が遅配となった。外部委託先企業が商品出荷準備の手配を誤り、予定の日時に配送会社へと受け渡すことができなかったため。同社では対象となる顧客に対し、クオカード1000円分を送付する。

ランキング表

表の見方

「第83回通販・通教売上高、利益率ランキング」は、通販新聞社が2024年12月に行ったアンケート調査を基に作成。調査用紙は通販・通教実施企業約600社に送付した。非回答企業の数値は「週刊通販新聞」「月刊ネット販売」での取材データおよび企業情報のほか、民間調査機関の調査資料なども参考にしている。

「前期実績」の調査対象期間は23年10月から24年9月までに迎えた本決算。「今期見込み」は24年10月から25年9月に迎える決算期が対象となる。表の数値は通販・通教のみの売上高と営業利益を掲載（本紙推定値の場合は売上高、営業利益の前に「※」を記載）。原則として店舗や卸を加えていない数値とした（例外は社名前に「◎」を付け注釈を記載）。連結決算の数値は社名右欄に「連」と示した。前の期の数値が判明しない企業や変則決算で数値が比較できない企業の増減率は掲載していない。表中「◎」が付く企業については別記「表の解説」の事情による。

通販・通教実施企業　売上高ランキング
調査：通販新聞社（25年1月）

（前期実績対象本決算期：23年10月期から24年9月期）　　　単位：百万円、増減率：％（▲はマイナス）＝前期比、※：本紙推定、◇：変則決算、連：連結業績

順位	前回順位	社名	前期売上高 実績	増減率	今期売上高 見込み	増減率	決算月	本社所在地	業態／主力媒体／主力商品
1	1	◎アマゾンジャパン	3,655,600	13.8	—	—	12月	東京	専業／ネット／総合
2	2	◎アスクル	462,374	5.8	490,400	6.1	5月	東京	専業（BtoB）／カタログ／オフィス用品
3	3	ミスミグループ本社	連367,649	▲1.5	連393,000	6.9	3月	東京	専業（BtoB）／カタログ／金型部品
4	4	◎ジャパネットホールディングス	連262,100	5.3	連268,000	2.2	12月	長崎	専業／テレビ・チラシ／家電製品
5	5	MonotaRO	連254,286	12.5	連286,570	12.7	12月	兵庫	専業（BtoB）／ネット／工業用副資材
6	6	ヨドバシカメラ	226,808	8.0	—	—	3月	東京	兼業（量販店）／ネット／家電製品
7	7	◎ベネッセホールディングス	208,136	▲3.3	—	—	3月	岡山	専業／マス・DM／通教
8	8	◎大塚商会	198,134	8.2	—	—	12月	東京	兼業（BtoB）／カタログ／オフィス用品
9	9	◎ZOZO	連197,016	7.4	連214,400	8.8	3月	千葉	専業／ネット／衣料品
10	10	◎ジュピターショップチャンネル	158,354	1.8	—	—	3月	東京	専業／衛星・CATV／総合
11	11	◎ヤマダホールディングス	※155,000	—	—	—	3月	群馬	兼業（量販店）／ネット／家電製品
12	12	オイシックス・ラ・大地	連148,408	28.9	連255,000	71.8	3月	東京	専業／ネット・折込／食品
13	13	ユニクロ	136,900	2.3	—	—	8月	山口	兼業（専門店）／ネット／衣料品
14	14	QVCジャパン	132,517	▲0.3	—	—	12月	千葉	専業／衛星・CATV／総合
15	15	◎ベルーナ	129,606	▲9.5	—	—	3月	埼玉	専業／カタログ／総合
16	16	◎ビックカメラ	119,100	▲6.5	127,100	6.7	8月	東京	兼業（量販店）／ネット／家電製品
17	17	サントリーウエルネス	116,234	1.5	—	—	12月	東京	兼業（製造業）／マス／健食
18	18	ニトリホールディングス	87,100	▲4.3	—	—	3月	北海道	兼業（量販店）／ネット／家具・雑貨
19	19	◎カウネット	82,530	19.6	—	—	12月	東京	専業（BtoB）／カタログ／オフィス用品
20	20	プレミアムウォーターホールディングス	連80,578	5.4	連77,000	▲4.4	3月	東京	専業／テレビ・ネット／水宅配
21	21	イオンリテール	※80,000	7.2	—	—	2月	千葉	兼業（スーパー）／ネット／食品
22	22	スクロール	連79,826	▲1.5	連80,000	0.2	3月	静岡	専業／カタログ／総合
23	23	アイリスプラザ	※75,000	—	—	—	2月	宮城	兼業（専門店）／ネット／雑貨
24	24	◎アダストリア	68,900	10.1	76,000	10.3	2月	東京	兼業（専門店）／ネット／衣料品
25	25	◎ノジマ	66,397	—	—	—	3月	神奈川	兼業（専門店）／ネット／家電製品・総合
26	26	上新電機	64,618	▲14.5	—	—	3月	大阪	兼業（量販店）／ネット／家電製品
27	27	◎DCMホールディングス	63,857	14.8	—	—	2月	東京	兼業（ホームセンター）／ネット／雑貨・家電製品
28	28	デル・テクノロジーズ	※60,000	—	—	—	1月	神奈川	専業／ネット／パソコン
29	31	◎ベイクルーズ	※58,000	—	—	—	8月	東京	兼業（専門店）／ネット／衣料品
30	30	◎ファンケル	57,132	5.2	60,450	5.8	3月	神奈川	専業／マス・カタログ／化粧品・健食
31	32	◎マウスコンピューター	53,460	0.0	—	—	3月	東京	兼業（製造業）／ネット／パソコン
32	29	ファーマフーズ	52,543	▲12.1	—	—	7月	京都	兼業／テレビ・ネット／健食・化粧品
33	33	◎日本生活協同組合連合会	50,765	▲5.5	48,527	▲4.4	3月	東京	兼業（生協・団体）／カタログ／総合
34	34	◎パル	48,400	22.3	—	—	2月	大阪	兼業／ネット／衣料品
35	35	DINOS CORPORATION	47,945	▲13.4	—	—	3月	東京	専業／カタログ・テレビ／総合
36	36	◎オンワードホールディングス	47,716	6.5	—	—	2月	東京	兼業／ネット／衣料品
37	37	歯愛メディカル	45,628	6.4	67,553	48.1	12月	石川	兼業（卸）／ネット／歯科材料
38	38	高島屋	45,490	▲3.7	—	—	2月	大阪	兼業（百貨店）／カタログ・ネット／総合
39	39	◎ワールド	◇43,816	—	—	—	2月	兵庫	兼業／ネット／衣料品
40	41	千趣会	43,142	▲18.0	—	—	12月	大阪	専業／カタログ／総合

第1部 総コストアップ時代を乗り切るための通販戦略は？

順位	前回順位	社名	前期売上高 実績	前期売上高 増減率	今期売上高 見込み	今期売上高 増減率	決算月	本社所在地	業態／主力媒体／主力商品
41	42	三越伊勢丹ホールディングス	※ 41,000	—	—	—	3月	東京	兼業（百貨店）／ネット／総合
42	43	◎ワタミ	40,053	▲ 8.5	—	—	3月	東京	兼業（飲食店）／カタログ／食品
43	44	大網	40,000	14.3	—	—	5月	東京	専業／ネット／雑貨
44	45	ニッセンホールディングス	連 39,571	▲ 3.6	—	—	2月	京都	専業／カタログ・ネット／総合
45	49	◎マッシュホールディングス	※ 39,300	5.0	—	—	8月	東京	専業／ネット／衣料品
46	46	◎オールアバウトライフマーケティング	38,799	8.4	—	—	3月	東京	兼業（ポータルサイト運営）／ネット／総合
47	53	ジーユー	※ 38,300	8.0	—	—	8月	山口	兼業（専門店）／ネット／衣料品
48	47	Ｇｉｏ	※ 38,103	▲ 1.1	—	—	8月	大阪	専業／ネット／衣料品
49	47	◎キタムラ	※ 38,000	—	—	—	3月	東京	兼業（専門店）／ネット／カメラ関連商品
50	50	◎シュッピン	36,967	5.7	—	—	3月	東京	兼業（専門店）／ネット／中古カメラ
51	54	◎新日本製薬	36,361	6.5	—	—	9月	福岡	専業／新聞・雑誌・テレビ／健食・化粧品
52	51	オークローンマーケティング	36,228	▲ 8.2	—	—	3月	愛知	専業／テレビ／雑貨
53	57	パレンテ	※ 36,000	—	—	—	6月	千葉	専業／ネット／コンタクトレンズ
54	52	◎ＴＳＩホールディングス	35,800	▲ 7.7	—	—	2月	東京	兼業／ネット／衣料品
55	55	◎オルビス	※ 34,347	6.0	—	—	12月	東京	専業／マス・カタログ／化粧品・健食
56	73	タンスのゲン	33,000	25.2	—	—	7月	福岡	専業／ネット／家具
57	58	ユーキャン	32,100	▲15.6	29,400	▲ 8.4	12月	東京	専業／マス・DM／通教・雑貨
58	59	◎イトーヨーカ堂	32,015	▲17.6	—	—	2月	東京	兼業（スーパー）／ネット／食品
59	60	ユナイテッドアローズ	32,009	5.4	—	—	3月	東京	兼業（専門店）／ネット／衣料品
60	61	◎ＪＮＴＬコンシューマーヘルス	※ 32,000	—	—	—	12月	東京	専業／カタログ・ネット／化粧品
61	68	エーツー	※ 31,700	—	—	—	8月	静岡	兼業（専門店）／ネット／書籍
62	56	世田谷自然食品	※ 30,000	▲ 8.0	—	—	6月	東京	専業／マス・DM／健食
〃	62	良品計画	※ 30,000	—	—	—	8月	東京	兼業（専門店）／ネット／雑貨・衣料品
64	63	フェリシモ	連 29,607	▲ 7.9	連 31,205	5.4	2月	兵庫	専業／カタログ／衣料品・雑貨
65	71	◎ＭＴＧ	29,181	8.1	—	—	9月	愛知	兼業（製造・卸）／ネット／美容・健康機器
66	64	サードウェーブ	※ 29,000	—	—	—	7月	東京	専業（専門店）／ネット／PC関連商品
〃	64	◎資生堂（ワタシプラス）	※ 29,000	8.2	—	—	12月	東京	兼業（製造販売）／ネット／化粧品
〃	64	富士フイルムヘルスケアラボラトリー	※ 29,000	—	—	—	3月	東京	兼業（製造業）／マス／化粧品・健食
69	67	◎ゲオホールディングス	28,700	19.1	—	—	3月	愛知	兼業（専門店）／ネット／CD・DVD・衣料・家電・雑貨
70	69	◎アズワン	27,827	15.6	32,110	15.4	3月	大阪	兼業（卸）／ネット／理化学機器
71	70	◎エービーシー・マート	27,356	5.6	—	—	2月	東京	兼業（専門店）／ネット／靴
72	72	エディオン	※ 26,500	—	—	—	3月	大阪	兼業（量販店）／ネット／家電製品
73	74	ストリーム	26,232	▲ 9.4	—	—	1月	東京	専業／ネット／PC・家電製品
74	75	◎Ｚ 会	※ 26,060	24.0	—	—	3月	静岡	専業／DM／通教
75	76	◎キューサイ	25,400	▲ 1.0	—	—	12月	福岡	兼業（製造業）／テレビ／健食
76	77	アルペン	25,300	1.2	—	—	6月	愛知	兼業（専門店）／ネット／スポーツ用品
77	77	アンカージャパン	※ 25,000	25.0	—	—	12月	東京	兼業（メーカー）／ネット／モバイル周辺機器
〃	77	アシックス	※ 25,000	—	—	—	12月	東京	兼業（製造業）／ネット／靴
79	80	コスモライフ	※ 24,610	—	—	—	12月	兵庫	兼業（製造・卸）／ネット・テレビ／水宅配
80	81	◎ビューティガレージ	24,534	12.9	—	—	4月	東京	専業／ネット／理美容品
81	82	カタログハウス	24,050	▲ 9.5	—	—	3月	東京	専業／カタログ／雑貨
82	90	富山常備薬	※ 24,000	—	—	—	8月	富山	専業／テレビ・ネット／健食・医薬品
83	83	◎再春館製薬所	23,037	▲ 2.4	23,609	2.5	3月	熊本	専業／マス・カタログ／化粧品
84	84	丸井グループ	23,008	11.9	—	—	3月	東京	兼業（百貨店）／ネット／衣料品・雑貨
85	85	アーバンリサーチ	※ 23,000	—	—	—	1月	大阪	兼業／ネット／衣料品
〃	85	◎ローソンエンタテインメント	※ 23,000	—	—	—	2月	東京	兼業（専門店）／ネット／音楽・映像商品
87	85	山田養蜂場	22,500	▲ 9.0	—	—	4月	岡山	専業／マス・DM／健食
88	88	ＧＳＴＶ	※ 22,500	—	—	—	3月	東京	兼業（製造業）／テレビ／宝飾品
〃	89	ビームス	※ 22,000	—	—	—	2月	東京	兼業（専門店）／ネット／衣料品
90	40	◎ディーエイチシー	◇ 21,947	—	—	—	12月	東京	専業／マス・カタログ／化粧品・健食
91	91	◎カクヤスグループ	21,830	7.1	—	—	3月	東京	兼業（専門店）／ネット／酒類・食品
92	92	サウンドハウス	21,500	—	—	—	12月	千葉	兼業（卸）／ネット／楽器・音響機器
93	94	ワコール	21,200	10.4	—	—	3月	京都	兼業（製造業）／カタログ／衣料品
94	95	コメリ	21,100	—	—	—	3月	新潟	兼業（専門店）／ネット／工具・建材・家庭用品
95	96	はぴねすくらぶ	※ 20,000	▲ 4.6	—	—	4月	福岡	専業／総合
〃	96	◎ライフコーポレーション	20,000	40.0	—	—	2月	大阪	兼業（スーパー）／ネット／食品
97	98	テレビショッピング研究所	19,396	▲ 5.3	19,400	0.0	3月	東京	専業／テレビ／総合
98	99	セブンネットショッピング	19,239	▲16.4	—	—	2月	東京	専業／ネット／総合
99	100	◎ゴルフダイジェスト・オンライン	18,909	0.9	—	—	12月	東京	専業／ネット／ゴルフ用品
100	101	エレコム	18,599	18.6	—	—	3月	東京	兼業／ネット・カタログ／パソコン関連用品
101	93	ジェイオーディ	18,500	▲12.0	—	—	6月	愛知	専業／DM／総合
102	127	スカイネット	※ 18,500	—	—	—	9月	大阪	専業／ネット／食品
103	103	◎ロッピングライフ	18,217	7.0	—	—	3月	東京	専業／テレビ／総合
104	104	◎オフィスコム	18,182	8.8	—	—	12月	東京	兼業（小売）／ネット・カタログ／オフィス家具
105	105	ディーライズ	18,054	1.0	19,000	5.2	2月	東京	専業／ネット／家電製品

ランキング表

順位	前回順位	社名	前期売上高 実績	前期売上高 増減率	今期売上高 見込み	今期売上高 増減率	決算月	本社所在地	業態／主力媒体／主力商品
106	106	オートウェイ	18,039	1.9	—	—	3月	福岡	兼業（小売）／ネット／カー用品
107	107	ザ・プロアクティブカンパニー	※18,000	▲10.0	—	—	12月	東京	専業／テレビ／化粧品
〃	107	ユニットコム	※18,000	—	—	—	3月	大阪	兼業（専門店）／ネット／パソコン
〃	107	◎カルチュア・コンビニエンス・クラブ	※18,000	—	—	—	3月	東京	兼業（専門店）／ネット／CD・DVD
〃	113	虎の穴	※18,000	—	—	—	6月	千葉	兼業（専門店）／ネット／書籍
111	110	フジ・コーポレーション	17,922	8.4	—	—	10月	宮城	兼業（専門店）／ネット／カー用品
112	111	リバークレイン	17,800	7.6	—	—	12月	東京	専業／ネット／バイク用品
113	113	◎DoCLASSE	※17,500	—	—	—	7月	東京	専業／カタログ／衣料品
114	112	◎クルーズ	17,227	▲14.8	—	—	3月	東京	兼業（ソーシャルゲーム）／ネット／衣料品
115	121	ヒマラヤ	※17,100	6.8	—	—	8月	岐阜	兼業（専門店）／ネット／スポーツ用品
〃	113	ジュン	※17,000	—	—	—	9月	東京	兼業／ネット／衣料品
〃	113	ケーズホールディングス	※17,000	—	—	—	3月	茨城	兼業（量販店）／ネット／家電製品
118	117	チャーム	※16,900	▲0.1	—	—	11月	群馬	専業／ネット／ペット用品
119	118	ライトアップショッピングクラブ	※16,500	—	—	—	3月	東京	専業／カタログ／総合
120	121	財宝	※16,300	—	—	—	8月	鹿児島	専業／カタログ／焼酎・健食
121	119	夢グループ	※16,246	▲6.5	—	—	12月	東京	専業／マス・DM／雑貨・チケット
122	130	◎ミラタップ（旧サンワカンパニー）	16,123	4.0	18,500	14.7	9月	大阪	専業／ネット／建築資材
123	120	ベガコーポレーション	16,063	▲5.4	17,000	5.8	3月	福岡	専業／ネット／家具
124	121	エプソンダイレクト	※16,000	—	—	—	3月	長野	専業／雑誌・ネット／パソコン
〃	121	やずや	※16,000	0.0	—	—	12月	福岡	専業／マス／健食
〃	121	デイトナ・インターナショナル	※16,000	—	—	—	2月	東京	兼業／ネット／衣料品
127	126	ゴールドウイン	15,978	8.0	—	—	3月	東京	兼業（メーカー）／ネット／衣料品
128	128	ハルメク	15,836	7.6	—	—	3月	東京	兼業（出版）／カタログ／総合
129	129	フォーレスト	※15,500	—	—	—	3月	埼玉	専業（BtoB）／カタログ／オフィス用品
130	131	TBSグロウディア	15,443	1.5	—	—	3月	東京	兼業／テレビ／総合
131	132	アンティローザ	15,347	22.0	—	—	3月	東京	兼業／ネット／衣料品
132	133	エイベックス	15,305	19.2	—	—	3月	東京	兼業／ネット／音楽・映像商品
133	134	◎ナック	15,239	3.4	—	—	3月	東京	兼業（住宅設備）／マス・ネット／水宅配
134	135	エバーライフ	※15,099	1.9	—	—	12月	福岡	専業／テレビ／健食
135	136	郵便局物販サービス	※15,000	—	—	—	3月	東京	兼業／カタログ／食品
〃	136	わかさ生活	※15,000	▲6.3	—	—	12月	京都	専業／マス／健食
〃	138	山善	15,000	10.0	17,000	13.3	3月	大阪	兼業（卸）／ネット／家庭用品・雑貨
〃	160	未来堂	※15,000	—	—	—	8月	愛知	兼業（卸）／ネット／酒類
139	139	◎コーセー	14,900	34.2	—	—	12月	東京	兼業（製造販売）／ネット／化粧品
140	140	ライフワン	14,856	16.7	—	—	1月	東京	専業／ネット／住宅設備機器
141	—	キンライサー	14,840	35.9	—	—	7月	東京	専業／ネット／住宅設備機器
142	141	えがお	※14,464	▲5.7	—	—	12月	熊本	専業／テレビ／健食
143	173	アイスタイル	14,292	31.8	—	—	6月	東京	兼業／ネット／化粧品
144	142	チップワンストップ	※14,220	▲50.1	—	—	12月	神奈川	専業（BtoB）／ネット／電子部品
145	143	シニアライフクリエイト	14,030	5.2	—	—	2月	東京	専業／カタログ／食品
146	144	◎大正製薬	※14,000	▲6.7	—	—	3月	東京	兼業／マス・DM／健食・化粧品
〃	144	マークスタイラー	※14,000	—	—	—	2月	東京	兼業／ネット／衣料品
〃	144	野草酵素	※14,000	—	—	—	10月	東京	専業／マス／健食
149	159	◎ランクアップ	13,700	7.4	—	—	9月	東京	専業／マス／化粧品
〃	164	◎伝食	13,700	15.1	—	—	9月	福井	兼業（小売）／ネット／食品
151	162	シルバーライフ	13,555	10.5	14,500	7.0	7月	東京	専業／カタログ／食品
152	147	綿半ドットコム	13,443	▲0.6	—	—	3月	東京	兼業（専門店）／ネット／家電製品
153	148	◎北の達人コーポレーション	13,369	53.2	10,411	▲22.1	2月	北海道	専業／ネット／健食・化粧品
154	149	イズミセ	※13,356	8.7	—	—	1月	京都	専業／ネット／酒類
155	150	◎ジェイドグループ	連13,356	27.6	—	—	2月	東京	専業／ネット／靴・衣料品
156	151	味の素（A—ダイレクト）	※13,300	—	—	—	3月	東京	専業／マス／化粧品
157	102	◎プレミアアンチエイジング	13,178	▲28.1	—	—	7月	東京	専業／ネット／化粧品
158	152	◎カゴメ	13,130	▲3.3	—	—	12月	愛知	兼業（製造業）／マス・DM／飲料
159	153	◎銀座ステファニー化粧品	※13,000	—	—	—	12月	東京	専業／マス・カタログ／化粧品
〃	153	久原本家	※13,000	—	—	—	2月	福岡	兼業（製造業）／ネット／食品
〃	153	大丸松坂屋百貨店	※13,000	—	—	—	2月	大阪	兼業（百貨店）／ネット／総合
162	156	◎ビタブリッドジャパン	12,912	▲12.1	—	—	2月	東京	専業／ネット／化粧品
163	157	ジェネレーションパス	12,830	2.8	—	—	10月	東京	専業／ネット／総合
164	158	◎コメ兵ホールディングス	12,773	28.8	—	—	3月	愛知	兼業（専門店）／ネット／ブランド品
165	161	I—ne	※12,500	19.1	—	—	12月	大阪	兼業（卸）／ネット／ヘアケア製品
166	163	◎オージオ	12,053	2.9	—	—	3月	東京	専業／折込／化粧品
167	171	モリフジ	※12,000	—	—	—	9月	富山	専業／ネット／酒類
168	166	◎テレビ東京ダイレクト	11,367	2.2	12,000	5.6	3月	東京	専業／テレビ／総合
169	167	ナースステージ	11,260	▲8.6	—	—	3月	埼玉	専業／カタログ・ネット／ナース用品
170	168	◎第一三共ヘルスケアダイレクト（旧・アイム）	11,110	▲0.8	—	—	3月	香川	専業／マス／化粧品

第1部 総コストアップ時代を乗り切るための通販戦略は？

順位	前回順位	社名	前期売上高 実績	前期売上高 増減率	今期売上高 見込み	今期売上高 増減率	決算月	本社所在地	業態／主力媒体／主力商品
171	169	◎バローホールディングス	11,106	20.1	—	—	3月	愛知	兼業（スーパー）／ネット／食品
172	206	マーケットエンタープライズ	11,027	31.4	—	—	6月	東京	専業／ネット／中古品
173	165	◎デファクトスタンダード	11,000	—	—	—	9月	東京	専業／ネット／ブランド品
〃	170	キリンホールディングス	※11,000	—	—	—	12月	東京	兼業（製造業）／マス／健食
175	172	森永製菓	10,900	6.0	—	—	3月	東京	兼業（製造業）／マス・ネット／健食
176	174	バロックジャパンリミテッド	10,620	0.6	—	—	2月	東京	兼業／ネット・雑誌／衣料品
177	175	◎ＦＲＡＣＯＲＡ	※10,500	—	—	—	1月	東京	兼業（卸）／折込／健食
178	175	マイケア	※10,500	5.0	—	—	4月	東京	専業／マス／健食
179	177	◎ユーグレナ	10,441	▲10.9	—	—	12月	東京	専業／マス・ネット／健食・化粧品
180	179	ソーシャルテック	10,400	▲1.0	—	—	3月	東京	専業／ネット／化粧品
181	178	あさひ	10,321	24.3	11,240	8.9	2月	大阪	兼業（専門店）／ネット／自転車
182	180	ベースフード	10,148	37.7	—	—	2月	東京	専業／ネット／食品
183	192	快適生活（ライフサポート）	※10,078	10.2	—	—	6月	大阪	専業／ラジオ・カタログ／総合
184	181	フィード	※10,000	—	—	—	3月	神奈川	専業（BtoB）／カタログ／薬品・医療器具
〃	181	アサヒグループ食品	※10,000	0.0	—	—	12月	東京	兼業（製造業）／マス／健食
〃	181	◎シップス	※10,000	—	—	—	2月	東京	兼業（専門店）／ネット／衣料品
〃	181	◎ジェイフロンティア	※10,000	—	—	—	5月	東京	専業／ネット／健食
〃	181	アンファー	※10,000	—	—	—	3月	東京	兼業（卸）／ネット／ヘアケア用品
189	186	ペットゴー	9,905	▲1.2	10,395	4.9	3月	東京	専業／ネット／ペット用品
190	187	ピュアクリエイト	9,700	—	—	—	7月	埼玉	専業／ネット／家電製品
191	202	アクシージア	9,629	12.7	—	—	7月	東京	兼業／ネット／化粧品・健食
192	188	◎金氏高麗人参	9,530	▲11.0	—	—	4月	京都	専業／マス／健食
193	189	悠　香	※9,500	▲1.9	—	—	12月	福岡	専業／折込／化粧品
194	189	ＭＯＮＯ─ＭＡＲＴ	※9,500	—	—	—	6月	東京	専業／ネット／衣料品
195	191	アクセルクリエイション	9,363	4.1	—	—	2月	東京	専業／テレビ／総合
196	193	ブックオフグループホールディングス	※9,000	—	—	—	5月	神奈川	専業／ネット／書籍
〃	193	エクスショップ	※9,000	—	—	—	3月	兵庫	専業／ネット／住宅設備
〃	210	まんだらけ	※9,000	—	—	—	9月	東京	兼業（専門店）／ネット／書籍
199	195	ワンステップ	8,900	13.7	—	—	2月	兵庫	専業／折込・カタログ／オフィス用品
200	196	ブルックス	※8,750	—	—	—	6月	神奈川	専業／新聞・カタログ／コーヒー・健食
201	197	ベルネージュダイレクト	8,661	▲1.3	—	—	12月	東京	専業／カタログ／健食
202	198	◎ハーブ健康本舗	8,595	2.7	—	—	10月	福岡	専業／ネット／健食
203	199	インペリアル・エンタープライズ	8,585	0.7	8,550	▲0.4	3月	東京	専業／DM・マス・カタログ／趣味用品
204	200	ナルミヤ・インターナショナル	8,558	4.5	8,640	1.0	2月	東京	兼業（専門店）／ネット／衣料品
205	201	Ｈａｍｅｅ	8,546	33.3	—	—	4月	神奈川	兼業（システム開発）／ネット／モバイルアクセサリー
206	203	ストライプインターナショナル	※8,500	—	—	—	1月	岡山	兼業／ネット／衣料品
207	205	ヤーマン	8,498	▲14.3	—	—	4月	東京	兼業（卸）／マス／美容機器
208	203	ＧＢＦＴ	8,400	▲1.2	—	—	8月	大阪	専業／ネット／家電製品
209	207	サンスター	※8,134	0.0	—	—	12月	大阪	兼業（製造業）／マス／健食
210	208	三陽商会	8,100	0.6	8,700	8.0	2月	東京	兼業（製造業）／ネット／衣料品
211	209	ベルヴィ	8,050	4.5	9,500	18.0	5月	兵庫	専業／ネット／ギフト
212	210	阪急阪神百貨店	※8,000	—	—	—	3月	大阪	兼業（百貨店）／ネット／総合
〃	214	ロイズコンフェクト	※8,000	—	—	—	7月	北海道	兼業（製造業）／カタログ／チョコレート
214	212	宇治田原製茶場	※7,900	—	—	—	4月	京都	専業／カタログ／日本茶・食品
215	213	日本テレビ放送網	7,875	▲2.9	8,500	7.9	3月	東京	兼業（放送）／テレビ／総合
216	215	◎ハルメク・アルファ（旧・全国通販）	7,721	10.2	—	—	3月	大阪	専業／カタログ／総合
217	216	交換できるくん	7,565	25.2	10,000	32.2	3月	東京	専業／ネット／住宅設備
218	224	ニッピコラーゲン化粧品	7,552	15.7	7,866	4.2	3月	東京	専業／新聞・カタログ／化粧品
219	217	小林製薬	7,507	▲11.0	—	—	12月	大阪	兼業（製造業）／マス／健食・化粧品
220	218	ナチュラム	7,500	▲19.2	—	—	3月	大阪	専業／ネット／アウトドア用品
221	218	◎マガシーク	7,500	—	—	—	3月	東京	専業／ネット／衣料品・雑貨
〃	218	イーブックイニシアティブジャパン	※7,500	—	—	—	3月	東京	兼業（電子書籍）／ネット／書籍・CD・DVD
223	221	◎ユニフォームネクスト	7,453	17.7	9,204	23.5	12月	福井	専業（BtoB）／ネット／ユニフォーム
224	222	ハーバー研究所	7,330	2.8	—	—	3月	東京	専業／カタログ・雑誌／化粧品
225	223	エノテカ	※7,300	—	—	—	12月	東京	兼業（専門店）／ネット／ワイン
226	227	ギャレリア・ニズム	7,261	3.2	—	—	8月	群馬	専業／ネット／雑貨
227	225	しまむら	7,240	74.8	—	—	2月	埼玉	兼業（専門店）／ネット／衣料品
228	226	ギフティ	7,226	53.0	9,109	26.0	12月	東京	専業／ネット／ギフト
229	228	大　都	7,030	5.1	—	—	12月	大阪	専業／ネット／DIY用品
230	262	クラシコム	7,012	15.7	8,000	14.1	7月	東京	専業／ネット／雑貨
231	229	万田発酵	※7,000	▲6.7	—	—	5月	広島	兼業（製造業）／テレビ・ネット／健食
〃	229	市川園	※7,000	—	—	—	2月	静岡	専業／DM・ネット／日本茶
〃	229	◎ユーコー	※7,000	—	—	—	6月	東京	専業／マス・DM／シルク衣料・雑貨
〃	254	ａｎｔｉｑｕａ	※7,000	16.7	—	—	8月	大阪	専業／ネット／衣料品
235	—	Ａｉロボティクス	6,961	288.9	—	—	3月	東京	兼業／ネット／化粧品

ランキング表

順位	前回順位	社名		前期売上高		今期売上高		決算月	本社所在地	業態／主力媒体／主力商品
				実績	増減率	見込み	増減率			
236	233	◎エイチ・ツー・オーリテイリング		6,826	▲ 8.9	—	—	3月	大阪	専業／カタログ／食品
237	234	ヴァーナル	※	6,800	4.6	—	—	3月	福岡	専業／マス／化粧品
〃	239	◎エトヴォス	※	6,800	4.6	—	—	7月	大阪	兼業（製造販売）／ネット／化粧品
239	236	◎トーエル		6,754	2.2	—	—	4月	神奈川	兼業（製造・卸）／折込／水宅配
240	—	羅針	※	6,700	—	—	—	2月	東京	兼業／ネット／腕時計
241	237	ユージュアル		6,699	12.7	—	—	3月	東京	専業／ネット／雑貨
242	238	ヒラキ		6,684	▲14.7	—	—	3月	兵庫	兼業（量販店）／折込・カタログ／靴
243	234	健康家族		6,600	▲ 2.9	—	—	8月	鹿児島	専業／マス／健食
244	229	クラスフィル	※	6,500	—	—	—	9月	滋賀	専業／ネット／生活雑貨・インテリア
245	241	cotta		6,467	▲ 0.1	—	—	9月	大分	専業（BtoB）／ネット／製菓材料
246	242	◎水晶院		6,400	1.6	—	—	11月	神奈川	専業／マス／宝飾関連
247	243	ショクブン	連	6,393	▲ 8.9	連 6,754	5.7	3月	愛知	専業／カタログ／食品
248	248	◎壽屋		6,381	1.8	6,385	0.1	6月	東京	兼業（卸）／ネット／雑貨
249	244	◎白鳩		6,372	0.3	6,018	▲ 5.6	2月	京都	専業／ネット／衣料品
〃	244	日本直販		6,372	9.5	—	—	10月	東京	専業／マス／総合
251	246	フーディソン		6,351	20.3	7,450	17.3	3月	東京	専業／ネット／生鮮品
252	247	さくらフォレスト	※	6,300	0.0	—	—	3月	福岡	専業／マス・ネット／健食
〃	249	ローカル	※	6,300	—	—	—	9月	熊本	専業／ネット／食品
254	250	ルミネ		6,200	▲ 4.6	—	—	3月	東京	兼業／ネット／衣料品
255	251	デサント		6,197	—	—	—	3月	東京	兼業（メーカー）／ネット／衣料品
256	239	ファミリー・ライフ		6,140	▲ 8.4	—	—	8月	東京	専業／折込／総合
257	252	ハニーズホールディングス		6,133	11.4	—	—	5月	福島	兼業（専門店）／ネット／衣料品
258	253	オズ・インターナショナル		6,100	1.5	—	—	2月	東京	専業／ネット／化粧品
259	254	集英社	※	6,000	3.4	—	—	5月	東京	兼業（出版）／ネット／衣料品
〃	254	ぽん家具	※	6,000	—	—	—	4月	和歌山	専業／ネット／家具
〃	254	いづみや	※	6,000	—	—	—	3月	千葉	専業／ネット／酒類
〃	265	池部楽器店	※	6,000	—	—	—	7月	東京	兼業（専門店）／ネット／楽器
〃	—	ライズクリエイション	※	6,000	—	—	—	9月	奈良	専業／ネット／雑貨
264	259	ミクリード		5,936	27.2	6,550	10.3	3月	東京	専業（BtoB）／ネット／食品
265	261	寿スピリッツ		5,892	1.6	—	—	3月	鳥取	兼業（小売）／ネット／食品
266	263	◎dazzy	※	5,800	9.1	—	—	2月	東京	専業／ネット／衣料品・雑貨
267	267	ロイヤル	※	5,800	—	—	—	8月	愛知	兼業（専門店）／ネット／靴・衣料品
268	264	富士山マガジンサービス		5,771	▲ 3.3	5,771	0.0	12月	東京	専業／ネット／書籍
269	—	ウィゴー		5,660	—	—	—	2月	東京	兼業（メーカー）／ネット／衣料品
270	266	花キューピット	※	5,600	—	—	—	3月	東京	専業／ネット／花
271	271	健康の杜		5,537	2.2	—	—	9月	福岡	専業／マス／健食
272	267	YOCABITO	※	5,500	▲ 3.4	—	—	12月	岐阜	専業／ネット／スポーツ用品
〃	267	ムラサキスポーツ	※	5,500	—	—	—	3月	東京	兼業（小売）／ネット／スポーツ用品
〃	267	アールエスコンポーネンツ	※	5,500	—	—	—	3月	神奈川	専業（BtoB）／カタログ／工業部品
275	279	◎JINS		5,410	3.5	—	—	8月	東京	兼業（専門店）／ネット／眼鏡
276	272	AXES		5,400	▲25.0	—	—	3月	東京	専業／ネット／ブランド品
〃	272	澤井珈琲		5,400	7.6	—	—	3月	鳥取	専業／ネット／食品
278	275	◎アサヒ緑健		5,396	▲13.9	—	—	3月	福岡	専業／テレビ／健食
279	260	リネットジャパングループ		5,379	1.4	5,813	8.1	9月	愛知	専業／ネット／書籍
280	296	ほぼ日		5,305	10.4	—	—	8月	東京	専業／ネット／文房具・雑貨
281	276	増米商店	※	5,300	—	—	—	8月	福井	専業／ネット／食品
282	281	レミントン		5,270	▲ 0.6	—	—	8月	神奈川	専業／DM／健康器具・健食
283	277	ピーディーアール		5,256	0.4	5,260	0.1	5月	愛知	専業（BtoB）／カタログ／歯科材料
284	278	三栄コーポレーション		5,250	—	6,000	14.3	3月	東京	兼業（卸）／ネット／家具
285	280	DECENCIA		5,220	10.5	—	—	12月	東京	専業／ネット／化粧品
286	281	◎ディーエムジェイ		5,200	0.0	5,200	0.0	3月	東京	専業／マス／健食・通教
287	283	ホームショッピング		5,162	12.5	5,800	12.4	3月	北海道	専業／ネット／家電製品
288	284	B.B.T.		5,150	1.0	—	—	6月	千葉	専業／ネット／スポーツ用品
289	286	ソースネクスト		5,008	▲ 4.7	—	—	3月	東京	兼業（卸）／ネット／PCソフト
290	272	九南サービス	※	5,000	1.0	—	—	8月	宮崎	専業／ネット／自然食品
〃	287	森下仁丹	※	5,000	—	—	—	3月	大阪	兼業（製造業）／マス／健食
〃	287	◎mighty		5,000	4.1	—	—	1月	大阪	専業／ネット／衣料品
〃	294	エフ琉球	※	5,000	—	—	—	7月	沖縄	専業／ネット／健康食品
〃	—	ピーシーあきんど	※	5,000	—	—	—	9月	東京	専業／ネット／PC関連商品
295	290	◎JIMOS		4,969	2.8	—	—	3月	東京	兼業（通信）／マス／化粧品
296	292	◎トウキョウベース		4,903	▲11.2	—	—	1月	東京	兼業（専門店）／ネット／衣料品
297	—	ナカノモードエンタープライズ	※	4,900	—	—	—	9月	大阪	専業／ネット／食品
298	—	松屋フーズ		4,849	16.8	—	—	3月	東京	兼業（飲食店）／ネット／食品
299	294	ムラウチドットコム		4,815	▲ 9.4	—	—	3月	東京	専業／ネット／家電製品
300	293	ダイワ		4,805	▲ 0.9	4,800	▲ 0.1	9月	大阪	専業／折込・カタログ／家庭用品

表の解説

「第 83 回通販・通教売上高、利益率ランキング」は、通販新聞社が 2024 年 12 月に行ったアンケート調査を基に作成。調査用紙は通販・通教実施企業約 600 社に送付した。非回答企業の数値は「通販新聞」「月刊ネット販売」での取材データおよび企業情報のほか、民間調査機関の調査資料なども参考にしている。

「前期実績」の調査対象期間は 23 年 10 月から 24 年９月までに迎えた本決算。「今期見込み」は 24 年６月から 25 年５月に迎える決算期が対象となる。表の数値は通販・通教のみの売上高と営業利益を掲載（本紙推定値の場合は売上高、営業利益の前に「※」を記載）。原則として店舗や卸を加えていない数値としている（例外は社名前に「◎」を付け注釈を記載）。連結決算の数値は社名右欄に「連」と示した。前の期の数値が判明しない企業や変則決算で数値が比較できない企業の増減率は掲載していない。

表中「◎」が付く企業は以下の事情による（社名の前の数字はランキング順位）。

◇

〈売上高〉

①アマゾンジャパンは物販以外のその他事業を含むアマゾンの日本事業における売上高。
②アスクルはロジスティクス事業などを除くＥコマース事業の売上高。
④ジャパネットホールディングスは通販事業以外の他の事業の売り上げを含むグループ全体の連結売上高。
⑦ベネッセホールディングスは国内教育事業の売上高。
⑧大塚商会はオフィス用品通販「たのめーる」事業の売上高。
⑨ＺＯＺＯは会計上の売上高で、商品取扱高（流通総額）は 5743 億 7300 万円。
⑩ジュピターショップチャンネルは店舗、催事などの売り上げを含む。
⑪ヤマダホールディングスはグループ全体における、ＥＣ関連売上高の推定値。子会社ヤマダデンキにおける「ネット事業・テレビショッピング事業」の売上高（仮想モール店含む）は 857 億 1900 万円だった。
⑮ベルーナはアパレル雑貨事業と化粧品健康食品事業とグルメ事業とナース関連事業の売上高合算値からアパレル店舗の売上高を引いた数値。
⑯ビックカメラはコジマ、ソフマップを含むグループにおけるＥＣ売上高の合計。
⑲カウネットは商品調達部門を含む総売上高。
㉔アダストリアはモール経由を含めた国内ＥＣ売上高。
㉕ノジマはＥＣ含めたインターネット事業全体の売上高。
㉗ＤＣＭホールディングスは子会社エクスプライスとＤＣＭのＥＣ売上高を合算したもの。エクスプライスの 2024 年１月期売上高は 612 億 5800 万円だった。
㉙ベイクルーズは他社ＥＣを含めた全ＥＣ事業の売上高推定値。
㉚ファンケルはグループ（アテニア）を含む連結売上高に占める通販売上高の数字。
㉛マウスコンピューターは店舗売り上げなどを含む。
㉝日本生活協同組合連合会は通販本部における全国生協へのカタログ商品の卸販売額。
㉞パルは外部モールも含めた全ＥＣ売上高。
㊱オンワードホールディングスは外部モールを含めた国内ＥＣ売上高。
㊴ワールドはグループＥＣ売上高の合計。
㊷ワタミは「宅食事業」の売上高。
㊺マッシュホールディングスは外部ＥＣモール経由の売り上げも含めた全ＥＣ売上高の推定値。
㊻オールアバウトライフマーケティングはＥＣ取扱高の数値。
㊾キタムラは宅配売上と店舗受取売上を合算した「ＥＣ関与売上」の推定値。
㊿シュッピンはネット販売の売上高で、店舗を含めた総売上高は 488 億 4100 万円。
(51)新日本製薬は海外販売（通販と卸）を含む。
(54)ＴＳＩホールディングスは外部モールを含めた国内ＥＣ売上高。
(55)オルビスは国内自社ＥＣの数値。
(58)イトーヨーカ堂はネットスーパーなどの売上高。
(59)ユナイテッドアローズは外部モールを含めた全ＥＣ売上高。
(60)ＪＮＴＬコンシューマーヘルスは総売上高（536 億 8800 万円）におけるドクターシーラボ事業の推定売上高。
(65)ＭＴＧは他のネット販売事業者への卸も含む。
(66)資生堂は国内ＥＣの売上高推定値。
(69)ゲオホールディンスは小売りサービスにおいてＥＣが関与した売上高。
(70)アズワンはユーザー指定販売店を介在した電子カタログでネット受注する「電子カタログ集中購買」と、大手Ｂ to Ｂ通販サイトや自社サイトの「インターネット通販」などの合計売上高。
(71)エービーシー・マートは店頭での通販在庫販売を含むＥＣ売上高の推定値。
(74)Ｚ会は教室・出版部門を含んだ売上高の推定値。
(75)キューサイは通販事業以外も含めた合算値。
(77)アシックスは国内ＥＣ売上高の推定値。グローバルＥＣ売上高は前期比 30・８％増の 1070 億円。
(80)ビューティーガレージは「物販事業」の売上高で、ＥＣサイトのほか、全国主要都市のショールーム・ストアおよび法人営業チーム、通販カタログの売上高を含む。
(83)再春館製薬所は海外事業も含む売上高。太陽光事業の実績は除く。
(85)ローソンエンタテインメントはＨＭＶ事業など通販売上高の推定値。
(90)ディーエイチシーは、決算期変更のため５カ月の変則決算の数値。23 年 12 月期の連結売上高は、438 億 9400 万円。変更前の 23 年７月期連結売上高は、874 億 1300 万円。うち、通販売上高は約 437 億円（本紙推定）。
(91)カクヤスグループは一般向け（非事業者向け）の「宅配」の売上高。
(95)ライフコーポレーションは、ライフネットスーパーとアマゾンジャパンでの販売との合計売上高。
(99)ゴルフダイジェスト・オンラインは国内セグメントにおける実店舗なども含めたゴルフ用品販売の数値。
(103)ロッピングライフは店舗売り上げなどを含む総売上高。
(104)オフィスコムは店舗なども含む。
(107)カルチュア・コンビニエンス・クラブはネットメディア事業、映像・楽曲配信事業などの推定値。
(113)ＤｏＣＬＡＳＳＥはドゥクラッセブランドの売上推定値。
(114)クルーズは商品取扱高（流通総額）の数値。
(122)ミラタップは 10 月１日にサンワカンパニーから社名変更。
(133)ナックは宅配水事業の売上高。
(139)コーセーはグループ全体の国内ＥＣの売上高。自社で行う外部ＥＣの販売を含む（流通卸のＥＣによる売り上げは除く）。中国、北米、アジア等を含む国内外ＥＣ売上高は、前年比２・７％減の 427 億円。
(146)大正製薬は「大正ダイレクト」売上高推定値。化粧品、美容食品の通販を行う「ＴＡＩＳＨＯ　ＢＥＡＵＴＹ　ＯＮＬＩＮＥ」の売上高は含まない。
(149)ランクアップは卸も含む。
(149)伝食は店舗事業なども含む全社売上高。
(153)北の達人コーポレーションは通販と卸の合計売上高。
(155)ジェイドグループの数値は売上高で、ＥＣサービス受託型で販売した商品の手数料とプラットフォームサービスの手数料の合計。
(157)プレミアアンチエイジングは「通信販売」の売上高で、卸などを含まない。
(158)カゴメは、自社通販「カゴメ健康直送便」の実績で、外部ＥＣ、カタログ等への商品卸は含まない。
(159)銀座ステファニー化粧品はテレビ通販向け卸を含む。
(162)ビタブリッドジャパンはグループで 23 年に他社に売却した化粧品販売を行うＤｉｒＥＣｔＴｅｅｔｈの売り上げを含む。
(164)コメ兵ホールディングスは店舗取り寄せを含む。
(166)オージオは卸や一部不動産事業の売上高も含む。
(168)テレビ東京ダイレクトは通販提携事業や店舗売り上げなどを含む総売上高。
(170)第一三共ヘルスケアダイレクトは４月１日付でアイムより社名変更。
(171)バローホールディングスはＥＣのほか、事業所向け配送事業ａｉｎｏｍａ（アイノマ）、ドライブスルー、その他無店舗販売事業の売上高を含む。
(173)デファクトスタンダードは実店舗なども含む。
(177)ＦＲＡＣＯＲＡは４月１日付で協和より社名変更。
(179)ユーグレナはグループの通販会社の業績を含む連結売上高に占める直販売上高（キューサイを除く）。
(184)シップスは外部モールも含めた全ＥＣ売上高の推定値。
(184)ジェイフロンティアは医薬品通販、健康食品通販の推定合算値。
(190)ピュアクリエイトは卸を含む推定値。
(192)金氏高麗人参は原料の販売を含む。
(202)ハーブ健康本舗は卸事業を行う子会社のヘルシートレーディングの実績を除く国内通販売上高。
(216)ハルメク・アルファは４月１日付で全国通販より社名変更。
(221)マガシークは２月にジェイドグループ傘下となった。
(223)ユニフォームネクストは訪販事業などその他事業も含む全売上高。
(231)ユーコーは店舗売上を含む推定値。
(236)エイチ・ツー・オーリテイリングは関西と九州における個別宅配事業と宅配プラットフォームの売上高。
(237)エトヴォスは店舗販売、卸を含む総売上高の推定値。
(239)トーエルは宅配水事業の売上高。
(246)水晶院は店舗や書道教室などを含む推定値。
(248)壽屋は実店舗売上高も含む「小売販売」の数値。
(249)白鳩は通販と店舗の合計売上高。
(266)ｄａｚｚｙは店舗売上高を含む推定値。
(275)ＪＩＮＳは国内ＥＣ売上高と海外ＥＣ売上高の合算。
(278)アサヒ緑健は通販のみの売上高。
(288)ディーエムジェイは全日本通教、全日本通販の売上高も含む。
(290)ｍｉｇｈｔｙは店舗を含む売上高。
(295)ＪＩＭＯＳは通販支援事業を含んだ総売上高。
(296)トウキョウベースは外部モールも含めた全ＥＣ売上高。

通販・通教 利益率ランキング
調査：通販新聞社（25年1月）

（前期実績対象本決算期：23年10月期～24年9月期）　　　　　単位：万円、増減率：％（▲はマイナス）＝前期比

順位	社名	連結or単体	対売上高比率(%)	前期利益 実績(万円)	増減率(%)	今期利益 見込み(万円)	増減率(%)	対売上高比率(%)	主要品目	決算月
1	ZOZO	連	30.5	6,007,900	6.5	6,420,000	6.9	30.0	衣料品	3月
2	トーエル		21.0	142,000	8.5	—	—	—	水宅配	4月
3	QVCジャパン		19.8	2,630,300	▲ 2.3	—	—	—	総合	12月
4	◎Aiロボティクス		17.8	125,600	310.0	175,100	39.3	16.2	化粧品	3月
5	ギフティ	連	17.5	126,700	249.2	170,200	34.3	18.7	電子ギフト	12月
6	サントリーウエルネス		15.7	1,820,600	12.1	—	—	—	健食	12月
7	クラシコム	連	15.5	108,300	12.2	68,000	▲ 37.3	8.5	雑貨	7月
8	◎オルビス		14.8	634,000	30.7	—	—	—	化粧品・健食	12月
9	DECENCIA		13.0	67,800	14.1	—	—	—	化粧品	12月
10	ジュピターショップチャンネル		12.9	2,047,600	7.5	—	—	—	総合	3月
11	ジェイドグループ	連	12.6	168,500	—	—	—	—	靴・衣料品	2月
12	MonotaRO	連	12.3	3,130,900	19.4	3,582,000	14.4	12.5	工業用副資材	12月
13	プレミアムウォーターホールディングス	連	11.7	943,600	28.4	1,100,000	16.6	14.2	水宅配	3月
14	ナック		11.2	170,600	5.4	—	—	—	水宅配	3月
15	北の達人コーポレーション		10.4	139,700	168.3	161,300	15.5	15.5	化粧品・健食	2月
〃	ミスミグループ本社	連	10.4	3,836,500	▲ 17.7	4,910,000	28.0	12.2	金型部品	3月
〃	新日本製薬	連	10.4	417,600	11.3	450,000	7.7	10.7	健食・化粧品	9月
18	ワタミ		10.1	406,300	▲ 29.0	—	—	—	食品	3月
〃	ファーマフーズ		10.1	532,500	42.2	—	—	—	健食・化粧品	7月
20	ニッピコラーゲン化粧品		8.0	60,400	60.2	80,000	32.5	10.2	化粧品	3月
21	◎Hamee		7.7	106,900	53.7	—	—	—	モバイルアクセサリー	5月
22	◎ベネッセホールディングス		7.6	1,588,900	▲ 11.9	—	—	—	通教	3月
23	オージオ		7.3	88,100	52.7	—	—	—	化粧品	3月
〃	◎ほぼ日		7.3	54,700	▲ 7.2	76,000	38.8	9.3	文房具・雑貨	8月
25	ユニフォームネクスト		6.7	49,700	23.9	66,900	34.4	7.3	ユニフォーム	12月
〃	スクロール	連	6.7	531,300	▲ 13.2	600,000	12.9	7.5	総合	3月
27	歯愛メディカル	連	6.6	298,900	▲ 25.1	234,900	▲ 21.4	3.5	歯科材料	12月
28	マウスコンピューター		6.4	342,700	▲ 16.0	—	—	—	パソコン	3月
29	富士山マガジンサービス	連	6.2	35,700	▲ 19.3	35,700	0.0	6.2	書籍	12月
〃	◎ゴルフダイジェスト・オンライン		6.2	176,200	▲ 12.6	—	—	—	ゴルフ用品	12月
31	ビューティガレージ		6.0	147,000	32.2	—	—	—	理美容品	4月
32	シルバーライフ		5.7	76,800	14.7	85,000	10.6	5.9	食品	7月
33	ミクリード		5.4	32,200	66.0	36,500	13.3	5.3	食品	3月
34	ミラタップ（旧・サンワカンパニー）	連	5.1	83,000	▲ 21.1	10,000	▲ 88.0	0.5	建築資材	9月
35	ベガコーポレーション		4.8	77,100	128.1	120,000	55.5	7.1	家具	3月
36	カウネット		4.6	378,200	30.8	—	—	—	オフィス用品	12月
37	cotta	連	4.4	28,500	▲ 40.7	—	—	—	製菓材料	9月
〃	テレビ東京ダイレクト		4.4	49,700	▲ 14.2	—	—	—	総合	3月
39	交換できるくん	連	4.3	32,800	9.0	33,000	0.4	3.3	住宅設備	3月
40	ロッピングライフ		4.2	76,800	▲ 16.7	—	—	—	総合	3月
41	テレビショッピング研究所		4.1	79,500	—	90,000	13.2	4.6	総合	3月
42	アスクル	連	3.6	1,695,300	16.0	1,800,000	6.2	3.6	オフィス用品	5月
43	オイシックス・ラ・大地	連	3.5	514,400	53.7	700,000	36.1	2.7	食品	3月
44	◎IKホールディングス		3.3	11,900	—	—	—	—	総合	4月
45	フーディソン	連	3.1	19,600	43.7	32,500	65.6	4.4	生鮮品	3月
46	インペリアル・エンタープライズ		3.0	25,900	8.9	26,300	1.5	3.1	趣味用品	3月
47	リフレ		2.5	7,600	58.3	—	—	—	健食	3月
〃	ホームショッピング		2.5	12,900	34.0	15,400	20.0	2.7	家電製品	3月
〃	ペットゴー	連	2.5	24,700	4.6	15,800	▲ 35.8	1.8	ペット用品	3月
50	ジェネレーションパス		2.0	25,200	▲ 5.8	—	—	—	インテリア	10月

第1部 総コストアップ時代を乗り切るための通販戦略は？

順位	社　名	連結or単体	前期利益 対売上高比率(%)	前期利益 実績(万円)	前期利益 増減率(%)	今期利益 見込み(万円)	今期利益 増減率(%)	今期利益 対売上高比率(%)	主要品目	決算月
〃	アプロス		2.0	4,400	—	—	—	—	化粧品・健食	11月
52	ストリーム		1.9	48,800	▲ 35.8	—	—	—	PC・家電製品	1月
53	カタログハウス		1.8	44,000	▲ 67.8	—	—	—	雑貨	3月
54	ジェイオーディ		1.7	37,000	—	55,000	48.6	3.0	総合	6月
55	クルーズ		1.1	19,600	—	—	—	—	衣料品	3月
56	ショクブン	連	0.8	5,100	▲ 74.7	0	—	—	食品	3月
57	ヒラキ		0.7	5,000	▲ 82.8	—	—	—	靴	3月
〃	ピーディーアール		0.7	3,900	▲ 70.8	4,000	2.6	0.8	歯科材料	5月
59	ニッセンホールディングス	連	0.5	21,100	▲ 40.0	—	—	—	総合	2月
60	ハルメク・アルファ（旧・全国通販）		0.4	3,000	▲ 64.7	—	—	—	総合	3月

表の見方

④Ａｉロボティクスは全体の数字。
⑧オルビスは直営店を含む。
㉑Ｈａｍｅｅは卸を含む。
㉒ベネッセホールディングスは国内教育事業の数字。
㉓ほぼ日は全体の数字。
㉙ゴルフダイジェスト・オンラインは国内事業全体の数字。
㊹ＩＫホールディングスは実店舗も含む。

ランキング表

表の見方

「第82回通販・通教売上高、利益率ランキング」は、通販新聞社が2024年7月に行ったアンケート調査を基に作成。調査用紙は通販・通教実施企業約600社に送付した。非回答企業の数値は「週刊通販新聞」「月刊ネット販売」での取材データおよび企業情報のほか、民間調査機関の調査資料なども参考にしている。

「前期実績」の調査対象期間は23年6月から24年5月までに迎えた本決算。「今期見込み」は24年6月から25年5月に迎える決算期が対象となる。表の数値は通販・通教のみの売上高と営業利益を掲載(本紙推定値の場合は売上高、営業利益の前に「※」を記載)。原則として店舗や卸を加えていない数値とした(例外は社名前に「◎」を付け注釈を記載)。連結決算の数値は社名右欄に「連」と示した。前の期の数値が判明しない企業や変則決算で数値が比較できない企業の増減率は掲載していない。表中「◎」が付く企業については別記「表の解説」の事情による。

通販・通教実施企業　売上高ランキング
調査:通販新聞社(24年8月)

(前期実績対象本決算期:23年6月期から24年5月期)　　単位:百万円、増減率:%(▲はマイナス)=前期比、※:本紙推定、◇:変則決算、連:連結業績

順位	前回順位	社名	前期売上高 実績	前期売上高 増減率	今期売上高 見込み	今期売上高 増減率	決算月	本社所在地	業態／主力媒体／主力商品
1	1	◎アマゾンジャパン	3,655,600	13.8	—	—	12月	東京	専業／ネット／総合
2	2	◎アスクル	462,374	5.8	490,400	6.1	5月	東京	専業(BtoB)／カタログ／オフィス用品
3	3	ミスミグループ本社	連367,649	▲1.5	連393,000	6.9	3月	東京	専業(BtoB)／カタログ／金型部品
4	4	◎ジャパネットホールディングス	連257,468	4.6	—	—	12月	長崎	専業／テレビ・チラシ／家電製品
5	5	MonotaRO	連254,286	12.5	連286,570	12.7	12月	兵庫	専業(BtoB)／カタログ／工業用副資材
6	6	ヨドバシカメラ	226,808	8.0	—	—	3月	東京	兼業(量販店)／ネット／家電製品
7	9	◎ベネッセホールディングス	208,136	▲3.3	—	—	3月	岡山	専業／マス・DM／通教
8	8	◎大塚商会	198,134	8.2	—	—	12月	東京	兼業(BtoB)／カタログ／オフィス用品
9	7	◎ZOZO	連197,016	7.4	連214,400	8.8	3月	千葉	専業／ネット／衣料品
10	10	ジュピターショップチャンネル	158,354	1.8	—	—	3月	東京	専業／衛星・CATV／総合
11	11	◎ヤマダホールディングス	※155,000	—	—	—	3月	群馬	兼業(量販店)／ネット／家電製品
12	16	オイシックス・ラ・大地	連148,408	28.9	連255,000	71.8	3月	東京	専業／ネット・折込／食品
13	13	ユニクロ	133,800	2.0	—	—	8月	山口	兼業(専門店)／ネット／衣料品
14	14	QVCジャパン	132,517	▲0.3	—	—	12月	千葉	専業／衛星・CATV／総合
15	12	◎ベルーナ	129,606	▲9.5	—	—	3月	埼玉	専業／カタログ／総合
16	15	◎ビックカメラ	127,400	▲11.0	—	—	8月	東京	兼業(量販店)／ネット／家電製品
17	17	サントリーウエルネス	116,234	1.5	—	—	12月	東京	兼業(製造業)／マス／健食
18	18	ニトリホールディングス	87,100	▲4.3	—	—	3月	北海道	兼業(量販店)／ネット／家具・雑貨
19	24	◎カウネット	82,530	19.6	—	—	12月	東京	専業(BtoB)／カタログ／オフィス用品
20	20	プレミアムウォーターホールディングス	連80,578	5.4	連77,000	▲4.4	3月	東京	専業／テレビ・ネット／水宅配
21	21	イオンリテール	※80,000	7.2	—	—	2月	千葉	兼業(スーパー)／ネット／食品
22	19	スクロール	連79,826	▲1.5	連80,000	0.2	3月	静岡	専業／カタログ／総合
23	21	アイリスプラザ	※75,000	—	—	—	2月	宮城	兼業(専門店)／ネット／雑貨
24	25	◎アダストリア	68,900	10.1	76,000	10.3	2月	東京	兼業(専門店)／ネット／衣料品
25	49	◎ノジマ	66,397	—	—	—	3月	神奈川	兼業(専門店)／ネット／家電製品・総合
26	21	上新電機	64,618	▲14.5	—	—	3月	大阪	兼業(量販店)／ネット／家電製品
27	30	◎DCMホールディングス	63,857	14.8	—	—	2月	東京	兼業(ホームセンター)／ネット／雑貨・家電製品
28	26	デル・テクノロジーズ	※60,000	—	—	—	1月	神奈川	専業／ネット／パソコン
29	27	ファーマフーズ	59,788	15.2	—	—	7月	京都	兼業／テレビ・ネット／健食・化粧品
30	31	◎ファンケル	57,132	5.2	60,450	5.8	3月	神奈川	専業／マス・カタログ／化粧品・健食
31	29	◎ベイクルーズ	※57,000	—	—	—	8月	東京	兼業(専門店)／ネット／衣料品
32	33	◎マウスコンピューター	53,460	0.0	—	—	3月	東京	兼業(製造業)／ネット／パソコン
33	32	◎日本生活協同組合連合会	50,765	▲5.5	48,527	▲4.4	3月	東京	兼業(生協・団体)／カタログ／総合
34	41	パル	48,400	22.3	—	—	2月	大阪	兼業(専門店)／ネット／衣料品
35	28	DINOS CORPORATION	47,945	▲13.4	—	—	2月	東京	専業／カタログ・テレビ／総合
36	37	オンワードホールディングス	47,716	6.5	—	—	2月	東京	兼業／ネット／衣料品
37	40	歯愛メディカル	45,628	6.4	50,000	9.6	12月	石川	兼業(卸)／ネット／歯科材料
38	35	高島屋	45,490	▲3.7	—	—	2月	大阪	兼業(百貨店)／カタログ・ネット／総合
39	36	◎ワールド	◇43,816	—	—	—	2月	兵庫	兼業／ネット／衣料品
40	39	ディーエイチシー	※43,706	▲3.4	—	—	7月	東京	専業／マス・カタログ／化粧品・健食
41	34	千趣会	43,142	▲18.0	—	—	12月	大阪	専業／カタログ／総合
42	43	三越伊勢丹ホールディングス	※41,000	—	—	—	3月	東京	兼業(百貨店)／ネット／総合
43	38	◎ワタミ	40,053	▲8.5	—	—	3月	東京	兼業(飲食店)／カタログ／食品
44	53	大網	40,000	14.3	—	—	5月	東京	専業／ネット／雑貨
45	42	ニッセンホールディングス	連39,571	▲3.6	—	—	2月	京都	専業／カタログ・ネット／総合
46	51	◎オールアバウトライフマーケティング	38,799	8.4	—	—	3月	東京	兼業(ポータルサイト運営)／ネット／総合
47	50	◎キタムラ	※38,000	—	—	—	3月	東京	兼業(専門店)／ネット／カメラ関連商品

第1部 総コストアップ時代を乗り切るための通販戦略は？

順位	前回順位	社名	前期売上高 実績	増減率	今期売上高 見込み	増減率	決算月	本社所在地	業態／主力媒体／主力商品
〃	—	Gio	38,000	—	—	—	8月	大阪	専業／ネット／衣料品
49	48	◎マッシュホールディングス	※37,400	2.0	—	—	8月	東京	専業／ネット／衣料品
50	54	◎シュッピン	36,967	5.7	—	—	3月	東京	兼業（専門店）／ネット／中古カメラ
51	44	オークローンマーケティング	36,228	▲8.2	—	—	3月	愛知	専業／テレビ／雑貨
52	45	◎TSIホールディングス	35,800	▲7.7	—	—	2月	東京	兼業／ネット／衣料品
53	52	ジーユー	※35,400	15.0	—	—	8月	山口	兼業（専門店）／ネット／衣料品
54	55	◎新日本製薬	34,735	4.3	—	—	9月	福岡	専業／新聞・雑誌・テレビ／健食・化粧品
55	67	◎オルビス	※34,347	6.0	—	—	12月	東京	専業／マス・カタログ／化粧品・健食
56	57	世田谷自然食品	32,600	▲2.7	—	—	6月	東京	専業／マス・DM／健食
57	—	パレンテ	32,300	—	—	—	6月	千葉	専業／ネット／コンタクトレンズ
58	47	ユーキャン	32,100	▲15.6	29,000	▲9.7	12月	東京	専業／マス・DM／通教・雑貨
59	46	◎イトーヨーカ堂	32,015	▲17.6	—	—	2月	東京	兼業（スーパー）／ネット／食品
60	59	◎ユナイテッドアローズ	32,009	5.4	—	—	3月	東京	兼業（専門店）／ネット／衣料品
61	56	◎JNTLコンシューマーヘルス	※32,000	—	—	—	12月	東京	専業／カタログ・ネット／化粧品
62	60	良品計画	※30,000	—	—	—	8月	東京	兼業（専門店）／ネット／雑貨・衣料品
63	58	フェリシモ	連29,607	▲7.9	連31,205	5.4	2月	兵庫	専業／カタログ／衣料品・雑貨
64	61	サードウェーブ	29,000	—	—	—	7月	東京	兼業（専門店）／ネット／PC関連商品
〃	68	◎資生堂	※29,000	8.2	—	—	12月	東京	兼業（製造販売）／ネット／化粧品
〃	72	富士フイルムヘルスケアラボラトリー	※29,000	—	—	—	3月	東京	兼業（製造業）／マス／化粧品・健食
67	82	◎ゲオホールディングス	28,700	19.1	—	—	3月	愛知	兼業（専門店）／ネット／CD・DVD・衣料・家電・雑貨
68	65	エーツー	※28,000	—	—	—	8月	静岡	兼業（専門店）／ネット／書籍
69	76	アズワン	27,827	15.6	32,110	15.4	3月	大阪	兼業（卸）／ネット／理化学機器
70	75	◎エービーシー・マート	27,356	5.6	—	—	2月	東京	兼業（専門店）／ネット／靴
71	66	◎MTG	26,997	18.2	—	—	9月	愛知	兼業（製造・卸）／ネット／美容・健康機器
72	77	エディオン	※26,500	—	—	—	3月	大阪	兼業（量販店）／ネット／家電製品
73	70	タンスのゲン	26,350	8.0	—	—	7月	福岡	専業／ネット／家具
74	63	ストリーム	26,232	▲9.4	—	—	1月	東京	専業／ネット／PC・家電製品
75	78	◎Z 会	※26,060	24.0	—	—	3月	静岡	専業／DM／通教
76	71	◎キューサイ	25,400	▲1.0	—	—	12月	福岡	兼業（製造業）／テレビ／健食
77	72	アルペン	25,000	1.3	—	—	6月	愛知	兼業（専門店）／ネット／スポーツ用品
〃	97	アンカージャパン	※25,000	25.0	—	—	12月	東京	兼業（メーカー）／ネット／モバイル周辺機器
〃	—	◎アシックス	25,000	—	—	—	12月	東京	兼業（製造業）／ネット／靴
80	91	コスモライフ	※24,610	—	—	—	12月	兵庫	兼業（製造・卸）／ネット・テレビ／水宅配
81	87	◎ビューティガレージ	24,534	12.9	—	—	4月	東京	専業／ネット／理美容品
82	69	カタログハウス	24,050	▲9.5	—	—	3月	東京	専業／カタログ／雑貨
83	79	◎再春館製薬所	23,037	▲2.4	23,609	2.5	3月	熊本	専業／マス・カタログ／化粧品
84	93	丸井グループ	23,008	11.9	—	—	3月	東京	兼業（百貨店）／ネット／衣料品・雑貨
85	74	山田養蜂場	※23,000	▲7.0	—	—	4月	岡山	専業／マス・DM／健食
〃	80	アーバンリサーチ	23,000	—	—	—	1月	大阪	兼業／ネット／衣料品
〃	88	◎ローソンエンタテインメント	※23,000	—	—	—	2月	東京	兼業（専門店）／ネット／音楽・映像商品
88	83	GSTV	※22,500	—	—	—	3月	東京	兼業（製造業）／テレビ／宝飾品
89	84	ビームス	22,000	—	—	—	2月	東京	兼業（専門店）／ネット／衣料品
90	84	富山常備薬	22,000	—	—	—	8月	富山	専業／テレビ・ネット／健食・医薬品
91	95	◎カクヤスグループ	21,830	7.1	—	—	3月	東京	兼業（専門店）／ネット／酒類・食品
92	91	サウンドハウス	21,500	—	—	—	12月	千葉	兼業（卸）／ネット／楽器・音響機器
93	90	ジェイオーディ	21,245	▲8.0	18,440	▲13.2	6月	愛知	専業／DM／総合
94	102	ワコール	21,200	10.4	—	—	3月	京都	兼業（製造業）／カタログ／衣料品
95	89	コメリ	21,100	—	—	—	3月	新潟	兼業（専門店）／ネット／工具・建材・家庭用品
96	84	はぴねすくらぶ	※20,000	▲4.6	—	—	4月	福岡	専業／テレビ／総合
〃	137	◎ライフコーポレーション	20,000	40.0	—	—	2月	大阪	兼業（スーパー）／ネット／食品
98	94	テレビショッピング研究所	19,639	▲4.1	20,000	1.8	3月	東京	専業／テレビ／総合
99	81	セブンネットショッピング	19,239	▲16.4	—	—	2月	東京	専業／ネット／総合
100	103	◎ゴルフダイジェスト・オンライン	18,909	0.9	—	—	12月	東京	専業／ネット／ゴルフ用品
101	123	エレコム	18,599	18.6	—	—	3月	東京	兼業／ネット・カタログ／パソコン関連用品
102	104	◎プレミアアンチエイジング	18,316	▲24.2	—	—	7月	東京	専業／ネット／化粧品
103	111	◎ロッピングライフ	18,217	7.0	—	—	3月	東京	専業／テレビ／総合
104	117	◎オフィスコム	18,182	8.8	—	—	12月	東京	兼業（小売）／ネット・カタログ／オフィス家具
105	107	ディーライズ	18,054	1.0	19,000	5.2	2月	東京	専業／ネット／家電製品
106	108	オートウェイ	18,039	1.9	—	—	3月	福岡	兼業（小売）／ネット／カー用品
107	97	ザ・プロアクティブカンパニー	※18,000	▲10.0	—	—	12月	東京	専業／テレビ／化粧品
〃	97	ユニットコム	※18,000	—	—	—	3月	大阪	兼業（専門店）／ネット／パソコン
〃	105	◎カルチュア・コンビニエンス・クラブ	※18,000	—	—	—	3月	東京	兼業（専門店）／ネット／CD・DVD
110	136	フジ・コーポレーション	17,922	8.4	—	—	10月	宮城	兼業（専門店）／ネット／カー用品
111	118	リバークレイン	17,800	7.6	—	—	12月	東京	専業／ネット／バイク用品
112	96	◎クルーズ	17,227	▲14.8	—	—	3月	東京	兼業（ソーシャルゲーム）／ネット／衣料品
113	112	ジュン	※17,000	—	—	—	9月	東京	兼業／ネット／衣料品
〃	112	虎の穴	※17,000	—	—	—	6月	千葉	兼業（専門店）／ネット／書籍

———————————————————— ランキング表

順位	前回順位	社　名	前期売上高 実　績	前期売上高 増減率	今期売上高 見込み	今期売上高 増減率	決算月	本社所在地	業態／主力媒体／主力商品
〃	112	◎ＤｏＣＬＡＳＳＥ	※ 17,000	―	―	―	7月	東　京	専業／カタログ／衣料品
〃	116	ケーズホールディングス	※ 17,000	―	―	―	3月	茨　城	兼業（量販店）／ネット／家電製品
117	―	チャーム	※ 16,900	▲ 0.1	―	―	11月	群　馬	専業／ネット／ペット用品
118	120	ライトアップショッピングクラブ	※ 16,500	―	―	―	3月	東　京	専業／カタログ／総合
119	110	夢グループ	※ 16,246	▲ 6.5	―	―	12月	東　京	専業／マス・ＤＭ／雑貨・チケット
120	115	ベガコーポレーション	16,063	▲ 5.4	17,000	5.8	3月	福　岡	専業／ネット／家具
121	97	エプソンダイレクト	※ 16,000	―	―	―	3月	長　野	専業／雑誌・ネット／パソコン
〃	101	ヒマラヤ	16,000	10.9	17,600	10.0	8月	岐　阜	兼業（専門店）／ネット／スポーツ用品
〃	105	やずや	※ 16,000	0.0	―	―	12月	福　岡	専業／マス／健食
〃	109	デイトナ・インターナショナル	※ 16,000	―	―	―	2月	東　京	兼業／ネット／衣料品
〃	119	財　宝	※ 16,000	―	―	―	8月	鹿児島	専業／カタログ／焼酎・健食
126	131	ゴールドウイン	15,978	8.0	―	―	3月	東　京	兼業（メーカー）／ネット／衣料品
127	145	スカイネット	15,921	15.9	―	―	9月	大　阪	専業／ネット／食品
128	133	ハルメク	15,836	7.6	―	―	3月	東　京	兼業（出版）／カタログ／総合
129	126	フォーレスト	※ 15,500	―	―	―	3月	埼　玉	専業（ＢｔｏＢ）／カタログ／オフィス用品
130	124	サンワカンパニー	15,495	16.9	17,500	12.9	9月	大　阪	専業／ネット／建築資材
131	127	ＴＢＳグロウディア	15,443	1.5	―	―	3月	東　京	兼業／テレビ／総合
132	149	アンティローザ	15,347	22.0	―	―	3月	東　京	兼業／ネット／衣料品
133	147	エイベックス	15,305	19.2	―	―	3月	東　京	兼業／ネット／音楽・映像商品
134	132	◎ナック	15,239	3.4	―	―	3月	東　京	兼業（住宅設備）／マス・ネット／水宅配
135	130	エバーライフ	※ 15,099	1.9	―	―	12月	福　岡	専業／テレビ／健食
136	61	郵便局物販サービス	※ 15,000	―	―	―	3月	東　京	兼業／カタログ／食品
〃	120	わかさ生活	※ 15,000	▲ 6.3	―	―	12月	京　都	専業／マス／健食
138	138	山　善	15,000	10.0	17,000	13.3	3月	大　阪	兼業（卸）／ネット／家庭用品・雑貨
139	160	◎コーセー	14,900	34.2	―	―	12月	東　京	兼業（製造販売）／ネット／化粧品
140	128	ライフワン	14,856	16.7	―	―	1月	東　京	専業／ネット／住宅設備機器
141	125	えがお	※ 14,464	▲ 5.7	―	―	12月	熊　本	専業／テレビ／健食
142	64	チップワンストップ	※ 14,220	▲ 50.1	―	―	12月	神奈川	専業（ＢｔｏＢ）／ネット／電子部品
143	142	シニアライフクリエイト	14,030	5.2	―	―	2月	東　京	兼業（卸）／カタログ／食品
144	129	◎大正製薬	※ 14,000	▲ 6.7	―	―	3月	東　京	兼業／マス・ＤＭ／健食・化粧品
〃	135	マークスタイラー	※ 14,000	―	―	―	2月	東　京	兼業／ネット／衣料品
146	139	野草酵素	※ 13,776	23.6	―	―	10月	東　京	専業／マス／健食
147	141	綿半ドットコム	13,443	▲ 0.6	―	―	3月	東　京	兼業（専門店）／ネット／家電製品
148	190	◎北の達人コーポレーション	13,369	53.2	―	―	2月	北海道	専業／ネット／健食・化粧品
149	153	イズミセ	※ 13,356	8.7	―	―	1月	京　都	専業／ネット／酒類
150	169	◎ジェイドグループ	連 13,356	27.6	―	―	2月	東　京	専業／ネット／靴・衣料品
151	143	味の素（Ａ―ダイレクト）	※ 13,300	―	―	―	3月	東　京	専業／マス／化粧品
152	140	◎カゴメ	13,130	▲ 3.3	―	―	12月	愛　知	兼業（製造業）／マス・ＤＭ／飲料
153	144	◎銀座ステファニー化粧品	※ 13,000	―	―	―	12月	東　京	専業／マス・カタログ／化粧品
〃	145	久原本家	※ 13,000	―	―	―	2月	福　岡	兼業（製造業）／ネット／食品
〃	150	大丸松坂屋百貨店	※ 13,000	―	―	―	2月	大　阪	兼業（百貨店）／ネット／総合
156	134	◎ビタブリッドジャパン	12,912	▲ 12.1	―	―	2月	東　京	専業／ネット／化粧品
157	151	ジェネレーションパス	12,830	2.8	―	―	10月	東　京	専業／ネット／総合
158	177	コメ兵ホールディングス	12,773	28.8	―	―	3月	愛　知	兼業（専門店）／ネット／ブランド品
159	148	◎ランクアップ	12,760	6.3	―	―	9月	東　京	専業／マス／化粧品
160	―	未　来　堂	12,700	―	―	―	8月	愛　知	兼業（卸）／ネット／酒類
161	167	Ｉ―ｎｅ	※ 12,500	19.1	―	―	12月	大　阪	兼業（卸）／ネット／ヘアケア製品
162	154	シルバーライフ	12,266	9.4	13,100	6.8	7月	東　京	専業／カタログ／食品
163	157	◎オージオ	12,053	2.9	―	―	3月	東　京	専業／折込／化粧品
164	155	伝　食	11,900	20.0	―	―	9月	福　井	兼業（小売）／ネット／食品
165	158	◎デファクトスタンダード	11,646	▲ 3.9	―	―	9月	東　京	専業／ネット／ブランド品
166	161	◎テレビ東京ダイレクト	11,367	2.2	12,000	5.6	3月	東　京	専業／テレビ／総合
167	152	ナースステージ	11,260	▲ 8.6	―	―	3月	埼　玉	専業／カタログ・ネット／ナース用品
168	159	◎第一三共ヘルスケアダイレクト（旧・アイム）	11,110	▲ 0.8	―	―	3月	香　川	専業／マス／化粧品
169	182	◎バローホールディングス	11,106	20.1	―	―	3月	愛　知	兼業（スーパー）／ネット／食品
170	162	キリンホールディングス	※ 11,000	―	―	―	12月	東　京	兼業（製造業）／マス／健食
171	―	モリフジ	11,000	15.0	―	―	9月	富　山	専業／ネット／酒類
172	171	森永製菓	10,900	6.0	―	―	3月	東　京	兼業（製造業）／マス・ネット／健食
173	163	アイスタイル	10,846	16.3	―	―	6月	東　京	兼業／ネット／化粧品
174	166	バロックジャパンリミテッド	10,620	0.6	―	―	2月	東　京	兼業／ネット・雑誌／衣料品
175	164	◎ＦＲＡＣＯＲＡ	※ 10,500	―	―	―	1月	東　京	兼業（卸）／折込／健食
〃	173	マイケア	※ 10,500	5.0	―	―	4月	東　京	専業／マス／健食
177	156	◎ユーグレナ	10,441	▲ 10.9	―	―	12月	東　京	専業／マス・ネット／健食・化粧品
178	196	あさひ	10,321	24.3	11,240	8.9	2月	大　阪	兼業（専門店）／ネット／自転車
179	167	ソーシャルテック	10,300	▲ 1.9	―	―	3月	東　京	専業／ネット／化粧品
180	209	ベースフード	10,148	37.7	―	―	2月	東　京	専業／ネット／食品
181	172	フィード	※ 10,000	―	―	―	3月	神奈川	専業（ＢｔｏＢ）／カタログ／薬品・医療器具

第1部 総コストアップ時代を乗り切るための通販戦略は？

順位	前回順位	社名	前期売上高 実績	前期売上高 増減率	今期売上高 見込み	今期売上高 増減率	決算月	本社所在地	業態／主力媒体／主力商品
〃	173	アサヒグループ食品	※10,000	0.0	―	―	12月	東京	兼業（製造業）／マス／健食
〃	173	◎シップス	※10,000	―	―	―	2月	東京	兼業（専門店）／ネット／衣料品
〃	184	◎ジェイフロンティア	※10,000	―	―	―	5月	東京	専業／ネット／健食
〃	192	アンファー	※10,000	―	―	―	3月	東京	兼業（卸）／ネット／ヘアケア用品
186	―	ペットゴー	9,905	▲1.2	10,395	4.9	3月	東京	専業／ネット／ペット用品
187	178	◎ピュアクリエイト	※9,700	―	―	―	7月	埼玉	専業／ネット／家電製品
188	165	◎金氏高麗人参	9,530	▲11.0	―	―	4月	京都	専業／マス／健食
189	179	悠香	※9,500	▲1.9	―	―	12月	福岡	専業／折込／化粧品
〃	180	MONO―MART	※9,500	11.8	―	―	6月	東京	専業／ネット／衣料品
191	186	アクセルクリエイション	9,363	4.1	―	―	2月	東京	専業／テレビ／総合
192	183	快適生活（ライフサポート）	※9,140	1.0	―	―	6月	大阪	専業／ラジオ・カタログ／総合
193	187	ブックオフグループホールディングス	9,000	―	―	―	5月	神奈川	専業／ネット／書籍
〃	201	エクスショップ	※9,000	―	―	―	3月	兵庫	専業／ネット／住宅設備
195	205	ワンステップ	8,900	13.7	―	―	2月	兵庫	専業／折込・カタログ／オフィス用品
196	189	ブルックス	※8,750	―	―	―	6月	神奈川	専業／新聞・カタログ／コーヒー・健食
197	188	ベルネージュダイレクト	8,660	▲1.3	―	―	12月	東京	専業／カタログ／健食
198	195	◎ハーブ健康本舗	8,595	2.7	―	―	10月	福岡	専業／ネット／健食
199	191	インペリアル・エンタープライズ	8,585	0.7	8,550	▲0.4	3月	東京	専業／DM・マス・カタログ／趣味用品
200	197	ナルミヤ・インターナショナル	8,558	4.5	8,640	1.0	2月	東京	兼業（専門店）／ネット／衣料品
201	235	Hamee	8,546	33.3	―	―	4月	神奈川	兼業（システム開発）／ネット／モバイルアクセサリー
202	―	アクシージア	8,540	38.2	―	―	7月	東京	兼業／ネット／化粧品・健食
203	185	ストライプインターナショナル	※8,500	―	―	―	1月	岡山	兼業／ネット／衣料品
〃	―	GBFT	8,500	13.3	―	―	8月	大阪	専業／ネット／家電製品
205	176	ヤーマン	8,498	▲14.3	―	―	4月	東京	兼業（卸）／マス／美容機器
206	194	マーケットエンタープライズ	8,392	26.6	―	―	6月	東京	専業／ネット／中古品
207	199	サンスター	※8,134	0.0	―	―	12月	大阪	兼業（製造業）／マス／健食
208	198	三陽商会	8,100	▲0.6	8,700	8.0	2月	東京	兼業（製造業）／ネット／衣料品
209	210	ベルヴィ	8,050	4.5	9,500	18.0	5月	兵庫	専業／ネット／ギフト
210	170	阪急阪神百貨店	※8,000	―	―	―	3月	大阪	兼業（百貨店）／ネット／総合
〃	201	まんだらけ	※8,000	―	―	―	9月	東京	兼業（専門店）／ネット／書籍
212	207	宇治田原製茶場	※7,900	―	―	―	4月	京都	専業／カタログ／日本茶・食品
213	200	日本テレビ放送網	7,875	▲2.9	8,500	7.9	3月	東京	兼業（放送）／テレビ／総合
214	206	ロイズコンフェクト	※7,800	―	―	―	7月	北海道	兼業（製造業）／カタログ／チョコレート
215	221	◎ハルメク・アルファ（旧・全国通販）	7,721	10.2	―	―	3月	大阪	専業／カタログ／総合
216	244	交換できるくん	7,565	25.2	10,000	32.2	3月	東京	専業／ネット／住宅設備
217	193	小林製薬	7,507	▲11.0	―	―	12月	大阪	兼業（製造業）／マス／健食・化粧品
218	181	ナチュラム	7,500	▲19.2	―	―	3月	大阪	専業／ネット／アウトドア用品
〃	208	◎マガシーク	7,500	―	―	―	3月	東京	専業／ネット／衣料品・雑貨
〃	210	イーブックイニシアティブジャパン	※7,500	―	―	―	3月	東京	兼業（電子書籍）／ネット／書籍・CD・DVD
221	238	◎ユニフォームネクスト	7,453	17.7	9,204	23.5	12月	福井	専業（BtoB）／ネット／ユニフォーム
222	218	ハーバー研究所	7,330	2.8	―	―	3月	東京	専業／カタログ・雑誌／化粧品
223	222	エノテカ	※7,300	―	―	―	12月	東京	専門店／ネット／ワイン
224	228	ニッピコラーゲン化粧品	7,288	11.6	7,850	7.7	3月	東京	専業／新聞・カタログ／化粧品
225	―	しまむら	7,240	74.8	―	―	2月	埼玉	兼業（専門店）／ネット／衣料品
226	296	ギフティ	7,226	53.0	9,109	26.0	12月	東京	専業／ネット／ギフト
227	219	ギャレリア・ニズム	7,037	8.8	―	―	8月	群馬	専業／ネット／雑貨
228	226	大都	7,030	5.1	―	―	12月	大阪	専業／ネット／DIY用品
229	210	万田発酵	※7,000	▲6.7	―	―	5月	広島	兼業（製造業）／テレビ・ネット／健食
〃	〃	市川園	※7,000	―	―	―	2月	静岡	専業／DM・ネット／日本茶
〃	222	クラスフィル	※7,000	―	―	―	9月	滋賀	専業／ネット／生活雑貨・インテリア
〃	222	◎ユーコー	※7,000	―	―	―	6月	東京	専業／マス・DM／シルク衣料・雑貨
233	214	◎エイチ・ツー・オーリテイリング	6,826	▲8.9	―	―	3月	大阪	専業／カタログ／食品
234	225	健康家族	6,800	▲6.9	―	―	8月	鹿児島	専業／マス／健食
〃	229	ヴァーナル	※6,800	4.6	―	―	3月	福岡	専業／マス／化粧品
236	227	◎トーエル	6,754	2.2	―	―	4月	神奈川	兼業（製造・卸）／折込／水宅配
237	―	ユージュアル	6,699	12.7	―	―	3月	東京	専業／ネット／雑貨
238	204	ヒラキ	6,684	▲14.7	―	―	3月	兵庫	兼業（量販店）／折込・カタログ／靴
239	229	ファミリー・ライフ	※6,500	―	―	―	3月	東京	専業／折込／総合
〃	233	◎エトヴォス	※6,500	18.2	―	―	7月	大阪	兼業（製造販売）／ネット／化粧品
241	234	cotta	6,474	▲4.0	―	―	9月	大分	専業（BtoB）／ネット／製菓材料
242	236	◎水晶院	6,400	1.6	―	―	11月	神奈川	専業／マス／宝飾関連
243	220	ショクブン	連6,393	▲8.9	6,754	5.7	3月	愛知	専業／カタログ／食品
244	237	◎白鳩	6,372	0.3	6,018	▲5.6	2月	京都	専業／ネット／衣料品
〃	251	日本直販	6,372	9.5	―	―	10月	東京	専業／マス／総合
246	268	フーディソン	6,351	20.3	7,450	17.3	3月	東京	専業／ネット／生鮮品
247	240	さくらフォレスト	※6,300	0.0	―	―	3月	福岡	専業／マス・ネット／健食
248	―	◎壽屋	6,266	74.2	6,253	▲0.2	6月	東京	兼業（卸）／ネット／雑貨

順位	前回順位	社名	前期売上高 実績	前期売上高 増減率	今期売上高 見込み	今期売上高 増減率	決算月	本社所在地	業態／主力媒体／主力商品
249	243	ローカル	6,230	16.7	—	—	9月	熊本	専業／ネット／食品
250	229	ルミネ	6,200	▲ 4.6	—	—	3月	東京	兼業／ネット／衣料品
251	239	デサント	6,197	—	—	—	3月	東京	兼業（メーカー）／ネット／衣料品
252	259	ハニーズホールディングス	6,133	11.4	—	—	5月	福島	兼業（専門店）／ネット／衣料品
253	245	オズ・インターナショナル	6,100	1.5	—	—	2月	東京	専業／ネット／化粧品
254	246	ファビウス	※ 6,000	—	—	—	9月	東京	専業／ネット／健食
〃	252	集英社	※ 6,000	3.4	—	—	5月	東京	兼業（出版）／ネット／衣料品
〃	278	ぽん家具	※ 6,000	—	—	—	4月	和歌山	専業／ネット／家具
〃	—	antiqua	※ 6,000	11.8	—	—	8月	大阪	専業／ネット／衣料品
〃	—	いづみや	※ 6,000	—	—	—	3月	千葉	専業／ネット／酒類
259	297	ミクリード	5,936	27.2	6,550	10.3	3月	東京	専業（BtoB）／ネット／食品
260	248	リネットジャパングループ	5,900	11.2	—	—	9月	愛知	専業／ネット／書籍
261	253	寿スピリッツ	5,892	1.6	—	—	3月	鳥取	兼業（小売）／ネット／食品
262	250	クラシコム	5,851	20.4	6,460	10.4	7月	東京	専業／ネット／雑貨
263	266	◎dazzy	※ 5,800	9.1	—	—	2月	東京	専業／ネット／衣料品・雑貨
264	247	富士山マガジンサービス	5,771	▲ 3.3	5,771	0.0	12月	東京	専業／ネット／書籍
265	254	池部楽器店	※ 5,700	—	—	—	8月	東京	兼業（専門店）／ネット／楽器
266	254	花キューピット	※ 5,600	—	—	—	3月	東京	専業／ネット／花
267	256	YOCABITO	※ 5,500	▲ 3.4	—	—	12月	岐阜	専業／ネット／スポーツ用品
〃	257	ムラサキスポーツ	※ 5,500	—	—	—	3月	東京	兼業（小売）／ネット／スポーツ用品
〃	260	ロイヤル	※ 5,500	—	—	—	8月	愛知	兼業（専門店）／ネット／靴・衣料品
〃	281	アールエスコンポーネンツ	※ 5,500	—	—	—	3月	神奈川	専業（BtoB）／カタログ／工業部品
271	263	健康の杜	5,415	0.5	—	—	9月	福岡	専業／マス／健食
272	216	AXES	5,400	▲ 25.0	—	—	3月	東京	専業／ネット／ブランド品
〃	264	九南サービス	※ 5,400	1.0	—	—	8月	宮崎	専業／ネット／自然食品
〃	286	澤井珈琲	※ 5,400	7.6	—	—	3月	鳥取	専業／ネット／食品
275	242	◎アサヒ緑健	5,396	▲ 13.9	—	—	3月	福岡	専業／テレビ／健食
276	—	増米商店	※ 5,291	▲ 1.6	—	—	8月	福井	専業／ネット／食品
277	270	ピーディーアール	5,256	0.4	5,260	0.1	5月	愛知	専業（BtoB）／カタログ／歯科材料
278	—	三栄コーポレーション	5,250	—	6,000	14.3	3月	東京	兼業（卸）／ネット／家具
279	271	JINS	5,230	4.4	—	—	8月	東京	兼業（専門店）／ネット／眼鏡
280	295	DECENCIA	5,220	10.5	—	—	12月	東京	専業／ネット／化粧品
281	272	◎ディーエムジェイ	5,200	0.0	5,200	0.0	3月	東京	専業／マス／健食・通教
〃	272	レミントン	※ 5,200	—	—	—	8月	神奈川	専業／DM／健康器具・健食
283	300	ホームショッピング	5,162	12.5	5,800	12.4	3月	北海道	専業／ネット／家電製品
284	274	B.B.T.	5,100	21.1	—	—	6月	千葉	専業／ネット／スポーツ用品
285	275	ティーライフ	5,076	▲ 7.7	—	—	7月	静岡	専業／カタログ・ネット／健食・化粧品
286	269	ソースネクスト	5,008	▲ 4.7	—	—	3月	東京	兼業（卸）／ネット／PCソフト
287	262	森下仁丹	※ 5,000	—	—	—	3月	大阪	兼業（製造業）／マス／健食
〃	267	GIGA	※ 5,000	—	—	—	3月	東京	専業／ネット／家電製品
〃	287	◎mighty	5,000	4.1	—	—	1月	大阪	専業／ネット／衣料品
290	285	◎JIMOS	4,969	2.8	—	—	3月	東京	兼業（通信）／マス／化粧品
291	282	八幡物産	4,966	▲ 7.5	4,267	▲ 14.1	8月	鳥取	専業／テレビ／健食
292	258	◎トウキョウベース	4,903	▲ 11.2	—	—	1月	東京	兼業（専門店）／ネット／衣料品
293	284	ダイワ	4,850	▲ 2.0	—	—	9月	大阪	専業／折込・カタログ／家庭用品
294	265	ムラウチドットコム	4,815	▲ 9.4	—	—	3月	東京	専業／ネット／家電製品
〃	—	エフ琉球	4,815	—	—	—	7月	沖縄	専業／ネット／健康食品
296	288	ほぼ日	4,804	15.4	—	—	8月	東京	専業／ネット／文房具・雑貨
297	278	◎新日本カレンダー	※ 4,800	—	—	—	1月	大阪	兼業（雑貨）／カタログ・ネット／ペット用品
〃	289	グァルダ	※ 4,800	—	—	—	1月	大阪	専業／ネット／衣料品
〃	290	日本水産	※ 4,800	—	—	—	3月	東京	兼業（製造業）／ネット／健食
〃	293	プレコハウス	※ 4,800	—	—	—	1月	岡山	専業／ネット／化粧品

第1部 総コストアップ時代を乗り切るための通販戦略は？

表の解説

「第82回通販・通教売上高、利益率ランキング」は、通販新聞社が2024年7月に行ったアンケート調査を基に作成。調査用紙は通販・通教実施企業約600社に送付した。非回答企業の数値は「通販新聞」「月刊ネット販売」での取材データおよび企業情報のほか、民間調査機関の調査資料なども参考にしている。

「前期実績」の調査対象期間は23年6月から24年5月までに迎えた本決算。「今期見込み」は24年6月から25年5月に迎える決算期が対象となる。表の数値は通販・通教のみの売上高と営業利益を掲載（本紙推定値の場合は売上高、営業利益の前に「※」を記載）。原則として店舗や卸を加えていない数値としている（例外は社名前に「◎」を付け注釈を記載）。連結決算の数値は社名右欄に「連」と示した。前の期の数値が判明しない企業や変則決算で数値が比較できない企業の増減率は掲載していない。

表中「◎」が付く企業は以下の事情による（社名の前の数字はランキング順位）。

◇

〈売上高〉
①アマゾンジャパンは物販以外のその他事業を含むアマゾンの日本事業における売上高。
②アスクルはロジスティクス事業などを除くEコマース事業の売上高。
④ジャパネットホールディングスは通販以外の他の事業を含むグループの連結売上高。
⑦ベネッセホールディングスは国内教育事業の売上高。
⑧大塚商会はオフィス用品通販の売上高。
⑨ZOZOは会計上の売上高で、商品取扱高（流通総額）は5743億7300万円。
⑩ジュピターショップチャンネルは店舗、催事売上を含む。
⑪ヤマダホールディングスはグループ全体における、EC関連売上高の推定値。子会社ヤマダデンキにおける「ネット事業・テレビショッピング事業」の売上高（仮想モール店含む）は857億1900万円だった。
⑮ベルーナはアパレル雑貨事業と化粧品健康食品事業とグルメ事業とナース関連事業の売上高合算値からアパレル店舗の売上高を引いた数値。
⑯ビックカメラはコジマ、ソフマップを含むグループにおけるEC売上高の合計。
⑲カウネットは商品調達部門を含む総売上高。
㉔アダストリアはモール経由を含めた国内EC売上高。
㉕ノジマはEC含めたインターネット事業全体の売上高。
㉗DCMホールディングスは子会社エクスプライスとDCMのEC売上高を合算したもの。エクスプライスの2024年1月期売上高は612億5800万円だった。
㉚ファンケルはグループ（アテニア）を含む連結売上高に占める通販売上高の数字。
㉛ベイクルーズは他社ECを含めた全EC事業の売上高推定値。
㉜マウスコンピューターは店舗売り上げなどを含む。
㉝日本生活協同組合連合会は通販本部における全国生協へのカタログ商品の卸販売額。
㉞パルは外部モールも含めた全EC売上高。
㊱オンワードホールディングスは外部モールを含めた国内EC売上高。
㊴ワールドはグループEC売上高の合計。
㊸ワタミは「宅食事業」の売上高。
㊻オールアバウトライフマーケティングはEC取扱高の数値。
㊼キタムラは宅配売上と店舗受取売上を合算した「EC関与売上」の推定値。
㊾マッシュホールディングスはウサギオンラインの売り上げを含む推定値。
㊿シュッピンはネット販売の売上高で、店舗を含めた総売上高は488億4100万円。
㊲TSIホールディングスは外部モールを含めた国内EC売上高。
㊵新日本製薬は海外販売（通販と卸）を含む。
㊺オルビスは国内自社EC、外部ECを含む。
㊾イトーヨーカ堂はネットスーパーなどの売上高。
⑳ユナイテッドアローズは外部モールを含めた全EC売上高。
㊱JNTLコンシューマーヘルスは総売上高（536億8800万円）におけるドクターシーラボ事業の推定売上高。
㊽資生堂は国内ECの売上高推定値。
㊲ゲオホールディンスは小売りサービスにおいてECが関与した売上高。
㊷アズワンはユーザー指定販売店を介した電子カタログでネット受注する「電子カタログ集中購買」と、大手BtoB通販サイトや自社サイトの「インターネット通販」などの合計売上高。
⑩エービーシー・マートは店頭での通販在庫販売を含むEC売上高の推定値。
㊼MTGは他のネット販売事業者への卸も含む。
㊷Z会は教室・出版部門を含んだ売上高の推定値。
㊻キューサイは通販以外も含めた合算値。
㊼アシックスは国内EC売上高の推定値。グローバルEC売上高は前期比30・8％増の1070億円。
㊱ビューティーガレージは「物販事業」の売上高で、ECサイトのほか、全国主要都市のショールーム・ストアおよび法人営業チーム、通販カタログの売上高を含む。
㊳再春館製薬所は海外事業も含む売上高。太陽光事業の実績は除く。
㊵ローソンエンタテインメントはHMV事業など通販売上高の推定値。
㊱カクヤスグループは一般向け（非事業者向け）の「宅配」の売上高。
㊻ライフコーポレーションは、ライフネットスーパーとアマゾンジャパンでの販売との合計売上高。
⑩ゴルフダイジェスト・オンラインは国内セグメントにおける実店舗なども含めたゴルフ用品販売の数値。
⑩プレミアアンチエイジングは「通信販売」の売上高で、卸などを含まない。
⑩ロッピングライフは店舗売り上げなどを含む総売上高。
⑩オフィスコムは店舗売上なども含む。
⑩カルチュア・コンビニエンス・クラブはネットメディア事業、映像・楽曲配信事業などの推定値。
⑩クルーズは商品取扱高（流通総額）の数値。
⑩DoCLASSEはドゥクラッセブランドの売上推定値。
⑩ナックは宅配水事業の売上高。
⑩コーセーはグループ全体の国内ECの売上高。自社で行う外部ECの販売を含む（流通卸のECによる売り上げは除く）。中国、北米、アジア等を含む国内外EC売上高は、前年比2・6％減の427億円。
⑩大正製薬は「大正ダイレクト」売上高推定値。化粧品、美容食品の通販を行う「TAISHO BEAUTY ONLINE」の売上高はを含まない。
⑩北の達人コーポレーションは通販と卸の合計売上高。
⑩ジェイドグループの数値は売上高で、ECサービス受託型で販売した商品の手数料とプラットフォームサービスの手数料の合計。
⑩カゴメは、自社通販「カゴメ健康直送便」の実績で、外部EC、カタログ等への商品卸は含まない。
⑩銀座ステファニー化粧品はテレビ通販向け卸を含む。
⑩ビタブリッドジャパンはグループで化粧品販売を行うDirECt Teethの売り上げを含む。
⑩コメ兵ホールディングスは店舗取り寄せを含む。
⑩ランクアップは卸も含む。
⑩オージオは卸や一部不動産事業も含む。
⑩伝食は店舗事業なども含む全社売上高。
⑩デファクトスタンダードは実店舗なども含む。
⑩テレビ東京ダイレクトは通販提携事業や店舗売り上げなどを含む総売上高。
⑩第一三共ヘルスケアダイレクトは4月1日付でアイムより社名変更。
⑩バローホールディングスはECのほか、事業所向け配送事業ainoma（アイノマ）、ドライブスルー、その他無店舗販売事業の売上高を含む。
⑩FRACORAは4月1日付で協和より社名変更。
⑩ユーグレナはグループの通販会社の業績を含む連結売上高に占める直販売上高（キューサイを除く）。
⑩シップスは外部モールも含めた全EC売上高の推定値。
⑩ジェイフロンティアは、広告取引内容の精査、検証作業が必要として、通期決算の公表を延期した。数値は医薬品通販、健康食品通販の合算値。
⑩ピュアクリエイトは卸を含む推定値。
⑩金氏高麗人参は原料の販売を含む。
⑩ハーブ健康本舗は卸事業を行う子会社のヘルシートレーディングの実績を除く国内通販売上高。
⑩ハルメク・アルファは4月1日付で全国通販より社名変更。
⑩マガシークは2月にジェイドグループ傘下となった。
⑩ユニフォームネクストは訪販などその他事業も含む全売上高。
⑩ユーコーは店舗売上を含む推定値。
⑩エイチ・ツー・オーリテイリングは関西と九州における個別宅配事業と宅配プラットフォームの売上高。
⑩トーエルは宅配水事業の売上高。
⑩エトヴォスは店舗販売、卸を含む総売上高の推定値。
⑩水晶院は店舗や書道教室などを含む推定値。
⑩白鳩は通販と店舗の合計売上高。
⑩壽屋は実店舗売上高も含む「小売販売」の数値。
⑩dazzyは通販と店舗の合計売上高の推定値。
⑩アサヒ緑健は通販のみの売上高。
⑩ディーエムジェイは全日本通教、全日本通販の売上高も含む。
⑩mightyは店舗を含む売上高。
⑩JIMOSは通販支援事業を含んだ総売上高。
⑩トウキョウベースは外部モールも含めた全EC売上高。
⑩新日本カレンダーは卸を含む売上高の推定値。

通販・通教 利益率ランキング
調査：通販新聞社（24年8月）

(前期実績対象本決算期：23年6月期～24年5月期)　　　増減率：%（▲はマイナス）＝前期比、◇：変則決算

順位	社名	連結or単体	前期利益 対売上高比率(%)	前期利益 実績(万円)	前期利益 増減率(%)	今期利益 見込み(万円)	今期利益 増減率(%)	今期利益 対売上高比率(%)	主要品目	決算月
1	ZOZO	連	30.5	6,007,900	6.5	6,420,000	6.9	30.0	衣料品	3月
2	トーエル		21.0	142,000	8.5	—	—	—	水宅配	4月
3	QVCジャパン		19.8	2,630,300	▲2.3	—	—	—	総合	12月
4	ギフティ	連	17.5	126,700	249.2	170,200	34.3	18.7	電子ギフト	12月
5	クラシコム		15.9	96,500	14.7	104,500	—	15.1	雑貨	7月
6	サントリーウエルネス		15.7	1,820,600	12.1	—	—	—	健食	12月
7	◎オルビス		14.8	634,000	30.7	—	—	—	化粧品・健食	12月
8	AmidAホールディングス	連	14.7	44,300	1.3	—	—	—	印鑑	6月
9	DECENCIA		13.0	67,800	14.1	—	—	—	化粧品	12月
10	ジュピターショップチャンネル		12.9	2,047,600	7.5	—	—	—	総合	3月
11	ジェイドグループ	連	12.6	168,500	—	—	—	—	靴・衣料品	2月
12	MonotaRO	連	12.3	3,130,900	19.4	3,582,000	14.4	12.5	工業用副資材	12月
13	プレミアムウォーターホールディングス	連	11.7	943,600	28.4	970,000	2.8	12.6	水宅配	3月
14	ナック		11.2	170,600	5.4	—	—	—	水宅配	3月
15	◎リネットジャパングループ		10.9	104,000	▲16.2	—	—	—	書籍	9月
16	北の達人コーポレーション		10.4	139,700	168.3	—	—	—	化粧品・健食	2月
〃	ミスミグループ本社	連	10.4	3,836,500	▲17.7	4,600,000	19.9	11.7	金型部品	3月
18	ワタミ		10.1	406,300	▲29.0	—	—	—	食品	3月
19	新日本製薬	連	10.0	375,400	6.6	400,000	6.5	10.0	健食・化粧品	9月
20	cotta	連	9.3	79,700	44.6	83,600	4.8	8.8	製菓材料	9月
21	◎Hamee		7.7	106,900	53.7	—	—	—	モバイルアクセサリー	5月
22	◎ベネッセホールディングス		7.6	1,588,900	▲11.9	—	—	—	通教	3月
23	オージオ		7.3	88,100	52.7	—	—	—	化粧品	3月
24	サンワカンパニー	連	6.8	105,200	10.2	130,000	23.5	7.4	建築資材	9月
25	ユニフォームネクスト		6.7	49,700	23.9	66,900	34.4	7.3	ユニフォーム	12月
〃	スクロール	連	6.7	531,300	▲13.2	600,000	12.9	7.5	総合	3月
27	歯愛メディカル	連	6.6	298,900	▲25.1	102,900	▲41.8	4.3	歯科材料	12月
28	マウスコンピューター		6.4	342,700	▲16.0	—	—	—	パソコン	3月
29	ファーマフーズ		6.3	374,600	486.9	—	—	—	健食・化粧品	7月
30	富士山マガジンサービス	連	6.2	35,700	▲19.3	35,700	0.0	6.2	書籍	12月
〃	◎ゴルフダイジェスト・オンライン		6.2	176,200	▲12.6	—	—	—	ゴルフ用品	12月
32	ビューティガレージ		6.0	147,000	32.2	—	—	—	理美容品	4月
33	シルバーライフ		5.5	67,000	19.3	76,000	13.4	5.8	食品	7月
34	ミクリード		5.4	32,200	66.0	33,500	4.0	5.1	食品	3月
35	ベガコーポレーション		4.8	77,100	128.1	120,000	55.5	7.1	家具	3月
36	カウネット		4.6	378,200	30.8	—	—	—	オフィス用品	12月
37	テレビ東京ダイレクト		4.4	49,700	▲14.2	—	—	—	総合	3月
38	交換できるくん	連	4.3	32,800	9.0	33,000	0.4	3.3	住宅設備	3月
40	ロッピングライフ		4.2	76,800	▲16.7	—	—	—	総合	3月
〃	テレビショッピング研究所		4.1	79,500	—	—	—	—	総合	3月
41	アスクル	連	3.6	1,695,300	16.0	1,800,000	6.2	3.6	オフィス用品	5月
42	オイシックス・ラ・大地	連	3.5	514,400	53.7	700,000	36.1	2.7	食品	3月
43	◎IKホールディングス		3.3	11,900	—	—	—	—	総合	4月
44	フーディソン	連	3.1	19,600	43.7	32,500	65.6	4.4	生鮮品	3月
45	インペリアル・エンタープライズ		3.0	25,900	8.9	26,300	1.5	3.1	趣味用品	3月
46	リフレ		2.5	7,600	58.3	—	—	—	健食	3月
〃	ホームショッピング		2.5	12,900	34.0	15,400	20.0	2.7	家電製品	3月
〃	ペットゴー	連	2.5	24,700	4.6	31,300	26.7	3.0	ペット用品	3月
49	ジェネレーションパス		2.0	25,200	▲5.8	—	—	—	インテリア	10月
〃	アプロス		2.0	4,400	▲56.2	—	—	—	化粧品・健食	11月

順位	社名	連結or単体	対売上高比率(%)	前期利益 実績(万円)	増減率(%)	今期利益 見込み(万円)	増減率(%)	対売上高比率(%)	主要品目	決算月
51	ストリーム		1.9	48,800	▲35.8	—	—	—	PC・家電製品	1月
52	カタログハウス		1.8	44,000	▲67.8	—	—	—	雑貨	3月
53	ジェイオーディ		1.7	37,000	—	55,000	48.6	3.0	総合	6月
54	クルーズ		1.1	19,600	—	—	—	—	衣料品	3月
55	ショクブン	連	0.8	5,100	▲74.7	14,500	184.3	2.1	食品	3月
56	ヒラキ		0.7	5,000	▲82.8	—	—	—	靴	3月
〃	ピーディーアール		0.7	3,900	▲70.8	4,000	2.6	0.8	歯科材料	5月
〃	八幡物産		0.7	3,300	▲43.1	—	—	—	健食	8月
59	ニッセンホールディングス	連	0.5	21,100	▲40.0	—	—	—	総合	2月
〃	ティーライフ		0.5	2,700	—	—	—	—	健食・化粧品	7月
61	ハルメク・アルファ（旧・全国通販）		0.4	3,000	▲64.7	—	—	—	総合	3月

表の見方

⑦オルビスは直営店を含む。
⑮リネットジャパングループは通販以外も含んだ「国内Ｒｅ事業」の数字。
㉑Ｈａｍｅｅは卸を含む。
㉒ベネッセホールディングスは国内教育事業の数字。
㉚ゴルフダイジェスト・オンラインは国内事業全体の数字。
㊷ＩＫホールディングスは実店舗も含む。

ネット販売上位30社の売上高ランキング
調査:通販新聞社（24年7～8月）

◎:「表の見方」参照、単位:百万円、増減率:％、※:本紙推定

順位	社名		EC売上高（百万円）	増減率（％）	EC化率（％）	主要商材	決算期
1	◎ アマゾンジャパン		3,655,600	13.8	100	総合	12月
2	ヨドバシカメラ		226,808	8.0	100	家電	3月
3	◎ ZOZO		197,016	7.4	100	衣料品	3月
4	◎ ヤマダホールディングス	※	155,000	—	100	家電	3月
5	ユニクロ		133,800	2.3	100	衣料品	8月
6	◎ ビックカメラ		127,400	▲11.0	100	家電	8月
7	◎ オイシックス・ラ・大地		99,380	1.0	100	食品	3月
8	ジャパネットたかた	※	89,600	5.9	35	家電	12月
9	◎ ニトリホールディングス		87,100	▲4.3	100	家具	3月
10	イオン	※	80,000	7.2	100	食品	2月
11	アイリスプラザ	※	75,000	—	100	雑貨	3月
12	◎ アダストリア		68,900	10.1	100	衣料品	2月
13	◎ ノジマ		66,397	—	100	家電	3月
14	上新電機		64,618	▲14.5	100	家電	3月
15	◎ DCMホールディングス		63,857	14.8	100	家電	2月
16	デル・テクノロジーズ	※	60,000	—	100	PC	1月
17	◎ ベイクルーズ	※	57,000	—	100	衣料品	8月
18	マウスコンピューター		53,460	0.0	100	PC	3月
19	QVCジャパン	※	53,000	—	40	総合	12月
20	ジュピターショップチャンネル	※	52,300	1.9	33	総合	3月
21	◎ パル		48,400	22.3	100	衣料品	2月
22	◎ オンワードホールディングス		47,700	6.5	100	衣料品	2月
23	◎ ワールド		43,816	—	100	衣料品	3月
24	三越伊勢丹ホールディングス	※	41,000	—	100	総合	3月
25	ベルーナ		39,728	▲11.1	31	総合	3月
26	大網		39,300	11.0	100	ホビー用品	5月
27	◎ オールアバウトライフマーケティング		38,799	8.4	100	食品・雑貨	3月
28	◎ キタムラ	※	38,000	—	100	カメラ関連商品	3月
〃	Gio		38,000	—	100	衣料品	8月
30	DINOS CORPORATION	受	37,681	▲13.4	79	総合	3月

表の見方

■調査は2024年7～8月、通販・通教実施企業約1000社に対して行った。無回答の企業に関しては本誌や姉妹紙「週刊通販新聞」の取材データや公表資料、民間信用調査を基に本誌推定値（「※」）を算出。社名横の「受」は受注比率から算出した売上高を示す。
■BtoCでもデジタルコンテンツやチケット販売、宿泊予約、金融などの非物販に加え、オフィス用品などBtoBも調査対象から外した。
■対象決算期:「前期実績」は23年6月～24年5月に迎えた決算期。増減率は前の期の数値が判明していない企業や変則決算のため比較できない場合については掲載していない。
■表内項目の「EC化率」は原則、総通販売上高に占めるネット販売売上高の占有率。一部、総売上高に占めるネット販売売上高の占有率となる。
■表中、企業名横の「◎」は次の理由による。
　1位のアマゾンジャパンは広告事業やクラウドサービス事業などの物販以外の事業を含むアマゾンの日本事業の総売上高。3位のZOZOは会計上の売上高で商品取扱高（流通総額）は5743億7300万円。4位のヤマダホールディングス全体におけるEC関連売上高の推定値。子会社ヤマダデンキにおける「ネット事業・テレビショッピング事業」の売上高は857億1900万円だった。6位のビックカメラはコジマ、ソフマップを含むグループにおけるネット通販売上高の合計。7位のオイシックスはBtoCサブスク事業の売上高。9位のニトリホールディングスの増減率は13カ月の変則決算だった22年度との比較になる。12位のアダストリアはモール経由を含めた国内の全EC売上高。13位のノジマはEC含めたインターネット事業全体の売上高。15位のDCMホールディングスは子会社エクスプライスとDCMのEC事業合算値。エクスプライスの24年1月期売上高は612億5800万円だった。17位のベイクルーズはモール経由を含めた全EC売上高の推定値。21位のパルはモール経由を含めた国内の全EC売上高。22位のオンワードホールディングスはモール経由を含めた国内EC売上高。23位のワールドはグループのEC売上高合計で前期は11カ月の変則決算。27位のオールアバウトライフマーケティングは「サンプル百貨店」と「dショッピング」を合算した取扱高。28位のキタムラは宅配売上と店舗受取売上を合算した「EC関与売上」の推定値。

第1部 総コストアップ時代を乗り切るための通販戦略は？

健康食品通販売上高ランキング
調査：通販新聞社（23年6月～24年5月期）

実績対象決算期：23年6月～24年5月　　　　　　　　　　　　　　　　　　単位：百万円、増減率：％（▲はマイナス）、※：本紙推定

順位		社名	23年度実績	増減率	決算月	本社	主力商材／主力商品
1	○	サントリーウエルネス	※101,100	1.4	12月	東京	セサミン
2	○	世田谷自然食品	※32,600	▲2.7	6月	東京	グルコサミン、青汁
3		富山常備薬	※23,500	1.3	8月	富山	第3類医薬品（フルスルチアミン、L-システイン）
4		ファンケル	21,529	3.7	3月	神奈川	ビタミン・ミネラル
5		やずや	※16,000	0.0	12月	福岡	香醋、にんにく卵黄
6	○	山田養蜂場	15,750	▲9.0	4月	岡山	ローヤルゼリー
7		エバーライフ	15,099	1.9	12月	福岡	ヒアルロン酸
8		医食同源ドットコム	15,000	4.2	3月	神奈川	L-シトルリン、HMB、酵素
9		えがお	14,464	▲5.7	12月	熊本	黒酢、鮫肝油
10	○	大正製薬	14,000	▲6.7	3月	東京	グルコサミン、青汁
11		野草酵素	※14,000	0.0	10月	新潟	酵素ドリンク
12		味の素（A-ダイレクト）	13,300	—	3月	東京	グリシン、カプシノイド等
13	○	カゴメ	13,130	▲3.3	12月	愛知	野菜ジュース
14		キューサイ	12,500	▲2.7	12月	福岡	青汁、ヒアルロン酸コラーゲン
15		ファーマフーズ	12,228	2.1	7月	京都	iHA、グルコサミン
16		ジェイフロンティア	11,383	▲3.4	5月	東京	酵素ドリンクほか
17		キリンホールディングス	※11,000	—	12月	東京	オルニチン
18		森永製菓	10,900	6.0	3月	東京	コラーゲンドリンク、パセノール
19	○	ディーエイチシー	10,534	—	12月	東京	ビタミン・ミネラル
20		マイケア	10,500	5.0	4月	東京	イタドリ、なたまめ茶
21		QVCジャパン	※10,000	—	12月	千葉	青汁、健康茶
22		わかさ生活	9,900	▲5.7	9月	京都	ブルーベリー
23		金氏高麗人参	9,530	▲11.0	4月	東京	高麗人参
24		富士フイルムヘルスケアラボラトリー	9,000	5.9	3月	東京	サラシア、グルコサミン、美容ドリンク
25		ベルネージュダイレクト	8,661	▲1.3	12月	東京	MBP、カルシウムほか
26		ハーブ健康本舗	8,595	2.7	10月	福岡	健康茶
27		アサヒグループ食品	8,000	0.0	12月	東京	乳酸菌
〃		フィネス	8,000	0.0	3月	福岡	サジージュース等
29		レバレッジ	7,397	9.3	10月	東京	プロテイン、アスリート向けサプリ等
30		万田発酵	7,321	0.4	5月	広島	発酵食品
31		ユーグレナ	7,099	▲10.9	12月	東京	ユーグレナ
32		健康家族	6,800	▲6.9	8月	鹿児島	にんにく卵黄
33		ニッピコラーゲン化粧品	6,343	18.5	3月	東京	コラーゲン
34		はぴねすくらぶ	※6,270	0.0	4月	福岡	酵素、もろみ酢
35	○	小林製薬	6,100	▲12.9	12月	大阪	ビタミン・ミネラル
〃		オズ・インターナショナル	6,100	1.5	2月	東京	育毛関連サプリほか
37		さくらフォレスト	5,876	▲10.3	3月	福岡	DHA・EPA、田七人参
38		サンスター	※5,700	0.0	12月	大阪	野菜ジュース、美容ドリンク
39		トウ・キユーピー	5,679	14.1	11月	東京	ヒアルロン酸
40		森下仁丹	5,426	17.6	3月	大阪	ビフィズス菌
41		健康の杜	5,415	0.5	9月	福岡	すっぽん黒酢、金時しょうが
42		アサヒ緑健	5,396	▲13.9	3月	福岡	青汁
43		エモテント	5,200	—	1月	福岡	生姜シロップなど
44		日本水産	5,000	4.2	3月	東京	トクホ（EPA・DHA、中性脂肪関連）
45		八幡物産	4,966	▲7.5	8月	鳥取	グルコサミン、ブルーベリー
46		第一三共ヘルスケアダイレクト（旧アイム）	4,888	30.1	3月	香川	指定医薬部外品
47		ファビウス	4,698	▲20.9	9月	東京	青汁
48		生活総合サービス	4,604	▲9.1	12月	大阪	すっぽん、高麗人参
49		ダイドードリンコ	4,280	▲5.4	1月	大阪	プロテオグリカン
50		新日本製薬	4,262	23.9	9月	福岡	L-カルニチン、青汁
51		ベルタ（ビーボ）	※4,000	—	8月	東京	酵素ドリンク、葉酸
〃		ニコリオ	4,000	0.0	12月	東京	酵素、酪酸菌・ビフィズス菌
53		和漢	3,881	40.2	3月	福岡	田七人参など
54		LEFT-U（レフトユー）	※3,697	11.4	2月	東京	栄養サポートチュアブル、グミ（成長期の子供用）
55		ディーエムジェイ	3,640	0.0	3月	東京	酵素サプリ、アサイー、ノニ
56		フジッコ	3,600	▲8.4	3月	兵庫	黒豆、乳酸菌
57		京福堂	3,400	▲2.9	6月	大阪	指定医薬部外品、高麗人参ほか
58		あじかん	3,346	▲4.3	3月	広島	ごぼう茶ほか
59		ミル総本社	3,263	5.7	9月	京都	トクホ（血糖値関連）ほか
60		ティーライフ	※3,100	▲6.0	7月	静岡	健康茶
61		オルビス	※3,091	15.0	12月	東京	置き換え食品、ビタミン・ミネラル
62	○	オーガランド	3,034	7.1	12月	鹿児島	ビタミン・ミネラル
63		リフレ	3,017	▲6.9	3月	埼玉	黒酢、青汁
64		サニーヘルス	2,880	▲3.7	10月	長野	置き換え食品、ブルーベリー、グルコサミン
65		はつらつ堂	2,800	▲1.8	2月	東京	健康茶ほか
66		日本薬師堂	2,739	40.5	3月	東京	第3類医薬品（コンドロイチン）
67		ヴェントゥーノ	2,597	7.2	12月	福岡	乳酸菌、フコイダン
68		日本予防医薬	2,490	▲9.0	3月	大阪	イミダペプチド
69		奈良大和生薬	2,400	0.0	5月	奈良	頻尿等ケアの第2類医薬品など
70		ファンファレ	2,276	44.5	11月	福岡	美容関連サプリなど
71		銀座ステファニー化粧品	2,200	0.0	12月	東京	プラセンタ
72		サン・クロレラジャパン	2,120	▲4.9	3月	京都	クロレラ
73		再春館製薬所	2,119	▲10.8	3月	熊本	長白参エキスほか第2類医薬品等
74		FRACORA（旧協和）	2,100	—	1月	東京	プラセンタ
75		ECスタジオ	2,000	▲9.2	6月	東京	美容、活力関連サプリほか
〃		JNTLコンシューマーヘルス（旧ドクターシーラボ）	2,000	—	12月	東京	置き換え食品、プラセンタ
77		愛しとーと	1,960	0.0	7月	福岡	コラーゲンゼリー
78		イング	1,781	13.3	9月	鹿児島	雑穀、健康茶、青汁ほか
79		毎日元気	1,750	▲20.5	6月	神奈川	核酸
〃		エミネット	1,750	▲2.8	9月	鳥取	コラーゲン
81		MEJ	1,695	▲33.9	9月	東京	ダイエットコーヒー
82		ハーバルアイ	1,674	34.0	1月	福岡	漢方薬等
83		エーエフシー	1,634	▲3.7	8月	静岡	ビタミン・ミネラル
84		サン・クラルテ製薬	1,572	▲6.2	4月	福岡	ナギイカダエキス
85		ハーバー研究所	1,532	16.2	3月	東京	ハトムギ、ビタミン・ミネラル
86		フレージュ	1,500	▲13.3	8月	東京	健康茶、プラセンタ
87		イマジン・グローバル・ケア	1,389	▲19.0	12月	東京	ブロッコリー由来成分
88		てまひま堂	1,100	▲4.4	3月	鹿児島	にんにく卵黄
89		すこやか工房	1,002	0.0	7月	東京	マカ等
90		しまのや	1,000	▲28.6	3月	沖縄	もろみ酢
〃		FORDELソリューションズ	※1,000	▲28.6	9月	福岡	美容関連サプリなど
〃		シオノギヘルスケア	1,000	—	3月	大阪	フコイダン
93		グリーンハウス	970	▲2.0	9月	福岡	青汁、シャンピニオンエキス
94		やまちや	950	0.0	3月	京都	なたまめ茶ほか
95		インシップ	900	—	11月	千葉	ビタミン・ミネラル
96	○	だいにち堂	831	▲21.2	10月	長野	指定医薬部外品、第2類・第3類医薬品等
97		カネカユアヘルスケア	760	5.6	3月	大阪	還元型コエンザイムQ10ほか
98		元気堂本舗	759	1.2	5月	東京	非変性II型コラーゲン、青汁
99		ジェイ・メディックス	650	▲3.0	6月	福岡	グルコサミン、野草酵素
100		ステラ漢方	600	▲33.3	10月	福岡	牡蠣エキス、にんにくほか
		100社合計売上高	690,572				

表の見方

「23年度健康食品通販売上高ランキング」は、原則、健食通販売上高のみをまとめた。調査期間は、23年6月～24年5月に迎えた決算期。／一部企業は公表資料や聞き取りなどによって「本紙推計値（※）」を掲載。数値は掲載時点で得られた情報をもとにした。新たな情報をもとに算出・推計手法を変更する場合があり、前回調査と増減率が一致しないこともある。／社名の前に「○」マークのある企業は、数字で特定の条件がつく。（カッコ内の数字は売上高順位）。①サントリーウエルネスは通販外分売上高の実績を含む。②世田谷自然食品は、食品の他、化粧品の売上を含む。⑥山田養蜂場は食品の売上高全般、発芽米、青汁の通販を含む。海外、海外子会社向け売上高含む。今期は決算月を3月から12月に変更した。⑦エバーライフは化粧品通販の実績を含まない。通販直販比率の算出は当社による。⑩大正製薬は食品の売上高総括に記載。「TAISHO BEAUTY ONLINE」の売り上げは含まない。⑬カゴメは自社通販「カゴメ健康直送便」の実績を含む。⑮ファーマフーズは、医薬部外品の実績を含まない。海外、海外売上高を除く。⑯ジェイフロンティアは医薬品、化粧品、オンライン診療等の「SOKUYAKU」の実績を含む。⑰キリンホールディングスは、グループの協和発酵バイオが行う健康販売事業を譲渡した。掲載値は通販のみの数値。⑲ディーエイチシーは、決算月を7月から12月に変更した。5カ月の変則決算の実績。23年7月期の総売上、前年比3・4％減の874億1300万円。⑳マイケアは卸売上含む。㉓金氏高麗人参は直販比率で計算。㉕ベルネージュダイレクトは、ベルトトレーディングの売上。海外売上を含み国内通販売上高。㉖ハーブ健康本舗は、卸売を行う子会社、化粧品は含む。㉗アサヒグループ食品は健康食品通販売上の実績を含む。⑩フィネスはグループ合計の実績。海外（各約1割）の単体売上高含む実績。㉙レバレッジはその他事業（約1割）を含む。㊱小林製薬は、食品通販売上の実績。海外（各約1割）の単体売上高含む実績を除く。㊴トウ・キユーピーは生協の宅配ルートの売上高を含む。化粧品通販の実績は含む。㊵森下仁丹は化粧品通販の実績を含む。㊸エモテントは化粧品通販の実績を含む。㊹日本水産は食品通販の実績を含む。㊺八幡物産は化粧品の実績を除く。㊼ファビウスは化粧品通販の実績を含む。㊽生活総合サービスは化粧品通販、通販の実績を含む。㊼ニコリオは化粧品通販の実績を含む。㊽ディーエムジェイは通販教育の実績を除く。㊾京福堂は、卸を除く。㉁あじかんは流通卸を含む。㉂オーガランドは、通販以外の実績を含む。㉃リフレは化粧品の実績を含む。㉅ヴェントゥーノは店頭卸、化粧品の実績を含む。㊱ファンファレは化粧品の実績を除く。⑲毎日元気は健食通販の実績。⑯ECスタジオは化粧品通販の実績を含む。㊱MEJは、ユーグレナのグループ会社。各社単体の売り上げの一部は内部取引を含む。グループ合計の集計とは別となる。㊳ハーバルアイは22年1月期の2カ月の変則決算月のため、増減率は記載していない。㉓エーエフシーは健食のほか化粧品、雑貨の実績を含む。医薬品の実績を除く。㊾FORDELソリューションズは化粧品通販の実績を含む。㊽やまちやはオーラルケアなど通販化粧品の実績を含む。㊾だいにち堂は医薬品通販の実績を含む。

化粧品通販売上高ランキング
実績対象決算期：23年6月～24年5月

単位：百万円、増減率：％（▲はマイナス）、※：本紙推定

順位	社名		23年度実績	増減率	決算月	本社	主力商品
1	◎ファーマフーズ		47,084	20.9	7月	京都	ヘアケア「ニューモ育毛剤」
2	◎ファンケル		33,554	6.8	3月	神奈川	スキンケア「マイルドクレンジングオイル」
3	◎新日本製薬		33,390	2.2	9月	福岡	スキンケア「パーフェクトワン モイスチャージェル」
4	JNTLコンシューマーヘルス(旧ドクターシーラボ)	※	32,000	－	12月	東京	スキンケア「アクアコラーゲンゲル」
5	オルビス	※	30,568	13.7	12月	東京	スキンケア「オルビスユー」
6	資生堂（ワタシプラス）	※	29,000	8.2	12月	東京	スキンケア
7	◎再春館製薬所		20,917	▲1.5	3月	熊本	スキンケア「ドモホルンリンクル」
8	プレミアアンチエイジング		18,316	▲24.2	7月	東京	スキンケア
9	ザ・プロアクティブカンパニー	※	17,000	－	12月	東京	スキンケア「プロアクティブ＋（プラス）」
10	◎サントリーウエルネス		15,134	1.3	12月	東京	スキンケア「F.A.G.E.（エファージュ）」、メンズスキンケア等
11	エバーライフ	※	15,099	1.9	12月	福岡	スキンケア「美・皇潤」
12	コーセー		14,900	34.2	3月	東京	スキンケア
13	◎北の達人コーポレーション		13,369	53.2	2月	北海道	ヒアルロン酸マイクロニードル等
14	◎ビタブリッドジャパン		12,912	▲12.1	2月	東京	スキンケア・ヘアケア「ビタブリッドC」
15	◎ランクアップ		12,760	6.3	9月	東京	スキンケア「マナラホットクレンジングゲル」
16	キューサイ		12,500	8.1	12月	福岡	スキンケア「コラリッチ」
17	I-ne	※	12,492	18.1	12月	大阪	ヘアケア「ボタニスト」
18	オージオ		12,053	2.9	3月	埼玉	スキンケア「ビタナリッシュ」
19	◎富士フイルムヘルスケアラボラトリー	※	11,000	－	3月	東京	スキンケア「アスタリフト」
20	銀座ステファニー化粧品	※	10,900	0.0	12月	東京	スキンケア「ワールドワンシリーズ」
21	◎アイスタイル		10,846	16.3	6月	東京	スキンケア
22	◎ソーシャルテック		10,400	▲8.5	3月	東京	ヘアケア「チャップアップ」
23	悠香	※	9,000	－	12月	福岡	石けん「悠香の石鹸」
24	◎ディーエイチシー		8,778	－	12月	東京	スキンケア「ディープクレンジングオイル」
25	アンファー		8,500	－	3月	東京	ヘアケア「スカルプD」
26	協和	※	8,400	▲2.7	1月	東京	美容液「プラセンタエキス原液」
27	シロク	※	8,000	－	9月	東京	スキンケア「N organic（エヌオーガニック）」
28	◎Aiロボティクス		7,061	93.7	3月	東京	スキンケア
29	山田養蜂場		6,750	▲9.0	4月	岡山	スキンケア「RJスキンケア」
30	◎エトヴォス		6,647	4.0	7月	大阪	ミネラルファンデーション・スキンケア
31	ヴァーナル	※	6,500	1.6	3月	福岡	スキンケア「アンクソープ」「ジュエル」
32	はぴねすくらぶ	※	6,270	0.0	4月	福岡	ヘアケア「柑気楼」
33	第一三共ヘルスケアダイレクト(旧アイム)	※	6,222	▲18.5	3月	香川	スキンケア「ライスフォース」
34	ハーバー研究所		5,800	▲0.2	3月	東京	スキンケア「スクワラン」
35	ロクシタンジャポン	※	5,700	▲5.0	3月	東京	スキンケア
36	DECENCIA（ディセンシア）	※	5,220	10.5	12月	東京	スキンケア「アヤナス」
37	◎メビウス製薬		5,000	▲15.3	9月	東京	スキンケア「SIMIUS（シミウス）」
38	JIMOS		4,969	2.8	3月	東京	スキンケア「マキアレイベル」
39	◎ファビウス（旧メディアハーツ）		4,698	▲20.9	9月	東京	スキンケア
40	◎シーエスシー		4,400	4.8	12月	愛知	育毛剤「ポリピュアEX」
41	Sparty		4,000	▲20.0	6月	東京	ヘアケア「MEDDULA」、スキンケア
42	フォーマルクライン	※	4,000	▲2.4	9月	東京	スキンケア「薬用フラビアローション」
43	メディプラス		3,973	9.4	8月	東京	スキンケア「メディプラスゲル」
44	◎エポラ	※	3,806	▲3.6	12月	愛媛	美容液「エポホワイティア」
45	◎ナチュラルガーデン	※	3,700	5.7	4月	千葉	スキンケア、ヘアケア
46	カタログハウス		3,600	－	3月	東京	スキンケア
47	バルクオム		3,500	－	9月	東京	男性用スキンケア「バルクオム」
48	富士産業		3,450	8.5	7月	香川	育毛剤「リリィジュ」
49	◎長寿乃里		3,400	－	7月	神奈川	石けん「つかってみんしゃいよか石けん」
50	ユーグレナ		3,341	▲10.9	9月	東京	スキンケア
51	◎江原道	※	3,000	－	3月	東京	ベースメーク
52	nijito（ニジト）	※	2,788	▲6.9	3月	東京	ヘアケア「haru」
53	◎三省製薬	※	2,622	7.9	3月	福岡	スキンケア「デルメッド」
54	未来	※	2,500	▲5.7	3月	愛知	美容液「I'm PINCH美容液」
〃	ツインガーデン	※	2,500	▲5.3	6月	東京	スキンケア
〃	はぐくみプラス		2,500	－	6月	福岡	スキンケア
57	サンスター	※	2,400	0.0	12月	大阪	スキンケア「ホワイトロジーシリーズ」
58	◎アプロス		2,251	0.1	11月	東京	スキンケア「セルフューチャー」
59	エムアンドディ		2,240	10.4	2月	福岡	ブランド化粧品
60	Hamee		2,219	652.3	5月	神奈川	スキンケア、ベースメイク等
61	ヤーマン	※	2,210	－	4月	東京	ミネラルファンデーション
62	よつば貿易	※	2,200	▲12.0	8月	福岡	ブランド化粧品
63	ヤマサキ		2,195	▲2.0	2月	広島	ヘアケア「ラサーナ」
64	日本盛		2,160	－	3月	神戸	スキンケア「米ぬか美人」
65	◎ホソカワミクロン	※	2,000	0.0	9月	大阪	ヘアケア
〃	◎meeth	※	2,000	42.9	3月	東京	スキンケア
67	◎KINS	※	1,800	28.6	11月	東京	スキンケア
68	粋（旧ヴィトワ）	※	1,600	－	12月	福岡	スキンケア
69	◎イー・エス・エス	※	1,500	0.0	8月	東京	スキンケア「パパウォッシュ」
〃	MIMC	※	1,500	▲1.3	2月	東京	ファンデーション、スキンケア

第1部 総コストアップ時代を乗り切るための通販戦略は？

順位	社　名	23年度実績		増減率	決算月	本社	主力商品
71	◎小豆島ヘルシーランド	※	1,483	▲17.4	3月	香　川	スキンケア
72	◎ＤＩＮＥＴＴＥ	※	1,448	▲15.2	2月	東　京	まつ毛美容液
73	小林製薬		1,400	0.0	12月	大　阪	スキンケア「hifmid（ヒフミド）」
74	レッドビジョン		1,300	▲13.3	7月	東　京	育毛剤「マイナチュレ」
75	ニッピコラーゲン化粧品		1,238	5.3	3月	東　京	スキンケア「スキンケアクリームナノアルファ」
76	ユーピーエス	※	1,100	―	5月	福　岡	ヘアケア等
〃	スタイルクリエイト	※	1,100	―	9月	東　京	スキンケア等
78	ディーエムジェイ		1,040	33.3	3月	東　京	ヘアケア等
79	イング		1,020	▲13.2	9月	鹿児島	石けん「つかってみんしゃいよか石けん」
80	美　元	※	1,000	―	9月	東　京	ヘアケア等
81	あすなろわかさ		900	0.0	3月	福　岡	ヘアケア等
82	フォーシーズホールディングス		889	12.6	9月	福　岡	スキンケア「ナノ・アクア」
83	愛しとーと		840	0.0	9月	福　岡	ヘアケア「うるプラ美人ヘアカラートリートメント」
84	◎ハーバーリンクスジャパン		780	▲9.8	1月	東　京	制汗剤等
85	マードゥレクス	※	757	▲14.9	3月	東　京	ファンデーション「エクスボーテ」
86	サニーヘルス	※	720	▲31.5	10月	長　野	スキンケア「ノアージュ」、ヘアケアなど
87	◎さくらフォレスト		700	0.0	3月	福　岡	ヘアケア等
88	ＳＡＲＡＢｉＯ温泉微生物研究所	※	690	0.0	3月	大　分	ヘアケア等
89	◎ナノエッグ	※	633	19.4	9月	神奈川	スキンケア等
90	アイ・エム・ワイ		563	▲18.7	7月	愛　知	スキンケア「ローションMG」
	90社合計売上高		644,665				

表の見方

「23年度化粧品通販売上高ランキング」は、原則、化粧品通販売上高のみをまとめた。調査期間は、23年6月～24年5月に迎えた決算期。

▽一部企業は公表資料や聞き取りなどによって「本紙推計値（※マーク）」を掲載している。数値は掲載時点で得られた情報をもとにしたもの。新たな情報をもとに算出・推計手法を変更する場合があるため、前回調査と掲載数値や増減率が一致しないものもある。

▽社名の前に「◎」マークのある企業は、数字に特定の条件がある。（○内の数字は売上高順位）。

①ファーマフーズは、「ニューモ育毛剤」キュラシリーズなど医薬品・医薬部外品の実績を含む。これに整腸関連の「ラクトロン錠」など健康関連の製品も一部含まれる。化粧品の実績は、前年比74・1％増の123億7100万円。

②ファンケルはグループの連結売上高に占める化粧品通販事業の数字。アテニアの化粧品売上高（24年3月期）は前年比13・0％増の151億9300万円（店舗売上高を含む）。海外売上高を除く。また、今期に決算期を3月から12月に変更した。

③新日本製薬は店舗・卸、海外の実績を含む。

④JNTLコンシューマーヘルスは、22年11月に事業を引き継いだ旧ドクターシーラボが展開していた健康食品、店舗流通、卸を含む総売上高。

⑤オルビスは外部ECの実績を含む。

⑥資生堂は国内ECの売上高。

⑦再春館製薬所は海外の実績、太陽光事業の売り上げを除く。

⑩サントリーウエルネスは国内外子会社の実績を除く売上高。

⑪エバーライフは健食通販の実績を含む総売上高。

⑫コーセーは、グループ全体の国内ECの売上高。自社で行う外部ECの販売を含む（流通卸のECによる売り上げは除く）。中国、北米、アジア等を含む国内外EC売上高は、22年比2・7％増の427億円。

⑬北の達人コーポレーションは健康食品の実績を含む。また、個別業態の実績。

⑭ビタブリッドジャパンはベクトルの連結売上高に占めるダイレクトマーケティング事業の売上高の数字。健康食品を含む。また、D2C事業を展開するDirectTechの実績を含む（23年11月、韓国の化粧品会社に譲渡）。

⑮ランクアップは海外・卸の実績を含む総売上高。

⑲富士フイルムヘルスケアラボラトリーは卸の実績を含む。

㉑アイスタイルは海外ECを除く国内通販売上高の数字。

㉒ソーシャルテックは健康食品の実績を含む。

㉔ディーエイチシーは、決算期を7月から12月に変更したため、5カ月の変則決算の推計値。23年7月期の総売上高は、前年比3・4％減の874億1300

㉕アンファーは健康食品等の実績を含む。

㉘Aiロボティクスは、ヘアケア等を含む。また、卸の実績を含む総売上高。

㉚エトヴォスは店舗等の実績を含む。

㊲メビウス製薬は卸の実績を含む。

㊳JIMOSは健康食品、通販支援事業の実績を含む。

㊴ファビウスは健康食品通販を含む総売上高。

㊵シーエスシーは健康食品の実績を含む。

㊸メディプラスはECモールや店販など流通卸を除いた実績。

㊹エポラは、ユーグレナのグループ会社。健康食品事業の実績を含む。

㊺ナチュラルガーデンは健康食品の実績を含む総売上高。

㊾長寿の里は、卸販売、また、健食の実績を含む総売上高。

㊿江原道は卸の実績を含む。

53三省製薬は、通販比率は約7割（本紙推計）。

54ツインガーデンは健康食品の実績を含む。

54はぐくみプラスは健康食品の売上高を含む総売上高。

58アプロスは、健康食品（1・5％）を含む。

63ホソカワミクロンは昨年10月、完全子会社のホソカワミクロン化粧品を吸収合併した。

65meethは、直営店の実績を含む。

67KINSは、健康食品、また、通販以外の販路を含む総売上高。

68ヴィトワは、24年1月、グループのクレフを存続会社として合併。社名を「粋」に変更し、経営体制を刷新した。また、健康食品の実績を含む。

69イー・エス・エスは卸の実績を含む。

71小豆島ヘルシーランドは化粧品以外の食品等を含む総売上高。

72DINETTEは、直営店、卸の実績を含む。

84ハーバーリンクスジャパンは健康食品の実績を含む。

87さくらフォレストは、通販売上高のうち約1割を化粧品通販が占める。健康食品通販売上高約8割、海外売上高約1割は除く。

89ナノエッグは24年2月、化粧品やエアゾール等のOEMを行うエア・ウォーター・リアライズが化粧品通販事業を買収した。今回調査は23年9月期の推計値。また、原料販売等を含む。

化粧品売上高総合ランキング
実績対象決算期：23年6月～24年5月

単位：百万円、増減率：％（▲はマイナス）、※：本紙推定、◇：変則決算

順位	社名		23年度実績 （カッコ内は国内化粧品事業のみの売上高）	増減率	決算月	本社	業態	備考・取り扱い商品等
1	資生堂		973,038 (259,900)	▲8.8 (9.4)	12月	東京	店舗流通	スキンケア「エリクシール」、メーク「マキアージュ」、ヘアケア「ツバキ」等
2	◎花王		631,500 (358,800)	1.7 (▲0.6)	12月	東京	店舗流通	スキンケア・メーク「ソフィーナ」等
3	コーセー		300,406 (189,777)	3.9 (16.4)	12月	東京	店舗流通	スキンケア「雪肌精」等
4	◎ロート製薬		176,816	12.9	3月	大阪	店舗流通・通販	スキンケア「肌ラボ」「オバジ」等
5	◎	ポーラ・オルビスHD	168,477	4.2	12月	東京	訪販・通販・直営店	
		ポーラ	98,499	2.2				スキンケア「B.A」等
		オルビス	42,874	11.6				スキンケア「オルビスユー」等
6	マンダム		73,233	9.2	3月	大阪	店舗流通	頭髪用化粧品等
7	日本ロレアル	※	70,000	0.8	12月	東京	店舗流通	メーク「メイベリン ニューヨーク」等
8	◎	ファンケル	61,206 (55,517)	6.5 —	3月	神奈川	通販・直営店・卸	スキンケア「マイルドクレンジングオイル」「エンリッチ」シリーズ等
		ファンケル化粧品	44,648	6.0				
		アテニア化粧品	15,193	13.0				
9	◎ノエビア		48,175	2.4	9月	兵庫	MLM	スキンケア「ノエビア ビューティスタジオ」
10	ミルボン		47,762	5.6	12月	大阪	店舗流通	頭髪用化粧品等
11	◎ファーマフーズ		47,084	20.9	7月	京都	通販	ヘアケア「ニューモ育毛剤」
12	ホーユー	※	44,579	4.5	10月	愛知	店舗流通	頭髪用化粧品等
13	◎I-ne		41,643	18.1	12月	大阪	通販・卸	ヘアケア／「ボタニスト」
14	日本メナード化粧品	※	36,000	▲0.2	3月	愛知	訪販	スキンケア「フェアルーセント」等
15	◎新日本製薬		33,390	2.2	9月	福岡	通販	スキンケア「パーフェクトワン モイスチャージェル」
16	アイスタイル		32,822	28.9	6月	東京	通販・直営店・卸	スキンケア
17	◎JNTLコンシューマーヘルス（旧ドクターシーラボ）	※	32,000	—	12月	東京	通販・卸・対面販売	スキンケア「アクアコラーゲンゲル」
18	ELCジャパン	※	26,000	—	6月	東京	店舗流通	スキンケア「エスティローダー」「クリニーク」等
19	ロクシタンジャポン	※	22,810	▲4.3	3月	東京	通販	ヘアケア、ボディ＆ハンドケア等
20	◎ナリス化粧品		20,985	3.0	3月	大阪	訪販	スキンケア
21	再春館製薬所		20,917	▲1.5	3月	熊本	通販	スキンケア「ドモホルンリンクル」
22	エリナ		19,600	0.5	12月	東京	MLM	スキンケア
23	◎日本アムウェイ		18,761	▲9.9	12月	東京	MLM	スキンケア・メーク「アーティストリー」等
24	◎ディーエイチシー		17,557	—	12月	東京	通販・直営店・卸	スキンケア「DHC薬用Q」シリーズ等
25	ザ・プロアクティブカンパニー	※	17,000	—	3月	東京	通販	スキンケア「プロアクティブ＋（プラス）」
26	アシュラン	※	16,800	▲7.7	6月	福岡	MLM	スキンケア
27	◎サントリーウエルネス	※	15,100	1.3	12月	東京	通販	スキンケア
28	◎エバーライフ	※	15,099	1.9	12月	福岡	通販	スキンケア「美・皇潤」
29	◎北の達人コーポレーション		13,369	53.2	2月	北海道	通販	ヒアルロン酸マイクロニードル等
30	◎ビタブリッドジャパン		12,912	▲12.1	2月	東京	通販	スキンケア・ヘアケア「ビタブリッドC」
31	ランクアップ		12,760	6.3	9月	東京	通販	スキンケア
32	キューサイ		12,500	8.1	12月	福岡	通販	スキンケア「コラリッチ」
33	オージオ		12,053	2.9	3月	埼玉	通販	スキンケア「ビタナリッシュ」
34	富士フイルムヘルスケアラボラトリー	※	11,000	—	3月	東京	通販・卸	スキンケア「アスタリフト」
35	◎銀座ステファニー化粧品	※	10,900	0.0	12月	東京	通販・卸	スキンケア
36	アンファー		10,500	—	3月	東京	通販・卸	ヘアケア「スカルプD」
〃	協和	※	10,500	▲2.7	1月	東京	通販	美容液
38	◎ソーシャルテック		10,400	▲8.5	3月	東京	通販	ヘアケア「チャップアップ」
39	ハーバー研究所		9,749	▲0.7	3月	東京	通販・卸・直営店	スキンケア「ホワイトレディ」
40	シャンソン化粧品	※	9,600	5.5	8月	静岡	訪販	スキンケア
41	アルソア慧央グループ	※	9,026	▲5.1	2月	山梨	MLM	スキンケア
42	悠香		9,000	—	6月	福岡	通販	石けん「悠香の石鹸」
43	クラブコスメチックス	※	8,568	9.8	12月	大阪	訪販	スキンケア
44	シーボン		8,498	▲0.3	3月	東京	直営店	スキンケア
45	エフエムジー＆ミッション		8,000	0.0	12月	東京	訪販・通販	スキンケア
〃	シロク		8,000	—	9月	東京	通販・卸	スキンケア「N organic（エヌオーガニック）」
47	御木本製薬		7,339	13.8	12月	三重	訪販	スキンケア
48	◎Aiロボティクス		7,061	93.7	3月	東京	通販	スキンケア
49	山田養蜂場	※	6,750	▲9.0	4月	岡山	通販	スキンケア「RJスキンケア」
50	エトヴォス	※	6,647	4.0	7月	大阪	通販・卸	ミネラルファンデーション、スキンケア
国内売上高総計（一部企業の海外売上高を含む）			2,141,736					

第1部 総コストアップ時代を乗り切るための通販戦略は？

表の見方

「23年度化粧品売上高総合ランキング」は、通販や訪問販売、ＭＬＭ（連鎖販売取引）、店舗流通で化粧品事業を展開する企業の売上高をまとめた。調査対象は23年6月から24年5月に迎えた決算期。上位50社の国内売上高の合計は、前回調査比2・3％増の2兆1417億円だった。ランキングには、本紙が半期ごとに実施する「通販・通教実施企業売上高ランキング」アンケートの品目別売上高の回答等も一部反映させている。

▽一部企業は公表資料や聞き取りで本紙推計値（※マーク）を掲載。企業グループ内で連結売上高に対する影響度の高いグループ企業の実績は、同じ枠内に売上高を掲載した。また、一部、店舗展開が小規模である企業は、通販事業のみの数字を掲載している。数値は掲載時点で得られた情報をもとにしたもの。新たな情報をもとに算出・推計手法を変更する場合があるため、前回調査と掲載数値や増減率が一致しないものもある。

▽業績に占める化粧品の海外事業の売上比率が比較的高い企業は、カッコ内に国内化粧品事業の売上高を示した。

▽訪販・ＭＬＭ企業・サロン販売の企業は売上高を卸ベース、小売ベースで出しているものに分かれる。

▽社名の前に◎マークのある企業は、数字に特定の条件がある。（〇内の数字は売上高順位を示す。）

②花王は、化粧品事業、ヘルス＆ビューティケア事業の合計値。また、カネボウ化粧品の実績を含む。
④ロート製薬は、海外の実績を含む。
⑤ポーラ・オルビスホールディングスは、ビューティケア事業の売上高。また、海外の実績を含む。
⑧ファンケルは、昨年、決算期を3月から12月に変更した。
⑨ノエビアは海外の実績を含む。
⑪ファーマフーズは、「ニューモ育毛剤」キュラシリーズなど医薬品・医薬部外品の実績を含む。これに整腸関連の「ラクトロン錠」など健康関連の製品も一部含まれる。化粧品のみの実績は、前年比74・1％増の123億7100万円。
⑬Ｉ－ｎｅは健康食品の実績を含む。
⑮新日本製薬は店舗・卸の実績を含む。
⑰ＪＮＴＬコンシューマーヘルスは22年11月に事業を引き継いだ旧ドクターシーラボが展開していた健康食品の実績を含む。
⑳ナリス化粧品は健康食品の実績を含む。
㉓日本アムウェイはパーソナルケア製品の売上高の数字。
㉔ディーエイチシーは、決算期を7月から12月に変更したため、5カ月の変則決算の推計値。23年7月期の総売上高は、前年比3・4％減の874億1300万円。健食は約6割、化粧品は約33％、その他は約6％。
㉗サントリーウエルネスは国内外子会社の実績を除く売上高。
㉘エバーライフは健食通販の実績を含む総売上高。
㉙北の達人コーポレーションは健康食品の実績を含む。また、個別業績の実績。
㉚ビタブリッドジャパンはベクトルの連結売上高に占めるダイレクトマーケティング事業の売上高の数字。健康食品を含む。また、Ｄ２Ｃ事業を展開するＤｉｒｅｃｔＴｅｃｈの実績を含む（23年11月、韓国の化粧品会社に譲渡）。
㉟銀座ステファニー化粧品は、テレビ通販向け卸の実績を含まない。
㊱アンファーは健康食品の実績を含む。
㊳ソーシャルテックは健康食品の実績を含む。
㊽Ａｉロボティクスは、ヘアケア等を含む。また、卸の実績を含む総売上高。

第2部
商品・媒体

2024年の通販ヒット商品／79

カタログ総覧／105

「サラリスト」

千趣会

幅広い汗悩みを解消

　千趣会が運営するカタログ・ネット通販の「ベルメゾン」では、汗悩みに特化したインナーシリーズ「サラリスト」の売れ行きが好調だ。

　「サラリスト」の肌着は秒速吸水機能を備えているため、肌にまとわりつく汗をすぐに吸水してくれるのが特徴。シリーズごとに「ニオイ」や「汗ジミ」など多様な機能性を持ち、さまざまな汗悩みに対応する。〝夏にインナーを着ないより、着た方が気持ちいい〟を目指し、ほぼすべての商品に綿混を使用。やわらかさとサラっと感を両立し、荒れがちな夏の肌でも快適に着こなせるやさしい着心地を実現した。

　肌着の他にも、パジャマ、ショーツやレギンスなど、幅広いラインアップを展開。レディースは最大6Lまでとサイズ展開も豊富に取りそろえる。

　昨今では猛暑に合わせて、汗を吸収する時に冷感効果を付与する「吸湿冷感」機能を搭載したブラトップを発売するなど、消費者のニーズに応える新しい商品を生み出し続けている。

　24年末時点の「サラリスト」シリーズ累計販売枚数は約916万枚。24年の販売実績はメインの販売時期である3〜11月で前年比約110％を記録。特に9〜11月は残暑の影響もあり、同約250％に受注が拡大した。

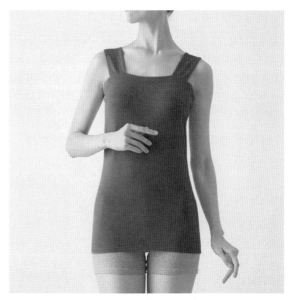

主力商品の「大汗さん」

顧客の声をもとに商品化

　汗悩みは昔から、特に女性の間では深刻な悩みだった。「汗を吸うパッドを肌着に直接つけたらいいのではないか」というひらめきを商品化したのが、現在の「サラリスト」の前身。2011年のことだった。販売してみたところ想像以上の反響があり、シリーズ化して注力することになったのだという。

　「サラリスト」は現在80種類以上の商品ラインアップを取りそろえる。その中でも24年の売れ行きが好調だったのが、「大汗さん」シリーズ。名前の通り、汗ジミを徹底的にガードすることに注力したインナーだ。

　「大汗さん」は顔よりも大きい特大汗取りパッドを脇の下に装着。パッドは身生地と身生地で防水シートを挟み込んだ三層構造になっている。肌に触れる身生地は、吸水性に優れた素材で、かいた汗をすぐに吸い取ってくれる。身生地全体に抗菌消臭加工がされているため、汗をかいた後もニオイが気にならないのが特徴だという。

　そんな「大汗さん」は顧客の声を反映して作られた商品だ。「サラリスト」発売以降も、特に汗を多くかく人から「汗を吸水しきれない」との声が多数届いたという。どのようにして今以上の吸水性を実現しようかと考えていた矢先、「サニタリーショーツに使っているような防

「サラリスト」の企画・開発を務める、ベルメゾン事業本部の檜山のぞみ氏

水シートをパッドに使ったらどうか」との声が届く。開発バイヤーがその意見を実際に取り入れ、現在の「大汗さん」のモデルが出来上がった。

「サニタリーショーツ用の防水シートを肌着の脇の部分に持ってくるなんて本当にいいんだろうか、との戸惑いもあった」。「サラリスト」の企画・開発を務める、ベルメゾン事業本部ウィズファミリービジネスユニットブランド戦略チームの檜山のぞみ氏は語る。当初は販売計画数も少なく、カタログでの掲載スペースもわずかなものだった。

しかし反響は大きく、最終的には1000万円を超える受注を獲得。予想を大きく上回り、拡販することとなった。当初は肌着2アイテムのみの販売だったが、猛暑の影響を受けてさらに販売枚数は伸長。現在はシリーズで10型以上の商品を販売している。

昨今はメンズシリーズも好評で、25年2〜3月の受注件数1位はメンズのVネックという。汗悩みは年中続くとの考えから、24年秋冬にはストレッチ素材の「大汗さん」を販売。クルーネックの長袖インナーは早期に完売するほど人気だったという。

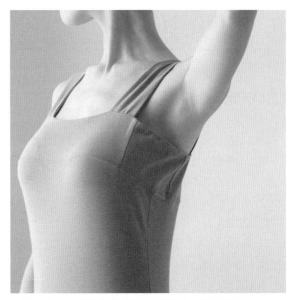

「大汗さん」は脇の下に特大汗取りパッドを装着している

インスタグラムでのリール動画がヒット

「大汗さん」の他には、服を着たまま簡単に脱げるインナー「脱げるんジャー」も好評だ。「脱げるんジャー」シリーズは、汗を吸い取ったあとの脱衣を容易に行える機能性インナー。フロントホックやストラップを外すだけで、服を着たまま簡単に脱ぐことができるのが特徴。背中・おなか、胸、脇など、汗悩みの箇所に合わせて、気になる部位だけピンポイントでカバーし、汗をかいた後は脱いで快適に過ごすことができる。

ベルメゾンの公式インスタグラムでは、「瞬間！汗脱ぎインナー・胸（脱げるんジャー）」（税込1090円）を紹介したリール動画がヒット。「会社に着いたらトイレに直行して汗拭きシートで拭くけど、ブラ裏の汗やばない？」と視聴者の共感を誘う内容が反響を呼び、売り上げ拡大につながった。

「第3の汗対策」グッズ目指す

24年のヒットを踏まえて、同社は25年のターゲット層を以下の3つに定める。

1つ目は「通勤や仕事による汗悩みに対応したい人」。ビジネスシーンで対外的にも身だしなみに気を遣う必要がある中、汗ジミができて恥ずかしい、ニオイが気になるなどの悩みを抱える人たちに向けてアプローチする。

2つ目は、「夏のイベントを全力で楽しみたい人」。上記の2ターゲットに対しては、「大汗さんシリーズ」「脱げるんジャー」シリーズの2商品で訴求するという。

3つ目は、「夏の汗による肌悩みに対応したい人」。汗刺激で敏感になり、汗疹などができる人に対しては、肌に優しい「綿100％シリーズ」で訴求するという。

近年は猛暑が続き、もはや汗をかくことは避けられない。同社は汗対策に関して、これまでの「汗をかきにくくする」というアプローチではなく、「汗をいかに目立たせないか、汗をかいても快適に過ごせるか」というところに人々の意識が向くと考える。「『汗をかきにくくするための肌着』ではなく、一般的な制汗剤・シートと比較検討されるような汗対策グッズとして『サラリスト』を広めたい」（檜山氏）。

プロモーションでは、25年4月からTverでCMを放映予定。昨今はSNSでの情報発信にも力を入れているとし、インスタグラムとX（旧Twitter）をメインに投稿を行っている。「24年ごろから各SNSの担当者が定例会議を行い、キャンペーンのタイミング等を協議するようになった。それぞれ連携しあってメディア戦略を行っている」（同）。

ベルメゾンの公式Xでは、24年に「汗かきシーズン到来！あなたが体験した＃大汗エピソード」企画を実施。「サラリスト」のハッシュタグをつけてエピソード投稿

24年の通販ヒット商品

脇汗パッドの有無による汗見えの比較

してもらった中から抽選で30人に「サラリスト」の商品をプレゼントした。

　また、汗悩みは他人には伝えづらいデリケートなもの。商品イメージでは、モデルカット1枚にとっても危機感をあおるような表現やワードは避けて、あくまでも「『汗悩みが解決された』『こんなに気持ちよく過ごせるんだ』という喜びを伝えるようにしている」(同)という。

　現在の販売チャネルはベルメゾンネット、カタログに加え、楽天やアマゾンなどの仮想モール、JREモールなど。24年5月から9月にかけては、東京・国分寺セレオでポップアップを開催した。今後もポップアップ施策を強化していくとし、「通勤する人々をメインターゲットにしているので、そうした人々が行きかう駅前などの店舗に出店したい」(檜山氏)と話した。

今後の気候変化も見越した商品づくりを

　汗取りインナーの市場規模が拡大する中で、「サラリスト」の優位性はどこにあるのか。檜山氏は、「商品の設計とバリエーションに尽きるのではないか」と分析する。

　「通販なのでお客様に実物を見ていただけないという葛藤はあるが、その分お客様からの意見が集まりやすいというメリットはある。いただいた要望を最後まで商品に反映するようにしている」(同)とした。

　パッドの形状は1mm単位で調整し、腕を上げても脇に沿ってくれるような、窮屈感なく着られるデザインに仕上げているという。体型による差もカバーできるよう、最大6Lと幅広いサイズ展開を行っているのも「サラリスト」ならではの強みだ。

　商品開発においては、マーケットのリサーチも欠かせない。日本の気候が変化していく中で、1年先の気温変化も見越して商品づくりを行わなければならない。今後の商品展開にも関心が集まる。

機能や素材で選べる汗取りインナー サラリスト

幅広いラインアップを取りそろえる

フジヒート

カタログハウス

独自発熱肌着が2シーズン目も売れ行き好調 累計購入者数は30万人超へ

カタログハウスが販売する独自開発の発熱肌着シリーズ「フジヒート」の売れ行きが好調だ。本格販売を開始した昨シーズンから順調に販売数を伸ばし、2シーズン目となる今シーズンもさらに販売数が伸び、累計購入者数は本格販売から2024年度末で30万人を超える見通し。テレビを活用した認知促進や新規顧客獲得の強化、掴んだ新規顧客や愛用者に追加購入およびまとめ買いを促す訴求の工夫などが奏功しているようだ。2シーズン目を迎えた「フジヒート」。売れ行き好調の理由とは。

〝雪女〟を起用した広告宣伝が奏功

「フジヒート」は2023年4月から夏の冷え対策用に一部商品を発売後、同10月からラインアップを拡充して本格販売を始めたカタログハウスが独自で企画・開発した発熱肌着ブランドだ。酸化鉄が豊富に含まれていることなどから、着用した人の体温を吸収して放射する力が強い富士山の溶岩を粉砕機で5ミクロン以下にまで砕き、微粒粉にしたものを吸湿発熱性の高いレーヨンのわたなどに混ぜ込んで糸にした「フジヒート糸」を使って腹巻や靴下、肌着などを展開している。富士山溶岩とレーヨンのダブル発熱効果によって各商品とも着用後すぐに暖かさを実感でき、また、暖かさを持続する特徴があるため、「これまでにない暖かさ」など購入者からの反応も上々。昨シーズンは一部の商品で生産が追い付かない状況となるなど、当初計画を上回る売れ行きをみせていた。

本格展開から2シーズン目の今期はさらに売れ行きが好調なよう。「フジヒート」の開発を担当する通販生活商品開発部の辺見知美氏によると「気温が下がった11月以降、（購入者が）毎週1万人のペースで増えている状況で非常に手ごたえを感じている」と語る。

好調な売れ行きの理由の1つはさらに強化したプロモーションの効果だ。同社では〝雪女〟を起用した広告宣伝を今秋からスタート。吹雪の中、白い着物の下に「フジヒート」を着た雪女が「寒くない」とその温かさをア

2シーズン目の売れ行き好調な「フジヒート」（写真は売れ筋の「フジヒートの腹巻」）

ピールする内容だ。11月下旬から各地上波テレビ局各社で30秒尺の〝雪女のテレビCM〟を放送。同時にBS局を軸に地上波でも「フジヒート」の中で特に売れ筋の腹巻とレッグウォーマーは120秒のインフォマーシャルの放映を始めた。なお、昨シーズンの「フジヒート」のプロモーションは新聞広告やネット広告が中心でテレビを使った本格的な広告は今シーズンから。需要が高まる秋口から冬にかけては同社が各局で放映しているCM、インフォマーシャルの放送枠の多くを「フジヒート」の訴求のために投下した。

テレビによる訴求にあわせて新聞広告による訴求も強化。テレビと同様に〝雪女〟を打ち出しつつ、腹巻とレッグウォーマーを中心に訴求したほか、ウェブでの広告出稿に加えて12月には1週間にわたって同社の通販サイトのトップページのすべての画像、アイコンを〝雪女〟がジャックするなど特別仕様とした。「テレビで『フジヒート』を認知した人に効果的に購入頂けるようにクロスメディア展開を強化した」（辺見氏）とし、テレビ・新聞・ウェブを連動させた広告宣伝効果で新規顧客獲得が進んだという。

カタログでの販促強化も

並行して主力の通販媒体「通販生活」など紙媒体での訴求についても広告で獲得した新規顧客および既存顧客にさらに「フジヒート」の購入および追加購入を促す工夫を施した。9月発行の「通販生活・初秋号」では「フジヒートと私」と題して「フジヒート」を愛用している著名人の感想を大きく打ち出した訴求を、11月発行の「初冬号」では「フジヒート惚れ込み読者たちにその理由を聞きました」と題して「フジヒート」の腹巻を14枚購入した人や靴下を22足購入した人といったフジヒートの大量購入者にその理由と魅力を語ってもらうなど販売を開始したばかりの昨シーズンではできなかった説得力のある「愛用者の声」を軸とした内容とした。なお、1月発刊の「新春号」では〝雪女〟と「現代の雪女はちっとも寒がらない」というコピーを表紙として「フジヒート」の訴求をさらに強化している。

10月や12月など「通販生活」本誌を発行しない月には「フジヒート」の購入者向けに「通販生活フジヒート通信」（A4判12ページ）を、また、「フジヒート」購入者に商品を配送する際に「通販生活のフジヒート商品説明書」（B5判、16ページ）の小冊子を同梱。両冊子とも

"雪女"を起用した広告宣伝も奏功（写真は「通販生活新春号」の表紙）

「フジヒート」の特徴について説明しつつ、「フジヒート」の主なラインアップを掲載、紹介している。なお、「フジヒート通信」では商品購入時に決済時の代金に充当できる独自ポイント「ネットポイント」を通常の2倍付与する特典をつけるなど工夫している。

広告で訴求した腹巻やレッグウォーマーを購入して「フジヒート」の「これまでにない暖かさ」を実感した顧客に対し、さらに洗い替え用などリピート購入を、また、肌着やスパッツ、ショーツ、さらに、今シーズンから投入したストールやネックウォーマーといった他の「フジヒート」商品の追加購入を促す狙いだ。「昨シーズンから洗い替え用や『フジヒート』の別の商品を追加購入するシリーズでリピートして頂く傾向があったが今シーズンはより顕著になった」（辺見氏）とする。

価格も手ごろで初回購入を促しやすい腹巻やレッグウォーマーで、まずは「フジヒート」の暖かさを認識してもらい、当該顧客にさらにまとめ買いや価格の高い肌着などの別商品を訴求するという拡販戦略が奏功したことに加えて、「通販生活」の年間発行回数が22年までの4回から今年度は隔月発刊の6回に増えたこともあり、発

今シーズンから販売を開始したシルク混のなめらかな肌触りで冷えやすい首を暖める「フジヒートのネックウォーマー」。防寒目的としてだけでなく、ファッションアイテムとしても着用でき売れ行きを伸ばしている

熱肌着のニーズが高まる秋冬に「フジヒート」を訴求できる媒体が1号分増えたこと。また、通常、肌着では行っていない使用後の返品について「フジヒートの暖かさに満足できなかったときは着払いで遠慮なく返品してください」として受け付ける施策を今シーズンも続けて実施したことが初回購入時の顧客の「暖かさへの不安」を払拭できた。さらに今シーズンから「フジヒート」のパッケージを富士山のイメージしたイラストをあしらったデザインに変更したこともあり、「もともとあった家族や友人へのギフト需要がさらに高まったのではないか」（辺見氏）とする。

こうしたことから「フジヒート」の愛用者（累計購入者）の数は昨シーズン（2024年3月時点）は10万人だったのに対して、2025年3月の今シーズン末には30万人を大きく超える見通しだ。

インテリア雑貨、衣料品などへの展開拡大を検討中

2シーズン目も好調な売れ行きをみせる「フジヒート」はすでに来シーズンに向けた準備を進めている。昨シーズンから展開する商品群に加えて、今シーズンからネックウォーマーやストール、膝ウォーマーなどの新商品も投入し「基本的なインナーアイテムはそろった」（辺見氏）とし、「次のステップとして、インテリア雑貨、衣料品などへの展開拡大を検討中」（同）として「フジヒート」の愛用者への拡販を進めていくという。

また、「フジヒート」の一部の購入者を対象に、フジヒートファンイベントを実施した。火山学者の馬場章氏による歴史や自然科学の解説とともに山梨・青木ヶ原樹海を散策したり、富士山溶岩プレートで焼いた焼肉を食べる食事会、「フジヒート」の原料となる富士山溶岩を粉砕する工場を見学するバスツアーだ。こうした愛用者向けのイベントを来シーズンも検討しつつ、愛用者との関係性を構築していきたいとする。このほか、「富士山溶岩」という素材を原料にした「フジヒート」シリーズは海外の消費者にも訴求できることから、インバウンド需要の取り込みを図ることができる小売店などへの卸販売も視野に入れているよう。

カタログハウスを代表する戦略商品として立ち上げ、全社を挙げて拡販に挑む「フジヒート」。次年度以降もさらに拡販を強化していく考えだ。

「ハルメクのおせち」

ハルメク

食べ飽きないおせちを開発

ハルメクは、50代以上の女性に支持されている雑誌「ハルメク」の読者に通販カタログを届けているほか、新聞広告や店舗事業で新規顧客を開拓している。通販事業はグループのシンクタンクやアンケート、座談会などを通じて集めた顧客の声を活かすことで、シニア女性の実態とニーズに合致した商品開発と誌面作りを心がけている。2024年3月期におけるハルメクの通販（物販）売上高は前年比7.6％増の158億3600万円で、これに新聞外販と実店舗を加えた売上高は同10.7％増の192億4100万円と2ケタ成長を維持。25年3月期も4～12月の売上高は前年同期比9.4％増の173億500万円となるなど拡大している。

同社はプライベートブランド（PB）商品が人気だが、中でも2024年は「ハルメクのおせち」（25年版）が販売好調だった。おせちに限らず、ハルメクは読者の声を真摯に受け止めて、毎年良い商品を作ることを重視。「おせちは年に一度の商品でもあるので、毎年が集大成と思って作り続けている」（橋本幸恵物販ユニットカテゴリーマネジメント本部食品マネジメント課課長）とする。

目指しているのは"食べ飽きないおせち"と"3世代が楽しめるおせち"だ。味が濃くて途中で残されてしまうような商品ではなく、元旦など解凍したその日に食べきってもらえるような"食べ飽きないおせち"を追求。実際に購入者からはそうした声が多く届いているという。また、ハルメクの読者はシニア世代だが、おせちは3世代で食べることが多いため、読者だけでなく家族で食べ

既存顧客にはチラシで送料無料期間内のおせち予約を促した

るときにみんなに喜んでもらえるかも考えたおせち作りをしている。

コロナ禍は会場に集まってもらう試食会を開催できなかったが、読者の自宅に試食用のお重を届けてアンケートに答えてもらう"ご自宅モニター"を開催し、家族の意見も送ってもらうなど、シニアをターゲットにしているからこそ3世代で食べることを見越した商品作りを行っている。

食べ飽きないおせちの開発に向けては、出汁を使うことで醤油や塩などの塩味を立たせず、薄味仕立てにすることでシニアも若い人も満足できる味付けを目指している。また、デザートなど子どもが好きなメニューも開発。「ハルメクのおせち」は前菜からデザートまでのフルコース仕立てを提案する。この数年間ずっと人気のメニューである「フルーツチーズクランベリーのせ」はチーズクリームにドライフルーツが入っており、クラッカーにのせて食べても美味しく、子どもにも好評という。

また、おせちは肉や魚のメニューが多く、箸休めとして野菜などが食べたくなるため、料理の上に菜の花を添えたりするだけでなく、焼きナスや豆類などをメインの料理の下に隠すことで、ちょっとした驚きや料理としての栄養バランスも考慮している。

「毎年が集大成」と語るハルメクの物販ユニットカテゴリーマネジメント本部食品マネジメント課課長の橋本幸恵氏

1人前のおせちを強化へ

24年は5月に東京と大阪で5年振りとなる「ハルメ

25年版おせちでは「彩」の1人前を開発し販売好調だった

読者試食会では味や見た目などを5段階で評価してもらい、より良い商品作りに活かす

ク」読者向けの試食会を開催した。両会場には60人ずつ、合計120が参加。新メニューも含めて味や見た目を5段階で評価してもらったり、おせち関連のアンケートに答えてもらったりすることで、より良いおせち作りに協力してもらった。

24年（25年版）に販売したのは、プレミアムおせちの「福寿」と、スタンダードおせちの「彩（あや）」、早期限定販売おせちの「七福神」と「さくら」の4種類だ。23年（24年版）も4種類を販売しており、購入者のアンケートはがきの内容を受けて各メニューをブラッシュアップをしている。

美味しかったメニュー、そうでもなかったメニューを点数化して送ってもらっており、満足度が低かったメニューについては外すか改良する。誰か一人の意見を聞くのではなく、定量化された結果を受けて決める。

また、前回の読者試食会での5段階評価を受けて、17品目のうち2品目を完成品のおせちから外した。例えば、今のおせちに入っていそうで入っていないメニューとして開発した「豚肉のドライフルーツパテ」は、シニアにとって食べ慣れていない味ということもあって東京会場、大阪会場ともに評判が良くなかったため、外したという。

おせちの種類は4種類だが、24年は「彩」で1人前のおせちを新しく販売した。同社によると、コロナ後も1人前おせちのニーズが増えているという。コロナ禍では感染対策として1人前ずつのパーソナルおせちが注目され、それがきっかけになっているほか、「ライフスタイルの多様化に伴って元旦に家族がそろわないこともあり、1人前を人数分用意するといったおせちの購入の仕方が増えている」（橋本課長）と分析する。

また、直近のトレンドが昔からの"ザ・おせち"というよりは、オードブルのような料理に少しずつ寄ってきていることもあり、元々、1人前を用意している「福寿」に続いて、24年は「彩」でも1人前をラインアップに加えた。

当初はハルメクのおせちをたくさんの人に知ってもらい、買いやすい価格にした"エントリーおせち"を開発することも検討したが、宮澤孝夫社長の「すべてのお客様に対して平等に商品を販売しなければいけない。新規向けで既存のお客様が買えないような商品は失礼だ」という意見を受けて軌道修正。「彩」でも1人前おせちを作ることになり、結果的には「彩」の1人前おせちがすごく売れた。とくに新規ユーザーの獲得につながったほか、数年前に購入したが最近は買ってなかったという休眠顧客の復活で効果があった。

同社も2年前までは「彩」と「福寿」のお試しおせちを10月に販売し、気に入ったら本品を買ってもらう仕掛けをしていたが、最近はおせちの予約開始時期が8月頃まで早まってきており、10月にお試しおせちを提供する仕方はやめたという。

ドキュメンタリー動画など配信

ハルメクでも24年（25年版）は8月23日におせちの予約販売をスタート。前年の購入者には新作おせちの紹介も兼ねたサンクスレターをお盆明けに送付しており、レターに付けたQRコードからサイトにアクセスし、購入してくれたユーザーも多いという。

同社では、おせちの受注が早期化していることから、11月の購入シーズンに向けて話題性のある取り組みを継続的に実施しておせちのことを思い出してもらう工夫を凝らした。24年は10月におせちに関する思い出を募り、

おせちにまつわる思い出話を募集し、受賞作品はフリーアナウンサーが朗読して配信した

コンテスト形式で審査をする「ハルメク『おせちとわたし』思い出話コンテスト」を開催。応募数202作品の中から「大賞」と「感涙賞」「笑えるde賞」の3作品を選出し、「大賞」には「福寿」の希望人数分のおせちを、「感涙賞」と「笑えるde賞」には「彩」の2人前おせちを贈った。

この取り組みは、家族団らんの象徴でもある「おせち」にまつわるエピソードを広く募集することで、おせちの魅力を再発見するとともに、幸せのおすそ分けをしてもらう企画で、受賞作品はフリーアナウンサーの住吉美紀さんが朗読し、音声データとしてユーチューブで配信。10月の段階でおせちを思い出してもらうとともに、新規ユーザーの開拓を狙った。

ほかにも、おせちの開発に関連するドキュメンタリー風の動画を撮影。10月9日～30日まで4回に分けて「撃沈の社長プレゼン編」「直撃こだわりの産地編」「勝負の大試食会編」「チラシへの情熱編」を公開した。同素材をユーチューブやTikTokなどのSNSでも展開し、さまざまな層にアプローチした。

また、インフルエンサーを起用し、新たに開発した1人前の「彩」を冷蔵庫で解凍して食べる動画がTikTokで予想以上にバズったという。TikTokでのプロモーションは、シニア世代に直接アプローチするのではなく、娘世代や孫世代が興味をもってもらえる仕掛けにもチャレンジした。

昨年は5万台のおせちを販売

通販会員への紙媒体を介した告知・プロモーションについては、9月に前年のおせち購入者に大判チラシを送り、巻頭では前年のおせちとの違いを打ち出したほか、10月4日までは送料無料期間として早期の購入を促した。ハルメクでは6割以上が9月中におせちを購入しているという。10月に届けたチラシは、既存顧客向けとおせち未購入者向けで提案内容を調整した。既存顧客には9月と同じ内容で再提案をしても購入してもらえないため、訴求ポイントを変えた。一方の新規ユーザー（おせち未購入者）は他社のおせちとの違いを知りたいことが多いため、読者と一緒に作り続けてきたという「ハルメクのおせち」の特徴を前面に出した。

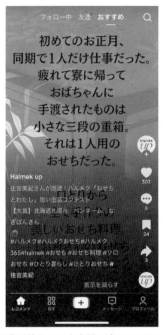

11月以降のおせち商戦に向けてTikTokなどSNSを活用した情報発信も行った

さまざまな販促活動の成果もあって、24年（25年版）のおせちは前年比約1万台増の5万台を販売した。「彩」の1人前おせちが好調だったことも影響して台数を大幅に伸ばしただけでなく、売り上げベースでも過去最高を記録した。早期限定おせちの「さくら」も前年比4倍近く売れたという。「さくら」は前年までは数量限定で販売し9日間で完売してしまったため、24年は生産台数を大幅に増やしたことも奏功した。

一方、課題としてはプレミアムおせちの「福寿」が「彩」好調の影響を受け、「中途半端な立ち位置になってしまった。各おせちの特徴をもっと明確にすれば『福寿』ももっと伸ばせた」（橋本課長）とする。

「福寿」は伊勢海老など豪華食材が多いが、24年はおせち周辺商材として5000円以下の商品が動いたことから、おせち単品で楽しむだけでなく、おせちプラスアルファで食卓を華やかにしたいというニーズがあったと見ている。

20年目を迎える25年（26年版）のおせちについても4種類を展開する予定だ。おせちは開けた瞬間に「うわっ」と歓声が上がることを目指しているが、「福寿」はお重の形を長らく変えていないため、お重の形やメニュー構成を変えていく考えだ。「彩」はバラエティーに富んだメニュー構成が魅力のため、「福寿」については洋食系のメニューも入るが、より"正統派なおせち"路線を強めていく。

「からだにユーグレナ フルーツミックス」「からだにユーグレナ いちごミックス」

ユーグレナ

親が子どもに飲ませたい商品設計を重視

ユーグレナが販売する子ども向け商品「からだにユーグレナ『子どもの栄養サポート』」シリーズで展開する飲料の販売が堅調に推移している。保護者である親が子どもに飲ませたい商品設計を重視して、子どもが飲みやすい味わいを追求した。藻類であるユーグレナが持つ独特の香りを感じさせず美味しく飲んでもらえるよう仕立てているという。2024年8月の発売後の立ち上がりが好調で、当初想定の3倍で推移したという。ターゲットとする20〜30代は第2の顧客の軸と位置付けており、「子どもの栄養サポート」シリーズはふりかけや顆粒だしなどラインアップを拡充し新規顧客層との接点を拡大していく。

控え目な甘さで飲み続けたい味に

展開する「からだにユーグレナ 『子どもの栄養サポート』フルーツミックス」と「同 いちごミックス」(1ケース24本入り、税込価格は4354円)は、自然由来の素材「石垣島ユーグレナ」を使用した飲料。1本でユーグレナの持つタンパク質や炭水化物、ビタミンB・Kなど59種類の栄養素を摂取できるという。

味は2種類。フルーツミックスは国産りんごとパイナップル、バナナの果汁にミルクを加えた。「いちごミックス」は旬の時期に収穫したいちごと国産りんごの果汁にミルクを加えていちごの果実感と甘味、酸味のバランスを重視した。控え目な甘さとし、続けやすい味わいにしたという。

1本あたりのユーグレナ含有量は500ミリグラムで、従来の「からだにユーグレナ」の半量とした。エビデンスを取得し、成人と同様の効果実感が得られることがわかったという。

一方、消費者庁に機能性表示食品としての届け出は行わない考えで、「自然の素材から幅広い栄養を摂取してもらいたいと考えている。親も子どもに自然のものから栄養を摂取させたい意向がある」(同社)と説明している。

子ども向け商品「からだにユーグレナ フルーツミックス」と「からだにユーグレナ いちごミックス」

子ども向け商品シリーズの第1弾

子ども向け商品「子どもの栄養サポート」シリーズの第1弾商品で、幼児から小学校低学年の子どもを利用者として想定する。

開発のきっかけは、飲料「からだにユーグレナ」のユーザーインタビューで、40〜60代の顧客が家族で飲んでいるケースが多いことがわかったことだった。「からだにユーグレナ」は59種類の幅広い栄養素を手軽に摂取できることを訴求しており、60〜80代が約7割を占めている。食が細くなり栄養が不足しがちなシニアにとって、1本で幅広い栄養素を摂取できることがメリットになっていた。家族で摂取する顧客の姿から、ユーグレナの特徴である栄養の幅が子どもにとっても価値になると予想した。

そこで同社では、12歳以下の子どもを持つ子育て中の男女を対象にアンケート調査を実施。子どもの健康について気になることがあると回答したのは81％に上り、3割が栄養バランスを挙げていた。意識して取り組んでいることとして「栄養の種類が豊富な食事の提供」や、「特定の栄養素をしっかり摂取できる食事の提供」が上位になった。一方で、もっと取り組みたいことの上位にも「栄養の種類が豊富な食事の提供」、「特定の栄養素をしっかり摂取できる食事の提供」が挙がっており、子育て層において食を通じた子どもの健康の課題解決にニーズがあると判断した。

また、ヘルスケア事業では、シニアを軸とする顧客基盤を強化するため、新規顧客層の開拓が課題になっていた。「シニア層を大事にしながらも、新規顧客層との接点拡大の課題は当初からあった」（同社）とし、子ども向け商品開発を通じて20〜30代の子育て層の開拓を目指していくこととなった。

子どもをターゲットにした味を追求

既存の「からだにユーグレナ」はすでに子どもにおける飲用実績があった。だが、あえて子どもに向けた商品を開発したのは、子どもをターゲットにした味を追求する必要があると判断したためだ。既存商品は子どもをターゲットにした商品開発を行っておらず、甘さが子どもに飲ませるかどうかを判断する親にとって購入のハードルになると予想した。

「既存商品でも甘さを抑えた『カロリーオフ』の商品はあった。『カロリーオフ』と『甘さ控えめ』の表現は受け取る方のイメージが大きく違う」（同）と考えたことから、既存商品よりも子どもが飲みやすく、子どもが飲むことを前提に親が選びたくなる商品を追求する必要があったという。

官能評価は難しい

商品開発は約2年を要した。味を重視した官能評価と試作を重ねた。子どもが飲みやすい味を追求しつつも、購入を決定する親が子どもに飲ませたいと思う商品設計が重要になると考えたためだ。

官能評価は、パッケージを隠した状態で子どもに飲んでもらい、次に飲みたいと思うかどうかを調査した。子どもの完食率や飲んだ量の評価に加えて、母が子どもの飲ませたい味かどうかの評価も合わせた。

子どもの官能評価は、子どもの気分に左右されがちだ。おもちゃで遊んでいるときなど他に集中しているときに正しい回答を得ることが難しいという。そのため、親に飲みたそうなシーンを作ってもらったり、タイミングを計ってもらったりすることで評価の正確さに配慮したという。

「子どもが自ら手に取りたくなる味」を実現することで、嫌がるものを無理に食べさせている親の罪悪感を払拭。味だけでなくパッケージデザインにもこだわった。

子どもがよい生活を送れる親の安心感がリピート購入に

想定する商品の利用者は未就学児から低学年の子どもで、ターゲットはその親世代となる。子どもの健康について、栄養不足やバランスの良い食事の提供、不摂生な食事の制限などに悩んでいる親のサポートをめざしていく。

新規顧客の獲得で課題となったのは、ターゲットの30〜40代において、素材「ユーグレナ」の認知度の向上。60〜70代における認知度は60％に上る一方で、全体では47％にとどまっていることからシニア層とそれ以外にギャップが生じていたという。また、ターゲットとする30〜40代の認知度に対して、喫食経験が低いことも新規顧客の獲得をすすめる上でハードルになっていた。

新規顧客の獲得は、オンライン広告を中心に行ってい

る。また、サンプリングやポップアップストアの出店を通じた接点の拡大も図っている。発売にあわせて8月31日から2日間、商業施設で子育て層に向けたイベントを実施した。ユーグレナの素材の認知度を向上すると同時に、サンプリングを行った。子育て層向けイベントでのサンプリングの引き合いもあるとし、積極的に検討していったようだ。

立ち上がりは好調に推移しており、トライアルの効果実感が奏功し、購入意向は高い水準で推移した。子どもの便通がよくなったことや、寝起きがよくなるなど睡眠の質が向上などの生活習慣の改善が親の安心感につながりリピート購入を獲得している。「しっかりとした食事から栄養を摂取させられているかの親の悩みは深く、この罪悪感をケアしていくことが大事。便通改善によって子どもが良い学校生活を送れていることへの安心感を得られるかが重要」(同)とした。

子ども向け栄養市場で独自のポジションを

子ども向けの栄養市場はさまざまで、野菜ジュースなどのほか乳酸菌やカルシウムなど特定の栄養素をうたった商品や、人気キャラクターで訴求したジュースなど多岐にわたる。

ユーグレナは自然由来の素材で59種類の栄養素を摂取できる強みを生かして他の商品とは一線を画す。「親は子どもにジュースは飲ませたくないし、栄養が豊富でもサプリメントのような人工的なものは避けたい。子どもの栄養を補える自然な食として使ってもらうことで、独自のポジションをとりたい」(同)とした。

子どもの栄養市場は通販を中心に一定規模があるとみる。店頭など一般流通は行わず、まずはLP(ランディングページ)や購入ページで説明し、顧客の納得を得るコミュニケーションをすすめる。

シリーズは第3弾まで拡充

2025年3月時点で、「子どもの栄養サポート」シリーズは、飲料を含めて3アイテムまで拡充している。日常的に無理なく摂取できることや、家族が喜んで摂取できる味わいを実現している。

第2弾商品はふりかけ「ふりかけない理由がないふりかけ "ごま海苔香るユーグレナミックス"」。老舗ふりかけメーカーのフタバと共同開発したもので、1食分で

第3弾として顆粒だし「からだにユーグレナ お料理に入れるユーグレナ」を展開している

ユーグレナ500ミリグラムを摂取できる。国産のかつお節やさば節、昆布からエキスを抽出。国内加工のにんじんやかぼちゃ、モロヘイヤなどを使用し、安心して摂取できるように工夫した。ご飯だけでなく、サラダのトッピングとしても使用可能で、幅広いシーンでの利用を提案する。

第3弾は顆粒だし「からだにユーグレナ お料理に入れるユーグレナ」を展開する。素材「ユーグレナ」と、焼津産かつお節と、九州産いわしを組み合わせた。本格かつおだし風味となる。味噌汁やスープだけでなく、おにぎりや焼きそば、シチューなど日常のさまざまな料理に使用することが可能で、好き嫌いや食べムラに悩む子育て層の負担を軽減していくとしている。

発売に先駆けて101人の子どもとその家庭でモニター調査を実施。味噌汁やスープに使用し、95%がおいしいと回答しており、食味の満足度も重視した。

「冷却ミスト付き真空断熱ドリンクボトル」

大作商事

計画比4倍の売れ行きに

　大作商事が販売する冷却ミスト機能付き真空断熱ドリンクボトルが、24年夏に当初計画の4倍の売れ行きとなった。ドリンクボトルにミスト機能を付加し、ミストによって身体を冷やすことができるもの。気温が35度を超える猛暑日が続いた2024年は、水分補給と冷却を同時にできる暑さ対策商品として需要を獲得した。

細かい粒子でスピーディに効果実感

　ヒットしたのは「冷却ミスト機能付き　真空断熱ドリンクボトル「ドリンクミスト」（価格は3520円）。大作商事のオリジナル商品で、自社通販サイトでの販売やバラエティショップなどへの卸販売を実施し販売数を伸ばしてきた。

　24年は取り扱い4年目となる。気温の上昇とともに売

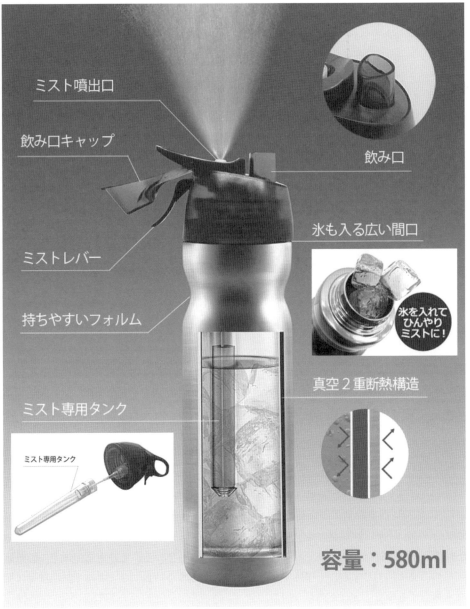

ドリンクボトルの容量は580mlで、500mlのペットボトル飲料1本を詰め替えて使用できるサイズ

り上げが伸びていたため、シーズン中の需要が拡大すると予想していた。「製造量を増やしていたが、予想を上回る売り上げとなった」（同社）と振り返る。

ドリンクボトルにミストタンクを付けた2in1の暑さ対策商品として訴求した。ミストのノズルにこだわり、細かな粒子のミストを噴霧できるように工夫した。粒子を細かくすると蒸発しやすくなるため「ひんやりとした効果をスピーディに実感できる」（同）と説明する。

ミストタンクの容量は30mlで、約130回使用できるという。ミストの粒子を細かくしたことで、少ない容量であっても外出先で家族全員分のミスト冷却ができるように工夫した。保冷機能付きのドリンクボトル内にセットすることで、いつでも冷たいミストを噴霧することができるとした。

ドリンクボトルの容量は580mlで、500mlのペットボトル飲料1本を詰め替えて使用できるサイズとした。真空断熱構造で、冷たさを約6時間キープできるという。飲み口の形を逆三角とし小さくし、こぼれにくさや飲みやすさにも配慮したという。ボトルにくびれを設けることで持ちやすく、またレバーを押しやすくする工夫も施した。

さらに、水などの飲料を入れる間口を大きくし、氷も簡単に入れることが可能となっている。ボトルの底にはシリコンゴムを付けて倒れにくくしたほか、持ちやすいリング状のハンドルも付けた。

熱中症対策商品として訴求した。レジャーやスポーツなどのアウトドアシーンでの利用を提案しており、首や顔などに使用することで、火照った身体を冷やすことができるとした。

ミストの粒子サイズなど真似できない構造

同社では、04年に発売した水の気化熱を利用して熱中症対策を行うネッククーラー「マジクール」がヒットし、累計800万本以上を販売した人気商品だ。これを受けて暑さ対策商品の開発に注力してきた。屋外で身体を冷却するグッズを検討する中で生まれたのが今回の「ドリンクミスト」だった。

ドリンクボトルにミストタンクを付けた2in1の暑さ対策商品となる

商品開発のヒントになったのは、海外の展示会や海外メーカーとの付き合いの中での提案だった。当初、水が飲める霧吹きのようなものを紹介されたことがあったという。これまでに製品化されていない非売品だが、ボトル内には水しか入れられないことや、使用中に水漏れが起こるなどさまざまな改善点があり、そのまま製品化して販売するには難しいものだったという。

そうしたことから同社では、ミストを冷却できる機能性や粒子のサイズなどを検討し、製品化を実現した。自社で設計し、ミストレバーと飲み口を一体化したボトルキャップを開発した。ミストタンクをボトルキャップにつけて本体に装着すると、ミストタンク自体も冷やされる仕組みとした。量産化に向けて、金型をおこし自社のオリジナル商品として発売した。

ヒット商品は類似品や模倣品が出やすいといわれる。だが「ミストの粒子の細かさは簡単に真似ができないものになっている。その構造自体が、模倣品や類似品と差別化できる特長になっている。消費者は見る目を持っているので、正規品と類似品の違いに気が付く」（同）と自信を見せる。

"気化熱で冷却"の重要性に注目

こうした機能性とオリジナル商品の独自性が奏功し、建設現場や工場などBtoBでの取引が拡大した。販促の一環としてBtoB向けの展示会へ出店し、猛暑対策グッズとしてPRに注力してきた。大手建築会社や工場が従業員の安全に配慮する目的で、扇風機やウォーターサーバーなどと並ぶ暑さ対策グッズとして、現場での「ドリンクミスト」の導入が進んだという。

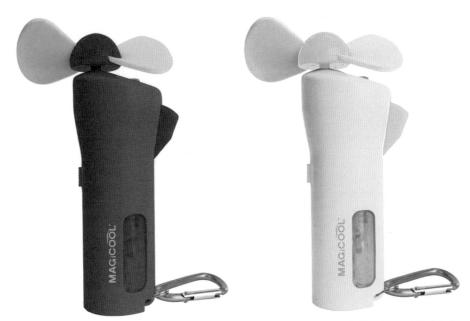

ミスト機能付きハンディファンはミストを噴霧しながら風を当てることで身体の表面温度を冷やす

また、テレビ番組で紹介されたことをきっかけに認知度が向上した。24年の夏は15社のメディアが"今年注目の暑さ対策商品"などとして取り上げたという。中でも出店する仮想モール「楽天市場」でも「今年ヒットするお出かけグッズ」などとして紹介したことも、認知度向上につながった。

「24年は気温が40度近くまで上がる猛暑日が続いた。猛暑日が続くと、熱中症を注意喚起するニュースも増えた。専門家の中には熱風が皮膚表面の水分を奪い熱中症を引き起こすと警鐘を鳴らす意見もあった。水の気化熱で身体を冷やすことの重要性がさまざまな場面で注目され、製品への関心が高まっていった」(同)と説明する。

暑さ対策商品の販売期間が延びる

「ドリンクミスト」の売れ行きは想定以上で推移し、長引く残暑の中でも販売数量を伸ばすことができた。

当初、秋まで厳しい残暑が続くといわれており、大手バラエティショップでは暑さ対策商品の入れ替え時期をこれまでの8月中旬のお盆時期から秋以降に延長する傾向もあったという。実際に、大手バラエティショップのバイヤーからは追加発注の依頼もあったとし、販売期間の延長が需要を押し上げたようだ。

加えて、高い冷却機能へニーズが高まっていることも追い風になる。首元を冷やすPCMリングが、高い外気の影響を受けて効果が続かないなどの理由から需要が低下傾向にあるという。そうしたことから、水の気化熱で冷却するネッククーラー「マジクール」の売り上げも戻ったという。「身体を冷却することが重要という認知は広がった。気化熱を使用し身体を冷やすことができる確かな機能性へのニーズが高まっていた」(同社)と分析している。

このほかに、企業のノベルティグッズとしての需要も獲得した。米国に本社を置く大手企業で、冷却機能が企業の事業との親和性に合致したという。「来年以降、海外への販路拡大も検討したい。小売チェーンへの輸出や日本から出品などさまざまなビジネスモデルを視野に入れたい」(同)とした。

ミスト活用製品の開発に注力する

今後も、ミストを活用して手軽に冷却できる商品の開発をすすめていく考えだ。ミストを活用した暑さ対策用品の売れ行きが全体的に良く、展開するミスト機能付きハンディファンについて埼玉・深谷市の小学校19校の児童に無料配布さるなど高評価を得たという。

ミスト機能付きハンディファンはミストを噴霧しながら風を当てることで身体の表面温度を冷やすという。また、ランドセルのフックにかけて利用できる利便性や安全性も好評だった。「今後も、ミストで手軽に冷却できるグッズを開発したい」(同)とした。

第2部 商品・媒体

楽天市場 2024年の売れ筋ランキング

表の見方
- 集計期間 2023年08月17日～2024年08月16日
- 集計方法 楽天グループが運営する仮想モール「楽天市場」内の売上高、売上個数、取り扱い店舗数等のデータ、トレンド情報などを参考に、楽天市場ランキングチームが独自にランキング順位を作成したものを掲載した（通常購入、定期・頒布会購入商品が対象）。

総合

	商品名	店舗名
1	［無塩］訳あり骨取りさば(2kg)	【銚子】骨取りさば職人飯田商店
2	パンパース オムツ さらさらケア パンツ4個	楽天24 ベビー館
3	マミーポコパンツ オムツ ドラえもん3個	楽天24 ベビー館
4	ReVIA 1day COLOR 30枚	キャンディーマジック 楽天市場店
5	無糖の強炭酸水「ZAO SODA」500ml×48本	LIFEDRINKオンラインストア
6	スキンクリア クレンズ オイル エコパック	アテニア公式ショップ 楽天市場店
7	メリーズ パンツ L ビッグ	楽天24 ベビー館
8	Yunth(ユンス) 生ビタミンC 美白美容液	【公式】Yunth Store 楽天市場店
9	無糖の強炭酸水「ZAO SODA」500ml×24本	LIFEDRINKオンラインストア
10	TeAmo 1DAY CLEAR	コンタクトレンズのTeAmo

花・ガーデン・DIY

	商品名	店舗名
1	母の日プレゼント カーネーションとお菓子	おいもや
2	選べる花ギフト！総合1位	BunBun！Bee
3	母の日のプレゼント！カーネーション鉢植え	Fleur Town 吉本花城園
4	9種類から選べる 母の日カーネーション	あなたの街のお花屋さんイングの森
5	感謝の気持ちが伝わるブーケ♪	お花ギフト ブルーミー(bloomee)
6	花瓶いらずの花束♪そのままブーケ(R)	フラワーマーケット花由
7	選べるバラのアレンジメント・花束♪ギフト	FlowerKitchenJIYUGAOKA
8	母の日プレゼント！花とスイーツギフト	おいもや
9	人気品種カーネーション鉢	BunBun！Bee
10	母の日プレゼントに♪花とお菓子ギフト	おいもや

パソコン・周辺機器

	商品名	店舗名
1	ペーパーワン コピー用紙 A4 5000枚	オフィストラスト
2	STAR FOCUS スマホ SDカードリーダー	スマホメモリ専門スターフォーカス
3	Logicool ワイヤレスマウス M575S	ロジクール 公式ストア
4	マイクロソフト Office 2021	楽天スーパーDEALSHOP
5	ノートン360 プレミアム 5台 3年版	ノートン公式ストア 楽天市場店
6	キヤノンプリンター	CLOUD NINE
7	[I-O DATA] スマートフォン用CDレコーダー	楽天スーパーDEALSHOP
8	Logicool ワイヤレスキーボード K295GP	ロジクール 公式ストア
9	ウイルスバスター クラウド 3年版	トレンドマイクロ公式 楽天市場店
10	ペーパーワン コピー用紙 A4 2500枚	オフィストラスト

楽天市場 2024年の売れ筋ランキング

食品

	商品名	店舗名
1	[無塩]訳あり骨取りさば(2kg)	【銚子】骨取りさば職人飯田商店
2	北海道産お刺身ホタテ貝柱たっぷり1kg	越前かに職人甲羅組(DENSHOKU)
3	松屋の牛めしの具プレミアム仕様30食セット	松屋フーズ
4	お刺身・鍋・焼き何でもOKカット生ずわい蟹	越前かに職人甲羅組(DENSHOKU)
5	選べる極上ずわい蟹	越前かに問屋「ますよね」
6	福袋おせち！いずれかのおせちをお届け♪	海鮮かに処
7	[有塩]訳あり骨取りさば(2kg)	【銚子】骨取りさば職人飯田商店
8	ふっくら肉厚の国産特大うなぎ蒲焼き	越前かに職人甲羅組(DENSHOKU)
9	骨取りサバ切身たっぷり2kg食べ放題！	越前かに職人甲羅組(DENSHOKU)
10	背ワタなし！希少な特大むきえび大容量1kg	越前かに職人甲羅組(DENSHOKU)

水・ソフトドリンク

	商品名	店舗名
1	無糖の強炭酸水「ZAO SODA」500ml×48本	LIFEDRINKオンラインストア
2	無糖の強炭酸水「ZAO SODA」500ml×24本	LIFEDRINKオンラインストア
3	い・ろ・は・す ラベルレス1箱24本入	楽天24 ドリンク館
4	鮮度抜群の珈琲2種類が飲み比べできる福袋	澤井珈琲Beans&Leaf
5	富士山の天然水 500ml アイリスオーヤマ	暮らし健康ネット館
6	BIYOUDO ミネラルウォーター 500ml×42本	BIYOUDO 公式ストア
7	国産天然水「彩水-あやみず-」500ml×48本	LIFEDRINKオンラインストア
8	水想い ミネラルウォーター 500ml×42本	水想い 公式ストア
9	富士山の強炭酸水 500ml アイリスオーヤマ	暮らし健康ネット館
10	VOX 強炭酸水 500ml×24本［無糖］	VOX 公式ストア

レディースファッション

	商品名	店舗名
1	ミンク風裏起毛あったかイージーパンツ	Dark Angel（ダークエンジェル）
2	上品透け感！シアーロンT	Dark Angel（ダークエンジェル）
3	楽盛りブラトップ！ナチュラルに盛れる♪	tu-hacci（ツーハッチ）
4	主役も脇役もこなす◎こなれカットソー	KHARISカリス楽天市場店
5	「新感覚」穿いていて疲れないデニム	HUG.U（ハグユー）
6	UPF50+！体型カバーも叶う♪4点セット水着	TeddyShop
7	まるで穿いてないみたい！極軽エアパンツ	イーザッカマニアストアーズ
8	4タイプあり 話題の冷感UVカットパーカー！	スマートストア
9	着膨れない裏起毛タートル	イーザッカマニアストアーズ
10	楽盛りブラトップ！見た目＋2カップ盛り	tu-hacci（ツーハッチ）

インナー・下着・ナイトウェア

	商品名	店舗名
1	バンビウォーター ナイトブラ 昼夜兼用	BAMBI WATER
2	靴下サプリ まるでこたつソックス	靴下の岡本公式 楽天市場店
3	脇高ノンワイヤーレースブラSET	AIKIMANIA（アイキマニア）
4	リングアウト骨盤ガードル 14色 5サイズ	ラディアンヌ 楽天市場店
5	VIAGEナイトブラ	HRC公式ストア
6	[3枚セット]綿 お腹すっぽり桃尻ショーツ	Lino Ulu
7	COCOSILK シルク ヘアケアキャップ	カラダノミライ 自然通販
8	あったか靴下3足セット♪	RENFRO
9	痛くなりにくいカシュクールレース脇高ブラ	aimerfeel楽天市場店
10	シームレスショーツ6枚set,極上肌触	ジョイパーツ

第2部 商品・媒体

キッズ・ベビー・マタニティ

	商品名	店舗名
1	パンパース オムツ さらさらケア パンツ4個	楽天24 ベビー館
2	マミーポコパンツ オムツ ドラえもん3個	楽天24 ベビー館
3	メリーズ パンツ L ビッグ	楽天24 ベビー館
4	グーン ぐんぐん吸収 パンツ 3個	楽天24 ベビー館
5	赤ちゃんが泣き止むと話題のエアラブ4	Colulu - コルル
6	メリーズ エアスルー パンツ3個セット	楽天24 ベビー館
7	はじめての肌へのいちばん テープ	楽天24 ベビー館
8	ムーニーマン パンツ 男女 L・BIGサイズ	楽天24 ベビー館
9	パンパース オムツ 肌へのいちばん	楽天24 ベビー館
10	ムーニーマン パンツ 寝返りM・たっちM	楽天24 ベビー館

インテリア・寝具・収納

	商品名	店舗名
1	3つ折り「純」高反発マットレス 厚み10cm	タンスのゲン Design the Future
2	ハグモッチ どんな寝姿勢でも癒される枕	熟睡を作る【正規店】ラキスonline
3	COCOSILK シルク100% 枕カバー 25匁	カラダノミライ 自然通販
4	シルク 枕カバー	エアロシルク公式ストア
5	安眠サポート♪高反発3つ折りマットレス	モダンデコ
6	洗えるフランネルラグ滑り止め付	フリーライフ
7	届いてすぐに使える 布団7点セット	布団と寝具専門店　COLORS
8	とろける質感ブランケット	モダンデコ
9	朝ベッドから出られなくなる『伝説の毛布』	アンジェ（インテリア雑貨）
10	ポケットコイル マットレス EN101P	ベッド＆マットレス楽天市場店

ダイエット・健康

	商品名	店舗名
1	エクエル パウチ 120粒 × 3袋	市民薬局　楽天市場店
2	バンビウォーター プロテイン 置き換え	BAMBI WATER
3	マリネスプロテイン約14回分・約31回分♪	mariness
4	女性から圧倒的人気。美容プロテイン	タマチャンショップ
5	ホエイプロテイン 1kg 選べる16風味以上	UL DIRECT STORE
6	ホエイダイエットプロテイン	ULTORA 公式
7	ビーレジェンド ホエイプロテイン2kgセット	ビーレジェンド プロテイン -公式-
8	ガードナーベルト	ガードナー 楽天市場店
9	ビーレジェンド ホエイプロテイン 1kg	ビーレジェンド プロテイン -公式-
10	女性にお勧め★1粒にエクオール10mg配合！	サプリ専門SHOP シードコムス

美容・コスメ・香水

	商品名	店舗名
1	スキンクリア クレンズ オイル エコパック	アテニア公式ショップ　楽天市場店
2	Yunth（ユンス）生ビタミンC 美白美容液	【公式】Yunth Store 楽天市場店
3	スキンクリア クレンズ オイル	アテニア公式ショップ　楽天市場店
4	大人気！素肌を活かすトーンアップUVキット	ラ ロッシュ ポゼ 公式ショップ
5	セラミド高濃度配合インナードライ対策乳液	ビタミンC誘導体のトゥヴェール
6	クレンジング オイル ベストセラーキット	シュウ ウエムラ 公式ショップ
7	マスクフィットクッションシリーズ 7種	TIRTIR 楽天市場店
8	透明感のある、なめらか肌へ導く角質美容水	タカミ 公式ショップ楽天市場店
9	毎日うるおう贅沢プラセンタマスク35枚入り	ブリュ公式ショップ 楽天市場店
10	国産ホワイトマスク30枚入プラセンタ高配合	クオリティファースト　楽天市場店

スポーツ・アウトドア

	商品名	店舗名
1	ツイストエアロステッパーPremium木目調	スポーツオアシス 楽天市場店
2	ツイスト エアロステッパー SP-200	スポーツオアシス 楽天市場店
3	日焼け対策フェイスカバー ヤケーヌ	UVカットマスク通販 MARUFUKU
4	健康ステッパー ナイスデイ	ショップジャパン 楽天市場店
5	選べる6タイプ！大人用 定番練習着パンツ	野球用品ベースボールタウン
6	creer（クレエ）自転車カバー	atRise（アットライズ）
7	選べる3タイプ！子供用の定番練習着パンツ	野球用品ベースボールタウン
8	【ALL OUT】パワーグリップ プロ	フィジカルデザイン
9	MamaGo　キッズヘルメット	mamago
10	ヨガマット10mm ケース付	LINO MIRAI

ゴルフ

	商品名	店舗名
1	ホンマ D1 ゴルフボール3ダースパック	EZAKI　NET　GOLF
2	本間 D1 ゴルフボール 3ダース 36球 BT2201	ゴルフパートナー 別館 楽天市場店
3	TOUR B Xシリーズ　ゴルフボール1ダース	EZAKI　NET　GOLF
4	ジャージ感覚！ストレッチ素材ゴルフパンツ	MOSTSHOP流行のメンズファッション
5	3ダースセット ブリヂストンツアーステージ	アルペン楽天市場店
6	HUAWEI WATCH GT 5 Pro 進化したゴルフ機能	HUAWEI 公式楽天市場店
7	5枚セット フットジョイ ナノロックツアー	アルペン楽天市場店
8	ファイズプレミアム　ゴルフボール1ダース	EZAKI　NET　GOLF
9	ファイズプレミアム ゴルフボール	ゴルフ　プレスト
10	ゴルフ距離計C1000 小さい・速い・見やすい	FOSSiBOT 楽天市場店

ホビー

	商品名	店舗名
1	アルザスツリー 150cm	ダイコン卸　直販部
2	アルザスツリー 180cm	ダイコン卸　直販部
3	濃厚な吸い心地で禁煙の味方　ターレスNEXT	電子タバコ「ベプログショップ」
4	DR.VAPE Model2 本体	DR.VAPEショップ
5	持ち運び濃厚シーシャVAPENGIN	電子タバコ「ベプログショップ」
6	プルームテックプラス用 互換カートリッジ	デジモク
7	アルザスツリー 120cm	ダイコン卸　直販部
8	プルームテックプラス用 互換カートリッジ	デジモク
9	Dr.Stick TypeX スターターキット	DrStickShop
10	DR.VAPE Model2 フレーバーカートリッジ	DR.VAPEショップ

ゲーム

	商品名	店舗名
1	Nintendo Switch（有機EL）	楽天ブックス
2	スーパーマリオブラザーズ ワンダー	楽天ブックス
3	PlayStation5	楽天ブックス
4	Nintendo Switch	楽天ブックス
5	Nintendo Switch（有機EL）	楽天ブックス
6	Nintendo Switch（有機EL）	楽天ブックス
7	PlayStation5	楽天ビック（ビックカメラ×楽天）
8	桃太郎電鉄ワールド	楽天ブックス
9	スーパーマリオブラザーズ ワンダー	ヤマダ電機　楽天市場店
10	スーパーマリオRPG	楽天ブックス

第2部 商品・媒体

ペット・ペットグッズ

	商品名	店舗名
1	超薄型ペットシーツ ワイド 600枚	ペットシーツ専門店スタイルプラス
2	Famy ペットシーツ W消臭機能×選べる6種類	Famy 公式ストア
3	ペットキレイニオイをとる砂(5L*4コセット)	楽天24
4	犬用 消化器サポート 低脂肪 ドライ3kg	楽天24 どうぶつ医療館
5	猫用 ユリナリーS／O	楽天24 どうぶつ医療館
6	長年愛され続けた大容量ペットトイレシーツ	Pet館〜ペット館〜
7	牧草市場 スーパープレミアムチモシー1番	マペット
8	HAMI PET ペットシーツ 薄型大容量 S M L	HAMI PET ハミペット
9	犬用 消化器サポート 低脂肪 8kg	ペットみらい 楽天市場店
10	猫用 ユリナリーS／O オルファクトリー4kg	楽天24 どうぶつ医療館

カタログギフト・チケット

	商品名	店舗名
1	サーティワン 1,000円 デジタルギフト1枚	楽券ショップ
2	サーティワン 500円 デジタルギフト1枚	楽券ショップ
3	BLACK＆SILVERカタログギフト5,800円コース	ソムリエ＠ギフト
4	BLACK＆SILVERカタログ 10,800円コース	ソムリエ＠ギフト
5	BLACK＆SILVERカタログ 15,800円コース	ソムリエ＠ギフト
6	プレミアムカタログギフト 15,800円コース	ギフトリアン
7	コメダ珈琲店 eギフト 1,000円 1枚	楽券ショップ
8	プレミアムカタログギフト 5,800円コース	ギフトリアン
9	コメダ珈琲店 eギフト 500円 1枚	楽券ショップ
10	BLACK＆SILVERカタログ 20,800円コース	ソムリエ＠ギフト

キッズファッション

	商品名	店舗名
1	ウルトラストレッチパンツ(やわらかタッチ)	devirock 楽天市場店
2	車や恐竜・ハート柄◎子供パジャマ男女	HO-HO KIDS
3	IFME イフミー 上履き SC-0002	つるや
4	IFME イフミー 上履き SC-0003	つるや
5	new balance IZ373 キッズ スニーカー	PREMIUM ONE
6	キッズ ヘアゴム ぎざ子娘 90本セット 3cm	ヘアゴムのお店iijo
7	ストレッチスカッツ	ever closet
8	ムーンスター 上靴 バイオアルファS 日本製	FOOT PLACE
9	着くずれしにくいワンピースになる2WAY浴衣	devirock 楽天市場店
10	無地 ビッグシルエット 袖リブ 長袖Tシャツ	devirock 楽天市場店

ベビーファッション

	商品名	店舗名
1	おねぼん 改良版おねしょズボン	Oeuf Soleil
2	くすみカラーベビーレッグウォーマー	SOWAN
3	可愛すぎるベビー袴2P	YOU＋
4	イブル夏用スリーパー	ケラッタ 楽天市場店
5	季節に合わせて、機能で選べるおくるみ	BeautyHolister
6	おくるみ スワドル スリーパー ベビー	BRILBE SHOP
7	スリーパー フランネル 2WAY 袖なし 袖あり	PUPPAPUPO
8	おくるみ スワドル スリーパー 手が出せる	BRILBE SHOP
9	ナチュラルおくるみガーゼ	MarineBlue
10	赤ちゃんがぐっすり眠れるマホウノオクルミ	MARYPLUS マリープラス

楽天市場 2024年の売れ筋ランキング

本・雑誌・コミック

	商品名	店舗名
1	はじめてずかん1000 英語つき	楽天ブックス
2	山田涼介 30th プレミアムBOX	楽天ブックス
3	北海道チーズ蒸しケーキFAN BOOK	楽天ブックス
4	ONE PIECE 107	楽天ブックス
5	ONE PIECE 108	楽天ブックス
6	大ピンチずかん	楽天ブックス
7	大ピンチずかん2	楽天ブックス
8	ONE PIECE 109	楽天ブックス
9	今日、誰のために生きる？	楽天ブックス
10	はじめての寝るまえ1分おんどく	楽天ブックス

TV・オーディオ・カメラ

	商品名	店舗名
1	Gloworm ワイヤレスイヤホン コスパ最強	GraceVally 楽天市場店
2	Soundcore Liberty 4	アンカー・ダイレクト楽天市場店
3	Soundcore Life P2 Mini	アンカー・ダイレクト楽天市場店
4	Bluetooth5.4 ENCノイキャン 瞬間接続 軽型	RONE_SHOP
5	SDSQUAC-256G-GN6MN Nintendo Switch対応	SPD楽天市場店
6	耳新体験 空気伝導イヤホン 真のOWS初登場	GraceVally 楽天市場店
7	Soundcore P40i	アンカー・ダイレクト楽天市場店
8	Soundcore Life P3	アンカー・ダイレクト楽天市場店
9	Soundcore Liberty 4 NC	アンカー・ダイレクト楽天市場店
10	AirPods Pro 2	楽天モバイル公式 楽天市場店

日用品雑貨・文房具・手芸

	商品名	店舗名
1	アタックつめかえ 1.46kg～1.59kg×6袋入	楽天24
2	簡易トイレ防災士監修 半永久保存 地震断水	RONE_SHOP
3	03'59" クイックヘアドライタオル	SOU TOWEL SHOP
4	フレア フレグランス IROKA 柔軟剤	楽天24
5	日本製 ホテルスタイル BIGフェイスタオル	タオル直販店 ヒオリエ／日織恵
6	トップ スーパーナノックス ニオイ専用	楽天24
7	【サンサンスポンジ】4個セット	ダイニチ楽天市場店
8	アタックZERO 1540g×6個入or1460g×6個入	楽天24
9	フレアフレグランス 柔軟剤 つめかえ用	楽天24
10	極上の美容泡シャワーヘッド！	CleanJoy shop

ジュエリー・アクセサリー

	商品名	店舗名
1	金アレ対応ピアス キュービックジルコニア	ボディピアス専門店　凛
2	大ぶりフープピアス/イヤリング	CRAIFE（クライフ)楽天市場店
3	痛くないイヤリング/ピアス	CRAIFE（クライフ)楽天市場店
4	フープピアス 2個売り つけっぱなし	ボディピアス専門店　凛
5	立爪ジュエルピアス 2個売り ジルコニア	ボディピアス専門店　凛
6	COCOSILK シルク ヘアゴム シュシュ	カラダノミライ 自然通販
7	金アレ対応 フープ	ピアス アクセサリー SHEIL
8	ワンタッチ フープピアス ゲージ3種	ボディピアス専門店　凛
9	ステンレスピアッサー 18G 2個セット	ボディピアス専門店　凛
10	4点セット ロープ風 ヘアゴム	JewelVOX　ジュエルボックス

第2部 商品・媒体

バッグ・小物・ブランド雑貨

	商品名	店舗名
1	JIS認証最高水準・自動開閉の折りたたみ傘	春夏秋冬
2	かぶる日傘シリーズ「UVシャルマンハット」	帽子屋 Loo＆c
3	完全遮光＆晴雨兼用 ワンタッチ日傘	CICI BELLA
4	超軽量カーボン日傘	KIZAWA 楽天市場店
5	選べる4サイズ★圧縮トラベルポーチ	京童工房
6	スキミング防止★本革ミニ財布	京童工房
7	B4Uフロントオープンスーツケース	B4U
8	より便利に！圧縮吊り下げトラベルポーチ	atRise（アットライズ）
9	深さ選べる冷感キャップ	エクレボ 楽天市場店
10	選べる4サイズ♪圧縮トラベルポーチ	atRise（アットライズ）

車用品・バイク用品

	商品名	店舗名
1	簡単設置♪傘型サンシェード	京童工房
2	車用傘型サンシェード パッと開く傘式構造	安もんや
3	差し込むだけで簡単に使える車載ホルダー♪	Orange Reaf
4	AZ 燃料添加剤 1L FCR-062 初回価格	エーゼット楽天市場店
5	強化版サンシェード 車用 傘型	CREAS WING 公式ショップ
6	LSベルハンマーGOLDスプレー420ml	ベルハンマーSHOP楽天市場支店
7	新型の車日除け！傘型サンシェード車種汎用	HT Shop
8	アレバナネックピロー	YoiTabiストア
9	新型の車日除け！傘型サンシェード車種汎用	HT Shop
10	ドライブレコーダー 前後2カメラ	シャチホコストア

日本酒・焼酎

	商品名	店舗名
1	宝酒造 宝焼酎 25度 4000ml 4L×4本	リカーBOSS 楽天市場店
2	大分県 いいちこ 麦 25度 1.8L パック 6本	逸酒創伝 楽天市場店
3	酒蔵あさ開日本酒飲み比べセット300ml×5本	酒蔵あさびらき十一代目 源三屋
4	日本酒人気飲み比べセット300ml×5本	遠藤酒造場
5	黒霧島 25度 1800mlパック 6本	酒忍者 楽天市場店
6	キンミヤ 焼酎 25度 パック 1800ml 6本	日本の酒専門店 地酒屋 萬禄
7	本坊酒造 杜氏厳選 焼酎 飲み比べ5本セット	本坊酒造 公式通販【楽天市場店】
8	博多の華 むぎ 25度 1.8Lパック×6本	焼酎屋ドラゴン
9	本坊酒造 受賞の芋焼酎 3本セット	本坊酒造 公式通販【楽天市場店】
10	新潟から大分！全国旨い地酒を贅沢飲み比べ	ベルーナグルメショッピング

ビール・洋酒

	商品名	店舗名
1	世界選りすぐり赤ワインセット	MyWineClub（マイワインクラブ）
2	アサヒ スーパードライ 缶350ml*24本入	楽天24 ドリンク館
3	有名ウイスキーが当たるウイスキーくじ	世界のお酒ニューヨーク
4	アサヒスーパードライ 350ml×48本/2ケース	リカーBOSS 楽天市場店
5	ブラックニッカ4リットル4本	酒舗 つつい蔵 楽天市場支店
6	フランス金賞赤ワインセット	MyWineClub（マイワインクラブ）
7	アサヒ スーパードライ 缶350ml*48本	楽天24 ドリンク館
8	ソムリエ厳選！金賞ボルドー赤12本セット	ワインショップソムリエ
9	エノテカ売れ筋厳選バラエティー10本セット	ワイン通販 エノテカ楽天市場店
10	スペイン産 スパークリングワイン 12本	ワイン＆ワインセラー セラー専科

スイーツ・お菓子

	商品名	店舗名
1	無塩・有塩から選べるミックスナッツ700g	美味しさは元気の源【自然の館】
2	秋の味覚！甘みたっぷり茨城産干し芋1kg	芋國屋
3	無添加3種ミックスナッツ 850g	calinuts
4	素焼き 無塩のアーモンド1kg	calinuts
5	無添加4種ミックスナッツ 850g	calinuts
6	行列ができるお店の厳選和栗モンブラン大福	Serge源's 楽天市場店
7	OH！オサカーナ	タマチャンショップ
8	バラエティ豊かな10種のふんわりワッフル	ワッフル・ケーキの店R.L
9	リンツ リンドール 48粒	セレスト(cerest)
10	ドライフルーツ入りミックスナッツ	美味しさは元気の源【自然の館】

医薬品・コンタクト・介護

	商品名	店舗名
1	ReVIA 1day COLOR 30枚	キャンディーマジック 楽天市場店
2	TeAmo 1DAY CLEAR	コンタクトレンズのTeAmo
3	シードワンデーピュアうるおいプラス	レンズワン楽天市場店
4	エバーカラーワンデーNatural（1箱20枚入）	クイーンアイズ楽天市場店
5	オシャレにそして快適に、大人気3Dマスク	CICI BELLA
6	色形多数！マスクもオシャレに楽しむ時代に	cicibella sports
7	ワンデーアキュビューオアシス 90枚 2箱	アースコンタクト
8	メダリストワンデープラス 90枚 2箱	アースコンタクト
9	アキュビューオアシス 2箱セット	アットレンズ
10	メダリストワンデープラス 1箱30枚入 6箱	コンタクト通販のおつよコンタクト

メンズファッション

	商品名	店舗名
1	【Dickies】874 オリジナルワークパンツ	Z-CRAFT
2	ひんやりストレッチで動きやすい！レギパン	メンズファッション【GENELESS】
3	伸縮自在！ストレッチパンツ	Aruge
4	ワイシャツ5枚組 ノーアイロン＆ストレッチ	アトリエ365
5	空調ベスト フルセット 一式 男女兼用	ベストアンサーの宝ショップ
6	グリマー ドライTシャツ 00300-ACT	無地Tシャツ Tshirt.st楽天市場店
7	別格のノーアイロン性を持ったニットシャツ	シャツステーション
8	プリントスター ヘビーウェイトTシャツ	無地Tシャツ Tshirt.st楽天市場店
9	【Dickies】ツイルダブルニー ワークパンツ	Z-CRAFT
10	【チャンピオン】大定番のシンプルTシャツ	Z-CRAFT

靴

	商品名	店舗名
1	crocs サンダル バヤバンド クロッグ	クロックス公式ショップ楽天市場店
2	クツピカ	せきぐちさんちの洗剤 関口商会
3	ウーフォス OOriginal リカバリーサンダル	bonico（ボニコ）楽天市場店
4	crocs サンダル バヤ クロッグ	クロックス公式ショップ楽天市場店
5	BMZ CCLP インソール《正規品》	NIS SHOP（エヌアイエスショップ）
6	最強歩きやすくて感動する靴	TGASS SHOP
7	リピーター続出！防滑ビジネスシューズ	Zeal Market
8	NIKE ウィメンズ エア マックス エクシー	アルペン楽天市場店
9	2wayフラットシューズ	aquagarage（アクアガレージ）
10	7S～6L サイズ展開豊富な完全防水シューズ	welleg from アウトレットシューズ

第2部 商品・媒体

腕時計

	商品名	店舗名
1	スマートウォッチ QS16 PRO 24時間健康管理	スマホサービス
2	MONOMAM コンパクトスマートウォッチ	Monomam 楽天市場店
3	スマートウォッチ IP68防水 男女兼用	LIBER-E
4	CASIO STANDARD MENS MQ-24	つきのとけいてん
5	empire アップルウォッチ バンド	empire
6	通話機能付スマートウォッチ	Enterbox
7	アップルウォッチ カバー ケース	雑貨のお店ココカラ 楽天市場店
8	アップルウォッチ マグネットレザーバンド	Diamonddust
9	出荷前に新品電池と交換します	つきのとけいてん
10	AriRiアップルウォッチバンド ラバーバンド	AriRi 公式

キッチン用品・食器・調理器具

	商品名	店舗名
1	Georg Jensen Damask Egypt ティータオル	scope version.R
2	PP食パン袋　半斤用　300枚	消耗品のスーパーパック
3	解凍プレート抗菌仕様！素早く安全に解凍	apunier
4	ピタつく！透明キッチンマット♪	ラチュナ　楽天市場店
5	SAKuRAKu 排気口カバー 奥行伸縮	くらしの雑貨屋さん
6	食洗機対応 丸いまな板 耐熱エラストマー	生活雑貨ショップ kurasuno
7	富士ホーロー 角型天ぷら鍋 20cm	クッキングクロッカ　楽天市場店
8	【@ttara(アッタラ)】油汚れクロス	atRise（アットライズ）
9	CAROTE取手取れるフライパンセット16点	CAROTEキッチン用品 shop
10	食洗機対応 丸いまな板 耐熱エラストマー	リビングート　楽天市場店

家電

	商品名	店舗名
1	浄水器のブリタ 交換用カートリッジ8個	浄水器のブリタ公式 楽天市場店
2	CICIBELLA 冷却ハンディファン	CICI BELLA
3	SALONIA★ストレートヘアアイロン	アンド ハビット
4	浄水器のブリタ 交換用カートリッジ3個	浄水器のブリタ公式 楽天市場店
5	大風量×速乾！SALONIAイオンドライヤー	アンド ハビット
6	SNSで話題の多機能ハンディファン	cicibella sports
7	JOVS 次世代HIPLで全身つるすべ	JOVS公式 楽天市場店
8	ReFa ストレートアイロンPRO	MTG ONLINESHOP
9	光美容器ケノン	エムロック楽天市場店
10	ドクターエア　エクサガンハイパー	ドクターエア公式ボディプラス

スマートフォン・タブレット

	商品名	店舗名
1	iFace Reflection	Hamee（ハミィ）
2	10Hガラスザムライ 液晶保護ガラスフィルム	Bridge Store 楽天市場店
3	Anker Nano Power Bank	アンカー・ダイレクト楽天市場店
4	#OSHAMOBAmini 小型モバイルバッテリー	La Chou Chou
5	inklink公式 5000mAh モバイルバッテリー	ケースbyケース
6	小型モバイルバッテリー5000mAh全機種対応	GraceVally 楽天市場店
7	iFace First Class	Hamee（ハミィ）
8	高品質iPhoneガラスフィルム コスパの2枚組	Lively Life（ライブリーライフ）
9	iPhone充電ケーブル	OKUTA ダイレクト楽天市場店
10	カードケース付ショルダーケース	brillo【ブリジオ】

おもちゃ

	商品名	店舗名
1	新ピントキッズカメラ WITHyou/クローバー	ココタス ピントキッズカメラ公式
2	デジタルカメラ キッズカメラ 知育おもちゃ	Good goods Shop
3	＼CICINELL／バランスボード 木製	arcraizオンライン楽天市場店
4	マグビルド スロープセット 72ピース	知育の専門店 Kitwellキットウェル
5	子供用三輪車 5in1 安全バー付き	自転車・スポーツ直販店ioffice
6	のりかえ三輪車DX 押し棒付き	赤ちゃんデパート
7	くまのプーさん えらべる回転6WAYジム	トイザらス・ベビーザらス
8	レゴ LEGO 10698 黄色のアイデアボックス	トイザらス・ベビーザらス
9	くまのプーさん 6WAY ジムにへんしんメリー	楽天24 ベビー館
10	マグビルド ベーシックセット 70ピース	知育の専門店 Kitwellキットウェル

カタログ総覧

- ここでは、日本で通信販売、カタログ販売を積極的に実施する企業19社の発行カタログを種類別に可能な限り収録した。
- カタログ収集時期の問題もあり、掲載カタログは2024年1月から12月に発行したものとした。
- 掲載順序は、企業別に掲載し、企業名の50音順にしたがった。
- 掲載のカタログ名は、カタログの表示にしたがうこととを原則としたが、英語、日本語の二通り表示のものや、号数の英語表示などは、タイトルイメージを損なわない限り日本語表示とした。
- 各カタログの内容紹介事項は「カタログ誌名」「掲載商品の分野」「対象とする読者」「カタログ仕様」「年間発行回数」「月別発行カレンダー」の各項目によって構成している。

掲載企業

アスクル……106
　ASKUL（アスクル）／衛生・介護用品カタログ／医療機関向けカタログ

市川園……106
　市川園のお取り寄せカタログ

大塚商会……106
　たのめーる／ケアたのめーる

カウネット……107
　Kaunet（カウネット）

カタログハウス……107
　通販生活

京都通販……107
　LAURIER／miyako MORE

ジャパネットたかた……107
　ジャパネット倶楽部

世界文化社……107
　美味便り／Home／おせち

ジュピターショップチャンネル……108
　ザ・ベストフード

千趣会……108
　スタイルノート／センス オブ リラクシング／ラ・フィット／ベネビス／コスメキューブ／ベルメゾン＆キッズ／ジュニア＆ティーンズ／ディズニーファンタジーショップ／キャラスタイル／ミニラボ／ベルメゾンライフスタイリング／暮らしの景色／花笑むとき／わたしの彩り／ユルビ／ベルメゾン クラス／みんなが選んだベルメゾン／ベルメゾン／TSUNAGU SENSHUKAI（つなぐせんしゅかい）

高島屋……111
　TAKASHIMAYA Fashion／ごちそう讃

Dinos Corporation ……112
　dinos of LIFE／DINOS STORY／HOUSE STYLING／GARDEN STYLING／DINOS PREMIUM／家具収納大辞典／DAMA collection／DAMA collection AND／DAMA Premium／DAMA collection +PLUS／DAMA FINED／So close,／GEMS STUDIO／どうぞ召し上がれ／D-BEAUTY／BEAUTY PREMIUM／d-BEAUTY PREMIUM METHOD

ドゥクラッセ……114
　DoCLASSE／DoCLASSE FOR MEN

日本生活協同組合連合会……115
　「くらしと生協」まいにち着る服／「くらしと生協」住まいの快適物語／「くらしと生協」好きな暮らし／「くらしと生協」ハッピーマルシェ／おすすめ良品／「くらしと生協」くらしと生協／「くらしと生協」すこやかびと

ヒラキ……116
　EXCITING PRICE

フィットフィット……116
　fitfit（フィットフィット）

フェリシモ……116
　フェリシモの服／フェリシモの雑貨

ベルーナ……117
　BELLUNA（ベルーナ）／ルフラン／いきいき家族／素敵な生活／My Wine CLUB（マイワインクラブ）／旨い酒が飲みたい／笑顔の晴れごはん

ライトアップショッピングクラブ……118
　RUGLOG／Zekoo／LightUp／BOGARD／World Avenue／Brial／GRANDGRIS／Longwalk／et plus／il felimille／HD style／LA MAISON DE GRANDGRIS／Cento felicità

第 2 部 商品・媒体

	ASKUL（アスクル）	衛生・介護用品カタログ	医療機関向けカタログ
	アスクル	アスクル	アスクル
分野	オフィス関連用品	おむつ、衛生材料、等	医療関連用品
対象読者	登録顧客等（事業所）	診療所・薬局・介護施設	医療機関
仕様	A4 判（996 ページ）	A4 判（300 ページ）	A4 判
発行	年 1 回	年 1 回	年 1 回
24年1月～24年12月	2月：アスクルカタログ 2024	2月：衛生・介護用品カタログ 2024	2月：医療機関向けカタログ 2024

	市川園のお取り寄せカタログ	たのめーる	ケアたのめーる
	市川園	大塚商会	大塚商会
分野	お茶・食品・茶器・化粧品	オフィス関連用品	介護用品
対象読者	顧客	登録顧客（事業所）	介護施設、個人
仕様	A4 判変型	A4 判（1280 ページ）	A4 判
発行	年 12 回	年 2 回	年 2 回
24年1月～24年12月		4月：春夏号　10月：秋冬号	4月：Vol.31　10月：Vol.32

カタログ総覧

	Kaunet（カウネット）	通販生活	LAURIER
	カウネット	カタログハウス	京都通販
分野	オフィス関連用品	暮らしに役立つ生活雑貨を集めたカタログ 調理器具、寝具類、服飾雑貨、健康器具、食品、他	婦人ファッション（アウター、インナー、ファッション雑貨、アクセサリー他）
対象読者	登録顧客（事業所）	主婦、他	50〜80代の女性
仕様	A4判（1144ページ）	A4ワイド型	A4判変型（100ページ前後）
発行	年1回	年6回	年5回
24年1月〜24年12月	1月 2月 2024年号 3月 4月 5月 6月 7月 8月 9月 10月 11月 12月	1月 1、2月号 2月 3月 3、4月号 4月 5月 5、6月号 6月 7月 7、8月号 8月 9月 9、10月号 10月 11月 11、12月号 12月	1月 春号 2月 3月 4月 夏号 5月 盛夏号 6月 7月 8月 9月 秋号 10月 冬号 11月 12月

	miyako MORE	ジャパネット倶楽部	美味便り
	京都通販	ジャパネットたかた	世界文化社
分野	婦人ファッション（アウター、インナー、ファッション雑貨、アクセサリー他）	家電製品、食品、ウォーターサーバー、他	おいしい、楽しいを追求した食品カタログ 名料亭・人気シェフの逸品、人気店の和・洋菓子、特選フルーツ等
対象読者	40〜70代の女性	既顧客	主に女性（40代〜）
仕様	A4判（40ページ前後）	A4判	A4判（64〜80ページ）
発行	年5回	年8回	年4回
24年1月〜24年12月	1月 2月 春号 3月 4月 夏号 5月 盛夏号 6月 7月 8月 9月 秋号 10月 冬号 11月 12月	1月 新春号 2月 春号 3月 4月 初夏号 5月 夏号 6月 盛夏号 7月 8月 9月 秋号 10月 冬号 11月 12月 年末号	1月 2月 3月 4月 春号 5月 6月 夏号 7月 8月 秋号 9月 10月 冬号 11月 12月

第2部 商品・媒体

	Home	おせち	ザ・ベストフード
	世界文化社	世界文化社	ジュピターショップチャンネル
分野	上質な暮らしに役立つインテリアや暮らしを彩る生活雑貨のカタログ / 調理家電、寝具、家具、インテリア用品、美容、趣味やアートまで多彩なジャンル	家庭画報オリジナルおせちに加え、厳選された名店のおせちをラインナップ。おせち、オードブル	グルメ
対象読者	全般	全般	顧客
仕様	A4判（64〜80ページ）	A4判（24ページ）	A4変型判（20ページ）
発行	年4回	年2回	年2回
24年1月〜24年12月	4月 春号 5月 夏号 8月 秋号 10月 冬号	8月 秋号（超早割） 10月 冬号（早割）	3月 ○ 9月 ○

	スタイルノート	センス オブ リラクシング	ラ・フィット
	千趣会	千趣会	千趣会
分野	大人女性の通勤からお出かけまでをカバーしたファッション、アウター、ファッション雑貨他	着心地の良さにこだわったインナー＆ルームウェア	LL〜6Lが揃う大きいサイズのレディスファッション
対象読者	40〜50代の働く女性	30〜50代女性	LLサイズ以上の女性
仕様	A4判	A4判	A4判
発行	年6回	年3回	年2回
24年1月〜24年12月	2月 春号 4月 夏号 5月 盛夏号 9月 秋号 10月 冬号 11月 真冬号	1月 春号 4月 夏号 10月 秋冬号	4月 夏号 10月 秋冬号

カタログ総覧

	ベネビス	コスメキューブ	ベルメゾン＆キッズ
	千趣会	千趣会	千趣会
分野	「足にやさしく、美しい」を叶えるオリジナルコンフォートシューズ	スキンケア、メイク、ヘア、ボディケア等の厳選コスメ	幼児から小学生までのファッション、小物、インナー
対象読者	全世代	全世代	育児期
仕様	A4判	A4判	A4判
発行	年3回	年4号	年4回
24年1月～24年12月	1月 2月 春号 3月 4月 5月 夏号 6月 7月 8月 9月 10月 秋冬号 11月 12月	1月 2月 春号 3月 4月 5月 夏号 6月 7月 8月 9月 秋号 10月 11月 冬号 12月	1月 2月 春号 3月 4月 夏号 5月 6月 7月 8月 9月 秋号 10月 冬号 11月 12月

	ジュニア＆ティーンズ	ディズニーファンタジーショップ	キャラスタイル
	千趣会	千趣会	千趣会
分野	小学校高学年～中学生向けファッション、小物、インナー	幅広いジャンルの「ディズニー」のキャラクターグッズ	「スヌーピー」と「ムーミン」のキャラクターグッズ
対象読者	育児期	ディズニーファン	スヌーピーファン、ムーミンファン
仕様	A4判	A4判	A4判
発行	年3回	年3回	年2号
24年1月～24年12月	1月 2月 春号 3月 4月 夏号 5月 6月 7月 8月 9月 秋冬号 10月 11月 12月	1月 2月 春号 3月 4月 夏号 5月 6月 7月 8月 9月 10月 秋冬号 11月 12月	1月 2月 春号 3月 4月 5月 6月 7月 8月 9月 10月 秋冬号 11月 12月

第2部 商品・媒体

	ミニラボ	ベルメゾンライフスタイリング	暮らしの景色
	千趣会	千趣会	千趣会
分野	パリ発のブランド「ミニラボ」デザインの大人のおしゃれかわいいインテリアとファッション	暮らしを素敵に変えるきっかけが見つかるインテリアと雑貨のカタログ	暮らしが軽やかになる、暮らしの好奇心をくすぐるモノが見つかるライフスタイル提案誌
対象読者	40〜60代女性	30〜40代女性	50〜60代女性
仕様	A4判	A4判	A4判
発行	年3号	年3号	年2回
24年1月〜24年12月	1月 2月 春号 3月 4月 夏号 5月 6月 7月 8月 9月 10月 秋冬号 11月 12月	1月 春号 2月 3月 4月 5月 夏号 6月 7月 8月 9月 10月 秋冬号 11月 12月	1月 2月 3月 4月 夏号 5月 6月 7月 8月 9月 秋冬号 10月 11月 12月

	花笑むとき	わたしの彩り	ユルビ
	千趣会	千趣会	千趣会
分野	ファッション、インナー、小物など、「アラウンド60」女性の日常を豊かに輝かせるアイテム	ファッションを中心とした「アラウンド70」の女性が輝くライフスタイル提案アイテム	スポーツウェア、美容健康雑貨他
対象読者	50代半ば〜60代	60代後半〜70代	40〜50代女性
仕様	A4判	A4判	A4判
発行	年6号	年2回	年4号
24年1月〜24年12月	1月 2月 春号 3月 4月 夏号 5月 盛夏号 6月 7月 8月 9月 秋号 10月 冬号 11月 真冬号 12月	1月 2月 3月 4月 5月 夏号 6月 7月 8月 9月 10月 秋冬号 11月 12月	1月 2月 春号 3月 4月 夏号 5月 6月 7月 8月 9月 10月 秋冬号 11月 真冬号 12月

カタログ総覧

	ベルメゾン クラス	みんなが選んだベルメゾン	ベルメゾン
	千趣会	千趣会	千趣会
分野	ファッション、ファッション雑貨、インテリア	ファッションや生活雑貨、食品までその季節に必要な商品を提案	ジャンル横断型のラインナップ総合カタログ
対象読者	60代〜	全世代	全世代
仕様	A4判	A4判	A4判
発行	年10回	年2回	年3号
24年1月〜24年12月	1月 新年号 2月 早春号 3月 4月 春夏号 5月 初夏号 6月 夏号 7月 盛夏号 8月 晩夏号 9月 10月 秋冬号 11月 真冬号 12月 年末号	1月 2月 3月 4月 5月 6月 7月 盛夏号 8月 9月 10月 11月 12月 真冬号	1月 2月 春号 3月 4月 5月 夏号 6月 7月 8月 9月 10月 秋冬号 11月 12月

	TSUNAGU SENSHUKAI	TAKASHIMAYA Fashion	ごちそう讃
	千趣会	高島屋	高島屋
分野	内祝い専用カタログ	衣類から雑貨まで網羅したファッションの総合カタログ 婦人・紳士衣料、服飾雑貨	食品カタログ 食品、健康食品
対象読者	出産前後	ミドル・シニア層	ミドル・シニア層
仕様	A4判	A4判変型（150ページ前後）	A4判変型（50ページ前後）
発行	年1回	年7回	年7回
24年1月〜24年12月	1月 2月 3月 4月 5月 通年号 6月 7月 8月 9月 10月 11月 12月	1月 新年号 2月 3月 春号 4月 5月 夏号 6月 盛夏号 7月 8月 9月 秋号 10月 秋冬号 11月 冬号 12月	1月 新年号 2月 3月 春号 4月 5月 夏号 6月 盛夏号 7月 8月 9月 秋号 10月 秋冬号 11月 冬号 12月

第2部 商品・媒体

	dinos of LIFE(ディノス オブ ライフ)	DINOS STORY(ディノス ストーリー)	HOUSE STYLING(ハウススタイリング)
	Dinos Corporation	Dinos Corporation	Dinos Corporation
分野	家具、収納、インテリア、雑貨、美容・健康	家具、収納、インテリア、雑貨、美容・健康	家具、インテリア
対象読者	顧客	顧客	顧客
仕様	A4判	A4判	A4判
発行	年2回	年5回	年2回
24年1月～24年12月	1月 ○ 2月 ○ 3月 4月 5月 6月 7月 8月 9月 10月 11月 12月	1月 2月 3月 4月 ○ 5月 ○ 6月 7月 ○ 8月 9月 ○ 10月 ○ 11月 12月	1月 ○ 2月 3月 4月 5月 6月 7月 ○ 8月 9月 10月 11月 12月

	GARDEN STYLING(ガーデンスタイリング)	DINOS PREMIUM(ディノス プレミアム)	家具収納大辞典
	Dinos Corporation	Dinos Corporation	Dinos Corporation
分野	ガーデニング、雑貨	家具、収納、インテリア、雑貨	家具、収納
対象読者	顧客	顧客	書店購入者
仕様	A4判	A4判	A4判
発行	年3回	年2回	年1回
24年1月～24年12月	1月 ○ 2月 3月 4月 ○ 5月 6月 7月 8月 9月 ○ 10月 11月 12月	1月 2月 3月 4月 ○ 5月 6月 7月 8月 9月 10月 ○ 11月 12月	1月 ○ 2月 3月 4月 5月 6月 7月 8月 9月 10月 11月 12月

カタログ総覧

	DAMA collection(ダーマ コレクション) Dinos Corporation	DAMA collection AND(ダーマ コレクション アンド) Dinos Corporation	DAMA Premium(ダーマ プレミアム) Dinos Corporation
分野	ファッション、婦人雑貨、ジュエリー	ファッション、婦人雑貨、ジュエリー	ファッション、婦人雑貨、ジュエリー
対象読者	顧客	顧客	顧客
仕様	A4判	B5判変形／B5判	A4判
発行	年7回	年2回	年4回
24年1月～24年12月	1月 ○ 2月 3月 ○ 4月 5月 ○ 6月 7月 ○ 8月 9月 ○ 10月 ○ 11月 ○ 12月	1月 2月 3月 4月 5月 6月 7月 ○ 8月 9月 10月 11月 ○ 12月	1月 2月 ○ 3月 4月 ○ 5月 6月 7月 ○ 8月 9月 10月 ○ 11月 12月

	DAMA collection +PLUS(ダーマ・コレクション プリュス) Dinos Corporation	DAMA FINED(ダーマ ファインド) Dinos Corporation	So close,(ソー クロース) Dinos Corporation
分野	ファッション、婦人雑貨、ジュエリー	ファッション、婦人雑貨、ジュエリー	ファッション、婦人雑貨、ジュエリー
対象読者	顧客	顧客	顧客
仕様	A4判	A4判	A4判
発行	年4回	年1回	年6回
24年1月～24年12月	1月 2月 3月 4月 ○ 5月 6月 7月 8月 9月 10月 11月 12月	1月 2月 3月 4月 5月 ○ 6月 7月 8月 9月 10月 11月 12月	1月 ○ 2月 3月 ○ 4月 5月 ○ 6月 7月 8月 9月 ○ 10月 ○ 11月 ○ 12月

第2部 商品・媒体

	GEMS STUDIO(ジェム スタジオ)	どうぞ召し上がれ	D-BEAUTY (ディービューティー)
	Dinos Corporation	Dinos Corporation	Dinos Corporation
分野	ジュエリー	食品	コスメ、美顔器、ヘルスケア、ボディケア、補正インナー、服飾雑貨など
対象読者	顧客	顧客	顧客
仕様	B5判	B5判／A4判	A4判
発行	年3回	年5回	年4回
24年1月～24年12月	4月 ○ 5月 10月 ○	4月 ○ 5月 ○ 9月 ○ 10月 ○ 11月 ○	1月 ○ 4月 ○ 5月 10月 ○

	BEAUTY PREMIUM(ビューティー プレミアム)	d-BEAUTY PREMIUM METHOD(ティービューティープレミアムメソッド)	DoCLASSE
	Dinos Corporation	Dinos Corporation	ドゥクラッセ
分野	コスメ、美顔器、ヘルスケア、ボディケア、補正インナー、服飾雑貨など	コスメ、美顔器、ヘルスケア、ボディケア、補正インナー、服飾雑貨など	アパレル（レディース）
対象読者	顧客	顧客	40～50代の女性
仕様	A4判	A4判	B5判変型（100ページ前後）
発行	年1回	年1回	年16回
24年1月～24年12月	5月 ○	9月 ○	2月 2月号 3月 3月号、コレクションライン号 4月 4月号、コレクションライン号 5月 5月号、コレクションライン号 6月 6月号、コレクションライン号 7月 7月号 8月 8月号 9月 9月号 10月 10月号 11月 Early11月号、Late11月号 12月 12月号

カタログ総覧

	DoCLASSE FOR MEN	「くらしと生協」まいにち着る服	「くらしと生協」住まいの快適物語
	ドゥクラッセ	日本生活協同組合連合会	日本生活協同組合連合会
分野	アパレル（メンズ）	婦人衣料、紳士衣料、アウター、服飾、インナー	家庭用品、寝具、家具、インテリア、日用品、家庭服飾
対象読者	40～50代の男性	生協組合員	生協組合員
仕様	B5判変型（50ページ前後）	A判（79～132ページ）	A判（176～196ページ）
発行	年11回	年4回	年4回
24年1月～24年12月	1月：1月号／2月：2月号／3月：3月号／4月：4月号／5月：5月号／6月：6月号／9月：9月号／10月：10月号／11月：Early11月号、Late11月号／12月：12月号	3月：春号／6月：夏号／9月：秋号／12月：冬号	3月：夏号／8月：秋号／9月：冬号／12月：春号

	「くらしと生協」好きな暮らし	「くらしと生協」ハッピーマルシェ	おすすめ良品
	日本生活協同組合連合会	日本生活協同組合連合会	日本生活協同組合連合会
分野	家庭用品、寝具、家具、インテリア、日用品、家庭服飾、婦人衣料、服飾	婦人衣料、服飾、家庭用品、寝具、家具、インテリア、日用品、家庭服飾	家庭用品、寝具、家具、インテリア、日用品、家庭服飾、婦人衣料、服飾
対象読者	生協組合員	生協組合員	生協組合員
仕様	A判（116ページ）	A判（116・100ページ）	A判（100ページ）
発行	年2回	年2回	年2回
24年1月～24年12月	8月：秋冬号／12月：春号	3月：夏号／9月：冬号	5月：盛夏号／11月：寒まっさかり号

第2部 商品・媒体

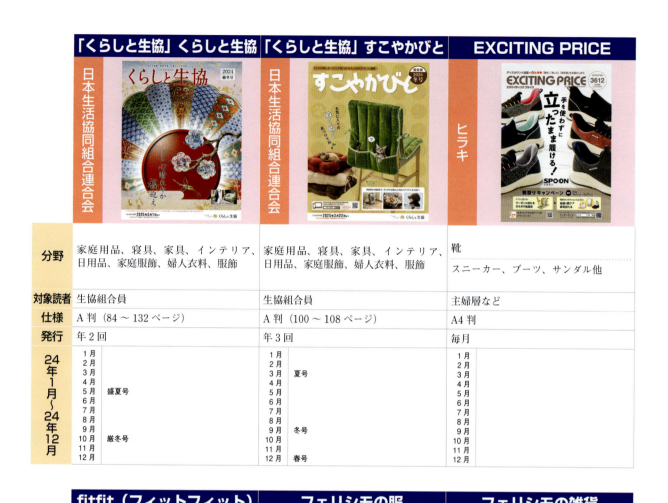

	「くらしと生協」くらしと生協	「くらしと生協」すこやかびと	EXCITING PRICE
	日本生活協同組合連合会	日本生活協同組合連合会	ヒラキ
分野	家庭用品、寝具、家具、インテリア、日用品、家庭服飾、婦人衣料、服飾	家庭用品、寝具、家具、インテリア、日用品、家庭服飾、婦人衣料、服飾	靴 スニーカー、ブーツ、サンダル他
対象読者	生協組合員	生協組合員	主婦層など
仕様	A判（84～132ページ）	A判（100～108ページ）	A4判
発行	年2回	年3回	毎月
24年1月～24年12月	1月 2月 3月 4月 5月 盛夏号 6月 7月 8月 9月 10月 厳冬号 11月 12月	1月 2月 3月 夏号 4月 5月 6月 7月 8月 9月 冬号 10月 11月 12月 春号	1月 2月 3月 4月 5月 6月 7月 8月 9月 10月 11月 12月

	fitfit（フィットフィット）	フェリシモの服	フェリシモの雑貨
	フィットフィット	フェリシモ	フェリシモ
分野	婦人靴	レディースアパレル、ファッション雑貨	生活雑貨
対象読者	女性	女性	女性
仕様	A5判変型（16ページ前後）	A4判	A4判
発行	年13回	年2回	年2回
24年1月～24年12月	1月 セール号 2月 2月号 3月 3月号 4月 4月号 5月 5月号 6月 6月号 7月 セール号 8月 セール号 9月 9月号 10月 10月号 11月 Early11月号、Late11月号 12月 12月号	1月 2月 3月 春夏号 4月 5月 6月 7月 8月 9月 10月 11月 秋冬号 12月	1月 2月 3月 4月 春夏号 5月 6月 7月 8月 9月 10月 秋冬号 11月 12月

カタログ総覧

	BELLUNA（ベルーナ）	ルフラン	いきいき家族
	ベルーナ	ベルーナ	ベルーナ
分野	ミセス対象のファッションカタログ / 婦人衣料、ファッション雑貨他	ハイミセス対象のセット商品コレクションカタログ / 婦人衣料、ファッション雑貨、宝飾品、寝具他	食品頒布会カタログ / 惣菜、産直品、加工食品、麺類、ケーキ、他
対象読者	40代以上の女性	60代以上の女性	食品購入者
仕様	A4版変型	A4版変型	A4版変型
発行	年5回	年5回	年5回
24年1月～24年12月	1月 / 2月 / 3月 夏号 / 4月 / 5月 盛夏号 / 6月 / 7月 / 8月 秋冬号 / 9月 / 10月 冬号 / 11月 / 12月 春号	1月 春号 / 2月 / 3月 / 4月 夏号 / 5月 / 6月 盛夏号 / 7月 / 8月 秋号 / 9月 / 10月 冬号 / 11月 / 12月	1月 春号 / 2月 / 3月 / 4月 新緑号 / 5月 / 6月 夏号 / 7月 / 8月 / 9月 秋号 / 10月 / 11月 冬号 / 12月

	素敵な生活	My Wine CLUB（マイワインクラブ）	旨い酒が飲みたい
	ベルーナ	ベルーナ	ベルーナ
分野	生活雑貨カタログ / インテリア、収納、家庭用品、趣味用品、寝具、美容関連用品他	ワイン専門カタログ / ワイン頒布会、ワイン単品、ワイングッズ他	酒カタログ / 日本酒、焼酎、他
対象読者	顧客全般	ワイン購入者	酒購入者
仕様	A4版変型	A4版変型	A4版変型
発行	年3回	年3回	年4回
24年1月～24年12月	1月 春春号 / 2月 / 3月 / 4月 夏号 / 5月 / 6月 / 7月 / 8月 秋冬号 / 9月 / 10月 / 11月 / 12月	1月 春号 / 2月 / 3月 / 4月 夏号 / 5月 / 6月 / 7月 / 8月 / 9月 秋冬号 / 10月 / 11月 / 12月	1月 春号 / 2月 / 3月 / 4月 夏号 / 5月 / 6月 / 7月 / 8月 秋号 / 9月 / 10月 冬号 / 11月 / 12月

第2部 商品・媒体

	笑顔の晴れごはん	RUGLOG	Zekoo
	ベルーナ	ライトアップショッピングクラブ	ライトアップショッピングクラブ
分野	食品単品カタログ 惣菜、加工食品、青果、スイーツ、他	衣料品	衣料品・雑貨
対象読者	食品購入者	50～60代の男性	50～60代の男女
仕様	A4版変型	A4判	A4判
発行	年5回	年4回	年12回
24年1月～24年12月	1月 2月 3月 春号 4月 夏号 5月 6月 7月 盛夏号 8月 9月 秋号 10月 11月 冬号 12月	1月 2月 3月 2024 spring 4月 5月 2024 summer 6月 7月 8月 2024 Autumn 9月 10月 2024 Autumn&winter 11月 12月	1月 第210号 2月 特別総集編 3月 第211号 4月 第212号（紳士編・淑女編・雑貨編） 5月 第213号 6月 第214号　第215号 7月 8月 特別号 9月 第216号 10月 第217号（紳士編・淑女編・雑貨編） 11月 第218号 12月 第219号

	LightUp	BOGARD	World Avenue
	ライトアップショッピングクラブ	ライトアップショッピングクラブ	ライトアップショッピングクラブ
分野	男性向け商品を集めたカタログ 衣料品、ファッション雑貨、生活雑貨、他	男性向け商品を集めたカタログ 衣料品、ファッション雑貨、生活雑貨、他	欧州の名品等を集めたカタログ 衣料品、ファッション雑貨、生活雑貨、他
対象読者	主に40代以上の男性	主に40代以上の男性	主に40代以上の男女
仕様	A4判	A4判	A4判
発行	年2回	年11回	年5回
24年1月～24年12月	1月 2月 3月 4月 5月号 5月 6月 7月 8月 9月 10月 11月 12月号 12月	1月 153号 2月 154号 3月 155号 4月 156号 5月 157号 6月 158号 7月 159号 8月 9月 160号 10月 161号 11月 162号 12月 163号	1月 81号 2月 3月 特別号 4月 5月 82号 6月 83号 7月 8月 特別号 9月 10月 11月 12月

カタログ総覧

	Brial	GRANDGRIS	Longwalk
	ライトアップショッピングクラブ	ライトアップショッピングクラブ	ライトアップショッピングクラブ
分野	衣料品、ファッション雑貨	衣料品、ファッション雑貨	衣料品、ファッション雑貨
対象読者	50代以上の女性	60代の女性	60代の女性
仕様	A4判	A4判	A4判
発行	年3回	年5回	年2回
24年1月～24年12月	3月 Spring Issue 2024 5月 Summer Issue 2024 9月 Autumn&winter Issue 2024	3月 2024 Spring 5月 Early Summer Collection 2024/特別編集号 6月 2024 Summer 10月 2024 Autumn 11月 2024 Winter	4月 2024 Spring&Summer 10月 2024 Autumn&Winter

	et plus	il felimille	HD style
	ライトアップショッピングクラブ	ライトアップショッピングクラブ	ライトアップショッピングクラブ
分野	衣料品、雑貨	バック、シューズ	雑貨、くつ
対象読者	30～70代の女性	女性	男性
仕様	A4判	A4判	A4判
発行	年3回	年2回	年2回
24年1月～24年12月	2月 50号 9月 51号 11月 52号	3月 2024 SPRING & SUMMER 10月 2024 AUTUMN & WINTER	10月 2024 Autumn&Winter 11月 2024 Winter

第2部 商品・媒体

	LA MAISON DE GRANDGRIS ライトアップショッピングクラブ	Cento felicità ライトアップショッピングクラブ
分野	衣料品	衣料品
対象読者	女性	女性
仕様	A4判	A4判
発行	年2回	年2回
24年1月～24年12月	1月 2月 3月 4月 5月 6月 summer 2024 collection 7月 8月 9月 10月 11月 winter 2024 collection 12月	1月 2月 3月 4月 5月 2024 初夏号 6月 7月 8月 9月 10月 11月 12月 2024 冬号

第3部

会社概要

通販実施企業／123

通販関連企業／227

索引／333

■ここでは、日本で通信販売を積極的に実施する企業を、当社のアンケート調査等をもとに可能な限り収録した。

■掲載順序は都道府県別とし、企業名の50音順に従った。

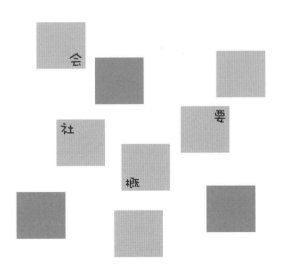

第3部 会社概要

通販実施企業

掲載事項について

●掲載事項は「法人名」「本社／所在地・TEL・FAX」「通販拠点事業所／所在地・TEL・FAX」「業種」「販売形態」「資本金」「社長名」「設立」「通販部門設置年月」「直近3年間の総売上」「同通販部門売上」「主な取扱い商品」「主な発行カタログ」「利用媒体」「顧客リスト件数」「従業員数」「通販部門従業員数」「商品仕入担当窓口／部署名・担当者」「受注センター／所在地・TEL」「配送センター／所在地・TEL」「ショールーム／所在地・TEL」「関連会社」「インターネット・ホームページアドレス」の各項目のうち、各社の事情で掲載可能な項目を収録した。

●見出し語は原則的に法人名とし、法人格はつぎの略号を用いている。

　　株式会社……㈱　　　財団法人……㈶
　　有限会社……㈲　　　社団法人……㈳
　　合資会社……㈱　　　学校法人……㈻
　　合名会社……㈸　　　協同組合……㈿

●電話番号は本社や事業所の代表番号を掲載した。
「本社」と「通販拠点事業所」の所在地・電話が同じ場合、「通販拠点事業所」の項目は省略した。

●「業種」は、通販専業と通販兼業に分け、兼業の場合に内容を掲載することとした。

●「設立」は原則として設立年月を掲載したが、個人経営の場合は営業開始年月を掲載した。

●「取扱い商品」は主要な取扱い商品を掲載した。取扱い商品が多分野にわたる場合は、「衣料品・服飾雑貨」「家具・家庭用品」「雑貨」「食品」「サービス」「その他」の分類で掲載した。

●「商品仕入担当窓口」はアミをかけて見やすくした。メーカー企業が商品卸しなどについて相談する際の受付担当窓口として、アンケートにご回答いただいたものを掲載した。

●広範囲の企業を対象とするため、同一事項での掲載が困難な企業もあり、その特殊性に沿って掲載事項を変更したものもある。

東京都……125	長野県……180	鳥取県……210
北海道……168	新潟県……181	島根県……210
青森県……169	富山県……182	岡山県……210
秋田県……170	石川県……182	広島県……211
岩手県……170	福井県……183	山口県……213
宮城県……170	岐阜県……183	香川県……213
山形県……171	静岡県……184	愛媛県……214
福島県……171	愛知県……187	高知県……214
茨城県……172	三重県……191	福岡県……214
栃木県……172	滋賀県……191	長崎県……220
群馬県……172	京都府……192	熊本県……221
埼玉県……172	大阪府……195	大分県……222
千葉県……175	兵庫県……206	宮崎県……223
神奈川県……177	奈良県……209	鹿児島県……223
山梨県……180	和歌山県……209	沖縄県……224

東京都

(株)アールビーズ
本　社　〒150-0001 渋谷区神宮前2-4-12 DT外苑　　TEL03-5786-9673
業　種　兼業（出版、イベント関連事業）
販売形態　カタログ、ネット通販
資本金　2,000万円　　社　長　橋本　治朗
設　立　昭和50年12月
通販部門設置　昭和53年12月
主な取扱い商品　ランニング、トライアスロン、自転車を中心としたスポーツ関連用品
主な発行カタログ　ランナーズ、トライアスロンジャパン、ファンライド通販頁、スポーツ通販カタログ
利用媒体　自社
顧客リスト件数　20万件
従業員　140名　　通販部門従業員　7名

(有)アイアンバロン
本　社　〒154-0012 世田谷区駒沢5-19-10
　　　　TEL03-5752-7505　FAX03-5752-7118
業　種　兼業（店舗あり）
販売形態　個人向け通販・店舗
資本金　300万円　　取締役　小椋　祐子
設　立　平成17年2月
通販部門設置　平成11年4月
主な取扱い商品　大型犬用品、犬用介護用品、衛生用品、犬用雑貨、食品、及び人間衣類、雑貨
主な発行カタログ　IRON BARONS
利用媒体　カタログ・雑誌・ネット
顧客リスト件数　10万件
従業員　3名　　通販部門従業員　3名
商品仕入担当窓口
　担当者　小椋　祐子　TEL03-5752-7505
受注センター　　　　　TEL03-5752-7117
配送センター　　　　　TEL03-5752-7117
ショールーム　　　　　TEL03-5752-7117
インターネット・ホームページアドレス
　https://www.retriever.org
メールアドレス
　info@retriever.co.jp

(株)アイ・エス・ピー
本　社　〒106-0032 港区六本木3-15-21 ウグイスビル3F
　　　　TEL03-5411-6101　FAX03-5411-6108
業　種　兼業（TVショッピング卸し、TVショッピング番組企画、制作）
販売形態　総合通販
資本金　1,000万円　　社　長　山本　勇
設　立　昭和59年8月
通販部門設置　平成10年4月
主な取扱い商品　健康食品、健康器具、化粧品
利用媒体　新聞・雑誌・TV・ラジオ
顧客リスト件数　50万件
従業員　20名（グループ全体）
通販部門従業員　3名
商品仕入担当窓口
　通信販売事業部
　担当者　石井　好美　TEL03-5411-6101
関連会社　㈱教通、㈲山本総合企画、㈱エスツウ
インターネット・ホームページアドレス
　http://www.iandk.co.jp/
メールアドレス
　isp@iandk.co.jp

(株)アイジャスト
本　社　〒160-0004 新宿区四谷3-1-4 斎藤ビルディング5F
　　　　TEL03-5367-8065　FAX03-5367-8066
通販拠点事業所　〒461-0004 名古屋市東区代官町39-22 太洋ビル3F
　　　　TEL052-979-8015　FAX052-979-8016
業　種　兼業（広告代理）
販売形態　個人向け通販及びB to B
資本金　1,000万円　　社　長　辻　直之
設　立　昭和61年4月
通販部門設置　平成21年7月
主な取扱い商品　食品、アパレル、雑貨
利用媒体　カタログ、新聞、折込チラシ、DM
顧客リスト件数　6万件
従業員　30名
通販部門従業員　5名
商品仕入担当窓口
　名古屋
　担当者　辻本
インターネット・ホームページアドレス
　http://www.ijust.jp/

(株)アイスタイル
事務所　〒107-6034 港区赤坂1-12-32 アーク森ビル34F
　　　　TEL03-5575-1260　FAX03-5575-1261
業　種　兼業（@cosme事業、メディアネットワーク事業）
販売形態　美容系総合ポータルサイトの企画・運営
資本金　54億6,700万円（令和5年6月末）
代表取締役社長兼CEO　吉松　徹郎
設　立　平成11年7月
従業員　996名（連結）
利用媒体　ネット
商品仕入担当窓口
　EC事業部ショッピングG
インターネット・ホームページアドレス
　運営会社HP：http://www.istyle.co.jp
　ECサイトHP：http://www.cosme.com
メールアドレス
　cosmecom@istyle.co.jp

アイロボットジャパン(合)
本　社　〒101-0054 東京都千代田区神田錦町3-20 錦町トラッドスクエア5F
社　長　挽野　元
メールアドレス
　https://www.irobot-jp.com/

アキテーヌジャパン(株)
本　社　〒171-0021 豊島区西池袋3-22-5
　　　　TEL03-3980-0071　FAX03-3980-0004
業　種　通販専業
販売形態　企業向け通販
資本金　5,000万円　　社　長　長田　敦
設　立　昭和56年11月

(株)アクセルクリエィション
本　社　〒104-0031 中央区京橋1-12-2
　　　　TEL03-3562-0018　FAX03-3561-0058
業　種　通販専業
販売形態　個人向け通販
資本金　1,000万円　　社　長　石川　誠二
設　立　平成8年4月
通販部門設置　平成8年4月
主な取扱い商品　雑貨、家庭用品、衣料品、電化製品、食品
主な発行カタログ　北海道・とれたて美味いもの市カタログ
利用媒体　カタログ、新聞、雑誌、ラジオ、地上波テレビ、BS、CS、ネット
商品仕入担当窓口
　営業部
　担当者　秋山　聖治　TEL03-3562-0018
受注センター
　美味いもの市　　　　0120-55-6688
　得だね市　　　　　　0120-334-556
インターネット・ホームページアドレス
　http://umaimono.tv/

アサヒグループ食品(株)
本　社　〒130-8602 東京都墨田区吾妻橋1-23-1
資本金　5000万円
社　長　川原　浩
設　立　2015年7月

旭産業(株)
本　社　〒144-0035 大田区南蒲田2-28-6
　　　　TEL03-3732-7871　FAX03-3732-1462
業　種　通販専業
販売形態　総合通販
資本金　2,000万円　　社　長　天野　信一
設　立　昭和38年3月
通販部門設置　昭和58年7月
主な取扱い商品　ユニフォーム、事務用品、ギフト、作業用品、店舗用品、名入れ印

刷、販促商品
主な発行カタログ ジャンブレ・福之介
利用媒体 カタログ・DM・ネット
顧客リスト件数 250万件
従業員 45名　**通販部門従業員** 45名

商品仕入担当窓口
開発センター
担当者 唐澤　☎03-3732-6752

コールセンター
〒144-0035 大田区南蒲田2-28-6
☎03-3732-7871

配送センター
商品管理センター
〒144-0035 大田区南蒲田2-28-6
☎03-3732-6753

インターネット・ホームページアドレス
http://www.jamble.co.jp/
メールアドレス
info@jamble.co.jp

アサヒシューズ(株)

本　社 〒100-0006 東京都千代田区有楽町2-10-1 東京交通会館5F
☎03-5224-5480　FAX03-5224-5481
主な事業内容 ユニフォーム、安全・作業用品、環境・販促用品、文具・OA用品などのビジネス用商品の企画販売

(株)朝日新聞販売サービス

本　社 〒104-8011 中央区築地5-3-2 朝日新聞東京本社新館12F
☎03-3541-8031　FAX03-3541-8079
通販拠点事務所 〒104-8011 中央区築地5-3-2 朝日新聞東京本社新館2F
☎03-3541-8046　FAX03-3541-8016
業　種 兼業（新聞販売、促進品、読者サービス販売支援事業、通信販売）
販売形態 個人向け通販、頒布、職域、産直
資本金 2,000万円　**社　長** 森 孝志
設　立 昭和48年11月
通販部門設置 昭和54年5月
主な取扱い商品 日本画（掛軸、額装）、洋画、産地直送、健康食品、雑貨、等
主な発行カタログ 朝日家庭美術館
利用媒体 カタログ、新聞、雑誌、折込チラシ、DM、ネット
顧客リスト件数 30万件
従業員 120名　**通販部門従業員** 7名

商品仕入担当窓口
通信販売部
担当者 井上 清志　☎03-3541-8046

インターネット・ホームページアドレス
http://www.asahi-eshop.com
メールアドレス
info@asahi-eshop.com

アジアワン・ジャパン(株)

本　社 〒104-0043 中央区湊1-7-3 エルビエント湊3F
☎03-5543-2002　FAX03-5566-1710
業　種 兼業（衣料品・宝飾品・雑貨の製造販売、生命保険事業）
販売形態 卸し
資本金 5,000万円　**社　長** 佐藤 冨子
設　立 平成10年3月
通販部門設置 平成10年3月
主な取扱い商品 衣料品、時計、宝飾品、雑貨
利用媒体 カタログ・DM・ネット
従業員 10名
メールアドレス
sato@asiaone.ne.jp/

(有)あしたば加工工場

本　社 〒100-1511 八丈島八丈町三根4535-1
☎04996-2-3181　FAX04996-2-3248
業　種 兼業（健康食品等製造・卸し・小売業）
販売形態 マス通販・卸し
資本金 300万円　**社　長** 山田 幸也
設　立 平成14年9月
通販部門設置 平成14年9月
主な取扱い商品 健康食品、明日葉加工品
利用媒体 雑誌、HP
顧客リスト件数 1万件
従業員 6名　**通販部門従業員** 2名

商品仕入担当窓口
八丈島本社
担当者 山田 幸也　☎04996-2-3181
　　　　　　　　　　☎0120-24-3181

インターネット・ホームページアドレス
http://ashitaba3181.shop-pro.jp/
メールアドレス
yuk inari0127bb930@yahoo.co.jp

(株)あしたば本舗

本　社 〒135-0048 江東区門前仲町1-14-8
☎03-3642-3361　FAX03-3642-3364
業　種 兼業、健康食品、製造・販売
販売形態 総合通販・卸し
資本金 6,000万円　**社　長** 佐藤 哲雄
設　立 昭和59年11月
通販部門設置 昭和59年11月
主な取扱い商品 あしたば製品全般
利用媒体 自社・新聞
顧客リスト件数 5万件
従業員 6名　**通販部門従業員** 4名

商品仕入担当窓口
管理部
担当者 梅原 真人　☎03-3642-3361

インターネット・ホームページアドレス
http://www.ashitaba.co.jp/

味の素 ダイレクト(株)

本　社 〒104-0031 東京都中央区京橋1-15-1　☎03-5250-8791　FAX03-5250-8347
設　立 1925年12月17日
インターネット・ホームページアドレス
https://www.ajinomoto.co.jp/
メールアドレス
support@direct.ajinomoto.co.jp

アスクル(株)

本　社 〒135-0061 東京都江東区豊洲3-2-3 豊洲キュービックガーデン
☎03-4330-5001　FAX03-4330-4100
業　種 兼業
販売形態 事業者・個人向け通販
資本金 212億3,300万円　**社　長** 吉岡 晃
設　立 昭和39年11月
通販部門設置 平成5年3月
売上高
　24年5月期　総売上　4,716億8,200万円
　　うち通販部門売上　4,623億7,400万円
　23年5月期　総売上　4,467億1,300万円
　　うち通販部門売上　4,371億2,000万円
　22年5月期　総売上　4,285億1,700万円
　　うち通販部門売上　4,186億9,800万円
主な取扱い商品 文具・事務用品、OA/PC用品、生活用品、医療用品・材料、MRO商材、日用品、コスメ、医薬品、食品
主な発行カタログ アスクルカタログ、アスクル衛生・介護用品カタログ、アスクル医療機関向けカタログ
利用媒体 カタログ、自社ネット販売、Yahoo!ショッピング
主な運営ショッピングサイト アスクルWebサイト、LOHACOサイト
従業員 3,687（連結）名
受注センター
アスクルお客様サービスデスク
☎0120-345-861
LOHACOお客様サービスデスク
☎0120-345-987
関連会社 ASKUL LOGIST㈱、㈱アルファパーチェス、ソロエル㈱、㈱チャーム、嬬恋銘水㈱、ビジネスマート㈱、フィード㈱
インターネット・ホームページアドレス
(ASKUL) https://www.askul.co.jp/
(LOHACO) https://lohaco.jp/

(株)アダストリア

本　社 〒150-8510 東京都渋谷区渋谷2-21-1 渋谷ヒカリエ27F
☎03-6895-6000　FAX03-6895-6007
業　種 兼業（製造・小売業）
販売形態 個人向け通販
資本金 26億6,000万円
　　　　　　　　　　　社　長 福田三千男

設　立　昭和28年10月
通販部門設置　平成19年10月
主な取扱い商品　衣料品、雑貨等
利用媒体　ネット
顧客リスト件数　500万件
従業員　4,760名　　通販部門従業員　80名
配送センター
　㈱アダストリア・ロジスティクス茨城西DC
　〒311-3108 茨城県東茨城郡茨城町中央工業
　団地1-15　　　　　　　℡029-293-1380
ホームページアドレス
　www.dot-st.com

アットホーム(株)

本　社　〒144-0056 大田区西六郷4-34-12
　　　　℡03-3730-6400　FAX03-3730-6401
通教拠点事業所　〒105-0004 港区新橋3-1-5
　SURUGA新橋3丁目ビル3F
　　　　℡03-3580-7051　FAX03-3580-7060
業　種　兼業（不動産情報サービス業）
資本金　1億4,200万円　社　長　松村 文衞
設　立　昭和42年12月
通教部門設置　昭和63年
講座数　4講座（2005年10月現在）
受講者数　1,792名（2005年10月現在）
主な講座名　アットホームスタディ「宅地建物取引主任者資格試験合格コース」、アットホームスタディ「不動産コンサルティング技能試験合格コース」、アットホームスタディ「不動産基礎実務講座」、アットホームスタディ「マンション管理士試験合格コース」、アットホームスタディ「宅建登録講習」
利用媒体　自社
従業員　1,032名（平成17年9月現在）
通信教育部門従業員　6名
インターネット・ホームページアドレス
　http://www.athome.co.jp/

(株)アデランス

本　社　〒160-8429 東京都新宿区新宿1-6-3
　　　　　　　　　　　　　　℡03-3350-3111
資本金　12,944百万円
代表取締役社長　津村　佳宏
設　立　1969年3月1日
従業員　6,382名（2020年5月末現在）
インターネット・ホームページアドレス
　http://www.aderans-shop.jp/shop/
メールアドレス
　aderans@silver.ocn.ne.jp

(株)アド・インターフェース

本　社　〒110-0015 台東区東上野2-25-15
　　　　℡03-3837-1859　FAX03-3837-5709
業　種　サービス業その他
販売形態　斡旋
資本金　2,000万円

社　長　中山良一　会長　折原　隆
設　立　昭和60年8月
利用媒体　カタログ、新聞、雑誌、ラジオ、折込チラシ、地上波テレビ、DM、BS、ネット、イベント
従業員　10名

(株)アドバンスト・メディカル・ケア

本　社　〒107-6206 東京都港区赤坂9-7-1 ミッドタウンタワー6F　℡03-5413-0536
主な事業内容　医療、健康診断事業に対するコンサルティング　医療施設経営に関するサポート　医療従事者及び医療補助者の教育及び研修　エステティックサロン¥スパの経営　医薬部外品、化粧品の輸入¥製造ならびに販売　労働者派遣事業、有料職業紹介事業
資本金　100,000,000円
社　長　古川哲也
設　立　2006年2月14日
従業員　339名（2020年5月現在）※関連会社からの出向者25名を含む
関連会社　リゾートトラスト㈱、㈱ハイメディック、㈱アイ・メディカル

(株)アトレシア

本　社　〒115-0045 北区赤羽1-41-5 ATエミネンス803
　　　　℡03-3902-8584　FAX03-3902-8583
業　種　通販専業
販売形態　個人向け通販
資本金　500万円　社　長　大木 良文
設　立　平成19年2月
通販部門設置　平成19年2月
主な取扱い商品　美容・健康商品
顧客リスト件数　1万件
従業員　4名
通販部門従業員　4名
商品仕入担当窓口
　取締役
　担当者　樟山　隆一　℡03-3902-8584
インターネット・ホームページアドレス
　http://www.atorashia.jp

(株)アバック

本　社　〒201-0004 狛江市岩戸北1-7-20
　　　　℡03-5761-5901　FAX03-5761-7539
業　種　兼業（AV機器販売）
販売形態　カタログ・店舗・ネット
資本金　2,000万円　社　長　長坂 展生
設　立　昭和59年8月
通販部門設置　昭和59年9月
主な取扱い商品　AV機器
主な発行カタログ　AvacMagazine（アバックマガジン）、アクセサリーカタログ、ファニチャーカタログ
利用媒体　雑誌、カタログ、DM、ネット

顧客リスト件数　約22万件
従業員　46名　　通販部門従業員　7名
インターネット・ホームページアドレス
　http://www.avac.co.jp/
メールアドレス
　info@avac.co.jp

アプロス(株)

本　社　〒104-0061 東京都中央区銀座1-16-1　℡03-6740-4871　FAX03-6740-4872
業　種　通販専業
販売形態　個人向け通販
資本金　9,000万円　社　長　立藤 智基
設　立　平成12年4月
主な取扱い商品　シルキーカバーオイルブロック、洗顔バーム、コラーゲン
利用媒体　地上波テレビ、ネット
顧客リスト件数　98万件
従業員　24名
通販部門従業員　24名

(株)アメリア・ネットワーク

本　社　〒107-8520 港区赤坂8-5-6
　　　　℡03-3475-5811　FAX03-3475-5824
業　種　兼業（翻訳者養成学校）
資本金　1億円　　社　長　室田 陽子
設　立　昭和49年5月
通教部門設置　昭和49年5月
講座数　20講座（00年6月現在）
受講者数　3,400名（01年6月現在）
主な講座名　翻訳基礎ステップ24、実務基礎ベータ、文芸翻訳、映像翻訳、マスターコース
利用媒体　自社・新聞・雑誌
顧客リスト件数　2万件
従業員　27名　　通販部門従業員　5名
インターネット・ホームページアドレス
　http://www.fellow-academy.com/
メールアドレス
　ishida@fellow-academy.com

アメリカンホーム保険会社

本　社　〒105-8403 港区虎ノ門4-3-20 神谷町MTビル　℡03-5401-8000
業　種　損害保険業
販売形態　通販・店販
資本金　19,504千米ドル（2011年12月末現在）
会長　日本における代表者　後藤　久雄
社長兼CEO　日本における代表者　橋谷 有造
設　立　1899年2月
通販部門設置　1982年
主な取扱い商品　医療保険、傷害保険、自動車保険、火災保険
利用媒体　TV・新聞・雑誌・インターネット・ラジオ・スタッファー

顧客リスト件数　非公開
従業員　1,059名
インターネット・ホームページアドレス
　http://www.americanhome.co.jp/

(株)アルク

本　社　〒168-8611 杉並区永福2-54-12
　　　　　☎03-3327-1101
業　種　兼業（出版業）
資本金　3億5,900万円　社　長　平本　照磨
設　立　昭和44年4月
通販部門設置　昭和55年
主な取扱い商品　英語教材、通信教育、ビデオ、日本語教材等、語学学習に関する出版物、学習支援ハード
主な発行カタログ　会報誌MAGAZIN ALC
利用媒体　自社・新聞・雑誌・インターネット
従業員　211名（21名）

商品仕入担当窓口
営業管理部
担当者　中野　茂治　☎03-3323-1271

インターネット・ホームページアドレス
　http://www.alc.co.jp/

(株)アルファ・アルファコイル事業部

本　社　〒150-0013 渋谷区恵比寿1-9-5　多田ビル
　　　　　☎03-3473-4644
業　種　通販専業及び店舗販売
販売形態　マス通販・カタログ
資本金　1,000万円　社　長　橋本　美知男
設　立　昭和54年9月
主な取扱い商品　瞑想訓練機
主な発行カタログ　アルファコイル、キダス、アルファトーン、ミネラル還元水、バイオノーマライザー、デジヴォ、リラクル、ボディソニック、脳波計関連、バイオフィードバック、インスピレーションテープ、瞑想用CD
利用媒体　自社・新聞・雑誌・友の会会報誌
インターネット・ホームページアドレス
日本超科学会ホームページ
　http://www.alphacoil.com/

(株)アルマード

本　社　〒104-0031 東京都中央区京橋3-6-18 東京建物京橋ビル8階
　　　☎03-4334-1122　FAX03-4334-1133
主な事業内容　化粧品・サプリメントの企画・開発・販売
資本金　60,000,000円
社　長　保科　史朗
設　立　2000年10月18日
主な扱い商品　オリジナルブランド「TO-II」「Ode」「CELLULA」「AMF」「Almado La Dina」　基礎化粧品・メークアップ化粧品・サプリメント・医薬部外品

インターネット・ホームページアドレス
　https://www.almado.jp/
主な取引先　QVCジャパン、ツルハホールディングス、ディノス・セシール、オージオ、ミシマ、髙島屋、サンキュードラッグ、新生堂薬局、マスダ増、子安、住商ドラッグストアーズ、他

アンファー(株)

本　社　〒100-7026 東京都千代田区丸の内2-7-2 JPタワー26F
主な事業内容　化粧品、サプリメント、健康食品、専門医師監修によるクリニック専売品などのオリジナルエイジングケアプロダクツの研究開発及び製造・販売・卸業務
資本金　1,525万円
社　長　吉田　南音
設　立　1987年10月8日
インターネット・ホームページアドレス
　https://www.angfa-store.jp/
主な取引先　医療法人社団ウェルエイジング、Dクリニック東京、医療法人社団ウェルエイジング、Dクリニック福岡、医療法人社団ウェルエイジング、Dクリニック東京ウィメンズ、医療法人翠奏会Dクリニック大阪メンズ、医療法人翠奏会Dクリニック大阪ウィメンズ、医療法人リアルエイジ静哉会Dクリニック名古屋、日本テレビ放送網、フジテレビジョン、テレビ朝日、テレビ東京、讀賣テレビ、関西テレビ、朝日放送、毎日放送、TBSテレビ、吉本興業、よしもとクリエイティブ・エージェンシー、電通、博報堂、アサツーディ・ケイ、産業経済新聞社、産経デジタル、楽天、ヤフー、アマゾンジャパン、井田両国堂、東急ハンズ、ロフト、スタイリングライフ・ホールディングス プラザスタイル カンパニー、マツモトキヨシ、ココカラファイン、ウエルシア薬局、エヌ・ティ・ティ・ドコモ、KDDI、ソフトバンクモバイル、セコム医療システム、東亜薬品、日進化学、コスメテックジャパン、Q美ワールド、マツモト交商
関連会社　ブレインスリープ、ドクターイースト、ファムメディコ、スマートスキャン

(株)伊藤園

本　社　〒151-8550 東京都渋谷区本町3-47-10　　☎03-5371-7111
資本金　19,912,300,000円
社　長　本庄　大介
設　立　1966年8月22日
従業員　5,403名
主な設備　静岡相良工場、神戸工場、浜岡工場、福島工場、沖縄名護工場、中央研究所

インターネット・ホームページアドレス
　https://www.itoen.co.jp/

(有)いわさきちひろ作品普及会

本　社　〒166-0004 杉並区阿佐谷南1-4-1
　　　☎03-6915-1040　FAX03-3318-3840
業　種　兼業
販売形態　カタログ
資本金　1,000万円　社　長　波田野　孝次
設　立　昭和55年3月
通販部門設置　昭和55年9月
主な取扱い商品　カレンダー、色紙、ポストカード、テレホンカード、レターセット、他
主な発行カタログ　カレンダーDM、TシャツDM
利用媒体　自社・新聞・雑誌
顧客リスト件数　15万件
従業員　6名　　通販部門従業員　6名

商品仕入担当窓口　☎03-3318-3553

インターネット・ホームページアドレス
　http://www.chihiro-fukyu.co.jp/
メールアドレス
　info@chihiro-fukyu.co.jp

Inagora(株)

本　社　〒107-0052 東京都港区赤坂4-15-1 赤坂ガーデンシティ16階
　　　☎03-3587-4620　FAX03-3587-4627
通販拠点事業所　〒107-0052 東京都港区赤坂4-15-1 赤坂ガーデンシティ16階
　　　☎03-3587-4620　FAX03-3587-4627
業　種　通販専業
販売形態　個人向け通販
資本金　1億8,000万円　社　長　翁　永飆
設　立　平成26年12月
主な取扱い商品　化粧品、日用品、食料品、飲料、アパレル、家電、キッチン用品、中古品、医薬品、ヘルスケア
主な発行カタログ　豌豆公主日本观光购物全攻略
従業員　340名

商品仕入担当窓口
MDチーム
　　　　　　　　　　　☎03-3587-4620

ホームページアドレス
　http://www.inagora.com

(株)イングリウッド

本　社　〒150-0043 東京都渋谷区道玄坂1-21-1 渋谷ソラスタ13F
　　　☎03-6455-1161　FAX03-6455-1163
業　種　兼業
販売形態　個人向け通販
資本金　7,900万円
社　長　黒川　隆介
設　立　2005年8月

売上高
24年8月期　242億円
主な取り扱い商品　化粧品、食品、ヘアケア
利用媒体　ネット、新聞、雑誌、DM
従業員　270名（連結）
インターネット・ホームページアドレス
　https://inglewood.co.jp

㈱インターメスティック

本　社　〒107-0061 東京都港区北青山3-6-1 オーク表参道5階
　　　　℡03-5468-8650　FAX03-5468-8651
業　種　兼業（製造・小売）
販売形態　個人向け通販
資本金　2億2,000万円
社　長　上野　博史
設　立　1993年5月
売上高
　23年12月期　398億7,500万円
主な取り扱い商品　眼鏡レンズ、眼鏡フレーム、サングラス
利用媒体　インターネット
インターネット・ホームページアドレス
　https://www.zoff.com

㈲インフラッツ

本　社　〒153-0065 目黒区中町2-30-6
　　　　℡03-5768-1223　FAX03-5768-1224
業　種　衣料品製造、通信販売
販売形態　個人向け通販
資本金　1,000万円　社　長　松永　燈樹
設　立　平成10年4月
通販部門設置　平成17年10月
主な取扱い商品　ジーンズ、アパレル一般、シューズ、カバン
利用媒体　ネット
顧客リスト件数　8万件
従業員　13名　通販部門従業員　11名
商品仕入担当窓口
商品部
担当者　松永　淳　℡03-5768-1223
配送センター
サンタリート事業部（埼玉県）
ショールーム
本社
〒153-0065 目黒区中町2-30-6
　　　℡03-5768-1223　FAX03-5768-1224
インターネット・ホームページアドレス
　http://www.santareet.jp/
メールアドレス
　info@santareet.com

㈱インプレスコミュニケーションズ

本　社　〒102-0075 千代田区三番町20
　　　　℡03-5275-9051　FAX03-5275-2443
業　種　兼業（出版物販売）
販売形態　個人向け通販、企業向け通販、卸し、店舗
資本金　1億8,300万円
代表取締役社長　関本　彰大
設　立　昭和29年5月
通販部門設置　平成7年4月
主な取扱い商品　雑誌、書籍、コンピュータソフト
利用媒体　雑誌、ネット、ターゲットメール
顧客リスト件数　53万件
従業員　19名　通販部門従業員　7名
商品仕入担当窓口
ダイレクトビジネス推進部
担当者　岩崎　裕行
　　℡03-5275-9051　FAX03-5275-2443
関連会社　㈱インプレスホールディングス、㈱エムディエヌコーポレーション、㈱リットーミュージック、㈱近代科学社、㈱山と渓谷社
インターネット・ホームページアドレス
　http://direct.ips.co.jp
メールアドレス
　sales@ips.co.jp

インペリアル・エンタープライズ㈱

本　社　〒116-0014 荒川区東日暮里5-7-18
　　　　℡03-5810-8181　FAX03-5810-8160
業　種　通販専業
販売形態　個人向け通販
資本金　1億円　社　長　原　良郎
設　立　昭和57年9月
通販部門設置　昭和57年9月
売上高
　22年3月期　総売上　83億400万円
主な取扱い商品　宝飾品、陶磁器、美術工芸、趣味収集品、雑貨、実用品
主な発行カタログ　あつめる、使ってヨカッタ、グランヴィヴァン
利用媒体　ダイレクトメール、カタログ、新聞、雑誌、ネット
従業員　80名
通販部門従業員　80名
商品仕入担当窓口
ソロ販売部
担当者　石黒　智章　℡03-5810-8144
カタログ販売部
担当者　大塚　鈴子　℡03-5810-8169
受注センター
IEI受注センター
〒669-1546 三田市弥生が丘1-2-3
　　　　　　℡079-553-0785
配送センター
IEI配送センター
〒252-1124 綾瀬市吉岡2668-1　HMK綾瀬商品センター内
インターネット・ホームページアドレス
　http://www.iei.co.jp
メールアドレス
　cs@iei.co.jp

㈱ウェーブ

本　社　〒180-0002 武蔵野市吉祥寺東町1-10-1　℡0422-20-1345　FAX0422-21-3160
通販拠点事業所
　　　　℡0422-23-8733　FAX0422-20-4490
業　種　兼業（模型・玩具の製造・販売）
販売形態　卸し・通販・他
資本金　4,040万円　社　長　阿部　嘉久
設　立　昭和62年5月
通販部門設置　昭和62年5月
主な取扱い商品　プラスチックモデル及びその関連商品
利用媒体　雑誌、Web（楽天）
顧客リスト件数　2万件
従業員　14名
通販部門従業員　1名
インターネット・ホームページアドレス
　http://www.rakuten.ne.jp/gold/be-j/
メールアドレス
　info@be-j.com

㈱ヴォイス

本　社　〒106-0031 港区西麻布3-24-17　広瀬ビル2F　℡03-5474-5777　FAX03-5474-5808
通販拠点連絡先
　　　　℡03-5411-1936　FAX03-5411-1939
業　種　兼業（出版・物販・イベントプロデュース、セミナー）
販売形態　カタログ
資本金　2,000万円　社　長　堀　真澄
設　立　昭和63年2月
通販部門設置　平成元年2月
主な取扱い商品　パワー・グッズ全般、環境浄化機器グッズ、コスメティックス、アロマ、健康食品、自然商品
主な発行カタログ　inner VOICE
利用媒体　インナーヴォイス、出版、インターネット
顧客リスト件数　17万件
従業員　30名　通販部門従業員　10名
商品仕入担当窓口
物販部　担当者　松浦　℡03-5411-1936
ショールーム
ヴォイス・グッズ・ショールーム
〒106-0031 港区西麻布3-24-17　広瀬ビル5F
　　　　　　℡03-5411-1936
関連会社　シンクロニシティ・ジャパン㈱
インターネット・ホームページアドレス
　http://www.voice-inc.co.jp/
メールアドレス
　goods@voice-inc.co.jp

エア・ウォーター・リアライズ㈱

本　社　〒104-0031 東京都中央区京橋1-12-2 住友生命八重洲東ビル8F

主な事業内容　化粧品OEM、医療機器、化粧品通販
資本金　4億円
社長　新井　喜久
従業員　877名

(株)エアーリンク

本社　〒160-8341　新宿区西新宿5-15-5　新宿三光町ビル
　　　TEL03-6866-5650　FAX03-6866-5930
業種　兼業（旅行業）
販売形態　ネット販売
資本金　1億円　　社長　中野　正治
設立　昭和54年7月
主な取扱い商品　海外旅行、各種保険、雑貨、食品
利用媒体　自社・雑誌・ネット
従業員　140名
インターネット・ホームページアドレス
　http://www.airlink.co.jp/
メールアドレス
　info@airlink.co.jp

Aiロボティクス(株)

本社　〒106-6135 東京都港区六本木6-10-1 六本木ヒルズ森タワー35F
　　　TEL03-6809-0142
業種　兼業
販売形態　D2C企画・販売、AIマーケティングサービス
資本金　16億2,428万円（資本準備金含む）
社長　龍川　誠
設立　2016年4月
売上高
　24年3月期　70億6,100万円
主な取り扱い商品　化粧品、美容家電
利用媒体　インターネット
インターネット・ホームページアドレス
　https://ai-robotics.co.jp/company/

エーザイ(株)

本社　〒112-8088 東京都文京区小石川4-6-10　TEL03-3817-3700
主な事業内容　医薬品の研究開発、製造、販売および輸出入
資本金　44,986百万円（2020年3月末現在）
社長　内藤　晴夫
従業員　連結　10,998人
主な設備　川島工園（岐阜県）、鹿島事業所（茨城県）、エーザイ・マニュファクチャリング・リミテッド（英国）、衛材（中国）薬業有限公司　蘇州工場（中国）、衛材（遼寧）製薬有限公司　本渓工場（中国）、エーザイ・ファーマシューティカルズ・インディア（インド）ほか

エクスプライス(株)

本社　〒136-0076 東京都江東区南砂2-7-5 ルーシッドスクエア東陽町1F
　　　TEL03-5633-8817　FAX03-5633-7933
通販拠点事業所　〒272-0001 千葉県市川市二俣497
業種　兼業
販売形態　卸売業
資本金　1億円　　社長　清水　敏光
設立　平成16年7月
通販部門設置　平成16年7月
売上高
　24年1月期　通販部門売上
　　　　　　　　612億5,800万円
主な取扱い商品　家電・TV・PC・カメラ・生活用品
利用媒体　ネット
従業員　299名
関連会社　マクスゼン株
ホームページアドレス
　https://corp.xprice.co.jp

(有)エコ・クリーン

本社　〒170-0013 豊島区東池袋2-63-1
　　　TEL03-5956-1250　FAX03-5956-1251
業種　通販専業　兼業（大手ホテル・大手ゴルフ場・結婚式場等のジュータンクリーニング）
販売形態　個人向け通販・企業向け通販・卸し・店舗
資本金　300万円　代表取締役　橋本　政博
設立　平成12年5月
通販部門設置　平成12年5月
主な取扱い商品　オールマイティークリーナー、ココフレッシュ、ココビュティー、エコフレッシュ、エコビュティー、京の雪肌せっけん、京の雪肌美容液、ココリキッド
利用媒体　カタログ・新聞・雑誌・折込チラシ・CS・ネット
顧客リスト件数　2万5,000件
従業員　7名　　通販部門従業員　3名
商品仕入担当窓口
　デスク
　担当者　山本　裕子　TEL03-5956-1250
インターネット・ホームページアドレス
　http://ecocrin.com
メールアドレス
　eco@ecocrin.com

(株)エス・エス・アイ

本社　〒163-0264 新宿区西新宿2-6-1 新宿住友ビル22F
　　　TEL03-3343-3711　FAX03-3343-3700
業種　兼業（自己開発プログラム、脳力開発等に関する教材の販売研修、出版事業）
販売形態　通信販売
資本金　1,000万円　社長　川口　徹
設立　昭和54年2月
主な取扱い商品　書籍、教材
利用媒体　インターネット・雑誌
従業員　100名
インターネット・ホームページアドレス
　http://www.ssi.com

(株)エスシー・カードビジネス

本社　〒105-0022 東京都港区海岸1-2-20
　　　TEL03-5470-7381
主な事業内容　通信販売業、損害保険代理店業務、旅行に関する送客、会報誌集稿・管理業務、チケット販売業務、催事送客業務、カード業務関連印刷物制作業務
資本金　8千万円
社長　福間　哲也
設立　1983年4月
従業員　42名
インターネット・ホームページアドレス
　http://v.vpass.ne.jp/v-collection/contents/top/

SBIアラプロモ(株)

本社　〒106-6017 東京都港区六本木1-6-1 泉ガーデンタワー
　　　TEL03-6229-0092　FAX03-3224-1021
通販拠点事業所
業種　兼業
販売形態　個人向け通販、卸し、店舗
資本金　1億円
社長　竹崎　泰史
設立　平成24年
通販部門設置　平成24年
主な取扱い商品　健康食品、化粧品
主な発行カタログ
利用媒体　新聞、雑誌、ラジオ、折込チラシ、地上波テレビ、BS、CS、自社ネット販売
インターネット・ホームページアドレス
　http://www.5-ala.jp/
メールアドレス
　sbiala-info@sbigroup.co.jp

(株)エスマイル

本社　〒111-0053 台東区浅草橋5-24-6 NBK浅草橋7F
　　　TEL03-5835-5051　FAX03-5835-5054
業種　兼業（繊維製品製造販売業）
販売形態　個人向け通販・企業向け通販・卸し・店舗
資本金　1,000万円　社長　松崎　義信
設立　平成16年4月
通販部門設置　平成16年4月
主な取扱い商品　リラクシングウェアー、インナーウェア
利用媒体　ネット

顧客リスト件数　3,700件
従業員　60名
通販部門従業員　3名

商品仕入担当窓口
商品企画部
担当者　篠原　宏侍　℡03-5835-5051

受注センター
エスマイル本社
〒111-0053 台東区浅草橋5-24-6　NBK浅草橋7F

配送センター
ブルーライン（株）葛西センター
〒134-0084 江戸川区東葛西6-43-21
℡03-6663-3200

ショールーム
エスマイル本社
〒111-0053 台東区浅草橋5-24-6　NBK浅草橋7F　℡03-5835-5051

インターネット・ホームページアドレス
http://www.s-mile.co.jp/

メールアドレス
space@s-mile.co.jp

（株）エニー

本　社　〒107-0052 港区赤坂2-16-19　赤坂イイヌマビル3F
℡03-5561-9002　FAX03-5561-9004
業　種　CD、DVDソフト、商品企画制作、出版、販売
資本金　1,000万円　社　長　佐藤　裕一
設　立　平成11年7月
通販部門設置　平成14年10月
主な取扱い商品　CD・DVDソフト、カレンダー、キャラクター商品、出版物
主な発行カタログ　ほほえみ倶楽部
利用媒体　カタログ、新聞、雑誌、ネット
顧客リスト件数　10万件
従業員　119名
通販部門従業員　4名

商品仕入担当窓口
営業部
担当者　吉田　英高　℡03-5561-9002

インターネット・ホームページアドレス
http://www.onsei.co.jp/

メールアドレス
ons-shop@mail.onsei.co.jp

（株）NHKエンタープライズ

本　社　〒150-0047 渋谷区神山町4-14
℡03-5478-0834　FAX03-5478-0818
業　種　兼業
販売形態　マス通販・カタログ
資本金　16億850万円　社　長　有吉伸人
設　立　平成17年4月
主な取扱い商品　ビデオ・DVDソフト
主な発行カタログ　NHKエンタープライズファミリー倶楽部「スペシャルカタログ」、NHKエンタープライズファミリー倶楽部「新商品＆人気商品」カタログ
利用媒体　自社・新聞・雑誌・インターネット
顧客リスト件数　28万件
従業員　628名　通販部門従業員　3名
配送センター
㈱JARED　NEP配送センター
〒421-0218 静岡県焼津市下江留370
℡054-622-4270

インターネット・ホームページアドレス
http://www.nhk-ep.co.jp/

メールアドレス
ホームページのお問い合わせ画面をご参照ください。

NHK学園

本　社　〒186-8001 国立市富士見台2-36
℡042-572-3151　FAX042-574-1006
業　種　高校（普通科・選科・専攻科）通信教育、生涯学習通信講座
理事長　和田　光弘
設　立　昭和37年10月
主な講座名　書道、ペン字、俳句、短歌、川柳、古文書、水墨画、絵画、デッサン、スケッチ、自分史、エッセイ、写仏、ハングル、福祉住環境、パソコン、デジカメ等95講座
利用媒体　新聞・雑誌・折込チラシ

インターネット・ホームページアドレス
http://www.nhk-gaku.ac.jp/n-gaku/

㈶NHK放送研修センター　日本語センター

本　社　〒157-0073 世田谷区砧1-10-11
℡03-3415-7121　FAX03-3415-2660
業　種　兼業（通信教育、企業研修、スクール）
社　長（理事長）　内村　正教
センター長　岩澤　忠彦
設　立　昭和60年8月
通教部門設置　昭和60年10月
講座数　11講座（2009年3月現在）
受講者数　2,000名（2009年3月現在）
主な講座名　「新・明快話しことば」「朗読」「読む基本」「アクセント・発音」「ビジネストーク」「なるほどスピーチ」「アナウンスの基本」「敬語の基本」
利用媒体　自社・新聞・雑誌・クレジットカード機関誌
従業員　49名
担当者　小池　隆俊　℡03-3415-7121

インターネット・ホームページアドレス
http://www.nhk-cti.jp/

（株）エバンス

本　社　〒104-0061 中央区銀座7-8-4
℡03-6274-6742　FAX03-6274-6736
業　種　兼業（時計の輸入販売）
販売形態　カタログ・店舗
資本金　5,000万円　社　長　德永　裕二
設　立　昭和62年3月
通販部門設置　昭和62年3月
主な取扱い商品　ROLEX、カルティエ、フランクミュラー
利用媒体　自社・雑誌・TV・ラジオ・折込チラシ
顧客リスト件数　10万件
従業員　60名　通販部門従業員　2名

インターネット・ホームページアドレス
http://www.evance.co.jp/

（株）エピュレ

本　社　〒104-0061 中央区銀座5-13-3
℡03-5550-0776　FAX03-5550-0779
業　種　通販専業
販売形態　個人向け通販
資本金　1,000万円　社　長　田中　大三
設　立　平成12年6月
通販部門設置　平成12年6月
主な取扱い商品　高品質木酢液配合の化粧品、バス用品
利用媒体　カタログ、DM、ネット
顧客リスト件数　2万件
従業員　4名
通販部門従業員　4名

商品仕入担当窓口
商品企画部
担当者　三好　誠二　℡03-5550-0776

インターネット・ホームページアドレス
http://www.epure.co.jp/

メールアドレス
info@epure.co.jp

（株）FDR・フレンディア

本　社　〒174-0071 東京都板橋区常盤台1-65-7 いし本ビル305
℡03-6276-4433　FAX03-6276-4424
主な事業内容　ドクター水素水『白金ナノコロイド水素水 ゴールド』、水素発生ミネラルスティック『ドクター・水素水』、携帯型水素発生スプレー『ビューティフル・フル水素水 水雫』製造及び販売、水素水化粧品『MIRAKI』、その他、各種水素商品を企画開発販売
資本金　1000万円
社　長　大丸　智里
設　立　平成2年4月
主な取引先　ハリオグラス、山中産業、アプト、エッグジョイ、エコートレーディング、山石金属、ナンバーワン

（株）エフティシー

本　社　〒103-0013 中央区日本橋人形町3-7-10-3F　℡03-5652-0585　FAX03-3664-4381

業　種　兼業（商品企画）
販売形態　個人向け通販・卸し
資本金　1,000万円　　社長　諏訪　登
設　立　平成3年6月
主な取扱い商品　酸素発生器、ブルガリアローズ関連商品他
利用媒体　新聞・ラジオ・DM・ネット
従業員　10名

商品仕入担当窓口
事業企画部
担当者　小原　政孝　　☎03-5652-0585

インターネット・ホームページアドレス
http://www.ftcox.com
メールアドレス
info@ftcox.com

オイシックス・ラ・大地(株)

本　社　〒141-0032 東京都品川区大崎1-11-2 ゲートシティ大崎イーストタワー5F
　　　　☎03-6867-1149　FAX03-6867-0021
業　種　兼業
販売形態　個人向け通販、給食
資本金　39億9,400万円　　社長　髙島宏平
設　立　平成12年6月
売上高
　24年3月期　総売上　1,484億800万円
　23年3月期　総売上　115億7,600万円
主な取扱い商品　有機・特別栽培野菜、無添加加工食品、安全に配慮した食品・食材
主な運営ショッピングサイト　https://www.oisix.com/
顧客リスト件数　230,556件
従業員　1,927名

商品仕入担当窓口
Oisix商品本部
担当者　冨士聡子　　☎050-5305-0540

配送センター
ORD海老名ステーション
〒243-0435 神奈川県海老名市下今泉3-11-1
関連会社　下記リンクをご確認ください。
　https://www.oisixradaichi.co.jp/company/affiliate/
インターネット・ホームページアドレス
　https://www.oisixradaichi.co.jp/

大網(株)

本　社　〒112-0002 東京都文京区小石川4-21-11 大網小石川ビル　☎03-5803-1633
業　種　兼業（実店舗）
販売形態　ネット
資本金　3,000万円
代表取締役社長　金坂　瑞樹
設　立　昭和46年6月
売上高
　通販売上高　24年5月期　393億円
主な取扱商品　フィギュア、アニメグッズ

(株)オージーフーズ

本　社　〒151-0051 東京都渋谷区千駄ヶ谷5-32-7 野村不動産南新宿ビル2階
　　　　☎03-5367-2327　FAX03-5367-2328
主な事業内容　食品卸売事業、通信販売事業、物流事業、フードコーディネート事業
資本金　30,000,000円
社　長　高橋　徹
設　立　平成元年（1989年）6月
インターネット・ホームページアドレス
　https://www.aussie-fan.co.jp/
主な取引先　ジュピターショップチャンネル、関通、ディノス・セシール、日本盛、auコマース＆ライフ、小田急百貨店、ニッポン放送プロジェクト、あしきた農業協同組合、サンフードクリエイト、ジェイアール東日本商事、スープストックトーキョー、ファームドゥ、ANAフーズ、他

(有)大島明日葉研究所

本　社　〒100-0101 大島町元町神達575
　　　　☎04992-2-1167　FAX04992-2-1376
販売形態　マス通販・カタログ
社　長　寺田　牧人
設　立　昭和50年4月
主な取扱い商品　食品
利用媒体　自社・雑誌

(株)大塚商会

本　社　〒102-8573 千代田区飯田橋2-18-4
　　　　☎03-3264-7111
通販拠点事業所　〒102-8573 千代田区飯田橋2-18-4
業　種　兼業（情報・通信）
販売形態　個人向け通販、企業向け通販
資本金　103億7,485万円
社　長　大塚　裕司
設　立　昭和36年7月
通販部門設置　平成11年2月
売上高
　23年12月期　総売上　9,773億7,000万円
　　うち通販部門売上　1,981億3,400万円
　22年12月期　総売上　8,610億2,200万円
　　うち通販部門売上　1,831億7,200万円
主な取扱い商品　OA・PC・CAD消耗品／文具事務用品／生活用品／事務機器家電／PC・ソフト／工具／介護用品
主な発行カタログ　たのめーるカタログ、ケアたのめーるカタログ
従業員　7,080名
インターネット・ホームページアドレス
　https://www.tanomail.com

(株)オールアバウトライフマーケティング

本　社　〒150-0022 渋谷区恵比寿南1-15-1 A-PLACE恵比寿南3階　☎03-6362-0810
業　種　兼業
販売形態　個人向け通販
資本金　5,500万円　　社長　土門　裕之
設　立　平成16年11月
主な取扱い商品　食品、日用品、化粧品、健康食品など
利用媒体　ネット
インターネット・ホームページアドレス
　https://www.lifemarketing.co.jp

オムロン ヘルスケア(株)

本　社　〒108-0075 東京都港区港南2-3-13 品川フロントビル7F
　　　　☎03-6718-3770　FAX03-6718-3694
主な事業内容　家庭用・医療用健康機器の開発・販売、健康管理ソフトウェアの開発・販売、健康増進サービス事業の展開など
資本金　50億円
社　長　荻野　勲
設　立　2008年1月31日
メールアドレス
　info_ohq@hcb.omron.co.jp

オリエンタルバイオ(株)

本　社　〒103-0023 東京都中央区日本橋本町1-5-4 住友不動産日本橋ビル1F
　　　　☎03-6734-9222
主な事業内容　健康食品の販売
資本金　1,000万円
社　長　渡邉　和孝
インターネット・ホームページアドレス
　https://www.orientalbio.jp/
関連会社　フィーネインターナショナル、リベロ、ザック

(有)オリオン商事

本　社　〒140-0013 品川区南大井3-14-13
　　　　☎03-3761-2771　FAX03-3761-3341
業　種　兼業
販売形態　不動産売買・ビル管理・通教
資本金　2,750万円　　社長　野口　貴史
設　立　昭和43年7月
通販部門設置　昭和39年2月（個人）
主な取扱い商品　学術用DVD
利用媒体　自社
顧客リスト件数　15万件（見込客含む）
従業員　12名　　通教部門従業員　1名

オルト(株)

本　社　〒150-0002 渋谷区渋谷1-1-11 青山SIビル

通販実施企業

☎03-3498-1036　FAX03-3498-3023
業　種　兼業（健康食品の開発、製造、販売）
販売形態　個人向け通販、卸し
資本金　1億円　　社長　青山　勝彦
設　立　昭和54年9月
通販部門設置　平成16年4月
主な取扱い商品　健康食品（アサイー、発酵黒にんにく、マルチビタミン、コラーゲン、その他）、化粧品
利用媒体　ラジオ、DM、他社同梱、インターネット
顧客リスト件数　5万件
従業員　17名
通販部門従業員　3名

商品仕入担当窓口
営業部門開発営業
担当者　佐藤　　☎03-3498-1037

インターネット・ホームページアドレス
http://www.ortho-corp.jp
http://www.orthobios.com

オルビス(株)

本　社　〒142-0051 品川区平塚2-1-14
　　　　☎03-3788-1711　FAX03-3788-4701
業　種　通販、店販
販売形態　個人向け通販・店舗
資本金　1.1億円　　社長　山口　裕絵
設　立　昭和59年6月
通販部門設置　昭和62年5月
売上高
　23年12月期　総売上　428億7,400万円
　22年12月期　総売上　384億1,700万円
主な取扱い商品　化粧品、栄養補助食品、下着、靴下
主な発行カタログ　Orbis style
利用媒体　新聞・雑誌・折込チラシ・カタログ・ネット
従業員　1,318名　通販部門従業員　362名
受注センター
本社内　　☎0120-010-010
配送センター
オルビス配送センター
〒347-0111 加須市鴻茎3200-1
　　　　☎0480-70-1311
〒651-1431 西宮市山口町阪神流通センター2-2　☎078-903-2419
インターネット・ホームページアドレス
http://www.orbis.co.jp/
メールアドレス
info@orbis.co.jp

(株)カウネット

本　社　〒108-8459 東京都港区港南1-2-70 品川シーズンテラス18階
業　種　兼業（通信販売事業、卸販売事業）
販売形態　カタログ・インターネット
資本金　34億円　　社長　宮澤　典友

設　立　平成12年10月
売上高
　23年12月期　総売上　825億3,000万円
　　うち通販部門売上　732億円
　22年12月期　総売上　689億6,600万円
　　うち通販部門売上　590億円
主な取扱い商品　事務用品、OA・パソコン用品、オフィス作業用品・生活用品、オフィス家具・インテリア
主な発行カタログ　カウネットカタログ
利用媒体　自社

商品仕入担当窓口
MD1部、MD2部

受注センター
カウネットコンタクトセンター
　　東京都新宿区、宮崎県宮崎市
配送センター
カウネット東日本物流センター
　　東京都江東区
カウネット西日本物流センター
　　大阪市住之江区
カウネット名古屋物流センター
　　愛知県名古屋市守山区
カウネット福岡物流センター
　　福岡県糟屋郡粕屋町
カウネット札幌物流センター
　　北海道札幌市白石区
インターネット・ホームページアドレス
http://www.kaunet.com/
コーポレートサイト
http://company.kaunet.com
メールアドレス
info@kaunet.com

(株)カグー

本　社　〒106-0032 港区六本木7-21-17 東豊エステート6F
　　　　☎03-5771-3625　FAX03-5771-3628
資本金　1,000万円　社長　宮島　一郎
設　立　平成14年9月
通販部門設置　平成14年9月
主な取扱い商品　家具・インテリア・敷物・収納用品・寝具
利用媒体　ネット（自社サイト、楽天、ヤフー）
インターネット・ホームページアドレス
http://www.kokugai.com/kagoo/
メールアドレス
tsuhan@kagoo.co.jp

(株)学文社

本　社　〒162-0042 新宿区早稲田町5-4
　　　　☎03-3232-3561　FAX03-5273-7641
業　種　通販・通教兼業
資本金　4,000万円　社長　三ツ井　清貴
設　立　昭和35年7月
講座数　35講座（2017年12月）
受講者数　2万名（2017年12月）

主な講座名　現代ボールペン講座、食育インストラクター養成講座、野菜コーディネーター養成講座、ペット介護士養成講座、賞状書士養成講座、建築模型製作技能講座
利用媒体　新聞・雑誌・折込チラシ・ネット・DM
顧客リスト件数　50万件
従業員　50名　通信教育部門従業員　20名

商品仕入担当窓口
営業部
担当者　桜井　淳　☎03-5273-7602

インターネット・ホームページアドレス
http://www.gakubun.co.jp/

(株)カタログハウス

本　社　〒151-0053 渋谷区代々木2-12-2
　　　　☎03-5365-2288　FAX03-5365-2289
業　種　通販専業
販売形態　総合通販
資本金　1億円　　社長　平野　裕二
設　立　昭和51年11月
売上高
　24年3月期　総売上　240億5,000万円
　23年3月期　総売上　265億9,000万円
　22年3月期　総売上　274億9,000万円
主な取扱い商品　生活雑貨全般
主な発行カタログ　通販生活
利用媒体　自社、新聞、雑誌、折込チラシ、web
従業員　124名

商品営業担当窓口
暮しの道具・化粧品　☎03-5365-2255
健康、繊維　　　　　☎03-5365-3811
ファッション　　　　☎03-5365-1711
DM通販（健食含む）　☎03-5365-2277

応対サポートセンター　☎03-5354-3240
ネット部　　　　　　　☎03-5365-3685
ソロー事業部　　　　　☎0299-57-1181
（木質ペレット製造）
〒315-0104 茨城県石岡市小見1048-1
東大和物流センター
〒207-0021 東大和市立野4-480
　　　　☎042-561-1141
　　　　☎0120-567-111
関連会社　㈱通販生活、カタログハウス販売㈱
インターネット・ホームページアドレス
http://www.cataloghouse.co.jp/
メールアドレス
press@cataloghouse.co.jp

かどや製油(株)

本　社　〒141-0031 品川区西五反田8-2-8
　　　　☎03-3492-5545　FAX03-3492-5985
通販拠点事業所
　　　　☎03-3492-5501　FAX03-3492-4575
業　種　兼業

資本金　21億6,000万円
　　　　　　　　　　　社　長　小澤　二郎
設　立　昭和32年5月
通販部門設置　平成20年4月
主な取扱い商品　食用ごま油、食品ごま、ねりごまなど。ごま関連製品
利用媒体　新聞、雑誌、折込チラシ、DM、ネット
従業員　271名
受注センター
かどや製油㈱通信販売窓口
〒141-0031 品川区西五反田8-2-8
　　　　　　　　　　　℡03-3492-5501
インターネット・ホームページアドレス
http://www.kadoya.com

カルピス(株)

本　社　〒150-0022 渋谷区恵比寿南2-4-1
　　　　　　　　　　　℡03-5721-3111
業　種　兼業
資本金　130億5,675万円
社　長　山田　藤男
設　立　大正6年10月
主な取扱い商品　「健彩生活『アレルケア』」、「健彩生活『しなやかケア』」「ビオマイン」
利用媒体　カタログ、DM、ネット、携帯サイト
従業員　797名（2012.3.31現在）
受注センター
カルピス健康友の会
〒158-0098 世田谷区上用賀5-5-10　万葉ビル　　　　　　　℡0120-591-005
インターネット・ホームページアドレス
https://www.calpis-shop.jp
メールアドレス
shop-info@calpis.co.jp

㈲川口学園　早稲田通信教育センター

本　社　〒171-8543 豊島区高田3-11-17
　　　℡03-3232-0211　FAX03-3200-8673
業　種　兼業（短期大学、医療福祉・ビジネス系専門学校、生涯学習事業）
理事長　川口　晃玉
設　立　昭和10年5月
通教部門設置　昭和10年5月
講座数　1講座2コース
主な講座名　早稲田速記講座
利用媒体　自社・新聞・雑誌・折込チラシ・その他（インターネット）
通販部門従業員　3名
インターネット・ホームページアドレス
http://www.waseda-shougai.com/
メールアドレス
waseda-shougai@kawaguchi-g.ac.jp

北原商事(株)

本　社　〒130-0013 東京都墨田区錦糸2-7-5
　　　℡03-3624-5161　FAX03-3624-5167
通販拠点事業所　〒130-0013 東京都墨田区錦糸2-7-5　℡03-3624-5161　FAX03-3624-5167
業　種　兼業
販売形態　個人向け通販
資本金　3,000万円
社　長　北原　正人
設　立　昭和47年1月
通販部門設置　平成24年6月
主な取扱い商品　レディースインナー
利用媒体　自社ネット販売、楽天市場、Yahoo!ショッピング、Amazon、Qoo 10、（SHOPLIST）
主な運営ショッピングサイト　楽天市場、Yahoo!ショッピング、Amazon、Qoo 10、（SHOPLIST）
従業員　23名
通販部門従業員　6名
商品仕入担当窓口
北原和夫　℡03-3625-5161
受注センター
北原商事㈱
〒130-0013 東京都墨田区錦糸2-7-5
　　　　　　　　　　　℡03-3624-5161
配送センター
北原商事㈱物流センター
〒132-0025 東京都江戸川区松江2-34-5
　　　　　　　　　　　℡03-3674-7720
ショールーム
北原商事㈱
〒130-0013 東京都墨田区錦糸2-7-5
　　　　　　　　　　　℡03-3624-5161
関連会社　大連英昆布制衣有限公司
インターネット・ホームページアドレス
http://www.jaconne.jp/
メールアドレス
info@jaconne.jp

(株)キナリ

本　社　〒140-0002 東京都品川区東品川2丁目2-24 天王洲セントラルタワー12F
主な事業内容　化粧品通信販売（一部店頭販売あり）
資本金　1,000万円
社　長　山本　理史
設　立　2001年4月
インターネット・ホームページアドレス
https://www.sokamocka.com/
メールアドレス
webmaster@sokamocka.com

(株)紀伊國屋書店

本　社　〒153-8504 目黒区下目黒3-7-10
　　　　　　　　　　　℡03-6910-0502
業　種　兼業

販売形態　インターネット
資本金　3,600万円　社　長　藤則　幸男
設　立　昭和2年1月
通販部門設置　平成3年4月
主な取扱い商品　書籍、洋雑誌、DVD、ビデオ
利用媒体　インターネット
顧客リスト件数　80万件
従業員　5,000名　通販部門従業員　60名
インターネット・ホームページアドレス
http://www.kinokuniya.co.jp/
メールアドレス
nbiz@kinokuniya.com

(株)協和

本　社　〒160-0023 新宿区西新宿1-22-2 新宿サンエービル9F
　　　℡03-5326-8001　FAX03-5326-8040
業　種　兼業（製造業）
販売形態　個人向け通販
資本金　1,000万円　社　長　堀内　泰司
設　立　昭和35年2月
通販部門設置　平成15年6月
主な取扱い商品　プラセンタエキス原液、プラセンタつぶ、プロテオグリカン原液、フラワージュリッチ
主な発行カタログ　フラコラ通信
利用媒体　カタログ・新聞・雑誌・折込チラシ・地上波テレビ・DM・BS・CS・ネット
顧客リスト件数　40万件
従業員　85名
商品仕入担当窓口
商品開発
担当者　相田　℡03-5326-8007
受注センター　℡0120-57-2020
配送センター
野口倉庫㈱
〒335-0036 戸田市早瀬1-24-1　℡048-422-0581
インターネット・ホームページアドレス
http://www.kyowa-group.co.jp
https://www.fracora.com

銀座ステファニー化粧品(株)

本　社　〒105-0004 港区新橋1-5-1
　　　　　　　　　　　℡03-3289-1212
埼玉工場　〒344-0014 埼玉県春日部市豊野町2-11-2　℡048-731-2681
通販拠点事業所　〒105-0004 港区新橋1-10-6 9F　℡03-3289-1168
業　種　通販専業
販売形態　個人向け通販
資本金　15億9,800万円
　　　　　　　　　　　社　長　呉　相汶
設　立　平成4年3月
主な取扱い商品　医薬部外品、化粧品、健康食品
受注センター

プライベートコンシェルジュデスク銀座
〒105-0004 港区新橋1-10-6-10F
☎0120-70-1110
配送センター
ステファニー化粧品配送サービスセンター
〒286-0221 富里市七栄525　℡0476-92-8411
ショールーム
ステファニー本店ショップ
〒105-0004 港区新橋1-5-1　ステファニー銀座中央通ビル　℡03-3289-1212
インターネット・ホームページアドレス
　http://www.stefany.co.jp
メールアドレス
　echelp@stefany.co.jp

薬日本堂(株)

本　社　〒140-0001 品川区北品川4-7-35
　　　　℡03-3446-2011　FAX03-3446-2480
業　種　兼業（漢方薬小売業）
販売形態　店舗
資本金　10億1,450万円　社　長　河端　敏博
設　立　昭和44年5月
通販部門設置　昭和61年5月
主な取扱い商品　漢方薬及び健康食品
主な発行カタログ　ル・バンシュ
利用媒体　自社・雑誌・TV・ラジオ・折込チラシ・雑誌及び企業の顧客・会員向け情報誌等
従業員　220名　　通販部門従業員　3名
商品仕入担当窓口
　商品部
　担当者　倉岡　武司　℡03-3280-2001
インターネット・ホームページアドレス
　http://www.nihondo.co.jp/

(株)暮しと健康社

本　社　〒130-0003 墨田区横川2-6-3
　　　　℡03-3624-7201　FAX03-3624-7204
業　種　通販専業
販売形態　カタログ
資本金　1,100万円　社　長　田中　利昌
設　立　昭和42年11月
通販部門設置　昭和42年4月
主な取扱い商品　栄養補助食品、化粧品、美容・健康関連商品
利用媒体　自社

(株)グラフィコ

本　社　〒141-0032 東京都品川区大崎1-6-1 TOC大崎16F　℡03-5759-5077
主な事業内容　健康食品、化粧品、日用雑貨、医薬品の企画製造販売
資本金　2億3,953万円
社　長　長谷川　純代
設　立　1996年11月7日

(株)クロス・エ・キューブ

本　社　〒150-0002 渋谷区渋谷4-3-17-604
　　　　℡03-6661-4075　FAX03-6661-4076
業　種　兼業（個人向け通販、卸し、ネイルサロン運営、化粧品企画・製造・販売）
販売形態　個人向け通販、卸し
資本金　1,000万円　社　長　要　敦子
設　立　平成18年9月
通販部門設置　平成20年10月
主な取扱い商品　石けん、サプリメント、シャンプー等
利用媒体　カタログ、ネット、ブログ
顧客リスト件数　1万件
従業員　3名
通販部門従業員　3名
商品仕入担当窓口
　代表　松藤　あつこ　℡03-6661-4075
　担当者　山口　香奈子
　　　　　　　　　　℡03-6661-4075
配送センター
コーリングフューズヴィ
インターネット・ホームページアドレス
　http://cross-a.jp
メールアドレス
　info@cross-a.jp

(株)元気堂本舗

本　社　〒105-0003 東京都港区西新橋2-34-7 第一三須ビル8階
　　　　℡03-5777-5387　FAX0120-485-755
業　種　専業
販売形態　個人向け通販
資本金　5,000万円　社　長　植松　芳治
設　立　平成10年6月22日
主な取扱い商品　健康食品
利用媒体　ネット、新聞、雑誌、チラシ
ホームページアドレス
　https://www.genkidohompo.com/

(株)ケンコー

本　社　〒160-0023 東京都新宿区西新宿7-4-6　℡03-3366-7101　FAX03-3227-3810
主な事業内容　化粧品及び健康・美容製品の研究・開発・製造・販売、広告代理店業・企画・制作・プランニング等のクリエイティブ事業
資本金　10,000,000円
社　長　﨑山　正一
主な扱い商品　白髪染めヘアクリーム「サンカラーマックス」、アミノ酸系ノンシリコン「サンカラーカミエールシャンプー」、発毛・発育促進剤「ケフトル」、瞬間増毛電動式タイプ¢ヘアアップス£、美顔石鹸¢輝美肌の恵£
インターネット・ホームページアドレス
　https://kenko-gr.co.jp
主な取引先　三越・京王・西武・髙島屋 他 60ヶ所の百貨店、全国生活協同組合、全国70社代理店、全国15万人顧客、電通、博報堂、日本経済広告社 他

(株)健菜

本　社　〒151-0061 渋谷区初台1-47-1
　　　　℡03-5302-8160　FAX03-5302-8161
業　種　兼業（特殊栽培野菜・果物並びにそれらを素材とした加工品の通信販売・店舗販売）
販売形態　個人向け通販・頒布・店舗
資本金　1,000万円　社　長　松井　周一
設　立　平成9年6月
通販部門設置　平成9年10月
主な取扱い商品　特殊栽培野菜・果物並びにそれらを素材とした加工品
主な発行カタログ　野菜宅配の会員募集カタログ、フルーツ頒布会、健菜米コシヒカリの頒布会会員募集カタログ、ディノスカタログ
利用媒体　カタログ、雑誌、ネット、シティカードジャパンのシグネチャー、JCBゴールド、サライ
顧客リスト件数　9,000件
従業員　6名　　通販部門従業員　6名
商品仕入担当窓口
　社長　松井　周一　℡03-5302-8160
受注センター
健菜倶楽部受注センター
〒154-0011 世田谷区上馬2-14-1　ヤマトシステム開発内　℡03-5432-1812
配送センター
健菜倶楽部ピッキング配送センター
〒143-0001 大田区東海4-5-18　ヤマトシステム開発内　℡03-3799-6033
ショールーム
ザ・ガーデン自由が丘　自由が丘店健菜コーナー
〒152-0035 目黒区自由が丘2-23-1
　　　　　　　　　　　℡03-3718-6481
ザ・ガーデン自由が丘　白金台店健菜コーナー
〒108-0071 港区白金台3-16-8 ℡03-3445-7311
カドヤ食品
〒143-0023 大田区山王3-1-5 ℡03-3776-3311
関連会社 (株)りょくけん、(株)永田農業研究所
インターネット・ホームページアドレス
　http://www.kensai.co.jp
メールアドレス
　y-akashi@kensai.co.jp

ゲンナイ製薬(株)

本　社　〒100-0006 東京都千代田区有楽町1-7-1 有楽町電気ビル南館16F
　　　　℡03-6222-8440　FAX03-6222-8441
主な事業内容　化粧品、医薬部外品製造販売、サプリメント販売、情報提供サイトの運営

資本金　1000万円
社　長　上山　永生
設　立　2009年6月
主な取引先　SBIアラプロモ、一広、ニッポン放送、テクノビューティサプライ、リーダーシップコンサルティング、薬事法ドットコム、TAISEI、エバーセンス、ダイワコーポレーション、FID、フォーイット、インタースペース、サプリメントジャパン、東急百貨店、松屋、小田急百貨店

(株)湖池屋

本　社　〒175-0094 東京都板橋区成増5-9-7
　　　　℡03-3979-2115
資本金　2,269百万円
社　長　佐藤　章
従業員　858名
インターネット・ホームページアドレス
　https://koike-ya.com
関連会社　台湾湖池屋股份有限公司、Koikeya Vietnam Co., Ltd.、KOIKEYA (THAILAND) CO.,LTD.、日清湖池屋（中国・香港）有限公司

(社)公開経営指導協会

本　社　〒104-0061 中央区銀座2-10-18　東京都中小企業会館内
　　　　℡03-3542-0306　FAX03-3541-9044
業　種　兼業（教育事業全般）
販売形態　通教（流通小売業向け）
理事長　喜多村　豊
設　立　昭和27年8月
通販部門設置　昭和40年10月
主な取扱い商品　通信教育教材
主な発行カタログ　公開経営総合研修のご案内
利用媒体　新聞・雑誌
従業員　20名　通販部門従業員　10名
インターネット・ホームページアドレス
　http://www.jcinet.or.jp/
メールアドレス
　infoo7jci@jcinet.or.jp

(株)講談社フェーマススクールズ

本　社　〒113-0021 文京区本駒込3-20-3
　　　　℡03-5832-6411　FAX03-5832-6601
業　種　通教専業
資本金　5,000万円
代表取締役社長　阿部　敬悦
設　立　昭和43年9月
通教部門設置　昭和43年9月
講座数　3講座
受講者数　1万4,000名
主な講座名　クリエイティブ・アート・コース、ヤング・アーチスト・コース、新・美術入門コース

利用媒体　新聞・雑誌
顧客リスト件数　230万件
従業員　200名
インターネット・ホームページアドレス
　http://www.kfsnet.co.jp
メールアドレス
　somu@kfsnet.co.jp

(株)興和堂

本　社　〒114-0012 北区田端新町1-7-8-2F
　　　　℡03-5855-8811　FAX03-5855-8855
販売形態　個人向け通販
資本金　1,000万円　社　長　針原　隆
設　立　昭和38年10月
通販部門設置　平成15年5月
主な取扱い商品　消臭衣料品、消臭スプレー
利用媒体　地上波テレビ・ネット
顧客リスト件数　1万件
従業員　10名　通販部門従業員　3名
商品仕入担当窓口
　アウトソーシング事業部
　担当者　村上　隆　℡03-5855-8811
受注センター
　　　　℡03-5855-8811
配送センター
　　　　℡03-5855-8811
ショールーム
　　　　℡03-5855-8811
インターネット・ホームページアドレス
　http://11kaigofuku.com
メールアドレス
　info@11kaigofuku.com

(株)コーリキ

本　社　〒105-0003 港区西新橋1-10-7　ノグチビル　℡03-3591-5501　FAX03-3580-7575
業　種　通販専業
販売形態　マス通販・カタログ
資本金　550万円　代　表　野本　朋彦
設　立　昭和57年3月
通販部門設置　昭和57年3月
主な取扱い商品　野本式ぷち卵油、他野本式健康食品
主な発行カタログ　正しい卵油の知識
利用媒体　自社、新聞、雑誌、TV
顧客リスト件数　15万件
従業員　10名
受注センター
　㈲太田発送代行
　〒202-0013 西東京市中町1-11-8
　　　　℡0424-23-6431
配送センター
　㈲太田発送代行
　〒202-0013 西東京市中町1-11-8
　　　　℡0424-23-6431
関連会社　㈱コーリキ
インターネット・ホームページアドレス

　http://www.ran-yu.co.jp/

(株)コールコム

本　社　〒116-0013 荒川区西日暮里5-32-4　目黒ビル4F
　　　　℡03-5850-6321　FAX03-5850-6322
通販拠点事業所　〒116-0013 荒川区西日暮里5-32-4　目黒ビル4F
　　　　℡03-5850-6321　FAX03-5850-6322
業　種　兼業（広告代理店、商品卸し）
販売形態　個人向け通販・卸し
資本金　500万円　社　長　高橋　茂樹
設　立　平成14年12月
通販部門設置　平成14年12月
主な取扱い商品　健康食品・美容・健康・医療器具・宝石・貴金属
利用媒体　新聞・雑誌・ネット
顧客リスト件数　2,000件
従業員　3名
通販部門従業員　3名
商品仕入担当窓口
　通販部　担当者　高橋　℡03-5850-6321
受注センター
㈲コールコム
〒116-0013 荒川区西日暮里5-32-4　目黒ビル4F　℡03-5850-6321
インターネット・ホームページアドレス
　http://www.call-com.com/
メールアドレス
　t-shige@call-com.com

(株)ゴールドウイン

本　社　〒107-8570 東京都港区北青山3-5-6　青朋ビル
主な事業内容　アウトドアスタイル関連商品、登山用ウエア、マリンウエア、アウトドア用品および関連商品、アスレチックスタイル関連商品、トレーニングウエア、テニスウエア、フィットネスウエア、スイムウエア、ゴルフウエア、ラグビーウエアおよび関連商品、アクティブスタイル関連商品、スキーウエア、スノーボードウエア、モーターサイクルウエアおよび関連商品、その他　機能アンダーウエア、ハイテックウエア（防塵服）、OEMなど
資本金　70億7,900万円
社　長　渡辺　貴生
設　立　昭和26年12月22日
売上高
　978億9,900万円
従業員　1,878名
インターネット・ホームページアドレス
　https://www.goldwin.co.jp/

コールマン ジャパン(株)

本　社　〒108-0023 東京都港区芝浦4-9-25

芝浦スクエアビル10階
℡03-6858-7400　FAX03-6858-7401
主な事業内容　コールマン製品・キャンピングガス製品の製造・輸入及び国内販売
資本金　2億円
社　長　中里　豊
従業員　220名
関連会社　ニューウェルブランズ・ジャパン

(株)コジマ

本　社　〒136-8510 江東区亀戸3-60-21
℡03-3682-3455　FAX03-3682-0300
通販拠点事業所　〒136-0071 江東区亀戸3-60-22-7F　℡03-5609-1770　FAX03-3682-0300
業　種　兼業（ペット専門店）
販売形態　カタログ・店舗
資本金　1億6,000万円　社　長　上田　佳範
設　立　平成元年4月
通販部門設置　平成元年4月
主な取扱い商品　ペットフード、ペット関連用品全般
主な発行カタログ　Dogs&Cats&Small Animals
利用媒体　自社・雑誌・折込チラシ
顧客リスト件数　10万2,000件
従業員　280名　通販部門従業員　8名
商品仕入担当窓口
商品部　　℡03-3682-3455
受注センター
コジマ通信販売事業部　℡0120-41-7911
配送センター
㈱コジマ八潮物流センター
〒340-0821　埼玉県八潮市大字伊勢野233-1 佐川物流サービスSRC内
℡048-994-5880

コロムビア・マーケティング(株)

本　社　〒105-8482 東京都港区虎ノ門4-1-40 江戸見坂森ビル
主な事業内容　CD・DVD等の音楽・映像ソフトおよびゲーム関連ソフト等の販売、製造販売受託事業
資本金　100,000,000円
社　長　阿部　三代松
設　立　2012年10月1日
インターネット・ホームページアドレス
http://www.columbiamarketing.co.jp/
関連会社　日本コロムビア、コロムビアソングス、オーマガトキ、シーツーデザイン、シーエムイー インク（米国）

コンビ(株)

本　社　〒111-0041 台東区元浅草2-6-7
℡03-5828-7666　FAX03-5828-7665
業　種　兼業
販売形態　個人向け通販
資本金　1億円
社　長　松浦　康詞
設　立　昭和32年12月
通販部門設置　平成12年
主な取扱い商品　ベビー用品、乳幼児玩具
主な発行カタログ　Combi mini はじめてカタログ、Combi mini ベビー＆キッズカタログ、Combi mini ベビーウェアカタログ
利用媒体　インターネット
顧客リスト件数　125万5,000件
従業員　226名（連結2,458）
ホームページアドレス
http://www.combi.co.jp/

ザ・プロアクティブカンパニー(株)

本　社　〒141-0021 東京都品川区上大崎3-5-8 アクロス目黒タワー3F
主な事業内容　化粧品・医薬部外品の輸入、製造販売
社　長　俵　恵美子
設　立　2004年1月5日
関連会社　プロアクティブ

(株)サードウェーブ

本　社　〒101-0021 千代田区外神田2-14-10 第2電波ビル9F
℡03-6694-6740　FAX03-3254-3232
業　種　兼業（パソコンショップ／パソコン通販サイト「ドスパラ／上海問屋」運営）
販売形態　個人向け通販、店舗
資本金　5,608万9,332円
社　長　井田　晶也
設　立　昭和39年3月
通販部門設置　昭和59年8月
主な取扱い商品　パソコン関連全般
利用媒体　インターネット、雑誌、新聞、TVなど
従業員　1,198名
受注・配送センター
ドスパラ通販センター
〒252-1123 綾瀬市早川2696-1　日本通運綾瀬物流センター内　℡0467-79-8221
インターネット・ホームページアドレス
http://www.dospara.co.jp/
http://www.donya.jp/

(株)サイバード

本　社　〒150-0033 渋谷区猿楽町10-1 マンサード代官山　℡03-6746-3111
業　種　兼業（モバイルコンテンツ事業）
販売形態　個人向け通販
資本金　1億円
代表取締役社長　長嶋　貴之
設　立　平成18年10月
通販部門設置　平成12年2月
主な取扱い商品　Tシャツ、化粧品、香水、食品
利用媒体　モバイル
関連会社　㈱ボトルキューブ、薫白竜㈱
インターネット・ホームページアドレス
http://www.cybird.co.jp
メールアドレス
info@cybird.co.jp

坂善商事(株)

本　社　〒103-0003 中央区日本橋横山町5-9　℡03-3249-1641　FAX03-3661-4821
通販拠点事業所　〒103-0002 中央区日本橋馬喰町1-6-10-7F
℡03-3664-1641　FAX03-3664-2896
業　種　兼業　店舗販売
販売形態　個人向け通販
資本金　2,000万円　社　長　村上　隆司
設　立　昭和31年9月
通販部門設置　平成15年6月
主な取扱い商品　紳士衣料品
顧客リスト件数　10万件
従業員　261名　通販部門従業員　26名
受注センター　サカゼンインターネット店
〒103-0002 東京都中央区日本橋馬喰町1-6-10-7F　℡03-3664-1641
配送センター　サカゼンインターネット店
〒103-0002 東京都中央区日本橋馬喰町1-6-10-7F　℡03-3664-1641
関連会社　ゼンモール株式会社
インターネット・ホームページアドレス
http://www.sakazen.co.jp/
メールアドレス
intzi@sakazen.co.jp

㈱産業能率大学

本　社　〒158-8630 世田谷区等々力6-39-15
℡03-5419-6084　FAX0120-691-959
業　種　兼業（大学・短期大学・社会人教育）
理事長　上野　俊一
設　立　昭和25年
通教部門設置　昭和38年4月
講座数　約400講座（2017年4月現在）
受講者数　年間約25万人
主な講座名　消費生活アドバイザー総合、インテリアコーディネーター、医療保険事務、漢字能力検定2級受験、税理士、通関士、メンタルヘルス・マネジメント、健康生きがいづくりアドバイザー養成、ジュエリーコーディネーター検定3級受験、ファイナンシャルプランナー、色彩検定、ケアマネジャー受験、福祉住環境コーディネーター、サービス介助士、他
利用媒体　自社・雑誌・ホームページ、他
従業員　593名（2017年4月1日現在）
商品仕入担当窓口
業務サービス部　　℡03-5419-6084
インターネット・ホームページアドレス

http://www.hj.sanno.ac.jp/ps
メールアドレス
　ls@hj.sanno.ac.jp

(株)産経デジタル

本　社　〒100-8077 千代田区大手町1-7-2
　　　　☎03-3243-8474　FAX03-3243-8635
業　種　兼業（サービス業その他）
販売形態　個人向け通販
資本金　2億円　　社　長　鳥居　洋介
設　立　平成17年11月
通販部門設置　平成22年9月
主な取扱い商品　靴、衣類、鞄、革小物、健康雑貨、食品、酒
利用媒体　新聞、ネット
従業員　133名
通販部門従業員　10名

商品仕入担当窓口
営業本部EC事業部
担当者　楠　　☎03-3243-8439

配送センター
スリーエープランニング㈱
〒135-0043 江東区塩浜2-4-33
　　　　☎03-5665-6077
インターネット・ホームページアドレス
　http://www.sankeishop.jp
メールアドレス
　netshop@sankei.co.jp

サン・ケン(株)

本　社　〒102-0072 千代田区飯田橋2-6-6
　　　　ヒューリック飯田橋ビル
　　　　☎03-3264-2671　FAX03-3264-2673
業　種　兼業（OEM展開・卸し）
販売形態　マス通販
資本金　3,000万円　社　長　德永　謙二
設　立　昭和42年9月
通販部門設置　平成4年1月
主な取扱い商品　健康食品（ローヤルゼリー糖衣錠・ドリンク）
主な発行カタログ　龍眼の花
利用媒体　新聞・雑誌・TV・インターネット・会員誌
顧客リスト件数　20万件
従業員　30名　　通販部門従業員　10名

商品仕入担当窓口
通信販売事業部
担当者　宍戸　隆　☎03-3264-5550

配送センター
サン・ケン商品センター
〒102-0072 千代田区飯田橋2-14-7　光ビル
　　　　☎03-3264-3699
関連会社　三健養蜂園
インターネット・ホームページアドレス
　http://www.sanken-rj.co.jp/
メールアドレス
　info@sanken-rj.co.jp

(株)三晴社

本　社　〒103-0011 中央区日本橋大伝馬町3-12　サンセイビル
　　　　☎03-5695-0909　FAX03-5695-0707
業　種　兼業（製造業、卸し業）
販売形態　個人向け通販、卸し
資本金　1,000万円　社　長　藤井　博基
設　立　昭和22年6月
通販部門設置　昭和23年6月
主な取扱い商品　自社製品（へそ温灸器ゴールド）＝管理医療機器、呼吸改善製品（口閉じテープ「ネルネル」）等。
主な発行カタログ　自社カタログ
利用媒体　新聞
顧客リスト件数　10万件
従業員　6名
インターネット・ホームページアドレス
　https://www.sansei-sha.co.jp

サントリーウエルネス(株)

本　社　〒135-8361 港区台場2-3-3
　　　　☎03-5579-1000
業　種　兼業（健康食品の研究開発及び製造販売）
販売形態　個人向け通販・店舗　他
資本金　5億円
代表取締役社長　栗原　勝範
設　立　平成21年4月
通販部門設置　平成13年1月
売上高
　23年12月期
　　　国内通販売上　1,162億3,400万円
　22年12月期
　　　国内通販売上　1,145億5,300万円
主な取扱い商品　セサミンEX、オメガエイド、DHA&EPA＋セサミンEX
主な発行カタログ　自然のちから
利用媒体　新聞、雑誌、ラジオ、折込チラシ、地上波テレビ、DM、BS、CS、ネット
インターネット・ホームページアドレス
　http://www.suntory-kenko.com

サントリーマーケティング＆コマース(株)

本　社　〒104-6231 東京都中央区晴海1-8-12晴海アイランド トリトンスクエア オフィスタワーZ 31F
　　　　☎03-3533-8911　FAX03-3533-7908
主な事業内容　酒類関連備品販売（酒販店様・飲食店様向け）、企業の販促支援・代行（キャンペーン企画・景品提案・配送・事務局運営等）、ワイン等酒類の店頭、通信販売
資本金　1億円
社　長　佐藤　隆之
設　立　1975年1月
従業員　170名

三洋薬品HBC(株)

本　社　〒171-0021 東京都豊島区西池袋2-39-6 池袋ツルミビル3F
　　　　☎0120-86-3434　FAX0120-61-6136
主な事業内容　医薬品配置販売業、医薬部外品・健康食品・化粧品・米国サプリ販売業、化粧品の製造販売業、越境EC事業
従業員　342名
主な取引先　第一薬品工業、東亜薬品、富山めぐみ製薬、テイカ製薬、ダイト、三生医薬、アリメント工業、Now Health Group Inc.、NutraKey　他

サンリッツ(株)

本　社　〒107-0052 港区赤坂3-2-3　APA赤坂見附ビル
　　　　☎03-5545-8282　FAX03-5545-0855
業　種　兼業（健康食品卸売業）
販売形態　マス通販・カタログ・卸し
資本金　3,000万円　社　長　豊原　孝則
設　立　平成元年4月
通販部門設置　平成元年4月
主な取扱い商品　健康食品、ハーブ関連製品、化粧品
主な発行カタログ　「自然良法」
利用媒体　自社・折込チラシ・DM・TV・新聞・雑誌
顧客リスト件数　20万件
従業員　81名

商品仕入担当窓口　　　　　　営業部

営業所／受注センター　4カ所
配送センター　1カ所
ショールーム／アンテナショップ　2カ所
関連会社　㈱ジュジェーヌ、㈲ノイナーズ・ジャパン
インターネット・ホームページアドレス
　http://www.san-ritz.com/
メールアドレス
　info@san-ritz.com

三和装備(株)

本　社　〒121-0836 足立区入谷1-9-17-306
　　　　☎03-3896-1611　FAX03-3896-6006
業　種　通販専業
販売形態　個人向け通販
資本金　1,000万円　社　長　村元　英人
設　立　昭和56年5月
通販部門設置　平成9年5月
主な取扱い商品　電気製品、雑貨、健康食品
利用媒体　ネット
顧客リスト件数　32万5,000件
従業員　10名（アルバイト含む）
通販部門従業員　10名

商品仕入担当窓口
購売部
担当者　村元　泰志　☎03-3896-1611

インターネット・ホームページアドレス
http://www.rakuten.co.jp/bkworld/
メールアドレス
sanwa@muc.biglobe.ne.jp

(株)GSTV

本　社　〒135-0063 江東区有明3-5-7　TOC有明ウエストタワー10階
　　　　☎03-4477-7900　FAX03-4477-7901
業　種　兼業（製造業、卸し業）
販売形態　個人向け通販、卸し、店舗
資本金　4億円　　社　長　今橋　徹
設　立　昭和63年5月
売上高
　23年3月期　総売上　225億3,400万円
　22年3月期　総売上　248億4,300万円
主な取扱い商品　リング、ペンダント、ネックレス、ピアス、イヤリング、ブローチ、ブレスレット
顧客リスト件数　19万9,000件
従業員　220名
通販部門従業員　83名
ショールーム
GSTV有明ショールーム
〒135-0063 東京都江東区有明3-5-7　TOC有明2F
　　　　☎0120-570-126
インターネット・ホームページアドレス
https://www.gstv.jp
メールアドレス
corp_info@gstv.co.jp

(株)ジーフット

本　社　〒104-0033 東京都中央区新川1-23-5　☎03-5566-8842　FAX03-5566-8211
通販拠点事業所　〒340-0146 埼玉県幸手市神扇721-1　☎0480-31-7242
業　種　兼業
販売形態　個人向け通販
資本金　37億5,500万円
　　　　　　　　社　長　堀江　泰文
設　立　昭和46年10月
主な取扱い商品　紳士靴・婦人靴・スポーツ靴及びインポート雑貨の販売
従業員　1,488名

商品仕入担当窓口
イーコマース事業部
担当者　中田和宏　　☎03-5566-8823

受注センター
　ジーフット　イーコマース事業部
　〒340-0146 埼玉県幸手市神扇721-1
　　　　☎0120-933-276
配送センター
　ジーフット　イーコマース事業部
　〒340-0146 埼玉県幸手市神扇721-1
　　　　0480-31-7242
ホームページアドレス
http://www.g-foot.co.jp/

(株)Gホールディングス

本　社　〒102-0074 千代田区九段南4-7-15
　　　　☎03-3512-3580　FAX03-3512-3592
通販拠点事業所　〒532-0011 大阪市淀川区西中島6-1-1　新大阪プライムタワー10F
　　　　☎06-6101-5200　FAX06-6101-5220
業　種　兼業（ギフト用品卸売業）
販売形態　個人向け通販、企業向け通販、職域、産直、卸し
資本金　1億円　　社　長　南川　一郎
設　立　平成21年12月
通販部門設置　昭和37年2月
主な取扱い商品　食品、雑貨、家庭用品、家電
主な発行カタログ　年間総合カタログ、中元歳暮カタログ、ブライダルカタログ、カタログギフト
利用媒体　自社
顧客リスト件数　2,000件
従業員　100名
通販部門従業員　50名

商品仕入担当窓口
商品本部
担当者　山崎　保男　☎06-6101-5211

受注センター
　ギフコ受注センター　☎06-6101-5210
配送センター
　ギフコ物流㈱
　〒520-2322 野洲市南桜1477
関連会社　ギフコ㈱、ギフコ物流㈱
インターネット・ホームページアドレス
http://www.gholdings.jp/
メールアドレス
info@gifco.jp

(株)JR東日本商事

本　社　〒151-0053 東京都渋谷区代々木2-2-2　☎03-3299-9167　FAX03-3299-9178
主な事業内容　JR資材調達業務の受託、鉄道資材、電気工事資材及びインテリア関連用品の売買等、リース・レンタル事業、酒類、食品、アメニティ用品、及びギフト・ノベルティ商品の売買等、輸出入業事務用機器、家具、什器、備品の売買等、機器類等の売買等、医療品の売買等、古物の売買等、通信販売事業、損害保険代理・生命保険の募集に関する業務、貸金業
資本金　5億6,000万円
設　立　1988年9月13日
従業員　440名
インターネット・ホームページアドレス
https://www.ejrt.co.jp
関連会社　JR東日本ライフサービス、EJRT ASIA（SINGAPORE）PTE.LTD.、東日本ネットステーション

(株)ジェイ・スタジオ

本　社　〒164-0012 中野区本町6-27-12
　　　　☎03-5340-5471　FAX03-5340-5472
通販拠点事業所　〒164-0012 中野区本町6-27-12　☎03-5340-5471　FAX03-5340-5472
業　種　兼業（小売業・TV・インターネット・チラシ等の通信販売）
資本金　1,000万円
代表取締役　越田　雅哉
通販部門設置　平成12年6月
主な取扱い商品　宝石・時計・貴金属
従業員　3名
インターネット・ホームページアドレス
http://j-studio.co.jp
メールアドレス
info@j-studio.co.jp

ジェイドグループ(株)

※22年6月に㈱ロコンドから社名変更
本　社　〒151-0062 東京都渋谷区元代々木町30-13 ONEST元代々木スクエア8F
　　　　☎03-5465-8022　FAX03-5465-8023
業　種　通販専業
販売形態　個人向け通販
資本金　13億円　　社　長　田中裕輔
設　立　平成22年10月
通販部門設置　平成23年2月
売上高
　24年2月期　総売上　286億9,700万円
　23年2月期　総売上　236億2,900万円
　22年2月期　総売上　212億1,700万円
主な取扱い商品　衣料品、靴、鞄、雑貨など
利用媒体　ネット
顧客リスト件数　171万件
従業員　80名
配送センター
〒276-0047 千葉県八千代市吉橋1095-1 GLP八千代1F LOCOPORT　☎03-3460-2341
ホームページアドレス
https://www.locondo.jp

(株)ジェネレーションパス

本　社　〒160-0023 東京都新宿区西新宿6-12-1 西新宿パークウエストビル5F
　　　　☎03-3343-3544　FAX03-5321-6191
主な事業内容　ECマーケティング事業、商品企画関連事業
資本金　6億2,711万円
社　長　岡本　洋明
設　立　2002年1月18日
売上高
　2023年10月期　151億5,180万円
利用媒体　ネット
インターネット・ホームページアドレス
https://www.genepa.com/

(株)システムファイブ

本　社　〒102-0093 千代田区平河町1-2-10 平河第一生命ビル1F
　　　　℡03-5212-5100　FAX03-5212-5102
業　種　兼業
販売形態　放送業務用映像音響システム設計・施工・保守
資本金　3,000万円　社　長　河野　雅一
設　立　平成元年7月
主な取扱い商品　放送業務用映像音響機器
顧客リスト件数　5万2,000件
従業員　38名

商品仕入担当窓口
担当者　柳橋　明　℡03-5212-5100

受注センター
　℡03-5212-5100
配送センター
　℡03-5212-5100
ショールーム
PROGEAR半蔵門
〒102-0093 千代田区平河町1-2-10　平河第一生命ビル1F　℡03-5212-5100
インターネット・ホームページアドレス
　http://www.system5.jp/
メールアドレス
　info@system5.jp

資生堂ジャパン(株)

本　社　〒104-0061 東京都中央区銀座7-5-5
　　　　℡03-3572-5111
資本金　645億円
社　長　直川　紀夫
設　立　1927年
従業員　40,000名

(株)シナリオ・センター

本　社　〒107-0061 港区北青山3-15-14
　　　　℡03-3407-6936　FAX03-3407-6946
業　種　通教専業
資本金　1,000万円　社　長　小林　幸恵
設　立　昭和46年10月
通販部門設置　昭和46年10月
講座数　23講座
受講者数　3,200名
主な講座名　シナリオ作家養成講座、シナリオ8週間講座
利用媒体　自社・新聞・雑誌
顧客リスト件数　6万件
従業員　13名　通販部門従業員　2名
インターネット・ホームページアドレス
　http://www.scenario.co.jp/
メールアドレス
　scenario@scenario.co.jp

(株)ジャストシステム

本　社　〒163-6017 東京都新宿区西新宿6-8-1 住友不動産新宿オークタワー
　　　　℡03-5324-7900
主な事業内容　ソフトウェアおよび関連サービスの企画と開発、提供
資本金　101億4,651万円
社　長　関灘　恭太郎
設　立　1981年6月2日
従業員　339人
関連会社　JustSystems Canada Inc

シャディ(株)

本　社　〒105-0004 港区新橋6-1-11
　　　　℡03-5400-5800
業　種　兼業（ギフト卸）
販売形態　個人向け通販・企業向け通販・職域・卸し・店舗
資本金　34億4,500万円
社　長　田　健作
設　立　昭和37年2月
主な発行カタログ　アズユーライク®、総合版、愛蔵版、良品生活
利用媒体　カタログ、折込チラシ
従業員　366名
受注センター
シャディカスタマーセンター
　〒580-8601 松原市松ヶ丘4-20-12
　　℡0120-48-4801
関連会社　㈱エニシル、スリーハート・コーポレーション㈱　その他
インターネット・ホームページアドレス
　http://shaddy.jp/
メールアドレス
　okyakusama@shaddy.jp

(株)JAFサービス

本　社　〒105-0012 港区芝大門1-1-30　日本自動車会館10F
　　　　℡03-3435-7211　FAX03-3435-7244
業　種　兼業（保険代理業）
販売形態　個人向け通販
資本金　4,000万円　社　長　曽奈　均
設　立　昭和54年4月
通販部門設置　昭和54年4月
主な取扱い商品　自動車関連用品、アウトドア・スポーツ用品、衣料品
主な発行カタログ　カタログ
利用媒体　カタログ、機関誌（JAF MATE）、ECサイト
従業員　37名　通販部門従業員　20名

商品仕入担当窓口
商事部通販企画課　℡03-3435-7655

インターネット・ホームページアドレス
　http://www.jafservice.co.jp
メールアドレス
　shoji@jafservice.co.jp

(株)JALUX

本　社　〒108-8209 港区港南1-2-70　品川シーズンテラス　℡03-6367-8800
通販拠点事業所
　　℡03-5460-7131　FAX03-5460-7212
業　種　兼業（商社）
販売形態　個人向け通販
資本金　25億5,855万円
社　長　篠原　昌司
設　立　昭和37年3月
通販部門設置　昭和54年6月
売上高
　24年3月期　通販部門売上　30億円
主な取扱い商品　雑貨、服飾雑貨、食品、家具、家庭用品
利用媒体　ネット
顧客リスト件数　100万件
従業員　2,411名（連結子会社含む）2016年9月末現在　通販部門従業員　30名

商品仕入担当窓口
通販企画課　℡03-5460-7131

受注センター
JALUX通販センター
　〒770-8055 徳島市山城町東浜傍示1-1
　　℡0120-25-3984
配送センター
ケイヒン配送㈱
　〒221-0036 横浜市神奈川区千若町1-1
関連会社　㈱JAL-DFS、㈱JALUXエアポート、㈱JALUX保険サービス、グレンフィールド㈱
インターネット・ホームページアドレス
　http://www.jalux.com

(株)集英社

本　社　〒101-8050 東京都千代田区一ツ橋2-5-10
通販拠点事業所　〒101-8050 東京都千代田区神田神保町3-29　神保町3丁目共同ビル　℡03-3230-5089　FAX03-3230-3338
業　種　兼業
販売形態　雑誌・書籍・辞典・児童書・コミック等の出版
資本金　1億80万円　社　長　堀内　丸恵
設　立　昭和24年7月
通販部門設置　平成19年2月
売上高
　23年5月期
　　通販部門売上　60億円
　22年5月期
　　通販部門売上　52億円
主な取扱い商品　アパレル、雑貨、コスメ等
利用媒体　カタログ、雑誌、DM、自社ネット販売、
主な運営ショッピングサイト　HAPPY PLUS STORE

顧客リスト件数　110万件
従業員　757名
関連会社　株式会社Project8
インターネット・ホームページアドレス
　https://store.hpplus.jp/

ジュピターショップチャンネル(株)

本　社　〒135-0016 江東区東陽7-2-18
　　　　　　　℡03-6756-8390
業　種　通販事業
販売形態　総合通販
資本金　44億円
代表取締役社長　小川　吉宏
設　立　平成8年11月
通販部門設置　平成8年11月
売上高
　24年3月期　総売上　1,583億5,400万円
　23年3月期　総売上　1,555億3,800万円
　22年3月期　総売上　1,573億8,300万円
主な取扱い商品　ジュエリー、コスメティック、アパレル、ファッションアクセサリー、ホームグッズ、他
主な発行カタログ　ショップチャンネル月間番組ガイド
利用媒体　TV、インターネット、カタログ、店舗、催事
従業員　1,027名（2021年3月末時点）
商品仕入担当窓口
　マーチャンダイジング
受注センター
　ショップチャンネルコールセンター
　　　　　　　☎0120-000-123
配送センター
　ショップチャンネル南船橋物流センター
　〒273-0012 千葉県船橋市浜町2-4-7
インターネット・ホームページアドレス
　http://www.shopch.jp/

(株)翔泳社

本　社　〒160-0006 新宿区舟町5
　　　　　　　℡03-5362-3800　FAX03-5362-3845
業　種　兼業（出版、他）
資本金　14億661万円　社　長　速水　浩二
設　立　明治60年12月
従業員　148名

(株)小学館イマージュ

本　社　〒101-0051 千代田区神田神保町2-14　SPビル6F
　　　　　　　℡03-3261-9151　FAX03-3261-9155
業　種　通販専業（書籍販売、美術品販売）
販売形態　個人向け通販
資本金　1,000万円　社　長　張替　憲
設　立　昭和58年6月
通販部門設置　昭和58年6月
主な取扱い商品　書籍、美術品

利用媒体　DM
顧客リスト件数　10万件
従業員　6名
ショールーム
　本社
　〒101-0051 千代田区神田神保町2-14　SPビル6F　℡03-3261-9151
インターネット・ホームページアドレス
　http://www.image.shogakukan.co.jp
メールアドレス
　image@im.shogakukan.co.jp

(株)小学館集英社プロダクション

本　社　〒101-0051 千代田区神田神保町2-30　昭和ビル
　　　　　　　℡03-3222-9100　FAX03-3515-6808
通販拠点事業所　〒101-0051 千代田区神田神保町2-30　昭和ビル
　　　　　　　℡03-3515-6790　FAX03-3515-6795
業　種　兼業
販売形態　マス通販・カタログ
資本金　4億9,900万円　社　長　紀伊　高明
設　立　昭和42年6月
通販部門設置　昭和55年4月
主な取扱い商品　アウトドア関連商品、生活雑貨、婦人物雑貨、教材等
利用媒体　雑誌
顧客リスト件数　50万件
従業員　420名　通販部門従業員　8名
受注センター
　小学館パルショップ
　〒101-0051 千代田区神田神保町2-30　昭和ビル　☎0120-468-753
配送センター
　〒279-0032 浦安市千鳥12
インターネット・ホームページアドレス
　http://www.shopro.co.jp/

(株)食文化

本　社　〒104-0045 東京都中央区築地6-15-10-304　℡03-6226-5281　FAX03-6226-5281
業　種　専業
販売形態　個人向け通販　b to b
資本金　1億9,750万円
　　　　　　　社　長　萩原　章史
設　立　2001年4月
主な取扱い商品　食品
利用媒体　ネット
従業員　34名
ホームページアドレス
　http://www.shokubunka.co.jp/index.html

(株)スイスラインジャパン

本　社　〒102-0093 千代田区平河町1-3-12
　　　　　　　℡03-5216-1785　FAX03-5216-1795
業　種　兼業（卸一部あり）
販売形態　マス通販・店舗

資本金　1,000万円　社　長　佐藤　久美子
設　立　平成11年2月
通販部門設置　平成11年2月
主な取扱い商品　スイス製化粧品、スイス製ベビー用品
利用媒体　自社・雑誌
顧客リスト件数　5万件
従業員　3名　通販部門従業員　3名

(株)THINKフィットネス

本　社　〒136-0076 江東区南砂3-3-6
　　　　　　　℡03-3645-9801　FAX03-3645-9802
通販拠点連絡先
　　　　　　　☎0120-29-2701　FAX03-5281-2713
業　種　兼業（ショールーム店頭販売）
販売形態　カタログ・店舗
資本金　2億8,962万円　社　長　手塚　栄司
設　立　昭和61年5月
通販部門設置　平成5年1月
主な取扱い商品　ウェートトレーニング・サプリメント・フィットネス用品、ファイティング用品、ウェア
主な発行カタログ　フィットネスショップオリジナルカタログ
利用媒体　雑誌
顧客リスト件数　4万件
従業員　750名　通販部門従業員　5名
商品仕入担当窓口
　担当者　小澤　良一　℡03-5281-2711
受注センター
　トレーニング用品・格闘技用品
　　　　　　　☎0120-29-2701　FAX03-5281-2713
配送センター
　〒136-0076 江東区南砂3-3-6　(株)THINKフィットネス内　℡03-3645-9801
ショールーム
　フィットネスショップ錦糸町本店
　〒130-0022 墨田区江東橋4-24-8　SKビル1F　℡03-3635-2701
　フィットネスショップ自由ヶ丘店
　〒152-0035 目黒区自由ヶ丘1-8-20　自由ヶ丘第1ビル6F　℡03-5701-9593
　フィットネスショップ水道橋（格闘技店）
　〒101-0061 千代田区三崎町3-6-13　山京中央ビル2F　℡03-3511-2711
　フィットネスショップ難波
　〒542-0085 大阪市中央区心斎橋筋2-5-15　クロスホテル大阪2F　℡06-6214-7951
　フィットネスショップ梅田
　〒530-0013 大阪市北区角田町8-7　阪急百貨店うめだ本店8F　℡06-6359-7027
　フィットネスショップあべのハルカス店
　〒545-8545 大阪市阿倍野区阿倍野筋1-1-43　あべのハルカス近鉄本店ウィング館6F　℡06-6625-2755
　フィットネスショップスポタカアメ村BIGSTEP店
　〒542-0086 大阪市中央区西心斎橋1-6-14　BIGSTEP地下1F　℡06-6484-7164

フィットネスショップ幕張千葉ANNEX店
〒261-0021 千葉県千葉市美浜区ひび野2-4 幕張プレナ3F ☎043-297-7111
フィットネスショップ名古屋栄アネックス店
〒460-0003 愛知県名古屋市中区錦3-5-4 セントラルパークアネックス2F
☎052-959-2727
フィットネスショップ阪急博多店
〒812-0012 福岡県福岡市博多区博多駅中央街1-1 博多阪急8F ☎092-419-5692
フィットネスショップコマーシャルモール博多店
〒812-0896 福岡県福岡市博多区東光寺町2-6-40 コマーシャルモール博多2F
☎092-441-8080
インターネット・ホームページアドレス
http://www.fitness-shops.jp/
メールアドレス
fs-mailorder@thinkgroup.co.jp

(株)スヴェンソン

本　社　〒107-0052 東京都港区赤坂1-9-13 三会堂ビル5F
☎03-3586-0011　FAX03-3505-5803
業　種　兼業（かつら・ウィッグの製造、販売）
販売形態　個人向け通販
資本金　9,140万円　社長　兒玉　圭司
設　立　昭和59年2月
主な取扱い商品　ヘアケア商品
利用媒体　新聞、雑誌、BS、CS、ネット
従業員　529名
インターネット・ホームページアドレス
http://www.svenson.co.jp/

(株)ストリーム

本　社　〒105-0004 東京都港区新橋6-17-21 住友不動産御成門駅前ビル5階
販売形態　個人向け通販
主な事業内容　通販事業、レンタル事業、ビューティー&ヘルスケア事業、3PL事業、各種販売支援事業、不動産事業
資本金　9億2,442万9,000円
社　長　齊藤　勝久
設　立　平成11年7月
売上高
　24年1月期　274億5,000万円
主な取扱い商品　家電製品
利用媒体　インターネット
従業員　75名
インターネット・ホームページアドレス
https://www.stream-jp.com

(株)精華堂霰総本舗

本　社　〒135-0024 江東区清澄3-10-5
☎03-3641-9288　FAX03-3641-9221
通販拠点事業所　〒989-6190 大崎市古川清水新田65-1
☎0229-26-2301　FAX0229-26-2303
業　種　兼業（米菓製造業）
販売形態　個人向け通販、企業向け通販、卸し、店舗
資本金　1億円　社長　清水　敬太
設　立　昭和10年2月
通販部門設置　平成14年2月
主な取扱い商品　あられ、おかき、米
利用媒体　カタログ、新聞、雑誌、DM、ネット
顧客リスト件数　2万件
従業員　70名
通販部門従業員　3名
商品仕入担当窓口
　直販部
　担当者　及川
　社長室
　担当者　清水　敬太
受注センター
　(株)精華堂霰総本舗
　〒989-6190 大崎市古川清水新田65-1
☎0229-26-2301
配送センター
　(株)精華堂霰総本舗
　〒989-6190 大崎市古川清水新田65-1
☎0229-26-2301
ショールーム
　(株)精華堂霰総本舗
　〒135-0024 江東区清澄3-10-5

セイコーウオッチ(株)

本　社　〒105-8467 港区虎ノ門2-8-10
☎03-6739-2111
業　種　時計卸売業
販売形態　卸し
資本金　50億円　社長　服部　真二
設　立　平成13年7月
主な取扱い商品　腕時計
従業員　425名
インターネット・ホームページアドレス
http://www.seiko-watch.co.jp/

(株)セイシン企業

本　社　〒151-0051 渋谷区千駄ヶ谷5-27-7
☎03-3350-5771　FAX03-3350-5779
業　種　兼業（粉粒体関連機器の製造・販売、受託粉体加工業務、健康食品製造・販売）
販売形態　卸し
資本金　3億円　社長　岡本　浩
設　立　昭和43年8月
主な取扱い商品　カニ殻健康食品、サメ軟骨健康食品、アミノ酸配合栄養補助食品、マンネンタケ菌糸抽出物、有機桑の葉青汁
利用媒体　新聞・雑誌・TV・ラジオ
従業員　230名　通販部門従業員　5名
商品仕入担当窓口
　健康産業部
　担当者　榎本　国彦　☎03-3350-5771
インターネット・ホームページアドレス
http://www.betterseishin.co.jp/heath/

(株)世界文化社

※通販関連事業は(株)家庭画報ビジネスパートナーズが運営
本　社　〒102-8187 千代田区九段北4-2-29
☎03-3262-5111
通販拠点連絡先
☎03-3262-5700　FAX03-3262-5590
業　種　兼業（出版業）
販売形態　カタログ・自社雑誌
資本金　5,255万円　社長　鈴木　美奈子
設　立　昭和21年2月
通販部門設置　昭和46年9月
主な取扱い商品　家庭雑貨、インテリア用品、衣料品、食品
主な発行カタログ　「家庭画報コレクション」「デリシャス」「ライフスタイル」「ベストセラー」
利用媒体　自社・雑誌・ホームページ
顧客リスト件数　20万件
従業員　220名
通販部門従業員　25名
商品仕入担当窓口　☎03-3262-5700
インターネット・ホームページアドレス
http://shop.sekaibunka.com/shop/

セコム(株)

本　社　〒150-0001 東京都渋谷区神宮前1-5-1　☎03-5775-8100
社　長　尾関　一郎
設　立　1962年7月7日
従業員　16,153人

セダージャパン(株)

本　社　〒101-0051 千代田区神田神保町3-2-29 CJビル
☎03-3222-5781　FAX03-3222-5783
業　種　卸し業
資本金　2,000万円　社長　一杉　喜重
設　立　平成元年8月
主な取扱い商品　帽子、日傘、衣類
主な発行カタログ　通販生活、ピカイチ事典、ハルメク、ディノス、生協
利用媒体　カタログ、DM、ネット
従業員　7名
商品仕入担当窓口
　担当者　一杉　喜重　☎03-3222-5781

(株)世田谷自然食品

本　社　〒158-0097 世田谷区用賀4-10-1

(株)セブン&アイ・ネットメディア

本　社　〒102-0083 千代田区麹町5-4　NK麹町ビル　℡03-6866-5713
業　種　通販専業
販売形態　個人向け通販
資本金　30億円
代表取締役社長　鈴木　康弘
設　立　平成11年8月
通販部門設置　平成11年11月
主な取扱い商品　書籍、雑誌、CDソフト、DVDソフト、食品、雑貨、化粧品など
利用媒体　ネット
商品仕入担当窓口
　　　　　　　　　℡03-6866-5711
インターネット・ホームページアドレス
　http://www.7netshopping.jp
メールアドレス
　pr@7netshopping.jp

セレクチュアー(株)

本　社　〒141-0031 品川区西五反田2-2-10　POLA第2ビル3F
　　　　℡03-6420-1122　FAX03-6420-1123
業　種　通販専業
資本金　1,000万円　社長　小田　聞平
設　立　平成17年2月
通販部門設置　平成12年7月
主な取扱い商品　インテリア・雑貨・キッチン・ファッション・ベビーキッズ
顧客リスト件数　130万件
従業員　39名
商品仕入担当窓口
商品部
担当者　平山　佳菜　℡03-6420-1122
受注センター
サポートセンター
〒604-0835 京都府京都市中京区高宮町206　御池ビル6階　℡075-241-0200
メールアドレス
　info@angers-web.com

(株)セレック

本　社　〒144-0034 大田区西糀谷1-3-13
　　　　℡03-5737-2668　FAX03-5737-2669

　　　　℡03-6738-7300
業　種　通販専業
資本金　1,000万円　社長　河西　英治
設　立　平成13年7月
売上高
　23年6月期　総売上　326億円
　22年6月期　総売上　335億円
主な取扱い商品　健康食品・自然食品
利用媒体　新聞、雑誌、折込チラシ、地上波テレビ、DM
顧客リスト件数　270万件
従業員　200名

業　種　兼業（カメラ、材料販売）
販売形態　総合通販
資本金　1,000万円　社長　國枝　君
設　立　平成元年4月
通販部門設置　平成元年4月
主な取扱い商品　中古カメラ、コレクションカメラ、コンパクトカメラ、レンズ、その他材料
主な発行カタログ　カメラ在庫一覧表
利用媒体　雑誌
顧客リスト件数　3,000件
インターネット・ホームページアドレス
　http://www11.ocn.ne.jp/~apcs/main.htm

全日空商事(株)

本　社　〒105-7140 港区東新橋1-5-2　汐留シティセンター
通販拠点連絡先
　　　　℡03-6735-5018　FAX03-6735-5040
業　種　兼業（商社）
販売形態　総合通販
資本金　10億円　社長　志岐　隆史
設　立　昭和45年10月15日
通販部門設置　昭和60年5月
売上高
　24年3月期　総売上　1,212億9,700万円
　　うち通販部門売上　44億9,000万円
　23年3月期　総売上　1,060億6,000万円
　　うち通販部門売上　62億9,000万円
　22年3月期　総売上　831億2,800万円
　　うち通販部門売上　71億5,000万円
主な取扱い商品　衣料品・雑貨、家庭用品、食品、サービス、鞄、トラベル用品、コスメ
利用媒体　ネット
顧客リスト件数　162万件
従業員　440名　通販部門従業員　31名
商品仕入担当窓口
WEBセールス事業部（商品仕入担当窓口）
担当者　大橋　克之　℡03-6735-5018
配送センター
インターナショナル・カーゴ・サービス㈱
ANA SKY SHOP係
〒289-1608 千葉県山武郡芝山町岩山148-15　GLP成田4-7　℡0479-78-8312
インターネット・ホームページアドレス
　http://www.astyle.jp
メールアドレス
　astyle@anatc.com

(株)ソーシャルテック

本　社　〒160-0023 東京都新宿区西新宿7-7-30 小田急西新宿O-PLACE5F
　　　　℡0120-958-303　FAX03-5338-5662
業　種　通販専業
販売形態　個人向け通販
資本金　2,000万円

社　長　望月　亨
設　立　平成24年10月
主な取扱い商品　育毛剤　チャップアップ（CHAP UP）育毛ローション、チャップアップ（CHAP UP）育毛サプリ
利用媒体　ネット
インターネット・ホームページアドレス
　https://socialtech.co.jp
メールアドレス
　info@chapup.jp

ソースネクスト(株)

本　社　〒107-0052 東京都港区赤坂1-14-14　第35興和ビル4
主な事業内容　パソコン・スマートフォンソフトウェアおよびハードウェア製品の企画・開発・販売
資本金　3,688百万円
会　長　松田　憲幸
設　立　1996年8月
従業員　単体：121名　連結：142名
関連会社　EUS、ロゼッタストーン・ジャパン

(株)そごう・西武

本　社　〒102-0084 千代田区二番町5-25
通販拠点事業所　〒102-0084 千代田区二番町5-25　℡03-6272-7217
業　種　兼業（百貨店業）
資本金　100億円　社長　林　拓二
主な取扱い商品　化粧品、衣料品、インテリア雑貨、食品
利用媒体　カタログ、新聞、雑誌、ラジオ、折込チラシ、地上波テレビ、DM、ネット
ホームページアドレス
　http://edepart.omni7.jp

(株)ソフマップ

本　社　〒101-0021 千代田区外神田1-16-9　朝風2号館ビル　℡03-5958-3216
業　種　兼業（デジタルグッズの専門小売業）
販売形態　個人向け通販、企業向け通販、店舗
資本金　1億円
社　長　中阿地　信介
設　立　昭和57年4月
通販部門設置　昭和63年4月
主な取扱い商品　パソコン、周辺機器などのデジタルグッズ、ソフトウエア、生活家電
利用媒体　インターネット
従業員　649名
関連会社　㈱ビックカメラ
インターネット・ホームページアドレス
　http://www.sofmap.com

損保ジャパンDIY生命保険(株)

本　社　〒160-0023 新宿区西新宿6-10-1 日土地西新宿ビル
　　　　℡03-5437-9047　FAX03-3343-2241
業　種　通販専業（生命保険）
販売形態　個人向け通販
資本金　101億円　　社　長　山本　学
設　立　平成11年4月
通販部門設置　平成11年4月
主な取扱い商品　生命保険
利用媒体　新聞、雑誌、折込チラシ、地上波テレビ、CS、ネット

大作商事(株)

本　社　〒100-0004 千代田区大手町1-5-1 大手町ファーストスクエアイーストタワー17F　℡03-5219-1111　FAX03-5219-1100
業　種　兼業（一般雑貨、家電製品、輸入卸しおよび通信販売）
販売形態　個人向け通販、企業向け通販、卸し
資本金　3,900万円　　社　長　大作　一平
設　立　昭和38年12月
通販部門設置　平成15年4月
主な取扱い商品　マジクール、ピュアサプライ、CLICCA、ナイトスターJP、ディカパック、マジックハンズ、フレキシスネイク、ハンドプレッソ
利用媒体　ネット
顧客リスト件数　5万件
従業員　30名　　通販部門従業員　5名
配送センター
大作商事㈱ロジスティクスセンター
〒340-0013 草加市松江5-7-1

泰星コイン(株)

本　社　〒170-0013 豊島区東池袋2-23-2 UBG東池袋ビル1F
　　　　℡03-3590-8222　FAX03-3590-7088
業　種　兼業（店舗販売、ウェブ販売、銀行経由販売）
販売形態　個人向け通販、頒布、卸、店舗
資本金　2億円　　社　長　岡　政博
設　立　平成6年
通販部門設置　平成6年5月
主な取扱い商品　記念コイン、流通コイン、メダル
主な発行カタログ　泰星マンスリー、チャレンジャー
利用媒体　新聞、ラジオ、テレビ、インターネット、カタログ
顧客リスト件数　3万件
従業員　33名　　通販部門従業員　9名
商品仕入担当窓口
　販売グループ（直販担当）
　　　　℡03-3590-8222
　販売グループ（法人担当）

　　　　℡03-3590-8284
ショップ
〒170-0013 豊島区東池袋2-23-2　UBG東池袋ビル1F　℡03-3590-8233
インターネット・ホームページアドレス
　http://www.taiseicoins.com/
メールアドレス
　info@taiseicoins.com

(株)高島屋

本　社　〒542-8510 大阪府大阪市中央区難波5-1-5
通販拠点事業所　〒103-0027 東京都中央区日本橋2-12-10
資本金　660億2,500万円　社　長　村田善郎
設　立　大正8年
売上高
　24年2月期　通販売上高　454億9,000万円
　23年2月期　通販売上高　507億6,000万円
　22年2月期　通販売上高　470億円
主な取扱い商品　衣料品、服飾雑貨、家具、家庭用品、雑貨、食料品
主な運営ショッピングサイト　高島屋オンラインストア
インターネット・ホームページアドレス
　https://www.takashimaya.co.jp/shopping/

(株)タカトク

本　社　〒130-0026 墨田区両国1-7-2
　　　　℡03-5625-7801　FAX03-5625-7803
業　種　通販専業
販売形態　企業向け通販
資本金　8,150万円
代表取締役　吉川　一秋
設　立　平成12年2月
通販部門設置　平成12年2月
主な取扱い商品　輸入車補修部品
主な発行カタログ　タカトクタイムズ
利用媒体　カタログ・雑誌・ネット
顧客リスト件数　2万1,000件（事業所）
従業員　17名　　通販部門従業員　12名
商品仕入担当窓口
　支援本部
　担当者　北橋　　　　℡03-5758-7801
インターネット・ホームページアドレス
　http://www.takatokuweb.com
メールアドレス
　kitahashik@takatoku.co.jp

(株)タカラトミー

本　社　〒124-8511 葛飾区立石7-9-10
　　　　℡03-5654-1548
業　種　兼業（玩具製造業）
資本金　4億500万円　社　長　富山　幹太郎
設　立　昭和28年1月

通販部門設置　平成4年11月
主な取扱い商品　玩具・キャラクターグッズ
利用媒体　自社・雑誌・web
顧客リスト件数　2万件
インターネット・ホームページアドレス
　http://www.tomy.co.jp/borg/borg.htm
メールアドレス
　oasis@t-web.tomytec.co.jp

タンタンコーポレーション(株)

本　社　〒193-0832 東京都八王子市散田町3-4-19
業　種　通販専業
販売形態　個人向け通販
資本金　9,700万円
社　長　丹澤　直人
設　立　昭和21年3月
売上高
　24年2月期　29億2,300万円
主な取扱い商品　家電製品
利用媒体　インターネット
従業員　30名
インターネット・ホームページアドレス
　https://www.tantan.co.jp

(株)千曲商会

本　社　〒110-0015 台東区東上野3-19-15
　　　　℡03-3833-1037　FAX03-3833-1038
業　種　兼業（全国ネット展示即売会の開催、総合輸入カメラ付属品の小売・卸し）
販売形態　個人向け通販・頒布・卸し・店舗
資本金　1,000万円　社　長　木舗　俊一
設　立　昭和41年5月
通販部門設置　昭和41年5月
主な取扱い商品　輸入カメラ等
主な発行カタログ　自家製DM
利用媒体　カタログ・新聞・雑誌・ラジオ・地上波テレビ・ネット
顧客リスト件数　1万件
従業員　3名　　通販部門従業員　3名
関連会社　㈱千曲商会・横浜店（別法人）
インターネット・ホームページアドレス
　http://www.chikuma-camera.jp/

チューリッヒ保険会社(チューリッヒ・インシュアランス・カンパニー・リミテッド)

本　社　〒164-8511 中野区中野4-10-2 中野セントラルパークサウス16F
　　　　℡03-6832-2111　FAX03-6832-2151
業　種　損害保険業務
販売形態　個人向け通販・その他
日本における代表者および最高経営責任者
　西浦　正親
設　立　昭和61年
通販部門設置　平成9年
主な取扱い商品　リスク細分型自動車保

険、傷害保険、自動二輪自動車保険、医療保険 等
利用媒体 新聞・雑誌・ラジオ・折込チラシ・地上波テレビ・DM・CS・ネット・モバイル
従業員 約1,050人（パート社員含む）
関連会社 チューリッヒ生命（チューリッヒ・ライフ・インシュアランス・カンパニー・リミテッド）
インターネット・ホームページアドレス
http://www.zurich.co.jp/
メールアドレス
pr@zurich.co.jp

(株)ディーアール

本社 〒107-0052 港区赤坂2-5-1 東邦ビルディング8F
　☎03-5574-8870　FAX03-5574-8871
業種 通信販売の総合企画（販促・商品開発・データ管理）カタログ誌の発行
販売形態 カタログ・卸し
資本金 1,000万円　**社長** 藤井 伸一
設立 平成6年9月
通販部門設置 平成6年6月
主な取扱い商品 化粧品、健康食品、各種グッズ等のダイレクトマーケティング企画及び販売
主な発行カタログ 自社顧客向けDM
利用媒体 自社・雑誌
顧客リスト件数 70万件
従業員 58名　**通販部門従業員** 30名
商品仕入担当窓口
商品開発
担当者　金、細野　☎03-5574-8870
通販担当部署
担当者　通販部　金澤、五十嵐
　　　　　　　　　☎03-5574-8870
インターネット・ホームページアドレス
http://www.dr-coltd.jp/

(株)ディーエムジェイ

本社 〒102-8617 千代田区九段南3-5-9
　☎03-3288-1311　FAX03-3288-0400
業種 通信教育、通信販売全般
販売形態 個人向け通販、通教
資本金 7,000万円（グループ）
代表取締役 西方 裕暢
設立 平成元年6月
主な取扱い商品 各種通信教育講座全般、健康食品、趣味用品等の通信販売全般
利用媒体 新聞、雑誌、折込チラシ、DM、ネット、TV
顧客リスト件数 1,300万件
従業員 80名
商品仕入担当窓口
取締役執行役員本部長
担当者　神田 信之　☎03-3288-1311
関連会社 ㈱全日本通教、㈱全日本通販

インターネット・ホームページアドレス
http://www.dmjegao.com/corporate/

TKS(株)

本社 〒100-0013 千代田区霞が関3-3-1 尚友会館
　☎03-5157-2225　FAX03-5157-2226
業種 兼業（ビジネスアレンジャー業、アセットマネージメント業、ビジネスコンサルタント業、メディカルモール運営事業、医師開業支援事業）
販売形態 個人向け通販・卸し
資本金 1,000万円
代表取締役 平野 万里
設立 平成15年10月
通販部門設置 平成16年12月
主な取扱い商品 化粧品（基礎化粧品）
利用媒体 カタログ、新聞、雑誌、DM、ネット
顧客リスト件数 2万件
従業員 10名　**通販部門従業員** 5名
受注センター
お客様相談室
〒100-0013 千代田区霞が関3-3-1尚友会館1F
　　　　　　　　☎03-5157-2225
配送センター
〒100-0013 千代田区霞が関3-3-1尚友会館1F
　　　　　　　　☎03-5157-2225
インターネット・ホームページアドレス
http://www.tks-tks.co.jp
メールアドレス
miwa@tks-tks.co.jp

ディーニーズ(株)

本社 〒144-0051 大田区西蒲田7-25-7
　☎03-5713-2261　FAX03-5713-2262
業種 兼業
販売形態 個人向け通販、卸し
資本金 1,000万円　**社長** 莫 慶
設立 昭和45年10月
売上高
24年3月期 総売上 196億3,900万円
23年3月期 総売上 204億7,300万円
22年3月期 総売上 189億1,400万円
主な取扱い商品 雑貨、補整下着、青汁
主な発行カタログ 通販画報
利用媒体 新聞、地上波テレビ、ネット
従業員 120名
商品仕入担当窓口
企画営業
担当者　河合 小野　☎03-5713-2261
インターネット・ホームページアドレス
http://mono.tv

(株)ＴＢＳグロウディア

本社 〒107-6112 港区赤坂5-2-20 赤坂パークビル12F

　☎03-3505-8686　FAX03-3505-8681
業種 通販兼業
販売形態 マス通販
資本金 5,000万円　**社長** 園田 憲
設立 平成30年6月
売上高 ※2019年4月にＴＢＳの通販子会社のグランマルシェを含むＴＢＳグループ7社と吸収合併し設立したため、20年以降はショッピング事業本部の売上を記載した
24年3月期 通販関連売上 154億4,300万円
23年3月期 通販関連売上 152億円
22年3月期 通販関連売上 155億6,000万円
主な取扱い商品 衣料品、服飾雑貨、家具・家庭用品、雑貨、食品
主な発行カタログ The TBS TASTE
利用媒体 TV・ラジオ・CS・インターネット・BS
インターネット・ホームページアドレス
https://www.tbsglowdia.co.jp

ディーライズ(株)

本社 〒111-0051 東京都台東区蔵前3-16-1 KMHビル2F
　☎03-5825-1911　FAX03-5825-1611
通販拠点事業所 〒111-0051 東京都台東区蔵前3-16-1 KMHビル2F
　☎03-5825-1911　FAX03-5825-1611
業種 通販専業
資本金 1,000万円　**社長** 貴島 康博
設立 平成20年3月
通販部門設置 平成20年3月
売上高
24年2月期 総売上 180億5,400万円
23年2月期 総売上 178億7,500万円
22年2月期 総売上 174億4,900万円
主な取扱い商品 家電・カメラ・パソコン・カー用品
利用媒体 自社ネット販売、楽天市場、yahoo!shopping、amazon、auPAYマーケット!、Qoo 10、
主な運営ショッピングサイト ディーライズ
従業員 20名
通販部門従業員 20名
商品仕入担当窓口
担当者　仕入担当　☎03-5825-1912
インターネット・ホームページアドレス
http://www.d-rise.jp/
メールアドレス
information@d-rise.jp

(株)dazzy

本社 〒104-0061 東京都中央区銀座6-10-1 GINZA SIX10F
　☎03-5422-9900　FAX03-5422-9915

業　種　兼業
販売形態　個人向け通販、店舗
資本金　1,000万円
代表取締役　下井　大学
設　立　平成19年9月
主な取扱い商品　ドレス、カラーコンタクト、女性下着、アパレル
利用媒体　雑誌、ネット
従業員　78名
インターネット・ホームページアドレス
　http://dazzy.co.jp/
メールアドレス
　info@dazzy.co.jp

㈱DINOS CORPORATION

本　社　〒164-0012 中野区本町2-46-2 中野坂上セントラルビル　℡03-5353-1111
業　種　通販専業
販売形態　総合通販
資本金　1億円　　社　長　宇津　洋一
創　業　昭和46年12月
設　立　平成3年3月
通販部門設置　昭和47年1月
売上高
　24年3月期　総売上　514億7,400万円
　　うち通販部門売上　479億4,500万円
　23年3月期　総売上　592億6,800万円
　　うち通販部門売上　553億7,200万円
　22年3月期　総売上　604億6,200万円
　　うち通販部門売上　565億6,100万円
主な取扱い商品　衣料品、服飾雑貨、家具・家庭用品、雑貨、食品、サービス
主な発行カタログ　ディノスリビング、ディノスウィズ、ハウスタイリング、ダーマ・コレクション、ルールビス　他
利用媒体　新聞・雑誌・TV・折込チラシ・カタログ・インターネット
従業員　699名
受注センター
ディノスハートコールセンター（東京）
〒164-0012 中野区本町2-46-2　中野坂上セントラルビル　℡03-5353-8888
配送センター
ディノスロジスティクスセンター東京
〒194-0215 町田市小山ヶ丘2-1-6
　　　　　　　　　　℡042-850-2600
ディノスロジスティクスセンター相模原
〒252-0245 神奈川県相模原市中央区田名塩田1-11-3　℡042-711-8320
店　舗
DAMAお客様サロン有楽町（東京）
〒100-0006 東京都千代田区有楽町2-10-1 有楽町東京交通会館3F　☎0120-221-593
DAMAショップ新宿京王店（東京）
〒160-0023 東京都新宿区西新宿1-1-4 京王百貨店新宿店3F
　　　　　℡（直通）03-5321-5399
関連会社　㈱フジ・メディア・ホールディングス、㈱ディノスコールセンター　他

インターネット・ホームページアドレス
　https://dinos-corp.co.jp

㈱テレビ朝日

本　社　〒106-8001 港区六本木6-9-1
　　　　　　　　　　℡03-6406-1111
通販拠点事業所　〒106-8001 港区六本木6-9-1　森タワー16F
　　　℡03-6406-1971　FAX03-3405-3770
主な取扱い商品　家庭用品、食品、雑貨、アパレル、インテリアなど。
利用媒体　地上波テレビ、BS、CS、ネット

㈱テレビ東京ダイレクト

本　社　〒105-0001 港区虎ノ門4-3-12 日経虎ノ門別館3階
　　　℡03-5401-0220　FAX03-5401-0228
業　種　通販専業（テレビ＆ネット通販、TV通販広告）
販売形態　個人向け通販
資本金　2,000万円
代表取締役社長　久保田　明
設　立　平成6年12月
通販部門設置　平成6年12月
売上高
　24年3月期　総売上　113億6,700万円
　　うち通販部門売上　110億2,700万円
　23年3月期　総売上　111億1,800万円
　　うち通販部門売上　107億5,400万円
　22年3月期　総売上　120億800万円
　　うち通販部門売上　116億5,700万円
主な取扱い商品　家庭雑貨、スポーツ健康器具、特定保健食品、食料品、飲料品
利用媒体　地上波テレビ・BS・CS・ネット・モバイル・カタログ
顧客リスト件数　70万件
従業員　36名　　通販部門従業員　32名
商品仕入担当窓口
販売戦略会議
幹事　石神　類　　　　℡03-5401-0220
関連会社　テレビ東京グループ各社（テレビ東京、テレビ東京メディアネット、テレビ東京ミュージック、他）
インターネット・ホームページアドレス
　https://www.tv-tokyoshop.jp

㈱トイズプレス

本　社　〒135-0044 江東区越中島1-3-12-1003　℡03-3643-9691　FAX03-3643-9699
通販拠点事業所　〒272-0133 市川市行徳駅前1-27-20　℡047-395-0105
業　種　兼業（出版・CD及びビデオソフトの制作・販売等）
販売形態　マス通販・他
資本金　1,000万円　　社　長　佐藤　良悦
設　立　昭和61年10月
通販部門設置　昭和62年10月

主な取扱い商品　書籍、CD、ビデオソフト、テレカ、グッズ
主な発行カタログ　パーセルショップ
利用媒体　自社・雑誌・インターネット
顧客リスト件数　1万件
従業員　5名　　通販部門従業員　3名
関連会社　㈱パーセル、㈱エディット
インターネット・ホームページアドレス
　http://www.storystore.co.jp/
メールアドレス
　storystore@toyspress.co.jp

㈱トウ・キユーピー

本　社　〒182-0002 調布市仙川町2-5-7　仙川キユーポート
　　　℡03-5384-7655　FAX03-5384-7666
業　種　通販専業
販売形態　個人向け通販、職域
資本金　1,000万円　　社　長　谷川　和正
設　立　昭和43年9月
通販部門設置　平成1年12月
主な取扱い商品　栄養補助食品、キユーピーグッズ、食品
利用媒体　新聞、雑誌、ネット
従業員　30名
通販部門従業員　30名
配送センター
（株）キユーソー流通システム五霞第2営業所
〒306-0313 猿島郡五霞町元栗橋358-2
　　　　　　　　　　℡0280-84-4555
インターネット・ホームページアドレス
　http://www.blueflag.co.jp
メールアドレス
　tqp@kewpie.co.jp

東京アロエ㈱

本　社　〒176-0006 練馬区栄町15-4
　　　℡03-3994-5011　FAX03-3948-0795
業　種　兼業（化粧品、健康食品製造）
販売形態　カタログ・卸し
資本金　1,000万円　　社　長　芦川　正義
設　立　昭和44年6月
通販部門設置　昭和60年
主な取扱い商品　アロエ化粧品、健康食品
利用媒体　雑誌
顧客リスト件数　2万5,000件
従業員　20名　　通販部門従業員　6名
インターネット・ホームページアドレス
　http://www.tokyo-aloe.jp/
メールアドレス
　tokyoaloe@tenor.ocn.ne.jp

東京オートマック㈱

本　社　〒142-0064 品川区旗の台2-7-10
　　　℡03-5702-0522　FAX03-5702-0552
業　種　兼業（特殊電動工具製造業）

販売形態　個人向け通販・卸し
資本金　3,870万円
代表取締役　杉山　治久
設　立　昭和44年10月
通販部門設置　平成元年10月
主な取扱い商品　電動木彫機、木彫材料、彫刻教本、電動ヤスリ研磨機、日用大工・園芸用品、サービス（木彫講師）、剥離機
主な発行カタログ　近代盆栽、各機種別木彫機カタログ（8種）、総合カタログ、木彫テキスト
利用媒体　カタログ・雑誌・ネット
顧客リスト件数　1万9,000件
従業員　20名　　内通販部門従業員　4名

商品仕入担当窓口
生産管理部
担当者　永井　　☎03-5702-0522(代)
営業部
担当者　杉山　静治　☎03-5702-0522(代)

インターネット・ホームページアドレス
　http://www.automach.com
メールアドレス
　a@automach.com

(株)東京ガロンヌ

本　社　〒177-0044 練馬区上石神井1-4-14 藤ビル　☎03-3594-0132　FAX03-3594-0134
業　種　兼業（QVCテレビ）
販売形態　卸し
資本金　1,500万円　代表取締役　西原　廣
設　立　昭和58年10月
主な取扱い商品　スターファイバーモップ、コンパ君、お掃除上手、白髪スティック、歯キレイ、他
利用媒体　地上波テレビ、BS、CS
顧客リスト件数　10万件
従業員　7名　　通販部門従業員　3名

商品仕入担当窓口
担当者　甲斐　隆斗　☎03-3594-0132

受注センター
東京ガロンヌ通販受注センター
　　　　　　　　　　☎03-3594-0132
配送センター
東京ガロンヌ1F配送センター
〒177-0044 練馬区上石神井1-4-14-1F
㈱エースサービス
〒221-0864 横浜市神奈川区菅田町439
　　　　　　　　　　☎045-471-7371
ショールーム
〒177-0044 練馬区上石神井1-4-14-3F
　　　　　　　　　　☎03-3594-0132
インターネット・ホームページアドレス
　http://www.tokyo-garonne.co.jp/
メールアドレス
　garonne@tokyo-garonne.co.jp

(株)東京商工社

本　社　〒144-0035 大田区南蒲田2-27-1

☎03-3739-8080　FAX03-3739-8860
通販拠点連絡先
　☎03-3739-8082　FAX03-3739-8861
業　種　兼業（百貨店等店頭卸し、住宅設備品卸し）
販売形態　個人向け通販、企業向け通販、卸し
資本金　3,000万円
代表取締役社長　草野　隆司
設　立　昭和26年2月
通販部門設置　平成3年2月
主な取扱い商品　防災用品、家電製品、収納用品、家庭雑貨、健康用品
利用媒体　カタログ・新聞・雑誌・ラジオ・地上波テレビ・BS・CS・ネット
従業員　45名　　通販部門従業員　4名

商品仕入担当窓口
営業部営業2課
担当者　関根　伸吾　☎03-3739-8082

インターネット・ホームページアドレス
　http://www.to-sho.co.jp
メールアドレス
　s_sekine@to-sho.co.jp

(株)東京書芸館

本　社　〒140-8536 東京都品川区南大井3-28-10 OIトレーディングビル7F
　☎03-5767-7201　FAX03-3762-7609
通販拠点事業所
業　種　通販専業
資本金　2億6,000万円　社　長　高橋洋子
設　立　大正7年
通販部門設置　昭和49年
主な取扱い商品　美術工芸品
主な発行カタログ　しょげい倶楽部
利用媒体　カタログ、新聞、雑誌、ラジオ、DM、ネット
従業員　21名
通販部門従業員　21名

商品仕入担当窓口
カタログ管理課
担当者　小見　真　　☎03-5767-7202
商品管理課
担当者　杉山　弘美　☎03-5767-7204

受注センター
　　　　　　　　　　☎0120-807-577
配送センター
㈱共栄物流サービス内東京書芸館配送センター
〒140-0012 東京都品川区勝島1-4-11
　　　　　　　　　　☎03-5767-7200
ショールーム
㈱東京書芸館
〒140-8536 東京都品川区南大井3-28-10　OIトレーディングビル7F
　☎03-5767-7201　FAX03-3762-7609
インターネット・ホームページアドレス
　https://www.shogeikan.co.jp/

(株)東京ステップ

本　社　〒105-0004 東京都港区新橋2-9-16 萬楽庵ビル6F
　☎03-3500-3960　FAX03-3500-3961
通販拠点事業所　〒105-0004 東京都港区新橋2-9-16 萬楽庵ビル6F
　☎03-3500-3960　FAX03-3500-3961
業　種　兼業
販売形態　個人向け通販
資本金　1,000万円
社　長　金森禎毅
設　立　平成6年8月
主な取扱い商品　健康食品、化粧品、チケット販売（プロレス）ミリオンハピネス、通販情報提供
利用媒体　DM、自社ネット販売
主な運営ショッピングサイト　前売り.com
メールアドレス
　tstep@tokyo-step.com

東京ロシア語学院

本　社　〒156-0052 世田谷区経堂1-11-2
　☎03-3425-4011　FAX03-3425-4048
業　種　兼業（学校法人日ソ学園が経営する専修学校昼間3年・夜間2年、他講習会）
設　立　昭和24年
通教部門設置　昭和30年
講座数　ロシア語の通信講座2コース（基礎コースⅠ・Ⅱ）、セミナーコース（10クラス）（2007年10月現在）
受講者数　約150名
利用媒体　自社・雑誌
顧客リスト件数　1,000件
従業員　10名　　通販部門従業員　2名
インターネット・ホームページアドレス
　http://www.tokyorus.ac.jp
メールアドレス
　info@tokyorus.ac.jp

トップツアー(株)

本　社　〒153-8550 目黒区東山3-8-1
　☎03-5704-3750　FAX03-5704-3774
通販拠点事業所　〒225-8525 横浜市青葉区市ヶ尾町1170-1
　☎045-978-5580　FAX045-978-5590
業　種　兼業（旅行業）
販売形態　個人向け通販
資本金　30億円　代表取締役　坂巻　伸昭
設　立　昭和31年1月
通販部門設置　昭和60年2月
主な取扱い商品　旅行
利用媒体　ネット
顧客リスト件数　14万件
従業員　1,650名　通販部門従業員　50名
インターネット・ホームページアドレス
　http://www.toptour.jp

メールアドレス
multimedia@toptour.co.jp

トランスグローバル(株)

本　社　〒110-0005 台東区上野6-7-5
　　　　℡03-5816-1203　FAX03-5818-0580
業　種　兼業（輸入衣料販売）
販売形態　個人向け通販、店舗
資本金　4,980万円　社長　市川　敏之
設　立　昭和58年10月
通販部門設置　平成9年10月
主な取扱い商品　レザージャケット、紳士衣料品
主な発行カタログ　ネット
利用媒体　ネット
顧客リスト件数　3万件
従業員　30名　通販部門従業員　5名
配送センター
東洋倉庫
浦和市大字塚本120-1　℡048-854-1040
インターネット・ホームページアドレス
　http://www.jalana.co.jp/
メールアドレス
　jalana@jalana.co.jp

(株)直　久

本　社　〒104-0061 中央区銀座3-12-7 原町ビル4F
　　　　℡03-3547-0709　FAX03-3547-8709
業　種　兼業（飲食店営業、麺類・そう菜製造販売）
販売形態　カタログ・産直・卸し・店舗
資本金　2,500万円　社長　橋本　朋郁
設　立　大正5年1月
通販部門設置　昭和61年2月
主な取扱い商品　生らーめん、ぎょうざ、中華まん、その他
主な発行カタログ　直久「味の便り」
利用媒体　自社
顧客リスト件数　3万件
従業員　150名　通販部門従業員　8名
商品仕入担当窓口
業務管理部
担当者　清水　信次　℡03-3225-1769
受注センター
「直久」お客様係
〒160-0004 新宿区四谷4-21-27
　　　　℡03-3352-0709
配送センター
「直久」調理管理センター
〒136-0082 江東区新木場1-5-11
　　　　℡03-5569-7799

(株)永谷園

本　社　〒105-0003 東京都港区西新橋2-36-1　℡03-3432-3105
主な事業内容　お茶づけ、ふりかけ、即席みそ汁、その他飲食料品の製造販売
社　長　掛谷　浩志
設　立　平成27年4月
主な設備　東京都大田区東六郷1-17-8
関連会社　㈱永谷園ホールディングス、㈱永谷園フーズ、㈱サニーフーズ、藤原製麺㈱、㈱麦の穂ホールディングス、㈱麦の穂

(有)中野古銭

本　社　〒176-0001 練馬区練馬3-23-5
　　　　℡03-3948-0068
業　種　兼業（通販及び不動産賃貸業）
販売形態　マス通販
資本金　1,000万円　社長　保野　栄三
設　立　昭和50年10月
通販部門設置　昭和62年10月
主な取扱い商品　古銭、軍装品、日本刀
主な発行カタログ　中野古銭型録No.9
利用媒体　カタログ・新聞・ネット
顧客リスト件数　3万件
従業員　12名　通販部門従業員　12名
関連会社　(有)ヤスノ
インターネット・ホームページアドレス
　http://www.n-kosen.com/
メールアドレス
　yasuno@n-kosen.com

(株)ナチュラルヘルシー

本　社　〒154-0014 東京都世田谷区新町2-15-10　4F
　　　　℡03-5451-7511　FAX03-5451-7512
業　種　兼業（健康食品原料の輸入及び卸し売り）
販売形態　総合通販・カタログ
資本金　1,000万円　社長　福島　良子
設　立　昭和62年2月
通販部門設置　昭和62年2月
主な取扱い商品　健康食品、介護用品
主な発行カタログ　自社作成総合カタログ
利用媒体　新聞・雑誌
顧客リスト件数　5万5,000件
従業員　10名　通販部門従業員　4名
商品仕入担当窓口
営業部
担当者　福島　泰貴　℡03-5451-7511
インターネット・ホームページアドレス
　http://www.natural-healthy.co.jp/
メールアドレス
　TRS@natural-healthy.co.jp

(株)ナチュレ

本　社　〒151-0053 渋谷区代々木1-57-2
　　　　℡03-3370-0751　FAX03-3370-8642
通販拠点事業所　〒169-0051 新宿区西早稲田2-7-5　℡03-3208-6741　FAX03-3208-6742
業　種　化粧品・健康食品メーカー
販売形態　卸し
資本金　1,000万円　社長　吉田　卓夫
設　立　昭和56年
通販部門設置　平成12年4月
主な取扱い商品　化粧品・健康食品・医薬部外品
従業員　12名　通販部門従業員　4名
商品仕入担当窓口
営業第2部
担当者　小松原　℡03-3208-6741

(株)ニコリオ

本　社　〒158-0097 世田谷区用賀4-10-1 世田谷ビジネススクエアタワー10F
　　　　℡03-6431-8830　FAX03-6431-8967
業　種　健康食品・化粧品通販
販売形態　個人向け通販
資本金　1億円
社　長　中上　元弘
設　立　平成12年12月
主な取扱い商品　健康食品・化粧品
ホームページアドレス
　https://corp.nicorio.co.jp

(株)ニチイ学館

本　社　〒101-8688 千代田区神田駿河台2-9
　　　　℡03-3291-2121　FAX03-3291-6886
業　種　兼業（医療関連事業、ヘルスケア事業、教育事業）
販売形態　個人向け通販・企業向け通販・通教・店舗
資本金　119億3,379万円
社　長　森　信介
設　立　昭和48年8月
受講者数　15万5,000名
主な講座名　ホームヘルパー2級・1級、医療事務（医科・歯科）、ベビーシッター養成、介護事務、介護予防運動指導員、高齢者コミュニケーター、介護福祉士受験対策、手話、等
主な取扱い商品　通信・通学教育講座、福祉用具、健康食品
主な発行カタログ　食卓ヘルパーカタログ、福祉用具カタログ、教育講座案内
利用媒体　カタログ、ネット、新聞、雑誌、TV
従業員　5,705名
商品仕入担当窓口
ヘルスケア事業部配食事業課
　　　　℡03-3291-5612
ヘルスケア事業部商品・物流課
　　　　℡03-3291-5805
受注センター
ヘルスケア事業部配食事業課
　　　　℡0120-212-295
ヘルスケア事業部商品・物流課
　　　　℡0120-605-025
教育・広告監理室　教育事業管理課

配送センター ☎0120-555-212
日本サポートサービス 上田情報流通センター
〒386-1544 上田市大字仁古田山根886-1
☎0268-37-2746
関連会社 ㈱東京丸の内出版、㈱日本サポートサービス、㈱ローリス、京浜ライフサービス㈱
インターネット・ホームページアドレス
http://www.nichiigakkan.co.jp/
http://www.e-nichii.net/
メールアドレス
kouhouka@nichiigakkan.co.jp

㈱ニチレイフーズ

本　社　〒104-8402 中央区築地6-19-20 ニチレイ東銀座ビル
☎03-3524-8522　FAX03-5565-1678
事業内容　冷凍食品、チルド食品、缶詰、レトルト食品等の売買、及びこれら商品の通信販売業
資本金　1億5,000万円
代表取締役社長　竹永 雅彦
通販部門設置　平成18年4月
主な取扱い商品　糖尿病食、気くばり御膳、シェフズバランス、他
インターネット・ホームページアドレス
http://wellness.nichirei.co.jp/
メールアドレス
wellness-box@nichirei.co.jp

日清医療食品㈱

本　社　〒100-6420 東京都千代田区丸の内2-7-3 東京ビルディング20F
☎03-3287-3611　FAX03-3287-3612
主な事業内容　給食の受託業務、医療用食品の販売、食品の販売、食器・厨房機械・厨房用備品の販売及び賃貸業務、売店の経営、飲食店業、給食・弁当の配食業、医療機関・福祉施設等の経営コンサルタント業、医療用並びに食品類の検査試薬の研究・開発・製造及び販売、不動産の賃貸及び管理業、前記業務に付帯する一切の業務
資本金　100,000,000円
社　長　菅井 正一
設　立　1972年9月25日
従業員　48,761名
主な取引先　給食の受託業務／医療用食品の販売／食品の販売／食器・厨房機械・厨房用備品の販売及び賃貸業務／売店の経営／飲食店業／給食、弁当の配食業／医療機関、福祉施設等の経営コンサルタント業／医療用並びに食品類の検査試薬の研究、開発、製造及び販売／不動産の賃貸及び管理業／前記業務に付帯する一切の業務

日清オイリオグループ㈱

本　社　〒104-8285 東京都中央区新川1-23-1　☎03-3206-5005
主な事業内容　油脂・油糧および加工食品事業、加工油脂事業、ファインケミカル事業 等
資本金　16,332百万円
社　長　久野 貴久
従業員　2,900名
インターネット・ホームページアドレス
https://shop.nisshin.oilliogroup.com/
メールアドレス
info@shop.nisshin.oilliogroup.com

日清ファルマ㈱

本　社　〒101-8441 東京都千代田区神田錦町1-25
主な事業内容　健康食品、医薬品原薬、医薬品などの製造・販売
資本金　2,689百万円
社　長　田中 秀邦
設　立　2001年7月
メールアドレス
mail@nisshin-pharma.com

㈱ニッピコラーゲン化粧品

本　社　〒120-8602 足立区千住緑町1-1-1
☎03-3888-0390
業　種　通販専業
販売形態　個人通販
資本金　4億5,000万円　社　長　鈴木 基道
設　立　昭和63年6月
売上高
　23年3月期　総売上　65億2,800万円
　22年3月期　総売上　62億2,100万円
主な取扱い商品　スキンケアクリームナノアルファ
主な発行カタログ　コラーゲンのある暮らし（季刊）
利用媒体　カタログ・新聞・雑誌・折込チラシ・BS
従業員　99名　通販部門従業員　85名
関連会社　㈱ニッピ、ニッピコラーゲン工業㈱
インターネット・ホームページアドレス
http://www.nip-col.jp
メールアドレス
info@nip-col.co.jp

日本事務器㈱

本　社　〒151-0071 東京都渋谷区本町3-12-1 住友不動産西新宿ビル6号館
☎03-3292-1511
主な事業内容　トータルソリューションサービス、コンサルティング（経営、情報システム）、情報システム開発、情報システムの運用と保守（システム運用、メンテナンス、監視サービス、ヘルプデスク）
資本金　3.6億円
社　長　田中 啓一
従業員　891名
主な取引先　日本電気、ダイワボウ情報システム、SBC&S、シーエスアイ、NECフィールディング、エヌ・デーソフトウェア、セールスフォース・ドットコム、エプソン販売、キヤノンマーケティングジャパン、くろがね工作所、グーグル、アマゾン データ サービス ジャパン
関連会社　日本事務器シェアードサービス、NJCネットコミュニケーションズ、メディカル情報サービス、NJCソフトウェア、Nippon Jimuki Singapore Pte.Ltd.

㈱ニッポン放送プロジェクト

本　社　〒102-8569 千代田区紀尾井町3-6
☎03-3265-8261
通販拠点事務所
☎03-3265-8263　FAX03-3238-7951
業　種　兼業（イベント、BGM、店舗運営、リース業 他）
販売形態　個人向け通販
資本金　6,000万円
代表取締役社長　宮本 幸一
設　立　昭和45年2月
通販部門設置　昭和51年
主な取扱い商品　アクセサリー、食品、アパレル、寝具等
主な発行カタログ　ショッピング通信
利用媒体　ラジオ
従業員　142名　通販部門従業員　33名
商品仕入担当窓口
　メディア通販
関連会社　㈱ニッポン放送
インターネット・ホームページアドレス
http://www.jolf-p.co.jp/

㈱日本ヴォーグ社

本　社　〒162-0845 新宿区市谷本村町3-23
☎03-5261-5089　FAX03-3269-7874
通販拠点連絡先
☎03-5261-5080　FAX03-3269-8710
業　種　兼業（出版業）
販売形態　カタログ
資本金　4,000万円　社　長　瀬戸 信昭
設　立　昭和33年1月
通販部門設置　昭和60年
主な取扱い商品　手芸用品全般
主な発行カタログ　手づくりタウンニュース
利用媒体　自社・雑誌
顧客リスト件数　30万件
従業員　200名　通販部門従業員　12名
商品仕入担当窓口
　通信販売部

第3部 会社概要

担当者　佐藤　哲二　℡03-5261-5080
受注センター　　　　　℡0120-923-258
配送センター
㈱NVロジテック
〒352-0015 新座市池田1-2-5　℡048-480-3222
インターネット・ホームページアドレス
　http://www.nihonvogve.co.jp/

日本カタログショッピング(株)

本　社　〒151-0062 渋谷区元代々木町14-3
　　　　℡03-3465-7511　FAX03-3373-8705
業　種　兼業
資本金　1,000万円　**社　長**　浅井　三郎
設　立　昭和53年9月
通販部門設置　昭和53年9月
主な取扱い商品　衣料品、アクセサリー、家具・インテリア、スポーツ・レジャー用品、種苗、他
主な発行カタログ　園芸生活、Belle Vie
利用媒体　新聞・雑誌

商品仕入担当窓口　　　　　商品事業課
関連会社　日本園芸協会
インターネット・ホームページアドレス
　http://www.tu-shop.com/
メールアドレス
　info@tu-shop.com

㈶日本棋院

本　社　〒102-8668 千代田区五番町7-2
　　　　℡03-3288-8788　FAX03-5275-6844
業　種　兼業（囲碁団体）
販売形態　カタログ・店舗・インターネット通販
基本金　2億1,600万円　**理事長**　和田　紀夫
設　立　大正13年7月
通販部門設置　昭和30年4月
主な取扱い商品　囲碁関連用品
利用媒体　自社
顧客リスト件数　10万件
従業員　100名　**通販部門従業員**　1名
配送センター
DM広告社（通信販売センター・電話業務委託）
〒275-0001 習志野市東習志野8-30-15
　　　　　　　　　　℡047-493-0908
インターネット・ホームページアドレス
　日本棋院公式ホームページ
　http://www.nihonkiin.or.jp/
　楽天市場内オンライン囲碁ショップ
　http://www.rakuten.co.jp/nihonkiin/
メールアドレス
　日本棋院　sale@nihonkiin.or.jp
　楽天市場内オンライン囲碁ショップ
　igoshop@nihonkiin.or.jp

㈶日本技能教育開発センター

本　社　〒162-0832 新宿区岩戸町18　日交神楽坂ビル
　　　　℡03-3235-8686　FAX03-3235-8685
業　種　通販専業
販売形態　通教
基本金　4,500万円　**理事長**　石岡 慎太郎
設　立　昭和46年4月
主な取扱い商品　通信教育教材一式
利用媒体　企業向け専用カタログ
顧客リスト件数　2,500件
従業員　62名

商品仕入担当窓口
個人市場開拓グループ　担当者　斎藤　恵美子　℡03-3235-8680
インターネット・ホームページアドレス
　http://www.jtex.ac.jp/

(協)日本脚本家連盟

本　社　〒106-0032 港区六本木6-1-20　六本木電気ビル
　　　　℡03-3404-6761　FAX03-3479-4250
業　種　兼業（通学教室）
資本金　125万円　**理事長**　金子　成人
設　立　昭和41年3月
通教部門設置　昭和45年4月
講座数　3講座（2006年3月現在）
受講者数　160名
主な講座名　脚本家教室通信教育部、作詞通信添削コース
利用媒体　自社・雑誌
従業員　8名　**通販部門従業員**　2名
インターネット・ホームページアドレス
　http://www.writersguild.or.jp/
メールアドレス
　school@writersguild.or.jp

日本コロムビア(株)

本　社　〒107-0062 東京都港区南青山6-10-12 フェイス南青山　℡03-6895-9001
業　種　兼業（オーディオビデオソフト等の製作、製造、販売）
販売形態　個人向け通販、企業向け通販、卸し
資本金　10億円
社　長　土門　義隆
設　立　明治43年10月
通販部門設置　平成16年1月
主な取扱い商品　美空ひばり昭和を歌う、鮫島有美子抒情歌集、船村徹が歌う愛情の譜
主な発行カタログ　音の楽園
利用媒体　カタログ、新聞、雑誌、ネット
従業員　375名
関連会社　シーエムイーインク、エスエスジーエルエルシー、シーツーデザイン、コロムビア・マーケティング㈱、コロムビアソングス㈱、他
インターネット・ホームページアドレス
　http://shop.columbia.jp

(株)日本コンサルタントグループ

本　社　〒161-8553 新宿区下落合3-22-15 ニッコンビル
　　　　℡03-5996-7541　FAX03-5996-7542
通教拠点事業所　〒161-0033 新宿区下落合3-16-14　第2ニッコンビル
　　　　℡03-3565-3729　FAX03-3953-5788
業　種　兼業（総合経営コンサルテーション）
資本金　5,000万円　**社　長**　清水　秀一
設　立　昭和31年12月
通教部門設置　昭和41年1月
主な講座名　建設業現場代理人マネジメントコース、建設業入門コース、中堅社員ステップアップコース、スーパー店長マネジメントコース、飲食店店長マネジメントコース、チャレンジザ社会人
利用媒体　自社・新聞・雑誌
従業員　170名　**通販部門従業員**　4名

商品仕入担当窓口
教育センター
担当者　加藤　　℡03-3565-3729
インターネット・ホームページアドレス
　http://www.niccon.co.jp/media/

日本自然療法(株)

本　社　〒160-0023 新宿区西新宿6-26-12 I・T・Oビル2F
　　　　℡03-3346-3441　FAX03-3346-3925
業　種　兼業（健康食品製造・販売（卸）、小売）
資本金　2,000万円　**社　長**　山本　倫大
設　立　平成7年8月
通販部門設置　平成14年4月
主な取扱い商品　高品質プロポリス製品（エキス・粒・ソフトカプセル）、プロポリス・ハーブキャンディ、プロポリス配合薬用歯磨、化粧品、ローヤルゼリー、グルコサミンプロポリス、ガーリックプロポリス、ブルーベリープロポリス
利用媒体　カタログ、新聞、雑誌、ラジオ、DM、JT「プロポリス健康増進会」
顧客リスト件数　28,500件
従業員　13名（関連会社含む）
通販部門従業員　4名

商品仕入担当窓口
営業部　担当者　堂野禅
事業部　担当者　後藤有倫
関連会社　製造：日本自然食品㈲、顧客相談窓口：㈱光明堂漢方生薬
インターネット・ホームページアドレス
　http://www.propodental.com
メールアドレス
　goto@nnf.co.jp

日本生活協同組合連合会

本　社　〒150-8913 渋谷区渋谷3-29-8　コーププラザ

☎03-5778-8111　FAX03-5778-8112
通販拠点事業所　〒169-0073 新宿区百人町3-25-1　サンケンビルヂング3F
☎03-6748-9602　FAX03-6748-9634
業　種　兼業（カタログ事業部、CO-OP商品の開発・卸売業、全国の生協の指導団体）
販売形態　卸し
出資金　89億9,000万円
会　長　土屋　敏夫
設　立　昭和26年3月
通販部門設置　昭和62年4月
主な取扱い商品　生鮮・農産食品、日配品、加工食品、家庭日用品、衣料品
主な発行カタログ　「くらしと生協」、「くらしと生協　まいにち着る服」、「くらしと生協　住まいの快適物語」、「ホームファッション」
利用媒体　自社
顧客リスト件数　780万件
従業員　1,432名

商品仕入担当窓口
家庭用品グループ
担当者　田中　隆平・髙田雄二郎
☎050-3205-1265
衣料グループ
担当者　橘　雅史・安藤　晃
☎050-3205-1263

受注センター
「くらしと生協」カタログセンター
〒171-0022 豊島区南池袋2-16-8　ベルシステム24内
☎0120-09-8282
問合せセンター
「くらしと生協」カタログセンター
〒169-0073 新宿区百人町3-25-1　サンケンビルヂング5F
☎050-3205-1275
配送センター
ケイヒン配送横浜物流センター
〒221-0036 横浜市神奈川区千若町3-1
☎045-453-3543
インターネット・ホームページアドレス
http://jccu.coop/

日本テレビホールディングス(株)

本　社　〒105-7444 港区東新橋1-6-1
☎03-6215-3026　FAX03-6215-3027
業　種　兼業、商業テレビ放送
販売形態　個人向け通販
資本金　186億円
社　長　福田　博之
設　立　昭和27年10月
通販部門設置　平成17年12月
売上高
　24年3月期　総売上　4,235億2,300万円
　　うち通販部門売上高　78億7,500万円
　23年3月期　総売上　4,139億7,900万円
　　うち通販部門売上高　81億700万円
　22年3月期　総売上　4,063億9,500万円
　　うち通販部門売上高　87億9,200万円
主な取扱い商品　食品、美容機器、寝具

利用媒体　地上波テレビ、DM、BS、CS、ネット
通販部門従業員　33名

商品仕入担当窓口
事業局通販事業部
通販事業部担当者　リテールビジネス事業部担当　☎03-6215-3026

インターネット・ホームページアドレス
https://www.ntv.co.jp/

日本テレフォンショッピング(株)

本　社　〒160-0022 新宿区新宿1-27-2　ルミエール御苑3F
☎03-3341-1686　FAX03-3341-1693
業　種　通販専業
販売形態　個人向け通販・職域・卸し・その他
資本金　1億円　社　長　小見山　邦興
設　立　昭和52年4月
主な取扱い商品　家電品、OA機器、パソコン、家具、楽器、健康・美容機器、カメラ、スチール家具、住宅設備、調理器具、他
利用媒体　ネット・電話
顧客リスト件数　6万5,000件
従業員　10名　　通販部門従業員　10名
インターネット・ホームページアドレス
http://www.telshop.co.jp/
http://www.rakuten.co.jp/tels/

(株)日本話し方センター

本　社　〒101-0047 千代田区内神田1-13-1 豊島屋ビル　☎03-5283-1874
業　種　兼業（話し方教室、話し方教材CD・カセット・ビデオ販売）
資本金　1,000万円　社　長　島田　浩子
設　立　昭和28年4月
通教部門設置　昭和35年
講座数　53講座（2004年10月現在）
受講者数　654名
主な講座名　話し方・生き方教室、3ヵ月基礎コース／コミュニケーション＆ヒューマンリレーションズセミナー
利用媒体　自社・新聞・雑誌
顧客リスト件数　9,300件
従業員　5名
インターネット・ホームページアドレス
http://www.ohanashi.co.jp/
メールアドレス
egawa@ohanashi.co.jp

(株)日本フローラルアート

本　社　〒166-0003 杉並区高円寺南1-18-14 矢島ビル2F
☎03-6265-5710　（代表）　FAX03-6265-5851
業　種　通販専業
販売形態　個人向け通販・企業向け通販・

通教
資本金　1,000万円
代表取締役社長　吉森　孝子
設　立　昭和44年11月
通販部門設置　昭和44年11月
主な取扱い商品　通信教育講座、ゴルフ用品、英会話教材、DVD、ビデオ、CD、書籍
利用媒体　カタログ・新聞・雑誌
顧客リスト件数　300万件
従業員　50名　　通販部門従業員　50名

商品仕入担当窓口
企画開発部
担当者　木山　耕　☎03-3318-0117
通教企画部
担当者　岡野谷　泰広
☎03-3318-0114
広告部
担当者　吉森　恵　☎03-3318-0118
仕入部
担当者　森山　浩二　☎03-3318-0176

受注センター
本社　顧客部　☎03-3318-0112
配送センター
㈲第一メールセンター
〒334-0013 川口市南鳩ヶ谷1-34-3
☎048-285-0011
関連会社　㈱日本ファミリー協会、㈲第一メールセンター
インターネット・ホームページアドレス
http://www.nfa.co.jp/rakugaku

(株)日本文化センター

本　社　〒169-8711 新宿区高田馬場1-29-8
☎03-3263-2200　FAX03-3237-7600
業　種　通販専業
販売形態　個人向け通販
資本金　4,500万円　社　長　品川　博美
設　立　昭和157年6月
通販部門設置　昭和50年
主な取扱い商品　衣料品、生活雑貨、家電・デジタル機器、美容・健康器具、家具・家庭用品、食品、サービス
利用媒体　カタログ・新聞・雑誌・折込チラシ・テレビ・DM・インターネット
顧客リスト件数　700万件
従業員　300名　　通販部門従業員　300名

商品仕入担当窓口
商品開発部
東　京　☎03-3200-5700
大　阪　☎06-6584-0709

受注センター
東京テレホンルーム
〒169-8711 新宿区高田馬場1-29-8
☎0120-00-2222
札幌テレホンルーム
〒060-0061 札幌市中央区南一条西8-10-3
☎0120-00-2222
大阪テレホンルーム

〒550-0027 大阪市西区九条1-27-6
☎0120-00-2222
福岡テレホンルーム
〒814-0142 福岡市城南区片江1-24-28
☎0120-00-2222

(株)日本宝石センター

本　社　〒177-0041 練馬区石神井町3-17-19
　　　　℡03-3904-7813　FAX03-3996-3809
業　種　通販専業
販売形態　総合通販、卸し
資本金　300万円　　社　長　上原　潤
設　立　昭和46年6月
通販部門設置　昭和46年6月
主な取扱い商品　貴金属、化粧品、バッグ、香水
利用媒体　DM、商品同梱、新聞、雑誌、web
顧客リスト件数　70万件
従業員　25名　　通販部門従業員　25名
関連会社　(有)東京ゴールドセンター、(有)シルバー商事、(有)ウエマツ、(有)ワールドセンター、(有)創光商事
インターネット・ホームページアドレス
　http://www.j-jewelry.co.jp/
メールアドレス
　chumon@j-jewelry.co.jp

(株)日本薬師堂

本　社　〒153-0042 東京都目黒区青葉台3-2-12
主な事業内容　医薬品、健康食品等の通信販売事業
資本金　1,000万円
社　長　佐藤　裕史
設　立　平成15年1月9日
インターネット・ホームページアドレス
　https://www.nihonyakushido.com/
メールアドレス
　support@nihonyakushido.com

(株)日本旅行

本　社　〒105-8606 港区新橋2-20-15 新橋駅前ビル1号館
　　　　℡03-3572-8784　FAX03-3289-8292
通販拠点事業所　〒105-8565 港区芝2-13-4 JBP芝ビル8F
　　　　℡03-5445-3185　FAX03-5445-3200
業　種　兼業(旅行業)
販売形態　マス通販・カタログ
資本金　10億円　　社　長　丸尾　和明
設　立　昭和24年1月
通販部門設置　昭和60年2月
主な取扱い商品　国内旅行商品、海外旅行商品
主な発行カタログ　赤い風船(国内旅行)、マッハ、ベストツアー(海外旅行)、旅コロンブス(メディア商品)、旅カクテル

利用媒体　自社・新聞・雑誌・折込チラシ
顧客リスト件数　30万件
従業員　5,097名　通販部門従業員　61名
受注センター
東京メディア販売センター
〒105-8565 港区芝2-13-4　JBP芝ビル8F
　　　　℡03-5445-3185
関西メディア販売センター
〒530-0057 大阪市北区曽根崎2-12-7 梅田第一ビル9F　℡06-6312-6991
インターネット・ホームページアドレス
　http://www.nta.co.jp/
メールアドレス
　honsha-kohoshitsu@nta.co.jp

日本ロレアル(株)

本　社　〒163-1030 東京都新宿区西新宿3-7-1 新宿パークタワー16F
主な事業内容　化粧品の輸入・製造・販売およびマーケティング
設　立　1996年7月1日
従業員　2,500名
主な設備　研究所　日本ロレアルリサーチ＆イノベーションセンター　工場　コスメロール
関連会社　さいわいファクトリー

(株)ネオ・ウィング

本　社　〒103-0012 中央区日本橋堀留町1-10-15 JL日本橋ビル3F
　　　　℡03-3665-4970　FAX03-3665-4942
業　種　通販専業
販売形態　個人向け通販
資本金　1億円　　社　長　片桐　文夫
設　立　平成7年12月
売上高
　23年10月期　総売上　44億円
主な取扱い商品　CD、DVD、書籍、ゲームソフト、グッズ 他
利用媒体　ネット
顧客リスト件数　320万件
従業員　52名
商品仕入担当窓口
販売推進グループ・リーダー
担当者　山口　俊昭　℡03-3665-4940
配送センター
ネオ・ウィングEC配送センター
〒417-0801 静岡県富士市大淵2261-6 ㈱日立物流中部静岡東営業所内 ネオ・ウィングEC配送センター
インターネット・ホームページアドレス
　http://www.neowing.co.jp/
メールアドレス
　info3@neowing.co.jp

(株)ネコ・パブリッシング

本　社　〒153-8545 目黒区下目黒2-23-18 目黒山手通ビル
　　　　℡03-5745-7800　FAX03-5745-7810
通販拠点事業所
　　　　℡03-5745-7804　FAX03-5745-7814
業　種　兼業(出版業)
販売形態　個人向け通販
資本金　1億円　　社　長　中西　一雄
設　立　昭和51年9月
通販部門設置　平成17年6月
主な取扱い商品　おもちゃ・模型、雑貨、鉄道用品、衣料品
利用媒体　ネット、自社出版物
従業員　100名
通販部門従業員　10名
インターネット・ホームページアドレス
　http://shopping.hobidas.com
メールアドレス
　hobidas@neko.co.jp

(株)ハーバー研究所

本　社　〒101-0041 東京都千代田区神田須田町1-24-11
主な事業内容　化粧品・医薬部外品・栄養補助食品の開発、製造、販売
資本金　6億9,645万円
社　長　小柳　典子
設　立　1983年5月
従業員　724名
主な取引先　大丸松坂屋、三越伊勢丹、阪神阪急百貨店、他全国有名百貨店、井田両国堂、ロフト
関連会社　ハーバー、HプラスBライフサイエンス、ハーバーコスメティクス

ハイテクサービス(株)

本　社　〒113-0033 文京区小石川5-6-9
　　　　℡03-5940-8181　FAX03-5940-8686
業　種　通販専業(化粧品・健康食品)
販売形態　マス通販
資本金　1,000万円　社　長　松浦　たち子
設　立　昭和59年8月
通販部門設置　昭和59年8月
主な取扱い商品　化粧品・健康食品
主な発行カタログ　エンジョイビューティフルライフ、ビューティアップ通信
利用媒体　新聞・雑誌
顧客リスト件数　50万件
従業員　46名　通販部門従業員　44名
商品仕入担当窓口
本部
担当者　加藤　宏子　℡03-5940-8181
関連会社　ハイテク情報サービス㈱、ハイテク物流㈱、メグミコーポレーション㈱
インターネット・ホームページアドレス
　http://www.haiteku.co.jp/
メールアドレス
　info@haiteku.co.jp

(株)パシフィックプロダクツ

本　社　〒103-0023 中央区日本橋本町1-6-1 丸柏ビル6F
　　　　℡03-5299-0432　FAX03-5299-0435
業　種　兼業
販売形態　個人向け通販、卸し、店舗
資本金　3,380万円　社　長　渡辺　浩
設　立　昭和52年7月
通販部門設置　平成13年4月
主な取扱い商品　化粧品、健康食品、アロマテラピー関連商品
主な発行カタログ　HBSカタログショッピング
利用媒体　カタログ、ネット
顧客リスト件数　6万件
従業員　36名
通販部門従業員　5名
受注センター
　ヒーリングビューティショップ
　〒103-0023 中央区日本橋本町1-6-1　丸柏ビル6F
　　　　　　℡0120-7260-28
配送センター
　ラインハルト（株）
　〒398-0004 大町市常盤9729-4
　　　　　　℡0261-23-2111
関連会社　ラインハルト㈱、アルペンローゼ㈱
インターネット・ホームページアドレス
　http://www.pacific-products.co.jp/
メールアドレス
　info@pacific-products.co.jp

Hazuki Company(株)

本　社　〒106-6137 東京都港区六本木6-10-1 六本木ヒルズ森タワー37F
資本金　3億円
社　長　松村　謙三
設　立　1976年5月
従業員　1,440名
主な設備　物流センター　プリヴェ運輸株式会社 下野支店（業務委託）　〒329-0431 栃木県下野市薬師寺3355

(株)バスクリン

本　社　〒102-0073 東京都千代田区九段北4-1-7 九段センタービル8F
　　　　℡03-3511-5811　FAX03-3511-5820
主な事業内容　医薬部外品（入浴剤・育毛剤他）、化粧品、雑貨品等の製造販売
資本金　3億円
社　長　三枚堂　正悟
従業員　228名
主な設備　静岡工場　〒426-0083 静岡県藤枝市谷稲葉242-1
　　　　℡054-641-4065　FAX054-641-0368
つくば研究所　〒305-0033 茨城県つくば市東新井29-9
　　　　℡029-861-0160　FAX029-861-0179
関連会社　アース環境サービス、アース・ペット、白元アース、Earth（THAILAND）CO.,LTD.、安斯（上海）投資有限公司、天津阿斯化学有限公司、安速日用化学(蘇州)有限公司、Earth Corporation Vietnam

(株)パックスラジオ

本　社　〒193-0832 八王子市散田町3-22-2
　　　　℡042-661-1661　FAX042-663-1661
業　種　兼業（通信機器販売・防災警備用品・劇映画等装飾品レンタル）
販売形態　個人向け通販・卸し・店舗
資本金　1,000万円
代表取締役　瀧本　美喜雄
設　立　昭和47年10月
通販部門設置　昭和47年10月
主な取扱い商品　通信機器関連商品及び警備用品全般
主な発行カタログ　2年に一度、A4・オールカラー・36P
利用媒体　新聞・雑誌・ネット
顧客リスト件数　2,900件
従業員　3名　　通販部門従業員　2名
商品仕入担当窓口
　担当者　代表者
インターネット・ホームページアドレス
　http://www.Paxradio.co.jp
メールアドレス
　info2006@ｐaxradio.co.jp

(一社)JFTD(花キューピット)

本　社　〒140-8709 品川区北品川4-11-9
　　　　℡03-5496-0369　FAX03-5496-0388
業　種　兼業（生花通信配達業）
販売形態　マス通販
設　立　平成13年7月
主な取扱い商品　生花
利用媒体　自社・カタログ・新聞・雑誌・ラジオ・TV・ネット
受注センター
　インターネット花キューピット
　　　℡0120-879-123　℡03-5719-1593
インターネット・ホームページアドレス
　http://www.hanacupid.or.jp

(株)花大

本　社　〒174-0053 板橋区清水町45-6
　　　　℡03-6715-1187　FAX03-6809-8187
業　種　兼業（店舗販売、フラワースクール業、イベント事業、ブライダル事業）
販売形態　個人向け通販・企業向け通販・卸し・店舗
資本金　1,000万円
代表取締役社長　澤野　裕悟
設　立　昭和41年7月
通販部門設置　昭和63年3月
主な取扱い商品　生花
利用媒体　ネット
従業員　20名　　通販部門従業員　5名
商品仕入担当窓口
　担当者　澤野　裕悟　℡03-6715-1187
受注センター
　新宿花大フラワーデスク　℡0120-011870
配送センター
　花鮮市場　℡03-6809-8741
新宿店
　〒160-0022 新宿区新宿1-31-7　新宿御苑ダイカンプラザ102　℡03-3226-8787
インターネット・ホームページアドレス
　http://www.hanadai.co.jp
メールアドレス
　info@hanadai.co.jp

原沢製薬工業(株)

本　社　〒108-0074 東京都港区高輪3-19-17
　　　　℡03-3441-5191
主な事業内容　医療用医薬品　一般用医薬品　医薬部外品　医療機器化粧品　健康食品　以上の開発・製造・販売並びに輸出入
資本金　48,000,000円
社　長　澤　正純
設　立　昭和19年12月4日
従業員　110名
主な設備　さいたま工場　〒336-0931 埼玉県さいたま市緑区原山2-23-24
　　　　℡048-885-5735
直販本部　〒331-0811 埼玉県さいたま市北区吉野町1-5-1　℡048-871-5822

(株)ハリカ

本　社　〒173-0004 板橋区板橋1-44-10
　　　　℡03-3962-2111　FAX03-3579-1512
通販拠点事務所　〒173-8512 板橋区板橋1-47-5　℡03-3962-2111　FAX03-3579-1512
業　種　兼業（ギフト商品卸し）
販売形態　卸し
資本金　1億8,000万円　社　長　原口　廣一
設　立　昭和36年9月
主な取扱い商品　衣料品、貴金属、家電品、日用雑貨、美術工芸品、食品、石鹸、洗剤、文房具、他
主な発行カタログ　RICH、SUPER COLLECTION、返礼しおり、ファミリーギフト、お中元・お歳暮カタログ
利用媒体　自社・雑誌・TV・ラジオ・折込チラシ
従業員　187名
商品仕入担当窓口
　開発仕入部
　担当者　鴨下和広、辻村ナオミ
　　　　　℡03-3579-1311
受注センター
　総合受注センター
　〒507-0071 岐阜県多治見市旭ケ丘10-6-17

配送センター　　　　　　　　☎0572-20-1800
東日本物流センター
〒322-0603 上都賀郡西方町大字本郷516-1
　　　　　　　　　　　　　☎0282-92-0030
中央物流センター
〒507-0071 岐阜県多治見市旭ケ丘10-6-17
　　　　　　　　　　　　　☎0572-20-1300
インターネット・ホームページアドレス
　http://www.harika.co.jp/
メールアドレス
　customer-c@harika.co.jp

(株)パル

本　社　〒101-0052 千代田区神田小川町3-
　28-7　☎03-5280-2277　FAX03-5280-2271
業　種　兼業（卸し）
販売形態　個人向け通販、卸し
資本金　1,000万円
代表取締役社長　篠原　長壽
設　立　昭和61年4月
通販部門設置　昭和61年4月
主な取扱い商品　健康食品、健康雑貨、化
　粧品、医薬品
主な発行カタログ　特選健康いいもの
利用媒体　カタログ、新聞、雑誌、DM
顧客リスト件数　30万件
従業員　10名　　通販部門従業員　3名
商品仕入担当窓口
　営業部
　担当者　篠原　潔　☎03-5280-2277
受注センター
　健康プラザパル
インターネット・ホームページアドレス
　http://www.rakuten.co.jp/pal/
メールアドレス
　info@kenkou-pal.com

(株)バルクオム

本　社　〒106-0045 港区麻布十番1-10-10
　JOULEA4F
業　種　通販事業
販売形態　個人向け通販
社　長　野口　卓也
設　立　平成29年5月
主な取扱い商品　メンズスキンケア
利用媒体　ネット
ホームページアドレス
　http://bulk.co.jp

(株)ハルメク

本　社　〒162-0825 東京都新宿区神楽坂4-
　1-1　☎03-3261-1301　FAX03-3261-1302
業　種　兼業
販売形態　個人向け通販、産直、店舗
資本金　1,000万円　社　長　宮澤　孝夫
設　立　平成24年7月24日※合併の為

通販部門設置　平成21年4月
売上高
　24年3月期　通販売上　158億3,600万円
　23年3月期　通販売上　147億2,100万円
主な取扱い商品　食品、健康食品、インナ
　ー、くらし、ヘルスケア、アパレル、コ
　スメ
主な発行カタログ　ハルメク 健康と暮ら
　し、ハルメク おしゃれ
利用媒体　カタログ、ネット
従業員　238名
商品仕入担当窓口
　商品課
　　☎03-3261-1115　または03-3261-1116
受注センター
〒101-0051 千代田区神田神保町2-2　共同
　ビル神保町6F　　☎0120-028-617
配送センター
　商品センター
〒259-0151 足柄上郡中井町井ノ口2485
　　　　　　　　　　　　　☎0465-81-1322
店　舗
ハルメク おみせ 神楽坂本店
〒162-0825 新宿区神楽坂4-1-1
　　　　　　　　　　　　　☎03-5225-2861
ハルメク おみせ 大丸福岡天神店
〒810-8717 福岡市中央区天神1-4-1 大丸福岡
　天神店 本館7階　　　　☎092-737-2080
ハルメク おみせ 大丸京都店
〒600-8511 京都市下京区四条通高倉西入立
　売西町79 大丸京都店7階
　　　　　　　　　　　　　☎075-279-7080
インターネット・ホームページアドレス
　http://www.halmek.co.jp

ハローコスメ

本　社　〒131-0043 墨田区立花3-19-6
　　　　☎03-3683-8600　FAX03-3683-8693
業　種　兼業（卸業）
販売形態　カタログ・卸し
資本金　1,000万円　社　長　中村　俊延
設　立　昭和56年3月
通販部門設置　平成8年9月
主な取扱い商品　化粧品
利用媒体　折込チラシ
商品仕入担当窓口
　営業部
　担当者　桑原　眞治　☎03-3683-7867
インターネット・ホームページアドレス
　http://www.hello-cosme.co.jp/
メールアドレス
　admin@hello-cosme.co.jp

(株)バロックジャパンリミテッド

本　社　〒153-0042 目黒区青葉台4-7-7
　　　　☎03-5738-5779　FAX03-5738-5787
業　種　小売業（アパレル商品等の企画・
　製造・小売事業であるSPAを展開）

販売形態　個人向け通販
資本金　80億4,700万円
　　　　　　　　　　社　長　村井　博之
設　立　平成15年8月
通販部門設置　平成19年4月
売上高
　23年2月期　通販売上　105億5,700万円
主な取扱い商品　レディスアパレル商品お
　よびファッション雑貨
主な発行カタログ　SHEL'TTER
利用媒体　カタログ、雑誌、ネット
関連会社　バロック香港・バロック上海・
　バロックUSAなど
インターネット・ホームページアドレス
　https://www.baroque-global.com
メールアドレス
　info@baroque-japan.jp

ハワード(株)

本　社　〒150-0041 東京都渋谷区神南1-14-
　7-3F　☎03-5728-5858　FAX03-5728-5825
通販拠点事業所　〒150-0041 東京都渋谷区
　神南1-14-7-3F
　　　　☎03-5728-5858　FAX03-5728-5825
業　種　兼業（製造業）
販売形態　卸し
資本金　3億5,000万円　社　長　早川豪彦
設　立　平成2年6月
通販部門設置　平成2年6月
主な取扱い商品　メンズアパレル全般
従業員　22名　　通販部門従業員　6名
商品仕入担当窓口
　第1事業部
　担当者　大畠紀明　☎03-5728-5858
配送センター
　ジーエフ㈱群馬支店
〒370-2216 群馬県甘楽郡甘楽町金井333
　　　　　　　　　　　　　☎0274-74-3050
ホームページアドレス
　www.haward.co.jp

ぴあ(株)

本　社　〒150-0011 渋谷区東1-2-20　渋谷
　ファーストタワー
　　　　☎03-5774-5200（大代表）
業　種　兼業（出版事業、チケット事業、
　情報サービス他）
販売形態　カタログ・ホームページ
資本金　42億3,900万円　社　長　矢内　廣
設　立　昭和49年12月
主な取扱い商品　アーティスト・キャラク
　ター等のライセンス商品、CD、DVD、書
　籍、音楽ソフト、アパレル、雑貨
主な発行カタログ　PIAカード会報誌「ア
　ワビ」
利用媒体　自社出版物、ホームページ
従業員　252名
受注センター

通販実施企業

ぴあ通販センター　東京　☎03-5237-8080
名古屋　☎052-937-2671
大阪　☎06-6345-9325
福岡　☎092-725-5453
関連会社　チケットぴあ名古屋㈱、チケットぴあ九州㈱、ぴあデジタルコミュニケーションズ㈱、ぴあ総合研究所㈱、㈱NA-NOぴあ
インターネット・ホームページアドレス
　ぴあshop
　http://mt.pia.co.jp/piashop
　（PC・携帯の共通アドレス）
メールアドレス
　koho@pia.co.jp

㈱ビー・アンド・ビー

本　社　〒182-0022 調布市国領町4-42-2 右原ビル　☎0424-88-8851　FAX0424-88-8854
業　種　兼業（健康食品、健康機器等の製造・販売）
販売形態　個人向け通販
資本金　1,000万円　社長　杉岡　秀樹
設　立　昭和49年7月
通販部門設置　昭和50年1月
主な取扱い商品　ローヤルゼリー、乳酸菌エキス、クロレラ等30種
利用媒体　カタログ・雑誌・インターネット
顧客リスト件数　1万件
従業員　6名　　通販部門従業員　1名
商品仕入担当窓口　通販係
担当者　杉岡　豊　☎0424-88-8851
関連会社　ニッケン開発㈱
インターネット・ホームページアドレス
　http://www.bee-and-bee.co.jp/
メールアドレス
　bee@bee-and-bee.co.jp

㈱ピーエス

本　社　〒102-0076 千代田区五番町10番地 JBTV五番町ビル
　　☎03-3264-6061　FAX03-3264-6063
業　種　兼業（店舗取扱店あり）
販売形態　個人向け通販
資本金　1,000万円　社長　水川　英生
設　立　平成2年7月
主な取扱い商品　健康食品
利用媒体　雑誌・ネット
顧客リスト件数　15万件
従業員　19名　　通販部門従業員　10名
商品仕入担当窓口
　業務部
　担当者　梶　　　　☎03-3264-6061
受注センター
　日本トータルテレマーケティング㈱
　〒103-0013 中央区日本橋人形町3-10-1
　　　　　　　　　　　　☎03-3666-2444
配送センター
　日本物流開発（㈱）

板橋区東坂2-7-7　☎03-5941-5500
インターネット・ホームページアドレス
　http://www.ps-corp.co.jp/
メールアドレス
　info@ps-corp.co.jp

㈱BS日本

本　社　〒105-8644 東京都港区東新橋1-6-1 日テレタワー23F
主な事業内容　（1）放送法による基幹放送事業、(2)放送番組等、各種ソフトの企画・制作・販売・広告及び宣伝業務、(3)音楽・美術・演劇・スポーツ等各種催物の企画・制作・販売及び興行業務
資本金　40億円
社　長　粕谷　賢之
設　立　1998年12月2日

㈱ピーシーあきんど

本　社　〒110-0005 東京都台東区上野38-2 PEACECOURT 1F
　　☎03-3835-1383　FAX03-3835-9860
業　種　専業
販売形態　個人向け通販
資本金　1,000万円　社長　石山　勇
設　立　2001年10月
主な取扱い商品　国内・国外のパソコン関連商品を含む家電製品全般
利用媒体　ネット
ホームページアドレス
　http://www.pc-akindo.com/shop/default.aspx

㈱ピーチ・ジョン

本　社　〒107-0061 東京都港区北青山3-1-2 青山セント・シオンビル
　　☎03-6418-7888　FAX03-6418-7887
仙台本社　〒983-0034 仙台市宮城野区扇町2-3-19　☎022-782-3488　FAX022-782-3477
業　種　通信販売、店舗販売
販売形態　店舗・web
資本金　9,000万円　社長　西澤　恒地
設　立　平成6年6月
売上高
　24年3月期　総売上　107億円
　23年3月期　総売上　119億1,800万円
　22年3月期　総売上　122億円
主な取扱い商品　衣料品、化粧品、健康食品
利用媒体　インターネット・モバイル
従業員　約170名
商品仕入担当窓口
　仕入部　　　　　☎03-6418-7180
ショールーム
ピーチ・ジョン・ザ・ストア（渋谷店、新宿店、横浜店、千葉店、大宮店、舘川店、川崎店、町田店、船橋店、池袋店、新宿三丁目店、有楽町店、吉祥寺店、北千住店、平塚店、柏店、秋田OPA店、京都河原町店、西宮店、なんば店、あべの店、大阪店、エキスポシティ店、名古屋店、名古屋栄店、福岡店、札幌店、静岡店、広島店、仙台店、博多店、鹿児島店、金沢店）
outlet（佐野店、入間店、マリノアシティ福岡店、倉敷店、りんくう店、長島店）
YUMMY MART（原宿店）
SALON by PEACH JOHN（銀座店、新宿店、名古屋店、大阪店）
ホームページアドレス
　http://www.peachjohn.co.jp/（ECサイト）
　http://peachjohn.com（ブランドサイト）

BEENOS㈱

本　社　〒140-0001 品川区北品川4-7-35 御殿山トラストタワー7F
　　☎03-5739-3350　FAX03-5739-3606
業　種　専業
販売形態　国内外における各種Eコマース事業
資本金　27億7,500万円
　　　　　　　　　社長　直井　聖太
設　立　平成11年11月
通販部門設置　平成11年11月
売上高
　24年9月期　総売上　254億2,800万円
　23年9月期　総売上　325億800万円
　22年9月期　総売上　298億4,600万円
利用媒体　インターネット
従業員　783名
関連会社　tenso㈱、㈱ショップエアライン、モノセンス㈱

㈱ピーバンドットコム

本　社　〒102-0076 千代田区五番町14　国際中正会館10F
　　☎03-3261-3431　FAX03-3261-3432
業　種　通販専業（プリント基板設計、製造、実装、ネット販売）
販売形態　企業向け通販、個人向け通販
資本金　1億5,585万円　社長　田坂　正樹
設　立　平成14年4月
通販部門設置　平成14年4月
主な取扱い商品　プリント基板
主な発行カタログ　P板.com
利用媒体　ネット
顧客リスト件数　5万件
従業員　27名
通販部門従業員　27名
商品仕入担当窓口
　調達、仕入担当
　担当者　宮坂　俊明　☎03-3261-3431
インターネット・ホームページアドレス
　https://www.p-ban.com/
メールアドレス
　info@p-ban.com

(株)BB JAPAN

本　社　〒104-0041 中央区新富2-7-4　吉本ビル
　　　℡03-3555-7212　FAX03-3555-7821
通販拠点事業所
　　　0120-317-909　FAX03-3555-7821
業　種　通信販売
販売形態　個人向け通販・卸し
資本金　500万円　　社　長　加藤　良子
設　立　平成21年2月
主な取扱い商品　化粧品、健康食品
利用媒体　雑誌、DM、CS、ネット、新聞
顧客リスト件数　1万件
従業員　2名

商品仕入担当窓口
BBジャパン
担当者　加藤　　　　℡03-3555-7212

受注センター
BBジャパン
〒104-0041 中央区新富2-7-4　吉本ビル
　　　0120-317-909

配送センター
BBジャパン
〒104-0041 中央区新富2-7-4　吉本ビル
　　　℡03-3555-7811

インターネット・ホームページアドレス
http://www.bb-j.jp

メールアドレス
r_katoh@bb-j.jp

(株)ビーボ

本　社　〒107-0061 東京都港区北青山3-3-5
東京建物青山ビル5階
　　　℡03-5413-5225（代表）　FAX03-5413-5226
業　種　専業
資本金　2,000万円　　社　長　武川　克己
設　立　2010年9月
主な取扱い商品　健康食品
利用媒体　ネット
ホームページアドレス
http://bbo.co.jp/

(株)ビタブリッドジャパン

本　社　〒107-0052 港区赤坂4-15-1
業　種　通販専業
販売形態　個人向け通販
資本金　1億4,000万円　社　長　大塚　博史
設　立　平成26年4月
売上高
　24年2月期　総売上　129億1,200万円
　23年2月期　総売上　125億4,000万円
　22年2月期　総売上　123億2,600万円
主な取扱い商品　スキンケア・ヘアケア
ホームページアドレス
https://vitabrid.co.jp

(株)ビッケル

本　社　〒103-0027 中央区日本橋3-8-16
ぶよおビル
　　　℡03-3517-2501　FAX03-3517-2505
業　種　兼業（健康食品・化粧品の企画・販売）卸し
販売形態　個人向け通販、卸し
資本金　2,075万円　　社　長　田中　多喜夫
設　立　平成元年11月
通販部門設置　平成元年11月
主な取扱い商品　健康食品、化粧品
利用媒体　新聞、雑誌、地上波テレビ、CS、ネット
顧客リスト件数　1,200件
従業員　7名　　通販部門従業員　6名

商品仕入担当窓口
マーケティング本部
担当者　小俣　岳史　　℡03-3517-2501

受注センター
ビッケルコールセンター
〒103-0027 東京都中央区日本橋3-8-16　ぶよおビル　　℡03-3517-2501

配送センター
ワールドプリント株式会社内ビッケル倉庫
〒352-0012 埼玉県新座市畑中2-5-37
　　　℡048-479-0118

関連会社　㈱カノウ科学
インターネット・ホームページアドレス
http://www.bikkele.co.jp
メールアドレス
info@bikkele.co.jp

(株)日比谷花壇

本　社　〒106-8587 港区南麻布1-6-30
　　　℡03-5444-8700　FAX03-5444-8751
通販拠点連絡先
　　　℡03-5444-8714　FAX03-5444-8765
業　種　兼業（生花、造花、プランツ販売）
販売形態　マス通販・カタログ・店舗
資本金　1億円　　社　長　宮島　浩彰
設　立　昭和25年12月
通販部門設置　昭和58年
主な取扱い商品　生花（ギフト・インテリア・エクステリア全般）、輸入生花、花器、インテリア小物等
主な発行カタログ　フラワーギフトカタログ
利用媒体　自社・新聞・雑誌・クレジットカード機関誌、インターネット
従業員　約1,300名（社員、契約社員等含む）
通販部門従業員　30名
受注センター
日比谷花壇コールセンター　　0120-00-1187
インターネット・ホームページアドレス
http://www.hibiyakadan.com（フラワーサービス総合）
http://www.hibiya.co.jp（企業サイト）

ファビウス(株)

本　社　〒106-0032 東京都港区六本木1-4-5
アークヒルズサウスタワー16階
　　　℡03-5797-7337
業　種　通販専業
資本金　3,300万円　　社　長　濱﨑　恵子
設　立　平成19年11月
主な取扱い商品　すっきりフルーツ青汁、青の花茶、もっとすっきり生酵素
利用媒体　ネット
従業員　31名
ホームページアドレス
http://myfabius.jp/

(株)ファミリー・ライフ

本　社　〒170-6040 豊島区東池袋3-1-1　サンシャイン60-40F
　　　℡03-5950-5678　FAX03-5950-8869
業　種　通販専業
販売形態　個人向け通販
資本金　9,600万円　　社　長　田中　秀親
設　立　昭和61年7月
主な取扱い商品　雑貨、家具、寝具、アパレル、食品
主な発行カタログ　ファミリー・ライフカタログショッピング
利用媒体　カタログ、新聞、折込チラシ
従業員　269名
通販部門従業員　269名

商品仕入担当窓口
営業企画部二課
担当者　中村　俊亮　　℡03-5950-5678

受注センター
埼玉コンタクトセンター
〒348-0055 羽生市羽生431-1
　　　℡048-561-9025
那須塩原コンタクトセンター
〒325-0025 那須塩原市下厚崎5-458
　　　℡0287-73-5080

配送センター
物流統括センター
〒325-0025 那須塩原市下厚崎5-458
　　　℡0287-73-5080
那須配送センター
〒329-3224 那須郡那須町豊原乙川東1773番地
　　　℡0287-77-1346
栃木物流センター
〒324-0412 大田原市蛭田1-256
　　　℡0287-48-7540

関連会社　㈱グループストア
インターネット・ホームページアドレス
http://www.family-life.co.jp/
メールアドレス
fmlweb@family-life.co.jp

(株)フィッツコーポレーション

本　社　〒107-0061 港区北青山3-6-1　オー

ク表参道ビル　　　℡03-6892-1320
業　種　兼業((香水・化粧品)製造・輸入・卸し)
販売形態　個人向け通販・卸し
資本金　3,800万円　　社長　富樫　康博
設　立　平成3年
通販部門設置　平成11年
主な取扱い商品　香水(ラブパスポート、ライジングウェーブ、&me)、ボディケア(セクシーガール、セクシーボーイ、コレス)
従業員　130名　　通販部門従業員　3名
インターネット・ホームページアドレス
http://www.fits-japan.com

フィブロ製薬(株)

本　社　〒123-0863 東京都足立区谷在家3-10-6　℡03-3855-7011　FAX 03-3855-7016
主な事業内容　第二種医薬品製造販売業、医薬品製造業、化粧品製造販売業、第二種医療機器製造販売業、保健機能食品製造・販売、健康食品製造・販売、健康食品原料販売
資本金　25,000,000円
社　長　久保田　祐司
設　立　1977年2月

フェアトレードカンパニー(株)

本　社　〒158-0083 世田谷区奥沢5-1-16-3F
　　　　℡03-5731-6671　FAX 03-5731-6677
通販拠点連絡先　℡03-5731-6672　FAX 03-5731-6677
業　種　兼業(専門店、卸し業)
販売形態　個人向け通販、卸し、店舗
資本金　6,000万円
社　長　ミニー・ジェームズ
設　立　平成7年1月
通販部門設置　平成7年1月
主な取扱い商品　衣料品、雑貨、アクセサリー、食品
利用媒体　ネット、DM
顧客リスト件数　2万5,000件
従業員　46名
通販部門従業員　2名
受注センター
フェアトレードカンパニー(株)通販係
　　　　℡03-4405-9477
配送センター
ティーエルロジコム(株)
〒273-0016 船橋市潮見町11
　　　　℡047-495-2261
インターネット・ホームページアドレス
http://www.peopletree.co.jp/
メールアドレス
tsushin@peopletree.co.jp

フェイマス(有)

本　社　〒104-0061 中央区銀座2-4-1　銀楽ビル6F　℡03-3538-1911　FAX 03-3538-1912
業　種　兼業(ペット用品通販、通販卸し、店舗)
販売形態　カタログ・卸し・店舗
資本金　2,000万円　　社長　古賀　早苗
設　立　平成18年2月
通販部門設置　平成7年7月
主な取扱い商品　ペット用品、生活雑貨、家庭用品、健康食品、化粧品
主な発行カタログ　犬の生活
利用媒体　自社
インターネット・ホームページアドレス
http://www.inunoseikatsu.com/
メールアドレス
mail@inunoseikatsu.com

(株)フォーサイト

本　社　〒113-0033 東京都文京区本郷6-17-9　本郷綱ビル1F
　　　　℡03-5802-7178　FAX 03-5802-7135
業　種　通販専業
販売形態　通教
資本金　7,267万円　　社長　山田　浩司
設　立　平成5年4月
通販部門設置　平成16年4月
講座数　15講座(2017年12月現在)
受講者数　22万名(2019年1月現在)
主な講座名　社会保険労務士通信講座、行政書士通信講座、宅地建物取引士通信講座、簿記通信講座
利用媒体　ネット
従業員　121名
商品仕入担当窓口
マーケティング部
担当者　千葉　勇吾　　℡03-5802-7178
受注センター　フォーサイトお問い合わせ窓口
　　　　0120-966-883
配送センター　第1配送センター
〒456-0035 愛知県名古屋市熱田区白鳥3-8-17
ホームページアドレス
http://www.foresight.jp/

(株)富士フイルム ヘルスケア ラボラトリー

本　社　〒164-0012 東京都中野区本町2-46-1 中野坂上サンブライトツインビル14F
　　　　℡03-6300-6465　FAX 03-6300-9786
主な事業内容　機能性化粧品、機能性食品の販売
資本金　50百万円
社　長　比留間　愛一郎
設　立　平成18年
関連会社　富士フイルムホールディングス、富士フイルム

(株)フジヤカメラ店

本　社　〒165-0026 中野区新井1-11-2　宮地ビル5F
　　　　℡03-3387-2819　FAX 03-3387-2781
通販拠点事業所　〒164-0001 中野区中野5-61-1　℡03-5318-2222　FAX 03-3388-1560
業　種　兼業(カメラ・レンズ等小売)
販売形態　マス通販・カタログ・店舗
資本金　4,000万円　　社長　大月　浩司郎
設　立　昭和21年8月
通販部門設置　昭和35年
主な取扱い商品　カメラ・レンズ、カメラ用品
利用媒体　雑誌・ネット
顧客リスト件数　5万件
従業員　90名　　通販部門従業員　5名
商品仕入担当窓口
営業部　　新品担当
担当者　持地慶輔　　℡03-5318-0682
営業部　　中古担当
担当者　浅野　正美　　℡03-3388-6707
受注センター
本店2F
〒164-0001 中野区中野5-61-1　℡03-5318-2222
配送センター
物流センター
〒164-0001 中野区中野5-35-12
　　　　℡03-3388-1816
ショールーム
本店
〒164-0001 中野区中野5-61-1　1・2F
　　　　℡03-5318-2222
用品館
〒164-0001 中野区中野5-63-5　℡03-3385-8121
関連会社　(株)ネクストトゥエンティワン
インターネット・ホームページアドレス
http://www.fujiya-camera.co.jp/

(株)扶桑社

本　社　〒105-8070 港区海岸1-15-1
　　　　℡03-5403-8888
業　種　兼業(出版社)
販売形態　マス通販
資本金　4,000万円　　社長　久保田　榮一
設　立　昭和59年5月
通販部門設置　昭和62年8月
主な取扱い商品　栗原はるみさん推薦の食器及び台所用品
利用媒体　自社・雑誌(すてきレシピ)
顧客リスト件数　2万件
従業員　140名　　通販部門従業員　2名
インターネット・ホームページアドレス
http://media.ffn.ne.jp/fusosha/suteki/club/
メールアドレス
kaihatu@fusosha.co.jp

(株)フューチャーラボ

本　社　〒107-0052 港区赤坂8-5-32
　　　　☎03-6406-8930　FAX03-6406-8921
販売形態　個人向け通販
資本金　1億円　　社　長　益田　和二行
設　立　平成15年
主な取扱い商品　化粧品、健康食品、美容機器
主な発行カタログ　素肌通信
従業員　40名
通販部門従業員　5名

商品仕入担当窓口
営業本部
担当者　青笹　正義　☎03-6406-8931

受注センター
営業本部コールセンター
〒107-0052 港区赤坂8-5-32　☎0120-766-153
インターネット・ホームページアドレス
http://www.future-labo.com

(株)プライヴ

本　社　〒103-8210 中央区日本橋茅場町1-14-10　☎03-6745-3030　FAX03-6430-5108
通販拠点事業所　〒105-8085 港区虎ノ門5-11-2　☎03-6430-5107　FAX03-6430-5108
業　種　通販専業
販売形態　個人向け通販
資本金　2億円　　社　長　髙橋　綾子
設　立　平成17年6月
主な取扱い商品　化粧品

商品仕入担当窓口
マーケティング部
担当者　海老澤　優子　☎03-6430-5107

インターネット・ホームページアドレス
http://www.graceor.jp
メールアドレス
info@graceor.jp

ブルーサブ

本　社　〒169-0075 新宿区高田馬場1-29-22
　　　　☎03-3200-1404　FAX03-3209-0558
業　種　兼業（スクーバダイビングスクール・ツアー）
販売形態　店舗・インターネット
資本金　700万円　社　長　中田　日出夫
設　立　昭和49年6月
通販部門設置　昭和49年6月
主な取扱い商品　スクーバダイビング用品
主な発行カタログ　オールガイド
利用媒体　ネット
従業員　4名　　通販部門従業員　4名

商品仕入担当窓口
担当者　中田　日出夫　☎03-3200-1404

インターネット・ホームページアドレス
http://www.bluesub.com/
メールアドレス
info@bluesub.com

(株)フルスピード

本　社　〒150-0044 渋谷区円山町3-6
　　　　☎03-5728-4460
業　種　Web戦略支援、インターネットメディア運営
販売形態　個人向け通販・企業向け通販
資本金　7億4,661万円　社　長　田中　伸明
設　立　平成13年1月
通販部門設置　平成18年6月
主な取扱い商品　楽器、胡蝶蘭、ダンボール、ユニフォーム、販促品・ノベルティ
利用媒体　ネット
従業員　274名

商品仕入担当窓口
☎03-5728-1655

インターネット・ホームページアドレス
http://www.e-cross.jp
http://www.tokyo-gakki.com
http://www.shimaicom.jp/
メールアドレス
info@fullspeed.co.jp

フロストインターナショナルコーポレーション(株)

本　社　〒158-0098 世田谷区上用賀5-5-10
万葉ビル　☎03-3708-0700　FAX03-3708-0800
業　種　兼業（CRM、受注代行、海外通販代行、ダイレクトマーケティングのコンサルティング）
販売形態　マス通販・カタログ・Web
資本金　9,750万円　社　長　上杉　克
設　立　平成2年9月
通販部門設置　平成2年9月
主な取扱い商品　ポールフレドリックほか外国製品及国内食品
主な発行カタログ　ポールフレドリック
利用媒体　自社・雑誌・CATV、ホームページ
従業員　230名　　通販部門従業員　220名

商品仕入担当窓口
☎03-3708-0700

インターネット・ホームページアドレス
http://www.jfic.com/

(株)プロデュース・オン・デマンド

本　社　〒106-0032 港区六本木1-8-7　アーク八木ヒルズ4F
　　　　☎03-5114-6010　FAX03-5114-6009
業　種　兼業（通販会社に放送時間を提供しているほか、自社での通販も行う）、ITサービス業
販売形態　テレビ通販
資本金　8,000万円
　　　　代表取締役社長　菊地　頼
設　立　平成8年4月
通販部門設置　平成9年2月
主な取扱い商品　化粧品、健康食品、家庭用品、宝飾品、美容・健康器具、他
利用媒体　CS、スマートフォン他
従業員　24名　　通販部門従業員　5名

商品仕入担当窓口
営業
担当者　池田　　☎03-5114-6010

インターネット・ホームページアドレス
http://stylecast.co.jp
メールアドレス
ikeda@pod.tv

(株)文化放送開発センター

本　社　〒105-8002 港区浜松町1-31
　　　　☎03-5403-2611　FAX03-5403-2655
通販拠点事業所　〒105-8002 港区浜松町1-31　☎03-5403-2650　FAX03-5403-2655
業　種　兼業
販売形態　放送関連事業（番組・イベント制作）、放送関連機器販売、通販事業
資本金　1億円　　社　長　上口　宏
設　立　昭和42年9月
通販部門設置　昭和48年4月
主な取扱い商品　食品、家電、日用品、雑貨
主な発行カタログ　文化放送ショッピング
利用媒体　カタログ、ラジオ、ネット、
顧客リスト件数　60万件
従業員　50名
通販部門従業員　7名

商品仕入担当窓口
販売事業部
担当者　組村　徹　☎03-5403-2650
販売事業部
担当者　福沢　忠　☎03-5403-2650

受注センター
文化放送ショッピング
〒105-8002 港区浜松町1-31
　　　　☎03-5403-2650
関連会社　文化放送、セントラルミュージック、文化放送エクステンド
ホームページアドレス
www.joqr2933.jp
メールアドレス
info@joqr-shop.jp

ベアエッセンシャル(株)

本　社　〒104-0061 東京都中央区銀座2-4-9
SPP銀座ビル7F
　　　　☎03-4588-2988　FAX03-4588-2989
主な事業内容　化粧品（ベアミネラルブランドほか）及び関連商品の輸入販売
資本金　1億円
社　長　大場　尊文
設　立　2006年10月20日
インターネット・ホームページアドレス
http://www.bareminerals.jp/
メールアドレス
ask@bareminerals.jp

(株)ペー・ジェー・セー・デー・ジャパン

本　社　〒107-0062 港区南青山7-4-2
　　　　℡03-5464-3623　FAX03-5464-3624
通販拠点事業所　〒150-6004 東京渋谷区恵比寿4-20-3 恵比寿ガーデンプレイスタワー4階　℡03-5447-8900　FAX03-3473-4400
業　種　通販専業
販売形態　個人向け通販
資本金　1億円　　社長　野田　泰平
設　立　平成22年2月
通販部門設置　平成22年2月
主な取扱い商品　朝用ソープ、夜用ソープ、トリプルエッセンス美容液、ベースメイク美容液、スカルプケアソープ、ボディソープ他
利用媒体　雑誌、折込チラシ、ネット
従業員　37名
インターネット・ホームページアドレス
　http://www.pgcd.jp
メールアドレス
　info@pgcd.jp

(株)ベルネージュダイレクト

本　社　〒102-0076 千代田区五番町10-2 五番町センタービル
　　　　℡03-3221-9851　FAX03-3221-0992
業　種　通販専業
販売形態　個人向け通販
資本金　7,908万円　社長　柿﨑　富久
設　立　平成11年3月
通販部門設置　平成11年3月
売上高
　23年12月期　通販売上　86億6,000万円
主な取扱い商品　ギフト商品、健康食品
主な発行カタログ　Babyパラダイス
利用媒体　カタログ、ネット
顧客リスト件数　60万件
従業員　30名
通販部門従業員　23名
商品仕入担当窓口
企画営業部
担当者　金塚　方也　℡03-3221-9852
受注センター
ベルネージュダイレクト　カスタマーセンター
〒810-0001 福岡県福岡市中央区天神1-13-6 西鉄天神ビル　0120-025-935
配送センター
ベルネージュダイレクト物流センター
〒221-0036 横浜市神奈川区千若町3-1 ケイヒン配送㈱内　℡045-342-8770
関連会社　㈱千趣会、雪印メグミルク㈱
インターネット・ホームページアドレス
　http://www.shop-yukimeg.jp/

ホウライ(株)

本　社　〒104-0061 中央区銀座6-14-5
　　　　℡03-3546-2921　FAX03-3546-2926
通販拠点事業所　〒329-2747 那須塩原市千本松799　ホウライ㈱乳業事業本部
　　　　℡0287-36-5629　FAX0287-36-1259
業　種　兼業（乳業、不動産賃貸、損害生保保険代理業、ゴルフ場経営他）
販売形態　産直
資本金　43億4,055万円
　　　　　　　　社長　谷澤　文彦
設　立　昭和3年1月
通販部門設置　平成10年10月
主な取扱い商品　乳製品（牛乳、ヨーグルト、バター、ナチュラルチーズ、アイスクリーム、飲むヨーグルト）
主な発行カタログ　那須千本松牧場「牧場便」
利用媒体　自社・パンフレット
従業員　162名
商品仕入担当窓口
乳業事業本部
受注センター
乳業事業本部ギフト室
〒329-2747 那須塩原市千本松799
　　　　℡0287-36-1274
配送センター
乳業事業本部
〒329-2747 那須塩原市千本松799
　　　　℡0287-36-1274
ショールーム
レストハウス売店
〒329-2747 那須塩原市千本松799
　　　　℡0287-37-6955
インターネット・ホームページアドレス
　http://www.senbonmatsu.com/

(株)ポーラ

本　社　〒141-8523 東京都品川区西五反田2-2-3　℡03-3494-7111
資本金　110百万円
社　長　及川　美紀
設　立　1946年7月11日
従業員　1,557名
主な設備　横浜研究所　神奈川県横浜市戸塚区柏尾町560
袋井工場　静岡県袋井市愛野1234

(株)ポニー

本　社　〒132-8510 江戸川区平井5-38-4
　　　　℡03-3613-8200　FAX03-3613-8201
業　種　通販専業
販売形態　総合通販・マス通販・カタログ・店舗
資本金　1,000万円　社長　荒井　悦男
設　立　昭和57年1月
通販部門設置　昭和57年1月
主な取扱い商品　アイデア品、アイドル品、キャラクター品
主な発行カタログ　「PONY」年3回発行
利用媒体　自社・新聞・雑誌・TV・折込チラシ・インターネット・DM
顧客リスト件数　100万件
従業員　24名　　通販部門従業員　24名
配送センター
〒132-0035 江戸川区平井6-70-4
　　　　℡03-3619-3099
ショールーム
PONY SHOP　1号店
〒132-0035 江戸川区平井5-38-4
　　　　℡03-3613-8200
PONY SHOP　2号店
〒132-0035 江戸川区平井5-38-3 サンヴェールポニービル　℡03-3613-8200
インターネット・ホームページアドレス
　http://www.pony.ne.jp/
　http://epony.mcan.jp/（携帯サイト）
メールアドレス
　office@pony.ne.jp

(株)ポニーキャニオン

本　社　〒106-0032 港区六本木1-5-17 泉ガーデンANNEX
　　　　℡03-5521-8000　FAX03-5521-8104
業　種　兼業（音楽、教養、映画、娯楽など各種オーディオ、ビジュアルソフトの企画制作販売）
販売形態　個人向け通販
資本金　1億円　　社長　吉村　隆
設　立　昭和41年10月
通販部門設置　昭和63年4月
主な取扱い商品　DVD、CD、その他雑貨
関連会社　ニッポン放送、フジテレビジョン、サンケイ新聞、ディノス
インターネット・ホームページアドレス
　http://ponycanyon.co.jp/

(株)ポパル

本　社　〒170-0013 豊島区東池袋1-44-2
　　　　℡03-3984-4489　FAX03-3984-8038
通販拠点事業所　〒170-0013 豊島区東池袋1-17-8　NBF池袋シティビル8F
　　　　℡03-3980-0852　FAX03-3980-1963
業　種　兼業（広告企画制作）
販売形態　カタログ・HP
資本金　8,000万円　社長　長谷川　裕子
設　立　昭和47年9月
通販部門設置　昭和62年4月
主な取扱い商品　梅干、お酒などをゆうパックで届けるサービス、ほか様々な企画商品を展開
主な発行カタログ　東京お歳暮特選品カタログ等
利用媒体　郵便局窓口・カタログ・インターネット
顧客リスト件数　2,000件
従業員　110名　　通販部門従業員　5名
通販担当窓口

管理部管理課　担当者　後藤
℡03-3984-4489

受注センター
ふるさと物産企画センター
〒170-0013 豊島区東池袋1-17-8　NBF池袋シティビル8F　℡03-3980-0852

配送センター
ふるさと物産企画センター
〒170-0013 豊島区東池袋1-17-8　NBF池袋シティビル8F　℡03-3980-0852

インターネット・ホームページアドレス
http://www.popal.co.jp/

(株)ほぼ日

本　社　〒101-0054 東京都千代田区神田錦町3-18 ほぼ日神田ビル
主な事業内容　ウェブサイト「ほぼ日刊イトイ新聞」の運営・コンテンツ制作、「ほぼ日手帳」等の商品の企画・開発・販売、「TOBICHI」、「ほぼ日カルチャン」、「ほぼ日曜日」等の店舗・イベントスペースの企画・運営など
資本金　3億5,000万円
社　長　糸井　重里
設　立　1979年12月24日
売上高
　24年8月期　通販売上　53億1,500万円
従業員　123名
インターネット・ホームページアドレス
https://www.hobonichi.co.jp/

ポラックスヘレン(株)

本　社　〒103-0024 中央区日本橋小舟町3-7
　℡03-3666-0511　FAX03-3666-0886
業　種　兼業
販売形態　総合通販・カタログ
資本金　1,000万円　社　長　鋒山　丕
設　立　昭和55年5月
通販部門設置　昭和55年5月
主な取扱い商品　能力開発関連商品、栄養補助食品
利用媒体　自社・雑誌
従業員　9名　通販部門従業員　3名

商品仕入担当窓口
営業
担当者　糸数　憲子　℡03-3666-0511

関連会社　ポラックス(株)、ポラックスルナ(株)、ポラックス貿易(株)、ピー・ピー・エム(株)、アトム商事(株)

メールアドレス
order@pollux-group.com

(株)マードゥレクス

本　社　〒150-0001 東京都渋谷区神宮前6-17-11 JPR原宿ビル6F・7F
　℡03-5467-8431　FAX03-5467-0820
主な事業内容　化粧品の企画開発・製造販売、健康食品の企画開発・製造販売、医薬部外品の企画開発・製造販売、会報誌・Web・モバイル等によるダイレクトマーケティング
資本金　80,000,000円
社　長　八重樫　宏志
設　立　2004年4月30日
従業員　46名
インターネット・ホームページアドレス
http://www.madrex.co.jp/
関連会社　ジヴァスタジオ、パス

(有)マイケア

本　社　〒162-0845 東京都新宿区市谷本村町2-5　℡0120-188-188　FAX0800-100-1188
業　種　専業
販売形態　個人向け通販
資本金　300万円　社　長　前野　沢郎
設　立　2005年6月
主な取扱い商品　健康食品¥食品
利用媒体　ネット、新聞、雑誌、チラシ
ホームページアドレス
http://www.mycare.co.jp/

毎日新聞開発(株)

本　社　〒100-0003 千代田区一ツ橋1-1-1
　℡03-3209-1743　FAX03-3209-1757
通販拠点事務所　〒169-0072 新宿区大久保3-14-4　毎日新聞社早稲田別館内
　℡03-3209-1743　FAX03-3209-1757
業　種　兼業（広告代理店）
販売形態　個人向け通販
資本金　1,000万円
　　　代表取締役社長　小林　毅
設　立　昭和46年9月
通販部門設置　昭和51年10月
主な取扱い商品　衣料品、服飾雑貨、家具・家庭用品、雑貨、食品、サービス
主な発行カタログ　毎日くらしの情報館
利用媒体　カタログ・新聞・折込チラシ・DM
顧客リスト件数　40万件
従業員　15名　通販部門従業員　3名

商品仕入担当窓口
営業企画部（通販）
担当者　興水　護　℡03-3209-1743

受注センター
(株)ファミリー・ライフ
〒348-0055 羽生市羽生431-1
　　　　　　　　　　℡0120-250-250
毎日ダイヤルショッピング　℡0120-250-250
関連会社　毎日販売協栄(株)、毎日折込(株)、(株)毎日開発センター
インターネット・ホームページアドレス
http://www.mainichi-dp.co.jp/
メールアドレス
mds@mainichi-dp.co.jp

マガシーク(株)

本　社　〒102-0075 東京都千代田区三番町3-8　℡03-5212-5296　FAX03-5212-5289
業　種　通販専業
販売形態　個人向け通販
資本金　11億5,661万円
社　長　井上　直也
設　立　平成15年4月
売上高
　24年3月期　売上高　75億円
主な取扱い商品　レディースウェア、メンズウェア、キッズウェア、シューズ、バック等
利用媒体　自社ネット販売
主な運営ショッピングサイト　マガシーク、dfashion
従業員　178名
配送センター
物流センター「magaco」
〒252-8560 神奈川県座間市広野台2-10-8 プロロジスパーク座間Ⅱ3F　℡046-298-6868
インターネット・ホームページアドレス
http://www.magaseek.co.jp
メールアドレス
contact-mg@magaseek.com

(株)マキノ出版

本　社　〒113-8563 文京区湯島2-31-8
　℡03-3814-7372　FAX03-5803-2008
通販拠点事業所　〒101-0044 千代田区鍛冶町2-7-15　和光堂神田ビル
　℡03-3252-7060　FAX03-3252-7080
業　種　通販専業
販売形態　マス通販
資本金　3,000万円　社　長　梶山　正明
設　立　昭和55年9月
主な取扱い商品　日用品雑貨、家庭用電子機器、美容用品、皮革製品、食品
主な発行カタログ　B5判16P、カタログを年2回刊行
利用媒体　雑誌
顧客リスト件数　10万件
従業員　43名　通販部門従業員　9名

マスミューチュアル生命保険(株)

本　社　〒141-6023 品川区大崎2-1-1
　℡03-3514-0727
業　種　専業（生命保険業）
販売形態　カタログ・ダイレクトメール
資本金　130億円　社　長　井本　満
設　立　明治40年3月
通販部門設置　昭和48年11月
主な取扱い商品　生命保険
利用媒体　他社カタログ
顧客リスト件数　1万件
従業員　343名　通販部門従業員　2名
インターネット・ホームページアドレス

http://www.massmutual.co.jp/

(株)丸井

本　社　〒164-8701 東京都中野区中野4-3-2
　　　　☎03-3384-0101
主な事業内容　小売・店舗事業、通信販売事業、専門店事業（自主・PBの運営・開発）
資本金　1億円
社　長　青野　真博
設　立　2007年10月1日
従業員　1,830名
インターネット・ホームページアドレス
　https://www.0101.co.jp/

マルハニチロ(株)

本　社　〒135-8608 江東区豊洲3-2-20
　　　　☎03-6833-4185
業　種　兼業（漁業、養殖、水産物の輸出入・加工・販売、冷凍食品・レトルト食品・缶詰・練り製品・化成品・飲料の製造・加工・販売、食肉・飼料原料の輸入、食品製造・加工・販売）
販売形態　個人向け通販
資本金　200億円
社　長　伊藤　滋
設　立　1943年3月31日
通販部門設置　昭和61年4月
主な取扱い商品　化粧品、健康食品、水産物、缶詰、冷凍食品、飲料
主な発行カタログ　海のあじわい便
利用媒体　カタログ、ネット
顧客リスト件数　7万6,000件
従業員　1,563名
通販部門従業員　6名
商品仕入担当窓口
無店舗営業部
担当者　宍倉　聖子　☎03-6833-4170
受注センター
りらいあコミュニケーションズ㈱仙台センター
　〒980-0021 宮城県仙台市青葉区中央2-9-27 プライムスクエア広瀬通11階
　　　　☎0120-02-8608
配送センター
仙台冷蔵倉庫（株）
　〒983-0013 仙台市宮城野区中野5-7-29
　　　　☎022-387-1226
（株）MNリテールサービス
　〒989-2385 亘理郡亘理町逢隈郡字郡160-1　☎0223-34-8801
インターネット・ホームページアドレス
　http://www.direct.maruha-nichiro.co.jp

(株)ミキモト

本　店　〒104-8145 中央区銀座4-5-5
　　　　☎03-3535-4611
通販拠点事業所　〒104-8145 中央区銀座2-4-12 MIKIMOTO Ginza2 ☎03-3535-4611
業　種　兼業（宝飾品小売業）
販売形態　店舗・マス通販・カタログ・インターネット
資本金　5億円　社　長　吉田　均
設　立　昭和24年5月
通販部門設置　昭和60年9月
主な取扱い商品　貴金属宝飾品
利用媒体　自社・雑誌・クレジットカード機関誌
従業員　724名（2018年8月31日現在）
　　　　通販部門従業員　2名
インターネット・ホームページアドレス
　https://www.mikimoto.com/

(株)ミスミグループ本社

本　社　〒112-8583 文京区後楽2-5-1　飯田橋ファーストビル
　　　　☎03-5805-7050　FAX03-5805-7458
業　種　自動化（FA）用部品、金型用部品、エレクトロニクス部品、機械加工用工具などの企画・販売
販売形態　企業向け通販
資本金　75億9,300万円
社　長　大野　龍隆
設　立　昭和38年2月
主な取扱い商品　FA用部品、金型用部品、配線接続部品、機械加工用工具、製造用一般消耗品
主な発行カタログ　FA用メカニカル標準部品カタログ、プレス金型用標準部品、工具・一般消耗品カタログ
利用媒体　新聞、雑誌、折込チラシ、DM
顧客リスト件数　24万社
従業員　10,167名
受注センター
ミスミQCTセンター東京
〒112-0004 文京区後楽2-5-1　飯田橋ファーストビル　☎0120-343-066
インターネット・ホームページアドレス
　http://www.misumi.co.jp
メールアドレス
　pr@misumi.co.jp

三井住友海上あいおい生命保険(株)

本　社　〒103-0027 中央区日本橋3-1-6
　　　　☎03-3273-0101（大代表）
業　種　生命保険業
販売形態　個人向け通販
資本金　355億円　社　長　佐々木　静
設　立　平成13年10月
通販部門設置　平成13年10月
主な取扱い商品　これ一本（入院保障1泊2日タイプ）、メディカルレディース（入院保障1泊2日タイプ）、終身保険、個人年金保険（無選択タイプ）、医療保険、ガン保険、こども保険

利用媒体　インターネット
従業員　445名
関連会社　三井住友海上火災保険㈱
インターネット・ホームページアドレス
　http://www.ms-kirameki.com/

三井物産アイ・ファッション(株)

本　社　〒107-0061 東京都港区北青山3-6-12 ヒューリック青山ビル
　　　　☎03-5467-6064　FAX03-5467-6055
主な事業内容　機能資材、機能テキスタイル、産業資材並びにアパレル・服飾雑貨製品等の調達・販売、ブランドマーケティング、その他繊維・ファッション関連事業
資本金　853百万円
社　長　今井　徳
設　立　1992年7月3日
従業員　453名

(株)三越伊勢丹

本　社　〒160-0022 東京都新宿区新宿三丁目14番1号　☎03-3352-1111
通販拠点事業所　〒160-0022 東京都新宿区新宿5-16-10
　　　　☎03-6810-3393　FAX03-6810-3394
業　種　百貨店
販売形態　小売業
資本金　100億円　社　長　杉江　俊彦
設　立　平成23年4月
通販部門設置　平成8年
売上高
　23年3月期　通販売上　約400億円
主な取扱い商品　婦人服、婦人雑貨、化粧品、紳士服、子供服、子供用品、リビング用品、食品、宝飾時計、など
受注センター
EC事業部営業運営担当カスタマーサポート
〒160-0023 東京都新宿区西新宿6-14-1　新宿グリーンタワービルB1
　　　　☎03-6732-1110
配送センター
厚木センター
〒243-0303 神奈川県愛甲郡愛川町中津字桜台4001-8　厚木ゲートウェイ5F
　　　　☎046-284-5083
ホームページアドレス
　www.mistore.jp/onlinestore/index.html

三菱マテリアル(株)

本　社　〒100-0004 千代田区大手町1-3-2
　　　　☎03-5252-5201　FAX03-5252-5270
通販拠点事業所　〒100-0005 千代田区丸の内3-3-1　新東京ビル
　　　　☎03-5252-5476　FAX03-5252-5474
業　種　製造業（非鉄金属の製錬、セメン

ト、金属加工品、電子部品材料の製造)
販売形態　カタログ
資本金　1,194億5,700万円
社　長　矢尾　宏
設　立　昭和25年
通販部門設置　昭和54年
主な取扱い商品　通信販売は宝飾品
主な発行カタログ　春夏秋冬の年4回のカタログ、他
利用媒体　自社
顧客リスト件数　55万件
従業員　4,361名（H23/3/E現在）
通販部門従業員　13名（H21/3/E現在）
ショールーム
MJC丸の内店
〒100-0005 千代田区丸の内3-3-1　新東京ビル1F　　℡03-5252-5374
インターネット・ホームページアドレス
http://www.e-mjc.jp

三菱マテリアルトレーディング(株)

本　社　〒103-0007 東京都中央区日本橋浜町3-21-1 日本橋浜町Fタワー17階
　　　　℡03-3660-1682　FAX03-3660-1650
通販拠点事業所　〒103-0007 東京都中央区日本橋浜町3-21-1 日本橋浜町Fタワー13階　℡03-6661-1652　FAX03-6661-1994
業　種　兼業
資本金　3億9,300万円　社　長　荒牧　将
設　立　昭和22年5月
通販部門設置　平成27年1月
主な取扱い商品　非鉄金属原料・非鉄金属材料・金属加工品・自動車部品・半導体・他
利用媒体　カタログ、自社ネット販売、
顧客リスト件数　78万件
従業員　384名
通販部門従業員　19名
インターネット・ホームページアドレス
https://www.e-mjc.jp/
メールアドレス
tsuhan@mmtc.co.jp

三菱UFJニコス(株)

本　社　〒101-8960 千代田区外神田4-14-1　秋葉原UDX
　　　　℡03-5296-1308　FAX03-5296-3016
業　種　兼業（クレジットカード業務、他）
販売形態　個人向け通販
資本金　1,093億円
代表取締役社長　和田　哲哉
設　立　昭和26年6月
通販部門設置　昭和42年12月
利用媒体　自社カード会員向け機関誌
従業員　6,024名
インターネット・ホームページアドレス
http://www.cr.mufg.jp/

(株)三松

本　社　〒160-8334 東京都新宿区西新宿3-2-11　新宿三井ビル2号館14階
　　　　℡03-6810-8800　FAX03-3343-5101
通販拠点事業所　〒160-8334 東京都新宿区西新宿3-2-11　新宿三井ビル2号館14階
　　　　℡03-6810-8810　FAX03-3348-3380
業　種　兼業
販売形態　専門店
資本金　1億円　社　長　齋藤　徹
設　立　昭和25年3月
主な取扱い商品　呉服・レディースファッション・フォーマルドレス・雑貨・アクセサリー
利用媒体　ネット
従業員　755名　通販部門従業員　13名
ホームページアドレス
https://mgos.jp/
メールアドレス
mgos@mimatsu-group.com

ミュー(株)

本　社　〒154-0012 世田谷区駒沢2-11-5　5F　℡03-5779-8488　FAX03-5779-8480
業　種　通販専業
販売形態　通販卸・小売
資本金　1,000万円　社　長　佐々木　学
設　立　平成12年7月
利用媒体　テレビ、ラジオ、CS、カタログ、新聞、雑誌、インターネット、DM
顧客リスト件数　3,000件
従業員　15名

商品仕入担当窓口
担当者　佐々木　学　℡03-5779-8488

インターネット・ホームページアドレス
http://mymiu.co.jp
メールアドレス
info@mymiu.co.jp

(株)ミュージックランド

本　社　〒160-0022 新宿区新宿5-7-14
　　　　℡03-3354-3355　FAX03-3354-3370
通販拠点事業所　〒160-0022 新宿区新宿5-8-2　℡03-3354-2122　FAX03-3354-2156
業　種　兼業（楽器店頭販売及び通信販売）
販売形態　カタログ・店舗・インターネット
資本金　3,600万円　社　長　藤森　康直
設　立　昭和41年9月
通販部門設置　平成5年8月
主な取扱い商品　楽器全般
主な発行カタログ　音楽専門誌
利用媒体　雑誌・web
従業員　100名　通販部門従業員　10名

商品仕入担当窓口
大阪事務所
担当者　高田　昌幸　℡06-6282-6366
大阪通販
担当者　三木　雅也　℡06-6362-6266
東京通販
担当者　河坂　雄史　℡03-3354-2122
インターネット販売
担当者　三木　雅也　℡06-6362-0304

受注センター
KEY東京通信販売
〒160-0022 新宿区新宿5-8-2　℡03-3354-2122
KEY大阪通信販売
〒530-0051 大阪市北区南扇町7-17
　　　　℡06-6362-6266
ショールーム
KEY東京新宿店
〒160-0022 新宿区新宿5-8-2　℡03-3354-2121
KEY東京渋谷店
〒150-0031 渋谷区桜丘町16-12
　　　　℡03-3463-0606
KEY東京池袋店
〒170-0013 豊島区東池袋1-17-8
　　　　℡03-5952-1144
KEY横浜店
〒231-0001 横浜市中区新港町11　横浜ワールドポーターズ3F　℡045-222-2322
KEY大阪・心斎橋店
〒542-0086 大阪市北区南扇町7-17
　　　　℡06-6282-6366
KEY京都店
〒604-8041 中京区河原町通り蛸薬師西入ル　河原町ビブレ5F　℡075-254-7780
KEY札幌店
〒060-0063 札幌市中央区南3条西3丁目　第二タムラビルB1F　℡011-242-0678
KEY福岡店
〒810-0001 福岡市中央区大名1-12-65
　　　　℡092-716-0404
インターネット・ホームページアドレス
http://www.musicland.co.jp/
http://rakuten.co.jp/key/
http://store.yahoo.co.jp/key/

(株)ムラウチドットコム

本　社　〒192-0906 八王子市北野町598-2
　　　　℡0426-42-6211　FAX0426-45-1063
通販拠点事業所　〒192-8540 八王子市大和田町5-1-21
業　種　専業
販売形態　web通販
資本金　4,400万円
代表取締役社長　村内　伸弘
設　立　平成17年4月
通販部門設置　平成17年4月
主な取扱い商品　電化製品、ソフトウェア
主な発行カタログ　webサイト
利用媒体　自社
顧客リスト件数　60万件
従業員　59名

商品仕入担当窓口
コンテンツG
担当者　斉藤　雅　℡0426-44-3838

受注センター
murauchi.comオンラインストア
〒192-8540 八王子市大和田町5-1-21
TEL 0426-42-6211

配送センター
murauchi.comオンラインストア
〒192-8540 八王子市大和田町5-1-21
TEL 0426-42-6211

関連会社　ムラウチホビー、ゼロエミッション
インターネット・ホームページアドレス
http://www.murauchi.com/
メールアドレス
info@murauchi.com

(株)明治

本　社　〒136-8908 江東区新砂1-2-10
通販拠点事業所　TEL 03-5653-0491　FAX 03-5653-1464
業　種　業兼
資本金　336億4,000万円
社　長　川村　和夫
設　立　大正6年12月
通販部門設置　平成18年8月
主な取扱い商品　アミノコラーゲンEX
利用媒体　新聞、折込チラシ、DM
従業員　1万1,269名
受注センター
明治ウェルネスコンタクトセンター
TEL 0120-860-447
インターネット・ホームページアドレス
http://meiji-wellness.jp/
メールアドレス
shopping@meiji.com

(株)明治ナイスデイ

本　社　〒104-0031 中央区京橋2-4-16
業　種　通販兼業
販売形態　総合通販
資本金　2,500万円　社　長　竹原　幸一郎
設　立　平成15年1月
　　　　（明治乳業の子会社2社が合併）
通販部門設置　昭和56年2月
主な取扱い商品　ベビー・マタニティー向け衣料品・雑貨・玩具、家具・家庭用品、食品、他
利用媒体　自社
関連会社　明治乳業(株)
インターネット・ホームページアドレス
http://www.meinyu-niceday.co.jp/

メットライフアリコ生命保険(株)

本　社　〒130-0012 墨田区太平4-1-3 オリナスタワー
TEL 03-6658-2000
業　種　兼業（生命保険業）
販売形態　個人向け通販、企業向け通販
資本金　2,226億円

社　長　サシン・N・シャー
設　立　昭和47年12月
通販部門設置　昭和51年
主な取扱い商品　生命保険商品(医療保険、ガン保険、定期保険など)
利用媒体　新聞、雑誌、折込チラシ、地上波テレビ、DM
従業員　1万56名
インターネット・ホームページアドレス
http://www.metlifealico.co.jp

(株)メディアワークス・ブルーム

本　社　〒108-0014 港区芝5-31-10　サンシャインビル
TEL 03-5419-8526　FAX 03-5419-8527
販売形態　個人向け通販、職域、産直、卸
資本金　1,000万円　社　長　竹田　成克
設　立　平成3年3月
通販部門設置　平成6年3月
主な取扱い商品　竹原慎二プロデュース30UPシリーズ、マジックソープ、レザーマスター
利用媒体　カタログ、新聞、雑誌、ラジオ、テレビ、BS、CS、インターネット

商品仕入担当窓口
商品企画
担当者　若生　TEL 03-5419-8525

受注センター　TEL 0120-808-991
配送センター
ケイヒン配送内メディアワークスブルーム
〒221-0036 横浜市神奈川区千若3-1
TEL 045-441-2970
関連会社　(有)アイビーコーポレーション
インターネット・ホームページアドレス
http://www.30upclub.com
メールアドレス
office@mediaw-b.com

(株)メディプラス

本　社　〒150-0013 東京都渋谷区恵比寿4-6-1 恵比寿MFビル
TEL 03-6408-5121　FAX 03-6408-5122
通販拠点事業所　〒150-0013 東京都渋谷区恵比寿4-6-1 恵比寿MFビル
TEL 03-6408-5121　FAX 03-6408-5122
業　種　兼業（卸し業）
販売形態　個人向け通販
資本金　4,650万円　社　長　内田　恭平
設　立　平成15年8月
通販部門設置　平成18年10月
売上高
　21年8月期　総売上　44億5,300万円（推計）
主な取扱い商品　メディプラスゲル
主な発行カタログ　美楽
利用媒体　カタログ、新聞、雑誌、ラジオ、折込チラシ、地上波テレビ、BS、CS、ネット

顧客リスト件数　135万件
従業員　42名（社員、契約社員）
通販部門従業員　42名

商品仕入担当窓口
商品企画部
TEL 03-6408-5121

受注センター
(株)TMJ
〒160-0023 東京都新宿区西新宿7-20-1 住友不動産西新宿ビル　TEL 03-6758-2000
ディー・キュービック(株)
〒810-0022 福岡市中央区薬院1-14-5 MG薬院ビル8F　TEL 092-303-6087
配送センター
ヤマトロジスティクス(株)
〒104-0061 東京都中央区銀座2-12-18 ヤマト銀座ビル5F　TEL 03-6671-8700
関連会社　ラフラインホールディングス(株)、(株)DBMG
ホームページアドレス
https://mediplus.co.jp

(株)メテックス

本　社　〒106-0044 港区東麻布3-3-9
TEL 03-3589-3300　FAX 03-3589-5500
業　種　兼業（輸入卸）
販売形態　個人向け通販
資本金　8,500万円
代表取締役社長　田中　昌男
設　立　昭和57年11月
通販部門設置　平成8年11月
主な取扱い商品　健康関連商品、スポーツ・アウトドア用品、ギフト用品、防災用品、補聴器、コーヒー、ワイン
主な発行カタログ　総合カタログ
利用媒体　ネット
顧客リスト　1万1,000件
従業員　31名　通販部門従業員　5名

商品仕入担当窓口
MD部
担当者　石井・田部　TEL 03-3589-3300

配送センター
(株)メテックス船橋海神ロジスティックセンター
〒273-0022 船橋市海神町3-124　日本通運船橋支店海神3号倉庫　TEL 047-401-1133
インターネット・ホームページアドレス
http://www.metex.co.jp
メールアドレス
metex-master@metex.co.jp

(株)メンズスタイル

本　社　〒150-0036 渋谷区南平台町16-28 グラスシティ渋谷9F　TEL 03-6416-5020
業　種　通販専業
販売形態　個人向け通販
資本金　100万円　社　長　宇賀神　政人
設　立　平成19年3月

通販部門設置　平成19年3月
主な取扱い商品　メンズ服
利用媒体　ネット
従業員　24名
通販部門従業員　24名
インターネット・ホームページアドレス
　http://shop.menz-style.com

モダンロイヤル(株)

本　社　〒103-0002 東京都中央区日本橋馬喰町1-5-6 イマスオフィス馬喰町8F
　☎03-5843-6281　FAX03-5843-6285
業　種　兼業（フィットネス機器・喫煙具・シニア商品）
販売形態　卸し
資本金　1,250万円　代表取締役　市川　誠
設　立　昭和40年7月
通販部門設置　昭和60年4月
主な取扱い商品　フィットネス機具（バイク、ウォーカー、ステッパー、エアーウォーカー、ウォーキング水着、他）、ストレッチング商品（首ストレッチング、腰ストレッチング、バランスボール）、シニア商品（失禁パンツ）
従業員　9名　　通販部門従業員　3名
商品仕入担当窓口
フィットネス事業部
担当者　中村　千加志　☎03-5843-6281
受注センター
モダンロイヤル㈱　フィットネス事業部
　☎03-5843-6281
配送センター
日本ロジステック㈱内
〒210-0869 川崎市川崎区東扇島18-3
　☎044-276-2030
メールアドレス
　info@modemroyal.com

森永乳業(株)

本　社　〒108-8384 東京都港区芝5-33-1
　☎0120-369-592　FAX0120-036-924
業　種　兼業
資本金　217億400万円
　　　　社　長　宮原　道夫
設　立　昭和24年4月
主な取扱い商品　健康食品他
利用媒体　地上波テレビ、BS、ネット
商品仕入担当窓口
ウェルネス事業部　通信販売グループ
ホームページアドレス
　https://kenko.morinagamilk.co.jp/

ヤーマン(株)

本　社　〒135-0016 東京都江東区東陽2-4-2 新宮ビル
主な事業内容　美容健康機器の研究開発・製造・輸出入販売、化粧品の輸入販売、生活雑貨の販売、先端電子機器（半導体検査装置等）の輸入販売
資本金　18億13百万円
社　長　山崎　貴三代
設　立　1978年5月27日
売上高
　2024年4月　320億2,300万円(連結実績)
　2023年4月　429億9,600万円(連結実績)
　2022年4月　409億4,300万円(連結実績)
従業員　253名
関連会社　YA-MAN U.S.A LTD、LABO WELL

(有)野草酵素

本　社　〒150-0002 渋谷区渋谷2-1-6　青山純ビル　☎0120-37-8353　FAX0120-37-8354
業　種　通販専業
販売形態　個人向け通販
資本金　300万円　　取締役　金井　貴義
設　立　平成12年12月
主な取扱い商品　健康食品
利用媒体　カタログ、新聞、雑誌、ラジオ、BS、CS、ネット
顧客リスト件数　10万9,000件
従業員　7名　　通販部門従業員　7名
商品仕入担当窓口
担当者　イワタ　　☎03-3539-1861
受注センター
野草酵素　〒105-0003 港区西新橋1-9-8
　☎03-5511-1122
㈱ベルシステム24　渋谷区2-16-1
　☎03-6418-3700
配送センター　渡邉紙化㈲　〒277-0924 柏市風早1-7-10　☎047-193-3845
インターネット・ホームページアドレス
　http://www.yasoukouso.com/index.html
メールアドレス
　sales@yasoukouso.com

(株)山貴佐野屋

本　社　〒170-0004 豊島区北大塚3-33-9
　☎03-3949-8111　FAX03-3576-3776
業　種　兼業（店頭販売）
販売形態　個人向け通販
資本金　5,000万円　社　長　菊池　章二
設　立　昭和58年8月
主な取扱い商品　バッグ、宝石、時計、衣料品、毛皮、雑貨、リトグラフ、小物、靴、アクセサリー
利用媒体　雑誌・ネット
顧客リスト件数　5万件
従業員　40名
インターネット・ホームページアドレス
　http://www.sanoya.co.jp/
メールアドレス
　info@sanoya.co.jp

(株)山野楽器

本　社　〒104-0061 中央区銀座4-5-6
　☎03-3562-5051　FAX03-3567-9067
通販拠点事業所　〒104-0061 中央区銀座3-10-1　☎03-3524-1431　FAX03-3544-0531
業　種　兼業（AVソフト、楽器、雑貨等販売）
販売形態　マス通販・卸し・店舗
資本金　1億円　　社　長　山野　政彦
設　立　大正15年12月
通販部門設置　昭和60年4月
主な取扱い商品　音楽ソフト及び付属品
利用媒体　自社・新聞・雑誌・折込チラシ・クレジットカード機関誌
従業員　750名　　通販部門従業員　6名
商品仕入担当窓口
開発営業部　　担当者　海野　善行
　☎03-5833-3401　FAX03-5833-3402
受注センター
外商部　開発課
〒111-0051 台東区蔵前2-15-5
　☎03-5833-3401　FAX03-5833-3402
配送センター
開発営業部
〒111-0051 台東区蔵前2-15-5
　☎03-5833-3401　FAX03-5833-3402

(株)ユーア

本　社　〒116-0014 荒川区東日暮里2-12-9
　☎03-3802-7212　FAX03-3802-7213
業　種　通販専業
販売形態　個人向け通販
資本金　1,000万円　社　長　阿部　勇一
設　立　平成1年9月
主な取扱い商品　スイーツ、日用雑貨
利用媒体　ネット
顧客リスト件数　3万2,000件
従業員　3名
通販部門従業員　3名
商品仕入担当窓口
通販部
担当者　天野　信幸　☎03-3802-7212
関連会社　㈱IKKYU-AN
インターネット・ホームページアドレス
　http://www.ikkyu-an.co.jp
メールアドレス
　info@ikkyu-an.co.jp

(株)ユーキャン

本　社　〒169-0075 新宿区高田馬場4-2-38
　☎03-3361-1489　FAX03-3367-3115
業　種　通信教育・通信販売
資本金　9,000万円
代表取締役社長　品川　泰一
設　立　昭和29年6月
通販部門設置　昭和47年4月
売上高

23年12月期　売上高　321億円
主な取扱商品　通信講座、大地球儀30、日本大地図、聞いて楽しむ日本の名作
利用媒体　新聞・雑誌・ラジオ・折込チラシ・地上波テレビ・ネット
従業員　630名
関連会社　公益財団法人国際文化カレッジ、㈱ユーキャンロジ他
インターネット・ホームページアドレス
　http://www.u-can.co.jp/

(株)ユーグレナ

本　社　〒108-0014 東京都港区芝5-29-11 G-BASE田町2・3F
　☎03-3453-4907　FAX03-5442-4907
主な事業内容　ユーグレナ等の微細藻類の研究開発・生産、ユーグレナ等の微細藻類の食品・化粧品の製造・販売、ユーグレナ等の微細藻類のバイオ燃料技術開発・環境関連技術開発、バイオテクノロジー関連ビジネスの事業開発・投資等
資本金　73億1,814万円
社　長　出雲　充
設　立　平成17年8月
売上高
　23年12月期　通販売上高　330億200万円
　22年12月期　通販売上高　342億8,100万円
主な扱い商品　健康食品、化粧品
インターネット・ホームページアドレス
　https:www.euglena.jp
関連会社　キューサイ、八重山殖産、リアルテックホールディングス、エポラ、ユーグレナ竹富エビ養殖、クロレラサプライ、ヘルスン、ジーンクエスト、MEJ、グラミンユーグレナ、上海悠緑那生物科技有限公司

(株)ユーコー

本　社　〒170-0005 豊島区南大塚2-26-15 南大塚ビル8F
　☎03-3945-2005　FAX03-3945-2605
業　種　通販専業
販売形態　個人向け通販
資本金　1,000万円
代表取締役　石田　重廣
設　立　平成元年8月
通販部門設置　平成元年8月
主な取扱い商品　シルク衣料品・寝具、電化製品、ファッショングッズ、一般雑貨等
利用媒体　DM・新聞・雑誌・折込チラシ・ネット・他社同梱
顧客リスト件数　550万件
従業員　240名　　通販部門従業員　240名
商品仕入担当窓口
　企画営業部　　担当者　篠田・白石
　　☎03-3945-2005

受注センター
　本社ビル7階・4階
関連会社　㈱夢グループ、㈲白井貿易
インターネット・ホームページアドレス
　http://www.you-coh.com
メールアドレス
　youcoh@you-coh.com

(株)郵趣サービス社

本　社　〒168-8081 杉並区上高井戸3-1-9
　☎03-3304-1641　FAX03-3304-6511
業　種　通販専業
販売形態　個人向け通販・頒布・店舗
資本金　4,000万円
代表取締役社長　大網　誠
設　立　昭和46年3月
通販部門設置　昭和46年3月
主な取扱い商品　世界の郵便切手、切手収集に関連した書籍・用品類と趣味の雑貨品
主な発行カタログ　スタンプマガジン、フィラメイト、クラブF
利用媒体　カタログ・新聞・雑誌・ネット
顧客リスト件数　15万件
従業員　63名　　通販部門従業員　48名
商品仕入担当窓口
　日本切手事業部
　担当者　稲見　新　　☎03-3304-1641
ショールーム
　目白・切手の博物館ショールーム
　〒171-0031 豊島区目白1-4-23　☎03-5951-3450
関連会社　㈶日本郵趣協会、㈱日本郵趣出版、㈱日本郵趣エージェンシー、㈶切手の博物館
インターネット・ホームページアドレス
　http://www.stamaga.net
メールアドレス
　email@yushu.co.jp

(株)郵便局物販サービス

本　社　〒135-0016 東京都江東区東陽4-1-13 東陽セントラルビル
資本金　1億円
社　長　日野　和也
設　立　2007年9月11日
従業員　656名

(株)ユニネット (永谷園通販)

本　社　〒105-0003 港区西新橋3-6-2 西新橋企画ビル
　☎03-3435-8530　FAX03-5777-1890
通販拠点事業所　〒105-0003 港区西新橋3-4-1 MYビル4F
　☎03-6430-7978　FAX03-3433-6716
業　種　兼業
販売形態　個人向け通販

資本金　1,850万円　社　長　久世　次郎
設　立　昭和61年6月
通販部門設置　平成19年3月
主な取扱い商品　お茶づけ、おみそ汁、スープ、ラーメン、健康食品
利用媒体　雑誌、折込チラシ、DM、ネット、テレビ、ラジオ
従業員　45名
通販部門従業員　25名

(株)ユニバーサルミュージック

本　社　〒107-6327 港区赤坂5-3-1　赤坂Bizタワー27F
　☎03-6830-8300
通販拠点連絡先
　☎03-6830-8177　FAX03-6830-8178
業　種　CD、MT、VC、DVD製作・販売
販売形態　マス通販
資本金　17億円　社　長　市井　三衛
設　立　昭和35年10月
通販部門設置　昭和44年2月
主な取扱い商品　CD、ミュージックテープ、ビデオカセット、DVD
主な発行カタログ　EMIミュージック・ジャパンファミリーカタログ（年4回）
利用媒体　新聞・雑誌
顧客リスト件数　20万件
従業員　327名　　通販部門従業員　5名
商品仕入担当窓口
　ミュージックサービス本部　EMIダイレクト
　担当者　後藤　寿之　☎03-6830-8177
受注センター
　ヤマトシステム開発㈱
　〒141-0031 品川区西五反田8-11-21-6F
　　☎03-5759-8362
配送センター
　ジャパン・レコード配送㈱
　〒421-0218 志太郡大井町下江留370
　　☎054-6224112
インターネット・ホームページアドレス
　http://www.toshiba-emi.co.jp/familyclub/
メールアドレス
　fwebshop@toshiba-emi.co.jp

夢みつけ隊(株)

本　社　〒101-0042 東京都千代田区神田東松下町17　フリージアグループ本社ビル
　☎03-6635-1791
業　種　通販専業
販売形態　個人向け通販
資本金　5億3,420万円
社　長　佐々木　ベジ
設　立　昭和55年10月
通販部門設置　昭和55年10月
主な取扱い商品　趣味、生活用品、その他
主な発行カタログ　夢みつけ隊、LEA、好気心の提案、せいかつ百貨事典、道具の学校、健康人の薦め

利用媒体　カタログ、新聞、DM、ネット
顧客リスト件数　120万件
従業員　79名
通販部門従業員　63名

商品仕入担当窓口
販売部
担当者　清水　　☎03-5369-7836

受注センター
㈱ホット・コミュニケーション
〒900-0011 那覇市上之屋1-1-18
☎098-860-4665

インターネット・ホームページアドレス
http://www.yumetai.co.jp/

㈱読売情報開発

本　社　〒102-8618 千代田区平河町2-13-3
☎03-5212-1315　FAX03-5275-2654
通販拠点事業所　〒102-8618 千代田区平河町2-13-3　☎03-5212-1315　FAX03-5275-2654
業　種　兼業（サービス業）
販売形態　個人向け通販
資本金　4,000万円　　社　長　坪川　任宏
設　立　昭和47年4月
通販部門設置　平成2年4月
主な取扱い商品　家具、家庭用品、寝具、服飾雑貨、衣料品、家電
利用媒体　折込チラシ・ネット
顧客リスト件数　85万件
従業員　744名　　通販部門従業員　18名

商品仕入担当窓口
リテール事業部
担当者　斉藤　良之　☎03-5212-1315

インターネット・ホームページアドレス
http://www.yomiuri-johkai.co.jp/

㈱47CLUB

本　社　〒104-0032 東京都中央区八丁堀3-3-5 住友不動産八丁堀ビル2F
☎03-5148-4747
業　種　兼業（インターネットモール事業、卸売業、販路斡旋事業）
資本金　2億2,500万円
社　長　栗田　健一郎
設　立　平成20年7月
通販部門設置　平成20年7月
主な取扱い商品　カタログギフト、産直商品、新規開発商品
主な発行カタログ　産直カタログ「贈りもの弁当」、スイーツカタログ「世界一のお茶会」
利用媒体　新聞、ネット、その他
従業員　45名

商品仕入担当窓口
販路拡大本部開発チーム
☎03-6402-4700

インターネット・ホームページアドレス
https://www.47club.jp/
メールアドレス
info@47club.jp

ライズTOKYO㈱

本　社　〒106-0031 東京都港区西麻布1-4-31 アルト第1ビル2F
主な事業内容　寝具、インテリア用品及び繊維製品全般の企画・製造・輸入・販売
社　長　宮崎　誠司
設　立　2011年11月15日
従業員　23名

㈱ライトアップショッピングクラブ

本　社　〒169-8228 東京都新宿区北新宿2-21-1 新宿フロントタワー26F
☎03-6872-5300
主な事業内容　衣料品、電気製品、家庭用品、時計、靴、酒類などの通信販売、店舗販売
資本金　1億円
社　長　若菜　さおり
設　立　1971年3月8日
従業員　183名

㈱ラッシャーマン

本　社　〒150-0043 東京都渋谷区道玄坂2-15-1 ノア道玄坂921　☎03-6826-1292
通販拠点事業所　〒150-0043 東京都渋谷区道玄坂2-15-1 ノア道玄坂921
☎03-6826-1292
業　種　通販専業
資本金　400万円　　社　長　川崎　貴志
設　立　平成28年1月
通販部門設置　平成28年8月
主な取扱い商品　ディープチェンジクレアチン
利用媒体　ネット
顧客リスト件数　12,000件
従業員　6名　　通販部門従業員　6名
受注センター
メンズドリームサポートセンター
〒150-0043 東京都渋谷区道玄坂2-15-1 ノア道玄坂921　☎0120-945-711
配送センター
㈱M・Kロジ
〒811-2104 福岡県糟屋郡宇美町井野369-11
☎092-410-9082
ホームページアドレス
https://mens-dream.net/shopping/lp.php?p=sample
メールアドレス
info@rusherman.com

㈱ランクアップ

本　社　〒104-0061 中央区銀座3-10-7　7F
☎03-3543-1510　FAX03-3543-1586
業　種　製造販売業
販売形態　個人向け通販、卸販売
資本金　1,000万円
社　長　岩崎　裕美子
通販部門設置　平成17年6月
売上高
　22年9月期　総売上　120億円
　21年9月期　総売上　110億円
主な取扱い商品　化粧品、ヘアケア製品、服飾品
主な発行カタログ　MANARA Beauty
従業員　96名

商品仕入担当窓口
製品開発部
担当者　日高　由紀子
☎03-3543-1510

インターネット・ホームページアドレス
https://www.manara.jp/

㈱LIXIL住生活ソリューション

本　社　〒136-0071 東京都江東区亀戸1-5-7 錦糸町プライムタワー8F
主な事業内容　教育ソリューション、ITソリューション、人材サービス、経理アウトソーシング等のビジネスソリューション事業およびLIXILオンライン、リフレッシュリフォーム等のエンドユーザーソリューション事業
資本金　4億5千万円
社　長　野瀬　洋
設　立　1989年8月

㈱LIGUNA

本　社　〒184-0002 小金井市梶野町5-8-26
☎042-382-8527
業　種　通販専業（化粧品、健康食品）
販売形態　個人向け通販
資本金　300万円　社　長　南沢　典子
設　立　平成15年11月
通販部門設置　平成15年11月
主な取扱い商品　泡石（石けん）、優すくらぶ（洗顔料）、秀くりーむ（美容液）、おとし玉（健康補助食品）
主な発行カタログ　あきゅ便り、あきゅ新聞
利用媒体　折込チラシ
顧客リスト件数　6万件
従業員　58名

㈱リケン

本　社　〒107-0062 港区南青山2-12-14 ユニマット青山ビル7F
☎03-3408-1321　FAX03-3408-1462
通販拠点事業所　☎0120-941-103　FAX03-3675-6061
業　種　兼業（通販・卸・製造販売・輸出入）
資本金　2億円　　社　長　石原　二郎

設　立　昭和44年7月
主な取扱い商品　食品
利用媒体　新聞・雑誌
顧客リスト件数　7万件
従業員　155名　　通販部門従業員　3名
インターネット・ホームページアドレス
　http://www.riken-health.co.jp
メールアドレス
　honsya@riken-health.co.jp

(株)リットーミュージック

本　社　〒102-0073　千代田区九段北3-2-11
　　　　住友不動産九段北ビル
　　　　℡03-5213-6280　FAX03-5213-6282
業　種　兼業（出版社）
販売形態　卸し・店舗
資本金　1億6,900万円　社　長　古森　優
設　立　昭和53年4月
主な取扱い商品　雑誌、書籍、ビデオ、コンピュータソフト
利用媒体　自社・インターネット
従業員　93名
商品仕入担当窓口
　出版営業部　　　　℡03-5213-6260

(株)リバークレイン

本　社　〒154-0005　世田谷区三宿1-13-1
　　　　東映三宿ビル6F
　　　　℡03-5431-3219　FAX03-5431-3220
業　種　通販専業（バイク用品およびパーツのインターネットによる販売）
販売形態　個人向け通販、卸し
資本金　1,324万円　社　長　信濃　孝喜
設　立　平成14年1月
通販部門設置　平成14年1月
主な取扱い商品　バイク用品およびバイクパーツ
利用媒体　ネット
従業員　267名
受注センター
　横浜フルフィルメントセンター
　〒225-0013　横浜市青葉区荏田町305-2
　　　　　　　　　　　　℡050-7505-0709
配送センター
　横浜フルフィルメントセンター
　〒225-0013　横浜市青葉区荏田町305-2
　　　　　　　　　　　　℡050-7505-0709
インターネット・ホームページアドレス
　http://www.webike.net
メールアドレス
　info@webike.net

(株)リベルタ

本　社　〒177-0041　練馬区石神井町2-9-15
　　　　℡03-3995-5330　FAX03-3995-5320
業　種　通販専業

販売形態　マス通販・職域
資本金　1,000万円　社　長　野田　一
設　立　昭和60年8月
主な取扱い商品　輸入家庭用品、雑貨、衣料品
利用媒体　カタログ、DM、インターネット
顧客リスト件数　15万件
従業員　7名
商品仕入担当窓口
　担当者　塩満　　　　℡03-3995-5330
インターネット・ホームページアドレス
　http://www.liberta-net.com/
メールアドレス
　info@liberta-net.com

(株)龍泉堂

本　社　〒171-0021　豊島区西池袋1-5-3
　　　　℡03-3985-8346　FAX03-3981-1349
業　種　兼業
販売形態　個人向け通販・職域・卸し・店舗
資本金　2,400万円
　　　　代表取締役　塩島　由晃
設　立　昭和56年9月
通販部門設置　昭和62年10月
主な取扱い商品　健康食品、健康図書、食品、化粧品
主な発行カタログ　マイライフ
利用媒体　カタログ・雑誌・DM・ネット
顧客リスト件数　3万5,000件
従業員　23名　　通販部門従業員　5名
商品仕入担当窓口
　開発室
　担当者　塩島　　　　℡03-3985-8346
関連会社　㈱ペガサス、㈱マイライフ、㈱沖縄太陽農場、神州醗酵食品（有）
インターネット・ホームページアドレス
　http://www.mylife-health.co.jp/

(株)良品計画

本　社　〒170-8424　豊島区東池袋4-26-3
　　　　　　　　　　　　℡03-3989-4403
業　種　兼業（「無印良品」の企画開発・製造から流通・販売までを行う製造小売業）
資本金　67億6,625万円
社　長　清水　智
設　立　昭和54年5月
通販部門設置　平成12年9月
主な発行カタログ　無印良品－家具・家電・ファブリック、無印良品－子供用品
従業員　5,728名
ホームページアドレス
　http://www.ryohin-keikaku.jp/

リンベル(株)

本　社　〒103-0027　中央区日本橋3-13-6
　　　　　　　℡03-3246-1122　FAX03-3246-1123

業　種　兼業
販売形態　個人向け通販
資本金　1億円　社　長　東海林　秀典
設　立　昭和62年7月
主な取扱い商品　カタログギフト、雑貨、食品、体験ギフト
主な発行カタログ　カタログギフト各種、ギフトセレクションカタログ　など
利用媒体　カタログ、雑誌、DM、ネット
従業員　436名
通販部門従業員　10名
商品仕入担当窓口
　企画開発本部　　　℡022-256-0596
受注センター
　東京本社
　〒103-0027　中央区日本橋3-13-6
　　　　　　　　　　　　℡03-3246-1133
配送センター
　〒990-0071　山形市流通センター1-1-1
　　　　　　　　　　　　℡023-625-1710
ショールーム
　東京ショールーム
　〒103-0027　中央区日本橋3-13-6
　　　　　　　　　　　　℡03-3246-1122
　山形ショールーム
　〒990-0071　山形市流通センター1-7-5
　　　　　　　　　　　　℡023-633-5032
インターネット・ホームページアドレス
　http://www.ringbell.co.jp

(株)レモン社

本　社　〒104-0061　中央区銀座4-2-1　銀座教会堂ビル8F　℡03-3567-3131
業　種　兼業
販売形態　マス通販・カタログ・卸し・店舗
資本金　9,450万円　社　長　塩山　知之
設　立　昭和58年11月
通販部門設置　平成5年9月
主な取扱い商品　輸入カメラ（ドイツ製）、他輸入雑貨、国内流通品
主な発行カタログ　自社プライスリスト
利用媒体　自社・新聞・雑誌、インターネット
顧客リスト件数　5万件

ロゼット(株)

本　社　〒140-0004　東京都品川区南品川2-2-10　南品川Nビル8F
　　　　℡03-3471-7451　FAX03-3472-0465
主な事業内容　化粧品・医薬部外品の製造販売、化粧品・医薬部外品の通信販売、その他
資本金　1億円
社　長　藤井　敬二
設　立　1954年5月
主な扱い商品　洗顔パスタシリーズ、無添加シリーズ、ロゼットゴマージュ、洗わない洗顔シリーズ、ハローキティシリー

ズ、ロゼット素肌美システム、AKシリーズ

(株)ロッピングライフ

本　社　〒106-0031 港区西麻布1-2-9 EXタワー5F
　　　　☎03-5772-2100　FAX 03-3470-9125
業　種　通販専業
販売形態　マス通販
資本金　2,500万円
代表取締役社長　中村 雪浩
設　立　昭和60年3月
通販部門設置　昭和60年3月
売上高
　24年3月期　総売上　182億1,700万円
　　うち通販部門売上　178億3,600万円
　23年3月期　総売上　170億1,900万円
　　うち通販部門売上　167億8,600万円
　22年3月期　総売上　168億円
　　うち通販部門売上　167億円
主な取扱い商品　宝石、雑貨、健康用品、生活用品
主な発行カタログ　ロッピングコレクション
利用媒体　TV・ネット・カタログ
顧客リスト件数　データベース化305万件
従業員　49名　　通販部門従業員　43名
商品仕入担当窓口
　商品部
　　担当者　平井 理　☎03-5772-2101
受注センター
　ロッピングライフコールセンター
　　　　☎0120-084-393
インターネット・ホームページアドレス
　https://www.roppinglife.co.jp/

(株)ワールドエアシステム

本　社　〒105-0004 港区新橋2-12-15 田中田村町ビル
　　　　☎03-3504-8600　FAX 03-3504-8666
業　種　兼業(格安航空券販売等の旅行業)
販売形態　マス通販・卸し・店舗
資本金　2億8,185万円　社長　岡田 健
設　立　平成5年7月
主な取扱い商品　国際航空券、海外ホテル
主な発行カタログ　ワールドエアインフォメーション
利用媒体　新聞・雑誌・折込チラシ、インターネット
従業員　30名
商品仕入担当窓口
　営業　　　　　☎03-3298-1818

ワールドコーポレーション(株)

本　社　〒140-0011 東京都品川区東大井6-1-10
主な事業内容　フラワー事業(生花企画・販売、電報配送業)
資本金　50,000,000円
社　長　原田 輝将
設　立　1975年3月28日
インターネット・ホームページアドレス
　http://www.wtsnet.co.jp/
関連会社　ロイヤル商事、カーナカリス化粧品

(株)ワイオーユー

本　社　〒107-0062 港区南青山1-11-38 シャトレ青山2F
　　　　☎03-5775-2297　FAX 03-3408-9445
業　種　兼業(広告代理店業)
販売形態　個人向け通販
資本金　1,700万円　　社長　中山 健
設　立　昭和63年5月
通販部門設置　平成18年3月
主な取扱い商品　婦人服、雑貨、コスメ
利用媒体　ネット
顧客リスト件数　15万件
従業員　26名
通販部門従業員　11名
商品仕入担当窓口
　営業部
　　　　　　　　☎03-5775-2297
受注センター
　事務局
　〒107-0062 港区南青山1-11-38
　　　　　　　　☎03-5775-2297
インターネット・ホームページアドレス
　http://www.you-group.ne.jp
メールアドレス
　info@you-group.ne.jp

わかもと製薬(株)

本　社　〒103-8330 東京都中央区日本橋本町2-2-2
　　　　☎03-3279-0371
主な事業内容　医療用医薬品・一般用医薬品製造販売
資本金　33億95百万円
社　長　小島 範久
設　立　1929年4月
従業員　315名

(株)Waqoo

本　社　〒151-0051 渋谷区千駄ヶ谷5-21-7 第5瑞穂ビル1F
　　　　☎03-5361-8500　FAX 03-5361-8501
業　種　通販・卸
資本金　3,350万円　社長　井上 裕基
設　立　平成19年7月
通販部門設置　平成19年7月
主な取扱い商品　サプリメント、化粧品
利用媒体　ネット、モバイルメディア中心
顧客リスト件数　3万件
従業員　28名
通販部門従業員　28名
インターネット・ホームページアドレス
　http://k-cosme.jp/
メールアドレス
　info@commerce-gate.jp

(株)綿半ドットコム

本　社　〒160-0004 新宿区四谷1-4 綿半野原ビル
　　　　　　　　☎03-5361-6594
業　種　専業
販売形態　個人向け通販
資本金　3,300万円　社長　伴野 紋子
設　立　平成10年4月
通販部門設置　平成10年4月
売上高
　24年3月期　総売上　134億4,300万円
主な取扱い商品　パソコン、デジカメ、ムービー、液晶テレビ、生活家電、カーナビ
利用媒体　ネット
顧客リスト件数　85万件
従業員　49名
インターネット・ホームページアドレス
　http://www.pc-bomber.co.jp
メールアドレス
　info@pcbomber.com

北海道

(株)ADS棒二森屋店

本　社　〒040-8512 函館市若松町17-12
　　　　☎0138-26-1211　FAX 0138-26-3402
業　種　百貨店
販売形態　マス通販
資本金　65億800万円　社長　亀井 修三
設　立　昭和11年6月
通販部門設置　昭和58年3月
主な取扱い商品　百貨店取扱い商品全般
利用媒体　折込チラシ
顧客リスト件数　1万8,000件
従業員　350名　　通販部門従業員　3名
商品仕入担当窓口
　外商部
　　担当者　尾形　☎0138-26-1211
配送センター
　棒二森屋　商品管理センター
　〒040-0033 函館市千歳町3-16
　　　　　　　　☎0138-26-1211

(株)カネタツ

本　社　〒049-2207 茅部郡砂原町字紋兵ヱ砂原114　☎01374-8-3656　FAX 01374-8-3877
通販拠点事業所　〒040-0071 函館市追分町1-25　☎0138-45-3131　FAX 0138-45-3132
業　種　兼業(生鮮魚卸、業務店卸)
販売形態　個人向け通販、頒布、職域、産直、卸し

資本金　2,800万円　　社長　青沼　邦彦
設　立　昭和61年4月
通販部門設置　昭和63年4月
主な取扱い商品　カニ、メロン、北海道の
　水産物、農産物
利用媒体　カタログ
従業員　40名　　　通販部門従業員　10名

商品仕入担当窓口
通販事業部
担当者　伊藤　豊　　☎0138-45-3131

受注センター　　　　　　☎0138-45-3131

(株)北の達人コーポレーション

本　社　〒060-0001 札幌市中央区北一条西
　1-6 さっぽろ創世スクエア25F
　　　　☎0570-099-062 FAX011-351-5185
業　種　通販専業
販売形態　個人向け通販
資本金　2億7,399万円
　　　　　　社長　木下　勝寿
設　立　平成14年5月
通販部門設置　平成14年5月
売上高
　24年2月期　総売上　146億6,500万円
　23年2月期　総売上　98億3,100万円
　22年2月期　総売上　95億1,000万円
主な取扱い商品　健康食品、化粧品　等
利用媒体　ネット
従業員　114名

商品仕入担当窓口
営業部商品開発担当　☎0570-099-062

受注センター
カスタマーサービスセンター
〒060-0001 札幌市中央区北一条西1-6 さっ
　ぽろ創世スクエア25F　☎0570-099-062
インターネット・ホームページアドレス
　https://www.kitanotatsujin.com/
　https://www.kitanotatsujin.com/contact/

(株)サンセリテ札幌

本　社　〒060-0010 札幌市中央区北十条西
　23-2-10　☎011-351-1111　FAX011-622-6622
業　種　通販専業
販売形態　個人向け通販
資本金　3,000万円　　社長　山本　陽子
設　立　平成10年4月
通販部門設置　平成10年4月
主な取扱い商品　健康食品、化粧品、食品
主な発行カタログ　ソルビエ、ななかまど
　便
利用媒体　カタログ、新聞
顧客リスト件数　10万件
従業員　40名　　　通販部門従業員　40名

商品仕入担当窓口
仕入課
担当者　今西　美喜　☎011-351-1111

受注センター
㈱サンセリテ札幌

〒060-0010 札幌市中央区北十条西23-2-10
　　　　　　　　　　　☎011-351-1111
配送センター
㈱サンセリテ札幌
〒060-0010 札幌市中央区北十条西23-2-10
　　　　　　　　　　　☎011-351-1111
関連会社　㈱北のお取寄倶楽部
インターネット・ホームページアドレス
　http://www.sincerite.jp
　http://www.7kamado.jp
メールアドレス
　s_advice@sincerite.jp

高橋物産(株)

本　社　〒060-0009 札幌市中央区北九条西
　24-3-21　☎011-641-1711 FAX011-644-9394
業　種　兼業（海産物の製造・卸し・小売・
　店舗・食堂）
販売形態　個人向け通販・企業向け通販・
　頒布・職域・産直・卸し・店舗
資本金　4,000万円
代表取締役社長　高橋　永次
設　立　昭和28年2月
通販部門設置　昭和40年6月
主な取扱い商品　北海道産水産品全搬とそ
　の加工品、道産農産品、その他食品
主な発行カタログ　北のグルメ便、頒布会
　チラシ
利用媒体　カタログ・雑誌・ネット
顧客リスト件数　20万件
従業員　103名
通販部門従業員　15名

商品仕入担当窓口
本社営業部
担当者　町田　拓　　☎011-641-1711

受注センター
コールセンター　　　☎0120-377-960
〒060-0009 札幌市中央区北九条西24-3-21
配送センター
コールセンター　　　☎0120-377-960
〒060-0009 札幌市中央区北九条西24-3-21
ショールーム
コールセンター　　　☎0120-377-960
〒060-0009 札幌市中央区北九条西24-3-21
インターネット・ホームページアドレス
　http://www.kitanogurume.com/
　http://www.kitanogurume.co.jp/
メールアドレス
　syun@kitanogurume.co.jp

(株)ホームショッピング

本　社　〒007-0847 札幌市東区北四十七条
　東7-1-53　☎011-711-2266 FAX011-702-3030
通販拠点事業所　〒007-0847 札幌市東区北
　四十七条東7-1-40
　　　　☎011-711-2266 FAX011-702-3030
業　種　通販専業
販売形態　個人向け通販

資本金　1,000万円　　社長　林　敬介
設　立　昭和61年4月
売上高
　22年3月期　総売上　46億5,300万円
　うち通販部門売上　46億5,300万円
主な取扱い商品　カメラ、電子楽器、家電
　品、時計
利用媒体　新聞、ネット
顧客リスト件数　15万件
従業員　48名　　　通販部門従業員　45名

商品仕入担当窓口
インターネット販売事業部
担当者　山本　克文　☎011-711-2266

インターネット・ホームページアドレス
　http://www.rakuten.co.jp/homeshop/
メールアドレス
　katsufumi.yamamoto@homeshopping.co.jp

(株)山ト　小笠原商店

本　社　〒066-0043 北海道千歳市朝日町8-
　1206　　　　　　　☎0123-24-7666
業　種　兼業
販売形態　個人向け通販
資本金　1,000万円　　社長　小笠原　琢
設　立　昭和43年5月2日
通販部門設置　1998年
主な取扱い商品　食品
利用媒体　ネット、チラシ
ホームページアドレス
　http://yamato-ogasawarashouten.co.jp/

青森県

(株)キョーエイ

本　社　〒036-0343 黒石市浅瀬石字村元
　102-6　☎0172-53-2323　FAX0172-53-4655
業　種　兼業（Mr.完熟りんご製造・卸し・
　販売）
販売形態　カタログ・頒布・産直・卸し
資本金　1,200万円　　社長　北山　敏次
設　立　昭和51年9月
通販部門設置　昭和57年7月
主な取扱い商品　りんご及びりんご加工食
　品、北海道・東北・北陸・新潟の海産物、
　農産物、他
主な発行カタログ　青森りんごの会入会の
　しおり、青森りんごの会：きたぐに・ゆ
　きぐに・味市場（春夏／秋冬）、津軽平野・
　稲穂の会
利用媒体　新聞・雑誌・インターネット
顧客リスト件数　18万件
従業員　36名　　　通販部門従業員　19名

商品仕入担当窓口
担当者　間山　教　　☎0172-53-2323

受注センター
青森りんごの会　フリーコール 0077-7-5544
津軽平野・稲穂の会
　　　　　　　　フリーコール 0077-7-5757

関連会社　キョーエイパッキング㈱
インターネット・ホームページアドレス
　http://www.kcsnet.ne.jp/kyoei/
メールアドレス
　kyoei.bussan@kcsnet.ne.jp

㈱ナカムラ

本　社　〒036-8084　弘前市高田3-6-3　弘前流通団地内
　　　　℡0172-27-7100　FAX0172-29-4224
業　種　兼業
販売形態　産直
資本金　2,000万円　　社　長　中村　輝夫
設　立　昭和60年8月
通販部門設置　昭和45年9月（個人経営時より通販開始）
主な取扱い商品　りんご、りんごジュース、りんご加工品
利用媒体　自社・ゆうパックふるさと小包・ネット
顧客リスト件数　8万件
従業員　45名　　通販部門従業員　5名
商品仕入担当窓口
　総務営業部
　担当者　中村　好孝　℡0172-27-7100
インターネット・ホームページアドレス
　http://www.nakamura-kajuen.net/
　http://www.rakuten.co.jp/ringoen/
メールアドレス
　ringo@nakamura-kajuen.com

秋田県

㈱オバタ

本　社　〒018-5751　大館市二井田字上四羽出71　℡0186-49-3927　FAX0186-43-4703
仙台出張所　〒983-0001　宮城県仙台市宮城野区港2-1-11　センコー㈱仙台港PDセンター内
業　種　兼業（卸売業）
資本金　1,000万円　　社　長　手塚　武與
設　立　昭和62年9月
主な取扱い商品　健康食品、食品、日用雑貨
従業員　11名
インターネット・ホームページアドレス
　http://www.kabuobata.co.jp
メールアドレス
　obata39@kabuobata.co.jp

岩手県

小野食品㈱

本　社　〒026-0304　岩手県釜石市両石町4-24-7　℡0193-23-4675　FAX0193-23-6332
主な事業内容　調理冷凍食品の製造、販売（冷凍食品焼魚・煮魚、レトルト食品、チルド食品）
資本金　50,000千円
社　長　小野　昭男
設　立　昭和63年7月
従業員　95名
インターネット・ホームページアドレス
　http://www.onofoods.com/

㈱川　徳

本　社　〒020-8655　盛岡市菜園1-10-1
　　　　℡019-651-1111
通販拠点連絡先
　℡019-651-1111　内線：3731　FAX019-651-2149
業　種　百貨店
販売形態　総合通販
資本金　1億円
代表取締役社長　川村　宗生
創　業　慶応2年4月
設　立　昭和27年2月
通販部門設置　昭和57年9月
主な取扱い商品　食品、日用雑貨
利用媒体　DM、インターネット
顧客リスト件数　1万件
従業員　481名　　通販部門従業員　7名
商品仕入担当窓口
　事業部　通信販売課　係長
　担当者　戸澤　宏幸
配送センター
川徳商品センター
〒020-0891　紫波郡矢巾町流通センター南2-4-19　℡019-637-2951
インターネット・ホームページアドレス
　http://www.kawatoku.com
メールアドレス
　jigyo@kawatoku.com

㈱精茶百年本舗

本　社　〒021-0041　一関市赤荻雲南192
　　　　℡0191-25-4321　FAX0191-25-3777
業　種　兼業（健康茶の製造・卸売業）
販売形態　産直・卸し
資本金　3,000万円　　社　長　清水　恒輝
設　立　昭和28年9月
通販部門設置　昭和58年4月
主な取扱い商品　精茶百年、百年茶、他健康茶
顧客リスト件数　10万件
従業員　25名　　通販部門従業員　3名
商品仕入担当窓口　　　　　　　業務部
受注センター
　業務部　　　　　　　　℡0120-254321
メールアドレス
　hyakunen@d4.dion.ne.jp

宮城県

㈱アイリスプラザ

本　社　〒980-0023　仙台市青葉区北目町1-13　℡022-217-8813　FAX022-217-8824
通販拠点事業所　〒980-0023　仙台市青葉区北目町1-13
　　　　℡022-217-8813　FAX022-217-8824
業　種　通販専業
販売形態　個人向け通販・企業向け通販
資本金　8,000万円　　社　長　大山　健太郎
設　立　平成3年4月
通販部門設置　平成13年1月
主な取扱い商品　収納・インテリア用品、ペット用品、ガーデニング用品、その他雑貨
利用媒体　ネット
顧客リスト件数　15万件
従業員　45名　　通販部門従業員　40名
インターネット・ホームページアドレス
　http://www.irisplaza.co.jp

㈲サンコー

本　社　〒982-0025　仙台市太白区砂押町18-14　℡022-308-7071　FAX022-308-7050
通販拠点連絡先　（本社内）杜の都共育ネット　℡022-308-7071　FAX022-308-7050
業　種　兼業（店舗併設）、障害者作業所
販売形態　カタログ・職域・卸し・店舗・小売、会員制有り、フリーマーケット
資本金　300万円　　社　長　千葉　栄三
設　立　昭和63年9月
通販部門設置　平成元年7月
主な取扱い商品　健康茶（ルイボスティー、ダイエットティ、ハーブティ、野草茶、他）、健康補助食品、各種健康グッズ、激安品（軽衣料、肌着、トレーニングウェア、他）
利用媒体　障害者サークル・養護学校・ボランティアグループ・他、チラシ店頭配布
通販部門従業員　1名
商品仕入担当窓口
　担当者　千葉　栄三　℡022-308-7071
　　　　　夜間　　　　℡070-5126-1075
　　（平日のみ深夜0：00まで受付）
関連会社　堝ボランティアの会（NPO堝）

㈱フジ・コーポレーション

本　社　〒983-0821　仙台市宮城野区岩切1-2-14　℡022-348-3300　FAX022-348-3300
通販拠点連絡先
　　　　℡022-348-3333　FAX022-348-3300
業　種　兼業（店頭販売（小売））
販売形態　マス通販・カタログ・店舗
資本金　3億4,000万円　　社　長　遠藤　文樹
設　立　昭和46年11月

通販部門設置　昭和57年11月
主な取扱い商品　タイヤ、アルミホイール、カー用品全般
利用媒体　新聞・雑誌・TV・ラジオ・折込チラシ・インターネット・DM
従業員　156名　　通販部門従業員　20名

商品仕入担当窓口
商品部　☎022-348-3301

受注センター
通販課
〒981-3341 黒川郡富谷町成田9-3-3
☎022-348-3333

配送センター
フジロジスティックス
〒981-3341 黒川郡富谷町成田9-3-3
☎022-348-3321

ショールーム
タイヤ&ホイール館フジ札幌店
〒004-0871 札幌市清田区平岡1条5丁目1-1
☎011-888-5555
タイヤ&ホイール館フジ盛岡店
〒020-0823 盛岡市門2-18-10　☎019-626-5335
タイヤ&ホイール館フジ仙台店
☎022-255-7000
タイヤ&ホイール館フジ郡山店
〒963-8051 郡山市富田町字下赤沼12-1
☎024-962-2566
タイヤ&ホイール館フジ新潟店
〒950-1102 新潟市善久718-1　☎025-377-7761
タイヤ&ホイール館フジ宇都宮店
〒320-0851 宇都宮市鶴田町2050-3
☎028-647-3030
タイヤ&ホイール館フジ茨城店
〒300-0065 土浦市若松町2-7　☎0298-23-6633
タイヤ&ホイール館フジ高崎店
〒370-0073 高崎市緑町1-1-24　☎027-370-3060
タイヤ&ホイール館フジ大宮店
〒330-0038 さいたま市宮原町4-65-5
☎048-654-5665
タイヤ&ホイール館フジ練馬店
〒179-0081 練馬区北町3-17-4　☎03-5920-2850
タイヤ&ホイール館フジ相模原店
〒229-1132 相模原市橋本台1-9-5
☎042-770-9090
タイヤ&ホイール館フジ長野店
〒381-2215 長野市稲里中央4-9-10
☎026-291-0555
タイヤ&ホイール館フジ青梅店
〒198-0024 青梅市新町9-2041-1
☎0428-33-3451

インターネット・ホームページアドレス
http://www.fujicorporation.com/

みやぎ生活協同組合

本　社　〒981-3194 仙台市泉区八乙女4-2-2
☎022-771-1590　FAX022-773-1821
通販拠点連絡先　共同購入運営本部
☎022-375-7518　FAX022-218-9003
業　種　生活協同組合
販売形態　店舗・共同購入（カタログ）
出資金　278億1,396万円
理事長代行　大越健治　専務理事
設　立　昭和57年3月
通販部門設置　昭和52年5月
主な取扱い商品　食品、生活雑貨、衣料品、園芸、家電品、書籍、寝具、インテリア用品、他
主な発行カタログ　Week、Live、キャロット
利用媒体　カタログ、ネット
顧客リスト件数　組合員185,787件
従業員　6,945名（パート、アルバイト含む）
通販部門従業員　879名（パート、アルバイト含む）

商品仕入担当窓口
サンネット共同購入商品本部
☎022-772-6280

配送センター
みやぎ生協成田セットセンター
〒981-3341 富谷市成田9-7-4
☎022-348-3871

みやぎ生協共同購入配送センター
仙台北センター
〒981-3194 仙台市泉区八乙女4-2-2
☎022-373-5751
仙台東センター
〒983-0821 仙台市宮城野区岩切字三所北87-1　☎022-255-0351
仙台西センター
〒989-3127 仙台市青葉区愛子東1-1-2
☎022-392-1528
仙台南センター
〒981-1242 名取市高舘吉田野来8-1
☎022-382-6241
仙台中央センター
〒983-0036 仙台市宮城野区苦竹3-4-35
☎022-762-9833
富谷センター
〒981-3341 富谷市成田9-7-4
☎022-348-3751
石巻センター
〒986-0032 石巻市開成1-43
☎0225-96-2181
古川センター
〒989-6135 大崎市古川稲葉字鴻ノ巣132
☎0229-23-3310
迫センター
〒987-0513 登米市迫町北方字舟橋前22番地
☎0220-22-2469
柴田センター
〒989-1631 柴田郡柴田町東船迫2-17
☎0224-58-7511
気仙沼センター
〒988-0056 気仙沼市上田中1-7-1
☎0226-22-6111
コープ東北共同購入チラシセットセンター
仙台市泉区明通3-30
コープ東北多賀城ベジタブルセンター
多賀城市八幡字一本柳3番3

関連会社　㈱コープ総合サービス、㈱宮城県学校用品協会、㈱コープトラベル東北、㈱コープ松島、㈱コープエステート、㈱スクラムファイブ、㈱東北協同事業開発、㈱コープコンビニエンス

インターネット・ホームページアドレス
http://www.miyagi.coop/

山田乳業(株)

本　社　〒989-0259 白石市字半沢屋敷前155　☎0224-26-3181　FAX0224-25-7631
業　種　兼業
販売形態　産直
資本金　7,750万円　　社　長　山田　泰
設　立　明治17年
通販部門設置　平成8年
主な取扱い商品　アイスクリーム、牛乳、デザート
利用媒体　インターネット
従業員　60名　　通販部門従業員　2名

商品仕入担当窓口　☎0224-246-4861

受注センター
物流課　☎0224-26-3181

インターネット・ホームページアドレス
http://www.from-zao.com/
メールアドレス
yamada-milk@from-zao.com

山形県

(株)みちのく芭蕉庵

本　社　〒990-0845 山形市飯塚町1871
☎0236-44-0005　FAX0236-44-0666
業　種　通販専業
販売形態　マス通販
資本金　5,000万円　　社　長　竹田篤永
設　立　平成3年12月
通販部門設置　平成4年4月
主な取扱い商品　食品
利用媒体　自社・新聞・雑誌・折込チラシ・クレジットカード機関誌
従業員　8名

福島県

会津園芸センター・スズキ

本　社　〒965-0862 会津若松市本町4-36
☎0242-27-1120　FAX0242-28-6266
業　種　兼業（園芸資材小売業）
販売形態　個人向け通販
社　長　鈴木　昭
設　立　昭和43年3月
通販部門設置　昭和43年3月
主な取扱い商品　園芸資材、農産種子
主な発行カタログ　趣味の園芸用品、上得意様セール
利用媒体　自社・自社友の会会報誌、ネッ

ト
従業員　4名
商品仕入担当窓口
発送部
担当者　鈴木　昭　　☎0242-27-1120
インターネット・ホームページアドレス
　http://aizuengeinet.com/

日本カクタス企画社

本　社　〒960-8155　福島市清水町売沢23
　　　　☎0245-48-2267　FAX0245-48-3673
業　種　通販専業
販売形態　マス通販
社　長　佐藤　勉
設　立　昭和43年4月
主な取扱い商品　サボテン種苗、図書
主な発行カタログ　月刊カクタスガイド、総合版カクタスガイド
利用媒体　自社・雑誌・友の会会報誌

茨城県

（有）菊水食品

本　社　〒316-0023　日立市東大沼町4-29-11
　　　　☎0294-52-5443　FAX0294-53-8291
業　種　兼業（納豆製造卸売）
販売形態　カタログ・卸し・展示即売、小売、インターネット
資本金　700万円　　社　長　菊池　啓司
設　立　昭和23年4月
主な取扱い商品　納豆（ゴールド納豆）
利用媒体　自社
顧客リスト件数　3,000件
従業員　13名
商品仕入担当窓口　☎0294-52-5443
インターネット・ホームページアドレス
　http://kikusuinatto.seesaa.net/
メールアドレス
　kikusui@kind.ocn.ne.jp

栃木県

（株）コジマ

本　社　〒320-8528　宇都宮市星が丘2-1-8
　　　　☎028-621-0001　FAX028-621-0002
通販拠点事業所　〒329-0617　河内郡上三川町大字上蒲生2134　☎0285-55-0890
業　種　兼業（家電量販店）
販売形態　マス通販・店舗
資本金　259億7,564万円　社　長　中澤　裕二
設　立　昭和38年8月
通販部門設置　平成7年6月
主な取扱い商品　家電、パソコン
利用媒体　インターネット
従業員　3,178名
配送センター
コジマロジスティックセンター鹿沼

〒322-0026　鹿沼市茂呂岩石597-4
　　　　☎0289-72-1192
関連会社　㈱ビックカメラ

群馬県

斎武織物（株）・帯の武乃屋

本　社　〒376-0013　桐生市広沢町5-1159
　　　　☎0277-54-1311　FAX0277-54-1313
通販拠点連絡先
　　　　☎0120-047-529　FAX0277-54-1313
業　種　兼業
販売形態　総合通販・マス通販・卸し・インターネット
事業内容　正絹袋帯製造販売
資本金　1,000万円　社　長　斎藤　武三郎
通販部門設置　昭和61年4月
主な取扱い商品　正絹袋帯製造販売、佐賀錦製造販売
利用媒体　TV・ラジオ
従業員　5名　　　　通販部門従業員　3名
通販担当部署　総合企画室
担当者　斎藤　明久
主な取引先　ジュピターショップチャンネル㈱、㈱ベルーナ、㈱デジタルダイレクト
インターネット・ホームページアドレス
　http://www.saitake.co.jp/
　http://www.takenoya.jp/
メールアドレス
　info@saitake.co.jp
　info@takenoya.jp

フレンドリー（株）

本　社　〒370-0828　高崎市宮元町227　高崎ステージビル5F
　　　　☎027-320-9111　FAX027-320-1801
通販拠点事業所　〒370-0828　高崎市宮元町227　高崎ステージビル5F
　　　　☎027-320-9111　FAX027-320-1801
業　種　卸業
販売形態　卸し
資本金　5,000万円
代表取締役　松田　智博
設　立　平成7年1月
主な取扱い商品　インナー・アウター・アパレル、雑貨
主な発行カタログ　先方取引先とのタイアップカタログ
利用媒体　カタログ・チラシ
従業員　28名
商品仕入担当窓口
営業本部
担当者　飯野　厳仙　　☎027-320-9111
配送センター
フレンドリー物流センター
〒379-2215　群馬県伊勢崎市赤堀今井町2丁目1004-1　日本通運㈱赤堀ロジスティクスセンター　☎0270-20-2777

関連会社　㈱ベルーナ

埼玉県

（株）愛育ベビー

本　社　〒351-0101　和光市白子3-38-47
　　　　☎048-469-2221　FAX048-469-2367
業　種　兼業（ベビー用品等のレンタル・販売）
販売形態　カタログ・店舗
資本金　1,000万円　社　長　平川　カヅ子
設　立　昭和38年3月
通販部門設置　昭和38年3月
主な取扱い商品　授乳・消毒用品、食事用品、入浴用品、育児用品、ベビーカー、ラック、椅子
主な発行カタログ　あいうえお
利用媒体　自社・雑誌・折込チラシ
顧客リスト件数　10万件
従業員　60名　　　　通販部門従業員　4名
商品仕入担当窓口
担当者　菅谷　　　　☎048-469-2221
インターネット・ホームページアドレス
　http://www.ibaby.co.jp/
メールアドレス
　info@ibaby.co.jp

エルモス化粧品（株）

本　社　〒352-0014　新座市栄3-1-7
　　　　☎048-477-0416　FAX048-477-0820
業　種　兼業
販売形態　総合通販・カタログ
資本金　2,000万円　社　長　萬羽　洋子
設　立　昭和48年4月
通販部門設置　昭和48年4月
主な取扱い商品　化粧品、健康食品、医薬部外品
利用媒体　雑誌
顧客リスト件数　1万件
従業員　25名　　　　通販部門従業員　6名
商品仕入担当窓口
仕入部
担当者　宮澤　裕子　　☎048-477-0416
インターネット・ホームページアドレス
　http://www.lmos.co.jp
メールアドレス
　info@lmos.co.jp

（有）オーク

本　社　〒331-0044　さいたま市北区日進町2-533
通販拠点事業所　〒102-0082　千代田区一番町23-2　番町ロイヤルコート601
　　　　☎03-3264-6028　FAX03-3239-7621
業　種　兼業（プロモーション企画、総合通販卸し）
販売形態　卸し

資本金　300万円　　社長　向山　英治
設　立　平成9年3月
通販部門設置　平成9年3月
主な取扱い商品　衣料品、服飾雑貨、家庭用品、雑貨、食品、宝飾、洋陶器
利用媒体　新聞・雑誌・TV・ラジオ・折込チラシ
従業員　3名　　通販部門従業員　3名

商品仕入担当窓口
担当者　向山　英治　　℡03-3264-6028

メールアドレス
oak@tke.att.ne.jp

(株)オージオ

本　社　〒362-0035　上尾市仲町1-7-27　アークエムビル6F
　　　　℡048-740-5070　　FAX048-774-8624
業　種　通販専業
販売形態　個人向け通販
資本金　1億560万円　社長　安野　明子
設　立　平成12年3月
売上高
　22年3月期　総売上　129億1,300万円
　21年3月期　総売上　150億6,100万円
主な取扱い商品　化粧品、健康食品
主な発行カタログ　「OZIO news（オージオニュース）」
利用媒体　カタログ・雑誌・折込チラシ・地上波テレビ・ネット・モバイル
従業員　200名

商品仕入担当窓口
企画室
担当者　斉田　　　　℡048-740-5070

インターネット・ホームページアドレス
http://ozio.jp
メールアドレス
customer@ozio.jp

コープデリ生活協同組合連合会

本　社　〒336-0024　さいたま市南区根岸1-4-13
　　　　℡048-839-1371（代表）　FAX048-839-1476
業　種　兼業（卸売業）
販売形態　カタログ・卸し
資本金　228億3,700万円
　　　　　　　　理事長　土屋　敏夫
通販部門設置　平成4年7月
主な取扱い商品　生鮮食料品、一般食料品、日用雑貨品、書籍・CD、衣料品、化粧品等
主な発行カタログ　ハピデリ、キャロット、ぐるめぐり、きらきらKID'S
利用媒体　自社
従業員　1,315名

商品仕入担当窓口
商品業務管理　　　　℡048-839-1489

インターネット・ホームページアドレス
http://www.coopnet.jp/

(株)サイト・プロモート

本　社　〒330-6020　さいたま市中央区新都心11-2　明治安田生命さいたま新都心ビル20F　℡048-600-5600　FAX048-601-2210
業　種　兼業　モバイルコンテンツ事業
販売形態　個人向け通販
資本金　1,000万円　社長　橋本　哲也
設　立　平成13年4月
通販部門設置　平成17年7月
主な取扱い商品　雑貨
利用媒体　モバイル広告メール
顧客リスト件数　600件
従業員　16名　　通販部門従業員　10名

商品仕入担当窓口
EC事業部
担当者　服部　裕一郎　℡048-600-5600

インターネット・ホームページアドレス
http://www.site-promote.co.jp
メールアドレス
info@site-promote.co.jp

(株)サンシャイン企画

本　社　〒350-2211　鶴ヶ島市脚折町5-5-16
　　　　℡049-286-1111　FAX049-287-2200
業　種　兼業（ギフト商品卸問屋）
販売形態　マス通販・カタログ・卸し
資本金　6,000万円　社長　清水　良一
設　立　昭和53年6月
通販部門設置　平成5年4月
主な取扱い商品　寝具、陶器、漆器、服飾雑貨、ステーショナリー、家庭金物、アクセサリー、インテリア
主な発行カタログ　一期一会の友（総合版・即納版）、チョイスギフト「ポストシステム」
利用媒体　自社・折込チラシ
顧客リスト件数　約5,000件
従業員　60名　　通販部門従業員　3名

商品仕入担当窓口
商品企画室
担当者　一之瀬　勝　　℡049-287-7878

受注センター
トレンディ　　　　　℡049-287-7777
配送センター
第2商品センター
〒350-2211　鶴ケ島市脚折町5-15-27
　　　　　　　　　　℡049-271-2525
ショールーム
トレンディ
〒350-2211　鶴ケ島市脚折町5-5-16
　　　　　　　　　　℡049-287-7777

インターネット・ホームページアドレス
http://www.trendy-ai.net
メールアドレス
gift@trendy-ai.net

三州製菓(株)

本　社　〒344-0014　春日部市豊野町2-8-3
　　　　℡048-738-8121　FAX047-737-0163
通販拠点事業所
　　　　℡048-735-1164　FAX048-734-9971
業　種　兼業（米菓卸、直販（店舗、FC店））
販売形態　産直
事業内容　高級こだわり米菓を工場直送にて通信販売
資本金　8,600万円　社長　斉之平　伸一
通販部門設置　平成元年
主な取扱い商品　備長炭火とね焼、花梨七彩、黄金角、古利根、鉄板焼、薬膳仙餅
利用媒体　DM、カタログ、ネット
従業員　220名

商品仕入担当窓口
武蔵づくり事業部
担当者　森田　貴美子　℡048-735-1164

主な取引先
インターネット・ホームページアドレス
http://www.rakuten.co.jo/sanshu/
メールアドレス
s.0120-634-634@earth.ocn.ne.jp

(有)ジェイエチシー

本　社　〒333-0847　川口市芝中田2-31-8
　　　　℡048-263-0055　FAX048-263-0080
資本金　300万円　　社長　神田　理香
設　立　平成14年4月
通販部門設置　平成14年4月
主な取扱い商品　健康食品
主な発行カタログ　DM
利用媒体　自社・新聞・雑誌・折込チラシ
顧客リスト件数　80万件
従業員　14人　　通販部門従業員　14人

商品仕入担当窓口
営業部
担当者　小木、成田　　℡048-263-0020

インターネット・ホームページアドレス
http://www.jhc2002.com
メールアドレス
kenkou@jhc2002.com

土田物産(株)

本　社　〒349-1102　北葛飾郡栗橋町中央1-17-1　℡0480-52-2111　FAX0480-52-2121
通販拠点連絡先
　　　　℡0480-52-5001　FAX0480-52-7722
業　種　兼業（小麦粉関連商品卸売業）
販売形態　マス通販・カタログ
資本金　5,000万円　社長　土田　栄一
設　立　昭和36年4月
通販部門設置　昭和44年
主な取扱い商品　めん類、各種スープ、レトルトカレー、梅干
主な発行カタログ　中元・歳暮の御案内、新そば案内

第3部 会社概要

利用媒体　自社・クレジットカード機関誌・ふるさと小包
顧客リスト件数　3万件
従業員　28名　　通販部門従業員　14名

(株)ドクターベルツ

本　部　〒351-0022 朝霞市東弁財1-7-30-5
　　　　℡048-466-7088
通販拠点事業所　〒351-0024 朝霞市泉水2-3-23　℡048-466-7088　FAX048-466-5589
業　種　兼業（店販、訪販、卸）
販売形態　個人向け通販・職域・卸し・店舗・その他
資本金　3,000万円
代表取締役社長　トーン アンドリュー ウィリアム
設　立　昭和60年4月
通販部門設置　平成6年10月
主な取扱い商品　化粧品・医薬部外品・健康食品・美容機器
主な発行カタログ　ENJOY BAELTZ
利用媒体　カタログ・新聞・雑誌・ネット
顧客リスト件数　3万件
従業員　15名　　通販部門従業員　2名
受注センター
　(株)ドクターベルツ
　〒351-0022 朝霞市東弁財1-7-30-5
　　　　☎0120-315-215
配送センター
　㈱ドクターベルツ
　〒351-0022 朝霞市東弁財1-7-30-5
　　　　℡048-466-7088
関連会社　㈱コスメサイエンス、㈱ドクターエルウィン
インターネット・ホームページアドレス
　http://www.dr-baeltz.co.jp
メールアドレス
　info@dr-baeltz.co.jp

(株)NACK5プロジェクト

本　社　〒330-0853 さいたま市大宮区錦町682-2　JACK大宮17F
　　　　℡048-658-8200　FAX048-658-8201
業　種　兼業
販売形態　個人向け通販
資本金　1,000万円　　社　長　内田　浩正
設　立　平成21年4月
通販部門設置　平成21年4月
主な取扱い商品　一般生活者向けアイテム全般
利用媒体　ラジオ、ネット
従業員　10名
通販部門従業員　4名
受注センター
　(株)テレネット
　〒163-0646 新宿区西新宿1-25-1　新宿センタービル46F　℡03-5909-7222
配送センター
　スリーエープランニング（株）
　〒135-0043 江東区塩浜2-4-33
　　　　℡03-5665-6055
関連会社　㈱エフエムナックファイブ
インターネット・ホームページアドレス
　http://nack5-shop.com/
メールアドレス
　info@nack5-shop.com

(株)日本花卉

本　社　〒333-0823 川口市石神184
　　　　℡048-296-2321　FAX048-295-9820
業　種　小売業
販売形態　通販
資本金　1,200万円　　社　長　増田　保
設　立　昭和31年3月
通販部門設置　昭和29年
主な取扱い商品　種苗、花、園芸資材
利用媒体　インターネット

フォーレスト(株)

本　社　〒330-0844 さいたま市大宮区下町2-1-1　JPR大宮ビル3F
　　　　℡048-610-0100　FAX048-610-0200
業　種　通販専業
販売形態　カタログ、インターネット
資本金　9,000万円
社　長　尾島　康之
設　立　平成4年
通販部門設置　平成4年
売上高
　24年3月期　総売上　154億9,800万円
　23年3月期　総売上　153億2,000万円
　22年3月期　総売上　154億4,400万円
主な取扱い商品　文具・事務用品、OAサプライ、家庭雑貨、家具、食料品、日用品、事務機器、業務用品
主な発行カタログ　Forestway
利用媒体　自社
従業員　277名（2024年3月末）
商品仕入担当窓口
　商品部　　　　℡048-610-0100
受注センター
　本社（Fax、Web）
配送センター
　東日本物流センター
　〒332-0004 川口市領家5-1-57 日本通運㈱北東京流通センター内　℡048-227-3003
インターネット・ホームページアドレス
　https://www.forest.co.jp/
メールアドレス
　support@forest.co.jp

(株)ベルーナ

本　社　〒362-8688 上尾市宮本町4-2
　　　　℡048-771-7753　FAX048-775-6063
業　種　通信販売、店舗、金融等
販売形態　総合通販・マス通販・カタログ・頒布
資本金　106億1,200万円　社　長　安野　清
設　立　昭和52年6月
通販部門設置　昭和58年3月
売上高
　24年3月期　総売上　2,082億9,800万円
　　うち通販部門売上　1,296億600万円
　23年3月期　総売上　2,123億7,600万円
　　うち通販部門売上　1,433億3,700万円
　22年3月期　総売上　2,220億2,800万円
　　うち通販部門売上　1,550億3,500万円
主な取扱い商品　衣料品・服飾雑貨、家具・家庭用品、雑貨、食品
主な発行カタログ　ベルーナ（総合ファッションカタログ）、素敵な生活（家庭用品、日用雑貨）、ルフラン（コレクションカタログ）
利用媒体　自社・折込チラシ
顧客リスト件数　1,800万件
商品仕入担当窓口
　第2企画室（アパレル）
　担当者　長野　幸男　　℡048-771-7194
　第3企画室（ハード）
　担当者　野田　真聖　　℡048-771-7309
　グルメ事業本部（食品・花・酒）
　担当者　浅野　福太郎　℡048-771-7183
受注センター
　第1オーダーレセプションセンター
　〒362-0075 上尾市柏座4-6-7　℡048-776-7494
　グルメ事業部北関東コールセンター
　〒365-0077 鴻巣市雷電2-1-22　℡048-776-7962
　川越オーダーレセプションセンター
　〒350-1123 川越市脇田本町15-21　KJ3ビル
　　　　℡048-776-7852
　その他4カ所
配送センター
　吉見ロジスティクスセンター
　〒355-0157 比企郡吉見町大字西吉見601-1
　　　　℡0493-54-1600
　領家丸山流通システムセンター
　〒362-0066 上尾市領家丸山30-1
　　　　℡048-725-0179
　宇都宮流通システムセンター
　〒322-0302 鹿沼市深程990-26
　　　　℡0289-85-7155
　領家山下流通システムセンター
　〒362-0066 上尾市領家山下1152-13
　　　　℡048-780-6171
インターネット・ホームページアドレス
　http://www.belluna.co.jp/

(株)ホクソンベビー

本　社　〒332-0011 川口市元郷5-5-5
　　　　℡048-224-0800　FAX048-224-5738
業　種　兼業（ベビー用品レンタル・販売、他）
販売形態　個人向け通販、店舗
資本金　1,000万円　　社　長　北村　透

設 立　昭和40年4月
通販部門設置　昭和50年9月
主な取扱い商品　ベビー用品、マタニティー用品、内祝ギフト
主な発行カタログ　マタニティ＆ベビーグッズカタログ、ギフトセレクションカタログ
利用媒体　カタログ・ネット
従業員　80名

商品仕入担当窓口
商品管理部
担当者　原　　℡048-224-0099
総務部
担当者　原　　℡048-224-0101

関連会社　㈱シルバーホクソン
インターネット・ホームページアドレス
http://www.hoxon.co.jp/baby
メールアドレス
hoxon-info@hoxon.co.jp

(有)よしざわグッド

本　社　〒337-0051 さいたま市見沼区東大宮4-5-1-301/102
　　　　℡048-664-6427　FAX048-664-6429
業　種　兼業（産直食料品、健康食品、美容雑貨、雑貨（便利品））
販売形態　個人向け通販
資本金　300万円　　社 長　吉澤　英有
設 立　平成11年6月
主な取扱い商品　食品（産直食料品、健康食品）、雑貨
従業員　3名　　通販部門従業員　3名
メールアドレス
yoshizawagood@jcom.home.ne.jp

千葉県

イオンドットコム(株)

本　社　〒261-8515 千葉県千葉市美浜区中瀬1-5-1 イオンタワー6階
主な事業内容　小売、ディベロッパー、金融、サービス、およびそれに関連する事業を営む会社の株式または持分を保有することによる当該会社の事業活動の管理
資本金　2,200億700万円
社 長　羽生　有希
設 立　2000年8月
インターネット・ホームページアドレス
https://www.aeoncom.co.jp/

イオンリテール(株)

本　社　〒261-0023 千葉県千葉市美浜区中瀬1-5-1
業　種　兼業（総合小売業）
販売形態　個人向け通販
資本金　489億7,000万円
　　　　　　　　　　社 長　岡崎　双一

設 立　2008年8月
主な取扱い商品　衣料品・服飾雑貨、家具・家庭用品、雑貨、食品、サービス
主な発行カタログ　「SAQWA」
従業員　85,492名
インターネット・ホームページアドレス
http://www.aeonretail.jp
http://saqwa.jp

(株)インシップ

本　社　〒279-8686 浦安市高洲2-4-10
　　　　℡047-381-1111　FAX047-390-9545
業　種　通販専業
販売形態　個人向け通販
資本金　1,000万円
　　　　　　　　　　社 長　小野　伸二郎
設 立　平成10年7月
通販部門設置　平成10年7月
主な取扱い商品　健康食品、お茶、コーヒー
利用媒体　新聞、雑誌、ラジオ、地上波テレビ、DM
従業員　50名
受注センター
　　　　　　　　　　　　　☎0120-217-111
インターネット・ホームページアドレス
http://www.inship.jp

ヴェルデジャパン(株)

本　社　〒277-0005 柏市柏3-10-20　柏ストーンハイツ502
　　　　℡04-7168-6351　FAX04-7168-6353
業　種　兼業（健康食品卸売）
販売形態　卸し
資本金　1,000万円　社 長　川田　満次郎
設 立　平成15年10月
通販部門設置　平成14年10月
主な取扱い商品　テイジンテビロン、健康食品
利用媒体　新聞・雑誌
顧客リスト件数　300件
従業員　3名
通販部門従業員　1名

商品仕入担当窓口
営業部
担当者　川田　和彦　℡04-7168-6351

関連会社　㈱マルショー、㈱西日本マルショー、㈱プライム

(株)エムエージー

本　社　〒272-0814 市川市高石神34-2
　　　　℡047-332-7663　FAX047-332-7662
業　種　兼業（出版）
販売形態　マス通販・卸し
資本金　5,000万円　社 長　黒川　洋司
設 立　平成9年7月
通販部門設置　平成6年4月

主な取扱い商品　ビデオ、書籍、輸入雑貨、アクセサリー
利用媒体　カタログ・ネット
顧客リスト件数　2万8,000件
従業員　4名　　通販部門従業員　2名

商品仕入担当窓口
担当者　木村　佐知子　℡047-332-7667

受注センター
クラブマリン　　　　℡047-332-7667
配送センター
クラブマリン　　　　℡047-332-7667
関連会社　㈱マリン企画、㈱エムピーシー、㈱MPJ、㈱大阪マリン企画
インターネット・ホームページアドレス
http://www.clubmarine.co.jp/
メールアドレス
info@clubmarine.co.jp

エンドー・アンド・アソシエイツ

本　社　〒289-1527 山武郡松尾町大堤100
　　　　℡0479-86-2028　FAX0479-86-2028
業　種　通販専業
販売形態　総合通販
代　表　遠藤　政樹
主な取扱い商品　家庭用品、雑貨、健康食品
利用媒体　新聞・TV

商品仕入担当窓口
通販事業準備室
担当者　遠藤　政樹　℡0479-86-2028

インターネット・ホームページアドレス
http://www.abc-zshop.com/
メールアドレス
info@abc-zshop.com

(株)QVCジャパン

本　社　〒261-8533 千葉市美浜区ひび野2-1-1
　　　　℡043-332-5000（代表）
業　種　通販専業（TVショッピング）
販売形態　個人向け通販
資本金　115億円
CEO　伊藤　淳史
社 長　石原　收
設 立　平成12年6月
通販部門設置　平成12年6月
売上高
　23年12月期　総売上　1,325億1,700万円
　22年12月期　総売上　1,329億3,400万円
主な取扱い商品　宝石、婦人衣料品、アクセサリー、食器、台所家庭用品、化粧品、健康食品、家電用品、FOOD（常温・冷凍）
主な発行カタログ　番組ガイド
利用媒体　ケーブルTV・BS・CS・ブロードバンド
従業員　約1,500名（パート含む）2019年現在

商品仕入窓口

http://qvc.jp/annai/c_supply.html
商品供給応募ページよりお願い致します。
カスタマーサービス ☎0120-945-010
配送センター
商品センター
〒285-0071 佐倉市岩富380 ℡043-376-8111
インターネット・ホームページアドレス
　https://qvc.jp/

(株)グランブルー

本　社　〒261-7133 千葉市美浜区中瀬2-6
　　　　WBGマリブウエスト33F
　　　　℡043-213-8155　FAX043-213-8166
業　種　兼業（下着、化粧品、栄養補助食品の卸・販売）
販売形態　個人向け通販
資本金　1,000万円　　社　長　竹村　仁
設　立　平成11年3月
通販部門設置　平成13年11月
主な取扱い商品　下着、化粧品、栄養補助食品
利用媒体　新聞、折込チラシ、ネット
従業員　20名
通販部門従業員　10名

商品仕入担当窓口
EC事業部
担当者　土屋　史明　℡043-216-3777

配送センター
グランブルー配送センター
入間郡
インターネット・ホームページアドレス
　http://www.g-bleu.co.jp

京成バラ園芸(株)

本　社　〒276-0046 八千代市大和田新田755
　　　　℡047-450-4752　FAX047-459-2026
業　種　兼業（園芸業）
販売形態　マス通販・カタログ、ネット
資本金　4,000万円　　社　長　坂齊　和彦
設　立　昭和34年10月
通販部門設置　昭和44年10月
主な取扱い商品　バラ苗木、肥料、フラワーメイカー、バラの土、採花用ハサミ
主な発行カタログ　ケイセイローズ
利用媒体　雑誌
顧客リスト件数　1万8,000件
従業員　79名　　通販部門従業員　3名

商品仕入担当窓口
通販課
担当者　阿部　　　℡047-450-4752

受注センター
通信販売課　　℡047-450-4752
配送センター
通販販売課　　℡047-450-4752
インターネット・ホームページアドレス
　http://www.keiseirose.co.jp/

(株)サウンドハウス

本　社　〒286-0825 千葉県成田市新泉14-3
業　種　兼業（卸販売）
販売形態　個人向け通販
資本金　4億8,000万円
社　長　鎌田　知泰
設　立　平成6年
主な取扱い商品　音響機器、楽器
利用媒体　インターネット
従業員　200名
インターネット・ホームページアドレス
　https://www.soundhouse.co.jp

(有)ジェリーフィッシュ

本　社　〒261-0023 千葉市美浜区中瀬1-3
　　　　幕張テクノガーデンCB棟3F　MBP
　　　　℡050-3314-3381　FAX0120-633-256
業　種　通販専業
販売形態　個人向け通販
資本金　300万円　　社　長　千古　規雄
設　立　平成12年9月
主な取扱い商品　手作り石けん材料（食用オイル、雑貨）
利用媒体　ネット
顧客リスト件数　2万件
従業員　8名

商品仕入担当窓口
商品部　担当者　須藤　℡050-3314-3381

インターネット・ホームページアドレス
　http://jfish.jp
メールアドレス
　info@jellyfish-jp.com

(株)ジオテックゴルフコンポーネント

本　社　〒260-0003 千葉市中央区鶴沢町8-6　ジオテックビル
　　　　℡043-222-5297　FAX043-222-2093
業　種　通販専業（ゴルフ部品販売）
販売形態　カタログ・卸し
資本金　1億8,500万円　　社　長　林　進能
設　立　昭和63年11月
通販部門設置　昭和63年11月
主な取扱い商品　ゴルフヘッド、シャフト、グリップ、工具、ゴルフバッグ、ボール
主な発行カタログ　年間総合カタログ、季刊カタログ（春・夏・秋・冬）
利用媒体　新聞・雑誌・インターネット
顧客リスト件数　4万1,000件
従業員　34名　　通販部門従業員　33名

商品仕入担当窓口
商品管理
担当者　西村　信一　℡043-227-0520

受注センター　　℡043-222-5621
配送センター　　℡043-222-5621
インターネット・ホームページアドレス
　http://www.geotechgolf.com/
メールアドレス
　mail@geotechgolf.com

(株)ＺＯＺＯ

本　社　〒263-0023 千葉市稲毛区緑町1-15-16
　　　　℡043-213-5563
業　種　小売（ファッションEC事業、ファッション関連サービス事業、メーカー自社EC支援事業）
販売形態　個人向け通販
資本金　13億5,990万円（2015年3月末時点）
代表取締役　澤田　宏太郎
設　立　平成10年5月
通販部門設置　平成10年5月
商品取扱高
　24年3月期　商品取扱高　5,743億7,300万円
　23年3月期　商品取扱高　5,443億1,700万円
　22年3月期　商品取扱高　5,088億7,600万円
主な取扱い商品　アパレル商材
利用媒体　ネット
顧客リスト件数　約1,019万件（2023年3月末時点）
従業員　1,645名（2023年9月末時点）
通販部門従業員　1,645名（2023年9月末時点）
配送センター
ZOZOBASE
〒275-0024 習志野市茜浜3-7-10　プロロジスパーク習志野4など
インターネット・ホームページアドレス
　http://zozo.jp/
　http://wear.jp

ミレー(株)

本　社　〒289-2306 香取郡多古町十余三371-90
　　　　℡0479-70-7673　FAX0479-70-7573
業　種　通販専業（野菜）
販売形態　個人向け通販・頒布・産直
資本金　5,250万円
代表取締役　早川　世治
設　立　平成13年9月
通販部門設置　平成13年9月
主な取扱い商品　無農薬野菜
利用媒体　新聞・雑誌・折込チラシ・ネット
顧客リスト件数　7万5,000件
従業員　30名　　通販部門従業員　17名

商品仕入担当窓口
商品企画
担当者　根本　恵司　℡0479-70-7673

受注センター
ミレー（株）
〒289-2306 香取郡多古町十余三371-90
　　　　℡0479-70-7673
配送センター
ミレー（株）

〒289-2306 香取郡多古町十余三371-90
　☎0479-70-7673
インターネット・ホームページアドレス
　http://www.millet.co.jp
メールアドレス
　support@millet.co.jp

神奈川県

アールエスコンポーネンツ(株)

本　社　〒240-0005 横浜市保土ヶ谷区神戸町134 横浜ビジネスパークウエストタワー12F　☎045-335-8550　FAX045-335-8554
業　種　通販専業
販売形態　企業向け通販
資本金　2億6,878万8,400円
　　　　代表取締役　田中　美香
設　立　平成10年2月
通販部門設置　平成10年2月
主な取扱い商品　工業用部品
主な発行カタログ　工業用部品総合カタログ、ELECTRONICS
利用媒体　カタログ、ウェブサイト、雑誌、DM、ネット
従業員　125名　　通販部門従業員　125名
受注センター　☎045-335-8888
インターネット・ホームページアドレス
　https://jp.rs-online.com/

(株)アイフォーレ
(旧　いいもの王国)

横浜本社　〒247-8630 横浜市栄区飯島町109-1　☎045-890-1600　FAX045-890-1601
業　種　通販専業
販売形態　総合通販
資本金　3,000万円　社　長　田多井　学
設　立　平成24年2月1日
主な取扱い商品　ウォーキングシューズ、化粧品、健康器具・健康食品、家電用品、衣料品・服飾雑貨、家具・家庭用品、雑貨、食品、サービス
主な発行カタログ　総合カタログ、ファッションカタログ、ゴルフカタログ、毎日が元気、男の特選品
利用媒体　自社・新聞・雑誌・TV・インターネット・クレジットカード機関誌
顧客リスト件数　100万件
従業員　30名
商品仕入担当窓口
若返り事業本部
担当者　折田　昌一　☎045-890-1597
配送センター
〒247-8630 横浜市栄区飯島町109-1
　☎045-890-1619
ショールーム
銀座サロン
〒104-0061 中央区銀座6-7-18　デイム銀座ビル8F　☎03-6280-6714

秋本食品(株)

本　社　〒252-1123 綾瀬市早川市2696-11
　☎0467-71-6001　FAX0467-71-6008
通販拠点連絡先
　☎0466-87-3430　FAX0466-87-3437
業　種　漬物の製造・販売
販売形態　カタログ
資本金　8,000万円　社　長　秋本　大典
設　立　昭和8年
通販部門設置　昭和59年
主な取扱い商品　梅干し、漬物
主な発行カタログ　全国の漬物
利用媒体　自社・アンテナショップ「鎌倉あきもと店」「鎌倉あきもとソラマチ店」
顧客リスト件数　6万件
従業員　315名　　通販部門従業員　3名
商品仕入担当窓口
直売部
担当者　井上　　　☎0466-87-3430
通信販売係
担当者　平　　　　☎0466-87-3430
受注センター
通信販売係
〒252-0816 藤沢市遠藤2004-16
　☎0466-87-3430
配送センター
通信販売係
〒252-0816 藤沢市遠藤2004-16
　☎0466-87-3430
ショールーム
通信販売係
〒252-0816 藤沢市遠藤2004-16
　☎0466-87-3430
インターネット・ホームページアドレス
　http://www.akimoto.co.jp/
メールアドレス
　tsuhan@akimoto.co.jp

(株)アテニア

本　社　〒231-0023 横浜市中区山下町89-1
　☎045-226-1455　FAX045-226-1459
販売形態　個人向け通販
資本金　1億5,000万円
　　　　社　長　保坂　嘉久
設　立　平成元年2月
主な取扱い商品　化粧品、栄養補助食品、ファッション小物、婦人服
主な発行カタログ　ATTENIR
利用媒体　カタログ、新聞、雑誌、折込チラシ、地上波テレビ、DM、BS、CS、ネット
従業員　137名
受注センター
ご注文受付センター
☎0120-165-555
アテニア美容相談室
☎0120-165-333
関連会社　(株)ファンケル、(株)ファンケル美健
インターネット・ホームページアドレス
　http://www.attenir.co.jp/index.html
メールアドレス
　info-attenir@fancl..co.jp

(株)イーエムジャパン

本　社　〒247-0056 鎌倉市大船3-1-3
　☎0467-45-4185　FAX0467-45-0936
業　種　兼業（EM商品の通信販売・卸業・店舗販売・野菜卸し）
販売形態　個人向け通販、卸し、店舗
資本金　2,000万円　社　長　信國　祐介
設　立　昭和63年12月
通販部門設置　平成4年5月
主な取扱い商品　EM関連商品
主な発行カタログ　地天
利用媒体　カタログ、DM、ネット
顧客リスト件数　4万2,000件
従業員　21名
通販部門従業員　5名
商品仕入担当窓口
通販部
担当者　奥山　留美子
　　　　　　　　☎0467-45-4185
受注センター
(株)イーエムジャパン
〒247-0056 鎌倉市大船3-1-3　7F
　☎0467-45-4185
配送センター
愛知クイック通販ロジセンター
〒485-0074 愛知県小牧市小木2-8 ヤマトロジスティクス(株)　☎0568-41-6500
ショールーム
イーエムショップ「地天」
〒247-0056 鎌倉市大船　☎0467-47-5674
インターネット・ホームページアドレス
　http://www.emj.co.jp
メールアドレス
　emshop@emj.co.jp

エコワン(株)

本　社　〒225-0002 横浜市青葉区美しが丘2-14-5 リーフ美しが丘ビル3階
　☎045-509-1612　FAX045-509-1613
業　種　製造業
販売形態　卸し
資本金　4,000万円　社　長　稲葉　喜一
設　立　平成20年
通販部門設置　平成25年10月
主な取扱い商品　マスク、布団用掃除機、お茶、アルカリ電解水クリーナ、ニーム、防災用品、湯たんぽ、おしゃれ着洗剤他
利用媒体　ネット
従業員　8名　　通販部門従業員　1名
商品仕入担当窓口
業務部
　稲葉ひとみ　　☎045-509-1612

第3部 会社概要

企画開発課
　加藤康人　　☎045-509-1612
配送センター
ピュアロジスティクス㈱
〒236-0003 横浜市金沢区幸浦2-8-3
　　　　　　　☎045-374-4100
物流企画㈱
〒811-2317 福岡県糟屋郡粕屋町長者原東7-15-20　　☎092-719-0661
ホームページアドレス
www.eco-one.co.jp

エフエムジー&ミッション(株)

本　社　〒220-0012 神奈川県横浜市西区みなとみらい3-6-4 みなとみらいビジネススクエア13F（受付）・14F
　　　　　　　☎045-305-6300
主な事業内容　化粧品および関連商品、栄養補助食品、ファッション関連品の製造・販売
資本金　1億円
社　長　中　陽次
設　立　1973年9月20日

カナレイ(株)

本　社　〒220-0023 横浜市西区平沼1-2-23
　　　☎045-322-4360　FAX045-321-7923
業　種　兼業（健康医療機器製造・販売）
販売形態　総合通販・職域・訪販・卸し
資本金　1,000万円　社　長　後藤　守利
設　立　昭和38年2月
通販部門設置　昭和57年
主な取扱い商品　家庭用低周波治療器、他の家庭用電気治療器、磁気治療器
主な発行カタログ　ハリキーPro、ハリキーV3、ハリキーGK-7
利用媒体　自社・新聞・雑誌・TV・通販業者カタログ
従業員　11名　　通販部門従業員　6名
商品仕入担当窓口　　　　企画開発

(株)サカタのタネ

本　社　〒224-0041 横浜市都筑区仲町台2-7-1　☎045-945-8800　FAX045-945-8840
通販拠点連絡先
　　　　☎045-945-8824　FAX045-945-8810
業　種　兼業（種苗卸売業）
販売形態　カタログ、インターネット
資本金　135億円
社　長　坂田　宏
設　立　株式会社設立は昭和17年12月 ※創業は大正2年7月
売上高　23年5月期 連結 772億6,300万円
主な取扱い商品　草花・野菜の種子、苗木、球根、家庭園芸用品

主な発行カタログ　家庭園芸
従業員　639名（連結2,691名）
インターネット・ホームページアドレス
https://www.sakataseed.co.jp

(株)水晶院

本　社　〒230-0062 神奈川県横浜市鶴見区豊岡町34-24
業　種　兼業（通販専業・縁起雑貨・書道教室運営）
販売形態　ネット、雑誌
資本金　1,000万円　社　長　田中　利昭
設　立　1990年5月
通販部門設置　平成2年5月
従業員　100名

(株)長寿乃里

本　社　〒220-0012 横浜市西区みなとみらい3-6-3
通販拠点事業所　〒810-0001 福岡市中央区天神3-9-33
業　種　兼業
資本金　1,100万円　社　長　宮田　聖士
設　立　平成13年1月
主な取扱い商品　化粧品／健康食品／九州特産品
利用媒体　新聞、雑誌、ラジオ、折込チラシ、地上波テレビ、ネット
従業員　220名
通販部門従業員　110名
インターネット・ホームページアドレス
http://www.chojyu.com
メールアドレス
info@chojyu.com

(株)ニッコー

本　社　〒242-0025 大和市代官1-10-3
　　　☎046-269-0217　FAX046-269-0284
業　種　兼業（冷凍食品製造販売）
販売形態　個人向け通販
資本金　1,000万円　社　長　山﨑　貞雄
設　立　昭和59年7月
通販部門設置　平成17年4月
主な取扱い商品　餃子、まんじゅう他
利用媒体　新聞
顧客リスト件数　700件
従業員　60名　　通販部門従業員　3名
商品仕入担当窓口　　営業部
　担当者　山﨑　雅文　☎046-269-0217
インターネット・ホームページアドレス
http://www.smilecook.net

Hamee(株)

本　社　〒250-0011 小田原市栄町2-12-10 Square02

　　　☎0465-22-8064　FAX0465-22-8065
業　種　小売り、卸売、システム開発
販売形態　個人向け通販、卸し
資本金　5億9,826万2,000円
社　長　水島　育大
設　立　平成10年5月
通販部門設置　平成11年8月
売上高
　24年4月期　総売上　176億1,200万円
　　うち通販部門売上　85億4,600万円
　23年4月期　総売上　140億3,800万円
　　うち通販部門売上　64億1,300万円
　22年4月期　総売上　134億1,300万円
　　うち通販部門売上　59億200万円
主な取扱い商品　モバイルアクセサリー、雑貨、おもちゃ、文房具、ネット通販サポートシステム「ネクストエンジン」
利用媒体　新聞、雑誌、ラジオ、ネット
従業員　428名
通販部門従業員　44名
商品仕入担当窓口　　商品部
　担当者　戸張　達也　☎0465-22-8044
インターネット・ホームページアドレス
https://hamee.co.jp

ファーメディカ(株)

本　社　〒220-0004 横浜市西区北幸2-12-26 フェリーチェ横浜R001
　　　☎045-317-2131　FAX045-317-2133
業　種　兼業（調剤薬局の運営）
販売形態　個人向け通販
資本金　1,000万円
代表取締役　石川　克寿
設　立　平成18年3月
通販部門設置　平成15年9月
主な取扱い商品　雑貨（化粧品・美容・健康）
利用媒体　新聞、DM
顧客リスト件数　1,372件
従業員　9名　　通販部門従業員　2名
商品仕入担当窓口
　担当者　京谷　知加子　☎045-317-2131
受注センター
本社
〒220-0004 横浜市西区北幸2-12-26　フェリーチェ横浜R001　☎045-317-2131
配送センター
静岡ロジスティック流通元町事業所
〒435-0007 浜松市東区流通元町1-2
　　　　　　　☎053-421-2445
インターネット・ホームページアドレス
http://www.skincare.sc
メールアドレス
info@pharmedica.co.jp

(株)ファンケル

本　社　〒231-8528 横浜市中区山下町89-1

℡045-226-1200　FAX045-226-1270
業　種　通販、店舗販売、卸売販売
販売形態　総合通販・マス通販・カタログ・卸し・店舗
資本金　107億9,500万円
社　長　三橋　英記
設　立　昭和56年8月
通販部門設置　昭和56年8月
売上高
　24年3月期　総売上　1,108億8,100万円
　　うち通販部門売上　571億3,200万円
　23年3月期　総売上　1,035億9,500万円
　　うち通販部門売上　543億1,800万円
　22年3月期　総売上　1,039億9,200万円
　　うち通販部門売上　529億200万円
主な取扱い商品　化粧品、健康食品（サプリメント）、発芽米、青汁、など
主な発行カタログ　エスポワール、元気生活
利用媒体　カタログ・新聞・雑誌・ラジオ・折込チラシ・テレビ・DM・ネット
従業員　1,381名　単体1,018名（2019年3月31日現在／契約社員パート除く）

商品仕入担当窓口
グループサポートセンター　総務部購買グループ　　　　　　℡045-226-1350

工場
千葉工場
〒270-0107　流山市西深井字大堺1028-5　工業団地内　　　　　℡04-7155-5080
滋賀工場
〒529-1608　蒲生郡日野町大谷東山341-9
　　　　　　　　　　　　℡0748-53-8910
群馬工場
〒370-0614　邑楽郡邑楽町赤堀4116-1
　　　　　　　　　　　　℡0276-80-9711
横浜工場
〒244-0842　横浜市栄区飯島町53
　　　　　　　　　　　　℡045-895-5405
長野工場
〒389-0506　東御市祢津1080-8
　　　　　　　　　　　　℡0268-64-8311
受注センター
　ご注文ダイヤル　　　　　☎0120-30-2222
配送センター
　ファンケル関東物流センター
　〒277-0872　柏市十余二506-1
　　　　　　　　　　　　℡04-7137-4660
店　舗
　直営店舗　214店舗（2019年11月末現在）
関連会社　㈱アテニア、ニコスタービューテック㈱、㈱ファンケル美健、ほか
インターネット・ホームページアドレス
　https://www.fancl.jp

フィード(株)

本　社　〒220-6119　横浜市西区みなとみらい2-3-3　クイーンズタワーB19F
　　　　℡045-662-4505　FAX045-662-4506
業　種　通販専業
販売形態　企業向け通販
資本金　4,300万円　社　長　髙橋　徹也
設　立　昭和55年9月
通販部門設置　昭和58年
主な取扱い商品　医薬品、医療機器、医療用雑貨
主な発行カタログ　歯科用、病院用、動物病院用他
利用媒体　カタログ
顧客リスト件数　7万件
従業員　93名　通販部門従業員　93名

商品仕入担当窓口
歯科
　担当者　大野　　　℡045-662-4590
病院
　担当者　小津　　　℡045-662-4590
動物病院
　担当者　阿蘇谷　　℡045-662-4590

配送センター
　フィード横浜DC
　〒231-0816　横浜市中区南本牧3-8
　　　　　　　　　　　　℡045-628-0835
インターネット・ホームページアドレス
　http://www.feedcorp.co.jp/
メールアドレス
　info@feedcorp.co.jp

(株)ブルックス

本　社　〒225-8539　横浜市青葉区美しが丘4-54-6　℡045-902-3211　FAX045-909-1133
業　種　通信販売業
販売形態　総合通販
資本金　1億5,000万円　社　長　小川　裕子
設　立　昭和39年6月
通販部門設置　昭和58年5月
主な取扱い商品　食品（お茶、海苔、コーヒー）、健康食品
利用媒体　折込チラシ
従業員　180名（パート、アルバイト含む）
通販部門従業員　80名

商品仕入担当窓口
企画課　　　　　　　℡045-909-1145

受注センター　　　　☎0120-349-349
配送センター
　中井物流センター
　〒259-0157　足柄上郡中井町境35
　　　　　　　　　　　　℡0465-80-1177
ショールーム
㈱幸修園たまプラーザ店
〒225-8539　横浜市青葉区美しが丘4-54-6
　　　　　　　　　　　　℡045-902-8877
関連会社　㈱幸修園、㈱アンフィス、㈱メセナ、㈱キラメック
インターネット・ホームページアドレス
　http://www.brooks.co.jp/
メールアドレス
　wwwadmin@ma.brooks.co.jp

(株)フレッシュロースター珈琲問屋

本　社　〒210-0833　神奈川県川崎市川崎区桜本2-32-1　川崎SRC3F
　　　　℡044-270-1440　FAX044-270-1447
主な事業内容　コーヒー生豆の卸・販売、コーヒー豆のブレンド、ロースト、グラインドのカスタムメイド卸・販売、コーヒー、紅茶、関連器具の輸出入、コーヒー豆と関連雑貨のギフト商品の卸・販売、コーヒー用品、器具類の卸・販売、コーヒー飲料、その他飲料、コーヒーに関連した菓子、雑貨の卸・販売、各種コーヒー飲料とパン類を主体としたカフェ喫茶販売
資本金　3,000万円
社　長　佐藤　光雄
メールアドレス
　master@tonya.co.jp

(株)ベルモ

本　社　〒252-0303　相模原市南区相模大野3-19-13　アーベイン相模ビル3F
　　　　℡042-767-2722　FAX042-767-2755
業　種　通販専業
販売形態　個人向け通販
資本金　2,000万円　社　長　森川　節雄
設　立　平成12年4月
通販部門設置　平成13年6月
主な取扱い商品　美容資材、スポーツ・アウトドア商材　等
利用媒体　ネット、モバイル
従業員　20名　通販部門従業員　20名

商品仕入担当窓口
MDグループ　MD第1チーム
　担当者　古谷　　　℡042-767-2723
MDグループ　MD第2チーム
　担当者　中村　　　℡042-767-2723

配送センター
〒359-0011　所沢市南永井1128-5
インターネット・ホームページアドレス
　http://www.belmo.com
メールアドレス
　shopping@belmo.com

(株)丸八真綿

本　社　〒222-0033　神奈川県横浜市港北区新横浜3-8-12 5F
主な事業内容　寝具リビング用品の製造・販売・レンタル・クリーニング、配送・倉庫事業

(株)ムーンオブジャパン

本　社　〒220-0045　横浜市西区伊勢町1-4
　　　　℡045-243-5999　FAX045-253-0258
業　種　兼業
販売形態　マス通販・カタログ

資本金　8,000万円　社長　菅沼　繁博
設　立　昭和31年3月
通販部門設置　昭和61年5月
主な取扱い商品　カーライフ用品（Auto Parts、衣類、雑貨、ステッカー等）
主な発行カタログ　MOON EYES
利用媒体　雑誌
従業員　60名（パート10名含）
通販部門従業員　5名
配送センター
ムーンオブジャパンW/H
〒220-0043 横浜市西区御所山町8
　　　　　　　　　　　　℡045-243-5959
ショールーム
MOON EYES Area 1
〒231-0804 横浜市中区本牧宮原2-6
　　　　　　　　　　　　℡045-623-5959
関連会社　ムーンアイズ㈱、MOON EYES USA INC.

㈱レミントン

本　社　〒230-0012 横浜市鶴見区下末吉1-1-31　℡045-584-9962　045-584-9697
業　種　通販専業
販売形態　個人向け通販
資本金　1,000万円
　　　　　　社　長　野間田　仁志
設　立　平成4年8月
主な取扱い商品　健康器具、医療機器、健康食品
利用媒体　カタログ、新聞、雑誌、ラジオ、折込チラシ、地上波テレビ、DM、BS、CS、ネット
従業員　42名

商品仕入担当窓口
商品開発課　　　　　　　℡045-584-9961

山梨県

ウエダ㈱

本　社　〒409-3845 中央市流通団地1-5-1
　　　　　℡055-273-6611　055-273-6667
通販拠点連絡先
　　　　　℡055-284-3838　055-273-6667
業　種　印鑑、表札、ゴム印の通信販売
販売形態　総合通販・カタログ・訪販・卸し・店舗
資本金　2,000万円　社長　上田　三朗
設　立　昭和46年10月
通販部門設置　昭和46年10月
主な取扱い商品　印鑑、ゴム印、表札、美術工芸品、仏具、装身具
主な発行カタログ　印は礎
利用媒体　自社・TV
顧客リスト件数　15万件
従業員　23名　　通販部門従業員　5名

商品仕入担当窓口

総務部
担当者　上田　洋子　℡055-273-6611
一貫堂　　　　　　　℡055-274-3838
全印会　　　　　　　℡055-273-6661
受注センター
一貫堂　　　　　　　℡055-274-3838
全印会　　　　　　　℡055-273-6661
関連会社　㈲吉運堂
インターネット・ホームページアドレス
http://ikkando.jp

長野県

㈲イノウラ繊維 通販部

本　社　〒382-0086 須坂市本上町34-1
　　　　　℡026-248-1747　026-245-6122
業　種　通販専業
販売形態　総合通販・カタログ・職域・訪販・卸し・店舗・農協
資本金　450万円　社長　井ノ浦　正一
設　立　昭和61年8月
主な取扱い商品　繊維製品、呉服、ファンシー雑貨、家具、家庭用品、食品、寝具、書籍、健康食品、健康茶、アイデア雑貨、玩具
利用媒体　自社・折込チラシ
顧客リスト件数　1万件
従業員　4名　　　通販部門従業員　3名

商品仕入担当窓口
営業
担当者　井ノ浦、綿貫　℡026-248-1747

サニーヘルス㈱

本　社　〒380-0911 長野県長野市稲葉1661
　　　　　　　　　　　　℡026-221-5550
主な事業内容　通信販売事業、太陽光発電事業、専門機関、店舗販売事業、航空機リース事業
資本金　1億円
社　長　西村　正弘
設　立　1978年12月
従業員　112名

㈱だいにち堂

本　社　〒399-8304 長野県安曇野市穂高柏原2843-28
主な事業内容　健康食品・医薬品・農産加工品等の開発及び販売
設　立　2003年7月
従業員　42名

宮坂醸造㈱

本　社　〒392-8685 諏訪市元町1-16
　　　　　℡0266-52-6161　0266-53-4477
通販拠点連絡先
　　　　　℡0120-58-3131　0120-58-3272

業　種　兼業（清酒製造業）
販売形態　産直・店舗
資本金　4,800万円　社長　宮坂　直孝
設　立　寛文2年
通販部門設置　昭和57年10月
主な取扱い商品　自製清酒
主な発行カタログ　季節商品、総合
利用媒体　新聞・雑誌・DM
顧客リスト件数　2万件
従業員　65名　　通販部門従業員　2名
受注センター
真澄小売部　℡0120-58-3131　0120-58-3272
配送センター
真澄小売部　　　　　　℡0266-58-3131
ショールーム
セラ・マスミ　　　　　℡0266-57-0303
インターネット・ホームページアドレス
http://www.masumi.co.jp/
メールアドレス
shop@masumi.co.jp

㈱ヤマモト写真機店

本　社　〒380-0845 長野市中央通西後町1583　℡026-234-4131　026-234-4132
業　種　兼業（カメラ光学機器小売業）
販売形態　マス通販
資本金　1,000万円　社長　山本　眞一郎
設　立　大正12年5月
通販部門設置　昭和62年4月
主な取扱い商品　世界のアンティークカメラ（珍品、稀少品）
利用媒体　自社・新聞・雑誌・インターネット
顧客リスト件数　5,000件
従業員　6名　　　通販部門従業員　1名

商品仕入担当窓口
通販部
担当者　富井　一貴　℡026-234-4131
インターネット・ホームページアドレス
http://www.avis.ne.jp/~ymmtca/

㈱豊産業

本　社　〒399-4698 上伊那郡箕輪町中箕輪3010-1　℡0265-79-0050　0265-79-0070
業　種　兼業（産直、卸し）
販売形態　総合通販・マス通販・カタログ・職域・産直・卸・輸出入業務
資本金　1,200万円　社長　小池　明治
設　立　昭和60年3月
通販部門設置　平成元年4月
主な取扱い商品　杜仲茶、ブレンド杜仲茶クオリア、杜仲活緑茶、視力回復器（アイトレ）、環境ホルモン除去食品、ペットフーズ添加剤、振動マッサージ機（スーパータマラン）、安全蚊取器、ゆきり名人、メディカル・ローラー　他
主な発行カタログ　杜仲茶ヘルスカーボン、視力回復器（アイトレ）、ブレンド杜

仲茶クオリア、環境（太陽光灯）機器、安全蚊取器
利用媒体 自社・新聞・雑誌・TV・ラジオ・折込チラシ・インターネット
顧客リスト件数 3万2,000件
従業員 4名
通販部門従業員 2名（パート）

商品仕入担当窓口
管理部（商品、他）
担当者 北川 敬三
℡0265-79-0050　FAX0265-79-0070

ショールーム
　℡0120-14-7750、FAX0265-79-0050
インターネット・ホームページアドレス
　http://www.kenko-yutaka.com
メールアドレス
　info@kenko-yutaka.com

新潟県

(株)コメリ

本　社 〒950-1492 新潟市南区清水4501-1
　℡025-371-4111　FAX025-371-4141
通販拠点事業所 〒950-1492 （株）コメリドットコム事業部
　℡025-371-4159　FAX025-371-4167
業　種 兼業
販売形態 個人向け通販・店舗
資本金 188億200万円　**社　長** 捧 雄一郎
設　立 昭和37年7月
通販部門設置 平成2年4月
主な取扱い商品 ホームセンター商品、建材、外資材、園芸資材、農業資材
利用媒体 カタログ、折込チラシ、DM
従業員 11,663名

商品仕入担当窓口
商品本部
担当者 馬場 直美　℡025-371-4117

受注センター
　コメリドットコム　カスタマーセンター
　〒950-1492 新潟市南区清水4501-1
　　　　　　　　　　　　℡025-371-4157
配送センター
　北星産業（株）　本社
　〒950-1457 新潟市南区清水4501-5
　　　　　　　　　　　　℡025-375-5488
関連会社 （株）ライフコメリ、北星産業（株）、（株）ムービータイム、（株）ビットエイ、（株）コメリキャピタル、大連米利海辰商場有限公司
インターネット・ホームページアドレス
　http://www.komeri.com
　http://www.komeri.bit.or.jp

(株)新潟味のれん本舗

本　社 〒940-1164 長岡市南陽1-1027-4
　℡0258-23-2400　FAX0258-23-2401
業　種 通販専業

販売形態 個人向け通販、企業向け通販
資本金 1億円
　　　代表取締役社長 渡邊 幸雄
設　立 昭和63年2月
通販部門設置 昭和63年2月
主な取扱い商品 米菓、餅、米
利用媒体 カタログ、ネット
顧客リスト件数 83万件
従業員 32名　**通販部門従業員** 32名
インターネット・ホームページアドレス
　http://www.ajinoren.co.jp/

新潟交通(株)

本　社 〒950-0088 新潟市万代1-6-1
通販拠点事業所 〒950-0909 新潟市八千代2-4-8　℡025-246-6370　FAX025-240-3558
業　種 兼業（乗合バス、観光バス、不動産、旅行・航空代理店の各事業）
販売形態 カタログ・職域
資本金 42億800万円　**社　長** 金子 仁
設　立 昭和18年12月
通販部門設置 平成6年4月
主な取扱い商品 衣料品、家庭用品、雑貨、食品、当社オリジナルグッズ、等
主な発行カタログ 新潟交通のカタログ販売（くれよんライフ）
利用媒体 自社・折込チラシ、ホームページ
顧客リスト件数 1万件
従業員 2,200名　**通販部門従業員** 5名

商品仕入担当窓口
事業部商事課
担当者 西鴻 光昭　℡025-246-6313
担当者 竹内 啓祐　℡025-246-6331

受注センター
　事業部商事課
　〒950-0909 新潟市八千代2-4-8
　　　　　　　　　　　　℡025-246-6370
配送センター
　事業部商事課
　〒950-0909 新潟市八千代2-4-8
　　　　　　　　　　　　℡025-246-6444
インターネット・ホームページアドレス
　http://www.crayonlife.com/

(株)ニッカイ

本　社 〒949-3661 柏崎市大字青海川133-1
　℡0257-22-4910　FAX0257-24-8377
通販拠点事業所 〒945-0855 柏崎市大字鯨波甲624-1　℡0257-22-9802　FAX0257-21-0777
業　種 兼業（水産品小売、生鮮品小売、美術館経営）
販売形態 カタログ・店舗
資本金 2,000万円　**社　長** 武田 秀司
設　立 昭和57年4月
通販部門設置 平成2年2月
主な取扱い商品 食料品
主な発行カタログ 味の特急便「日本海便り」

利用媒体 自社
顧客リスト件数 48万件
従業員 140名　**通販部門従業員** 20名

商品仕入担当窓口
鮮魚
担当者 関原　℡0257-22-4910
塩干・カニ
担当者 宇田川　℡0257-22-4910
農産
担当者 堀　℡0257-22-9802

受注センター
　味の特急便・日本海便り
　〒945-0855 柏崎市大字鯨波甲624-1
　　　　　　　　　　　　℡0257-22-9802
　　　又は受注専用　℡0120-889-239
配送センター
　味の特急便・日本海便り流通センター
　〒945-0855 柏崎市大字鯨波甲624-1
　　　　　　　　　　　　℡0257-22-9802
インターネット・ホームページアドレス
　http://www.nihonkaidayori.co.jp/
メールアドレス
　info@nihonkaidayori.co.jp

(株)ブルボン

本　社 〒945-8611 新潟県柏崎市駅前1-3-1
　℡0257-23-2333　FAX0257-22-2005
資本金 10.36億円
社　長 吉田 康
従業員 約5,100名
主な扱い商品 ビスケット、小麦粉せんべい、豆菓子、キャンデー、デザート、米菓、スナック、珍味、チョコレート、チューインガム、ミネラルウォーター、コーヒー・ココア飲料、その他清涼飲料水、粉末ココア、冷菓、酒類、米（通販のみ）、パン・インスタントラーメン（自販機のみ）
主な設備 柏崎工場、上越工場、長岡工場、新潟工場、新潟南工場、五泉工場、新発田工場、村上工場、健康科学研究所
インターネット・ホームページアドレス
　https://www.bourbon.co.jp
関連会社 北日本羽黒食品/羽黒工場、レーマン/和光工場・軽井沢工場、波路夢（上海）商貿有限公司、波路夢（長興）食品有限公司/長興工場、エチゴビール、Bourbon Foods USA Corporation

(株)みゆき堂本舗

本　社 〒950-3134 新潟市北区新崎1-13-33
　℡025-259-3051　FAX025-259-8143
業　種 通販専業
販売形態 個人向け通販・企業向け通販・産直・卸し
資本金 1,000万円
社　長 佐藤 富一郎
設　立 平成元年4月

通販部門設置　平成元年4月
主な取扱い商品　米菓
利用媒体　DM、ネット
顧客リスト件数　40万件
従業員　60名
通販部門従業員　6名
受注センター　　0120-00-2370
インターネット・ホームページアドレス
　http://www.miyukidou.com/

(株)山忠

本　社　〒959-1361 加茂市大字下条甲496-1
　　　　℡0256-52-2561　FAX0256-41-4123
業　種　通販専業
販売形態　カタログ
資本金　6,000万円　社　長　中林　功一
設　立　昭和38年7月
通販部門設置　昭和51年
主な取扱い商品　婦人衣料品、下着、靴下、雑貨
主な発行カタログ　婦人衣料カタログ、肌着カタログ、靴下カタログ、生活用品カタログ
利用媒体　自社
従業員　101名（パート含む）

商品仕入担当窓口
マーケティング本部
担当者　石田　稔　℡0256-52-1728

受注センター　　　　℡0256-53-0610
配送センター　　　　℡0256-52-8901
インターネット・ホームページアドレス
　https://www.yamachu.net/

富山県

トナミホールディングス(株)

本　社　〒933-8788 高岡市昭和町3-2-12
　　　　℡0766-32-1073　FAX0766-32-1077
通販拠点連絡先
　　　　℡0766-21-7425　FAX0766-21-7458
業　種　兼業（運輸業）
販売形態　個人向け通販・職域・産直
資本金　141億8,200万円
代表取締役社長　綿貫　勝介
設　立　平成20年10月　創　立　昭和18年6月
通販部門設置　昭和61年4月
主な取扱い商品　食料品（北陸三県の特産品・ラーメン、鮭、かずの子、等）
主な発行カタログ　とやま、いしかわ、ふくい
利用媒体　カタログ、DM、ネット
顧客リスト件数　60万件
従業員　6,436名（2019.3）連結
通販部門従業員　14名

商品仕入担当窓口
とやま産品インフォメーションセンター
担当者　梶尾　賢一　℡0766-82-3999
いしかわ・ふくい産品インフォメーションセンター
担当者　岩渕　公一　℡076-249-3999

受注センター
とやま産品インフォメーションセンター
〒934-0038 射水市津幡江95（トナミ運輸中央支店内）　℡0766-82-3999
いしかわ・ふくい産品インフォメーションセンター
〒920-0365 金沢市神野町東202（トナミ運輸金沢支店内）　℡076-249-3999
インターネット・ホームページアドレス
　http://www.tonami.co.jp/sanpin/toyama/
　http://www.tonami.co.jp/sanpin/isikawa/
メールアドレス
　info@tonami.co.jp

(株)富山常備薬グループ

本　社　〒930-0085 富山県富山市丸の内1-8-17 新丸の内ビルディング1階
　　　　℡076-471-5661　FAX076-471-5662
業　種　通販専業
資本金　3,000万円　社　長　小川　晃市
設　立　平成22年5月
主な取扱い商品　リョウシンJV錠、アロエ錠スルー、キミエホワイトプラス、ヘルスオイル、キミエホワイト
利用媒体　新聞、ラジオ、折込チラシ、地上波テレビ、DM
顧客リスト件数　114万件
従業員　64名　通販部門従業員　64名
ホームページアドレス
　http://www.toyama-jobiyaku.co.jp/

石川県

金澤やまぎし養蜂場(株)

本　社　〒920-1145 石川県金沢市浅川町ホ80　℡076-229-0088　FAX076-229-3377
主な事業内容　加工食品（蜂産品、農産品、畜産品、海産品）の製造販売、花粉交配、受託加工（OEM）
資本金　2,000万円
社　長　牧墾　幸一
設　立　昭和56年1月
従業員　35名
主な扱い商品　ローヤルゼリー各種、はちみつ、プロポリス各種、無臭にんにく、柚子みつ、高麗人参蜂蜜漬、大麦若葉青汁、蜂の子、その他ハニードリンク、各種ジャム、化粧品各種、他
主な設備　はちみつ製造ライン、ドリンク製造ライン、健康食品製造ライン、品質管理：理化学各種検査、菌検査

(株)歯愛メディカル

本　社　〒929-0112 石川県能美市福島町に152番地
業　種　通販専業
販売形態　事業者向け通販
資本金　1,000万円
社　長　清水　清人
設　立　平成12年1月
売上高
　23年12月期　総売上　456億2,800万円
　22年12月期　総売上　428億9,100万円
主な取扱い商品　歯科材料
関連会社　(株)ニッセンホールディングス、(株)白鳩
インターネット・ホームページアドレス
　https://ci-medical.co.jp

(株)ダイトクコーポレーション

本　社・工場　〒920-0231 金沢市大野町4-レ40-169
　　　　℡076-238-7333　FAX076-238-7272
東京支店　〒105-0014 港区芝3-15-13 YODAビル7F　℡03-3455-2611　FAX03-3455-2612
大阪支店　〒530-0041 大阪市北区天神橋2北1-21 八千代ビル東館6F
　　　　℡06-6357-7441　FAX06-4801-7421
物流センター　〒920-0231 金沢市大野町4-レ40-163
資本金　9,200万円
代表取締役社長　小畠　寛祐（コバタケ　ヒサシ）
設　立　昭和50年8月
主な取扱い商品　商業印刷（チラシ・ポスター・パンフレット・リーフレット・通販カタログ・DM）、広告代理業、広告に関するコンサルタント業、出版業及び出版印刷（雑誌・タウン情報誌）、事務用印刷（伝票・封筒・案内状・名刺）、包装印刷（パッケージ・包装紙）、その他特殊印刷（ラベル・シール）、テレマーケティング事業、製版業、製本業、印刷に関するデザイン及び制作、紙器製品の加工及び販売、映像制作、各種イベントの企画、各種製造開発の企画・立案・卸・販売（日用品・生活雑貨・健康器具・健康食品・事務用品・食品・飲料水・紙および紙製品）
従業員　108名（H30.4月現在）

商品仕入担当窓口
総務部長
担当者　村上　武　℡076-238-7333

受注センター
（本社）ダイトクコーポレーション（株）
〒920-0231 金沢市大野町4-レ40-169
　　　　℡076-238-7333
印刷通販プリントダップカスタマーセンター
　（東京）03-3455-2623

（金沢）076-238-7334
インターネット・ホームページアドレス
https://daitoku-corp.jp/
メールアドレス
inf@printing-daitoku.co.jp

福井県

川本昆布食品(株)

本　社　〒914-0033 敦賀市鳩原21-1-9
　　　　℡0770-22-7285　FAX0770-24-0029
通販拠点事業所
　　　　℡0770-22-4757　FAX0770-22-4770
業　種　兼業
販売形態　卸し・店舗
資本金　1,000万円　　社　長　川本　功
設　立　昭和58年7月
通販部門設置　昭和62年1月
主な取扱い商品　昆布加工製品、福井県銘産品、干物、お米、健康飲料水「ドクダミ100」
主な発行カタログ　「敦賀味紀行」春・夏・秋・冬ギフト特集号
利用媒体　自社・新聞・雑誌・TV・折込チラシ、インターネット
顧客リスト件数　6万4,824件
従業員　140名　　通販部門従業員　22名

商品仕入担当窓口
通信販売
　担当者　高橋　千鶴　℡0770-22-4757
仕入
　担当者　川本　功一　℡0770-22-4757

インターネット・ホームページアドレス
http://www.rakuten.co.jp/kawamoto/
メールアドレス
kawamoto@0120224761.com

(株)大和企画

本　社　〒913-0037 坂井郡三国町黒目22-50-8　℡0776-81-7777　FAX0776-81-7077
業　種　兼業（コンビニエンスストア）
販売形態　マス通販・店舗
資本金　1,200万円　　社　長　後藤　秀和
設　立　昭和56年10月
通販部門設置　昭和62年9月
主な取扱い商品　ナイフ、ミリタリー、輸入雑貨、護身用品
主な発行カタログ　YAMATO商品カタログ
利用媒体　雑誌・インターネット
顧客リスト件数　3万件
従業員　25名　　通販部門従業員　4名

商品仕入担当窓口
　担当者　高本

ショールーム
YAMATO LPA　エルパ店
〒910-0802 福井市大和町32-24
　　　　℡0776-57-2611　FAX0776-57-2611
インターネット・ホームページアドレス
http://www.yamatokikaku.co.jp/
メールアドレス
yamatokikaku@md.neweb.ne.jp

(株)伝食

本　社　〒914-0811 福井県敦賀市中央町2-22-32
事業内容　通販事業、店舗販売事業、飲食事業、水産加工事業
販売形態　個人向け通販
資本金　5,000万円
社　長　田辺　晃司
設　立　平成23年3月
売上高
　23年9月期　119億円
主な取扱い商品　食品
利用媒体　インターネット
従業員　170名（パート、アルバイト含む）
インターネット・ホームページアドレス
https://denshoku-corp.jp

(株)日本インテリアシステム

本　社　〒912-0064 大野市上舌10-77-3
　　　　℡0779-65-1215　FAX0779-65-6474
業　種　兼業（通販卸、直販）
販売形態　卸し
資本金　1,300万円
　　　　代表取締役社長　篠地　守
設　立　平成2年7月
通販部門設置　平成2年7月
主な取扱い商品　自社企画木製家具
利用媒体　カタログ・新聞・雑誌・折込チラシ・ネット
従業員　3名　　通販部門従業員　3名

商品仕入担当窓口
　営業　担当者　篠地　℡0779-65-1215

ショールーム
〒912-0064 大野市上舌10-77-3
　　　　　　　　　　℡0779-65-1215
メールアドレス
nisoono@nifty.com

岐阜県

(株)おおの

本　社　〒504-0914 各務原市三井東町1-79
　　　　℡0583-89-7215　FAX0583-89-7215
業　種　兼業（不動産賃貸）
販売形態　訪販・卸し・他
資本金　1,000万円　　社　長　大野　田鶴子
設　立　昭和29年3月
通販部門設置　平成4年4月
主な取扱い商品　健康食品「バナバ　セブン」（健康解糖茶、健康解糖食品、健康解糖減肥茶）、他
利用媒体　新聞・雑誌・折込チラシ
従業員　15名　　通販部門従業員　7名

商品仕入担当窓口
健康食品事業部
　担当者　大野　修司　℡0583-89-7215

関連会社　㈱大野観光
インターネット・ホームページアドレス
http://www.h2.dion.ne.jp/~pitopito/
メールアドレス
banaba7@d3.dion.ne.jp

カニモケイ

本　社　〒509-0207 可児市今渡879-12
　　　　℡0574-25-8672　FAX0574-28-3630
業　種　兼業（ナイフ、模型）
販売形態　マス通販・店舗
社　長　纐纈　加澄
設　立　昭和60年3月
通販部門設置　昭和60年7月
主な取扱い商品　ナイフ、模型、アウトドア商品、アンティーク商品
利用媒体　雑誌
顧客リスト件数　2,000件
従業員　3名　　通販部門従業員　2名
インターネット・ホームページアドレス
http://www.kanimokei.com/
メールアドレス
kanimo@ma.ctk.ne.jp

(株)カネヤ

本　社　〒506-0808 高山市松本町405
　　　　℡0577-33-5321　FAX0577-35-3733
業　種　兼業（健康食品の卸し、スポーツ用品店）
販売形態　総合通販・卸し
資本金　1,000万円　　社　長　針山　順一朗
設　立　昭和46年10月
通販部門設置　昭和50年6月
主な取扱い商品　健康衣料、健康食品、ダイエット用品、アイデア商品、他
主な発行カタログ　快適生活情報、健康食品情報
利用媒体　美容院・治療院ルート
顧客リスト件数　30万件
従業員　10名　　通販部門従業員　4名

商品仕入担当窓口
　担当者　野村　℡0577-33-5321

インターネット・ホームページアドレス
http://kaneya.doshop.net/
メールアドレス
kaneya@trust.ocn.ne.jp

(株)北　正

本　社　〒501-3253 関市栄町5-1-11
　　　　℡0575-24-1211　FAX0575-24-1210
通販拠点連絡先
　　　　℡0575-23-7951　FAX0575-24-5959
業　種　兼業（専門店、大卸し、ホームセンター）、海外

販売形態　総合通販・マス通販・カタログ・卸し
資本金　4,000万円　　社長　北村　正敏
設　立　昭和5年3月
通販部門設置　平成元年10月
主な取扱い商品　アウトドアナイフ、サバイバル（防災）用品、家庭用刃物、本職用刃物、園芸用刃物　他
主な発行カタログ　包丁カタログ、KNIFE SELECTION
利用媒体　自社・新聞・雑誌
顧客リスト件数　6万7,000件
従業員　46名　　通販部門従業員　11名

商品仕入担当窓口
担当者　田上、古田　☎0575-24-1211

関連会社　K.T.CUTLER
インターネット・ホームページアドレス
http://www.kt-cutler.com/
メールアドレス
info@kt-cutler.com

柴田陶器(株)

本　社　〒509-6114 瑞浪市西小田町2-6
　　　　☎0572-68-4506　FAX0572-67-2722
業　種　兼業（陶磁器卸し）
販売形態　カタログ・産直・卸し・店舗
資本金　1,100万円
会　長　柴田　幸信　　社　長　柴田　正午
設　立　昭和35年9月
通販部門設置　昭和38年1月
主な取扱い商品　陶磁器、ガラス器
主な発行カタログ　自社カタログ
利用媒体　自社・折込チラシ
顧客リスト件数　2万件
従業員　29名　　通販部門従業員　12名

商品仕入担当窓口
営業（国内品）
担当者　西尾　猛成（専務）
☎0572-68-4506
営業（輸入品）
担当者　橋本　芳彦（部長）
☎0572-68-4507

メールアドレス
tshibata@aqua.ocn.ne.jp

(株)宅配110番商事

本　社　〒501-6013 羽島郡岐南町平成4-68
　　　　☎058-248-1102　FAX058-248-0117
業　種　兼業（宅配便）
販売形態　カタログ・訪販・産直
資本金　1,000万円　　社長　山口　嘉彦
設　立　昭和56年6月
通販部門設置　昭和58年8月
主な取扱い商品　各地の特産品（りんご、新巻鮭、めん類等）
主な発行カタログ　つばめ便名店街
利用媒体　自社
顧客リスト件数　1万5,000件

従業員　5名（本部）
通販部門従業員　4,837名（加盟会社従業員数）

商品仕入担当窓口
商品開発
担当者　岡本　博文　☎058-248-1102

(株)通販倶楽部

本　社　〒500-8127 岐阜市塩町2-6
本　部　〒497-0013 海部郡七宝町大字川部字仏供田70
　　　　☎052-442-8900　FAX052-443-6161
業　種　通販専業
販売形態　総合通販
資本金　1,000万円　　社長　中島　永次
設　立　平成10年4月
通販部門設置　平成10年4月
主な取扱い商品　生活関連商品全般
主な発行カタログ　いいもの発見8989(ワクワク)通販カタログ
利用媒体　自社・新聞・TV・折込チラシ
顧客リスト件数　80万件
従業員　50名　　通販部門従業員　50名

商品仕入担当窓口
営業部　　担当者　繁多　正志

関連会社　㈱中広
インターネット・ホームページアドレス
http://www.tsuhanclub.co.jp/
メールアドレス
tsuhan@tsuhanclub.co.jp

(株)T.S.C

本　社　〒500-8868 岐阜市光明町2-5
　　　　☎058-252-5072　FAX058-252-5067
業　種　兼業（婦人服製造販売、小売、通販）
販売形態　個人向け通販、企業向け通販、職域、卸し
資本金　1,000万円　　社長　吉田　哲生
設　立　平成10年5月
通販部門設置　平成10年5月
主な取扱い商品　婦人スーツ、婦人ドレス、アクセサリー、シューズ、下着
主な発行カタログ　ソブレ、ソブレガールズ
利用媒体　カタログ、ネット
顧客リスト件数　16万5,000件
従業員　25名　　通販部門従業員　25名

商品仕入担当窓口
商品部
担当者　沼口　典代　☎058-252-5072
担当者　阿部　浩二　☎058-252-5072

ショールーム
ERBOS
〒500-8868 岐阜市光明町2-5　☎058-255-0780
インターネット・ホームページアドレス
http://www.sobre.jp/
メールアドレス
support@sobre.jp

(株)ますぶち園

本　社　〒509-1492 加茂郡白川町黒川1400
　　　　☎0574-77-1245　FAX0574-77-1141
通販拠点連絡先
　　　　☎0574-77-1118　FAX0574-77-1167
業　種　兼業（緑茶製造販売、緑茶関連商品の販売、地場産品の販売）
販売形態　個人向け通販・企業向け通販・産直・卸し・店舗
資本金　3,020万円
代表取締役社長　各務　泰則
設　立　昭和52年10月
通販部門設置　昭和58年10月
主な取扱い商品　日本茶、健康茶、むぎ茶、インスタントティ、菓子、茶器、他
主な発行カタログ　自社パンフレット、価格表、定期的なDM、イベントチラシ、ハガキ、ゆうパックチラシ
利用媒体　カタログ・折込チラシ・DM・ネット
顧客リスト件数　5万件
従業員　34名　　通販部門従業員　2名

商品仕入担当窓口
営業部
担当者　鈴村　元洋　☎0574-77-1118

配送センター　　　　　　　　自社工場
ショールーム　　　　　　　　自社売店
関連会社　農事組合法人黒川茶生産組合、農事組合法人鱒渕茶園
インターネット・ホームページアドレス
http://www.006756.jp
メールアドレス
furusato@masubuchien.com

静岡県

アロエ食品(株)

本　社　〒421-0218 志太郡大井川町下江留2208　☎054-622-5566　FAX054-622-5779
業　種　兼業（キダチアロエの食品製造・販売・卸し）
販売形態　カタログ・卸し
資本金　1,500万円
会　長　藁科　茂　　社長　藁科　信行
設　立　昭和55年4月
通販部門設置　昭和58年4月
主な取扱い商品　キダチアロエ葉粉末、アルボC70、キダチアロエ健康あめ、キダチアロエ液（原液）、ゴーヤ粒、ウコン粒、化粧品各種、トルマリン製品
主な発行カタログ　総合カタログ
利用媒体　自社・機関紙発行（アロエニュース）
顧客リスト件数　1万5,000件
従業員　15名（役員3名含）
通販部門従業員　5名

商品仕入担当窓口
庶務課
担当者　滝井　洋子　☎054-622-5566

インターネット・ホームページアドレス
http://www.aloe-foods.co.jp/

メールアドレス
info@aloe-foods.co.jp

(株)市川園

本　社　〒421-0115 静岡市駿河区みずほ4-2-3　☎054-259-0141　FAX0120-259-014
業　種　通販専業
販売形態　マス通販
資本金　2,000万円　社　長　市川　真太朗
設　立　昭和48年4月
通販部門設置　昭和48年4月
主な取扱い商品　緑茶、食品
主な発行カタログ　毎月のDM、総合カタログ年2回
利用媒体　自社・新聞・TV・ラジオ・折込チラシ
顧客リスト件数　190万件
従業員　220名　通販部門従業員　190名
ショールーム
おかげ茶屋
〒410-0198 静岡市駿河区みずほ4-2-2
☎054-259-0154
インターネット・ホームページアドレス
http://www.ichikawaen.co.jp/
メールアドレス
ocha@ichikawaen.co.jp

(株)エーエフシー

本　社　〒422-8027 静岡県静岡市駿河区豊田2-4-3
通販拠点事業所　〒422-8027 静岡県静岡市駿河区豊田2-4-3
☎054-285-1166　FAX054-285-7370
業　種　通販専業
資本金　2億円　社　長　浅山　雄彦
主な取扱い商品　健康食品・化粧品・医薬品
主な発行カタログ　げんきあっぷきれいあっぷ・マル得マルシェ
利用媒体　カタログ、新聞、雑誌、ラジオ、地上波テレビ、BS、CS、自社ネット販売、楽天市場、amazon、PayPayモール
顧客リスト件数　1,963,444件
従業員　800名
通販部門従業員　41名
受注センター
㈱エーエフシー
〒422-8027 静岡県静岡市駿河区豊田2-4-3
☎054-285-1166
インターネット・ホームページアドレス
http://464981.com
メールアドレス
shop.@464981.com

(株)エーツー

本　社　〒421-0111 静岡県静岡市駿河区丸子新田317-1
☎054-268-3000　FAX054-268-3002
通販拠点事業所　〒421-0111 静岡県静岡市駿河区丸子新田317-1
☎054-268-3000　FAX054-268-3002
業　種　兼業
販売形態　店舗販売　卸売　フランチャイズ事業　データ販売
資本金　4,500万円　社　長　杉山綱重
設　立　平成9年1月
通販部門設置　平成10年4月
売上高
　24年8月期　総売上　443億3,000万円
　23年8月期　総売上　391億800万円
　22年8月期　総売上　332億9,500万円
主な取扱い商品　新品中古ゲーム、映像ソフト、音楽ソフト、書籍、ホビー、キャラクターグッズ類
利用媒体　自社ネット販売、楽天市場、amazon、
主な運営ショッピングサイト　駿河屋
従業員　1,869名
商品仕入担当窓口
商品部
担当者　宿島　☎054-251-3000

インターネット・ホームページアドレス
https://www.a-too.co.jp/

(有)キープ袴田

本　社　〒435-0048 浜松市上西町57-26
☎053-469-1290　FAX053-469-1291
通販拠点事業所　〒810-0004 福岡市中央区渡辺通5-24-37
☎092-739-2280　FAX092-713-6077
業　種　通販専業
販売形態　個人向け通販
資本金　1,000万円
代表取締役　袴田　正巳
設　立　平成4年12月
通販部門設置　平成12年2月
主な取扱い商品　化粧品
利用媒体　新聞・折込チラシ
顧客リスト件数　6万件
従業員　50名　通販部門従業員　30名
商品仕入担当窓口
担当者　袴田　☎053-469-1290

近物レックス(株)

本　社　〒411-8630 駿東郡清水町伏見向田351　☎0559-73-1212　FAX0559-73-1210
通販拠点連絡先
☎0559-73-1217　FAX0559-75-3874
業　種　兼業(運送業)
販売形態　カタログ・産直・卸し
資本金　8億円　社　長　小中　章義
設　立　昭和16年12月
通販部門設置　昭和59年7月
主な取扱い商品　食品、衣料品、宝石、貴金属
主な発行カタログ　お中元カタログ、お歳暮カタログ、季節商品カタログ
利用媒体　自社
従業員　3,700名　通販部門従業員　3名
商品仕入担当窓口
営業本部(産直担当)
担当者　田村　俊介　☎0559-73-1217

受注センター
営業本部(産直担当)　☎0559-73-1217
インターネット・ホームページアドレス
http://web.infoweb.ne.jp/kintetsu-freight/hp.html
http://www.kintetsu-freight.co.jp/
メールアドレス
mail@kintetsu-freight.co.jp

サミニ(株)

本　社　〒432-8063 浜松市小沢渡町1062
☎053-445-1122　FAX053-445-1133
業　種　生産財の通販専業
販売形態　カタログ
資本金　2,200万円　社　長　沢根　久幸
設　立　昭和59年9月
通販部門設置　昭和62年4月
主な取扱い商品　スプリング、プラスチックケース、工場向け生産財、機械部品
主な発行カタログ　ストックスプリング、NEW町工場
利用媒体　自社・雑誌・展示会
顧客リスト件数　7万件
従業員　10名　通販部門従業員　10名
関連会社　沢根スプリング㈱
インターネット・ホームページアドレス
http://www.samini.co.jp/
メールアドレス
info@samini.co.jp

(株)サンクック

本　社　〒435-0016 浜松市和田町913-5
☎053-464-6101　FAX053-463-8415
業　種　通販専業
販売形態　カタログ
資本金　1,000万円　社　長　吉田　正一
設　立　昭和53年6月
通販部門設置　昭和53年6月
主な取扱い商品　夕食材料、調理済み食、他食料品全般
主な発行カタログ　SunCook、調理済みヘルシー食&ベンリー食
利用媒体　自社
顧客リスト件数　7,000件
従業員　100名　通販部門従業員　65名
商品仕入担当窓口

仕入加工課　℡053-464-6101
仕入調理課　℡053-464-6101
業務課　　　℡053-464-6101
受注センター
城北営業所
〒433-8112 浜松市初生町701-2
　　　　　　　℡053-439-1913
セイブ営業所
〒431-0212 浜名郡舞阪町長十新田312
　　　　　　　℡053-592-8131
掛川支店
〒436-0342 掛川市上西郷1819-7
　　　　　　　℡0537-29-1136
北部営業所
〒435-0016 浜松市和田町914-2
　　　　　　　℡053-464-1018
関連会社　㈱メイビス、㈱ヘルシープランニング、㈱サンフーズ
インターネット・ホームページアドレス
http://www.suncook.co.jp/
メールアドレス
info@suncook.co.jp

三生医薬(株)

本　社　〒419-0201 静岡県富士市厚原1468
　　　　　℡0545-73-0610　FAX 0545-73-0611
業　種　製造業
資本金　5,000万円
社　長　石川　泰彦
設　立　平成5年11月
主な取扱い商品　健康食品、医薬品、一般食品等の企画、受託製造、原料開発、機能性表示届出サポート
従業員　740名
インターネット・ホームページアドレス
http://www.sunsho.co.jp/
メールアドレス
info@sunsho.co.jp

(株)白形傳四郎商店

本　社　〒420-8570 静岡市葵区神明町96-1
　　　　　℡054-271-3559　FAX 054-250-2318
業　種　茶製造、販売、茶・食品・茶器通信販売、茶輸出
販売形態　カタログ
資本金　2,600万円　**代表取締役**　白形　雅則
設　立　大正5年
通販部門設置　昭和28年5月
主な取扱い商品　茶、茶器、食品
利用媒体　自社・新聞・雑誌・TV・インターネット
顧客リスト件数　12万件
従業員　20名
インターネット・ホームページアドレス
http://www.shirakata.co.jp/
メールアドレス
info@shirakata.co.jp

(株)瑞雲

本　社　〒413-0006 熱海市伊豆山向山6-1
　　　　　℡0557-85-3189　FAX 0557-81-0560
業　種　兼業（店舗販売）
販売形態　店舗
資本金　4,800万円　**社　長**　虎谷　久雄
設　立　昭和61年7月
通販部門設置　平成元年9月
主な取扱い商品　自然食品
主な発行カタログ　大自然のいのち
利用媒体　自社
従業員　80名（パート含む）
通販部門従業員　6名
商品仕入担当窓口
　営業課　　　　　℡0557-85-3189
受注センター
営業本部
〒338-0822 さいたま市中島2-11-11
　　　　　　　℡048-857-6661
名古屋営業本部
〒465-0061 名古屋市名東区高針1-109
　　　　　　　℡052-703-3245
配送センター
委託経営

(株)スクロール

本　社　〒430-0807 浜松市中区佐藤2-24-1
　　　　　℡053-464-1111　FAX 053-464-0883
業　種　通販専業
販売形態　カタログ、インターネット
資本金　61億1,600万円
社　長　鶴見　知久
設　立　昭和18年10月
通販部門設置　昭和30年
売上高（連結）
　24年3月期　総売上　798億2,600万円
　23年3月期　総売上　810億1,800万円
　22年3月期　総売上　813億9,100万円
主な取扱い商品　女性アパレル、雑貨、化粧品・健康食品、旅行等の他、EC・通販事業者の事業を発展させるための改善提案サービス
従業員　個別308名　連結886名
配送センター
スクロールロジスティクスセンター浜松西
〒433-8118 浜松市中区高丘西4-8-1
関連会社　㈱スクロール360、㈱AXES、㈱ナチュラム　ほか
インターネット・ホームページアドレス
https://www.scroll.jp/
メールアドレス
ir@mb.scroll.jp

ティーライフ(株)

本　社　〒428-8651 島田市牛尾118
　　　　　℡0547-46-3459　FAX 0547-45-5855
業　種　通販専業
販売形態　個人向け通販
資本金　3億5,662万円
社　長　西上　節也
設　立　昭和58年8月
通販部門設置　昭和58年8月
売上高
　24年7月期　総売上　130億100万円
　　うち通販部門売上　47億3,500万円
主な取扱い商品　健康茶、健康食品、化粧品
主な発行カタログ　「さらら」「優肌ライフ」
利用媒体　カタログ、新聞、雑誌、ラジオ、折込チラシ、DM、BS、CS、ネット
従業員　161名（連結）
通販部門従業員　129名
商品仕入担当窓口
　商品企画販売部　　℡0547-46-3989
関連会社　㈱アペックス、㈱ダイカイ、㈱Lifeit、提來福股份有限公司、特萊芙（上海）貿易有限公司
インターネット・ホームページアドレス
http://www.tealife.co.jp/
メールアドレス
info@tealife.co.jp

(株)TTC

本　社　〒413-0101 静岡県熱海市上多賀686
　　　　　℡0557-67-2323
主な事業内容　ブランド商品の企画・開発・卸・販売及び品質管理、ブランド店舗の開発・運営、地域創生コンサルタント事業、店舗プロデュース全般、食のテーマパークの開発・運営、道の駅の運営、観光土産品の企画、開発、卸、販売、美容・健康関連商品の企画・開発・卸・販売、宿泊・温浴事業、6次産業化ビジネス（農業）
資本金　8,500万円
社　長　河越　康行
売上高
184億9,200万円（グループ連結）
従業員　1,154名

ニュージャパンヨット(株)

本　社　〒421-0502 牧之原市白井7-9
　　　　　℡0548-54-0221　FAX 0548-54-0223
業　種　兼業（ヨット製造販売）
販売形態　個人向け通販・企業向け通販
資本金　1,000万円
代表取締役社長　瓜生　昭一
設　立　昭和44年11月
通販部門設置　昭和60年
主な取扱い商品　キャンピングカー用品、RV用品、マリン用品、建築用品
利用媒体　ネット
従業員　12名　　**通販部門従業員**　3名
商品仕入担当窓口
　担当者　高橋　治己　℡0548-54-0221

インターネット・ホームページアドレス
http://www.njy.co.jp/shop.htm
メールアドレス
info@njy.co.jp

(株)大和文庫

本　社　〒424-0947 清水市清水町5-18
　　　　℡0543-52-5684　FAX0543-53-3397
通販拠点連絡先
　　　　℡0543-52-4832　FAX0543-53-3397
業　種　兼業（書店）
販売形態　マス通販・カタログ・店舗・ネット通販
資本金　1,000万円　社　長　岩田　顕彦
設　立　昭和21年9月
通販部門設置　昭和46年4月
主な取扱い商品　切手、古貨幣、古印、古鏡、テレホンカード等の収集趣味品
主な発行カタログ　月刊古銭入札誌「駿河」、古印即売リスト「古印」
利用媒体　自社・新聞・雑誌
顧客リスト件数　約2,000件
従業員　40名　通販部門従業員　3名

商品仕入担当窓口
切手部
担当者　毛利　元昭　℡0543-52-4832

インターネット・ホームページアドレス
http://www.yamabun.net/
http://www.yamatobunko.co.jp/
メールアドレス
tuhan@yamabun.net

米　久(株)

本　社　〒410-8530 沼津市岡宮寺林1259
　　　　℡055-922-5321　FAX055-922-5345
通販拠点連絡先
　　　　℡055-926-1578　FAX055-924-6527
業　種　兼業（食肉加工品製造・販売）
販売形態　頒布・職域
資本金　86億3,400万円　社　長　石野　克彦
設　立　昭和44年2月
通販部門設置　昭和60年1月
主な取扱い商品　食肉、ハム・ソーセージ、冷凍食品、ギフト、地ビール
主な発行カタログ　Heart頒布会、地ビール頒布会、ギフトカタログ
利用媒体　自社
顧客リスト件数　30万件
従業員　802名　通販部門従業員　27名

商品仕入担当窓口
ギフト事業部
担当者　鈴木　℡055-926-1578
開発部　　　　℡055-929-2963

受注センター
ギフト事業部　℡055-926-1578
配送センター
ギフトセンター　℡055-926-1578
関連会社　㈱マルフジ、㈱日宏食品、㈱吉野屋、おいしい鶏㈱、米久ベンディング㈱、御殿場高原ビール㈱、米久デリカ㈱、チムニー㈱、㈱セブンフードサービス、ヤマキ食品、米久かがやき㈱
インターネット・ホームページアドレス
http://www.yonekyu.co.jp/

愛知県

(株)アイ・エム・ワイ

本　社　〒461-0004 名古屋市東区葵3-7-14
　　　　℡052-930-3900　FAX052-930-3911
業　種　通販専業（雑貨・食品）
販売形態　総合通販
資本金　1,000万円　社　長　塩田　誠
設　立　平成2年11月
通販部門設置　平成6年4月
主な取扱い商品　化粧品、健康食品
主な発行カタログ　商品カタログ、DM、会員向けカタログ
利用媒体　雑誌・折込チラシ
顧客リスト件数　50万件
従業員　30名　通販部門従業員　25名

商品仕入担当窓口
担当者　塩田　誠　℡052-930-3900

インターネット・ホームページアドレス
http://www.imy.co.jp/
メールアドレス
info@imy.co.jp

(株)ＩＫホールディングス

本　社　〒450-0002 名古屋市中村区名駅3-26-8　KDX名古屋駅前ビル5F
　　　　℡052-856-3101
業　種　通販専業
販売形態　個人向け通販・企業向け通販
資本金　4億174万円
代表取締役社長　長野　庄吾
設　立　昭和57年5月
売上高
　24年5月期　総売上　140億4,900万円
　23年5月期　総売上　141億7,900万円
　22年5月期　総売上　163億3,500万円
主な取扱い商品　化粧品、食品、衣料品、服飾雑貨、家庭用品
主な発行カタログ　わくわくショッピング、美食宅配
利用媒体　カタログ・ネット
顧客リスト件数　約50万件
従業員　222名
受注センター
CSC　　　　　℡0800-333-6116
配送センター
〒485-0075　小牧市大字三ツ渕字西之坪995-1　℡0568-42-2733
関連会社　㈲アイケイフーズ、㈲アイケイエージェンシー、㈱コスカ、㈲イイダ、㈱フードコスメ、アルファコム㈱、㈱プライムダイレクト、㈱ユスカ、㈱音生、㈲アイケイエージェンシー、㈲イイダ
インターネット・ホームページアドレス
http://www.ai-kei.co.jp/

IBP(株)

本　社　〒461-0004 名古屋市東区葵3-14-12　HGビル2F
　　　　℡0120-135-001　FAX0120-135-999
業　種　通販専業
販売形態　個人向け通販・企業向け通販
資本金　3,000万円　社　長　中川　祐介
設　立　平成19年10月
通販部門設置　平成19年10月
主な取扱い商品　プリント用紙、伝票、プリントペーパー、タックシール、封筒、パッケージソフト
利用媒体　カタログ・ネット
顧客リスト件数　3万件
従業員　8名

商品仕入担当窓口
管理課
担当者　水野　伸志　℡0120-135-001

受注センター
コールセンター
〒461-8706 名古屋市東区葵3-14-12　HGビル2F
配送センター
商品センター
〒485-0033 小牧市郷中
関連会社　ヒサゴ㈱、㈱KALBAS、TB㈱

(株)イナガキ

本　社　〒489-0000 瀬戸市上松山町2-345
　　　　℡0561-82-5948　FAX0561-21-0153
業　種　兼業（卸、店舗販売）
販売形態　マス通販・カタログ
資本金　2,000万円　社　長　川本　勉
設　立　昭和62年10月
通販部門設置　昭和40年3月
主な取扱い商品　レジャー・趣味用品、衣料品
主な発行カタログ　インフォメーション
利用媒体　雑誌
顧客リスト件数　1万件
従業員　12名　通販部門従業員　10名

商品仕入担当窓口
営業部
担当者　大竹　℡0561-82-5948

インターネット・ホームページアドレス
http://www.fly-inagaki.com/
メールアドレス
info@fly-inagaki.com

(株)ヴァリダックス

本　社　〒464-0850 名古屋市千種区今池5-3-2今池中日ビル8F

☎052-745-2911　FAX052-745-5311
業　種　兼業（卸売り）
販売形態　個人向け通販・企業向け通販・卸し
資本金　1,000万円
代表取締役　松尾　龍彦
設　立　平成7年4月
通販部門設置　平成14年9月
主な取扱い商品　植物酵素
主な発行カタログ　植物酵素
利用媒体　雑誌
顧客リスト件数　7,000件
従業員　3名　　通販部門従業員　3名
商品仕入担当窓口
　担当者　松尾　直美　☎052-745-2911
インターネット・ホームページアドレス
　http://www.validux.com
メールアドレス
　info@validux.com

(株)MTG

本　社　〒453-0041 愛知県名古屋市中村区本陣通4-13 MTG第2HIKARIビル
　　　　☎052-481-5001　FAX052-481-1124
資本金　166億円
社　長　松下　剛
設　立　1996年1月
インターネット・ホームページアドレス
　https://www.mtgec.jp/
メールアドレス
　info@mtgec.jp

(株)オークローンマーケティング

本　社　〒461-0005 名古屋市東区東桜1-13-3 NHK名古屋放送センタービル14F
　　　　☎052-950-1124　FAX052-950-1524
東京オフィス　〒105-6321 港区虎ノ門1-23-1 虎ノ門ヒルズ森タワー21F
業　種　通販専業・テレマーケティング
販売形態　総合通販
資本金　14億6,753万円
代表取締役会長兼社長　ロバート・W・ローチ
設　立　平成5年5月
通販部門設置　平成5年5月
売上高
　24年3月期　362億2,800万円
　23年3月期　395億500万円
　22年3月期　467億9,900万円
主な取扱い商品　スレンダートーン、トゥルースリーパープレミアム、マジックブレットデラックス、カラーラ、スクワットマジック、プレッシャーキングプロ、ターボスクラブ、セブンスピロー
主な発行カタログ　ショップジャパンカタログ
利用媒体　カタログ・地上波テレビ・BS・CS・ネット・モバイル・CATV・新聞

従業員　867名（2018年3月31日時点）
受注センター
札幌センター
〒060-0003 札幌市中央区北3条西4-1-1 日本生命札幌ビル13F
配送センター
千葉ロジスティクスセンター
〒272-0001 千葉県千葉市川市二俣717-88 NTTロジスコ千葉センタD棟
関連会社　㈱インターワールド
インターネット・ホームページアドレス
　https://www.oaklawn.co.jp/
　https://www.shopjapan.co.jp/
メールアドレス
　ga@oaklawn.co.jp

カゴメ(株)

本　社　〒460-0003 名古屋市中区錦3-14-15
　　　　☎052-951-3571　FAX052-968-2510
業　種　兼業（飲料、食品の製造・販売）
販売形態　個人向け通販
資本金　199億8,500万円
社　長　寺田　直行
設　立　昭和24年8月
通販部門設置　平成10年4月
主な取扱い商品　毎日飲む野菜、毎日飲む野菜と果実、旬シリーズ、緑王プチヴェール青汁
利用媒体　新聞、折込チラシ、DM、インターネット
従業員　1,314名
受注センター
カゴメ健康直送便
〒151-8790　渋谷区笹塚1-64-8
　　　　☎0120-719-899

(株)KALBAS

本　社　〒486-0918 春日井市如意申町5-9-10　☎0568-32-1354　FAX0568-32-0035
業　種　兼業（製造業）
資本金　3,000万円　社　長　山尾　裕一
設　立　平成12年11月
通販部門設置　平成元年4月
主な取扱い商品　ラベル・プリントペーパー・コンピューター帳票・伝票・封筒・液晶保護フィルム製品・ラミネーター・ラミネートフィルムなど
利用媒体　ネット
顧客リスト件数　17万1,736件
従業員　101名
通販部門従業員　9名
商品仕入担当窓口
　営業部　企画営業課
　担当者　木口　朋美　☎0568-32-1354
受注センター
コムニスコールセンター
〒486-0918 春日井市如意申町5-9-10
　　　　☎0568-32-1354

配送センター
〒486-0918 春日井市如意申町5-9-10
　　　　☎0568-32-1354
関連会社　ヒサゴ㈱、ヒサゴオフィスサービス㈱、KALBAS LIMITED（香港）、KALBAS VIETNAM LIMITED
インターネット・ホームページアドレス
　https://www.comnis.jp/
メールアドレス
　comnis@comnis.jp

グレイシーテクノロジー(株)

本　社　〒460-0008 名古屋市中区栄1-10-2 サカエスカイビル4F
　　　　☎052-221-7777　FAX052-204-3399
業　種　兼業(コンピュータシステム販売、他)
販売形態　カタログ、インターネット
資本金　1,000万円　社長　戸谷　維信
設　立　平成元年9月
通販部門設置　平成元年9月
主な取扱い商品　コンピュータシステム、ソフト開発、ホームページ作成
利用媒体　インターネット
顧客リスト件数　8,000件
従業員　7名　　通販部門従業員　2名
インターネット・ホームページアドレス
　http://www.gracy.co.jp/
メールアドレス
　info@gracy.info

(株)健康社

本　社　〒465-0026 名古屋市名東区藤森2-266　健康社ビル3F
　　　　☎052-774-1711　FAX052-774-1999
通販拠点事業所　〒104-0061 中央区銀座7-11-11　エンコービル6F
　　　　☎03-5537-5228　FAX03-5537-6518
業　種　業界初特許取得済商品のマイナスイオントリートメントブラシ等
販売形態　総合通販
資本金　2,000万円　社　長　近藤　宏行
設　立　昭和63年9月
通販部門設置　昭和63年10月
主な取扱い商品　マイナスイオントリートメントドライヤー、イオヴァインマイナスイオンエアークリーナー、マイナスイオンペットブラシ
主な取引先　カタログハウス、千趣会、日石三菱トレーディング、ベネッセコーポレーション、ディノス、ベルーナ
利用媒体　自社・新聞・雑誌・TV・ラジオ、各種イベント企画
顧客リスト件数　5万件
従業員　16名　　通販部門従業員　10名
インターネット・ホームページアドレス
　http://www.kenkosha.jp/
メールアドレス

toukyu@kenkosha.jp

健康待夢(株)

本　社　〒454-0911 名古屋市中川区高畑4-18　℡052-369-2225　℻052-369-2227
業　種　兼業(通信販売、卸し)
販売形態　個人向け通販・卸し
資本金　1,000万円
代表取締役　山田　健次
設　立　平成12年3月
通販部門設置　平成12年3月
主な取扱い商品　健康食品、美容・化粧品、生活雑貨
利用媒体　ネット
顧客リスト件数　2万3,000件
従業員　2名　　通販部門従業員　1名

商品仕入担当窓口
担当者　山田　健次　℡052-369-2225

インターネット・ホームページアドレス
　http://www.rakuten.co.jp/kenkotime/
メールアドレス
　info@kenkotime.com

(株)ジェイオーディ

本　社　〒491-0914 一宮市花池4-17-12　℡0586-46-0120　℻0586-46-1689
業　種　通販専業
販売形態　個人向け通販
資本金　4,000万円　社長　德田　勝稔
設　立　昭和58年11月
通販部門設置　昭和58年11月
売上高
　24年6月期　総売上　185億円
　23年6月期　総売上　212億4,500万円
　22年6月期　総売上　231億円
主な取扱い商品　衣料品、服飾雑貨、家具、家庭用品、雑貨、食品、健康食品、花
主な発行カタログ　メルシー、アクセス、リリアン
利用媒体　カタログ・折込チラシ
従業員　400名　　通販部門従業員　400名

商品仕入担当窓口
企画室(衣料)
担当者　木田　豊　℡0586-46-3005
企画室(雑貨)
担当者　河村　成之　℡0586-46-3005

受注センター
本社
〒491-0914 一宮市花池4-17-12
　　　　　　　　　　　　℡0586-46-0120
配送センター
本社
〒491-0914 一宮市花池4-17-12
　　　　　　　　　　　　℡0586-46-0120
インターネット・ホームページアドレス
　http://www.jod.co.jp

(株)ちどり産業

本　社　〒491-0002 一宮市時之島大東42　℡0586-51-4686　℻0586-51-4717
業　種　兼業(雑貨輸入卸し)
販売形態　卸し
資本金　2,000万円　社長　足立　裕行
設　立　昭和48年4月
通販部門設置　平成12年10月
主な取扱い商品　輸入雑貨、籐製品、木製品
主な発行カタログ　籐のある生活
利用媒体　自社・新聞
顧客リスト件数　12万件
従業員　70名　　通販部門従業員　3名

商品仕入担当窓口
営業1課
担当者　宮地　℡0586-51-4686(代)
営業4課
担当者　髙木　℡0586-51-4686(代)

配送センター
一宮市、岩倉市、4ヵ所(1万坪)
関連会社　GENTA INDNESIA ウタン(インドネシア合弁)
インターネット・ホームページアドレス
　http://www.chidori-sangyo.co.jp/
メールアドレス
　support@chidori-sangyo.co.jp

東海テレビ事業(株)

本　社　〒461-0005 名古屋市東区東桜1-14-3　℡052-951-7511　℻052-971-5948
業　種　兼業(イベント業、広告代理店業、旅行業、OA機器のシステム設計・販売)
販売形態　個人向け通販
資本金　2,000万円
代表取締役社長　倉知　哲也
設　立　昭和36年5月
通販部門設置　昭和50年3月
主な取扱い商品　食料品、宝飾品、化粧品、雑貨、補正下着、電子機器、美容・健康器具、バッグ、寝具他
利用媒体　新聞、ラジオ、地上波テレビ、インターネット
顧客リスト件数　30万件
従業員　31名
通販部門従業員　8名

商品仕入担当窓口
通販本部
担当者　伊藤　祐一　℡052-951-7670

関連会社　東海テレビ放送(株)、(株)東海放送会館、(株)東海テレビプロダクション、(株)ユニモール
インターネット・ホームページアドレス
　https://online.tokai-tv.com
メールアドレス
　online-info@tokai-tv.com

名古屋勤労市民生活協同組合

本　部　〒465-0052 名古屋市名東区猪高町上社井堀25-1
　　　　　　℡052-703-1501　℻052-703-3387
業　種　兼業(店舗)
販売形態　共同購入・個人宅配
資本金　43億2,559万円
専務理事　加藤　英和
設　立　昭和44年3月
通販部門設置　昭和44年3月
主な取扱い商品　食品、日用雑貨
主な発行カタログ　共同購入注文書、日生協カタログ「くらしと生協」、「ふれあい専科」
利用媒体　自社
顧客リスト件数　4万件
従業員　558名　　通販部門従業員　298名

商品仕入担当窓口
東海コープ事業連合
開発企画室
担当者　堤　　　℡052-703-1465
第1商品事業部
担当者　古田　　℡052-703-1127
第2商品事業部
担当者　佐藤　　℡052-703-1860

受注センター
港(A)
〒455-0021 名古屋市港区木場町2-41
　　　担当者　久納　正也　℡052-692-0605
中川(B)
〒454-0912 名古屋市中川区野田2-425
　　　担当者　後藤　満　℡052-351-1121
天白(C)
〒468-0001 名古屋市天白区中平1-115
　　　担当者　原口　満雄　℡052-801-8790
小牧(I)
〒485-0828 小牧市小松寺下沖田290
　　　担当者　加藤　友彦　℡0568-76-6335
他10ヵ所

配送センター
港(A)
〒455-0021 名古屋市港区木場町2-41
　　　担当者　久納　正也　℡052-692-0605
中川(B)
〒454-0912 名古屋市中川区野田2-425
　　　担当者　後藤　満　℡052-351-1121
天白(C)
〒468-0001 名古屋市天白区中平1-115
　　　担当者　原口　満雄　℡052-801-8790
小牧(I)
〒485-0828 小牧市小松寺下沖田290
　　　担当者　加藤　友彦　℡0568-76-6335
他9ヵ所

インターネット・ホームページアドレス
　http://meikin.coop/
メールアドレス
　meikin@tcoop.or.jp

ニッカホーム(株)

本　社　〒458-0007 愛知県名古屋市緑区篭山2-1225
　　　　☎052-877-7549　FAX052-877-8795
主な事業内容　新築・増改築・店舗設計・リフォーム全般（内装工事・外装工事・塗装工事・水廻り工事・外構工事・下水道切替工事）、住宅設備機器の販売・施工、建築資材・小物などの企画・製造・販売
資本金　8,000万円
社　長　西田　裕久
設　立　1993年4月
従業員　1,172名
メールアドレス
　info@nikka-home.co.jp
主な取引先　一般ユーザー、福祉事業業者数社、不動産業者数社、管理会社数社、店舗業者

(株)ハナノキ

本　社　〒481-0014 北名古屋市井瀬木井の元36　☎0568-22-3711　FAX0568-22-3346
通販拠点事業所　マーケティング部
業　種　兼業（米穀販売・卸業務）
販売形態　店舗
資本金　7,000万円
社　長　池山　真一郎
設　立　明治40年
通販部門設置　平成18年6月
主な取扱い商品　玄米、精白米、無洗米、加工米
利用媒体　ネット
顧客リスト件数　4万5,000件
従業員　70名　　通販部門従業員　6名

商品仕入担当窓口
業務管理部
担当者　福永　辰男　☎0568-22-3711

インターネット・ホームページアドレス
　http://www.hananoki.co.jp/
メールアドレス
　info@hananoki.co.jp

(株)ピーディーアール

本　社　〒480-1132 長久手市上川原6番地7
　　　　☎0561-64-3131　FAX0561-64-3121
業　種　通販専業
販売形態　企業向け通販(個人事業主向け)
資本金　4,600万円
　　　　代表取締役　仲谷　公司
設　立　昭和62年6月
通販部門設置　昭和62年6月
売上高
　23年5月期　総売上　52億5,300万円
　22年5月期　総売上　54億6,400万円
主な取扱い商品　歯科材料
主な発行カタログ　P.D.R.デンタルカタログ

利用媒体　カタログ、DM、ネット
顧客リスト件数　3万2,000件
従業員　55名

商品仕入担当窓口
　　　　　　　　　　☎0561-64-3131

受注センター　　　　☎0120-108648
配送センター
名古屋物流センター　愛知県津島市

七福醸造(株)

本　社　〒444-1213 安城市東端町南用地57
　　　　☎0566-73-2271　FAX0566-73-8043
業　種　製造業（調味料）
販売形態　総合通販
資本金　1億円　　社　長　犬塚　元裕
設　立　昭和26年3月
通販部門設置　昭和63年4月
主な取扱い商品　料亭白だし、調味料、飲料、フリーズドライ食品等、一般食品
主な発行カタログ　ダイレクトメール、贈答用パンフレット
利用媒体　自社・雑誌・折込チラシ
顧客リスト件数　5万件
従業員　63名　　通販部門従業員　22名

商品仕入担当窓口　葉山　典彦
お客様相談室
担当者　岡本　千花、葉山　美千代
　☎0566-92-5213、☎0120-49-0855
経理担当
担当者　岡本　千花　☎0566-92-5213

受注センター
　☎0566-92-5213　☎0120-49-0855
配送センター
　☎0566-92-5213　☎0120-49-0855

インターネット・ホームページアドレス
　http://www.ajitokokoro.jp/
メールアドレス
　n-hayama@7fukuj.co.jp

藤　久(株)

本　社　〒465-8511 名古屋市名東区高社1-210　☎052-774-1181　FAX052-774-5562
通販拠点事業所　〒465-8555 名古屋市名東区猪子石2-1607
　　　　☎052-776-6501　FAX052-775-9741
業　種　兼業（チェーン展開の手芸用品小売）
販売形態　カタログ・頒布・店舗・ネット
資本金　23億7,585万円　社　長　後藤　薫徳
設　立　昭和36年3月
通販部門設置　昭和57年8月
主な取扱い商品　手芸用品、手あみ糸、衣料品、服飾雑貨、生活雑貨
主な発行カタログ　BEST GALLERY・shugale
利用媒体　ネット・自社
顧客リスト件数　100万件
従業員　1,627名　通販部門従業員　56名

商品仕入担当窓口
通販部　通販企画課
担当者　長谷川　☎052-769-4500

受注センター
〒465-8555 名古屋市名東区猪子石2-1607
　　　　☎052-776-6501

インターネット・ホームページアドレス
　https://www.fujikyu-corp.co.jp/
メールアドレス
　info@fujikyu-corp.co.jp

ブラザー販売(株)

本　社　〒467-8577 名古屋市瑞穂区苗代町15-1　☎052-824-3311
通販拠点事業所　〒104-0031 中央区京橋3-3-8　6F　☎03-3272-6541　FAX03-3272-6546
業　種　兼業（訪販（ミシン、宝飾他）、卸売（情報機器、ミシン他）、工作機械、アパレル機器販売、他）
販売形態　カタログ、訪販、卸し、店舗
資本金　135億円　社　長　伊藤　利男
設　立　平成10年10月
主な取扱い商品　衣料品、服飾雑貨、家具、家庭用品、雑貨、その他
主な発行カタログ　bカタログ
利用媒体　自社
顧客リスト件数　150万件
従業員　770名　　通販部門従業員　12名

商品仕入担当窓口
DSM事業部カタログ企画室
担当者　柴田　泰　☎03-3272-6541
DSM事業部
担当者　重田　俊一　☎052-824-3040

受注センター
bカタログ商品センター　☎052-824-3130
関連会社　ブラザー工業㈱、ブラザーインターナショナル㈱、他
インターネット・ホームページアドレス
　http://www.brother-hanbai.co.jp/

ヤマサちくわ(株)

本　社　〒440-0086 愛知県豊橋市下地町橋口30-1　☎0532-52-7139
主な事業内容　水産練製品の製造・販売　飲食事業
資本金　1億円
社　長　佐藤　元英
関連会社　中部ビューティ・デザイン・デンタルカレッジ　〒440-0893 愛知県豊橋市札木町59　0532-52-1999、中部コンピュータ・パティシエ・保育専門学校　〒440-0895 愛知県豊橋市花園町75　0532-52-2000

ユニー(株)

本　社　〒492-8680 稲沢市天池五反田町1
　　　　☎0587-24-8111

通販拠点事業所 ℡0587-24-8324 FAX0587-24-8289
業　種　兼業（衣・食・住・余暇にわたる総合小売業のチェーンストア）
販売形態　個人向け通販・ギフト産直
資本金　100億円　　社　長　佐古　則男
設　立　平成24年2月
主な取扱い商品　衣・食・住・余暇にわたる総合小売
利用媒体　折込チラシ、ネット
従業員　3万1,147名
通販部門従業員　32名
受注センター
アピタeショップ
〒492-8680 稲沢市天池五反田町1
℡0587-24-8032
インターネット・ホームページアドレス
　http://www.apitashop.com
　http://www.rakuten.ne.jp/gold/apita
　http://www.apita.co.jp
メールアドレス
　shop@apita.co.jp

(株)リーブル

本　社　〒453-0825 名古屋市中村区沖田町390　℡052-482-5000　FAX052-482-5003
業　種　通販専業
販売形態　総合通販
資本金　1,000万円　　社　長　志水　双葉
設　立　平成2年3月
通販部門設置　平成2年3月
主な取扱い商品　リーブルアロエボディソープ、リーブルアロエシオ、リーブルアロエR&S、こぬかアロエシオ、スキンクリアジェル
利用媒体　自社・折込チラシ、ダイレクトメール
顧客リスト件数　10万件
従業員　9名　　通販部門従業員　4名
商品仕入担当窓口
　担当者　橋本　弘子　℡052-482-5000
ショールーム
ショップ　体感
〒453-0825 名古屋市中村区沖田町390
℡052-482-5000
関連会社　(株)フタバ化学、(株)テレリーブル
インターネット・ホームページアドレス
　http://www.leavl.co.jp/
メールアドレス
　info@futaba-chemical.co.jp

リネットジャパングループ(株)

本　社　〒453-6126 名古屋市中村区平池町4-60-12-26F
℡052-589-2292　FAX052-589-2294
業　種　通販専業
販売形態　個人向け通販
資本金　17億1,866万円

社　長　黒田　武志
設　立　平成12年7月
通販部門設置　平成12年7月
売上高
　24年9月期　総売上　116億7,600万円
　うち通販部門売上　53億7,900万円
主な取扱い商品　中古本、CD、DVD、ゲームソフト、ブランド品、金・プラチナ、デジカメ、楽器、携帯電話など
利用媒体　ネット
顧客リスト件数　282万件
従業員　1,713名
商品仕入担当窓口
　書籍・メディア事業部
　　　　　　　　　　℡0562-45-2929
受注センター
第2商品センター
〒474-0055 大府市一屋町3-45
℡0562-45-2912
配送センター
第1商品センター
〒474-0053 大府市柊山町3-33
℡0562-45-2926
インターネット・ホームページアドレス
　http://www.netoff.co.jp

(株)ロードインターナショナル

本　社　〒460-0003 名古屋市中区錦3-20-17 メイプル錦ビル9F
℡052-951-5152　FAX052-951-5153
業　種　兼業（卸し）
販売形態　個人向け通販、卸し
資本金　1,000万円　　社　長　山口　悟
設　立　平成19年3月
通販部門設置　平成21年10月
主な取扱い商品　beroad散らないアイライナー、アイブロウ、マスクスプレー
利用媒体　カタログ、新聞、折込チラシ、地上波テレビ、DM、BS、CS、ネット
顧客リスト件数　5万件
従業員　10名
通販部門従業員　4名
商品仕入担当窓口
　物流管理部
　担当者　小野田　　℡052-951-5152
関連会社　(株)ビ・ロード　ジャパン
インターネット・ホームページアドレス
　http://www.beroad.net
メールアドレス
　info@beroad.net

三重県

御木本製薬(株)

本　社　〒516-8581 三重県伊勢市黒瀬町1425　℡0596-22-4145
通販拠点事業所　〒516-8581 三重県伊勢市黒瀬町1425　℡0596-21-3372

業　種　兼業（百貨店、製造業、訪問販売）
資本金　9,000万円　　社　長　田中　利尚
設　立　昭和18年4月
通販部門設置　平成21年12月
主な取扱い商品　化粧品
主な講座名　化粧品
利用媒体　DM
顧客リスト件数　4万件
従業員　260名　　通販部門従業員　4名
受注センター
ミキモトコスメティックスカスタマーセンター
〒516-8581 三重県伊勢市黒瀬町1425
℡0596-22-4145
配送センター
御木本製薬(株)
〒516-8581 三重県伊勢市黒瀬町1425
℡0596-22-4145

ユリカ(株)

本　社　〒514-1253 久居市一色町1865
℡059-252-1112　FAX059-252-0710
通販拠点事業所　〒514-1257 久居市大鳥町向広435-12
℡059-252-1386　FAX059-252-2486
業　種　兼業（健康食品製造・販売）
販売形態　カタログ・職域・卸し
資本金　1億円　　社　長　別府　英博
設　立　平成2年2月
通販部門設置　平成2年4月
主な取扱い商品　健康食品、化粧品、健康飲料
主な発行カタログ　会報「ゆりか」、「ゆりかぞく」会員用総合カタログ
利用媒体　自社・新聞
顧客リスト件数　8,000件
従業員　23名　　通販部門従業員　7名
商品仕入担当窓口
　業務課
　担当者　山川　三恵子　℡059-252-1112
　営業部
　担当者　麻谷　哲雄　℡059-252-1386
受注センター
〒514-1257 久居市大鳥町向広435
℡059-252-1386
関連会社　(学)藤田学園、藤田薬品(株)、藤信興産(株)
インターネット・ホームページアドレス
　http://www.yurika.co.jp/
メールアドレス
　yurika@ztv.ne.jp

滋賀県

大阪通販(株)

本　社　〒523-0891 近江八幡市鷹飼町457-8
℡0748-31-2288　FAX0748-31-2289
業　種　通販専業

第3部 会社概要

販売形態　カタログ
資本金　1,000万円　　社長　山川　祐輔
設　立　平成5年6月
通販部門設置　平成5年6月
主な取扱い商品　ナースサンダル、白衣その他衣料、パンスト、印鑑
主な発行カタログ　ナースカタログ
利用媒体　自社・雑誌
顧客リスト件数　35万件
従業員　16名　　通販部門従業員　16名

商品仕入担当窓口
商品担当
担当者　山川　祐輔　☎0748-31-2288

受注センター
ハーティラウンドメイル受注センター
☎0120-199-678　FAX0120-933-567
配送センター
滋賀物流センター　☎0120-922-789
インターネット・ホームページアドレス
http://www.na-su.com/
メールアドレス
in@osakatsuhan.co.jp

(株)千成亭

本　社　〒522-0041 滋賀県彦根市平田町808　☎0120-290-003　FAX0120-829-096
業　種　兼業
販売形態　個人向け通販
資本金　4,000万円
　　　　　　　社長　上田　健一郎
主な取扱い商品　食品
利用媒体　ネット
従業員　150名

商品仕入担当窓口
千成亭web通販事業部

ホームページアドレス
http://www.sennaritei.co.jp/shop-index

ニッショク(株)

本　社　〒520-2264 大津市大石東7-1-21
☎077-546-1071　FAX077-546-3676
業　種　兼業(洗剤、健康食品)
販売形態　マス通販・職域・卸し
資本金　9,900万円　　社長　南　良治
設　立　昭和43年10月
通販部門設置　昭和58年1月
主な取扱い商品　洗剤、健康食品、雑貨
利用媒体　自社・インターネット
顧客リスト件数　10万件
従業員　50名　　通販部門従業員　10名

商品仕入担当窓口
業務課長
担当者　谷口　光男　☎077-546-1071

関連会社　(株)ウェーブ、JRS(株)
インターネット・ホームページアドレス
http://www.ace-nisshoku.co.jp/
メールアドレス
info@ace-nisshoku.co.jp

日本寝具通信販売(株)

本社通販拠点事業所　〒529-1431 東近江市五個荘山本町710
☎0748-48-3601　FAX0748-48-3600
業　種　通販専業
販売形態　個人向け通販
資本金　1,000万円　　社長　大倉　利明
設　立　平成19年8月
主な取扱い商品　羽毛布団
主な発行カタログ　お買得情報
利用媒体　カタログ、新聞、DM、ネット
顧客リスト件数　40万件
従業員　10名
通販部門従業員　10名

商品仕入担当窓口
担当者　大倉　☎0748-48-3601

インターネット・ホームページアドレス
http://www.n-shingu.jp
メールアドレス
futon@n-shingu.jp

京都府

(株)宇治田原製茶場

本　社　〒610-0281 綴喜郡宇治田原町郷之口　☎0774-99-8008　FAX0774-99-8505
業　種　通販専業
販売形態　マス通販・カタログ
資本金　5,000万円　　社長　安井　徳昭
創　立　昭和元年3月
通販部門設置　昭和22年1月
主な取扱い商品　お茶、食品全般、他
主な発行カタログ　茶の間
利用媒体　自社・新聞・雑誌・折込チラシ
従業員　260名(正社員160名、契約社員100名)

インターネット・ホームページアドレス
http://www.chanoma.co.jp/

(株)関西ワークシステム

本　社　〒612-8414 京都市伏見区竹田段ノ川原町28-1
☎075-645-1551　FAX075-644-1550
業　種　兼業
販売形態　個人向け通販
資本金　1,000万円　　社長　池田　貴志
設　立　平成元年3月
通販部門設置　平成5年3月
主な取扱い商品　健康食品
利用媒体　新聞・雑誌
顧客リスト件数　2万件
従業員　6名　　通販部門従業員　3名

商品仕入担当窓口
健康食品事業部
担当者　中野　和重　☎075-645-1551

インターネット・ホームページアドレス
http://www.cansai.co.jp/
メールアドレス
nakano@cansai.co.jp

(株)京都きもの市場

本　社　〒604-8223 京都市中京区新町通四条上る小結棚町438-1
☎075-241-0181　FAX075-241-0182
通販拠点事業所　〒604-8223 京都市中京区新町通四条上る小結棚町428　新町アイエスビル1F
☎075-256-1551　FAX075-256-5525
業　種　通販専業
販売形態　個人向け通販
資本金　4,500万円
代表取締役　田中　敬次郎
設　立　平成13年3月
通販部門設置　平成13年3月
主な取扱い商品　和装製品全般
利用媒体　インターネット
顧客リスト件数　8万5,000件
従業員　77名
通販部門従業員　77名
関連会社　京都シルク(株)、(株)タナカゼン商事

インターネット・ホームページアドレス
http://www.kimonoichiba.com/
メールアドレス
honten@kimonoichiba.com

京都嵯峨春秋庵

本　社　〒616-8423 京都市右京区嵯峨釈迦堂門前裏柳町35-3
☎075-864-1017　FAX075-864-1018
業　種　兼業(米菓製造・販売)
販売形態　カタログ・店舗
資本金　7,300万円　　代表者　石田　秀雄
設　立　平成2年
通販部門設置　昭和63年
主な取扱い商品　嵯峨ななうた、嵯峨野めぐり
主な発行カタログ　嵯峨野おかきの栞
利用媒体　雑誌・折込チラシ
顧客リスト件数　4,000件
従業員　130名　　通販部門従業員　1名

商品仕入担当窓口
営業企画部
担当者　平井　貴浩　☎072-761-1212
注文受付
担当者　山岡　静代
　　　　　　ともに☎075-864-1017

受注センター
嵯峨春秋庵(とよす(株))
京都市右京区嵯峨釈迦堂門前裏柳町35-3
☎0120-35-7758
インターネット・ホームページアドレス
http://www.shunjuan.com/
メールアドレス
shunjuan@shunjuan.com

(株)京都通販

本社 〒600-8807 京都市下京区中堂寺命婦町1 ℡075-812-2111 FAX075-802-2449
業種 通販専業
販売形態 個人向け通販
資本金 3,000万円　社長 川島 章弘
設立 昭和49年5月
通販部門設置 昭和49年5月
売上高
　22年12月期 総売上 28億9,500万円
主な取扱い商品 婦人アパレル、靴、バッグ、アクセサリー
主な発行カタログ miyako（ミヤコ）、LAURIER（ロリエ）、LAURIER PLUS（ロリエプラス）
利用媒体 カタログ・新聞
顧客リスト件数 100万件
従業員 30名　通販部門従業員 30名

商品仕入担当窓口
アパレル部、マーケティング課
担当者 島田　℡075-812-2111

配送センター
東洋捺染・京都通販物流センター
〒601-8127 京都市南区上鳥羽北花名町1-3
℡075-691-8177
関連会社 ㈱東洋捺染
インターネット・ホームページアドレス
http://www.kyoto-tsuhan.co.jp/
メールアドレス
web@kyoto-tsuhan.co.jp

金氏高麗人参(株)

本社 〒600-8351 京都府京都市下京区堀川富永町692 アスティルビル6F
℡075-803-1111　FAX075-803-1010
主な事業内容 高麗人参関連商品の通信販売
業種 通販専業
販売形態 個人向け通販
資本金 8,000万円
社長 金 慶光
設立 平成18年10月
売上高
　22年4月期 総売上 115億円
主な扱い商品 健康食品
インターネット・ホームページアドレス
https://www.kouraininjin.com
メールアドレス
info@kouraininjin.com

(株)グッズマン

本社 〒600-8441 京都市下京区新町通四条下る四条町349 京都友禅ビル4F
℡075-353-1778　FAX075-353-1779
通販拠点事業所 〒600-8441 京都市下京区新町通四条下る四条町349 京都友禅ビル4F
℡03-5211-1070　FAX03-5211-1071
業種 兼業（商品企画開発・卸売）
販売形態 インターネット通販
資本金 3,000万円　社長 寺西 利夫
設立 平成10年6月
通販部門設置 平成12年2月
主な取扱い商品 健康シューズ・フィットネス器具・補正下着・美健雑貨
利用媒体 インターネット
顧客リスト件数 5万件
従業員 30人　通販部門従業員 2名

商品仕入担当窓口
ホールセールス事業部
担当者 井上 拓也　℡075-353-1778

インターネット・ホームページアドレス
http://www.goodsman.net/
メールアドレス
tinoue@goodsman.net

サンアルファ(株)

本社 〒601-8103 京都市南区上鳥羽仏現寺町29 ℡075-662-5051 FAX075-672-6113
業種 兼業（健康食品及び健康関連商品）
販売形態 総合通販
資本金 1,000万円　社長 塩野 忠雄
設立 昭和58年3月
通販部門設置 昭和58年3月
主な取扱い商品 クロレラ、キチンキトサン、高麗人参、プロポリス、アガリクス
主な発行カタログ We'LL
利用媒体 雑誌
顧客リスト件数 1,100件
従業員 4名　通販部門従業員 1名

商品仕入担当窓口
通販事業部
担当者 内野 文雅　℡075-662-5051

メールアドレス
order@sunalpha.com

(株)白 鳩

本社 〒612-8418 京都市伏見区竹田向代町21
℡075-693-4609　FAX075-693-4626
通販拠点事業所 〒612-8418 京都市伏見区竹田向代町21
℡075-693-4609　FAX075-693-4626
業種 兼業（インナーSP）
販売形態 店舗・インターネット
資本金 11億9,253万円　社長 菅原知樹
設立 昭和49年8月
通販部門設置 昭和53年8月
主な取扱い商品 ナイティ、ストッキング、ランジェリー、ファンデーション
利用媒体 自社、楽天、Yahoo!、Wowma!、天猫（TMALL）、Qoo10、Amazon、ポンパレなど
従業員 175名　通販部門従業員 173名
インターネット・ホームページアドレス
http://www.wakudoki.ne.jp/
メールアドレス
wakudoki@shirohato.co.jp

宝ヘルスケア(株)

本社 〒604-8166 京都市中京区三条通烏丸西入御倉町85-1
℡075-229-6911　FAX075-229-6951
業種 兼業（小売・バルク販売）
販売形態 個人向け通販
資本金 9,000万円　社長 榊原 仁嗣
設立 平成18年9月
主な取扱い商品 健康食品、食品
利用媒体 新聞、web、雑誌
顧客リスト件数 20万件
従業員 21名
通販部門従業員 15名

商品仕入担当窓口
ダイレクトマーケティング
担当者 妹尾

インターネット・ホームページアドレス
http://www.takara-healthcare.co.jp

タキイ種苗(株)

本社 〒600-8686 京都市下京区梅小路通猪熊東入
℡075-365-0123　075-365-0140（通販係専用ダイヤル）　FAX075-344-6705
業種 兼業（種苗・農業用資材卸販売）
販売形態 カタログ・頒布・職域
資本金 2億円　社長 瀧井 傳一
設立 大正9年5月（創業1835年）
通販部門設置 明治38年
主な取扱い商品 野菜・草花・芝草の種子、球根、苗木、園芸用資材、農薬、肥料、書籍
主な発行カタログ 月刊誌「はなとやさい」、「花と野菜ガイド」（春号・夏秋号）
利用媒体 新聞・雑誌・ネット
従業員 749名

商品仕入担当窓口　℡075-365-0123

インターネット・ホームページアドレス
http://www.takii.co.jp/

谷村実業(株)

本社 〒620-0856 福知山市土師宮町1-84
℡0773-27-3151　FAX0773-27-1351
業種 兼業（総合卸売業・通信販売業）
販売形態 個人向け通販
資本金 3,375万円
代表取締役 谷村 紘一
設立 昭和28年1月
通販部門設置 昭和55年1月
主な取扱い商品 電化製品、生活雑貨、家具、便利用品、他
主な発行カタログ JA特撰品カタログ
利用媒体 カタログ、新聞、ネット
従業員 64名　通販部門従業員 22名

商品仕入担当窓口
生活産業部
担当者　谷村　壮二郎　℡0773-27-3151
インターネット・ホームページアドレス
http://www.tasscom.net
メールアドレス
sojiro@bf.mbn.co.jp

㈱ニッセンホールディングス

本　社　〒601-8412 京都市南区西九条院町26　℡075-682-2001
主な事業内容
ニッセン：婦人服を中心とした衣料品、インテリア雑貨などのインターネット・カタログ通信販売
資本金　288億7,300万円（2024年11月30日現在）
社　長　羽渕　淳
設　立　昭和45年4月（グループ設立）
売上高
　24年2月期　総売上　395億7,100万円
　23年2月期　総売上　410億6,700万円
　22年2月期　総売上　402億9,600万円
主な発行カタログ
ニッセン：
nissen／nissen,HOME／スマイルランド／otonaスマイル／Kid'sn／men's Fit!／バラエティ楽市
従業員　1,133名（連結、臨時従業員数含む、2024年11月30日現在）

商品仕入担当窓口
ニッセン：
　　https://www.nissen.co.jp/syodan-room/

受注センター
ニッセン
コミュニケーションサービスセンター／仙台　☎0120-20-2000
eコンタクトセンター／京都
nissen,BTOBオフィス／京都、東京、福岡
テレマーケティングセンター／京都、東京、金沢、広島、福岡
フルフィルメントセンター／埼玉
関連会社　㈱ニッセン、㈱ニッセンライフ、ニッセン・クレジットサービス㈱、㈱アド究舎、㈱u&n
インターネット・ホームページアドレス
ニッセンホールディングス：
http://www.nissen.info/
ニッセン：　http://www.nissen.co.jp/

㈱ネオライフ

本　社　〒600-8815 京都市下京区中堂寺粟田町93　KRP内
　　℡075-323-6691　℻075-323-6692
業　種　通販専業
販売形態　個人向け通販
資本金　1,000万円　社　長　中島　眞樹雄
設　立　平成16年7月

主な取扱い商品　食品
従業員　3名
商品仕入担当窓口
企画開発室
担当者　山本　泉希　℡075-326-6691

㈱ファーマフーズ

本　社　〒615-8245 京都府京都市西京区御陵大原1-49
　　℡075-394-8600　℻075-394-0099
主な事業内容　機能性食品素材の開発・販売、通信販売事業、バイオメディカル事業
資本金　20億3,300万円
社　長　金　武祚
設　立　平成9年9月
売上高
　24年7月期　総売上　621億4,700万円
　　うち通販売上高　525億4,300万円
　23年7月期　総売上　685億7,200万円
　　うち通販売上高　597億8,800万円
　22年7月期　総売上　601億8,500万円
　　うち通販売上高　518億6,600万円
従業員　168名
主な扱い商品　育毛剤（医薬部外品）、健康食品、化粧品、素材
インターネット・ホームページアドレス
https://www.pharmafoods.co.jp
関連会社　ファーマフーズコミュニケーション、フューチャーラボ、メディラボ

ファイテン㈱

本　社　〒604-8152 京都府京都市中京区烏丸通錦小路角手洗水町678
　　℡075-229-7575　℻075-229-7509
主な事業内容　医薬部外品・医療機器・化粧品・ヘアケア商品の製造・販売、スポーツ関連商品・健康食品・健康グッズ等の製造・販売、不動産事業
資本金　3,000万円
社　長　平田　好宏
設　立　昭和58年10月4日
従業員　710名
関連会社　医薬部外品・医療機器・化粧品・ヘアケア商品の製造・販売、スポーツ関連商品・健康食品・健康グッズ等の製造・販売、不動産事業

㈱ペリカセブン京都

本　社　〒613-0034 久世郡久御山町大字佐山小字新開地146
　　℡0774-44-5811　℻0774-44-5816
業　種　兼業（食材宅配）
販売形態　カタログ・頒布
資本金　3,000万円　社　長　戸川　博文
設　立　昭和54年3月
通販部門設置　昭和60年4月

主な取扱い商品　京佃煮、京野菜漬物、西京漬みそ漬魚
主な発行カタログ　ふる里小包、カード会社
利用媒体　折込チラシ
顧客リスト件数　7万件
従業員　26名　　通販部門従業員　4名
商品仕入担当窓口
総務
担当者　伊藤　　℡0774-44-5811
通販部　　　　　℡075-771-0952
配送センター
㈱戸川　　　　　℡075-312-8671
関連会社　㈱戸川、㈱三味洪庵

㈱ムツミ堂本店

本　社　〒600-8001 京都市下京区四条通河原町東入ル　℡075-231-4384
通販拠点事業所　〒604-8005 京都市中京区河原町三条上ル　℡075-256-5007
業　種　カメラ、ビデオ小売業
販売形態　幹旋・店舗
資本金　4,500万円　社　長　森　美諭
設　立　昭和23年9月
通販部門設置　昭和53年
主な取扱い商品　カメラ、ビデオ、デジタルカメラ、コピー、ワープロ、ファクスホン、他関連機器
利用媒体　新聞
顧客リスト件数　4万5,000件
従業員　86名　　通販部門従業員　3名
インターネット・ホームページアドレス
http://www.rakuten.co.jp/mutsumido/

㈱山一本舗

本　社　〒600-8056 京都市下京区高辻通麸屋町西入雁金町171
　　℡075-351-0110　℻075-341-5678
業　種　兼業（卸し・小売）
販売形態　職域・訪販・幹旋・産直・卸し
資本金　1,000万円　社　長　髙林　良雄
設　立　平成4年11月
通販部門設置　平成8年11月
主な取扱い商品　京のお茶漬、ふりかけ、にしん姿煮、手折りそば、牛肉しぐれ煮、ちりめん山椒、京漬物各種、リンゴジュース、松茸しぐれ煮、松茸昆布、数の子、明太子、みかん、他
利用媒体　自社・雑誌・DM
顧客リスト件数　2,650件
従業員　4名　　通販部門従業員　2名
商品仕入担当窓口
担当者　髙林　　℡075-351-0110
インターネット・ホームページアドレス
http://www6.ocn.ne.jp/~yamaichi/
メールアドレス
yamaichi@jasmine.ocn.ne.jp

リンクアップ(株)

本　社　〒601-8036 京都市南区東九条松田町75
通販拠点事業所　〒601-8425 京都市南区西九条南小路町31-1
　　　　℡075-693-1236　FAX075-693-1256
業　種　兼業(通販企業への商品供給)
販売形態　個人向け通販
資本金　300万円　　社　長　北野　信宏
設　立　平成11年5月
通販部門設置　平成11年5月
主な取扱い商品　時計、アクセサリー、衣料、輸入雑貨、その他日用雑貨
利用媒体　インターネット
顧客リスト件数　10万4,700件
従業員　11名　　通販部門従業員　9名

商品仕入担当窓口
仕入
担当者　北野　信宏　　℡075-693-1236

インターネット・ホームページアドレス
http://linkup.ne.jp/
メールアドレス
info@linkup.ne.jp

(株)わかさ生活

本　社　〒600-8008 京都市下京区四条烏丸長刀鉾町22　℡075-213-7727
業　種　通販専業
販売形態　個人向け通販
資本金　1,000万円　　社　長　角谷　建耀知
設　立　平成10年4月
主な取扱い商品　健康食品(ブルーベリーアイ)
利用媒体　カタログ、新聞、雑誌、ラジオ、折込チラシ、地上波テレビ、DM、ネット
従業員　225名
　通販部門従業員　244名(正社員103名)
物流センター
〒612-8379 京都市伏見区南寝小屋町5　佐川グローバルロジスティクス内
みらい研究所
〒612-8374 京都市伏見区治部町105番地　京都市成長産業創造センター内
ホームページアドレス
https://www.wakasa.jp

(株)ワコールホールディングス

本　社　〒601-8530 京都市南区吉祥院中島町29　℡075-682-5111
通販拠点事業所　〒601-8506 京都市南区西九条北ノ内町6
　　　　℡075-556-0125　FAX075-556-0128
業　種　兼業(繊維製品製造業)
販売形態　個人向け通販
資本金　132億6,000万円　社　長　矢島昌明
設　立　昭和24年11月
通販部門設置　昭和59年9月
主な取扱い商品　下着、婦人衣料品、靴
主な発行カタログ　ラブボディ
利用媒体　カタログ、ネット
顧客リスト件数　268万件
従業員　2万1,401名(連結)
通販部門従業員　64名(物流委託のため除く)
受注センター
カスタマーセンター
〒601-8506 京都市南区西九条北ノ内町6
　　　　℡075-556-0121
配送センター
ワコールエクセレントクラブ商品センター
　　　　0120-113-056
〒520-2313 野洲市大篠原1601-1
インターネット・ホームページアドレス
http://store.wacoal.jp/

大阪府

アークインターナショナル(株)

本　社　〒532-0004 大阪市淀川区西宮原2-7-45-805　℡06-6394-3700　FAX06-6394-3710
業　種　通販専業
販売形態　個人向け通販
資本金　1,000万円
代表取締役　横井　誠一
設　立　平成7年6月
通販部門設置　平成7年6月
主な取扱い商品　健康アクセサリー、時計、光学機器、他雑貨
主な発行カタログ　便利GOODS通販
利用媒体　カタログ・新聞・ネット
顧客リスト件数　26万件
従業員　1名　　通販部門従業員　1名

商品仕入担当窓口
担当者　横井　誠一　　℡06-6394-3700

メールアドレス
arcinter@gol.com

(株)アーバンリサーチ

本　社　〒550-0003 大阪市西区京町堀1-6-4-10F　℡06-6445-7000　FAX06-6445-7077
通販拠点事業所　〒550-0003 大阪市西区京町堀1-6-4-8F
　　　　℡06-6445-7035　FAX06-6445-7038
業　種　兼業
資本金　1,000万円　　社　長　竹村幸造
設　立　昭和64年11月
通販部門設置　平成16年11月
主な取扱い商品　衣料品
利用媒体　雑誌、ネット
従業員　1,500名　通販部門従業員　80名
配送センター
大阪みなとロジスセンター
〒552-0013 大阪市港区福崎2-3-29
相模原ロジスセンター
〒252-0148 神奈川県相模原市緑区大山町4番7号
ホームページアドレス
http://www.urban-research.co.jp/
メールアドレス
info@urban-research.com

(株)I-ne

本　社　〒530-0005 大阪府大阪市北区中之島6-1-21
業態　兼業
主な事業内容　化粧品、美容家電等の美容関連商品や販売店の企画開発、運営、製造及び販売
資本金　32億9,900万円
社　長　大西　洋平
設　立　平成19年3月
インターネット・ホームページアドレス
https://i-ne.co.jp

(株)アテックス

本　社　〒547-0014 大阪府大阪市平野区長吉川辺3-3-24
　　　　℡06-6799-8103　FAX06-6799-8118
主な事業内容　マッサージ器(Lourdes、TOR)、健康機能寝具(電位治療器イオネス、快眠マットSOYO)、収納式ベッド、美容・健康機器などの商品企画・開発・製造及び輸入販売
資本金　4,100万円
社　長　原島　惠子
インターネット・ホームページアドレス
https://www.atexdirect.jp/

(株)アドバンスクリエイト

本　社　〒541-0048 大阪市中央区瓦町3-5-7 野村不動産御堂筋ビル6F
　　　　℡06-6204-1193　FAX06-6204-1217
業　種　保険代理業
販売形態　非対面・対面
資本金　29億1,531万円
代表取締役社長　濱田　佳治
設　立　平成7年10月
通販部門設置　平成7年10月
主な取扱い商品　各種生命保険及び損害保険商品
利用媒体　インターネット・郵便
従業員　連結270名、単独270名
インターネット・ホームページアドレス
http://www.advancecreate.co.jp/
メールアドレス
acir@advancecreate.co.jp

イルミルド(株)

本　社　〒530-0011 大阪府大阪市北区大深町3-1 グランフロント大阪 北館6F FIDIA the works内　℡06-7638-6623

業　種　兼業
販売形態　通販、卸
資本金　800万円
社　長　西　俊彦
設　立　2014年10月
売上高
　24年度4月期　68億円
主な取扱商品　化粧品、健康食品、医薬部外品
利用媒体　インターネット
インターネット・ホームページアドレス
　https://www.elumild.com/

イワタニアイコレクト(株)

本　社　〒541-0053　大阪府大阪市中央区本町3-6-4
通販拠点事業所　〒541-0053　大阪府大阪市中央区本町3-4-8 東京建物本町ビル5F
　　　　☎06-6263-1157　FAX06-6263-1167
主な事業内容　液化石油ガス、石油製品並びに同燃焼器具装置の販売、食糧、肥料、飼料、農産、畜産、水産、林産等の天然物、およびそれらの加工品の販売並びに酒類、清涼飲料水の販売　インテリア用品、家庭用雑貨、アウトドア用品、園芸用等の販売、繊維製品の販売、国内外各種商品の販売および輸入業、通信販売業および通信販売の仲介、代理、委託業務、広告宣伝の情報媒体の販売、広告宣伝に関する企画、制作、および広告代理業、各種イベントの企画、制作、運営、自動車部品および自動車関連用品の販売、厨房機器、給排水設備機器およびこれら関連商品の販売、化粧品および美容用品の企画、制作、販売および輸出入、
資本金　2億円
社　長　村山　隆史
設　立　2010年10月12日
従業員　65名（2020年現在）
通販担当部署　通販営業部

(株)ABCファンライフ

本　社　〒553-0003 大阪市福島区福島2-4-3 ABCアネックス2F
　　　　☎06-6458-8811（代）
業　種　兼業
販売形態　個人向け通販
資本金　5,000万円　　社　長　大坪光昭
設　立　昭和44年10月
売上高
　22年3月期　総売上　25億5,400万円
主な取扱い商品　雑貨、化粧品、食品、寝具、健康機器、電気製品等
利用媒体　地上波テレビ、ネット、カタログ、ラジオ
従業員　34名
商品仕入担当窓口
大阪本社　　　　☎06-6458-8814

EH(株)

本　社　〒590-8585 大阪府堺市堺区北向陽町2-1-25　☎072-223-1111
東京支社　〒105-0001 東京都港区虎ノ門2-5-5 櫻ビル5階　☎03-6866-1211
主な事業内容　製造小売業(SPA)
資本金　1億円(単体)
社　長　深江　節子
設　立　1964年5月
従業員　208名（2019年6月現在）
インターネット・ホームページアドレス
　https://www.eh.com/
主な取引先　帝人、富士フイルム、象印マホービン、フランスベッド、ロマンス小杉、日本ハム、アフラック生命保険、東京海上日動火災保険、ソフトバンク
関連会社　真諭商サマーウッド、京都フォーシーズン、エクセルワールドツアー株式会社、EH酒造、EH製菓、ウイニング、オドナ・スタイル、サマーウッドワイナリー＆インINC、叡智（上海）貿易有限公司、アートプラザ

梶原産業(株)

本　社　〒577-0011 大阪府東大阪市荒本北3-3-3　☎06-6744-5881　FAX06-6744-5880
関西営業部　〒577-0011 大阪府東大阪市荒本北3-3-3　☎06-6744-5881　FAX06-6744-5880
関東営業部　〒110-0003 東京都台東区根岸1-2-17 住友不動産上野ビル7号館5階
　　　　☎03-5808-1516　FAX03-5808-1517
福岡営業所　〒812-0879 福岡県福岡市博多区銀天町2-2-28 損保ジャパン日本興亜福岡銀天町ビル5階
　　　　☎092-589-3800　FAX092-589-3801
業　種　兼業（家庭用品卸売業）
販売形態　企業向け通販、頒布、店舗
資本金　6,000万円　　社　長　藤野　博
設　立　昭和35年12月
主な取扱い商品　キッチン・ダイニング用品、バス・サニタリー用品、清掃用品、ランドリー用品、収納用品、行楽用品
従業員　153名
物流センター
本社物流センター
〒577-0011 大阪府東大阪市荒本北3-3-3
　　　　☎06-6744-5881　FAX06-6744-5880
柏原物流センター
〒582-0001 大阪府柏原市本郷5-8-7
　　　　☎072-973-5701　FAX072-973-5702
関東物流センター
〒270-0173 千葉県流山市谷66-1 ロジポート流山B棟3F
　　　　☎04-7136-7739　FAX04-7140-6220
九州物流センター
〒811-0112 福岡県糟屋郡新宮町下府2-8-1 (株)日立物流内　☎092-592-3803
ホームページアドレス
　http://www.kajihara.co.jp

(株)カメラの三和商会

本　社　〒550-0014 大阪市西区北堀江1-1-15　堀江新ビル1F
　　　　☎06-6536-2000　FAX06-6538-3792
業　種　兼業（店舗販売）
販売形態　個人向け通販・企業向け通販・店舗
資本金　1,500万円　　社　長　山本　照夫
設　立　昭和39年
通販部門設置　昭和55年2月
主な取扱い商品　カメラ
利用媒体　雑誌、日本カメラ、アサヒカメラ等月刊誌
従業員　6名　　通販部門従業員　2名
商品仕入担当窓口
担当者　山本　真一
　　　　☎06-6536-2000
インターネット・ホームページアドレス
　http://www.camera.co.jp/
メールアドレス
　info@camera.jp

(株)関西テレビハッズ

本　社　〒531-0041 大阪市北区天神橋7-12-6 グレーシィ天神橋ビル2号館5F
　　　　☎06-6948-8350　FAX06-6948-8350
業　種　兼業（番組制作、イベント制作）
販売形態　マス通販・店舗
資本金　9,000万円
代表取締役社長　山岡　重行
設　立　平成7年1月
通販部門設置　平成7年1月
主な取扱い商品　衣料品、服飾雑貨、家庭用品、雑貨、食品、化粧品
利用媒体　TV、ホームページ
顧客リスト件数　40万件
従業員　38名
関連会社　関西テレビ放送（親会社）
KTVオンラインモール
インターネット・ホームページアドレス
　PC　https://ktvolm.jp/
　MB　https://ktvolm.jp/m/
　スマートフォン　https://ktvolm.jp/sp/

金庫屋

本　社　〒563-0053 池田市建石町9-13
　　　　☎072-752-5999　FAX050-3737-0485
業　種　通販専業
資本金　1,000万円　　社　長　石田　隆史
設　立　平成5年4月
通販部門設置　平成16年4月
主な取扱商品　耐火金庫、防盗金庫、データメディア金庫、投入金庫

利用媒体　ネット
従業員　10名
通販部門従業員　3名

商品仕入担当窓口
担当者　石田　隆史　　☎072-752-5879

インターネット・ホームページアドレス
http://www.kinkoya.jp/

(株)グッディ

本　社　〒547-0031 大阪市平野区平野南1-5-7　☎06-6700-8835　FAX06-6700-8845
業　種　兼業（販促物販売、出版、通信販売）
販売形態　職域・産直
資本金　2,000万円　　社長　笹倉　光雄
設　立　平成6年6月
通販部門設置　平成6年6月
主な取扱い商品　食料品、雑貨
利用媒体　自社・折込チラシ・読売ファミリー
顧客リスト件数　3万6千件
従業員　7名　　　通販部門従業員　3名

商品仕入担当窓口
通販部
担当者　森川　順子　　☎06-6700-8835

メールアドレス
morikawa@ycomnet.jp

(株)クラブコスメチックス

本　社　〒550-0005 大阪府大阪市西区西本町2-6-11　☎06-6531-2990
主な事業内容　化粧品等製造販売業
資本金　8,400万円
社　長　中山　ユカリ
設　立　1939年11月
主な設備　五條工場　〒637-0014 奈良県五條市住川町888-4
化粧品文化研究所　〒630-0222 奈良県生駒市壱分町145-1

(株)グリーン商事

本　社　〒557-0045 大阪市西成区玉出西1-8-9　☎06-6659-0831　FAX06-6659-1831
業　種　通販専業（健康食品の販売）、不動産業全般
販売形態　頒布・卸し・店舗、他
資本金　1,000万円　　社長　松村　多訓
設　立　平成5年9月
主な取扱い商品　青汁の材料として使われている国内産無農薬・有機栽培（有機JAS認定）ケールを飲みやすく、又携帯に便利な錠剤、粉末に加工した健康食品
利用媒体　自社
従業員　5名

商品仕入担当窓口
担当者　松村　　　　　☎06-6659-0831

(株)こうはら本店養宜館

本　社　〒546-0031 大阪市東住吉区田辺4-12-1　☎06-6626-2345　FAX06-6626-2346
業　種　小売店舗販売（佃煮専門店）、飲食店経営、マーケティング事業
販売形態　総合通販、カタログ、卸し、店舗
資本金　1,000万円　　社長　鴻原　正一
設　立　昭和54年5月
通販部門設置　平成7年5月
主な取扱い商品　とろける塩昆布「しいこん」、天然酵母が育てた贈り物「舞昆」をはじめとする100種類以上の創作佃煮等
主な発行カタログ　弊社専用DM・ふるさと小包等
利用媒体　自社・新聞・雑誌・折込チラシ・ラジオ
顧客リスト件数　14万件
従業員　72名　　　通販部門従業員　6名

商品仕入担当窓口
総括室
担当者　佐薙　　　　　☎06-6626-2345

受注センター
こうはら昆布船場店
〒541-0054 大阪市中央区南本町2-4-9
☎06-6261-2105
こうはら昆布南田辺総本店
〒546-0033 大阪市東住吉区南田辺1-10-17
☎06-6622-5241
こうはら昆布天下茶屋店
〒557-0014 大阪市西成区天下茶屋2-21-6
☎06-6657-1437

インターネット・ホームページアドレス
http://www.yogkan.co.jp/
メールアドレス
info@yogkan.co.jp

小林製薬(株)

本　社　〒541-0045 大阪市中央区道修町4-4-10　☎06-6231-1144　FAX06-6222-4261
通販拠点事業所　〒541-0045 大阪市中央区道修町4-7-6
☎06-6231-3997　FAX06-6231-3998
業　種　家庭用医薬品、医薬部外品、日用雑貨および健康食品等の製造・販売
販売形態　個人向け通販（通信販売事業に限る）
資本金　34億5,000万円　社長　山根　聡
設　立　大正8年8月
通販部門設置　平成11年5月
主な取扱い商品　栄養補助食品（通信販売事業に限る）
主な発行カタログ　小林製薬の栄養補助食品総合カタログ（通信販売事業に限る）
利用媒体　カタログ、新聞誌
従業員　連結3,534名 単体1,654名（2023年12月31日現在）
インターネット・ホームページアドレス
http://www.kobayashi.co.jp/

(有)サティスα

本　社　〒542-0012 大阪市中央区谷町9-3-7 中央谷町ビル
☎06-6766-2856　FAX06-6766-2899
業　種　雑貨、食品（化粧品、健康食品）
販売形態　個人向け通販
資本金　600万円　代表取締役　杉原　朝男
設　立　平成16年3月
通販部門設置　昭和8年10月
主な取扱い商品　化粧品、健康食品
利用媒体　新聞、雑誌、折込チラシ、DM、ネット
顧客リスト件数　11万5,000件
従業員　15名　　　通販部門従業員　17名

商品仕入担当窓口
担当者　杉原　朝男　　☎06-6766-2856

インターネット・ホームページアドレス
http://www.satys.jp/
メールアドレス
sugihara@satys.jp

サラヤ(株)

本　社　〒546-0013 大阪府大阪市東住吉区湯里2-2-8
主な事業内容　家庭用及び業務用洗浄剤・消毒剤・うがい薬等の衛生用品と薬液供給機器等の開発・製造・販売、食品衛生・環境衛生のコンサルティング、食品等の開発・製造・販売
資本金　4,500万円
社　長　更家　悠介
設　立　1959年
関連会社　スマイル産業、熊野薬草園、関西再資源ネットワーク、オフィスジャパン、サスティナブルジャパン、サラヤ環境デザイン、ベジブルキッチン、エサンス、ベストフィット、伊賀

シオノギヘルスケア(株)

本　社　〒541-0041 大阪府大阪市中央区北浜2-6-18 淀屋橋スクエア7F
☎06-6202-2728
資本金　1,000万円
社　長　吉本　悟
設　立　2016年1月15日
インターネット・ホームページアドレス
https://www.shop.shionogi-hc.co.jp/shop/?s=about/index&wide=1&navi=default
メールアドレス
shc-shop@shionogi.co.jp

(株)シケン

本　社　〒543-0045 大阪市天王寺区寺田町2-5-6　☎06-6774-0051　FAX06-6772-6945

業　種　兼業（生協、店頭）
販売形態　マス通販・自社通販・卸し
事業内容　メーカー
資本金　2,500万円　社　長　八田　いすず
設　立　1981年10月
通販部門設置　昭和60年4月
主な取扱い商品　ソラデー3、ソラデーリズム、ソラデーN4
利用媒体　新聞・生協チラシ・カタログ・WEB
顧客リスト件数　5万件
従業員　11名　　通販部門従業員　4名

商品仕入担当窓口
営業部
担当者　池尻　誉広　℡06-6774-0051

主な取引先　らでぃっしゅぼーや㈱、㈱千趣会、㈱スクロール、ロイヤルステージ㈱、夢みつけ隊㈱
インターネット・ホームページアドレス
http://www.kk-shiken.co.jp/
メールアドレス
kkshiken@kk-shiken.co.jp

上新電機(株)

本　社　〒556-8550 大阪市浪速区日本橋西1-6-5　℡06-6631-1321　℻06-6644-5550
通販拠点事業所　〒556-0005 大阪市浪速区難波中3-1-15 コマイビル4F
　　　　　℡06-6646-0931　℻06-6646-0932
業　種　兼業（家電量販）
販売形態　店舗・インターネット
資本金　151億2,100万円　社　長　金谷隆平
設　立　昭和25年2月
通販部門設置　平成9年5月
売上高
　24年3月期　総売上　4,036億9,200万円
　　　うち通販部門売上　646億1,800万円
　23年3月期　総売上　4,084億6,000万円
　　　うち通販部門売上　755億5,200万円
　22年3月期　総売上　4,095億800万円
　　　うち通販部門売上　758億9,000万円
主な取扱い商品　家電品、情報機器、時計、カメラ、AVソフト
利用媒体　インターネット
従業員　9,121名

商品仕入担当窓口
営業本部商品部
担当者　崎高科　光廣　℡06-6631-1281

受注センター
ネットビジネス営業部
〒556-0005 大阪市浪速区難波中3-1-15 コマイビル4F　℡06-6646-0931
インターネット・ホームページアドレス
http://www.joshin.co.jp/

SHOKUBI

本　社　〒563-0053 池田市建石町9-13
　　　　　℡072-768-8600　℻050-3737-0485

業　種　通販専業
資本金　1,000万円　社　長　石田　隆史
設　立　平成5年4月
通販部門設置　平成22年10月
主な取扱い商品　調理器具、厨房用品、厨房器具、調理道具、店舗用品、製菓用品
利用媒体　ネット
従業員　10名
通販部門従業員　6名

商品仕入担当窓口
担当者　石田　隆史　℡072-752-5879

インターネット・ホームページアドレス
http://www.shokubi.jp
メールアドレス
customer@shokubi.jp

(株)新生社

本　社　〒550-0015 大阪市西区南堀江2-9-20　℡06-6538-0905　℻06-6538-0904
通販拠点事業所
　　　　　℡06-6536-3344　℻06-6537-2223
業　種　兼業（美術卸し）、美術・工芸通販及び総合雑貨
販売形態　マス通販・カタログ・職域・店舗・展示販売
資本金　3,000万円　社　長　影山　実
設　立　昭和59年11月
通販部門設置　昭和62年11月
主な取扱い商品　絵画、美術、掛軸、囲碁、将棋、雑貨
利用媒体　自社・新聞・雑誌・TV・インターネットホームページ
顧客リスト件数　10万件
従業員　12名　　通販部門従業員　6名

商品仕入担当窓口
美術・絵画
担当者　影山　実　℡06-6536-3344
雑貨・囲碁・将棋
担当者　小林　裕司　℡06-6536-3344

ショールーム
フォーラム榧
インターネット・ホームページアドレス
http://www.f-kaya.jp（美術）
http://21.forumkaya.co.jp/（雑貨）
http://go.forumkaya.co.jp（囲碁）
メールアドレス
info@forumkaya.co.jp

スカイネット(株)

本　社　〒591-8031 堺市北区百舌鳥梅北町5-3591-1001
通販拠点事業所　〒550-0014 大阪市西区北堀江1-5-2　202号
　　　　　℡06-6538-1919　℻06-6538-1920
業　種　通販専業
販売形態　個人向け通販
資本金　5,000万円
　　　　　社　長　和田　浩史郎

設　立　平成19年3月
売上高
　23年9月期　159億2,100万円
　22年9月期　137億3,900万円
主な取扱い商品　おせち、かに、海産物、梅干し
主な発行カタログ　匠本舗通心
利用媒体　カタログ、新聞、雑誌、ラジオ、折込チラシ、地上波テレビ、DM、BS、CS、ネット
顧客リスト件数　150万件
従業員　26名

商品仕入担当窓口
担当者　ワダ　ヨウスケ

関連会社　匠本舗有限会社、スカイネットビル㈱
インターネット・ホームページアドレス
http://skynet-c.jp/com
メールアドレス
info@skynet-c.jp

(株)生活総合サービス

本　社　〒550-0003 大阪市西区京町堀1-17-16　京町堀センタービルディング10F
　　　　　℡06-6444-5959　℻06-6444-3344
業　種　通販専業
販売形態　個人向け通販
事業内容　食品、化粧品通信販売業
資本金　1,000万円
代表取締役社長　古賀　淳一
設　立　平成9年7月
通販部門設置　平成9年8月
主な取扱い商品　健康食品、化粧品
利用媒体　新聞・折込チラシ・地上波テレビ
顧客リスト件数　90万件
従業員　34名　　通販部門従業員　34名
テレコミュニケーター　6名
主な取引先　ニッセン、ムトウ、ベルーナ

商品仕入担当窓口
物流　　　　　　　　担当者　小林

受注センター
㈱メディアクリエイト
〒550-0003 大阪市西区京町堀1-7-8
　　　　　℡06-6444-8688
配送センター
㈱ムトウ
〒430-0807 浜松市佐藤2丁目24番1号アネックスビル　℡053-464-2826
インターネット・ホームページアドレス
http://www.seikatsusougou.com/

精進堂製薬(株)

本　社　〒550-0001 大阪市西区土佐堀1-1-7
　　　　　℡06-6448-2585　℻06-6448-2588
業　種　兼業
販売形態　総合販売
資本金　4,050万円　社　長　田中　圭明

設　立　昭和33年4月
通販部門設置　昭和40年4月
主な取扱い商品　医薬品、強力ラール、セイノール
利用媒体　雑誌
顧客リスト件数　1万件
従業員　1名　　通販部門従業員　1名

商品仕入担当窓口
通販サービス
担当者　辻村　清美　☎06-6448-2585

(株)聖和趣味の会

本　社　〒543-0043 大阪市天王寺区勝山2-1-12　☎06-6773-6870　FAX06-6779-5951
業　種　通販専業
販売形態　カタログ・頒布
資本金　1,000万円　　社　長　篠原　裕見
設　立　昭和41年7月
主な取扱い商品　エプロン、婦人衣料品
主な発行カタログ　エプロン・プレス
利用媒体　雑誌・折込チラシ
顧客リスト件数　50万件
従業員　23名
インターネット・ホームページアドレス
　http://www.e-apron.co.jp/
メールアドレス
　apronkai@gold.ocn.ne.jp

(株)千趣会

大阪本社　〒530-0035 大阪市北区同心1-6-23　☎06-6881-3100　FAX06-6881-3050
東京本社　〒111-0042 東京都台東区寿3-15-12　☎03-5811-1160
業　種　通販専業
販売形態　総合通販
資本金　1億円　　社　長　梶原　健司
設　立　昭和30年11月
通販部門設置　昭和50年7月(カタログ事業部で発足)
売上高(連結)
　23年12月期　総売上　492億2,600万円
　　　　　　うち通販部門売上　431億4,200万円
　22年12月期　総売上　589億1,500万円
　　　　　　うち通販部門売上　526億4,500万円
主な取扱い商品　衣料品、服飾雑貨、家具・家庭用品、雑貨、食品、サービス
主な発行カタログ　〔ベルメゾン〕スタイルノート、ナチュラル＆スタンダード、花笑むとき、ママ＆ベビー、＆KIDS、ジュニア＆ティーンズ、ベネビス、yurubi、センスオブリラクシング、ベルメゾンライフスタイリング、暮らしの景色、ディズニーファンタジーショップ、他
利用媒体　自社
従業員　513名(社員及び契約社員)(2021/12/31現在)
受注センター
　千趣会コールセンター 大阪センター
　〒530-0035 大阪市北区同心1-6-23
　千趣会コールセンター 千葉センター
　〒270-1334 印西市西の原3-3
　千趣会コールセンター 福岡センター
　〒812-0011 福岡市博多区博多駅前4-2-1　NEWNO・ザイマックス博多駅前ビル6F
配送センター
　ベルメゾンロジスコ 可児DC
　〒509-0247 可児市塩河2232
　ベルメゾンロジスコ 美濃加茂DC
　〒505-0027 美濃加茂市本郷町9-15-22
　千趣ロジスコ 西淀川商品センター
　〒555-0041 大阪市西淀川区中島2-5-39
　千趣ロジスコ 鹿沼商品センター
　〒322-0536 鹿沼市磯町343
関連会社　千趣ロジスコ㈱、千趣会コールセンター㈱、上海千趣商貿有限公司、㈱千趣会イイハナ、㈱千趣会チャイルドケア、㈱Senshukai Make Co、㈱ウェルサーブ、千趣会香港有限公司、㈱ベルメゾンロジスコ、㈱ベルネージュダイレクト
インターネット・ホームページアドレス
　https://www.senshukai.co.jp
　https://www.bellemaison.jp

(株)ソフト99コーポレーション

本　社　〒540-0012 大阪市中央区谷町2-6-5　☎06-6942-8761　FAX06-6944-1307
通販拠点事業所　☎06-6942-8785　FAX06-6944-2596
業　種　兼業(自動車用・家庭用ケミカル用品の製造販売)
販売形態　個人向け通販
資本金　23億1,005万円
社　長　田中　明三
設　立　昭和29年10月
通販部門設置　平成18年7月
主な取扱い商品　車内を飾るアクセサリー、シートカバー、ハンドルカバー、シートクッション
利用媒体　ネット
従業員　193名
通販部門従業員　4名

商品仕入担当窓口
商品開発部　新事業開発チーム
担当者　立花　元彦　☎06-6942-8785

受注センター
　ココトリコ　☎0120-55-1015
インターネット・ホームページアドレス
　http://www.cocotorico.com/
メールアドレス
　shopmaster@cocotorico.com

(株)大都

本　社　〒544-0025 大阪府大阪市生野区生野東2-5-3 大都ビル1F
業　種　通販専業
販売形態　個人向け通販
資本金　1億円
社　長　山田　岳人
設　立　昭和27年6月
売上高
　23年12月期　70億3,000万円
主な取扱い商品　DIY用品、工具
利用媒体　インターネット
従業員　49名
インターネット・ホームページアドレス
　https://daitotools.com/

ダイドードリンコ(株)

本　社　〒530-0005 大阪市北区中之島2-2-7　☎06-6222-2600　FAX06-6222-2602
通販拠点事業所　〒530-0005 大阪市北区中之島2-2-7　☎06-6222-2600　FAX06-6222-2602
業　種　兼業
販売形態　個人向け通販
資本金　3億5,000万円
社　長　中島　孝徳
設　立　1975年1月
通販部門設置　2012年12月
主な取扱い商品　健康食品
主な発行カタログ
利用媒体　新聞、雑誌、折込チラシ、地上波テレビ、DM、BS、CS、自社ネット販売
主な運営ショッピングサイト　ダイドードリンコヘルスケア オンラインショップ
従業員　12名

商品仕入担当窓口
ヘルスケア事業部
☎06-6222-2600

受注センター
　ダイドードリンコ通販お客様センター
　☎0120-606-909
インターネット・ホームページアドレス
　https://drinco.jp/
メールアドレス
　info@dydo.co.jp

(株)ダイワ

本　社　〒591-8025 堺市北区長曽根町1607-1　☎072-255-5261　FAX072-255-3214
中部営業所　〒505-0046 美濃加茂市西町5-335　☎0574-28-4155　FAX0574-28-4158
西部営業所　〒708-0012 津山市下田邑1743-1　☎0868-28-5521　FAX0868-28-5525
業　種　通販専業
販売形態　個人向け通販
資本金　2,200万円
代表取締役社長　大保　政一
設　立　昭和43年1月
主な取扱い商品　玄米保冷庫、米びつクーラー、寝具、家具、インテリア、敷物、収納用品、仏具、台所家庭用品、園芸用

品、美術工芸品、アパレル
主な発行カタログ しあわせ通信、涼シリーズ、暖シリーズ、冬カタログ、夏カタログ、米特集、佳品倶楽部
利用媒体 カタログ・折込チラシ・DM・ネット・手配り
顧客リスト件数 約170万件
従業員 100名　**通販部門従業員** 100名

商品仕入担当窓口
商品開発部
担当者　桜井部長　℡072-255-6513
担当者　柳原課長　℡072-255-6513

配送センター
西部物流センター
〒708-0012 津山市下田邑1743-1
℡0868-28-5521
インターネット・ホームページアドレス
http://www.kakasi.com
http://kakasisan.jp

タカムラ(株)

本　社　〒550-0002 大阪市西区江戸堀2-2-18　℡06-6443-3519　FAX06-4803-7863
業　種　兼業（販売（小売））
資本金　1,000万円　　**社　長**　松　誠
設　立　平成3年2月
通販部門設置　平成12年7月
主な取扱い商品　酒類
顧客リスト件数　2万件
従業員　10名　　**通販部門従業員**　4名

商品仕入担当窓口
eコマース部門
担当者　松　誠　℡06-4803-7863

インターネット・ホームページアドレス
http://www.rakuten.co.jp/wine-takamura/
メールアドレス
takamura@takamuranet.co.jp

(株)DSI

本　社　〒550-0021 大阪市西区川口1-4-17
℡06-6582-1539　FAX06-6584-2135
業　種　兼業（貿易業）
販売形態　マス通販
資本金　1,000万円　**社　長**　李　景禹
設　立　昭和37年9月
通販部門設置　平成元年9月
主な取扱い商品　レジャー・趣味用品、防犯・護身用品
主な発行カタログ　DSI CLUBカタログ
利用媒体　雑誌
従業員　5名

(株)店研創意

本　社　〒541-0056 大阪市中央区久太郎町3-4-20　℡06-6252-6645　FAX06-6243-1249
業　種　兼業（店舗用品（什器・備品・販促用品等）の販売及び店舗の設計・施工）
販売形態　カタログ・店舗・営業
資本金　9,000万円
代表取締役社長　杉山　賢
設　立　昭和50年1月
通販部門設置　平成2年2月
主な取扱い商品　衣料小売店向けを中心としたオリジナルシステム什器等の陳列器具、店舗の装飾品や運営用品
主な発行カタログ　総合カタログ、季節装飾品カタログ、チラシ、飲食店専用カタログ
従業員　344名

商品仕入担当窓口
商品部　℡06-6252-9677

受注センター　℡06-6203-0500
配送センター
愛知物流センター
〒481-0043 北名古屋市沖村権現34-1　プロロジスパーク北名古屋内
℡0568-26-2611
実店舗
ストア・エキスプレス大阪本店
〒541-0056 大阪市中央区久太郎町3-4-20
℡06-6252-6266
ストア・エキスプレス東京本店
〒103-0004 東京都中央区東日本橋3-10-5
℡03-3663-4488
ストア・エキスプレス名古屋店
〒460-0011 名古屋市中区大須2-15-19
℡052-205-6255
ストア・エキスプレス福岡店
〒812-0024 福岡市博多区綱場町9-28　博多蔵本ビル　℡092-272-3344
ストア・エキスプレス札幌店
〒060-0033 札幌市中央区北3条東4-5-9
011-213-1437
ストア・エキスプレス横浜店
〒231-0023 横浜市中区山下町168-1 レイトンハウス横浜2F　℡045-222-6441
ストアデポ四条烏丸店
〒600-8422 京都市下京区室町通り仏光寺上ル白楽天町520-1　℡075-353-1768
ストアデポ神戸元町店
〒650-0023 神戸市中央区栄町通り1-1-24
神戸ライフパートナーズ栄町ビル1F
℡078-327-5960
営業所　全国に10ヶ所
関連会社　㈱大西、大西衣料㈱、㈱オリム、㈱ケアファッション
インターネット・ホームページアドレス
https://www.tenken.co.jp
https://www.store-express.com
https://www.store-express-factory.com
メールアドレス
webmaster@tenken.co.jp

ドクターラヴィーナ化粧品

本　社　〒531-0071 大阪市北区中津1-18-9 ドクターラヴィーナ化粧品ビル9F
℡06-6359-3333　FAX06-6359-3357
業　種　通販専業
販売形態　個人向け通販・卸し
資本金　1,000万円　**社　長**　阪田　利一
通販部門設置　平成15年4月
主な取扱い商品　化粧品、健康食品
利用媒体　新聞、雑誌、ラジオ、折込チラシ、地上波テレビ、DM、ネット
従業員　150名
通販部門従業員　50名

商品仕入担当窓口
化粧品販売管理部
担当者　日下　哲也　℡06-6359-3333

インターネット・ホームページアドレス
http://laveana.jp
メールアドレス
t.kusaka@laveana.jp

トランスコスモス(株)

本　社　〒530-0001 大阪府大阪市北区梅田1-2-2-200 大阪駅前第2ビル2F
資本金　290億6,596万円
設　立　1985年6月18日
従業員　61,773名

(株)ナースステージ

本　社　〒504-1104 大阪府大阪市西区北堀江1-1-18　℡06-7633-9339
業　種　兼業
販売形態　店舗、人材紹介業
資本金　3,950万円
　　　　　　　　　社　長　安野　雄一朗
設　立　平成25年8月
通販部門設置　平成25年8月
売上高
23年3月期　総売上　123億2,600万円
22年3月期　総売上　143億900万円
主な取扱い商品　看護師用品
利用媒体　infirmiere（アンファミエ）
顧客リスト件数　1,200,000件
従業員　268名
受注センター
大阪オーダーレセプションセンター
〒550-0014 大阪府大阪市西区北堀江1-1-18-10F
06-7633-2112
配送センター
福神配送センター
〒638-0833 奈良県吉野郡大淀町福神1-129
0747-54-3113
関連会社　㈱ベルーナ
ホームページアドレス
http://www.lemoir.com/top/nurseTop.jsp

(株)ナインブロック

本　社　〒541-0058 大阪市中央区南久宝寺

町2-1-5　☎06-6271-1060　FAX06-6217-1106
業種　通販専業
資本金　1,000万円　社長　高場　秀樹
設立　平成24年6月
主な取扱い商品　大阪王将公式通販
利用媒体　ネット
ホームページアドレス
　http://www.9-block.jp/

(株)ナリス化粧品

本社　〒553-0001 大阪市福島区海老江1-11-17　☎06-6458-5801　FAX06-6346-6584
通販拠点事業所　〒553-0001 大阪市福島区海老江5-1-6
　☎06-6453-5840　FAX06-6458-6639
業種　兼業（化粧品製造・卸し）
販売形態　マス通販・カタログ
資本金　16億円　社長　村岡　弘義
設立　昭和7年4月
通販部門設置　昭和58年6月
主な取扱い商品　化粧品、衣料品、服飾雑貨、雑貨、家具・家庭用品
主な発行カタログ　ナリスジョイフルクラブ
利用媒体　自社・雑誌
顧客リスト件数　30万件
従業員　533名　通販部門従業員　4名
受注センター
　〒541-0048 大阪市中央区瓦町2-6-6 ミラータワービル7F　☎0120-220-630
インターネット・ホームページアドレス
　http://www.naris.co.jp/njc/
メールアドレス
　njc@naris.co.jp

日本テレシステム(株)

本社　〒563-0053 池田市建石町9-13
　☎072-752-5891　FAX050-3737-0485
業種　通販専業
資本金　1,000万円　社長　石田　隆史
設立　平成5年4月
通販部門設置　平成6年4月
主な取扱い商品　耐火金庫、店舗用品、販促用品、業務用品、家具、食品、トレーニング用品、防犯用品、防災用品
主な発行カタログ　MiseDas
利用媒体　カタログ、ネット
従業員　10名
通販部門従業員　6名
商品仕入担当窓口
　担当者　石田　隆史　☎072-752-5879
インターネット・ホームページアドレス
　http://www.nts.ne.jp/
メールアドレス
　customer@ntsys.co.jp

日本予防医薬(株)

本社　〒560-0082 大阪府豊中市新千里東町1-4-2 千里ライフサイエンスセンター14F
主な事業内容　健康補助食品の販売等
資本金　1億5500万円
社長　石神　賢太郎
設立　1996年6月

(株)パーマンコーポレーション

本社　〒550-0021 大阪市西区川口4-1-5
　☎06-6586-2001　FAX06-6584-1010
業種　兼業（卸し業）
販売形態　企業向け通販
資本金　7,971万円　社長　奥山　泰弘
設立　昭和40年4月
通販部門設置　昭和60年
主な取扱い商品　自動車・トラックの部品、用品、工具及び物流機器
主な発行カタログ　パーマンカタログ
利用媒体　カタログ、雑誌、ネット
顧客リスト件数　47万件
従業員　57名
商品仕入担当窓口
　商品部
　担当者　神川　誉　☎06-6586-2001
受注センター
東京販売促進部
　〒105-0013 港区浜松町1-22-8 深谷ビル2F
　☎03-3438-3711
大阪販売促進部
　〒550-0021 大阪市西区川口4-1-5
　☎06-6581-1831
配送センター
広島センター
　〒729-0419 三原市南方2-5-1
　☎0848-86-6191
インターネット・ホームページアドレス
　http://www.pa-man.com
メールアドレス
　hrinfo@pa-man.com

(株)はちや

本社　〒545-0021 大阪市阿倍野区阪南町1-27-1　☎06-6622-6228　FAX06-6622-6298
業種　兼業（百貨店、製造業）
販売形態　個人向け通販、卸し、店舗
資本金　1,000万円　社長　河合　吾郎
設立　明治31年9月
通販部門設置　平成17年8月
主な取扱い商品　シンクビー！ブランドのバッグや財布
主な発行カタログ　自社製作のカタログ
顧客リスト件数　29万件
従業員　100名
通販部門従業員　6名
商品仕入担当窓口
メディアミックス事業部
　担当者　栗山　健　☎06-6622-6228
受注センター
　(株)はちや
　〒545-0021 大阪市阿倍野区阪南町1-27-1
　☎06-6622-6228
配送センター
シンクビー！物流センター
　〒546-0041 大阪市東住吉区桑津1-15-23
　☎06-6796-8704
関連会社　(株)ノバコーポレーション、(株)バズインターナショナル
インターネット・ホームページアドレス
　http://www.thinkbee.co.jp

ハッピー商事(株)

本社　〒580-0021 松原市高見の里1-3-3
　☎072-334-7717　FAX072-334-7649
業種　兼業（エステサロン・化粧品・健康食品の卸、訪販）
販売形態　通販、卸し、店舗
資本金　8,000万円　代表取締役　中家　清
設立　昭和50年9月
通販部門設置　平成6年9月
主な取扱い商品　化粧品、健康食品
利用媒体　新聞・雑誌・折込チラシ
顧客リスト件数　1万件
従業員　80名　通販部門従業員　3名
商品仕入担当窓口
　開発部　☎072-334-7511
インターネット・ホームページアドレス
　http://www.happy-shoji.co.jp/
メールアドレス
　info@happy-shoji.co.jp

ハッピーライフ

本社　〒536-0002 大阪府大阪市城東区今福東2-3-4-502
　☎06-6934-1772　FAX06-6934-1772
通販拠点事業所　〒536-0002 大阪府大阪市城東区今福東2-3-4-502
　☎06-6934-1772　FAX06-6934-1772
業種　通販専業
資本金　300万円　社長　酒井　光輝
設立　平成24年5月
通販部門設置　平成24年5月
主な取扱い商品　サプリメント、健康食品、ダイエット食品、健康器具、雑貨
利用媒体　雑誌、ネット
従業員　1名　通販部門従業員　1名
商品仕入担当窓口
　代表
　担当者　酒井　光輝　☎06-6934-1772
関連会社　合同会社ＩＣＯ
ホームページアドレス
　https://www.rakuten.co.jp/happylife-shop/
メールアドレス
　info@happylife-come.jp

パナソニックコンシューマーマーケティング(株)

本　社　〒540-6224 大阪市中央区城見2-1-61 OBPパナソニックタワー
通販拠点事業所　〒140-0002 品川区東品川1-39-9　☎03-5781-4001
業　種　兼業
資本金　10億円　　社　長　吉清　和芳
設　立　平成18年4月
通販部門設置　平成12年6月
主な取扱い商品　家電商品、住宅設備、リフォーム
利用媒体　ネット
従業員　9,064名
ショールーム
　パナソニックセンター東京
　〒135-0063 江東区有明3-5-1
　　　　　　　　　　☎03-3599-2600
　パナソニックセンター大阪
　〒530-0011 大阪市北区深町4-20　グランフロント大阪南館　2F～地下1F
　　　　　　　　　　☎06-6377-1700
関連会社　パナソニック(株)
インターネット・ホームページアドレス
　http://ec-club.panasonic.jp/

(株)ハルメク・アルファ

本　社　〒530-0002 大阪市北区曽根崎新地2-2-16 関電不動産西梅田ビル
　　　　☎06-6342-6390　FAX06-6342-6391
資本金　1,000万円　　社　長　下川　英士
設　立　平成25年1月
通販部門設置　昭和45年4月
売上高
　24年3月期
　　通販部門売上　77億円
　23年3月期
　　通販部門売上　70億円
　22年3月期
　　通販部門売上　68億円
主な取扱い商品　日用雑貨、美容健康商品、インテリア小物、衣料品、介護用品、食品、靴
主な発行カタログ　ナイスミセス
利用媒体　カタログ、新聞、ラジオ、DM、ネット
顧客リスト件数　500万件
従業員　450名
通販部門従業員　420名
商品仕入担当窓口
　商品企画部
　担当者　椎谷　広一
受注センター
　顧客サービス部
　〒530-0002 大阪市北区曽根崎新地2-2-16
　　西梅田MIDビル　☎06-6342-6390
配送センター
　物流センター
　〒571-0037 大阪府門真市ひえ島223

関連会社　(株)ジャパンホーム保険サービス
インターネット・ホームページアドレス
　http://www.zenkokutsuhan.co.jp
メールアドレス
　h-shiitani@zenkokutsuhan.co.jp

(株)阪急キッチンエール

通販拠点事業所　〒564-0063 吹田市江坂町4-16-1　☎06-6369-2447　FAX06-6190-8210
業　種　通販専業
販売形態　個人向け通販
資本金　5,000万円
代表取締役社長　今井　康博
設　立　平成14年5月
主な発行カタログ　週刊カタログ・季刊カタログ
利用媒体　カタログ、ネット
顧客リスト件数　3万件
従業員　185名
商品仕入担当窓口
　商品部　担当者　中島　剛士
インターネット・ホームページアドレス
　http://www.k-yell.co.jp/

(株)ハンコヤドットコム

本　社　〒550-0004 大阪府大阪市西区靱本町1-13-1 ドットコムビル
主な事業内容　印鑑・実印など、はんこの日本最大級の専門店。高品質の印鑑、実印等を販売。テレビ・新聞掲載多数のはんこ屋です。
社　長　藤田　優
従業員　74名
主な設備　物流センター　東日本　〒144-0042 東京都大田区羽田旭町11-1
　　　　　西日本　〒567-0026 大阪府茨木市松下町3-1

(株)美　研

本　社　〒541-0053 大阪市中央区本町4-1-7 第2有楽ビル5F
　　　　☎06-6267-0038　FAX06-6267-0078
業　種　通販専業
販売形態　マス通販
資本金　1,500万円　　社　長　奥野　穰爾
設　立　昭和55年7月
通販部門設置　平成元年4月
主な取扱い商品　家庭用品レンタル、イタリア製手作りバッグ、bi's（エステティックソープ）、コラーゲン物語（海洋性コラーゲン）
主な発行カタログ　自社カタログ
利用媒体　カタログ、新聞、雑誌、折込チラシ、地上波テレビ、ネット、社販
顧客リスト件数　50万件
従業員　12名　　通販部門従業員　5名
商品仕入担当窓口

本社商品開発部
　担当者　北野　稜子（次長）
　　　　　　　　　　☎06-6267-0038
受注センター　☎0120-295-666
インターネット・ホームページアドレス
　http://www.biken-inc.co.jp
　http://collagenmonogatari.com
メールアドレス
　bi@biken-inc.co.jp

(株)ファミリー・アート

本　社　〒540-0037 大阪市中央区内平野町2-2-7　☎06-6942-5031　FAX06-6943-8017
業　種　通販専業
販売形態　マス通販・カタログ・職域
資本金　1,000万円　　社　長　矢野　元一
設　立　昭和31年11月
通販部門設置　昭和51年11月
主な取扱い商品　美術工芸品全般、健康関連商品
主な発行カタログ　美術カタログ
利用媒体　自社・新聞
顧客リスト件数　10万件
従業員　5名
商品仕入担当窓口
　美術工芸品、健康関連商品
　　　　　　　　　　☎06-6942-5031

(株)プライム

本　社　〒595-0804 泉北郡忠岡町馬瀬2-2-9
　　　　☎0725-22-9777　FAX0725-22-9779
通販拠点連絡先
　　　　☎0725-22-9229　FAX0725-22-9779
業　種　兼業（ニット製品製造・卸し及び通信販売）
販売形態　総合通販・卸し
資本金　3,000万円　　社　長　谷山　富龍
設　立　昭和62年6月
通販部門設置　平成2年4月（平成5年4月社名変更）
主な取扱い商品　ニット製品、服飾雑貨、雑貨
主な発行カタログ　クオリティーニット通信
利用媒体　自社・雑誌・折込チラシ
顧客リスト件数　25万件
従業員　10名　　通販部門従業員　3名
商品仕入担当窓口
　　　　担当者　井上　祺哲
配送センター　　☎0725-22-9777
インターネット・ホームページアドレス
　http://www.rakuten.co.jp/prime/
メールアドレス
　kk.prime@nifty.com

(株)フラッグシップ

本　社　〒543-0001 大阪市天王寺区上本町

3-2-15　大写ビル7F
　　　　℡06-4304-8822　FAX06-4304-8880
業　種　兼業
販売形態　総合通販
資本金　4,500万円　社　長　本山　善一
設　立　平成8年8月
通販部門設置　平成8年8月
主な取扱い商品　衣料品・服飾雑貨、家具・家庭用品、雑貨、食品
利用媒体　新聞・雑誌・TV・ラジオ
顧客リスト件数　30万件
従業員　4名　通販部門従業員　3名

商品仕入担当窓口
担当者　本山　善一（社長）
　　　　℡06-6348-0007

受注センター
㈱ツーウェイシステム
〒550-0002　大阪市西区江戸堀2-2-1　富士商ビル8F　　℡06-6449-1661
配送センター
佐川急便㈱大阪店　SRC
〒550-0024　大阪市此花区島屋4-4-51
　　　　℡06-6460-1111
インターネット・ホームページアドレス
　http://www.flagship-net.com/
メールアドレス
　info@flagship-net.com

（有）プロフィット

本　社　〒564-0044　吹田市南金田2-3-26
　　　　℡06-6330-3888　FAX06-6330-3777
業　種　通販専業
資本金　300万円　社　長　川上　貴
設　立　平成6年1月
通販部門設置　平成6年1月
主な取扱い商品　NTTネットワーク商品、健康食品、雑貨
利用媒体　自社、インターネット
顧客リスト件数　3万件
従業員　4名　通販部門従業員　4名

商品仕入担当窓口
担当者　川上、大森　℡06-6330-3888

インターネット・ホームページアドレス
　http://www.profit.co.jp/supple/
メールアドレス
　profit@skyblue.ocn.ne.jp

ベータ食品（株）

本　社　〒531-0076　大阪市北区大淀中1-16-10　髙石ビル5F
　　　　℡06-6345-6222　FAX06-6345-6223
業　種　通販専業
販売形態　個人向け通販・職域・卸し
資本金　2,000万円　社　長　原　年秀
設　立　平成6年2月
通販部門設置　平成6年2月
主な取扱い商品　「野菜スープ」ピクノジェノールC、青汁健康三葉、龍泉水、蜂の子
主な発行カタログ　ベータヘルス通信
利用媒体　新聞・雑誌
顧客リスト件数　8万件
従業員　25名　通販部門従業員　22名

商品仕入担当窓口
営業部　　担当者　川澄　裕二
企画部　　担当者　國井　德明

インターネット・ホームページアドレス
　http://www.beta-k.com
メールアドレス
　info@beta-k.com

（株）マイウェイ ファミリークラブ

本　社　〒540-0023　大阪市中央区北新町3-11　グランドールビル6F
　　　　℡06-6910-5845　FAX06-6910-5846
業　種　通販専業（通販卸売業）
販売形態　総合通販・マス通販・カタログ・職域・斡旋・卸し
資本金　1,000万円　社　長　山中　禎登
設　立　平成5年10月
通販部門設置　平成5年10月
主な取扱い商品　健康食品、美容関連商品、化粧品、一般雑貨、健康関連商品（膝・腰・骨盤に特化したサポーター類）、衣料品、カー用品、健康器具、家電、食料品、医療機器、自社ゴルフブランド「ロイヤルウエポン」、「武器（BUKI）」、その他スポーツ関連商品
主な発行カタログ　定期的に自社カタログを発刊
利用媒体　新聞・TV・ラジオ・折込チラシ
従業員　6名　通販部門従業員　6名

商品仕入担当窓口
企画部統括
担当者　山中　　℡06-6910-5845

メールアドレス
　yamanaka@myway-fc.co.jp

マルコ（株）

本　社　〒531-0076　大阪市北区大淀中1-1-30　　　℡06-6455-1205
業　種　兼業
販売形態　個人向け通販
資本金　1,000万円　社　長　岩本　眞二
設　立　平成元年4月
通販部門設置　平成元年4月
主な取扱い商品　マタニティー・ベビーウエア、雑貨、ギフト商品
主な発行カタログ　エンジェリーベ・内祝ギフト
利用媒体　インターネット、カタログ
関連会社　RIZAPグループ㈱、MRKホールディングス㈱
インターネット・ホームページアドレス
　http://www.angeliebe.co.jp/
メールアドレス
　info@angeliebe.co.jp

万田発酵（株）

本　社　〒532-0003　大阪府大阪市淀川区宮原3-4-30　ニッセイ新大阪ビル10F
　　　　℡06-6397-7700　FAX06-6397-7701
主な事業内容　健康食品等の製造及び販売
社　長　松浦　良紀
設　立　1987年6月3日
従業員　291人

（株）マンダム

本　社　〒540-8530　大阪市中央区十二軒町5-12　℡06-6767-5001　FAX06-6767-5054
通販拠点事業所
　　　　℡06-6767-5012　FAX06-6767-5054
業　種　兼業（化粧品、香水、医薬部外品の製造および販売）
販売形態　個人向け通販
資本金　113億9,481万円
社　長　西村　元延
設　立　昭和2年12月
通販部門設置　平成10年1月
主な取扱い商品　女性化粧品、化粧雑貨、美容機器
主な発行カタログ　e/oカフェマガジン
利用媒体　新聞、雑誌、折込チラシ、DM、ネット
顧客リスト件数　25万件
従業員　502名

商品仕入担当窓口
E／O事業部
担当者　坂村正雄　　℡06-6767-5012

インターネット・ホームページアドレス
　http://www.mandom.co.jp/eocafe/
メールアドレス
　eocafe@mandomworld.com

三起商行（株）

本　社　〒581-8505　大阪府八尾市若林町1-76-2　　℡072-920-2111
主な事業内容　子供服及び子どもを取りまくファミリー関連商品の企画・製造・販売、及び出版・教育・子育て支援などの文化事業
資本金　2,030百万円
社　長　木村　皓一
設　立　1978年9月
従業員　610名
関連会社　ミキハウス、MIKIHOUSE FRANCE、MIKIHOUSE Americas、MIKIHOUSE U.K.、ミキハウス子育て総研、ミキハウス＆小学館プロダクション、ミキハウストレード

MiseDas

本　社　〒563-0053 池田市建石町9-13
　　　　TEL072-752-5847　FAX050-3737-0485
業　種　通販専業
資本金　1,000万円　　社　長　石田　隆史
設　立　平成5年4月
通販部門設置　平成18年4月
主な取扱い商品　店舗用品、ディスプレイ、販促用品、陳列什器、業務用品
主な発行カタログ　MiseDas
利用媒体　カタログ、ネット
従業員　10名
通販部門従業員　3名

商品仕入担当窓口
担当者　石田　隆史　　TEL072-752-5879

インターネット・ホームページアドレス
http://www.misedas.net/

(株)ミルキーエイジ

本　社　〒562-0035 箕面市船場東1-11-13
　　　　TEL072-726-1726　FAX072-726-1727
業　種　通販専業
販売形態　個人向け通販
資本金　4,166万円　　社　長　土井　信祐
設　立　平成16年7月
主な取扱い商品　出産準備用品、内祝贈答用品
主な発行カタログ　ベビーカタログ、内祝カタログ
利用媒体　雑誌・折込チラシ
顧客リスト件数　100万件
従業員　74名　　通販部門従業員　74名
受注センター　　　　　　　0120-369-810
インターネット・ホームページアドレス
http://www.milkyage.co.jp

明電工業(株)

本　社　〒556-0005 大阪市浪速区日本橋4-7-23　TEL06-6633-6633　FAX06-6643-5137
通販拠点事業所
　　　　TEL06-6645-8688　FAX06-6645-8689
業　種　兼業（小売・卸）
販売形態　総合通販・マス通販・カタログ・卸し
資本金　5,000万円　　社　長　福井　明
設　立　昭和23年1月
通販部門設置　昭和23年1月
主な取扱い商品　電化製品、日用雑貨、自動車用品、羽毛布団、大工工具、電動工具、カメラ、時計
主な発行カタログ　明電カタログ
利用媒体　自社・新聞・雑誌・TV・ラジオ・折込チラシ
顧客リスト件数　9万件
従業員　18名　　通販部門従業員　15名

商品仕入担当窓口
仕入課
担当者　岩井　　TEL06-6633-6633
　　　TEL06-6634-1515　FAX06-6633-6636

(株)メロディアンハーモニーファイン

本　社　〒581-0833 大阪府八尾市旭ヶ丘1-33
主な事業内容　コーヒーフレッシュ、シロップ、美と健康飲料、及びデザート等の食品製造販売、化粧品販売、衛生用品の製造販売
資本金　9,850万円
社　長　中西　優紀雄
設　立　昭和36年9月20日
従業員　288名

(株)MonotaRO

本　社　〒530-0001 大阪市北区梅田3-2-2 JPタワー大阪22階
　　　　0120-443-509
業　種　専業（小売）
資本金　20億4,200万円（2023年6月現在）
代表執行役社長　田村　咲耶
設　立　平成12年10月
通販部門設置　平成12年10月
売上高
　24年12月期　総売上　2,881億1,900万円
　23年12月期　総売上　2,542億8,600万円
　22年12月期　総売上　2,259億7,000万円
主な取扱い商品　工場用間接資材（切削工具／作業工具／安全用品／荷役運搬用品／事務用品／自動車用品／工事用品等）
主な発行カタログ　間接資材総合カタログ RED BOOK vol.14
顧客リスト件数　329万件（2018年12月10日現在）
従業員　3,259名

商品仕入担当窓口
商品販売企画部門
　　　　　　　　　TEL06-4869-7182

受注センター
カスタマーサポート部門
〒660-0876 尼崎市竹谷町2-183　リベル3F
　　　　0120-443-509
配送センター
猪名川ディストリビューションセンター
〒666-0253 兵庫県川辺郡猪名川町差組字小谷101-1
笠間ディストリビューションセンター
〒309-1797 茨城県笠間市平町1877-3
インターネット・ホームページアドレス
https://www.monotaro.com

(株)森内商行

本　社　〒543-0023 大阪市天王寺区味原町14-10　TEL06-6768-4581　FAX06-6762-2168
販売形態　カタログ・職域・卸し
資本金　4,150万円　　社　長　森内　厳忠
設　立　昭和54年1月
通販部門設置　昭和54年1月
主な取扱い商品　家庭金物、繊維、食品
主な発行カタログ　スズラン
利用媒体　自社
従業員　58名（パート含む）

商品仕入担当窓口
本社営業部セールスプロモーションルーム
担当者　平田　　TEL06-6771-2401

配送センター
東大阪営業所
〒578-0947 東大阪市西岩田2-28-4

森下仁丹(株)

本　社　〒540-8566 大阪市中央区玉造1-2-40　TEL06-6761-1131　FAX06-6761-1661
通販拠点事業所
　　　　TEL06-6761-1138　FAX06-6761-8510
業　種　兼業（個人向け通販）
資本金　35億3,740万円
社　長　森下　雄司
主な取扱い商品　健康食品、食品、化粧品、医療機器、医薬品
主な発行カタログ　仁丹堂
利用媒体　カタログ、新聞、雑誌、ラジオ、折込チラシ、地上波テレビ、DM、BS、CS、ネット
従業員　298名
通販部門従業員　40名
関連会社　(株)森下仁丹ヘルスコミュニケーションズ、(株)エムジェイラボ、(株)仁丹ファインケミカル
インターネット・ホームページアドレス
http://www.jintan.co.jp

モリ販売(株)

本　社　〒556-0021 大阪市浪速区幸町3-7-16　TEL06-6568-2111　FAX06-6568-2118
通販拠点事業所　〒556 大阪市浪速区木津川1-3-6　TEL06-6567-5741　FAX06-6567-5739
業　種　兼業（鋼材・ステンレス材販売及び雑貨通販）
販売形態　マス通販・職域・卸し
資本金　1,000万円　　社　長　西影　宗久
設　立　平成4年8月
通販部門設置　平成5年9月
利用媒体　折込チラシ
従業員　15名　　通販部門従業員　8名

商品仕入担当窓口
通販事業部　　TEL06-6567-5741

山本珈琲(株)

本　社　〒550-0015 大阪市西区南堀江2-7-9
　　　　TEL06-6541-7131　FAX06-6541-1758

業　種　兼業（珈琲製造卸売）
販売形態　個人向け通販・企業向け通販
資本金　1,600万円　　社　長　山本　幸彦
設　立　昭和44年2月
通販部門設置　平成6年1月
主な取扱い商品　業務用レギュラーコーヒー、個人向レギュラーコーヒー
主な発行カタログ　通販カタログ、オンラインショップ
利用媒体　カタログ・ネット
従業員　150名　　通販部門従業員　2名

商品仕入担当窓口
通信販売部　　担当者　河本　俊之

受注センター
通信販売部　　☎0120-77-4151
配送センター
〒632-0001 天理市中之庄町458-1-1
インターネット・ホームページアドレス
　http://www.yamamotocoffeekan.jp
メールアドレス
　shop@yamamotocoffee.co.jp

夢展望(株)

本　社　〒563-0032 池田市石橋3-2-1
　　　　☎072-761-9293　FAX072-761-9316
業　種　兼業（インターネット通販）
販売形態　個人向け通販
資本金　5億9,200万円　　社　長　塩田　徹
設　立　平成10年5月
通販部門設置　平成15年4月
主な取扱い商品　ヤングファッション全般
　（衣類70％、くつ25％、バッグ5％）
利用媒体　雑誌、ネット
顧客リスト件数　約140万件
従業員　168名（連結）

商品仕入担当窓口
取締役営業本部副本部長
担当者　今井　隆一　　☎072-761-9291

配送センター
㈱JPロジサービス内夢展望㈱　大阪市住之江区南港南2-4-43　GLP大阪3F
　　　　☎050-5538-6661
インターネット・ホームページアドレス
　http://www.dreamv.co.jp
メールアドレス
　support7@dreamv.co.jp

(株)ライフサポート

本　社　〒550-0001 大阪府大阪市西区土佐堀1-3-18　☎06-7637-0990
主な事業内容　各種通信販売(マスメディアを介した通販事業、カタログ通販事業)、食品・健康食品の小売販売、化粧品の小売販売、衣類・雑貨の小売販売、輸入雑貨・貴金属・宝飾品の小売販売、映像ソフト・娯楽用品の小売販売、上記に付帯する一切の業務
資本金　1,000万円

社　長　西山　幹夫
設　立　平成13年4月24日
従業員　86名
主な設備　出荷センター　〒533-0031 大阪府大阪市東淀川区西淡路6-4-111 延原倉庫 淡路物流センター4号倉庫
メールアドレス
　info@kensei-online.com
主な取引先　【新聞】　一般誌、スポーツ新聞から各地方新聞　朝日新聞／読売新聞／毎日新聞／産経新聞／日本経済新聞／東京新聞／北海道新聞／中日新聞／静岡新聞／京都新聞／神戸新聞／中国新聞／西日本新聞／日刊スポーツ／サンケイスポーツ／中日スポーツ／スポーツ報知　など【ラジオ】　AM／FM 70局以上　ニッポン放送／毎日放送／朝日放送／CBCラジオ／TBSラジオ／ラジオ大阪／北陸放送／KBS京都／ラジオ福島／ラジオ関西／宮崎放送／東海ラジオ／信越放送／ラジオ沖縄／RKB毎日放送／STVラジオ／HBC北海道放送　など　FMノースウェーブ／ベイFM／ZIP FM／FM岩手／FM AICHI／FM三重／FM北海道／FM NACK5／エフエム京都／FM802／広島FM／FM香川／FM長野／エフエム九州／FMココロ　など【テレビ】　スカイ・A／GAORA／時代劇専門チャンネル／AXN／ファミリー劇場　など　ABC朝日放送／読売テレビ／関西テレビ／テレビ北海道／テレビ九州／テレビ愛知／テレビ大阪／KBS京都TV　など
関連会社　ベルファクトリー

ラビットストリート

本　社　〒559-0024 大阪市住之江区新北島3-2-26　☎06-6683-6700　FAX06-6685-1139
業　種　兼業
販売形態　店舗
資本金　300万円　　社　長　上　浩二
設　立　平成元年12月
主な取扱い商品　マウンテンバイク及び関連用品
利用媒体　雑誌・折込チラシ
従業員　2名

商品仕入担当窓口
担当者　上　恵子　　☎06-6683-6700

インターネット・ホームページアドレス
　http://www.jin.ne.jp/rabbitst/
メールアドレス
　rabbitst@jin.ne.jp

(株)ロアコスモ

本　社　〒550-0002 大阪市西区江戸堀1-5-5
　　　　☎06-6448-0099　FAX06-6448-9099
業　種　通販専業

資本金　5,500万円　　社　長　陽田　幸作
設　立　平成3年1月
通販部門設置　平成3年1月
主な取扱い商品　化粧品、健康食品
利用媒体　新聞、雑誌、ラジオ、折込チラシ、地上波テレビ
顧客リスト件数　10万件
従業員　20名
通販部門従業員　20名
インターネット・ホームページアドレス
　http://www.roicosmo.com

ロイヤルステージ(株)

本　社　〒541-0053 大阪市中央区本町1-7-6 本町センチュリービル10F
　　　　☎06-6263-6770　FAX06-6263-6775
業　種　通販専業
販売形態　富裕層向けカタログ通販
資本金　3億1,030万円　　社　長　暮松　毅
設　立　平成12年7月
主な取扱い商品　高級ブランド品、美術工芸品、宝飾品、趣味用品、高級雑貨、美容・健康関連商品、他
主な発行カタログ　「ロイヤルステージ」、「ロイヤルセレクション」、「ザ・ビストロ」、「ボディ アンド ビューティ」、「ロイヤルプロムナード」
利用媒体　自社・新聞・雑誌、カード誌
顧客リスト件数　50万件
従業員　60名　　通販部門従業員　60名

商品仕入担当窓口
営業企画部
担当者　小泉　智義　　☎06-6263-6770

受注センター　　　　　☎06-6772-5776
配送センター
〒578-0914 東大阪市箕輪2-3-15
　　　　☎0729-63-1046
インターネット・ホームページアドレス
　http://www.royalstage.com/
メールアドレス
　kanemithu-h@royalstage.co.jp

ロート製薬(株)

本　社　〒530-0011 大阪府大阪市北区大深町3-1 B29階　☎06-6758-1235
主な事業内容　医薬品・化粧品・機能性食品等の製造販売
資本金　6,504百万円
社　長　杉本　雅史
設　立　1949年9月15日
従業員　1,529名〈単体〉6,619名〈連結〉

ワールド・ギャラリー(株)

本　社　〒530-0001 大阪市北区梅田3-1-1 JR地下商店街
　　　　☎06-6345-4707　FAX06-6345-5036
業　種　兼業（カスタムナイフ及び護身・防犯

グッズ及び時計関連商品の店舗販売)
販売形態　マス通販・卸し・店舗
資本金　1,000万円　社長　山中　康弘
設立　平成3年3月
通販部門設置　平成3年3月
主な取扱い商品　ナイフ、ナイフ材料、ナイフ製作用マシン、ナイフ関連専門書、他
利用媒体　自社
顧客リスト件数　2万件
従業員　9名　　通販部門従業員　2名

商品仕入担当窓口
本社
担当者　山中　　☎06-6345-4707

受注センター
　サンワード　フォルクス　☎06-6345-4707
配送センター
　サンワード　フォルクス　☎06-6345-4707
ショールーム
　サンワード　フォルクス　☎06-6345-4707
関連会社　日本鉄道時計㈱
インターネット・ホームページアドレス
　http://www.knifeya.com/
メールアドレス
　volks@knifeya.com

兵庫県

㈱井上商店

本　社　〒669-2436 篠山市池上2　黒豆農園前　☎079-554-2577　FAX079-552-4149
通販拠点事業所　〒541-0043 大阪市中央区高麗橋2-4-6　大拓ビル11-3F
　　☎06-6228-7771　FAX06-6228-7772
業　種　兼業（丹波産黒大豆原材料及び加工品製造、卸売）
販売形態　産直・卸し
資本金　1,000万円　代表取締役　井上　隆雄
設立　昭和62年1月
通販部門設置　平成10年3月
主な取扱い商品　丹波の黒豆
主な発行カタログ　丹波篠山味だより
利用媒体　カタログ・DM・ネット
顧客リスト件数　6万件
従業員　20名　　通販部門従業員　8名

商品仕入担当窓口
大阪オフィス
担当者　井上　敬介　☎06-6228-7771

受注センター
　大阪受注センター
　〒530-0005 大阪市北区中之島3丁目2-4　朝日ビル6F　☎06-6228-7771
配送センター
　ヤマト運輸　阪神物流システム支店内
　〒651-1431 兵庫県西宮市山口町阪神物流センター3-5-4
ショールーム
　麻布十番店
　〒106-0045 東京都港区麻布十番4-6-8-1F
　　☎03-5418-1042

インターネット・ホームページアドレス
　消費者向け　http://www.kuromame.co.jp/
　麻布十番店　http://www.kuromame.biz/
メールアドレス
　inoue@kuromame.com

㈱エクスショップ

本　社　〒658-0032 兵庫県神戸市東灘区向洋町中6-9
　　☎078-846-4409　FAX078-846-4404
主な事業内容　インターネットを利用した大型住宅設備機器等の販売、インターネットを介したエクステリア外構工事等の全国展開
資本金　連結99百万円
社　長　加島　雅子
設立　2000年4月
従業員　185名（2019年1月現在）
主な取引先　LIXIL、YKK AP、ユアサ商事、井上定、メイク、Gテリア、オリエントコーポレーション

㈱げんぶ堂

本　社　〒668-0013 豊岡市中陰376-3
　　☎0796-23-5555　FAX0796-24-3510
業　種　兼業（米菓の製造・卸売・直売）
販売形態　産直・卸し・店舗
資本金　1,750万円
代表取締役　岩本　和雄
設立　昭和26年4月
通販部門設置　昭和63年4月
主な取扱い商品　米菓、昔ながらの味を大切にした「手造りおかき」、他
利用媒体　新聞・折込チラシ・地上波テレビ・DM・ネット
顧客リスト件数　10万件
従業員　41名　　通販部門従業員　33名
インターネット・ホームページアドレス
　http://www.genbudo.co.jp/
　http://www.genbudo.jp/
メールアドレス
　genbudo@gold.ocn.ne.jp

㈱コスモライフ

本　社　〒675-0032 兵庫県加古川市加古川町備後358-1
　　☎079-426-1588　FAX079-422-3813
通販拠点事業所　〒675-0034 兵庫県加古川市加古川町稲屋126　☎079-456-1132
業　種　通販専業
資本金　1億円　代表取締役　荒川　眞吾
設立　昭和63年8月
通販部門設置　平成17年4月
主な取扱い商品　飲料水、ウォーターサーバー
従業員　225名
受注センター　コスモウォーターお客様サービスセンター
　〒675-0034 兵庫県加古川市加古川町稲屋126
　　☎0120-113-299
配送センター　ロジスティック・品質管理センター
　〒669-4264 兵庫県丹波市春日町松森218-1
　　☎079-575-2800
加西物流センター
　〒675-2101 兵庫県加西市繁昌町92-1
　　☎079-049-8282
ホームページアドレス
　http://www.cosmolife.co.jp/

シャープ産業㈱

本　社　〒658-0015 神戸市東灘区本山南町6-3-12　☎078-452-5222　FAX078-412-1800
通販拠点事業所
　　☎078-452-5222　FAX078-452-1831
業　種　兼業（プロ野球キャラクターグッズ、高校野球記念品、花園ラグビー記念品、その他）
販売形態　個人向け通販・斡旋・卸し・店舗・その他
資本金　6,400万円　社長　小林　優
設立　昭和40年3月
通販部門設置　昭和40年4月
主な取扱い商品　プロ野球12球団キャラクターグッズ、高校野球記念品、花園高校ラグビー記念品、その他
主な発行カタログ　阪神タイガース、高校野球、花園ラグビー、他
利用媒体　カタログ・雑誌・DM・CS・ネット
顧客リスト件数　4万5,000件
従業員　29名　　通販部門従業員　5名

商品仕入担当窓口
管理部
担当者　葛山　敏雄（課長）
　　☎078-452-5222

受注センター
　神戸営業部
　〒658-0015 神戸市東灘区本山南町6-3-12
　　☎078-452-5222
申込専用
　タイガース　☎078-452-5459
　高校野球　　☎078-452-4518
配送センター
　神戸営業部
　〒658-0015 神戸市東灘区本山南町7-7-3
　　☎078-452-4517
インターネット・ホームページアドレス
　http://www.sharp-sports.co.jp
メールアドレス
　info@sharp-sports.co.jp

㈱シャルレ

本　社　〒650-0046 兵庫県神戸市中央区港

島中町7-7-1　☎078-792-7000
主な事業内容　レディースインナーを主体とする衣料品、化粧品、健康食品等の販売
資本金　36億25万円
社　長　林　勝哉
設　立　1975年11月19日
従業員　277人

東洋ナッツ食品(株)

本　社　〒658-0023 兵庫県神戸市東灘区深江浜町30
　　☎078-452-7200　FAX078-452-7222
主な事業内容　世界の木の実（ナッツ、ドライド・フルーツ類）の製造販売a.トンブランドの製造販売b.スナック製菓用等の半製品完製品の製造販売c.他社特注品の製造受託、ナッツ、ドライド・フルーツ、雑穀類の原料売買、上記に関連する輸出入業務
資本金　90,600,000円
社　長　中島　洋人
設　立　1959年12月25日
従業員　230名
主な設備　物流センター　〒658-0023 神戸市東灘区深江浜町30
　　☎078-452-7231　FAX078-452-7276

日本盛(株)

本　社　〒662-8521 西宮市用海町4-57
　　☎0798-32-2585　FAX0798-22-3605
業　種　兼業（清酒「日本盛」製造・販売）
販売形態　個人向け通販
資本金　5億7,915万円　**社　長**　森本　直樹
設　立　明治22年4月
通販部門設置　平成3年2月
主な取扱い商品　化粧品、食品、健康食品
利用媒体　新聞、雑誌、ラジオ、折込チラシ、テレビ、DM、CS、インターネット
顧客リスト件数　80万件
従業員　237名
商品仕入担当窓口
通販事業部（化粧品担当）
担当者　佐々木　房夫　☎0798-32-2585
通販事業部（食品担当）
担当者　水島　芳彦　☎0798-32-2588
受注センター・配送センター
（株）NSE
〒662-0928　兵庫県西宮市石在町14-28
　　☎0798-32-2507
インターネット・ホームページアドレス
http://www.nihonsakari.co.jp/
メールアドレス
komenukabijin@nihonsakari.co.jp

(株)日本保健研究所

本　社　〒669-4341 丹波市市島町上竹田967　☎0795-85-0229　FAX0795-85-0460
業　種　兼業（健康食品、生ニン球の製造・卸し・販売）
販売形態　総合通販・職域・斡旋・卸し
資本金　1,040万円　**社　長**　藤本　譲二
設　立　昭和31年11月
通販部門設置　昭和48年10月
主な取扱い商品　健康食品、美容・健康・医療器具、雑貨、他
主な発行カタログ　けんこうしあわせ、他
利用媒体　自社・折込チラシ・他
顧客リスト件数　10万件
従業員　13名　**通販部門従業員**　4名
商品仕入担当窓口
営業部
担当者　吉見　啓作　☎0795-85-0229
インターネット・ホームページアドレス
http://www.nihonhoken.co.jp/
メールアドレス
info@nihonhoken.co.jp

(株)ノエビア

本　社　〒650-8521 兵庫県神戸市中央区港島中町6-13-1
主な事業内容　化粧品、医薬部外品の製造販売
資本金　73億19百万円
社　長　海田　安夫
従業員　573名

ヒラキ(株)

本　社　〒651-2494 神戸市西区岩岡町野中字福吉556
　　☎078-967-1062　FAX078-967-1136
通販拠点事業所　〒679-3393 朝来市生野町真弓字道順山373-69
　　☎0796-79-3422　FAX0796-79-3410
業　種　兼業（店舗販売・卸販売）
販売形態　個人向け通販、卸し、店舗
資本金　4億5,045万円　**社　長**　伊原　英二
設　立　昭和53年4月
通販部門設置　昭和62年7月
売上高
　24年3月期　総売上　133億1,300万円
　　うち通販部門売上　66億8,400万円
　23年3月期　総売上　142億8,800万円
　　うち通販部門売上　78億3,400万円
　22年3月期　総売上　151億9,900万円
　　うち通販部門売上　87億2,400万円
主な取扱い商品　靴、鞄、傘・雨具、衣料品、下着、台所・家庭用品、玩具、文具、事務用品
主な発行カタログ　EXCITING PRICE、Best Selection
利用媒体　カタログ・折込チラシ・ネット
顧客リスト件数　636万件
従業員　589名（パート含）(2019年3月31日現在)
通販部門従業員　301名（パート含）(2019年3月31日現在)
商品仕入担当窓口
開発商品事業部
担当者　堀内　秀樹（取締役）
　　☎078-362-1192
カスタマーセンター　☎0120-673-111
　　FAX0120-625-888
配送センター
生野事業所
〒679-3393 朝来市生野町真弓字道順山373-69　☎0796-79-3422
インターネット・ホームページアドレス
http://www.hiraki.co.jp/
メールアドレス
hiraki_info@hiraki.co.jp

(株)フェリシモ

本　社　〒650-0041 兵庫県神戸市中央区新港町7-1　☎078-325-5555　FAX078-325-5725
通販拠点事業所　〒650-0041 兵庫県神戸市中央区新港町7番1号
　　☎078-325-5555　FAX078-325-5725
業　種　通販専業
資本金　18億6,800万円　**社　長**　矢崎和彦
設　立　昭和40年5月
売上高
　24年2月期　総売上　296億700万円
　23年2月期　総売上　321億6,000万円
　22年2月期　総売上　337億2,900万円
主な取扱い商品　衣料品・雑貨・食品など
主な発行カタログ　『フェリシモの服』『フェリシモの雑貨』『Couturier』『フェリシモの着心地がいい服。』
利用媒体　カタログ、自社ネット販売、
利用媒体　その他　ZOZOTOWN
主な運営ショッピングサイト　https://www.felissimo.co.jp/
顧客リスト件数　非公表
従業員　717名
商品仕入担当窓口
BPR推進グループ
　　☎078-325-5728
受注センター
エスパスフェリシモ
〒654-0161 神戸市須磨区弥栄台2-7
　　☎331-2691
配送センター
エスパスフェリシモ
〒654-0161 神戸市須磨区弥栄台2-7
　　☎331-2691
関連会社　㈱LOCCO、㈱cd、㈱hope for
インターネット・ホームページアドレス
https://www.felissimo.co.jp/

フジッコ(株)

本　社　〒650-8558 兵庫県神戸市中央区港島中町6-13-4　☎078-303-5911

主な事業内容　各種食品の製造販売
資本金　65億6,653万円
社　長　福井　正一
従業員　2,793名
主な設備　工場　兵庫3、埼玉1、千葉1、神奈川1、北海道1、鳥取1
物流センター　兵庫1、埼玉1

ベルヴィ(株)

本　社　〒679-2304 兵庫県神崎郡市川町下瀬加195-1
事業内容　インターネット通販事業、ECコンサルタント事業、EC撮影制作事業、ふるさと納税運営代行
販売形態　個人向け通販
資本金　2,000万円
社　長　宮﨑　義則
設　立　昭和58年7月
売上高
　24年5月期　80億600万円
主な取扱い商品　ギフト用品
利用媒体　インターネット
従業員　120名
インターネット・ホームページアドレス
　https://www.bellevie-inc.co.jp/corporate/index.html

(株)マキシム

本　社　〒651-0084 神戸市中央区磯辺通3-2-11 三宮ファーストビル8F
　　　　℡078-271-7766　FAX078-271-7767
業　種　専業
販売形態　個人向け通販
資本金　400万円　　社　長　林　純司
設　立　平成16年11月29日
通販部門設置　平成16年11月
売上高
　24年3月期　総売上　39億9,200万円
　23年3月期　総売上　42億5,500万円
　22年3月期　総売上　42億5,700万円
主な取扱い商品　アパレル
利用媒体　ネット
従業員　102名
商品仕入担当窓口
商品企画部
担当者　富田　麻衣子
　　　　℡078-271-7766
配送センター
リンクス
　〒578-0901 東大阪市加納4-16-5
　　　　℡072-966-8556
ショールーム
KOBE LETTUCE
　〒651-0087 神戸市中央区御幸通6-1-22
　　　　℡078-261-9770
インターネット・ホームページアドレス
　http://www.maxim-jp.net/
メールアドレス
　info@maxim-jp.net

三木貿易(株)

本　社　〒655-0007 神戸市垂水区多聞台3-1-31　℡078-781-7001　FAX078-781-7029
業　種　兼業（輸出入業）
販売形態　カタログ
資本金　1,000万円　社　長　稲見　正昭
設　立　昭和35年2月
通販部門設置　昭和50年4月
主な取扱い商品　医療器具、家具、高級雑貨、他
利用媒体　自社
顧客リスト件数　10万件
従業員　10名
インターネット・ホームページアドレス
　http://www.mikit.co.jp/
メールアドレス
　inami@mikit.co.jp

(株)みのり倶楽部

本　社　〒650-0031 神戸市中央区東町123-1　℡078-331-3000　FAX078-331-3050
業　種　通販専業
販売形態　個人向け通販、産直
資本金　870万円　社　長　梅谷　光志
主な取扱い商品　かに、鯨、明太子、肉、惣菜、海鮮、お菓子
主な発行カタログ　みのりくらぶ
利用媒体　カタログ、新聞、ラジオ、地上波テレビ、DM、BS、CS、ネット
従業員　40名
商品仕入担当窓口
商品部
担当者　髙島　重幸　℡078-331-3000
関連会社　㈱牛肉商但馬屋
インターネット・ホームページアドレス
　http://www.minoriclub.jp
メールアドレス
　info@minoriclub.jp

(株)モデルバーン

本　社　〒659-0092 芦屋市大原町11-24 ラポルテ北館2F
　　　　℡0797-35-1173　FAX0797-35-1174
業　種　玩具卸、小売
販売形態　職域・卸し・店舗
資本金　1,000万円　社　長　木村　佳司
設　立　昭和62年10月
通販部門設置　昭和62年10月
主な取扱い商品　輸入鉄道模型
利用媒体　雑誌
顧客リスト件数　1万件
従業員　9名
商品仕入担当窓口
担当者　木村　佳司　℡0797-35-1173
ショールーム
東京店
　〒221-0825 横浜市神奈川区反町2-16-5 コーポサトック25　℡045-594-8779
名古屋店
　〒444-0045 岡崎市康生通東2-37 サンライズ康生2F　℡056-483-8375
インターネット・ホームページアドレス
　http://www.modell-bahn.com/
メールアドレス
　mbcorp@modell-bahn.com

(株)ワールド

本　社　〒650-8585 神戸市中央区港島中町6-8-1　℡078-302-3111（代）
業　種　兼業（婦人・紳士・子供服等の企画販売）
資本金　60億円
社　長　上山　健二
設　立　昭和34年1月
主な取扱い商品　衣料品
関連会社　㈱フィールズインターナショナル、㈱エクスプローラーズトーキョー、㈱ワールドストアパートナーズ他
インターネット・ホームページアドレス
　http://corp.world.co.jp

(有)ワールドスペシャリティーズ

本　社　〒666-0143 川西市清和台西4-4-149
　　　　℡0727-90-5003　FAX0727-90-5003
通販拠点事業所　〒666-0143 川西市清和台西4-4-149
　　　　℡0727-90-5003　FAX0727-90-5003
業　種　兼業（直輸入、通販企画、通販支援業務、卸し）
販売形態　総合通販・卸し
資本金　300万円　社　長　安福　将司
設　立　昭和53年2月
通販部門設置　昭和53年2月
主な取扱い商品　衣料品、服飾雑貨、家具・家庭用品、雑貨、食品
利用媒体　自社・新聞・雑誌・TV・ラジオ・クレッジットカード機関誌・インターネット
顧客リスト件数　100万件
従業員　10名　　通販部門従業員　8名
商品仕入担当窓口
販売企画室
担当者　安福　敏行　℡0727-90-5003
受注センター
ワンダーショップ　カスタマーセンター
　〒666-0143 兵庫県小西市清和台西4-4-149
関連会社　㈲フューチャーハウス、㈲ネイチャーハウス
インターネット・ホームページアドレス
　http://cosmetic-gate.com/
メールアドレス
　info@wondershop.com

奈良県

(有)嘉楽
本　社　〒631-0004 奈良市登美ヶ丘3-2-10
　　　　℡0742-49-3228　FAX0742-49-1289
通販拠点事業所　〒041-1404 茅部郡鹿部町字本別529-651
　　　　℡01372-7-3489　FAX01372-7-5110
業　種　兼業（水産加工業）
販売形態　個人向け通販、企業向け通販、産直、卸し
資本金　300万円　　社　長　辻合　明男
設　立　昭和62年6月
通販部門設置　平成12年6月
主な取扱い商品　イクラ、鮭、鍋セット、カニ、タコ、イカ、おせち、ホタテ貝
主な発行カタログ　ネット、雑誌
利用媒体　カタログ・新聞・雑誌・ラジオ・ネット
顧客リスト件数　5,000件
従業員　12名　　通販部門従業員　6名
商品仕入担当窓口
　営業
　担当者　辻合　明男　℡01372-7-3489
　仕入
　担当者　鈴木　玲司　℡01372-7-3489
受注センター
　㈲嘉楽
　〒041-1404 茅部郡鹿部町字本別529-651
　　　　℡01372-7-3489
配送センター
　㈲嘉楽
　〒041-1404 茅部郡鹿部町字本別529-651
　　　　℡01372-7-3489
インターネット・ホームページアドレス
　http://sakanadamart.net
　http://sakanada.net
メールアドレス
　info@sakanadamart.net
　info@sakanada.net

(株)奈良大和生薬
本　社　〒630-8012 奈良県奈良市二条大路南1丁目2番11号 第2松岡ビル1階
　　　　℡0742-90-0077
主な事業内容　医薬品の通信販売業
資本金　1,000万円
社　長　小川　晃市
設　立　平成29年7月28日

(株)ブランシュ
本　社　〒630-0101 生駒市高山町6141
　　　　℡0743-78-0358　FAX0743-79-0830
業　種　兼業（海外有名ブランド・雑貨・身の回り品の輸入卸し）
販売形態　卸し
資本金　1,000万円　　社　長　久保　修

設　立　平成3年5月
通販部門設置　平成3年5月
主な取扱い商品　海外有名ブランドバッグ、アクセサリー、アパレル
利用媒体　雑誌・折込チラシ
従業員　20名
商品仕入担当窓口
　営業部
　担当者　久保　徳司　℡0743-78-3901
ショールーム
　ブティックBRANCHE
　〒630-0201 生駒市小明町250-1 ヒルステップ生駒
　　　　℡0743-70-8211
関連会社　㈱芳竹園

(株)やまと蜂蜜
本　社　〒630-8432 奈良市田中町324
　　　　℡0742-61-8868　FAX0742-61-4993
通販営業連絡先
　　　　℡0742-61-8420　FAX0742-50-5200
業　種　兼業（ガムシロップ他各種飲料製造販売）
販売形態　個人向け通販、職域、卸し、店舗
資本金　8,500万円
代表取締役社長　鳥居　尚子
設　立　昭和43年2月
通販部門設置　平成7年3月
主な取扱い商品　蜂産品、自然甘味料、ガムシロップ
主な発行カタログ　通販用カタログ（通期）、中元歳暮カタログ、各種イベントカタログ、チラシ
利用媒体　カタログ・新聞・雑誌・折込チラシ・ネット
顧客リスト件数　約5万5,000件
従業員　64名　　通販部門従業員　8名
商品仕入担当窓口
　営業部営業2課
　担当者　藤井　真土　℡0742-61-8420
ショールーム
　ミツバチと生命館
　〒630-2234 山辺郡山添村切幡1364
　　　　℡0743-87-0085
主な取引先　消費者直販
インターネット・ホームページアドレス
　http://www.yamato-honey.co.jp/
メールアドレス
　office@yamato-honey.co.jp

和歌山県

(株)東農園
本　社　〒645-0021 日高郡みなべ町東本庄836-1　℡0739-74-2487　FAX0739-74-2682
業　種　兼業（農園経営、梅製造業）
販売形態　個人向け通販、卸し、店舗
資本金　1,000万円　　社　長　東　善彦

設　立　昭和62年5月
通販部門設置　昭和62年5月
主な取扱い商品　梅干、梅枕、梅ゼリー、梅酒、梅エキス、梅果汁、梅ドレッシング、梅菓子、他梅関連商品
主な発行カタログ　季刊紙　五代庵
利用媒体　カタログ・雑誌・DM・ネット
顧客リスト件数　10万件
従業員　60名　　通販部門従業員　5名
商品仕入担当窓口
　営業部
　担当者　木村　　　℡0739-74-2487
配送センター
　〒645-0021 日高郡みなべ町東本庄836-1
　　　　℡0739-74-2487
関連会社　㈲丸善食品、みなべ農事組合法人
インターネット・ホームページアドレス
　http://www.godaiume.co.jp
メールアドレス
　info@godaiume.co.jp

(株)勝僖梅
本　社　〒641-0051 和歌山県歌山市西高松1-5-24　℡073-436-5555　FAX073-435-3900
主な事業内容　果実、野菜、その他農産物の加工及び販売
資本金　6,270万円
社　長　細川　竜二
従業員　43名
主な扱い商品　梅干し,特産品,梅エキス,あおかんばい
主な設備　みなべ工場　〒645-0001 和歌山県日高郡みなべ町東吉田657-1
　　　　℡0739-72-3532　FAX0739-72-5676
インターネット・ホームページアドレス
　https://shoki-bai.co.jp
メールアドレス
　info@shoki-bai.co.jp
主な取引先　梅の田中、タイジ、大和パッケージ、ザ・パック
関連会社　アクロナイネン、ウインナック、ケイエスケイ

中野BC(株)
本　社　〒642-0034 和歌山県海南市藤白758-45　℡073-482-1234　FAX073-482-2244
資本金　8000万円
社　長　中野　幸治
設　立　1961年11月
従業員　182名
インターネット・ホームページアドレス
　https://www.genkinokuni.jp
メールアドレス
　order@genkinokuni.jp

南紀梅干(株)

本　社　〒645-0022 和歌山県日高郡みなべ町晩稲1225-5
　　　　℡0739-74-2055　FAX0739-74-3175
主な事業内容　梅干製造販売
資本金　1,000万円
社　長　細川　行広
設　立　1974年
従業員　111名
主な扱い商品　味ぴったりR、蜜宝梅R、梅の極R、晩稲梅R、千歳R、香実R、辛子梅太子
主な取引先　ピックルスコーポレーション、三島食品、大手量販店、大手百貨店、大手コンビニエンスストア、一般顧客
関連会社　細川家、南紀梅干販売、清川南紀、梅作、梅バンク

(有)深見梅店

本　社　〒649-2102 西牟婁郡上富田町岩田2483-1　℡0739-47-2043　FAX0739-47-2201
業　種　兼業（梅干製造）
販売形態　産直
資本金　300万円　　社長　深見　優
設　立　昭和59年1月
通販部門設置　昭和60年5月
主な取扱い商品　はちみつ梅、梅エキス、フルーツ梅ぼし
主な発行カタログ　不思議の梅の国
利用媒体　自社
顧客リスト件数　10万件
従業員　9名　　通販部門従業員　3名

商品仕入担当窓口
総務
担当者　深見　晴彦　℡0739-47-2043

インターネット・ホームページアドレス
http://www.fukami.co.jp/
メールアドレス
shopf@fukami.co.jp

鳥取県

(株)エミネット

本　社　〒683-0004 鳥取県米子市上福原5-14-21　℡0859-33-2841　FAX0859-33-2225
主な事業内容　美容・健康関連商品の製造・販売
業　種　通販専業
販売形態　個人向け通販
社　長　内田　幸男
設　立　平成12年3月
主な扱い商品　健康食品、化粧品
インターネット・ホームページアドレス
https://www.emi-net.co.jp/gold/
メールアドレス
emi-net@emi-net.co.jp

八幡物産(株)

本　社　〒689-3541 米子市二本木498-2
　　　　℡0859-37-1122　FAX0859-37-1510
通販拠点事業所　〒689-3541 米子市二本木498-2　℡0859-37-1122　FAX0859-37-1510
業　種　兼業
販売形態　マス通販・カタログ・卸し
資本金　4,800万円　　社長　八幡　清志
設　立　昭和50年9月
通販部門設置　平成4年
売上高
　24年8月期　総売上　42億1,700万円
　23年8月期　総売上　49億6,600万円
　22年8月期　総売上　53億6,900万円
主な取扱い商品　ローヤルゼリー、クロレラ、ブルーベリー、フィッシュコラーゲン、黒香醋、グルコサミン、青汁他
主な発行カタログ　DM
利用媒体　ラジオ・地上波テレビ・DM・BS・CS・web、新聞、折り込みチラシ
顧客リスト件数　251万件
従業員　114名　　通販部門従業員　112名

商品仕入担当窓口
二本木工場
担当者　井口　正和　℡0859-37-1133

配送センター
八幡物産㈱二本木工場
〒689-3541 米子市二本木507 ℡0859-37-1133
インターネット・ホームページアドレス
http://www.yawata.tv/

島根県

(株)香り芽本舗

本　社　〒699-0904 出雲市多伎町口田儀908-1　℡0853-86-2268　FAX0853-86-2279
業　種　兼業（海藻（わかめ・ひじき）製品 製造・販売）
販売形態　マス通販・カタログ
資本金　1,350万円
代表取締役　藤原　伸一
設　立　昭和42年6月
通販部門設置　平成2年4月
主な取扱い商品　しそわかめ、ひじきふりかけ、焙りわかめ、わかめスープ、芽ふり、あぶり芽かぶ、板わかめ
主な発行カタログ　特選山陰わかめ、香り芽のご進物、海の幸コレクション「磯の香りと美味しさと」
利用媒体　新聞・雑誌・ラジオ
顧客リスト件数　1万件
従業員　41名　　通販部門従業員　3名

商品仕入担当窓口
総務部
担当者　三島　文子（総務主任）　℡0853-86-2268

インターネット・ホームページアドレス
http://www.kaorime.co.jp/
メールアドレス
info@kaorime.co.jp

ドクターリセラ(株)

本　社　〒695-0017 島根県江津市和木町508-1　℡0120-189-189　FAX0120-189-150
インターネット・ホームページアドレス
http://www.recella3d.com/
メールアドレス
support@recella3d.com

(株)松江ターミナルデパート

本　社　〒690-0003 松江市朝日町661
　　　　℡0852-55-2500　FAX0852-55-2580
通販拠点事業所　〒690-0855 松江市浜佐田町830　℡0852-36-9054　FAX0852-36-9055
業　種　兼業（百貨店）
販売形態　カタログ・職域・店舗
資本金　3億円　　社長　大谷　厚郎
設　立　昭和33年10月
通販部門設置　昭和57年
主な取扱い商品　家具、衣料品、寝具
主な発行カタログ　生活自遊館
利用媒体　自社・新聞・折込チラシ・メール便
顧客リスト件数　3万8,000件
従業員　300名　　通販部門従業員　8名

岡山県

サンテク(株)

本　社　〒700-0952 岡山市北区平田171-102　℡086-245-7250　FAX086-245-9738
通販拠点連絡先　℡086-245-3560　FAX086-244-3203
業　種　兼業（OA機器関連商品等卸売業）
販売形態　インターネット通販・卸売
資本金　3,000万円　　社長　山田　省三
設　立　昭和49年7月
通販部門設置　平成元年4月
主な取扱い商品　パソコン、パソコン周辺機器、ソフトウエア、DVDビデオ、OAデスク、家電、アウトドア商品、時計、カー用品
利用媒体　自社ホームページ、ショッピングモール
顧客リスト件数　7万件
従業員　71名　　通販部門従業員　30名

商品仕入担当窓口
コンシューマ事業部　℡086-245-3560

受注センター
コンシューマ事業部
〒700-0952 岡山市北区平田171-102
　　　　℡086-244-3201
配送センター
流通センター
〒700-0952 岡山市北区平田171-102

📞086-246-1731
インターネット・ホームページアドレス
http://telaffy.jp/
メールアドレス
admi@telaffy.jp

(有)日本メディテック

本　社　〒700-0921 岡山市東古松4-3-10　1F　📞086-224-6232　📠086-224-6233
通販拠点事業所
📞086-224-6272　📠086-224-6272
業　種　兼業（卸売業）
販売形態　卸し・インターネット通販
資本金　300万円　　社　長　西江　知之
設　立　昭和62年12月
通販部門設置　平成6年10月
主な取扱い商品　海外有名ブランド化粧品・フレグランス
利用媒体　インターネット
顧客リスト件数　3万件
従業員　6人　　通販部門従業員　3人

商品仕入担当窓口
担当者　西江　知之　📞086-224-6232

受注センター
オフィス・ルナ　📞086-224-6272
配送センター
オフィス・ルナ　📞086-224-6272
インターネット・ホームページアドレス
http://www.officeluna.com/
メールアドレス
info@officeluna.com

(有)ネイチャーハウス

本　社　〒717-0601 真庭郡川上村湯船6-1
📞0867-66-7007　📠0867-66-7007
通販拠点事業所　〒530-0003 大阪市北区堂島1-2-2　堂栄ビル4F　ワンダーショップ
📞06-6347-1141　📠06-6347-1157
業　種　通販専業
販売形態　総合通販
資本金　300万円　　社　長　安福　敏行
設　立　平成5年7月
主な取扱い商品　美容・健康器具、家具、家庭用品、食料品、雑貨
利用媒体　新聞・雑誌・TV・ラジオ・クレジットカード機関誌
顧客リスト件数　70万件
従業員　5名

商品仕入担当窓口
販売企画室
担当者　安福　敏行　📞0867-66-7007

受注センター
ワンダーショップ　カスタマー
〒530-0003 大阪市北区堂島1-2-2　堂栄ビル4F　📞06-6347-1141
関連会社　ワールド スペシャリティーズ
インターネット・ホームページアドレス
http://wondershop.com/index2.html

メールアドレス
nature@wondershop.com

(株)ベネッセホールディングス

本　社　〒700-8686 岡山市北区南方3-7-17
📞086-225-1100
東京本部　〒206-8686 多摩市落合1-34
📞042-356-1100
業　種　兼業（教育事業、語学事業、シニア事業など）
販売形態　個人向け通販・通教
資本金　138億1,700万円　社　長　小林　仁
設　立　昭和30年1月
通販部門設置　昭和44年
主な取扱い商品　たまごクラブ、ひよこクラブ等の雑誌、いぬのきもち、ねこのきもち等の雑誌、妊娠・出産・育児関連用品
主な発行カタログ　p-smile、たまひよの内祝い、など
利用媒体　カタログ、新聞、雑誌、ラジオ、地上波テレビ、DM、BS、CS、ネット
従業員　16,515名（連結、2022年3月31日現在）
インターネット・ホームページアドレス
http://www.benesse-hd.co.jp/ja/

(株)山田養蜂場

本　社　〒708-0393 苫田郡鏡野町市場194
📞0868-54-1971　📠0868-54-3346
業　種　兼業（専門店、製造業、卸業）
販売形態　個人向け通販
資本金　1億円　　社　長　山田　英生
設　立　昭和57年8月
売上高
22年4月期　通販売上高　267億7,900万円
主な取扱い商品　ミツバチ産品（ローヤルゼリー・プロポリス・ハチミツ）を使用した、健康食品や食品、化粧品
主な発行カタログ　みつばちだより、健やかに、ビービューティークラブ
利用媒体　カタログ、新聞、雑誌、ラジオ、折込チラシ、地上波テレビ、DM、ネット
従業員　676名
インターネット・ホームページアドレス
http://www.3838.com

広島県

(株)アカシアの樹

本　社　〒738-0034 広島県廿日市市宮内4291-1 高松ビル2階
📞0829-30-6100　📠0829-30-6101
社　長　片岡　武司
インターネット・ホームページアドレス
https://www.acacia-no-ki.co.jp/

メールアドレス
shop@acacia-no-ki.co.jp

(株)あじかん

本　社　〒733-0833 広島県広島市西区商工センター　5-5-24
📞082-535-5050　📠082-277-5561
主な事業内容　鶏卵加工製品・野菜加工製品・水産練製品・その他食品の製造、販売、および卸売、農産物の生産、販売、ならびに運輸業
資本金　11億225万円
社　長　足利　恵一
設　立　1965年3月
従業員　972名（パートタイマー従業員を除く）
主な取扱い商品　玉子焼、かに風味蒲鉾、野菜加工品、ごぼう茶関連製品
インターネット・ホームページアドレス
https://www.ahjikan.co.jp/about/outline.html

エヌケーグループ販売(株)

本　社　〒733-0033 広島市西区観音本町1-7-25　📞082-294-0111　📠082-292-3366
業　種　兼業（家庭用品開発・製造・卸し）
販売形態　マス通販・卸し
資本金　4,000万円
専務取締役　大杉　泰啓
設　立　昭和58年3月
通販部門設置　平成4年4月
主な取扱い商品　はぼき、キリスキ、ランドリー（パラリ、引っぱリンガー、引っぱルンチ）、変身スムーサー、どこでんチョイ掛け、おもいでフッカー、枝ッツリー、連掛けパッ取リンガー、単掛けパッ取リンガー
利用媒体　TV、インターネット
顧客リスト件数　45万件
従業員　28名

商品仕入担当窓口
営業部
担当者　潤　ウルウ　📞082-294-0111

受注センター　📞0120-41-2488
配送センター
北九州工場
〒802-0074 北九州市小倉北区白銀2-4-55
📞093-952-2552
インターネット・ホームページアドレス
http://nkg.jp/
メールアドレス
info@nkg.jp

(特非)クローバープロジェクト21

本　社　〒730-0024 広島県広島市中区西平塚町2-16
📞082-247-4569　📠082-247-4589

通販拠点事業所　〒733-0832 広島県広島市西区草津港1-8-1 広島中央卸売市場関連棟238　TEL082-276-7500　FAX082-276-7502
業　種　通販専業
理事長　田淵　信夫
設　立　平成23年10月
主な取扱い商品　果物、海産物、お菓子、鍋用品、雑貨
利用媒体　ネット
従業員　7名　　通販部門従業員　7名

商品仕入担当窓口
物流センター
担当者　龍野　　TEL082-276-7500

ホームページアドレス
http://www.cp-21.org/

(株)皮膚細胞活性研究所

本　社　〒738-0224 廿日市市栗栖118-1　TEL0829-72-0215　FAX0829-72-2254
業　種　兼業（製造業、卸し業、通販、店舗）
販売形態　個人向け通販、卸し、店舗
資本金　1,000万円　社　長　藤川　和子
設　立　平成3年6月
通販部門設置　平成3年6月
主な取扱い商品　無添加化粧品、無農薬健康茶、多目的液体洗剤　他
顧客リスト件数　17万件
従業員　35名
通販部門従業員　20名

商品仕入担当窓口
担当者　上田　敏之　TEL0829-72-1104

受注センター
ベラワカコ　カスタマサービスセンター
〒738-0224 廿日市市栗栖118-1
0120-610-418

配送センター
物流センターロジス
〒738-0224 廿日市市栗栖118-1
TEL0829-72-1104

関連会社　(株)アイナック
インターネット・ホームページアドレス
http://www.wakako.co.jp
メールアドレス
info@skincells.co.jp

(有)ヒューマン・ケアー 日通販事業部

本　社　〒733-0812 広島市西区己斐本町2-6-17　TEL082-244-3286　FAX082-244-3288
業　種　通販、委託生産、海外でのネットワーク、業務代行、語学研修（主に中国）
販売形態　総合通販・カタログ・職域
資本金　300万円　社　長　日浅　智善
設　立　昭和61年7月
通販部門設置　昭和63年9月
主な取扱い商品　香港・中国のおもしろグッズ、ノベルティ、バッグ、個人輸入代行、日用雑貨、食品、中国に行政への許可申請、業務代行、語学研修
主な発行カタログ　ふれあいニュース、自社カタログ
利用媒体　新聞・折込チラシ・会員誌
顧客リスト件数　4,000件
従業員　5名　　通販部門従業員　3名

商品仕入担当窓口
通販事業部
担当者　王　小京、沙　鄭軍、清水　掛
TEL082-244-3286　FAX082-244-3288

ショールーム
ダイゼン
〒733-0812 広島市西区己斐本町2-6-17
TEL082-244-3286　FAX082-244-3288

関連会社　ハーブ21、ダイゼン、香港亜太時装学院（虎門）
インターネット・ホームページアドレス
http://www.geocitiES.jp/c_family_club/
メールアドレス
hyumanker@hotmail.com

(株)福　屋

本　社　〒730-0021 広島市中区胡町6-26
TEL082-246-6111
通販拠点事業所
TEL082-246-6495　FAX082-291-8275
業　種　兼業（百貨店）
販売形態　マス通販
資本金　4億6,000万円　社　長　大下　龍介
設　立　昭和4年8月
通販部門設置　昭和46年4月
主な取扱い商品　百貨店取扱い商品全般
主な発行カタログ　福屋のホームショッピング、福屋ショッピングニュース
利用媒体　自社・新聞・ラジオ・折込チラシ
顧客リスト件数　8万件
従業員　1,000名　　通販部門従業員　8名

商品仕入担当窓口
特販部通信販売課
担当者　田中　寿朗　TEL082-246-6480

受注センター
通信販売課　受注担当　TEL082-246-6495
配送センター
通信販売課　発送担当
〒733-0037 広島市西区西観音町4-24　福屋商品センター内　TEL082-246-6495

ショールーム
通信販売サービスカウンター
〒730-0021 広島市中区胡町6-26
TEL082-246-6060

(株)ミオナ

本　社　〒732-0811 広島市南区段原三丁目2番18号　TEL082-567-0800　FAX082-567-0802
業　種　通販専業（化粧品の販売卸し）
販売形態　個人向け通販・企業向け通販・卸し
資本金　2,000万円　社　長　鈴木　隆
設　立　平成2年9月
通販部門設置　平成10年1月
主な取扱い商品　ミオナ美容原液シリーズ、ビジョイシュクセシシリーズ、クリアパクト、クリアシャンプー
主な発行カタログ　ミオナカタログ
利用媒体　カタログ・地上波テレビ
顧客リスト件数　6万8,000件
従業員　4名　　通販部門従業員　3名

商品仕入担当窓口
取締役統括部長
担当者　鈴木　晴美

関連会社　(株)ビューティーベル
インターネット・ホームページアドレス
http://www.miona.co.jp/
メールアドレス
miona@miona.co.jp

三島食品(株)

本　社　〒730-8661 広島市中区南吉島2-1-53
通販拠点事業所　〒730-8661 広島市中区南吉島2-1-53
TEL082-248-7577　FAX082-249-2557
業　種　兼業（食品製造業、ふりかけ他）
販売形態　個人向け通販、企業向け通販
資本金　9,000万円
代表取締役　社　長　末貞　操
設　立　平成28年1月
通販部門設置　昭和63年
主な取扱い商品　ふりかけ、混ぜごはんの素、お茶漬、レトルト食品、調味料、他
利用媒体　カタログ、ネット
顧客リスト件数　10万件
従業員　420名
通販部門従業員　5名

(株)ヤマサキ

本　社　〒730-0843 広島市中区舟入本町3-7　TEL082-292-7141　FAX082-292-7144
事業内容　海藻シャンプー、海藻ヘアエッセンスを始めとする化粧品と入浴剤の製造・販売
資本金　8,000万円
社　長　土肥　光
主な取扱い商品　薬用入浴剤（医薬部外品）、頭髪化粧品（海藻海泥シャンプー、海藻ヘアエッセンス等）、フェイシャル化粧品（海藻海泥スクラブ、海藻クレンジングオイル、海藻海泥フェイシャルソープ）
従業員　250名
通販担当部署　通販部
担当者　小山　淳子
主な取引先　井田両国堂、あらた、中央物産

インターネット・ホームページアドレス
http://www.rakuten.ne.jp/gold/ymsk
https://www.lasana.co.jp/
http://store.shopping.yahoo.co.jp/lasana/
メールアドレス
info@lasana.net

ラクサス・テクノロジーズ(株)

本　社　〒730-0037 広島県広島市中区中町8-18 広島クリスタルプラザ14F
☎082-236-3801
資本金　16億2824万120円
社　長　児玉　昇司
設　立　2006年8月31日
従業員　95人

山口県

(株)ユニクロ

本　社　〒754-0894 山口市佐山717-1
☎083-988-0543　FAX083-988-0542
通販拠点事業所　〒107-6231 港区赤坂9-7-1
ミッドタウン・タワー　☎03-6865-0296
業　種　兼業(小売業)
販売形態　個人向け通販・店舗
資本金　102億7,395万円
社　長　柳井　正
設　立　昭和38年5月
通販部門設置　平成11年9月
主な取扱い商品　カジュアルウェア全般
利用媒体　ネット

(株)吉本花城園

本　社　〒747-0808 防府市桑山2-12-34
☎0835-22-5900　FAX0835-22-4510
通販拠点連絡先
☎0835-24-5500　FAX0835-22-4510
業　種　兼業
販売形態　総合通販・職域
資本金　2,500万円
社　長　吉本　剛
設　立　昭和54年12月
通販部門設置　昭和61年3月
主な発行カタログ　花の会(毎月配達花の会員)、バレンタインデー、ホワイトデー、母の日、父の日、敬老の日、クリスマス、春の球根、秋の球根等(いずれもゆうパック)
利用媒体　郵便局にチラシを配置
顧客リスト件数　25万件
従業員　28名　通販部門従業員　6名
商品仕入担当窓口　☎0835-24-5500
受注センター
営業企画部花の会係　☎0835-24-5500
関連会社　(有)トモショー

(株)ワイドシステム

本　社　〒755-0029 宇部市寿町2-5-27
☎0836-21-8483　FAX0836-21-9024
業　種　通販専業
販売形態　マス通販
資本金　1,000万円　社　長　大江　傑
設　立　昭和58年12月
通販部門設置　平成4年10月
主な取扱い商品　口腔洗浄器、赤外線治療器、双眼鏡、ゴルフ用品、他
主な発行カタログ　オリジナルショッピング、暮らしの幸便
利用媒体　新聞・雑誌
顧客リスト件数　35万件
従業員　15名　通販部門従業員　10名
商品仕入担当窓口
担当者　阿部　善治　☎0836-21-8483
関連会社　(有)ワイドサービス
インターネット・ホームページアドレス
http://www.koubin.co.jp/

香川県

四国旅客鉄道(株)

本　社　〒760-0011 高松市浜ノ町8-33
☎087-825-1645　FAX087-823-4431
業　種　兼業(旅行業、広告業、運輸業)
販売形態　カタログ・職域・産直
資本金　35億円　社　長　松田　清宏
設　立　昭和62年4月
通販部門設置　平成2年4月
主な取扱い商品　四国内特産品、北海道商品、他
主な発行カタログ　ふる里エキスプレス「ステーション」
利用媒体　自社・新聞・雑誌
顧客リスト件数　8万5,000件
従業員　4,000名　通販部門従業員　6名
商品仕入担当窓口
事業開発部
担当者　中野　ひとみ　☎087-825-1645
受注センター
JR四国ふる里エキスプレスステーション
☎087-825-1645
インターネット・ホームページアドレス
http://www.jr-shikoku.co.jp/
http://www.yumeshikoku.com/
メールアドレス
station@jr-shikoku.co.jp

小豆島ヘルシーランド(株)

本　社　〒761-4113 香川県小豆郡土庄町甲2721-1　☎0879-62-7111　FAX0879-62-6114
通販拠点事業所　〒761-4113 香川県小豆郡土庄町甲2721-1
☎0879-62-7111　FAX0879-62-6114
業　種　製造業、卸し業(自社店舗)
販売形態　個人向け通販
資本金　9,995万円
社　長　柳生　敏宏
設　立　昭和60年10月
通販部門設置　平成18年4月
主な取扱い商品　スキンケア化粧品、食品、健康食品、雑貨
主な発行カタログ
利用媒体　新聞、雑誌、ラジオ、地上波テレビ、DM、BS、CS、自社ネット販売
顧客リスト件数　38万件
従業員　120名
通販部門従業員　50名
受注センター
〒761-4113 香川県小豆郡土庄町甲2721-1
☎0879-62-7111
配送センター
〒761-4113 香川県小豆郡土庄町甲2687-1
☎0879-62-6111
インターネット・ホームページアドレス
http://www.healthyolive.com/
メールアドレス
info@healthyolive.com

第一三共ヘルスケアダイレクト(株)

本　社　〒761-1404 高松市香南町横井460-1　☎087-879-0033　FAX087-879-8003
業　種　通販専業
販売形態　個人向け通販
資本金　1億円　社　長　石塚　政光
設　立　平成17年7月
売上高
24年3月期　総売上　111億1,000万円
23年3月期　総売上　113億8,600万円
22年3月期　総売上　126億円
主な取扱い商品　化粧品、健康食品等
利用媒体　新聞、折込チラシ、地上波テレビ、DM、BS、CS、ネット
顧客リスト件数　200万件
従業員　185名
商品仕入担当窓口
アイムコーポレートサイトより
im@riceforce.com
受注センター
サービスセンター
〒761-8589 高松市国分寺町新名694-1
☎087-874-7513
配送センター
香南物流センター
〒761-1404 高松市香南町横井460-1
☎087-879-0011
関連会社　第一三共ヘルスケア
インターネット・ホームページアドレス
http://www.im-co.co.jp
http://www.riceforce.com
メールアドレス
im@riceforce.com

富士産業(株)

本　社　〒763-8603 丸亀市田村町1301
　　　　℡0877-25-3111　FAX0877-25-0569
業　種　兼業（医薬部外品、化粧品、健康補助食品、水産用飼料・添加物等の製造・販売）
販売形態　個人向け通販
資本金　8,000万円　社　長　岡田　吉朗
設　立　昭和43年8月
通販部門設置　平成6年4月
主な取扱い商品　薬用育毛剤、化粧品、健康補助食品、特定保健用食品
主な発行カタログ　すこやか、すこやかELLE
利用媒体　新聞・雑誌・ラジオ・折込チラシ・テレビ・DM・インターネット
顧客リスト件数　96万件
従業員　231名　通販部門従業員　100名

商品仕入担当窓口
ウェルベスト事業部
担当者　小嶌　正聖　℡0877-25-4120

インターネット・ホームページアドレス
http://www.fuji-sangyo.co.jp/
メールアドレス
shop@wellbest.jp

ルマンゼ企画

本　社　〒767-8790 三豊郡三野町大見
　　　　℡0875-73-5577　FAX0875-73-5587
通販拠点連絡先
　　　　℡0120-321987　FAX0120-205587
業　種　印刷紙器メーカー
販売形態　カタログ
資本金　4,000万　社　長　秋山　達夫
設　立　昭和31年6月
通販部門設置　昭和60年4月
主な取扱い商品　包材各種、紙袋、ビニールバッグ、ギフト函、呉服函、座布団函、包装紙、テーラーバッグ、ハンガー、うちわ、シール、スリング等
主な発行カタログ　ルマンゼ
利用媒体　カタログ、DM
顧客リスト件数　1万8,000件
従業員　130名　通販部門従業員　4名

商品仕入担当窓口
企画部
担当者　市村　光利　℡0875-73-5577

インターネット・ホームページアドレス
http://www.lemanze.com/
メールアドレス
info@lemanze.com

愛媛県

(株)今治大丸

本　社　〒794-0015 今治市常盤町4-1-18
　　　　℡0898-32-1111　FAX0898-31-5206
業　種　兼業（百貨店）
販売形態　個人向け通販
資本金　3億円
代表取締役社長　天野　公朗
設　立　昭和37年3月
通販部門設置　平成6年3月
主な発行カタログ　ファミリーライフ
利用媒体　カタログ・新聞
顧客リスト件数　1万件
従業員　120名　通販部門従業員　2名

商品仕入担当窓口
リビング食品部
担当者　白石　℡0898-34-1562

配送センター
物流センター
〒799-1502 今治市喜田村2-4-35
　　　　℡0898-32-1849
インターネット・ホームページアドレス
http://www.idaimaru.jp
メールアドレス
ei6@idaimaru.co.jp

遠赤青汁(株)

本　社　〒791-0398 愛媛県東温市則之内甲2225-1　℡089-966-6601　FAX089-966-6602
主な事業内容　健康食品の製造・販売、化粧品（石けん）製造・販売
資本金　5,400万円
社　長　高岡　照海
設　立　1992年10月16日
インターネット・ホームページアドレス
https://www.enseki.com
メールアドレス
aojiru@enseki.com
関連会社　高岡紅葉園、遠赤有機農園

(株)乃万青果

本　社　〒794-0074 今治市神宮844-5
　　　　℡0898-31-3511　FAX0898-33-4820
通販拠点事業所　℡0898-31-3443
業　種　兼業、柑橘選果場・卸売・店舗販売
販売形態　個人向け通販
資本金　4,500万円　社　長　木原　洋文
設　立　昭和48年8月
通販部門設置　昭和62年6月
主な取扱い商品　愛媛みかん、宮内いよかん、ハウスみかん、清見タンゴール、デコタンゴール、果物加工品（ストレートジュース）
主な発行カタログ　ふるーつCLUB
利用媒体　カタログ、ネット
顧客リスト件数　65万件
従業員　50名　通販部門従業員　10名

商品仕入担当窓口
営業部
担当者　池田　篤志　℡0898-31-3443

受注センター
のま果樹園
〒794-0074 今治市神宮甲844-5
　　　　℡0898-31-3443
配送センター
のま果樹園
〒794-0074 今治市神宮甲844-5
　　　　℡0898-31-3443
インターネット・ホームページアドレス
http://kajuen.co.jp/
メールアドレス
mikan@kajuen.co.jp

高知県

(株)キタムラ

本　社　〒780-8540 高知市本町4-1-16
　　　　℡088-822-1646　FAX088-875-6639
通販拠点事業所　〒769-0104 綾歌郡国分寺町新名663-1
　　　　℡087-864-9188　FAX087-864-9199
業　種　兼業（小売業）
販売形態　個人向け通販・店舗
資本金　26億5,493万円　社　長　武川　泉
設　立　昭和9年3月
通販部門設置　平成2年4月
主な取扱い商品　カメラ・デジタルカメラ、ビデオカメラ及び写真関連商品等の販売、DPEデジタル出力
利用媒体　新聞・雑誌・ネット
顧客リスト件数　26万806件
従業員　3,883名　通販部門従業員　6名

商品仕入担当窓口
商品部　℡045-476-0777

関連会社　㈱ラボネットワーク、㈱メディアシティキタムラ、㈱ビコムキタムラ、㈱ジェイドラッグ
インターネット・ホームページアドレス
http://www.kitamura.co.jp/
メールアドレス
info@kitamura.co.jp

福岡県

(株)愛しとーと

本　社　〒811-1211 筑紫郡那珂川町今光6-23　℡092-954-0668　FAX092-284-7289
業　種　通販専業
販売形態　個人向け通販
資本金　2,000万円
代表取締役　岩本　初恵
設　立　平成10年10月
主な取扱い商品　健康食品、基礎化粧品、下着、ストッキング、書籍
主な発行カタログ　月刊会員誌「感謝」
利用媒体　カタログ、新聞、雑誌、ラジオ、折込チラシ、地上波テレビ、DM、BS、ネット
顧客リスト件数　180万件

従業員　200名　　通販部門従業員　200名
商品仕入担当窓口
商品管理部
担当者　仲井　順一　☎092-954-0668
受注センター
〒811-1211 筑紫郡那珂川町今光6-23
☎092-954-0668
配送センター
〒811-1211 筑紫郡那珂川町今光6-23
☎092-954-1210
インターネット・ホームページアドレス
http://www.hrk-jp.com
メールアドレス
information@hrk-jp.com

(株)アサヒ緑健

本　社　〒812-0013 福岡市博多区博多駅東3-5-15　☎092-471-4800　FAX092-471-4811
業　種　通販専業
販売形態　マス通販
資本金　1,000万円　社　長　古賀　良太
設　立　平成9年10月
通販部門設置　平成9年10月
売上高
　24年3月期　通販売上高　53億9,600万円
　23年3月期　通販売上高　62億6,500万円
　22年3月期　通販売上高　72億8,800万円
主な取扱い商品　緑効青汁、りょくこう青汁ファイバーイン、りょくこう青汁キトサンイン、青汁×コラーゲン
利用媒体　雑誌・ラジオ・折込チラシ・地上波テレビ・BS・ネット
顧客リスト件数　234万5,401件
従業員　98名　　通販部門従業員　85名
関連会社　㈲自然食材工房、㈱アサヒライフィックス
インターネット・ホームページアドレス
http://003003.jp
メールアドレス
info-a@asahi-ryokuken.co.jp

(株)イオス

本　社　〒810-0001 福岡市中央区天神4-4-26　☎092-761-1776　FAX092-761-1773
業　種　兼業（卸し業）
販売形態　個人向け通販
資本金　1,000万円　社　長　内藤　仁
設　立　平成14年10月
通販部門設置　平成19年10月
主な取扱い商品　健康食品、美容食品
利用媒体　新聞、折込チラシ、DM、ネット
従業員　50名
通販部門従業員　43名
商品仕入担当窓口
営業企画
担当者　松永　浩昭　☎092-761-1776
インターネット・ホームページアドレス
http://kouso-eos.jp

メールアドレス
contact@e-eos.com

(株)ヴァーナル

本　社　〒812-0011 福岡県福岡市博多区博多駅前4-6-15 ヴァーナル本社ビル
☎092-412-3000　FAX092-412-3114
業　種　専業
販売形態　個人向け通販
資本金　8,920万円　社　長　千堂　純子
設　立　平成4年2月
主な取扱い商品　洗顔石鹸を中心に洗顔料・スキンケア商品・メイク商品などの化粧品
利用媒体　ネット、チラシ、地上波テレビ、BS
ホームページアドレス
https://www.vernal.co.jp/

(株)ヴェントゥーノ

本　社　〒810-0013 福岡市中央区大宮2-1-1
☎092-521-2290　FAX092-521-0779
業　種　兼業（卸し業）
販売形態　個人向け通販、卸し
資本金　2,000万円　社　長　中野　勇人
設　立　平成2年1月
通販部門設置　平成14年
主な取扱い商品　化粧品、健康食品
利用媒体　新聞、雑誌、地上波テレビ、DM、BS、CS、ネット
顧客リスト件数　50万件
従業員　111名
通販部門従業員　62名
関連会社　㈱アミー製薬、㈱日進ビル、㈱リアルネット
インターネット・ホームページアドレス
http://www.ventuno.com
メールアドレス
ventuno-corp@ventuno.com

(株)エバーライフ

本　社　〒810-0001 福岡市中央区天神2-5-55 アーバンネット天神ビル9F
☎092-712-1311　FAX092-735-1311
業　種　通信販売専業
販売形態　個人向け通販
資本金　49億7,800万円
設　立　平成15年6月
主な取扱い商品　健康食品
従業員　259名
インターネット・ホームページアドレス
http://www.everlifegroup.jp/

(株)エブリデイ・ドット・コム

九州支社　〒830-0111 久留米市三潴町大字西牟田4450-1

☎0942-65-1155　FAX0942-65-0674
業　種　通販専業
販売形態　カタログ
社　長　柴田　巌
通販部門設置　昭和62年3月
主な取扱い商品　生鮮食品、加工食品、衣料品、家庭用品、雑貨
主な発行カタログ　週刊カタログ、季刊カタログ、他
利用媒体　自社
顧客リスト件数　3万9,000件
従業員　466名　　通販部門従業員　466名
商品仕入担当窓口
商品部　　☎0942-65-1155
配送センター
南福岡営業所
〒816-0912 大野城市御笠川3-4-2
☎092-503-2288
西福岡営業所
〒814-0175 福岡市早良区田村3-27-17
☎092-873-4511
東福岡営業所
〒813-0034 福岡市東区多の津4-15-26
☎092-623-1155
八幡営業所
〒807-0075 北九州市八幡西区下上津役4-23-12　☎093-612-6688
宗像営業所
〒811-4164 宗像市大字徳重東谷634-3
☎0940-35-2211
小倉営業所
〒802-0821 北九州市小倉南区横代北町1-4-5
☎093-965-2266
熊本営業所
〒861-5514 熊本市飛田2-10-63
☎096-215-1155
関連会社　㈱ハローデイ、阪急キッチンエール
インターネット・ホームページアドレス
http://orangelife.co.jp/

(株)エモテント

本　社　〒810-0801 福岡県福岡市博多区中洲5-3-8 アクア博多8F
☎092-283-8301　FAX092-283-8303
業　種　兼業（飲食事業、アグリ事業）
販売形態　個人向け通販
資本金　1億円　　社　長　小林　稔
設　立　平成16年5月
主な取扱い商品　農産物加工食品
利用媒体　新聞、ネット
顧客リスト件数　124万件
従業員　260名
ホームページアドレス
https://a-kazoku.emotent.jp/
メールアドレス
info@emotent.co.jp

オール福岡販売

本　社　〒810-0001 福岡市中央区天神2-6-17 酒井ビル2F
　　　　℡092-715-1357　FAX092-752-1348
通販拠点事業所　〒814-0133 福岡市城南区七隈7-6-7
業　種　通販専業
販売形態　カタログ・頒布・職域・訪販・斡旋
社　長　湯村　徳則
設　立　昭和60年3月
主な取扱い商品　化粧品、婦人衣料品、ぬいぐるみ、家庭用品、アイデア雑貨
従業員　3名
商品仕入担当窓口
担当者　湯村　徳則　℡092-715-1357

(株)オーレック

本　社　〒834-0195 福岡県八女郡広川町日吉548-22
　　　　℡0943-32-5002　FAX0943-32-6551
資本金　95,000,000円
社　長　今村　健二
設　立　昭和32年7月
従業員　336名
インターネット・ホームページアドレス
　https://www.orec-jp.com
メールアドレス
　info@orec-jp.com

(株)かねふく

本　社　〒812-8654 福岡県福岡市東区馬出4-8-21　℡092-641-8764　FAX092-641-5366
主な事業内容　からし明太子、たらこ、珍味、その他加工食品
資本金　5,000万円
設　立　昭和46年1月
主な取引先　全国主要量販店及び百貨店、生活協同組合、中央卸売市場、地方卸売市場 他

キューサイ(株)

本　社　〒810-8606 福岡市中央区草香江1-7-16　℡092-724-0853　FAX092-724-0846
資本金　3億4,997万円
社　長　佐伯　澄
売上高
　23年12月期
　　グループ連結売上　254億8,900万円
　22年12月期
　　通販部門売上　257億円
主な取扱い商品　青汁やひざサポートコラーゲンなどのヘルスケア商品およびコラリッチEX、BBクリームなどのスキンケア商品。
主な設備　商品製造工場
インターネット・ホームページアドレス
　http://www.kyusai.co.jp

九州朝日放送(株)

本　社　〒810-8571 福岡県福岡市中央区長浜1-1-1　℡0570-057-557
主な事業内容　健康関連商品の通信販売
資本金　1,000万円
社　長　前田　由美子
従業員　11名
メールアドレス
　onlineshop@kbcshop.jp

(株)久原本家

本　社　〒811-2503 福岡県糟屋郡久山町大字猪野1442
　　　　℡092-976-2000　FAX092-976-3155
主な事業内容　店舗運営、催事販売、通信販売、飲食事業
社　長　河邉　哲司
従業員　1288名
主な扱い商品　「キャベツのうまたれ」「椒房庵のあごだしめんたいこ」「茅乃舎だし」他多数
インターネット・ホームページアドレス
　https://www.kubara.jp/
関連会社　久原本家グループ本社、久原本家食品、久原醤油、美田、北海道アイ、久原本家ベトナム、久原本家USA

グローバルスタンダード(株)

本　社　〒812-0011 博多区博多駅前2-17-19 安田第5ビル
　　　　℡092-418-2180　FAX092-418-2185
資本金　5,500万円　社　長　樋口　純二
設　立　平成17年2月
通販部門設置　平成18年1月
主な取扱い商品　コンサルティング（ロジスティクス、マーケティング、介護）、3PL総合物流マネジメント
利用媒体　ネット
顧客リスト件数　1,000件
従業員　12名
インターネット・ホームページアドレス
　http://www.gLobaL-standard.net
メールアドレス
　higuchi@gLobaL-standard.net

(株)健康の杜

本　社　〒810-0041 福岡市中央区大名2-10-29-4F　℡092-739-9699　FAX092-739-9688
業　種　通販専業
販売形態　個人向け通販
資本金　5,000万円　社　長　徳永　英樹
設　立　昭和62年10月
通販部門設置　平成12年9月
売上高
　24年9月期　通販売上高　55億3,704万円
　23年9月期　通販売上高　54億1,582万円
　22年9月期　通販売上高　53億8,986万円
主な取扱い商品　健康・美容補助食品、化粧品
利用媒体　テレビ（地上波、BS、CS）、ラジオ（FM、AM）、WEB、新聞、雑誌、チラシ
顧客リスト件数　183万件
従業員　22名
通販部門従業員　22名
商品仕入担当窓口
営業本部
担当者　小林　祐子　℡092-739-6933
受注センター
受付センター
　〒810-0041 福岡市中央区大名2-10-29-4F
　　　　℡092-739-9699
配送センター
　〒810-0041 福岡市中央区大名2-10-29-4F
　　　　℡092-739-9699
インターネット・ホームページアドレス
　http://www.kenkounomori.co.jp/

西部ガスリビング(株)

本　社　〒812-0044 福岡市博多区千代1-17-1 パピヨン24・4F
　　　　℡092-633-2100　FAX092-633-2109
通販拠点事業所（アンド編集室）
〒812-0044 福岡市博多区千代1-17-1-4F
　　　　℡092-633-4001　FAX092-633-4114
業　種　兼業（ガス機器、住宅設備機器の設計・施工・販売、建築工事業請負業務、マンション管理業務、印刷物の制作・管理）
販売形態　カタログ
資本金　4億8,000万円　社　長　吉田　恭之
設　立　昭和59年4月
通販部門設置　昭和61年11月
主な取扱い商品　家具・家庭用品、雑貨、食品、サービス
主な発行カタログ　情報誌　＆and（アンド）
利用媒体　自社
顧客リスト件数　5万件
従業員　217名（平成15年7月現在）
通販部門従業員　5名
商品仕入担当窓口
アンド編集室
担当者　古賀　大輔　℡092-633-4001
受注センター
アンドショッピング
〒812-0044 福岡市博多区千代1-17-1-4F
　　　　℡092-633-4001
配送センター
佐川急便㈱配送センター
〒811-2312 粕屋郡粕屋町大字戸原字橋ヶ元

862　℡092-611-7722
インターネット・ホームページアドレス
http://www.and-net.com/

さくらフォレスト(株)

本　社　〒810-0023 福岡市中央区警固2-12-23　℡092-736-1058　℻092-736-1059
主な事業内容　■自社通信販売事業
・コールセンター
・WEB企画、販売戦略、商品企画
・WEBサイトデザイン企画、制作
・ランディングページ企画、制作
資本金　1,000万円
社　長　髙島　励央
設　立　平成26年4月1日
売上高
　2022年度　7,280百万円
従業員　約150名

(株)サン・クラルテ製薬

本　社　〒810-0041 福岡市中央区大名2-9-27　℡092-715-8585　℻092-716-0636
業　種　通販専業
販売形態　個人向け通販
資本金　1,000万円　社　長　新島　昌裕
設　立　平成5年4月
売上高
　21年4月期　総売上　14億8,200万円（推計）
主な取扱い商品　健康食品、化粧品
利用媒体　カタログ、新聞、雑誌、ラジオ、折込チラシ、地上波テレビ、DM、CS、ネット
従業員　50名
通販部門従業員　30名
インターネット・ホームページアドレス
　http://www.sain-clarte.com
メールアドレス
　info@sain-clarte.com

三省製薬(株)

本　社　〒816-8550 福岡県大野城市大池2-26-7　℡092-503-1183　℻092-503-0233
主な事業内容　化粧品原料の開発、製造、販売、医薬部外品・化粧品の開発、製造、販売(通信販売・OEM)
資本金　8,767万円
社　長　陣内　宏行
主な設備　佐賀工場　〒841-0048佐賀県鳥栖市藤木町5-1
　　　　　℡0942-84-2131　℻0942-84-1851

(株)Ｘｅｎａ

本　社　〒810-0001 福岡県福岡市中央区天神1-1-1 アクロス4F
　　　　℡092-235-6090　℻092-23-6130

業　種　通販専業
販売形態　個人向け通販
資本金　1,000万円　社　長　中山慶一郎
設　立　平成22年12月
ホームページアドレス　http://www.xe-nastg.co.jp/

(株)JIMOS

福岡本社　〒812-0039 福岡市博多区冷泉町2-1 博多祇園M-SQUARE 7F
　　　　℡092-303-8500　℻092-303-8515
東京本社　〒163-0220 新宿区西新宿2-6-1 新宿住友ビル20F
　　　　℡03-6732-1280　℻03-6732-1290
業　種　兼業（通信販売業、卸販売業）
販売形態　個人向け通販、通販支援事業
資本金　3億5,000万円
代表取締役社長　川上　裕也
設　立　平成10年9月
通販部門設置　平成10年11月
売上高
　24年3月期　総売上　49億6,900万円
　23年3月期　総売上　48億3,400万円
　22年3月期　総売上　47億3,400万円
主な取扱い商品　化粧品、健康食品、日用雑貨
主な発行カタログ　会報誌MACCHIA Life（マキアライフ）
利用媒体　カタログ・新聞・雑誌・折込チラシ・地上波テレビ・DM・BS・CS・ネット
従業員　138名
商品仕入担当窓口
SCM部
　　　　　　　　　　　　℡092-303-8500
配送センター
カインズ商配㈱
〒306-0515 茨城県板東市杏掛1972-1
　　　　　　　　　　　　℡0297-31-0100
関連会社　㈱ナック、㈱レオハウス、㈱アーネスト、㈱ジェイウッド、㈱ナックライフパートナーズ、㈱エコ＆エコ（子会社）インフィニティービューティー㈱
インターネット・ホームページアドレス
　http://www.jimos.co.jp/

(株)ジャスミ

本　社　〒823-0002 鞍手郡宮田町鶴田2033
　　　　℡0949-34-6010　℻0949-34-6020
販売形態　職域
資本金　9,800万円　社　長　松田　隆英
設　立　昭和54年5月
通販部門設置　昭和61年
主な取扱い商品　シルク、天然繊維衣料、服飾雑貨
利用媒体　折込チラシ・自社DM
従業員　23名

(株)椒房庵

本　社　〒811-2501 粕屋郡久山町大字久原2527　℡092-976-0001　℻092-976-3155
業　種　兼業（食品製造販売）
販売形態　カタログ・店舗
資本金　1,000万円　社　長　河邉　哲司
設　立　平成2年3月
通販部門設置　平成2年3月
主な取扱い商品　辛子明太子、珍味、しゅうまい、ラーメン、せんべい
主な発行カタログ　椒房庵通販カタログ
利用媒体　自社・インターネット
顧客リスト件数　50万件
従業員　35名　通販部門従業員　10名
商品仕入担当窓口
営業
担当者　水竹　浩　℡092-976-0001
関連会社　久原本家、くばらコーポレーション、bios、美田
インターネット・ホームページアドレス
　http://www.shobo-an.co.jp/
メールアドレス
　madoguchi@shobo-an.co.jp

新日本製薬(株)

本　社　〒810-0074 福岡市中央区大手門1-4-7　℡092-720-5800　℻092-720-5808
業　種　小売
販売形態　通販・店販・卸販売
資本金　2億円　社　長　後藤　孝洋
設　立　平成4年3月
通販部門設置　平成4年3月
売上高
　24年9月期　総売上　400億4,300万円
　23年9月期　総売上　376億5,300万円
　22年9月期　総売上　361億700万円
主な取扱い商品　ラフィネパーフェクトワン
主な発行カタログ　商品カタログ
利用媒体　カタログ、新聞、雑誌、折込チラシ、地上波テレビ、DM、BS、CS、ネット
顧客リスト件数　370万件
従業員　387名
商品仕入担当窓口
商品管理室
担当者　藤本　　　　℡092-303-8323
受注センター
TMC・CRM事業部
　　　　　　　　　　　　℡092-720-6066
配送センター
（株）新日本ロジテック
　　　　　　　　　　　　℡092-626-8163
関連会社　新日本医薬、新日本ロジテック、新日本リビング、メルシス
インターネット・ホームページアドレス
　http://corporate.shinnihonseiyaku.co.jp

第一交通産業(株)

本　社　〒802-8515 福岡県北九州市小倉北区馬借2-6-8
　　　　TEL093-511-8811　FAX093-511-8812
資本金　20億2755万円
社　長　田中　亮一郎
従業員　約15,000名

(株)ダイショー

本　社　〒812-0064 福岡市東区松田1-11-17
　　　　TEL092-611-9321
通販拠点事業所　〒812-0064 福岡市東区松田1-9-30　TEL092-626-0039　FAX092-626-0069
業　種　兼業、調味料製造販売
販売形態　個人向け通販
資本金　8億5,800万円　社　長　松本　洋助
設　立　昭和42年12月
通販部門設置　平成17年4月
主な取扱い商品　健康美容食品類、地産食品
利用媒体　新聞、フリーペーパー
従業員　600名

商品仕入担当窓口
　通販販売部
　担当者　三古　隆輔　TEL092-626-0039

インターネット・ホームページアドレス
　http://oec-daisho.com
メールアドレス
　tuhan@daisho.co.jp

タンスのゲン(株)

本　社　〒831-0002 福岡県大川市下林310-3
業　種　通販専業
販売形態　個人向け通販
資本金　5,000万円
社　長　橋爪　裕和
設　立　昭和39年1月
売上高
　24年7月期　総売上　330億円
主な取扱い商品　家具、寝具、家電、インテリア用品
利用媒体　インターネット
従業員　122名
インターネット・ホームページアドレス
　https://www.tansu-gen.co.jp/

ちゅら花(株)

本　社　〒802-0002 北九州市小倉北区京町3-14-11　TEL093-521-2181　FAX093-513-1060
業　種　通販専業
資本金　1,000万円　社　長　河村　勉
設　立　平成4年1月
通販部門設置　平成12年4月
主な取扱い商品　健康飲料
利用媒体　新聞、ラジオ、折込チラシ、地上波テレビ
顧客リスト件数　5万件
従業員　35名
通販部門従業員　34名

商品仕入担当窓口
　通販企画室
　担当者　崎田　TEL093-521-2181

受注センター
　ちゅら花受注センター
　〒802-0002 北九州市小倉北区京町3-14-11
　　　　TEL093-521-2181
配送センター
　出荷センター
　〒802-0016 北九州市小倉北区宇佐町2-3-3
　　　　TEL093-533-6000
インターネット・ホームページアドレス
　http://www.chura-hana.jp

(株)てら岡

本　社　〒810-0004 福岡市中央区渡辺通5-24-28　TEL092-731-2480　FAX092-712-2955
資本金　9,000万円　社　長　寺岡　直彦
設　立　昭和50年4月
通販部門設置　昭和57年
主な取扱い商品　いかの塩辛等びん詰食品、ふぐ、明太子
利用媒体　自社

(株)トーカ堂

本　社　〒811-2413 糟屋郡篠栗町乙犬888
　　　　TEL092-947-5575　FAX092-947-6606
業　種　通販専業
資本金　1,000万円　社　長　北　義則
設　立　昭和56年5月
主な取扱い商品　家電　宝飾　生活雑貨
利用媒体　地上波テレビ、BS、CS
関連会社　㈱トーカ堂フリーダム
インターネット・ホームページアドレス
　http://www.tokad.jp

日本第一製薬(株)

本　社　〒812-0013 福岡市博多区博多駅東2-5-19-7F
　　　　TEL092-452-8787　FAX092-452-8811
販売形態　個人向け通販
資本金　1,000万円　社　長　兼原　保行
設　立　昭和20年6月
主な取扱い商品　ダイエット食品、健康食品、化粧品
主な発行カタログ　商品一覧
従業員　15名
通販部門従業員　5名

商品仕入担当窓口
　担当者　牧山　萌香　TEL092-452-8787

受注センター
　日本第一製薬
　〒812-0013 福岡市博多区博多駅東2-5-19
　　　　TEL0120-282-813
　MIRAISEカスタマーセンター
　〒812-0013 福岡市博多区博多駅東2-5-19
　　　　TEL0120-111-220
インターネット・ホームページアドレス
　http://www.jp-no1.co.jp

(株)ハーブ健康本舗

本　社　〒810-0041 福岡県福岡市中央区大名1-1-15
　　　　TEL092-735-1024　FAX092-735-1025
業　種　兼業（卸業）
販売形態　個人向け通販
資本金　1,000万円　社　長　永松　靖浩
設　立　平成14年4月
通販部門設置　平成18年11月
売上高
　21年10月期　国内通販売上高　87億6,000万円
主な取扱い商品　健康茶、美容・健康食品、ダイエットサプリ、医薬品、化粧品
利用媒体　ラジオ、折込チラシ、BS、CS、ネット
顧客リスト件数　165万件
従業員　72名

商品仕入担当窓口
　商品開発部
　担当者　武下　雅子　TEL092-735-1024

ホームページアドレス
　http://www.herb-kenko.com
メールアドレス
　info@herb-kenko.com

ハイセンス(株)

本　社　〒812-0011 福岡市博多区博多駅前3-2-8　住友生命ビル6F
　　　　TEL092-412-6474　FAX092-481-0011
業　種　兼業
販売形態　総合通販
資本金　2,000万円　社　長　芝　博司
設　立　昭和49年4月
通販部門設置　昭和60年4月
主な取扱い商品　家庭用品、電化製品、ミシン、台所用品、雑貨、時計、カメラ、スポーツ、情報通信関連商品、健康食品、化粧品、他
主な発行カタログ　雑貨、健康器具、食品、健康食品、情報通信関連商品
利用媒体　新聞・雑誌・TV・ラジオ・折込チラシ
顧客リスト件数　72万件
従業員　28名　通販部門従業員　18名

商品仕入担当窓口
　通販事業部
　担当者　今林　TEL092-412-6474

受注センター
　通販受注センター
　〒530-0052 大阪市北区南扇町7-2-306

☎06-6312-1337
配送センター
ハイセンス　配送センター
〒530-0052 大阪市北区南扇町7-2-306
　　　　　　　　　　　　☎06-6312-1337

(株)はぴねすくらぶ

本　社　〒810-0074 福岡市中央区大手門3-14-19　はぴねすくらぶビル
　　　　☎092-713-5500　FAX092-713-5521
通販拠点事業所　〒810-0042 福岡市中央区赤坂1-14-6　はぴねすくらぶセントラルビル　☎092-713-5500　FAX092-713-5521
業　種　通販専業（テレビ・カタログ・インターネット・ラジオ）
販売形態　通信販売・カタログ
資本金　4,300万円　　社　長　木下　弘嗣
設　立　平成元年5月
通販部門設置　平成6年4月
売上高
　21年4月期　総売上　230億円（推定）
主な取扱い商品　日用品雑貨全般、健康補助食品、基礎化粧品、ヘアケア用品
主な発行カタログ　すてき通販（雑貨総合）、はぴねすくらぶ（健康補助食品、化粧品）、コナアンドコナ（衣類）
利用媒体　TV・ラジオ・インターネット・紙媒体
従業員　560名　　通販部門従業員　300名
商品仕入担当窓口
商品開発部
担当者　金子　英司　☎092-715-7396
受注センター
コールセンター
〒810-0042 福岡市中央区赤坂1-14-6　はぴねすくらぶセントラルビル
　　　☎0120-111123　FAX0120-002244
配送センター
〒811-0104 糟屋郡新宮町大字の野字吉原610-1　はぴねすくらぶ総合物流センター　　　　　　　　　　☎092-940-5505
関連会社　㈱スタープライス（総合広告代理店）、中国・上海　美諦嗣国際貿易（上海）有限公司
インターネット・ホームページアドレス
http://www.e-hapi.com
メールアドレス
info@happinessclub.co.jp

(株)ピエトロ

本　社　〒810-0001 福岡市中央区天神3-4-5
　　　　☎092-716-0300
業　種　兼業
資本金　10億4,238万円
　　　　　　　　　社　長　高橋　泰行
設　立　昭和60年7月
主な取扱い商品　ドレッシング、ソース等の販売

利用媒体　カタログ、雑誌、ネット
従業員　197名
ホームページアドレス
http://online.pietro.co.jp/

ビコム(株)

本　社　〒830-0048 久留米市梅満町15-8
　　　　☎0942-39-1555　FAX0942-33-4734
営業所　東京都中央区日本橋1-17-4
業　種　兼業（ビデオソフト企画・制作・販売）
販売形態　マス通販・卸し・店舗
資本金　1,000万円　　社　長　山下　豊
設　立　昭和58年8月
通販部門設置　昭和60年12月
主な取扱い商品　鉄道・キッズビデオソフト・DVDソフト・ブルーレイソフト（自社製品及び鉄道関連グッズ）
主な発行カタログ　会報「びこむくらぶ」（2万部発行）、総合カタログ、総合パンフレット
利用媒体　自社・雑誌・他社友の会会報誌
従業員　28名
商品仕入担当窓口
マーケティング部　☎0942-39-1555
インターネット・ホームページアドレス
http://vicom.co.jp/
直販サイトアドレス
http://vicom.jp/
メールアドレス
info@vicom.co.jp

(株)フォーシーズHD

本　社　〒810-0022 福岡県福岡市中央区薬院1-1-1 ビジネスガーデン8F
　　　　☎092-720-5420　FAX092-720-5420
インターネット・ホームページアドレス
https://www.favorina.com/
メールアドレス
info@favorina.com

(株)フクト

本　社　〒810-0022 福岡市中央区薬院4-3-20　☎092-522-2910　FAX092-522-7539
事業内容　教材・通信教育
資本金　1,000万円　　社　長　三松　健
通販部門設置　昭和27年10月
主な取扱い商品　通信教育、公開模擬テスト
従業員　44名
インターネット・ホームページアドレス
http://www.inf.ne.jp/fukuto/
メールアドレス
fukuto@fukuto.inf.ne.jp

(株)ふくや

本　社　〒810-8629 福岡市博多区中洲2-6-10　☎092-291-3575　FAX092-282-5117
通販拠点事業所　〒812-0011 福岡市博多区博多駅前2-12-3-4F
　　　　☎092-441-2986　FAX092-441-2991
業　種　兼業（専門店、製造業、卸し業）
資本金　3,000万円　　社　長　川原　武浩
設　立　昭和23年10月
通販部門設置　昭和60年6月
主な取扱い商品　辛子明太子、明太子関連食品、九州産品、業務用食料品
主な発行カタログ　中元・歳暮贈答カタログ、自家商品向けお取り寄せカタログ
利用媒体　カタログ、折込チラシ、DM、ネット
顧客リスト件数　100万件
従業員　597名
通販部門従業員　50名
受注センター
ふくや受注センター
〒812-0011 福岡市博多区博多駅前2-12-3-4F
　　　　　　　　　　　　☎092-441-2986
配送センター
ふくや物流センター F・LOGI
〒812-0068 福岡市東区社領3-9-5
　　　　　　　　　　　　☎092-629-2985
関連会社　㈱かわとし、㈱仟、㈱メルヴェーユ、㈱スリーエフコーポレーション、㈱メディアシステム、㈱福岡サンパレス、㈱ヤマトバイオレッツ、㈱紅乙女酒造、㈱グリーンフーズ、㈲宝雲亭
インターネット・ホームページアドレス
http://www.fukuya.com
メールアドレス
info@fukuya.co.jp

(株)ブレーンコスモス

本　社　〒810-0004 福岡市中央区渡辺通2-4-8　☎092-752-1170　FAX092-752-1187
業　種　兼業
販売形態　卸、健康食品通販
資本金　9,000万円　　社　長　西村　智
設　立　昭和62年2月
通販部門設置　平成3年1月
主な取扱い商品　化粧品、美容関連商品、健康食品
利用媒体　雑誌・DM・インターネット
従業員　20名
商品仕入担当窓口
ネット事業部　　☎092-752-1170
関連会社　㈱ビーシーリンク

(株)ペー・ジェー・セー・デー・ロジ

本　社　〒810-0041 福岡市中央区大名2-4-22　☎092-715-9988
業　種　通販専業
販売形態　個人向け通販
主な取扱い商品　スキンケア
利用媒体　雑誌、折込チラシ、ネット

インターネット・ホームページアドレス
http://www.pgcd.co.jp/
メールアドレス
info@pgcd.co.jp

(株)ベガコーポレーション

本　社　〒812-0038 福岡市博多区祇園町7-20　4F　℡092-281-3501　FAX092-281-3505
業　種　通販専業
販売形態　個人向け通販
資本金　8億8,240万円（2019年11月末）
社　長　浮城　智和
設　立　平成16年7月
売上高
　24年3月期　総売上　160億6,300万円
　23年3月期　総売上　169億7,300万円
　22年3月期　総売上　168億3,200万円
主な取扱い商品　家具、インテリア商品、雑貨等
利用媒体　ネット
従業員　283名（2019年11月末）
インターネット・ホームページアドレス
https://www.vega-c.com/

(株)毎日メディアサービス

本　社　〒802-0081 北九州市小倉北区紺屋町13-1　毎日西部会館
　　　℡093-551-7973　FAX093-551-8700
業　種　兼業（折込広告、サービス）
販売形態　マス通販
資本金　2,600万円　**社　長**　福田　孝志
設　立　昭和46年9月
通販部門設置　昭和52年10月
主な取扱い商品　日用品　他
利用媒体　新聞
従業員　74名　**通販部門従業員**　3名
商品仕入担当窓口
企画販促部
担当者　永野　繁
　　　℡093-551-7973　FAX093-551-8700
関連会社　㈱毎日メディアサービス山口

(株)ムジカインドウ

本　社　〒810-0001 福岡市中央区天神2-8-234　℡092-751-6610　FAX092-751-3299
販売形態　生協企画卸し
資本金　1,000万円　**社　長**　印藤　泉
設　立　昭和23年3月
通販部門設置　昭和50年9月
主な取扱い商品　CD、BD、DVD、ミュージックテープ、キャラクターグッズ、書籍、ギフト、他
利用媒体　生協カタログ・チラシ・通販カタログ
従業員　11名　**通販部門従業員**　9名
商品仕入担当窓口
営業部　　　　　　℡092-751-6610

物流部　　　　　　℡092-751-6610
受注センター
東京営業所
〒150-0043 渋谷区道玄坂1-15-3　プリメーラ道玄坂1010
　　　　　　　　　℡03-5457-0374
配送センター
キリン物流㈱福岡センター内
〒811-2313 粕屋郡粕屋町江辻字塩俵563-1
　　　　　　　　　℡092-938-0012
関連会社　㈱印藤楽器店
メールアドレス
indo@musicaindo.com/

(株)もち吉

本　社　〒822-0007 福岡県直方市下境2400字餅米もちだんご村餅乃神社前
主な事業内容　米菓の製造と販売(直営店・通信販売)
資本金　1億円
社　長　森田　長吉
設　立　昭和58年3月
主な取引先　JA全農、大日本印刷、三幸商事、九州博報堂、ダイヤモンド秀巧社印刷
関連会社　森田あられ、森田製菓、えくぼ屋、もち吉エージェンシー

(株)やずや

本　社　〒815-8686 福岡市南区那の川1-6-14
　　　℡092-526-0828　FAX092-526-4223
業　種　通販専業
販売形態　個人向け通販
資本金　2,000万円
代表取締役社長　矢頭　徹
設　立　昭和52年1月
通販部門設置　昭和63年7月
主な取扱い商品　やずやの養生青汁、雪待にんにく卵黄、熟成やずやの香醋、発芽十六雑穀、雑穀畑
利用媒体　カタログ・新聞・雑誌・ラジオ・折込チラシ・地上波テレビ・DM・BS・CS・ネット
顧客リスト件数　230万件
従業員　130名
通販部門従業員　130名
商品仕入担当窓口
商品企画室
担当者　稗田　美子　℡092-526-0828
関連会社　九州自然館、ワイズヒューマン
インターネット・ホームページアドレス
http://www.yazuya.com/

(株)やまやコミュニケーションズ

本　社　〒813-0062 福岡市東区松島5-27-5
　　　　　　　　　℡092-611-4511

業　種　通信販売事業及び店舗販売事業
販売形態　カタログ
資本金　5,000万円　**社　長**　山本　正秀
設　立　昭和51年10月
主な取扱い商品　辛子明太子製造販売、辛子明太子及び明太子関連商品
主な発行カタログ　やまやの食卓
利用媒体　カタログ、DM
従業員　70名
インターネット・ホームページアドレス
http://www.shokutu.com/

(株)悠香

本　社　〒816-0912 福岡県大野城市御笠川5-11-17　℡092-514-1700　FAX092-503-1130
主な事業内容　農薬不使用、有機JAS認定の茶葉成分を中心に天然成分を利用した基礎化粧品、医薬部外品、自然栄養補助食品の企画、開発、通信販売
資本金　3,000万円
社　長　青木　聖子
設　立　2003年9月

ロイヤル食品(株)

本　社　〒812-0016 福岡市博多区博多駅南2-4-24　　　　℡092-472-3232
業　種　通販専業
販売形態　総合通販・マス通販・カタログ・卸し
資本金　3,000万円　**社　長**　太田　政司
設　立　平成6年6月
通販部門設置　平成6年7月
主な取扱い商品　健康補助食品、ダイエット食品
主な発行カタログ　百年青汁、菜源野菜茶、カルシーベータ、ビュティ源、博多辛子献上明太子
利用媒体　自社・新聞・雑誌・TV・折込チラシ
従業員　10名（パート5名）

長崎県

大平食品(株)

本　社　〒859-2112 南高来郡布津町乙1275
　　　℡0957-72-3350　FAX0957-72-4043
業　種　兼業（漬物製造業、味噌製造、卸業、直売店販売）
販売形態　個人向け通販・卸し・店舗
資本金　1,000万円
代表取締役　大平　邦彦
設　立　大正10年6月
主な取扱い商品　漬物各種（茄子の宝漬、雲仙おろし、高菜漬、他）、酒類、麦みそ
主な発行カタログ　「ふるさと九州のお漬物」、「ふるさとが薫る贈り物」
利用媒体　カタログ・新聞

顧客リスト件数　約1万3,000件
従業員　40人

商品仕入担当窓口
専務取締役　　担当者　大平　国泰

インターネット・ホームページアドレス
http://www4.ocn.ne.jp/~oohira/
メールアドレス
oohira@topa2.ocn.ne.jp

ごと(株)

本　社　〒853-0031 長崎県五島市吉久木町726-1　℡0959-75-0111
主な事業内容　長崎県五島列島産のさつまいも「ごと芋」を使った冷凍焼き芋の製造販売、同産の旬な材料を使用したレトルトパウチ食品の製造販売。商品は主に通販で販売しておりますが、五島市にある実店舗では当社製造商品のほか、五島列島の特産品の販売も行っております。
資本金　99,000,000円
社　長　木下　秀鷹
設　立　平成18年8月18日
従業員　30人

(株)ジャパネットたかた

本　社　〒857-1197 佐世保市日宇町2781
　　　　℡0956-26-1300　FAX0956-32-4500
業　種　兼業
販売形態　総合通販・店舗
資本金　3億円　代表取締役　髙田　旭人
設　立　昭和61年1月
通販部門設置　平成2年3月
売上高
　24年12月期　総売上（見込み）　2,680億円（グループ連結）
　23年12月期　総売上　2,621億円（グループ連結）
　22年12月期　総売上　2,487億円（グループ連結）
主な取扱い商品　OA機器、電化製品、宝飾品、健康機器、寝具、スポーツ用品、雑貨、ビデオソフト、食品、ウォーターサーバー他
主な発行カタログ　ジャパネット倶楽部
利用媒体　自社・新聞・TV・ラジオ・折込チラシ・DM、カタログ、インターネット、BS、CSチャンネル
従業員　349名（2022年9月）
受注センター
㈱ジャパネットコミュニケーションズ
　　　　℡092-720-9701
配送センター
㈱ジャパネットロジスティクスサービス
　　　　℡0956-26-1277
インターネット・ホームページアドレス
https://www.japanet.co.jp/

(株)健やか総本舗亀山堂

本　社　〒851-2108 西彼杵郡時津町日並郷3650　℡095-881-3070　FAX095-881-7370
業　種　通販専業
資本金　1,000万円　社　長　小坂　達也
設　立　平成15年5月
通販部門設置　平成15年5月
主な取扱い商品　亀山堂にがり
利用媒体　DM、ネット
顧客リスト件数　3万件
従業員　20名
通販部門従業員　20名

商品仕入担当窓口
企画部
担当者　開田　涼太　℡095-881-3070

受注センター
亀山堂コールセンター
〒851-2108 西彼杵郡時津町日並郷3650
　　　　☎0120-04-0251
配送センター
亀山堂配送センター
〒851-2108 西彼杵郡時津町日並郷3650

天文ハウス TOMITA

本　社　〒852-8107 長崎市浜口町7-10
　　　　℡095-844-0768　FAX095-846-6203
業　種　兼業（天体望遠鏡・双眼鏡等の光学器販売小売業及び時計・宝石・眼鏡小売業）
販売形態　総合通販・カタログ・店舗
資本金　300万円　社　長　冨田　宜弘
設　立　昭和25年11月
通販部門設置　昭和54年3月
主な取扱い商品　天体望遠鏡・双眼鏡・フィールドスコープ
利用媒体　雑誌
顧客リスト件数　300件
従業員　4名　通販部門従業員　1名

商品仕入担当窓口
担当者　藤　幸一郎　℡095-844-0768

インターネット・ホームページアドレス
http://y-tomita.co.jp/
メールアドレス
star@y-tomita.co.jp

(株)みろく屋

本　社　〒850-0853 長崎市浜町4-2
　　　　℡095-881-3698　FAX095-881-3695
業　種　兼業
販売形態　産直
資本金　5,000万円　社　長　山下　大作
設　立　昭和39年7月
通販部門設置　昭和60年7月
主な取扱い商品　長崎ちゃんぽん、皿うどん
主な発行カタログ　味彩
利用媒体　自社
顧客リスト件数　6万件

従業員　65名　通販部門従業員　4名

商品仕入担当窓口
販売課
担当者　保﨑　勇毅　☎0120-003698

受注センター
㈱みろく屋
〒851-2108 西彼杵郡時津町日並郷3799-2
　　　　☎0120-003698
配送センター
㈱みろく屋　総合本部
〒851-2108 西彼杵郡時津町日並郷3799-2
　　　　℡095-881-3698

インターネット・ホームページアドレス
https://www.mirokuya.co.jp/
メールアドレス
info@mirokuya.co.jp

熊本県

阿蘇健康(株)

本　社　〒861-4142 熊本市富合町杉島54
　　　　℡096-311-3811　FAX096-311-3838
業　種　通販専業
販売形態　個人向け通販
資本金　3,000万円　社　長　森川　俊美
設　立　平成9年4月
通販部門設置　平成9年4月
主な取扱い商品　ローヤルゼリー、プロポリス、植物酵素、プロポリス入香酢、王乳化粧品、サプリメントシリーズ
利用媒体　新聞・ラジオ・DM・ネット・フリーペーパー・TV
顧客リスト件数　12万件
従業員　22名　通販部門従業員　22名

商品仕入担当窓口
企画制作部門
担当者　杉野　誠　℡096-311-3811

インターネット・ホームページアドレス
http://www.asokenko.co.jp/
メールアドレス
info@asokenko.co.jp

(株)えがお

本　社　〒862-0901 熊本市東区東町4-10-1
　　　　℡096-241-7777　FAX096-241-7770
業　種　通販専業
販売形態　個人向け通販
資本金　1億円　社　長　北野　忠男
設　立　平成2年8月
通販部門設置　平成2年8月
主な取扱い商品　健康食品
利用媒体　カタログ、新聞、ラジオ、折込チラシ、地上波テレビ、DM、BS、CS、ネット
従業員　535名
通販部門従業員　535名
インターネット・ホームページアドレス
http://www.241241.jp

㈱大嶌屋

本　社　〒869-0512 宇城市松橋町古保山2715-19　℡0964-53-9475　FAX0964-53-9476
通販拠点事業所　℡0800-600-1616　0120-697-988　FAX0120-698-988
業　種　通販専業
販売形態　個人向け通販、産直、卸し
資本金　300万円　　社　長　大嶌　法子
設　立　平成4年6月
通販部門設置　平成4年6月
主な取扱い商品　馬刺、フルーツ全般（柑橘類全般、すいか、メロン、りんご、梨、ぶどう、桃他）野菜等
主な発行カタログ　一粒一心、感謝
利用媒体　カタログ、新聞、雑誌、ラジオ、DM、BS、CS、ネット
顧客リスト件数　70万1,299件
従業員　120名
通販部門従業員　90名

商品仕入担当窓口
総務部
担当者　光永　一恵　℡0964-53-9475

受注センター
インバウンド
〒869-0512 宇城市松橋町古保山2715-19
℡0800-600-1616　0120-697-988
インターネット・ホームページアドレス
http://www.oshimaya.jp
メールアドレス
yuubido@rice.ocn.ne.jp

熊本大同青果㈱

本　社　〒860-0058 熊本県熊本市西区田崎町484　℡096-323-2505　FAX096-323-2503
主な事業内容　全国各地の青果物の生産者から委託を受け、青果物を仲卸および小売業者に販売する卸売りおよび卸売市場の運営・冷蔵倉庫業
資本金　3,000万円
社　長　月田　潔孝
設　立　1961年3月
従業員　325名
関連会社　熊本大同ホールディングス、大同リース、HOSHIKO Links、熊本大同フーズ

㈱コムセンス

本　社　〒860-0058 熊本県熊本市西区田崎町484-29　℡0120-304-153　FAX0120-304-153
主な事業内容　熊本特産品・青果
社　長　吉永　安宏
インターネット・ホームページアドレス
http://www.kumamoto-food.com/
メールアドレス
info@kumamoto-food.com

㈱再春館製薬所

本　社　〒861-2201 熊本県上益城郡益城町寺中1363-1　℡096-289-4444　FAX096-289-6000
業　種　兼業、製造業
販売形態　個人向け通販
資本金　1億円
社　長　西川　正明
設　立　昭和34年9月
通販部門設置　昭和57年
売上高
　23年3月期　通販売上高　236億800万円
　22年3月期　通販売上高　252億8,500万円
主な取扱い商品　化粧品、医薬品、健康食品
利用媒体　自社ネット販売、amazon
顧客リスト件数　1,250万件
従業員　1,100名
受注センター
再春館ヒルトップ
〒861-2201 熊本県上益城郡益城町寺中1363-1　℡096-289-4444
配送センター
薬彩工園　℡096-289-5070
関連会社　㈱再春館「安心・安全」研究所、再春館システム㈱、㈱ヒューマンリレーション、あゆみ、㈱メディアライツ
インターネット・ホームページアドレス
https://www.saishunka.co.jp

㈱鶴屋百貨店

本　社　〒860-8586 熊本市手取本町6-1　℡096-356-2111
通販拠点事業所　〒862-0962 熊本市田迎5-16-16　℡096-378-3576　FAX096-370-2217
業　種　兼業（百貨店）
販売形態　マス通販・DM・店舗
資本金　1億円　　社　長　本田　一
設　立　昭和26年2月
通販部門設置　昭和58年11月
主な取扱い商品　消費財全般
利用媒体　折込チラシ・DM
顧客リスト件数　25万件（通販部のみ）
従業員　972名
通販部門従業員　36名（アルバイト含む）

商品仕入担当窓口
通信販売部　℡096-378-3576

受注センター
通信販売
〒862-0962 熊本市田迎5-16-16
℡096-378-3332
配送センター
物流センター
〒862-0962 熊本市田迎5-16-16
℡096-379-1515
関連会社　㈱鶴屋フーズクリエイティブ、㈱鶴屋パーキング、鶴屋商事㈱、㈱鶴屋友の会、㈱鶴屋クレジットサービス、甘夏ローヤル㈱

森川健康堂㈱

本　社　〒861-4616 上益城郡甲佐町田口2170　℡096-234-5100　FAX096-234-5101
通販拠点事業所　〒151-0053 渋谷区代々木1-36-1　℡03-3370-8835　FAX03-3374-7716
業　種　兼業（製造業）
販売形態　個人向け通販
資本金　1億円　　社　長　森川　俊美
設　立　昭和60年10月
通販部門設置　平成12年2月
主な取扱い商品　健康食品、医薬部外品
主な発行カタログ　ブンブン健康便り
利用媒体　新聞、ネット
顧客リスト件数　1万件
従業員　93名
通販部門従業員　3名

商品仕入担当窓口
営業部
担当者　大澤　茂　℡03-3370-8835

インターネット・ホームページアドレス
https://morikawa-direct.com
メールアドレス
s-osawa@morikawakenkodo.com

㈾吉田整骨院製薬所

本　社　〒865-0041 玉名市伊倉北方310-4　℡0968-73-2500　FAX0968-74-2500
業　種　兼業（一般医薬品製造及び販売、健康食品の販売）
販売形態　総合通販・卸し・店舗
資本金　50万円　　社　長　吉田　竜児郎
設　立　昭和30年1月
通販部門設置　昭和30年1月
主な取扱い商品　一般医薬品、漢方煎じ器、健康食品
主な発行カタログ　おだいじに
利用媒体　新聞・折込チラシ・雑誌
顧客リスト件数　2万1,000件
従業員　10名　　通販部門従業員　3名
インターネット・ホームページアドレス
http://www.seikotuin.co.jp/
メールアドレス
yoshida@seikotuin.co.jp

大分県

㈲パティオ

本　社　〒870-0161 大分市明野東1-1-1　℡097-558-8417
通販拠点連絡先　℡097-558-8417
業　種　兼業（仔犬の販売）
販売形態　個人向け通販・企業向け通販
資本金　300万円　　社　長　清水　春男

設　立　昭和38年2月
通販部門設置　平成11年4月
主な取扱い商品　大型犬、中型犬、小型犬、仔犬、フード、トコスH
利用媒体　自社、新聞、雑誌、TV、ラジオ、折込チラシ
顧客リスト件数　約6,000件
従業員　3名　　通販部門従業員　1名

商品仕入担当窓口
担当者　清水　春男

ショールーム
〒870-0161 大分市明野東1-1-1
☎097-558-8417

インターネット・ホームページアドレス
http://ww6.tiki.ne.jp

メールアドレス
ngh35177@nifty.com

宮崎県

(有)あさひや

本　社　〒880-0035 宮崎市下北方町常盤元996-3　☎0985-31-2468　FAX 0985-31-2467
通販拠点事業所　〒880-1114 東諸県郡国富町大字三名141
　　☎0985-75-1227　FAX 0985-75-7866
業　種　兼業（海外ブランドの化粧品、ルイヴィトン、シャネル、バッグ、香水）
販売形態　総合通販・店舗
資本金　1,000万円　　社長　川越　道貴
設　立　平成4年9月
通販部門設置　平成6年7月
主な取扱い商品　ルイヴィトン、シャネル、バッグ、香水、化粧品
主な発行カタログ　ブティック　みつこ
利用媒体　自社・TV・ラジオ・折込チラシ
顧客リスト件数　2,000万件
従業員　3名　　通販部門従業員　3名

商品仕入担当窓口
営業
担当者　川越　　☎0985-31-2468

ショールーム
ネオ　ブック
〒880-1101 東諸県郡国富町大字本庄4310-2
　　☎0985-75-1414
関連会社　㈱だいきち、㈱みつこ、大吉食品㈲、大吉ベンディング㈲
インターネット・ホームページアドレス
http://www.11111.co.jp/
メールアドレス
mitsuko@11111.co.jp

インポートブティック みつこ

本　社　〒880-0035 宮崎市下北方町常盤元996-3　☎0985-22-4848　FAX 0985-31-2467
通販拠点事業所　〒880-1114 東諸県郡国富町大字三名141
　　☎0985-75-1227　FAX 0985-75-7688
業　種　兼業（ルイヴィトン、グッチ、プラダ、他 香水、貴金属、衣類）
販売形態　総合通販・店舗
資本金　1,000万円　　社長　川越　道貴
設　立　平成4年9月
通販部門設置　平成6年7月
主な取扱い商品　ルイヴィトン、グッチ、プラダ、シャネル、香水、貴金属、衣類
利用媒体　自社・新聞・雑誌・折込チラシ
顧客リスト件数　2,000万件
従業員　3名　　通販部門従業員　1名

商品仕入担当窓口
営業
担当者　川越　　☎0985-22-4848

関連会社　㈱ダイキチ、㈲あさひや、㈲みつや、大吉食品㈲、大吉ベンディング㈲
インターネット・ホームページアドレス
http://www.11111.co.jp/
メールアドレス
555@11111.co.jp

鹿児島県

(株)イング

本　社　〒899-5652 姶良郡姶良町平松56-4
　　☎0995-66-9622　FAX 0995-66-4208
通販拠点事業所　〒899-5652 姶良郡姶良町平松56-4
　　☎0995-66-9622　FAX 0995-66-4208
業　種　通販専業（長寿の里）
販売形態　個人向け通販
資本金　1,000万円　社長　宮之原　光治
設　立　昭和57年4月
通販部門設置　平成12年4月
売上高
　22年9月期　総売上　31億6,500万円
主な取扱い商品　化粧品、健康食品
主な発行カタログ　通販誌「よか」「はればれ」
利用媒体　ラジオ、折込チラシ、DM、ネット
顧客リスト件数　50万件
従業員　20名　　通販部門従業員　20名

(株)オーガランド

本　社　〒899-5117 霧島市隼人町見次1478-4　☎0995-57-5031　FAX 0995-57-5037
業　種　通販専業
資本金　1,000万円　　社長　小笠原　淳
設　立　平成17年1月
通販部門設置　平成17年1月
主な取扱い商品　サプリメント、食品、雑貨など
利用媒体　ネット
顧客リスト件数　70万件
従業員　100名
通販部門従業員　100名
インターネット・ホームページアドレス
http://www.ogaland.jp/

(株)健康家族

本　社　〒890-0848 鹿児島市平之町10-2
　　☎099-223-5211　FAX 099-222-2363
業　種　通販専業
販売形態　個人向け通販
資本金　5,000万円　　社長　藤　裕己
設　立　平成元年4月
通販部門設置　平成元年4月
主な取扱い商品　健康食品、食品
利用媒体　新聞、雑誌、ラジオ、折込チラシ、地上波テレビ、BS、ネット
顧客リスト件数　340万件
従業員　340名
通販部門従業員　340名

(有)財　宝

本　社　〒893-8611 鹿屋市新栄町35-7
　　☎0994-41-1111　FAX 0994-41-4111
業　種　兼業（製造、卸、小売業、保養施設の経営）
販売形態　個人向け通販、企業向け通販
資本金　3,300万円
会　長　水迫　邦男　　社長　水迫　正章
設　立　昭和61年9月
主な取扱い商品　飲む温泉水財寶温泉、本格焼酎財宝、本格焼酎日々是財寶、スキンケア商品、アセロラ商品
主な発行カタログ　財宝ブランド総合カタログ、お中元・お歳暮カタログ
利用媒体　カタログ・新聞・雑誌・ラジオ・折込チラシ・地上波テレビ・DM・ネット
顧客リスト件数　70万件
従業員　480名　　通販部門従業員　370名

商品仕入担当窓口
商品資材部
担当者　松本桂子　　☎0994-41-1620

受注センター
受注販売課　　☎0994-41-0001
配送センター
発送課
〒893-0057　鹿児島県鹿屋市今坂町9994-1
　　☎0994-41-1625
物流センター
〒893-0062　鹿児島県鹿屋市新生町11-5
　　☎0994-41-1400
東京業務課
〒140-0012　東京都品川区勝島1-2-1
　　☎03-5753-3588
関連会社　㈱鹿農、㈲ザ・トロピカルガーデン
インターネット・ホームページアドレス
http://www.zaiho-onsen.com/
メールアドレス
info@zaiho-onsen.com

(株)南九州デジタル

本　社　〒891-0105 鹿児島市中山町6-2
　　　　℡099-284-5880　FAX099-266-0305
業　種　兼業　卸・小売業
販売形態　個人向け通販
資本金　3,000万円　社　長　櫻木　武夫
設　立　昭和55年4月
通販部門設置　平成13年12月
主な取扱い商品　時計、家電、宝飾、ブランド雑貨
利用媒体　ネット
従業員　48名　通販部門従業員　6名
インターネット・ホームページアドレス
　http://www.i-get.co.jp
メールアドレス
　info@i-get.co.jp

(株)山形屋

本　社　〒892-8601 鹿児島市金生町3-1
　　　　℡099-227-6111　FAX099-227-7123
通販拠点事業所　〒890-0033 鹿児島市泉町12-6　℡099-227-7091　FAX099-227-7099
業　種　兼業（百貨店）
販売形態　マス通販・カタログ
資本金　9億8,800万円　社　長　岩元　純吉
設　立　大正6年6月
通販部門設置　昭和58年2月
主な取扱い商品　百貨店取扱い商品全般
利用媒体　カタログ・新聞・折込チラシ
顧客リスト件数　14万5,000件
従業員　967名　通販部門従業員　2名
商品仕入担当窓口
外商部特販課
担当者　坂口　和敏　℡099-227-7091
受注センター
山形屋大峯物流センター　通信販売係
〒890-0033 鹿児島市西別府町2941-13
　　　　℡099-283-0031
配送センター
山形屋大峯物流センター　通信販売係
〒890-0033 鹿児島市西別府町2941-13
　　　　℡099-283-0031

(株)ライフエスプリ

本　社　〒890-0001 鹿児島市千年1-10-3
　　　　℡099-220-6479　FAX099-220-6405
業　種　兼業（ドラッグ卸し）
販売形態　個人向け通販・斡旋・卸し
資本金　2,000万円　社　長　大山　繁信
設　立　昭和52年4月
通販部門設置　平成2年5月
主な取扱い商品　基礎化粧品、下着、健康食品、婦人衣料品、美容・健康用品、台所家庭用品
主な発行カタログ　ライフショッピング
利用媒体　自社・新聞・雑誌・TV・折込チラシ
顧客リスト件数　20万件
従業員　12名　通販部門従業員　12名
商品仕入担当窓口
商品部
担当者　大山　繁信　℡099-220-6479
インターネット・ホームページアドレス
　http://www.life-espri.co.jp/
メールアドレス
　OYama@life-espri.co.jp

沖縄県

沖縄特産販売(株)

本　社　〒901-0225 沖縄県豊見城市字豊崎3-84　℡098-850-8953　FAX098-850-1986
主な事業内容　沖縄県の特産物や健康食品の卸・小売・通信販売・シークワーサー果実の加工販売、飲料製品の加工販売・飲料製品・調味料・ジャム製品の製造、PB・OEM商品対応・野菜チップスの製造、輸入販売、加工資材の輸入販売・シークワーサー農場の管理運営、インターネット通販及び関連業務
資本金　45,000千円
社　長　與那覇　玲
従業員　108名
主な取引先　健食沖縄、沖縄県物産公社　沖縄セルラーアグリ&マルシェ、オイシックス・ラ・ドット大地、湧川商会、成城石井、赤マルソウ、全国通販顧客35万人余り他（順不同）
関連会社　夢感動ファーム

金秀バイオ(株)

本　社　〒901-0305 糸満市西崎町5-2-2
　　　　℡098-994-1001　FAX098-994-0636
業　種　兼業（健康食品の製造・販売）
販売形態　個人向け通販、卸し
資本金　4,300万円　社　長　宮城　幹夫
設　立　昭和63年9月
通販部門設置　平成15年4月
主な取扱い商品　アガリクス、ウコン、フコイダンを使用した健康食品
利用媒体　新聞、雑誌、CS、ネット
従業員　72名　通販部門従業員　3名
インターネット・ホームページアドレス
　http://www.kanehide-bio.co.jp
メールアドレス
　info@kanehide-bio.co.jp

キチンキトサン流通センター(株)

本　社　〒902-0062 那覇市松川387-1-601
　　　　℡098-886-2611　FAX098-886-2685
通販拠点事業所　〒812-0011 福岡市博多区駅前3-10-2-405
　　　　℡092-414-6651　FAX092-414-0061
業　種　通販専業
販売形態　職域・斡旋・卸し
資本金　1,000万円　社　長　仲松　直由
設　立　平成5年4月
主な取扱い商品　キチンキトサン含有食品、カニパック
利用媒体　自社・新聞
顧客リスト件数　1万件
従業員　3名
受注センター
〒902-0062 那覇市松川387-1-203
　　　　℡098-886-2611
配送センター
〒902-0062 那覇市松川387-1-203
〒812-0011 福岡市博多区駅前3-10-2-405
　　　　℡092-414-6651
ショールーム
〒902-0062 那覇市松川387-1-203
　　　　℡098-886-2611
〒812-0011 福岡市博多区駅前3-10-2-405
　　　　℡092-414-6651

(株)ビジネスサポート沖縄

本　社　〒901-2103 浦添市仲間2-5-3
　　　　℡098-870-0231　FAX098-874-9009
業　種　兼業
販売形態　個人向け通販、産直、卸し
資本金　3,990万円　社　長　天久　健治
設　立　平成11年
通販部門設置　平成15年8月
主な取扱い商品　健康食品、美容商品、ダイエット商品、沖縄県産品全般
利用媒体　新聞、雑誌、ネット
顧客リスト件数　3万件
従業員　15名　通販部門従業員　3名
商品仕入担当窓口
担当者　星野　悟　℡098-870-0231
受注センター
（株）ビジネスサポート沖縄
〒901-2103 浦添市仲間2-5-3
　　　　℡098-870-0231
配送センター
（株）ビジネスサポート沖縄
〒901-2103 浦添市仲間2-5-3
　　　　℡098-870-0231
関連会社　(有)健美香沖縄
インターネット・ホームページアドレス
　http://www.bs-okinawa.co.jp
メールアドレス
　info@bs-okinawa.co.jp

(株)りゅうたん

本　社　〒903-0824 那覇市首里池端町10
　　　　℡098-885-2227　FAX098-884-4433
業　種　兼業（店頭販売・卸し）
販売形態　マス通販・職域・店舗
資本金　1,000万円　社　長　与儀　昭夫
設　立　平成3年4月
通販部門設置　昭和59年3月

主な取扱い商品 健康食品、美容用品、衣料品、服飾雑貨、寝具
主な発行カタログ ニュートリション
利用媒体 自社・新聞・折込チラシ
従業員 30名

通販関連企業

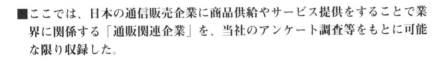

■ここでは、日本の通信販売企業に商品供給やサービス提供をすることで業界に関係する「通販関連企業」を、当社のアンケート調査等をもとに可能な限り収録した。

■掲載順序は各企業の「取扱い商品・サービス内容」をもとに以下のブロックに分類し、企業名の50音順に従った。
①商材（衣料・服飾雑貨）②商材（家具・家庭用品、雑貨、全般）③商材（食品）④商材（美容健康用品、化粧品、健康食品、受託製品）⑤商材（その他）⑥テレマーケティング、広告代理、企画、コンサルティング、各種媒体、その他　⑦輸送・物流、ロジスティクス、発送代行、リスト、印刷　⑧情報システム構築、機械設備、決済サービス、通販基幹システム、その他

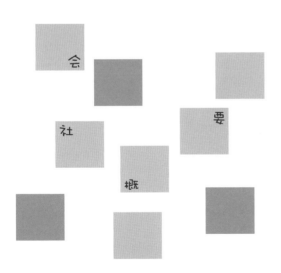

会社概要

第3部 会社概要

通販関連企業

掲載事項について

- 掲載事項は「法人名」「本社／所在地・TEL・FAX」「通販営業所／所在地・TEL・FAX」「事業内容」「資本金」「社長名」「通販部門設置年月」「主な取扱い商品・サービス内容」「主な設備」「直近3年間の総売上」「同通販部門売上」「従業員数」「通販担当部署／担当者」「主な取引先」「インターネット・ホームページアドレス」の各項目のうち、各社の事情で掲載可能な項目を収録した。
- 見出し語は原則的に法人名とし、法人格はつぎの略号を用いている。

　　株式会社……㈱　　財団法人……㈶
　　有限会社……㈲　　社団法人……㈳
　　合資会社……㈾　　学校法人……㈻
　　合名会社……㈴　　協同組合……㈿

- 電話番号は本社や通販営業部署の代表番号を掲載した。「本社」と「通販営業部署」の所在地・電話が同じ場合、「通販営業部署」の項目は省略した。
- 「事業内容」は通販営業部署の事業内容を掲載することを原則とした。
- 「主な取扱い商品・サービス内容」は通販営業部署の内容を掲載した。また、取扱い商品が多分野にわたる場合は、「衣料・服飾雑貨」「家具・家庭用品、雑貨、全般」「食品」「美容健康用品、健康食品」「その他」の分類で掲載した。
- 「主な設備」は、特に通販関連業務に必要な設備がある場合にのみ掲載した。
- 「主な取引先」は通販企業に限定して掲載することを原則とした。
- 広範囲の企業を対象とするため、同一事項での掲載が困難な企業もあり、その特殊性に沿って掲載事項を変更したものもある。

商材……………………………………………………………………………………………229
　衣料・服飾雑貨…………………………………………………………………………229
　家具・家庭用品、雑貨、全般…………………………………………………………238
　食　品……………………………………………………………………………………262
　美容健康用品、化粧品、健康食品、受託製品………………………………………266
　その他……………………………………………………………………………………280
テレマーケティング、広告代理、企画、コンサルティング、各種媒体、その他………283
輸送・物流、ロジスティクス、発送代行、リスト、印刷………………………………304
情報システム構築、機械設備、決済サービス、通販基幹システム、その他…………318

商　材

● 衣料・服飾雑貨 ●

(株)アーバンリサーチ

本　社　〒550-0003 大阪府大阪市西区京町堀1-6-4-10F　☎06-6445-7000　℻06-6445-7077
通販拠点事業所　〒550-0003 大阪府大阪市西区京町堀1-6-4-8F
　☎06-6445-7035　℻06-6445-7038
事業内容　メンズ・レディスウエアなどの企画・販売
資本金　1,000万円　社　長　竹村　幸造
通販部門設置　平成16年11月
主な取扱商品・サービス内容　衣料品、服飾雑貨、店舗取り置き・取り寄せサービス
従業員　100名
通販担当部署　ＷＥＢ事業部
担当者　坂本　満広
ホームページアドレス
　http://www.urban-research.co.jp/
メールアドレス
　info@urban-research.com

アキレス(株)

本　社　〒160-8885 東京都新宿区大京町22
　☎03-3225-2170
関西支社　〒550-0005 大阪府大阪市西区西本町1-14-15　☎06-6534-2111
事業内容　シューズ、プラスチック、産業資材・工業資材等の製造販売
資本金　1,464億円　社　長　中田　寛
主な取扱い商品　シューズ、日用品、ペット用品
従業員　1,785名
通販担当部署　シューズ事業部、21AXP

旭化成商事(株)

本　社　〒530-8205 大阪府大阪市北区中之島3-3-23
　☎06-4803-7892　℻06-4803-7762
事業内容　フュージョン素材、フュージョン素材使用製品の供給
資本金　9,800万円　社　長　浅野　泰
従業員　130名
通販担当部署　フュージョン課
インターネット・ホームページアドレス
　http://www.asahi-kasei.co.jp/fibers/fusion/

(株)アスティコ

本　社　〒702-8004 岡山県岡山市江並417-1　☎086-276-2010　℻086-276-4050
事業内容　靴の製造販売
資本金　5,000万円　社　長　岡野　興治
主な取扱い商品　健康シューズ、介護シューズ、ナースシューズ、カジュアルシューズ等
従業員　28名
通販部門担当者　白神　真二
インターネット・ホームページアドレス
　http://www.astico.co.jp

(株)アド・アクセス

本　社　〒133-0056 東京都江戸川区南小岩7-27-3　☎03-5694-0505　℻03-5694-0506
事業内容　通販商材卸し（カタログ販売、テレビショッピング（CS・地上波）ラジオショッピング、インターネット販売）
資本金　2,500万円　社　長　藤井　芳夫
通販部門設置　平成4年1月
主な取扱い商品　家具、インテリア商品全般、仏具商品全般、防犯防災商品全般、紳士・婦人服、紳士・婦人靴、紳士・婦人バック、紳士・婦人財布、紳士・婦人肌着商品、印鑑、家庭雑貨、アイディア商品、介護商品全般、エクステリア商品、園芸商品全般、アクセサリー、宝石類、スポーツ用品、健康器具、健康用品、健康食品、生鮮食品、加工食品、和洋菓子、理・美容商品、パズル商品全般、刃物製品全般
従業員　16名
通販担当部署　営業部
通販部門担当者　藤井、佐藤、加藤、内田、杵渕、橋本
主な取引先　㈱ジェイオーディ、㈱ベルーナ、㈱アイフォーレ、藤久㈱、㈱イメンス、インペリアルエンタープライズ㈱、日本テレビ放送網㈱、太田物産㈱、㈱京都通販、㈱安間産業、㈱TBS、㈱全国通販、㈱ジェイアール東日本商事、オットージャパン㈱、㈱日本文化センター、㈱ワイドシステム、デメテル㈱、㈱JALUX、㈱エスシー・カード・ビジネス、㈱学文社、㈱小学館集英社プロダクション、㈱東京書芸館、㈱ナースリー、㈱世界文化社、㈱カタログハウス、㈱JAFサービス、㈱ポニー、㈱優生活、㈱中広、シャディ㈱、イオンドットコム㈱、㈱読売エージェンシー、㈱ディノス・セシール、日本直販㈱、㈱関西テレビハッズ、㈱グランマルシェ、㈱JP三越マーチャンダイニング、㈱高島屋通信販売、㈱エコテックコーポレーション、うさぎ商店、大商、㈱はぴねすくらぶ、フィード㈱、プラスワン
メールアドレス
　kikaku@ad-access.ecnet.jp

(株)アルタモーダ

本　社　〒501-6123 岐阜県岐阜市柳津町流通センター1-14-1
　☎058-270-0220　℻058-270-0250
事業内容　通販業者への商品供給業
資本金　9,800万円　社　長　桑原　伸二
通販部門設置　昭和63年6月
主な取扱い商品　婦人用フォーマルウェア（ブラック、カラー）、婦人用タウンウェア（各種アイテム）
主な設備　配送センター
従業員　49名
通販担当部署　営業部
担当者　吉田　実環
インターネット・ホームページアドレス
　http://b-gallery.jp/
メールアドレス
　miwa_yoshida@alta-moda.co.jp

安泰ニット(株)

本　社　〒535-0003 大阪府大阪市旭区中宮1-2-22　☎06-6956-9701　℻06-6958-2054
事業内容　ニットアパレル製造業
資本金　1億円　社　長　大坪　武彦
通販部門設置　昭和54年4月
主な取扱い商品　婦人・紳士ニット、外衣
主な設備　自家工場6ヵ所（縫製）
従業員　250名
通販担当部署　第二営業部門
担当者　常務執行役員　月見　靖
主な取引先　スクロール、日本生協連、ハルメク
インターネット・ホームページアドレス
　http://www.antai.co.jp/

(株)アンティローザ

本　社　〒141-0031 東京都品川区西五反田7-22-17 TOCビル7F 5号
主な事業内容　婦人・紳士服の企画販売
資本金　30,000,000円
　　　　　社　長　小川　知世取締役CEO
設　立　1998年6月22日
従業員　110名
メールアドレス
　info@pa-consul.co.jp

(株)安　律

本　社　〒110-0015 東京都台東区東上野3-28-4　☎03-5818-8088　℻03-5818-8087
事業内容　装身具、寝具、貴金属、美術品、バッグ、アクセサリー、特殊化粧品、洗剤及び一般家庭雑貨等を通販会社へ卸している
資本金　2,000万円　社　長　本間　邦近
通販部門設置　昭和48年10月
主な取扱い商品　衣料品、服飾雑貨、雑貨、食品、特殊化粧品、健康食品、器具、洗剤、等
売上高　1億円
従業員　2名

通販担当部署　営業部
担当者　芝内　等
主な取引先　ベルーナ、カタログハウス、インペリアル・エンタープライズ、エスシーカードビジネス、ロイヤルステージ、中山式産業、いいもの王国、マルスコーポレーション、ライフスポート、全国通販 他
インターネット・ホームページアドレス
　http://anlitsu.jp
メールアドレス
　anlitsu@anlitstu.jp

(株)一杢

本　社　〒604-0063 京都府京都市中京区二条通油小路西大黒町320
　☎075-256-7650　FAX075-251-1354
事業内容　商品の企画を含めた提案(撮影、商品供給)
資本金　1,000万円　社長　人見 幾生
通販部門設置　昭和62年1月
主な取扱い商品　喪服等紋付着物、作務衣、オリジナル作務衣、和装グッズ、念珠、バッグ類、シルク商品、「伊賀焼」陶器類、化粧品
従業員　30名
通販担当部署　本社
担当者　平山（本社）、北川（本社）、二宮（本社）、駒井（本社）
主な取引先　ディノス、ベルーナ、ニッポン放送プロジェクト、千趣会、ジュピターショップチャンネル、いきいき㈱
インターネット・ホームページアドレス
　http://www.ichimoku.co.jp/

(株)岩佐

本　社　〒542-0073 大阪府大阪市中央区日本橋2-14-4
　☎06-6633-4681　FAX06-6644-0025
事業内容　フォーマルバッグ、草履の企画・製造・販売
資本金　3,000万円　社長　岩佐 浩司
主な取扱い商品　フォーマルバッグ、和装バッグ、草履
従業員　45名
通販担当部署　営業部
担当者　南野 巧
インターネット・ホームページアドレス
　http://www.iwasajapan.com/
メールアドレス
　iwasajapan@lily.ocn.ne.jp

(株)ウノフク

本　社　〒668-0871 兵庫県豊岡市梶原328
　☎0796-23-1155　FAX0796-24-0777
事業内容　鞄、袋物製造・卸し
資本金　4,000万円　社長　卯野 隆也
主な取扱い商品　バッグ全般（ポーチ、カジュアルバッグ、トラベル・ビジネスバッグ）
従業員　29名
通販担当部署　営業部1課
担当者　課長　米田 公彦
インターネット・ホームページアドレス
　http://www.bag.co.jp/
　http://www.unofuku.com/
メールアドレス
　sales@unofuku.com

ウラタ(株)

本　社　〒540-0019 大阪府大阪市中央区和泉町2-4-10
　☎06-6943-7321　FAX06-6946-1368
事業内容　製品卸
資本金　5,000万円
代表取締役　浦田 周充
主な取扱い商品　カッポウ着、エプロン、婦人アウター、ホームウェアー
従業員　20名
通販担当部署　営業
担当者　高月
主な取引先　千趣会、ベルーナ

(株)カイタックインターナショナル

本　社　〒153-8565 東京都目黒区東山1-8-14　☎03-5722-3666　FAX03-5722-3660
事業内容　自家工場によるジーンズ、カジュアルウェアの製造・販売
資本金　3億200万円
代表取締役社長　貝畑 雅二
通販部門設置　平成元年3月
主な取扱い商品　ジーンズ、カットソー
従業員　232名
通販担当部署　カジュアル営業部　特販課
担当者　鍋谷 謙次
主な取引先　千趣会、ニッセン、ベルーナ、セシール、ディノス、ムトウ、日本生協連
インターネット・ホームページアドレス
　http://www.caitacinternational.co.jp/
メールアドレス
　ca703@tw.caitac.co.jp

片倉工業(株)

本　社　〒104-8312 東京都中央区明石町6-4ニチレイ明石町ビル
　☎03-6832-1873　FAX03-6832-0256
通販拠点事業所　〒104-8312 東京都中央区明石町6-4 ニチレイ明石町ビル
　☎03-6832-1873　FAX03-6832-0256
事業内容　肌着各種及びくつ下等雑貨類の卸し販売、自社WEBサイトでの直販
資本金　18億1,729万円　社長　上甲亮祐
主な取扱商品・サービス内容　紳士・婦人・子供用の肌着及びくつ下等の雑貨類
従業員　319名
通販担当部署　衣料品事業部営業2部
通販部門担当者　春日部絢也
主な取引先　ベルーナ、アテニア、セシール、QVCジャパン、山忠、生協、グリーンコープ
インターネット・ホームページアドレス
　https://www.katakura.co.jp/

亀田製菓(株)

本　社　〒950-0198 新潟県新潟市江南区亀田工業団地3-1-1 亀田製菓株式会社
　☎025-382-2111　FAX025-365-0202
主な事業内容　菓子の製造販売事業
資本金　19億4,613万円
　　　　　　社長　髙木 政紀
設　立　1957年8月26日
従業員　（連結）3,776名(2022年3月31日現在)
主な扱い商品　米菓、長期保存防災食、おかゆ、パン、ペットのサプリメント
主な設備　亀田工場(新潟県新潟市)、元町工場(新潟県新潟市)、水原工場(新潟県阿賀野市)、白根工場(新潟県新潟市)
インターネット・ホームページアドレス
　https://www.kamedaseika.co.jp/

カルカン産業(株)

本　社　〒136-0074 東京都江東区東砂2-10-5　☎03-3640-1678　FAX03-3648-3734
事業内容　ビニール傘、洋傘
資本金　1,000万円　社長　石野 繁男
主な取扱い商品　洋傘、ビニール傘
従業員　11名
通販担当部署　営業部
主な取引先　エトワール海渡
インターネット・ホームページアドレス
　http://www1.ocn.jp/~karukan/
メールアドレス
　karu1972@poppy.ocn.ne.jp

北原商事(株)

本　社　〒130-0013 東京都墨田区錦糸2-7-5
　☎03-3624-5161　FAX03-3624-5167
通販拠点事業所　〒130-0013 東京都墨田区錦糸2-7-5　☎03-3624-5161　FAX03-3624-5167
事業内容　ファンデーション製造販売
資本金　3,000万円　社長　北原正人
通販部門設置　平成24年6月
主な取扱商品・サービス内容　レディースインナー
従業員　23名
通販部門担当者　北原和夫
インターネット・ホームページアドレス
　http://www.jaconne.jp/
メールアドレス

info@jaconne.jp

ギフテック(株)

本　社　〒580-0003 大阪府松原市一津屋4-5-30　TEL072-335-0221　FAX072-332-1191
事業内容　ベルト、財布、バッグ、ポーチ、左記セット品等の企画、卸し(服飾雑貨)
資本金　1,000万円　社長　工藤　雅弘
通販部門設置　昭和58年4月
主な取扱い商品　ヴァレンチノ・ヴァザーリ、マリア・コモ、カロリーヌ・シルエット、ヴァヒオ、野村修平、エンリコ・アローニ、サンタ・バーバラポロ＆ラケットクラブ等、ライセンスブランド商品、他
従業員　4名
担当者　工藤　雅弘
主な取引先　アピデ、北日本物産、ギフト21、シャディ、千趣会、東栄産業、ハーモニック、ハリカ、藤田商店、ロワール、ワイ・ヨット　他

(株)キョーエイ

本　社　〒854-0022 長崎県諫早市幸町70-21　TEL0957-21-1121　FAX0957-21-0560
事業内容　家庭用雑貨・衣料の輸出入、卸業
資本金　2,000万円　社長　町田　徹
通販部門設置　昭和61年12月
主な取扱い商品　服飾雑貨、洗剤、シルク繊維製品、ヘチマ、インテリアレース製品、輸入雑貨
従業員　20名
通販担当部署　営業課
担当者　柳橋　強
主な取引先　日本生活協同組合、コープ九州事業連合、コープ中国四国事業連合、井筒屋、鶴屋百貨店、佐賀玉屋
メールアドレス
yanagibashi@jp-kyoei.com

(株)熊　谷

本　社　〒458-0826 愛知県名古屋市緑区平子が丘601
TEL052-622-7895　FAX052-622-7897
事業内容　通販会社への販売
資本金　1,000万円　社長　熊谷　吉郎
通販部門設置　平成7年7月
主な取扱い商品　衣料品、服飾雑貨、雑貨、食品
従業員　4名
通販担当部署　営業企画部
担当者　冨樫
主な取引先　㈱全国通販、㈱宇治田原製茶場、㈱ベルーナ、インペリアルエンタープライズ㈱、㈱ロッピングライフ、㈱フィールライフ、㈱ジェイオーディー、㈱アイケイ

メールアドレス
kumagai-togashi@jasmine.ocn.ne.jp

(株)クラフト社

本　社　〒167-0051 東京都杉並区荻窪5-16-21　TEL03-3393-2222　FAX03-3393-2228
通販営業所在地　〒124-0022 東京都葛飾区奥戸4-13-20　受注センター
TEL03-5698-5511　FAX03-5698-5533
事業内容　皮革手工芸材料販売
資本金　5,000万円
代表取締役　床次　和子
通販部門設置　昭和43年6月
主な取扱い商品　皮革手工芸材料、手づくり革製品
従業員　50名（パート含む）
通販担当部署　受注センター　営業部
担当者　本山
主な取引先　東急ハンズ各店、全国革手芸愛好者
インターネット・ホームページアドレス
http://www.craftsha.co.jp/
メールアドレス
craft@mint.ocn.ne.jp

(株)クレッセント

本　社　〒557-0016 大阪府大阪市西成区花園北2-11-22
TEL06-6648-1977　FAX06-6648-1008
事業内容　高級婦人靴卸
社　長　呉本　昌時
通販部門設置　平成15年1月
主な取扱商品　婦人靴、紳士靴
主な設備　全ての工程を日本国内で製造する設備があります。
従業員　15名
通販担当部署　営業第二課
担当者　伊原　啓介
主な取引先　㈱ワコール、ロイヤルステージ、ライトアップ
インターネット・ホームページアドレス
http://www.salondegres.co.jp
メールアドレス
o-office2@salondegres.co.jp

(株)クロスフォー

本　社　〒400-0043 山梨県甲府市国母7-11-4　TEL055-288-9640
事業内容　ジュエリーの製造・卸・商品開発・カタログ作成
資本金　6億8,340万円
社　長　土橋　秀位
通販部門設置　平成5年7月
主な取扱い商品　宝石、貴金属、装身具
従業員　106名（連結）
通販担当部署　営業部
担当者　笠松　紀之

主な取引先　JALUX、QVCジャパン、三越伊勢丹通信販売、メディアワークスブルーム、GSTV
インターネット・ホームページアドレス
http://www.crossfor.com
メールアドレス
info@crossfor.com

小泉アパレル(株)

本　社　〒541-0051 大阪府大阪市中央区備後町3-1-8　TEL06-6223-7818　FAX06-6223-7829
事業内容　通販会社への商品提案・生産
資本金　4億1,000万円
取締役社長　郷原　文弘
通販部門設置　昭和58年12月
主な取扱い商品　婦人衣料品全般
主な設備　物流センター、協力仕上げ検品工場、自社生産工場、自社検品工場（中国、インド）
従業員　180名
通販担当部署　営業第30部
担当者　澤田　進次
主な取引先　スクロール、ニッセン、フェリシモ、セシール
インターネット・ホームページアドレス
http://www.ap.koizumi.co.jp/
メールアドレス
shinji.sawada@ap.koizumi.co.jp

(有)神戸屋運動具店

本　社　〒673-0403 兵庫県三木市末広2-4-8　TEL0794-82-6130　FAX0794-82-6683
通販拠点事務所　〒673-0402 兵庫県三木市加佐340
事業内容　スポーツウェア等の衣料品販売
資本金　300万円　社　長　稲田　三郎
通販部門設置　平成12年4月
主な取扱い商品・サービス内容　スポーツウェア全般・一般カジュアル・キャラクターウェア等の販売
主な設備　パソコン5台、プリンタ1台
従業員　30名
通販担当部署　市場開発課通信販売チーム
担当者　宮脇　崇司
主な取引先　ミズノ㈱、㈱ザナックス、㈱エスエスケイ、ゼット㈱、ユニチカテキスタイル㈱
インターネット・ホームページアドレス
http://www.kobeya-sp.co.jp/
メールアドレス
miyawaki@kobeya-sp.co.jp

小林織ネーム(株)

本　社　〒603-8158 京都府京都市北区紫野宮西町16　TEL075-451-5191　FAX075-451-0662
事業内容　入園、入学用等のお名前付けグッズ

資本金　3,000万円　社長　小林　慎吾
事業内容　オンリユーネーム・オンリユーシール・同アイロンシール・オンリユーテープ
主な設備　印刷工場・物流センター
従業員　185名
通販担当部署　オンリユー事業部
担当者　毛見　亮
インターネット・ホームページアドレス
　http://www.kobaori.co.jp/
メールアドレス
　onlyyou@kobaori.co.jp

(株)CONCORDIA

本　社　〒150-0012 東京都渋谷区広尾5-25-5　広尾枡儀アネックスビル5F
　　　℡03-3440-0440　FAX03-3440-4271
事業内容　バッグ、衣料雑貨の輸入・企画・販売・卸業
資本金　1,000万円　社長　杉本　達哉
通販部門設置　平成17年2月
主な取扱商品　ROND et CARRÉ RAR AKAMINÉ〈ロン エ キャレ パー アカミネ〉
通販担当部署　営業部
担当者　浜崎　健司
主な取引先　ジュピターショップチャンネル(株)
インターネット・ホームページアドレス
　http://www.concordia-spa.com/

栄レース(株)

本　社　〒665-0042 兵庫県宝塚市美幸町10-51　℡0797-71-2121　FAX0797-71-1126
東京支店　〒103-0003 東京都中央区日本橋横山町3-1　横山町ダイカンプラザ702号
　　　℡03-3662-2869　FAX03-3662-8629
事業内容　婦人インナーのレース製造・販売
資本金　9,600万円
代表取締役　澤村　徹弥
主な取扱い商品　婦人インナーファッション用レース
主な設備　テンター・晒染加工設備・仕上工場
従業員　60名
通販担当部署　営業部
担当者　取締役営業本部長　鈴木　康弘
主な取引先　ワコール、シャルレ、マルコ、ルシアン、伊藤忠商事、トリンプ、他
インターネット・ホームページアドレス
　http://www.sakae-lace.co.jp/

サンイーグル装身具(株)

本　社　〒110-0016 東京都台東区台東1-7-1
　　　℡03-3834-4211　FAX03-3834-4218
通販営業連絡先
　　　℡03-3834-4215　FAX03-3834-5314
事業内容　アクセサリー卸売
資本金　1億500万円　社長　渡邊　敬子
通販部門設置　昭和48年
主な取扱い商品　ミラショーン、ダックス、ピエールカルダン
従業員　70名
通販担当部署　本社営業部
主な取引先　髙島屋、三越、リンベル、瓶屋、ブラザー、柄長、北日本物産、ワイヨット

(株)三神通商

本　社　〒653-0037 兵庫県神戸市長田区大橋町3-3-7　℡078-643-3410　FAX078-643-3430
事業内容　はきもの全般の輸入（ヨーロッパ、中国、台湾、インド、ミャンマー）
資本金　4,800万円　社長　竹原　茂
通販部門設置　平成元年4月
主な取扱い商品　はきもの全般
従業員　20名
通販担当部署　営業部
担当者　竹原
主な取引先　ベルーナ

(株)三　宝

本　社　〒131-0045 東京都墨田区押上1-21-7　℡03-3626-2370　FAX03-3626-2530
事業内容　婦人用ハンドバッグをテレビショッピング、カタログ通販に展開
資本金　2,000万円
代表取締役　河野　政一
通販部門設置　平成5年10月
主な取扱い商品　婦人用ハンドバッグ（牛革・ラム革・オーストリッチ・クロコダイル・パイソン）
従業員　35名
通販担当部署　営業企画部
主な取引先　ディノス、ショップチャンネル、三井物産、三越、大丸、ベルーナ
メールアドレス
　sanpoh@athena.ocn.ne.jp

(株)シフトレーディング

本　社　〒150-0001 東京都渋谷区神宮前5-47-10　ナオイビル4F
　　　℡03-5464-3767　FAX03-5464-3768
事業内容　時計、バッグ、衣類、電化製品、美容健康器具等の商品企画、輸入卸し、化粧品の企画・開発、通販向商品の開発、輸入卸し
資本金　1,000万円　社長　大蔵　裕子
通販部門設置　平成11年8月
主な取扱い商品　時計、バッグ、アクセサリー、衣類、電化製品、美容健康器具、化粧品
従業員　4名
通販部門担当者　大蔵　裕子
インターネット・ホームページアドレス
　http://www.ciftrading.co.jp/
メールアドレス
　info@ciftrading.co.jp

松栄興業(株)

本　社　〒462-0015 愛知県名古屋市北区中味鋺2-444　℡052-902-3521　FAX052-902-0612
事業内容　生協、通販商品等の企画・製造・卸し
資本金　1,000万円　社長　山﨑　彰仁
通販部門設置　昭和46年5月
主な取扱い商品　アイデア雑貨、美容・健康雑貨、化粧品、等
従業員　10名
通販部門担当者　山﨑　彰仁
メールアドレス
　shoei@lilac.ocn.ne.jp

(株)シルキー

本　社　〒562-0035 大阪府箕面市船場東2-7-8　℡0727-27-1800　FAX0727-30-2420
事業内容　衣料品メーカー
資本金　3,200万円
取締役社長　山邑　昭夫
通販部門設置　平成元年1月
主な取扱い商品　メリヤス肌着(ベビー用、紳士用)
従業員　10名
通販担当部署　海外事業部
担当者　山邑　真由子
主な取引先　セシール
インターネット・ホームページアドレス
　http://www.jpsilky.com/
メールアドレス
　m.yamamura@jpsilky.com

(株)スガヌマ

本　社　〒111-0032 東京都台東区浅草6-18-10　℡03-3874-8541
通販営業連絡先
　　　℡03-3874-8543　FAX03-3874-3752
事業内容　服飾雑貨、高級婦人皮革の卸し
資本金　8,000万円　社長　菅沼　薫
主な取扱い商品　高級婦人皮革
従業員　85名
通販担当部署　通販課
主な取引先　千趣会、髙島屋、三越、ベルーナ
メールアドレス
　sg-d@poem.ocn.ne.jp

(株)スタイルビー

本　社　〒810-0041 福岡県福岡市中央区大名1-15-33 福岡セントラルビル5F

(株)スマイルコーポレーション

本　社　〒400-0113 山梨県中巨摩郡竜王町富竹新田470-7
　　　　℡055-279-7301　FAX055-279-5460
事業内容　メディア関係及び通販業者とのタイアップによる企画商品の提案製造
資本金　1,000万円　社長　丸山　孝
通販部門設置　平成5年4月
主な取扱い商品　宝石・貴金属、リサイクルブランド品
従業員　20名
通販担当部署　IT事業部
主な取引先　通販関連各企業、一般顧客
インターネット・ホームページアドレス
　http://www.smile1.co.jp/
メールアドレス
　info@smile1.co.jp

(有)関三商事

本　社　〒602-8205 京都府京都市上京区中立売通日暮東入新白水丸町
　　　　℡075-411-9300　FAX075-411-9301
事業内容　衣料品、服飾雑貨等の輸入販売卸
資本金　1,000万円　社長　関　弘武
通販部門設置　平成14年11月
主な取扱い商品　婦人衣料品、服飾雑貨
従業員　10名
通販部門担当者　関
主な取引先　㈱ジェイオーディ、㈱ジャパンホームショッピングサービス、㈱ワコール、藤久㈱、㈱東洋捺染

セラフィック(株)

本　社　〒106-0031 東京都港区西麻布2-10-2　五十嵐ビル5F
　　　　℡03-3499-1501　FAX03-3499-1866
事業内容　商品企画、製造卸販売
資本金　1,000万円　社長　廣田　雅子
通販部門設置　平成2年10月
主な取扱い商品　婦人衣料品、寝具等衣料品、健康関連衣料品
従業員　9名
通販担当部署　営業
主な取引先　日本文化センター、カタログハウス、大丸ホームショッピング、伊勢丹カタログ、いいもの王国

　　　　℡092-739-1425　FAX092-739-1429
主な事業内容　広告・出版/コンサル/サービス
資本金　9,000,000円　社長　川口　徹
設　立　2016年7月1日
従業員　22名
インターネット・ホームページアドレス
　http://starwillbe.com/

(株)セルツ

本　社　〒526-0063 滋賀県長浜市末広町2-26
　　　　℡0749-62-5049　FAX0749-63-5025
通販営業所在地　〒158-0098 東京都世田谷区上用賀5-5-10　万葉ビル5F
　　　　℡03-5491-4491　FAX03-3707-9250
事業内容　バッグ製造・卸し・販売
資本金　2,000万円　社長　立見　嘉洋
通販部門設置　平成3年4月
主な取扱い商品　バッグ（雑材及び革製全般）
従業員　20名
通販担当部署　メールオーダーセクション
担当者　市村　隆明
主な取引先　ライトアップショッピングクラブ、カタログハウス、㈱ディノス、㈱JALUX
インターネット・ホームページアドレス
　http://www.sellts.com/
メールアドレス
　info@sellts.com

(株)タカヤ商事

本　社　〒321-0973 栃木県宇都宮市岩曽町1377-82　℡028-662-0812　FAX028-662-0813
事業内容　職場のユニホーム、作業服、事務服、イベント用Tシャツ、ブルゾン、ギフト
資本金　1,000万円
代表取締役　高田　哲郎
通販部門設置　昭和48年1月
主な取扱い商品　作業服、事務服、イベント用Tシャツ、ブルゾン、帽子、ギフト、ノベルティー
主な設備　コンピューター23台
従業員　28名
通販担当部署　通販システム課
担当者　専務取締役　高田　普一
主な取引先　自重堂、信岡、フォーク、ヤギ、コーボ・ジーベック
インターネット・ホームページアドレス
　http://www.takayashoji.co.jp
メールアドレス
　takada@takayashoji.co.jp

(株)タケダレース

本　社　〒910-8570 福井県福井市若栄町601　℡0776-54-3440　FAX0776-54-5348
資本金　8,000万円　社長　武田　寿一
主な取扱い商品　高級インナーウェア用編レースの企画・開発・製造・販売
従業員　300名
主な取引先　千趣会、セシール、シムリー、ベルーナ、ムトウ、ニッセン、エイボン・プロダクツ
インターネット・ホームページアドレス
　http://www.takeda-lace.co.jp/
メールアドレス
　takeda@takedalace.co.jp

(株)田　長

本　社　〒959-1821 新潟県五泉市緑町5-16
　　　　℡0250-42-3936　FAX0250-42-5642
事業内容　婦人ニットウェア製造卸業
資本金　2,160万円　社長　田中　一成
従業員　25名

(有)ダブルエイ

本　社　〒541-0056 大阪府大阪市中央区久太郎町3-1-15
　　　　℡06-6244-0070　FAX06-6244-0037
事業内容　下着製造輸入卸
資本金　300万円　社長　後藤　義人
通販部門設置　平成17年9月
主な取扱い商品　ファウンデーション、ランジェリー、インナーウェアー、ブラトップ
従業員　4名
通販担当部署　営業部
担当者　新関　博
主な取引先　中国、ミャンマー、ラオス工場
メールアドレス
　aas-1201@ion.ocn.ne.jp

(株)デイトナ・インターナショナル

本　社　〒150-0001 東京都渋谷区神宮前3-25-15 3F　℡03-5770-8798
主な事業内容　衣・食・住におけるライフスタイル事業全般、ファッション・小物雑貨・家具の企画・製造・販売、海外ブランドの企画・仕入・卸
　　　　　　　社長　佐々木　聡
設　立　1990年4月（創業1986年10月）

(株)TENTIAL

本　社　〒103-0006 東京都中央区日本橋富沢町7-16 THE GATE 日本橋人形町6F
　　　　℡050-2257-5830
主な事業内容　ウェルネスブランド「TENTIAL」の運営、ECプラットフォーム「KENCOCO」の運営
資本金　1億円　社長　中西　裕太郎
設　立　2018年2月6日
従業員　47名
インターネット・ホームページアドレス
　https://tential.jp
メールアドレス
　support@tential.jp

(有)中江絹織物

本　社　〒891-1305 鹿児島県鹿児島市宮之

浦町892-4
　　　　℡099-294-2002　FAX099-294-2002
事業内容　本場大島紬の製造業、通販商品として大島紬のストールを開発
資本金　800万円
代表取締役　中江　均
主な取扱い商品　大島紬ストール、大島紬、芭蕉紬（全商品自社製品）
通販部門担当者　中江　均
主な取引先　県内お土産品店、東京・京都・大阪問屋
インターネット・ホームページアドレス
　http://www.iisilk.net
メールアドレス
　nakae-orimono@iisilk.net

(株)中野伊助

本　社　〒600-8035 京都府京都市下京区寺町通高辻下ル京極町505
　　　　℡075-351-0155　FAX075-351-7438
事業内容　珠数製造・卸し
資本金　1,000万円　社　長　中野　恵介
主な取扱い商品　珠数、ブレスレット、ネックレス、縁起物雑貨、開運招福百八飴、京組紐細工、スピリチャルアクセサリー、ペット用首輪
従業員　10名
通販部門担当者　中野　恵介
主な取引先　三越伊勢丹、各宗寺院、全国仏壇仏具店、髙島屋、日本文化センター、藤崎百貨店、通販各社、インペリアル・エンタープライズ、阪急阪神百貨店
インターネット・ホームページアドレス
　http://www.kyoto-isuke.com/
メールアドレス
　info@kyoto-isuke.com

(株)夏原商事

本　社　〒185-0034 東京都国分寺市光町2-17-33　℡042-572-8207　FAX042-572-9641
事業内容　繊維製品・卸
資本金　1,000万円　社　長　白神　正典
通販部門設置　昭和55年1月
主な取扱い商品　婦人衣料品各種、作務衣、他
従業員　14名
通販担当部署　営業
担当者　白神　正典
インターネット・ホームページアドレス
　http://www.natsuhara.com/
メールアドレス
　natuhara@cello.ocn.ne.jp

(有)西岡彦太郎商店

本　社　〒422-8063 静岡県静岡市馬渕3-16-29　℡054-285-0640　FAX054-282-5065
資本金　500万円　社　長　西岡　譲
主な取扱い商品　各種下駄
従業員　5名

ニシキ(株)

本　社　〒813-0034 福岡県福岡市東区多の津4-14-1　℡092-621-6368　FAX092-622-4573
事業内容　ベビー用品、介護・健康商品の生産、販売
資本金　1億円　社　長　栗栖　愼治
通販部門設置　平成元年7月
主な取扱い商品　おむつカバー、トレーニングパンツ、布おむつ、おねしょシーツ、ベビーウエア、介護・健康商品
主な設備　配送センター
従業員　120名
通販担当部署　EVA事業部
担当者　和田　正孝
主な取引先　髙島屋、松坂屋、三越、イオン、ダイエー、西松屋、赤ちゃん本舗
インターネット・ホームページアドレス
　http://www.nishiki-ch.co.jp/
メールアドレス
　info@nishiki-ch.co.jp

ニチメン西日本(株)

本　社　〒730-0011 広島県広島市中区基町12-3　℡082-228-9131　FAX082-228-9130
事業内容　暖房器具、寝具、家具、家庭電気用品、雑貨
資本金　3億円　社　長　大平　栗雄
通販部門設置　平成10年11月
主な取扱い商品　衣料品、服飾雑貨、家具・家庭用品
従業員　15名
通販担当部署　広島本店（第一営業部）
担当者　橋本　義隆
主な取引先　日本ビネガーボトラーズ、ベルーナ
メールアドレス
　hashimoto-yoshitaka@nichimennishinihon.co.jp

日繊商工(株)

本　社　〒541-0057 大阪府大阪市中央区北久宝寺町2-3-11
　　　　℡06-6261-8251　FAX06-6264-6690
事業内容　タオル等のギフト業及び通販のカタログ掲載販売
資本金　1億円　社　長　俣野　太一
通販部門設置　昭和58年1月
主な取扱い商品　タオル、寝具等
従業員　100名
通販担当部署　営業部
担当者　竹田　貴生
主な取引先　シャディ、他
インターネット・ホームページアドレス
　http://www.nissen-shoko.co.jp

ニッティド(株)

本　社　〒649-0121 和歌山県海南市下津町丸田68-1　℡073-492-0077　FAX073-492-4192
事業内容　5本指ソックスならびに無縫製ニットの製造
資本金　9,800万円　社　長　井戸端　康宏
通販部門設置　平成元年3月
主な取扱い商品　5本指ソックス、熟睡ソックス、タビソックス、ニット手袋、無縫製ニット
主な設備　5本指ソックス・手袋編機　270台、完全無縫製横編機SWG-V　8台、SWG-ミニ 25台
従業員　53名（社員16名、パート37名）
通販担当部署　本社営業部
担当者　堂岡　弘
主な取引先　問屋、卸業、直系販社（㈱ラサンテ）
インターネット・ホームページアドレス
　http://www.knitido.co.jp/
メールアドレス
　idobata@knitido.co.jp

(株)newn

本　社　〒150-0002 東京都渋谷区渋谷2-12-19 東建インターナショナルビル
主な事業内容　小柄女性向けブランド「COHINA」などのD2Cブランドを展開。フィットネス用ミラー型デバイス「em-buddy」を提供。社　長　中川　綾太郎
設　立　2017年4月1日
インターネット・ホームページアドレス
　https://newn.co/

(株)ノムラ

本　社　〒536-0008 大阪府大阪市城東区関目6-10-19　℡06-6931-0476　FAX06-6933-2751
事業内容　各固定得意先のバックの企画・販売をしている
資本金　1,000万円
代表取締役　野村　誠司
通販部門設置　昭和48年5月
主な取扱い商品　ショッピングバッグ、ショルダーバッグ、カジュアルバッグ、セカンドバッグ、旅行用・学童用バッグ
主な設備　配送倉庫有り
従業員　10名
通販担当部署　営業企画・開発
担当者　常務取締役　野村　誠
主な取引先　千趣会、髙島屋通販、ベルーナ、イマージュ、ニッセン、ワコール、丸紅（ムトウ）、セシール（佐藤商事）、シャディ、ジェイオーディ、大西衣料（バルール）、他
インターネット・ホームページアドレス
　http://nomurabag.ftw.jp/
メールアドレス

nombag@oak.ocn.ne.jp

(株)ハセガワ

本　社　〒111-0055 東京都台東区三筋2丁目19番13号 国井ビル3階
　　　　℡03-3851-2274 FAX03-3851-6958
事業内容　婦人用ハンドバッグの製造及び販売
資本金　3,000万円
代表取締役社長　水谷　守
通販部門設置　平成18年10月
主な取扱い商品　ハンドバッグ
従業員　16名
通販担当部署　営業部・営業担当
担当者　伊藤隆幸
主な取引先　髙島屋・阪急・大丸・伊勢丹
インターネット・ホームページアドレス
http://www.e-hasegawa.jp
メールアドレス
takayuki-ito@e-hasegawa.jp

(株)はちや

本　社　〒545-0021 大阪府大阪市阿倍野区阪南町1-27-1
　　　　℡06-6622-6228 FAX06-6622-6224
事業内容　レディースハンドバッグの製造卸し、小売
社　長　河合　真之介
通販部門設置　平成15年
主な取扱商品　レディースハンドバッグ
従業員　75名
通販担当部署　メディアミックス事業部
担当者　福森
主な取引先　ジュピターショップチャンネル㈱、㈱ディノス
インターネット・ホームページアドレス
https://www.thinkbee.co.jp/
メールアドレス
mediamix@thinkbee.co.jp

(株)ファッション・コ・ラボ

本　社　〒150-0001 東京都渋谷区神宮前2-4-12 ＤＴ外苑3F
　　　　℡03-6447-2490 FAX03-6447-4149
主な事業内容　ソリューション事業
資本金　80百万円　社　長　池上　貴尉
設　立　2011年4月1日
インターネット・ホームページアドレス
https://fashion-co-lab.jp/

(株)フジプラス・ワン

本　社　〒530-0054 大阪市北区南森町1-2-28　℡06-6366-6730 FAX06-7669-7403
事業内容　通信販売卸売業
資本金　1,000万円　社　長　井戸　剛
通販部門設置　平成27年10月
主な取扱商品・サービス内容　衣料品、家庭用品
従業員　9名
担当者　尾崎龍介
主な取引先　大手百貨店通販、専業通販企業
ホームページアドレス
http://fujiplus.jp/one
メールアドレス
ryusuke.ozaki@fujiplus.jp

(株)プリンセストラヤ

本　社　〒111-0053 東京都台東区浅草橋2-4-1　℡03-3862-2111 FAX03-3866-7817
事業内容　財布・ハンドバッグの製造販売
資本金　3億7,200万円　社　長　梅田　博章
通販部門設置　平成5年4月
主な取扱い商品　財布・ハンドバッグ
従業員　150名
通販担当部署　販売7部
主な取引先　通販の取引先、千趣会、ディノス・セシール、QVC、スクロール、日生協
インターネット・ホームページアドレス
http://www.rakuten.co.jp/princessbag/
メールアドレス
ptinfo@princessbag.co.jp

(株)ブルマーレ

本　社　〒105-0014 東京都港区芝3-1-14 芝公園阪神ビル4F
　　　　℡03-5419-6620 FAX03-5419-6621
主な事業内容　アパレル＆生活雑貨のOEM、ODM、販売、ECサイト運営・企画デザイン・生産、加工・検品、検査・輸入貿易　社　長　三田　雅明
設　立　2014年4月1日
売上高　2022年50億円(日本グループ全体)
インターネット・ホームページアドレス
https://www.blumare.jp/

(株)プロルート丸光

本　社　〒541-0056 大阪府大阪市中央区久太郎町2-1-5
　　　　℡06-6262-0303 FAX06-6262-1741
事業内容　婦人・紳士・子供外衣、寝具、インテリア、下着、服飾雑貨、アクセサリー、鞄、靴、ファンシー雑貨の卸売
資本金　1億円　社　長　安田　康一
主な取扱い商品　紳士衣料品、婦人衣料品、下着、子供・ベビー衣料品、寝具・その他衣料品、服飾雑貨・アクセサリー・靴・バッグ、スポーツ衣料・作業服
主な設備　福岡店、東京店、商品流通センター
従業員　156名

通販担当部署　システム販売部
担当者　吉見　利和
インターネット・ホームページアドレス
http://www.proroute.co.jp/

(株)ブンブク

本　社　〒650-0046 兵庫県川西市向陽台3-7-24　℡072-793-2987 FAX072-793-2987
通販拠点事業所　〒650-0046 兵庫県神戸市中央区港島中町3-1-2
　　　　℡078-302-5081 FAX078-302-5091
事業内容　衣料及び雑貨販売
資本金　1,000万円　社　長　福田　勝次
通販部門設置　平成12年6月
主な取扱い商品　レディス、メンズアパレル及びアクセサリー雑貨
従業員　8名
通販部門担当者　福田　広司
インターネット・ホームページアドレス
http://www.c-ands.co.jp
メールアドレス
hfukuda@c-ands.co.jp

ホウジョウ商事

本　社　〒652-0804 兵庫県神戸市兵庫区塚本通5-4-12
　　　　℡078-576-1930 FAX078-576-1931
事業内容　ギフト、販促品、観光物産卸
資本金　1,000万円　社　長　橘田　重夫
通販部門設置　昭和50年
主な取扱い商品　エジプト香水ボトル、光る交通安全バッチ、木製カラクリ人形、木製パズル、紫外線防止サンバイザー、スタンガン
従業員　3名
通販担当部署　輸入部
通販部門担当者　橘田　重夫
主な取引先　内海産業、ベルーナ
メールアドレス
hojou@nifty.com

(株)枡　儀

本　社　〒600-8047 京都府京都市下京区松原通寺町西入石不動之町695
　　　　℡075-341-0245 FAX075-341-2528
通販拠点事業所　〒150-0012 東京都渋谷区広尾5-25-5
　　　　℡03-3440-0444 FAX03-3440-0441
事業内容　高級爬虫類ハンドバッグ、婦人ハンドバッグ、服飾小物販売卸
資本金　7,500万円　社　長　杉本　達哉
通販部門設置　平成17年8月
主な取扱商品　coto、GERS、クロコダイルハンドバッグ
従業員　80名
通販担当部署　東日本営業部
担当者　菅原　祥人

主な取引先　㈱QVCジャパン、㈱ディノス・セシール、いきいき㈱、㈱ハーモニック、㈱カタログハウス
インターネット・ホームページアドレス
　http://www.masugi.co.jp/

㈱又一洋行

本　社　〒541-0056 大阪府大阪市中央区久太郎町3-5-13
　℡06-6251-6391　FAX06-6252-4320
事業内容　メンズ・レディス・チルドレンのカジュアルウェア、ナイトウェアの製造・卸し
資本金　1億5,000万円　社長　伊藤 雅彦
通販部門設置　昭和61年
主な取扱い商品　紳士衣料品、婦人衣料品、子供衣料品、ナイティー
従業員　55名
通販担当部署　子供アウター、ナイティー
担当者　山崎、桑原
主な取引先　セシール、フェリシモ、ベルーナ、聖和趣味の会

㈱丸文いわさ

本　社　〒501-6012 岐阜県羽島郡岐南町八剣5-29　℡0582-45-2387　FAX0582-47-6845
通販営業所在地　〒501-6012 岐阜県羽島郡岐南町八剣5-29
　℡0582-46-5566　FAX0582-46-3355
事業内容　婦人服販売
資本金　2,000万円　社長　安藤 茂
通販部門設置　平成元年10月
主な取扱い商品　ブラウス、ブラウススーツ、ジャケット、ワンピース、コート
主な設備　検品発送
従業員　10名
通販担当部署　第5事業部
担当者　安藤 茂
主な取引先　ベルーナ、日本生活協同組合連合会、JOD、㈱山忠、㈱アイケイ、㈱東洋捺染、㈱はぴねすくらぶ、ファミリーライフ、インペリアル・エンタープライズ㈱、㈱JFRオンライン、㈱全国通販、日本直販、その他
メールアドレス
　shiandoh@ebony.plala.or.jp

水甚㈱

本　社　〒501-6123　岐阜県岐阜市柳津町流通センター1-15-3
主な事業内容　「FIRST DOWN」,「Liberty-Bell」,「HENRYCOTTON'S」といったブランドをはじめ、カジュアル衣料全般を企画、製造し、全国有名専門店、量販店、百貨店、スポーツ店、セレクトショップ(フリークスストア・ユナイテッドアローズ・ベイクルーズ　他セレクトショップ

等)に販売するファッションメーカー」
資本金　1,000万円　社長　中村 好成
設　立　1964年7月1日
売上高　105億円
従業員　130名

ミズノ㈱

本　社　〒559-8510 大阪府大阪市住之江区南港北1-12-35
　℡06-6614-8411　FAX06-6614-8399
通販拠点事業所　〒101-8477 東京都千代田区神田小川町3-22
　℡03-3233-7146　FAX03-3233-7117
事業内容　健康&快適でシニアのニーズを汲み取り、スポーツ品の開発で培った技術を集結します
資本金　261億3,700万円
社長　水野 明人
主な取扱い商品　雑貨、衣料品、服飾雑貨
従業員　1,831名
通販担当部署　法人営業部ギフト通販
担当者　山崎 照雄
主な取引先　いいもの王国、カタログハウス、ユーリーグ、ディノス、三越通販、JAL、ANA、東急グランマルシェ
インターネット・ホームページアドレス
　http://www.mizuno.co.jp/

㈱ミマ・ジュリー

本　社　〒170-0003 東京都豊島区駒込1-1-3
　℡03-3947-8001　FAX03-3947-8662
事業内容　アクセサリー部門　国産メッキ付きアクセサリーの製造卸、ジュエリー部門　K18　天然石使いジュエリーの製造卸
資本金　1,300万円　社長　井口 篤志
主な取扱い商品　スワロスキー付きペンダント・ピアス、ダイヤ、半貴石付きネックレース、リング
主な設備　企画室、手作り工場
従業員　15名
通販部門担当者　井口
主な取引先　㈱お世話や、三菱マテリアル㈱
インターネット・ホームページアドレス
　http://www.mima-j.jp
メールアドレス
　info@mima-j.jp

宮井㈱

本　社　〒604-8163 京都府京都市中京区室町六角下ル
　℡075-221-0381　FAX075-221-2092
事業内容　生活雑貨全般
資本金　1億円　社長　宮井 宏明
通販部門設置　平成8年1月

主な取扱い商品　ふろしき、ふくさ、和装雑貨、陶器、漆器、インテリア、家庭用品
従業員　120名
通販担当部署　京都店
担当者　天川
主な取引先　千趣会、フェリシモ、シムリー、大丸ホームショッピング

㈲ミルクヴェッチ

本　社　〒543-0052 大阪市天王寺区大道4-5-16　℡06-4305-2070　FAX06-4305-2080
事業内容　服飾雑貨の企画・製造・販売
資本金　300万円　社長　山本 尚典
主な取扱い商品　衣料品(婦人衣料・下着)、服飾雑貨(靴)、家庭用品、園芸
従業員　3名

ムーンバット㈱

本　社　〒600-8491 京都府京都市下京区室町通四条南入鶏鉾町493
　℡075-361-0381　FAX075-371-0171
通販営業連絡先
東京支店第二営業
　℡03-3342-6810　FAX03-3342-2438
大阪支店第二営業
　℡06-6532-0245　FAX06-6532-0686
事業内容　洋傘、洋品、毛皮、レザー他アクセントファッション関連商品の企画開発ならびに販売
資本金　33億3,979万円　社長　中野 誠一
通販部門設置　昭和50年
主な取扱い商品　洋傘、パラソル、レイングッズ、洋品、スカーフ、マフラー、帽子、毛皮、レザー、宝飾品
従業員　247名
通販担当部署　東京支店第二営業、大阪支店第二営業
主な取引先　全国有名百貨店、チェーンストア、専門店、他
インターネット・ホームページアドレス
　http://www.moonbat.co.jp/

モリリン㈱

本　社　〒491-0859 愛知県一宮市本町4-22-10　℡0586-25-2261　FAX0586-22-1113
通販営業所在地　〒550-0001 大阪府大阪市西区土佐堀1-3-7　肥後橋シミズビル7F
　℡06-6441-6573　FAX06-6441-6574
事業内容　繊維総合商社
資本金　12億8,000万円
代表取締役社長　森 克彦
通販部門設置　昭和55年4月
主な取扱い商品　婦人トップス(セーター、カットソー)、布帛、重衣料
従業員　647名
通販担当部署　レディスアパレルグループ

通販営業部
担当者　山崎　慶次
主な取引先　千趣会、ムトウ、ベルーナ、ディノス、ニッセン、セシール
インターネット・ホームページアドレス
　http://www.moririn.co.jp
メールアドレス
　keiji.yamasaki@moririn.co.jp

(株)ヤギ

本　社　〒540-8660 大阪府大阪市中央区久太郎町2-2-8
　　　℡06-6266-7300　FAX06-6266-7373
事業内容　原料、テキスタイル、繊維二次製品（婦人衣料品・寝具、その他衣料品）等の販売
資本金　10億8,800万円
社　長　八木　隆夫
通販部門設置　昭和60年頃
主な取扱い商品・サービス内容　原料、テキスタイル、繊維二次製品（婦人衣料品・寝具、その他の衣料品）
従業員　421名（連結）　283名（単体）
通販担当部署　営業第二本部　第二部門　第二事業部
主な取引先　㈱千趣会、㈱スクロール、㈱ニッセン、㈱フェリシモ、㈱ベルーナ、㈱ディノスセシール、㈱QVCジャパン
インターネット・ホームページアドレス
　https://www.yaginet.co.jp/

ヤマトドレス(株)

本　社　〒101-0025 東京都千代田区神田佐久間町3-24-3
　　　℡03-3864-4641　FAX03-3864-7369
事業内容　婦人ボトムス企画製造卸
資本金　3,000万円
代表取締役　川野　宣二
通販部門設置　平成元年7月
主な取扱い商品　ボトムス（スカート、パンツ）
従業員　90名
通販担当部署　第3事業部
担当者　鳥取　正志
主な取引先　瀧定大阪、瀧定名古屋
インターネット・ホームページアドレス
　http://www.yamato-dress.co.jp
メールアドレス
　tottori_m@yamato-dress.co.jp

ヤング産業(株)

本　社　〒547-0033 大阪府大阪市平野区平野西4-9-5　℡06-6700-1161　FAX06-6700-1150
事業内容　ベルト、サイフ、小物等の企画・製造・販売
資本金　9,800万円（払込済）
社　長　長谷川　隆章

通販部門設置　平成元年12月
主な取扱い商品　各種ブランド物のベルト、サイフ、カバン類
従業員　66名
通販担当部署　第1事業本部
担当者　荒川　隆充
主な取引先　ベルーナ、セシール、千趣会
インターネット・ホームページアドレス
　http://www.young.co.jp/
メールアドレス
　takamitsu_arakawa@young.co.jp

ユニオンソーイング(株)

本　社　〒774-0017 徳島県阿南市見能林町大作半11-3
　　　℡0884-22-8889　FAX0884-23-3562
通販営業所在地　〒577-0012 大阪府東大阪市長田東3-68
　　　℡06-6745-9105　FAX06-6745-8769
事業内容　縫製業
資本金　1,000万円　社　長　水口　鉄夫
通販部門設置　昭和58年
主な取扱い商品　ショーツ、インナー関係
主な設備　延反機7台、ミシン140台
従業員　120名
通販担当部署　ベルローズ
主な取引先　千趣会、シムリー、ベルーナ、ニッセン

(株)ラクーンホールディングス

本　社　〒103-0014 東京都中央区日本橋蛎殻町1-14-14
　　　℡03-5652-1692　FAX03-5652-1683
事業内容　EC事業、フィナンシャル事業（対象は企業のみ）
資本金　8億4,700万円 (2019年10月末時点)
社　長　小方　功
通販部門設置　平成10年8月
主な取扱い商品　衣料品、雑貨、家具、電化製品、本、工具
従業員　169名（アルバイト除く）
通販担当部署　㈱ラクーンコマース
担当者　広報
主な取引先　業務の性質上非公開
インターネット・ホームページアドレス
　http://www.raccoon.ne.jp/　（企業HP）
　http://www.superdelivery.com
　　　　　　　　　　　　（サービスサイト）
メールアドレス
　pr@raccoon.ne.jp

(株)ランドマーク

本　社　〒163-1308 東京都新宿区西新宿6-5-1　新宿アイランドタワー8F
　　　℡03-5909-3351
事業内容　SP（販売促進用）のブルゾンの企画・製造・販売

資本金　3,000万円　社　長　石井　達也
主な取扱い商品　紳士衣料品（ブルゾン）
従業員　15名
通販担当部署　商品提案課
担当者　笠原　健
主な取引先　大手広告代理店、百貨店外商
インターネット・ホームページアドレス
　http://www.l-m.co.jp/
メールアドレス
　info@l-m.co.jp

(有)リトルプリンセス

本　社　〒158-0085 東京都世田谷区玉川田園調布2-7-18　セトル田園調布1F
通販営業所在地　〒140-0013 東京都品川区南大井3-20-16　DSK品川ビル2F
　　　℡03-5753-5820　FAX03-5753-5823
事業内容　米国製子供服、育児雑貨の輸入・販売
資本金　5,000万円
代表取締役　岡本　藤太
通販部門設置　平成2年2月
主な取扱い商品　ベビー・キッズ子供服、育児雑貨
従業員　5名
通販担当部署　営業部
担当者　江守　弘
主な取引先　主婦の友社、リクルート、日本トイザラス、レモール、ナイスデイ、学習研究社
インターネット・ホームページアドレス
　http://littleprincess.jp
メールアドレス
　emori@lp-tokyo.co.jp

(株)ルイス

本　社　〒462-0837 愛知県名古屋市北区大杉2-10-22　℡052-912-6649　FAX052-991-7493
事業内容　エプロン、婦人衣料品、小物製造卸し
資本金　2,000万円　社　長　河方　鈴平
通販部門設置　平成元年11月
主な取扱い商品　エプロン、婦人衣料品、小物
従業員　20名
通販担当部署　営業
担当者　伊藤　文雄
主な取引先　学習研究社、セシール、シムリー、フレンドリー、ベルーナ、日本文化センター、世界文化社、チャイルド、ジェイオーディ、東邦、浜口通販、バルール、ライフアパレル、聖和趣味の会、他

(株)レジャープロダクツ

本　社　〒187-0031 東京都小平市小川東町5-13-17　℡042-346-3310　FAX042-346-3312
事業内容　各種バッグ、袋物及びアウトド

アウエアの企画・製造（海外委託生産）・輸入卸し
資本金　1,000万円　社長　網野　越朗
主な取扱い商品　アウトドアバッグパック、カジュアルバッグ、パーカーコート、トラベルバッグ、他
従業員　25名
通販担当部署　営業部
担当者　中島
主な取引先　ICLアソシエ、伊勢丹、カタログハウス、サントリーショッピングクラブ、世界文化社、JAFサービス、全日空商事
インターネット・ホームページアドレス
　http://www.leisure-products-inc.com/
メールアドレス
　info@leisure-products-inc.com

ロオルス(株)

本　社　〒541-0046 大阪府大阪市中央区平野町3-1-2　℡06-6222-6811　FAX06-6222-3433
事業内容　メンズスラックス製造・卸し
資本金　5,000万円　社長　長野　龍一
通販部門設置　平成4年3月
主な取扱い商品　メンズスラックス（HOUSTONOPEN、SAVANE、BROADMOOR、CESARANI）
従業員　81名
通販担当部署　営業本部
担当者　中野　孝一
主な取引先　三越、大丸、髙島屋、日本生活協同組合連合会、ライトアップショッピングクラブ
メールアドレス
　osaka@rolls-web.co.jp

● 家具・家庭用品、雑貨、全般 ●

アーネスト(株)

本　社　〒959-1155 新潟県三条市福島新田丁858　℡0256-41-1010　FAX0256-41-1000
事業内容　家庭日用品、雑貨類の企画・製造・販売
資本金　6,000万円　社長　鈴木　邦夫
主な取扱い商品　アイデア日用品（家庭用品）保温調理鍋「ほっとく鍋」ベルフィーナパンシリーズ、キャラクター弁当シリーズ
従業員　65名
通販担当部署　営業課
主な取引先　セシール、ニッセン、千趣会、スクロール、日本生活協同組合連合会、ベルーナ、QVC
インターネット・ホームページアドレス
　http://www.ar-nest.co.jp

(株)アイアン

本　社　〒955-0002 新潟県三条市柳川新田浦谷内946
　℡0256-38-0222　FAX0256-38-0322
事業内容　家庭用品卸し
資本金　5,000万円　社長　山井　賀範
通販部門設置　昭和59年6月
主な取扱い商品　家具、家庭用品収納品、雑貨
従業員　23名

(株)アイエムシー

本　社　〒530-0043 大阪府大阪市北区天満2-12-8　℡06-6355-3500　FAX06-6353-7640
事業内容　通販商品の開発・販売、通販企画
資本金　1,000万円　社長　松本　勝俊
通販部門設置　平成10年4月
主な取扱い商品　マイナスイオン発生式空気清浄器「エアピューロf」、炭酸ガス噴射式消火具「ANON-M2」、その他輸入商品、通販商材
従業員　4名
通販担当部署　営業企画部
担当者　菊川　正宣
主な取引先　カタログ通販、ラジオ通販、TVショッピング
メールアドレス
　kikukawa5786@matsukin.co.jp

アイキ産業(株)

本　社　〒178-0062 東京都練馬区大泉町5-16-1　℡03-3922-2112　FAX03-3922-2103
資本金　1,000万円　社長　小林　功
通販部門設置　平成2年5月
主な取扱い商品　いびき防止器、無痛提手"モチーナ""グリップ"
従業員　5名
通販部門担当者　代表　小林　功
インターネット・ホームページアドレス
　http://www.aikisangyo.com/
メールアドレス
　i-kobayasi@aikisangyo.com

アイミ商事(株)

本　社　〒184-0004 東京都小金井市本町4-12-38 アイミビル1F、B1F
　℡042-381-2828　FAX042-381-2845
事業内容　家庭用ミシン、手芸用品の小売り、家庭用ミシン、ジャノメ24時間風呂の卸売り（量販店、手芸専門店、問屋、通販会社、小売店等）
資本金　3,400万円　社長　相原　勝美
通販部門設置　平成2年9月
主な取扱い商品　家庭用ミシン、手芸用品、ジャノメ24時間風呂
従業員　11名

通販担当部署　第3部事業部
担当者　相原　勝美
主な取引先　NACK5、山崎工業
インターネット・ホームページアドレス
　http://www.aimishouji.co.jp
メールアドレス
　info@aimishouji.co.jp

アイメディア(株)

本　社　〒732-0053 広島県広島市東区若草町12-1　℡082-506-1121　FAX082-506-1372
通販拠点事業所　〒564-0054 大阪府吹田市芳野町5-59
　℡06-7174-8866　FAX06-7174-8869
事業内容　生活雑貨の製造・輸入・卸
資本金　3億1,384万円　社長　米又　幹扇
通販部門設置　平成5年1月
主な取扱い商品　コロコロ十二支お手玉、トイレふちクリーン、クロックス
従業員　220名
通販担当部署　企画営業部　通販グループ
担当者　柿本
主な取引先　千趣会、セシール、ニッセン、JOD、QVC、ベルーナ、ネットプライス
インターネット・ホームページアドレス
　http://www.aimedia.co.jp
メールアドレス
　info@aimedia.co.jp

アイリスオーヤマ(株)

本　社　〒980-8510 宮城県仙台市青葉区五橋2-12-1　℡022-221-3400
主な事業内容　生活用品の企画、製造、販売
資本金　1億円　社長　大山　晃弘
設　立　1971年4月
従業員　4,081名

(株)アウトポート

本　社　〒151-0064 東京都渋谷区上原1-7-20 サエグサビル代々木公園
　℡03-3485-4030　FAX03-3485-4031
事業内容　海外家電品及び雑貨の輸入・卸
資本金　1,000万円　社長　鈴木　光路
通販部門設置　平成15年12月
主な取扱い商品　掃除機、暖房機、加湿器、空気清浄機
主な設備　アフターサービスセンター
従業員　9名
通販担当部署　管理部
通販部門担当者　大高　光博
主な取引先　カタログハウス、GEN

(株)阿吽

本　社　〒116-0002 東京都荒川区荒川7-6-10　℡03-5615-5588　FAX03-5615-5590

事業内容　化粧品、下着、家電、日用雑貨などさまざまな商品を企画し、テレビ通販・カタログ通販各社に卸し
資本金　1,000万円　　社　長　三原　清宏
主な取扱い商品　化粧品、下着、日用家電、雑貨、食品
主な設備　海外OEM生産工場（複数）
従業員　27名
通販担当部署　営業
担当者　谷本憲明
主な取引先　㈱ベルーナ、㈱関西テレビハッズ、㈱井田両国堂
インターネット・ホームページアドレス
　http://www.aun-club.com/b2b/
メールアドレス
　tanimoto@aun-club.com

㈱青島文化教材社

本　社　〒420-0922 静岡県静岡市葵区流通センター12-3　℡054-263-2400　FAX054-263-2523
事業内容　趣味生活用品の企画・製造・販売
資本金　1,835万円
代表取締役　青嶋　典生
通販部門設置　平成10年4月
主な取扱い商品　プラモデル、ギフト商品、ジグソーパズル、ミニカー
従業員　56名
通販担当部署　営業部
担当者　山西　秀晃
インターネット・ホームページアドレス
　http://www.aoshima-bk.co.jp/
　http://hobbyworld.aoshima-bk.co.jp/
メールアドレス
　yamanishi@mail.aoshima-bk.co.jp

明日香産業㈱

本　社　〒420-0945 静岡県静岡市葵区桜町1-15-19
　　　　℡054-253-6755　FAX054-271-3367
事業内容　ガーデニング用品製造
資本金　1,000万円　　社　長　上井戸 高光
主な取扱い商品　ミニ観葉植物、栽培セット、ハーブポプリ関連商品、ガーデニングツール＆アクセサリー、こけ玉、ミニ盆栽、竹炭＆木炭関連商品、竹焼塩、その他塩関連商品
従業員　18名
主な取引先　タキイ種苗
メールアドレス
　tk-asuka@ma.tnc.ne.jp

㈱アストロ

本　社　〒540-0004 大阪府大阪市中央区玉造1-13-4　小林ビル6F
　　　　℡06-6768-5461　FAX06-6768-6425
事業内容　生協、通販、ギフト関係の製造卸業
資本金　1,000万円
代表取締役　田仲　哲也
通販部門設置　昭和60年10月
主な取扱い商品　縫製品、不織布、輸入雑貨、収納用品
主な設備　兵庫県篠山市物流センター、上海工場
従業員　20名
通販担当部署　営業部
担当者　森下
主な取引先　日本生活協同組合連合会、その他全国事業連合生協、通販各社、ギフト各社
メールアドレス
　o_morishita@astro-co.jp

アスワン㈱

本　社　〒550-0013 大阪府大阪市西区新町3-5-10　℡06-6532-0171　FAX06-6532-0178
通販営業連絡先
　　　　℡06-6538-7361　FAX06-6532-5286
事業内容　インテリア製品の企画・開発、製造販売
資本金　7億7,620万円　社　長　深江　隆司
通販部門設置　平成10年4月
主な取扱い商品　カーペット、カーテン、マット、ラグ
従業員　395名
通販担当部署　大阪営業部
担当者　播摩　信行
インターネット・ホームページアドレス
　http://www.aswan.co.jp/

㈱アックス ヤマザキ

本　社　〒544-0022 大阪府大阪市生野区舎利寺3-12-5
　　　　℡06-6717-5851　FAX06-6741-7875
通販営業連絡先
　　　　℡06-6717-5852　FAX06-6741-7875
事業内容　家庭用ミシン製造・販売
資本金　2,000万円
代表取締役　山﨑　一史
通販部門設置　昭和60年1月
主な取扱い商品　家庭用ミシン
従業員　24名
通販担当部署　営業部
担当者　山﨑　範夫
主な取引先　シャディ、千趣会、藤久、カタログハウス、コープこうべ
インターネット・ホームページアドレス
　http://www.axeyamazaki.co.jp
メールアドレス
　info@axeyamazaki.co.jp

㈱アヅマ

本　社　〒105-0004 東京都港区新橋5-15-2
　　　　℡03-3437-2021　FAX03-3437-2036
通販営業所在地
東京店
　〒140-0011 東京都品川区東大井1-5-13
　　　　℡03-3474-2431
大阪店
　〒558-0014 大阪府大阪市住吉区我孫子東1-11-4　℡06-6699-0071
事業内容　通販企業への卸し、販売
資本金　3,000万円　　社　長　牧野　均
通販部門設置　平成3年7月
主な取扱い商品　食器、台所家庭用品、インテリア
従業員　130名
通販担当部署　東京店・大阪店　直販部
担当者　外川　富士雄（東京店）、岩倉　博明（大阪店）
主な取引先　千趣会、セシール、ディノス、他
インターネット・ホームページアドレス
　http://www.azuma-web.co.jp/
メールアドレス
　tokyo@azuma-web.co.jp

㈱アテックス

本　社　〒547-0014 大阪府大阪市平野区長吉川辺3-3-24
　　　　℡06-6799-8100　FAX06-6799-8101
事業内容　商品の企画・開発・製造及び輸入・販売
資本金　3,825万円
代表取締役社長　原島　裕
通販部門設置　平成6年7月
主な取扱い商品　収納式ベッド、健康機器、電気製品、介護用ベッド、他
従業員　68名
通販担当部署　営業部
担当者　各営業担当
主な取引先　ジャパネットたかた、ニッセン、プライム、QVC、総通、カタログハウス、他
インターネット・ホームページアドレス
　http://www.atex-net.co.jp

㈱アドフィールド

本　社　〒178-0064 東京都練馬区南大泉6-20-19　℡03-5935-2811　FAX03-5935-1141
資本金　2,305万円　　社　長　増田　将二
通販部門設置　平成4年3月
主な取扱い商品　スペース暖シート、ぬくぬくレッグマット、吸着密閉ごみ箱無臭、両面ガラスクリーナー、汗止め帯、モコモコ泡クリーナー、スペースヒートシート
従業員　10名
通販担当部署　営業部
担当者　中村
主な取引先　JAFサービス、千趣会、JOD、ニッセン、ベルーナ、QVCジャパン、東

急ハンズ、ディノスセシール、日本文化センター、日本直販、テレビ東京
ホームページアドレス
http://www.add-field.co.jp
メールアドレス
info2@add-field.co.jp

㈱アピックスインターナショナル

本　社　〒556-0005　大阪府大阪市浪速区日本橋4-7-7 5F
　　　℡06-6632-0811　℻06-6632-0812
事業内容　家電製品輸入販売卸
資本金　9,300万円　**社　長**　木地　好美
主な取扱い商品　夏物季節家電、冬物季節家電、調理家電、生活家電
従業員　19名
通販担当部署　営業部
担当者　川島
主な取引先　㈱ディノス セシール、㈱ジェイオーディ、㈱千趣会、㈱カウネット、楽天ダイレクト㈱、ベルーナ㈱
インターネット・ホームページアドレス
http://www.apix-intl.co.jp

㈱アペックス

本　社　〒370-0801　群馬県高崎市上並榎町258-1　℡027-370-5678　℻027-370-5679
事業内容　輸入商品及び国内商品の販売、通販プロデュース、商品企画開発
資本金　4,000万円
社　長　児島　正雄（取締役社長）
通販部門設置　平成3年4月
主な取扱い商品　Danfill、MENU、国内産食品、Uldspinderi、Ringsted Dun、WOUD、by Lassen、Born in Sweden、寝具、インテリア・雑貨、食品、健康食品、化粧品
従業員　35名
通販担当部署　営業部
担当者　各営業担当
主な取引先　ディノス、QVCジャパン、宇治田原製茶場、テレビ東京、日テレ、らでぃっしゅぼーや
インターネット・ホームページアドレス
www.apexb1.com

㈱アルタ

本　社　〒503-0801　岐阜県大垣市和合新町1-34-2　℡0584-74-3311　℻0584-74-5090
事業内容　ネット通販
資本金　2,000万円
代表取締役　山口　勝三
通販部門設置　平成5年8月
主な取扱い商品　四葉のクローバー・プッシュピン、マグネット、コルクボード、ホワイトボード、切文字、樹脂小物、木製品、紙製品、バラエティ雑貨、ノベルティープランニング、輸入雑貨、キャンディー、ネコ雑貨
従業員　40名
主な取引先　㈱東急ハンズ、㈱ロフト、ハピンズ、ドン・キホーテ、ジョイフル本田HC、ビレッジバンガード、テーマパーク
インターネット・ホームページアドレス
http://www.aruaru.co.jp
メールアドレス
support@aruaru.co.jp

㈱アルファックス

本　社　〒540-0037　大阪市中央区内平野町2-1-9 シグナスビル4F
　　　℡06-4792-1193　℻06-4792-1195
通販拠点事業所　〒540-0037　大阪市中央区内平野町2-1-9 シグナスビル4F
　　　℡06-4792-1193　℻06-4792-1195
事業内容　健康雑貨・アイデア雑貨の企画製造販売
資本金　1,000万円　**社　長**　由良恂一
通販部門設置　平成11年10月
主な取扱商品・サービス内容　お医者さんの円座クッション・お医者さんのがっちりコルセット・ガチ押しふみっぱ・腰楽
従業員　20名
通販担当部署　営業部
通販部門担当者　土橋昇
主な取引先　千趣会・セシール・ディノス・ベルーナ・オイシックス.ラ.大地・資生堂・ワコール・他　・（アマゾン含まず）
インターネット・ホームページアドレス
www.al-phax.co.jp
メールアドレス
info@al-phax.co.jp

㈱安間産業

本　社　〒125-0031　東京都葛飾区西水元1-11-1
通販営業所在地　〒125-0031　東京都葛飾区西水元4-10-7
　　　℡03-5699-5581　℻03-5699-5333
事業内容　生活協同組合、通信販売等の卸し
資本金　1,000万円　**社　長**　安間　孝一
通販部門設置　平成2年3月
主な取扱い商品　雑貨、マイオンリー商品、家庭用品、他
主な設備　物流倉庫
従業員　12名
通販担当部署　営業部
担当者　安間
主な取引先　全国の生活協同組合、全国の通販会社等
メールアドレス
imfol.anma@dream.com

㈱イーアンドケー

本　社　〒104-0031　東京都中央区京橋2-9-12日本工築1号館2F
　　　℡03-3538-6751　℻03-3538-6755
資本金　300万円　**社　長**　森田　耕一
通販部門設置　平成12年1月
主な取扱い商品　家庭用品や雑貨、健康食品、化粧品の企画・製造・販売、学習塾経営、飲食店経営
従業員　69名（パート含む）
通販担当部署　物販事業部
主な取引先　通信販売（カタログ通販、新聞通販、TVショッピング）、生協、店頭販売（ホームセンター等）
インターネット・ホームページアドレス
http://www.eandk.co.jp

和泉化成㈱

本　社　〒491-0395　愛知県一宮市萩原町高木字五十歩1-4
　　　℡0586-69-3131　℻0586-69-5077
事業内容　プラスチック射出成形による家庭用品の製造・販売
資本金　2,000万円　**社　長**　服部　和彦
通販部門設置　昭和63年7月
主な取扱い商品　収納用品、アウトドア用品、園芸用品、キッチン用品、百円均一
主な設備　射出成型機180t〜1,600t
従業員　108名
通販担当部署　営業3課
主な取引先　菊屋、総通、梶原産業、他
インターネット・ホームページアドレス
http://www.izumi-plastic.co.jp/
メールアドレス
info@izumi-plastic.co.jp

一　宮㈱

本　社　〒615-8195　京都府京都市西京区川島権田町15-2
　　　℡075-394-7011　℻075-394-7022
事業内容　京友禅を使った和装小物卸し業
資本金　1,000万円
主な取扱い商品　座布団、ザブカバー、のれん
従業員　10名
通販部門担当者　二宮　茂之
主な取引先　㈱川島織物セルコン、㈱西川

伊藤忠ポリマー㈱

本　社　〒537-0025　大阪府大阪市東成区中道3-17-15　℡06-6972-1155　℻06-6972-7986
通販営業所在地　〒333-0811　埼玉県川口市戸塚3-12-16
　　　℡048-291-2181　℻048-291-2180
事業内容　各種収納用品の企画・製造・販売
資本金　1億2,200万円　**社　長**　小藤　征六

通販部門設置　平成6年1月
主な取扱い商品　家庭用品、雑貨
従業員　160名
通販担当部署　関東製品課
担当者　加藤　栄作
主な取引先　千趣会、ディノス、セシール

伊那宝石(株)

本社　〒396-0000 長野県伊那市西町5056-1　℡0265-72-2249　FAX0265-78-0946
事業内容　通信販売向け貴金属の製造・卸し
資本金　3,000万円　社長　松村　稔
通販部門設置　昭和63年
主な取扱い商品　宝石、貴金属、アクセサリー
従業員　20名
通販担当部署　営業課
担当者　松村
インターネット・ホームページアドレス
　http://www.facet.co.jp/

(株)今枝商店

本社　〒462-0844 愛知県名古屋市北区清水2-9-16　℡052-916-2301　FAX052-916-0032
事業内容　籐製品・籐家具直輸入卸し
資本金　5,700万円　社長　今枝　正典
通販部門設置　平成10年9月
主な取扱い商品　籐家具、籐製品全般
主な設備　自社倉庫名古屋近郊に10ヵ所（約3万坪）
従業員　20名
通販担当部署　営業部
担当者　今枝　正典
主な取引先　ベルーナ、東急百貨店通販部、JOD、総通、等
メールアドレス
　imaeda@rattan.jp

岩島電子工業(株)

本社　〒453-0011 愛知県名古屋市中村区千原町2-39
　℡052-452-6134　FAX052-452-6405
事業内容　電子機器製造・卸し
資本金　2,500万円　社長　浦野　武彦
主な取扱い商品　電子ツール、電子玩具
従業員　13名
通販部門担当者　浦野　武彦

(株)インテリアNN企画

本社　〒171-0014 東京都豊島区池袋2-33-10　℡03-3984-5040　FAX03-3989-0355
事業内容　通信販売に関する商品開発及び企画
資本金　1,000万円　社長　永野　博
通販部門設置　昭和58年5月
主な取扱い商品　通販会社への卸

主な設備　コンピューター
従業員　12名
通販部門担当者　営業　永野　裕士
主な取引先　東急、カタログハウス、全日空、日航、千趣会、ユーリーグデュノス、IEI、アイケイ、QVC
メールアドレス
　Y.NAGANO@interior-nn.co.jp

(有)ヴィクトリー

本社　〒534-0021 大阪府大阪市都島区都島本通3-26-23-102
　℡06-4253-7735　FAX06-4253-7739
資本金　300万円　社長　松原　健二
通販部門設置　平成11年8月
主な取扱い商品　服飾雑貨、家庭用品、趣味用品、美容・健康・健康食品、スポーツ・レジャー用品
従業員　3名
通販担当部署　営業部
担当者　松原　健二
主な取引先　インペリアルエンタープライズ、総通、ジュピターショップチャンネル、タイヘイ、大丸ホームショッピング、関西テレビハッズ

上野食品(株)

本社　〒142-0041 東京都品川区戸越2-5-3
　℡03-3757-4711　FAX03-3757-4781
通販拠点事業所　〒146-0083 東京都大田区千鳥3-14-3
　℡03-3757-4711　FAX03-3757-4781
事業内容　主として和食（生味噌、即席スープ、カップ味噌汁、惣菜、各種レトルト製品、釜めし具材、乾麺、各種お茶（緑茶・ウーロン茶）、黒糖クエン酸　他）を中心に企画・開発・製造を行い、スタンカップ（自社ブランド）を各ルート（問屋、デパート、外食ユーザー、通信販売、ギフト、景品　他）に販売
社長　上野　俊夫
通販部門設置　平成6年5月
主な取扱商品　主として和食（生味噌、即席スープ、カップ味噌汁、惣菜、各種レトルト製品、釜めし具材、乾麺、各種お茶（緑茶・ウーロン茶）、黒糖クエン酸　他
主な設備　パッケージング工場（フィルム包装機、自動計量機、ミキサー、金属探知機、エアーシャワー　他）、テストキッチン
従業員　45名
通販担当部署　販売情報事業部
担当者　和田　英美
主な取引先　国分㈱、丸紅㈱、三井食品㈱、㈱菱食、㈱ヤグチ、コープネット、㈱三越、㈱髙島屋、㈱JALUX、㈱千趣会、㈱ハリカ、㈱テレビ朝日リビング、㈱東京

放送　他多数
インターネット・ホームページアドレス
　http://www.stancup.co.jp
メールアドレス
　ueno@stancup.co.jp

(株)エイ・アンド・アイ

本社　〒955-0803 新潟県三条市月岡1-6-12　℡0256-36-9100　FAX0256-36-9101
事業内容　家庭用品、日用雑貨の企画販売・卸売
資本金　4,800万円
代表取締役　遠藤　貴生
通販部門設置　平成11年5月
主な取扱い商品　輸入収納用品、家具、家庭雑貨用品、天然酵素調味料、米、健康食品
従業員　19名
通販担当部署　営業部
担当者　星野　章裕
主な取引先　千趣会、ベルーナ、日本文化センター、生協関係の問屋ルート、全国惣菜宅配ルート、ディノス・セシール
インターネット・ホームページアドレス
　http://www.aandi.biz
メールアドレス
　info@aandi.biz

英照貿易(株)

本社　〒569-1121 大阪市中央区久太郎町1-2-7　℡06-6264-0080　FAX06-6264-2053
事業内容　通販卸
資本金　1,000万円　社長　柳楽　修
主な取扱い商品　寝具、雑貨、健康食品、化粧品、育毛剤、アクセサリー
従業員　6名
通販部門担当者　三枝　良弘
主な取引先　㈱総通、㈱ベストワーク、㈱テレマート、㈱ジャパンホームショッピングサービス、㈱二光、㈱いいもの王国、㈱ネットプライス、他
メールアドレス
　saegusa@murata-co.com

エムケー精工(株)

本社　〒387-8603 長野県千曲市雨宮1825
　℡026-272-4112　FAX026-272-5651
事業内容　生活関連機器の製造・販売および輸出入
資本金　33億7,355万円　社長　丸山　将一
通販部門設置　昭和39年1月
主な取扱い商品　レンジ台、ワゴン、計量米びつ、精米機、保冷米びつ、米保管庫、農産物低温貯蔵庫、パワーリフター、パン焼き機、もちつき機、等
従業員　849名
通販担当部署　ライフ＆サポート事業本部

L＆S販売管理部
担当者 飯島 誠展
主な取引先 千趣会、ディノス・セシール、日本生活協同組合連合会、スクロール、カタログハウス、ベルーナ
インターネット・ホームページアドレス
http://www.mkseiko.co.jp/

(株)MTG

本　社 〒453-0041 愛知県名古屋市中村区本陣通2-32
℡0352-481-2303　FAX052-481-2708
事業内容 日用生活品の企画・開発・製造、販売
資本金 166億円　**社　長** 松下　剛
従業員 1,358名
通販担当部署 商品開発部
担当者 長友
インターネット・ホームページアドレス
http://www.mtg.gr.jp
インターネット・メールアドレス
at@mtg.gr.jp

(株)MUK

本　社　〈本社・テクニカルセンター〉
〒105-0013　東京都港区浜松町1-29-6 浜松町セントラルビル2階
〈長野事務所〉
〒394-0031　長野県岡谷市田中町2-8-5 岡谷サンプラザビル5階
℡03-6809-2455　FAX03-6800-2573
資本金 5000万円　**社　長** 山本 吉郎
設　立 2013年7月16日
主な取引先　〈国内〉
日本テレビ放送網株式会社・ジュピターショップチャンネル株式会社・株式会社DINOS CORPORATION・株式会社ロッピングライフ・株式会社小田急百貨店・la belle vie 株式会社・株式会社JALUX・株式会社TBSグロウディア・株式会社ジャパネットたかた・株式会社ロフト・株式会社ハンズ・株式会社ABCファンライフ・株式会社LIXIL・三井不動産商業マネジメント株式会社・株式会社アイスタイルリテール・株式会社センテンス・株式会社JTB商事・株式会社ベネフィット・ワン・株式会社ビックカメラ

エルジンインターナショナル(株)

本　社 〒750-0017 山口県下関市細江新町2-1　℡0832-31-3332　FAX0832-31-2571
事業内容 エルジンウオッチ、クロイゼウオッチ製造、販売
資本金 1,000万円　**社　長** 福本 定夫
主な取扱い商品 エンジン・クロイゼのウオッチクロック商品
従業員 25名

通販担当部署 営業部
担当者 中田
主な取引先 オリンパスAVS、ニッセン、セシール、全国主要百貨店

(株)エンゲルス

本　社 〒165-0026 東京都中野区新井5-18-5　℡03-3389-4184　FAX03-3389-4148
事業内容 コインカウンター・エンゲルス、文具、ギフト商品の製造・販売
資本金 1,000万円　**社　長** 橋 義晴
通販部門設置 平成元年2月
主な取扱い商品 コインカウンター、紙幣カウンター、偽造券発見機機能付紙幣カウンター、偽造券発見機、輸入雑貨アイデア製品、レッグマスター・バックストレッチャー等の健康器具、LEDライト
従業員 15名
通販担当部署 営業部
担当者 小松本 健二
主な取引先 サントリーショッピングクラブ、ステイラーCKM、JAFサービス、二光、ジャンブレ、サンレイヤマコー、暮らしのデザイン、キリン、東京たばこサービス、アスクル、ニッセン、TBSテレビ、QVC
インターネット・ホームページアドレス
http://www.engels.co.jp/
メールアドレス
info@engels.co.jp

オークス(株)

本　社 〒955-0842 新潟県三条市島田2-8-3　℡0256-35-1211　FAX0256-35-0341
事業内容 家庭用品・収納雑貨卸
資本金 2,240万円　**社　長** 佐藤 俊之
通販部門設置 昭和60年
主な取扱い商品 家庭用品、収納、調理用品、住宅設備機器
主な設備 宅配システム設置
従業員 48名
通販担当部署 営業1課
担当者 村田
主な取引先 千趣会、シャディ、ディノス、カタログハウス、ニッセン
インターネット・ホームページアドレス
http://www.aux-ltd.co.jp/
メールアドレス
murata@AUX-Ltd.co.jp

オーストラリア大使館マーケティング事務所

本　社 〒108-8361 東京都港区三田2-1-14　℡03-5232-3930　FAX03-5232-4190
事業内容 オーストラリアからの輸入促進
主な取扱い商品 オーストラリア商品及びサービス
インターネット・ホームページアドレス
http://www.business.australia.or.jp/

(株)織　元

本　社 〒402-0056 山梨県都留市つる1-5-8　℡0554-43-1234　FAX0554-45-0001
事業内容 羽毛布団、103歳健康法マトラ、ファームートン、羊毛スリッパ、羊毛クッション、シルクパジャマ、他寝装品の製造・販売
資本金 1,000万円
代表取締役 小俣 惠右
通販部門設置 平成5年4月
主な取扱い商品 特許オゾン加工羽毛ふとん、オゾン加工羽毛ふとん、羽毛ふとん、羊毛敷ふとん、ファームトンラグ、ファームトンシーツ、ファームトンクッション、健康機能寝具、他寝装品
主な設備 羽毛製造ミシン・充填機・乾燥機、高速荷造機、出荷コンピュータ、検針機
従業員 70名
通販部門担当者 髙橋 律行

貝　印(株)

本　社 〒101-8586 東京都千代田区岩本町3-9-5　℡03-3862-6411　FAX03-3866-0205
事業内容 カミソリ、美粧用品、家庭用品、DIY等の販売、輸出入
資本金 4億5,000万円　**社　長** 遠藤 宏治
主な取扱い商品 家庭用品全般
従業員 260名
通販担当部署 東京本店
担当者 竹内
インターネット・ホームページアドレス
http://www.kai-group.com/

(株)偕拓堂アート

本　社 〒501-0438 岐阜県本巣郡北方町平成7-33　℡058-323-1810　FAX058-323-1303
事業内容 掛軸製造・卸し、総合絵画商
資本金 7,200万円　**社　長** 岡崎 拓
通販部門設置 昭和51年3月
主な取扱い商品 掛軸、日本画、洋画、版画、色紙、屏風、衝立、小物、ポスター、表装
従業員 34名
通販担当部署 営業部
担当者 小川 浩司
主な取引先 全国の美術小売店
インターネット・ホームページアドレス
http://kaitakudo.co.jp
メールアドレス
mail@kaitakudo.co.jp

カシオ計算機(株)

本　社 〒151-8543 東京都渋谷区本町1-6-2

℡03-5334-4111
事業内容　各種エレクトロニクス関連機器の開発及び製造・販売
資本金　485億9,200万円　社長　樫尾 和雄
主な取扱い商品　電卓、電子辞書、電子文具、レジスター、電子楽器、時計、ページプリンター、デジタルカメラ
従業員　2,608名（2012年3月31日現在）
通販担当部署　首都圏営業部e-東京営業所
主な取引先　アマゾン、ジュピターショップチャンネル、イメンス、ベルーナ、日本文化センター、JP三越マーチャンタイジング、高島屋クロスメディア、総通、今木、ニッセン、千趣会、JFRオンライン、ジェイオーディ、トーカ堂、メディアプライス
インターネット・ホームページアドレス
　http://casio.jp/

加藤工芸(株)

本社　〒463-0088　愛知県名古屋市守山区鳥神町276
　　　℡052-794-2111　FAX052-794-1279
事業内容　家庭用品、雑貨
資本金　2,000万円　社長　加藤 勇夫
主な取扱い商品　陶磁器を主とした室内外装飾品及び生活雑貨
従業員　30名
通販担当部署　営業部営業課
担当者　草川 達也
主な取引先　シャディ
インターネット・ホームページアドレス
　http://www.katokogei.co.jp/
メールアドレス
　kusakawa@katokogei.co.jp

カノー(株)

本社　〒922-8530　石川県加賀市黒瀬町350-1　℡0761-72-7711　FAX0761-72-7700
事業内容　山中漆器製造・卸し
資本金　2,000万円　社長　鹿野 和宏
通販部門設置　平成3年
主な取扱い商品　ランチBOX、ランチプレート、漆器、レザー小物、キャラクター商品（ウォルトディズニー、ハローキティ）
従業員　19名
通販担当部署　営業企画部
担当者　高野 健治
インターネット・ホームページアドレス
　http://www.kano-sky.co.jp/
メールアドレス
　info@kano-sky.co.jp

蒲　装(株)

本社　〒443-0022　愛知県蒲郡市三谷北通り3-284　℡0533-68-4664　FAX0533-69-2126
事業内容　インテリア用品、寝装品の製造業
資本金　4,800万円　社長　清水 俊保
通販部門設置　平成元年3月
主な取扱い商品　キャラクター製品（ミッキーマウス、キティ、他）、クッション、寝装品、ソファ、座椅子
主な設備　加工配送センター（延べ600坪）
従業員　15名（内パート5名）
通販担当部署　企画部
担当者　清水 聡
主な取引先　ジェイオーディ
メールアドレス
　gs-deco@crux.ocn.ne.jp

(株)カワタキコーポレーション

本社　〒601-8203　京都市南区久世築山町212-1　℡075-925-1111　FAX075-925-1203
事業内容　生活用品総合商社
資本金　1億円　社長　川端 健嗣
通販部門設置　昭和55年4月
主な取扱商品・サービス内容　家庭日用品、服飾雑貨
主な設備　DTPシステム、撮影スタジオ、HSS
従業員　1,584名
通販担当部署　商品営業部
通販部門担当者　野村
主な取引先　生活協同組合、ホームセンター、ドラッグストア、ネット通販、日用品卸
インターネット・ホームページアドレス
　http://www.kawataki.co.jp

(株)カンキョー

本社　〒231-0045　神奈川県横浜市中区伊勢佐木町2-66
　　　℡045-242-8877　FAX045-242-8828
事業内容　健康な住環境を生み出す環境制御機器の研究開発・製造・販売
資本金　9,500万円
代表取締役　大澤 誠
通販部門設置　昭和59年3月
主な取扱い商品　除湿機、空気清浄機
従業員　23名
インターネット・ホームページアドレス
　http://www.kankyo-new.com/

(有)キープ袴田

本社　〒435-0048　静岡県浜松市上西町57-26　℡053-469-1290　FAX053-469-1291
直販営業所在地　〒810-0004　福岡県福岡市中央区渡辺通5-24-37
　　　℡092-739-2280　FAX092-713-6077
事業内容　オリジナルチラシを自社製作、中小規模の通販、TVショッピングへの卸売り、生協ルートへの卸売り中心
資本金　1,000万円　社長　袴田 正巳
通販部門設置　平成4年12月
主な取扱い商品　Mモンローキャラクターの婦人下着、雑貨、健康食品、他
従業員　10名（契約社員15名、パート8名）
通販部門担当者　中川
主な取引先　ベルーナ、ムトウ、TBS、ジェイオーディ、JAF、各地方生協、ファンケル、他
インターネット・ホームページアドレス
　http://www.life-goods.co.jp/
　http://www.rakuten.co.jp/110diet/
メールアドレス
　keep@life-goods.co.jp

岸田産業(株)

本社　〒917-0002　福井県小浜市北塩屋22-7　℡0770-52-1122　FAX0770-52-1123
事業内容　木製品、藤製品の企画製造、天然素材製品の開発輸入
資本金　3,000万円　社長　岸田 英樹
通販部門設置　昭和60年1月
主な取扱い商品　木製小物タンス、ラタン製品、木製小物家具、ヘルシーグッズ、ガーデニング、ツールセット、アウトドア用品、他
従業員　35名
通販担当部署　営業部
メールアドレス
　kishida_info@kishida-sg.com

(株)紀州ひのき屋

本社　〒519-3600　三重県尾鷲市南浦3752-48　℡0597-22-9688　FAX0597-22-9699
事業内容　不快害虫忌避剤・ひのき炭・木、竹酢液・炭化装置「製炭炉（PRO型）」の製造販売。
資本金　1,000万円　社長　岡田 良仁
通販部門設置　昭和61年4月
主な取扱い商品　ムカデシャット（屋内用、屋外用）・ひのき炭・木、竹酢液・製炭炉（PRO-5型・PRO-3型）
従業員　2名
通販部門担当者　岡田 良仁
主な取引先　新日本電工、全国各森林組合、個人全般、等
インターネット・ホームページアドレス
　http://www.k-hinokiya.com/
メールアドレス
　info@k-hinokiya.com

キャッスルエンタープライズ(株)

本社　〒111-0041　東京都台東区元浅草1-19-9　SAMPOビル
　　　℡03-3844-5631　FAX03-3843-5388
事業内容　日用雑貨・スポーツ用品等他、TV通販、紙面媒体等への卸販売、インターネット通販

資本金　1,000万円　　社長　泉　裕之
通販部門設置　昭和59年5月
主な取扱い商品　雑貨(スポーツ用品、趣味用品、美容健康器具、化粧品）家庭用品
主な設備　物流センター
従業員　6名
通販担当部署　営業部
担当者　泉　裕之
主な取引先　イメンス、㈱アイフォーレ、ジュピターショップチャンネル㈱、ブリタニカジャパン㈱、㈱全国通販、㈱小学館集英社プロダクション、㈱日本直販、他
インターネット・ホームページアドレス
　http://www.castle-e.com/
メールアドレス
　info@castle-e.com

㈱クマザキエイム

本　社　〒222-0013 神奈川県横浜市港北区錦が丘12-17 クマザキビル
　　　　℡045-473-0002　FAX045-473-5199
事業内容　電化製品等の製造・販売
資本金　1,000万円　　社長　熊崎　那宇
通販部門設置　平成4年9月
主な取扱い商品　電気製品、音響機器、台所・家庭用品、等
従業員　14名
通販担当部署　営業部
担当者　飯澤
主な取引先　日本文化センター、ジュピターショップチャンネル、ニッセン、ベルーナ、イメンス、グランマルシェ
インターネット・ホームページアドレス
　http://www.kumazaki-aim.co.jp/
メールアドレス
　info@kumazaki-aim.co.jp

㈱グループセブ ジャパン

本　社　〒107-0062 東京都港区南青山1-1-1 新青山ビル東館4階　℡03-5656-1700
事業内容　フランス・セブ製圧力なべ、ノンスティック製品、テファールブランドのアイロン・フライヤー・フードプロセッサー等、小型家電製品の輸入・販売
資本金　4億円
社　長　アンドリュー・ブバラ
従業員　70名
インターネット・ホームページアドレス
　http://www.t-fal.co.jp/

㈱グローバルプロダクトプランニング

本　社　〒150-0036 東京都渋谷区南平台町12-8　℡03-3770-6281　FAX03-3770-6139
資本金　1,000万円　　社長　佐々木　桂一
主な取扱い商品　アロマエッセンス、キャンドルインセンス、バスグッズ、グラスウェア、等
従業員　60名
通販担当部署　営業企画部1課
担当者　成田　一高
主な取引先　フェリシモ、千趣会、生協、主婦の友ダイレクト、スタイライフ、ロワール、エニシル、他
インターネット・ホームページアドレス
　http://www.global-pp.com/
メールアドレス
　ap-re@global-pp.com

㈱クロシオ

本　社　〒640-1196 和歌山県海南市椋木119　℡073-487-1350　FAX073-487-3233
事業内容　小物組立式家具
資本金　2,000万円　　社長　深谷　政男
通販部門設置　昭和60年4月
主な取扱い商品　システムデスク、電話台、装飾家具
従業員　28名
通販担当部署　企画部
担当者　稲垣　馨子
主な取引先　J.O.G.、㈱東急百貨店、他
インターネット・ホームページアドレス
　http://www.kuroshio.co.jp/
メールアドレス
　info@kuroshio.co.jp

㈱群

本　社　〒165-0026 東京都中野区新井3-5-10　℡03-5343-6331　FAX03-5343-6339
事業内容　通信販売会社に対する商材の企画開発及び卸業
資本金　5,000万円　　社長　大平　博行
通販部門設置　昭和63年4月
主な取扱い商品　通販商材全般、偽近視治療器ソニマック等の独占卸商品
従業員　7名
通販担当部署　統括本部開発課
担当者　根口　正美
主な取引先　各通販企業
インターネット・ホームページアドレス
　http://www.gun.jp/
メールアドレス
　info@gun.jp

㈱ケンコー

本　社　〒160-0023 東京都新宿区西新宿7-4-6　℡03-3366-7101　FAX03-3227-3810
事業内容　美容・健康用品、医療器具、化粧品等の製造・販売
資本金　1,000万円　　社長　崎山　正一
主な取扱い商品　ソーラー歯ブラシ、発毛育毛促進剤、ヘアケア商品
従業員　10名
通販部門担当者　増田　春彦
主な取引先　全国の代理店、通販会社
インターネット・ホームページアドレス
　http://www.kenko-gr.co.jp/
メールアドレス
　kenko@kenko-gr.co.jp

㈱ケンコー・トキナ

本　社　〒161-8570 東京都新宿区西落合3-9-19　℡03-5982-2161　FAX03-5982-2176
事業内容　主に光学製品の卸、販売
資本金　1億円　　社長　山中　徹
通販部門設置　昭和62年
主な取扱い商品　カメラ、光学機器、セキュリティ商品、ヘルス＆ビューティー商品、PC関連商品
主な設備　物流センター（日高市）
従業員　235名
通販担当部署　光機営業部二課
担当者　早川、安齋、西間木、白石
主な取引先　ベルーナ、総通、髙島屋、セゾンダイレクトマーケティング、シャディ、イメンス、ナルジュ、いいもの王国、三越
インターネット・ホームページアドレス
　http://www.kenko-tokina.co.jp/

ゴイチ㈱

本　社　〒537-0024 大阪府大阪市東成区東小橋1-10-7
　　　　℡06-6973-0510　FAX06-6974-5187
事業内容　スポーツ・アウトドア関連用品の輸入・企画・販売
資本金　4,000万円
代表取締役社長　池　栄三
通販部門設置　平成2年4月
主な取扱い商品　スポーツ・レジャー商品
従業員　55名
通販担当部署　インターナショナルネットワーク事業部
担当者　柳川　大栄
主な取引先　ジャパネットたかた、総通、JOD、ステイラーCKM
インターネット・ホームページアドレス
　http://www.goichi.co.jp/corp/inw05/top.htm
メールアドレス
　yanagawa@goichi.co.jp

㈱弘　樹

本　社　〒542-0082 大阪府大阪市中央区島之内1-19-21
　　　　℡06-6245-8622　FAX06-6245-8621
事業内容　マットレスの販売
資本金　1,000万円　　社長　木村　弘樹
通販部門設置　平成10年1月
主な取扱い商品　マットレス（スプリング）
従業員　5名
主な取引先　㈱ニッセン

メールアドレス
kokijpn@osk4.3web.ne.jp

(株)コージー本舗

本　社　〒111-0036 東京都台東区松が谷2-26-1　☎03-3842-0221　FAX03-3845-1572
資本金　1億円　　社長　小林　義典
主な取扱い商品　化粧品、アイラッシュ、アイメイク用品、二重瞼化粧料、ネイルケアグッズ、エチケット＆トラベル商品
従業員　110名
通販担当部署　電算課
インターネット・ホームページアドレス
http://www.koji-honpo.co.jp/

(株)コジット

本　社　〒550-0005 大阪府大阪市西区西本町1-12-20
　　　　☎06-6532-8111　FAX06-6532-8151
通販営業連絡先
　　　　☎06-6532-8113　FAX06-6532-8153
事業内容　カタログ商品の企画・製造・輸入・販売
資本金　9,800万円　社長　久保　慎一郎
通販部門設置　昭和55年2月
主な取扱い商品　アイデア雑貨、インテリア小物、美容・健康用品、収納用品
主な設備　C.L.C（コジットロジスティックセンター）4ヵ所、東京支店、上海支店
従業員　100名
通販担当部署　営業部通販チーム
担当者　林　祐平
主な取引先　千趣会、スクロール、ニッセン、ベルーナ、ディノスセシール
インターネット・ホームページアドレス
http://www.cogit.co.jp/
メールアドレス
service@cogit.co.jp

(有)コスミックコーポレーション

本　社　〒108-0071 東京都港区白金台5-22-11-210　☎03-3445-4474　FAX03-3445-4739
事業内容　新商品開発、製造輸入、製品卸売
資本金　300万円　社長　津布久　竜一
通販部門設置　平成8年2月
主な取扱い商品　雑貨、衣料品
従業員　7名
通販部門担当者　村山信也・木崎隆祐
主な取引先　ディノス、プロント、オフィストゥーワン、いいもの王国、エフジーサービス、JALUX、エスシカードビジネス
インターネット・ホームページアドレス
http://cosmiccorporation.com
メールアドレス
cosmic@jeans.ocn.ne.jp

(株)コスモビューティー

東京本社　〒175-0094 東京都板橋区成増1-30-13号 トーセイ三井生命ビル11階
大阪本社　〒554-0024 大阪市此花区島屋6-2-82
　　　　☎06-6460-3120（代表）　FAX06-6460-3124
事業内容　医薬品・医薬部外品・化粧品・動物用医薬部外品の製造または輸入販売
家庭（食器・洗濯・家具）用洗剤・柔軟剤・消臭剤
住宅用又は家具用ワックス・車用ワックス・忌避剤等ケミカル品の製造
業務用（衣類・車・その他用途別）洗剤
OEM関連の資材・原材料・製品等の輸出入
資本金　9億1,833万円
社長　山添　隆
通販部門設置　1949年7月1日
従業員　662名(グループ)
ホームページアドレス
http://www.cosmobeauty.co.jp/

コモライフ(株)

本　社　〒530-8441 大阪府大阪市北区梅田1-2-2-900
　　　　☎06-6345-7700　FAX06-6345-7705
事業内容　生活用品の企画・製造・販売、インターネットビジネス卸サイト運営・管理
資本金　4億9,173万円　社長　三宅　啓史
通販部門設置　昭和52年
主な取扱い商品　化粧品、美容機器、健康用品、健康食品、アクセサリー、輸入雑貨、繊維製品、化成品、ペット・園芸用品、福祉・介護用品、調理用品、家電製品、化学品、木製品、スチール製品、プラスチック製品
従業員　150名
主な取引先　専業通販、千趣会、セシール、ベルーナ、JOD、アマゾンジャパン、ケンコーコム
インターネット・ホームページアドレス
http://www.comolife.co.jp/

(株)コントリビュート

本　社　〒181-0013 東京都三鷹市下連雀3-38-4 三鷹産業プラザ4F
　　　　☎0422-76-8980　FAX0422-76-8983
事業内容　ベビー雑貨、ベビーアパレルの輸入卸販売
資本金　300万円　社長　高頭　武史
通販部門設置　平成15年5月
主な取扱い商品　ベビー雑貨、ベビーアパレル
従業員　6名
通販部門担当者　山口　由美子
主な取引先　ネットラボ、アマゾンジャパン、ユーコンスカイ、楽天、ベビージャクソンズ
インターネット・ホームページアドレス
http://www.contribute.co.jp
メールアドレス
info@contribute.co.jp

(有)さいと

本　社　〒240-0045 神奈川県横浜市保土ケ谷区川島町1238
　　　　☎045-371-3920　FAX045-371-3921
事業内容　家庭用洗剤、日用品雑貨、健康食品、健康用具、省エネ商品
資本金　1,200万円
代表取締役　齋藤　進矛
通販部門設置　平成元年2月
主な取扱い商品　洗剤（クロスクリーン）（壁の手品師）、押花用品、自動車洗車器（ラクピカ）、太陽光発電設備品、浄水器、油吸着剤（油と〜る）
主な設備　配送、倉庫、充填工場
従業員　3名
通販担当部署　営業部
担当者　齋藤　進矛
主な取引先　JAF、生協
メールアドレス
e3110@kjb.biglobe.ne.jp

サラヤ(株)

本　社　〒546-0013 大阪市東住吉区
　　　　☎06-6797-3951　FAX06-6797-2290
通販拠点事業所　〒140-0002 品川区東品川1-25-8　☎03-5461-8161　FAX03-3471-4060
事業内容　洗剤、消毒剤、食品の製造販売
資本金　4,500万円　社長　更家悠介
通販部門設置　平成23年11月
主な取扱商品・サービス内容　洗剤、消毒剤、食品の販売
主な設備　大阪工場、伊賀工場
従業員　1,300名
通販担当部署　営業開発部
担当者　八木橋
主な取引先　amazon、ケンコーコム、爽快ドラッグ
ホームページアドレス
www.saraya.com

(株)三　幸

本　社　〒509-5132 岐阜県上岐市泉町大富224-1　☎0572-55-1841　FAX0572-55-2664
事業内容　掛軸表装、額装美術工芸品の製造・企画・卸販売
資本金　1,000万円　社長　打田　修
主な取扱い商品　掛軸、屏風、額、色紙、複製画、美術工芸品全般
従業員　35名
通販担当部署　営業企画室

担当者　大山　充
主な取引先　インペリアル・エンタープライズ、共同印刷美術商品部、総通、研秀出版、東京書芸館、ベルーナ、便利堂、大塚巧藝新社、ステイラーC.K.M、朝日エンディショップ、他

(株)サンコー

本　社　〒642-0022 和歌山県海南市大野中715　℡073-482-5011　FAX073-482-5059
事業内容　生活関連用品メーカー
資本金　9,500万円　社長　角谷　太基
通販部門設置　昭和63年4月
主な取扱商品・サービス内容　家庭用品、シニア商品、チャイルド用品、非常用品
従業員　60名
通販担当部署　営業統括本部
担当者　中西　伸廣
主な取引先　通販会社、生協、TVショッピング
ホームページアドレス
　http://www.sanko-gp.co.jp
メールアドレス
　liv@sanko-gp.co.jp

(株)サンジェルマン

本　社　〒110-0008 東京都台東区池之端2-7-17　℡03-3824-1667　FAX03-3828-2558
通販営業連絡先
　　℡03-3824-1667　FAX03-3823-2558
資本金　2,000万円　社長　伊藤　誠一
通販部門設置　昭和53年11月
主な取扱い商品　電卓、時計、ライト、等
従業員　40名
通販担当部署　営業部
担当者　鈴木　章一
主な取引先　QVC、セシール、ジェイオーディ、シャディ、GENTOS
インターネット・ホームページアドレス
　http://www.gentos.jp/
メールアドレス
　support@saint-gentleman.co.jp

(株)サン・ハーベスト

本　社　〒455-0813 愛知県名古屋市港区善進本町461-6
　　℡052-389-6701　FAX052-389-6705
上海事務所　上海市徐汇区虹橋路591-4-302
　　℡021-6447-0800　FAX021-6447-0802
事業内容　家具、雑貨、寝具の輸入及び企画・製造
資本金　1,000万円　社長　田中　博
通販部門設置　平成5年6月
主な取扱い商品　家具、雑貨、寝具、シルク関連用品の輸入及び企画販売、医療認可家具
主な設備　自社倉庫3,000㎡

従業員　15名
通販担当部署　営業第一部
担当者　専務取締役　田中　健靖
主な取引先　ベルーナ、セシール、カタログハウス、スクロール、千趣会、ニトリ、ロフト、リーテック
関連会社　太陽昇家具有限公司（中国浙江省平湖市）
インターネット・ホームページアドレス
　http://www.sunharvest.co.jp/
メールアドレス
　tanaka-takeyasu@sunharvest.co.jp

(株)CTA

本　社　〒165-0027 東京都中野区野方1-53-5　℡03-3388-9111　FAX03-3388-7778
事業内容　健康関連商品、音響製品、音楽・映像ソフトの企画・製造・販売
資本金　4億5,000万円　社長　勝股　敦
通販部門設置　平成2年4月
主な取扱い商品　ビデオソフト、CDソフト、VDDソフト、家庭用品一般、家庭用カラオケセット、フットマッサージャー、業務用通信カラオケセット、その他音響製品
主な設備　本社倉庫、受注から商品出荷までを行う「商品課」、医療用具の検査設備
従業員　100名
通販担当部署　第1営業部
担当者　野村　英児
主な取引先　いいもの王国、ベルーナ、総通、二光、ステイラー、IEI、ハリカ、読売情報開発、他
インターネット・ホームページアドレス
　http://www.cta-gr.co.jp/
メールアドレス
　ctah01@cta-gr.co.jp

シービーシー(株)

本　社　〒214-0014 神奈川県川崎市多摩区登戸1818
　　℡044-930-1007　FAX044-930-1015
事業内容　食品、醸造用具輸入販売、他
資本金　2,000万円　社長　山中　貞博
通販部門設置　平成6年10月
主な取扱い商品　うまいビールの素Bとビール醸造用具
従業員　4名
通販担当部署　マーケティング
担当者　山中
主な取引先　東急ハンズ、地方代理店、等
インターネット・ホームページアドレス
　http://www.nbjapan.co.jp/
メールアドレス
　cbc@nbjapan.co.jp

静岡ニッセツ(株)

本　社　〒421-1221 静岡県静岡市葵区牧ケ谷2396　℡054-277-2299　FAX054-277-2298
事業内容　通販用家具、インテリア用品の卸し・販売
資本金　1,000万円
代表取締役　畑　健一郎
主な取扱い商品　家具、インテリア用品、雑貨
従業員　10名
通販部門担当者　多々良　孝之

(有)ジプレ

本　社　〒173-0004 東京都板橋区板橋1-25-3 シモダビル
　　℡03-5248-0750　FAX03-5248-0753
事業内容　服飾雑貨、寝装用品、雑貨の製造販売
資本金　500万円　社長　下田　徹
通販部門設置　平成6年9月
主な取扱い商品　服飾雑貨、台所家庭用品、インテリア、収納用品、寝装用品
従業員　4名
通販担当部署　営業1部
担当者　牛山　裕美
主な取引先　日本文化センター、カタログハウス、ニッセン、サントリーショッピングクラブ、ブラザー販売、ベルーナ、他
メールアドレス
　gpre@nifty.com

シャープエレクトロニクスマーケティング(株)

本　社　〒545-8522 大阪府大阪市阿倍野区長池町22-22
　　℡06-6623-7366　FAX06-6629-3795
資本金　20億円　社長　松下　一晴
通販部門設置　昭和61年3月
主な取扱い商品　家電品及び情報関連商品（電子、音響、電化販売）
従業員　2,340名
通販担当部署　通販営業部

蛇の目ミシン工業(株)

本　社　〒193-0941 東京都八王子市狭間町1463　℡042-661-3071　FAX042-661-3072
事業内容　家庭用ミシン、産業機器及び24時間風呂の製造・販売
資本金　113億7,300万円
社　長　齋藤　真
主な取扱い商品　家庭用ミシン、サーボプレス、卓上ロボット、24時間風呂、整水器、羽毛ふとん、宝飾品　等
従業員　620名
インターネット・ホームページアドレス

https://www.janome.co.jp/

(株)JALUX STYLE

本　社　〒141-0031 東京都品川区西五反田2-2-10　ポーラ第2五反田ビル6F
　　　　℡03-6417-3311
事業内容　「こだわり」のある雑貨類の輸入販売
資本金　2,000万円
代表取締役社長　佐々木　隆真
通販部門設置　平成元年3月
主な取扱い商品　バッグ、革小物、服飾雑貨
従業員　35名
通販部門担当者　髙柳
主な取引先　ライトアップショッピングクラブ、JAFサービス、日経社、JALUX、東急ハンズ、ロフト、ディノス・セシール、ヌーヴ・エイ
メールアドレス
pr@jaluxstyle.com

(株)充英アート

本　社　〒438-0086 静岡県磐田市見付1760-27　℡0538-33-3090　FAX0538-33-3091
事業内容　インテリア家具の製造・販売
資本金　1,000万円　代表取締役　坪井 利恭
通販部門設置　昭和55年3月
主な取扱い商品　キッチン収納家具、壁面収納家具、耐震収納家具、ベッド、書棚、コレクションラック、キッズ知育家具
主な設備　物流基地を本社に併設
従業員　43名
通販担当部署　営業部
担当者　藤原　基治
主な取引先　日本生活協同組合連合会、千趣会、ディノス、カタログハウス、スクロール 他
インターネット・ホームページアドレス
http://www.jajan.co.jp/
メールアドレス
jueif@mail.wbs.ne.jp

(株)定　慧

本　社　〒750-0017 山口県下関市細江新町2-1　℡0832-31-2223　FAX0832-31-2571
事業内容　腕時計、掛時計、置時計、電化製品製造卸売
資本金　9,800万円　社長　福本　涼子
通販部門設置　昭和55年11月
主な取扱い商品　エルジン腕時計、掛時計、置時計販売元
従業員　57名
通販担当部署　営業第二課
担当者　中田
主な取引先　通販企業全般
インターネット・ホームページアドレス
http://www.elgin-int.co.jp/
メールアドレス
elgin3@elgin-int.co.jp

昭和西川(株)

本　社　〒103-0007 東京都中央区日本橋浜町1-4-15　℡03-6858-5670　FAX03-3864-0035
通販営業連絡先
　　　　℡03-5687-2783　FAX03-3864-7363
事業内容　ブランドギフト、寝装・リビング・タオル関連
資本金　4,000万円　社長　多田　昌且
通販部門設置　昭和61年4月
主な取扱い商品　ブランド寝具・寝装・リビング関連、バス・トイレタリー関連、ギフト全般
従業員　120名
通販担当部署　カタログメディア部
通販部門担当者　吉田　孝文
主な取引先　千趣会、エンジェリーベ、アヴェール、ディノス・セシール
インターネット・ホームページアドレス
http://www.showanishikawa.co.jp/

昭和貿易(株)

本　社　〒550-0002 大阪府大阪市西区江戸堀1-18-27　℡06-6441-8123　FAX06-6444-6467
事業内容　商社
資本金　8,000万円
代表取締役　末野　晶彦
主な取扱い商品　自動車用品、家庭用品、園芸用品、各種産業資材、食品、農産物、潤滑油、建築資材、福祉機器
従業員　100名
通販担当部署　商品通販部
インターネット・ホームページアドレス
http://www.showa-boeki.co.jp/

シロカ(株)

本　社　〒103-0014 東京都中央区日本橋蛎殻町1-39-5-9F
　　　　℡03-5614-4381　FAX03-5614-4391
事業内容　製造及び卸売事業
資本金　2億706万円　社長　福島　誠司
通販部門設置　平成12年10月
主な取扱い商品　デジタル家電、生活家電、健康器具、日用雑貨
従業員　31名
通販担当部署　マーケティング事業部
主な取引先　アマゾンジャパン、ネットプライス、シーエー・モバイル、ソースネクスト
商品仕入担当窓口
マーケティング事業部
担当者　金久保　℡03-5614-4417
配送センター
カインズ商配㈱

〒270-0222 千葉県野田市木間ヶ瀬2961-1
　　　　℡04-7120-6611
インターネット・ホームページアドレス
http://www.aucsale.co.jp
メールアドレス
info@aucsale.com

(株)親　和

本　社　〒356-0052 埼玉県ふじみ野市苗間516-2　℡049-261-3103　FAX049-261-2402
事業内容　開運・縁起・健康グッズ、企画製作販売
資本金　1,000万円
代表取締役　髙橋　登
通販部門設置　平成5年5月
主な取扱い商品　開運・縁起・健康グッズ、企画製作販売
従業員　5名
通販部門担当者　髙橋、中林
主な取引先　関西TV、TBS、ステイラーCKM
メールアドレス
fine-ruby@nyc.odn.ne.jp

(株)ステップワン

本　社　〒130-0026 東京都墨田区両国3-14-5　℡03-5600-7171　FAX03-5600-7174
事業内容　TV通販・Web通販・カタログ通販向けハンドバック・財布・小物類の輸入卸
資本金　1,000万円　社長　橋本　正
通販部門設置　平成13年9月
主な取扱商品・サービス内容　ライセンスブランドのハンドバッグ・財布・小物の輸入卸、OEM商品の企画輸入
通販担当部署　通販商品開発事業部
通販部門担当者　橋本
インターネット・ホームページアドレス
https://www.stepone-tokyo.jp/
メールアドレス
mail@stepone-tokyo.jp

(株)スリービーチ

本　社　〒121-0076 東京都足立区平野3-7-17　℡03-3859-1331　FAX03-3859-1348
事業内容　通信販売用光学機器設計・製造・卸し
資本金　1,000万円　社長　三浦　敬雄
通販部門設置　昭和42年10月
主な取扱い商品　カメラ用超望遠レンズ
従業員　16名
通販部門担当者　三浦
主な取引先　パブリック、ケンコー、SEI-MAX、VIVITAR

スリーボンド貿易(株)

本　社　〒150-0013 東京都渋谷区恵比寿1-18-15　℡03-5447-6991　FAX03-3444-7941
事業内容　輸入商品の販売
資本金　4,000万円　**社　長**　神谷　久夫
通販部門設置　昭和61年8月
主な取扱い商品　健康器具関連
従業員　8名
通販担当部署　営業部
担当者　和田　武
メールアドレス
　3bboueki@threebond.co.jp

(株)スワニー

本　社　〒769-2795 香川県東かがわ市松原981　℡0879-26-0098　FAX0879-25-0340
通販拠点事業所　〒103-0004 東京都中央区東日本橋2-8-3 東日本橋グリーンビル4F
　℡03-5833-3202　FAX03-5833-3218
事業内容　ビジネス・旅行用小型鞄類
資本金　9,000万円　**社　長**　板野　司
通販部門設置　平成16年4月
主な取扱い商品　鞄
従業員　104名
通販担当部署　バッグ事業部
通販部門担当者　山花　二郎
主な取引先　東京デリカ、ジュピターショップチャンネル㈱、㈱ユーキャン
インターネット・ホームページアドレス
　https://www.swany.co.jp/bag
メールアドレス
　wb@swany.co.jp

(株)せーとく

本　社　〒679-0321 兵庫県西脇市黒田庄町田高330-1　℡0795-28-2080　FAX0795-28-4836
事業内容　服飾・雑貨品企画
資本金　1,000万円　**社　長**　藤原　淳智
通販部門設置　昭和28年12月
主な取扱商品・サービス内容(1)商材（衣料・服飾雑貨）
(2)商材（家具・家庭用品・雑貨・全般）
従業員　8名
主な取引先　通販会社・生協卸業者

セーラー万年筆(株)

本　社　〒135-8312 東京都江東区毛利2-10-18　℡03-3846-2901　FAX03-3846-0458
通販営業連絡先
　℡03-3846-2902　FAX03-3846-0458
事業内容　文房具の製造・販売
資本金　34億7,445万円　**社　長**　碓井　初秋
通販部門設置　平成7年
主な取扱い商品　筆記具、雑貨
主な設備　印刷設備（スクリーン・オフセット・パッド）、物流センター
従業員　258名
通販担当部署　文具事業部東日本販売部広域市場担当
担当者　風間　貞寿
インターネット・ホームページアドレス
　http://www.sailor.co.jp/
メールアドレス
　tokyo1b@bungu.sailor.co.jp

積水樹脂(株)

本　社　〒530-8565 大阪府大阪市北区西天満2-4-4　℡06-6365-3204　FAX06-6365-7150
通販営業連絡先
　℡06-6365-3239　FAX06-6365-7150
事業内容　物干、スペースインテリア、ホース関連、はかる製品（ヘルスメーター、料理はかり、温湿度計）
資本金　123億3,456万円
社　長　福井　彌一郎
通販部門設置　昭和29年11月
主な取扱い商品　家庭用品（物干し関連、園芸用品、ヘルスメーター、料理はかり、他）
従業員　631名
通販担当部署　生活・建材事業部
担当者　大前　晶
主な取引先　千趣会、セシール、ディノス、シャディ、他
インターネット・ホームページアドレス
　http://www.sekisuijushi.co.jp/

ゼネラル(株)

本　社　〒536-0005 大阪府大阪市城東区中央2-15-20　℡06-6933-1803　FAX06-6933-9376
事業内容　文具事務用品の製造・販売
資本金　50億2,800万円　**社　長**　上山　誠治
主な取扱い商品　粘着・修正テープ、OAサプライ用品
従業員　350名
主な取引先　ライオン事務器、サンミック
インターネット・ホームページアドレス
　http://www.general-jp.com/
メールアドレス
　info@general-jp.com

(株)セ　ベ

本　社　〒154-0011 東京都世田谷区上馬5-39-16　℡03-3413-1882　FAX03-3413-3461
事業内容　時計、貴金属、健康関連商材の卸し
資本金　4,000万円　**社　長**　瀬部　淳一
通販部門設置　平成7年5月
主な取扱い商品　時計、貴金属、健康関連商品
従業員　20名
通販担当部署　第2営業部
担当者　相庭　正司
主な取引先　ジュエラーズジャパン、ゴールドチェーン、通販商社、時計商社
インターネット・ホームページアドレス
　http://www.wlc.sebe.co.jp.
メールアドレス
　dm@sebe.co.jp

(株)セ　ラ

本　社　〒111-0053 東京都台東区浅草橋1-7-2 岩崎ビル5F
　℡03-3863-6091　FAX03-3863-6093
事業内容　家庭用品、雑貨の商品情報を通販会社に提供・販売
資本金　1,000万円　**社　長**　川島　喜一
通販部門設置　昭和63年3月
主な取扱い商品　化粧品、雑貨
従業員　30名
通販担当部署　通販事業部
担当者　平田　幸弘
主な取引先　千趣会、カタログハウス
インターネット・ホームページアドレス
　http://www.cellanet.com/
メールアドレス
　hirata@cella-kk.co.jp

(株)セルコン

本　社　〒650-0001 兵庫県神戸市中央区加納町2-2-7　℡078-231-4321　FAX078-252-2386
大阪支店　〒541-0048 大阪府大阪市中央区瓦町4-5-9　住友生命瓦町ビル内
　℡06-6201-4321　FAX06-6233-2206
東京支店　〒101-0047 東京都千代田区内神田1-13-12　℡03-3294-4111　FAX03-3294-4187
事業内容　インテリア用品の企画・製造・販売
資本金　8億3,710万円　**社　長**　中西　正夫
通販部門設置　昭和35年1月
主な取扱い商品　インテリア小物、カーテン、カーペット、輸入商材
従業員　650名
通販担当部署　第3営業本部第3グループ（大阪支店、東京支店）
担当者　山田（大阪支店）、佐野（東京支店）
主な取引先　千趣会、ディノス、ベルーナ、髙島屋通販
インターネット・ホームページアドレス
　http://www.selkon.co.jp/

装　友(株)

本　社　〒541-0057 大阪府大阪市中央区北久宝寺町2-1-7
　℡06-6264-7351　FAX06-6264-7380
事業内容　綿をはじめ各種プリントの企画・販売、繊維加工・卸し
資本金　3,000万円　**社　長**　南　茂
通販部門設置　昭和60年3月
主な取扱い商品　カーテン、クッション各種、カバーリング各種、ベッド関連、キ

ャラクター商品（ハローキティ等）、雑貨（カバン、ポーチ、ティッシュケース等）
従業員 25名
通販担当部署 インテリア事業部
担当者 稲田　秀人
主な取引先 ムトウ、日生協、ニッセン
インターネット・ホームページアドレス
http://www.soyunet.co.jp/
メールアドレス
ina@soyunet.co.jp

(株)祖父江ジャパン

本　社 〒451-0041 愛知県名古屋市西区幅下1-13-10　℡052-571-6699　FAX052-565-8422
通販営業所在地 〒162-0053 東京都新宿区原町3-40　℡03-3203-5611　FAX03-3203-5615
資本金 6,000万円　**社　長** 祖父江　義弘
通販部門設置 平成元年7月
主な取扱い商品 漆器、家庭用品、雑貨、小物家具
従業員 240名
通販担当部署 第1事業部第4グループ
担当者 山本　博史
主な取引先 三越、髙島屋、ディノス、千趣会
インターネット・ホームページアドレス
http://www.sofuejapan.co.jp/

第一衛材(株)

本　社 〒769-1602 香川県観音寺市豊浜町和田浜1610-2
　℡0875-52-3131　FAX0875-52-2328
事業内容 通販会社へ商品供給（販売）
資本金 4,500万円　**社　長** 星川　光宏
主な取扱い商品 冷蔵庫マット、他
従業員 200名（パート含む）
通販担当部署 コンシューマー事業部
担当者 中野　雅司
主な取引先 千趣会、他
メールアドレス
m-nakno@daiichi-eizai.co.jp

大一商事(株)

本　社 〒144-8661 東京都大田区西蒲田7-25-7　℡03-3738-6111　FAX03-3754-3318
事業内容 インテリア用品卸
資本金 4,900万円　**社　長** 高橋　正樹
通販部門設置 平成8年8月
主な取扱い商品 インテリア用品
従業員 66名
通販担当部署 営業第2部
主な取引先 日本生活協同組合連合会、㈱ダイワ、㈱千趣会、㈱ベルーナ、㈱ディノス・セシール、㈱ニッセン、㈱三越伊勢丹通信販売など

(有)大栄産業

本　社 〒546-0002 大阪府大阪市東住吉区杭全4-2-15
　℡06-6714-4154　FAX06-6714-4156
事業内容 アイロン台と付属品の製造・販売
資本金 2,000万円　**社　長** 桑原　栄一
通販部門設置 昭和60年1月
主な取扱い商品 アイロン台と付属品
従業員 17名
通販担当部署 通販部
担当者 桑原　大甚
主な取引先 千趣会、シャディ、日本生活協同組合連合会、ディノス、セシール、三越、大丸、髙島屋、他各百貨店
インターネット・ホームページアドレス
http://www2.odn.ne.jp/~aai29380/
メールアドレス
aai29380@pop16.odn.ne.jp

大綿(株)

本　社 〒457-0078 愛知県名古屋市南区塩屋町3-15　℡052-821-6391　FAX052-821-5303
事業内容 寝具寝装品の卸売り、寝具寝装品の輸入
資本金 1,000万円　**社　長** 森島　豊成
主な取扱い商品 布団、枕、コタツ布団、毛布、マットレス
従業員 20名
通販担当部署 営業部
担当者 森島　豊裕
主な取引先 ダイエー、マルエツ、シャディ、セシール、ハリカ、ファミリーライフ、カーマホームセンター
メールアドレス
t2.morishima@daimen.co.jp

(株)髙岡

本　社 〒600-8331 京都府京都市下京区五条通油小路東入金東横町242
　℡075-341-2251　FAX075-341-2255
事業内容 職人による伝統的手作りのモダン和アイテム「京都・洛中高岡屋」の企画、製造等
資本金 1,000万円　**社　長** 髙岡　幸一郎
主な取扱い商品 京都「洛中高岡屋」ごろ寝ふとん、小座ぶとん、おじゃみ座ぶとん、せんべい座ぶとん
従業員 19名
通販担当部署 プランニング部
担当者 雑賀　香江
主な取引先 ロイヤルステージ、世界文化社、ワコール、カタログハウス、髙島屋
インターネット・ホームページアドレス
http://www.takaoka-kyoto.jp/
メールアドレス
head-office@takaoka-kyoto.jp

高木製綿(株)

本　社 〒463-8578 愛知県名古屋市守山区新守山1210
　℡052-793-2255　FAX052-793-4408
通販営業連絡先　℡052-793-3510
事業内容 各種布団製造・販売
資本金 4,500万円　**社　長** 高木　俊彦
主な取扱い商品 寝具一般
主な設備 国内工場（春日井工場・大泉寺工場）、中国工場（天津高木室内用品有限公司）
従業員 100名
通販担当部署 営業部
担当者 高木　栄一
主な取引先 セシール、ニッセン、シャディ、千趣会、東急百貨店、日本生活協同組合連合会、OMC

(株)タカタレムノス

本　社 〒933-0957 富山県高岡市早川511
　℡0766-24-5731　FAX0766-22-8071
事業内容 オリジナルデザインのクロックやアルミ・木を素材とする家具のデザイン・企画・製造、通販カタログ掲載商品の企画・提案・製造
資本金 3,000万円
代表取締役社長 高田　和喜
通販部門設置 平成9年4月
主な取扱い商品 木・プラスチック・アルミ等を枠とした新デザインによる置掛時計、アルミ・木・ガラス等を素材としたインテリア家具
従業員 36名
通販担当部署 営業企画部
担当者 菊地　圭輔
主な取引先 ㈱良品計画、Amazon、河淳㈱
インターネット・ホームページアドレス
https://www.lemnos.jp
メールアドレス
info@lemnos.jp
shop@lemnos.jp（net販売用）

滝川(株)

本　社 〒111-8511 東京都台東区元浅草3-2-1　℡03-3845-2111　FAX03-3845-0123
通販営業所在地 〒111-8511 東京都台東区三筋2-23-6
　℡03-5821-0230　FAX03-5821-4977
事業内容 通販商品の卸売
資本金 2億1,397万円　**社　長** 滝川　睦子
通販部門設置 昭和59年
主な取扱い商品 理美容・エステティックネイル用品、雑貨
従業員 365名
通販担当部署 特需営業部
担当者 磯崎　秀泰
主な取引先 千趣会、ジュピターショップ

チャンネル、ディノス、ジェイオーディ
インターネット・ホームページアドレス
　　http://www.takigawa.co.jp/
メールアドレス
　　tokuju@takigawa.co.jp

(株)ダストフリー・ジャパン

本　　社　〒654-0151　兵庫県神戸市須磨区北落合5-16-22
　　℡078-794-3826　FAX078-794-3827
事業内容　米国製空気清浄機（化学物質除去機能付）の販売、ガス状化学物質除去フィルターの販売
資本金　1,000万円　　**社長**　西影　章
通販部門設置　平成7年4月
主な取扱い商品　米国製ダストフリー空気清浄機及びガス状化学物質除去用フィルター
従業員　5名
通販部門担当者　西影　章
インターネット・ホームページアドレス
　　http://www.infonet.co.jp/shop/D-Free/

谷村実業(株)

本　　社　〒620-0856　京都府福知山市土師宮町1-84　℡0773-27-3151　FAX0773-27-1351
事業内容　卸売業（電化製品・家具・雑貨・便利用品）
資本金　3,375万円　　**社長**　谷村　紘一
主な取扱い商品　オリジナル商品（家具・雑貨・電化製品・便利用品）
従業員　68名
通販担当部署　生活産業部
担当者　谷村　壮二郎

ツインバード工業(株)

本　　社　〒959-0292　新潟県燕市吉田西太田2084-2　℡0256-92-6111　FAX0256-92-7582
通販営業所在地
東京支社
〒103-0001　東京都中央区日本橋小伝馬町14-4　ツインバード日本橋ゲートオフィス　　℡03-3663-8771　FAX03-3663-8641
大阪支店
〒540-0034　大阪府大阪市中央区島町2-4-9　島町第2野村ビル4F
　　℡06-6946-0811　FAX06-6946-0833
名古屋営業所
〒460-0002　愛知県名古屋市中区丸の内3-14-32　丸の内三丁目ビル3F
　　℡052-231-7551　FAX052-231-4221
福岡営業所
〒812-0025　福岡県福岡市博多区店屋町6-25　オクターブ店屋町ビル7F
　　℡092-281-2600　FAX092-281-2601
事業内容　ライフスタイル家電製品等製造販売
資本金　17億4,240万円
　　　　　　　　　社長　野水　重明
主な取扱い商品　調理家電、クリーナー、生活家電、AV機器　等
従業員　298名（2018年2月）
通販担当部署
営業本部　ギフト通販部
主な取引先　QVCジャパン、千趣会、シャディ、ベルーナ、日本文化センター、髙島屋、ディノス、ニッセン、カタログハウス、ジェイオーディー、ロッピングライフ、日テレ7　他
インターネット・ホームページアドレス
　　http://www.twinbird.jp

(株)ツカモトコーポレーション

本　　社　〒103-0023　東京都中央区日本橋本町1-6-5　℡03-3279-1330　FAX03-3279-1515
事業内容　通販（健康機器、フィットネス機器、家電、暖房器、雑貨の企画・輸入・卸）
資本金　9,500万円
代表取締役社長　百瀬　二郎
通販部門設置　平成2年4月
主な取扱い商品　健康機器、暖房器、調理家電、浄水器、美容雑貨
主な設備　配送センター：安田倉庫(株)　神奈川県横浜市鶴見区大黒ふ頭15
　　℡045-506-2611

(株)ディマック

本　　社　〒417-0851　静岡県富士市富士見台2-2-14　℡0545-21-8252
通販営業所在地　〒990-0861　山形県山形市江俣3-17-32　アルファービル4F
　　℡0236-82-1070　FAX0236-82-2055
事業内容　企画、制作、商品供給
資本金　5,000万円　　**社長**　川西　秀樹
主な取扱い商品　健康器具、家具・家庭用品、服飾雑貨
従業員　18名
通販部門担当者　小松、伊藤、渡辺
主な取引先　ユアサ商事、山善、不二貿易
インターネット・ホームページアドレス
　　http://www.pluson-life.com/
メールアドレス
　　dmc@plum.ocn.ne.jp

デメテル(株)

本　　社　〒171-0014　東京都豊島区池袋4-1-1　サントスビル
　　℡03-5911-1581　FAX03-5911-1580
業種　兼業
資本金　1,000万円
設立　昭和63年3月
主な取扱い商品　生活雑貨、化粧品、医療機器
利用媒体　カタログ、新聞、ラジオ、折込チラシ、地上波テレビ、CS
インターネット・ホームページアドレス
　　http://www.demeter.co.jp/index.html
メールアドレス
　　info@example.com

(株)テラモト

本　　社　〒550-0012　大阪府大阪市西区立売堀3-5-29　℡06-6541-3333　FAX06-6531-2323
通販営業所在地　〒272-0142　千葉県市川市欠真間1-8-23
　　℡047-358-1201　FAX047-358-7658
事業内容　清掃美化用品、環境美化用品の総合メーカー
資本金　9,000万円
代表取締役社長　寺本　信重
通販部門設置　平成5年2月
主な取扱い商品　清掃用品、ベンチ、玄関マット、ジョイント式人工芝、大型屑入全般
従業員　296名
通販担当部署　東京本社営業部
担当者　宇井　和彦
主な取引先　カタログハウス
インターネット・ホームページアドレス
　　http://www.teramoto.co.jp/
メールアドレス
　　info@teramoto.co.jp

デロンギ・ジャパン(株)

本　　社　〒100-0006　東京都千代田区有楽町1-12-1　新有楽町ビル2F
　　℡03-6860-5533　FAX03-6860-5545
通販営業所在地　本社
事業内容　イタリア・デロンギ社の子会社として、家電製品を輸入
資本金　4億5,000万円　**社長**　杉本　敦男
通販部門設置　平成7年3月
主な取扱い商品　デロンギ社製オイルラジエターヒーター、エスプレッソコーヒーメーカー、オーブン等家電品
主な設備　テクニカルセンター（狛江）
従業員　93名
通販担当部署　営業部
担当者　松永　健一郎
主な取引先　角田無線電機(株)、富士器業(株)、吉井電気(株)
メールアドレス
　　faq.japan@delonghigroup.com

(株)天真堂

本　　社　〒104-0054　東京都江東区木場2-17-13　℡050-6861-1100　FAX050-6861-1009
事業内容・化粧品・医薬部外品・指定医薬部外品・機能性表示食品・医薬品のOEM・ODM、

・ロジスティクス・コールセンターの運営
資本金　2億6,960万円
社長　酒井　裕一郎
創立　昭和61年12月
主な取扱商品　医薬部外品、化粧品、機能性食品
主な設備　製造工場、商品開発研究所、物流倉庫、コンタクトセンター
従業員　150名
インターネット・ホームページアドレス
http://www.tenshindo.ne.jp

天　馬(株)

本社　〒115-0045 東京都北区赤羽1-63-6
　　　TEL03-3598-5511　FAX03-3598-6281
通販営業連絡先
　　　TEL03-3598-5513　FAX03-3598-6283
事業内容　プラスチック家庭用品の製造・販売
資本金　192億2,535万円
代表取締役社長　藤野　兼人
通販部門設置　昭和56年11月
主な取扱い商品　台所家庭用品、インテリア用品、収納用品、レジャー用品
従業員　5,876名
通販担当部署　東京支店
担当者　田中　祐太
主な取引先　千趣会、日本生活協同組合連合会、ディノス、セシール、シャディ
インターネット・ホームページアドレス
http://www.tenmacorp.co.jp/

東栄産業(株)

本社　〒116-0013 東京都荒川区西日暮里1-61-18　TEL03-3803-6441　FAX03-3803-6448
事業内容　雑貨、PR用品、記念品、贈答品、日用品の大卸し
資本金　3,000万円　社長　高田　秀寿
主な取扱い商品　ギフト用品全般
従業員　65名
主な取引先　パイロットコーポレーション、三越、東急百貨店
インターネット・ホームページアドレス
http://www.toei-sangyo.co.jp/

(株)東　海

本社　〒151-0073 東京都渋谷区笹塚1-48-3 笹塚太陽ビル5F
　　　TEL03-5454-5147　FAX03-5454-5127
事業内容　喫煙具、筆記具、日用品雑貨、エアゾール製品等の製造・販売
資本金　99億5,800万円
管財人　山中　與八郎、桃尾　重明
主な取扱い商品　ベスタライター、チャッカマン、オストラインマーカー、ハイルック
従業員　480名

通販担当部署　特販部

東京ローソク製造(株)

本社　〒111-0053 東京都台東区浅草橋3-25-5　TEL03-3863-6041　FAX03-3864-8495
事業内容　クリスマス商品の企画・製造・販売、ローソクの製造
資本金　1,800万円　社長　塩田　博幸
従業員　48名

(株)東信商会

本社　〒143-0025 東京都大田区南馬込3-22-2　TEL03-3777-1045　FAX03-3777-1046
通販営業所在地　〒339-0035 埼玉県さいたま市岩槻区笹久保新田846-1
　　　TEL048-791-6045　FAX048-791-6046
事業内容　インテリア・輸入家具卸売業
資本金　1,000万円
代表取締役　青柳　泰正
通販部門設置　昭和50年9月
主な取扱い商品　輸入家具（イタリア、スペイン、東南アジア）、国産の民芸家具、家庭用置家具、ルームアクセサリー
従業員　7名
通販担当部署　通販特需課
担当者　鈴木　哲六
主な取引先　三越、東急、髙島屋、大丸、住商オットー、ベルーナ
インターネット・ホームページアドレス
http://www.toshin-shokai.co.jp/
メールアドレス
info@toshin-shokai.co.jp

東洋ケース(株)

本社　〒615-0824 京都府京都市右京区西京極畑田町8
　　　TEL075-313-5961　FAX075-313-6651
事業内容　段ボールクラフト収納用品の企画・製造業
資本金　5,000万円　社長　吉川　弘
通販部門設置　昭和30年5月
サービス内容　家庭用品のインテリア収納用品の企画提案及び製造・販売
主な設備　通販宅配システム、オートプレス機、シュリンク梱包機
従業員　66名
通販担当部署　企画営業部
主な取引先　千趣会、ピーチジョン、スクロール、山善、ニッセン、セシール、他
インターネット・ホームページアドレス
http://www.toyo-case.co.jp/
メールアドレス
info@toyo-case.co.jp

東洋商事(株)

本社　〒530-0047 大阪府大阪市北区西天満5-9-3　アールビル本館8F
　　　TEL06-6365-1241　FAX06-6365-1128
事業内容　商品卸（製造を含む）
資本金　1,000万円　社長　井戸田　進
通販部門設置　平成7年4月
主な取扱い商品　ピュアオアシスシリーズ・快眠ドライ（敷きブトン用吸湿マット）、湿気吸除隊（敷きブトン用吸湿マット）、吸湿・吸臭グッズ（タンス、押入、衣類ケース他）、さらぽか衣類、生活雑貨
従業員　8名
通販担当部署　営業部
担当者　山田
主な取引先　伊藤忠商事㈱、伊藤忠ホームファッション㈱、㈱いいもの王国、オムロン松坂㈱、KBセーレン㈱、クラレリビング㈱、東洋紡績㈱、西川産業㈱、日本写真印刷㈱、堀田丸正㈱、丸紅インテックス㈱、明和グラビア㈱、他

東和産業(株)

本社　〒642-0034 和歌山県海南市藤白759　TEL073-482-4421　FAX073-482-7987
事業内容　家庭用品製造・販売
資本金　9,000万円　社長　吉田　昌弘
主な取扱い商品　家庭用品
従業員　170名
通販担当部署　営業部
担当者　相尾　和希
主な取引先　千趣会、フェリシモ、セシール、ムトウ
インターネット・ホームページアドレス
http://www.towasan.co.jp/

(株)トーダン

本社　〒114-0012 東京都北区田端新町2-28-3　TEL03-3894-7181　FAX03-3810-0798
事業内容　カレンダー製造卸
資本金　4,800万円　社長　強口　邦雄
主な取扱い商品　カレンダー（販促用名入り）、卓上カレンダー、事務用品
主な設備　オフセット印刷機、製版機、断裁機、丁合機、平動印刷機、自動めくり機
従業員　約100名
通販担当部署　営業部
担当者　片野　一樹
インターネット・ホームページアドレス
http://www.todan.co.jp/
メールアドレス
seles@todan.co.jp

(株)トーワ貿易 装飾空間

本社　〒110-0005 東京都台東区上野3-7-5 天野ビル4F
　　　TEL03-3836-5955　FAX03-3836-1805
資本金　1,000万円　社長　渡辺　茂
主な取扱い商品　宝石・貴金属

従業員　30名
通販担当部署　宝飾品事業部
担当者　下池　恵子

(株)トッパン・コスモ

本　社　〒108-8536 東京都港区芝浦3-19-26 トッパン芝浦ビル
　　　　℡03-5418-3700　FAX03-5418-3704
通販営業連絡先
　　　　℡03-5418-3753　FAX03-5418-3740
事業内容　総合商社
資本金　4億円
代表取締役社長　橋本　敦史
通販部門設置　昭和60年4月
主な取扱い商品　家具、家庭用品、雑貨消費材一般
従業員　80名
通販担当部署　市場開発部
担当者　片山　誠
主な取引先　通販実施企業
インターネット・ホームページアドレス
　http://www.toppan-cosmo.jp

(株)トップトーク

本　社　〒162-0065 東京都新宿区住吉町2-10　ソフィアM5F
　　　　℡03-5368-5020　FAX03-5368-5026
事業内容　家庭雑貨企画販売卸し
資本金　1,000万円　社　長　久寿米木　勝
通販部門設置　平成13年4月
主な取扱い商品　家庭雑貨全般
従業員　6名
インターネット・ホームページアドレス
　http://www.toptalk.co.jp
メールアドレス
　info@toptalk.co.jp

ドリームベッド(株)

本　社　〒733-0812 広島県広島市西区已斐本町3-12-39
　　　　℡082-271-4201　FAX082-271-4404
通販拠点連絡先
　　　　℡082-271-4239　FAX082-271-9079
事業内容　通販実施企業への卸売
資本金　3,600万円　社　長　渡辺　博之
通販部門設置　昭和60年1月
主な取扱い商品　家具、インテリア
従業員　280名
通販担当部署　営業開発課
担当者　中村　敏男
主な取引先　千趣会、カタログハウス、ディノス、暮らしのデザイン、ライトアップSC、髙島屋、東急、他
インターネット・ホームページアドレス
　http://www.dream-ark.co.jp/

(株)ニーズ

本　社　〒435-0006 浜松市下石田920
　　　　℡053-421-7727　FAX053-421-9296
事業内容　MDF（中質繊維板）製収納雑貨、ハンガー
資本金　1,000万円　社　長　能勢　勝行
通販部門設置　昭和50年7月
主な設備　シルク印刷機、各種木工機、塗装設備
従業員　11名
通販担当部署　営業企画室
担当者　能勢善行
主な取引先　千趣会、セシール、ニッセン、ムトウ、シムリー、ディノス、ベルーナ、主婦の友、JOD、生協
インターネット・ホームページアドレス
　http://www.needs-it.com/
メールアドレス
　mailmaster@needs-it.com

西川リビング(株)

本　社　〒541-0053 大阪府大阪市中央区本町1-3-15
　　　　℡06-6262-9100　FAX06-6262-9141（代表）
通販営業連絡先
　　　　℡06-6262-9128　FAX06-6262-9231
事業内容　寝具及び関連商品の製造・販売
資本金　4億円
代表取締役　西川　八一行
　　　　代表取締役社長　西分　平和
通販部門設置　昭和60年
主な取扱い商品　寝具全般、インテリア用品、ナイティ、防炎寝具、健康関連用品、介護用品、他
従業員　380名
通販担当部署　販売5部
担当者　寺西　岳治
インターネット・ホームページアドレス
　http://www.nishikawa-living.co.jp/
メールアドレス
　on-info@nishikawa-living.co.jp

ニチユー(株)

本　社　〒111-0033 東京都台東区花川戸1-3-6　℡03-3843-6431　FAX03-3843-6430
事業内容　玩具、文具、ギフト商品の卸売業
資本金　1,000万円　社　長　佐藤　元泰
通販部門設置　昭和43年7月
主な取扱い商品　トランプ、タロット、チェス、ボードゲーム等室内遊戯・玩具、万年筆、ギフト品
従業員　11名
通販担当部署　営業部
担当者　中川　栄利子
主な取引先　ライトアップショッピングクラブ、小学館、三越、東急ハンズ他多数
インターネット・ホームページアドレス
　http://www.nichiyu.net
メールアドレス
　info@nichiyu.net

(株)日進商会

本　社　〒400-0046 山梨県甲府市下石田2-20-24　℡055-226-5011　FAX055-220-7221
資本金　1,000万円　社　長　河西　忠則
通販部門設置　昭和62年1月
主な取扱い商品　印鑑、美術工芸品、宝石・貴金属
従業員　13名
通販担当部署　営業企画部
担当者　河西　忠則

日成貿易(株)

本　社　〒113-0033 東京都文京区本郷2-14-14 ユニテビル3F
　　　　℡03-3868-5433　FAX03-3868-5443
事業内容　輸出入業
資本金　2,500万円　社　長　三井　悠生
通販部門設置　昭和33年7月
主な取扱い商品　インテリア、レジャー用品、カメラ光学機器、娯楽用品、趣味用品、台所家庭用品
従業員　5名
通販担当部署　輸入部
担当者　三井　悠生
主な取引先　カタログハウス、ライトアップショッピングクラブ、ディノス、夢みつけ隊
インターネット・ホームページアドレス
　http://www.nisseico.jp/
メールアドレス
　mitsui@nisseico.com

日本アーツ(株)

本　社　〒543-0074 大阪府大阪市天王寺区六万体町4-2
　　　　℡06-6773-1221　FAX06-6773-2465
通販営業所在地　〒543-0052 大阪府大阪市天王寺区大道2-12-18
　　　　℡06-6779-0099　FAX06-6772-6062
事業内容　ビデオ、CD-ROM、DVD制作及びソフト開発
資本金　6,000万円　社　長　谷　義一
通販部門設置　平成7年7月
主な取扱い商品　シャープ製品、タイガー魔法瓶製品、テイチク鉄道ビデオ、平井星光堂の扇、耐熱ガラス製品、木のおもちゃ、等
通販担当部署　メディア事業部
担当者　吉村　俊朗、中川　和美、定久　理恵
インターネット・ホームページアドレス
　http://mydo.box.co.jp/

http://tiger.box.co.jp/
http://rail.box.co.jp/
http://mono.box.co.jp/
http://www.tokusen.ne.jp/
http://dolce.box.co.jp/

(株)日本育児

本　社　〒542-0081 大阪府大阪市中央区南船場3-11-24 日本信販御堂筋ビル5F
℡06-6251-7420　FAX06-6245-1849
事業内容　米国製品を中心とした米国・ヨーロッパスタイルの育児用品雑貨、知育玩具の輸入及び販売
資本金　2,000万円　社　長　石迫　立壮
通販部門設置　昭和56年7月
主な取扱い商品　米国・ヨーロッパスタイルの育児用品（安全グッズ、チャイルドシート、アイデアグッズ、育児玩具）
従業員　20名
通販担当部署　営業企画部通販課
担当者　西川　勉
主な取引先　千趣会、主婦の友ダイレクト、リクルート、明治乳業（ナイスデイ）、ピップトウキョウ、ダスキン
インターネット・ホームページアドレス
　http://www.nihonikuji.co.jp/
メールアドレス
　nishikawa@nihonikuji.co.jp

日本エイテックス(株)

本　社　〒102-0082 東京都千代田区一番町10-15　℡03-3264-1011　FAX03-3264-1211
事業内容　ベビー育児用品の企画・製造・販売
資本金　3,000万円　社　長　八木澤　誠
通販部門設置　平成13年
主な取扱い商品　ベビー育児用品、カー用品、車内グッズ、アウトドアトラベル用品、輸入キッチン雑貨、他
主な設備　東京商品センター、茨城工場、他
従業員　35名
通販担当部署　営業部
担当者　北出　卓也
主な取引先　千趣会、リクルート、トイザラス、ベネッセコーポレーション、アマゾン・ジャパン、ピップ、赤ちゃん本舗、他
インターネット・ホームページアドレス
　http://www.eightex.co.jp/
メールアドレス
　info@eightex.co.jp

日本住器工業(株)

本　社　〒501-6217 岐阜県羽島市正木町須賀小松319-1
　　　　℡058-392-1448　FAX058-392-8265

事業内容　スチール製家庭用品製造販売
資本金　3,100万円　社　長　山村　勝也
通販部門設置　昭和53年4月
主な取扱い商品　ランドリーラック、ハンガーラック、収納用品
従業員　44名
通販担当部署　本社営業部
担当者　馬場　卓也
主な取引先　千趣会、ニッセン、ディノス・セシール、ニトリ
メールアドレス
　BABA@vesselhouse.co.jp

日本ベターリビング(株)

本　社　〒468-0046 愛知県名古屋市天白区古川町110　℡052-891-8411
通販営業連絡先
本社第2営業部第3グループ
　　　　℡052-891-8471　FAX052-891-8207
東京営業部　℡03-3207-5330　FAX03-3207-9611
事業内容　カーペット、ETC、インテリア商品の卸販売
資本金　9,000万円　社　長　小川　義行
通販部門設置　昭和48年7月
主な取扱い商品　ベルギー・フランス・イタリア・トルコ・エジプト等ヨーロッパ諸国及び中国・韓国・パキスタン・インド等アジア諸国等輸入インテリア商品、国内有力メーカーでのOEM等オリジナルインテリア商品
主な設備　商品デリバリー倉庫3ヵ所（キャパシティー50万平米）
従業員　100名
通販担当部署　本社第2営業部、東京営業部
担当者　本社：福岡　尚之、小川　信行、小川　丈夫　東京：浜川　公良
主な取引先　髙島屋、ニッセン、暮らしのデザイン、ムトウ、大丸、ベルーナ、ディノス、シャディ、千趣会、他

日本レクタス(株)

本　社　〒130-0014 東京都墨田区亀沢1-24-5　花井ビル1F
　　　　℡03-3829-2411　FAX03-3829-2326
事業内容　卸売業
資本金　1,000万円
代表取締役　小森　宏志
通販部門設置　昭和58年7月
主な取扱い商品　家庭雑貨品、ペット用品、健康グッズ、他
従業員　8名
通販部門部署　営業部
通販部門担当者　小森、斉藤、小林
主な取引先　㈱ディノス、㈱ジェイアール東日本商事、㈱千趣会、他
メールアドレス
　n-lectus@minos.ocn.ne.jp

(株)ヌーベル

本　社　〒103-0001 中央区日本橋小伝馬町7-12-5F　℡03-3808-0741　FAX03-3808-0755
事業内容　化粧品等の企画・製造・卸し・販売
資本金　1,000万円　社　長　大島　孝憲
通販部門設置　昭和61年2月
主な取扱い商品　化粧品・医薬部外品・健康食品など
従業員　3名
主な取引先　ニッセン、千趣会、テレマートなど

(株)ネクストトゥエンティワン

本　社　〒165-0026 東京都中野区新井1-11-2　宮地ビル5F
　　　　℡03-5380-0833　FAX03-5380-0928
事業内容　輸入時計、時計小売業
資本金　2,000万円
代表取締役　大月　浩司郎
通販部門設置　平成元年6月
主な取扱い商品　輸入時計、ファッションウオッチ、時計修理
従業員　30名（契約社員、パートタイマーは除く）
通販担当部署　通販部
インターネット・ホームページアドレス
　http://www.jackroad.co.jp/
メールアドレス
　customer@jackroad.co.jp

(株)野中製作所

本　社　〒547-0002 大阪府大阪市平野区加美東4-4-18
　　　　℡06-6791-7626　FAX06-6791-2652
事業内容　こども用乗りもの、遊具、ベビー用品製造
資本金　1,000万円　社　長　野中　勝彦
通販部門設置　平成5年4月
主な取扱い商品　こども用乗りもの、遊具、ベビー用品
従業員　40名
通販担当部署　営業部
担当者　中村、細谷
主な取引先　シャディ、総通
インターネット・ホームページアドレス
　http://www.nonaka-world.co.jp/
メールアドレス
　info@nonaka-world.co.jp

パール金属(株)

本　社　〒955-0821 新潟県三条市五明190
　　　　℡0256-35-3111
通販営業連絡先
　　　　℡0256-35-3119　FAX0256-31-1600
資本金　6,000万円　社　長　高波　久雄

主な取扱い商品 家庭用品、アウトドア用品
従業員 450名
通販担当部署 特販課

(株)パイロットコーポレーション

本　社 〒104-8304 東京都中央区京橋2-6-21　℡03-3538-3700
通販営業連絡先
　℡03-3538-3746　℻03-3538-3922
事業内容 貴金属宝飾品、筆記具、文具全般、ペン習字教育講座
資本金 12億6,000万円　**社　長** 髙橋 清
通販部門設置 昭和47年7月
主な取扱い商品 筆記具全般、宝飾品、OAサプライ関連用品、文具用品
従業員 1,530名
通販担当部署 東京営業部営業第9課
担当者 千代田 勝
主な取引先 ライトアップショッピングクラブ、他
インターネット・ホームページアドレス
　http://www.pilot.co.jp/
メールアドレス
　m.tiyoda@pilot.co.jp

パスタライズ(株)

本　社 〒470-0207 愛知県みよし市福谷町落合17　℡0561-36-0011　℻0561-36-3333
事業内容 二酸化塩素水溶液（除菌消臭剤）、二酸化塩素関連製品（生成機、ゲル剤、OEM商品）、廃油処理剤、食器洗剤、洗濯洗剤、鮮度保持袋等の製造・販売
資本金 1,000万円　**社　長** 水谷 博良
主な取扱い商品 台所家庭用品、業務店用洗剤、除菌消臭剤（二酸化塩素水溶液）、等
従業員 10名
担当者 中島
主な取引先 石光商事(株)、名エン(株)、他
インターネット・ホームページアドレス
　http://www.pasteurize.co.jp/
メールアドレス
　info@pasteurize.co.jp

パナソニック電工(株)

本　社 〒571-0050 大阪府門真市門真1048　℡06-6908-1131
通販営業所在地 〒540-0001 大阪府大阪市中央区城見2-1-3-7F
　℡06-6942-7575　℻06-6943-0576
事業内容 より美しく、より健康的、より快適な生活のご提案を目指し"ヒューマンバイタル"をコンセプトに、お客様の人生の価値をさらに高める商品を創出しています。
資本金 1,383億円　**社　長** 畑中 浩一
主な取扱い商品 電気カミソリ、ドライヤー等の美容商品を中心に健康機器、快適商品、等
従業員 4万7,620名（連結）
通販担当部署 西部特品営業所
担当者 田辺
インターネット・ホームページアドレス
　http://www.mew.co.jp/
メールアドレス
　tanabe@mewaa.mew.co.jp

(株)ハマグチ

本　社 〒639-0245 奈良県香芝市畑2-872
　℡0745-71-1600　℻0745-71-1611
事業内容 ユニット家具の企画開発卸し
資本金 1,000万円　**社　長** 槙井 勝
通販部門設置 昭和61年5月
主な取扱い商品 AV収納、玄関収納、スキマ収納、桐家具、美術工芸品、輸入家具・雑貨、座布団、寝具
主な設備 物流センター（1,500㎡）
従業員 7名
通販部門担当者 槙井 勝
主な取引先 通販各社、各デパート
メールアドレス
　ham6491@song.ocn.ne.jp

早川工業(株)

本　社 〒640-1161 和歌山県海南市野上新210　℡0734-87-1180　℻0734-87-3951
事業内容 家庭用品の製造・販売
資本金 1,000万円　**社　長** 早川 満
主な取扱い商品 清掃用品、家庭用品小物
従業員 38名

(株)ハルショウライフ

本　社 〒242-0021 神奈川県大和市中央3-1-6　HSLビル
　℡046-264-2221　℻046-264-4022
事業内容 通信販売事業者への商品卸業務、商品の開発・提案
資本金 9,500万円　**社　長** 中澤 晴幸
通販部門設置 昭和62年3月
取扱商品分野 家庭用品、寝具、衣料品、キッチン用品、コスメ用品、食品、掃除機、通信機、補修用品、ギフト用品
主力商品分野 洗剤、日用品、家庭用品
主力商品名 "洗剤の王様オレンジスパット"
商品の主な仕入先 兼松、マルキン石ケン、シチズン、ツカモトエイム、ツインバード、セイコー、清水産業
商品の主な販売先 一般ユーザー、百貨店、スーパー、テレビ、カタログ発行"天使からの贈り物"TV、ラジオ、新聞
販売組織の形態 代理店卸、通信販売
販売方法 通信販売、店舗販売、FC展開
販売員数 200名
販売エリア 全国
代理店数 300ヵ所
商品仕入担当窓口
　営業　担当者　海老原、山口
　　　℡046-264-2221（内）12
　商品開発部　担当者　平本、高木
　　　℡046-264-2221（内）16
消費者対応窓口
　企画部　担当者　仲林
　　　℡046-264-2221（内）22
支社・支店または営業所
　東京支店
　〒154-0022 東京都世田谷区梅ケ丘1-22-4-201
　　　℡03-3425-1112
　赤坂支店
　〒107-0052 東京都港区赤坂4-2-28　3F
　　　℡03-3586-8830
　商品センター
　〒242-0029 神奈川県大和市上草柳2-5-14
　　　℡0462-62-3211
　ハルショウライフ大和販売
　〒242-0021 神奈川県大和市中央3-1-6　HSLビル2F　℡046-264-2313
　ハルショウライフ物流センター
　〒242-0026 神奈川県大和市草柳2-21-12
　　　℡046-264-6911
　ハルショウライフ京浜販売
　〒222-0031 神奈川県横浜市港北区太尾町226
　　　℡045-543-7469
　ハルショウライフ杉並販売
　〒168-0071 東京都杉並区高井戸西2-9-5　山手ビル2F　℡03-5941-5377
所属関連協会・団体 大和商工会議所（常議員）
インターネット・ホームページアドレス
　http://www.harusholife.com
メールアドレス
　hsl@harusholife.com

(株)ビクセン

本　社 〒359-0021 埼玉県所沢市東所沢5-17-3　℡04-2944-4000　℻04-2944-4045
事業内容 光学機器製造卸売業
資本金 6,400万円　**社　長** 新妻 和重
通販部門設置 昭和40年4月
主な取扱い商品 ビクセン双眼鏡、天体望遠鏡、地上望遠鏡、顕微鏡、ルーペ、コンパス
主な設備 発送業務の設備
従業員 70名
通販担当部署 営業部
担当者 髙橋 敬二
主な取引先 全国で約80社

飛雄商事(株)

本　社 〒189-0002 東京都東村山市青葉町1-16-8

℡042-394-3839　FAX042-392-8577
事業内容　日用品、雑貨品、洗浄剤の製造販売
資本金　2,000万円　社長　星野　善一
通販部門設置　平成4年5月
主な取扱い商品　乳酸カビ取り洗浄剤ほか各種洗浄剤、ねずみ忌避剤、ケミカル品の製造販売
主な設備　各種液体充填設備、包装設備、粉体ミキシング設備、配送センター
従業員　10名
通販担当部署　総務部
担当者　池田　恵奈
主な取引先　通販ベンダー各社
インターネット・ホームページアドレス
http://www.hiyu.co.jp/
メールアドレス
info@hiyu.co.jp

(株)ヒラテ

本社　〒461-0004　愛知県名古屋市東区葵3-12-6　℡052-937-7621　FAX052-937-2522
事業内容　アクセサリー、貴金属の卸売り、小売り
資本金　8,000万円
代表取締役社長　平手　満彦
通販部門設置　昭和57年2月
主な取扱い商品　婦人アクセサリー（ネックレス、ペンダント、ピアス、リングなど）
従業員　150名
通販担当部署　営業部第1営業課
担当者　水野　博光
主な取引先　丸井、髙島屋、松坂屋、大和、千趣会、ニッセン、スクロールなど
インターネット・ホームページアドレス
http://www.hirate.jp/
メールアドレス
n-matsuoka@hirate.jp

(有)ヒラバヤシ商事

本社　〒491-0847　愛知県一宮市大和町宮地花池字下り松8番地
　　　℡0586-45-1315　FAX0586-45-1316
事業内容　通信販売向け卸し
資本金　300万円　社長　平林　一夫
通販部門設置　平成7年9月
主な取扱い商品　服飾雑貨、家具、家庭用品、雑貨
従業員　3名
通販部門担当者　平林　すえ子
主な取引先　㈱ジェイオーディ、㈱日本文化センター、㈱総通、ロイヤルステージ㈱、㈱藤久、㈱テレマート、㈱大丸ホームショッピング、IEI㈱
メールアドレス
s-hira@msi.bigloge.ne.jp

(株)フェトコ

本社　〒182-0017　東京都調布市深大寺元町2-27-19　℡0424-40-3826　FAX0424-40-3827
事業内容　一般雑貨
資本金　1,000万円　社長　福永　省三
通販部門設置　平成5年11月
主な取扱い商品　趣味用品
従業員　3名
通販部門担当者　福永
主な取引先　全日空商事、ステイラーCKM、フットワーク、いいもの王国

(株)フォーチュン

本社　〒496-8014　愛知県海部郡佐織町大字町方新田字五軒家東22
　　　℡0567-25-8866　FAX0567-25-8877
事業内容　洗濯物干し及びインテリア家庭用品販売
資本金　1,000万円　社長　西野　正八
通販部門設置　平成元年11月
主な取扱い商品　万能物干し「マイホスベー」シリーズ、室内物干、防災用品、他
従業員　12名
通販担当部署　営業第1課
主な取引先　藤栄（西武、千趣会、ムトウ）、日本興業（三越、髙島屋、西武）、後藤（セシール、ディノス、総通）、他
メールアドレス
fotune10@jasmine.ocn.ne.jp

(株)フジ

本社　〒111-0033　東京都台東区花川戸1-5-2　℡03-3843-1386　FAX03-3841-2881
通販営業連絡先
　　　℡03-3843-4565　FAX03-3845-1037
事業内容　通販企画・製造・卸し、ノベルティギフト企画・製造・卸し
資本金　1,000万円　社長　池田　一郎
通販部門設置　平成4年3月
主な取扱い商品　家具・家庭用品、雑貨、服飾雑貨（オリジナルとして、コンフォート系、パンプス、ビジネスシューズ、インナーソール、インテグローブ地球儀、他）
主な設備　商品の訴求力を高めるため、VTR編集室を完備
従業員　15名
通販担当部署　通信販売部
主な取引先　インペリアル・エンタープライズ、JALUX、日本フローラルアート、サンレイヤマコー、マクセル、ステイラーCKM、オリジナル、他

富士(株)

本社　〒675-1331　兵庫県小野市神明町106　℡0794-63-2551　FAX0794-63-2552
事業内容　リビング収納家具（雑貨）の企画開発とデリバリー
資本金　4,500万円　社長　藤原　英信
通販部門設置　昭和62年8月
主な取扱い商品　木製収納家具、天然素材のテーブル、デスク
主な設備　物流センター、ショールーム
従業員　8名
通販担当部署　企画開発
担当者　黒田　正憲
主な取引先　暮らしのデザイン、近鉄百貨店、イトーヨーカ堂、東急ハンズ
インターネット・ホームページアドレス
http://www.fujilasik.co.jp/
メールアドレス
h-fujiwara@fujilasik.co.jp

(株)藤井企画

本社　〒183-0055　東京都府中市府中町2-20-11　℡042-335-7210　FAX042-335-7233
事業内容　通販会社等への卸業
資本金　1,000万円　社長　栗原　浩
通販部門設置　平成元年11月
主な取扱い商品　雑貨、健康食品、化粧品、食料品、他
従業員　3名
インターネット・ホームページアドレス
http://www.fujikikaku.co.jp/
メールアドレス
fujikkk@d6.dion.ne.jp

(株)藤栄

本社　〒460-8550　愛知県名古屋市中区丸の内3-6-14
　　　℡052-961-5421　FAX052-961-5423
通販拠点事業所　〒152-0032　東京都目黒区平町1-2-2　℡03-5701-3441　FAX03-5701-4008
事業内容　家庭用品、家具、インテリア用品の卸売り
資本金　1億円　社長　岩井　重樹
主な取扱い商品　家庭用品、家具、インテリア用品の卸売り
従業員　285名
通販担当部署　DM営業部
担当者　加藤　忠宏
主な取引先　千趣会、ディノス、セシール、スクロール、QVCジャパン、カタログハウス、髙島屋、その他
インターネット・ホームページアドレス
http://www.fujiei.co.jp

(株)富士越

本社　〒164-0012　東京都中野区中央5-2-1　第3ナカノビル3階
　　　℡03-5340-6051　FAX03-5340-6050
事業内容　宝石・貴金属・時計販売、スポーツ・レジャー用品輸入・販売

資本金　1,000万円　社長　越田　雅哉
通販部門設置　平成6年8月
主な取扱い商品　宝石・貴金属の戦略商品の企画・製造・販売、スポーツ・レジャー用品輸入・販売
主な設備　オリジナル商品企画
従業員　11名
通販担当部署　通販本部
担当者　小田桐　昌宏
主な取引先　三越、松坂屋、伊勢丹、髙島屋、QVC
インターネット・ホームページアドレス
　http://fujikoshi.net/
メールアドレス
　info@fujikoshi.net

富士パックス販売(株)

本　社　〒466-0037 愛知県名古屋市昭和区恵方町1-26
　　℡052-883-1321　FAX052-883-5888
事業内容　家庭用品雑貨・アイデア雑貨等企画・製造・卸
資本金　5,000万円　社長　森　功
通販部門設置　昭和51年
インターネット・ホームページアドレス
　http://www.fujipacks.co.jp
メールアドレス
　info@fujipacks.co.jp

富士ホーロー(株)

本　社　〒111-0052 東京都台東区柳橋2-4-4
　　℡03-3851-7241　FAX03-3861-7989
事業内容　台所用品製造・販売
資本金　1億円　社長　秋山　陽子
通販部門設置　平成3年9月
主な取扱い商品　台所用品、遠赤外線パネルヒーター
従業員　30名
通販担当部署　営業部
担当者　五十嵐　宏
主な取引先　カタログハウス、ディノス、他
インターネット・ホームページアドレス
　http://www.fujiware.com/

フジライトカーペット(株)

本　社　〒103-0004 東京都中央区東日本橋2-27-8　℡03-5687-2371　FAX03-5687-2392
通販営業連絡先
　　℡03-5687-2375　FAX03-5687-2394
資本金　1億2,650万円　社長　根本　徹
主な取扱い商品　インテリア用品、敷物
従業員　120名
通販担当部署　営業第3課
担当者　杉野
主な取引先　髙島屋、三越、千趣会、大丸、読売情報開発、ディノス

インターネット・ホームページアドレス
　http://www.fujilight.co.jp/

フューチャーイズナウCo.

本　社　〒225-0005 神奈川県横浜市青葉区荏子田1-10-12-3
　　℡045-903-8415　FAX045-903-8819
事業内容　エコロジー及びヘルシーダイエットグッズの卸販売
資本金　200万円　社長　佐藤　友昭
通販部門設置　平成7年9月
主な取扱い商品　チタンブレスレット、モマソール、ノニジュース、健康茶、電磁波カット製品、スウェーデン産天然花粉エキス
従業員　3名
通販担当部署　通販事業部
担当者　佐藤
主な取引先　総通、ジェイオーディ、セシール、SOKO、VOICE
メールアドレス
　manzoltd@yahoo.co.jp

(株)プラム

本　社　〒578-0901 大阪府東大阪市加納4-7-51　℡0729-65-1911　FAX0729-65-2055
事業内容　百貨店、専門店への卸し
資本金　1,000万円　社長　長田　順子
通販部門設置　平成元年3月
主な取扱い商品　ヨーロッパ家具、陶器、置物、ランプ、ミラー、額絵、他
従業員　40名
通販担当部署　営業部
担当者　向居　誠
主な取引先　松坂屋・近鉄・阪神・各百貨店、ディノス、千趣会、住商オットー
インターネット・ホームページアドレス
　http://www.plum-co.jp/
メールアドレス
　info@plum-co.jp

(株)ブリム

本　社　〒101-0041 東京都千代田区神田須田町2-13　佐藤金属㈱内
　　℡03-3251-2234　FAX03-3251-0110
事業内容　生活関連用品の製造及び卸し、健康食品の製造販売
資本金　1,000万円　社長　佐藤　昭壽
通販部門設置　昭和59年12月
主な取扱い商品　健康食品、山本なべ、さとーなべ、調理器具、生活関連商品、バスパ
従業員　8名
通販担当部署　営業部
担当者　下重　幸雄
主な取引先　佐藤金属、キューピー、エスビーエイジェンシイ、水谷、ツカモト商事、

日本文化センター、ワールドファミリー、三菱マテリアル、直営自社店舗あり

プロト・ワン(有)

本　社　〒113-0033 東京都文京区本郷2-13-3　巴屋ビル2F
　　℡03-3816-3399　FAX03-3816-3933
事業内容　介護用品、電動噴霧器の輸入販売、消臭ランドリーバッグ製造販売
資本金　300万円　社長　築山　由起子
通販部門設置　平成13年5月
主な取扱い商品　介護用品、電動噴霧器
従業員　4名
通販担当部署　営業部
担当者　築山　由起子
インターネット・ホームページアドレス
　http://www.proto-one.co.jp/
メールアドレス
　info@proto-one.co.jp

(株)ベーシックビジネスサポート

本　社　〒169-0072 東京都新宿区戸山3-15-1　日本駐車ビル6F
　　℡03-5272-7901　FAX03-5272-7902
事業内容　通販商材、ギフト商材の製造・卸し及びペット用品の製造・卸し
資本金　1,100万円　社長　村田　博一
通販部門設置　平成4年1月
主な取扱い商品　〈楽器事業部〉フルート、バイオリン、フォークギター、ウクレレ等入門セット、〈ペットニード事業部〉ノミよけバンダナ、ペット用お風呂ハーブ、ペットウォーター、消臭スプレー等、〈JTP事業部〉JTPマイナスイオン保温療法サポーター各種、〈住居関連環境事業部〉浄水器シーガルフォー、水工場、フライニード、グリーンコンディショナー、各種セラミックス、〈家庭用品事業部〉日用雑貨、アイデア用品
従業員　12名（パート8名含む）
通販部門担当者　村田、平山
主な取引先　全国生協、民間通販誌
インターネット・ホームページアドレス
　http://inet-bbs.co.jp/
メールアドレス
　h-murata@inet-bbs.co.jp

ベス工業(株)

本　社　〒577-0006 大阪府東大阪市楠根2-4-22　℡06-6745-5511　FAX06-6745-2911
東京営業所　〒103-0012 東京都中央区日本橋堀留町1-4-3　日本橋MIビル5F
　　℡03-5649-9891　FAX03-5649-9471
事業内容　ヘアケア、バス、健康雑貨
資本金　8,000万円　社長　阿部　浩一
通販部門設置　昭和55年5月
主な取扱い商品　ヘアブラシ、フェイスブ

ラシ、コーム、ローラー、シャンプーブラシ、パフ、泡立てスポンジ
従業員 40名
担当者 西川
主な取引先 生協（卸商社経由）
インターネット・ホームページアドレス
　http://www.vess.co.jp
メールアドレス
　kouji.nishikawa@vess.co.jp

Hestan Cue

本　社 〒169-0073 東京都新宿区百人町1丁目10-15 JR新大久保駅ビル4F (KDC内)
　☎0800-888-2888
主な事業内容 TV、ラジオ、新聞、インターネットを利用した通信販売、商品の輸入販売及び情報提供サービス、一般総合広告及びフィルム制作
資本金 1,000万円　**社長** 上野　雄太郎
設　立 昭和50年6月3日
メールアドレス
　info@hestancue.jp

(株)ベルソス

本　社 〒730-0041 広島県広島市中区小町8-25　☎082-546-0081　FAX082-546-0083
事業内容 自社輸入商品の通販企業への卸し
資本金 1,000万円　　**社長** 伊藤　剛
主な取扱い商品 生活家電、PC周辺機器、おもちゃ、アパレル、健康グッズ等
従業員 21名
通販担当部署 営業部
インターネット・ホームページアドレス
　http://www.versos.jp

(株)葆　光

本　社 〒486-0945 愛知県春日井市勝川町2-6-3　☎0568-31-9900　FAX0568-33-5585
通販営業所在地 〒104-0031 東京都中央区京橋2-9-12　日本工築1号館2F
　☎03-3538-7521　FAX03-3538-7522
事業内容 美術工芸品販売、輸入雑貨卸し
資本金 1,000万円　**社長** 加藤　哲也
通販部門設置 平成5年7月
主な取扱い商品 日本貨幣額一覧、古代貨幣額一覧、雑貨、輸入雑貨
従業員 4名
通販部門担当者 加藤　哲也
主な取引先 藤久、オークローンマーケティング、津田商事、広商、テレマート
メールアドレス
　katotetsu@aol.com

ホウコク(株)

本　社 〒463-0070 愛知県名古屋市守山区新守山1110
　☎052-795-9100　FAX052-795-9090
事業内容 繊維製キッチン、インテリア用品
資本金 4,000万円
代表取締役 榊原　明人
通販部門設置 平成14年9月
主な取扱い商品 エプロン、ホームウエアー、婦人アパレル
従業員 30名
通販担当部署 営業部
担当者 営業部長　岡田　直美
主な取引先 大手量販店、大手前売問屋
インターネット・ホームページアドレス
　http://www.hs.hokoku-ltd.co.jp

(株)ホクシン交易

通販拠点事務所 〒972-8316 福島県いわき市常磐西郷町金山44
　☎0246-72-1725　FAX0246-72-1728
事業内容 通販各社への輸入商材の卸、自社通販、オンラインショップ
資本金 3,000万円
代表取締役 北村　亮
通販部門設置 昭和61年5月
主な取扱い商品 ゴルフ用品、アウトドア用品、男性雑貨、オービス製品
従業員 20名
通販担当部署 企画営業部
担当者 志田　衛司
主な取引先 いいもの王国、ジェイアール東日本商事、全日空商事
インターネット・ホームページアドレス
　http://www.htcgulf.com
メールアドレス
　shida@htc-web.com

(株)ホッタ

本　社 〒110-8617 東京都台東区上野5-23-12　☎03-3835-1232　FAX03-3835-1246
事業内容 宝石・貴金属の輸入・卸し・企画販売
資本金 1億円　**社長** 堀田　邦彦
通販部門設置 平成2年2月
主な取扱い商品 パール、ダイヤモンド
従業員 85名
通販担当部署 企画営業課
担当者 土屋　嘉男
主な取引先 日本生活協同組合連合会
インターネット・ホームページアドレス
　http://www.hotta-group.co.jp/
メールアドレス
　y-tsuchiya@hotta-group.co.jp

(株)ボンビ

本　社 〒583-0886 大阪府羽曳野市恵我之荘3-1-1　☎0729-55-4685　FAX0729-54-6295
事業内容 家具・インテリア用品・収納用品メーカー、ペット用品
資本金 5,000万円　**社長** 山本　裕
主な取扱い商品 レインラック、マガジンラック、スリッパラック、CDラック、パソコンラック、キッチンワゴン、プランターラック、他
従業員 80名
通販担当部署 ホーム用品部

(株)マジマ

本　社 〒157-0061 東京都世田谷区北烏山4-44-2　☎03-3300-1101　FAX03-3300-1105
事業内容 防災機器、特殊携帯用警報器、各種無線警報装置、徘徊老人アラーム、自動車用品、ゼンマイ・振子式ボンボン時計、趣味用品、医療機器の販売
資本金 1億円　**社長** 真島　宏
通販部門設置 昭和32年1月
主な取扱い商品 防災機器、特殊携帯用警報器、徘徊老人アラーム、学校の教室に設置の防犯警報機、自動車用品、現金輸送専用警報装置、ゼンマイ・ゼンマイ捲き振子式ボンボン時計（120年前の金四つ丸時計等の復刻）、趣味用品、医療機器、ATM破壊防犯警報装置
従業員 34名
通販部門担当者 真島　宏
主な取引先 官公庁（全国市・町・村の福祉関係）、全国の会社工場、大学・高校・中小学校、建設機械関係メーカー、DOMINION、VOLVO、DYNAPAC、SCANIA、FIAT、DEERE、CMI、他
インターネット・ホームページアドレス
　http://www.majima.co.jp/
メールアドレス
　hiroshi@majima.co.jp

(株)マトリックス

本　社 〒541-0057 大阪府大阪市中央区北久宝寺町1-9-6
　☎06-6268-0140　FAX06-6268-0141
事業内容 インテリア、手芸ホビー関連商品の企画・製造・卸し
資本金 2,000万円　**社長** 西沢　三郎
通販部門設置 平成元年4月
主な取扱い商品 手芸キット、ドールハウス製品及びキット、陶芸窯及び関連商品、ミニチュア、ガーデン木製品、他
従業員 10名
通販担当部署 クラフトアイデア部
担当者 貞尾　久留美
主な取引先 千趣会
インターネット・ホームページアドレス
　http://www.craft-idea.net/
メールアドレス
　info@craft-idea.net

(株)マルシン

本　社　〒065-0031 北海道札幌市東区北31条東19-1-8
　　　　☎011-784-3001　FAX011-784-3317
事業内容　テレビショッピング、カタログショッピング、雑貨の卸し
資本金　1,000万円　社長　和田　邦昭
通販部門設置　昭和62年7月
主な取扱い商品　台所家庭用品、バッグ、宝石・貴金属、食料品
従業員　6名
通販部門担当者　田嶋　勇一
主な取引先　三越通販事業本部、髙島屋通販事業本部、ABCメデアコム、STV開発センター、㈱貴、プライム

(株)丸　藤

本　社　〒657-0853 兵庫県神戸市灘区灘浜町2-1　神戸みなと倉庫内
　　　　☎078-806-7300　FAX078-806-7301
事業内容　家庭用品総合卸し
資本金　5,000万円　社長　手塚　武輿
通販部門設置　昭和41年2月
主な取扱い商品　家具・家庭用品、雑貨、健康食品
従業員　76名
通販担当部署　営業本部
担当者　専務取締役　大溪　大
主な取引先　生活協同組合コープこうべ、日本生活協同組合連合会、京都生活協同組合、生活協同組合ユーコープ事業連合
インターネット・ホームページアドレス
　http://www.marufuji.co.jp/

丸光産業(株)

本　社　〒110-0015 東京都台東区東上野3-15-6　☎03-5818-0303　FAX03-3835-1083
事業内容　健康・医療用具製造販売
資本金　3,000万円　社長　髙田　勝利
通販部門設置　昭和33年11月
主な取扱い商品　寝具、介護用品、美容・健康・医療器具、輸入雑貨、サポーター各種
主な設備　配送センター
従業員　120名
通販担当部署　営業部
担当者　田中　秀明
主な取引先　中山式産業、いいもの王国、全日空商事、ベルーナ、ロイヤルステージ、他
インターネット・ホームページアドレス
　http://www.rehband.jp/
メールアドレス
　marumitu@fa.mbn.or.jp

(株)萬　丸

本　社　〒101-0037 東京都千代田区神田西福田町2　☎03-3252-5333　FAX03-5256-5268
事業内容　家庭用品の卸し・商品企画
資本金　1,200万円　社長　大辻　誠一郎
通販部門設置　昭和46年3月
主な取扱い商品　家庭用品全般
従業員　30名
通販担当部署　Mグループ
担当者　鈴木　重利
主な取引先　ディノス、カタログハウス
インターネット・ホームページアドレス
　http://www.manmaru.co.jp/
メールアドレス
　s-suzuki@marumi.co.jp

(株)美　藤

本　社　〒600-8059 京都府京都市下京区柳馬場通松原上ル
　　　　☎075-351-9612　FAX075-343-3256
事業内容　念珠及び慶弔関連商品、製造・卸
資本金　1,000万円　社長　美藤　悦也
通販部門設置　昭和63年
主な取扱い商品　念珠をはじめ慶弔用品
従業員　20名
通販担当部署　営業部
担当者　住田
主な取引先　髙島屋、近鉄、ニッセン、総通、ベルーナ

ミヤコ商事(株)

本　社　〒104-0032 東京都中央区八丁堀1-2-8
通販拠点事業所　〒123-0871 東京都足立区椿2-4-5　☎03-3899-0329　FAX03-3899-0909
事業内容　家具・インテリア・雑貨等の卸売及び輸入業
資本金　1,500万円　社長　藤井　裕士
通販部門設置　平成15年4月
主な取扱商品・サービス内容　家具、インテリア、建材、仏具
従業員　28名
通販担当部署　マーケティング開発課
通販部門担当者　田原課長
主な取引先　アマゾンジャパン(同)、アスクル㈱、㈱ジェネレーションパス、ジュピターショップチャンネル㈱
メールアドレス
　info@miyako-tokyo.com

明機商事(株)

本　社　〒590-0973 大阪府堺市堺区住吉橋町1-9-9　☎072-221-4848　FAX072-221-2838
事業内容　通信販売会社への卸し業務
資本金　1,000万円　社長　村田　宏一
通販部門設置　昭和58年1月
主な取扱い商品　家庭用品、時計、健康用品、健康シューズ、スタイルアップシューズ 他
従業員　6名
通販部門担当者　瀬戸　哲也
主な取引先　アイケイ、IEI、SCカードビジネス、カタログハウス、ジュピターショップチャンネル、JALUX、JOD、JFRオンライン、全国通販、日本直販、日本文化センター、ベルーナ
メールアドレス
　master@meikishoji.co.jp

(有)メイソウ

本　社　〒910-0018 福井県福井市田原2-30-24　☎0776-25-9705　FAX0776-25-1510
事業内容　サングラス、老眼鏡の輸入卸
資本金　300万円　社長　茨木　君
通販部門設置　平成3年3月
主な取扱商品・サービス内容　機能性を重視したサングラスや老眼鏡（シニアグラス）
従業員　10名
通販担当部署　営業部
通販部門担当者　茨木哲次
主な取引先　大手通販会社、大手小売店
ホームページアドレス
　http://www.meiso.net/
メールアドレス
　info@meiso.net

(株)メイダイ

本　社　〒452-0943 愛知県清須市新清洲6-7-2（平成18年12月18日より）
　　　　☎052-401-0161　FAX052-401-0170
事業内容　家庭雑貨及び健康食品及び卸売
資本金　1,000万円　社長　大黒　豊
通販部門設置　昭和55年11月
主な取扱い商品　家庭雑貨、健康食品、化粧品、アイデア商品
従業員　23名
通販担当部署　営業企画
担当者　日置　将登
主な取引先　千趣会・ニッセン・ベルーナ・ジェイオーディ・髙島屋通販・東急百貨店通販、Q.V.C
インターネット・ホームページアドレス
　http://www.k-meidai.co.jp/
メールアドレス
　s-ishikawa@k-meidai.co.jp

明和グラビア(株)

本　社　〒577-8510 大阪府東大阪市柏田東町12-28　☎06-6722-1131　FAX06-6736-3266
東京店製品課（特販）
〒113-0034 東京都文京区湯島3-24-13　東京

家具会館6F
℡03-3833-3251 ℻03-3833-3250
大阪店製品課（特販）
〒577 大阪府東大阪市柏田東町12-28
℡06-6720-1331 ℻06-6736-1787
事業内容　テーブルクロス、アコーディオンドア、スーツロッカー、座椅子、床材等の製造・販売
資本金　3億2,000万円　社長　大島　規弘
通販部門設置　平成元年9月
主な取扱い商品　インテリア用品、家庭用品
主な設備　大阪工場、行田工場（物流拠点）、明和インドネシア（海外・座椅子等を生産）
従業員　505名
通販担当部署　東京・大阪製品課（特販）
担当者　春山（東京）、藤林（大阪）
主な取引先　ディノス、セシール、千趣会、
インターネット・ホームページアドレス
http://www.mggn.co.jp/

持田商工（株）

本社　〒101-8578 東京都千代田区岩本町2-10-12　℡03-3861-6163　℻03-3862-5354
事業内容　生活・アパレル資材、高分子ゴム、プリーツ加工、通訪販製品の製造・販売
資本金　8,000万円　社長　藤田　芳治
通販部門設置　平成4年4月
主な取扱い商品　外反母趾用サポーター及びパン、美容製品、健康製品
従業員　180名
通販担当部署　ヘルス＆システム係
担当者　小端　泰史
主な取引先　髙島屋、ワコール、インペリアルエンタープライズ、ロイヤルステージ、ビービーエフ
インターネット・ホームページアドレス
http://www.mochida-sho.co.jp

モテギ（株）

本社　〒400-0858 山梨県甲府市相生2-10-12　℡055-232-0111　℻055-232-1226
事業内容　印鑑製造、ゴム印製造、印判用品企画販売
資本金　1,000万円　社長　茂手木　寛
通販部門設置　昭和52年7月
主な取扱い商品　印鑑、ゴム印、表札、水晶、装身具、印伝
従業員　30名
通販担当部署　特販課
担当者　安井　孝充
主な取引先　全国有名印章店、文具店、通販企画会社、通販専業会社、印鑑通販会社
インターネット・ホームページアドレス
http://motegi-kk.com
メールアドレス
h-motegi@han-shop.co.jp

（株）モトキコーポレーション

本社　〒306-0234 茨城県古河市上辺見979-8　℡0280-32-9862　℻0280-32-9862
通販拠点事業所　〒323-0820 栃木県小山市西城南2-17-1-101
℡0285-38-6976　℻0285-38-6978
事業内容　寝装品の企画・卸売
資本金　1,000万円　社長　本木　八住
通販部門設置　平成6年5月
主な取扱い商品　羽毛ふとん、羊毛ふとん、マットレス、マクラ、こたつふとん、かい巻ふとん
従業員　2名
通販担当者　本木　八住
主な取引先　㈱髙島屋、㈱ファミリーライフ、モリリン㈱、㈱ベルーナ
インターネット・ホームページアドレス
http://www.motoki-corp.com
メールアドレス
info@motoki-corp.com

モリトジャパン（株）

本社　〒541-0054 大阪府大阪市中央区南本町4-2-4　℡06-6252-3551　℻06-6252-3853
事業内容　シューケア商品、繊維製品、フットケア商品の販売
資本金　3億1,000万円　社長　木本　正人
主な取扱い商品　インソール、サポーター、繊維雑貨、シューケア商品、フットケア商品
従業員　302名（平成30年11月現在）
通販担当部署　流通小売営業部
担当者　利光
主な取引先　各種通販販売業者（アパレル、フットケア、シューケア、サポーター等）
インターネット・ホームページアドレス
http://www.morito.co.jp/
メールアドレス
ir@morito.co.jp

（株）柳沢商会

本社　〒400-0862 山梨県甲府市朝気1-1-40　℡0552-33-2919　℻0552-33-7234
ミラノ店　VIA SOLFERINO 3, MILANO（ヴィアソルフェリーノ）
事業内容　宝石・貴金属製造・卸し
資本金　3,300万円　社長　柳沢　政樹
従業員　23名
メールアドレス
y.shokai@kis-net.ne.jp

山崎工業（株）

本社　〒422-8064 静岡県静岡市駿河区新川1-7-9　℡054-285-3221　℻054-285-3227
事業内容　通信販売卸、木製品、電子製品の製造

資本金　4,860万円　社長　田中　真人
通販部門設置　平成8年9月
主な取扱い商品　家電（クリーナー、ポット、保温釜、電子レンジ等）、電動工具（高圧洗浄機、電気集塵機、電機ドリル等）、リビング、キッチン等の木製家具、健康器具、園芸用品、他雑貨品
従業員　170名
通販担当部署　通販営業グループ
担当者　勝山　則之
主な取引先　髙島屋、三越、京王百貨店、東急百貨店、ベルーナ、カタログハウス、日本文化センター、スクロール、インペリアルエンタープライズ、千趣会
メールアドレス
katsuyama@y-ind.co.jp

山崎産業（株）

本社　〒556-0001 大阪府大阪市浪速区下寺3-11-2
℡06-6633-1871　℻06-6633-1894
事業内容　その他製造業
資本金　5億8,800万円
代表取締役会長兼社長　伊東　紘之
主な取扱商品　清掃機器製造及び販売、環境保全用機器製造及び販売、施設用品製造及び販売、家庭日用品製造及び販売
従業員　450名
通販担当部署　第一営業本部特販部
担当者　内田　善博
インターネット・ホームページアドレス
http://www.yamazaki-sangyo.co.jp/

（株）山　善

本社　〒550-8660 大阪府大阪市西区立売堀2-3-16　℡06-6534-3021　℻06-6534-3162
通販営業所在地　〒550-8660 大阪府大阪市西区立売堀3-2-5　山善第2ビル
℡06-6534-3174　℻06-6534-5595
事業内容　消費財商品のホームセンター及び通販への販売
資本金　79億900万円
代表取締役社長　長尾　雄次
通販部門設置　昭和59年4月
主な取扱い商品　ハード商品全般（家具、ベッド、インテリア用品、カーペット等）
主な設備　物流センター（ロジス西日本、ロジス東日本）
従業員　3,276名
通販担当部署　家庭機器部通販課
担当者　種山　栄介
主な取引先　ニッセン、スクロール、シャディ、DINOS CORPORATION、ベルーナ
インターネット・ホームページアドレス
http://www.yamazen.co.jp/
メールアドレス
et51616@yamazen.co.jp

(株)大和

本　社　〒399-8204 長野県安曇野市豊科高家1178-11
主な事業内容　●ギフト商品の企画・製作・販売●ギフトカタログの企画・制作・販売および顧客対応を含む総合運営●ギフトの商品管理・加工物流および個別出荷
資本金　6,000万円　社長　山本　友延
設　立　1984年1月
従業員　782名
メールアドレス
　info@net-ace.jp

(株)大和心

本　社　〒105-0001 東京都港区虎ノ門2-2-1 住友不動産虎ノ門タワー34F、32F、31F
　　　　℡03-3224-3333
主な事業内容　通信販売事業
資本金　300億円　社長　吉田　嘉明
設　立　2022年7月1日
インターネット・ホームページアドレス
　https://corp.yamato-gokoro.co.jp

(株)友和商会

本　社　〒550-0027 大阪府大阪市西区九条3-8-1　℡06-6583-8117　FAX06-6583-8122
事業内容　通信販売卸売業
資本金　3,000万円　社長　佐分利　和宏
主な取扱い商品　各通販企業に掲載商品を提供しております（主に雑貨品、服飾雑貨品、美健商品、家具等）
従業員　25名
通販担当部署　営業企画部
担当者　畠中　正
主な取引先　ニッセン、ベルーナ、千趣会、JOD、セシール

ユニバーサルミュージック(株)

本　社　〒107-8583 東京都港区赤坂8-5-30
　　　　℡03-6406-3043　FAX03-6406-3142
事業内容　TV通販・DM
資本金　35億6,100万円　社長　石坂　敬一
主な取扱い商品　音楽・映像ソフト（CD、カセット、ビデオディスク、ビデオ）
従業員　450名
通販担当部署　UM3／USMジャパンCCMマーケティング1部
担当者　大山
インターネット・ホームページアドレス
　http://www.universal-music.co.jp/
メールアドレス
　hiromasa.ohyama@umusic.co.jp

ユニベール(株)

本　社　〒920-0211 石川県金沢市湊1-15-2
　　　　℡076-237-2911　FAX076-237-2931
事業内容　カーテン、インテリア商品の企画、販売
資本金　6,184万円
代表取締役社長　山田　修平
通販部門設置　昭和51年2月
主な取扱い商品　既製カーテン、オーダーカーテン、簡易敷物
主な設備　自社縫製、自社物流倉庫3拠点及び自社運送部門
従業員　98名
通販担当部署　通販事業部
担当者　山田　邦央
主な取引先　ニッセン、セシール　他
インターネット・ホームページアドレス
　http://www.univers-kys.co.jp/

(合)夢ネット

本　社　〒540-0039 大阪府大阪市中央区東高麗橋1-32
　　　　℡06-6942-2755　FAX06-6942-2727
事業内容　ネット通販
資本金　1,000万円　社長　辻　健士朗
通販部門設置　平成2年4月
主な取扱い商品　木製品、石製品、時計
従業員　6名
通販担当部署　夢ネット
担当者　辻　健士朗
主な取引先　千趣会、全日空商事、ロフト、東急ハンズ
インターネット・ホームページアドレス
　http://www.rakuten.co.jp/a-mon/
　http://www.ball-training.com
メールアドレス
　info@yumeya-net.co.jp

横田(株)

本　社　〒541-0058 大阪府大阪市中央区南久宝寺町2-5-14
　　　　℡06-6251-2183　FAX06-6251-2145
通販営業連絡先
　　　　℡06-6251-2187　FAX06-6251-2145
事業内容　縫糸、手芸糸、手編糸、手芸用品、織り機、ソーイング関連商品等手芸用品全般の製造・卸し
資本金　1億円　社長　刀根　勉
主な取扱い商品　ダルマ縫糸、ダルマレース糸、ダルマイングス手編糸、カントリーママパッチワーク用品、織り機
従業員　84名
通販担当部署　営業部
担当者　大栄　正樹
インターネット・ホームページアドレス
　http://www.daruma-ito.co.jp/
メールアドレス
　higashi@daruma-ito.co.jp

(株)吉澤

本　社　〒438-0077 静岡県磐田市国府台61-5　℡0538-34-8515　FAX0538-37-1501
事業内容　楽器関連商品の開発・製造・販売
資本金　1,000万円　社長　吉澤　淳
通販部門設置　昭和54年3月
主な取扱い商品　ピアノカバー、ピアノ椅子、音楽柄ギフト、健康食品、等
主な設備　縫製工場
従業員　50名
通販担当部署　製造部
担当者　仲村
主な取引先　ヤマハ、河合楽器製作所、ローランド、髙島屋、ディノス、日本生活協同組合連合会、他全国主要楽器店
インターネット・ホームページアドレス
　http://www.yoshizawa-music.co.jp/
メールアドレス
　contact@yoshizawa-music.co.jp

吉田金属工業(株)

本　社　〒959-0215 新潟県燕市吉田下中野1447-3
　　　　℡0256-92-4191　FAX0256-92-4037
通販営業所在地　〒106-0032 東京都港区六本木3-15-21　鶯ビル5F
　　　　℡03-5771-2351　FAX03-5771-2352
事業内容　刃物製造業
資本金　4,000万円　社長　渡辺　英世
主な取扱い商品　包丁「グローバル」「ロングライフ」、金属洋食器、キッチンナイフ、文明銀館丁家庭業務用包丁
従業員　70名
通販部門担当者　森下　真好
主な取引先　マスタカツトラリー、フジイ
インターネット・ホームページアドレス
　http://www.yoshikin.co.jp/j/index.html

(株)ランク

本　社　〒110-0015 東京都台東区東上野1-7-12　℡03-3833-2621　FAX03-3833-2622
事業内容　時計（ライセンス商品）の販売・企画、問屋への販売
資本金　1,000万円　社長　山田　宗義
通販部門設置　平成7年7月
主な取扱い商品　時計・貴金属・鞄、ユキコキミジマ時計・リズ時計・キャラクター、他
従業員　11名
通販担当部署　担当者
主な取引先　テレビショッピング（テレビ局）、カタログ通販会社
インターネット・ホームページアドレス
　http://rank-japan.com/

メールアドレス
　info@rank-japan.com

(株)リーブル

本　社　〒453-0825 愛知県名古屋市中村区沖田町390
　　　℡052-482-5000　FAX042-482-5003
事業内容　化粧品、石鹸、洗剤の販売
資本金　1,000万円　社　長　志水　双葉
通販部門設置　平成2年
主な取扱い商品　リーブル　アロエつぶ塩ボディソープ
主な設備　コールプロセッサー
従業員　4名
通販部門担当者　橋本　弘子

(株)リマコーポレーション

本　社　〒153-0043 東京都目黒区東山3-1-6　CIビル　℡03-6701-5915　FAX03-6701-5916
通販拠点連絡先受注用
　　　℡0120-328-515　FAX0120-328-505
事業内容　オーサワジャパンの商品全品取扱い、産地直送の農産物や健康関連商品取扱い
資本金　3,000万円　社　長　勝又　遊一
通販部門設置　平成5年
主な取扱い商品　自然食品、調理器具、浄水器、化粧品
従業員　20名
通販担当部署　通販事業部
担当者　竹内
主な取引先　オーサワジャパン㈱
インターネット・ホームページアドレス
　http://www.lima.co.jp/
メールアドレス
　tu-info@lima.co.jp

レオドール商事(株)

本　社　〒103-0022 東京都中央区日本橋室町1-6-3　山本ビル別館　℡03-3281-0101
通販営業連絡先
　　　℡03-3281-0471　FAX03-3281-0100
事業内容　通販の企画開発及び輸入、輸入代行
資本金　2,000万円　社　長　竹内　真一郎
主な取扱い商品　衣料品、家具・家庭用品、雑貨、食品、他
従業員　約50名
通販担当部署　第1営業部
主な取引先　三越、ムトウ、他

レック(株)

本　社　〒104-0031 東京都中央区京橋2-1-3　京橋トラストタワー8階
　　　℡03-3527-2150　FAX03-3527-2190
通販拠点事業所　〒104-0031 東京都中央区京橋2-1-3　京橋トラストタワー8階
　　　℡03-3527-2150　FAX03-3527-2190
事業内容　通販への商品供給メーカー。自社直販サイトの運営
資本金　54億9,100万円
社　長　永守貴樹
通販部門設置　平成25年4月
主な取扱商品・サービス内容　家庭用品・日用品全般、ベビー用品
従業員　474名
通販担当部署　営業部EC課
担当者　米田栄一
ホームページアドレス
　https://www.lecinc.co.jp/
メールアドレス
　yoneda.eiichi@lecinc.co.jp

ロフテー(株)

本　社　〒104-0004 東京都千代田区大手町2-2-1 新大手町ビル8F　℡03-6281-8341
事業内容　寝装品
資本金　1億円　社　長　吹田　龍平太
通販部門設置　昭和63年4月
主な取扱い商品　寝具・寝装品、美容・健康・介護用品
従業員　50名
通販担当部署　営業開発部
主な取引先　ブラザー販売、日本文化センター、カタログハウス、ムトウ、資生堂ショッパーズクラブ
インターネット・ホームページアドレス
　http://www.lofty.co.jp/

(株)ロフト

本　社　〒102-0073 東京都千代田区九段北4-2-6 市ヶ谷ビル3,4,6,7F　℡03-5210-6210
主な事業内容　雑貨専門小売事業
資本金　7億5,000万円　社　長　安藤　公基
設　立　平成8年8月
売上高
　2023年2月期　929億円（新収益認識基準に基づく売上高）
従業員　4,898名（2022年2月時点）
インターネット・ホームページアドレス
　https://www.loft.co.jp/

(株)ロマンス小杉

本　社　〒600-8422 京都府京都市下京区室町通仏光寺上ル
　　　℡075-341-3111　FAX075-341-3112
事業内容　商品企画、製造、卸
資本金　3億4,776万円
社　長　小杉　源一郎
通販部門設置　平成7年1月
主な取扱い商品　寝具、寝装、ナイトウエア、インテリアなど
主な設備　物流倉庫、ナイトウエア縫製工場

従業員　130名
通販担当部署　営業三部
担当者　福富　優
主な取引先　カタログハウス、ディノス
インターネット・ホームページアドレス
　http://www.romance.co.jp/

(株)ワークハウス

本　社　〒206-0812 東京都稲城市矢野口2268-1　ニュークレセントビル1F
　　　℡042-379-0350　FAX042-379-0360
事業内容　通販卸、旅行用品店卸（輸入、国内）
資本金　1,000万円　社　長　本田　伸雄
通販部門設置　平成7年6月
主な取扱い商品　服飾雑貨、家庭用品、雑貨
主な設備　発送業務設備
従業員　4名
通販部門担当者　本田　伸雄
主な取引先　ロイヤルステージ、カタログハウス、JAFサービス、インペリアル・エンタープライズ、全日空商事、VISA、小学館プロダクション、JALUX、世界文化社、ライトアップショッピングクラブ、髙島屋、三越、アイケイ、他
メールアドレス
　honda@work-house.co.jp

(株)ワールドウィング

本　社　〒141-0032 東京都品川区大崎3-6-21-302　℡03-5434-7457　FAX03-5434-5182
事業内容　通信販売等卸業
資本金　300万円　社　長　根岸　延明
通販部門設置　平成13年11月
サービス内容　TV、雑誌通販への商材提供及び企画、番組構成
従業員　5名
通販担当部署　通販事業部
担当者　牧野　美佳
主な取引先　ジュピターショップチャンネル㈱、ステイラーCKM㈱、㈱エヌイーエス、ハーパーベンソン㈱、㈱サイクロンジャパン、石田㈱
インターネット・ホームページアドレス
　http://www.worldwing.tv/
メールアドレス
　mmakino@worldwing.tv

(株)ワダガング

本　社　〒256-0000 神奈川県小田原市小八幡3-18-7　℡0465-48-3412　FAX0465-47-4968
事業内容　木製ゲーム、パズル、インテリア雑貨、玩具等の企画、製造、販売
資本金　1,000万円　社　長　和田　力彦
通販部門設置　平成9年
主な取扱い商品　木製インテリアグッズ、ディスプレイ関連ツール、木製教材、知

育玩具等の製造
主な設備 木製品加工機械一式、シルクスクリーン、企画用マック一式
従業員 15名
通販部門担当者 村木
インターネット・ホームページアドレス
　http://www.wadagangu.co.jp/
メールアドレス
　info@wadagangu.co.jp

(株)ワトトー

本　社 〒488-0863 愛知県尾張旭市城前町上大道4066
　　℡0561-53-2031　FAX0561-54-8790
事業内容 家庭用陶磁器製品の製造・販売
資本金 1,000万円　**社長** 吉田 禎男
通販部門設置 昭和54年6月
主な取扱い商品 陶磁器
従業員 4名
通販担当者 吉田 禎男
主な取引先 中国（60％）
インターネット・ホームページアドレス
　http://watatou.co.jp/
メールアドレス
　yoshida@watatou.co.jp

● 食品 ●

味の丸屋(株)

本　社 〒808-0102 福岡県北九州市若松区東二島4-1-9
　　℡093-791-3211　FAX093-791-4411
資本金 5,000万円　**社長** 新井 政尋
通販部門設置 昭和62年11月
主な取扱い商品 味の丸屋辛子明太子、加工食品
従業員 29名
通販担当部署 営業部通販課
担当者 大川
主な取引先 ポスタルサービスセンター
インターネット・ホームページアドレス
　http://www.aji.co.jp/
メールアドレス
　info@aji.co.jp

伊藤忠食品(株)

本　社 〒540-8522 大阪府大阪市中央区城見2-2-22
　　℡06-6947-9811　FAX06-6947-9510
事業内容 酒類・食品の卸売及びそれに伴う商品の保管、運送ならびに各種商品の情報提供、商品流通に関するマーチャンダイジング等
資本金 49億2,346万円
社長 岡本 均
通販部門設置 平成22年10月
主な取扱い商品 食品、酒類、ギフトを中心に約4,000社の仕入先商品の提案
主な設備 物流センター、基幹情報システムなど。
売上高
　22年3月期　総売上　6,126億5,800万円
従業員 882名（2022年3月31日現在）
通販担当部署 EC事業部
主な取引先 アサヒビール㈱、サントリーフーズ㈱、サントリー酒類㈱、日清食品㈱、アサヒ飲料㈱
インターネット・ホームページアドレス
　https://www.itochu-shokuhin.com/

(株)ウイズ

本　社 〒171-0033 東京都豊島区高田3-4-10 布施ビル本館1F
　　℡03-3590-7361　FAX03-3590-7362
資本金 2,000万円
代表取締役 枇川 キヌ
主な取扱い商品 健康食品、ダイエット食品、健康茶、健康飲料、美容機器、美容雑貨、介護用品、医薬部外品、化粧品などの製造及び卸販売
従業員 8名
通販担当部署 営業部
担当者 高尾
主な取引先 JAFサービス、ステイラーC・K・M、群馬ヤクルト販売、アダムス医療、佐藤商事、多数
インターネット・ホームページアドレス
　http://www.withemx.co.jp
メールアドレス
　info@withemx..co.jp

(株)ウオヒサ

本　社 〒720-0202 広島県福山市鞆町後地26-234　℡0849-83-5017　FAX0849-83-5769
事業内容 魚肉練り製品製造販売、魚肉ハム製品製造販売
資本金 1,000万円　**社長** 原田 隆史
通販部門設置 平成2年
主な取扱い商品 鯛のスモークハム、手にぎり鯛竹輪等の名産品
従業員 35名
通販担当部署 営業部
担当者 青山 竜司
主な取引先 天満屋、西武百貨店、紀文食品
メールアドレス
　uohisa@h9.dion.ne.jp

(株)エーデルワイス ファーム

本　社 〒061-1264 北海道北広島市輪厚531-7　℡011-377-6656　FAX011-370-3131
事業内容 ギフト産直、単品産直
資本金 1,000万円　**社長** 野崎 健美
通販部門設置 平成元年10月
主な取扱い商品 手造りハム、デザート類
従業員 15名
通販担当部署 通販部
担当者 取締役専務 野崎 創
主な取引先 髙島屋、ギフコ、シャディ、サッポロビール、ソフトバンク、楽天市場、札幌グランドホテル、他
インターネット・ホームページアドレス
　http://www.someplace-else.com/

エム・シーシー食品(株)

本　社 〒658-0023 兵庫県神戸市東灘区深江浜町32番
　　℡078-451-1481　FAX078-451-1403
通販拠点事業所 〒550-0013 大阪府大阪市西区新町4-1-4
　　℡06-6539-4314　FAX06-6539-0414
事業内容 TV、カタログ通販企業様に調理食品の製造、販売
資本金 9,000万円　**社長** 水垣 宏隆
通販部門設置 平成11年4月
主な取扱い商品 調理缶詰、レトルト、冷凍食品の製造、販売。
従業員 330名
通販担当部署 大阪コープ・通販G
通販部門担当者 生駒 雅司
主な取引先 ショップチャンネル、千趣会
インターネット・ホームページアドレス
　http://www.mccfoods.co.jp
メールアドレス
　info@mcc-tuhan.jp

(株)エムツー・スーパーセレクション

本　社 〒108-0075 東京都港区港南5-3-23
　　℡03-3472-3749　FAX03-5461-1746
事業内容 職域販売、海外ギフト中心の輸入食品供給等の総合的食材業務
資本金 1,000万円　**社長** 松岡 茂
主な取扱い商品 冷凍食品（特に輸入牛肉・水産物）
主な設備 冷凍倉庫（1万8,000トン）、他
従業員 8名
主な取引先 タスマンインターナショナル貿易、オーリツインターナショナル、プラムフーズ、伊勢丹プチモンド

(株)オージーフーズ

本　社 〒151-0051 東京都渋谷区千駄ヶ谷5-32-7　NOF南新宿ビル2F
　　℡03-5367-2327　FAX03-5367-2328
事業内容 食品卸売業、カタログ制作、新聞広告チラシ
資本金 1,000万円　**社長** 大野 進
通販部門設置 平成10年
主な取扱い商品 食料品全般
従業員 35名
通販担当部署 営業部

主な取引先　ジュピターショップチャンネル㈱、㈱読売メディアセンター
インターネット・ホームページアドレス
http://www.aussie-fan.co.jp/
メールアドレス
info@aussie-fan.co.jp

(株)大増商事

本　社　〒577-0804 大阪府東大阪市中小阪1-5-20　℡06-6720-5735　FAX06-6727-8515
事業内容　麺類、梅干を中心に加工食品全般の大卸し、アイデア雑貨、通販チラシ年4回各100万部発行（B3サイズ両面カラー年間1,000万枚）
資本金　1,000万円
通販部門設置　昭和52年3月
主な取扱い商品　麺類全般（全国ラーメン、うどん、そば、パスタ）、梅干（和歌山）、加工食品全般、菓子類、自然食品
従業員　10名
通販部門担当者　大升　満
主な取引先　㈱大丸ホームショッピング、㈱テレマート、㈱JOD
メールアドレス
kodawarikosaka@yahoo.co.jp

(株)おが和

本　社　〒085-0815 北海道釧路市材木町21-27　℡0154-42-7171　FAX0154-42-6846
事業内容　水産加工瓶詰製品製造
資本金　1,000万円　社　長　小川　一典
通販部門設置　昭和58年
主な取扱い商品　湿原紀行、いか塩辛、つぶ貝のやわらか煮、かにほぐし、各種瓶詰製品、釧路海鮮炉端詰合
従業員　18名
通販担当部署　本社工場
主な取引先　有名百貨店、ユーパック
インターネット・ホームページアドレス
http://www.sh.rim.or.jp/~ogawa/
メールアドレス
ogawa@sh.rim.or.jp

(株)鐘　崎

本　社　〒984-0001 宮城県仙台市若林区鶴代字六65　℡022-231-5141　FAX022-231-2897
通販営業連絡先
通話料無料　0120-444-777
通信料無料　0120-941-778
事業内容　笹かまぼこを主とした水産物の加工並びに販売、炭火焼き牛たんなど畜産物の加工並びに販売、食料品の販売、飲食店の経営
資本金　6億1,725万円　社　長　吉田　久剛
設　立　昭和44年
主な取扱い商品　仙台名産笹かまぼこ、生茶漬「仙臺浜茶漬」等高級水産加工物、「炭火焼き牛たん」等牛タン加工品、惣菜等
従業員　179名
通販担当部署　通信販売課
インターネット・ホームページアドレス
http://www.kanezaki.co.jp/
メールアドレス
order@kanezaki.co.jp

(株)カネサン佐藤水産

本　社　〒050-0083 北海道室蘭市東町3-31-1　℡0143-45-5111　FAX0143-45-5181
通販営業所在地　〒050-0081 北海道室蘭市日の出町1-11-12
℡0143-45-8666　FAX0143-45-2088
資本金　1,000万円　社　長　佐藤　有一
通販部門設置　昭和43年8月
主な取扱い商品　イクラ正油、カニ類、その他水産物の詰合せ
主な設備　冷凍冷蔵庫
従業員　120名
通販担当部署　ギフト部味工房
担当者　佐藤　清春
主な取引先　大広堂、㈱リンベル、㈱47CLUB

(株)カネタツ

本　社　〒049-2207 北海道茅部郡砂原町字紋兵ェ砂原114
℡01374-8-3656　FAX01374-8-3877
通販拠点事業所　〒040-0071 北海道函館市追分町1-25
℡0138-45-3131　FAX0138-45-3132
事業内容　カタログ、産直、通販卸
資本金　2,800万円　社　長　青沼　邦彦
通販部門設置　昭和63年4月
主な取扱い商品　北海道の水産物農産物
従業員　40名
通販担当部署　通販事業部
担当者　伊藤　豊
主な取引先　㈱総通、㈱ニッセン、㈱千趣会、㈱セシール、㈱イメンス

カネリョウ海藻(株)

本　社　〒869-0402 熊本県宇土市笹原町1544　℡0964-23-1537　FAX0964-22-4658
通販営業連絡先
℡0120-88-1592　FAX0120-16-1636
事業内容　とさかのり、オゴのり、海藻サラダ等の色物海藻をメインに海藻類全般及び健康関連商品を販売
資本金　3,000万円　社　長　高木　良一
通販部門設置　平成9年11月
主な取扱い商品　食品（主に海藻）の加工販売
従業員　200名
通販担当部署　通信販売課

担当者　中島　徹
主な取引先　個人
インターネット・ホームページアドレス
http://www.kaneryo.co.jp/
メールアドレス
info@kaneryo.co.jp

(株)上　久

本　社　〒939-8261 富山県富山市萩原248-1　℡0764-91-3232　FAX0764-24-5736
事業内容　魚肉ねり製品製造業
資本金　2,000万円　社　長　蛯谷　正純
通販部門設置　平成2年7月
主な取扱い商品　冷凍魚肉すり身、生鮮魚肉すり身、その他の水産加工品
主な設備　冷蔵、冷凍庫、充填機、ステファンカッター、包装機、等
従業員　26名
通販担当部署　営業部
担当者　梅田
主な取引先　アジツウ、各地生協、中島水産、CGCグループ、等
インターネット・ホームページアドレス
http://www.kamikyu.co.jp/
メールアドレス
takashima@kamikyu.co.jp

(株)銀の森コーポレーション

本　社　〒509-7201 岐阜県恵那市大井町横平2711-2
℡0573-25-2095　FAX0573-26-3118
資本金　4,000万円　社　長　渡辺　好作
主な取扱い商品　冷凍食品製造・卸・販売及び、和洋菓子製造・販売・レストラ
主な設備　銀の森
従業員　180名
通販担当部署　営業部
担当者　朝日　章貴
主な取引先　髙島屋、オイシックス、シュガーレディ
インターネット・ホームページアドレス
http://www.ginnomori.jp/

(有)糀和田屋

本　社　〒969-1134 福島県安達郡本宮町字上町22　℡0243-34-2140　FAX0243-34-2145
事業内容　醸造食品製造・販売
資本金　500万円　社　長　三瓶　正喜
通販部門設置　平成元年1月
主な取扱い商品　各種こうじ、味噌、漬物の素さごはち、あま酒、醤油、こうじドレッシング
従業員　8名
通販部門担当者　三瓶　正人
主な取引先　ポスタルサービスセンター
インターネット・ホームページアドレス
http://homepage2.nifty.com/kouji-wadaya/

メールアドレス
koujiwadaya@nifty.com

サンヨーフーズ(株)

本　社　〒762-0012 香川県坂出市林田町番屋前4285-323
　　　　℡0877-57-3100　FAX0877-57-3422
通販営業連絡先
　　　　☎0120-453-422　0120-703-400
事業内容　さぬきの手打ちうどんをメインに、麺類全般を全国販売展開中
資本金　3,000万円　社長　宮池　計彦
通販部門設置　昭和44年2月
主な取扱い商品　さぬきうどん、他麺類全般
主な設備　第2流通（ピッキング加工）センター
従業員　55名
通販担当部署　通販部
担当者　土居　喜美恵
主な取引先　全国小売店、生協、通販業者
インターネット・ホームページアドレス
　　http://www.men-kokoro.com/
メールアドレス
　　Doi@sanuki-udoubo.co.jp

(株)四季舎

本　社　〒059-1275 北海道苫小牧市字錦岡332-111　℡0144-68-5000　FAX0144-61-5600
事業内容　食品卸製造販売
資本金　4,000万円
代表取締役　鈴木　花次雄
通販部門設置　平成元年4月
主な取扱い商品　海産品、加工品、農産品、菓子、酒、乳製品
従業員　50名
通販担当部署　管理部
担当者　川端　留美子
主な取引先　全国有名百貨店、大手通販企業等、約130企業
インターネット・ホームページアドレス
　　http://www.sikisya.co.jp/
メールアドレス
　　k_suzuki@shikisya.co.jp

(株)翔屋

本　社　〒162-0041 東京都新宿区早稲田鶴巻町530
　　　　℡03-5155-6024　FAX03-5155-6149
主な事業内容　惣菜の製造及び販売・農産物の生産、加工及び販売・加工食品の製造及び販売　他
資本金　5000万円　代表　木村　健一
設立　1989年
従業員　25人
インターネット・ホームページアドレス
　　http://www.shoya.biz/index.html

全国農協食品(株)

本　社　〒151-0051 東京都渋谷区千駄ヶ谷5-32-10　℡03-3350-2170　FAX03-3350-0995
通販営業連絡先
　　　　℡03-3350-2177　FAX03-3350-2174
事業内容　農畜産物、米穀、水産物の販売
資本金　8億500万円　社長　百瀬　祥一
通販部門設置　昭和61年4月
主な取扱い商品　国産青果物、お米、農産加工品、花卉、水産物、酒類
従業員　464名
通販担当部署　直販事業本部
担当者　星尾　亘
主な取引先　日本郵政グループ、全農、百貨店、カード会社等
インターネット・ホームページアドレス
　　http://www.zfc.co.jp/

タイカトレーディング(株)

本　社　〒230-0014 神奈川県横浜市鶴見区諏訪坂20-24
　　　　℡045-575-1888　FAX045-584-1622
事業内容　中国茶・野草茶の輸入及び製造加工
資本金　1,000万円　社長　葉　泰美
主な取扱い商品　アガリクス茸、中国茶、健康茶、各種粉末（大麦若葉、ヤマブシタケ、ギムネマ、センナ、ウコン、ビール酵母、アガリクス)
主な設備　ティーパック加工、粉砕、遠赤、シュリンク加工
従業員　20名
通販部門担当者　古市　美幸
インターネット・ホームページアドレス
　　http://www.tk-yokohama.co.jp/
メールアドレス
　　taika@tk-yokohama.co.jp

(有)髙見商店

本　社　〒866-0895 熊本県八代市大村町880-3　℡0965-32-4753　FAX0965-34-3340
事業内容　九州の特産品の産地直送
資本金　800万円　社長　高見　千賀子
通販部門設置　平成3年12月
主な取扱い商品　からし蓮根、車えびみそ漬、熊本ラーメン、晩白柚、メロン
主な設備　データベース伝票送り状発行パソコン
従業員　51名
通販部門担当者　石村　隆
主な取引先　ふくや、九州特選会、ユーパックの会
インターネット・ホームページアドレス
　　http://www.karashirenkon.com/
メールアドレス
　　takami@karashirenkon.com

(株)旅がらす本舗 清月堂

本　社　〒379-2143 群馬県前橋市新堀町399-6　℡027-265-5111　FAX027-265-5105
通販営業連絡先
　　　　℡027-265-5123　FAX027-265-5105
事業内容　菓子製造販売
資本金　1,000万円　社長　石原　良二
通販部門設置　昭和63年12月
主な取扱い商品　菓子類、食料品
従業員　170名
通販担当部署　営業本部
担当者　黒澤　知弘
主な取引先　キヨスク、JR、イトーヨーカドー、三越
インターネット・ホームページアドレス
　　http://www.seigetsudo.co.jp/
メールアドレス
　　tabigarasu@seigetsudo.co.jp

(株)千葉産直サービス

本　社　〒264-0031 千葉県千葉市若葉区愛生町146-1　℡043-254-7791　FAX043-254-7793
事業内容　こだわりの無添加加工食品製造・卸事業。「産直健美」旬の素材・産地がはっきりした素材を使用した「美味しい食」づくり
資本金　2,000万円　社長　冨田　正和
通販部門設置　平成4年
主な取扱い商品　・青魚の"とろ"缶詰シリーズ（とろイワシ、とろさんま、とろさば）、こだわり水産缶詰、こだわり無添加惣菜（ロースト品含む）、房総もち豚、八甲鴨、エコかざ鶏肉、千葉県産落花生、江戸前のり、他
主な設備　ラベル印刷機、包装機、真空包装機、自動バンド機、スチームコンベクション、食肉加工機、充填機、ブラストチラー、冷凍庫、冷蔵庫
従業員　20名（パート含む)
通販担当部署　営業・開発
担当者　冨田　正和
主な取引先　全国自然食品・こだわり店舗、通販関連、宅配・生協、ほか
インターネット・ホームページアドレス
　　http://www.e-tabemono.net/
メールアドレス
　　eigyo@e-tabemono.net

(株)東京ナガイ

本　社　〒143-0014 東京都大田区大森中3-2-10　℡03-3764-5621　FAX03-3764-5625
事業内容　贈答用・家庭用の各種海苔製品、自然食品、健康食品の製造販売
資本金　1,000万円　社長　中島　勝利
通販部門設置　昭和60年4月
主な取扱い商品　海苔、自然食品、アイデア商品、健康食品

主な設備　自動包装機、自動のし印刷機、自動宛名転写機
従業員　40名
通販担当部署　営業本部
担当者　永井　良弘
主な取引先　三越、シンワ、JT、ムトウ
インターネット・ホームページアドレス
　http://www.nagai-nori.com/
メールアドレス
　nagainr@attglobal.net

(株)トンデンファーム

本　社　〒069-0805 北海道江別市元野幌968-5　☎011-383-8226　FAX011-382-8777
事業内容　お中元、歳暮期に一部DM展開の実施
資本金　4,000万円
代表取締役社長　作井　省三郎
通販部門設置　平成26年8月
主な取扱い商品　骨付ソーセージ他ハムソーセージ及びハンバーグ、味付肉等
従業員　150名
通販担当部署　営業部
担当者　宮崎、山崎
主な取引先　伊藤ハム㈱グループ各社、㈱郵便局物販サービス、㈱サニーフーズ、丸東商事㈱、航空食品㈱、㈱ハーモニック他

浪速製菓(株)

本　社　〒500-8848 岐阜県岐阜市神明町1-8
通販営業所在地　〒501-0473 岐阜県本巣郡真正町温井243-4
☎058-324-8770　FAX058-324-8771
事業内容　菓子製造業
資本金　1,000万円　社長　山田　博司
通販部門設置　平成3年1月
主な取扱い商品　こんぶ飴
従業員　40名
通販担当部署　通信販売部
担当者　北岡
インターネット・ホームページアドレス
　http://www.0728.co.jp/
メールアドレス
　info@0728.co.jp

(株)ニチレイ

本　社　〒104-8402 東京都中央区築地6-19-20 ニチレイ東銀座ビル
☎03-3248-2235　FAX03-3248-2139
事業内容　低温物流事業、食品事業、不動産事業、バイオサイエンス事業、フラワー事業
資本金　305億円　社長　大櫛　顕也
通販部門設置　平成2年4月
主な取扱い商品　糖尿病食品、玄米がゆ、成分保証食品
従業員　15,296名（2022年3月31日時点）
通販担当部署　加工食品部ウェルネスグループ
主な取引先　一般通信販売会社、病院、薬問屋

(株)フーディーネット

本　社　〒169-0073 東京都新宿区百人町2-4-6 メイト新宿ビル4F
☎03-5330-5801　FAX03-5330-5802
事業内容　ダイレクトマーケット向け食品の卸売、企画立案、制作
資本金　3,000万円　社長　村田　耕一
通販部門設置　95年6月
主な取扱い商品　各地の名産品、特産品、農水産品、加工食品、冷凍食品、おせち、漬物、菓子、自社開発品
従業員　32名
通販部門担当者　倉崎　慎三
インターネット・ホームページアドレス
　http://www.foodynet.jp/home/

(株)フードワークス

本　社　〒141-0022 東京都品川区東五反田5-23-7　不二越ビル4F
☎03-5798-8133　FAX03-5798-8141
事業内容　通信販売、通販会社卸売
資本金　3,000万円
常務取締役　三重野　豊
通販部門設置　昭和62年4月
主な取扱い商品　特産品、名産品、加工食品、冷凍食品、ホームグッズ
主な設備　フルフィルメント
従業員　50名
通販担当部署　通販事業部
担当者　三重野　豊
主な取引先　QVCジャパン、東急百貨店
インターネット・ホームページアドレス
　http://www.foodworks.co.jp
メールアドレス
　mieno@foodworks.jp

フジスコ(株)

本　社　〒736-0082 広島県広島市安芸区船越南3-21-29
☎082-823-4431　FAX082-822-0385
事業内容　健康食品　製造販売
資本金　2,500万円
代表取締役　植田　啓介
通販部門設置　平成10年1月
主な取扱い商品　バーモント飲料
主な設備　ピュアパック充填機
従業員　38名
通販担当部署　営業部
担当者　山崎　司
インターネット・ホームページアドレス
　http://www.fujisco.co.jp/
メールアドレス
　t-ieshige@fujisco.co.jp

(株)ホッコク

本　社　〒103-0013 東京都中央区日本橋人形町3-11-10
☎03-5695-2001　FAX03-5695-4095
事業内容　札幌、喜多方、等、産地直送麺及び冷凍食品の企画・販売
資本金　14億6,3200万円　社長　青池　保
通販部門設置　昭和61年12月
主な取扱い商品　札幌・喜多方・銀座ラーメン及び冷凍餃子、ラーメン用食材
従業員　81名
通販担当部署　FC事業部直販課
担当者　山本　繁
主な取引先　東急百貨店、橋本産業、ブルーチップスタンプ
インターネット・ホームページアドレス
　http://www.hokkoku.net/

(株)ますぶち園

本　社　〒509-1492 岐阜県加茂郡白川町黒川1400　☎0574-77-1245　FAX0574-77-1141
事業内容　日本茶各種企画販売、PB商品の製造、産直品の企画販売
資本金　2,000万円
通販部門設置　昭和58年10月
主な取扱い商品　日本茶、健康茶、むぎ茶、緑茶関連食品、地場産品
従業員　35名
通販担当部署　営業第1部
担当者　田口　常昭
主な取引先　三越、髙島屋、ヤマトホームサービス、宅配110番商事、東京たばこサービス、郵政事業庁山星屋、伊藤忠食品、日通商事
インターネット・ホームページアドレス
　http://www.masubuchien.com/
メールアドレス
　furusato@masubuchien.com

三笠産業(株)

本　社　〒754-0005 山口県山口市小郡山手上町1-10　社長　佐伯　誠
設　立　1949年10月
従業員　259名
主な扱い商品　野菜ファインパウダー、乾燥野菜、野菜のタブレット、野菜のお菓子
主な設備　工場　4工場、トナービジネス3工場、食品ビジネス　1工場、AR事業部・営業所　6拠点、農家のひきだし・みかさ　1店舗、みかさ農芸センター　1店舗、みかさ物流センター　1店舗、機能化学事業部・営業所　2拠点、プリントショップ

1店舗、花陰　1店舗
インターネット・ホームページアドレス
　http://www.mikasasangyou.co.jp/>
メールアドレス
　info@benriyasai.jp

南九州酒販(株)

本　社　〒891-0191 鹿児島県鹿児島市南栄4-2　℡099-269-9555　FAX099-269-9560
事業内容　鹿児島県産焼酎の通信販売事業
資本金　5,000万円
代表取締役社長　東　眞一郎
通販部門設置　平成9年4月
主な取扱い商品　鹿児島県産いも焼酎約100アイテム、リキュール
従業員　150名
通販担当部署　営業部営業課
担当者　迫　利幸
主な取引先　県下焼酎生産者、アサヒビール、キリンビール、サッポロビール、サントリー、宝酒造、月桂冠
インターネット・ホームページアドレス
　http://www.nankyu.jp/
メールアドレス
　sako@nankyu.jp

(株)宮本産業

本　社　〒869-5441 熊本県葦北郡芦北町佐敷363　℡0966-82-2508　FAX0966-82-5146
事業内容　熊本ラーメン専門店（もっこす亭）、総合麺類の製造・販売
資本金　1,000万円　社　長　宮本　益男
通販部門設置　平成2年3月
主な取扱い商品　熊本ラーメン20個入、熊本ラーメン10個入、もっこす亭ラーメン5食入
従業員　50名
通販担当部署　営業部通販課
担当者　宮本　益男
通販部門担当者　吉田　ひとみ
主な取引先　東京三八、他
インターネット・ホームページアドレス
　http://www.mokkosutei-r.com
メールアドレス
　sangiyou@lily.ocn.ne.jp

モンマルシェ(株)

本　社　〒424-0949 静岡県静岡市清水区本町1-7　℡054-352-5515　FAX054-352-6502
主な事業内容　【各種食料品販売】缶詰・調味料(ドレッシング・マヨネーズ等)・レトルト食品・各種スープ・食品ギフト・飲料他
資本金　1千万円　社　長　加納　彰洋
関連会社　鈴与グループ

山忠わさび(株)

本　社　〒362-0059 埼玉県上尾市平方453-1　℡048-725-1036　FAX048-725-6237
事業内容　わさび、からし、しょうが、にんにく、とうがらし、ねりうめ、コショー、レホール製造
資本金　2,040万円　社　長　山崎　秀夫
従業員　47名
通販担当部署　社長室
担当者　山崎　秀夫
主な取引先　日本生活協同組合連合会、ユーコープ事業連合、イオン（ジャスコ）

吉川農園

本　社　〒424-0411 静岡県清水市大平867-1　℡0543-96-3012　FAX0543-96-3609
事業内容　各種お茶の販売（ふるさと小包を中心に全国各地に発想）、わさび漬
社　長　吉川　勝典
通販部門設置　昭和60年4月
主な取扱い商品　各種緑茶販売、紅茶、ワサビ漬等
主な設備　製茶製造設備、再製設備、冷蔵庫
従業員　5名
通販部門担当者　吉川　勝敏
主な取引先　県民生協やまゆり、ナチュラルコープヨコハマ、オルター、船橋市民生協、ポスタルサービスセンター
メールアドレス
　gtf-yoshikawa.1188@joy.ocn.ne.jp

(株)ラグノオささき

本　社　〒036-8035 青森県弘前市百石町9　℡0172-35-0353　FAX0172-33-7917
通販営業所在地　〒036-8066 青森県弘前市向外瀬字豊田215
　℡0120-55-6300　FAX0172-33-7917
事業内容　菓子製造・販売
資本金　4,800万円　社　長　木村　公保
主な取扱い商品　菓子及びりんご加工食品
従業員　300名
通販担当部署　通販センター
インターネット・ホームページアドレス
　http://www.rag-s.com/
メールアドレス
　info@rag-s.com

● 美容健康用品、化粧品、健康食品、受託製品 ●

(株)アイ・テック

本　社　〒541-0052 大阪府大阪市中央区安土町1-5-8　本町村田ビル1F
　℡06-6263-3339　FAX06-6263-3349
通販拠点事業所　〒103-0011 東京都中央区日本橋大伝馬町2-7　日本橋第一ビル1F
　℡03-6410-7725　FAX03-6410-7722
事業内容　通信販売事業およびTV商品卸売事業
資本金　1,000万円　社　長　福富　英明
通販部門設置　平成18年8月
主な取扱い商品　美容、健康商品、服飾雑貨
従業員　30名
通販担当部署　東京支店通販事業部
担当者　藤田　幸恵
主な取引先　グランマルシェ、テレビ朝日リビング、大丸ホームショッピング、日本テレビ
インターネット・ホームページアドレス
　http://i-tech-co.com

アイリス(株)

本　社　〒135-0004 東京都江東区森下2-5-13　℡03-5624-0018　FAX03-5624-4418
事業内容　健康・自然食品、ヘアケア商品、製造・卸し、八雲産風化貝化石カルシウム・サンゴ草の原料供給及びOEM・PB
資本金　3,000万円
代表取締役　杉本　孝雄
通販部門設置　平成10年5月
主な取扱い商品　サンゴ草®シリーズ各種（粉末、顆粒、粒）、ママカル1500万年®シリーズ各種（粉末、顆粒、粒）太古代善玉カルシウム、特に八雲産風化貝化石カルシウム原材料の採掘から、粉末製造までの一貫工程工場は世界唯一の独占体制保持（八雲産風化貝化石Ca原料使用）、活性極上塩®（八雲産Ca入塩）、梅醤番茶®、カキエキス、スピルリナi、オレンジシャンプー、オレンジハイソープ（無添加のゼロゼロシリーズ）総発売元
従業員　10名
通販部門担当者　杉本　孝雄
主な取引先　恒食、東急ハンズ、㈱ナチュラルハウス、㈱パル、健康フーズ㈱、文理書院、㈱TAC21　他
インターネット・ホームページアドレス
　https://www.iris-tokyo.jp/
メールアドレス
　info@iris-tokyo.jp

(株)アイン

本　社　〒101-0024 東京都千代田区神田和泉町1-5-9　音頭ビル3F
　℡03-3851-5431　FAX03-3851-5435
事業内容　化粧品・健康食品・雑貨の企画・開発・卸し
資本金　1,000万円　社　長　沼田　賢一
通販部門設置　平成3年3月
主な取扱い商品　黒耀シャンプーQ&ヘアパックQ、ポイントアフターパーフェクト除毛セット、ビーナスリムシリーズ、ナノナノシリーズ、エヌナノシリーズ、

商材（美容健康用品、化粧品、健康食品、受託製品）

フェロチカホーク、他OEM商材
主な設備 関連会社で化粧品・医薬部外品の製造が可能
従業員 10名
主な取引先 総通、ワコール、ディーアール、シー・エー・モバイル、ベルーナ、テレマート、ステイラーCKM、いいもの王国、ジャパンホームショッピングサービス、テレビショッピング研究所
メールアドレス
info@ain-co.jp

(株)アサヒライフィックス

本社 〒812-0013 福岡県福岡市博多区博多駅東3-5-15
℡092-471-4833　℻092-471-4844
資本金 1,000万円　**社長** 古賀 良太
設立 1995年10月
通販担当部署 元気ライフサポート事業部
通販担当者 森 浩二
メールアドレス
info@200777.jp

(株)アドヴァンシング

本社 〒540-6591 大阪府大阪市中央区大手前1-7-31　OMMビル4F
℡06-6945-6660　℻06-6945-6648
事業内容 美容・健康衣料品の企画・製造及び卸売業
資本金 1,500万円　**社長** 基 利枝子
通販部門設置 平成8年5月
主な取扱い商品 靴下、パンティストッキング、タイツ、スパッツ、インナー、サポーター、ファンデーション、化粧品、医薬部外品
従業員 13名
通販担当部署 企画営業部
担当者 栄谷
主な取引先 TBSグロウディア、日テレ7、アイケイ、キューサイ、モダンロイヤル、他
インターネット・ホームページアドレス
https://www.advancing.co.jp

(株)アトラス

本社 〒530-0037 大阪府大阪市北区西天満3-1-6　辰野西天満ビル8F
℡06-4709-7244　℻06-4709-7229
通販営業所在地
℡06-4709-7244　℻06-4709-7229
事業内容 健康食品の製造販売
資本金 1億1,500万円　**社長** 田村 隆志
通販部門設置 平成4年11月
主な取扱い商品 オリジナルブランド「モデリッシュ」シリーズ
主な設備 配送センター、相談センター
従業員 40名
通販担当部署 統括営業部
担当者 米津 邦子
主な取引先 セシール、ニッセン、ムトウ、千趣会、ベルーナ、レモール、大丸、セゾンダイレクトマーケティング、ロイヤルステージ、ステイラーCKM
インターネット・ホームページアドレス
http://www.atlas-ltd.co.jp/
http://www.modelish.com/
メールアドレス
yonetsu@modelish.com

アピ(株)

本社 〒500-8558 岐阜県岐阜市加納桜田町1-1　℡058-271-3838　℻058-275-0855
事業所及び工場
クォリティセンター
岐阜県岐阜市加納新本町4-23
長良川リサーチセンター
岐阜県岐阜市長良692-3
池田第1、第2工場
岐阜県揖斐郡池田町小牛743-1
本巣工場
岐阜県本巣市国領98-1
揖斐川工場
岐阜県揖斐郡揖斐川町市場1547-3
ネクストステージ工場
岐阜県揖斐郡揖斐川町市場1547-3
池田医薬品工場
岐阜県揖斐郡池田町段234-1
池田バイオ医薬品工場
岐阜県揖斐郡池田町宮地11
ミズホ先端技術センター
岐阜県瑞穂市只越1068-5
東京支店
東京都中央区日本橋大伝馬町14-15　マツモトビル3F
℡03-3662-3878　℻03-3663-2245
事業内容・ハチミツ、ローヤルゼリー等蜂産品、健康食品、医薬品の製造販売
・養蜂指導と養蜂器具の販売
・健康食品に関する研究
資本金 4,800万円　**社長** 野々垣 孝彦
サービス内容 健康補助食品の総合受託製造
主な設備 打錠機、ソフトカプセル機、ハードカプセル機、顆粒、ドリンク・各種充填機、等
従業員 1,257名（2019年8月末）
インターネット・ホームページアドレス
http://www.api3838.co.jp/
メールアドレス
info@api3838.co.jp

(株)アメイズプラス

本社 〒453-0801 愛知県名古屋市中村区大閤3-1-18 名古屋KSビル4F
主な事業内容 ヘルスケア事業、IT事業、医療機器・研究開発事業産学連携による基礎研究・産学連携による医療機器の企画開発
資本金 1,000万円
社長 山田忠和、山本良磨
設立 2008年1月7日
メールアドレス
info@amaze-plus.com

アリメント工業(株)

本社 〒409-2212 山梨県南巨摩郡南部町南部7764
℡0556-64-3360　℻0556-64-3366
事業内容 健康食品の開発、製造販売及び受託加工
資本金 2,400万円　**社長** 若尾 修司
主な取扱い商品 ソフトカプセル、ハードカプセル、錠剤等の健康食品
主な設備 上記製造に伴う製造機器
従業員 309名
インターネット・ホームページアドレス
http://www.aliment.co.jp/index.html
メールアドレス
ozeki@aliment.co.jp

イノベイション(株)

本社 〒236-0004 横浜市金沢区福浦1-11-23
℡045-789-3761　℻045-789-3763
事業内容 美容・健康商品卸業、香料・化粧品の輸入出、製造並びに販売
資本金 7,000万円　**社長** 池田 憲彦
主な取扱い商品 脱毛・美顔・痩身・健康商品、香料・化粧品、その他日用雑貨
従業員 19名
通販担当部署 ビューティ＆ヘルス事業部
担当者 小林 譲治
主な取引先 千趣会、ニッセン、角田無線電機、池田物産、QVCジャパン
インターネット・ホームページアドレス
http://www.innovation-corp.co.jp
メールアドレス
info@innovation-corp.co.jp

インターコスメ(株)

本社 〒110-0016 東京都台東区台東2-29-8　℡03-3834-7181　℻03-3834-2711
通販拠点事業所 〒110-0016 東京都台東区台東2-29-8
℡03-3832-3003　℻03-3832-3004
事業内容 化粧品、医薬部外品、雑貨、食品の企画、開発、販売、輸出、輸入
資本金 9,600万円　**社長** オウ セイカ
通販部門設置 2009年1月1日
主な取扱い商品 ノロキラーS、パティアコントロールベース、ココ＆メリー、ボネッカ、健康食品、ダイエットサプリメ

ント、自然派化粧品
従業員　60名
通販担当部署
担当者　清水　俊典
主な取引先　㈱パルタック、ケンコーコム、アマゾン、㈱バンダイ、㈱アートネイチャー、㈱井田両国堂、㈱ときわ商会
インターネット・ホームページアドレス
　http://www.inter-cosme.com
メールアドレス
　icctokyo@inter-cosme.com

㈱インデックスジャパン

本　社　〒105-0023　東京都港区芝浦1-9-7おもだかビル4F
　　　　℡03-3798-2751　FAX03-3798-2752
事業内容　美容・健康関連商品の製造、販売
資本金　1,000万円　社長　常松　泰孝
通販部門設置　平成14年1月
主な取扱い商品　協栄ボクササリムスーツ、たかの友梨エステスリムスーツ、お顔すっきりピロー等
従業員　5名
通販担当部署　営業部
通販部門担当者　石川　仁史
主な取引先　プライム
インターネット・ホームページアドレス
　http://www.index-japan.co.jp/
メールアドレス
　index-japan@able.ocn.ne.jp

㈱ヴィンクス

本　社　〒130-0013　東京都墨田区錦糸1-2-4アルカウエスト
　　　　℡03-5637-7850　FAX03-5637-7994
主な事業内容　■パッケージプロダクト■ソリューションサービス（システムコンサルティング・設計・開発・運用・付帯サービス）■ITサポートサービス■流通・小売業に関するコンサルティング業務
資本金　5億9,603万円　社長　今城　浩一
設　立　1991年2月20日
従業員　1,412名（連結）1,111名（単体）

㈱AFC-HD アムスライフサイエンス

本　社　〒422-8027　静岡県静岡市駿河区豊田3-6-36
　　　　℡054-281-0585　FAX054-281-5979
業　態　製造業
事業内容　健康食品、化粧品の受託製造メーカー
設　立　昭和55年12月
会　長　淺山　忠彦　社長　淺山　雄彦
資本金　21億3,183万円
従業員　589名（連結、ほかパート193名）

取扱商品分野　健康食品、化粧品、自然食品
主力商品分野　健康食品
主力商品名　グルコサミンGOLD、薬用アミノ酸シャンプー爽快柑、ルテインGOLD、マカすっぽんGOLD、mitete女性100人の声から生まれた葉酸サプリ、miteteマタニティクリーム　など
商品の主な仕入先　深沢商会、イワキ、エステック　他
商品の主な販売先　エーエフシー、本草製薬、他
販売組織の形態　健康食品・化粧品の受託製造（単体）
企業集団の状況
　当社の企業集団は、当社と連結子会社4社（㈱エーエフシー、本草製薬㈱、㈱けんこうTV、㈱日本予防医学研究所）により構成されており、下記の事業を主な事業としております。
　①健康食品及び化粧品の研究開発、製造・品質保証及び販売
　②漢方医療用医薬品・一般用医薬品及びヘルスケア商品の製造・販売
　③自然食品の小売・卸売
　④健康情報番組の企画・制作、健康情報誌の発刊を中心とした広告代理店業
販売エリア　全国
営業窓口
担当者　松永　℡054-281-0585（代表）
購買部　担当者　影山
　　　　　　　　℡054-281-0585（代表）
インターネット・ホームページアドレス
　http://www.ams-life.com/
メールアドレス
　oem@ams-life.com

㈱エヌ・エル・エー

本　社　〒812-0025　福岡県福岡市博多区店屋町3-20　℡092-263-8333　FAX092-263-8345
事業内容　健康食品、化粧品の新規商材開発・OEM製造
資本金　3,000万円　社長　千堂　純子
主な取扱い商品　青汁、各種機能性食品、有機JAS認証商品、無添加化粧品、ナチュラルコスメ
従業員　15名
通販部門担当者　千堂　敬一郎
インターネット・ホームページアドレス
　http://www.nla.ne.jp
メールアドレス
　info@nla.ne.jp

㈱エフアイコーポレイション

本　社　〒501-6005　岐阜県羽島郡岐南町若宮地3丁目182
　　　　℡058-259-4711　FAX058-259-4717
資本金　1,000万円　社長　塩谷　知明

主な取扱い商品　健康食品、美容食品等の受託加工及び企画提供
主な設備　ハードカプセル充填設備、打錠設備、分包設備
従業員　43名
インターネット・ホームページアドレス
　http://www.fi-co.co.jp
メールアドレス
　info@fi-co.co.jp

㈱エリアス

本　社　〒509-0206　岐阜県可児市土田5538-1　℡0574-42-6071　FAX0574-42-6278
事業内容　商品企画・製造・卸売
資本金　2,000万円
代表取締役　角屋　尚史
通販部門設置　平成17年10月
主な取扱い商品　化粧品、雑貨、アパレル
従業員　3名
通販担当部署　企画開発部
担当者　角屋　尚史
主な取引先　カワタキコーポレーション、佐藤商事、京都通販、丸藤
メールアドレス
　kadoya@my-areas.com

㈲エルビナ

本　社　〒114-0016　東京都北区上中里2-36-13　℡03-3913-0707　FAX03-3913-0707
事業内容　健康産業向け自社特許実用新案の取得、21世紀向けセラミック関連商品（衣類、スポーツの開発・製造・卸し）
資本金　300万円　社長　二見　倫史
通販部門設置　平成9年11月
主な取扱い商品　シャトス腰痛帯、燃えず巾ちゃん、HOTデベスト、等
従業員　3名
通販担当部署　営業部
担当者　二見　倫史
主な取引先　神戸生絲、カネボウ薬品、日本インソール工業、大東紡寝装、丸光産業、はせがわ、ファミリーライフ、等
メールアドレス
　futami@kitanet.ne.jp

エレス㈱

本　社　〒153-0064　東京都目黒区下目黒2-19-6　℡03-3495-0320　FAX03-3495-0321
事業内容　美容・健康雑貨の企画・製造・販売およびその他の雑貨の企画・販売
資本金　2,000万円　社長　沼尾　隆
通販部門設置　昭和52年8月
主な取扱い商品　雑貨、美容・健康雑貨、スポーツ、レジャー用品
主な設備　物流センター
従業員　7名
通販担当部署　企画営業部

担当者　成　美順（ソン　ミスン）
主な取引先　千趣会、ニッセン、ディノス、セシール、ムトウ、その他通販会社および卸売業、ベルーナ
インターネット・ホームページアドレス
http://www.elaice.com/

オーティーティーロジスティクス(株)

本　社　〒566-0064 大阪府摂津市鳥飼中3-5-31　℡072-653-0216　FAX072-653-0714
通販拠点事業所　〒566-0064 大阪府摂津市鳥飼中3-5-31
　　℡072-653-0103　FAX072-653-2726
事業内容　オムロンの健康機器を通信販売企業各社に供給
資本金　5,000万円　社長　水田　啓司
通販部門設置　平成17年4月
主な取扱い商品　オムロン製の健康機器のみ、要望に応じて名入れ、のし、包装などの加工作業請
従業員　311名
通販担当部署　営業部
インターネット・ホームページアドレス
http://www.ott.co.jp/

(株)OSMIC

本　社　〒103-0025 東京都中央区日本橋茅場町2-9-8 茅場町第2平和ビル6F
　　℡03-5623-5444　FAX03-5623-5446
主な事業内容　農業ビジネス及び事業展開のコンサルティング、農産物の販売・プロモーション、肥料及び培土の製造・販売、土壌改良材の輸入、販売及び製造
資本金　9,990万円（資本準備金2億5,505万円）　社長　中川　英之
設　立　2015年5月1日
従業員　63名
関連会社　㈱オスミックアグリ千葉、㈱オスミックアグリ茨城、㈱メックアグリ、㈱テナート

(株)オムニ

本　社　〒530-0047 大阪府大阪市北区西天満3-14-1 GS中之島202号
　　℡06-6316-9323　FAX06-6316-9324
通販拠点事業所　〒657-0845 兵庫県神戸市灘区岩屋中町3-2-8
　　℡078-802-8501　FAX078-802-8506
事業内容　美容・健康器具、化粧品、健康食品、雑貨等の開発卸、メーカー兼卸売り業
資本金　1,000万円
代表取締役　松井　佳久
通販部門設置　平成7年11月
主な取扱い商品　美容、健康器具、化粧品、健康食品、雑貨
従業員　17名

通販担当部署　営業部
担当者　櫻井　佳輝
主な取引先　ニッセン、セシール、ベルーナ、ムトウ、千趣会、ジェイオーディ、アイケイ、イーベスト、他
メールアドレス
y-sakurai@kk-omni.co.jp

(株)快適生活クラブ

本　社　〒273-0047 千葉県船橋市藤原7-17-25　℡047-439-0937　FAX047-439-0899
事業内容　健康補助食品の販売 他
資本金　5,500万円
代表取締役　篠永　順一
通販部門設置　平成16年11月
主な取扱い商品　あしこし元気「ハイ・コラーゲン」、「ホットパートナー」、「きらりとすてき」、「石割茶」、「圧太郎の生活習慣」、「サラナア茶ですてき」、「すっきりさんの生活習慣」、「若々しいってすてきプレミアム」、「金時ショウガプラス」、「ハイ・コラーゲン」つぶ
従業員　19名
通販担当部署　総括役員
担当者　シノナガ
主な取引先　牛乳宅配店、エステティックサロン、美容院、整体・整骨院、個人の方、薬局
インターネット・ホームページアドレス
http://www.kaitekiseikatsu.jp
メールアドレス
info@kaitekiseikatsu.jp

(株)キートロン

本　社　〒272-0815 千葉県市川市北方1-11-6　℡047-300-1131　FAX047-300-1132
事業内容　医療・健康器具の製造販売
資本金　1,000万円　社長　久保 亜紀子
設　立　昭和63年4月
通販部門設置　平成8年1月
主な取扱い商品　いびき防止磁力クリップ・マウスピース、安眠まくらしーと・シーツ、美顔ローラー、禁煙・健康パイプ、遠赤アクセサリー、花粉・鼻炎対策アトマイザー、肩こりパット、骨盤バンド、外反母趾サポーター、酸素発生器
従業員　5名
通販部門担当者　吉田　紀男
主な取引先　東急ハンズ、JALUX、東急百貨店、髙島屋、三越、ロイヤルステージ、成田空港第1ターミナル「千葉トレードセンター」、成田空港第2ターミナル「ちばぼうきょう」
インターネット・ホームページアドレス
http://www.keytron.co.jp/
メールアドレス
info@keytron.co.jp

(株)紀　光

本　社　〒150-0032 東京都渋谷区鶯谷町7-1-902　℡03-5428-0811　FAX03-5428-0812
事業内容　卸売業、製造業
資本金　1,000万円　社長　門馬　直衛
通販部門設置　平成2年12月
主な取扱い商品　健康美容食品、健康美容関連商品全般
従業員　4名
通販部門担当者　代表取締役　門馬　直衛
主な取引先　㈱JOD、㈱QVCジャパン、㈱ベルーナ、㈱イージーデイズ・ドットコム、㈱ネットプライス、他約50社
メールアドレス
kikoh-monma@mte.biglobe.ne.jp

キッスビー健全食(株)

本　社　〒181-0014 東京都三鷹市野崎3-4-3
　　℡0422-32-7433　FAX0422-32-7425
事業内容　健康自然食品製造・卸販売
資本金　4,000万円　社長　古越　裕章
通販部門設置　昭和42年4月
主な取扱い商品　全国産直品、自然食品、健康食品、健康関連商品、米穀類、健康自然食品店舗設計施工、他
主な設備　減圧低温乾燥機
従業員　20名
通販担当部署　企画開発部
担当者　松本、吉野
主な取引先　髙島屋、三越、西武、伊勢丹、JALUX、三井物産、三鷹市、JR東日本商事、ディノス、各生協、タイヘイ、ヨシケイ、マキノ、全国健康食品業者
インターネット・ホームページアドレス
http://www.kissbee.jp
メールアドレス
info@kissbee.jp

(株)京都繊維工業

本　社　〒614-8128 京都府八幡市下奈良野神43-1　℡075-981-0435　FAX075-982-1647
通販営業所在地　〒101-0047 東京都千代田区内神田2-12-10 ニシテックビル
　　℡03-3526-3070　FAX03-3257-6455
事業内容　腰痛帯、サポーター類、メディカル商品、健康関連製品、トルマリン、マイナスイオン製品の製造・販売
資本金　5,000万円　社長　小林　順正
主な取扱い商品　腰痛帯ベルト類、サポーター類、アンダーウェア、メディカル商品、セラミックス製品、磁気製品
主な設備　裁断機、縫裁ミシン類
従業員　20名
通販部門担当者　小林　頼正
インターネット・ホームページアドレス
http://www.kyotoseni.co.jp/

京都薬品ヘルスケア(株)

本　社　〒604-8444 京都市中京区西ノ京月輪町38　℡075-802-3698　FAX075-802-3699
通販拠点事業所　〒604-8444 京都市中京区西ノ京月輪町38
　　　　℡075-802-3698　FAX075-802-3699
事業内容　医薬品、健康食品、化粧品の卸売販売ならびに通信販売
資本金　1,000万円　社長　北尾誠史
通販部門設置　平成10年4月
主な取扱商品・サービス内容　OTC医薬品、健康食品、化粧品
従業員　10名
通販担当部署
担当者　岡　智通
主な取引先　京都薬品工業㈱
ホームページアドレス
　http://www.kyoto-health.co.jp
メールアドレス
　info@kyoto-health.co.jp

(株)クレイツ

本　社　〒815-0075 福岡県福岡市南区長丘3-23-33　℡092-552-5331　FAX092-552-5924
通販拠点事業所　〒105-0004 東京都港区新橋6-16-10　℡03-5777-6011　FAX03-5777-6012
事業内容　プロユースの美容機器を一般用にアレンジしTVショッピング・カタログ等に卸販売。
資本金　1,000万円　社長　貝塚　和敏
通販部門設置　平成7年5月
主な取扱い商品　独自のイオン加工技術を施した理美容機器の製造販売。イオンアイロン・ドライヤー他
従業員　55名
通販担当部署　パブリック事業部
担当者　万木　英市
主な取引先　滝川、日理、武田、吉井電気、他

健栄製薬(株)

本　社　〒541-0044 大阪府大阪市中央区伏見町2-5-8　℡06-6231-5822
主な事業内容　医薬品及び医薬部外品、家庭薬、毒物劇物並びに化学工業薬品の製造販売・医療器理化学器具及び衛生材料の製造並びに販売・食料品その他の製造並びに販売・化粧品及び写真薬品の製造並びに販売
資本金　9,900万円　社長　滝野　六朗
設　立　1946年12月3日
従業員　730名（グループ会社35名を含む）

(株)健康栄養素材研究所

本　社　〒545-0052 大阪府大阪市阿倍野区阿倍野筋5-11-2
　　　℡06-6658-2235　FAX06-6658-2226
事業内容　健康食品素材の研究開発・原料供給、健康食品のOEM生産、PB商品製造・卸販売
資本金　1,000万円　社長　飯沼　清栄
主な取扱い商品　フコイダン含有サプリメントなど免疫系健康食品、抗酸化健康食品、その他
従業員　4名
通販担当部署　営業課
担当者　北田　明義
主な取引先　ケンコーコム㈱、㈱トマト薬品、大丸百貨店、㈱グランヒル大阪、他
インターネット・ホームページアドレス
　http://www.g-osaka.co.jp/kenkoeiyousozai/index2.html
メールアドレス
　health@g-osaka.co.jp

(株)健民社

本　社　〒577-0028 大阪府東大阪市長田1-7-8　℡06-6787-6041　FAX06-6787-6043
資本金　3,000万円　社長　岡村　卓治
通販部門設置　昭和58年8月
主な取扱い商品　健康食品
従業員　28名

(株)皇漢薬品研究所

本　社　〒101-0031 東京都千代田区東神田2-1-3　みづほビル2F
　　　℡03-3861-3843　FAX03-3861-3716
資本金　1,000万円
代表取締役社長　呉　明輝
通販部門設置　昭和58年6月
主な取扱い商品　各種OEM　栄養補助食品、医薬品・医薬部外品・化粧品、各種お茶、ドリンク、和漢生薬原料、世界のハーブ、スッポン他動物天産物、動物・植物抽出エキス、天然オイル、機能性食品素材
従業員　50名
主な取引先　通販実施企業、薬局・薬店、海外メーカー

五洲薬品(株)

本　社　〒939-8650 富山県富山市花園町1-1-5　℡076-424-2661　FAX076-422-4571
事業内容　ホームページ上での商品案内、D/Mによる商品訴求、営業部受付窓口（TEL）での受注、等
資本金　3,000万円　社長　藤井　良三
通販部門設置　平成10年7月
主な取扱い商品　入浴剤、ミネラルウォーター、健康食品その他深層水関係
従業員　120名
通販担当部署　第二営業部
担当者　茅原　秀明
主な取引先　ムトウ
インターネット・ホームページアドレス
　http://www.goshu.co.jp/
メールアドレス
　info@goshu.co.jp

(株)コスゲ

本　社　〒152-0004 東京都目黒区鷹番2-15-8　℡03-5723-6521　FAX03-5723-6524
事業内容　大手通販会社のカタログ媒体を中心にTV、WEB、MOBILEと巾広く提案卸売
資本金　1,000万円
代表取締役　小菅　崇
通販部門設置　平成2年4月
主な取扱い商品　美容・健康・医療機器、化粧品、医療衛生品、健康食品、雑貨、家庭用品
従業員　26名
通販担当部署　通販開発部
担当者　中村　淳子
主な取引先　カタログハウス、千趣会、ベルーナ、ディノス、いいもの王国、総通、三越、髙島屋、小学館、インペリアル・エンタープライズ、ニッセン、リクルート、ハルメク、日本テレビ放送網、センテンス、関西TVハッズ、東海TV、ＡＢＣ朝日メディアコム、他
メールアドレス
　tkos@kosuge-co.co.jp

コスメシューティカル(株)

本　社　〒107-0062 東京都港区南青山3-4-6　AOYAMA346 3F　℡03-3478-0368(代)
主な事業内容　自社オリジナル化粧品の販売
社長　牛島　美樹
設　立　2015年1月15日
主な扱い商品　ACTIVART（サロン向けプロユース商材ブランド）、ACTIVART for Daily（店販商材ブランド）、obias（オビアス）化粧品シリーズ
インターネット・ホームページアドレス
　https://activart.jp/company/
メールアドレス
　info@activart.jp

(株)こだま

本　社　〒110-0015 東京都台東区東上野1-4-1　ヨコカワビル4F
　　　℡03-3837-8886　FAX03-3837-8887
資本金　3,000万円　社長　広田　敬次
主な取扱い商品　磁気ネックレス・ブレスレット、マグネットピアス・ブレスレット、磁気腹巻き
従業員　10名
通販担当部署　販売部
担当者　磯辺　憲一

主な取引先　通販各社、問屋、他
インターネット・ホームページアドレス
　http://www.tctv.ne.jp/kodama/
メールアドレス
　kodama@tctv.ne.jp

(有)サティスα

本　社　〒542-0012 大阪市中央区谷町9-3-7 中央谷町ビル
　　　　℡06-6766-2856　FAX06-6766-2899
事業内容　雑貨、食品（化粧品、健康食品）
資本金　100万円　社　長　杉原　朝男
通販部門設置　平成16年3月
主な取扱い商品　化粧品、健康食品
従業員　16名
通販担当者　杉原　朝男
主な取引先　アンズコーポレーション、三和実業
インターネット・ホームページアドレス
　http://satys.jp
メールアドレス
　sugihara@satys.jp

(株)サティス製薬

本　社　〒342-0015 埼玉県吉川市中井57-1
　　　　℡048-984-6433　FAX048-984-6430
研究所　〒135-0047 東京都江東区富岡2-11-6 長谷萬ビル3F
　　　　℡03-5646-2434　FAX03-5646-2435
業　種　化粧品OEM
資本金　5,120万円　社　長　山崎　智士
設　立　平成11年12月
主な取扱い商品　化粧品（主にスキンケア）、石鹸、医薬部外品
従業員　145名

(株)サニーウィッシュ

本　社　〒107-0062 東京都港区南青山6-7-13 井植ビル6F
　　　　℡03-5464-1566　FAX03-5464-1565
資本金　2,000万円　社　長　鎌田　克巳
通販部門設置　平成14年2月
主な取扱い商品　ターボセル
従業員　15名
通販担当部署　営業部
担当者　石川仁史
主な取引先　㈱ジモス・フランスベッド販売・ふくや・キューサイ・イベンタス
インターネット・ホームページアドレス
　http://www.saniwish.com/
配送センター
サニーウィッシュ物流センター
〒333-0842 埼玉県川口市前川2-26-20
　　　　℡048-263-1365

サンアルファ(株)

本　社　〒601-8103 京都府京都市南区上鳥羽仏現寺町29
　　　　℡075-662-5051　FAX075-672-6113
事業内容　健康食品、美容・健康・医療器具
資本金　1,000万円　社　長　塩野　忠雄
通販部門設置　昭和58年3月
主な取扱い商品　健康食品、美容関係食品、健康器具、他雑貨
従業員　4名
通販担当部署　通販事業部
担当者　内野　文雅
主な取引先　八重山殖産、高麗人参製造
メールアドレス
　order@sunalpha.com

(株)三協

本　社　〒417-0061 静岡県富士市伝法573-13　℡0545-54-1248　FAX0545-54-1138
事業内容　健康食品の受託製造（OEM）
資本金　3,000万円　社　長　石川俊光
通販部門設置　昭和38年5月
主な取扱商品・サービス内容　ソフトカプセル等サプリメント全般の受託製造（原料調達～企画開発～最終製品）
主な設備　ソフトカプセル製造設備、同ハードカプセル、錠剤、顆粒、小分け包装PTP、スティック、自動検査機等
従業員　400名
インターネット・ホームページアドレス
　https://sankyohd.com/

(株)サンケミカル

本　社　〒136-0071 東京都江東区亀戸1-33-3　℡03-5609-4084　FAX03-5609-4086
事業内容　化粧品、健康食品、美容健康器具等のOEM研究開発、製造販売及び輸出入代行
資本金　1,000万円　社　長　関口　章二
主な取扱い商品　ユニークな商品開発（化粧品70%）、特にフィトケミカルを中心にボケ防止食品、女性ホルモン様商品、飲む美容液、アガリクス抽出濃縮エキス、水溶性プロポリス、シイタケ菌関連商品
従業員　18名

三生医薬(株)

本　社　〒419-0201 静岡県富士市厚原1468
　　　　℡0545-73-0610　FAX0545-73-0611
事業内容　ＰＢ、ＯＥＭ専門の企画開発、受託製造（健康食品、医薬品の各種剤形）原料開発等。
資本金　5,000万円　社　長　石川　泰彦
主な取扱商品・サービス内容　健康食品、医薬品、一般食品等の企画・受託製造、原料開発、機能性表示届出サポート
主な設備　各種カプセル充てん機、打錠機、各種造粒機、各種コーティング機、粉砕機、濃縮機、各種包装機等。
従業員　740名
主な取引先　各種販売会社（受託製造会社のため取引先社名は非公開）
インターネット・ホームページアドレス
　http://www.sunsho.co.jp/
メールアドレス
　info@sunsho.co.jp

(株)三信商会

本　社　〒227-0066 神奈川県横浜市青葉区あかね台1-28-10
　　　　℡045-983-3751　FAX045-981-7955
通販商材開発拠点事業所　〒227-0066 神奈川県横浜市青葉区あかね台1-31-9
　　　　℡045-983-3751　FAX045-981-7955
事業内容　医療機器の製造、製造販売、販売及び賃貸
資本金　1,000万円　社　長　谷澤　昇
通販部門設置　平成9年4月
主な取扱い商品　暮らしと健康に役立つ健康道具
主な設備　情報収集基地（ロンドン・ニューヨーク・ミラノ・ハンブルグ・上海・香港・バンクーバー・ロサンゼルス）
従業員　9名
通販担当部署　営業部
担当者　杉山　敦子
インターネット・ホームページアドレス
　http://www.sanshin-shokai.com/
メールアドレス
　info@sanshin-shokai.com

(株)サンフローラ

本　社　〒176-0011 東京都練馬区豊玉上1-8-14　加藤ビル
　　　　℡03-5912-3880　FAX03-5912-3811
事業内容　プロポリス関連商品、ハチミツ、クエン酸製品、のど飴
資本金　1,000万円
代表取締役　橘　量介
通販部門設置　平成4年5月
主な取扱い商品　プロポリス原液、ソフトカプセル、蜂蜜、のど飴
従業員　12名
通販担当部署　東京本社　通販部
担当者　橘　量介
主な取引先　サンプロポリス、信公、ケンコーコム、木下、サンシャイン貿易
インターネット・ホームページアドレス
　http://www.sanflora.co.jp
メールアドレス
　info@sanflora.co.jp

サンライフ(株)

本　社　〒465-0015 名古屋市名東区若葉台
　　　　101　　℡052-776-5131　FAX052-776-5177
事業内容　健康食品OEM供給、自社ブラ
　　　　ンド製品卸・直販（会員向け）、原料卸
資本金　3,200万円　社長　大倉　康治
主な取扱い商品　健康食品全般（製品・原
　　　　料）主力商品～クロレラ三緑、ギンフラ
　　　　ボンS、他
主な設備　営業所（コールセンター）数拠点
従業員　200名（パート含む）
インターネット・ホームページアドレス
　　　　http://www.sunlife-kk.co.jp/

(株)サンワード

本　社　〒417-0061 静岡県富士市伝法468
　　　　℡0545-22-0088　FAX0545-22-0077
事業内容　健康食品の企画・開発・受託加
　　　　工・包装・小口出荷サービス、等
資本金　2,000万円　社長　若尾　弘
通販部門設置　昭和62年6月
主な取扱い商品　健康食品・化粧品の企画・
　　　　開発・受託加工及び包装、等
主な設備　健康食品製造一式
従業員　50名
通販担当部署　企画営業部
担当者　野崎　智之
主な取引先　全国健康食品メーカー
インターネット・ホームページアドレス
　　　　現在更新中の為、変更あり
メールアドレス
　　　　webmaster@sun-word.co.jp

(株)ジヴァスタジオ

本　社　〒150-0001 東京都渋谷区神宮前6-
　　　　17-11　℡03-5467-7551　FAX03-5467-2186
事業内容　化粧品、健康食品、健康器具の
　　　　企画・製造・販売・卸
資本金　75,000,001円　社長　前田　一人
通販部門設置　平成16年4月
主な取扱い商品　化粧品、健康食品、健康
　　　　器具
従業員　24名（2015年4月現在）
通販担当部署　通販企画室
主な取引先　QVCジャパン、千趣会、ディ
　　　　ノス・セシール、らでぃっしゅぼーや、
　　　　ロッピングライフ
インターネット・ホームページアドレス
　　　　http://www.zyva.jp

(株)ジェヌインR＆D

本　社　〒812-0014 福岡県福岡市博多区比
　　　　恵町1-18 東カン福岡第二キャステール
　　　　416号　℡092-410-0662　FAX092-410-0661
東京オフィス　〒105-0014 東京都港区芝1
　　　　丁目7-5 ロート東京ビル5階
　　　　℡03-6809-3650　FAX03-6809-3653
主な事業内容　健康食品、健康補助食品、
　　　　栄養補助食品、ダイエット食品の研究開
　　　　発、製造、加工、卸・小売販売並びに輸
　　　　出入
資本金　192,700,000円
　　　　　　　　　　社長　宮鍋　征克
設　立　平成22年11月19日
インターネット・ホームページアドレス
　　　　https://genuinerd.com/

(株)ジャパンギャルズ

本　社　〒799-0405 愛媛県四国中央市三島
　　　　中央2-12-10
　　　　℡0896-28-1835　FAX0896-28-1836
通販拠点事業所　〒103-0004 東京都中央区
　　　　東日本橋2-28-4　東日本橋中央ビル7F
　　　　℡03-5825-2130　FAX03-5825-2140
事業内容　業務用・家庭用美容機器製造、
　　　　卸・化粧品製造、卸・各種OEM製造
資本金　2,000万円
主な取扱い商品　超音波美容器、イオン導
　　　　入器、低周波美容器、その他美容器、化
　　　　粧品
主な設備　ISO9001取得、S-JQA取得
従業員　35名
通販担当部署　営業
担当者　中島　美津子
インターネット・ホームページアドレス
　　　　http://japangals.jp
メールアドレス
　　　　info@japangals.jp

(株)シンギー

本　社　〒107-0052 東京都港区赤坂1-1-12
　　　　℡03-5574-7266　FAX03-5574-6171
事業内容　健康食品の製造・販売
資本金　4,900万円　社長　李　宝珠
主な取扱い商品　健康食品
従業員　25名
通販担当部署　営業部
主な取引先　ベルーナ、壮快薬品
インターネット・ホームページアドレス
　　　　http://www.shingy.co.jp/
メールアドレス
　　　　shingy@shingy.co.jp

(株)新日本機能食品

本　社　〒150-0001 東京都渋谷区神宮前
　　　　1-5-8 神宮前タワービルディング14F
　　　　℡03-6741-7171　FAX03-6741-7170
通販拠点事業所　〒702-8053 岡山県岡山市
　　　　南区築港栄町29-21
　　　　℡086-264-7927　FAX086-264-7907
事業内容　インターネット通販及びモバイ
　　　　ル通販会社に対しての美容・健康商材の
　　　　卸売り、通信販売
資本金　5,000万円　社長　小林　憲司
従業員　20名
主な取引先　ネットプライス、シーエー・
　　　　モバイル、楽天、ヤフー、ビッダーズな
　　　　どに出店している事業者
インターネット・ホームページアドレス
　　　　http://www1.kenko064.com/
メールアドレス
　　　　info@kenko064.com

(株)スバル産業

本　社　〒111-0036 東京都台東区松が谷4-
　　　　21-5　℡03-3841-8723　FAX03-3841-8785
事業内容　家庭用品及び健康関連商品、ア
　　　　イデアグッツ
資本金　1,000万円　社長　保科　弘治
通販部門設置　平成元年
主な取扱い商品　マッサージチェアー、ハ
　　　　ンディマッサージ器、フィットネス機械、
　　　　運動機具、アイデア雑貨、調理器
従業員　6名
通販部門担当者　矢島　敏明
主な取引先　テレビショッピング、カタロ
　　　　グショッピング、その他
メールアドレス
　　　　subaru-sangyo@mtg.biglobe.ne.jp

(株)3G CARE

本　社　〒170-0013 東京都豊島区東池袋1-
　　　　32-6　河合ビル6F
　　　　℡03-5960-5222　FAX03-5960-5225
事業内容　健康食品、健康機具メーカー、
　　　　ベンダー業（TV、カタログ通販、量販店、
　　　　DS等）
資本金　5,000万円　社長　鄭　海東
通販部門設置　平成15年5月
主な取扱い商品　OEM受託、医療機器、医
　　　　薬部外品、健康食品、フィットネス機具、
　　　　サプリメント　等
従業員　7名
通販担当部署　営業
担当者　吉野
主な取引先　QVCジャパン、ディノス、い
　　　　いもの王国、ベルーナ、東急ハンズ、等
インターネット・ホームページアドレス
　　　　http://www.3gcare.co.jp
メールアドレス
　　　　info@3gcare.co.jp

(株)セイ

本　社　〒537-0025 大阪府大阪市東成区中
　　　　道1-10-26　サクラ森ノ宮ビル11F
　　　　℡06-6977-1880　FAX06-6977-1890
事業内容　健康・美容関連商品の企画、イ
　　　　ンターネットショップへの卸売業
資本金　900万円　社長　岡村　勝正
通販部門設置　平成16年8月

主な取扱い商品　ダイエットサプリメントや美容雑貨など
従業員　10名
主な取引先　ネットプライス、シーエーモバイル、ベルス、他楽天、ビッターズ店舗
インターネット・ホームページアドレス
　http://www.sei-gr.com
メールアドレス
　info@sei-gr.com

(株)生活の木

本　社　〒150-0001 東京都渋谷区神宮前6-3-8
　☎03-3409-1781　FAX03-3400-4988
通販営業所在地　〒509-6472 岐阜県瑞浪市釜戸町1121
　☎0572-63-1070　FAX0572-63-1081
事業内容　ハーブ・エッセンシャルオイル、ハーブ関連商品、アロマテラピー関連商品の製造・販売
資本金　1,000万円　社長　重永　忠
通販部門設置　昭和40年4月
主な取扱い商品　ハーブ・アロマテラピーに関する一切の商品、講師派遣、教室、プランニング、旅行
主な設備　受注、生産、加工、個別発送、顧客管理
従業員　700名
通販担当部署　商品部
担当者　角南妙子　水野佳穂（通販営業所在席）
主な取引先　日本生活協同組合連合会、千趣会、スクロール、シャディー、ハーモニック、ケンコーコム、アマゾンドットコム、他
インターネット・ホームページアドレス
　https://www.treeoflife.co.jp/
メールアドレス
　info@treeoflife.co.jp

(株)誠鋼社

本　社　〒101-0061 東京都千代田区三崎町2-9-2　鶴屋総合ビル5F
　☎03-3234-1039　FAX03-3234-1038
事業内容　健康食品、健康機器
資本金　1,000万円　社長　松村　秀一
通販部門設置　平成12年4月
主な取扱い商品　食品、健康機器
通販部門担当者　堀家
主な取引先　スポーツクラブ、エステサロン、クリニック
インターネット・ホームページアドレス
　http://seikosha-net.co.jp
メールアドレス
　matsumura@seikosha.co.jp

(株)セイユーコーポレーション

本　社　〒556-0022 大阪府大阪市浪速区桜川4-11-4　☎06-6567-0225　FAX06-6567-1577
事業内容　健康食品の製造、卸売
資本金　1,000万円
代表取締役　西森　崇仁
通販部門設置　平成4年6月
主な取扱い商品　生乳、ブルーベリーエキス、グルコサミン 他　健康食品
従業員　7名
通販担当部署　代表取締役
担当者　西森　崇仁
主な取引先　バイホロン㈱、森川健康堂㈱、カーディナルヘルスジャパン408㈱
インターネット・ホームページアドレス
　http://seiyu-kagaku.co.jp/
メールアドレス
　kikaku@seiyu-kagaku.co.jp

セーレン(株)

本　社　〒918-8560 福井県福井市毛矢1-10-1　☎0776-35-2858　FAX0776-35-2899
事業内容　化粧品販売
資本金　173億9,499万円
社長　川田　達男
通販部門設置　平成7年12月
主な取扱い商品　シルク成分（セリシン）を使ったスキンケアシリーズ
従業員　1,664名
通販担当部署　メディカル資材販売部
担当者　井上　哲也
インターネット・ホームページアドレス
　http://www.seiren.com/

ゼリアヘルスウエイ(株)

本　社　〒103-0024 東京都中央区日本橋小舟町10-6　☎03-3663-7921　FAX03-3663-7912
通販拠点事業所　〒103-0024 東京都中央区日本橋小舟町10-6　☎03-3661-4433　FAX03-3663-7912
事業内容　化粧品・サプリメント・清涼飲料水の販売
資本金　8,500万円　社長　猪口　博明
通販部門設置　昭和35年1月
主な取扱商品・サービス内容　ヘパリーゼZ、イオナR、やすらぎ生活
従業員　28名
通販担当部署　通販事業部
通販部門担当者　蟹口明宏
インターネット・ホームページアドレス
　http://www.zeriahealthway.co.jp/　http://www.zeriaonline.com/
メールアドレス
　info@zeriaonline.com

(株)セントラル・コーポレーション

本　社　〒700-0975 岡山県岡山市北区今2-9-12　セントラルビル
　☎086-244-2263　FAX086-243-0839
事業内容
「起業・こだわり製品」支援を続けて40年
化粧品・健康食品
「わずか100個～」でもOEM製造！
ゼロからのブレンドで作れます！
資本金　2,500万円　社長　笹山　博史
創　立　昭和55年9月
主な取扱い商品
化粧品:6万円～/100個
健食：30,000粒～/180粒入りで160個分
1. 今売れている商品をそのまま作りませんか？
2. 過去ヒット商品を（量を多く）
　　（値段を安く）作りませんか？
3. 売れそうなものをわずか100個から製造！
　試し販売実験が可能！リスクなし！
〈OEM製造例をご提案〉
●酸素（O2）泡パック
　ビューティワールドジャパン2015で販売実験！
　ビックリ！たった3日間で725本完売！
　（展示会来場者のみ）
　カンタン！塗って10秒で"モコモコ泡"に！
　くすみが瞬時に白肌へ！
●「高濃縮」馬プラセンタサプリメント
　ビューティワールドジャパン2015で販売実験！
　ビックリ！たった3日間で1,559本完売！
　（展示会来場者のみ）
　「栄養機能食品」表示が可能です！
　一瓶（180粒）で2.6Lもの馬プラ原液を飲んだ量と同じ！
　比べて下さい！1粒で14,764mgもの馬プラセンタエキスを高濃縮！
主な設備　化粧品・健康OEM製造100個～
従業員　10名
通販担当部署　研究開発室
担当者　斉藤・小野・川島
主な取引先　美容医学研究所、エステサロン
インターネット・ホームページアドレス
　http://www.central-web.co.jp
メールアドレス
　info@central-web.co.jp

ソーラートーンジャパン(株)

本　社　〒153-0064 東京都目黒区下目黒2-19-6　F＆Tビル
　☎03-3495-0322　FAX03-3495-0323
事業内容　輸入雑貨等の卸売業

資本金　1,000万円　社長　沼尾　隆
通販部門設置　平成5年1月
主な取扱い商品　ソーラートーン（日焼けマシン）及び輸入雑貨（健康、美容、家電品、レジャー用品等）業務用日焼けマシン（エルゴライン）家庭用日焼けマシン（ネオタン）
従業員　5名
通販担当部署　企画営業部
担当者　成　美順
主な取引先　総通、二光、いいもの王国、ステイラーCKM、他
インターネット・ホームページアドレス
　http://www.solartone.com/

素数(株)

本　社　〒150-0022 東京都渋谷区恵比寿南1-1-12-5F　☎03-5768-6650　FAX03-5768-6651
事業内容　化粧品、生活雑貨の企画・製造・卸・販売、等
資本金　3,000万円　社長　足立　哲男
主な取扱い商品　雑貨（美容・健康・医療器具・化粧品・医療品）、など
主な設備　配送センター
従業員　20名
通販担当部署　営業
通販部門担当者　山崎
主な取引先　㈱千趣会、㈱ニッセン、㈱ネットプライス、ケンコーコム㈱、アマゾンジャパン㈱、ジュピターショップチャンネル㈱、㈱ディノス、㈱グランマルシェ、㈱センテンス、他
インターネット・ホームページアドレス
　http://www.sosu.jp
メールアドレス
　info@sosu.jp

大東電機工業(株)

本　社　〒579-8046 大阪府東大阪市昭和町9-11　☎072-984-3532　FAX072-988-4141
大阪事業所　〒577-0026 大阪府東大阪市新家東町2-38
　☎06-6783-8630　FAX06-6783-8633
東京営業所　〒110-0016 東京都台東区台東1-21-4 東京ミシン会館3階
　☎03-5846-0822　FAX03-5846-0823
事業内容　電気バリカン、マッサージ機器、フィットネス機器の製造・販売
資本金　5,825万円（2015年現在）
　　　　　　　　社　長　清水　新策
主な取扱商品　電気バリカン、各種マッサージ器、フィットネス機器の販売
従業員　50名
通販担当部署　営業部
担当者　松本・米澤・渡辺
主な取引先（代理店）　㈱山善、ツカモトエイム㈱、㈱電響社、その他
インターネット・ホームページアドレス

http://www.daito-thrive.co.jp
メールアドレス
　daito.infomation@daito-thrive.co.jp

(株)大和ヘルス社

本　社　〒153-0042 東京都目黒区青葉台3-17-13　鉄信ビル1F
　☎03-5456-3600　FAX03-5456-3366
事業内容　商品企画・開発・製造（一部）、商品仕入れ（問屋）
資本金　1,200万円　社長　二宮　嘉章
通販部門設置　昭和55年4月
主な取扱い商品　健康食品、化粧品、医療器具、その他美容・健康関連
主な設備　掛川配送センター
従業員　20名
通販担当部署　営業部
担当者　斎藤　俊英
主な取引先　直接・間接含め多数
インターネット・ホームページアドレス
　http://www.daiwa-health.com/

(株)タケイ

本　社　〒367-0021 埼玉県本庄市見福3-4-7
　☎0495-23-0081　FAX0495-23-0110
事業内容　健康・美容関連商品の卸し、企画立案
資本金　1,160万円　社長　今泉　憲治
通販部門設置　平成元年7月
主な取扱い商品　食品、雑貨
通販部門担当者　蒔田　雄二
主な取引先　全国の主要な生活協同組合

(有)蓼科ハーバルノート

本　社　〒391-0213 長野県茅野市豊平10284　☎0266-76-2282　FAX0266-76-6416
通販営業連絡先
　☎0120-228209　FAX0120-228209
事業内容　ハーブ関連商品とサービスの総合専門店、通信販売、Net販売、アロマテラピー・アロマ・園芸・ハーブティー・クラフト等の講習会、教室の案内
資本金　300万円　社長　萩尾　是空
通販部門設置　平成元年1月
主な取扱い商品　エッセンシャルオイル、ハーブティー、種苗、ハーブ染商品、ドライハーブ素材の計り売り、その他ハーブ関連商品及び関連教室の提供
主な設備　受注・発送・管理システム、サーバーPC、クライアントPC、プリンター、HP、及び受注システム、サーバーPC
従業員　12名
通販部門担当者　萩尾　是空
主な取引先　健草医学舎、日本緑茶センター
インターネット・ホームページアドレス
　http://www.herbalnote.co.jp/
メールアドレス

info@herbalnote.co.jp

(株)デセオ

本　社　〒111-0051 東京都台東区蔵前2-6-4 MASUDAYAビル5F
　☎03-3864-6255　FAX03-3864-6236
事業内容　ダイエット食品、健康食品
資本金　1,000万円　社長　曽我　文夫
主な取扱い商品　ダイエット食品、健康食品、入浴剤
従業員　7名
通販担当部署　企画部
担当者　柴田
主な取引先　マンナンフーズ、ブレーンコスモス、インペリアルエンタープライズ

(株)ドゥ・ベスト

本　社　〒113-0024 東京都文京区西片2-22-21　本郷MKビル3F
　☎03-3815-9015　FAX03-3815-9012
事業内容　化粧品の製造販売、化粧品および化粧品用具の輸入販売
資本金　9,000万円　社長　菅原　大太郎
通販部門設置　平成3年
主な取扱い商品　化粧品、口腔内商品、雑貨、化粧品雑貨
従業員　64名
通販担当部署　メディア営業部
担当者　石塚　庸資
主な取引先　ジュピターショップチャンネル㈱
インターネット・ホームページアドレス
　http://www.dobest.co.jp/

(株)東洋新薬

本　社　〒812-0011 福岡市博多区博多駅前2-19-27 九勧博多駅前ビル
　☎0942-81-3555（本部）　FAX0942-81-3554（本部）
事業内容　健康食品・化粧品の総合受託、事業コンサル、商品企画、製造、販促支援、配送代行
資本金　5,000万円　社長　服部利光
主な取扱商品・サービス内容　お客様PB品（機能性表示食品、トクホ、一般健康食品、化粧品、医薬部外品）
主な設備　サプリメント製剤、スティック・ボトル包装およびスキンケア等の化粧品製剤、充填・包装
従業員　1,084名
インターネット・ホームページアドレス
　http://www.toyoshinyaku.co.jp/
メールアドレス
　koho@toyoshinyaku.co.jp

(株)東洋発酵

本　社　〒474-0046　愛知県大府市吉川町1-39-1　℡0562-46-7677　FAX0562-46-8122
事業内容　バイオテクノロジー・バイオリアクターを活用して、天然素材の有用性を引き出した機能性食品用・機能性化粧品用、各種発酵原料の販売・OEM製品の供給
資本金　9,081万円　社長　木村　彰彦
通販部門設置　平成7年3月
主な取扱い商品　健康食品・化粧品
従業員　51名
通販担当部署　本社
主な取引先　三井物産、三井食品、不二ビューティ、ダイト、ドクターセラム　他
インターネット・ホームページアドレス
　http://www.toyohakko.com/
　http://orifer.jp/
メールアドレス
　info_web@toyohakko.co.jp

(株)東リョー

本　社　〒124-0042　東京都葛飾区奥戸7-20-10　℡03-3691-8911　FAX03-3692-4619
事業内容　健康食品販売
資本金　7,500万円　社長　上野　忠男
通販部門設置　平成10年10月
主な取扱い商品　オリザップE（玄米胚芽油）、食用米油、ヌカップ250（脱脂米糠焙煎粉末）、健康食品（玄源商品）
主な設備　健康食品製造設備、包装ライン、焙煎設備
従業員　18名
通販担当部署　営業部
担当者　白崎　敏郎
主な取引先　サカタのタネ、ヨシケイ東京、佐藤商事、学校生協、森谷健康食品
インターネット・ホームページアドレス
　http://www.gengen.ne.jp/
メールアドレス
　h-toryo@gengen.ne.jp

ドクターセラム(株)

本　社　〒150-0043　東京都渋谷区道玄坂1-22-8　℡03-5728-8825　FAX03-5728-8830
業　種　卸業・製造業・企画販売
販売形態　卸し
資本金　1,000万円　社長　吉川　育矢
設　立　平成17年2月
主な取扱い商品　化粧品、健康食品、美容・健康器具
従業員　6名
インターネット・ホームページアドレス
　http://www.dr-serum.com

(株)トップ

本　社　〒160-0022　東京都新宿区新宿1-16-10　コスモス御苑ビル5F
　℡03-3358-9715　FAX050-3737-1955
資本金　3,000万円
代表取締役　岡本　将
主な取扱い商品　生活雑貨
従業員　10名
主な取引先　プーマジャパン
メールアドレス
　info@sp-top.com

トモエ産業(株)

本　社　〒564-0024　大阪府吹田市高城町2-13　℡06-6319-2468　FAX06-6319-2469
事業内容　健康食品、化粧品、美容健康器具、日用雑貨、服飾雑貨
資本金　1,000万円
代表取締役　辻岡　正治
通販部門設置　昭和60年5月
主な取扱い商品　健康食品、化粧品、美容健康器具、日用雑貨、服飾雑貨
従業員　4名
通販担当部署　営業部
担当者　辻岡　正治
主な取引先　㈱全国通販、ジェイオーディ、㈱ユーコー、ベルーナ、㈱丸藤、㈱日本文化センター、トップ産業㈱
メールアドレス
　tomoe_sangyou@nifty.com

(株)ドリーム

本　社　〒461-0023　愛知県名古屋市東区徳川町403　I・C・Cクオリアビル
　℡052-930-6021　FAX052-930-6031
通販拠点事業所
　℡052-930-6162　FAX052-930-6025
事業内容　通信販売向けに商品を企画開発し、ファブレスにて製造及び販売
資本金　1,000万円　社長　大橋　秀男
通販部門設置　平成2年6月
主な取扱い商品　美容健康機器
主な設備　本社・商品センター
従業員　85名
通販担当部署　プロイデア事業部
担当者　黒川GM
主な取引先　ジュピターショップチャンネル㈱、㈱ロッピングライフ、㈱ジェイオーディ、㈱ディノス・セシール、日本生活協同組合、楽天
インターネット・ホームページアドレス
　http://www.mydream.co.jp

(株)トレミー

本　社　〒183-0023　東京都府中市宮町2-15-13　℡042-361-5544　FAX042-363-7687
事業内容　化粧品、医薬部外品製造業
資本金　8,000万円　社長　入交　裕司
主な設備　真空乳化釜4機、純水装置（逆浸透膜）、屋内クリーンルーム、研究用小型真空乳化装置、自動充填機、12連チューブ充填機、他
従業員　90名

(株)ナノエッグ

本　社　〒107-0052　東京都港区赤坂7-1-15　5F　℡0570-055-710　FAX0120-338-494
主な事業内容　医薬品開発事業　DDSとしてのナノカプセル化（ナノエッグ）製剤の開発研究、医薬品及び化粧品原料、その他低分子化合物経皮吸収のための皮膚外用基材の開発研究
資本金　2億4,735万円　社長　山口　葉子
設　立　2006年4月6日
インターネット・ホームページアドレス
　https://www.nanoegg.jp/

(有)ナベックス

本　社　〒467-0065　愛知県名古屋市瑞穂区松園町1-42-1　℡052-837-0281　FAX052-837-0283
事業内容　健康・美容・福祉関連用品と輸入雑貨卸販売
資本金　600万円　社長　渡邉　大展
通販部門設置　平成元年4月
主な取扱い商品　ヒモ付きステッキ各種、オリジナル健康・美容グッズの企画・開発・製造・卸販売
従業員　1名
通販部門担当者　横山　純子
主な取引先　通販納入業者、老人雑誌社、東急ハンズ各店
インターネット・ホームページアドレス
　http://www.nabex.co.jp/
メールアドレス
　info@nabex.co.jp

(株)ニシトモ

本　社　〒519-0423　三重県度会郡玉城町昼田449-3　℡0596-58-6987　FAX0596-58-6968
通販拠点事業所　〒543-0001　大阪市天王寺区上本町5-2-11
　℡06-6765-3354　FAX06-6765-0339
事業内容　多機能型基礎体温計及び在宅健康管理システムの商品供給
資本金　1億8,800万円　社長　西村　金治
通販部門設置　昭和63年7月
主な取扱い商品　在宅健康管理ヘルスケアシステム、多機能型基礎体温計ソフィアシリーズ
従業員　70名
通販担当部署　各営業所
主な取引先　千趣会、セシール、シャディ、

ムトウ、ニッセン、テレマート、ディノス、日生協
インターネット・ホームページアドレス
　http://www.nishitomo.com/
メールアドレス
　sophia@taionkei.com

日英物産(株)

本　社　〒564-0063 大阪府吹田市江坂町1-23-5　☎06-6338-0101　FAX06-6384-5065
事業内容　健康食品、化粧品、医療器具、カメラ、光学機器、娯楽用品、寝具、その他衣料品の卸し
資本金　2,000万円　**社長**　吉村　英二
通販部門設置　昭和51年5月
主な取扱い商品　健康食品、化粧品、カメラ、娯楽用品、雑貨類、衣料品
従業員　14名
通販部門担当者　吉村　英二
主な取引先　テレマート、メディアプライス、ジャパンホームショッピング、レモール
インターネット・ホームページアドレス
　http://www.nichiei-bs.co.jp/
メールアドレス
　info@nichiei-bs.co.jp

日本アロエ(株)

本　社　〒192-0355 東京都八王子市堀之内2-5-8　☎0426-74-1222　FAX0426-77-5757
事業内容　アロエ製品の製造・小売
資本金　1,000万円　**社長**　角谷　正次
通販部門設置　平成元年1月
主な取扱い商品　アロエ100
従業員　10名
通販部門担当者　角谷　正次
主な取引先　一般顧客、他

日本酵素薬品(株)

本　社　〒605-0983 京都府京都市東山区福稲上高松町64-5
　☎075-561-4971　FAX075-561-5575
事業内容　入浴剤、酵素化粧品、健康食品の製造販売
資本金　2,000万円　**社長**　坂　光司
通販部門設置　平成6年5月
主な取扱い商品　化粧品、健康食品、入浴剤
従業員　30名
通販担当部署　営業部

(株)日本天然物研究所

本　社　〒160-0023 東京都新宿区西新宿4-15-7　パシフィックマークス新宿パークサイドビル5F
　☎03-5358-1901　FAX03-5358-1910

通販営業連絡先
　☎0120-540-049　FAX03-5358-1920
事業内容　化粧品、健康食品の製造・販売
資本金　2,000万円　**社長**　三井　幸雄
通販部門設置　平成12年5月
主な取扱い商品　化粧品、健康食品、美容機器
主な設備　発送センター、受注センター、製造工場
従業員　60名
通販担当部署　通販部
担当者　秋本
インターネット・ホームページアドレス
　http://www.LAMENTE.jp/
メールアドレス
　jnlhorus@horus-jnl.co.jp

日本美研(株)

本　社　〒220-0011 神奈川県横浜市西区高島2-19-3　日通商事横浜ビル6F
　☎045-453-3500　FAX045-440-1261
事業内容　通販向商材の卸業務
資本金　4,000万円　**社長**　冨田　嵩壱
主な取扱い商品　化粧品・美容機器・生活雑貨・美容と健康に付随する雑貨等の卸業務、新事業の提案
従業員　60名
通販担当部署　営業本部
担当者　藤田　和也
主な取引先　ジュピターショップチャンネル㈱、㈱ディノス、㈱いいもの王国、㈱東急ハンズ、㈱壮快薬品、㈱林商事、滝川㈱、他
インターネット・ホームページアドレス
　http://www.n-biken.com/
メールアドレス
　info@n-biken.com

日本ランチェスター工業(株)

本社工場　〒651-1516 兵庫県神戸市北区赤松台1-5-2
　　☎078-986-5950(代)　FAX078-986-5960
三田工場　〒669-1349 兵庫県三田市大川瀬875-1　☎078-986-5950(代)　FAX078-986-5960
事業内容　健康食品製造、原料栽培、清涼飲料水の卸、総合受託
資本金　1,000万円　**社長**　新垣　健
通販部門設置　昭和58年2月
主な取扱い商品　健康美容食品全般
主な設備　タブレット打錠機、ハードカプセル充填機、流動造粒攪拌造粒乾燥機、金属検知器など全般、包装機全般
従業員　41名
通販担当部署　総務部
通販部門担当者　新垣　裕子
主な取引先　国内主要通販業者52社
インターネット・ホームページアドレス
　http://lanchester.co.jp

メールアドレス
　japan@lanchester.co.jp

ハイリッチ(株)

本　社　〒111-0053 東京都台東区浅草橋1-7-2　岩崎ビル
　☎03-5823-4791（代表）　FAX03-5823-4685
事業内容　アイデアアクセサリー・化粧品・雑貨の卸
資本金　3,000万円　**社長**　冨江　敏夫
主な取扱い商品　通販向けのアクセサリー・ユニーク化粧品、美容雑貨など
従業員　15名
通販担当部署　営業部
担当者　内野、高橋、渡部
主な取引先　ニッセン、ベルーナ、イオンリテール、総通、ロイヤルステージ、オリジナル、インペリアル・エンタープライズ、ファミリーライフ、かがやくコスメ、新日本機能食品、ファイン、全国通販、ネット通販、生協問屋
インターネット・ホームページアドレス
　http://www.omoshiro-goods.com/
メールアドレス
　eigyo@hi-rich.co.jp

(株)林商事

本　社　〒240-0112 神奈川県三浦郡葉山町堀内2019　☎046-875-0528　FAX046-875-8945
事業内容　健康器具、健康食品、補聴器、福祉用品の販売
資本金　1,000万円
代表取締役社長　鏑木　敏正
通販部門設置　昭和43年6月
主な取扱い商品　健康器具、健康食品、補聴器、福祉用品の販売
従業員　75名
通販担当部署　営業部
担当者　棚橋　秀機
主な取引先　髙島屋、そごう、京王百貨店、小田急百貨店、西武百貨店、さいか屋、近鉄百貨店、東武百貨店、阪神百貨店、遠鉄百貨店、三越、松坂屋

(株)阪和

本　社　〒556-0022 大阪市浪速区桜川1-2-20　☎06-6563-3037　FAX06-6563-2003
事業内容　各種商品企画、開発、製造、販売、及びOEM製造
資本金　1,000万円　**社長**　今井　滋喜
通販部門設置　昭和59年2月
主な取扱い商品　健康関連製品、家庭用電気製品、アウトドアレジャー用品、アイディア雑貨等
主な設備　中国駐在所2ヶ所、国内検品物流施設等、中国検品センター等
従業員　19名

通販担当部署　営業部
担当者　西岡　宏和
主な取引先　アマゾンジャパン、ネットプライス、ベルーナ、メディアプライス、CAモバイル、他
インターネット・ホームページアドレス
　http://www.b-grow.com
メールアドレス
　info@b-grow.com

(株)ビーアンドエイチサトウ

本　社　〒107-0051 東京都港区元赤坂1-5-10　℡03-3298-3055　FAX03-3298-3072
事業内容　栄養補給食品・健康食品等の輸出入及び国内における製造・販売、医薬部外品・化粧品の製造・販売
資本金　1,400万円　社　長　川庄　尚
通販部門設置　昭和57年4月
主な取扱い商品　健康食品、ビタミン各種、食物繊維、黒酢エキス、大麦若葉エキス、月見草油、カルシウム、グルコサミン、CoQ10、特定保健用食品
従業員　3名
通販担当部署　営業部（卸しのみ）
担当者　中村
主な取引先　訪問販売・通信販売会社

(株)ピエラス

本　社　〒540-0029 大阪府大阪市中央区本町橋1-30　℡06-6946-7272　FAX06-6946-7271
事業内容　美容・健康商材の企画・製造・販売
資本金　4,000万円　社　長　比那　勝郎
主な取扱い商品　美容・健康・医療器具、化粧品、健康食品など
従業員　20名
通販担当部署　営業部
通販部門担当者　高橋
主な取引先　(株)千趣会、(株)全国通販、(株)ニッセン、(株)ベルーナ、(株)ムトウなど
インターネット・ホームページアドレス
　http://www.pieras.co.jp
メールアドレス
　info@pieras.co.jp

HIT-NET(株)

本　社　〒460-0002 愛知県名古屋市中区丸の内3-18-9　秀光堂ビル401
　　℡052-961-1145　FAX052-961-1155
事業内容　化粧品・健康食品の通販・卸
社　長　長谷川　聖名子
通販部門設置　平成18年8月
主な取扱商品　セルラージュ・DDTea・ヴァーセリティ・薬用MX-5
従業員　7名
通販部門担当者　長谷川　聖名子
主な取引先　(株)リアルコミュニケーションズ、(株)セイ、シーエスシー(株)、(株)アルデナイデ、(株)あらた、(株)ウェーブコーポレーション
インターネット・ホームページアドレス
　http://www.hitnet-jp.net
メールアドレス
　info@hitnet-jp.net

(株)ピュアフィット

本　社　〒130-0026 東京都墨田区両国4-2-8 ヤマシタビル7F
　　℡03-5625-4838　FAX03-5625-4828
事業内容　運動器具企画製造卸
資本金　800万円　社　長　横田　順策
通販部門設置　平成20年6月
主な取扱商品　健康器具、運動器具、美容器具
従業員　2名
主な取引先　(株)ディノス・セシール、スポーツクラブNAS(株)、(株)日立リビング、全日空商事(株)、アマゾンジャパン(株) 他

藤井養蜂場通販(株)

本　社　〒838-0068 甘木市大字甘木187-2
　　℡0946-21-7770　FAX0946-211-7766
事業内容　蜂産品の通信販売
資本金　1,000万円　社　長　梶原　教義
通販部門設置　平成17年6月
主な取扱商品　ローヤルゼリー等
従業員　5名
担当者　蘇木　康友
主な取引先　藤井養蜂場
インターネット・ホームページアドレス
　http://www.mitsubachi-road.co.jp
メールアドレス
　sonogi-yasutomo@mitsubachi-road.co.jp

富士化学工業(株)

本　社　〒930-0397 富山県中新川郡上市町横法音寺55
　　℡076-472-2323　FAX076-472-2330
通販拠点事業所　〒105-0003 東京都港区西新橋3-24-10-3F
　　℡03-3437-2341　FAX03-3437-2347
事業内容　健康食品（特にサプリメント）、化粧品などの原料販売
資本金　2億2,620万円　社　長　西田　光徳
通販部門設置　平成12年7月
主な取扱い商品　天然のカロチノイド「アスタキサンチン」、ビタミンE類「トコトリエノール」
主な設備　各種スプレードライヤーなど
従業員　250名
通販担当部署　ライフサイエンス営業
担当者　秋元　宏
インターネット・ホームページアドレス
　http://www.fujichemical.co.jp/
メールアドレス
　info@fujichemical.co.jp

(株)プラネット

本　社　〒102-0083 東京都千代田区麹町3-1
　　℡03-3265-7122　FAX03-3265-1800
事業内容　栄養補助食品及び化粧品のOEM、PB商品企画・製造・卸し、自社ブランドの販売及びマーチャンダイジング、マーケティング、教育研修、販売促進等のソフトに関するバックアップ
資本金　1,000万円　社　長　濱田　正也
通販部門設置　平成2年11月
主な取扱い商品　核酸配合栄養補助食品「ダイナ」シリーズ、DNA配合基礎化粧品「ヌビオ」シリーズ
従業員　9名
通販担当部署　営業部
担当者　高岡　知考
主な取引先　各販売会社
メールアドレス
　info@planet-group.co.jp

フリーダム(株)

本　社　〒653-0038 兵庫県神戸市長田区若松町10-2-2
　　℡078-736-3200（代）　FAX078-736-3232
資本金　2,500万円　社　長　押江　孝代
主な取扱い商品　健康食品、どくだみ茶、化粧品
従業員　15名
通販担当部署　営業部
主な取引先　リョウショク、新都酒販、千葉県酒販、埼玉県酒販、群馬県酒販、秋田県酒販、新潟県酒販、雪印アクセス、いかりスーパー

プリベイル(株)

本　社　〒171-0052 東京都豊島区南長崎4-1-1　プリベイルビル
　　℡03-3952-2888　FAX03-3952-2995
事業内容　化粧品製造・卸
資本金　3,000万円　社　長　佐藤　博信
主な取扱い商品　基礎化粧品、メイクアップ化粧品、ヘアケア製品、医薬部外品
主な取引先　(株)カタログハウス
インターネット・ホームページアドレス
　http://www.prevail.co.jp/

(株)プロフェッツ

本　社　〒114-0001 東京都北区東十条3-3-1-313　℡03-5935-8200　FAX03-3913-6652
事業内容　化粧品・健康食品・美容商材等の企画・製造・卸・販売
資本金　300万円　社　長　小野崎　幹夫
通販部門設置　平成19年3月

主な取扱商品　美容商材、雑貨、健康食品、化粧品ほか
インターネット・ホームページアドレス
　http://www.prophets.jp
メールアドレス
　info@prophets.jp

北京ローヤルゼリー(株)

本　社　〒389-0111 長野県北佐久郡軽井沢町長倉9-122
　℡0267-41-2283　FAX0267-41-2283
事業内容　健康食品・オーガニック食品の輸入販売
資本金　2,000万円　社　長　安田　勝
通販部門設置　平成2年5月
主な取扱い商品　北京蜂王精、蜂蜜、ローヤルゼリー、プロポリス、其他オーガニック食品
従業員　7名
通販担当部署　2
担当者　下田　由起江
主な取引先　日本アクセス、伊藤忠食品
メールアドレス
　cotswoldskaruizawa@yahoo.co.jp

(株)ホーマーイオン研究所

本　社　〒150-0045 東京都渋谷区神泉町17-2　℡03-5728-2024
事業内容　医療用具（低周波治療器）、超音波脱毛器、美容機器、化粧品の製造・卸売
資本金　4,000万円　社　長　秋本　亮介
主な取扱い商品　ストレスリムーバーパルスエッグ、低周波治療器、美容機器、化粧品
従業員　90名
通販担当部署　医療機器事業本部
担当者　神谷　志郎
主な取引先　いいもの王国、他
インターネット・ホームページアドレス
　http://www.homerion.co.jp/
メールアドレス
　iryouki@homerion.co.jp

マークスニチボウ(株)

本　社　〒103-0027 東京都中央区日本橋1-7-6　℡03-3281-1410　FAX03-3281-6247
事業内容　化粧品、健食関連商品卸
資本金　1,800万円　社　長　岡元　邦夫
主な取扱い商品　海苔由来化粧品、韓国岩海苔、マスティック樹脂入口腔化粧品等
従業員　5名
通販担当部署　営業部
担当者　嵯峨
主な取引先　二光㈱、プランタン銀座、東宝㈱
インターネット・ホームページアドレス
　http://www.marksnichibo.co.jp/

(株)マードゥレクス

本　社　〒150-0001 東京都渋谷区神宮前6-17-11　℡03-5467-8431　FAX03-5485-1658
事業内容　化粧品、健康食品の企画・製造・販売・卸
資本金　5,000万円　社　長　前田　一人
通販部門設置　平成16年4月
主な取扱い商品　化粧品、健康食品
従業員　43名（2015年4月現在）
通販担当部署　DM企画室
主な取引先　コスメティック・アイーダ、石堂硝子　他
インターネット・ホームページアドレス
　http://www.madrex.co.jp

(株)マリーヌ

本　社　〒761-0303 香川県高松市六条町842-1　℡087-868-5311　FAX087-868-5150
事業内容　美容・健康関連商品、化粧品、環境関連商品、衣料品等の企画・製造販売
資本金　3,127万円　社　長　三崎　正郎
通販部門設置　昭和60年5月
主な取扱い商品　化粧品、美容健康関連、下着、健康食品、老眼鏡
従業員　22名
通販担当部署　営業部
担当者　三崎　慎治
主な取引先　㈱QVCジャパン、㈱カワタキコーポレーション、㈱セシール、他
インターネット・ホームページアドレス
　http://www.marriene.co.jp/
メールアドレス
　sinn@marriene.co.jp

マルサンヘルスサービス(株)

本　社　〒116-0013 東京都荒川区西日暮里2-26-8　℡03-3891-0301　FAX03-3891-0313
　　　　0120-29-0301
事業内容　健康食品製造・卸し
資本金　8,500万円　社　長　徳山　陽滋
通販部門設置　平成14年4月
主な取扱い商品　各種飲料、健康補助食品・健康器具
従業員　18名
通販担当部署　通販部
担当者　徳山　陽滋
主な取引先　マルサンアイ、神明マタイ、伊藤忠、CIフーズシステム、三井食品、森谷健康食品、盛田、各自然食品店
インターネット・ホームページアドレス
　http://www.mh-s.jp/
メールアドレス
　info@mh-s.co.jp

万　田(株)

本　社　〒723-0051 広島県三原市宮浦5-3-5
　℡0848-62-3639　FAX0848-62-1181
事業内容　健康食品を通信販売企業に商品供給
資本金　1,000万円　社　長　松浦　新吾郎
通販部門設置　平成7年10月
主な取扱い商品　植物発酵食品「万田酵素」、植物活性酵素「万田31号」
従業員　115名
主な取引先　旦千花、シマヤ
インターネット・ホームページアドレス
　http://www.manda.co.jp

(株)めぐみ

本　社　〒170-0005 東京都豊島区南大塚3-34-6　℡03-3971-7588　FAX03-3971-7861
事業内容　通販向、美容商材卸し
資本金　1,000万円　社　長　佐藤　恵子
従業員　4名

モダンロイヤル(株)

本　社　〒103-0002 東京都中央区日本橋馬喰町1-5-6 イマスオフィス馬喰町8F
　℡03-5843-6281　FAX03-5843-6285
事業内容　兼業（フィットネス機器、シニア商品、リビング用品、ボディケア用品、健康・美容機器）
主な取扱商品　フィットネス機器（ステッパー、スライダー、ウォーカー等）、シニア商品（失禁パンツ等）、リビング用品（イオン式空気清浄機等）、健康・美容機器（脱毛器、あったかキャミソール等）
主な設備　配送センター　日本ロジステック（株）・湾岸市川センター内　〒272-0126 千葉県市川市千鳥町13　℡047-701-6686
通販担当部署　商品企画部
担当者　新井　敏明
インターネット・ホームページアドレス
　http://www.modernroyal.com
メールアドレス
　info@modernroyal.com

ヤーマン(株)

本　社　〒135-0045 東京都江東区古石場1-4-4　℡03-3640-2166　FAX03-3640-3241
通販営業所在地　〒135-0016 東京都江東区東陽2-4-2　新宮ビル4F
　℡03-5665-7341　FAX03-5665-7337
事業内容　通販向け美容・健康・医療機器の製造
資本金　18億円　社　長　山﨑　貴三代
通販部門設置　平成10年
主な取扱い商品　美容・健康・化粧品
従業員　359名（2022年4月現在）

通販担当部署　健康機器事業部
担当者　藤川
主な取引先　DINOS CORPORATION、千趣会、ベルーナ、ニッセン、他
インターネット・ホームページアドレス
　http://www.ya-man.com/

ユニス(株)

本　社　〒221-0812 神奈川県横浜市神奈川区平川町10-6
　　　　℡045-274-8775　FAX045-273-4684
事業内容　健康・美容・日用雑貨の企画、販売
資本金　1,000万円　社長　水野　登友
通販部門設置　平成6年5月
主な取扱い商品　洗剤、靴、下着、健康食品、化粧品
従業員　4名
通販部門担当者　水野　登友
主な取引先　小学館集英社、ロイヤルステージ、防衛省

ユニワールド(株)

本　社　〒133-0051 東京都江戸川区北小岩2-1-3　℡03-5668-5531　FAX03-5668-5535
事業内容　化粧品・美容機器の開発製造及び販売卸
資本金　1,000万円
通販部門設置　昭和51年4月
主な取扱い商品　化粧品、健食・美容機器
主な設備　配送センター
従業員　4名
通販担当部署　営業部
通販部門担当者　湯川　政博
主な取引先　ステイラーCKM、テレマート、ムトウ、千趣会、二光、ネットプライス
インターネット・ホームページアドレス
　http://www.uni-world.co.jp
メールアドレス
　uni@world.email.ne.jp

(株)ユピア

本　社　〒704-8138 岡山県岡山市東区神崎町48
　　　　℡086-946-1700　FAX086-946-0400
事業内容　健康食品、自然化粧品の販売
資本金　1,000万円　社長　行本　正典
通販部門設置　昭和60年4月
主な取扱い商品　ハワイ産純正春うこん、自然化粧品シリーズ
従業員　12名
主な取引先　ユピアライフ、ピカソ美化学研究所、日本コルマ、栄新薬
インターネット・ホームページアドレス
　http://www.upia.co.jp/
メールアドレス
　hawaii-ukon@upia.co.jp

(株)ライトスタッフ

本　社　〒683-0853 鳥取県米子市両三柳214　℡0859-37-3360　FAX0859-31-5506
事業内容　健康食品等の企画・販促物制作
資本金　1,000万円　社長　宮廻　裕和
通販部門設置　平成16年6月
従業員　7名
通販担当者　宮廻　裕和
主な取引先　㈱エミネット
メールアドレス
　right@sanmedia.or.jp

(株)ライフケアサポート

本　社　〒164-0012 東京都中野区本町3-30-14-405　℡03-3320-5311　FAX03-5695-7856
通販営業所在地　〒103-0001 東京都中央区日本橋茅場町12-17-4　協同開発ビル5F
　　　　℡0120-193-293
事業内容　健康食品、介護用品
資本金　3,000万円　社長　佐藤　淳
通販部門設置　平成6年9月
主な取扱い商品　核酸、メシマコブ
従業員　5名
通販担当部署　通販事業部
担当者　川瀬　幸一
主な取引先　一般会員
インターネット・ホームページアドレス
　http://www.lifecare-support.co.jp/

(株)RAPIS

本　社　〒550-0014 大阪市西区北堀江1丁目6-8 テクノーブル四ッ橋ビル5F
　　　　℡06-6536-8028
主な事業内容　化粧品OEM事業、化粧品事業、ディーラー事業、デザイン事業
社長　松浦　瑠莉
インターネット・ホームページアドレス
　https://rapis.co.jp/

(株)リッコー

本　社　〒141-0031 東京都品川区西五反田7-22-17　TOCビル10F
　　　　℡03-3490-0008　FAX03-3490-1034
事業内容　健康関連商品全般
資本金　3,000万円
代表取締役　原嶋　弘
通販部門設置　平成4年5月
主な取扱い商品　電位・温熱組合せ家庭用医療機器、家庭用永久磁石磁気治療器、EMS機器、美容・健康関連商品等
従業員　49名
メールアドレス
　info@i-riccoh.com

(株)リティースポーツインダストリー

本　社　〒454-0868 名古屋市中川区草平町1-57-2
　　　　℡052-364-5161　FAX052-354-1676
事業内容　家庭用電動ウォーカー卸
資本金　1,000万円
通販部門設置　平成12年3月
主な取扱い商品　同上
従業員　6名
主な取引先　総通

(株)龍泉堂

本　社　〒171-0021 東京都豊島区西池袋1-5-3　℡03-3985-8346　FAX03-3981-1349
主な事業内容　栄養補助食品（健康食品）の製造・卸・販売、栄養補助食品・化粧品の原料の輸出入・卸・販売、健康図書の企画・編集・販売
資本金　5,400万円　社長　塩島　由晃
設　立　1981年9月16日
主な扱い商品　関節の友（鶏軟骨抽出物含有食品）※機能性表示食品、ボディチャレンジZ（アフリカマンゴノキエキス加工食品）※機能性表示食品、美健果（マンゴスチン含有食品）※機能性表示食品ビタ・オニオン（タマネギエキス加工食品）、南瓜オニオン（カボチャ・タマネギエキス加工食品）、ネオクロン・G（有機ゲルマニウム含有スピルリナ加工食品）、美健週間（水溶性ガルシニアエキス加工食品）、夜の戦士Dragon（トンカットアリ・シトルリン加工食品）、グルコポリサッカライド（β-1,3/1,6-グルカン含有食品）、デトスリム（ハネセンナエキス加工食品）、ミュノワン　アクアジェル（酵母β-グルカン配合化粧品）
関連会社　マイライフ（通信販売、食品・化粧品卸販売）、ペガサス（図書出版）、R.K.C（健康食品卸販売）、神州発酵食品（飲料製造）、医食健美（研究開発、各種コンサルティング）

(株)レガーロ

本　社　〒604-8122 京都市中京区柳馬場通四条上ル　錦柳ビル2F
　　　　℡075-212-2522　FAX075-212-2722
事業内容　健康・ギフト関連、アクセサリー全般の企画・製造・販売、生活関連雑貨製造卸
資本金　1,000万円　社長　松本　信三
通販部門設置　平成8年10月
主な取扱い商品　アクセサリー・靴・ギフト品・健康グッズ・生活雑貨・関連商品
従業員　10名
担当者　上野彰夫
主な取引先　㈱ニッセン、大丸ホームショ

ッピング、㈱京セラ、㈱ナリス化粧品、その他通販卸業者
インターネット・ホームページアドレス
　http//www.a-regalo.co.jp
メールアドレス
　info@a-regalo.co.jp

(有)レックス・プロジェクト

本　社　〒103-0004 東京都中央区東日本橋2-27-7-503
　　　　☎03-3865-3728　FAX03-3865-2637
事業内容　化粧品、健康食品の商品企画及び卸し、通販コンサルティング
資本金　300万円　　**社　長**　浅田　晃
通販部門設置　平成16年5月
主な取扱い商品　化粧品、健康食品、美容雑貨、家庭雑貨等
従業員　3名
通販担当部署　営業部
通販部門担当者　浅田　晃
主な取引先　STEILAR C.K.M㈱、㈱ゼイヴェル、㈱テレマート、㈱大日製薬、㈱セラ
インターネット・ホームページアドレス
　http://www.rexpro.jp/
メールアドレス
　asada@rexpro.jp

ワイズ美研(株)

本　社　〒104-0061 東京都中央区銀座8-9-15　銀座ミノリビル7F
　　　　☎03-3573-7777　FAX03-3573-3600
事業内容　OEM化粧品の開発及び製造
資本金　1,000万円　**社　長**　村山　智恵
通販部門設置　平成8年8月
主な取扱い商品　ゼロファクターシリーズ、プリナスシリーズ、ポイントアフター、黒耀シリーズ、マスカラシルキーアイズ、ナノナノシリーズ、エヌナノシリーズ
主な設備　東京工場
従業員　3名
主な取引先　ゼロファクターコスメチックス、プリナス化粧品、アイン、グットポイント
メールアドレス
　wise@uketuke.co.jp

(株)ワンアップ

本　社　〒221-0802 神奈川県横浜市神奈川区六角橋6-29-16-308
　　　　☎045-491-8131　FAX045-491-8872
事業内容　健康美容器開発・製造
資本金　1,500万円　**社　長**　海老根　五男
従業員　4名

● その他 ●

井嶋金銀工業(株)

本　社　〒116-8543 東京都荒川区東日暮里5-47-10　☎03-3803-4341　FAX03-3803-4106
通販拠点事業所　☎03-3806-8051
事業内容　宝石・貴金属・健康関連の企画・製造・販売
資本金　5,000万円　**社　長**　井嶋　隆之
通販部門設置　昭和45年12月
主な取扱い商品　宝石・貴金属・健康関連の企画・製造・販売
主な設備　自社生産工場（つくば市）
従業員　40名
通販担当部署　製品企画部
担当者　小林　伸一
主な取引先　ベルーナ、ニッセン、髙島屋、三越、三菱マテリアル、通信販売問屋筋、QVCジャパン、日本文化センター
インターネット・ホームページアドレス
　http://www.ijimakk.co.jp/
メールアドレス
　s-kobayashi@ijimakk.co.jp

(株)エーワンパッケージ

本　社　〒509-0214 岐阜県可児市広見字五反田1302-17
　　　　☎0574-63-1671　FAX0574-63-1678
通販拠点事業所　〒101-0047 東京都千代田区内神田2-12-5
　　　　☎03-5298-3871　FAX03-5298-3850
事業内容　美粧段ボール製造
資本金　8,000万円　**社　長**　日比野光留
主な取扱商品・サービス内容　宅配用ダンボール・メール便ダンボール・緩衝材の企画製造販売
主な設備　E・F段コルゲータ、フレキソ印刷、トムソン・グルアー
従業員　208名
インターネット・ホームページアドレス
　http://www/a1package.co.jp

オンキヨー(株)

本　社　〒572-8540 大阪府寝屋川市日新町2-1　☎072-831-8000
通販拠点　☎072-831-8050　FAX072-831-8097
事業内容　AV機器販売
通販部門設置　平成12年7月
主な取扱い商品　オンキヨー製品、AV機器、スピーカー、等
従業員　3名
通販担当部署　eビジネス課
担当者　新居　秀明
インターネット・ホームページアドレス
　http://www.e-onkyo.com/
メールアドレス
　shop@e-onkyo.com

共同印刷(株)

本　社　〒112-8501 東京都文京区小石川4-14-12　☎03-3817-2111
事業内容　カタログ、パンフレット、DMなどの市場調査から企画・制作、製造、配送まで
資本金　45億1,000万円
　　　　　　　　社　長　藤森　康彰
従業員　2,027名
インターネット・ホームページアドレス
　https://www.kyodoprinting.co.jp
メールアドレス
　tso-info@kyodoprinting.co.jp

キョーラク(株)

本　社　〒103-0004 東京都中央区東日本橋1-1-5 ヒューリック東日本橋ビル
　　　　☎03-5833-2825　FAX03-5833-2816
主な事業内容　プラスチック製品の製造・加工並びに販売
資本金　2億5,000万円　**社　長**　長瀬　孝充
従業員　約800名
主な取引先　旭化成、味の素、芦森工業、壱番屋王子インターパック、オタフクソース、オリエンタル酵母工業、オリヒロ、花王、カゴメ、キヤノン、キヤノンメディカルシステムズ、キユーピー、クボタ、クリナップ、グローリー、工機ホールディングス、小松製作所コンビ、ジーエス・ユアサコーポレーション、島津製作所、SCREENホールディングス、スズキ、積水化学工業、積水化成品工業、セキソー双日プラネット、ソントン食品工業、大日本印刷、ダイハツ工業、タカラスタンダード、武田コンシュマーヘルスケア、武田薬品工業、田辺三菱製薬、デンソー、TOTOハイリビング、TOTOバスクリエイト、トプコン豊田合成、豊田自動織機、トヨタ車体、トヨタ紡織、長瀬産業、ナガセプラスチックス、日油、日本キャタピラー合同会社、日本食研ホールディングス、日本プラスト、日本ポリプロ、ノーリツパナソニック、林テレンプ、パラマウントベッド、光製薬、ピジョン、日立物流、日野自動車、不二製油、富士ゼロックス、富士通、富士フイルム、フランスベッド、ブリヂストン、堀場製作所、ホンダトレーディング、マキタマックス、ミツトヨ、三菱自動車工業、三菱ケミカルインフラテック、三菱ケミカル物流、三菱マテリアル、ユニチカ、リコー理想科学工業、リョービ

(有)コスモ

本　社　〒653-0836 兵庫県神戸市長田区神

楽町3-2-18-2
　　℡078-646-2363　FAX078-611-8160
事業内容　婦人、紳士靴卸売
資本金　300万円　社　長　歌津　善久
通販部門設置　平成6年6月
主な取扱い商品　婦人靴、紳士靴
従業員　10名
通販部門担当者　歌津　善久
主な取引先　㈱ベルーナ、㈱フィールライフ、㈱髙島屋、㈱山忠、IEI、㈱東洋捺染、イオンリテール㈱、日本直販㈱、三越、㈱ジェイオーディ
インターネット・ホームページアドレス
　http://www.bekkoame.ne.jp/~kosumoyu/
メールアドレス
　kosumoyu@leo.bekkoame.ne.jp

小　松(株)

本　社　〒550-0014 大阪市西区北堀江1-1-23　養田ビル8F
　　℡06-6536-1001　FAX06-6541-6733
事業内容　アクセサリーの企画・販売
資本金　4,500万円　社　長　森井　琢也
主な取扱い商品　アクセサリー
従業員　65名
通販担当部署　第3営業部
担当者　森田　浩康
主な取引先　千趣会、ベルーナ、大丸ホームショッピング、三越、高島屋

(株)西　賀

本　社　〒111-0053 東京都台東区浅草橋2-29-12　℡03-3863-1913　FAX03-3866-5235
事業内容　季節装飾用品・ディスプレイ・販売用品等の卸小売及び受注企画・製作・施工・販売
資本金　9,900万円
代表取締役　西賀　力
主な取扱い商品　四季装飾用品、造花、記章、クリスマス・正月用品、オープニング・催事、販促・ディスプレイ用品、他
従業員　43名
通販担当部署　量販／物販
主な取引先　伊勢丹他都内及び地方百貨店、西友、イトーヨーカドー他量販店、広告及び販促企画代理店
インターネット・ホームページアドレス
　http://www.saiga-co.com

酒井産業(株)

本　社　〒399-6301 塩尻市木曽長瀬2307-2
　　℡0264-34-3323　FAX0264-34-3611
通販拠点事業所　〒170-0013 豊島区東池袋3-15-2-604 ℡03-3971-8828　FAX03-3971-3195
事業内容　自然素材製品全般の開発及び製造卸
資本金　5,000万円　社　長　酒井　寛

通販部門設置　昭和60年8月
主な取扱い商品　FSC認証木材利用製品・漆器・木製玩具・竹製品他、自然素材製品全般の製造卸
従業員　45名
通販担当部署　東京営業所
担当者　小菅　裕二
主な取引先　日本生活協同組合連合会、テスク㈱
インターネット・ホームページアドレス
　http://www.kiso-sakai.com/
メールアドレス
　sakai83@soleil.ocn.ne.jp

(株)サニックス

本　社　〒170-0013 東京都豊島区東池袋2-60-3　グレイスロータリービル9F
　　℡03-5979-5061　FAX03-5979-5066
事業内容　家庭電化製品、通信機器、日用雑貨用品の輸入・卸売業
資本金　1,000万円
代表取締役　山﨑　義郎
通販部門設置　平成3年10月
主な取扱い商品　マイク型カラオケ（アズサ2号、ワイヤレスマイクデビュー）、Any-Q、水槽融合型空気清浄器
従業員　13名
通販担当部署　営業部
担当者　村上　研二郎
主な取引先　オンキョーマーケッティング㈱、㈱正和、㈱東芝エルイートレーディング、メディアプライス
インターネット・ホームページアドレス
　http://www.sunixnet.co.jp
メールアドレス
　shimizu@sunixnet.co.jp

(株)ジェー・ピー

本　社　〒104-0042 東京都中央区入船3-1-13　℡03-3551-3351　FAX03-3551-3362
事業内容　兼業（音楽映像ソフト企画制作販売）
資本金　7,000万円　社　長　中西　聡
通販部門設置　平成15年4月
主な取扱い商品　CD／DVD商品
従業員　30名
通販担当部署　コンテンツビジネス部
インターネット・ホームページアドレス
　http://bunkaya.jp/
メールアドレス
　info@jpww.co.jp

(株)ジェム・フォース

本　社　〒400-0861 山梨県甲府市城東2-9-1
　　℡055-232-1523　FAX055-232-1534
事業内容　宝石、アクセサリー輸入業
資本金　1,000万円

取締役社長　二宮　公俊
通販部門設置　平成14年4月
主な取扱い商品　宝石、アクセサリー
主な設備　商品倉庫、海上支店（タイ、中国、インド）
従業員　7名
通販担当部署　チーフプランナー
担当者　佐藤　和恵
主な取引先　QVC JAPAN、ドウシシャ
メールアドレス
　forth@festa.ocn.ne.jp

JUKI(株)

本　社　〒206-8551 東京都多摩市鶴牧2-11-1　℡042-357-2211
主な事業内容　工業用ミシン／産業装置／家庭用ミシン他
資本金　180億4,471万円　社　長　清原　晃
設　立　1938年12月
従業員　5,762名（連結）／907名（単体）

(株)スペースクリエーター

本　社　〒255-0001 神奈川県中郡大磯町高麗1-2-45　℡0463-61-6727　FAX0463-61-7052
資本金　1,000万円　社　長　伊藤　広孝
主な取扱い商品　ジュエリー・アクセサリーの企画・製造・販売
通販担当部署　営業部
担当者　戸本　守彦
主な取引先　ロフト、ベルーナ、一般宝飾専門店、百貨店、等
インターネット・ホームページアドレス
　http://www.mirai-tenshi.com/
メールアドレス
　info@mirai-tenshi.com

(株)ゼンケン

本　社　〒112-0002 東京都文京区小石川1-28-1　℡03-5840-8270　FAX03-5840-8298
事業内容　浄水器・空気清浄機・遠赤外線機器・健康機器製造販売
資本金　4,000万円　社　長　大井誠一
主な取扱商品・サービス内容　浄水器・空気清浄機・遠赤外線暖房機・調理機器
従業員　36名
通販担当部署　営業部
通販部門担当者　五反田雅敏
インターネット・ホームページアドレス
　https://www.zenken-net.co.jp/

(有)創　研

本　社　〒400-0074 山梨県甲府市千塚4-10-16　℡055-255-1221　FAX055-255-1222
事業内容　卸売業
資本金　600万円　社　長　岡田　泰利
通販部門設置　平成13年11月

主な取扱い商品　印鑑、表札、美術工芸品、美容、健康、開運商品
従業員　2名
通販担当部署　営業
担当者　降矢
インターネット・ホームページアドレス
　http://www.cafe-de-savon.com
メールアドレス
　soken@kind.ocn.ne.jp

(株)ダイワハイテックス

本　社　〒174-0043 東京都板橋区坂下1-34-27　℡03-3558-8131　FAX03-3558-8132
事業内容　製造業
資本金　6,000万円　社　長　大石　孝一
主な取扱商品・サービス内容　梱包ライン設備、バブルシート包装機、シュリンク包装機等
従業員　58名
通販担当部署　通販支援事業部
担当者　中村、大久保
主な取引先　BtoC通販事業者(国内外含む)
ホームページアドレス
　http://www.daiwa-hi.co.jp

(株)ダックス

本　社　〒162-0801 東京都新宿区山吹町361　吉田ビル
　　　　℡03-3235-0776　FAX03-3235-3252
事業内容　広告写真等の撮影スタジオ
資本金　1,000万円　社　長　萩元　賢一
従業員　8名
インターネット・ホームページアドレス
　http://www.st-dax.com
メールアドレス
　st-dax@d3.dion.ne.jp

(有)チャレンジ

本　社　〒432-8042 静岡県浜松市中区上浅田1-6-16　℡053-442-1671　FAX053-442-1672
通販拠点事業所　〒432-8044 静岡県浜松市中区南浅田2-3-22
事業内容　カタログ、ラジオ、テレビ通販
資本金　300万円
代表取締役　岡本　充弘
通販部門設置　平成12年10月
サービス内容　パソコンソフト、食品、雑貨
従業員　2名
担当者　岡本
主な取引先　プライム、ステイラーCKM、鈴与商事、JOP、メディアミックス
メールアドレス
　spz46mg9@estate.ocn.ne.jp

(株)ツェッペリン

本　社　〒106-0032 東京都港区六本木3-4-5-210　℡03-3505-0215　FAX03-3505-2307
事業内容　中古缶飲料用自動販売機及び他社新品自動販売機、発券機、時間駐車場機械販売・設置
資本金　1,000万円　社　長　森下　陽
通販部門設置　昭和63年8月
主な取扱い商品　缶飲料自動販売機及び缶飲料、時間駐車場機器
主な設備　配送、設置、メンテナンス業務設備(全国)
従業員　6名
通販部門担当者　森下
インターネット・ホームページアドレス
　http://www2.ocn.ne.jp/~kumico/
メールアドレス
　zeppelin@sepia.ocn.ne.jp

(株)テイチクエンタテインメント

本　社　〒150-8516 東京都渋谷区神宮前6-27-8　℡03-5778-1715　FAX03-5778-1755
事業内容　CD・DVD等、音楽ソフトを中心とした商品開発及び販売
資本金　1億2,355万円　社　長　石橋誠一
通販部門設置　昭和60年2月
従業員　150名
通販担当部署　ST開発営業本部
担当者　村田雅彦
主な取引先　ユーキャン、フローラルアート、他

テラサキ(株)ワールドルーペハウス

本　社　〒133-0071 東京都江戸川区東松本2-17-20　℡03-3672-2111　FAX03-3672-2119
通販営業所在地　〒130-0013 東京都墨田区錦糸3-9-6　℡03-3626-1531　FAX03-3626-1530
事業内容　拡大ルーペ専門通販
資本金　1,500万円　社　長　寺崎　昌宏
通販部門設置　平成7年3月
主な取扱い商品　拡大ルーペ(自社製品及び仕入商品)
従業員　28名
通販部門担当者　寺崎
インターネット・ホームページアドレス
　http://www.loupe.co.jp/
メールアドレス
　info@loupe.co.jp

トラスコ中山(株)

本　社　〒105-0004 東京都港区新橋4-28-1 トラスコフィオリートビル
　　　　℡03-3433-9830
通販拠点事業所　〒550-0013 大阪市西区新町1-34-15 トラスコ グレンチェックビル10階　℡06-6543-9833　FAX06-6543-0969
資本金　50億2,237万円
　　　　社　長　中山　哲也
通販部門設置　平成22年4月
主な取扱い商品　プロツール(DIY・工場用副資材)の卸売業及び自社ブランドTRUSCOの企画開発
主な設備　本社2か所、支店80か所、物流センター16か所(在庫約25万4,000アイテム)
従業員　2,906名(2021年12月末時点)
通販担当部署　eビジネス営業部　通販大阪支店
担当者　武田　欣士
インターネット・ホームページアドレス
　http://www.trusco.co.jp/
メールアドレス
　e-osaka@trusco.co.jp

(株)ブランシェ

本　社　〒370-0046 群馬県高崎市江木町1618-1　℡027-320-8400　FAX027-320-8566
通販拠点事務所　〒370-0046 群馬県高崎市紅木町1618
　　　　℡027-320-8400　FAX027-320-8830
事業内容　化粧品通販事務代行
社　長　横坂　照夫
主な取扱い商品　海外ブランド化粧品
従業員　5名
主な取引先　アークソントレーディングHONGKONG

(株)ブランシュ

本　社　〒630-0101 奈良県生駒市高山町6141　℡0743-78-3901　FAX0743-79-0830
事業内容　海外ブランド品の輸入卸販売
資本金　1,000万円　社　長　久保　修
通販部門設置　平成5年1月
主な取扱い商品　プラダ、グッチ、フェンディ等のブランド品
従業員　22名
通販担当部署　営業部
担当者　中田　二郎
主な取引先　千趣会、ニッセン、ディノス
インターネット・ホームページアドレス
　http://www.branche.co.jp/
メールアドレス
　eb@branche.co.jp

(株)マーク産業

本　社　〒581-0072 大阪府八尾市久宝寺6丁目7-19　℡072-996-1789　FAX072-996-2567
事業内容　ペット関連品の卸売業
資本金　3,200万円
代表取締役　小山勝己
通販部門設置　平成16年9月
主な取扱い商品　ペットフード、ペット用品、他

主な設備　通販加工配送センター（500坪）
通販担当部署　営業部商品企画課
通販部門担当者　高山義章
主な取引先　㈱ヒノキ、㈱ジャパンホームショッピングサービス

(株)マクザム

本　社　〒160-0003 東京都新宿区四谷本塩町3-2　天空ビル2F
　　　　℡03-3358-6241　FAX03-3358-8858
事業内容　映像ソフトの企画・制作・販売
資本金　1,000万円
代表取締役　菊池　笛人
通販部門設置　平成3年7月
主な取扱い商品　アジアTVドラマ・シリーズ、「いのちを紡ぐ」、「伊勢への道」、「西岡常一 社寺建築講座」、「ダ・ヴィンチ ミステリアスな生涯」、「津軽のカマリ」他
従業員　8名
通販担当部署　営業部
担当者　小関　智和／橋本　誠乃
主な取引先　トランスコスモス、エー・アンド・イー、NHKエンタープライズ、ジェイ・オー・ディー、日本生活協同組合連合会、他
インターネット・ホームページアドレス
　http://www.maxam.jp/
メールアドレス
　info@maxam.jp

(株)ヨシヨシ

本　社　〒110-0016 東京都台東区台東4-9-3 豊ビル7F ℡03-5817-0004　FAX03-5817-0005
事業内容　宝石、貴金属
資本金　5,000万円　社　長　吉田　良
通販部門設置　平成10年11月
主な取扱い商品　ジュエリー、アクセサリーの企画販売、宝石・貴金属等素材販売、書籍類企画販売
主な設備　関連会社　ビーナスアローダイヤモンド㈱
従業員　10名
主な取引先　三越、QVCジャパン、百貨店各店
インターネット・ホームページアドレス
　http://www.yosiyosi.co.jp/
メールアドレス
　office@yosiyosi.co.jp

(株)読売情報開発

本　社　〒102-8618 東京都千代田区平河町2-13-3　℡03-5212-1111
主な事業内容　読売新聞東京本社の販売政策に沿った販売促進活動、読売新聞販売店向け各種保険・宣伝PR物品・資材・OA機器の開発と斡旋、通信販売から各種イベントの企画・開催と多角的な業務を展開、求人サイトの管理・運営
資本金　4,000万円　社　長　坪川　任宏
設　立　1972年4月1日
従業員　652名

楽天グループ(株)

本　社　〒158-0094 東京都世田谷区玉川1-14-1 楽天クリムゾンハウス
事業内容　インターネットサービス業
資本金　4,449億4,500万円（2023年6月10日）
代表取締役会長兼社長　三木谷　浩史
通販部門設置　平成9年5月
主なサービス内容　インターネット・ショッピングモール「楽天市場」、個人オークションサイト「楽天オークション」、書籍販売サイト「楽天ブックス」、総合旅行サイト「楽天トラベル」などの運営
売上高
　22年12月期　売上収益　1兆9,278億7,800万円
　※国内EC流通総額　5兆6,000億円
従業員　32,079名（連結）（2022年12月31日現在）
インターネット・ホームページアドレス
　http://corp.rakuten.co.jp（コーポレートサイト）
　http://www.rakuten.co.jp（楽天市場）

テレマーケティング、広告代理、企画、コンサルティング、各種媒体、その他

(株)アークレア

本　社　〒105-0001 東京都港区虎ノ門2-7-5 BUREX虎ノ門
　　　　℡03-6257-3816　FAX03-6268-8563
事業内容　経営・営業・マーケティングに関するコンサルタント業務
資本金　100万円　社　長　溝上武朗
通販部門設置　平成15年3月
主な取扱商品・サービス内容　テレビ通販、インフォマーシャルに関するコンサルティング
従業員　6名
担当者　山崎
ホームページアドレス
　http://www.arcrea.jp

Earth hacks(株)

本　社　〒150-0041 東京都渋谷区神南1-5-6 H1O渋谷神南506
主な事業内容　環境に配慮した商品又はサービスの提供①CO_2排出削減量の計算/デカボスコア提供②マーケティング支援③EC運営・販売④見本市やイベント開催⑤新規共創支援　等
資本金　2.5億円、資本準備金2.5億円
設　立　2023年5月16日

(株)アートバリエトップ

本　社　〒131-0042 東京都墨田区東墨田2-2-21
通販拠点事業所　〒272-0034 千葉県市川市市川3-29-10 鴻の台ビル2F
　　　　℡047-321-3761　FAX047-321-3762
事業内容　広告制作業
資本金　3,000万円　社　長　大木　小四郎
主なサービス内容　会社案内、カタログ、HP制作
従業員　80名
インターネット・ホームページアドレス
　http://www.varietop.com

(株)アイ・エヌ・ジー・ドットコム

本　社　〒541-0048 大阪府大阪市中央区瓦町2-4-7 新瓦町ビル2F
　　　　℡06-4706-3440　FAX06-4706-3440
主な事業内容　テレマーケティングを中心に、市場調査、コールセンター、キャンペーン事務局、自治体アウトソーシング
資本金　6,000万円　社　長　澤田　英士
設　立　2000年4月25日
従業員　72名、テレコミュニケーター数640名

(株)アイアンドエス・ビービーディオー

本　社　〒103-0022 東京都中央区晴海トリトンスクエアX
　　　　℡03-6221-8585　FAX03-6221-8791
事業内容　総合広告代理業
資本金　25億3,364万円
　　　　社　長　加藤　和豊
サービス内容　マスメディア、デジタル、イベント、CRMなど360°の包括的なマーケティングサービスを提供。
従業員　463名
インターネット・ホームページアドレス
　http://www.isbbdo.co.jp/

(有)アイ・サポート

本　社　〒437-1301 静岡県掛川市横須賀721-108 ℡0537-48-3789　FAX0537-48-3789
事業内容　販促経費効率UPコンサルティング
資本金　300万円　社　長　浅岡　令次
通販部門設置　平成16年
主なサービス内容　印刷物のコスト削減・モバイル販促活用策・電話料・DM経費低減等々
従業員　3名
通販担当部署　代表取締役
担当者　浅岡　令次
メールアドレス
　shokora@po2.across.or.jp

(株)アイジャスト

本　社　〒160-0004 東京都新宿区四谷3-1-4
　　　　℡03-5367-8065　FAX03-5367-8066
主な事業内容　通販事業、広告事業、制作・印刷・発送事業、物販事業
資本金　1,000万円　　社　長　辻　直之
設　立　1986年8月
従業員　23名

アイ・トップ(株)

本　社　〒150-0002 東京都渋谷区渋谷1-15-8　宮益ONビル4F
　　　　℡03-5466-3333　FAX03-5466-3339
事業内容　テレマーケティング・エージェンシー
資本金　7,000万円　　社　長　永野　発恵
サービス内容　コールセンター立ち上げから運用、受信業務(通販、総合受付他)、発信業務(各種リサーチ・営業支援・顧客情報支援他)、人材派遣
主な設備　保有回線数1,200
従業員　302名
テレコミュニケーター　276名
通販担当部署　営業本部
主な取引先　生命保険、損害保険、広告代理店、物流販売、情報通信、信販会社、新聞、印刷出版、旅行代理店等の法人、地方自治体、各種学校

(株)アイトリガー

本　社　〒160-0022 東京都新宿区新宿6-27-30 新宿イーストサイドスクエア3F
　　　　℡03-5913-9110　FAX03-5913-9101
主な事業内容　運用型広告支援、運用型広告インハウス化支援
資本金　100,000,000円
　　　　　　　　　　社　長　奥川　哲史
設　立　1997年10月1日
従業員　70名
関連会社　NF-X、メッセージデザインラボ、人々

アイビーシステム(株)

本　社　〒392-0022 長野県諏訪市高島1-26-2　MKビル
　　　　℡0266-58-7070　FAX0266-58-9501
事業所　〒170-0013 東京都豊島区東池袋3-4-3　池袋イースト
　　　　℡03-5958-2266　FAX03-5958-2174
事業内容　テレマーケティング・アウトソーサー
資本金　3,000万円　　社　長　田中　和史
主なサービス内容　通信販売受注業務、カスタマーサービスセンター受託、各種アウトバウンド業務
主な設備　保有回線数 320、WS数 300、PBX、IPPBX
従業員　425名
テレコミュニケーター　380名
通販担当部署　総務部
担当者　田中　正子
インターネット・ホームページアドレス
　http://www.ibsystem.ne.jp
メールアドレス
　ibs_info@ibsystem.ne.jp

(株)アクセント

本　社　〒860-0833 熊本県熊本市中央区平成3-15-5　℡096-285-4035　FAX096-334-0557
事業内容　通販コンサルティング、通販サイト構築・リニューアル、運用支援、保守サービス
資本金　800万円　　社　長　井上　保
通販部門設置　平成25年5月
主な取扱商品・サービス内容　通販駆込み寺
従業員　10名
通販部門担当者　井上　保
ホームページアドレス
　https://www.accent-inc.jp/
メールアドレス
　info@accent-inc.jp

(株)アクトプロ

本　社　〒101-0045 東京都千代田区神田鍛冶町3-6-7 ウンピン神田ビル2F
　　　　℡03-5289-4400
主な事業内容　SMART EXCHANGE事業、出退店サポート事業、コスト適正化事業、コールセンター事業、営業代行事業
資本金　3,000万円　　社　長　新谷　学
設　立　平成22年1月1日
従業員　290名

アクトン・ウインズ(株)

大阪本社　〒542-0081 大阪府大阪市中央区南船場2-11-20　GATO三休橋ビル4F
　　　　℡06-6120-0600　FAX06-6120-0601
事業内容　DM用データベースの開発・販売、消費者分類ツールの販売、データクリーニング
資本金　2,500万円　　社　長　鎌田　稔
通販部門設置　平成6年4月
主な取扱い商品　DM用各種データベース、消費者分類ツール"mosaic"、データクリーニング
従業員　19名
インターネット・ホームページアドレス
　http://www.awkk.co.jp
メールアドレス
　info@awkk.jp

(株)アサツー ディ・ケイ

本　社　〒105-6312 東京都港区虎ノ門1-23-1 虎ノ門ヒルズ森タワー
事業内容　広告代理業
資本金　375億8,136万円
社　長　植野　伸一
従業員　1,869名（2014年12月）
通販担当部署　ダイレクトビジネス本部
担当者　櫻井　一也
インターネット・ホームページアドレス
　http://www.adk.jp/

(株)朝日オリコミ大阪

本　社　〒550-0012 大阪府大阪市西区立売堀1-14-9　℡06-6541-2701　FAX06-6541-2708
事業内容　広告代理業
資本金　8,000万円　　社　長　松本　貞喜
サービス内容　折込広告、SP周辺媒体及びASAによるポスティング等
主な設備　新聞折込広告出稿統計データベース「知恵Dash」、地図情報システム「MAP知恵袋」（ともに全国対応）、朝日新聞折込グループ社による折込広告の全国展開対応
従業員　115名
主な取引先　大手広告代理店、印刷会社、百貨店、スーパー、不動産会社、官公庁、通販企業、他
インターネット・ホームページアドレス
　http://www.ao-osaka.co.jp

(株)朝日広告社

本　社　〒104-8313 東京都中央区銀座7-16-12　G-7ビル
　　　　℡03-3547-5400　FAX03-3547-5409
事業内容　総合広告代理業
資本金　1億円　　社　長　上田　周
従業員　409名
通販担当部署　メディアソリューションセンター
担当者　高橋　玲子
インターネット・ホームページアドレス
　http://www.asakonet.co.jp/
メールアドレス
　info-asako@asakonet.co.jp

(株)旭リサーチセンター

本　社　〒100-8550 東京都千代田区内幸町1-1-1　帝国ホテルタワー
　　　　℡03-3507-2406　FAX03-3507-7834
資本金　30億円　　社　長　永里　善彦
サービス内容　レポートサービス、研究報告会、コンサルテーション、研究調査の受託、データベース・サービス
従業員　40名
インターネット・ホームページアドレス

http://www.asahi-kasei.co.jp/arc/

(株)アスピ

本社　〒150-0033 東京都渋谷区猿楽町30-8 ツインビル代官山B-601
　　　TEL03-3496-1616　FAX03-3496-4349
事業内容　マーケティング企画及び調査研究
資本金　1,000万円　代表取締役　岩橋　謹次
通販部門設置　平成14年11月
サービス内容　新規事業戦略立案、企画革新のための戦略企画提案、CI企画・デザイン
従業員　4名
通販担当部署　プランナー
担当者　岡村　裕子
インターネット・ホームページアドレス
http://www.aspi.co.jp/
http://shop.daikanyama.ne.jp
メールアドレス
aspi@aspi.co.jp
shop@daikanyama.ne.jp

アップセルテクノロジィーズ(株)

本社　〒171-0021 東京都豊島区西池袋5-26-19 陸王西池袋ビル6階
　　　TEL03-5986-0777　FAX03-5986-0778
事業内容　グローバルインサイドセールス、SP事業、CRM事業
資本金　2億4,600万円
社長　高橋　良太
通販部門設置　平成16年1月
従業員　630名
ホームページアドレス
http://www.upselltech-group.co.jp/

(株)アディックス

本社　〒460-0002 愛知県名古屋市中区丸の内3-17-4　第11KTビル8F
　　　TEL052-973-4511　FAX052-973-4510
事業内容　総合広告会社
資本金　1,000万円
代表取締役　澤　孝至（2016年11月より）
サービス内容　通販事業の戦略的企画提案、TVショッピングの媒体企画、番組制作、ダイレクトマーケティング手法を活用した販促企画
通販担当部署　営業部
担当者　澤
インターネット・ホームページアドレス
http://www.adix.tv
メールアドレス
info@adix.tv

(株)アドキャンプ

本社　〒101-0051 東京都千代田区神田神保町1-19　すずらん通りT&Aビル3F
　　　TEL03-3292-3126　FAX03-3292-7805
事業内容　ナース向け通販カタログピュアナース広告部
資本金　1,000万円　社長　奥山　貢市
主な取扱い商品　ナース向け通販カタログピュアナースの広告窓口
従業員　10名
通販担当部署　ピュアナース事業部
担当者　森田
インターネット・ホームページアドレス
http://www.adcamp.co.jp/
メールアドレス
morita@adcamp.co.jp

(株)アド究舎

本社　〒160-0023 東京都新宿区西新宿8-14-24 西新宿KFビル6F　TEL03-5338-2564
主な事業内容　広告代理店業、カタログ情報誌の企画・開発・制作・編集及び販売
資本金　1,000万円（資本準備金2億9,000万円）　社長　山中　幸成
設立　2002年3月1日
主な取引先　リクルートコミュニケーションズ、ベネッセコーポレーション、ディノス・セシール、ニッセン

アルティウスリンク(株)

本社　〒160-0023 東京都新宿区西新宿1-23-7 新宿ファーストウエスト
　　　TEL03-5326-6700
通販拠点事業所　〒900-0033 沖縄県那覇市久米2-3-15　COI那覇ビル4F
　　　TEL098-921-0500
事業内容　コンタクトセンターを中心としたBPO事業
資本金　1億円　社長　網野　孝
主な取扱商品・サービス内容　テレマーケティング広告代理店・企画・コンサルティング
主な設備　保有席数14,000席、デジタルPBX/IP-PBX、自動発信システム、チャットシステム、通話録音システム
売上高
22年3月期　総売上　1,190億4,400万円
従業員　約5,800名
通販担当部署　営業企画部販売促進G
インターネット・ホームページアドレス
https://www.altius-link.com/
メールアドレス
HP上の問合せフォームから

(株)アルテロマノス

本社　〒542-0081 大阪府大阪市中央区南船場2-10-30　豊城ビル8F
　　　TEL06-6251-4202　FAX06-6253-7023
事業内容　通販及び通教の販促計画、MD計画、店舗空間設計及び施工
資本金　1,000万円
代表取締役　城　守臣
通販部門設置　平成3年3月
サービス内容　当社の事業は通販・通教及び一般流通業のマーケティングプランと販促計画を請負っています。
従業員　4名
通販担当部署　㈱アルテロマノス
担当者　城　守臣
主な取引先　十字屋、セシール、ムトウ、Z会、ジモス、AFC、マイカル、大日本印刷
メールアドレス
shiro@jelly-fish.co.jp

(株)Antway

本社　〒106-6241 東京都千代田区神田三崎町3-6-14 THEGATE水道橋 6階
主な事業内容　共働き世帯に向けたプロの調理人・栄養士による家庭料理のデリバリー事業
資本金　535百万円　社長　前島　恵
設立　2018年11月1日

(株)イッティ

本社　〒150-0002 東京都渋谷区渋谷2丁目14-18 あいおいニッセイ同和損保渋谷ビル 8F
主な事業内容　商品企画・開発、ECサイト運営・直販事業、TV通販・店頭・カタログ通販・卸事業、海外卸事業、容器OEMサービス
資本金　138百万円　社長　尾崎　雅彦
設立　2017年10月1日
従業員　37人（役員除く）

(株)岩田事務所

本社　〒810-0073 福岡市中央区舞鶴2-4-13-2F　TEL092-718-9425　FAX092-718-9426
メールアドレス
iwata@iwatajim.co.jp

(株)インターワールド

本社　〒105-6321 港区虎ノ門1-23-1 虎ノ門ヒルズ森タワー21階
　　　TEL03-5539-2424　FAX03-3501-2024
事業内容　広告代理店
資本金　1,000万円
社長　青谷　宣孝
主な取扱商品・サービス内容　媒体
従業員　43名
主な取引先　㈱オークローンマーケティング、各媒体社ほか
ホームページアドレス
http://www.inter-world.co.jp

インフォーママーケッツジャパン(株)

本　社　〒101-0044 東京都千代田区鍛冶町1-8-3　℡03-5296-1011
主な事業内容　トレードショー、国際会議及びセミナーの企画・主催・運営、ウェブサイトの構築、雑誌、その他出版物の発行及び販売
資本金　1千万円
社　長　クリストファー・イブ
設　立　1993年3月1日

(株)売れるネット広告社

本　社　〒814-0001 福岡県福岡市早良区百道浜2-3-8　RKB放送会館
　　　℡092-834-5520　FAX092-834-5540
東京オフィス　〒135-0091 東京都港区台場2-3-1　トレードピアお台場20F
　　　℡03-6459-0562　FAX03-6459-0563
事業内容　広告、宣伝、販売促進に関するコンサルティング、ランディングページ、広告原稿制作、WEBサービスの企画・開発、セミナー・スクールの開催・運営
資本金　1,000万円　社　長　加藤公一レオ
サービス内容　当社のコンサルティングは"200億円"以上の広告費をもとに行った"数百回"もの【A/Bテスト】の結果分析に基づいた膨大なノウハウ、つまりは「最適化」された"最強の仕組み"を提供いたします。あらゆる商材、様々なターゲットに向けて、テストを繰り返して構築したフローを導入し、さらには微細なクリエイティブに至るまで最適化していくからこそ、費用対効果の最大化を効率よく的確に実現できます。広告主の期待と目標を超える成果を達成し続けており、日本の主要大手メーカー系通販会社の約7割ものコンサルティングを手がけています。
インターネット・ホームページアドレス
https://www.ureru.co.jp/
メールアドレス
sales@ureru.co.jp

(株)ADKダイレクト

本　社　〒105-0001 東京都港区虎ノ門1-10-5　KDX虎ノ門一丁目ビル7階
　　　℡03-3539-4440　FAX03-3539-4441
事業内容　コンサルティング、広告・販促プラン策定・実施、広告販促物制作、CRM、分析
資本金　8,000万円　社　長　糸賀 広之
サービス内容　ダイレクトマーケティングを中心とした広告企画・制作、メディア扱い
通販担当部署　アカウントプロデュース部
担当者　寺井 久和
主な取引先　インペリアル・エンタープライズ、伊藤園、いちよし証券、ジュピター・テレコム、フェデックス、セコム、千趣会
インターネット・ホームページアドレス
https://www.adk-direct.jp
メールアドレス
okigaru-ni@adk-direct.jp

(株)エイムクリエイツ

本　社　〒164-0001 東京都中野区中野3-31-1　℡03-5340-0101（大代表）
事業内容　店舗内装事業、広告事業、不動産事業、プロパティマネジメント事業
資本金　1億円　社　長　好見 豊
通販部門設置　昭和61年
主な取扱い商品　通販カタログ制作、通販販促関連物制作、Webサイトの企画・制作・運営
従業員　417名
通販担当部署　広告本部グループ広告制作部
通販部門担当者　伊藤 達也
主な取引先　マルイ、マルイヴォイ
インターネット・ホームページアドレス
http://www.aim-create.co.jp/

エーシーエス(株)

本　社　〒422-8032 静岡県静岡市有東2-12-21　島村ビル2F
　　　℡054-284-0110　FAX054-284-1626
浜松支店　〒430-0926 静岡県浜松市砂山町699-1　Bell24ビル
　　　℡053-455-0024　FAX053-452-8973
資本金　1,600万円　社　長　太田 恭司
サービス内容　テレマーケティング業務、24時間電話受付代行、テレショップ・メンテナンス受付、市場調査、等
主な設備　保有回線数200、WS数10
従業員　25名
テレコミュニケーター　150名
通販担当部署　浜松支店
インターネット・ホームページアドレス
http://www.acs-bell24.co.jp/
メールアドレス
office@s-bell24.com

(株)エクステンド

本　社　〒105-0022 東京都港区海岸1-9-11　マリンクスタワー2F
　　　℡03-5425-4600　FAX03-5425-0078
事業内容　中小企業経営者向け教材販売
資本金　1,000万円　社　長　川北 英貴
通販部門設置　平成16年10月
主な取扱い商品　中小企業向け事業再生コンサルタント
従業員　30名
主な取引先　全国の中小企業
インターネット・ホームページアドレス
http://www.financial-i.co.jp/
メールアドレス
kawakita@financial-i.co.jp

(株)エスキュービズム

本　社　〒105-0011 東京都港区芝公園2-4-1　芝パークビルA館4F
　　　℡03-6430-6730　FAX03-6430-6731
事業内容　ECサイト構築
資本金　1億7,632万5,640円
社　長　薮崎 敬祐
通販部門設置　平成18年4月
主なサービス内容　ECサイト構築
主な設備　ECサイト構築
従業員　100名
通販担当部署　マーケティング部
主な取引先　ジュンク堂、ハードオフ、ドン・キホーテ
インターネット・ホームページアドレス
http://ec-cube.ec-orange.jp/
メールアドレス
kenichi.iida@s-cubism.jp

(株)エス・ピー・ケイ

本　社　〒150-0001 東京都渋谷区神宮前3-6-4　フォーラムビル
　　　℡03-5411-1711　FAX03-5411-1714
通販営業所在地　〒251-0038 神奈川県藤沢市南藤沢17-6　フォーラムビル
　　　℡0466-25-5966
事業内容　TVショッピング番組、雑誌、新聞広告及びテレマーケティングに関するあらゆる業務
資本金　2,000万円　社　長　上野 祐二
サービス内容　TVショッピング番組の制作、通販商品の卸し・販売
従業員　7名（他パート15名）
主な取引先　コミー、ベストワーク、貴
インターネット・ホームページアドレス
http://www.bestwork-shop.co.jp/

(株)エトレ

本　社　〒541-0046 大阪市中央区平野町2-1-14 KDX北浜ビル6F
　　　℡06-6202-5237　FAX06-6202-4488
事業内容　広告の企画・制作
資本金　8,406万円　社　長　呉羽伊知郎
通販部門設置　平成8年1月
主な取扱商品・サービス内容　クリエイティブ制作、プランニング、マーケティング調査・分析
従業員　48名
通販担当部署　通販企画室
担当者　前川祐貴子
ホームページアドレス
tsuhan.etre.co.jp

(株)NTTネクシア

本社 〒064-0922 北海道札幌市中央区南22条西6-2-20　℡011-212-1111
東京本社 〒105-0001 東京都港区虎ノ門3-8-21
事業内容 コンタクトセンター構築・運営コンサルティング、コンタクトセンター運営受託、プログラム受託、人材派遣、研修サービス
資本金 1億円
代表取締役社長 髙見　浩一
サービス内容 受注からカード決済・発送まで通信販売事業のあらゆるステージを支援、通信販売会社の自社内コンタクトセンターの開設、運営支援
主な取引先 主要通信販売会社等多数
インターネット・ホームページアドレス
http://www.ntt-nexia.co.jp/

(株)FID

本社 〒160-0023 東京都新宿区西新宿3-2-27 オーチュー第7ビル3F・5F
　℡03-6911-3800　FAX03-6911-3801
事業内容 食品通販の売上アップから人材採用まで。食品業界特化のコンサルティング
資本金 3,000万円
社長 和田　聖翔
通販部門設置 平成23年10月
主な取扱商品・サービス内容 ITに関する総合的なサービスの提供。システムインテグレーション事業、IT業界のコンサルティング事業、EC支援事業、インターネットメディア事業、インターネット広告事業インターネット通販などの物流発送、出荷代行事業
ホームページアドレス
https://fi-d.jp/

(株)エムアールエム・ワールドワイド

本社 〒107-0062 東京都港区南青山1-1-1 新青山ビル東館
　℡03-3746-8900　FAX03-3746-8901
事業内容 ダイレクト・レスポンス広告に関するコンサルティングとその実施、リレーションシップ・マーケティング戦略に関するコンサルティング、オンラインコミュニケーションに関するソリューション、他
資本金 3,000万円　**社長** 忠見　正仁
通販部門設置 昭和60年8月
従業員 60名
通販部門担当者 忠見　正仁
インターネット・ホームページアドレス
http://www.mrmjapan.co.jp/
http://mrmworldwide.com

(株)エムヴィーアール

本社 〒101-0062 東京都千代田区神田駿河台1-5-6　℡03-3296-1999　FAX03-3296-0433
事業内容 各種マーケティング、各種コンサルティング、玩具の企画開発、ソフトウェア企画開発
資本金 4,000万円　**社長** 中澤　進之右
通販部門設置 平成3年4月
主な取扱い商品 童具、木のおもちゃ、木製玩具、コミュニケーショングッズ、結婚情報サービス、各種マーケティング＆コンサルティング、他
従業員 21名
通販担当部署 マーケティング部
担当者 稲田　実
主な取引先 一般消費者、幼稚園、老人ホーム、他
インターネット・ホームページアドレス
http://www.mvr.co.jp/
メールアドレス
info@mvr.co.jp

オー・エイ・エス(株)

本社 〒101-0063 東京都千代田区神田淡路町2-105　ワテラスアネックス6F
　℡03-5687-7311　FAX03-5687-7321
事業内容 通販システム開発
資本金 1億円　**社長** 太田　義明
主な取扱い商品 通販システム、通販代行システム、通販コールセンターシステム
従業員 224名
主な取引先 日本電気、NECネクサソリューションズ、大塚商会、NECインフロンティア
インターネット・ホームページアドレス
http://www.oas.co.jp/

(株)大阪ピィシーエ

本社 〒661-0033 兵庫県尼崎市南武庫之荘7-18-14　℡06-6438-2441　FAX06-6436-6538
事業内容 通販企業コンサルタント及宣伝販促企画、顧客管理など
資本金 1,000万円　**社長** 小林　慶太
通販部門設置 昭和55年10月
主な取扱い商品 定期刊行物の発行、データ管理、メーリングサービス
従業員 41名（パート含む）
通販担当部署 総括本部営業企画部
通販部門担当者 大久保　幸明
主な取引先 森下仁丹、テレマート、コーヨ21、ミサワホーム、トップアート、ベルーナ
インターネット・ホームページアドレス
http://www.osaka-pca.co.jp
メールアドレス
@osaka-pca.co.jp

(株)オリコミサービス

本社 〒104-0061 東京都中央区銀座6-13-16　銀座ウォールビル6F
　℡03-6734-7150　FAX03-6734-7170
事業内容 広告代理業
資本金 9,000万円　**社長** 長屋　和男
サービス内容 新聞折込広告
従業員 92名
インターネット・ホームページアドレス
http://www.orikomi.co.jp/
メールアドレス
wbmaster@orikomi.co.jp

(株)カスタマーリレーションテレマーケティング

本社 〒530-0057 大阪府大阪市北区曽根崎1-2-9 梅新ファーストビル9F
　℡0120-982-302
大阪第一営業所 大阪府大阪市北区曽根崎1-2-9 梅新ファーストビル1F、4〜9F（総合受付9F）
大阪第二営業所 大阪府大阪市北区曽根崎2-2-15 KDX東梅田ビル2〜10F（総合受付2F）
東京センター 東京都新宿区西新宿3-2-11 新宿三井ビルディング二号館13F
愛媛センター 愛媛県松山市一番町1-11-7 濱商一番町ビル2・3F（総合受付2F）
札幌センター 北海道札幌市中央区北二条西1丁目1-1 札幌ANビル3F
事業内容 CRM事業、アウトバウンド事業、インバウンド事業、人材派遣業、有料職業紹介事業、生命保険・損害保険の募集業務及び付帯業務〈取扱保険会社〉アフラック
資本金 9,000万円　**社長** 植原　大祐
設立 2007年4月
従業員 4,500名（2020年12月31日現在）※アルバイト・派遣含む

(株)かんでんCSフォーラム

本社 〒534-0024 大阪市都島区東野田町1-5-14 京橋フロントビル
　℡06-6121-7181　FAX06-6121-7195
通販拠点事業所 〒542-0081 大阪市中央区南船場3-2-4 南船場ユーズビル
　℡0120-511-966　FAX06-6121-7195
事業内容 コンタクトセンター事業、マーケティング事業、IT・コミュニケーション事業
資本金 4,525万円　**社長** 藤友　英教
通販部門設置 平成21年11月
主な取扱商品・サービス内容 通販受注業務運営（コンサルタントセンター運営・人材派遣）等
主な設備 心斎橋CRMセンター、天神CRMセンター
売上高

第3部 会社概要

22年3月期　総売上　116億1,000万円
従業員　2,703名（2022年3月末現在）
通販担当部署　第1営業グループ
通販部門担当者　水野
主な取引先　健康食品、食品、酒類、化粧品、医薬品、メーカー、金融、エネルギー、通信等
インターネット・ホームページアドレス
　http://www.kcsf.co.jp/

ギグワークス(株)

本　社　〒105-0003 東京都港区西新橋2-11-6 ニュー西新橋ビル3F　☎03-6832-3260
事業内容　【マーケティング＆コミュニケーションサービス】（営業代行・販売支援サービス）
【フィールドサポートサービス】（導入・設置・交換・保守支援サービス）
【コンタクトセンターサービス】（コールセンター運用・スタッフ支援サービス）
資本金　10億6,000万円
社　長　村田　峰人
通販部門設置　2006年5月1日
従業員　930名（2023年10月末時点）
ホームページアドレス
　https://www.gig.co.jp

ギグワークスアドバリュー(株)

本　社　〒105-0001 東京都港区虎ノ門2-10-1 虎ノ門ツインビルディング東棟10F
主な事業内容　【マーケティング＆コミュニケーションサービス】営業代行・販売支援サービス、【フィールドサポートサービス】導入・設置・交換・保守支援サービス、モバイル基地局に関する工事・電気通信工事に関わるサービス、【コンタクトセンターサービス】コールセンター運用・スタッフ支援サービス、【データ入力サービス】データ入力・スキャンサービス
資本金　1億円　　社　長　福田　和男
設　立　2006年5月1日
従業員　225名（2023年10月末時点）
主な設備　コンタクトセンター、キッティングセンター
インターネット・ホームページアドレス
　https://add.gig.co.jp
関連会社　ギグワークス、ギグワークスクロスアイティ、アセットデザイン、ギグワークス・アドバンス

北國マネジメント(株)

本　社　〒920-0855 石川県金沢市武蔵町1-16 石川商事ビルÙ6F
　　☎076-223-2501　FAX076-263-2535
主な事業内容　投資事業組合財産の運営・管理、企業診断・経営に関するコンサルティング業務、インターネットを利用したショッピングモールの運営およびホームページ作成支援業務
資本金　1億円　　社　長　山佐　修
設　立　平成22年3月16日
関連会社　北國銀行、北国総合リース、北国クレジットサービス、北国保証サービス、北國債権回収、デジタルバリュー

(株)クラウドポイント

本　社　〒150-0002 東京都渋谷区渋谷2-16-1 Daiwa渋谷宮益坂ビル8F
　　☎03-5468-0761　FAX03-5468-0764
事業内容　広告に関する業務全般
資本金　3億4,665万円
代表取締役社長　三浦　嚴嗣
サービス内容　同送・同梱・リスティング広告を中心に、費用対効果の高いプロモーションを展開。新規顧客獲得、ロイヤルカスタマー育成の2方向からクライアントの顧客獲得を支援します。またデジタルサイネージ分野にもメディア展開し、新たな顧客獲得の方法を提案します。
従業員　75名
インターネット・ホームページアドレス
　http://www.cloudpoint.co.jp/
メールアドレス
　contact@cloudpoint.co.jp

(株)グランドビジョン

本　社　〒810-0041 福岡市中央区大名2-6-50 福岡大名ガーデンシティ10F
　　☎092-718-3041　FAX092-718-3042
事業内容　通販コンサルティング事業、コールセンター事業、映像制作事業、メディアバイイング事業
資本金　2,000万円　社　長　中尾賢一郎
通販部門設置　平成16年6月
主な取扱商品・サービス内容　インフォマーシャル制作、新聞広告制作、メディアバイイング、コールセンター運営、通販事業コンサルティング、ブランディング、採用プロデュース
主な設備　コールセンター機能、映像制作編集
従業員　90名
通販担当部署　70名
担当者　榎津　潤也
主な取引先　㈱ファーマフーズ、㈱お茶村、㈱生活総合サービス、㈱ハーブ健康本舗、㈱キートス、ロート製薬㈱、銀座ステファニー化粧品㈱
ホームページアドレス
　http://gvn.co.jp
メールアドレス
　info@gvn.co.jp

(株)クレディセゾン

本　社　〒170-6073 東京都豊島区東池袋3-1-1 サンシャイン60・52F
　　☎03-3988-2111
事業内容　カード会員向けポイントサイトの企画・運営。自社メディアを活用した広告事業
資本金　759億2,900万円
主な取扱商品・サービス内容　ポイントサイト「セゾンポイントモール」の企画・運営及びOEM提供。自社メディア広告の販売
従業員　3,297名
通販担当部署　ポイントビジネス部
ホームページアドレス
　www.saisoncard.co.jp/www.a-q-f.com
メールアドレス
　info@a-q-f-mail.com（セゾンポイントモール出店専用）

(株)グローバル・メディア・プラネッツ

本　社　〒106-0041 東京都港区麻布台2-3-14-204　☎03-5575-3838
資本金　855万円　　社　長　中川　悟郎
主な取引先　BS　BS日テレ・BSフジ・BS朝日・BS11　など　地上波地方局　琉球朝日・テレビ大分・びわ湖放送・テレビ和歌山・三重テレビ・岐阜放送・長野朝日放送・テレビ埼玉・千葉テレビ放送・とちぎテレビ・群馬テレビ・新潟放送・秋田放送・テレビ北海道　など　CS・FOX・東北新社・松竹ブロードキャスティング・ソニーピクチャーズなど

(株)コアネクスト

本　社　〒108-0022 東京都港区海岸3-9-15 LOOP-Xビル5F
　　☎03-6722-5058　FAX03-6722-5059
主な事業内容　投信・投資顧問会社向けシステム開発、コンサルティング、システム開発ツール「GeneXus」の販売、コンサルティング、システム開発
資本金　900万円　　社　長　増田　博安
設　立　2009年12月
従業員　31名
主な取引先　大手証券会社系列のアセットマネジメント会社、大手証券会社系列の情報システム会社、不動産投資会社、不動産投資顧問会社、クレジットカード会社　等
関連会社　ソルクシーズ、エフ・エフ・ソル、イー・アイ・ソル、インフィニットコンサルティング、ノイマン、エクスモーション、アスウェア、インターディメンションズ

(株)広明通信社

本　社　〒101-0046 東京都千代田区神田東松下町45-1
　　　　℡03-3252-0821　FAX03-3252-3237
事業内容　広告代理業
資本金　3,000万円　社長　梶根　浩
サービス内容　広告代理業
従業員　37名
主な取引先　小学館、集英社、講談社、光文社、主婦と生活社、主婦の友社、学習研究社、エスプリライン、新光通販(株)、(株)協和、他
インターネット・ホームページアドレス
http://www.ad-koumei.com/
メールアドレス
info@ad-koumei.com

(株)廣洋社

本　社　〒113-0021 東京都文京区本駒込4-6-11　℡03-3828-3106　FAX03-5685-2421
事業内容　広告代理業
資本金　1,000万円　社長　黒田　武嗣
従業員　38名
通販担当部署　アカウント プランニング部アド ソリューション グループ
インターネット・ホームページアドレス
http://www.kys-net.co.jp

(株)互栄社

本　社　〒102-0073 東京都千代田区九段北1-6-4　日新ビル
　　　　℡03-5226-7211　FAX03-5226-3900
事業内容　広告代理業
資本金　1,000万円　社長　酒井　壮一
従業員　20名
主な取引先　ユーキャン

(株)告大社

本　社　〒160-0018 東京都新宿区須賀町4-4　第一上野ビル3F
　　　　℡03-3350-2301　FAX03-3350-8210
事業内容　広告代理店
資本金　1,000万円　社長　上野　芳樹
従業員　30名
通販担当部署　営業部
担当者　石川　健
主な取引先　ディーエムジェイ
メールアドレス
ishikawa@kokoudai.co.jp

コプロス(株)

本　社　〒107-0052 東京都港区赤坂9-5-26 アカサカハイツビル203
　　　　℡03-5770-4393　FAX03-5770-4394
事業内容　通販カタログ企画・制作、マーチャンダイジング
資本金　1,000万円　社長　伊藤　圭悟
サービス内容　企画、制作、商品開発
従業員　6名
通販担当部署
担当者　中田　令子
主な取引先　イオン株式会社、日立リビングサプライ、イオンボディ、トップバリュコレクション、日立インターメディックス
メールアドレス
itou@copros.jp

コモンズ(株)

本　社　〒160-0002 東京都新宿区坂町26
　　　　℡03-5366-1930　FAX03-3354-4301
事業内容　広告代理業
資本金　5,000万円　社長　波岡　實
従業員　110名（除く役員）
インターネット・ホームページアドレス
http://www.commons.co.jp/

(株)コラボス

本　社　〒131-0045 東京都墨田区押上1-1-2 東京スカイツリーイーストタワー17F
　　　　℡03-5623-3391　FAX03-5608-3281
主な事業内容　コールセンター向けクラウドサービスの提供、通信事業
資本金　324,774千円　社長　茂木　貴雄
設　立　2001年10月26日

(株)サイバーエージェント

本　社　〒150-0042 東京都渋谷区宇田川町40-1　Abema Towers
　　　　℡03-5459-0202　FAX03-5459-0222
主な事業内容　メディア事業、インターネット広告事業、ゲーム事業、投資育成事業、
資本金　7,239百万円　社長　藤田　晋
設　立　1998年3月18日

(株)サウンズグッド

本　社　〒160-0023 東京都新宿区西新宿1-17-1　日本生命新宿西ロビル10F
　　　　℡03-5321-7810　FAX03-5321-7820
主な事業内容　総合人材サービス業・人材派遣事業・有料職業紹介事業・人材コンサルティング事業・採用支援事業、アウトソーシング事業店舗運営事業
資本金　8000万円　社長　川上　真一郎
設　立　2009年5月1日
従業員　329名
関連会社　サウンズグッド・プレジャー、サウンズグッド・リテール、ドライブトライブ、ジャストファイン、Ripper、インプレイ、グレフ、一般社団法人日本料飲外国人雇用協会

(株)サクセス

本　社　〒810-0023 福岡県福岡市中央区警固2-1-17
　　　　℡092-725-6481　FAX092-725-6482
事業内容　通販映像（TVインフォマーシャル、TV29分番組、TV-CM等）の企画・制作
資本金　1,000万円　社長　鶴田　重久
通販部門設置　平成20年9月
主なサービス内容　あらゆるジャンルの映像で通信販売をサポートします。
主な設備　編集室A、編集室B、粗編集室、撮影スタジオ、編集室C
従業員　23名
通販部門担当者　鶴田　重久
インターネット・ホームページアドレス
http://www.success-v.com
メールアドレス
info@success-v.com

(株)サテライトコミュニケーションズネットワーク

本　社　〒683-0801 鳥取県米子市新開2-1-7
　　　　℡0859-32-6103　FAX0859-22-8160
通販営業所在地　〒683-0801 鳥取県米子市新開2-1-7　℡0859-32-6103　FAX0859-22-8160
事業内容　広告代理業、映像制作業、情報通信サービス業
資本金　1億円　社長　髙橋　孝之
主な取扱い商品　ケーブルテレビ媒体を中心とした広告代理業務と映像制作業務、ケーブルテレビ局向け地域情報・緊急情報配信サービス業務
主な設備　映像制作機器、情報配信設備
従業員　27名
通販担当部署　企画・ネットワーク部
担当者　本池
主な取引先　全国ケーブルテレビ各社、通販企業
インターネット・ホームページアドレス
http://www.sc-net.ne.jp/
メールアドレス
info@sc-net.ne.jp

佐藤商事(株)

本　社　〒100-8285 東京都千代田区丸の内1-8-1　丸の内トラストタワーN館16F
　　　　℡03-5218-5311　FAX03-3286-1311
通販拠点事業所　〒530-0004 大阪府大阪市北区堂島浜1-4-16　アクア堂島NBFタワー11F　℡06-4797-7875　FAX06-4797-7876
事業内容　カタログ通販、新聞、TV、ラジオ、チラシなど
資本金　13億1,925万円
社　長　永瀬　哲郎

主な取扱商品 雑貨、貴金属アクセサリー、食品など
従業員 538名
通販担当部署 大阪ライフ支店第二課
担当者 村上 貴浩
主な取引先 カタログ大手通販など
インターネット・ホームページアドレス
http://www.satoshoji.co.jp

(株)三栄広告社

本社 〒102-0072 東京都千代田区飯田橋1-12-17 ℡03-3264-7821 ℻03-3265-6618
事業内容 広告代理業：広告に関する企画立案から実施までトータルサポート
資本金 1,600万円　**社長** 山本 直紀
主なサービス内容 新聞、雑誌、ラジオ、TVを中心としたマスメディアからイベントまで多彩です。
従業員 54名
インターネット・ホームページアドレス
http://www.sanei-ad.jp/

(株)サンク

本社 〒537-0024 大阪府大阪市東成区東小橋3-1-15-3F
℡06-6973-2270　℻06-6973-2260
通販営業所在地 〒537-0024 大阪府大阪市東成区東小橋3-1-15-3F
℡06-6973-2270　℻06-6973-2260
東京営業所 〒103-0007 東京都中央区日本橋浜町2-30-1 IKビル3F
℡03-5847-2439　℻03-3639-6701
事業内容 販売支援ツール全般の企画・制作・印刷、各種通販媒体の企画・制作・印刷、第3種郵便物の企画・制作・運営、DMコストの大幅削減提案、企業PR支援業務、新商品開発・販促サポート、Web＋映像メディアの企画提案、エリア通販業務、モバイルマーケティングシステムの提案、映像コンテンツの企画・制作
資本金 2,000万円　**社長** 植田 正
通販部門設置 平成9年8月
サービス内容 カタログ、チラシ、パンフレット、パッケージ企画、制作、印刷
従業員 12名
通販担当部署 通販営業部
担当者 植田 正
インターネット・ホームページアドレス
http://www.sunc.co.jp/
メールアドレス
info@sunc.co.jp

(株)サンクアント

本社 〒169-0075 東京都新宿区高田馬場4-29-6 ℡03-3367-2354 ℻03-3369-1379
事業内容 オリジナル商品の企画・販売
資本金 1,000万円　**社長** 池田 征司
通販部門設置 平成6年5月
従業員 5名
通販部門担当者 池田 征司
主な取引先 カタログハウス

(株)三 広

本社 〒810-0001 福岡県福岡市中央区天神4-6-3 ℡092-771-8521 ℻092-712-6454
事業内容 総合広告代理業
資本金 4,600万円
代表取締役社長 山本 典幸
サービス内容 テレビ・ラジオ・新聞等マス媒体を利用した通信販売の企画
従業員 39名
通販担当部署 媒体部
担当者 西川 仁
インターネット・ホームページアドレス
http://www.sanko-ad.co.jp/
メールアドレス
nisikawa@sanko.ne.jp

サントリーコンシェルジュサービス(株)

本社 〒105-0011 東京都港区芝公園2-4-1
○芝センター
東京都港区芝公園2-4-1 芝パークビル内
○福岡センター
福岡県福岡市中央区薬院1-1-1 薬院ビジネスガーデン内
○札幌センター
北海道札幌市北区北十条西3-23-1 THE PEAK SAPPORO内
主な事業内容 コンタクトセンターの企画、設計、構築および運用、健康食品、化粧品等の通信販売および販売代理、ハードウェア・ソフトウェアの開発、設計、販売、リースおよび輸出入、前各号に関するコンサルティング、労働者派遣事業法に基づく労働者派遣業
資本金 50,000,000円　**社長** 嘉本 将治
設立 2022年11月1日
インターネット・ホームページアドレス
https://www.suntory.co.jp/group/scg/

(株)山陽折込広告センター

本社 〒700-0986 岡山県岡山市北区新屋敷町2-1-1 ℡086-241-5252 ℻086-241-8833
事業内容 広告代理業
資本金 1,000万円　**社長** 髙橋 隆一
サービス内容 新聞折込・新聞・テレビ・ラジオ・交通の各広告、DM宅配
従業員 93名
通販担当部署 営業部
主な取引先 山陽新聞社、オリコミサービス、中国新聞サービスセンター、城北宣広
インターネット・ホームページアドレス
http://www.soac.co.jp/

(株)CSKサービスウェア

本社 〒107-0062 港区南青山2-26-1CSK青山ビル ℡03-6438-4860 ℻03-6438-4861
事業内容 BPOサービス、コンタクトセンター運用、ヘルプデスク常駐請負、人材派遣サービス等
資本金 20億6,344万円
社長 石村 俊一
サービス内容 通販に係る各種アウトソーシング（受発注コールセンター、業務センター、エージェント派遣等）
主な設備 東京、大阪、九州に自社コールセンター（他CSKグループ拠点多数有）
従業員 780名
担当部署 第二営業部
インターネット・ホームページアドレス
http://www.serviceware.co.jp
メールアドレス
service-info@serviceware.co.jp

(株)シーピーデザインコンサルティング

本社 〒141-8001 東京都品川区西五反田3-5-20 ℡03-6431-3640 ℻03-6431-3641
事業内容 個人情報保護、環境経営、企業危機管理に関するコンサルティング（プライバシーマーク取得、環境マネジメントシステム認証取得）
資本金 4,000万円　**社長** 鈴木 靖
通販部門設置 平成14年4月
サービス内容 コンサルティング、教育、セミナー、出版、受託研究
従業員 7名
通販担当部署 コンサルティングG
担当者 越前 健
主な取引先 マイクロソフト、大日本印刷他
インターネット・ホームページアドレス
http://www.cpdc.co.jp/
メールアドレス
pip-info@mail.dnp.co.jp

シー・ブレインズ(株)

本社 〒105-0011 東京都港区芝公園2-11-11-5 ℡03-5777-7525 ℻03-5777-7527
通販拠点事業所 〒292-0057 千葉県木更津市東中央2-4-13
℡0438-33-5000　℻0438-20-3331
事業内容 コールセンター
資本金 1,400万円　**社長** 藤原 幹生
主なサービス内容 コンシェルジュ、デスクインバウンド、アウトバウンド、フルフィルメント
主な設備 保有回線数 96
従業員 100名
テレコミュニケーター 85名
通販担当部署 総務経理部
担当者 石渡 良太

主な取引先　グッドメディア、トライステージ、モール・オブ・ティーヴィー、アイム
インターネット・ホームページアドレス
　http://cbrains.net/
メールアドレス
　info@cbrains.jp

(株)JPメディアダイレクト

本　社　〒105-0001 東京都港区虎ノ門1-21-17 虎ノ門NNビル5F
　℡03-5157-6071　FAX03-5157-6080
資本金　5億9,000万円　社　長　中島　直樹
設　立　2008年2月
関連会社　BPO.MP COMPANY LIMITED

JPツーウェイコンタクト(株)

本　社　〒550-0002 大阪府大阪市西区江戸堀2-1-1 江戸堀センタービル7階
　℡06-6449-0022　FAX06-6449-0021
CRM大阪コンタクトセンター　〒550-0002 大阪府大阪市西区江戸堀2-1-1 江戸堀センタービル6階・10階
　℡06-6479-0016　FAX06-6479-0017
東京オフィス　〒103-0011 東京都中央区日本橋大伝馬町10-8　タキトミビル6階
　℡03-6667-0070　FAX03-6667-0071
CRM東京コンタクトセンター　〒103-0006 東京都中央区日本橋富沢町9-8 富沢町グリーンビル3階
　℡03-6667-8880　FAX03-6667-9100
福岡オフィス・CRM／JCB福岡コンタクトセンター　〒810-0004 福岡県福岡市中央区渡辺通5-13-11 天神渡辺通ビルディング5階・6階・7階・9階・10階
　℡092-736-8080　FAX092-736-8070
鳥取プロスペリティセンター　〒689-1112 鳥取県鳥取市若葉台南5-17-1
　℡0857-52-1111　FAX0857-52-1122
札幌コンタクトセンター（日本郵政グループ札幌ビル）　〒060-8797 札幌市中央区北二条西4-3 日本郵政グループ札幌ビル
　℡011-223-5814
札幌コンタクトセンター（北農ビル）　〒060-0004 札幌市中央区北四条西1-1 北農ビル8階　℡011-596-9910
事業内容　テレマーケティング、コールセンターの構築・運営管理、テレマーケティッグ導入に関するコンサルティング業務、情報処理システムの企画及び開発、コールセンターへの人材派遣／一般労働者派遣業
資本金　1億8,250万円
代表取締役社長　速水　真悟
主な取扱商品・サービス内容　インバウンド・アウトバウンド業務（24時間365日対応）、コールセンターの構築・運営管理、テレマーケティング導入に関するコンサルティング業務、コミュニケーターの教育、養成　等
主な設備　当社開発通販受付汎用システム「コネット」、アウトバウンドシステム「コネットダイヤラー」
従業員　320名（コミュニケーター数　1,600名）
ホームページアドレス
　http://www.twoway-system.co.jp/
メールアドレス
　tws@twoway-system.co.jp

(株)ジェネシス

本　社　〒103-0007 東京都中央区日本橋浜町2-61-11　飯森ビル7F
　℡03-5641-1666　FAX03-5641-1747
事業内容　ダイレクトマーケティングコンサルティング、人材紹介事業
資本金　4,000万円　社　長　根岸　良策
主なサービス内容　販促支援、通販業界に特化した人材紹介及び通販コンサルティングサービス
インターネット・ホームページアドレス
　http://www.tsuhantenshoku.com
メールアドレス
　info@genesisnet.co.jp

ジェネシス・ジャパン(株)

本　社　〒169-0074 東京都新宿区北新宿2-21-1 新宿フロントタワー14F
主な事業内容　CX及びコール／コンタクトセンターソフトウェア・ソリューション、クラウドサービスの提供、保守及びコンサルティング
　　　社　長　ポール・伊藤・リッチー
設　立　1997年5月

(株)シックス

本　社　〒160-0022 東京都新宿区新宿1-3-12-301　℡03-3354-5571　FAX03-3341-0065
事業内容　カタログ制作、広告制作
資本金　1,000万円　社　長　伊藤　克子
通販部門設置　平成4年7月
主な取扱い商品　家具、家庭用品、雑貨、寝具
従業員　10名
主な取引先　日本生活協同組合連合会
メールアドレス
　six-sim@xa2.so-net.ne.jp

(株)ジャフタジャパン

本　社　〒103-0013 東京都中央区日本橋人形町2-25-15　MS日本橋ビル
　℡03-3249-0883　FAX03-3249-0899
事業内容　テレマーケティング
資本金　4,000万円　社　長　石川　幸司
サービス内容　テレマーケティング業務、リスト提供、DM発送業務、情報処理
主な設備　保有回線数100、WS数5
従業員　13名
テレコミュニケーター　150名
通販担当部署　営業部
担当者　斉藤
インターネット・ホームページアドレス
　http://www.jafta.co.jp
メールアドレス
　aeg@jafta.co.jp

(株)十二社

本　社　〒160-0023 東京都新宿区西新宿4-29-6　WISビル2F
　℡03-5371-0012　FAX03-5371-7012
事業内容　新聞折込広告・新聞広告、販売促進に関する企画・DM・ポスティング・制作・印刷
資本金　2,700万円　社　長　家光　隆典
サービス内容　各種専門通販から百貨店通販まで、多くの顧客を抱えている広告代理店です。特に新聞折込を活用した媒体展開のノウハウは長年の蓄積があります。
従業員　25名
主な取引先　東急エージェンシー、東急百貨店、エイムクリエイト、丸井、日能研
インターネット・ホームページアドレス
　http://www.juniso.co.jp/

城北宣広(株)

本　社　〒531-0076 大阪府大阪市北区大淀中1-6-2　℡06-6457-9200　FAX06-6457-9210
事業内容　通販業者よりの折込ちらし等の広告受注
資本金　1億2,700万円　社　長　福本　浩一
サービス内容　オリコミ広告、エリアマーケティング、顧客管理、ダイレクトマーケティング、SP・イベント企画、他
従業員　70名
通販担当部署　代理店開発グループ
担当者　西門　義司
主な取引先　イオン㈱、㈱オートバックスセブン、コープこうべ
インターネット・ホームページアドレス
　http://ns.johoku-senkoh.co.jp/
メールアドレス
　info@johoku-senkoh.co.jp

(株)ジンテック

本　社　〒102-0084 東京都千代田区二番町11-7　℡03-5276-3301　FAX03-5276-4430
事業内容　不正対策、連絡チャネル、顧客DBメンテナンスを軸にしたシステムを提供
資本金　5,425万円　社　長　柳　秀樹

主な取扱商品・サービス内容　不正対策支援ツール、SMS送信サービス、顧客DBクリーニングサービス
従業員　50名
通販担当部署　ソリューション営業部
通販部門担当者　営業2課
主な取引先　アスクル、オイシックス・ラ・大地、オルビス、サントリーウェルネス、ファンケル、ベルーナ
インターネット・ホームページアドレス
　https:www.jintec.com

(株)SCORE

本　社　〒601-8412 京都府京都市南区西九条院町26番地　☎075-682-2062
主な事業内容　後払い決済事業、決済データを活用した各種金融事業
資本金　1億円　　社　長　北原　光
設　立　2018年9月
インターネット・ホームページアドレス
　https://corp.scoring.jp/

(株)スパイスボックス

本　社　〒150-0013 東京都渋谷区恵比寿4-17-3　☎03-5449-7488　FAX03-5449-7487
事業内容　ナショナルクライアントを中心としたECサイトのコンサルティング業務全般。
資本金　2億7,143万円　社　長　田村　栄治
主な取扱い商品　調査各種、課題改善施策提案、情報設計、Webマーケティングソリューション等
従業員　40名
主な取引先　博報堂
インターネット・ホームページアドレス
　http://www.spicebox.co.jp
メールアドレス
　info@spicebox.co.jp

(株)スマイルアンドアソシエイツ

本　社　〒107-0062 東京都港区南青山7-8-4 高樹ハイツ4F
　　　　☎03-5467-7301　FAX03-5467-7302
事業内容　通販関係のカタログ制作、雑誌その他の広告
資本金　1,000万円　社　長　中島　良平
従業員　6名

(株)成美通信

本　社　〒104-0061 東京都中央区銀座8-14-14 銀座昭和通りビル9F
　　　　☎03-3543-0321　FAX03-3542-9356
事業内容　広告代理業
資本金　1,000万円　社　長　山本　圭介
通販部門設置　昭和37年2月
主な取引先　アイフォーレ、日本フローラルアート、ニチイ学館、学文社

(株)西部毎日広告社

本　社　〒802-0081 福岡県北九州市小倉北区紺屋町13-1 毎日西部会館7F
　　　　☎092-752-1760　FAX092-752-1722
通販拠点事業所　〒810-0001 福岡県福岡市中央区天神1丁目16-1 毎日福岡会館6F
　　　　　社　長　松元　秀樹
設　立　1965年
インターネット・ホームページアドレス
　http://www.555012.jp/
メールアドレス
　mai-tu@555012.jp

(株)セルビス

本　社　〒171-0031 東京都豊島区目白3-1-38　☎03-3565-1222　FAX03-3954-0018
目白オペレーションセンター
　　　　　　　　　☎03-3565-1222
事業内容　テレマーケティング
資本金　1,000万円　社　長　大石　雅明
サービス内容　テレマーケティング業務、広告代理業、通販広告の媒体計画・出稿・フルフィルメント・レスポンス分析、エリアマーケティング電話調査・分析、等
主な設備　保有回線数50
従業員　9名
テレコミュニケーター　60名
通販担当部署　目白オペレーションセンター

(株)創芸社

本　社　〒102-0072 東京都千代田区飯田橋1-4-8　アイルズBMビル
　　　　☎03-3263-2911　FAX03-5275-1928
事業内容　レスポンス広告の企画制作。通販商品企画及び通信教育の講座開発
資本金　1,000万円　社　長　山本　直紀
通販部門設置　昭和41年4月
主な取扱い商品　カタログ制作、広告企画制作。
主な設備　プリプレス設備、新聞送稿システム（データチェック）
従業員　40名
主な取引先　通信販売、通信教育関連企業及び広告会社、媒体社、一般企業

(株)ソフト・アンド・ロジック

本　社　〒651-0085 兵庫県神戸市中央区八幡通4-1-38　東洋ビル702
　　　　☎078-230-1811　FAX078-230-1812
事業内容　新規事業及び運営コンサルティング、掲載商品の企画立案、顧客商品分析・調査、システム構築コンサルティング
資本金　1,000万円　社　長　水沼　靖
通販部門設置　平成6年2月
サービス内容　顧客データベース分析、分析システム構築、商品分析システム構築、カタログ事業運営企画
主な設備　通販ライブラリーデータネットワークシステム、統計解析システム
従業員　5名
主な取引先　IT関連企業2社、中堅通販企業4社、コンサルティング企業2社
インターネット・ホームページアドレス
　http://www.soft-and-logic.co.jp/
メールアドレス
　infosl@soft-and-logic.co.jp

(株)ダーウィンズ

本　社　〒101-0061 東京都千代田区神田三崎町3-8-5 千代田JEBL5F
　　　　☎03-6862-7310　FAX03-6862-7311
主な事業内容　コールセンター、広告代理店、通信販売等総合支援
資本金　5,000万円　社　長　後藤　豪
設　立　2007年11月13日
従業員　880名
関連会社　Enthrall、台灣達唯諮股份有限公司

(株)第一エージェンシー

本　社　〒810-0001 福岡県福岡市中央区天神2-14-8　天神センタービル7F
　　　　☎092-741-6585　FAX092-741-6587
通販拠点事業所　〒141-0032 東京都品川区大崎5-1-11　住友生命五反田ビル9F
　　　　☎03-5436-7706　FAX03-5436-0281
事業内容　総合広告代理店
資本金　3,000万円（H22．2月増資）
社　長　横尾　凡人
主なサービス内容　TVインフォマーシャル・新聞・雑誌・Web広告他多数の媒体取扱、各種制作
主な設備　通販専門コピーライター・デザイナー・プランナー多数在籍、リピート促進企画など
従業員　65名（グループ全体85名）
通販担当部署　東京統括本部
担当者　田中
インターネット・ホームページアドレス
　http://www.daiichi-ag.co.jp
メールアドレス
　info@th-navi.jp

(株)ダイケン

本　社　〒861-1102 熊本県合志市須屋2190-1　☎096-242-5111　FAX096-242-5551
事業内容　広告・企画・デザイン・印刷・DM製造・投函
資本金　4,000万円　社　長　松茂信吾
主な取扱商品・サービス内容　広告・企画・

デザイン・印刷・DM製造・投函
主な設備　印刷機・加工機・製袋機・圧着機
従業員　120名
ホームページアドレス
　https://daikenweb.com/
メールアドレス
　m-kai@daikenweb.com

(株)大　広

本　社　〒530-8263 大阪府大阪市北区中之島2-2-7　☎06-7174-8111
東京本社　〒107-6107 東京都港区赤坂5-2-20　☎03-6364-8111
事業内容　広告全般及びコンサルティング
資本金　28億76万円　社　長　泉　恭雄
通販部門設置　平成12年4月
従業員　647名（2023年4月時点）
通販担当部署　ダイレクトマーケティング部ビジネス推進局
担当者　矢崎　哲郎
インターネット・ホームページアドレス
　http://www.daiko.co.jp
メールアドレス
　publicrelation11@daiko.co.jp

(株)ダイレクターズ

本　社　〒103-0013 東京都中央区日本橋人形町1-3-6　共同ビル2階
　☎03-6206-2587　FAX03-6206-2617
事業内容　通信販売に特化したコンサルティングおよびバックオフィスのアウトソーシング事業
社　長　吉村　孝則
通販部門設置　平成20年1月
主なサービス内容　コンサルティング全般、Webサイト制作・運営、商品撮影、物流・コールセンター・基幹システム提供、カタログ発送など
従業員　5名
通販部門担当者　吉村　孝則
メールアドレス
　tyoshimura@director-s.jp

ダイレクトビジョン(株)

本　社　〒107-0062 東京都港区南青山5-11-14 H＆M南青山E 308
　☎03-5766-7811　FAX03-5766-7812
事業内容　通販広告制作・通販ビジネスコンサルティング
資本金　1,000万円　社　長　吉川　英之
主なサービス内容　主に紙媒体の通販広告の制作（新聞・折込・DM・会報誌）と通販ビジネスの支援
従業員　4名
主な取引先　化粧品通販会社・広告代理店
インターネット・ホームページアドレス
　http://directvision.jp
メールアドレス
　yoshikawa@directvision.jp

(株)ダイレクト・ホールディングス

本　社　〒163-1439 東京都新宿区西新宿3-20-2 東京オペラシティタワー39階
　☎03-6416-4822　FAX03-6416-4823
主な事業内容　1）マーケティングサイドからインフラサイドまで、通販/EC業界に精通した人材が集結。事業者最適の視点で、豊富なパートナーアライアンスを駆使したワンストップ通販/ECソリューション。2）ダイレクトマーケティングならでの、顧客購買心理に沿ってレスポンス最大化を叶える、独自理論に基づいた広告・販促CRMでのクリエイティブ制作。3）ダイレクトマーケティングに特化した、独自の複数媒体調達ルートによる、価格優位性の高い、広告媒体の調達・提案。4）事業インパクト視点での運用管理で、収益貢献に直結するコールセンター（インバウンド・アウトバウンドとも）の戦略的な構築と提供。5）製品配送と販促DM配送、双方の視点から鑑みた、最適な配送コントロールの追求による、物流ソリューションの構築と提供。
資本金　1,000万円　社　長　大久保　悠祐
設　立　2011年8月
メールアドレス
　ml.info@direct-holdings.co.jp

(株)ダイレクトマーケティンググループ

本　社　〒550-0005 大阪府大阪市西区西本町1-4-1　オリックス本町ビル7F
　☎06-6534-4559　FAX06-6534-4803
営業所在地　〒100-0014 東京都千代田区永田町2-17-17 アイオス永田町3F
　☎03-3584-3070　FAX03-3584-3071
事業内容　通信販売の事業戦略、戦術コンサルティング、通信販売の受託業務
資本金　2,000万円
代表取締役　竹田　大
サービス内容　通販に関するコンサルティングサービス、セミナーの開催、広告企画制作、書籍等の販売
主な設備　大分（2ヶ所）、東京（2ヶ所）、CTI、CRMシステム
従業員　327名（2021年6月30日現在、グループ全体）
担当者　青野
主な取引先　大手食品、飲料メーカー、大手製薬メーカー、地方食品メーカー、各新聞社、出版社他
インターネット・ホームページアドレス
　http://www.dmg-one.co.jp/
メールアドレス
　info@dmg-one.co.jp

(株)タカミヤの愛菜

本　社　〒103-0027 東京都中央区日本橋3-10-5 オンワードパークビルディング12F
　☎03-3276-3926　FAX03-3276-3927
主な事業内容　1.農産物の生産、加工、販売 2.農作物の貯蔵および運搬 3.農業生産に必要な資材の研究、開発、製造、販売 4.施設園芸農業に関する技術、設備および施設の研究、開発、企画、設計ならびにこれらに関するコンサルティング業務 5.施設園芸農業従事者の教育および育成 6.農業生産に係る作業受託 7.農業に関する機械、設備、施設の賃貸借および販売 8.前各号に付帯する一切の業務
資本金　80,000,000円（出資比率：100.0%　※非連結子会社）　社　長　岡本　裕之
従業員　98人（パート・アルバイト含む）
※2022年9月現在
インターネット・ホームページアドレス
　https://takamiyano-aisai.stores.jp/

(株)D&Iパートナーズ

本　社　〒135-8118 東京都江東区豊洲5-6-15 NBF豊洲ガーデンフロント9F
　☎03-5144-7800　FAX03-5144-7801
主な事業内容　コンタクトセンター（インバウンド・アウトバウンド）運営、ダイレクトマーケティングビジネス支援サービス、データベースマーケティング支援サービスベンダーマネジメント、情報システム構築・運用コンサルティング、コンタクトセンター構築・運営コンサルティング
資本金　50,000,000円　社　長　西島　一博
設　立　2005年12月

(株)DNPデジタルコム

本　社　〒141-8001 東京都品川区西五反田3-5-20　☎03-6431-6211　FAX03-6431-6191
事業内容　通販におけるサイト構築から運営に関連するBDO事業、コンサルティングなど
資本金　1億円　社　長　福田　祐一郎
主なサービス内容　ホスティング、コンテンツ制作、システム開発、事務局代行、コンサルティング
従業員　400名
インターネット・ホームページアドレス
　http://www.dnp-digi.com

(株)DNPメディアクリエイト

本　社　〒162-8620 東京都新宿区榎町7
　☎03-5261-6444
通販担当連絡先
　☎03-5206-4620　FAX03-5206-4700
事業内容　総合企画制作会社、通販カタロ

グ企画制作、SP全般の企画・コンサルティング
資本金 1億円　**社　長** 清水　孝夫
従業員 803名
通販担当部署 第2プロモーション企画センター
担当者 上村　清一
インターネット・ホームページアドレス
　http://www.dnp.co.jp/dmc/

(株)ディーエムエス

本　社 〒101-0052 東京都千代田区神田小川町1-11　℡03-3293-2961　FAX03-3293-2959
事業内容 ダイレクトメール、セールスプロモーション、イベント、賃貸、他
資本金 10億9,260万円　**社　長** 山本　克彦
サービス内容 ダイレクトマーケティング、webマーケティング、ロジスティクス、バックオフィス、セールスプロモーション、イベント、他
主な設備 業務センター、ロジスティクセンター、ラッピング・メーリングマシーン各種、他
従業員 298名（2024年3月）
通販担当部署 各営業部
インターネット・ホームページアドレス
　http://www.dmsjp.co.jp/
メールアドレス
　webmaster@dmsjp.co.jp

(有)ティーエムシー

本　社 〒116-0014 東京都荒川区東日暮里2-5-2　MKビル1F
　℡03-5615-3940　FAX03-3806-6581
東京営業所 〒116-0014 東京都荒川区東日暮里2-5-2　MKビル1F
　℡03-3803-8118　FAX03-3806-6581
前橋営業所 〒371-0805 群馬県前橋市南町3-30-1　中島駅南ビル2F
　℡027-260-9958　FAX027-260-9959
事業内容 通販広告業務、貴金属雑貨卸・販売、テレマーケティング、DM発送代行
資本金 300万円
代表取締役 神開　隆一
主な取扱い商品・サービス内容 シニアマーケット、通販広告業務（カタログ同封・商品同梱・広告）、各種年金ルート、テレマーケティング、DM発送代行、チラシデザイン制作・印刷
従業員 5名
担当者 関上　広司
インターネット・ホームページアドレス
　https://www.tmcg.org
メールアドレス
　info@tmcg.org

DMGコンサルティング(株)

本　社 〒100-0014 東京都千代田区永田町2-17-17、3F
　℡03-6268-8988　FAX03-6268-8989
事業内容 EC直販の戦略構築、事業計画作成等のコンサルティング、商品開発や広告支援等も
資本金 1,000万円
社　長 藏内　淑行
通販部門設置 平成27年7月
主な取扱商品・サービス内容 EC直販の戦略構築、事業計画作成等のコンサルティング、商品開発や広告支援等も。各種セミナー開催。M＆Aや人材紹介サービス（グループ企業のネットワーク使用）
通販担当部署 コンサルティング部
担当者 藏内・宮原
ホームページアドレス
　http:www.dmg-one
メールアドレス
　info@dmg-one.co.jp

(株)TMJ

本　社 〒160-0023 東京都新宿区西新宿7-20-1　住友不動産西新宿ビル
　℡03-6758-2000　FAX03-5389-5893
営業所在地
　℡03-5389-5894　FAX03-5389-5893
事業内容 コンタクトセンターの調査・設計、運営および、コンタクトセンター運営に関する人材開発、派遣、教育・研修、関連BPO業務。企業内の人事系、総務系、経理系などバックオフィス業務の受託・運営。
資本金 1億円（セコム㈱100％）
代表取締役社長 丸山　英毅
サービス内容 コールセンター、バックオフィスなどのアウトソーシング事業
主な設備 ブース数約4,300席（2018年3月）
売上高
　22年3月期　総売上　506億円
従業員 2,593名（2022年9月末現在）
テレコミュニケーター 約14,400名（2022年9月末現在）
通販担当部署 営業本部
インターネット・ホームページアドレス
　http://www.tmj.jp
メールアドレス
　info@tmj.jp

(株)ディーエムネットワーク

本　社 〒530-0003 大阪府大阪市北区堂島2-1-7 日販堂島ビル3F
　℡06-6442-5711　FAX06-6442-5712
事業内容 食品通販会社に特化した広告代理業
資本金 1億円　**社　長** 今村　悦郎
通販部門設置 平成16年4月
主な取扱い商品 サプリメントやおいしい食品のメーカーの広告制作・新聞媒体買付する広告代理店
従業員 30名
通販担当部署 営業部
通販部門担当者 北野　伸司
主な取引先 不二製油、凸版印刷
インターネット・ホームページアドレス
　http://dmn-com.co.jp/

ディー・キュービック(株)

本　社 〒151-0061 東京都渋谷区初台1-46-3 シモモトビル2F
　℡03-6301-1100　FAX03-3375-7175
新宿オペレーションセンター
〒151-0053 東京都渋谷区代々木4-30-3　新宿MIDWESTビル10・11・12F
　℡03-5354-5831　FAX03-3378-3281
新宿第2オペレーションセンター
〒151-0053 東京都渋谷区代々木4-36-19　リゾートトラスト東京ビル1F
　℡03-6631-0200　FAX03-3377-6397
大阪オペレーションセンター
〒541-0056 大阪府大阪市中央区久太郎町4-1-3　大阪御堂筋ビル4F
　℡06-6733-6830　FAX06-6244-1170
福岡オペレーションセンター
〒810-0022 福岡県福岡市中央区薬院1-14-5 MG薬院ビル
　℡092-303-6375　FAX092-401-6552
名古屋オペレーションセンター
〒460-0008 愛知県名古屋市中区栄2-2-12 NUP伏見ビル8F
　℡052-218-6602　FAX052-218-7850
仙台駅前オペレーションセンター
〒983-0852 宮城県仙台市宮城野区榴岡1-2-13 ヨドバシ仙台第2ビル
　℡022-292-1055　FAX022-293-0655
資本金 7,515万円
代表取締役会長 岸本　享
サービス内容 テレマーケティング事業、人材派遣事業、ネットワークサービス・サポート、広告代理業
従業員 1,241名（契約社員・アルバイト含む）
インターネット・ホームページアドレス
　http://www.dcubic.qac.jp/

(株)ディー・クリエイト

本　社 〒105-0011 港区芝公園2-4-1
　℡03-3437-8855
事業内容 広告代理業
資本金 5,000万円
社　長 富田　芳光
従業員 100名
ホームページアドレス
　www.d-create.co.jp

DCアーキテクト(株)

本　社　〒104-0031　東京都中央区京橋2-7-14　ビュレックス京橋5階
　　　　℡03-6228-6894　FAX03-6228-6895
事業内容　通信販売に関するコンサルティング業務　薬事広告に関するコンサルティング業務など
資本金　800万円
代表取締役　鈴木　幸治
サービス内容　薬事法広告研究所（http://www.89ji.com/）の運営
　2007年の創業当初から、「通販事業の健全な発展に貢献すること」を理念に掲げ、通販コンサルティング事業を展開。現在の主力事業である「薬事法広告研究所」は2008年にスタートとし、昨年10周年を迎えました。お客様の広告物をチェックし、関連法規に照らし合わせ、より適切で魅力的な表現をご提案する「薬事チェック＆リライト」は、他にはないきめ細かなリライトや解説が高い評価を受けています。おかげさまで、ご契約社数は今年に入り、200社を超えました。今後も創業当初の理念を忘れず、広告のコンプライアンスのため、地道に活動してまいります。
従業員　17名
インターネット・ホームページアドレス
　http://www.89ji.com/
メールアドレス
　support@89ji.co

TVS REGZA(株)

本　社　〒033-0036　青森県三沢市南町3-31-2776
　　　　℡0570-06-4466（有料）　0120-15-104
川崎本社　〒212-0058　神奈川県川崎市幸区鹿島田1-1-2
主な事業内容　テレビ及びその周辺機器・業務用ディスプレイなどの開発、設計、製造、販売、基板・筐体設計及び組立、修理などのサービス事業、技術支援業務
資本金　1億円
代表取締役会長 兼 取締役社長　王　雲利
設　立　1973年（昭和48年）10月1日
従業員　約800人（2020年4月1日現在）
インターネット・ホームページアドレス
　https://www.regza.com/tvs/

(株)ディックス

本　社　〒108-0074　東京都港区高輪1-17-15　オーク高輪ビル4F
　　　　℡03-3444-9894　FAX03-3444-4176
事業内容　個人情報保護法対応型DM「いんふぉめーる」（ビジネスモデル特許出願）
資本金　2,000万円
代表取締役　石田　達也
サービス内容　個人情報保護法対応型DM「いんふぉめーる」事務局運営、データベース関連サービス、テレマーケティング、各種IT商材の販売元
従業員　12名
通販担当部署　営業部
インターネット・ホームページアドレス
　http://www.dix.co.jp
メールアドレス
　DIX@dix.co.jp

(株)ディレクタス

本　社　〒104-0061　東京都中央区銀座4-10-3　セントラルビル7F
　　　　℡03-6278-7570　FAX03-6278-7571
主な事業内容　ダイレクトマーケティング支援サービス、クリエイティブ、プロモーションの企画開発・プロデュース、メディアプランニング、メディアバイイング、マーケティング戦略の立案、新大人世代のリサーチ、データ分析サービス、コールセンターの企画・運用
資本金　9,500千円
代表取締役　牧田　育也、尾﨑　健太郎
設　立　2014年5月29日

(株)テラネットカンパニー

本　社　〒107-0062　東京都港区南青山2-7-5　南青山コンド201
　　　　℡03-3479-8880　FAX03-3479-8885
事業内容　広告デザイン制作
資本金　1,000万円　社長　山岸　健悦
創　立　昭和52年4月
サービス内容　カタログ広告制作全般
主な設備　マッキントッシュ7台、Windows1台、カラー出力機、モノクロ出力機各1台、スキャナー1台、等
従業員　7名
通販部門担当者　山岸　健悦
主な取引先　セゾンダイレクトマーケティング
メールアドレス
　yamagishi@terranet-company.com

(株)テレコメディア

本　社　〒171-0033　東京都豊島区高田3-37-10　ヒルサイドスクウェア
　　　　℡03-5952-2000　FAX03-5952-2200
資本金　1億5,000万円　社長　橋本　力哉
サービス内容　テレマーケティング業務、他
主な設備　WS数1,000
従業員　250名
テレコミュニケーター　1,350名
通販担当部署　管理本部
担当者　久米　壮太
インターネット・ホームページアドレス
　https://www.telecomedia.co.jp/

(株)テレスポット

本　社　〒150-0022　東京都渋谷区恵比寿南1-13-8　羊館ビル3F
　　　　℡03-3710-4400　FAX03-3710-6110
事業内容　市場調査、通信販売受信発信業務、分析提案、顧客管理、人材派遣業務
資本金　1,000万円　社長　浅野　希代子
サービス内容　テレマーケティング業務、電話によるインフォメーション業務（受注案内販促）
主な設備　保有回線数60、WS数3
従業員　5名
テレコミュニケーター　100名
通販担当部署　テレマーケティング部
担当者　山口
主な取引先　カタログハウス

(株)テレリーブル

本　社　〒453-0825　愛知県名古屋市中村区沖田町390
　　　　℡052-486-1110　FAX052-486-1585
資本金　1,000万円　社長　志水　双葉
サービス内容　テレマーケティング業務、販売企画、モニターリサーチ、DM作業代行
主な設備　WS数10
従業員　4名
テレコミュニケーター　8名
インターネット・ホームページアドレス
　http://www.telleavl.co.jp/
メールアドレス
　info@telleavl.co.jp

(株)電　通

本　社　〒105-7001　東京都港区東新橋1-8-1
　　　　℡03-6216-5111
事業内容　広告業務
資本金　100億円　社長　佐野　傑
サービス内容　オンライン、オフラインを含めたダイレクトビジネス全般サポート
主な設備　電通レスポンス・アド・マネジメント・システム（DRAMS）
従業員　5,502名（2023年12月時点）
通販担当部署　ダイレクトマーケティング・ビジネス局
主な取引先　全国のメディア各社、官公庁及び一般企業
インターネット・ホームページアドレス
　http://www.dentsu.co.jp/

(株)テントラーウィズ

本　社　〒025-0097　花巻市若葉町2-13-34
　　　　℡0198-23-1010　FAX0198-23-1012
通販拠点事業所　〒105-0012　港区芝大門1-

16-3芝大門116ビル
　　　℡03-5733-2504　FAX03-5733-2508
事業内容　通販ビジネスのトータルコンサルティング・サービス、テレマーケティング・サービス
資本金　3,562万円　**社長**　金子　朗敬
通販部門設置　平成9年3月
主な取扱い商品　通販広告のトータルプロデュース、ミセス商品モニター組織の運営・モニタリング
従業員　85名
通販担当部署　通販コンサルティング事業本部
担当者　川端　聖子
インターネット・ホームページアドレス
　http://www.tentler-wis.co.jp
メールアドレス
　info@tentler-wis.co.jp

(株)東急総合研究所

本　社　〒150-0036　東京都渋谷区南平台町5-6
通販営業所在地　〒150-0043　東京都渋谷区道玄坂1-10-7
　　　℡03-3464-6989　FAX03-3464-7031
事業内容　通販各種業務分析、アンケート調査
資本金　3,000万円　**社長**　三又　勝夫
サービス内容　研究調査
従業員　27名
通販担当部署　研究部
担当者　丸山　秀樹
インターネット・ホームページアドレス
　http://www.triinc.co.jp/
メールアドレス
　marusan@triinc.co.jp

(株)東京アド

本　社　〒105-0013　東京都港区浜松町2-1-17　松永ビル5F
　　　℡03-5405-1871　FAX03-5405-1874
事業内容　通信販売専門の広告代理店
資本金　3,000万円
代表取締役　岡本　金之助
通販部門設置　昭和63年3月
サービス内容　新聞、雑誌、TV、ラジオ、折り込み広告の取扱い、及びその原稿、CM制作
従業員　20名
担当者　岡本　金之助
主な取引先　ベルーナ、リフレ、オージオ、イメンス、日本文化センター、金氏高麗人参、日本薬師堂、ハイテクサービス、河野メリクロン、ワイドシステム、東京ユニコム、野草酵素、マイケア、ピーアップル、富山常備薬グループ、しまのや、遠藤宝石、新光通販、エー・アンド・イー、エモテント、自然食研、全日本通販、ライフサポート、ゴルフダイジェスト社、スカイマーク、凸版印刷、他多数
インターネット・ホームページアドレス
　http://www.tokyo-ad.net
メールアドレス
　info@tokyo-ad.net

(株)東興社

本　社　〒104-0061　東京都中央区銀座4-2-6　第二朝日ビル
　　　℡03-3563-4031　FAX03-3567-8166
事業内容　広告代理業
資本金　6,400万円
代表取締役社長　本多　俊彦
サービス内容　朝日新聞社専属、朝日新聞出版発行の『アサヒカメラ』広告一手扱い、広告全般取扱い
従業員　25名
メールアドレス
　info@ad-tokosha.co.jp

(株)東通メディア

本　社　〒104-0032　東京都中央区八丁堀4-8-2　℡03-3523-2271　FAX03-3563-2330
事業内容　システム開発、インバウンド・アウトバウンド業務、ＢＰＯ・ＲＰＡ業務、テレビインフォマーシャル制作、テレビ放送枠提供、企画、広告制作、印刷、折込、DM、マーケティング、その他広告に関する活動及びコンサルティング業務。
資本金　5,000万円　**社長**　川合　孝
主な取扱い商品　通販管理システム、販促管理システム、インバウンド、アウトバウンド、ＢＰＯ、ＲＰＡ、テレビ、新聞、雑誌、webを主媒体とするすべての広告業務、企画、制作、印刷、折込、DM、他
従業員　60名
インターネット・ホームページアドレス
　http://www.totsumedia.co.jp/
メールアドレス
　info@totsumedia.co.jp

(株)トゥループス

本　社　〒150-0046　東京都渋谷区松濤1-6-1　ワイズ松濤2F
　　　℡03-5738-0081　FAX03-5738-0082
事業内容　通販カタログの企画制作及び撮影
資本金　1,000万円
代表取締役　鈴木　亮
従業員　15名
主な取引先　ベルーナ、ディノス・セシール、ショップチャンネル、日本生活協同組合連合会、クラブツーリズム
インターネット・ホームページアドレス
　http://www.troops.jp
メールアドレス
　info@troops.jp

(株)トーカンエクスプレス

本　社　〒160-0023　東京都新宿区西新宿7-23-1　TSビル3F
　　　℡03-3364-8568　FAX03-3364-8569
主な事業内容　ポスティングを中心とした販売促進のトータルサポート
資本金　1,000万円　**社長**　川原　猛
設　立　2006年10月1日
従業員　30名（アルバイト含む）・常勤ポスティングスタッフ145名
関連会社　アーバンリンク㈱

(株)トライアイ

本　社　〒106-0031　東京都港区西麻布1-11-8　森ビル5F
　　　℡03-5786-0360　FAX03-5786-0361
横浜支店　〒220-0072　神奈川県横浜市西区浅間町1-6-10　小金井第2ビル
　　　℡045-328-3360　FAX045-328-3361
旭川支店　〒070-0031　北海道旭川市一条通9丁目右7　マルトクビル2F
　　　℡0166-20-3360　FAX0166-20-3361
大分支店　〒870-0035　大分県大分市中央町4-2-16　℡097-573-3360　FAX097-573-3363
福岡支店　〒812-0011　福岡県福岡市博多区博多駅前3-3-12　第6ダイヨシビル7F
　　　℡092-473-1366　FAX092-473-1367
高知支店　〒780-0822　高知県高知市はりまや町1-5-1　電鉄ターミナルビル6F
　　　℡088-885-0036　FAX088-885-3636
事業内容　テレマーケティング、インターネットマーケティング
資本金　3,000万円　**社長**　植山　宏哉
サービス内容　コンタクトセンター運営、インターネットマーケティング、プランニング、テレマーケティング代行、通販サポート、通販システム開発　等
主な設備　保有回線数250、WS数200、server 10台
従業員　85名
テレコミュニケーター　200名
通販担当部署　横浜支店又は本社
担当者　宮田　雅代
主な取引先　ニッセン、社会保険庁、他
インターネット・ホームページアドレス
　http://www.try-i.co.jp/
メールアドレス
　info@try-i.co.jp

(株)トライステージ

本　社　〒105-0022　東京都港区海岸1-2-20　汐留ビルディング21F
　　　℡03-5402-4111　FAX03-5402-4115
事業内容　ダイレクトマーケティング支援

業務
資本金 6億4,554万円
代表取締役社長 倉田 育尚
通販部門設置 平成18年3月
売上高
22年2月期 総売上 475億1,900万円
従業員 337名（連結）
インターネット・ホームページアドレス
http://www.tri-stage.jp

トランスコスモス(株)

本 社 〒170-6016 東京都豊島区東池袋3-1-1 サンシャイン60
℡050-1751-7700 ℻03-3980-5770
事業内容 コンタクトセンター、デジタルマーケティング、BPOサービス
資本金 290億6,596万円
社 長 神谷健志、牟田正明（共同社長）
主な取扱商品・サービス内容 (1)テレマーケティング広告代理店・企画・コンサルティング
(2)輸送・物流・発送代行・リスト・印刷
売上高
23年3月期 総売上 3,738億3,000万円
22年3月期 総売上 3,540億8,500万円
従業員 68,909名（グループ、2022年9月末現在）
インターネット・ホームページアドレス
https://www.trans-cosmos.co.jp/

(株)トリノリンクス

本 社 〒150-0001 東京都渋谷区神宮前6-19-1 ℡03-5466-7870 ℻03-5466-1870
事業内容
◆コンサルティング事業
◆データサービス事業
◆フルフィルメント管理事業
◆人材ンクセイ事業
資本金 1,500万円 **社 長** 三田 栄一郎
通販部門設置 平成15年10月
主な取扱い商品 通信販売並びにコールセンターのコンサルテーション、フルフィルメント業務管理
インターネット・ホームページアドレス
https://www.trino-links.co.jp
https://www.retention-please.jp
メールアドレス
trino-info@trino-links.co.jp

ナビプラス(株)

本 社 〒150-0021 東京都渋谷区恵比寿西1-7-7 EBSビル8階
℡03-5456-8017 ℻03-5456-8016
事業内容 ECサイトの収益力アップを支援するマーケティングツールを開発・提供
資本金 2億2,000万円 **社 長** 篠 寛
通販部門設置 平成22年1月
主なサービス内容 サイト内検索エンジン、レコメンドエンジン、レビューエンジン、かご落ちメール配信エンジン、越境EC支援サービス等をワンストップで提供
主な取引先 ㈱千趣会、マガシーク㈱、㈱ベルーナ、㈱NTTデータ、㈱コマース21
インターネット・ホームページアドレス
http://www.naviplus.co.jp
メールアドレス
info@naviplus.co.jp

(株)日経ピーアール

本 社 〒101-0047 東京都千代田区内神田1-6-10 笠原ビル
℡03-3295-1411 ℻03-3295-1559
事業内容 総合広告代理業
資本金 3,000万円 **社 長** 菅野 徹
サービス内容 日本経済新聞をはじめ中央紙、ブロック紙に折込配布
主な設備 日経PR輸送センター
従業員 87名
通販担当部署 営業開発部
担当者 荒井 宏明
インターネット・ホームページアドレス
http://www.nikkeipr.co.jp/

(株)日経BP

本 社 〒105-8308 東京都港区虎ノ門4-3-12
資本金 4億円 **社 長** 吉田 直人
設 立 1969年4月5日
従業員 759人

(株)日広ピーアール

本 社 〒101-0062 千代田区神田駿河台2-10-6 御茶ノ水Sビル5F
℡03-5282-7481 ℻03-5282-7482
事業内容 広告代理店

日本映画放送(株)

本 社 〒100-8450 東京都千代田区有楽町1-1-3 東京宝塚ビル15階
℡03-3580-3723 ℻03-3580-3730
主な事業内容 衛星基幹放送事業、日本映画専門チャンネル、時代劇専門チャンネルの調達／編成／販売（直接受信／法人／CATVなど）
資本金 333,300千円 **社 長** 石原 隆
設 立 平成12年2月9日
従業員 64名（2021年4月現在）
通販担当部署 営業局 広告営業部部長
通販担当者 小畑 剣士
インターネット・ホームページアドレス
https://www.nihon-eiga.com/、https://www.jidaigeki.com/
メールアドレス
kenshi.obata@nihon-eiga.co.jp

日本出版流通(株)

本 社 〒106-0045 東京都港区麻布十番1-2-3 プラスアストル4F
℡03-5570-8903 ℻03-5570-8902
事業内容 通販カタログ、各種情報誌の取次業務及び販売促進、出版物の企画・制作
資本金 1,000万円 **社 長** 森田 文雄
主な取扱い商品 通販カタログ全搬、情報誌、他
従業員 63名
通販担当部署 システム事業部
担当者 川崎 一男

(株)日本テレシステム

本 社 〒166-0011 東京都杉並区梅里2-1-16 ℡03-3311-5111 ℻03-3311-2831
事業内容 24時間電話受付代行、テレマーケティング業務代行
資本金 2,100万円 **社 長** 麻田 裕喜
サービス内容 通販受注、メンテナンス受付及び事務代行、保険会社事務代行
主な設備 保有回線数300
従業員 社員 20名
テレコミュニケーター 210名
通販部門担当者 横谷 信一
主な取引先 ㈱ヤマハ、㈱日本文化センター、㈱阪急コミュニケーションズ、㈱カーブスジャパン、万田発酵㈱、㈱博報堂プロダクツ、㈱読売IS、世田谷自然食品、㈱あじかん
インターネット・ホームページアドレス
http://www.telesys.co.jp
メールアドレス
h-asada@telesys.co.jp

(株)日本電信

本 社 〒892-0848 鹿児島県鹿児島市平之町9-36 野村ビル3F
℡099-226-9139 ℻099-226-6326
支社所在地 〒816-0078 福岡県福岡市博多区竹丘町2-3-9 楓通り弐番館
℡092-501-1020 ℻092-502-3500
事業内容 テレマーケティング事業及び電子機器製造販売
資本金 1,000万円 **社 長** 町頭 良弘
サービス内容 通販業務等の受注業務、電話代行業務、その他テレマーケティングに関する業務全般
保有回線数 100
WS数 50
従業員 4名（テレコミュニケーター65名）
通販担当部署 福岡支社

担当者　緒方　裕子
メールアドレス
　nitiden1@sweet.ocn.ne.jp

日本トータルテレマーケティング(株)

本　社　〒150-0002 東京都渋谷区渋谷3-12-18　渋谷南東急ビル
　　　　☎03-6730-0001　FAX03-6730-0000
事業内容　テレマーケティング事業
資本金　1億円　　社長　森　真吾
サービス内容　・カスタマーサービス　・セールスサポート　・業務BPOサービス　・フルフィルメントサービス　・音声自動応答サービス　・マーケティングリサーチ　・人材派遣サービス　・webソリューション
従業員　606名
テレコミュニケーター　1,463名
通販担当部署　経営企画部
インターネット・ホームページアドレス
　http://www.ntm.co.jp

日本リサーチセンター

本　社　〒130-0022 東京都墨田区江東橋4-26-5 東京トラフィック錦糸町ビル
　　　　☎03-6894-6400
主な事業内容　内外の市場および世論などに関する調査・研究とその受託/内外の経済・社会・地域などに関する調査・研究とその受託/マーケティングに関する総合的企画などの立案・実施とその受託/マーケティングコンサルティングの立案・実施とその受託/ピーアールに関する企画立案・実施とその受託/上記に関連する通信情報システムおよびコンピュータソフトウェアの開発、製造および販売記に関連する出版物および制作物の制作・監修
資本金　1億円　　社長　杉原　領治
設　立　1960年12月24日
従業員　130名（2022年2月現在）

(株)バーチャレクス

本　社　〒106-0032 東京都港区六本木3-16-35　イースト六本木ビル
　　　　☎03-5114-6250　FAX03-5114-6292
事業内容　コールセンター構築・運営、コールセンターシステム、コールセンターコンサルディング、オペレーター教育
資本金　4億5,378万円
代表取締役　丸山　栄樹
主な設備　日経PR輸送センター
インターネット・ホームページアドレス
　http://virtualex.co.jp/
メールアドレス
　info@virtualex.co.jp

(株)博報堂プロダクツ

本　社　〒135-8619 東京都江東区豊洲5-6-15 NBF豊洲ガーデンフロント
主な事業内容　総合制作事業
資本金　1億円　　社長　岸　直彦
設　立　2005年10月1日
従業員　1,862名

HAZS(株)

本　社　〒102-0085 東京都千代田区六番町6-4 LH番町スクエア
　　　　☎03-5778-4832　FAX03-5778-4955
主な事業内容　1.プライバシーコンサルティング（TRUSTe・審査／コンサルティング）2.情報セキュリティコンサルティング3.債権管理コンサルティング4.決済システムコンサルティング5.システム開発受諾事業6.分析・ソリューション7.苦情・クレームアドバイザリー／研修8.各種ソフトウェア・ソリューション販売代理店9.Webサイト・ECサイトの企画制作・保守10.通信販売向け商材あっせん事業11.各種セミナー・研修の開催12.各種セミナー・研修講師
資本金　5,700,000円　社長　東　弘樹
設　立　平成19年10月23日
主な取引先　・アイクレオ・アクサス・アプロス・岩淵ウェルネス・エトヴォス・エポックポテト・エンジェリーベ・オンライフ・キャッチボール・クアドラングル・健康コーポレーション・サントリーウエルネス・シーオーメディカル・じげん・スクロール・宝ヘルスケア・デアゴスティーニ・ジャパン・デザインエイエム・豆腐の盛田屋・ドクターシーラボ・ニッセン・日本財託・日本財託管理サービス・日本ロレアル・ネオキャリア・ノニファミリー・ファンケル・富士フイルムヘルスケアラボラトリー・ブランジスタゲーム・ブレイン・ラボ・ベルーナ・マーケティングパートナー・マードゥレクス・マルコ・マルホ・メディアハーツ・メディプラス・メビウス製薬・モアキャリー・やずや・ユーアイコーポレーション・ライオン・ルーティ・AIJ・ARAN・Bestマネジメントサービス・enigma・INK社MARCH・RIZAP・R&Y・UMIＩウェルネス・その他セミナー受講企業約400社1,000人超ほか

(株)パワー・インタラクティブ

大阪本社　〒541-0048 大阪府大阪市中央区瓦町4-3-7　MID御堂筋瓦町ビル5F
　　　　☎06-6282-7596　FAX06-6282-7597
東京本社　〒150-0021 東京都渋谷区恵比寿西2-2-6　EBISU-FIVE BLDG 4F
　　　　☎03-6416-3350　FAX03-6416-3351
事業内容　デジタルマーケティング専門のコンサルティング、リード獲得・育成支援、アクセス解析・調査分析・診断
資本金　1,500万円　社長　岡本　充智
通販部門設置　平成9年2月
主な取扱い商品　webマーケティング（集客・顧客育成）の運営支援サービス、webサイトの診断・分析サービス、その他マーケティング全般に関するリサーチ・コンサルティング業務、webサイト運営、PDCAサイクル確立
従業員　26名
担当者　遠藤　美加
主な取引先　日本生活協同組合、コクヨS&T、カリモク、3M、ネットワンシステムズ、BBタワー、リクルートジョブズ、オムロンパーソネル、アビリタスホスピタリティ、他
インターネット・ホームページアドレス
　http://www.powerweb.co.jp
メールアドレス
　endo@powerweb.co.jp

ビーウィズ(株)

本　社　〒163-1032 東京都新宿区西新宿3-7-1　新宿パークタワーN棟32階
　　　　☎03-5908-3155　FAX03-5908-3156
事業内容①BPOサービス（ビジネスプロセスアウトソーシング）、②コールセンターサービス（業務の企画／分析、設計／構築、運用／改善）、③デジタル／ＡＩソリューション販売「Omnia LINK」ほか
資本金　1億円　　社長　森本　宏一
主なサービス内容①BPOサービス（ビジネスプロセスアウトソーシング）、②コールセンターサービス（業務の企画／分析、設計／構築、運用／改善）、③デジタル／ＡＩソリューション販売「Omnia LINK」ほか
売上高
　22年5月期　総売上　324億500万円
従業員　8,483名（2022年11月30日現在、正社員・契約社員・アルバイト含む）
通販担当部署　コーポレートコミュニケーション部
担当者　形柳　亜紀
インターネット・ホームページアドレス
　http://www.bewith.net
メールアドレス
　contact@bewith.net

(株)ピーズ

本　社　〒104-0045 東京都中央区築地2-12-9　まるみビル7F
　　　　☎03-3543-1581　FAX03-3543-1592
事業内容　広告代理店業
資本金　1,000万円　社長　日高　由紀子
通販部門設置　平成18年11月

主な取扱い商品　広告販売
従業員　7名
主な取引先　㈱ニッセン、㈱セシール、㈱ムトウ、㈱イマージュ
インターネット・ホームページアドレス
　http://www.ps-ad.jp/
メールアドレス
　info@ps-ad.jp

(株)ビューティピクチャーズ

本　社　〒154-0001 東京都世田谷区池尻2-32-11 ラ・カーサ・セレナータ101
　　　　℡03-3424-3430
事業内容　テレビ番組・DVD・ビデオパッケージ等の企画・映像制作
　テレビ通販事業のプロデュース・コンサルティング
　商品企画・販売・PR業務
　Webコンテンツ企画・動画制作
資本金　300万円
社　長　小林　美絵子
通販部門設置　2009年12月16日
ホームページアドレス
　http://beauty-p.net/#siteContents

(株)ファッション・ルート・システム

本　社　〒650-0002 兵庫県神戸市中央区北野町4-10-5-202
　　　　℡078-272-5300　FAX078-272-5301
事業内容　通販カタログの企画・カタログ業務のコンサルティング
資本金　1,000万円　社　長　中島　三平
通販部門設置　平成3年12月

(株)フィールドメディアネットワーク

本　社　〒107-0062 東京都港区南青山2-12-15 サイトービル8F
　　　　℡03-5772-7891　FAX03-5772-7892
事業内容　通信販売事業の総合支援
資本金　2億4,045万円　社　長　松下　和弘
通販部門設置　平成18年10月
主な取扱い商品　消費者の心理、行動状態を分析した上でのカタログ紙面の提案と設置場所の開拓
主な設備　カタログ専用ラック、「メディアダイレクト」
従業員　27名
通販担当部署　東京営業部
担当者　志村　良太郎
インターネット・ホームページアドレス
　http://www.fmn-inc.co.jp
メールアドレス
　fmn-info@fmn-inc.co.jp

(株)フェアグラウンド

本　社　〒141-0021 東京都品川区上大崎2-14-5-9F
　　　　℡03-5475-6688　FAX03-5475-0102
事業内容　広告代理業、広告企画制作業
資本金　1,000万円　社　長　西須　健晴
主な取扱い商品　雑誌、新聞、TV、ラジオ、同送同梱、WEB、モバイル、広告、会報誌等制作
通販担当部署　メディア開発事業部
インターネット・ホームページアドレス
　http://www.fair-g.com

4 B INTERPRISE(株)

本　社　〒107-0061 東京都港区北青山2-7-13 プラセオ青山ビル3階
　　　　℡03-6271-1800　080-6670-2358
主な事業内容　中国EC市場への参入・開業支援をおこなっております。現在、中国の大手EC事業者の間では「ライブコマース」がプロモーションの主流となってきています。
資本金　1億円（資本準備金含む）
　　　　社　長　六平　学史
設　立　2018年10月11日
インターネット・ホームページアドレス
　https://4b-enterprise.com/
メールアドレス
　t.musaka@4b-enterprise.com

(株)フォーラム

本　社　〒153-0063 東京都目黒区目黒2-10-8　第2アトモスフィア青山4F
　　　　℡03-6421-7140
事業内容　カタログ企画制作、商品企画開発
資本金　1,000万円　社　長　浅利　忠行
通販部門設置　平成2年12月
サービス内容　通販用チラシ、DM、カタログ等制作、オリジナル商品開発
従業員　9名
主な取引先　ニッセン、全日空商事、アイ・シー・エル、他
メールアドレス
　asari_forum@05.itscom.net

(株)フォー・レディー

本　社　〒104-0061 東京都中央区銀座1-16-7　銀座大栄ビル9F
　　　　℡03-3545-0461　FAX03-3545-0435、0438
事業内容　カタログ、各種販売ツールなどの企画制作、およびコンサルティング
資本金　1,000万円　社　長　鯉渕　登志子
通販部門設置　昭和59年6月
サービス内容　広告企画制作（マーケティング、SP、販売ツール制作）
従業員　24名
主な取引先　個人のカメラマン・デザイナー等
インターネット・ホームページアドレス
　http://www.forlady.co.jp/
メールアドレス
　info@forlady.co.jp

富士通コミュニケーションサービス(株)

本　社　〒220-0012 神奈川県横浜市西区みなとみらい4-4-5 横浜アイマークプレイス
　　　　℡050-3163-8300　FAX045-641-3301
事業内容　「コンタクトセンター」および「ITサポート」のアウトソーシングサービス
資本金　1億円　社　長　金井　美紀和
主な取扱商品・サービス内容　コールセンター、セールス＆マーケティング、デジタルコミュニケーション、ICTサポート、バックオフィス、リサーチ＆コンサルティング
主な設備　12拠点（事業所）
売上高
　22年3月期　総売上　227億円
従業員　4,400名（2022年3月末現在）
ホームページアドレス
　http://www.fujitsu.com/jp/group/csl/

(株)フラウディア・コミュニケーションズ

本　社　〒150-0043 東京都渋谷区道玄坂1-18-3　フジビル37 4階
　　　　℡03-5784-4110　FAX03-5784-4112
資本金　1億円　社　長　吉川　隆之
主な取扱い商品　インターネット広告代理事業
従業員　31名
主な取引先　オルビス㈱、㈱アテニア、㈱DHC
インターネット・ホームページアドレス
　http://www.fraudia.co.jp
メールアドレス
　info@fraudia.co.jp

(株)プラナコーポレーション

本　社　〒812-0014 福岡県福岡市博多区博多駅東3-5-15-2F
　　　　℡092-452-8550　FAX092-452-8553
事業内容　広告業
資本金　1,000万円　社　長　渡島　俊治
通販部門設置　平成10年1月
主な取扱い商品　テレビ広告枠の販売、テレビ通販番組の制作
主な設備　簡易モニター室、DTPシステム、レスポンスバイイングDB
従業員　25名
インターネット・ホームページアドレス
　http://www.plana.co.jp
メールアドレス
　info@plana.co.jp

(株)プラナコーポレーション東京

本　社　〒104-0061 東京都中央区銀座2-11-8-11F　℡03-3549-0737　FAX03-3546-6530
事業内容　各種媒体企画、新商品開発計画及び既存商品リニューアル計画、通信販売による番組
資本金　1,000万円　**社　長**　山下　敦
主なサービス内容　広告代理業
従業員　4名
主な取引先　アサヒ緑健、元気堂、野草酵素、長寿の里
インターネット・ホームページアドレス
http://www.plana.co.jp/company/index.html

(株)プランニング・プロ

本　社　〒602-8453 京都府京都市上京区千本笹屋町上ル3丁目641番地
　　　　　℡075-431-5600　FAX075-431-6800
事業内容　通販会社様の商品（売上向上）の宣伝の為の企画・構成・制作に関する全般について・CM制作・番組制作
資本金　1,000万円
代表取締役社長　白橋　建次
通販部門設置　平成17年12月
主なサービス内容　テレビ・ラジオのCM制作、ラジオ番組及び通販枠（テレビ・ラジオ）押え、及びタレントのCM契約に関する全般の業務、タレントブッキング業務中心及び通販番組へのタレント出演
従業員　3名
通販部門担当者　白橋　建次
メールアドレス
pro-win-123@krb.biglobe.ne.jp

Fringe81(株)

本　社　〒106-6243 東京都港区六本木3-2-1 住友不動産六本木グランドタワー43F
主な事業内容　インターネット広告技術の開発/コンサルティング、HRテック領域等におけるウェブサービスの提供等
資本金　517,190,000円　**社　長**　田中　弦
従業員　250名

プレステージインターナショナル

本　社　〒151-0061 東京都渋谷区初台1-46-3 シモモトビル8F
　　　　　℡03-5354-7800　FAX03-5354-7809
事業内容　テレマーケティング業
資本金　8億920万円（01年7月25日現在）
社　長　玉上　進一
サービス内容　オーダー受付、注問、返品、各種問い合わせ対応、電話によるカスタマーサービス全般の代行業務
主な設備　保有回線数117、WS数144
従業員　253名（連結）
テレコミュニケーター　150名（通販のみ）
通販担当部署　第一国内OP　CRMチーム
主な取引先　ニーマン・マーカス・ダイレクト、ヴィクトリア・シークレット・カタログ、ビズネット、マイロン、コーチ、J-CREW等
インターネット・ホームページアドレス
http://www.prestigein.com/

(株)プロデュース・オン・デマンド

本　社　〒107-0052 東京都港区赤坂6-3-18 赤坂パークプラザ2F
　　　　　℡03-5114-6010　FAX03-5114-6009
通販拠点事業所　〒同上　℡　FAX
事業内容　CS放送事業、通信販売事業、映像制作事業、インターネット関連事業他
資本金　8000万円　**社　長**　菊地　頼
通販部門設置　平成8年4月
主な取扱商品・サービス内容(1)商材（美容健康商品・健康食品）
(2)商材（家具・家庭用品・雑貨・全般）
(3)テレマーケティング広告代理店・企画・コンサルティング
主な設備　衛星放送関連
従業員　22名
通販担当部署　メディア事業部
通販部門担当者　池田　大
主な取引先　電通、博報堂、スカパーJSAT、MTG
インターネット・ホームページアドレス
https://www.pod.tv/
メールアドレス
media@pod.tv

(株)プロフィットセンター

本　社　〒190-0012 東京都立川市曙町2-34-6 コクーンビル3F
　　　　　℡042-508-2833　FAX042-508-2834
社　長　千原　秋子
通販部門設置　平成29年7月
主な取扱商品・サービス内容　通信販売事業に関連するコンサルティング業務、電話による販売促進関連業務
ホームページアドレス
https://profit-c.com/

(株)フロム・サーティー

本　社　〒141-0022 東京都品川区東五反田1-7-6 藤和東五反田ビル1F
　　　　　℡03-5423-3030　FAX03-5423-3033
事業内容　通販会社向け広告代理業、プランニング、コンサルティング
資本金　1,600万円　**社　長**　西原　一天
通販部門設置　昭和62年4月
主な取扱い商品　通販事業立ち上げ時のコンサルティング、販売促進企画の立案
従業員　30名
通販担当部署　M&C事業部
インターネット・ホームページアドレス
http://www.from30.jp
メールアドレス
shp@from30.jp

(株)フロンテッジ

本　社　〒105-0003 東京都港区西新橋1-18-17 明産西新橋ビル
　　　　　℡03-3596-0300(代)　FAX03-3596-0358
事業内容　総合広告代理業
資本金　1億円　**社　長**　岡田　徹
従業員　300名（11月1日現在）
通販担当部署　営業本部第3営業部門
担当者　渡辺　成将
主な取引先　ジャパネットたかた、ライトアップショッピングクラブ、ソニー・ミュージックダイレクト
インターネット・ホームページアドレス
http://frontage.jp

(株)ベストインセンティブセンター

本　社　〒106-0031 東京都港区西麻布1-3-18　ハレノグチ301
　　　　　℡03-3405-0850　FAX03-3405-1796
事業内容　通販広告・カタログ・DM・チラシ・WEBの制作・通販媒体クレジット誌の扱い・同封同送広告の扱い
資本金　1000万円　**社　長**　古賀　直人
通販部門設置　昭和53年6月
従業員　5名
主な取引先　三井住友トラストクラブ、IEI、オリジナル、アントレックス、ワイドシステム、日経BPセレクション、JR東日本商事、社台グループ
インターネット・ホームページアドレス
http://www.e-bic.co.jp
メールアドレス
n-koga@e-bic.co.jp

(株)ベネックス

本　社　〒530-0004 大阪府大阪市北区堂島浜1-4-19 マニュライフプレイス堂島10F
　　　　　℡06-6344-3633　FAX06-6344-7474
主な事業内容　広告代理店業、インターネット広告事業、印刷業、物流業、軽作業請負、媒体発行業務、カタログ制作、キャスティング、ロケ手配、番組制作、各種イベント運営、通販コンサルティング業
資本金　60,000,000円　**社　長**　松本　哲也
設　立　2004年6月30日
主な取引先　テレビ局各社、芸能事務所各社、TV番組制作会社各社、WEB制作会社各社、通販会社各社、書店（全国）、コンビニエンスストア（全国）、ドラッグストア（全国）、スーパー（全国）、広告代理

店各社、印刷会社各社
関連会社　ケイズプロジェクト

(株)ベルウェール渋谷

本社
渋谷第一オフィス　〒150-0036 東京都渋谷区南平台町2-17　渋谷南平台ビル8F
　　　TEL03-3780-3121　FAX03-3780-3124
渋谷第二オフィス　〒150-0036 東京都渋谷区南平台町15-13　渋谷帝都ビル2F
　　　TEL03-3780-1321　FAX03-3780-1325
中野オフィス　〒164-0003 東京都中野区東中野3-20-10　イドムコ中野ビル5F
　　　TEL03-4330-3121　FAX03-3367-2211
福岡オフィス　〒812-0013 福岡県福岡市博多区博多駅東1-12-6　福岡駅前花村ビル5F
　　　TEL092-413-3121　FAX092-413-3131
研修センター
〒160-0023 東京都新宿区西新宿5-24-16 西新宿ベルウェールビル9F
　　　TEL03-3378-3111　FAX03-3378-3177
事業内容　テレマーケティング事業、通信販売受注業務、電話秘書代行サービス、アウトバウンド業務、人材派遣、データ入力、メンテナンス、カスタマーサポート、テクニカルサポート、キャンペーン事務局、支店営業所代行、コールセンター構築・運営、コールセンター研修
資本金　9,800万円
代表取締役会長兼社長　平野　宏
サービス内容　テレマーケティング事業におけるコールセンター運営、24時間、365日対応のインバウンド業務、365日対応のBtoB、BtoCのアウトバウンド業務、オンサイト／オフサイトによるアウトソーシング、Webマーケティング
主な設備　保有回線数1,800、710席、CTIシステム、アウトバウンド全録音装置
売上高
22年6月期　総売上　34億2,200万円
従業員　880名
テレコミュニケーター　800名
通販担当部署　テレマーケティング事業部
主な取引先　各種通信販売会社、化粧品会社、官公庁、教育関連会社、クレジット会社、新聞社、証券社、広告代理店、OA機器会社、清涼飲料水会社、自動車メーカー
インターネット・ホームページアドレス
http://www.bellwell.com
メールアドレス
bellwell@bellwell.com

(株)ベルシステム24ホールディングス

本　社　〒105-9606 東京都港区虎ノ門4-1-1　神谷町トラストタワー6F　TEL03-6843-0024
事業内容　CRMソリューションに関する、アウトソーシングサービス／テクノロジーサービス／コンサルティングサービス／人材派遣事業/有料職業紹介およびCRO事業
資本金　269億9,900万円
社　長　野田　俊介
売上高
22年2月期　総売上　1,357億3,500万円
従業員　10,461名（2022年2月末現在）

(株)ベルテック

本社・通販拠点　飯田橋センター
〒162-0824　東京都新宿区揚場町2-18
　　　TEL03-3235-9111　FAX03-3235-7333
大阪支社
〒533-0033 大阪府大阪市東淀川区東中島1-20-14　新大阪駅東口ステーションビル6F
　　　TEL06-6322-7271　FAX06-6322-7338
事業内容　化粧品、健康食品、総合通販の受注問合せ・周辺業務
資本金　2,600万円
代表取締役　松岡　光恵
サービス内容　テレマーケティング、人材派遣
主な設備
　（飯田橋センター）保有回線数180回線、170席
　（本社センター）保有回線数40回線、30席
　（大阪支社）保有回線数50回線、45席
従業員　40名
テレコミュニケーター　300名(3拠点含む)
通販担当部署　飯田橋センター
担当者　辻
インターネット・ホームページアドレス
http://www.belltech.co.jp/
メールアドレス
info@belltech.co.jp

ペン(株)

本　社　〒600-8483 京都府京都市下京区堀川高辻吉水町344　アスティルビル7F
　　　TEL075-822-7777　FAX075-822-5555
事業内容　通販会社の新客獲得・顧客育成の支援業務（売れるツール制作＆売れる媒体提案）
資本金　6,000万円　社　長　山上　暢一
サービス内容　通販における新客獲得は、「仕掛け×媒体×表現」で決まります。当社はこの三つにおいて長年の研究と実績があり、また顧客育成に関しても様々な成功実績がございます。今まで以上の高レスポンスをご希望の場合はご一報下さい。貴社の商品を当社の商品と受け止め真剣に販売のご協力をさせて頂きます。
従業員　75名
主な取引先　通販会社全般
インターネット・ホームページアドレス
http://www.pen-kk.co.jp/
メールアドレス
info@pen-kk.co.jp

(株)ペンシル

本　社　〒810-0001 福岡県福岡市中央区天神1-3-38　天神121ビル5F
　　　TEL092-515-1000　FAX092-515-1020
事業内容　成果が出る通販WEBコンサルと戦略的ECシステム構築・運用・分析
通販部門設置　平成7年2月
主なサービス内容　インターネットコンサルティング、ネット通販戦略、ECサイト戦略・サイト構築・システム開発、サイト運営、サイト分析、ECサイト戦略、SFO（シニアフレンドリー最適化）越境EC／現地EC戦略
主な設備　サイト分析システム、広告効果分析システム、新規・リピート売上分析システム、サイト離脱抑制システム
従業員　140名
通販担当部署　R&D（リサーチ＆ディベロップメント）事業部
担当者　佐藤　元泰
主な取引先　ライオン㈱、カゴメ㈱、江崎グリコ㈱、雪印メグミルク㈱、リンナイ㈱、大塚製薬㈱、エーザイ㈱、㈱スターフライヤー
インターネット・ホームページアドレス
https://www.pencil.co.jp
メールアドレス
info@pencil.co.jp

マーケティングシステム(株)

本　社　〒141-0001 東京都品川区北品川5-5-15 大崎ブライトコア4階SHIP
通販拠点事業所　〒171-0022 東京都豊島区南池袋2-30-8 友泉南池袋ビル2F
　　　TEL03-5396-2390　FAX03-5396-2391
事業内容　通販事業者へのECコンサルティング、EC事業運用代行
資本金　1,000万円　社　長　佐藤隆大
通販部門設置　平成21年10月
主な取扱商品・サービス内容　コンサルティング、サイト制作・運用代行、撮影・画像加工、商品マスタ作成・管理、Web広告運用代行
主な設備　撮影スタジオ（2か所）
従業員　54名
ホームページアドレス
http://www.marketingsystem.co.jp

(株)マーケラン・アクト

本　社　〒154-0011 東京都世田谷区上馬2-25-4　TEL03-3418-1666　FAX03-3418-5145
事業内容　テレマーケティング
資本金　1,000万円　社　長　仲村　徹也

サービス内容　販売、リサーチ
主な設備　保有回線数50
従業員　7名
テレコミュニケーター　300名
通販担当部署　営業本部
担当者　桑原
メールアドレス
　mpa@cd.mbn.or.jp

(株)マクアケ

本　社　〒150-0002 東京都渋谷区渋谷2-16-1 Daiwa渋谷宮益坂ビル10F
主な事業内容　・アタラシイものや体験の応援購入サービス「Makuake」を中心とした各種支援サービスの運営・研究開発技術を活かした製品プロデュース支援事業
資本金　3,120百万円
　　　　　　　　社　長　中山　亮太郎
設　立　2013年5月1日

(株)マックアンドサンク

本　社　〒150-0001 東京都渋谷区神宮前5-50-10-3F　℡03-3400-5750　FAX03-3400-2681
事業内容　通信販売コンサルタント、広告代理業、雑貨製造・卸
資本金　5,000万円　社　長　吉田　雅之
主なサービス内容　通販事業計画の策定、通販インフラ・発送代行提案、新規・既存顧客へのプロモーション提案
主な設備　ドルフィン（電話回線状況確認調査機）、OLCR（通販基幹システム）
従業員　10名
通販部門担当者　渡辺　一正
インターネット・ホームページアドレス
　http://www.mac-c.co.jp
メールアドレス
　privacy@mac-c.co.jp

MIKATA(株)

本　社　〒150-0013 東京都渋谷区恵比寿西2-7-3 いちご恵比寿西ビル6F
　　　　　℡03-6712-7530　FAX03-6712-7531
事業内容　EC業界に特化したメディアの運営、EC通販事業者向けイベント・セミナーの企画・運営
資本金　1000万円　社　長　小林亮介
主な取扱商品・サービス内容　・EC業界専門ポータルサイト「ECのミカタWEB」・EC業界専門誌「ECのミカタ通信」・EC業界専門書籍「EC業界大図鑑」・各種ビジネスマッチングの運営
ホームページアドレス
　https://ecnomikata.com/
メールアドレス
　info@ecnomikata.co.jp

三菱UFJリサーチ&コンサルティング(株)

本　社　〒105-8631 東京都港区新橋1-11-7
　　　　　℡03-3572-9030　FAX03-3572-6230
事業内容　受託調査研究、経営コンサルティング
資本金　12億円　社　長　元田　充隆
従業員　650名
インターネット・ホームページアドレス
　http://www.murc.jp
メールアドレス
　info@murc.jp

(株)メディアバンク・ブレイン

本　社　〒107-0052 東京都港区赤坂8-5-28 AXIA青山3F
　　　　　℡03-5771-8580　FAX03-5771-8577
事業内容　ダイレクトマーケティング（通販会社）専門の広告代理店
資本金　2,000万円　社　長　嶋内　令
通販部門設置　平成17年10月
サービス内容　有名女性誌・生活情報誌・通販カタログ等で通販連合企画を実施
主な設備　社内でレスポンス型の制作ができる編集部
従業員　30名
通販担当部署　メディア開発事業部
担当者　嶋内　令
主な取引先　オルビス、ドクターシーラボ、ビービーラボラトリーズ
インターネット・ホームページアドレス
　http://www.mb-b.co.jp

メディアライフ(株)

本　社　〒107-0052 東京都港区赤坂8-12-8-308　℡03-5771-0035　FAX03-5771-0036
事業内容　通販広告・販促ツールプロデュース業
資本金　1,000万円　社　長　原　健一郎
通販部門設置　平成21年11月
主なサービス内容　顧客開拓広告戦略構築・制作、既存顧客維持拡大戦略構築および販促ツール制作
従業員　3名
通販担当者　江川　やよい
主な取引先　アサツーディ・ケイ
インターネット・ホームページアドレス
　http://www.media-life.jp
メールアドレス
　hara@media-life.jp

(株)メディックス

本　社　〒104-0045 東京都中央区築地5-6-4 浜離宮三井ビル4F
　　　　　℡03-5565-3155　FAX03-5565-3162
事業内容　通販事業者に対するWEBプロモーション・サイトプロデュース提供
資本金　7,500万円　社　長　水野　昌広
主なサービス内容　リスティング広告、SEOコンサルティング、ECサイト構築など
従業員　220名
通販担当部署　Marketing Strategy推進室
インターネット・ホームページアドレス
　http://www.medix-inc.co.jp
メールアドレス
　msg@medix-inc.co.jp

(株)山本定

本　社　〒491-0046 愛知県一宮市天王4-3-38　℡0586-45-0180　FAX0586-45-0132
事業内容　婦人服企画・製造・販売
資本金　1,300万円
代表取締役社長　山本　康義
サービス内容　婦人服販売（テレビショッピング）
主な設備　保有回線数6、WS数20
従業員　63名
テレコミュニケーター　2名
通販担当部署　通販事業部
担当者　後藤　雅徳
主な取引先　ベルーナ、その他
インターネット・ホームページアドレス
　http://y-sada.co.jp
メールアドレス
　ysada@y-sada.co.jp

(株)YUIDEA

本　社　〒112-0006 東京都文京区小日向4-5-16 ツインヒルズ茗荷谷
　　　　　℡03-6902-2001　FAX03-6902-2116
通販拠点事業所　〒112-0006 東京都文京区小日向4-5-16 ツインヒルズ茗荷谷
　　　　　℡03-6902-2001　FAX03-6902-2116
事業内容　ダイレクト・コミュニケーション、コーポレート・コミュニケーション、事業プロモーションに関する戦略立案、企画・制作、デジタルマーケティング＆コンテンツマネジメントサービス
資本金　8,300万円
社　長　宮崎　美紀
通販部門設置　平成7年9月
主な取扱商品・サービス内容　ダイレクト・コミュニケーション、コーポレート・コミュニケーション、事業プロモーションに関する戦略立案、企画・制作、デジタルマーケティング＆コンテンツマネジメントサービス
従業員　200名
通販担当部署　DM部
担当者　宮田　英典
主な取引先　パルシステム
ホームページアドレス
　http://www.yuidea.co.jp
メールアドレス

info@yuidea.co.jp

(株)ユニオンキャップ

本　社　〒541-0058 大阪府大阪市中央区南久宝寺町4-1-2
　　　　℡06-6241-2310　FAX06-6241-2311
通販拠点事業所　〒103-0025 東京都中央区日本橋茅場町3-2-10
　　　　℡03-3639-3001　FAX03-3639-3002
事業内容　クッション封筒製造、合成樹脂、紙製品、生活消耗品販売
資本金　3,000万円　社　長　田中　博子
通販部門設置　平成20年11月
主な取扱商品　文具事務用品、ファイル、OA用紙、PC用品、梱包作業用品、生活雑貨
主な設備　ウィンドミラー＆ヘルシャー1台、日本製自動製袋機5台、テープマシン他
従業員　35名
通販担当部署　東京営業部
担当者　種子田　康裕
主な取引先　アスクル、大塚商会、カウネット、オフィスデポジャパン、プラス、コクヨ
インターネット・ホームページアドレス
　http://www.unioncap.co.jp
メールアドレス
　unioncap@cb.mbn.or.jp

(株)読売IS

本　社　〒103-0013 東京都中央区日本橋人形町3-9-1　℡03-5847-1500　FAX03-5847-1501
事業内容　広告代理業
資本金　9,700万円　社　長　工藤　博幸
通販部門設置　昭和51年6月
サービス内容　折込広告、広告全般、広告制作、通販印刷、酒類小売業、通信販売酒類小売業
従業員　327名
担当者　見城　誠一
主な取引先　家電量販店、通販健康食品、通信教育、広告代理店、印刷会社
インターネット・ホームページアドレス
　http://www.yomiuri-is.co.jp/

(株)読　宣

本　社　〒530-0055 大阪府大阪市北区野崎町5-9　読売大阪ビル7F　℡06-6312-6301
事業内容　全国折込広告を展開
資本金　6,000万円　社　長　栗山　美政
従業員　200名
インターネット・ホームページアドレス
　http://www.yomisen.co.jp/

(株)ライフアドシステム

本　社　〒104-0061 東京都中央区銀座7-17-2　アーク銀座ビルディング7F
　　　　℡03-3543-0041　FAX03-3543-8884
事業内容　広告代理業務、通販カタログ誌の企画製作、新聞・雑誌による販売代行企画の実施、通販商品の提案
資本金　1,000万円　社　長　内海　茂
通販部門設置　平成2年8月
従業員　8名
通販部門担当者　末次　秀樹
インターネット・ホームページアドレス
　http://www.gin2.com/
メールアドレス
　utsumi@life-ad.co.jp

(株)ライフェックス

本　社　〒101-0064 東京都千代田区神田猿楽町2-6-8 神田猿楽町スクエア6F
　　　　℡03-6679-0444　FAX03-6679-0723
主な事業内容　ブランディング事業（リサーチ、ブランド・アイデンティティ構築、セールスプランニング支援、セールスオペレーション支援）、マーケティング事業（市場調査/ターゲット調査、マーケティング/コミュニケーション戦略、広告媒体選定、広告のアカウント設計/運用、広告の効果検証/分析/レポート、SNSアカウントの運用、インフルエンサーPR施策）、CRM事業　CRM支援（顧客分析、全体戦略、シナリオ設計、PDCA（売上データの分析/改善）、フルフィルメント支援（コンタクトセンター新規立ち上げ支援、既存コンタクトセンター改善支援、コンタクトセンターCRM、物流構築）
資本金　15,000,000円　社　長　工藤　一朗
設　立　2009年2月
インターネット・ホームページアドレス
　https://lifex-group.co.jp/

ラムズ・マークス(株)

本　社　〒158-0083 東京都世田谷区奥沢5-35-5-101　℡03-5483-3312　FAX03-5483-7217
事業内容　ボディケア用品の企画開発、販売、ブランドアクセサリーの販売
資本金　1,000万円
代表取締役　増村　光一郎
通販部門設置　平成17年4月
サービス内容　ボディケア用品、ブランドアクセサリーの販売
従業員　7名
主な取引先　楽天、ヤフー、ウェブシャーク
インターネット・ホームページアドレス
　http://www.rams-marks.jp
メールアドレス
　max@rams-marks.com

(株)リクルートホールディングス

本　社　〒104-0061 東京都中央区銀座8-4-17　℡03-6835-1111
事業内容　グループの経営方針策定・経営管理
資本金　100億円　社　長　峰岸　真澄
従業員　414名

REGAIN GROUP(株)

本　社　〒105-0011 東京都港区芝公園2-6-3　芝公園フロントタワー22階
　　　　℡03-5777-6250　FAX03-5777-6251
事業内容　ITを活用した、テレマーケティング事業。営業支援チャットシステムの開発・販売・運用代行事業。コールセンター業務に関するコンサルティング事業。
資本金　1,231万円
社　長　小野澤　秀人
通販部門設置　平成29年12月
従業員　446名（2020年12月1日時点）
ホームページアドレス
　http://www.regain-group.com/

(株)リピスト

本　社　〒101-0021 東京都千代田区外神田6-1 思い出ビル5F
　　　　℡03-6284-2811　FAX03-6284-2815
事業内容　自社ツールによるECサイトの売上アップ、CVR改善などのコンサルティングサービスの提供
社　長　吉原　庄三郎
主な取扱商品・サービス内容　ECサイト構築システム
ホームページアドレス
　http://rpst.co.jp/

(株)リビングプロシード

本　社　〒102-8401 東京都千代田区紀尾井町3-23　℡03-5216-9365　FAX03-5216-9423
事業内容　広告業
資本金　1億円　社　長　豊田　皓
通販担当部署　DM事業部
インターネット・ホームページアドレス
　http://www.lps.co.jp
メールアドレス
　takttoru@sankeiliveing.co.jp

(株)リプライオリティ

本　社　〒100-0004 東京都千代田区大手町2-2-1 新大手町ビル9階 xLINK大手町
　　　　℡03-6772-2250(代)　FAX03-6262-0752
福岡本社　〒812-0024 福岡県福岡市博多区綱場町9-20 長府博多ビジネスセンター3F
　　　　℡092-686-8300　FAX092-686-8301

大阪支社　〒530-0047 大阪府大阪市北区西天満4-14-3 リゾートトラスト御堂筋14F
　　　☎06-6734-6202　FAX06-7669-6201
筑紫野支社　〒818-0034 福岡県筑紫野市美しが丘南1-12-1 筑紫野ベレッサコールセンター3F　☎092-686-1720　FAX092-686-1721
久留米支社　〒830-0033 福岡県久留米市天神町1-6 FLAG KURUME3階
　　　☎050-3498-5677　FAX094-290-5550
主な事業内容　通信販売総合支援事業、広告事業、テレマーケティング事業、通信販売事業
資本金　50,000,000円　社長　中山　伸之
設立　1998年9月24日
従業員　480名
インターネット・ホームページアドレス
　https://www.repriority.co.jp/

リライズコンサルティング(株)

本社　〒541-0052 大阪市中央区安土町3-4-5 本丸田ビル3F
　　　☎06-4708-6044　FAX06-4708-6045
事業内容　食品通販の売上アップから人材採用まで。食品業界特化のコンサルティング
資本金　300万円
社長　中山　裕介
通販部門設置　平成27年5月
ホームページアドレス
　http://rerise-consulting.com/

リンクシェア・ジャパン(株)

本社　〒158-0094 東京都世田谷区玉川1-14-1　☎03-6387-1000　FAX03-6670-5174
事業内容　パフォーマンスベースのオンラインサービス事業
資本金　2億5,936万7,688円
社長　紺野　俊介
主なサービス内容　アフィリエイトネットワークの運営
インターネット・ホームページアドレス
　http://jp.linkshare.com/
　http://www.linkshare.ne.jp

(株)ROBOT PAYMENT

本社　〒150-0001 東京都渋谷区神宮前6-19-20 第15荒井ビル4F
　　　☎03-5469-5783　FAX03-5469-5781
事業内容　決済代行事業
資本金　1億円
社長　清久　健也
従業員　50名

ワールドメーリング(株)

本社　〒335-0034 戸田市笹目5-30-5
　　　☎048-422-8011　FAX048-422-8010
通販拠点事業所　〒330-0046 さいたま市浦和区岸町7-5-21-4F
　　　☎048-826-4164　FAX048-826-4163
事業内容　通販・産直などのコールセンター業務及びテレマーケティング業務
資本金　1,000万円　社長　三浦　竜太
サービス内容　衣料品・服飾雑貨、家具・家庭用品、雑貨、食品、サービスなど
主な設備　保有回線数70、WS数80、PBX、ACDMISサーバ、業務用サーバ
従業員　13名
テレコミュニケーター　220名
担当部署　企画事業部
担当者　新井　正志
主な取引先　㈱読売情報開発、㈱ファミリー・ライフ、㈱オージーフーズ、㈱読売旅行
インターネット・ホームページアドレス
　http://www.worldmailing.co.jp
メールアドレス
　masashid@worldmailing.co.jp

(株)WOWOWコミュニケーションズ

本社　〒220-8080 神奈川県横浜市西区みなとみらい4-4-5 横浜アイマークプレイス3F　☎045-683-3660　FAX045-683-3670
主な事業内容　コンタクトセンター、応対品質向上サービス、デジタルマーケティング、データマーケティング、物販・旅行事業
資本金　100,000千円　社長　山崎　一郎
設立　1998年2月
売上高
　2022年度　10,131百万円
従業員　約1,500名
インターネット・ホームページアドレス
　https://www.wowcom.co.jp/

輸送・物流、ロジスティクス、発送代行、リスト、印刷

(株)アイエヌジー

本社　〒335-0035 埼玉県戸田市笹目南町16-9　☎048-449-7893　FAX048-449-7894
事業内容　カタログ発送用のフィルム封筒及びCD用パッケージの製造販売
資本金　1,000万円
代表取締役　綿引　幸一
通販部門設置　平成15年8月
主な取扱い商品　フィルム封筒・DMラッピングフィルム・CD-ROM用パッケージ
主な設備　サイドシール製袋機・ホットメルト装置
従業員　20名
通販担当部署　営業部
担当者　高山　清隆
主な取引先　アテナ、東京物流企画、共同印刷
インターネット・ホームページアドレス
　http://www.ing-top.com
メールアドレス
　k-watabiki@ing-top.com

(株)アズ・マーケティング

本社　〒670-0876 兵庫県姫路市西八代町16-31　☎0792-94-3638　FAX0792-94-0525
事業内容　リストバンク、DMリスト、DM代行業務
資本金　1,000万円　社長　岡本　俊樹
通販部門設置　昭和53年5月
従業員　4名
通販担当部署　営業
担当者　岡本

(株)アテナ

本社　〒134-8585 東京都江戸川区臨海町5-2-2　☎03-3689-3511　FAX03-3689-6143
事業内容　フルフィルメント事業、メーリング事業、物流事業、フラッグイベント事業、デジタルマーケティング事業
資本金　1億円　社長　渡辺　剛彦
通販部門設置　平成8年4月
主なサービス内容　通販業務支援フルフィルメントサービス、メーリング・物流支援サービス、デジタルマーケティング支援サービス
主な設備　フルフィルメントセンター、コールセンター、物流センター、メーリングセンター、入力センター
従業員　650名
通販担当部署　事業開発部
担当者　中西　尚記
主な取引先　通販会社、通信会社、広告代理店、印刷会社、保険会社、機械メーカー、自動車他
インターネット・ホームページアドレス
　http://www.atena.co.jp

(株)アドギャラリー

本社　〒104-0061 東京都中央区銀座1-21-7 ＧＮビル3階
　　　☎03-6825-7301　FAX03-6825-7302
事業内容　広告、販促ツール、パッケージ、LP等のデザイン企画制作
資本金　100万円　社長　菅野　仁
主な取扱商品・サービス内容　「健康食品」「化粧品」等の新聞・雑誌広告原稿制作、ちらし・パンフレットデザイン、パッケージデザイン、会報誌・商品案内、ＬＰ等のデザイン企画制作
従業員　3名
通販担当部署
担当者　菅野　仁
主な取引先　通信販売会社様、女性フィットネスチェーン様、広告代理店様、メーカー様

ホームページアドレス
http://www.e-expo.net/item/com/015192/index.html
メールアドレス
info@adgallery.co.jp

(株)アド・ダイセン

本　社　〒550-0011　大阪府大阪市西区阿波座1-3-15　JEI西本町ビル7F
　　　℡06-6534-2212　FAX06-6534-2218
東京支店　〒105-0013　東京都港区浜松町1-29-6　浜松町セントラルビル4F
　　　℡03-5425-2212　FAX03-5425-2214
事業内容　DM発送代行及び宅配事業取り扱い
資本金　5,100万円
代表取締役社長　大嶋　禎
サービス内容　総合広告代理、DM企画・制作・印刷・加工・発送、エリアマーケティング、WEBソリューション、テレサポートサービス、ロジスティクス、情報データ処理、BPO、封入加工処理、郵便ソリューション、デザインワーク、ポスティングサービス
事業拠点　札幌・東京・名古屋・大阪・福岡
従業員　562名
通販担当部署　統括本部
取得資格　ISO9001認証取得JSAQ 2531、ISMS認証取得JIS Q 27001:2006 JSAI045、プライバシーマーク20000371(8)、第1種貨物利用運送事業（登）近運自貨第1200号、一般労働者派遣事業許可証（搬）27-020467
インターネット・ホームページアドレス
　http://www.ad-daisen.co.jp/

(株)アドレス・インフォメーション

本　社　〒272-0114　千葉県市川市塩焼2-13-15　℡047-397-0311　FAX047-397-0314
事業内容　DM発送代行、キャンペーン整理、宛名書、コンピュータ入出力、ラベル貼、封入、梱包、他
資本金　1,000万円
代表取締役　矢沢　秀樹
サービス内容　宛名書、データ入出力、各種区分、機械作業と手作業の一貫作業可能
主な設備　ラベリングマシーン、封入封緘機、折機、コンピュータ、ダイレクト印字機
従業員　31名
通販部門担当者　田邊
主な取引先　教育関係、旅行、衣料、官公庁、印刷、自動車、イベント、通販
インターネット・ホームページアドレス
　http://www.ad-inf.co.jp
メールアドレス
　address@ad-inf.co.jp

(株)アドレスサービス

本　社　〒332-0001　埼玉県川口市朝日4-22-7　℡048-224-4883　FAX048-225-8898
事業内容　3PL、DM発送代行、キャンペーン事務局、軽貨物、セットアップ加工
資本金　8,000万円　**社長**　浜野　和枝
通販部門設置　昭和58年4月
主な取扱い商品　3PL事業、メーリングソリューション事業、フルフィルメントソリューション事業、軽貨物運送事業、物販事業（e-コマース事業）、セットアップ加工事業
主な設備　高速プリンター・封入封織機など、ダイレクトメールに関する設備各種
従業員　70名

アドレス通商(株)

本　社　〒134-0086　東京都江戸川区臨海町3-6-3　℡03-3877-3111　FAX03-3877-3130
事業内容　メーリング、物流、人材、エンジニアリング
資本金　2億4,500万円　**社長**　竹尾　正
サービス内容　メーリングサービス、商品管理・梱包、企画・制作、通販周辺業務全般
主な設備　ピローラッピング、定型・定形外インサーター、インクジェット、稼働面積20,800坪
売上高
　23年3月期　総売上　119億6,300万円
　22年3月期　総売上　125億5,100万円（連結）
従業員　2,352名（連結）
通販担当部署　営業本部
担当者　寺戸　毅
主な取引先　官公庁、銀行、ベネッセコーポレーション
インターネット・ホームページアドレス
　http://www.adotsu.co.jp/
メールアドレス
　t_terato@adotsu.co.jp

(株)イーコンテクスト

本　社　〒150-0022　東京都渋谷区恵比寿南3-5-7　デジタルゲートビル
　　　℡03-6367-1150　FAX03-6367-1151
通販拠点事業所　〒150-0022　東京都渋谷区恵比寿南3-5-7　デジタルゲートビル
　　　℡03-6367-1150　FAX03-6367-1151
事業内容　収納代行サービス、決済データ処理サービス、送金サービス
資本金　1億円　**社長**　踊　契三
通販部門設置　平成24年10月
主な取扱商品・サービス内容　情報通信・機械設備・カード・その他
主な設備　国内の各金融機関と通信販売事業者様間のデータ中継センター
従業員　49名
通販担当部署　決済事業部
主な取引先　楽天市場／トラベル、ヨドバシ・ドット・コム、財団法人日本英語検定協会など
インターネット・ホームページアドレス
　https://www.econtext.jp/

(株)イー・ロジット

本　社　〒101-0021　東京都千代田区外神田3-11-11　CIRCLES秋葉原7階
　　　℡03-3518-5460　FAX03-5296-8881
大阪本社　〒577-0016　大阪府東大阪市長田西1-5-40　℡06-4308-8977　FAX06-4308-8978
事業内容　通販物流に特化したアウトソーシング・コンサルティング・システム開発
資本金　5億2,600万円　**社長**　角井　亮一
通販部門設置　平成13年2月
主な取扱い商品　EC・カタログ・TVを中心に通販会社の物流を受託・コンサルティング・人材教育
主な設備　東京・大阪での通販専用物流センター（9000坪、3800坪など）、通販専用物流システム
売上高
　24年3月期　総売上　131億2,100万円
　23年3月期　総売上　128億2,500万円
　22年3月期　総売上　122億800万円
従業員　1,012名（2022年9月30日現在）
通販担当部署　東京・大阪
担当者　営業担当
主な取引先　通信販売会社310社以上
インターネット・ホームページアドレス
　http://www.e-logit.com/
メールアドレス
　info@e-logit.com

伊藤忠紙パルプ(株)

本　社　〒103-0023　東京都中央区日本橋本町2-7-1　℡03-3639-7111　FAX03-3639-9009
通販拠点事業所　〒541-0054　大阪府大阪市中央区南本町3-6-14
　　　℡06-6241-4606　FAX06-6241-4613
事業内容　カタログ用原紙の販売
資本金　5億円　**社長**　岩崎　孝之
主な取扱い商品　紙・パルプ・加工紙の売買、紙製品・包装資材・不織布・化成品・古紙の売買
従業員　180名
主な取引先　大手通販企業
インターネット・ホームページアドレス
　http://www.itcpp.co.jp/

(株)イムラ封筒

本　社　〒540-0026 大阪府大阪市中央区内本町2-1-13
　　　　℡06-6910-2511　FAX06-6949-1730
営業所在地　〒105-0014 東京都港区芝2-5-10　℡03-5419-2251　FAX03-5419-2252
事業内容　封筒及び販売促進ツール、メーリングサービス関連事業、IBM特約店
資本金　11億9,798万円
社　長　井村　優
サービス内容　封筒、販売促進の企画提案、請求書・雑誌等の発送システム、DMの企画から発送まで
主な設備　ラッピング、フィルムラッピング、封入機、ラベリング、折機、データプリントサービス、CD-ROMパッケージ機
従業員　795名
インターネット・ホームページアドレス
http://www.imura.co.jp/

(株)インターネットペイメントサービス

本　社　〒141-0031 東京都品川区西五反田1-18-9　℡03-5435-6371　FAX03-5435-6365
事業内容　クレジットカード決済代行、電子マネー・コンビニ決済、コールセンターサービス
資本金　5,360万円
代表取締役　呉　英仁
通販部門設置　平成13年11月
主なサービス内容　クレジットカード決済代行、電子マネー・コンビニ決済、PC監視ソフトMiL
主な設備　PCI-DSS準拠、プライバシーマーク取得、コールセンター決済
従業員　53名
通販担当部署　経営企画室
担当者　國藤　弘展
主な取引先　中国東方航空公司東京支店、STORES.jp、ANAシステムズ株式会社
インターネット・ホームページアドレス
http://www.ipservice.jp/
メールアドレス
http://www.ipservice.jp/contact/

(株)ヴィアックス

本　社　〒164-0013 東京都中野区弥生町2-8-15　℡03-3299-6011　FAX03-3299-6005
事業内容　SP企画制作、DM企画制作、発送代行、顧客管理、データ処理、通信販売、図書館管理運営業務、出版、人材派遣
資本金　1億7,774万円
会　長　林　秀和　社　長　西門　直
従業員　100名
インターネット・ホームページアドレス
http://www.viax.co.jp/
メールアドレス
info@viax.co.jp

(株)ウイル・コーポレーション

本　社　〒924-0051 石川県白山市福留町370番地　℡076-277-9811　FAX076-277-9822
事業内容　商業印刷、出版印刷、販売促進企画（システム・DM）、通販事業、テレマーケティング
資本金　16億6,762万円
代表取締役社長　石田　敏郎
主な取扱い商品　宣伝印刷物、ダイレクトメール、セールスプロモーション用品、業務印刷物、ヘアケア化粧品、美容食品、健康補助食品、等
従業員　895名
インターネット・ホームページアドレス
http://www.wellco-corp.com/
メールアドレス
info@wellco-corp.com

エイト印刷(株)

本　社　〒112-0002 東京都文京区小石川5-3-2　℡03-3814-8131　FAX03-3812-7342
資本金　9,988万円　社　長　兼田　茂八
主な取扱い商品　チラシ、カタログ、パンフレット、カレンダー
主な設備　オフセット印刷機輪転機4台、平台7台、製版・プリプレス工程一式
従業員　199名
通販担当部署　営業二部
担当者　金森　豊
主な取引先　ソニーミュージックコミュニケーションズ、ユーキャン
インターネット・ホームページアドレス
http://www.eight.co.jp/
メールアドレス
info@eight.co.jp

SBS即配サポート(株)

本　社　〒136-0075 東京都江東区新砂1-5-29　℡03-5633-9024
事業内容　即配事業
資本金　1億円　社　長　鎌田　正彦
通販部門設置　平成11年1月
サービス内容　即配便サービス、輸送サービス
主な設備　物流センター
従業員　599名
インターネット・ホームページアドレス
http://www.sbs-sokuhaisupport.co.jp

(株)エテル

本　社　〒542-0076 大阪府大阪市中央区難波4-4-4 難波御堂筋センタービル10F
　　　　℡06-6210-5420　FAX06-6210-5421
事業内容　コールセンター運営
資本金　1,000万円　社　長　水本　雄也
主な取扱商品・サービス内容　コールセンター運営
従業員　150名
インターネット・ホームページアドレス
https://www.eter.co.jp/
メールアドレス
info@eter.co.jp

(株)エヌビーシー

本　社　〒335-0035 埼玉県戸田市笹目北町10-11　℡048-449-6669　FAX048-449-6651
事業内容　封入作業代行、プリンタによるプリント代行業務
資本金　2,000万円　社　長　田村　義輝
サービス内容　封入作業代行、プリント作業代行、圧着、ラベリング作業
主な設備　封入封緘機35台、メールシーラー、フィルムシーラー、ラベリング
従業員　254名
通販担当部署　統轄部
担当者　川口　康和
主な取引先　大手印刷会社、大手クレジット会社
インターネット・ホームページアドレス
http://www.mail-nbc.com/
メールアドレス
nbc@mail-nbc.com

王子ホールディングス(株)

本　社　〒104-0061 東京都中央区銀座4-7-5
　　　　℡03-3563-1111　FAX03-3563-1135
事業内容　持株会社
資本金　1,038億8,000万円
社　長　進藤　清貴
従業員　27,360名（連結）3,383名（単独）
インターネット・ホームページアドレス
http://www.ojiholdings.co.jp/

大塚倉庫(株)

本　社　〒552-0006 大阪府大阪市港区石田1-3-16　℡06-6576-5921
主な事業内容　倉庫業・貨物自動車運送事業・貨物運送取扱業、不動産の開発・取得・所有・処分及び賃貸・管理及び利用、損害保険業・自動車損害賠償保障法に基づく保険代理店業、生命保険の募集に関する業務、通信販売に関する業務、情報の収集・処理の委託・システム開発・各種情報の提供及び管理他
資本金　8億円　社　長　濵長　一彦
設　立　1961年11月22日

(株)オカムラ

本　社　〒220-0004 神奈川県横浜市西区北幸1-4-1 天理ビル19F　℡045-319-3401
事業内容　物流システム機器（マテハン設備）、スチール家具全般の製造・販売

資本金　186億7,000万円
　　　　　　　社　長　中村　雅行
主な取扱商品・サービス内容　物流システム機器（マテハン設備）、スチール家具全般
従業員　2,866名
通販担当部署　物流システム営業部
ホームページアドレス
　http://www.okamura.co.jp/product/butsuryu/
メールアドレス
　info_mhan@okamura.co.jp

(株)オンド

本　社　〒107-0062 東京都港区南青山5-10-2　第二九曜ビル5階
　　　TEL03-3486-1460　FAX03-3486-1461
事業内容　広告制作会社
資本金　1,000万円
代表取締役　佐藤　章
主な取扱い商品　広告制作、カタログ・ダイレクトメール制作、サイネージ制作
従業員　29名
主な取引先　(株)ライトアップショッピングクラブ
インターネット・ホームページアドレス
　http://www.onde.co.jp/

カインズ商配(株)

本　社　〒270-0202 千葉県野田市関宿台町2546-1　TEL04-7196-1200　FAX04-7120-7171
通販拠点事業所
　　　TEL04-7196-1201　FAX04-7120-7172
事業内容　商品保管、ピッキング梱包作業の通販物流のサービス業
資本金　3,000万円　社　長　伊通　洋二
通販部門設置　平成10年12月
主なサービス内容　アパレル、輸入ブランド、雑貨、化粧品、美容用品等の保管梱包作業、カスタマーサービス
主な設備　コンテナヤード、無線HHTシステム、バーコード管理
従業員　300名
通販担当部署　営業部
インターネット・ホームページアドレス
　http://www.kinds-sh.co.jp/
メールアドレス
　info@kinds-sh.co.jp

(株)学研ロジスティクス

本　社　〒141-8421 東京都品川区西五反田2-11-8　TEL03-5437-8540　FAX03-5437-8515
主な事業内容　保管・配送業務／各種流通加工／メーリングサービス業務／データベース作成・加工／出荷検品システム販売／販売促進の各種後方支援業務／輸入業務／通販業務、他
資本金　100,000,000円　社　長　山村　優

設　立　平成4年10月1日
従業員　87名

共立印刷(株)

本　社　〒174-8860 東京都板橋区清水町36-1　TEL03-5248-7800　FAX03-5248-5570
資本金　33億6,486万2,500円
　　　　　　　社　長　佐藤　尚哉
設　立　1980年8月1日
従業員　773名

共和物産(株)

本　社　〒103-0013 東京都中央区日本橋人形町1-7-6　共同ビル
　　　TEL03-3465-5111　FAX03-3465-5118
事業内容　梱包請負業務（荷受、保管、加工、包装、出荷）、納品代行業務
資本金　2,000万円　社　長　萩原　篤博
通販部門設置　昭和48年4月
主な取扱い商品　物流業務、梱包資材販売、納品代行業務
主な設備　倉庫（江東区有明）
従業員　340名
インターネット・ホームページアドレス
　http://www.kyowa-grp.co.jp/
メールアドレス
　master@kyowa-grp.co.jp

(株)グロップ

本　社　〒703-8247 岡山県岡山市さい東町2-2-5　TEL086-273-2369　FAX086-273-9638
通販拠点事業所　〒103-0061 東京都中央区銀座1-3-1　TEL03-5524-1530　FAX03-5524-1531
事業内容　ダイレクトメール、コンタクトセンター、ロジスティック、データサービス、他
資本金　8,880万円　社　長　原田　竜一郎
通販部門設置　昭和50年10月
主な設備　主要物流センター16拠点、定形外封入機
従業員　330名
通販担当部署　事業戦略室
担当者　懸樋　明広
主な取引先　ベネッセコーポレーション、セシール、松下電器産業、ジャパンゴアテックス、他
インターネット・ホームページアドレス
　http://www.grop.co.jp

ケイヒン(株)

本　社　〒108-8456 東京都港区海岸3-4-20
　　　TEL03-3456-7801　FAX03-3456-7818
通販営業所在地　〒221-0036 神奈川横浜市神奈川区千若町3-1
　　　TEL045-441-2996　FAX045-441-2955
事業内容　倉庫業、陸上運送業、海上運送業、港湾運送業、運送取扱業、航空貨物取扱業、通関業、重量物運送業、陸海空複合貨物運送業、医薬品・医薬部外品・化粧品及び医療機器の包装・表示及び保管業並びに販売業
資本金　53億7,642万円
　　　　　　　社　長　杉山　光延
通販部門設置　昭和55年9月
サービス内容　通信販売商品の物流に関する業務（検品・在庫管理・その他流通加工全般、輸出入通関、複合一貫輸送）
主な設備　物流センター
売上高
　22年3月期　総売上　541億800万円（連結）
従業員　946名（連結）
通販担当部署　宅配統轄部
担当者　関本　篤弘
主な取引先　日本生活協同組合連合会、ディノス・セシール
インターネット・ホームページアドレス
　https://www.keihin.co.jp/

ケイヒン配送(株)

本　社　〒221-0036 神奈川県横浜市神奈川区千若町3-1　TEL045-441-2951
通販営業連絡先
　　　TEL045-441-2996　TEL045-453-2905
事業内容　物流センター事業、配送事業、トラック運送事業
資本金　9,000万円
代表取締役社長　関本　篤弘
通販部門設置　昭和55年9月
サービス内容　通信販売並びに店舗販売商品の物流に関する業務（検品、在庫管理、その他流通加工全般）、及び物流に関する一切の業務
主な設備　物流センター（横浜商品センター　約8万3,400㎡）（横浜第二商品センター　約1万8,000㎡）（相模原流通センター　約1万8,000㎡）通販物流マテハン設備（WMS、ソーター、出荷検品システム）：自動梱包機、DPS（デジタルピッキングシステム）
従業員　155名
通販担当部署　営業推進部
主な取引先　資生堂アメニティグッズ、ベルネージュダイレクト、楽天、JALUX、アニメイト、ハースト婦人画報社
インターネット・ホームページアドレス
　http://www.keihin-haiso.co.jp/

(株)興　伸

本　社　〒132-0003 東京都江戸川区春江町2-31-15　TEL03-3678-3500　FAX03-5243-7500
事業内容　カタログ・DM等のメーリングサービス業
資本金　3,020万円　社　長　小野　伸太郎

主な設備　ラベリングマシン、インサーター、他
従業員　137名
インターネット・ホームページアドレス
　http://www.kou-shin.com/
メールアドレス
　webmaster@kou-shin.com

(株)高速オフセット

本　社　〒530-0001 大阪府大阪市北区梅田3-4-5　毎日新聞ビル6F
　℡06-6346-2800　FAX06-6346-8848
事業内容　企画・制作・印刷・製本・発送
資本金　9,100万円　社長　橋本　伸一
主な設備　Bタテ半裁オフセット輪転機（4in1仕様）、水なし平版機、製本中綴機、新聞用オフセット輪転機
従業員　384名
通販担当部署　営業本部
担当者　真田　裕司
主な取引先　㈱毎日新聞社
インターネット・ホームページアドレス
　http://www.kousoku-offset.co.jp/
メールアドレス
　eigyo@kousoku-offset.co.jp

児島段ボール(株)

本　社　〒812-0013 福岡県福岡市博多区博多駅東1-17-25 KDビル
　℡092-452-0631　FAX092-452-0777
主な事業内容　段ボールシート及び段ボールケース製造・販売及びその附帯する業務
資本金　4,200万円　社長　児島　圭多朗
主な扱い商品　食品加工段ボールケース、工業製品用段ボールケース、青果物段ボールケース、水産物段ボールケース、汎用段ボールシート、鮮度保持段ボールケース、シート、段ボール緩衝材
インターネット・ホームページアドレス
　http://www.kdb.co.jp
メールアドレス
　info@kdb.co.jp

寿堂紙製品工業(株)

本　社　〒173-0021 東京都板橋区弥生町60-4　℡03-3974-7114　FAX03-3974-2544
事業内容　封筒製造メーカー、メーリングサービス関連、ワンピース・メーラー印刷物
資本金　7,744万円　社長　山田　有宏
通販部門設置　平成元年1月
サービス内容　封筒製造、発送代行、電算業務、倉庫業、印刷物受注
主な設備　メールインサータ、ラベリングマシン、バースタ、ワンピースメーラ加工機

従業員　320名
通販担当部署　第二営業本部
担当者　吉田　豊
主な取引先　シティグループ エヌ・エイ、ソニー・ミュージックコミュニケーションズ、日経BP社
インターネット・ホームページアドレス
　http://www.kotobukido.co.jp/
メールアドレス
　yoshida-y@kotobukido.co.jp

小林クリエイト(株)

本　社　〒448-8656 愛知県刈谷市小垣江町北高根115
　℡0566-26-5310　FAX0566-26-5308
通販拠点事業所　〒448-8656 愛知県刈谷市小垣江町北高根115
　℡0566-26-5310　FAX0566-26-5308
事業内容　オーダーフォーム印刷、ラベル印刷、情報処理サービス、システム開発
社長　小林　友也
主な取扱商品・サービス内容　各種印刷物、ラベル（物流伝票）、販促物（チラシ）、通知物（DM）発送処理
従業員　1,101名（平成30年9月）
インターネット・ホームページアドレス
　https://k-cr.jp

佐川印刷(株)

本　社　〒617-8588 京都府向日市森本町戌亥5-3　℡075-933-8081　FAX075-934-0039
事業内容　印刷業・製本業、メール加工業、情報処理業
資本金　1億円　社長　江口　宏
サービス内容　印刷全般、企画、デジタルプリプレス、製本、情報処理、ソフト開発、メーリング加工、他
主な設備　出版グラビア、A1・A2・B1・B2オフ輪、菊AB枚葉オフ、BF輪転各種、超高速インクジェット、中綴じ製本、無線綴じ製本、メーリング加工機、他
従業員　2,155名（関連会社含む）
主な取引先　佐川急便グループ、ニッセン、リクルート、京セラ、コクヨ、松竹、日本たばこ産業、三井海上火災、タイトー、トラスコ中山、他
インターネット・ホームページアドレス
　http://www.spcom.co.jp/

佐川急便(株)

本　社　〒601-8104 京都府京都市南区上鳥羽角田町68
　℡075-691-6500　FAX075-682-3784
資本金　112億7,500万円
代表取締役社長　本村　正秀
サービス内容　宅配便など各種輸送にかかわる事業

売上高　22年3月期　総売上　1兆5,883億7,500万円　　　　（グループ連結）
従業員　5万8,527人（2021年3月期現在）
インターネット・ホームページアドレス
　http://www.sagawa-exp.co.jp/

(株)札幌メールサービス

本　社　〒065-0008 北海道札幌市東区北八条東11-1-39
　℡011-704-2111　FAX011-704-2121
事業内容　ダイレクトメールの企画及び発送代行、セールスプロモーションの企画及び実施
資本金　2,300万円　社長　竹内　武司
通販部門設置　平成3年1月
サービス内容　ゆうパック
主な設備　チェッシャーラベリングマシン、封入封緘機、自動紙折機、自動結束機
従業員　29名
通販担当部署　営業部営業推進課
担当者　佐々木　裕二

SAVAWAY(株)

本　社　〒164-0012 東京都中野区本町1-32-2 ハーモニータワー17F
　℡050-6634-2232(代)
事業内容　EC多店舗管理システム開発、本店カートシステム開発（自社ECサイト構築）
資本金　5,500万円
代表取締役社長　齋藤　直
主なサービス内容　ECストア管理のオールインワンパッケージ「テンポスター」等
従業員　70名
主な取引先　アマゾンジャパン、ヤフージャパン、DeNA、楽天、ベネッセコーポレーション等
インターネット・ホームページアドレス
　https://savaway.co.jp

(株)三協

本　社　本社所在地　〒578-0903 大阪府東大阪市今米1-15-11
　℡072-967-6010（代）　FAX072-967-6012
本社EC物流センター　〒578-0903 大阪府東大阪市今米1-15-11
　℡072-963-6001（代）　FAX072-963-6002
寝屋川EC物流センター　〒572-0077 大阪府寝屋川市点野3-13-41
　℡072-826-6601（代）　FAX072-826-6602
東大阪第一営業所　〒579-8004 大阪府東大阪市布市町2-3-17
　℡072-983-2010（代）　FAX072-983-2311
東大阪第二営業所　〒579-8004 大阪府東大阪市布市町2-11-2

℡072-985-1960（代）　FAX072-986-2473
大東第一営業所　〒574-0056 大阪府大東市新田中町2-61
　　　　　℡072-871-3691（代）　FAX072-875-1132
大東第二営業所　〒574-0053 大阪府大東市新田旭町6-15
　　　　　℡072-816-0112（代）　FAX072-870-0885
奈良営業所　〒636-0936 奈良県生駒郡平群町福貴1240-1
　　　　　℡0745-46-2580（代）　FAX0745-46-2581
主な事業内容　物流業務全般、物流コンサルティング、倉庫運営代行
資本金　3,000万円
代表取締役　山田孝治
設立　昭和43年（1968年）
従業員　300名

三興物流(株)

本社　〒534-0001 大阪府大阪市都島区毛馬町5-2-10
　　　　　℡06-6925-3519　FAX06-6925-3373
事業内容　一般運送、宅配、設置工事、セッティング、集金代行、物流加工、PC・STBインストール、商品管理、受注センター（電話、e-mail等）
資本金　4,700万円
会長　伊東　広志　社長　杉江　秀樹
設立　昭和45年8月
通販部門設置　昭和45年8月
サービス内容　家具、家電製品、家庭用品、日用雑貨、介護用ベッド、マッサージ機、パソコン、オフィス機器、オフィス家具等。配送と同時に設置、セッティング、工事、動作確認、初期インストラクション等を行う。物流加工、受注センター（電話、e-mail等）、送り状発行、等
主な設備　配送センター、物流加工センター、物流情報ネットワークシステム等
従業員　500名
通販担当部署　宅配事業本部
担当者　本部長　喜多　成之
主な取引先　ジャパン、YKKAP、白洋舎、共同リネンサプライ、ジョーシン電機、中央物産、ベスト電器、ベストサービス、誠商会、梅澤、芳澤鉛錫、秀光舎、カネトミ商事、川上、ノーケン、サンコー、弘栄社、八木研、富士火災海上保険、スギ薬局、日建リース工業、マナベインテリアハーツ、等
インターネット・ホームページアドレス
http://www.sankoh-logi.co.jp/
メールアドレス
info@sankoh-logi.co.jp

シールドエアージャパン(同)

本社　〒103-0001 東京都中央区日本橋小伝馬町1-7 スクエア日本橋
　　　　　℡03-5644-1110　FAX03-5644-1119

主な事業内容　包装システム機器、包装用資材及び関連商品の輸入・製造・販売・リース
設立　1978年

(株)ジェイテック

本社　〒101-0032 東京都千代田区岩本町2-5-11 岩本町T・Iビル1F
　　　　　℡03-3863-8875　FAX03-3863-8921
事業内容　物流センターシステム設計・施工・コンサルティング、物流機器販売
資本金　2,000万円　社長　松山　誠
主な取扱い商品　物流運用情報システムの企画・提案、物流機器（自動倉庫、コンベヤ、什器等）
主な取引先　ベルーナ、ディーエイチシー、トライネット・ロジスティクス、センコー
インターネット・ホームページアドレス
http://www.jtec-web.co.jp/
http://www.hanger-rack.com
メールアドレス
info@jtec-web.co.jp

(株)ジップ

本社　〒701-4271 岡山県瀬戸内市長船町長船301-11
　　　　　℡086-926-4770　FAX086-926-5261
東京支社　〒160-0023 東京都新宿区西新宿3-2-4 新和ビルディング9F
　　　　　℡03-6279-0217　FAX03-6279-0218
事業内容　発送代行業
資本金　3,000万円
代表取締役会長　岩坪　誠次郎
サービス内容　通信教育教材、学校教材の梱包・封入作業、DMの封入封緘、アウトソーシング等
主な設備　インサーター17台、定形外封入ライン8台、高速インクジェットプリンター5台、フィルムインサーター5台、バースター4台、オクトパス2台
売上高
　24年7月期　総売上　183億1,100万円
　23年7月期　総売上　192億2,200万円
　22年7月期　総売上　198億8,500万円
通販担当部署　営業部
主な取引先　ベネッセコーポレーション、日宝綜合製本
インターネット・ホームページアドレス
https://www.zip-inc.co.jp/

(株)シップス

本社　〒531-0074 大阪市北区本庄東2丁目5-27　℡06-6372-8066　FAX06-6372-3191
事業内容　撮影、製版、印刷業
資本金　8,000万円
社長　岡部　紀己

通販部門設置　平成6年4月
主な取扱商品・サービス内容　カタログ通販商品、ＷＥＢ通販商品
主な設備　撮影スタジオ、インクジェット機、印刷機
従業員　50名
ホームページアドレス
http://www.cips.co.jp

(株)ジャンボ

本社　〒225-8501 神奈川県横浜市青葉区荏田町1474-4　ジャンボビル
　　　　　℡045-912-2112　FAX045-912-2181
事業内容　DMリストの提供・DMの封入発送作業・通販運営代行
資本金　8,000万円　社長　濱田　真
通販部門設置　平成16年11月
サービス内容　販売促進企業ターゲットデータ提供、封入・発送、キャンペーン事務局代行、出力（白黒・カラー・毛筆）
主な設備　サーバー　3台、PC　70台、PCレーザープリンター　2台、PC高速ラインプリンタ　2台、PCサーバー　2台、CDライター　1台、高速スキャナー　1台、ラベリングマシン　1台、封入封かん機　1台、電子ハカリ　1台、高速宛名印字機1台
従業員　85名（外部スタッフ含め）
通販担当部署　広報部
インターネット・ホームページアドレス
http://www.jmb.co.jp/
メールアドレス
ei@jmb.co.jp

(株)ショーエイコーポレーション

本社　〒541-0051 大阪府大阪市中央区備後町2-1-1　第二野村ビル7F
　　　　　℡06-6233-2666　FAX06-6233-2660
通販営業所在地
〒541-0051 大阪府大阪市中央区備後町2-1-1
　　　　　℡06-6233-2666　FAX06-6233-2660
〒102-0073 東京都千代田区九段北4-1-3　飛栄九段北ビル9F
　　　　　℡03-5276-6590　FAX03-5276-6595
事業内容　包装資材の製造・販売、DM発行代行
資本金　2億2,940万円　社長　芝原　英司
通販部門設置　平成3年
サービス内容　包装資材の製造販売、DMの封入・加工・発送代行全般
主な設備　ラッピングマシーン8台
従業員　186名
通販担当部署　メディアネットワーク営業部
担当者　川畔、西川
主な取引先　稲畑産業㈱、ザ・パック、日本紙通商
インターネット・ホームページアドレス

(株)シンフォーム

本　社　〒700-0034 岡山県岡山市高柳東町10-1　℡086-256-0202　FAX086-256-6051
事業内容　情報サービス業
資本金　9,500万円　社長　田中　隆章
通販部門設置　平成5年4月
サービス内容　情報処理サービス分野におけるアウトソーシング、データ・センター、ASP、コンサルティング事業
主な設備　大型コンピュータ、高速プリンター設備等
従業員　393名
通販担当部署　事業開発部
担当者　初村　善男
主な取引先　ベネッセコーポレーション
インターネット・ホームページアドレス
http://www.synform.co.jp/
メールアドレス
info@synform.co.jp

鈴与(株)

本　社　〒424-8703 静岡県静岡市清水区入船町11-1　℡054-354-3040
通販拠点事業所　〒140-0013 東京都品川区南大井6-22-7 大森ベルポートE館7F
　℡03-6404-8058　FAX03-6404-2109
事業内容　港湾運送事業、自動車運送事業、通関業、海運貨物取扱業、倉庫業
資本金　10億円　社長　鈴木　健一郎
主な取扱い商品　アパレル、化粧品、健康食品、食品、輸入雑貨品、音楽CD・DVD・BR
主な設備　倉庫　全国約110カ所、延べ面積63万㎡以上
従業員　1,043名
通販担当部署　フルフィルメント営業推進室
担当者　渡辺　洋平
主な取引先　通販事業者各社、自動車メーカー、食品メーカー、機械メーカー　他
インターネット・ホームページアドレス
http://tsuhan.suzuyo.co.jp
メールアドレス
tsuhan@suzuyo.co.jp

(株)ステージ

本　社　〒171-0014 東京都豊島区池袋2-40-13　長坂ビル8F
　℡03-3980-8211　FAX03-3980-5522
事業内容　通販会社へのDM、商品発送業務等の業務マネージメント及び各種代行業務を受託処理
資本金　1,000万円　社長　坂口　悦男
通販部門設置　平成3年6月
サービス内容　FAX、E-Mail、DM等とHP作成及び運用管理業務を受託代行します
主な設備　PC各種21台、プリンター各種11台
従業員　10名
インターネット・ホームページアドレス
http://www.sakastage.co.jp/
メールアドレス
saka@stage.co.jp

住商グローバル・ロジスティクス

本　社　〒100-0003 東京都千代田区一ツ橋1-2-2　住友商事竹橋ビル
　℡03-6266-6000　FAX03-6266-6100
通販営業連絡先
　℡03-6220-3161　FAX03-6220-3250（営業開発部）
物流センター　〒275-0024 千葉県習志野市茜浜3-6-2（茜浜センター）
〒279-0024 千葉県浦安市港76-3（三温度帯センター）
事業内容　通信販売事業向け物流センター業務
資本金　4億円　社長　日比生　裕一
通販部門設置　平成9年2月
サービス内容　衣類・雑貨類の検品、在庫管理、出荷梱包作業、ギフトラッピング、荷追、返品対応等
主な設備　独自開発によるWMS及び出荷梱包システム、茜浜センター（延床面積：約3万2,000坪）、舞浜センター、浦安食品センター（三温度帯）等
従業員　620名(2018年4月1日時点　現場パート社員を除く)
通販担当部署　営業開発部
担当者　鈴木、佐藤
主な取引先　ジュピターショップチャンネル㈱、㈱ゴルフダイジェスト・オンライン、他
インターネット・ホームページアドレス
http://www.sglogi.co.jp

住友重機械搬送システム(株)

本　社　〒105-0003 東京都港区西新橋2-8-6
　℡03-6891-2161
通販拠点事業所　〒105-0003 東京都港区西新橋2-8-6
　℡03-6891-2165　FAX03-6891-2194
事業内容　通販会社向け各種設備を納入しているマテハンメーカー
資本金　4億8,000万円（住友重機械工業100％）
社長　遠藤　辰也
主な取扱い商品　高密度保管システム「マジックラック」、自動倉庫、仕分け設備、ピッキングシステム、自動梱包ライン、他マテハン設備
通販担当部署　物流システム営業部
担当者　課長　坂本　高章
インターネット・ホームページアドレス
http://www.shi.co.jp/shi-mh/logistics/
http://magiccrack.jp/

(株)ゼアー

本　社　〒105-0001 東京都港区虎ノ門1-16-16 虎ノ門一丁目MGビル8階
　℡03-6280-5277　FAX03-6280-5266
主な事業内容　物流企画・商品開発・商品販売・システム開発
資本金　10,000千円　社長　前澤　周平
設　立　平成15年7月17日
インターネット・ホームページアドレス
https://there.co.jp/
関連会社　ゼアーウィンスリーサービス㈱

西濃運輸(株)

本　社　〒503-8501 岐阜県大垣市田口町1
　℡0584-82-5000　FAX0584-82-5040
事業内容　貨物自動車運送事業
資本金　1億円
取締役社長　小寺　康久
主な取扱い商品　カンガルー便、カンガルー通販便
従業員　1万3,530名（2019年3月31日現在）
インターネット・ホームページアドレス
http://www.seino.co.jp

セイノーフィナンシャル(株)

本　社　〒503-8501 岐阜県大垣市田口町1番地　℡0584-82-5527
資本金　9,000万円　社長　田口　隆男
通販部門設置　平成22年4月
主なサービス内容　決済サービス、ファクタリング事業
インターネット・ホームページアドレス
http://www.seino.co.jp/financial/
メールアドレス
financial@seino.co.jp

(株)ゼネラルアサヒ

本　社　〒812-0064 福岡県福岡市東区松田3-777　℡092-611-8311　FAX092-623-4139
事業内容　販売促進企画、商業印刷物の製造販売
資本金　5億5,456万円　社長　松岡　弘明
主な設備　オフセット印刷機、封入ラッピングライン、圧着ハガキライン、宛名印字ライン
従業員　654名
通販担当部署　メーリング事業部
担当者　日永田　正
インターネット・ホームページアドレス
http://www.generalasahi.co.jp/
メールアドレス
tadahn@generalasahi.co.jp

センコー(株)

本　社　〒135-0052 東京都江東区潮見2-8-10 潮見ＳＩＦビル5F　℡03-6862-7154
資本金　100億円　社　長　福田　泰久

(株)宣工社

本　社　〒359-0022 埼玉県所沢市本郷1118-6　℡04-2951-6300　FAX04-2951-6310
通販拠点事業所　〒359-0015 埼玉県所沢市日比田721-3
　　℡04-2951-6301　FAX.04-2937-7464
事業内容　DM発送代行、アッセンブリ加工、通販物流、メディア事業、通信販売
資本金　1,500万円
社　長
主な取扱商品・サービス内容　発送代行全般、化粧品、医薬部外品の包装及び梱包、各種印刷物の企画制作
主な設備　インクジェットプリンター、シュリンク、封入加工機等多数
従業員　140名
通販担当部署　営業部
担当者　田中　真道
ホームページアドレス
　https://www.senkosha-co.co.jp
メールアドレス
　inquiry@senkosha-co.co.jp

大王製紙デザインパッケージ(株)

本　社　〒354-0044 埼玉県入間郡三芳町北永井880　℡049-258-1121　FAX049-258-7456
資本金　5,000万円
主な取扱い商品　ダンボール製ケース（配送ケース等）の企画・製造・販売
従業員　100名
インターネット・ホームページアドレス
　http://www.daio-designpackage.co.jp

ダイオープリンティング(株)

本　社　〒112-0012 東京都文京区大塚5-9-2 新大塚プラザ
　　℡03-5395-0773　FAX03-5395-2709
通販営業連絡先
　　℡03-5395-1181　FAX03-5395-1413
事業内容　印刷物全般の企画・制作
資本金　8,000万円　社　長　篠原　義幸
主な取扱い商品　カタログ、チラシ、パンフレット、他
主な設備　DTP設備（Mac30台、レナトス3台）、製版、印刷（枚葉10台、輪転機14台）、加工機
従業員　265名
通販担当部署　企画部企画課
主な取引先　電通、博報堂、日本経済広告社、他

(株)大幹ビジネスサービス

本　社　〒158-0086 東京都世田谷区尾山台2-11-9　℡03-3703-3768　FAX03-3703-0038
通販拠点事業所　〒206-0025 東京都多摩市永山6-11-6
　　℡042-337-1551　FAX042-337-8181
事業内容　発送代行
資本金　1,000万円　社　長　大野　裕司
主なサービス内容　トータルメーリングサービス
主な設備　定形及び定形外インサーター、インクジェットプリンター
従業員　44名（パート240名）
通販担当部署　事業本部営業課
担当者　横森・梅川

大日本印刷(株)

本　社　〒162-8001 東京都新宿区市谷加賀町1-1-1　℡03-3266-2111
通販拠点事務所　〒141-8001 東京都品川区西五反田3-5-20 DNP五反田ビル
　　℡03-6431-5275　FAX03-6431-5294
事業内容　総合印刷業（出版印刷、一般商業印刷、証券、カード、ビジネスフォーム、パッケージ、建材製品、エレクトロニクス部材、マルチメディア関連、他）
資本金　1,144億6,476万円
社　長　北島　義俊
通販部門設置　昭和58年4月
サービス内容　通販全般にわたる企画・制作、システム構築・運用、各種媒体印刷・加工・発送、インターネットショッピング運営、サーバーホスティング、受注コンタクトセンター運営、等
主な設備　インターネットデータセンター、コンタクトセンター、セキュリティゾーン、各種大型スタジオ、印刷関連設備、封入発送関連設備
従業員　10,812名（単体）
通販担当部署　C&I事業部 eマーケティング本部コマースソリューション企画開発室
担当者　岡本　高明
インターネット・ホームページアドレス
　http://www.dnp.co.jp/

(株)ダイフク

本　社　〒105-0022 東京都港区海岸1-2-3 汐留芝離宮ビルディング
　　℡03-6721-3530　FAX03-6721-3571
事業内容　物流システムに関するコンサルティングとエンジニアリングおよび設計・製造・据付・サービスなど
資本金　318億6,530万円
社　長　下代　博
通販部門設置　昭和12年5月
通販担当部署　システムソリューション部
ホームページアドレス
　http://www.daifuku.com/jp/

(株)タウンズポスト

本　社　〒810-0023 福岡市中央区警固2-2-19-15F
営業本部　〒812-0054 福岡市東区馬出6-12-55
主な事業内容　ダイレクトメール発送代行事業、普通郵便発送代行事業、荷物発送代行事業、国際貨物発送代行事業
資本金　1,050万円　社　長　飯田　剛也
設　立　2004年9月8日
インターネット・ホームページアドレス
　https://towns-post.co.jp/

(株)タクテック

本　社　〒113-0033 東京都文京区本郷3-32-7 東京ビル7階
　　℡03-3868-3140　FAX03-3868-3152
通販拠点事業所　〒113-0033 東京都文京区本郷3-32-7 東京ビル7F
　　℡03-3868-3140　FAX03-3868-3152
事業内容　物流システム及び物流資材の提供、マテリアルハンドリング設備のエンジニアリング
資本金　2,000万円　社　長　山崎　整
通販部門設置　平成19年2月
主な取扱商品・サービス内容　GAS、Gカート・STOC・カラコンの販売、ハンディー返品システムの販売、DAS・DPSの販売、PaLS・LSSの販売
従業員　22名
通販担当部署　営業部
担当者　富永　直樹
主な取引先　㈱豊田自動織機、アサヒロジスティクス㈱、国分グループ本社㈱、日本郵便㈱、リンテック㈱、㈱PAL、レンゴー㈱、㈱サトー
インターネット・ホームページアドレス
　http://www.taku-tech.com
メールアドレス
　info_gas101@taku-tech.com

(株)タナカ

本　社　〒300-4115 茨城県新治郡新治村藤沢3495-1　℡0298-62-1234　FAX0298-62-1122
通販営業所在地　〒101-0042 東京都千代田区神田東松下町17 もとみやビル6F
　　℡03-3255-4841　FAX03-3255-2321
事業内容　デザイン封筒の製造及び冊子状カタログと外封筒を一体化したDM「マルチメール」の印刷・製本加工及び圧着ハガキDM等、DM全般の企画制作・印刷から局出しまで
資本金　9,860万円　社　長　大久保　卓幸
通販部門設置　平成7年10月

サービス内容　DM制作、データ管理、印字サービス、メール発送、フォーム印刷
主な設備　オフ輪4台、インクジェットプリンタ2台、製本加工設備一式、高速プリンター2台
従業員　365名
通販担当部署　情報印刷事業部
担当者　高橋　洋幸
主な取引先　JALカード、増進会出版社、さくらカード、NHKソフトウェア、エス・バイ・エル、東総信
インターネット・ホームページアドレス
　http://www.tanakanet.co.jp/
メールアドレス
　h.takahashi@tanakanet.co.jp

(株)地区宅便

本　社　〒179-0075 東京都練馬区高松5-8-20 J.CITY TOWER 16F
　　　　（代）03-5372-6122　FAX 03-5372-6123
　営業　TEL 03-5372-6133　FAX 03-5372-6134
（千葉本社）　〒267-0056 千葉県千葉市緑区大野台2-6-15
　　　　TEL（代）043-205-9686　FAX 043-205-9687
主な事業内容　当社は昭和55年に設立以降、「メール便発送・配達事業」を中心に「ちくぽす事業（ポスティング）」や「ロジスティクス事業」、「メディアレップ・広告事業」など幅広い事業を行っています。
資本金　8,209万円　社　長　河合　秀治
設　立　昭和55年（1980年）12月 協同組合として設立、平成16年（2004年）8月 株式会社へ組織変更
売上高
　120億1,763万円（子会社を含む、令和4年3月期）
従業員　660名・他に契約傭人（配達員など）3,690名（子会社を含む、令和4年3月末現在）
インターネット・ホームページアドレス
　https://www.tikutakubin.co.jp/

(株)チャレンジファイブ

本　社　〒557-0063 大阪府大阪市西成区南津守6-8-26
　　　　TEL 06-6651-8800　FAX 06-6651-8787
事業内容　パッケージ企画・製造・販売・フィルム封筒・規格袋・すり込み・加工・販売
資本金　8,000万円　社　長　芝原　憲司
通販部門設置　昭和63年3月
主な設備　グラビア印刷関連・オフセット印刷関連在庫・スリッター機・各種製袋機
従業員　80名
通販担当部署　社長
担当者　芝原　憲司
インターネット・ホームページアドレス
　http://www.c-5.co.jp/
メールアドレス
　kl.shibahara@c-5.co.jp

中越運送(株)

本　社　〒950-8621 新潟県新潟市美咲町1-23-26　TEL 025-283-0019　FAX 025-284-0590
主な事業内容　貨物自動車運送事業、貨物運送取扱事業、倉庫業、通関業、航空運送代理店業、梱包荷造包装業、自動車分解整備事業、不動産・施設の賃貸業、損害保険代理業、産業廃棄物収集運搬業、前各号に附帯関連する一切の事業
資本金　4億8,750万円
　　　　　　　　社　長　中山　元四郎
設　立　昭和26年4月2日
従業員　1,200名

(株)DNPロジスティクス

本　社　〒115-8585 東京都北区赤羽南2-20-7
　　　　TEL 03-3903-8636　FAX 03-3903-8957
事業内容　輸配送、梱包・包装、カタログ封入封緘発送、流通加工、カスタマーセンター顧客管理代行
資本金　6億2,633万円　社　長　原　有信
主な設備　配送センター、輸送車輌、ザンダム、シトマ、各種インサーター、各種情報処理設備
従業員　930名
通販担当部署　SS推進室
担当者　塩地　健二
主な取引先　大日本印刷、国分、日本酒類販売、リクルート、伊勢丹、西武百貨店、東急百貨店、丸井、ニッセン、三井倉庫、学研、富士フイルム、大平工業
メールアドレス
　Shiochi-K@mail.dnp.co.jp

ティーエルロジコム(株)

本　社　〒130-0012 東京都墨田区太平4-1-3
　　　　TEL 03-3829-2340　FAX 03-3829-2390
通販拠点事業所
　　　　TEL 03-3829-3021　FAX 03-3829-3852
事業内容　物流事業、マーケティングプランニング事業、eコマース通販事業
資本金　28億4,600万円
社　長　鎌田　正彦
主なサービス内容　倉庫、運輸、輸出入代行、DM配布代行、販売促進支援、通販立ち上げ支援
主な設備　保管倉庫
従業員　1,443名
通販担当部署　ソリューション部
担当者　唐澤　孝義
インターネット・ホームページアドレス
　http://www.tl-logicom.co.jp/

(株)データブレーン

本　社　〒440-0884 愛知県豊橋市大国町37
　　　　TEL 0532-54-2737　FAX 0532-54-6620
事業内容　ダイレクトマーケティング
資本金　1,000万円　社　長　南原　克己
通販部門設置　昭和60年10月
サービス内容　DMの発送代行、CP入力代行、ダイレクトマーケティング専門代理店、顧客管理代行
主な設備　メールインサーター、ラベリングマシン、全自動紙折機、バーコードプリンター、OCR（光学文字認）、ダイレクト宛名プリンター、オンデマンド印刷機
従業員　35名
通販部門担当者　永井　淑寛
主な取引先　外食産業、スポーツ用品店、入浴施設、メガネ・コンタクトレンズ販売店、印刷会社、各種学校、他
インターネット・ホームページアドレス
　http://www.databrain.co.jp/
メールアドレス
　trade@databrain.co.jp

(株)デザインフィル

本　社　〒150-0013 東京都渋谷区恵比寿1-19-19 恵比寿ビジネスタワー9F
　　　　TEL 03-3626-4021　FAX 03-3626-4062
事業内容　文房具、紙製品、バッグ、手帳
資本金　2億34万円　社　長　会田　一郎
通販部門設置　昭和25年12月
主な取扱い商品　文具・紙製品製造メーカー
主な設備　印刷機
従業員　122名
通販担当部署　マーケティング部
担当者　金子　中
主な取引先　千趣会、ムトウ、アスクル、カウネット
インターネット・ホームページアドレス
　http://www.midori-japan.co.jp/
メールアドレス
　webmaster@midori-japan.co.jp

東京アドレス(株)

本　社　〒124-0025 東京都葛飾区西新小岩3-13-6　TEL 03-5672-7480　FAX 03-5670-7408
事業内容　DM発送代行、宛名データ入力及び管理
資本金　1,000万円　社　長　高森　巌
サービス内容　郵便物の発送事務請負
従業員　32名
主な取引先　日本経済新聞社、他150社
インターネット・ホームページアドレス
　http://www.tokyo-adores.co.jp/
メールアドレス
　DM@tokyo-adores.co.jp

(株)東京ステップ

本　社　〒105-0004 東京都港区新橋5-23-7 ニュー三栄ビル5F
℡03-5425-7575　FAX03-5425-7577
事業内容　データマーケティング、ダイレクトメール、データ入力、インバウンドコールセンター、チケット販売
資本金　1,000万円　社　長　金森 禎毅
通販部門設置　平成6年8月
従業員　10名（パート10人）
通販担当者　川上　宰　金森 禎毅
インターネット・ホームページアドレス
　http://www.tokyo-step.com
メールアドレス
　tstep@tokyo-step.com

東京物流企画(株)

本　社　〒335-0026 埼玉県戸田市新曽南4-4-11　℡048-447-7701　FAX048-447-7720
通販営業連絡先
　℡048-447-7701　FAX048-447-7720
事業内容　カタログフィルムラッピング、インクジェット、定形・定形外封筒封入封緘発送、ラベリング、丁合作業、梱包、保管、製本（中綴）、断裁、PP貼、シュリンク包装
資本金　5,000万円　社　長　後藤 義男
サービス内容　教科書・学習参考書等の梱包発送、セット作業、フィルムラッピング包装、定形・定形外封入封緘、ラベリング、PP貼り、丁合作業、等
主な設備　フィルムラッピング　7台、インサーター　2台、メールロボ　1台、インクジェット　1台、折機、梱包機、トライオート　1台、中綴機　1台、断裁機　1台、ラベリングマシン　1台、丁合機　2台、PP貼り機　1台
従業員　180名
通販担当部署　営業部
担当者　黒沢　則夫
主な取引先　東京書籍、東京書籍印刷、増進会出版社、凸版印刷グループ、大日本印刷グループ
インターネット・ホームページアドレス
　http://www.t-b-k.co.jp/

東京ラインプリンタ印刷(株)

本　社　〒173-0026 東京都板橋区中丸町13-1 ゲオタワー池袋
　℡03-3972-9301　FAX03-3972-9618
通販営業連絡先
　℡03-3972-4787　FAX03-3972-6483
事業内容　一般印刷、帳票印刷、他全般
資本金　1億円　社　長　田上　昊
通販部門設置　平成2年4月
主な取扱い商品　SPカード（シークレットハガキ、封書等）データベース、SPシール、インクジェット印字、レーザープリンター他
主な設備　シークレットハガキ作製機・インクジェットプリンター3台、封入封緘機3台
従業員　220名
通販担当部署　NCSプロジェクト
主な取引先　二光、住商オットー、KDDI、JT、ヤクルト商事、他
インターネット・ホームページアドレス
　http://www.tlp.jp/

東京リスマチック(株)

本　社　〒116-0014 東京都荒川区東日暮里6-41-8　℡03-3891-7455　FAX03-3891-7451
事業内容　印刷事業、サービス事業（DTP出力事業）
資本金　12億7,960万円
　　　　　　社　長　鈴木　隆一
主な取扱い商品　オフセット印刷、DMトータルサービス、オンデマンド印刷、サインディスプレイ
主な設備　都内20ヵ所店舗、印刷工場3ヵ所、サインディスプレイ工場、シール工場2ヵ所
従業員　780名
通販担当部署　営業本部第3営業部
担当者　冨永　浩敬
主な取引先　富士フイルム㈱、富士ゼロックス㈱、アドビシステムズ、㈱モリサワ
インターネット・ホームページアドレス
　http://www.lithmatic.co.jp
メールアドレス
　support@lithmatic.co.jp

東洋紙業(株)

本　社　〒140-8670 東京都品川区南品川6-1-5　℡03-3450-2811　FAX03-3474-3065
事業内容　印刷物の企画製造
資本金　34億4,812万円
社　長　西森　孝広
主な取扱い商品　印刷物・企画
主な設備　オフセット輪転機、オフセット枚葉機、オフセットフォーム輪転機
従業員　1,000名
通販部門担当者　松浦　秀樹
インターネット・ホームページアドレス
　http://www.toyo-s.co.jp

トーヨーカネツ(株)

本　社　〒136-8666 東京都江東区南砂2-11-1　℡03-5857-3333(代)　FAX03-6700-1952
事業内容　物流ソリューション事業（旧トーヨーカネツソリューションズ㈱）
物流システム及び情報システムの企画、設計、製作、施工及び販売
機械・プラント事業
各種貯蔵タンクとそれに関連する土木・配管・計装等の付帯工事を含むトーリルエンジニアリングおよび建設施工
資本金　185億8,000万円　社　長　柳川　徹
通販部門設置　昭和16年5月
主な取扱商品・サービス内容　情報通信・機械設備・カード・その他
主な設備　仕分け・ピッキング・搬送システムや保管システム（シャトルシステム含む）などのマテハン設備
従業員　560名（2020年3月）（連結995名／2020年3月期）
通販担当部署　ソリューション事業本部
インターネット・ホームページアドレス
　http://www.tksl.co.jp/ja/
メールアドレス
　tksl-marketing@toyokanetsu.co.jp

TOPPANエッジ(株)

本　社　〒105-8311 東京都港区東新橋1-7-3
　℡03-6253-6000　FAX03-6253-5627
事業内容　BF（ビジネスフォーム）、DPS（データ・プリント・サービス）、BPO（ビジネスプロセスアウトソーシング）、デジタルソリューション、システム運用管理サービス、カード・ICタグ関連業務、電子決済サービス、サプライ品、機器類の販売・保守ほか
資本金　117億5,000万円
社　長　添田　秀樹
サービス内容　DMに関わる印刷物の企画・製造、データプロセッシング、データプリントおよび封入封緘・局出しの受託、情報処理システム・機器の開発
主な設備　DM関連印刷機械およびDPS受託に関わる機器
従業員　単体2,612名 連結9,545名（2021年3月末現在）
主な取引先　全国通販各社
インターネット・ホームページアドレス
　http://www.toppan-f.co.jp/

トナミ運輸(株)

本　社　〒933-8566 富山県高岡市昭和町3-2-12　℡0766-21-1073
主な事業内容　貨物自動車運送事業、貨物利用運送事業、倉庫業、コンピュータによる情報処理、ソフトウェアの開発・販売、損害保険代理業、物品販売ならびに委託売買　等
資本金　100億円　社　長　綿貫　勝介
設　立　2008年10月1日

(株)巴川製紙所

本　社　〒104-8335 東京都中央区京橋1-7-1
　℡03-3561-7147　FAX03-3561-7154
通販拠点事務所　〒104-8335 東京都中央区

京橋1-7-1
　　　℡03-3561-7147　FAX03-3561-7154
事業内容　超軽量DM用紙「トモエリバー」の製造販売
資本金　28億9,495万円
代表取締役社長　井上　善雄
主な取扱い商品　超軽量DM用紙「トモエリバー」の製造販売
主な設備　抄紙設備
主な取引先　通販会社各社
インターネット・ホームページアドレス
　http://www.tomoegawa.co.jp
メールアドレス
　fiber@tomoegawa.co.jp

(有)中村断截所

本　社　〒130-0005 東京都墨田区東駒形4-6-3　℡03-3622-8832　FAX03-3626-6389
通販営業所在地　〒130-0004 東京都墨田区本所2-14-5
　　　℡03-3623-6011　FAX03-3623-6018
事業内容　紙加工一般
資本金　1,000万円　**社長**　中村　健一
通販部門設置　平成2年10月
サービス内容　のり綴（エコ綴）
主な設備　エコ綴機（糊綴機）、中綴機3ライン、打抜機2セット、断截機（ポーラ3ライン）、インクジェット、角丸・穴明機
従業員　25名
通販部門担当者　中村　健一
主な取引先　錦明印刷㈱、㈱NTTクオリス
インターネット・ホームページアドレス
　http://www.nacamura.co.jp/
メールアドレス
　dansai@nacamura

西多摩運送(株)

本　社　〒196-0015 東京都昭島市昭和町1-3-28　℡042-546-6111　FAX042-546-6116
通販営業所在地　〒190-1232 東京都西多摩郡瑞穂町長岡3-5-6
　　　℡042-557-1111　FAX042-557-6115
事業内容　流通加工業務、特別積合せ業務、貸切輸送業務、流通倉庫業務、出荷センターオペレーション業務、納品代行業務、店舗供給業務、貴重品輸送業務、通販商品等の宅配業務、カタログ等宅配業務、家電・家具配送業務、産業廃棄物収集運搬業務、電報配達業務、施設警備業務、引越業務、特定旅客バス業務、不動産貸渡業務、海外物流取扱業務、損害保険代理店業務
資本金　2億7,041万円
代表取締役会長兼社長　千原　武美
通販部門設置　昭和52年1月
サービス内容　保管・流通加工・納品までの総合物流、受注・発送・配達までの通販業務代行、検針・再生業務、保管・配送・組立・設置までの家具配達業務及び家電配達業務、WMS（物流倉庫管理システム）の構築
主な設備　WMS（物流倉庫管理システム）、検針機、仕分ピッキング・搬送システム
従業員　800名
通販担当部署　流通事業部
担当者　岩鬼　巖
主な取引先　髙島屋
インターネット・ホームページアドレス
　https://www.nishitama-unsou.co.jp/
メールアドレス
　info1@nishitama-unsou.co.jp

西東京流通(株)

本　社　〒183-0022 東京都府中市宮西町2-16-2　第一生命ビルディング6F
　　　℡042-352-2111　FAX042-352-2112
事業内容　通販フルフィルメント等を中心としたアウトソーシング請負業務、データ処理代行、メーリング業務
社長　富澤　好夫
通販部門設置　平成4年11月
サービス内容　宛名指定ポスティングサービス、局出し減額処理及び局出し代行、データ入力、封入・封かん、発送代行、事務局代行
主な設備　エコメール封かん機、コールセンター
従業員　20名
通販担当部署　営業本部
担当者　田中　哲也
主な取引先　INAX総合サービス、中山式産業
インターネット・ホームページアドレス
　http://www.nacnet.co.jp/
メールアドレス
　tanaka@nacnet.co.jp

日東ロジスティクス(株)

本　社　〒135-0053 江東区辰巳3-5-3
　　　℡03-5569-7477　FAX03-5569-4744
通販拠点事業所　〒279-0032 千葉県浦安市千鳥12番地
　　　℡047-304-5077　FAX047-304-3382
事業内容　倉庫業
資本金　4億円　**社長**　加藤　誠
通販部門設置　平成5年4月
主な取扱い商品　アパレル・キャラクター商品の流通加工
主な設備　倉庫
従業員　214名
通販担当部署　舞浜流通センター
担当者　薮原　誠司
主な取引先　ソニーコミュニケーションズ、小学館プロダクション他
インターネット・ホームページアドレス
　http://www.nitto-logi.com/

日本通運(株)

本　社　〒101-8647 東京都千代田区神田和泉町2番地　℡03-5801-1111
事業内容　自動車輸送、船舶利用輸送、利用航空輸送、倉庫
資本金　701億7,500万円
社　長　齋藤　充
通販部門設置　平成27年11月
従業員　3万4,449名
通販担当部署　国際貨物部エクスプレス開発課
ホームページアドレス
　www.nittsu.co.jp/global/cross-border-ec/?link=tp
メールアドレス
　ec_desk@nittsu.co.jp

日本紙パルプ商事(株)

本　社　〒104-8656 東京都中央区勝どき3-12-1　フォアフロントタワー
　　　℡03-3534-8522　FAX03-5548-4324
通販営業連絡先
　　　℡03-5548-4097　FAX03-5548-4324
事業内容　紙、パルプの販売
資本金　166億4,892万円
社　長　野口　憲三
通販部門設置　平成元年10月
主な取扱い商品　一般用紙、板紙、パルプ、他紙関連商品
従業員　952名（出向者を含む）
通販担当部署　印刷・情報用紙営業本部販売推進部
担当者　児玉　真己生
主な取引先　王子製紙、日本製紙
インターネット・ホームページアドレス
　http://www.kamipa.co.jp/

日本ＧＬＰ(株)

本　社　〒104-0028 東京都中央区八重洲2-2-1 東京ミッドタウン八重洲八重洲セントラルタワー16階
　　　℡03-6897-8008　FAX03-4363-7081
事業内容　物流施設・用地の賃貸・売買・運営管理および投資助言
資本金　非公開　**社長**　帖佐義之
主な取扱商品・サービス内容　物流施設の開発・運営・管理や既存物件のリニューアル事業　等
主な設備　物流施設　全国に170棟、総延床面積約1,080万㎡
従業員　340名
主な取引先　㈱日立物流、日本通運㈱、アスクル㈱ 他
ホームページアドレス
　www.glprop.co.jp

日本紙興(株)

本　社　〒578-0984 大阪府東大阪市菱江1-15-48　℡072-965-6111　FAX072-965-6110
事業内容　製本業
資本金　1億円　社長　清水　常雄
主な取扱い商品　教科書、参考書、通販カタログその他一般書籍の製本
主な設備　製本ライン8本
従業員　67名
通販担当部署　営業部
主な取引先　凸版印刷㈱、大日本印刷㈱、㈱新興出版社、数研出版㈱、ＮＴＴクオリス㈱、佐川印刷㈱
インターネット・ホームページアドレス
http://www.nihonshikoh.co.jp

日本写真印刷コミュニケーションズ(株)

本　社　〒604-8551 京都府京都市中京区壬生花井町3　℡075-777-6015
通販営業所在地　〒541-0047 大阪市中央区淡路町1-7-3 日土地堺筋ビル
　℡06-6232-2701　FAX06-6232-2761
事業内容　各種製版、各種印刷、製本加工、各種企画、撮影、マルチメディア企画・制作　他
資本金　1億円　代表取締役　髙瀬　昌治
通販部門設置　昭和62年4月
主な設備　各種製版一式、枚葉一式
従業員　200名（単体）※2019年12月末現在
通販担当部署　営業二部、営業三部
担当者　妻形　賢一（大阪）
主な取引先　パナソニック、小学館　他
インターネット・ホームページアドレス
http://www.nissha-comms.co.jp

(株)日本製紙グループ本社

本　社　〒100-0006 東京都千代田区有楽町一丁目12番1号新有楽町ビル
　℡03-3218-9300　FAX03-3216-5330
資本金　557億3,000万円
社　長　中村　雅知
通販担当部署　日本製紙㈱印刷・卸商営業部印刷G

日本メール(株)

本　社　〒460-0011 愛知県名古屋市中区大須4-1-52　℡052-263-3781　FAX052-263-3791
事業内容　DM発送代行、情報処理、リストデータベース、オンデマンドカタログ管理発送
資本金　2,350万円　社長　田子　充浩
通販設置　昭和60年10月
サービス内容　デジタルプリント（オンデマンド）、DTP、データベース構築、デザイン
主な設備　デジタル印刷機（モノクロ、カラー）
従業員　30名
通販担当部署　営業開発部
担当者　小池　輝彦
インターネット・ホームページアドレス
http://www.nihonmail.co.jp/
メールアドレス
koike@nihonmail.co.jp

日本理化製紙(株)

本　社　〒424-0888 静岡県静岡市清水区中之郷3-1-1
　℡054-345-3411　FAX054-348-0696
主な事業内容　1.紙およびプラスチックスの加工並びに販売、2.テープの自動貼付機・自動封かん機およびその付属品の販売、3.前項の業務に付帯する一切の事業
資本金　1億円　社長　渋谷　章広
設　立　1933年
従業員　108名
インターネット・ホームページアドレス
http://www.nihonrika.co.jp
メールアドレス
info-nihonrika@nihonrika.co.jp

(株)パル

本　社　〒447-0866 愛知県碧南市明石町49-15　℡0566-46-6686　FAX0566-46-6696
事業内容　発送代行、メーリングサービス業務
資本金　300万円　社長　服部　常雄
主な取扱い商品　ダイレクト印字、定形・定形外封入封緘、検品、減額仕訳など
主な設備　宛名プリンタ、定形外封入封緘機、定形封入封緘機、宛名検査装置（定形・定形外）
従業員　50名
通販部門担当者　服部　常雄
インターネット・ホームページアドレス
http://pal-dm.com
メールアドレス
info@pal-dm.com

(株)日立物流

本　社　〒104-8350 東京都中央区京橋2-9-2 日立物流ビル　℡03-6263-2800
主な事業内容　国内物流　3PL事業［国内］（物流システム構築、情報管理、在庫管理、受発注管理、流通加工、物流センター運営、工場構内物流作業、輸配送など物流業務の包括的受託）、一般貨物・重量品・美術品などの輸送・搬入・据付作業、工場・事務所などの大型移転作業倉庫業、トランクルームサービス、産業廃棄物の収集・運搬業　国際物流　3PL事業［国際］（通関手続、陸上・海上・航空の輸送手段を利用した国際一貫輸送など物流業務の包括的受託）、海外現地物流業務、航空運送代理店業　その他　物流コンサルティング業、情報システムの開発・設計業務、情報処理の受託業務、コンピューターの販売業務、旅行代理店業務、自動車の整備・販売・賃貸業務、不動産賃貸業、自動車教習事業
資本金　168億2百万円　社長　髙木　宏明
売上高　7,436億12百万円（2022年3月期）
従業員　45,681名

姫路合同貨物自動車(株)

本　社　〒670-0843 兵庫県姫路市城東町清水6　℡079-222-2891　FAX079-288-4728
通販営業連絡先
　℡079-247-2900　FAX079-247-3900
事業内容　一般貨物自動車運送事業
資本金　8,400万円　社長　北野　穣
通販部門設置　昭和62年4月
サービス内容　通販商品、カタログの宅配業務、カタログの封込業務
通販担当部署　第二営業部
主な取引先　フェリシモ、ディノス
インターネット・ホームページアドレス
http://www.himego.co.jp/
メールアドレス
himeji@himego.co.jp

(株)ヒューマンネット

本　社　〒731-5116 広島市佐伯区八幡1-18-1　℡082-926-1661　FAX082-929-2250
事業内容　各種広告物の宅配業務（メール便・ポスティング）
資本金　1,000万円　社長　濱田　富裕
通販部門設置　平成8年4月
従業員　48名
通販担当部署　営業部
通販部門担当者　川﨑　理恵
主な取引先　通販、金融・保険、流通業、広告代理店、印刷会社
ホームページアドレス
http://www.hu-man.net/
メールアドレス
humannet@cc22.ne.jp

(株)ヒューマンロジスティックス

本　社　〒160-0023 東京都新宿区西新宿5-8-1　第一ともえビル502
　℡03-5333-3716　FAX03-5333-3759
事業内容　物流サービス
資本金　1,000万円　社長　鈴木　義一
通販部門設置　平成13年4月
サービス内容　通販物流のプロデュースとコーディネート。通販物流における4PL事業
主な設備　東扇島倉庫（川崎市）

従業員 正社員15名　パート・アルバイト80名
通販担当部署 倉庫運営管理部 返品処理課
担当者 清水　健太郎
主な取引先 住商グローバル・ロジスティクス㈱、㈱メリーチョコレートカムパニー
インターネット・ホームページアドレス
　http://www.human-logi.com/
メールアドレス
　suzuki@human-logi.com

（株）フォービス

本　社 〒106-0032 東京都港区六本木1-9-10　アークヒルズ仙石山森タワー26F
　℡03-3560-8480　FAX03-3560-8481
事業内容 通販事業者様向け システム構築
資本金 5,500万円
社　長 家永　慎太郎
通販部門設置 平成16年4月
主なサービス内容 ECサイト構築、CMSツール（Waikiki）、フルフィルメントシステム（Vegas）
従業員 50名（うち契約社員25名）
通販担当部署 営業部
担当者 田口　勇真
主な取引先 ランクアップ、キリンビール、日本薬師堂、DECENCIA、タカシ、千趣会、ソニーマーケティング 他
インターネット・ホームページアドレス
　http://forbis.jp
メールアドレス
　info@forbis.jp

（株）福岡アドセンター

本　社 〒815-0032 福岡県福岡市南区塩原3-19-34　℡092-551-5521　FAX092-551-5224
事業内容 DM発送代行、データ処理・集計・分析・ポスティング
資本金 1,000万円　**社　長** 奥井　知春
通販部門設置 昭和48年4月
従業員 12名
インターネット・ホームページアドレス
　http://www.f-ad.jp/
メールアドレス
　info@f-ad.jp

福島印刷（株）

本　社 〒920-0357 石川県金沢市佐奇森町ル6　℡076-267-5111　FAX076-267-8065
通販営業所所在地 〒103-0023 東京都中央区日本橋本町4-5-14
　℡03-3231-0621　FAX03-5200-2248
事業内容 開閉式DMハガキ、情報保護ハガキ、連続帳票、製造及び販売

資本金 4億6,000万円　**社　長** 福島　理夫
通販部門設置 平成10年9月
サービス内容 DMハガキ、カタログ、情報保護ハガキの販売及びコンサルタント
主な設備 オフセット輪転8色機、牧葉5色機、レーザープリンター、開閉式ハガキ後のり加工機、封入機
従業員 325名
通販担当部署 東京営業所
担当者 沢野　剛
インターネット・ホームページアドレス
　http://www.fuku.co.jp/
メールアドレス
　sawano@fuku.co.jp

富士精版印刷（株）

本　社 〒532-0004 大阪府大阪市淀川区西宮原2-4-33
　℡06-6394-1181　FAX06-6394-1199
通販営業所所在地 〒650-0033 兵庫県神戸市中央区江戸町95　井門神戸ビル8F
　℡078-393-1640　FAX078-325-5910
事業内容 印刷業
資本金 9,600万円　**社　長** 吉賀　文雄
通販部門設置 昭和55年7月
主な取扱い商品 ポスター、カタログ、チラシ、パンフレット、記念誌、SPツール、ホームページ制作
主な設備 A横オフセット輪転機、A全判8色兼用機
従業員 175名
通販担当部署 営業2部
担当者 中田　久信
主な取引先 フェリシモ
インターネット・ホームページアドレス
　http://www.fujiseihan.co.jp/

（株）富士ロジテック

本　社 〒100-0005 東京都千代田区丸の内3-4-1 新国際ビル8階
　℡03-5208-1001　FAX03-5221-1170
主な事業内容 倉庫業、貨物自動車運送事業、貨物利用運送事業、不動産賃貸事業、物流システムの企画、開発、設計、施工、管理業務、医薬品、動物用医薬品の卸売販売業
資本金 3億円　**社　長** 鈴木　庸介
設　立 1918年5月16日
従業員 （連結）779名（パート等含む）（2020年8月末現在）
通販担当部署 営業部顧問
通販担当者 吉村　典也（090-1506-1383）
インターネット・ホームページアドレス
　https://www.fujilogi.co.jp/
メールアドレス
　nr_yoshimura@fujilogitech.co.jp/

（株）ポストウェイ

本　社 〒105-0013 東京都港区浜松町1-29-6 浜松町セントラルビル5F
　℡03-5625-1301（代表）　03-5625-1310（営業）　FAX03-5625-1302
事業内容 通販カタログ、DM等の配送業務請負（ダイレクトポスティング業）
資本金 3,000万円　**代表取締役** 関　幸雄
サービス内容 通販カタログ、ダイレクトメール等の配送業務、封入封かん作業、他
従業員 155名（役員3名、社員71名、パート・アルバイト81名）
通販担当部署 営業部
担当者 部長　若木　誠
問い合わせ部署 管理部
担当者 部長　雲出　和男
主な取引先 大日本印刷、凸版印刷、共同運輸、JAFメディアワークス、ケーブルTV各局、他約600社
インターネット・ホームページアドレス
　http://www.postway.jp/
メールアドレス
　wakaki@postway.co.jp

（株）マーケティング読宣

本　社 〒530-0047 大阪府大阪市北区西天満5-14-10　梅田UNビル11F
　℡06-6361-7532　FAX06-6315-1990
事業内容 ダイレクトマーケティング及びセールスプロモーション全般
資本金 1,000万円　**社　長** 網野　年夫
サービス内容 カタログ宅配、顧客管理、他
従業員 24名
通販担当部署 営業部
担当者 山上
主な取引先 P&G、JAF、主要百貨店、各市役所、通販専門業者
インターネット・ホームページアドレス
　http://www.m-yomisen.co.jp/
メールアドレス
　marketingyomisen@m-yomisen.co.jp

三島製紙（株）

本　社 〒104-0061 東京都中央区銀座6-16-12　℡03-3542-7225　FAX03-3545-6492
事業内容 各種高級薄葉紙の製造、販売
資本金 39億4,914万円
社　長 澤崎　匡廣
従業員 513名
インターネット・ホームページアドレス
　http://www.mishimapaper.co.jp/

三菱製紙販売（株）

本　社 〒104-0031 東京都中央区京橋2-6-4
　℡03-3566-2300

事業内容　用紙販売　社長　久留島　登
従業員　400名
通販担当部署　大阪支店直需部
担当者　畠山　哲
主な取引先　千趣会、セシール

(株)ムービング

本　社　〒160-0022 東京都新宿区新宿1-28-11　℡03-5379-6019　℻03-3358-4375
事業内容　一般貨物自動車運送事業、貨物運送取扱い事業
資本金　14億5,000万円
社　長　青井　忠四郎
サービス内容　デパート、小売店・量販店の宅配業務及び家具・家電品等の組み立て、セッティング業務、他
従業員　1,400名
通販担当部署　第1営業部
インターネット・ホームページアドレス
　http://www.moving.co.jp/
メールアドレス
　info@moving.co.jp

(株)ムトウユニパック

本　社　〒135-8480 東京都江東区永代1-7-12　℡03-3641-6100　℻03-5620-1471
事業内容　DM発送代行サービス、DM用各種封筒、名刺、ハガキ等紙製品製造販売
資本金　7,200万円　社　長　武藤　佳資
通販部門設置　平成4年3月
サービス内容　DM発送代行サービス業務（各種封筒制作部門、企画制作部門、コンピュータ部門、メーリング部門、キャンペーン処理部門）
主な設備　8センター（JUKIメールメーション7000 1台、インサータ12台、ラベリングマシン9台、バースター3台、オフセット印刷機、活版印刷機、製袋加工機）
従業員　350名
通販担当部署　DM事業部
担当者　渡部
インターネット・ホームページアドレス
　http://www.mutoh-u.co.jp/
メールアドレス
　dm@mutoh-u.co.jp

(株)メイコー

本　社　〒174-0051 東京都板橋区小豆沢1-14-26　℡03-3965-5640
資本金　1,250万円
代表取締役　遠藤　尚志
主な取扱商品　ワンシートメール、ハイパーメール（圧着はがき）、マガジンメール、データプリント、フィルム封筒、その他一般印刷物
主な設備　マガジンメーラー、ワンシートメーラー、インクジェットプリントシステム、モノクロオンデマンドプリンタ、区分機、シール貼り装置、断裁機、角切り機、コーター、型抜き機
売上高　総売上　約4億5,000万円
従業員　31名（2018年10月1日現在）
主な取引先　瀧野川信用金庫上板橋支店、みずほ銀行板橋支店

(株)メール

本　社　〒242-0026 神奈川県大和市草柳3-7-1　℡046-260-1800　℻046-260-1811
事業内容　DM・カタログ発送代行
資本金　2,000万円
代表取締役　石原　良太
サービス内容　ペーパーラッピング、フィルムラッピング、メーリングサービス
主な設備　ペーパー・フィルムラッピングマシン、輪転印刷・加工機械、プリンタ、高速丁合機、メーリング機器、他
従業員　100名
通販担当部署　営業部
主な取引先　四季㈱、トッパンフォームズ㈱、㈱Z会、IEI
インターネット・ホームページアドレス
　http://www.mail-dmc.co.jp/
メールアドレス
　densan@mail-dmc.co.jp

(株)メディアインフォメーション

本　社　〒356-0036 埼玉県上福岡市南台2-1-5　℡049-264-4570　℻049-269-3346
通販営業所在地　〒169-0075 東京都新宿区高田馬場1-31-8-1125
　℡03-5272-8072　℻03-5272-3240
事業内容　コンピュータによる出入力管理等、ラベリング、宛名筆耕・封入・発送、梱包発送、他
資本金　2,000万円　社　長　森本　勲
主な取扱商品　軽印刷
主な設備　ラベリングマシン、半自動封緘機、全自動梱包機、紙折機、軽印刷機
従業員　9名
担当者　森本　勲
主な取引先　広告代理店、百貨店、他
メールアドレス
　mi@d-t-v.com

ヤマト運輸(株)

本　社　〒104-8125 東京都中央区銀座2-16-10　℡03-3541-3411
事業内容　貨物自動車運送事業
資本金　500億円　社　長　長尾　裕
サービス内容　宅急便、クロネコDM便、他
営業収益
　24年3月期　営業収益　1兆7,586億2,600万円（グループ連結）
　23年3月期　営業収益　1兆8,006億6,800万円（グループ連結）
　22年3月期　営業収益　1兆7,936億1,800万円（グループ連結）
従業員　16万5,420名（24年3月31日）
通販担当部署　法人営業部
インターネット・ホームページアドレス
　https://www.kuronekoyamato.co.jp/
メールアドレス
　mail@kuronekoyamato.co.jp

(株)ヨシダ

本　社　〒331-0811 埼玉県さいたま市北区吉野町1-46-1
　℡048-662-7671　℻048-653-6461
事業内容　ダイレクトメール発送関連
社　長　吉田　一
主な取扱い商品　カタログラッピング・封入作業・カラーオンデマント印刷

ラストワンマイル協同組合

本　社　〒183-0005 東京都府中市若松町3-28-7
主な事業内容　組合員のためにする小口配送業務の共同受注、組合員の取り扱う車両用燃料の共同購入、組合員の事業に関する経営及び技術の改善向上又は組合事業に関する知識の普及を図るための教育及び情報の提供、組合員の福利厚生に関する事業、前各号の事業に附帯する事業、第一種貨物利用運送事業の運営
資本金　2億980万円
理事長　志村　直純
設　立　2018年4月10日
インターネット・ホームページアドレス
　https://lastonemile.org

(株)ラストワンマイルソリューション

本　社　〒103-0014 東京都中央区日本橋蛎殻町1-38-12 油商会館ビル6F
　℡03-5847-5552　℻03-5847-5553
主な事業内容　宅配BOXの設置/配達代行取次ぎ　社　長　近藤　正幸
設　立　2017年5月1日

ラピュタロボティクス(株)

本　社　〒135-0023 東京都江東区平野4-10-5
主な事業内容　ロボットソリューション開発と運用を加速させる、クラウドロボティクス・プラットフォーム「rapyuta.io」の提供と当該プラットフォームを活用したソリューションの提供。
社　長　モーハナラージャー・ガジャン
設　立　2014年7月2日
従業員　170名（連結）

インターネット・ホームページアドレス
https://www.rapyuta-robotics.com/ja/

レンゴー(株)

本　社　〒108-0075 東京都港区港南1-2-70 品川シーズンテラス
　　　　　℡03-6716-7300　FAX03-6716-7330
主な事業内容　1段ボール、段ボール箱、紙器、その他紙加工品の製造・販売、2板紙（段ボール原紙、白板紙、紙管原紙等）の製造・販売、3軟包装製品・セロファンの製造・販売、4重包装製品（ポリエチレン重袋、クラフト紙袋、フレキシブルコンテナ等）・樹脂加工品の製造・販売、5包装関連機械の販売 6 各種機能材商品（多孔性セルロース粒子、ゼオライト高機能パルプ、ワサビ・カラシ成分を利用した天然系抗菌剤等）の製造・販売 7 不織布、紙器機械の製造・販売、運送事業ほか
資本金　31,066百万円　**社　長**　川本　洋祐
設　立　1920年5月2日
従業員　18,902名（2020年3月31日現在、連結）、4,042名（2020年3月31日現在、単体）

ロジザード(株)

本　社　〒103-0013 東京都中央区日本橋人形町3-3-6 人形町ファーストビル
　　　　　℡03-5643-6228
大阪営業所　〒541-0057 大阪府大阪市中央区北久宝寺町4-2-12　℡06-4704-8225
主な事業内容　SaaS事業、情報システムの開発及び販売、物流業務・小売業務コンサルティング
資本金　301,964,800円
　　　　　　　　　　　　社　長　金澤　茂則
従業員　115名
インターネット・ホームページアドレス
https://www.logizard.co.jp/

(株)若　洲

本　社　〒136-0083 東京都江東区若洲2-3-7
　　　　　℡03-3522-3041　FAX03-3522-3343
事業内容　発送受付事務代行、保管、加工、発送
資本金　8,000万円　**社　長**　日髙　和彦
通販部門設置　平成13年10月
主なサービス内容　保管、加工、発送業務及びDM等の代行サービスを主体とする物流総合サービス
主な設備　倉庫、重量・中量・軽量ラック、フォークリフト、車輌
従業員　75名
通販担当部署　業務推進部
インターネット・ホームページアドレス
http://www.wakasu.co.jp

情報システム構築、機販設備、決済サービス、通販基幹システム、その他

(株)アイティフォー

本　社　〒102-0082 東京都千代田区一番町21番地　一番町東急ビル
　　　　　℡03-5275-7910　FAX03-5275-7921
事業内容　「金融機関システム」「自治体向けシステム」「小売業向け基幹システム」「ECサイト構築」「コンタクトセンターシステム」「RPA業務自動化システム」の各事業。それらをつなぎ合わせる「基盤構築」、システム導入後の保守、運用を提供する「カスタマーサービス」を提供。
資本金　11億2,400万円　**社　長**　東川　清
主な取扱い商品　ECサイト構築パッケージ「ITFOReC（アイティフォレック）」、小売業向け基幹システム「RITS（リッツ）」、RPA業務自動化システム
主な設備　24時間監視データセンター
従業員　609名（2017年3月31日現在）
通販担当部署　流通・eコマースシステム事業部
担当者　萩尾　篤史
主な取引先　㈱池部楽器店、横浜エフエム放送㈱、㈱川徳、川辺㈱、㈱ゴールドウィン、㈱さいか屋、㈱スタイリングライフ・ホールディングス、セーレン㈱、㈱多慶屋、㈱東急百貨店、㈱ネットランドジャパン、㈱白鳩、㈱ハピネット、ヒラキ㈱、㈱ブロッコリー、㈱文化放送開発センター、ホットマン㈱、㈱マイプレシャス、㈱メガネトップ、㈱モダンブルー、㈱大和、㈱ワシントン靴店
インターネット・ホームページアドレス
http://www.itfor.co.jp/
メールアドレス
info@itfor.co.jp

(株)アイル

大阪本社　〒530-0011 大阪府大阪市北区大深町3-1 グランフロント大阪タワーB
　　　　　℡06-6292-1170　FAX06-6292-1171
東京本社　〒105-0011 東京都港区芝公園2-6-3　芝公園フロントタワー
　　　　　℡03-6367-5870　FAX03-5408-1890
事業内容　ネットショップ向け管理ソフトの開発・提供、基幹業務システムの開発・提供
資本金　3億5,400万円　**社　長**　岩本哲夫
主な取扱商品・サービス内容　複数ネットショップ一元管理ソフト「CROSS MALL」の開発・提供、ポイント・顧客一元管理ソフト「CROSS POINT」の開発・提供
従業員　552名
ホームページアドレス
http://www.ill.co.jp
メールアドレス
info@ill.co.jp

(株)アイレップ

本　社　〒150-6021 東京都渋谷区恵比寿4-20-3 恵比寿ガーデンプレイスタワー21F
　　　　　℡03-5475-2720　FAX03-5475-2725
事業内容　広告代理事業、ソリューション事業、ツール事業、その他（デジタルメディア事業等）
資本金　5億5,064万円（2023年3月末現在）
社　長　小坂　洋人
設　立　1997年11月
主な取扱い商品　インターネット広告（リスティング広告、Facebook広告、LINE広告、Twitter広告、動画広告）、SEO、アプリプロモーション、Web解析
従業員　1,192名（2023年3月末現在、グループ全体）
主な取引先　LINEヤフー㈱、グーグル㈱、Facebook Japan㈱、Twitter Japan㈱
インターネット・ホームページアドレス
http://www.irep.co.jp
メールアドレス
contact@irep.co.jp

(株)アエルプランニング

本　社　〒104-0045 東京都中央区築地6-4-10　カトキチ築地ビル
　　　　　℡03-5565-8180　FAX03-5565-8234
通販拠点事業所　〒104-0045 東京都中央区築地6-4-10
　　　　　℡03-5565-8180　FAX03-5565-8234
事業内容　ECシステム販売、Web制作、Webコンサルティング、業務代行
資本金　2,000万円　**社　長**　甲田　伸子
通販部門設置　平成17年4月
主な取扱い商品　EmavtaGoGo! 通販パッケージサービス
従業員　49名
通販担当部署　新規事業グループ
通販部門担当者　瀬来　恭子
主な取引先　日本ヒューレット・パッカード、アドビシステムズ、中島水産
インターネット・ホームページアドレス
http://www.aeru.co.jp
メールアドレス
info@aeru.co.jp

(株)アクアリーフ

本　社　〒254-0811 神奈川県平塚市八重咲町7-28　神奈中八重咲町ビル4F
　　　　　℡0463-63-1400　FAX0463-63-1401
事業内容　ネットショップ向け業務管理システム（受注管理、在庫管理、商品登録等）
資本金　1,000万円　**社　長**　長谷川智史
主な取扱商品・サービス内容　助ネコ受注

管理、助ネコ在庫管理、助ネコ商品登録、助ネコふるさと納税発送管理、助ネコWeb領収書
従業員　21名
通販担当部署　マーケティング営業部
担当者　榎本
主な取引先　楽天㈱、ヤフー㈱、㈱リクルートライフスタイル、㈱ぐるなび
ホームページアドレス
　https://www.sukeneko.com
メールアドレス
　info@sukeneko.com

(株)アクション・システムズ

本　社　〒171-0014 東京都豊島区池袋2-53-12　ノーブル池袋6F
　　　　℡03-5396-6778　FAX03-5396-7515
事業内容　通信販売業向けコールセンター構築、中小規模CTIパッケージソフトの開発・販売
資本金　1,000万円　　社長　河村　正史
主な取扱い商品　通販向けCTIパッケージCall Navi、販売管理・売上分析・統計ソフト
従業員　20名
通販担当部署　システムソリューション事業部
担当者　阿部、河村
主な取引先　化粧品通販業、健康食品通販業、宅配サービス業、など
インターネット・ホームページアドレス
　http://www.action.co.jp
メールアドレス
　sales@action.co.jp

(有)アストネットワークス

本　社　〒142-0051 品川区平塚2-1-1-205
　　　　℡03-3786-7559
通販拠点事業所　〒116-0011 荒川区西尾久7-13-2-1F　℡03-5855-2601　FAX03-5855-2600
事業内容　ネットショップの卸サイトの運営　自社サイト「きれいになれ」の運営
資本金　300万円
社　長　サントス　マイラ
通販部門設置　平成15年3月
主な取扱い商品　ガンダパパイヤソープ総発売元　ブイバック総発売元
従業員　4名
担当者　阪
主な取引先　イーシーデイズ、夢企覚、ネットプライス、ヴァイン、イコマドウ、ミックプランニング
インターネット・ホームページアドレス
　http://store.yahoo.co.jp/kireininare/

(株)アダック

本　社　〒141-0032 東京都品川区大崎3-6-28　Daiwa大崎3丁目ビル5F
　　　　℡03-5487-4500　FAX03-5487-4502
事業内容　UC会員向け雑誌の発行
資本金　1,000万円
従業員　13名

(株)アプラス

本　社　〒542-0081 大阪府大阪市中央区南船場1-17-26　℡06-6368-7577
通販拠点事業所　〒162-8535 事業部門　東京都新宿区新小川町4-1
　　　　℡03-5229-4094　FAX03-5229-3857
事業内容　各種決済代行サービス（コンビニ収納・口座引落・デジタルコンビニ・ペイジー）ショッピングクレジット
資本金　150億円
代表取締役社長　常峰　仁
主な取扱い商品　ショッピングクレジット・決済代行（コンビニ・口座引落・デジタルコンビニ・ペイジー）クレジットカード
従業員　1,089名
通販担当部署　事業部門
通販部門担当者　大塚
主な取引先　各種通販実施企業・自動車販売会社・リフォーム会社等
インターネット・ホームページアドレス
　http://www.aplus.co.jp

(株)ALBERT

本　社　〒169-0074 東京都新宿区北新宿2-21-1 新宿フロントタワー15F
　　　　℡03-5937-1610　FAX03-5937-1612
事業内容　Eコマースソリューション事業
資本金　13億6,050万円
社長兼CEO　松本　壮志
主な取扱い商品　CRMソリューションの開発・提供（レコメンドエンジン、感性検索システム）
インターネット・ホームページアドレス
　http://www.albert2005.co.jp/
メールアドレス
　info@albert2005.co.jp

(株)eグローバル

本　社　〒103-0002 東京都中央区日本橋馬喰町1-14-4 バイファルビルディング日本橋5F　℡03-6205-4872　FAX03-6205-4873
主な事業内容　ビジネスデータ分析、プロセス改革支援事業、ロジスティクスソリューション事業・ITサービス事業
社　長　二村　毅
設　立　2014年12月22日

(株)ecbeing

本　社　〒150-0002 東京都渋谷区渋谷2-15-1 渋谷クロスタワー
　　　　℡03-3486-5259　FAX03-5466-9480
関西支社　〒541-0052 大阪市中央区安土町2-3-13 大阪国際ビルディング9F
　　　　℡06-6121-2811　FAX06-6121-2812
事業内容　ECサイト構築、コーポレートサイト、サービスサイトなど各種ECサイト構築、ECビジネスコンサルティング、ECサイトデザイン制作、ECプロモーション・マーケティング、EC専用インフラサービス
資本金　2億円
代表取締役社長　林　雅也
従業員　1,092名（2024年4月現在）※グループ合計

(株)Eストアー

本　社　〒105-0001 東京都港区虎ノ門1-3-1 東京虎ノ門グローバルスクエア
　　　　℡03-3595-1106(代)　FAX03-3595-2711
札幌支社　〒060-0001 北海道札幌市中央区北1条西4-1-2 J&Sりそなビル
大阪支社　〒542-0081 大阪府大阪市中央区南船場3-11-18 郵政福祉心斎橋ビル
福岡支社　〒812-0011 福岡県福岡市博多区博多駅前1-4-1 JPR博多ビル
事業内容　ECサイト構築・ネット通販総合支援
資本金　10億2,312万円
　　　　　　　　　　社　長　石村　賢一
通販部門設置　平成11年2月
主な取扱い商品　・コンサルティング
　・調査分析・戦略設計
　・代行サービス（制作、集客、運営）
　・自社EC、直販ダイレクト用カートシステム「ショップサーブ」
　・ABテストツール「Eストアーコンペア」
　・メールコミュニケーションツール「Eストアークエリー」
　・自社ECの実態を数値化「ECクリニック」
　・SSLサーバー証明書「クロストラスト」
従業員　284名（2024年3月末現在）
インターネット・ホームページアドレス
　https://Estore.co.jp/
メールアドレス
　info@Estore.co.jp

伊藤忠ファッションシステム(株)

本　社　〒151-0051 東京都渋谷区千駄ヶ谷3-59-4　℡03-6439-3000　FAX03-6439-3331
事業内容　ネット通販における全般的なサポート及び衣料品・服飾雑貨・インテリア商品企画、マーケットコンサルティング
資本金　2億円　　社　長　内堀　眞史
サービス内容　Eコマースコンサル業務全般及び寝具・インテリア関連商品の企画

情報システム構築、機械設備、決済サービス、通販基幹システム、その他

第3部 会社概要

コンサル業務
従業員 約100名
インターネット・ホームページアドレス
　http://www.ifs.co.jp
メールアドレス
　info.press@ifs.co.jp

(株)イルグルム

本　社 〒100-0006 東京都千代田区有楽町2-2-1 X-PRESS有楽町12F　TEL03-3289-5051
主な事業内容 マーケティングDX支援事業
広告効果測定プラットフォーム アドエビス/運用型広告レポート自動作成ツール アドレポ/マーケティング特化型マーケティングプラットフォーム アドフープ/EC特化型CX向上プラットフォーム eZCX/クリエイティブエージェンシー Spoo! Inc./分散型動画メディア運営代行サービス TOPICA WORKS/インターネットサービスカンパニー ファーエンドテクノロジー
コマース支援事業
ECオープンプラットフォーム EC-CUBE
社　長 岩田 進
インターネット・ホームページアドレス
　https://yrglm.co.jp

(株)インターファクトリー

本　社 〒102-0071 東京都千代田区富士見2-10-2 飯田橋グラン・ブルーム4F
　TEL03-5211-0056　FAX03-5211-0059
事業内容 ECソリューション「ebisumart」事業
資本金 4億3,560万円
社　長 蕪木 登
通販部門設置 2003年6月
ホームページアドレス
　http://www.interfactory.co.jp/index.html

インフォニア(株)

本　社 〒103-0014 東京都中央区日本橋蛎殻町1-39-5 水天宮北辰ビル3F
主な事業内容 1.インターネットを利用した各種情報提供サービス業2.インターネットのホームページ作成及び更新の受託3.広告代理業4.会員の募集並びに各種サービスの提供5.コンピュータのソフトウェアの開発及び販売6.イ 各種マーケティング業務7.プロモーションの企画・立案及び実施8.通信販売業務9.関特定労働者派遣事業10.一般労働者派遣事業11.上記各号に付帯関連する一切の業務
資本金 1億円　**社　長** 黒川 隆司
設　立 1997年9月21日
従業員 45名

(株)VIXIA

本　社 〒151-8583 東京都渋谷区代々木2-2-1 小田急サザンタワー7F
　TEL03-6434-5976　FAX03-6271-5600
事業内容 総合インターネットマーケティングサービスの提供
資本金 100万円　**社　長** 櫻井 啓博
通販部門設置 平成18年2月
主なサービス内容 デジタルマーケティングサービス
インターネット・ホームページアドレス
　http://www.vixia.co.jp
メールアドレス
　info@vixia.co.jp

ウエダ事務機サービス(株)

本　社 〒612-0029 京都府京都市伏見区深草西浦町8-57-1
　TEL075-641-8787　FAX075-643-7677
事業内容 通信販売業向けパッケージソフトウェア販売
資本金 1,000万円　**社　長** 大藤 亜紀夫
主な取扱い商品 通販システム
従業員 50名
通販担当部署 SB部
担当者 横井 俊仁
インターネット・ホームページアドレス
　http://www.ueda-js.co.jp/

(株)エイジア

本　社 〒141-0031 東京都品川区西五反田7-20-9　TEL03-6672-6788　FAX03-6672-6805
事業内容 CRMアプリケーションソフト「WEBCAS」シリーズの開発・販売、ウェブサイトおよび企業業務システムの受託開発、メールコンテンツ・ウェブコンテンツの企画・制作
資本金 3億2,242万円　**社　長** 美濃 和男
主なサービス内容 WEBCASシリーズ（メール配信システム、アンケートシステム、メール共有管理システム、顧客管理システム、LINEメッセージ配信システム、SMS配信システム）、メールコンテンツやWebアンケートのコンサルティング・企画制作
従業員 86名
主な取引先 千趣会、ディノス・セシール、ベルーナ、QVCジャパン、ジュピターショップチャンネル、ファンケル、JIMOS、エプソンダイレクト、コープネット、ルミネ、ベイクルーズ
インターネット・ホームページアドレス
　https://webcas.azia.jp
メールアドレス
　webinfo@azia.co.jp

AGミライバライ(株)

本　社 〒105-0014 東京都港区芝2-31-19 バンザイビル3F
主な事業内容 後払い決済サービス「ミライバライ」運営（EC通販向け後払い決済）
資本金 1億円　**社　長** 天井 和則
設　立 令和2年6月1日
インターネット・ホームページアドレス
　https://www.mirai-barai.co.jp/

エー・アール・システム(株)

本　社 〒101-0032 東京都千代田区岩木町1-9-5 FKビル5F
　TEL03-5811-1864　FAX03-5811-1865
主な事業内容 ビジネスソフトウェア、システムの開発・提供、パッケージソフト開発・販売、OEMソフト開発提供、業務ソフト運用・指導、通信販売業務指導コンサルタント
資本金 3,000万円　**社　長** 中村 恒彦
設　立 平成03年03月
インターネット・ホームページアドレス
　https://www.ar-system.co.jp
メールアドレス
　info@ar-system.co.jp

(株)エートゥジェイ

本　社 〒107-0062 東京都港区南青山2-2-8 南青山DFビル8F
　TEL03-5772-2581　FAX03-5772-2582
主な事業内容 ・コンテンツマーケティング支援事業
・ECサイト構築・運営事業
資本金 132,375,000円（資本準備金含む）
※2022年4月1日現在　**社　長** 飯澤 満育
設　立 2007年3月9日
従業員 65名
インターネット・ホームページアドレス
　http://atoj.co.jp/

auコマース＆ライフ(株)

本　社 〒151-0051 東京都渋谷区千駄ヶ谷5-31-11 住友不動産新宿南口ビル11F
事業内容 総合ショッピングサイトの企画・運営
資本金 非公開　**社　長** 桑田 祐二
通販部門設置 平成28年12月
主なサービス内容 通販事業者に対して、プラットホームとしての総合ショッピングサイトを提供
インターネット・ホームページアドレス
　http://au-cl.co.jp/

(株)エクサージ

本　社 〒550-0005 大阪府大阪市西区西本

町3-1-51　℡06-4391-3377　FAX06-4391-3378
事業内容　ITのコンサルティングから企画・構築・運用までをワン・ストップで提供
資本金　10万円　社長　内村　寛
サービス内容　モバイル対応代理店ECシステム「モバジェ」による通販サイトの企画・開発
従業員　5名
通販担当部署　ソリューション開発部
通販部門担当者　池田
主な取引先　㈱アサツーディ・ケイ、㈱大広、凸版印刷㈱、㈱サイバーエージェント
インターネット・ホームページアドレス
　http://www.xsurge.com/
メールアドレス
　info@xsurge.com

(株)エス・テー・ビー開発センター

本　社　〒060-0001 北海道札幌市中央区北1条西8-1-1 STVアネックス7階
　　　　℡011-272-8374　FAX011-271-8826
主な事業内容　札幌テレビが行う通販事業(STVショッピング)の運営・管理に関する業務
資本金　1,000万円　社長　鈴木　裕貴
設　立　昭和61年
従業員　14名
通販担当部署　通販事業部
インターネット・ホームページアドレス
　http://www.stv-kc.co.jp/

SMBCファイナンスサービス(株)

本　社　〒108-6307 東京都港区三田3-5-27 住友不動産三田ツインビル西館7F
　　　　℡03-5444-1500　FAX03-5444-1551
事業内容　決済ビジネス、ファクタリング、一括決済サービス
資本金　717億500万円　社長　龍田　俊之
主なサービス内容　集金代行サービス、CVS料金収納代行サービス、クレジットカード決済代行サービス、等
通販担当部署　決済ビジネス営業統括部
インターネット・ホームページアドレス
　https://www.smbc-fs.co.jp/

SGシステム(株)

本　社　〒601-8104 京都市南区上鳥羽角田町25番地
主な事業内容　●情報システムに関する企画・設計・開発・保守・運用業務、●労働者派遣事業、●情報処理機器・事務用機械および工業用機械類の製造・仕入れおよび販売ならびにこれらに付帯する関連製品・消耗品の販売、●物流事業に関する経営コンサルティング業務、●広告・宣伝に関する業務、●物流事業に関する関連機器の販売および賃貸、●書類・データなどの電子化業務の受託およびこれらに関連する分析・管理・保管・提供などに関する業務、●情報処理に関する技術を用いた各種アウトソーシング業務の受託、●貨物利用運送事業、●シェアードサービス(総務、人事、経理)、●物流決済事業およびファイナンスサービス、●集金代行業
資本金　3億5千万円　社長　谷口　友彦
設　立　1983年2月17日
従業員　3,253人
関連会社　SGホールディングスグループ、無錫飛速物流信息科技有限公司

SBペイメントサービス(株)

本　社　〒105-8025 東京都港区東新橋1-9-2 汐留住友ビル25F　℡03-6889-2131
事業内容　決済サービス、カード・ポイントサービス、集金代行サービス、送金サービス、上記に付随するコンサルティングサービス
社　長　榛葉　淳
通販部門設置　平成16年10月
主なサービス内容　オンライン決済サービス、店舗向け決済サービス、支払代行サービス、カードサービス、海外送金サービス
従業員　251名
通販担当部署　営業本部
インターネット・ホームページアドレス
　https://www.sbpayment.jp/
メールアドレス
　https://www.sbpayment.jp/contact/（お問い合わせフォーム）

NECネクサソリューションズ(株)

本　社　〒108-8338 東京都港区三田1-4-28 三田国際ビル　℡03-5730-5000
通販拠点連絡先
　　　　03-5730-5312　FAX03-5730-5318
事業内容　通販業向けPKG、システムインテグレーション、アウトソーシング、セキュリティ、ネットビジネス販売開発
資本金　8億1,500万円
社　長　松本　秀雄
通販部門設置　平成11年
主な取扱い商品　iView工房通販、Business-View (CRM、CTI)、ナレッジ、DWH
主な設備　データセンター、コールセンター
従業員　3,000名
通販担当部署　ビジネスソリューション事業部　ERM営業部
担当者　河内　一浩
インターネット・ホームページアドレス
　http://www.nexs.nec.co.jp/
メールアドレス
　crm_info@nexs.nec.co.jp

NTTインターネット(株)

本　社　〒160-0023 東京都新宿区西新宿1-21-1 明宝ビル9F
　　　　℡03-3343-6153　FAX03-3343-6294
事業内容　情報システム事業、VAN事業、ソリューション事業
資本金　40億円　社長　野々市谷　健
サービス内容　通販企業への決済サービス提供、EC市場の決済サービス提供
主な設備　コンビニVAN設備、決済サーバ設備、請求書印刷設備、封入封緘機設備、等
従業員　350名
通販担当部署　EC担当
担当者　小池　啓保
主な取引先　メルシャン㈱、チヨダ物産㈱、アキア㈱、バンダイビジュアル㈱、クラブグランパスドットコム、他多数
インターネット・ホームページアドレス
　http://www.ntt-itn.co.jp/
メールアドレス
　sales@ntt-itn.co.jp

(株)エフコム

本　社　〒160-0022 新宿区新宿1-4-13-50C
　　　　℡03-3355-5507　FAX03-3355-5508
事業内容　テレビショッピング番組制作、WEB動画制作、放送枠の販売
資本金　300万円　社長　南　昌宏
通販部門設置　平成7年6月
主な取扱い商品　通販番組、WEBの映像制作、民放、BS、CS、CATVの全国放送枠の販売
主な設備　撮影機材、編集機器一式
担当者　南、伊東
インターネット・ホームページアドレス
　http://www.fcom-tv.com
インターネット・メールアドレス
　info@fcom-tv.com

(株)エムアンドシーシステム

本　社　〒160-0022 東京都新宿区新宿5-16-8　℡03-3350-0101（代）
事業内容　通信販売支援パッケージの販売及びシステムインテグレーション
資本金　1億円　社長　高橋　六郎
従業員　263名
主な取引先　㈱丸井、ニッセンGEクレジット、らでぃっしゅぼーや、他
インターネット・ホームページアドレス
　http://www.m-and-c.co.jp/
メールアドレス
　info@m-and-c.co.jp

(株)エムティーアイ

本　社　〒163-1435 東京都新宿区西新宿3-20-2 東京オペラシティタワー35F
　　　　℡03-5333-6789　FAX03-5333-6791
通販拠点連絡先
　　　　℡03-5333-6405　FAX03-5333-6440
事業内容　モバイル向けコマースサイトの開発・運用の支援サービス「モバイルコンバート」「plus Flash」の展開
資本金　25億3,500万円
代表取締役社長　前多　俊宏
通販部門設置　平成13年
サービス内容　モバイルコンバート：モバイルサイトの自動マルチキャリア化システムのASPサービス、plus Flash（プラスフラッシュ）：モバイルサイトのFlashページを動的生成するシステムのASPサービス
主な設備　データセンターでの運用一式
従業員　302名
通販担当部署　PS事業部
担当者　小畑　陽一
主な取引先　セシール、ディノス、ジュピターショップチャンネル、ジャパネットたかた、日比谷花壇、ゴルフダイジェストオンライン、マルイ、ユニクロ
インターネット・ホームページアドレス
http://mti.co.jp
http://mobcon.jp（製品サイト）
http://plusflash.jp（製品サイト）
メールアドレス
ps.info@mti.co.jp

(株)エルテックス

本　社　〒240-0005 神奈川県横浜市保土ヶ谷区神戸町134
　　　　℡045-332-6655　FAX045-332-6644
事業内容　EC＆通販システム構築
資本金　1億4,000万円
代表取締役社長　森　久尚
主なサービス内容　EC／通販統合パッケージ eltexDC、eltexITS、eltexCX、eltexSMS
主な設備　自社開発したクラウドコンピューティング環境
従業員　110名
通販担当部署　営業部
担当者　安見　省吾
主な取引先　㈱えがお、キリンビール㈱、㈱JALUX、東京電力エナジーパートナー㈱、ユニバーサルミュージック(合)、他
インターネット・ホームページアドレス
http://www.eltex.co.jp
メールアドレス
sales@eltex.co.jp

(株)大塚商会

本　社　〒102-8573 東京都千代田区飯田橋2-18-4　℡03-3264-7111
通販拠点事業所
　　　　℡03-3514-7565　FAX03-3514-7867
事業内容　通信販売業様向け販売管理システムの導入、運用支援
資本金　103億7,485万円
社長　大塚　裕司
主な取扱い商品　システムインテグレーション事業・サービス＆サポート事業
売上高　23年12月期　総売上　9,773億7,000万円
従業員　7,713名
通販担当部署　業種SIプロモーション部
担当者　西川
主な取引先　リコー、キヤノンシステムアンドサポート、ソフトバンクモバイル
インターネット・ホームページアドレス
https://www.otsuka-shokai.co.jp/erpnavi/

(株)オプテージ

本　社　〒540-8622 大阪府大阪市中央区城見2-1-5 オプテージビル
主な事業内容　電気通信事業、有線一般放送事業、小売電気事業、情報システム、電気通信ならびに放送に関するシステム開発、運用、保守業務の受託
資本金　330億円　社長　荒木　誠
設立　1988年4月2日
従業員　2,605名
インターネット・ホームページアドレス
https://optage.co.jp/

(有)海風天

本　社　〒329-1105 栃木県河内郡河内町中岡本1639-1
　　　　℡028-673-1234　FAX028-673-7000
事業内容　TVショッピング、輸入、インターネットショッピング、商品卸売
資本金　300万円　社長　臼井　章
通販部門設置　平成7年3月
主な取扱い商品　時計、日用品、美容、健康食品、化粧品
主な設備　PC4台、ファックス、コピー
従業員　5名
担当者　臼井　章
主な取引先　㈱カンセキ、イーパートナーズ、㈱インパクト、エルジンインターナショナル、他多数
インターネット・ホームページアドレス
http://almax..ocnk.net
メールアドレス
info@almax.co.jp

鹿島商事(株)

本　社　〒164-0001 東京都中野区中野4-7-7
　　　　℡03-3389-0151　FAX03-3389-0158
通販営業所在地　〒164-0001 東京都中野区新井1-11-2　宮地ビル602
　　　　℡03-5380-2251　FAX03-3389-0159
事業内容　ラジオショッピング、テレビショッピング、新聞折込チラシ、カタログ、他
資本金　1,000万円　社長　鹿島　成浩
通販部門設置　昭和58年4月
主な取扱い商品　宝石・貴金属、雑貨、食品、家庭用品、衣料品、服飾雑貨
従業員　153名
通販担当部署　メディア販売部
担当者　佐々木　真
主な取引先　全国有名百貨店及びテレビ局、ラジオ局
インターネット・ホームページアドレス
http://www.web-kashima.com/
メールアドレス
kashima-m@h6.dion.ne.jp

かっこ(株)

本　社　〒107-0051 東京都港区元赤坂1-5-31 新井ビル4F
　　　　℡03-6447-4534　FAX03-6447-4539
主な事業内容　SaaS型アルゴリズム提供事業
資本金　362,499,000円
社長　岩井　裕之
設立　2011年1月28日

カワセコンピュータサプライ(株)

本　社　〒541-0042 大阪府大阪市中央区今橋2-4-10 大広今橋ビル8F
　　　　℡06-6222-7474　FAX06-6222-7483
主な事業内容　データプリントサービス、バリアブル印刷、クラウド情報処理、ビジネスフォーム、Web to Print ソリューション
資本金　12億2,665万円
社長　川瀬　啓輔
設立　1955年5月21日
従業員　105名

(株)キャッチボール

本　社　〒140-0002 東京都品川区東品川2-2-24 天王洲セントラルタワー12階
　　　　℡(代)03-4326-3600　FAX03-4326-3690
　　　　(加盟店様向け)0120-667-690
主な事業内容　後払い決済サービス「後払いドットコム」運営（EC通販向け後払い決済・B2B決済・サービス業決済の提供）
資本金　7,000万円
代表取締役会長　山崎　正之　社長　端

(株)クローバー・ネットワーク・コム

本　社　〒105-0002 東京都港区愛宕1-3-4 愛宕東洋ビル9F
　　　　℡03-6756-9680　FAX03-6756-9689
主な事業内容　インターネットを利用した各種情報提供サービス、各種データベースの構築・販売及び保守、各種ソフトウェア開発・販売及び保守、各種システム・コンサルティング、導入支援及びオペレーション受託、各種システム周辺機器、事務機器、通信機器の企画・製造及び販売、各種システムに関する教育及び出版販売
資本金　95,000千円　社　長　吉田　正敏
設　立　2000年1月27日

郁夫
設　立　2007年1月18日
インターネット・ホームページアドレス
　https://www.catch-ball.jp/
関連会社　㈱スクロール、㈱スクロール360、スクロールグループ

コードコム(株)

本　社　〒170-0005 豊島区南大塚3-32-9
　　　　℡03-5979-8287　FAX03-5911-2336
事業内容　通販商品Webサイトへのダイレクトアクセスサービス（CCコード）を展開
資本金　1億4,700万円　社　長　矢口　勉
サービス内容　CCコードを通販事業者へASP提供
従業員　10名
担当者　営業本部
インターネット・ホームページアドレス
　http://www.codecom.jp
メールアドレス
　info@codecom.jp

コダック ヴァーサマーク ジャパン(株)

本　社　〒135-0046 東京都江東区牡丹1-14-1 東急門前仲町ビル
　　　　℡03-5621-2220　FAX03-5621-2221
事業内容　インクジェットプリンター販売保守サービス及びシステム開発
資本金　1,000万円
社　長　ホミ・シャミール
主な取扱い商品　超高速インクジェットプリンター（バリアブル印刷対応）
従業員　21名
インターネット・ホームページアドレス
　http://www.graphics.kodak.com
メールアドレス
　info.japan@kodakversamark.com

(株)コマースニジュウイチ

本　社　〒105-0003 東京都港区西新橋1-10-2 住友生命西新橋ビル9・10F
　　　　℡03-6683-1385　FAX03-6683-1386
事業内容　ECサイト構築ソフトウェア開発、販売・サービス
資本金　2億24,680円　社　長　田中　裕之
設　立　平成11年12月
主なサービス内容　Commerce21 Sell-Side Solution
従業員　184名
関連会社　㈱Eストアー
インターネット・ホームページアドレス
　http://www.commerce21.co.jp
メールアドレス
　pr@commerce21.co.jp

(株)サム技研

本　社　〒476-0015 愛知県東海市東海町6丁目1番9号
　　　　℡052-601-1531　FAX052-601-2896
事業内容　カタログ発送業務に関する機械設備、高速定形外和封筒インサーター
資本金　3,000万円　社　長　岩本　裕彦
主な取扱い商品　チラシ自動供給機、ランダム丁合機、定形外和封筒用高速インサーター
従業員　12名
通販担当部署　営業部
担当者　渡辺　健策
主な取引先　大森機械工業、トキワ工業、総合印刷、デュプロ販売、椿本興業
インターネット・ホームページアドレス
　http://www.somepon.com/
メールアドレス
　info@somepon.com

(株)産経デジタル

本　社　〒100-8077 東京都千代田区大手町1-7-2
主な事業内容　PC・モバイル有料課金サービス、電子新聞サービス、EC事業、新規事業、記事配信、データベース等
資本金　2億円　社　長　宇田川　尊志
設　立　2005年11月1日
従業員　129人
主な取引先　電通、博報堂DYメディアパートナーズ、アサツーディ・ケイ、クオラス、Google、ヤフー、サイバー・コミュニケーションズ、デジタル・アドバタイジング・コンソーシアム、LINE、日本マイクロソフト、NTTドコモ

(株)サンテレビジョン

本　社　〒650-8536 兵庫県神戸市中央区港島中町6-9-1
　　　　℡078-303-3133　FAX078-302-7752
事業内容　放送事業
資本金　9億7,000万円　社　長　清水　信一
従業員　165名
通販担当部署　営業局
担当者　森本　幸作
主な取引先　日本直販、住友商事、オークローン、プライム、東京テレビランド、他
インターネット・ホームページアドレス
　http://www.sun-tv.co.jp/

サンミック千代田(株)

本　社　〒101-8536 東京都千代田区内神田2-2-1　℡03-3252-1654　FAX03-5256-2086
事業内容　通販媒体の一つであるカタログ用紙の販売
資本金　39億4,870万円　社　長　横山　明
通販部門設置　昭和22年1月
主な取扱い商品　紙、パルプ及び関連製品、工業用化学製品、産業用機械、建材関連製品の販売
従業員　348名
インターネット・ホームページアドレス
　http://www.sanmic.co.jp/

GMOペイメントゲートウェイ(株)

本　社　〒150-0043 東京都渋谷区道玄坂1-14-6　℡03-3464-2740　FAX03-3464-2387
事業内容　総合的な決済関連サービス及び金融関連サービス
資本金　47億1,290万円
　　　　社　長　相浦　一成
通販部門設置　平成7年3月
主な取扱商品・サービス内容　ECサイト・通販向け総合決済サービス「PGマルチペイメントサービス」など
従業員　756名
主な取引先　ネットショップ事業者、通販事業者、国・自治体、金融機関など
ホームページアドレス
　https://www.gmo-pg.com
メールアドレス
　info@gmo-pg.com

GMOペイメントサービス(株)

本　社　〒150-0043 東京都渋谷区道玄坂1-14-6 ヒューマックス渋谷ビル（受付7階）
　　　　℡(代)03-3464-2392　FAX050-3737-5179
　　　　0570-666-350(ご購入者様用問い合わせ窓口)
主な事業内容　決済処理サービス及びEC周辺サービスの提供
資本金　150百万円(令和元年9月27日現在)
　　　　社　長　向井　克成
設　立　平成25年1月23日
インターネット・ホームページアドレス

https://www.gmo-ps.com/

(株)ジーニー

本　社　〒163-6006 東京都新宿区西新宿6-8-1 住友不動産新宿オークタワー5/6F
主な事業内容　広告プラットフォーム事業、マーケティングSaaS事業、海外事業
資本金　1,549百万円　**社　長**　工藤　智昭
設　立　2010年4月14日
従業員　307名（連結、2021年3月末現在）
関連会社　ビジネスサーチテクノロジ(株)、(株)REACT

ジェイエスフィット(株)

本　社　〒103-0015 東京都中央区日本橋箱崎町4-3 国際箱崎ビル
　　　☎03-5200-5901　FAX03-5200-5902
事業内容　通信販売業向け業務管理パッケージソフトの開発・販売、データ入力、コンタクトセンター、アウトソーシングサービス
資本金　1億円
代表取締役社長　北村　秀樹
通販部門設置　昭和63年4月
サービス内容　通信販売管理システム
主な設備　データ入力システム、OCR、FAXサーバー、コールセンター
従業員　348名
通販担当部署　システム営業部DMソリューションG
担当者　佐藤　良治
インターネット・ホームページアドレス
　　https://www.jsfit-cnext.jp/
メールアドレス
　　jeigyo@jsfit.co.jp

JCOM(株)

本　社　〒100-0005 東京都千代田区丸の内1-8-1 丸の内トラストタワーN館
主な事業内容　ケーブルテレビ局の統括運営を通じた有線テレビジョン放送事業及び電気通信事業、ケーブルテレビ局及びデジタル衛星放送向け番組供給事業統括
資本金　456億円　**社　長**　岩木　陽一
設　立　1995年1月18日
従業員　グループ総計15,871名（2024年3月末現在）

(株)ジェット

本　社　〒111-0042 東京都台東区寿2-10-10
　　☎03-3847-7200　FAX03-3847-7366
事業内容　情報処理サービス事業及び電子採点業務
資本金　9,300万円　**社　長**　小川　数美
通販部門設置　昭和58年4月
サービス内容　業務支援（委託、派遣）、キャンペーン事務局代行、電子採点受託
主な設備　高速スキャナー、高速バーコードプリンタ、高速配送伝票プリンタ、OCR
従業員　43名
通販担当部署　第1サービスセンター
担当者　篠原　隆史
主な取引先　髙島屋
インターネット・ホームページアドレス
　　http://www.jeet.co.jp/

ジグノシステムジャパン(株)

本　社　〒102-0083 東京都千代田区麹町1-12　7F、8F
　　☎03-5210-5670　FAX03-5210-5671
事業内容　インフォメーションプロバイダ事業、ソリューション事業、映像・音楽制作事
資本金　16億9,500万円
　　　　　　　　社　長　沼尻　一彦
主なサービス内容　コンテンツ提供・ソリューション提供・アンビエントサービス提供
従業員　155名
通販担当部署　メディアビジネス部
担当者　中山　彩加
インターネット・ホームページアドレス
　　http://www.gignosystem.com/
メールアドレス
　　mdb@gigno.co.jp

(株)システムインテグレータ

本　社　〒330-6032 埼玉県さいたま市中央区新都心11-2 ランド・アクシス・タワー32階
　　☎048-600-3880　FAX048-600-3676
事業内容　国内及び海外向けECサイトの構築
資本金　3億6,771万円　**社　長**　梅田　弘之
主なサービス内容　ECサイト構築パッケージ「SI Web Shopping」
従業員　166名（役員9名含む）2017年12月1日現在
通販担当部署　ECオムニチャネル事業部
担当者　佐藤　嘉彦
主な取引先　大手EC事業者、大手Sier
インターネット・ホームページアドレス
　　http://www.sint.co.jp
メールアドレス
　　webshop@sint.co.jp

(株)システムリサーチ

本　社　〒163-0724 東京都新宿区西新宿2-7-1 小田急第一生命ビル24F
　　☎03-6890-5533　FAX03-6890-5530
主な事業内容　SIサービス業務、ソフトウェア開発業務、アウトソーシング業務、Web関連ビジネス、ソフトウエアプロダクト業務、商品販売
資本金　55,015万円　**社　長**　平山　宏
設　立　昭和56年3月1日
売上高
　　単体162億4259万円　連結162億5,097万円
従業員　単体1,084名　連結1,097名
関連会社　ソエル

ジャックス・ペイメント・ソリューションズ(株)

本　社　〒141-8659 東京都品川区上大崎2-25-2　新目黒東急ビル9F
　　☎03-6758-0738　FAX03-6758-0739
事業内容　後払い決済
資本金　4億8,000万円　**社　長**　柳原　功
通販部門設置　平成26年4月
主なサービス内容　後払い決済
インターネット・ホームページアドレス
　　http://www.jaccs-payment.jp

(株)ジャパネットブロードキャスティング

本　社　〒104-0033 東京都中央区新川1-11-1
主な事業内容　・自社BSチャンネルの番組編成、および放送業務・放送番組の企画立案、番組制作、買付および販売・放送・収録スタジオの賃貸・保守管理
資本金　1億円　**社　長**　佐藤　崇充
設　立　2020年12月1日
従業員　98名（パート・アルバイト含む）
　　　※2022年9月現在
インターネット・ホームページアドレス
　　https://www.bsjapanext.co.jp/

ジャパン・プラス(株)

本　社　〒114-0001 東京都北区東十条1-18-1 東十条ビル1F
　　☎03-3912-5131　FAX03-3912-5137
主な事業内容　プラスチック真空成型品・圧空成型品、フィルム緩衝材、パッケージ全般・POP(プラスチック・紙)、トータルパッケージのコンサルティング、委託包装・ブリスターパック包装機のレンタル、ボクセル国内総販売元(スイスPAT)、紙ペン製造販売
資本金　1,200万円　**社　長**　笠倉　将太郎
設　立　昭和49年
従業員　61人
主な取引先　共栄産業、マルアイ、旭洋紙パルプ、日通商事、日本トーカンパッケージ、他120社

情報工房(株)

本　社　〒532-0011 大阪府大阪市淀川区西中島7-4-17
　　☎06-6101-8060　FAX06-6101-8066

事業内容　ダイレクトマーケティングコンサル業及CRMサポート企業
資本金　2,000万円　社長　宮脇　一
通販部門設置　平成13年8月
主な取扱い商品　CRMコンサルティング、ダイレクト販売コンサルティング、コンタクトセンター支援
従業員　137名
通販部門担当者　河本
主な取引先　製薬メーカー、下着メーカー、ギフトメーカー等一業種一社体制でアライアンスを組んでいる。
インターネット・ホームページアドレス
　http://www.jhkb.com/
メールアドレス
　info@jhkb.com

Supership（株）

本　社　〒107-0062 東京都港区南青山5-4-35 たつむら青山ビル　☎03-6365-7001
通販拠点事業所　〒107-0062 東京都港区南青山5-4-35 たつむら青山ビル　☎03-6365-7001
事業内容　ECサイト向けサイト内検索事業 など
資本金　3億4,138万円　社長　大朝　毅
通販部門設置　平成27年11月
主な取扱商品・サービス内容　ECサイト向けサイト内検索、ソリューション「Supership Search Solution (S4)」、ECサイト内商品広告ソリューション「S4Ads」
従業員　318名（2019年4月1日現在）
通販担当部署　データビジネス事業部 ソリューションプランニング室
通販部門担当者　鈴木
ホームページアドレス
　https://supership.jp/
メールアドレス
　s4-sales@supership.jp

（株）スクロール360

本　社　〒430-0807 静岡県浜松市中区佐藤2-24-1　☎053-460-6614　℻053-460-6622
営業連絡先　☎03-4326-3207　℻03-5495-9185
事業内容　通販業務代行、通販システム構築、各種販促支援　等
資本金　9,500万円
代表取締役会長　山崎　正之
代表取締役社長　丸井　恵介
通販部門設置　昭和61年3月
サービス内容　受注から物流・決済・販促支援、システム開発等、通販ビジネスのサポート事業
売上高　24年3月期　総売上　249億9,200万円
従業員　333名
通販担当部署　営業部

インターネット・ホームページアドレス
　http://www.scroll360.jp/

（株）ゼウス

本　社　〒150-0002 東京都渋谷区渋谷2-1-1 青山ファーストビル9F
　☎03-3498-9030　℻03-3498-9029
事業内容　決済サービスプロバイダ
資本金　3,000万円
代表取締役　三文字　正孝
設　立　1994年11月14日
サービス内容　クレジットカード決済、端末決済、口座振替決済、銀行振込決済、コンビニ決済、キャリア決済、後払い決済などEC・実店舗向けに幅広い決済サービスを取り扱う。売上向上・集客支援サービス、セキュリティサービスなど決済以外の付加価値ソリューションも提供。
主な設備　24時間体制の決済監視センター、24時間365日有人対応のコールセンター
従業員　54名（2019年3月31日時点）
担当部署　営業統括本部
主な取引先
インターネット・ホームページアドレス
　㈱ゼウス https://www.cardservice.co.jp/
メールアドレス
　sales@cardservice.co.jp

（株）ソウゾウ

本　社　〒106-6118 東京都港区六本木6-10-1 六本木ヒルズ森タワー
主な事業内容　インターネットサービスの企画・開発・運用
資本金　50百万円　社長　石川　佑樹
設　立　2021年1月28日
従業員　グループ総計16,858名（2021年3月末現在）

ソウルドアウト（株）

本　社　〒101-0062 東京都千代田区神田駿河台3-4 龍名館本店ビル
　☎050-1749-8000　℻03-6683-4633
事業内容　ネットビジネス支援
資本金　5億9,677万円
代表取締役会長　荻原　猛
主な取扱商品・サービス内容　デジタルマーケティング支援（ネット広告運用・EC支援・コンテンツマーケティング導入、動画制作）
従業員　302名
通販部門担当者　浅見　剛
主な取引先　Yahoo!、Google、LINE、Facebook
ホームページアドレス
　https://www.sold-out.co.jp
メールアドレス
　info@ml.sold-out.co.jp

ソニーペイメントサービス（株）

本　社　〒108-0074 東京都港区高輪1-3-13 NBF高輪ビル6階
　☎03-6408-8220　℻03-6408-8214
事業内容　通販・EC向け決済代行事業
資本金　4億8,875万円　社長　中村　英彦
通販部門設置　平成18年9月
主なサービス内容　通販・EC向けクレジットカード決済代行サービス、コンビニ等収納代行サービス
従業員　126名（2019年10月末）
通販担当部署　営業部
主な取引先　QVCジャパン、ソニーストア、NTTぷらら、日本経済新聞社、ソネット 等
インターネット・ホームページアドレス
　https://www.sonypaymentservices.jp/
メールアドレス
　guide@sonypysv.jp

（株）ソフテル

本　社　〒501-0112 岐阜県岐阜市鏡島精華1-3-17　岐陽第一ビル4F
　☎058-254-8500　℻058-254-8505
事業内容　Web業務システムの受託開発、通販ASP「通販する蔵」の開発・販売、レンタルサーバー事業
社長　北川　輝信
通販部門設置　平成19年4月
主なサービス内容　通販ASP「通販する蔵」
従業員　55名
通販部門担当者　北川　輝信
主な取引先　楽天㈱、㈱セリア、ジャパンベストレスキューシステム㈱、㈱ロイヤル、㈱マンチェス
インターネット・ホームページアドレス
　https://www.suruzo.biz
メールアドレス
　mail@softel.jp

（株）空　色

本　社　〒141-0022 東京都品川区東五反田2-9-5 サウスウィング東五反田ビル6階
主な事業内容　Web接客ソリューション・AIチャットbot「WhatYa」の開発・運用、Web接客センターの設計・運営
資本金　8,332万円　社長　中嶋　洋巳
設　立　2013年10月01日
インターネット・ホームページアドレス
　https://www.solairo.co.jp/

（株）ダイケイ

本　社　〒550-0021 大阪府大阪市西区川口3-3-9　☎06-6584-1234　℻06-6584-0429

情報システム構築、機械設備、決済サービス、通販基幹システム、その他

事業内容　情報処理サービス業
資本金　6億4,000万円
社　長　木下　善晴
通販部門設置　昭和36年12月
サービス内容　居住者データベース、電話帳データベース
従業員　70名
通販担当部署　営業部
担当者　松本　真一
インターネット・ホームページアドレス
　http://www.daikei.co.jp/
メールアドレス
　smatu@daikei.co.jp

高千穂コムテック(株)

本　社　〒160-0004 東京都新宿区四谷1-1
　　☎03-3355-1106　FAX03-3357-5480
事業内容　メーリングシステムの輸出入及び販売並びに開発・サポート・サービス
資本金　8,000万円　社　長　佐藤　昭
サービス内容　全自動封入封緘機、メーリング機器(インクジェット・プリンター、ラベリングマシン等)の販売・保守
主な設備　本社ショールームにて各メーリング機器を展示
従業員　19名
インターネット・ホームページアドレス
　http://www.tkcomtech.com/

ｗ２ソリューション(株)

本　社　〒104-0061 東京都中央区銀座4-14-11 七十七銀座ビル7F
　　☎03-5148-9633　FAX03-5148-9632
事業内容　通販EC全般のリサーチ、マーケティング、コンサルティング、自社オリジナルEC／CRMパッケージ「w2Commerce」の研究・開発、「w2CommerceEP、V5」サービスの販売／開発／導入／保守サポート、リピート通販(定期購入)特化型サービス「リピートPLUS」の開発／販売／導入／保守サポート
資本金　1,000万円　社　長　山田大樹
通販部門設置　平成17年9月
主な取扱商品・サービス内容　オールインワンECパッケージ w2Commerce　リピート販売専用ECパッケージ リピートPLUS
従業員　60名
通販担当部署　マーケティングディビジョン
通販部門担当者　桜沢慎哉
主な取引先　ダイドードリンコ、コンビ、敷島製パン、マッシュホールディングス、はぐくみプラス、伊藤忠商事
ホームページアドレス
　https://www.w2solution.co.jp/

(株)通販新聞社

本　社　〒113-0033 東京都文京区本郷2-11-6 谷口ビル4F
　　☎03-3815-7635　FAX03-3815-7635
主な事業内容　通信販売の専門紙誌、週刊通販新聞、月刊ネット販売の発行
資本金　1,000万円　社　長　國重　琢己
設　立　1991年4月
関連会社　宏文出版、訪販ニュース

(株)椿本チエイン

本　社　〒108-0075 東京都港区港南2-16-2(太陽生命品川ビル17F)
　　☎03-6703-8400　FAX03-6703-8414
主な事業内容　各種動力伝動装置および同付属品の製造販売、各種輸送機械器具、同付属品の製造販売ならびに輸送機械装置の設計および設置工事の請負、各種電気電子機器、同付属品の製造販売ならびに電気機器装置の設計および設置工事の請負、建築工事の設計・施工・監理の請負、前各号関連商品の輸入販売、前各号の付帯事業ならびに出資
資本金　170億7,600万円　社　長　大原　靖
設　立　1941年1月1日
従業員　8,733名

鶴岡(株)

本　社　〒101-8646 千代田区神田和泉町2番地　☎03-3866-4231　FAX03-3866-3480
通販拠点事業所　〒101-0024 千代田区神田和泉町1-1-7-101 (資)グラン・ジール☎03-3861-3817　FAX03-3861-3817
事業内容　インターネットBtoB販売サイト用
社　長　鶴岡　基和
通販部門設置　平成16年5月
従業員　270名
通販担当部署　グラン・ジール
担当者　安井　重俊
インターネット・ホームページアドレス
　http://www.turu.biz

TIS(株)

本　社　〒160-0023 東京都新宿区西新宿8-17-1
資本金　100億円　社　長　岡本　安史
設　立　2008年4月1日
従業員　連結：21,817名　単体：5,838名(2021年3月31日時点)

DKSHジャパン(株)

本　社　〒108-0073 東京都港区三田3-4-19
　　☎03-5730-7640　FAX03-5730-7607
事業内容　各種製品・機器・原材料等の卸売
資本金　16億円
代表取締役社長　マイケル・ロフラード
主な取扱い商品　カードおよびサンプル貼込機(日本)、フィーダー・シート丁合機：ロングフォード社(カナダ)、インクジェットプリンター：バスクロ社(カナダ)・CTCジャパン(日本)、ラベル印刷機：ガルス社(スイス)、ラベル加工機：プラティ社(イタリア)、封筒製袋機：ウィンクラー(W+D)社(ドイツ)、軟包装用印刷機：ソーマ社(チェコ)、フィルム包装機：ヒューゴベック社(ドイツ)
従業員　366名(2019年12月1日現在)
通販担当部署　印刷加工機械部
担当者　岡田　聖
主な取引先　DM発送業者、印刷業、製本業、ビジネス・フォーム加工業
インターネット・ホームページアドレス
　http://www.dksh.jp
メールアドレス
　kiyoshi.okada@dksh.com

(株)TDS

本　社　〒360-0043 埼玉県熊谷市星川2-12
　　☎048-522-3861　FAX048-522-3869
事業内容　販売促進支援、ダイレクトマーケティング支援
資本金　1,000万円　社　長　栗原　利男
通販部門設置　平成5年3月
主なサービス内容　電話帳データベース、アウトバウンドコール、データ入力、DM業務代行、販促データ制作
従業員　20名

TDNインターナショナル(株)

本　社　〒173-0013 東京都板橋区氷川町47-4 アビタシオンK1F
　　FAX03-6909-6618　FAX03-3962-5515
事業内容　QRコード「ＧＳ１ＱＲ」によるオムニ・グローバル戦略支援
資本金　5,740万円　社　長　渡辺　吉明
通販部門設置　平成19年8月
主なサービス内容　モバイルを介して製品本体の「ＧＳ１ＱＲ」から読み取れる取扱説明の提供、リコールなどの際に蓄積データから製品利用者のモバイルへの直接通知、事前登録した修理点検時期・適正使用期間などのシステムから自動的通知
主な取引先　東京海上日動火災、他生保5社、他150社
インターネット・ホームページアドレス
　http://www.tdn-japan.com
メールアドレス
　info@tdn-japan.com

(株)デップス

本　社　〒532-0011 大阪府大阪市淀川区西中島4-3-24　℡06-6304-7870　FAX06-6304-7859
事業内容　データ入力受託サービス、顧客管理ツールの販売
資本金　1億5,450万円　社長　大岡　章
通販部門設置　昭和50年7月
主な取扱い商品・サービス内容　データ入力受託・テレマーケティング業務・住所コードマスター販売
従業員　400名
通販担当部署　データベースグループ
担当者　宮越　隆久
インターネット・ホームページアドレス
http://www.deps-jp.co.jp/
メールアドレス
eigyo-group@deps-jp.co.jp

テレ(株)

本　社　〒150-0043 東京都渋谷区道玄坂1-20-2 アライアンスビル渋谷壱番館B1F
主な事業内容　次世代の通販として注目を集めているボイスコマース。テレAIは「AIシステムを活用して誰もが電話でWEBとつながる世界へ」をスローガンに、電話をかけて名前・住所・商品個数を話すだけで会員登録と商品注文ができる新しいサービスです
資本金　51,000,000円（資本準備金含める）
社長　平野　晃弘
設立　2021年4月26日
インターネット・ホームページアドレス
https://te0.jp

(株)テレビ埼玉

本　社　〒330-8538 埼玉県さいたま市浦和区常盤6-36-4
℡048-824-3131　FAX048-832-1978
通販営業所在地　〒104-0061 東京都中央区銀座8-9-16 長崎センタービル8F
℡03-3571-2538　FAX03-3571-2539
資本金　15億円　社長　川原　泰博
主な取扱い商品　衣料品、服飾雑貨、家具・家庭用品、雑貨、食品、サービス、他
通販担当部署　東京支社営業部
インターネット・ホームページアドレス
http://www.teletama.jp/

(株)電算システム

本　社　〒501-6196 岐阜県岐阜市日置江1-58　℡058-279-3456　FAX058-279-5848
事業内容　決済代行サービス、情報処理サービス
資本金　12億2,921万円
社長　田中　靖哲
サービス内容　コンビニ収納代行、クレジット決済代行、請求書作成代行、等
従業員　単体／570名　連結／772名
インターネット・ホームページアドレス
http://www.dsk-ec.jp/
メールアドレス
ec-tokyo@densan-s.co.jp

(株)電話放送局

本　社　〒530-0047 大阪市北区西天満4-8-17　℡06-6313-8000　FAX06-6365-7517
事業内容　IVRクラウドサービス
資本金　7,900万円　社長　森　正行
主な取扱商品・サービス内容　IVRクラウドサービス
主な設備　IVR（音声応答システム）
従業員　40名
通販部門担当者　小坂
主な取引先　通販会社・金融機関・メーカー他
ホームページアドレス
https://www.dhk-net.co.jp/

(株)東計電算

本　社　〒211-8550 神奈川県川崎市中原区市ノ坪150　℡044-430-1311　FAX044-430-1386
通販拠点事業所　〒211-8550 神奈川県川崎市中原区市ノ坪150
℡044-430-1321　FAX044-430-1387
事業内容　通販用基幹システム開発、コールセンターサービス、エントリーサービス
資本金　13億7,015万円
社長　古関　祐二
主な取扱商品・サービス内容　情報通信・機械設備・カード・その他
主な設備　クラウド型データセンター、コンタクトセンター、エントリーセンター、プリンティングセンター
売上高　22年12月期　総売上　173億3,200万円
従業員　818名
通販担当部署　ECソリューション部
通販部門担当者　佐藤
主な取引先
インターネット・ホームページアドレス
http://www.e-shop.co.jp/ec/
メールアドレス
aspro@toukei.co.jp

東芝関西情報システム(株)

本　社　〒541-0052 大阪府大阪市中央区安土町2-3-13-6F
℡06-6271-3211　FAX06-6271-3851
事業内容　コンピューターシステム販売
資本金　5,000万円　社長　島崎　友一
インターネット・ホームページアドレス
http://www.tkis.co.jp

東洋紡績(株)

本　社　〒530-8230 大阪府大阪市北区堂島浜二丁目2-8
℡06-6348-3111（案内）　FAX06-6348-3393
事業内容　各種繊維工業品、合成樹脂及びその成形品並びに生化学品、医薬品及び関連商品の製造・加工・販売、電子機器、理化学機器、医療用具及びその関連機器、各種プラント及び機器の設計・製作・販売、各種技術、情報の販売
資本金　433億4,100万円
社長　津村　準二
従業員　3,727名（平成14年3月現在）
主な取引先　丸八真綿、シャルレ、セシール、シムリー、住商オットー、千趣会、ポーラ化粧品本舗
インターネット・ホームページアドレス
http://www.toyobo.co.jp/
メールアドレス（お客様相談室）
consumer@ho.toyobo.co.jp

トーヨーカネツ(株)ソリューションズ事業本部

本　社　〒136-8666 東京都江東区南砂2-11-1　℡03-5857-3121　FAX03-5857-3180
事業内容　物流センター構築。「運用設計」「情報システム」「マテハン設備」の3つの技術力を「物流センター構築力」と称し、物流センター構築ソリューションを提供
資本金　4億円
社長　柳川　徹
通販部門設置　平成14年10月1日
従業員　350名
ホームページアドレス
http://www.tksl.co.jp/ja/index.html

トキワ工業(株)

本　社　〒593-8316 大阪府堺市山田2-190-9
℡072-273-1234　FAX072-273-3150
通販営業所在地　〒460-0002 愛知県名古屋市中区丸の内2-16-1
℡052-211-4185　FAX052-201-6528
事業内容　カタログ用自動包装機及び周辺機器製造販売
資本金　6,700万円　社長　亀田　稔
主な取扱い商品　カタログ・チラシ用自動包装機、定形郵便用自動包装機、自動供給装置、あて名ラベラー段積装置、その他サンプル供給装置
従業員　110名
通販担当部署　名古屋営業所
担当者　浦西、松田
主な取引先　大日本製紙紙工、飯島製本、日本紙工、宮本製本、ダイパック、綜合印刷、エイボン、ニッセン、セシール、東京メール
インターネット・ホームページアドレス
http://www.tokiwrap.co.jp/

メールアドレス
　sales1@tokiwrap.co.jp

日本通販グループ(株)

本　社　〒150-0001 東京都渋谷区神宮前3-18-12
主な事業内容　通販番組の企画制作、キャスティング、メディアのプランニング及びバイイング、コンサルティング
資本金　500万円　　社　長　藤本　弘志
設　立　平成27年4月27日
従業員　50名

ニフティネクサス(株)

本　社　〒143-0016 東京都大田区大森北1-2-3　大森御幸ビル
　☎03-5493-4980　FAX03-3298-2806
事業内容　デジタルマーケティング事業、ニュース事業、ポイントビジネス事業
資本金　1億円　　社　長　藤田　由希子
主な取扱い商品　DFO（データフィード最適化）
インターネット・ホームページアドレス
　http://www.niftynexus.co.jp

日本アバイア(株)

本　社　〒107-0052 東京都港区赤坂2-17-7　赤坂溜池タワー　☎03-5575-8700
事業内容　通信機器・システム
資本金　4億8,000万円
社　長　和智　英樹
サービス内容　テレマーケティングシステム、音声応答装置、CTIソフトウエア、コールセンター、ビデオ、データネットワーク、ソリューションを含む機器及びシステムの販売等
インターネット・ホームページアドレス
　http://www.avaya.com/jp/

日本ソフト販売(株)

本　社　〒103-0014 東京都中央区日本橋蛎殻町1-16-8　水天宮平和ビル7F
　☎03-3668-8781　FAX03-3668-5914
浜松センター　〒430-0946 静岡県浜松市中区板屋町111-2　浜松アクトタワー21F
　☎053-452-0609　FAX053-452-1701
事業内容　全国版電話データベースの販売、システムコンサルティング、コンピュータソフトの開発
資本金　5,100万円　　社　長　中川　基
主な取扱い商品　全国版電話データベース「Bellemax」、「Bellemax-CD」、コンピュータソフト、「電子電話帳」、「発信写録」、他
従業員　30名
インターネット・ホームページアドレス
　http://www.nipponsoft.co.jp/

日本電気(株)

本　社　〒108-8001 東京都港区芝5-7-1
　☎03-3454-1111
主な事業内容　社会公共事業、社会基盤事業、エンタープライズ事業、ネットワークサービス事業、グローバル事業
資本金　4,278億円　社　長　新野　隆
従業員　単独20,125名　連結112,638名

(一)日本文化用品安全試験所

本　社　〒130-0005 東京都墨田区東駒形4-22-4
主な事業内容　日用生活用品の安全性を確認する試験・検査等を通じて、その製品の品質、性能の維持及び向上を図ることにより、我が国の日用生活用品にかかる流通の促進、消費活動の健全化、及び安全かつ保証された家庭生活の発展に寄与すること、さらには、私たちが健康で文化的な生活を営めること、環境の保全に貢献することを目的としています。
資本金　1億円　　社　長　小林　盾夫
設　立　1975年2月27日

ネットのエース

本　社　〒105-0013 東京都港区浜松町1-3-1 浜離宮 ザ・タワー4F　☎0120-197-380
主な事業内容　1.電気通信事業法による電気通信事業及び、電気通信事業の代理店業務2.電気通信事業に関するコンサルティング業務3.広告代理店業4.インターネットを利用した情報提供及び通信販売業5.ウェブサイトの製作、管理びび運営6.前各号に附帯関連する一切の業務
　　　　　　　　　　社　長　澤田　幸弘
設　立　2020年7月31日
従業員　782名
メールアドレス
　info@net-ace.jp
関連会社　㈱ALL CONNECT

(株)ネットプロテクションズ

本　社　〒102-0083 東京都千代田区麹町4-2-6　住友不動産麹町ファーストビル
　☎03-5159-7881　FAX03-5159-7892
事業内容　後払い決済サービス「NP後払い」の運営、企業間取引向け後払い決済サービス「FREX B2B後払い決済」の運営、訪問型サービス向け後払い決済サービス「NP後払いair」の運営、会員制事業の運営
資本金　1億円　　社　長　柴田　紳
主なサービス内容　コンビニ・郵便局・銀行での後払い決済をリスクなくアウトソースできる「NP後払い」を提供。ECやカタログなど様々な販売形態で後払いの提供を可能にします。企業間取引においても掛け取引をリスクなくアウトソースできる「FREX B2B後払い決済」を提供しています。
従業員　320名（2022年3月31日現在）
ホームページアドレス
　http://corp.netprotections.com/index.html

バース・ジャパン(株)

本　社　〒222-0033 横浜市港北区新横浜3-18-14　☎045-475-1258　FAX045-475-1260
事業内容　フィルムラッピング機、封入、封緘機器、ラベリング機の販売、アフターセールスサービス
資本金　1,000万円　社　長　小林　公一
主な取扱商品・サービス内容　フィルムラッピングシステム、インサーター、ラベリング機、チラシセットライン
従業員　12名
主な取引先　発送代行会社、通信販売会社、印刷会社
ホームページアドレス
　http://www.buhrsjapan.co.jp
メールアドレス
　info.japan@buhrs.com

(株)バーズ情報科学研究所

本　社　〒102-0082 東京都千代田区一番町13-3　ラウンドクロス一番町3F
　☎050-5855-1000　FAX03-3265-7257
通販拠点事業所　〒144-0052 東京都大田区蒲田5-15-8　蒲田月村ビル
　☎050-5855-1003　FAX03-5744-7152
事業内容　データエントリー、アウトソーシングサービス、ソフトウェア開発
資本金　2億8,800万円　社　長　村瀬　正典
通販部門設置　平成9年6月
主なサービス内容　データ入力、コンタクトセンター、FAXの受信・配信代行、クラウド型FAXサービス
主な設備　保有FAX回線約1,000回線、入力端末数約400台
従業員　208名（平成29年6月1日現在）
通販担当部署　営業本部　ES営業部
担当者　佐々木　邦之
主な取引先　アスクル㈱、ビズネット㈱、いきいき㈱、㈱ドクターシーラボ
インターネット・ホームページアドレス
　http://www.birds.co.jp
メールアドレス
　info@birds.co.jp

パナソニックシステムソリューションズジャパン(株)

本　社　〒812-0036 福岡県福岡市博多区上呉服町10-1　☎092-271-7635
主な事業内容　1.電気・通信ならびに電子機械器具の製造、販売、レンタル、2.医療

ならびに保健衛生用機械器具の製造、販売、レンタル、3.光学ならびに精密機械器具の製造、販売、レンタル、4.前各号の機器に関するシステムおよびソフトウェアの開発、販売、レンタル、5.前各号の機器、システムおよびソフトウェアを利用する広告業務、6.情報処理・情報提供・情報通信サービスの受託、7.前各号に関する修理・保守・運用サポートの受託、8.前各号に関する工事の設計、施工、管理、請負、9.前各号に関する調査・研究開発・コンサルティングの受託、10.前各号に関する特許権・著作権等の知的財産権の管理、使用許諾、販売、11.労働者派遣事業12.警備保障業13.前各号に付帯または関連する一切の業務　　社　長　片倉　達夫
設　立　2017年4月
従業員　約4,850人
関連会社　パナソニックコネクティッドソリューションズ社、パナソニックSSサービス、光英システム、リンクレイマーケティング、ストアビジネスソリューションズ

(株)ハニーマスタード

本　社　〒150-0013 東京都港区浜松町2-1-17 松永ビル5F
　　　　℡03-6380-0473　℻03-6380-0646
事業内容　テレビ通販番組出稿状況データベース販売
資本金　940万円　社　長　山條　暁博
通販部門設置　平成24年5月
主な取扱商品・サービス内容　DRTV-INDEX（インフォマーシャルデータベース）
従業員　2名
通販担当部署
担当者　竹田みや子
主な取引先　博報堂グループ、トライステージ、インターワールド
ホームページアドレス
　www.honey-mustard.jp
メールアドレス
　info@honey-mustard.jp

バリューコマース(株)

本　社　〒102-8282 東京都千代田区紀尾井町1-3 東京ガーデンテラス紀尾井町紀尾井タワー21階　　℡03-5210-6688
事業内容　マーケティングソリューション事業（アフィリエイト）、ECソリューション事業（ストアマッチ、ストアーズ・アールエイト）
資本金　17億2,826万円（2021.12.31現在）
代表取締役社長　香川　仁
主な取扱い商品　バリューコマースアフィリエイト、ストアマッチ、ストアーズ・アールエイト、B-Space

従業員　246名（2018.12.31現在）
主な取引先　ヤフーほか
インターネット・ホームページアドレス
　http://www.valuecommerce.co.jp

(株)ピアラ

本　社　〒150-6029 東京都渋谷区恵比寿4-20-3　℡03-6820-0730　℻03-5793-8888
事業内容　ECマーケティングテック事業・広告マーケティング事業
資本金　8億3,775万円　社　長　飛鳥貴雄
通販部門設置　平成16年3月
主な取扱商品・サービス内容　ビューティーアンドヘルス及び食品領域において通信販売を行う企業向けの販売支援
従業員　133名
主な取引先　(株)アイム、(株)マイケア
ホームページアドレス
　http://www.piala.co.jp/
メールアドレス
　info@piala.co.jp

BIPROGY(株)

本　社　〒135-0061 東京都江東区豊洲1-1-1
　　　　℡03-5546-4111
ビジネスサービス事業部営業二部第二営業所
　　　　℡03-5546-4111（大代表）　℻03-5546-7848
事業内容　コンピュータ、システムの販売・保守サービス、ソフトウエア販売、通信事業、等
資本金　54億8,317万円
代表取締役社長　齊藤　昇
サービス内容　通販業界向け各種ソリューション販売、委託開発、アウトソーシング
従業員　グループ8,218名（2024年3月31日現在）
通販担当部署　ビジネスサービス事業部営業二部第二営業所
担当者　藤原　敏展
インターネット・ホームページアドレス
　http://www.biprogy.com/

(株)ひまわりユアハンズ

本　社　〒370-0503 530-0011 邑楽郡千代田町赤岩3106-10
　　　　℡0276-86-8600　℻0276-86-8614
通販拠点事業所　〒370-0503 530-0011 邑楽郡千代田町赤岩3106-10
　　　　℡0276-86-8600　℻0276-86-8614
事業内容　個人向け通販、企業向け通販代行業
資本金　2,000万円
　　　　代表取締役　品川　貴則
通販部門設置　昭和43年3月
主な取扱商品・サービス内容　通信教育・

通信販売の宣伝及び商品発送・倉庫管理、保管・梱包業務・貸倉庫業務
従業員　60名
ホームページアドレス
　http://www.himawari-yourhands.co.jp

(株)ファインドスター

本　社　〒108-0014 東京都港区芝4-1-23 三田NNビル15階
事業内容　通信販売支援事業、営業支援システム
資本金　6,500万円　社　長　渡邊　敦彦
通販部門設置　平成13年10月
主な取扱い商品　通販会社専用プロモーション広告～同封・同梱、FP・新聞・雑誌・ラジオ、インフォマーシャル、通販会社専用クリエイティブ制作、チラシ・掲載広告制作、映像制作、通販会社専用CRM施策、テレマーケティング、販売促進DM
従業員　457名（役員、正社員、パートナー契約、アルバイト含む）
通販担当部署　ダイレクトマーケティング事業部　　℡03-6860-4202
担当者　松本　周作
主な取引先　ニッセン、ベルーナ、三越、イマージュ
インターネット・ホームページアドレス
　http://www.find-star.com
メールアドレス
　pr@find-star.com

富士ソフト(株)

本　社　〒101-0022 東京都千代田区神田練塀町3　℡03-5209-5550　℻03-5209-6085
資本金　262億28万円　社　長　坂下　智保
設　立　1970年5月15日
従業員　単体8,242名　連結14,348名

富士フイルム(株)

本　社　〒106-8620 東京都港区西麻布2-26-30　℡03-3406-2556　℻03-3406-2649
事業内容　ECサイトを支援する、携帯電話向け静止画／動画変換・配信サービス
資本金　400億円　社　長　助野　健児
通販部門設置　平成16年10月
サービス内容　Keitai Picture、Keitai Video
従業員　3万965名
通販担当部署　インキュベーション部
担当者　増澤　貴一
インターネット・ホームページアドレス
　http://fujifilm.jp
メールアドレス
　pixabase@fujifilm.co.jp

(株)フューチャー・コミュニケーションズ

本　社　〒542-0081 大阪府大阪市中央区南

船場4-3-2 御堂筋MIDビル6階
☎06-7711-2208　FAX06-7711-2243
通販拠点事業所　〒542-0081 大阪府大阪市中央区南船場4-3-2 御堂筋MIDビル6階
☎06-7711-2208　FAX06-7711-2243
事業内容　金融・流通・サービス・メーカー等
資本金　3,685万円　**社長**　床田宗隆
通販部門設置　平成16年6月
主な取扱商品・サービス内容　健康食品(サプリメント)、宅配水や健康・美容器具の通販受注、化粧メーカーのカスタマーセンター、官公庁関連受電・発信業務など
主な設備　席数200、鍵付のブラインドルームでの業務可能、入室時静脈センサーによる開錠
従業員　500名
通販担当部署　テレマーケティング事業部
担当者　石井
主な取引先　アイフル㈱、㈱優生活、コスモ石油㈱、㈱ナリス化粧品、タケモトピアノ㈱、大阪ガス㈱
ホームページアドレス
http://future-coms.com/

㈱フューチャーショップ

本社　〒530-0011 大阪府大阪市北区大深町4-20 グランフロント大阪タワーA24階
☎06-6485-5200　FAX06-6485-5500
事業内容　電子商取引支援サービスの提供
資本金　1億円　**社長**　星野裕子
通販部門設置　平成15年10月
主な取扱商品・サービス内容　SaaS型ECサイト構築プラットフォーム「futureshop」
従業員　60名
ホームページアドレス
https://www.future-shop.jp
メールアドレス
pr@future-shop.co.jp

FutureRays㈱

本社　〒530-0047 大阪府大阪市北区西天満2-8-1 大江ビルヂング217号室
☎06-6130-8002　FAX06-6130-8042
通販拠点事業所　〒102-0073 東京都千代田区九段北1-14-21 九段アイレックスビル6階
☎03-6265-4781　FAX03-6265-4782
事業内容　I基幹業務改善,経営管理業務改善、ITコンサルティング、システム開発
資本金　1,000万円　**社長**　中井崇幸
通販部門設置　平成27年4月
主な取扱商品・サービス内容　情報通信・機械設備・カード・その他
主な設備　通販基幹システム『クラウドK』『Infinity K』
従業員　160名
通販担当部署　通販ソリューション事業部
通販部門担当者　今関　一樹
主な取引先　アプロス㈱、イワキ㈱、㈱ni-jito、㈱ビ・メーク、㈱みやび
インターネット・ホームページアドレス
http://infinityk.futurerays.biz/
メールアドレス
infinityk@futurerays.biz

㈱プラスアルファ・コンサルティング

本社　〒105-0013 東京都港区浜松町1-18-16 住友浜松町ビル5F
☎03-6432-4016　FAX03-6432-4017
事業内容　CRM事業、テキストマイニング事業
資本金　　**社長**　三室克哉
主な取扱商品・サービス内容　CRM・マーケティングオートメーション、テキストマイニングのシステム開発と提供
従業員　100名
ホームページアドレス
http://www.pa-consul.co.jp/cr/
メールアドレス
info@pa-consul.co.jp

ベリトランス㈱

本社　〒150-0022 東京都渋谷区恵比寿3-5-7 デジタルゲートビル5F
☎03-6367-1500（代）　FAX03-6367-1230
事業内容　オンライン決済情報処理サービス、収納代行サービス
資本金　10億6,845万円
社長　篠寛
サービス内容　EC事業者様向けにカード決済、コンビニ決済、電子マネー決済等総合決済パッケージの提供
主な設備　国内の各金融機関と通販事業者様間のデータ中継センター
従業員　65名
通販担当部署　決済事業部
主な取引先　国内のEC、通販、ISP企業など20000社以上
インターネット・ホームページアドレス
https://www.veritrans.co.jp/
メールアドレス
sales@veritrans.jp

三井不動産㈱

本社　〒103-0007 東京都中央区日本橋浜町2-31-1　☎03-3246-3131
主な事業内容　オフィスビル事業、商業施設事業、ホテル・リゾート事業、住宅関連事業、不動産ソリューションサービス事業、物流事業、海外事業、その他事業
資本金　339,897百万円
社長　菰田正信
設立　1941年7月15日
従業員　1,678名
インターネット・ホームページアドレス
https://www.mitsuifudosan.co.jp/

㈱三越伊勢丹ビジネス・サポート

本社　〒160-0022 東京都新宿区新宿5-11-5 パークシティイセタン12階
☎03-3225-2985　FAX03-3225-2929
事業内容　通販フルフィルメントサービスを中心に、ギフト物流、4温度帯物流（冷凍・冷蔵・低温・常温）、食品セット加工まで幅広くサービスをご提供します
資本金　5,000万円　**社長**　酒井健太
通販部門設置　平成18年9月
主な取扱い商品　通販フルフィルメントサービス（コールセンター、物流センター、情報システム、輸配送他、各種機能）
従業員　497名（2018年4月1日現在）
通販担当部署　法人営業部
担当者　中島
主な取引先　㈱三越伊勢丹、グループ外の通販事業企業様
インターネット・ホームページアドレス
http://tsuhan-fulfillment.jp
メールアドレス
imbs-honsya@im-bs.co.jp

メールソリューション・ジャパン㈱

本社　〒101-0031 東京都千代田区東神田2-8-13 ALTビルディング2F
☎03-5823-3200/050-3387-1687
FAX 03-5823-3211
主な事業内容　郵便ソリューション事業
資本金　111,370千円　**社長**　谷口哲平
設立　2001年6月
インターネット・ホームページアドレス
https://www.ms-j.jp/
主な取引先　金融機関・生命保険会社・証券会社・通販会社・官公庁・学校法人・通信会社・印刷会社・信販会社・消費者金融・労働組合・自動車販売会社・建設会社・不動産会社・食品会社・メーリング会社　等

㈱メディアグリッド

本社　〒160-0005 東京都新宿区愛住町23-14 ベルックス新宿ビル10階
☎03-5366-3755　FAX03-5366-3786
事業内容　Eコマース事業、要素技術研究開発事業、システムインテグレーション事業、プロダクト販売事業
資本金　2億1,900万円
代表取締役　阿久津　毅
通販部門設置　平成16年1月
従業員　19名
通販担当部署　eビジネス事業部
主な取引先　㈱暮らしのデザイン、㈱ブルックス、㈱ワールドネット、㈱オゾンネットコム、アイマーケット㈱

インターネット・ホームページアドレス
　http://www.mediagrid.co.jp
メールアドレス
　ecommerce@mediagrid.co.jp

㈱モバイルインパルス

本　社　〒550-0015 大阪府大阪市西区南堀江1-4-19　☎06-6536-5905　FAX06-6536-5907
通販拠点事業所　〒162-0837 東京都新宿区納戸町26-8
　　　　☎03-3266-4861　FAX03-3266-4860
事業内容　自社ショッピングモール運営・コマースシステムASP提供、ショッピングサイト運営受託
資本金　9,000万円　社　長　澤居　大介
通販部門設置　平成17年1月
主な取扱い商品　衣料品・服飾雑貨
従業員　15名
インターネット・ホームページアドレス
　http://www.m-inpulse.com/
メールアドレス
　contact@m-inpulse.com

㈱やずやソリューションズ

本　社　〒815-0081 福岡県福岡市南区那の川1-6-14
主な事業内容　通販CRM基幹システム・顧客分析診断システムの開発及び販売、通販全般のコンサルティングサービスの提供
資本金　50,000千円　社　長　矢頭　徹
設　立　2019年2月15日
従業員　35名（2022年6月現在）

㈱ヤプリ

本　社　〒106-6241 東京都港区六本木3-2-1 住友不動産六本木グランドタワー 41F
　　　　☎03-6866-5730
主な事業内容　スマートデバイスに特化したインターネット事業
資本金　1,000万円　社　長　庵原　保文
設　立　2006年10月1日
売上高
　50億9,942万円（資本準備金を含む）（2022年6月30日時点）
メールアドレス
　contact@yappli.co.jp

ヤマトシステム開発㈱

本　社　〒104-6134 東京都中央区晴海1-8-11 晴海アイランドトリトンスクエアオフィスタワーY棟　☎03-6333-0120
事業内容　情報処理サービス
資本金　18億円　社　長　栗丸　信昭
主なサービス内容　web出荷コントロール、ネットスーパーサポートサービス、e-ネコショップ他
主な設備　東京IDCセンター、大阪IDCセンター、全国ネットワーク網、全国27営業所他
従業員　2,878名（2022年3月末現在）
通販担当部署　e-通販ソリューションカンパニー
インターネット・ホームページアドレス
　http://www.nekonet.co.jp/
メールアドレス
　webmaster@nekonet.co.jp

ユーシーカード㈱

本　社　〒135-8601 東京都港区台場2-3-2 台場フロンティアビル　☎03-5531-6000
事業内容　クレジットカードの取扱いに関する業務、加盟店事業に関わる業務、UCグループの運営に関わる業務、商品券発行業務、集金代行業務並びに事務計算代行業務、その他上述付随業務
資本金　5億円
社　長　井上　誠一郎
サービス内容　広告ページとして、会員誌に通信販売業者の商品を掲載
従業員　221名
通販広告担当部署　事業部
担当者　石崎　芳樹、堺　紀阿子
インターネット・ホームページアドレス
　www.uccard.co.jp

㈱ラ・フ

本　社　〒541-0043 大阪市中央区高麗橋2-3-5柳湖堂ビル
主な事業内容　TV、ラジオ、新聞、インターネットを利用した通信販売、商品の輸入販売及び情報提供サービス、一般総合広告及びフィルム制作
資本金　1,000万円　社　長　早田　和治
設　立　昭和50年6月3日
関連会社　㈱富士弘宣、㈱東京富士弘宣

LINEヤフー㈱

本　社　〒102-8282 東京都千代田区紀尾井町1-3 東京ガーデンテラス紀尾井町 紀尾井タワー
事業内容　eコマース事業、ネット広告事業、会員サービス事業
資本金　2,487億7,300万円
　　　　社　長　出澤　剛
従業員　7,167名
インターネット・ホームページアドレス
　https://www.lycorp.co.jp/ja/

楽天カード㈱

本　社　〒107-0062 東京都港区南青山2-6-21 楽天クリムゾンハウス青山
資本金　193億2,300万円
社　長　穂坂　雅之
従業員　1,374名
インターネット・ホームページアドレス
　http://www.rakuten-card.co.jp/

㈱リージェンシー

本　社　〒160-0023 東京都新宿区西新宿3-1-5 新宿嘉泉ビル7F
　　　　☎03-5322-7360　FAX03-5322-7442
主な事業内容　労働者派遣事業、有料職業紹介事業
資本金　8,400万円　社　長　神戸　信幸
設　立　2008年7月

流通システム・エンジニアリング㈱

本　社　〒108-0074 東京都港区高輪2-15-19 高輪明光ビル
　　　　☎03-5449-1801　FAX03-5449-1805
事業内容　通信販売業向け情報システムのコンサルティング、パッケージシステム企画開発
資本金　4,900万円　社　長　國行　進
通販部門設置　平成8年9月
サービス内容　VISHOP通販統合パッケージ・システム（基本システム280万円～）
従業員　15名
通販担当部署　システム企画担当
担当者　松本　献
主な取引先　埼玉種畜牧場、戸隠蕎麦、興南物産、セイコー、ハウステンボス、ロート製薬、CTCクリエイト
インターネット・ホームページアドレス
　http://www.ccr.co.jp/
メールアドレス
　vishop@ccr.co.jp

㈱リンク

本　社　〒107-0061 東京都港区北青山2-14-4 アーガイル青山14F
主な事業内容　クラウド・ホスティング事業、セキュリティプラットフォーム事業、テレフォニー事業、農系事業、その他
資本金　10,000,000円　社　長　岡田　元治
設　立　1987年11月18日
従業員　100名
関連会社　ネットフォース、なかほら牧場

㈱リンクマネージ

本　社　〒108-0014 東京都港区芝4-10-5 田町後藤ビル7F
　　　　☎03-5765-6391　FAX03-5765-6392
事業内容　ECサイトの企画・構築から運営・管理までの総合支援（アウトソーシング）事業
資本金　1億2,400万円　社　長　山岡　清太

サービス内容　EC＆CRMシステムアウトソーシングサービス「CREOSS（クレオス）」
従業員　30名
インターネット・ホームページアドレス
　http://www.linkm.co.jp
メールアドレス
　info@linkm.co.jp

（株）レムトス

本　社　〒124-0023 東京都葛飾区東新小岩3-4-16　BELNOS34 2F
　　　　℡03-5698-1414　FAX03-5698-1416
事業内容　住所データのクリーニングシステムや、各種入力支援システム（住所・姓名・金融機関情報等）の製造販売を行う、コンピュータ辞書の専門メーカー。
資本金　2,000万円　　社　長　金子　忍
通販部門設置　昭和60年4月
主な取扱い商品　コールセンター向けのデータ入力支援システム（住所・姓名・金融機関情報等）や、住所データクリーニングシステムのパッケージソフトウェア。辞書屋の入力支援WebAPI（辞書屋ならではの優れた入力支援機能を様々なWebフォームへ組み込めるクラウド型サービス）、辞書屋の住所クリーニングWebAPI（クラウド型の住所クリーニングWebAPIサービス）
従業員　18名
通販担当部署　システム営業部
担当者　山脇　俊介
主な取引先　小規模から大規模通販事業者様
インターネット・ホームページアドレス
　http://www.remtoss.co.jp/
メールアドレス
　info@remtoss.co.jp

（株）ロボットファクトリー

本　社　〒102-0094 東京都千代田区紀尾井町3-29 紀尾井ロイヤルハイツ101
　　　　℡03-5214-3980　FAX03-5214-3970
主な事業内容　ドローン搭載赤外線カメラによる外壁・屋根等のインフラ点検事業、水中ドローンによる点検及び撮影事業、屋外広告事業、サイバーセキュリティ事業
資本金　660万円
設　立　2020年10月1日
メールアドレス
　kioi329@robot-factory.co.jp

ワールドインシュアランスエージェンシー（株）

本　社　〒103-0023 東京都中央区日本橋本町1-4-12 カネダ日本橋センタービルディング6F　℡03-3273-6541　FAX03-3273-6588
主な事業内容　損害保険代理業務、生命保険の募集に関する業務、企業経営上のリスクマネジメントのコンサルタント業務、集金代行業、前各号に付帯する一切の業務
資本金　3,000万円
設　立　1976年10月1日

索引

■ここでは、第3部に収録した企業を、「実施企業」「関連企業」別に50音順番でリストアップした。
■企業の法人格は省略した。

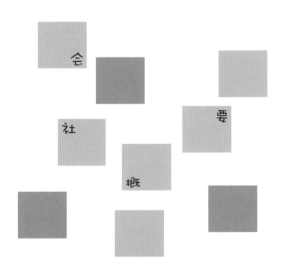

通販実施企業（50音順）

【ア】

アークインターナショナル	195
アーバンリサーチ	195
アールエスコンポーネンツ	177
アールビーズ	125
アイアンバロン	125
愛育ベビー	172
アイ・エス・ピー	125
I-ne	195
アイ・エム・ワイ	187
IKホールディングス	187
愛しとーと	214
アイジャスト	125
アイスタイル	125
会津園芸センター・スズキ	171
IBP	187
アイフォーレ	177
アイリスプラザ	170
アイロボットジャパン	125
アカシアの樹	211
アキテーヌジャパン	125
秋本食品	177
アクセルクリエイション	125
アサヒグループ食品	125
旭産業	125
アサヒシューズ	126
朝日新聞販売サービス	126
あさひや	223
アサヒ緑健	215
アジアワン・ジャパン	126
あじかん	211
あしたば加工工場	126
あしたば本舗	126
味の素 ダイレクト	126
アスクル	126
阿蘇健康	221
アダストリア	126
アットホーム	127
東農園	209
アテックス	195
アテニア	177
アデランス	127
アド・インターフェース	127
アドバンスクリエイト	195
アドバンスト・メディカル・ケア	127
アトレシア	127
アバック	127
アプロス	127
アメリア・ネットワーク	127
アメリカンホーム保険会社	127
アルク	128
アルファ・アルファコイル事業部	128
アルマード	128
アロエ食品	184
アンファー	128

【イ】

イーエムジャパン	177
イオス	215
イオンドットコム	175
イオンリテール	175
市川園	185
伊藤園	128
イナガキ	187
井上商店	206
イノウラ繊維 通販部	180
今治大丸	214
イルミルド	195
いわさきちひろ作品普及会	128
イワタニアイコレクト	196
Inagora	128
イング	223
イングリウッド	128
インシップ	175
インターメスティック	129
インフラッツ	129
インプレスコミュニケーションズ	129
インペリアル・エンタープライズ	129
インポートブティック みつこ	223

【ウ】

ヴァーナル	215
ヴァリダックス	187
ウェーブ	129
ウエダ	180
ヴェルデジャパン	175
ヴェントゥーノ	215
ヴォイス	129
宇治田原製茶場	192

【エ】

エア・ウォーター・リアライズ	129
エアーリンク	130
Aiロボティクス	130
エーエフシー	185
エーザイ	130
エーツー	185
ADS棒二森屋店	168
ABCファンライフ	196
えがお	221
エクショップ	206
エクスプライス	130
EH	196
エコ・クリーン	130
エコワン	177
エス・エス・アイ	130
エスシー・カードビジネス	130
SBIアラプロモ	130
エスマイル	130
エニー	131
NHKエンタープライズ	131
NHK学園	131
NHK放送研修センター日本語センター	131
エヌケーグループ販売	211
エバーライフ	215
エバンス	131
エピュレ	131
エフエムジー&ミッション	178
FDR・フレンディア	131
エフティシー	131
エブリデイ・ドット・コム	215
エミネット	210
エムエージー	175
MTG	188
エモテント	215
エルモス化粧品	172
遠赤青汁	214
エンドー・アンド・アソシエイツ	175

【オ】

オイシックス・ラ・大地	132
大網	132
オーガランド	223
オーク	172
オークローンマーケティング	188
大阪通販	191
オージーフーズ	132
オージオ	173
大島明日葉研究所	132
大嶋屋	222
大塚商会	132
おおの	183
大平食品	220

索引

オールアバウトライフマーケティング 132
オール福岡販売 216
オーレック 216
沖縄特産販売 224
小野食品 170
オバタ 170
オムロン ヘルスケア 132
オリエンタルバイオ 132
オリオン商事 132
オルト 132
オルビス 133

【カ】

カウネット 133
香り芽本舗 210
カグー 133
学文社 133
カゴメ 188
梶原産業 196
カタログハウス 133
かどや製油 133
金澤やまぎし養蜂場 182
カナレイ 178
カニモケイ 183
カネタツ 168
金秀バイオ 224
かねふく 216
カネヤ 183
カメラの三和商会 196
嘉楽 209
KALBAS 188
カルピス 134
川口学園 早稲田通信教育センター 134
川 徳 170
川本昆布食品 183
関西テレビハッズ 196
関西ワークシステム 192

【キ】

キープ袴田 185
菊水食品 172
北 正 183
北の達人コーポレーション 169
北原商事 134
キタムラ 214
キチンキトサン流通センター 224
キナリ 134
紀伊國屋書店 134
キューサイ 216
九州朝日放送 216
QVCジャパン 175
京都きもの市場 192
京都嵯峨春秋庵 192
京都通販 193

協和 134
キョーエイ 169
金庫屋 196
銀座ステファニー化粧品 134
金氏高麗人参 193
近物レックス 185

【ク】

薬日本堂 135
グッズマン 193
グッディ 197
久原本家 216
熊本大同青果 222
暮しと健康社 135
グラフィコ 135
クラブコスメチックス 197
グランブルー 176
グリーン商事 197
グレイシーテクノロジー 188
クローバープロジェクト21 211
グローバルスタンダード 216
クロス・エ・キューブ 135

【ケ】

京成バラ園芸 176
元気堂本舗 135
健康家族 223
健康社 188
健康待夢 189
健康の杜 216
ケンコー 135
健 菜 135
ゲンナイ製薬 135
げんぶ堂 206

【コ】

湖池屋 136
公開経営指導協会 136
講談社フェーマススクールズ 136
こうはら本店養宜館 197
興和堂 136
コープデリ生活協同組合連合会 173
コーリキ 136
コールコム 136
ゴールドウイン 136
コールマン ジャパン 136
コジマ 137
コジマ 172
コスモライフ 206
ごと 221
小林製薬 197
コムセンス 222
コメリ 181
コロムビア・マーケティング 137

コンビ 137

【サ】

ザ・プロアクティブカンパニー 137
サードウェーブ 137
再春館製薬所 222
サイト・プロモート 173
サイバード 137
斎武織物・帯の武乃屋 172
西部ガスリビング 216
財 宝 223
サウンドハウス 176
坂善商事 137
サカタのタネ 178
さくらフォレスト 217
サティスα 197
サニーヘルス 180
サミニ 185
サラヤ 197
サンアルファ 193
産業能率大学 137
サンクック 185
サン・クラルテ製薬 217
産経デジタル 138
サン・ケン 138
サンコー 170
サンシャイン企画 173
三州製菓 173
三生医薬 186
三晴社 138
三省製薬 217
サンセリテ札幌 169
サンテク 210
サントリーウエルネス 138
サントリーマーケティング&コマース 138
三洋薬品HBC 138
サンリッツ 138
三和装備 138

【シ】

歯愛メディカル 182
GSTV 139
Xena 217
ジーフット 139
Gホールディングス 139
JR東日本商事 139
ジェイエチシー 173
ジェイオーディ 189
ジェイ・スタジオ 139
ジェイドグループ 139
ジェネレーションパス 139
ジェリーフィッシュ 176
ジオテックゴルフコンポーネント 176
シオノギヘルスケア 197

335

シケン	197	
四国旅客鉄道	213	
システムファイブ	140	
資生堂ジャパン	140	
シナリオ・センター	140	
柴田陶器	184	
JIMOS	217	
シャープ産業	206	
ジャストシステム	140	
ジャスミ	217	
シャディ	140	
ジャパネットたかた	221	
JAFサービス	140	
JALUX	140	
シャルレ	206	
集英社	140	
ジュピターショップチャンネル	141	
椒房庵	217	
翔泳社	141	
小学館イマージュ	141	
小学館集英社プロダクション	141	
上新電機	198	
小豆島ヘルシーランド	213	
勝僖梅	209	
SHOKUBI	198	
食文化	141	
白形傳四郎商店	186	
白 鳩	193	
新生社	198	
新日本製薬	217	

【ス】

瑞 雲	186
水晶院	178
スイスラインジャパン	141
THINKフィットネス	141
スヴェンソン	142
スカイネット	198
スクロール	186
健やか総本舗亀山堂	221
ストリーム	142

【セ】

生活総合サービス	198
精華堂霰総本舗	142
セイコーウオッチ	142
セイシン企業	142
精進堂製薬	198
精茶百年本舗	170
聖和趣味の会	199
世界文化社	142
セコム	142
セダージャパン	142
世田谷自然食品	142

セブン&アイ・ネットメディア	143
セレクチュアー	143
セレック	143
千趣会	199
千成亭	192
全日空商事	143

【ソ】

ソーシャルテック	143
ソースネクスト	143
そごう・西武	143
ＺＯＺＯ	176
ソフト99コーポレーション	199
ソフマップ	143
損保ジャパンDIY生命保険	144

【タ】

第一交通産業	218
第一三共ヘルスケアダイレクト	213
大作商事	144
ダイショー	218
泰星コイン	144
大都	199
ダイドードリンコ	199
ダイトクコーポレーション	182
だいにち堂	180
ダイワ	199
大和企画	183
高島屋	144
タカトク	144
高橋物産	169
タカムラ	200
タカラトミー	144
宝ヘルスケア	193
タキイ種苗	193
宅配110番商事	184
谷村実業	193
タンスのゲン	218
タンタンコーポレーション	144

【チ】

千曲商会	144
ちどり産業	189
チューリッヒ保険会社（チューリッヒ・インシュアランス・カンパニー・リミテッド）	144
ちゅら花	218
長寿乃里	178

【ツ】

通販倶楽部	184
土田物産	173
鶴屋百貨店	222

【テ】

ディーアール	145
DSI	200
T.S.C	184
ディーエムジェイ	145
TKS	145
ディーニーズ	145
ＴＢＳグロウディア	145
ディーライズ	145
ティーライフ	186
dazzy	145
TTC	186
DINOS CORPORATION	146
てら岡	218
テレビ朝日	146
テレビ東京ダイレクト	146
店研創意	200
伝食	183
天文ハウスTOMITA	221

【ト】

トイズプレス	146
東海テレビ事業	189
トウ・キユーピー	146
東京アロエ	146
東京オートマック	146
東京ガロンヌ	147
東京商工社	147
東京書芸館	147
東京ステップ	147
東京ロシア語学院	147
東洋ナッツ食品	207
トーカ堂	218
ドクターベルツ	174
ドクターラヴィーナ化粧品	200
ドクターリセラ	210
トップツアー	147
トナミホールディングス	182
富山常備薬グループ	182
トランスグローバル	148
トランスコスモス	200

【ナ】

ナースステージ	200
ナインブロック	200
直 久	148
永谷園	148
中野古銭	148
中野BC	209
ナカムラ	170
名古屋勤労市民生活協同組合	189
ナチュラルヘルシー	148
ナチュレ	148

索　引

NACK5プロジェクト …………… 174
奈良大和生薬 …………………… 209
ナリス化粧品 …………………… 201
南紀梅干 ………………………… 210

【ニ】

新潟味のれん本舗 ……………… 181
新潟交通 ………………………… 181
ニコリオ ………………………… 148
ニチイ学館 ……………………… 148
ニチレイフーズ ………………… 149
ニッカイ ………………………… 181
ニッカホーム …………………… 190
ニッコー ………………………… 178
ニッショク ……………………… 192
日清医療食品 …………………… 149
日清オイリオグループ ………… 149
日清ファルマ …………………… 149
ニッセンホールディングス …… 194
ニッピコラーゲン化粧品 ……… 149
日本事務器 ……………………… 149
ニッポン放送プロジェクト …… 149
日本インテリアシステム ……… 183
日本ヴォーグ社 ………………… 149
日本花卉 ………………………… 174
日本カクタス企画社 …………… 172
日本カタログショッピング …… 150
日本棋院 ………………………… 150
日本技能教育開発センター …… 150
日本脚本家連盟 ………………… 150
日本コロムビア ………………… 150
日本コンサルタントグループ … 150
日本盛 …………………………… 207
日本自然療法 …………………… 150
日本寝具通信販売 ……………… 192
日本生活協同組合連合会 ……… 150
日本第一製薬 …………………… 218
日本テレシステム ……………… 201
日本テレビホールディングス … 151
日本テレフォンショッピング … 151
日本話し方センター …………… 151
日本フローラルアート ………… 151
日本文化センター ……………… 151
日本宝石センター ……………… 152
日本保健研究所 ………………… 207
日本メディテック ……………… 211
日本薬師堂 ……………………… 152
日本予防医薬 …………………… 201
日本旅行 ………………………… 152
日本ロレアル …………………… 152
ニュージャパンヨット ………… 186

【ネ】

ネイチャーハウス ……………… 211
ネオ・ウィング ………………… 152
ネオライフ ……………………… 194
ネコ・パブリッシング ………… 152

【ノ】

ノエビア ………………………… 207
乃万青果 ………………………… 214

【ハ】

ハーバー研究所 ………………… 152
ハーブ健康本舗 ………………… 218
パーマンコーポレーション …… 201
ハイセンス ……………………… 218
ハイテクサービス ……………… 152
パシフィックプロダクツ ……… 153
Hazuki Company ……………… 153
バスクリン ……………………… 153
はちや …………………………… 201
パックスラジオ ………………… 153
ハッピー商事 …………………… 201
ハッピーライフ ………………… 201
パティオ ………………………… 222
ＪＦＴＤ（花キューピット） … 153
パナソニックコンシューマーマーケティング ……………………… 202
花大 ……………………………… 153
ハナノキ ………………………… 190
はぴねすくらぶ ………………… 219
Hamee …………………………… 178
原沢製薬工業 …………………… 153
ハリカ …………………………… 153
パル ……………………………… 154
バルクオム ……………………… 154
ハルメク ………………………… 154
ハルメク・アルファ …………… 202
ハローコスメ …………………… 154
バロックジャパンリミテッド … 154
ハワード ………………………… 154
阪急キッチンエール …………… 202
ハンコヤドットコム …………… 202

【ヒ】

ぴあ ……………………………… 154
ビー・アンド・ビー …………… 155
ピーエス ………………………… 155
ＢＳ日本 ………………………… 155
ピーシーあきんど ……………… 155
ピーチ・ジョン ………………… 155
ピーディーアール ……………… 190
BEENOS ………………………… 155
ピーバンドットコム …………… 155
BB JAPAN ……………………… 156
ビーボ …………………………… 156
ピエトロ ………………………… 219
美研 ……………………………… 202
ビコム …………………………… 219
ビジネスサポート沖縄 ………… 224
ビタブリッドジャパン ………… 156
七福醸造 ………………………… 190
ビッケル ………………………… 156
日比谷花壇 ……………………… 156
皮膚細胞活性研究所 …………… 212
ヒューマン・ケアー 日通販事業部 … 212
ヒラキ …………………………… 207

【フ】

ファーマフーズ ………………… 194
ファーメディカ ………………… 178
ファイテン ……………………… 194
ファビウス ……………………… 156
ファミリー・アート …………… 202
ファミリー・ライフ …………… 156
ファンケル ……………………… 178
フィード ………………………… 179
フィッツコーポレーション …… 156
フィブロ製薬 …………………… 157
フェアトレードカンパニー …… 157
フェイマス ……………………… 157
フェリシモ ……………………… 207
フォーサイト …………………… 157
フォーシーズＨＤ ……………… 219
フォーレスト …………………… 174
深見梅店 ………………………… 210
フクト …………………………… 219
ふくや …………………………… 219
福屋 ……………………………… 212
藤久 ……………………………… 190
フジ・コーポレーション ……… 170
富士産業 ………………………… 214
フジッコ ………………………… 207
富士フイルム ヘルスケア ラボラトリー ……………………………… 157
フジヤカメラ店 ………………… 157
扶桑社 …………………………… 157
フューチャーラボ ……………… 158
プライヴ ………………………… 158
プライム ………………………… 202
ブラザー販売 …………………… 190
フラッグシップ ………………… 202
ブランシュ ……………………… 209
ブルーサブ ……………………… 158
フルスピード …………………… 158
ブルックス ……………………… 179
ブルボン ………………………… 181
ブレーンコスモス ……………… 219
フレッシュロースター珈琲問屋 … 179
フレンドリー …………………… 172
フロストインターナショナルコーポレーシ

337

ョン……………………………… 158	三島食品……………………………… 212	山一本舗……………………………… 194
プロデュース・オン・デマンド……… 158	ミスミグループ本社………………… 161	山形屋………………………………… 224
プロフィット………………………… 203	MiseDas……………………………… 204	山貴佐野屋…………………………… 164
文化放送開発センター……………… 158	みちのく芭蕉庵……………………… 171	ヤマサキ……………………………… 212
	三井住友海上あいおい生命保険…… 161	ヤマサちくわ………………………… 190
【ヘ】	三井物産アイ・ファッション……… 161	山田乳業……………………………… 171
ベアエッセンシャル………………… 158	三越伊勢丹…………………………… 161	山田養蜂場…………………………… 211
ペー・ジェー・セー・デー・ジャパン… 159	三菱マテリアル……………………… 161	山　忠………………………………… 182
ペー・ジェー・セー・デー・ロジ… 219	三菱マテリアルトレーディング…… 162	山ト　小笠原商店…………………… 169
ベータ食品…………………………… 203	三菱UFJニコス……………………… 162	やまと蜂蜜…………………………… 209
ベガコーポレーション……………… 220	南九州デジタル……………………… 224	大和文庫……………………………… 187
ベネッセホールディングス………… 211	みのり倶楽部………………………… 208	山野楽器……………………………… 164
ペリカセブン京都…………………… 194	三松…………………………………… 162	山本珈琲……………………………… 204
ベルヴィ……………………………… 208	みやぎ生活協同組合………………… 171	ヤマモト写真機店…………………… 180
ベルーナ……………………………… 174	宮坂醸造……………………………… 180	やまやコミュニケーションズ……… 220
ベルネージュダイレクト…………… 159	ミュー………………………………… 162	八幡物産……………………………… 210
ベルモ………………………………… 179	ミュージックランド………………… 162	
	みゆき堂本舗………………………… 181	【ユ】
【ホ】	ミルキーエイジ……………………… 204	ユーア………………………………… 164
ホウライ……………………………… 159	ミレー………………………………… 176	悠香…………………………………… 220
ホームショッピング………………… 169	みろく屋……………………………… 221	ユーキャン…………………………… 164
ポーラ………………………………… 159		ユーグレナ…………………………… 165
ホクソンベビー……………………… 174	【ム】	ユーコー……………………………… 165
ポニー………………………………… 159	ムーンオブジャパン………………… 179	郵趣サービス社……………………… 165
ポニーキャニオン…………………… 159	ムジカインドウ……………………… 220	郵便局物販サービス………………… 165
ポパル………………………………… 159	ムツミ堂本店………………………… 194	豊産業………………………………… 180
ほぼ日………………………………… 160	ムラウチドットコム………………… 162	ユニー………………………………… 190
ポラックスヘレン…………………… 160		ユニクロ……………………………… 213
	【メ】	ユニネット（永谷園通販）………… 165
【マ】	明　治………………………………… 163	ユニバーサルミュージック………… 165
マードゥレクス……………………… 160	明治ナイスデイ……………………… 163	夢展望………………………………… 205
マイウェイ ファミリークラブ …… 203	明電工業……………………………… 204	夢みつけ隊…………………………… 165
マイケア……………………………… 160	メットライフアリコ生命保険……… 163	ユリカ………………………………… 191
毎日新聞開発………………………… 160	メディアワークス・ブルーム……… 163	
毎日メディアサービス……………… 220	メディプラス………………………… 163	【ヨ】
マガシーク…………………………… 160	メテックス…………………………… 163	よしざわグッド……………………… 175
マキシム……………………………… 208	メロディアンハーモニーファイン… 204	吉田整骨院製薬所…………………… 222
マキノ出版…………………………… 160	メンズスタイル……………………… 163	吉本花城園…………………………… 213
ますぶち園…………………………… 184		米　久………………………………… 187
マスミューチュアル生命保険……… 160	【モ】	読売情報開発………………………… 166
松江ターミナルデパート…………… 210	モダンロイヤル……………………… 164	47CLUB……………………………… 166
丸井…………………………………… 161	もち吉………………………………… 220	
マルコ………………………………… 203	モデルバーン………………………… 208	【ラ】
丸八真綿……………………………… 179	MonotaRO …………………………… 204	ライズTOKYO ……………………… 166
マルハニチロ………………………… 161	森内商行……………………………… 204	ライトアップショッピングクラブ… 166
万田発酵……………………………… 203	森川健康堂…………………………… 222	ライフエスプリ……………………… 224
マンダム……………………………… 203	森下仁丹……………………………… 204	ライフサポート……………………… 205
	森永乳業……………………………… 164	ラクサス・テクノロジーズ………… 213
【ミ】	モリ販売……………………………… 204	ラッシャーマン……………………… 166
ミオナ………………………………… 212		ラビットストリート………………… 205
三起商行……………………………… 203	【ヤ】	ランクアップ………………………… 166
三木貿易……………………………… 208	ヤーマン……………………………… 164	
ミキモト……………………………… 161	やずや………………………………… 220	【リ】
御木本製薬…………………………… 191	野草酵素……………………………… 164	リーブル……………………………… 191

LIXIL住生活ソリューション ………… 166
LIGUNA ………………………… 166
リケン ……………………………… 166
リットーミュージック ………………… 167
リネットジャパングループ ………… 191
リバークレイン …………………… 167
リベルタ …………………………… 167
龍泉堂 ……………………………… 167
りゅうたん ………………………… 224
良品計画 …………………………… 167
リンクアップ ……………………… 195
リンベル …………………………… 167

【ル】
ルマンゼ企画 ……………………… 214

【レ】
レミントン ………………………… 180
レモン社 …………………………… 167

【ロ】
ロアコスモ ………………………… 205
ロイヤル食品 ……………………… 220
ロイヤルステージ ………………… 205
ロードインターナショナル ………… 191
ロート製薬 ………………………… 205
ロゼット …………………………… 167
ロッピングライフ ………………… 168

【ワ】
ワールド …………………………… 208
ワールドエアシステム …………… 168
ワールド・ギャラリー ……………… 205
ワールドコーポレーション ………… 168
ワールドスペシャリティーズ ……… 208
ワイオーユー ……………………… 168
ワイドシステム …………………… 213
わかさ生活 ………………………… 195
わかもと製薬 ……………………… 168
Waqoo ……………………………… 168
ワコールホールディングス ………… 195
綿半ドットコム …………………… 168

通販関連企業（50音順）

【ア】

アークレア	283
Earth hacks	283
アートバリエトップ	283
アーネスト	238
アーバンリサーチ	229
アイ・エヌ・ジー・ドットコム	283
アイアン	238
アイアンドエス・ビービーディオー	283
アイエヌジー	304
アイエムシー	238
アイキ産業	238
アイ・サポート	283
アイジャスト	284
アイティフォー	318
アイ・テック	266
アイ・トップ	284
アイトリガー	284
アイビーシステム	284
アイミ商事	238
アイメディア	238
アイリス	266
アイリスオーヤマ	238
アイル	318
アイレップ	318
アイン	266
アウトポート	238
阿吽	238
アエルプランニング	318
青島文化教材社	239
アキレス	229
アクアリーフ	318
アクション・システムズ	319
アクセント	284
アクトプロ	284
アクトン・ウインズ	284
アサツー ディ・ケイ	284
朝日オリコミ大阪	284
旭化成商事	229
朝日広告社	284
アサヒライフィックス	267
旭リサーチセンター	284
味の丸屋	262
明日香産業	239
アスティコ	229
アストネットワークス	319
アストロ	239
アスピ	285
アズ・マーケティング	304
アスワン	239
アダック	319
アックス ヤマザキ	239
アップセルテクノロジィーズ	285
アヅマ	239
アディックス	285
アテックス	239
アテナ	304
アド・アクセス	229
アドヴァンシング	267
アドギャラリー	304
アドキャンプ	285
アド究舎	285
アド・ダイセン	305
アドフィールド	239
アトラス	267
アドレス・インフォメーション	305
アドレスサービス	305
アドレス通商	305
ア ピ	267
アピックスインターナショナル	240
アプラス	319
アペックス	240
アメイズプラス	267
アリメント工業	267
アルタ	240
アルタモーダ	229
アルティウスリンク	285
アルテロマノス	285
アルファックス	240
ALBERT	319
安泰ニット	229
アンティローザ	229
Antway	285
安間産業	240
安 律	229

【イ】

イーアンドケー	240
eグローバル	319
イーコンテクスト	305
ecbeing	319
Eストアー	319
イー・ロジット	305
井嶋金銀工業	280
和泉化成	240
一 宮	240
一 杢	230
イッティ	285
伊藤忠紙パルプ	305
伊藤忠食品	262
伊藤忠ファッションシステム	319
伊藤忠ポリマー	240
伊那宝石	241
イノベイション	267
今枝商店	241
イムラ封筒	306
イルグルム	320
岩 佐	230
岩島電子工業	241
岩田事務所	285
インターコスメ	267
インターネットペイメントサービス	306
インターファクトリー	320
インターワールド	285
インデックスジャパン	268
インテリアNN企画	241
インフォーママーケッツジャパン	286
インフォニア	320

【ウ】

ヴィアックス	306
VIXIA	320
ヴィクトリー	241
ウイズ	262
ウイル・コーポレーション	306
ヴィンクス	268
ウエダ事務機サービス	320
上野食品	241
ウオヒサ	262
ウノフク	230
ウラタ	230
売れるネット広告社	286

【エ】

エイ・アンド・アイ	241
エイジア	320
AGミライバライ	320
英照貿易	241
ADKダイレクト	286
エイト印刷	306
エイムクリエイツ	286
エー・アール・システム	320
AFC-HDアムスライフサイエンス	268

索引		
エーシーエス············286	OSMIC············269	共立印刷············307
エーデルワイス ファーム ············262	オプテージ············322	共和物産············307
エートゥジェイ············320	オムニ············269	キョーエイ············231
ａｕコマース＆ライフ············320	オリコミサービス············287	キョーラク············280
エーワンパッケージ············280	織 元············242	銀の森コーポレーション············263
エクサージ············320	オンキョー············280	
エクステンド············286	オンド············307	【ク】
エス・テー・ビー開発センター······321		熊 谷············231
ＳＭＢＣファイナンスサービス············321	【カ】	クマザキエイム············244
エスキュービズム············286	貝 印············242	クラウドポイント············288
ＳＧシステム············321	偕拓堂アート············242	クラフト社············231
ＳＢＳ即配サポート············306	カイタックインターナショナル············230	グランドビジョン············288
エス・ピー・ケイ············286	快適生活クラブ············269	グループセブ ジャパン ············244
ＳＢペイメントサービス············321	海風天············322	クレイツ············270
エテル············306	カインズ商配············307	クレッセント············231
エトレ············286	カシオ計算機············242	クレディセゾン············288
ＮＥＣネクサソリューションズ ············321	鹿島商事············322	クローバー・ネットワーク・コム ······323
エヌ・エル・エー············268	カスタマーリレーションテレマーケティング············287	グローバル・メディア・プラネッツ···288
ＮＴＴインターネット············321		グローバルプロダクトプランニング···244
ＮＴＴネクシア············287	片倉工業············230	クロシオ············244
エヌビーシー············306	学研ロジスティクス············307	クロスフォー············231
エフアイコーポレイション············268	かっこ············322	グロップ············307
ＦＩＤ············287	加藤工芸············243	群············244
エフコム············321	鐘 崎············263	
エムアールエム・ワールドワイド······287	カネサン佐藤水産············263	【ケ】
エムアンドシーシステム············321	カネタツ············263	ケイヒン············307
エムヴィーアール············287	カネリョウ海藻············263	ケイヒン配送············307
エムケー精工············241	カノー············243	健栄製薬············270
エム・シーシー食品············262	蒲 装············243	健康栄養素材研究所············270
エムツー・スーパーセレクション······262	上 久············263	ケンコー············244
エムティーアイ············322	亀田製菓············230	ケンコー・トキナ············244
ＭＴＧ············242	カルカン産業············230	健民社············270
ＭＵＫ············242	カワセコンピュータサプライ············322	
エリアス············268	カワタキコーポレーション············243	【コ】
エルジンインターナショナル············242	カンキョー············243	コアネクスト············288
エルテックス············322	かんでんＣＳフォーラム············287	小泉アパレル············231
エルビナ············268		ゴイチ············244
エレス············268	【キ】	皇漢薬品研究所············270
エンゲルス············242	キートロン············269	弘 樹············244
	キープ袴田············243	糀和田屋············263
【オ】	ギグワークス············288	興 伸············307
王子ホールディングス············306	ギグワークスアドバリュー············288	高速オフセット············308
オー・エイ・エス············287	紀 光············269	神戸屋運動具店············231
オークス············242	岸田産業············243	広明通信社············289
大阪ピィシーエ············287	紀州ひのき屋············243	廣洋社············289
オージーフーズ············262	北國マネジメント············288	互栄社············289
オーストラリア大使館マーケティング事務所············242	北原商事············230	コージー本舗············245
	キッスビー健全食············269	コードコム············323
大塚商会············322	ギフテック············231	告大社············289
大塚倉庫············306	キャッスルエンタープライズ············243	コジット············245
オーティーティーロジスティクス············269	キャッチボール············322	児島段ボール············308
大増商事············263	共同印刷············280	五洲薬品············270
オカムラ············306	京都繊維工業············269	コスゲ············270
おが和············263	京都薬品ヘルスケア············270	コスミックコーポレーション············245

341

コスメシューティカル	270	
コスモ	280	
コスモビューティー	245	
コダック ヴァーサマーク ジャパン	323	
こだま	270	
寿堂紙製品工業	308	
小林織ネーム	231	
小林クリエイト	308	
コプロス	289	
コマースニジュウイチ	323	
小 松	281	
コモライフ	245	
コモンズ	289	
コラボス	289	
CONCORDIA	232	
コントリビュート	245	

【サ】

西 賀	281
さいと	245
サイバーエージェント	289
サウンズグッド	289
酒井産業	281
栄レース	232
佐川印刷	308
佐川急便	308
サクセス	289
札幌メールサービス	308
サティスα	271
サティス製薬	271
サテライトコミュニケーションズネットワーク	289
佐藤商事	289
サニーウィッシュ	271
サニックス	281
SAVAWAY	308
サム技研	323
サラヤ	245
サンアルファ	271
サンイーグル装身具	232
三栄広告社	290
三協	308
三協	271
サンク	290
サンクアント	290
産経デジタル	323
サンケミカル	271
三 幸	245
三 広	290
三興物流	309
サンコー	246
サンジェルマン	246
三生医薬	271
三信商会	271
三神通商	232
サンテレビジョン	323
サントリーコンシェルジュサービス	290
サン・ハーベスト	246
サンフローラ	271
三 宝	232
サンミック千代田	323
山陽折込広告センター	290
サンヨーフーズ	264
サンライフ	272
サンワード	272

【シ】

CSKサービスウェア	290
GMOペイメントゲートウェイ	323
GMOペイメントサービス	323
ＣＴＡ	246
ジーニー	324
シービーシー	246
シーピーデザインコンサルティング	290
シー・ブレインズ	290
シールドエアージャパン	309
ジヴァスタジオ	272
ジェイエスフィット	324
JCOM	324
ジェイテック	309
JPメディアダイレクト	291
ジェー・ピー	281
ＪＰツーウェイコンタクト	291
ジェット	324
ジェヌインＲ＆Ｄ	272
ジェネシス	291
ジェネシス・ジャパン	291
ジェム・フォース	281
四季舎	264
ジグノシステムジャパン	324
静岡ニッセツ	246
システムインテグレータ	324
システムリサーチ	324
シックス	291
ジップ	309
シップス	309
シフトレーディング	232
ジプレ	246
シャープエレクトロニクスマーケティング	246
ジャックス・ペイメント・ソリューションズ	324
蛇の目ミシン工業	246
ジャパネットブロードキャスティング	324
ジャパン・プラス	324
ジャパンギャルズ	272
ジャフタジャパン	291
JALUX STYLE	247
ジャンボ	309
充英アート	247
ＪＵＫＩ	281
十二社	291
定 慧	247
松栄興業	232
情報工房	324
城北宣広	291
翔屋	264
昭和西川	247
昭和貿易	247
ショーエイコーポレーション	309
シルキー	232
シロカ	247
シンギー	272
ジンテック	291
新日本機能食品	272
シンフォーム	310
親 和	247

【ス】

Supership	325
スガヌマ	232
スクロール360	325
SCORE	292
鈴与	310
スタイルビー	232
ステージ	310
ステップワン	247
スパイスボックス	292
スバル産業	272
スペースクリエーター	281
スマイルアンドアソシエイツ	292
スマイルコーポレーション	233
住商グローバル・ロジスティクス	310
住友重機械搬送システム	310
3G CARE	272
スリービーチ	247
スリーボンド貿易	248
スワニー	248

【セ】

ゼアー	310
セイ	272
生活の木	273
誠鋼社	273
西濃運輸	310
セイノーフィナンシャル	310
成美通信	292
西部毎日広告社	292
セイユーコーポレーション	273
ゼウス	325
せーとく	248
セーラー万年筆	248

索 引

セーレン	273
関三商事	233
積水樹脂	248
ゼネラル	248
ゼネラルアサヒ	310
セ ベ	248
セ ラ	248
セラフィック	233
ゼリアヘルスウエイ	273
セルコン	248
セルツ	233
セルビス	292
ゼンケン	281
センコー	311
宣工社	311
全国農協食品	264
セントラル・コーポレーション	273

【ソ】

創芸社	292
創 研	281
ソウゾウ	325
装 友	248
ソウルドアウト	325
ソーラートーンジャパン	273
素数	274
ソニーペイメントサービス	325
祖父江ジャパン	249
ソフテル	325
ソフト・アンド・ロジック	292
空 色	325

【タ】

ダーウィンズ	292
第一衛材	249
第一エージェンシー	292
大一商事	249
大栄産業	249
大王製紙デザインパッケージ	311
ダイオープリンティング	311
タイカトレーディング	264
大幹ビジネスサービス	311
ダイケイ	325
ダイケン	292
大 広	293
大東電機工業	274
大日本印刷	311
ダイフク	311
大綿	249
ダイレクターズ	293
ダイレクトビジョン	293
ダイレクト・ホールディングス	293
ダイレクトマーケティンググループ	293
ダイワハイテックス	282

大和ヘルス社	274
タウンズポスト	311
髙 岡	249
高木製綿	249
タカタレムノス	249
高千穂コムテック	326
髙見商店	264
タカミヤの愛菜	293
タカヤ商事	233
滝 川	249
タクテック	311
タケイ	274
タケダレース	233
ダストフリー・ジャパン	250
田 長	233
ダックス	282
蓼科ハーバルノート	274
タナカ	311
谷村実業	250
旅がらす本舗 清月堂	264
ダブルエイ	233
w2ソリューション	326

【チ】

地区宅便	312
千葉産直サービス	264
チャレンジ	282
チャレンジファイブ	312
中越運送	312

【ツ】

ツインバード工業	250
通販新聞社	326
ツェッペリン	282
ツカモトコーポレーション	250
椿本チエイン	326
鶴岡	326

【テ】

TIS	326
D&Iパートナーズ	293
DNPデジタルコム	293
DNPメディアクリエイト	293
DNPロジスティクス	312
ディーエムエス	294
ティーエムシー	294
DMGコンサルティング	294
TMJ	294
ディーエムネットワーク	294
ティーエルロジコム	312
ディー・キュービック	294
ディー・クリエイト	294
DKSHジャパン	326
ＤＣアーキテクト	295

TVS REGZA	295
テイチクエンタテインメント	282
ディックス	295
TDS	326
TDNインターナショナル	326
デイトナ・インターナショナル	233
ディマック	250
ディレクタス	295
データブレーン	312
デザインフィル	312
デセオ	274
デップス	327
デメテル	250
テラサキワールドルーペハウス	282
テラネットカンパニー	295
テラモト	250
テレ	327
テレコメディア	295
テレスポット	295
テレビ埼玉	327
テレリーブル	295
デロンギ・ジャパン	250
電算システム	327
TENTIAL	233
天真堂	250
電 通	295
テントラーウィズ	295
天 馬	251
電話放送局	327

【ト】

東栄産業	251
東 海	251
東急総合研究所	296
東京アド	296
東京アドレス	312
東京ステップ	313
東京ナガイ	264
東京物流企画	313
東京ラインプリンタ印刷	313
東京リスマチック	313
東京ローソク製造	251
東計電算	327
東興社	296
東芝関西情報システム	327
東信商会	251
東通メディア	296
ドゥ・ベスト	274
東洋ケース	251
東洋紙業	313
東洋商事	251
東洋新薬	274
東洋発酵	275
東洋紡績	327

東リョー	275	
トゥループス	296	
東和産業	251	
トーカンエクスプレス	296	
トーダン	251	
トーヨーカネツ	313	
トーヨーカネツ ソリューションズ事業本部	327	
トーワ貿易 装飾空間	251	
トキワ工業	327	
ドクターセラム	275	
TOPPANエッジ	313	
トッパン・コスモ	252	
トップ	275	
トップトーク	252	
トナミ運輸	313	
巴川製紙所	313	
トモエ産業	275	
トライアイ	296	
トライステージ	296	
トラスコ中山	282	
トランスコスモス	297	
ドリーム	275	
ドリームベッド	252	
トリノリンクス	297	
トレミー	275	
トンデンファーム	265	

【ナ】

中江絹織物	233
中野伊助	234
中村断截所	314
夏原商事	234
浪速製菓	265
ナノエッグ	275
ナビプラス	297
ナベックス	275

【ニ】

ニーズ	252
西岡彦太郎商店	234
西川リビング	252
ニシキ	234
西多摩運送	314
西東京流通	314
ニシトモ	275
日英物産	276
ニチメン西日本	234
ニチユー	252
ニチレイ	265
日経ピーアール	297
日経BP	297
日広ピーアール	297
日進商会	252

日成貿易	252
日織商工	234
ニッティド	234
日東ロジスティクス	314
日本通運	314
日本通販グループ	328
ニフティネクサス	328
日本アーツ	252
日本アバイア	328
日本アロエ	276
日本育児	253
日本映画放送	297
日本エイテックス	253
日本紙パルプ商事	314
日本酵素薬品	276
日本ＧＬＰ	314
日本紙興	315
日本写真印刷コミュニケーションズ	315
日本住器工業	253
日本出版流通	297
日本製紙グループ本社	315
日本ソフト販売	328
日本テレシステム	297
日本電気	328
日本電信	297
日本天然物研究所	276
日本トータルテレマーケティング	298
日本美研	276
日本文化用品安全試験所	328
日本ベターリビング	253
日本メール	315
日本ランチェスター工業	276
日本理化製紙	315
日本リサーチセンター	298
日本レクタス	253
newn	234

【ヌ】

ヌーベル	253

【ネ】

ネクストトゥエンティワン	253
ネットのエース	328
ネットプロテクションズ	328

【ノ】

野中製作所	253
ノムラ	234

【ハ】

バース・ジャパン	328
バーズ情報科学研究所	328
バーチャレクス	298
パール金属	253

ハイリッチ	276
パイロットコーポレーション	254
博報堂プロダクツ	298
パスタライズ	254
ハセガワ	235
はちや	235
HAZS	298
パナソニックシステムソリューションズジャパン	328
パナソニック電工	254
ハニーマスタード	329
ハマグチ	254
早川工業	254
林商事	276
バリューコマース	329
パル	315
ハルショウライフ	254
パワー・インタラクティブ	298
阪和	276

【ヒ】

ピアラ	329
ビーアンドエイチサトウ	277
ビーウィズ	298
ピーズ	298
ピエラス	277
ビクセン	254
日立物流	315
HIT-NET	277
BIPROGY	329
ひまわりユアハンズ	329
姫路合同貨物自動車	315
ピュアフィット	277
飛雄商事	254
ビューティピクチャーズ	299
ヒューマンネット	315
ヒューマンロジスティクス	315
ヒラテ	255
ヒラバヤシ商事	255

【フ】

ファインドスター	329
ファッション・コ・ラボ	235
ファッション・ルート・システム	299
フィールドメディアネットワーク	299
フーディーネット	265
フードワークス	265
フェアグラウンド	299
フェトコ	255
フォーチュン	255
4 B INTERPRISE	299
フォービス	316
フォーラム	299
フォー・レディー	299

福岡アドセンター	316	
福島印刷	316	
フジ	255	
富士	255	
藤井企画	255	
藤井養蜂場通販	277	
藤栄	255	
富士化学工業	277	
富士越	255	
フジスコ	265	
富士精版印刷	316	
富士ソフト	329	
富士通コミュニケーションサービス	299	
富士パックス販売	256	
富士フイルム	329	
フジプラス・ワン	235	
富士ホーロー	256	
フジライトカーペット	256	
富士ロジテック	316	
フューチャーイズナウCo.	256	
フューチャー・コミュニケーションズ	329	
フューチャーショップ	330	
FutureRays	330	
フラウディア・コミュニケーションズ	299	
プラスアルファ・コンサルティング	330	
プラナコーポレーション	299	
プラナコーポレーション東京	300	
プラネット	277	
プラム	256	
ブランシェ	282	
ブランシュ	282	
プランニング・プロ	300	
フリーダム	277	
プリベイル	277	
ブリム	256	
Fringe81	300	
プリンセストラヤ	235	
ブルマーレ	235	
プレステージインターナショナル	300	
プロデュース・オン・デマンド	300	
プロト・ワン	256	
プロフィットセンター	300	
プロフェッツ	277	
フロム・サーティー	300	
プロルート丸光	235	
フロンテッジ	300	
ブンブク	235	

【ヘ】

ベーシックビジネスサポート	256	
北京ローヤルゼリー	278	
ベス工業	256	
Hestan Cue	257	
ベストインセンティブセンター	300	

ベネックス	300	
ベリトランス	330	
ベルウェール渋谷	301	
ベルシステム24ホールディングス	301	
ベルソス	257	
ベルテック	301	
ペン	301	
ペンシル	301	

【ホ】

葆光	257	
ホウコク	257	
ホウジョウ商事	235	
ホーマーイオン研究所	278	
ホクシン交易	257	
ポストウェイ	316	
ホッコク	265	
ホッタ	257	
ボンビ	257	

【マ】

マーク産業	282	
マークスニチボウ	278	
マーケティングシステム	301	
マーケティング読宣	316	
マーケラン・アクト	301	
マードゥレクス	278	
マクアケ	302	
マクザム	283	
マジマ	257	
枡儀	235	
ますぶち園	265	
又一洋行	236	
マックアンドサンク	302	
マトリックス	257	
マリーヌ	278	
マルサンヘルスサービス	278	
マルシン	258	
丸藤	258	
丸文いわさ	236	
丸光産業	258	
万田	278	
萬丸	258	

【ミ】

三笠産業	265	
MIKATA	302	
三島製紙	316	
水甚	236	
ミズノ	236	
三井不動産	330	
三越伊勢丹ビジネス・サポート	330	
三菱製紙販売	316	
三菱UFJリサーチ&コンサルティング	302	

美藤	258	
南九州酒販	266	
ミマ・ジュリー	236	
宮井	236	
ミヤコ商事	258	
宮本産業	266	
ミルクヴェッチ	236	

【ム】

ムービング	317	
ムーンバット	236	
ムトウユニパック	317	

【メ】

明機商事	258	
メイコー	317	
メイソウ	258	
メイダイ	258	
明和グラビア	258	
メール	317	
メールソリューション・ジャパン	330	
めぐみ	278	
メディアインフォメーション	317	
メディアグリッド	330	
メディアバンク・ブレイン	302	
メディアライフ	302	
メディックス	302	

【モ】

モダンロイヤル	278	
持田商工	259	
モテギ	259	
モトキコーポレーション	259	
モバイルインパルス	331	
モリトジャパン	259	
モリリン	236	
モンマルシェ	266	

【ヤ】

ヤーマン	278	
ヤギ	237	
やずやソリューションズ	331	
柳沢商会	259	
ヤプリ	331	
山崎工業	259	
山崎産業	259	
山善	259	
山忠わさび	266	
大和	260	
ヤマト運輸	317	
大和心	260	
ヤマトシステム開発	331	
ヤマトドレス	237	
山本定	302	

345

ヤング産業　　　　　　　　　　237

【ユ】

ＹＵＩＤＥＡ　　　　　　　　　302
ユーシーカード　　　　　　　　331
友和商会　　　　　　　　　　　260
ユニオンキャップ　　　　　　　303
ユニオンソーイング　　　　　　237
ユニス　　　　　　　　　　　　279
ユニバーサルミュージック　　　260
ユニベール　　　　　　　　　　260
ユニワールド　　　　　　　　　279
ユピア　　　　　　　　　　　　279
夢ネット　　　　　　　　　　　260

【ヨ】

横田　　　　　　　　　　　　　260
吉川農園　　　　　　　　　　　266
吉澤　　　　　　　　　　　　　260
ヨシダ　　　　　　　　　　　　317
吉田金属工業　　　　　　　　　260
ヨシヨシ　　　　　　　　　　　283
読売IS　　　　　　　　　　　303
読売情報開発　　　　　　　　　283
読宣　　　　　　　　　　　　　303

【ラ】

ラ・フ　　　　　　　　　　　　331
ライトスタッフ　　　　　　　　279
ライフアドシステム　　　　　　303
ライフェックス　　　　　　　　303
ライフケアサポート　　　　　　279
LINEヤフー　　　　　　　　　331
ラクーンホールディングス　　　237
楽天カード　　　　　　　　　　331
楽天グループ　　　　　　　　　283
ラグノオささき　　　　　　　　266
ラストワンマイル協同組合　　　317
ラストワンマイルソリューション　317
RAPIS　　　　　　　　　　　279
ラピュタロボティクス　　　　　317
ラムズ・マークス　　　　　　　303
ランク　　　　　　　　　　　　260
ランドマーク　　　　　　　　　237

【リ】

リージェンシー　　　　　　　　331
リーブル　　　　　　　　　　　261
リクルートホールディングス　　303
REGAIN GROUP　　　　　　　303
リッコー　　　　　　　　　　　279
リティースポーツインダストリー　279
リトルプリンセス　　　　　　　237
リピスト　　　　　　　　　　　303

リビングプロシード　　　　　　303
リプライオリティ　　　　　　　303
リマコーポレーション　　　　　261
龍泉堂　　　　　　　　　　　　279
流通システム・エンジニアリング　331
リライズコンサルティング　　　304
リンク　　　　　　　　　　　　331
リンクシェア・ジャパン　　　　304
リンクマネージ　　　　　　　　331

【ル】

ルイス　　　　　　　　　　　　237

【レ】

レオドール商事　　　　　　　　261
レガーロ　　　　　　　　　　　279
レジャープロダクツ　　　　　　237
レック　　　　　　　　　　　　261
レックス・プロジェクト　　　　280
レムトス　　　　　　　　　　　332
レンゴー　　　　　　　　　　　318

【ロ】

ロオルス　　　　　　　　　　　238
ロジザード　　　　　　　　　　318
ロフテー　　　　　　　　　　　261
ロフト　　　　　　　　　　　　261
ロボットファクトリー　　　　　332
ROBOT PAYMENT　　　　　　304
ロマンス小杉　　　　　　　　　261

【ワ】

ワークハウス　　　　　　　　　261
ワールドインシュアランスエージェンシー
　　　　　　　　　　　　　　332
ワールドウィング　　　　　　　261
ワールドメーリング　　　　　　304
ワイズ美研　　　　　　　　　　280
WOWOWコミュニケーションズ　304
若洲　　　　　　　　　　　　　318
ワダガング　　　　　　　　　　261
ワタトー　　　　　　　　　　　262
ワンアップ　　　　　　　　　　280

第4部
関連資料

関連協会会員名簿／349

関連法規／380

関連統計データ／402

関連協会会員名簿

日本通信販売協会
〒103-0024　東京都中央区日本橋小舟町3-2
リブラビル2F　　　TEL03-5651-1155

（令和6年1月現在　正会員）

㈱アートネイチャー
〒151-0053　東京都渋谷区代々木3-40-7
　　　　　　　　　　　0120-78-2343

㈱I−ne
〒542-0081　大阪府大阪市北区中之島6-1-21
　　　　　　　　　　　TEL06-6443-0881

㈱アイ・エム・ワイ
〒461-0004　愛知県名古屋市東区葵3-7-14
　　　　　　　　　　　TEL052-930-3900

ICheck㈱
〒100-0006　東京都千代田区有楽町1-10-1
有楽町ビル5F　　　　TEL03-6630-0630

㈱アイフォーレ
〒247-8630　神奈川県横浜市栄区飯島町109-1
　　　　　　　　　　　0120-366-140

㈱アカシアの樹
〒738-0034　広島県廿日市市宮内4291-1
高松ビル2F　　　　　TEL

㈱アクセルクリエイション
〒104-0061　東京都中央区銀座1-24-1
銀一パークビル4F　　TEL050-5540-6464

アサヒグループ食品㈱
〒150-0022　東京都渋谷区恵比寿南2-4-1
　　　　　　　　　　　0120-935-985

旭産業㈱
〒144-0035　東京都大田区南蒲田2-28-6
　　　　　　　　　　　TEL03-3732-7871

アサヒシューズ㈱
〒830-8629　福岡県久留米市洗町1
　　　　　　　　　　　0120-48-1192

㈱朝日新聞社企画事業本部通販事業部
〒104-8011　東京都中央区築地5-3-2
　　　　　　　　　　　0120-013-193

㈱アサヒライフィックス
〒812-0013　福岡県福岡市博多区博多駅東3-5-15
アサヒ緑健ビル3F　　0120-200-777

㈱アサヒ緑健
〒812-0013　福岡県福岡市博多区博多駅東3-5-15
　　　　　　　　　　　TEL092-471-4800

㈱あじかん
〒733-8677　広島県広島市西区商工センター 5-5-24
　　　　　　　　　　　0800-100-7050

味の素ダイレクト㈱
〒104-8315　東京都中央区京橋1-15-1
　　　　　　　　　　　0120-324-324

アスクル㈱
〒135-0061　東京都江東区豊洲3-2-3
豊洲キュービックガーデン　TEL03-4330-5001

㈱アテックス
〒547-0014　大阪府大阪市平野区長吉川辺3-3-24
　　　　　　　　　　　TEL06-6799-8100

㈱アテニア
〒231-0023　神奈川県横浜市中区山下町89-1
ファンケルビル9F　　0120-175-333

㈱アデランス
〒160-8429　東京都新宿区新宿1-6-3
　　　　　　　　　　　TEL03-3350-3111

㈱アドバンス・メディカル・ケア
〒107-6206　東京都港区赤坂9-7-1
ミッドタウンタワー 6F　TEL03-5413-0536

アプロス㈱
〒103-0016　東京都中央区日本橋小網町19-8
　　　　　　　　　　　TEL03-6740-4871

天藤製薬㈱
〒560-0082　大阪府豊中市新千里東町一丁目5番3号
（千里朝日阪急ビル）　TEL06-6835-1300

㈱アメイズプライス
〒453-0801　愛知県名古屋市中村区太閤3-1-18
名古屋KSビル4F

㈱アルサ
〒810-0801　福岡県福岡市博多区中洲5-5-13
KDC福岡ビル4F　　☎092-263-7222（代表）

アルファー食品㈱
〒699-0722　島根県出雲市大社町北荒木645番号
☎0120-014-852

㈱アルマード
〒104-0031　東京都中央区京橋3-6-18
東京建物京橋ビル8F　　☎03-4334-1122

アロエ本舗㈱
〒891-0115　鹿児島県鹿児島市東開町13-2

アンファー㈱
〒100-7026　東京都千代田区丸の内2-7-2
JPタワー 26F

㈱アンフィニプロジェクト
〒150-0012　東京都渋谷区広尾1-9-18
加藤ビル3F　　☎03-3441-3125

EH㈱
〒590-8585　大阪府堺市北向陽町2-1-25
☎072-223-1111

㈱イオス
〒810-0001　福岡県福岡市中央区天神4-4-26
ベストアメニティ天神ビル3F　　☎092-761-1776

㈱石神邑
〒646-0101　和歌山県田辺市上芳養391
☎0739-37-0101

㈱市川園
〒421-0198　静岡県静岡市駿河区みずほ4-2-3
☎054-259-0141

一正蒲鉾㈱
〒950-8735　新潟市東区津島屋七丁目77番地
☎025-270-7111（代表）

㈱イッティ
〒150-0002　東京都渋谷区渋谷2-14-8
あいおいニッセイ同和損保渋谷ビル8F
☎0120-97-4875

㈱伊藤園
〒160-0023　東京都渋谷区本町3-47-10
☎03-5371-7111

㈲井上誠耕園
〒761-4395　香川県小豆郡小豆島町池田2352
☎0879-75-1101

イワタニアイコレクト㈱
〒541-0053　大阪府大阪市中央区本町3-4-8
東京建物本町ビル5階　　☎06-6263-1157

イワトー㈱
〒509-5171　岐阜県土岐市泉北山2-7
☎0572-55-0890

㈱イング
〒899-5652　鹿児島県姶良郡姶良町平松56-4
☎0995-66-9622

㈱イングリウッド
〒150-0043　東京都渋谷区道玄坂1-21-1
渋谷リラスタ13F　　☎03-6455-1161

インペリアル・エンタープライズ㈱
〒116-0014　東京都荒川区東日暮里5-7-18
コスモパークビル6F　　☎03-5810-8181

㈱ヴァーナル
〒812-0011　福岡県福岡市博多区博多駅前4-6-15
ヴァーナル本社ビル　　☎092-412-3000

㈱ウェルネスジャパン
〒360-0843　埼玉県熊谷市三ケ尻3763
☎0120-036-222

㈱ヴェントゥーノ
〒810-0013　福岡県福岡市中央区大宮2-1-1
☎092-521-2290

㈱梅一番井口
〒645-0027　和歌山県日高郡みなべ町西本庄1224
☎0739-74-3355

㈱エアウィーヴ
〒100-0004　東京都千代田区大手町2-2-1
新大手町ビル8F　　☎0120-824-811

㈱エイティー今藤
〒895-0012　鹿児島県薩摩川内市平佐町1935-1
☎092-260-7567

㈱ABCファンライフ
〒553-0003　大阪府大阪市福島区2-4-3
ABCアネックス2F　　☎0120-120-666

㈲エーエムピー
〒900-0002　沖縄県那覇市曙2-23-27
☎0120-946-302

エーザイ㈱
〒112-8088　東京都文京区小石川4-6-10
☎03-3817-3700

㈱エーエフシー
〒422-8027　静岡県静岡市駿河区豊田2-4-3
☎054-288-5666

㈱エーツー
〒421-0111　静岡県静岡市駿河区丸子新田317-1
☎054-268-3000

㈱えがお
〒862-0902　熊本県熊本市東区東町4-10-1
☎096-241-7777

㈱エクスショップ
〒658-0032　兵庫県神戸市東灘区向洋町中6-9
KFM10S-04

㈱エス・エム・シー
〒759-6603　山口県下関市安岡町1-1-1
☎0832-58-2520

SBIアラプロモ㈱
〒106-6020　東京都港区六本木1-6-1
☎03-6229-0092

㈱エスプリライン
〒350-1123　埼玉県川越市脇田本町16-23
川越駅前ビル　☎049-249-2211

㈱エニー
〒107-0052　東京都港区赤坂2-16-19
アートマスターズ赤坂ビル3F

㈱NHKエンタープライズ
〒150-0047　東京都渋谷区神山町4-14
第三共同ビル　☎03-3481-7800

㈱エバーライフ
〒810-0001　福岡県福岡市中央区天神2-5-55
アーバンネット天神ビル9F　☎092-712-1311

エフエムジー＆ミッション㈱
〒220-0012　神奈川県横浜市西区みなとみらい3-6-4
みなとみらいビジネススクエア14F　☎045-305-6300

㈱FDR・フレンディア
〒150-0071　東京都渋谷区本町1-20-2
パルムハウス初台306　☎03-6276-4433

㈱FTC
〒150-0001　東京都渋谷区神宮前4-11-6
表参道千代田ビル8F　☎0120-35-1085

㈱エフ琉球
〒900-0012　沖縄県那覇市泊2丁目1-21
尚平ビル1階　☎098-963-9076

㈱エボラ
〒791-1102　愛媛県松山市来住町1383-1
☎089-955-7511

㈱エミネット
〒683-0004　鳥取県米子市上福原5-14-21
☎0859-33-2841

㈱えみの和
〒812-0011　福岡県福岡市博多区博多駅前2-17-1
博多プレステージビル本館3F　☎0120-365-333

㈱M＆Sフォアフロント
〒105-0001　東京都港区虎ノ門2-2-1

MNインターファッション㈱
〒107-0051　東京都港区元赤坂1-2-7
赤坂Kタワー　☎03-6771-9760

㈱MTG
〒453-0041　愛知県名古屋市中村区本陣通2-32
MTG HIKARIビル

㈱エモテント
〒812-0801　福岡県福岡市博多区中州5-3-8
アクア博多8F　☎092-283-8301

㈱エリカ健康道場
〒849-0919　佐賀県佐賀市兵庫北7-16-7
☎0120-998-255

エルビュー㈱
〒107-0052　東京都港区赤坂1-7-1
赤坂榎坂ビル8F　☎03-6433-5490

㈱オークローンマーケティング
〒461-0005　愛知県名古屋市東区東桜1-13-3
NHK名古屋放送センタービル14F　☎052-950-1124

㈱オーシャン
〒087-0022　北海道根室市昭和町4-337-1
☎050-1808-9130

㈱オージーフーズ
〒151-0051　東京都渋谷区千駄ヶ谷5-32-7
野村不動産南新宿ビル2F　☎03-5367-2327

㈱オージオ
〒362-0035　埼玉県上尾市仲町1-7-27
アークエムビル　☎048-740-5070

㈱大嶌屋
〒869-0512　熊本県宇城市松橋町古保山2715-19
☎0964-53-9475

㈱太田胃酸
　〒112-0011　東京都文京区千石2-3-2
　　　　　　　　　　　　　　　0120-13-3756

㈱大塚商会
　〒102-8573　東京都千代田区飯田橋2-18-4
　　　　　　　　　　　　　　　TEL03-3264-7111

大塚製薬㈱
　〒101-8242　東京都港区港南2-16-4
　品川グランドセントラルタワー　TEL03-6717-1400

沖縄特産販売㈱
　〒901-0225　沖縄県豊見城市字豊崎3-84
　　　　　　　　　　　　　　　TEL098-850-8953

㈱オーセル
　〒812-0016　福岡県福岡市博多区博多駅南5-25-7
　　　　　　　　　　　　　　　TEL092-437-3333

㈱オニザキコーポレーションセールス
　〒862-0951　熊本県熊本市上水前寺1-6-41
　OCOビルディング　　　　　　TEL096-387-8800

小野食品㈱
　〒026-0304　岩手県釜石市両石町4-24-7
　　　　　　　　　　　　　　　TEL0193-23-4675

オムロンヘルスケア㈱
　〒108-0075　東京都港区港南2-3-13
　品川フロントビル7F　　　　　TEL03-6718-3770

オリエンタルバイオ㈱
　〒103-0005　東京都中央区日本橋本町1-5-4
　住友不動産日本橋ビル1F

㈱オールアバウトライフマーケティング
　〒150-0013　東京都渋谷区恵比寿1-20-8
　エビススバルビル6F

オルビス㈱
　〒142-0051　東京都品川区平塚2-1-14
　五反田SNビル　　　　　　　TEL03-3788-1711

㈱カウネット
　〒144-8721　東京都大田区蒲田5-37-1
　ニッセイアロマスクエア16F　　0120-028-775

㈱快適生活
　〒550-0001　大阪府大阪市西区土佐堀1-3-18

花王㈱
　〒103-8110　東京都中央区日本橋茅場町1-14-10
　　　　　　　　　　　　　　　TEL03-3660-7111

㈱花織
　〒812-0016　福岡県福岡市博多区博多駅前1-2-18
　　　　　　　　　　　　　　　TEL092-452-8890

㈱学文社
　〒162-8717　東京都新宿区早稲田町5-4
　　　　　　　　　　　　　　　TEL03-3232-3561

カゴメ㈱
　〒103-8461　東京都中央区日本橋浜町3-21-1
　日本橋浜町Fタワー　　　　　TEL03-5623-8501

㈱カタログハウス
　〒151-0053　東京都渋谷区代々木2-12-2
　　　　　　　　　　　　　　　TEL03-5365-2288

㈱家庭画報ビジネスパートナーズ
　〒102-8191　東京都千代田区九段北4-2-29

かどや製油㈱
　〒141-0031　東京都品川区西五反田8-2-8
　　　　　　　　　　　　　　　TEL03-3492-5545

金澤やまぎし養蜂場㈱
　〒920-1145　石川県金沢市浅川町ホ80
　　　　　　　　　　　　　　　TEL076-229-0088

カネカユアヘルスケア㈱
　〒530-0005　大阪市北区中之島2-3-18
　　　　　　　　　　　　　　　0120-788-910

金秀バイオ㈱
　〒901-0305　沖縄県糸満市西崎町5-2-2
　　　　　　　　　　　　　　　TEL098-994-1001

㈱かねふく
　〒812-8654　福岡県福岡市東区馬出4-8-21
　　　　　　　　　　　　　　　TEL092-641-0646

加茂繊維㈱
　〒708-0821　岡山県津山市野介代1650-1
　　　　　　　　　　　　　　　TEL0868-33-9088

㈱Colors
　〒114-0015　東京都北区中里2-18-6
　石澤ビル301　　　　　　　　TEL03-3833-3248

河本食品㈱
　〒645-8511　和歌山県日高郡みなべ町気佐藤367-1
　　　　　　　　　　　　　　　TEL0739-72-3023

㈱関西テレビハッズ
　〒530-0056　大阪府大阪市北区兎我野町7-11
　KTVエイトビル内　　　　　　TEL06-6315-2535

㈱北の達人コーポレーション
　〒060-0001　北海道札幌市北区北一条西1-6
　さっぽろ創世スクエア25F

㈱キナリ
　〒140-0002　東京都品川区東品川2-2-4
　天王洲ファーストタワー 24F

キューサイ㈱
　〒810-0022　福岡県福岡市中央区薬院1-1-1
　薬院ビジネスガーデン7F　　TEL092-724-0179

九州朝日放送㈱
　〒810-8571　福岡県福岡市中央区長浜1-1-1
　　　　　　　　　　　　　　TEL0570-057-557

㈱九州自然館
　〒815-8601　福岡県福岡市南区那の川1-6-14
　　　　　　　　　　　　　　TEL092-533-2440

㈱QVCジャパン
　〒261-7108　千葉県千葉市美浜区ひび野2-1-1

㈱Qvou
　〒651-0087　兵庫県神戸市中央区御幸通6-1-20
　　　　　　　　　　　　　　TEL0570-063-777

㈱京都通販
　〒600-8807　京都府京都市下京区中堂寺命婦町1番地
　　　　　　　　　　　　　　TEL075-811-0111

協和発酵バイオ㈱
　〒100-8185　東京都千代田区大手町1-6-1
　　　　　　　　　　　　　　TEL03-3282-0974

㈱玉光堂　エプロン会
　〒537-0025　大阪府大阪市東成区中道3-15-16
　毎日東ビル6F　　　　　　　0120-8260-18

銀座ステファニー化粧品㈱
　〒105-0004　東京都港区新橋1-10-6
　新橋M-SQUARE9F

金氏高麗人参㈱
　〒600-8351　京都府京都市下京区堀川富永町692
　アスティルビル6F　　　　　TEL075-803-1111

金印物産㈱
　〒460-0008　愛知県名古屋市中区栄3-18-1
　　　　　　　　　　　　　　TEL052-242-0008

クー・インターナショナル㈱
　〒107-6103　東京都港区赤坂1-12-32
　　　　　　　　　　　　　　TEL03-3585-3807

㈱久原本家
　〒811-2503　福岡県粕屋郡久山町猪野1442番地
　　　　　　　　　　　　　　TEL092-976-2000

熊本大同青果㈱
　〒860-0058　熊本市西区田崎町484
　　　　　　　　　　　　　　TEL096-323-2505

くら寿司㈱
　〒599-8253　大阪府堺市中区深阪1-2-2
　　　　　　　　　　　　　　0120-989-014

㈱クラブコスメチックス
　〒550-0005　大阪市西区西本町2-6-11
　　　　　　　　　　　　　　TEL06-6531-2990

グリーンハウス㈱
　〒810-0001　福岡県福岡市中央区天神2-14-8
　福岡天神センタービル11F　TEL092-738-2828

㈱クリスタルジェミー
　〒150-0001　東京都渋谷区神宮3-17-20
　　　　　　　　　　　　　　TEL08-5772-0565

㈱健康家族
　〒892-0848　鹿児島県鹿児島市平之町10-2
　　　　　　　　　　　　　　TEL099-223-1165

㈱健康の森
　〒890-0052　鹿児島県鹿児島市上之園町14-29
　　　　　　　　　　　　　　TEL099-250-5500

㈱ケンコー
　〒160-0023　東京都新宿区西新宿7-4-6
　　　　　　　　　　　　　　TEL03-3366-7101

ゲンナイ製薬㈱
　〒100-0006　東京都千代田区有楽町1-7-1
　　　　　　　　　　　　　　TEL03-6222-8440

㈱Koala Sleep Japan
　〒150-0001　東京都渋谷区神宮町5-43-7
　表参道ART WORKS　　　　TEL053-3199-1554

江原道㈱
　〒106-0045　東京都港区麻布十番3-1-6
　　　　　　　　　　　　　　TEL03-6744-0930

㈱交通新聞社
　〒101-0062　東京都千代田区神田駿河台2-3-11
　　　　　　　　　　　　　　TEL03-6831-6700

㈱ゴールドウイン
　〒150-0046　東京都渋谷区松涛2-20-6
　　　　　　　　　　　　　　TEL03-3481-7201

㈱コスモライフ
　〒675-0032　兵庫県加古川市加古川町備後358-1

小林製薬㈱
　〒541-0045　大阪府大阪市中央区道修町4-4-10
　KDX小林道修町ビル　　　　℡06-6231-1144

コロムビア・マーケティング㈱
　〒105-8482　東京都港区虎ノ門4-1-40
　江戸見坂森ビル　　　　　　℡03-6895-9001

㈱再春館製薬所
　〒861-2201　熊本県上益城郡益城町寺中1363-1
　　　　　　　　　　　　　　℡096-289-4444

㈱財宝
　〒893-0063　鹿児島県鹿屋市新栄町35-7
　　　　　　　　　　　　　　℡0994-41-1111

㈱サカタのタネ
　〒224-0041　神奈川県横浜市都筑区仲町台2-7-1
　　　　　　　　　　　　　　℡045-945-8800

㈱佐藤園
　〒142-1392　静岡県静岡市大原1057　℡054-270-1001

サニーヘルス㈱
　〒380-0911　長野県長野市稲葉1661
　　　　　　　　　　　　　　℡03-6701-3000

㈱サビーナ自然化粧品
　〒104-0061　東京都中央区銀座8-18-1
　日交銀座木挽町ビル2F　　　℡03-6226-2001

ザ・プロアクティブカンパニー㈱
　〒141-0021　東京都品川区上大崎3-5-8
　アクロス目黒タワー 3F　　 ☎0120-131-334

サラヤ㈱
　〒546-0013　大阪府大阪市住吉区湯里2-2-8
　　　　　　　　　　　　　　℡06-6797-3111

㈱サン・クラルテ製薬
　〒810-0041　福岡県福岡市中央区大名2-9-27
　野村不動産赤坂センタービル5階　☎0120-113-797

㈱産経デジタル
　〒100-8077　東京都千代田区大手町1-7-2
　　　　　　　　　　　　　　℡03-3275-8632

三省製薬㈱
　〒816-0904　福岡県大野城市大池2-26-7
　　　　　　　　　　　　　　℡092-503-1183

サンスター㈱
　〒569-1195　大阪府高槻市朝日町3-1
　　　　　　　　　　　　　　℡072-682-5541

㈱サンセリテ札幌
　〒060-0009　北海道札幌市中央区大通西14-3-17

サントリーウエルネス㈱
　〒135-8631　東京都港区台場2-3-3　℡03-6402-1492

㈱サンナチュラルズ
　〒359-1141　埼玉県所沢市小手指町4-16-8
　　　　　　　　　　　　　　℡04-2947-7000

シーエスシー㈱
　〒461-0001　愛知県名古屋市東区泉1-13-35
　CSC HISAYAビル5F　　　　 ℡052-955-2066

㈱GSTV
　〒135-0063　東京都江東区有明3-5-7
　TOC有明ウエストタワー 8F　℡03-4477-7900

㈱JR東日本商事
　〒151-0053　東京都渋谷区代々木2-2-2
　　　　　　　　　　　　　　℡03-3299-9167

JNTLコンシューマーヘルス㈱
　〒150-0012　東京都渋谷区広尾1-1-39
　恵比寿プライムスクエア14F　☎0120-371-217

㈱ジェイオーディ
　〒491-0914　愛知県一宮市花池4-17-12
　　　　　　　　　　　　　　☎0120-100-111

ジェイフロンティア㈱
　〒150-0002　東京都渋谷区渋谷2-9-9
　SANWA青山ビル8F　　　　 ☎0120-770-328

㈱ジェイ・メディックス
　〒812-0011　福岡県福岡市中央区清川1-7-12
　大戸ビル5F　　　　　　　　☎0120-793-444

㈱ジオテックゴルフコンポーネント
　〒260-0003　千葉県千葉市中央区鶴沢町8-6
　ジオテックビル　　　　　　℡043-222-5621

シオノギヘルスケア㈱
　〒604-8166　京都府京都市中京区三条通烏丸西入
　御倉町85-1　烏丸ビル4F　　☎0120-810-771

資生堂ジャパン㈱
　〒105-8620　東京都港区浜松町2-3-1
　　　　　　　　　　　　　　℡03-3572-5111

㈱自然食研
　〒879-0615　大分県豊後高田市大字界293
　　　　　　　　　　　　　　　☎0120-443-222

シックスセンスラボ㈱
　〒810-0021　福岡県福岡市中央区今泉1-20-2
　天神MENTビル6F　　　☎092-739-7660

㈱篠原化学
　〒466-0034　愛知県名古屋市昭和区明月町3-23
　　　　　　　　　　　　　　　☎052-841-3970

シマ㈱
　〒768-0024　香川県観音寺市中田井町1
　　　　　　　　　　　　　　　☎0875-63-4111

㈱しまのや
　〒901-0147　沖縄県那覇市宮城1-15-8
　　　　　　　　　　　　　　　☎0120-853-408

㈱島本食品
　〒811-0290　福岡県粕屋郡新宮町夜臼2-9-1
　　　　　　　　　　　　　　　☎092-963-3333

㈱JIMOS
　〒812-0039　福岡県福岡市博多区冷泉町2-1
　博多祇園M-SQUARE 7F　　☎092-303-8500

㈱ジャパネットたかた
　〒857-1151　長崎県佐世保市日宇町2781
　　　　　　　　　　　　　　　☎0120-441-222

㈱JAFサービス
　〒105-0012　東京都港区芝大門1-1-30
　日本自動車会館　　　　　☎03-3435-7644

㈱シャボン玉本舗
　〒808-0195　福岡県北九州市若松区南二島2-23-1
　　　　　　　　　　　　　　　☎093-701-3181

㈱JALUX
　〒108-0075　東京都港区港南1-2-70
　　　　　　　　　　　　　　　☎03-5460-7131

㈱シャルレ
　〒654-0192　兵庫県神戸市須磨区弥栄台3-1-2
　　　　　　　　　　　　　　　☎078-792-7000

ジュピターショップチャンネル㈱
　〒104-0033　東京都中央区新川1-14-5　国冠ビル
　　　　　　　　　　　　　　　☎03-5541-6550

㈱松竹梅
　〒630-8001　奈良県奈良市法華寺町214-1-906
　　　　　　　　　　　　　　　☎0742-35-0457

小豆島ヘルシーランド㈱
　〒761-4113　香川県小豆郡土庄町甲2721-1
　　　　　　　　　　　　　　　☎0879-62-7111

新日本製薬㈱
　〒810-0074　福岡県福岡市中央区大手門1-4-7
　　　　　　　　　　　　　　　☎092-720-5800

信和薬品㈱
　〒939-2723　富山県富山市婦中町萩島3697-8
　　　　　　　　　　　　　　　☎076-465-7733

㈱スイスセルラボ・ジャパン
　〒151-0053　東京都渋谷区代々木3-37-5
　　　　　　　　　　　　　　　☎0120-1107-38

㈱スヴェンソン
　〒107-0052　東京都港区赤坂1-9-13
　三会堂ビル5階　　　　　☎03-3586-0011

スカイネット㈱
　〒550-0014　大阪市西区北堀江1-5-2
　四ツ橋新興産ビル2F　　☎0570-66-6456

㈱スクロール
　〒430-0807　静岡県浜松市中区佐藤2-24-1
　本社ビル　　　　　　　　☎053-464-1111

㈱すこやか工房
　〒812-0039　福岡県福岡市博多区冷泉町9-26
　　　　　　　　　　　　　　　☎092-303-3939

㈱健やか総本舗亀山堂
　〒851-2108　長崎県西彼杵郡時津町日並郷3650
　　　　　　　　　　　　　　　☎095-881-3070

スタージュ㈱
　〒650-0044　兵庫県神戸市中央区東川崎町1-3-3
　神戸ハーバーランドセンタービル6F

㈱スマイルテレビ
　〒101-0053　東京都港区芝公園2-2-21
　芝パークビルディング6F　☎0120-28-4652

㈱聖凰
　〒460-0024　愛知県名古屋市中区正木4-8-7
　れんが橋ビル2F　　　　☎0120-253-461

㈱セガ フェイブ
　〒141-0033　東京都品川区西品川一丁目1-1
　住友不動産大崎ガーデンタワー　☎03-6864-2400

せきもとフーズ㈱
　〒645-0001　和歌山県日高郡みなべ町東吉田408-6
　　　　　　　　　　　　　　　☎0739-84-2525

㈱世田谷自然食品
　〒158-0097　東京都世田谷区用賀4-10-1　19F
　　　　　　　　　　　　　　℡03-6738-7300

ゼリアヘルスウエイ㈱
　〒103-0024　東京都中央区日本橋小舟町10-6
　ZS日本橋ビル5F　　　　　℡03-3663-7921

㈱千趣会
　〒530-0035　大阪府大阪市北区同心1-8-9
　　　　　　　　　　　　　　℡06-6881-3100

㈱センテンス
　〒540-0001　大阪府大阪市中央区城見1-3-50
　読売テレビ本社ビル7F　　　℡06-6966-1902

全日空商事㈱
　〒105-7136　東京都港区東新橋1-5-2
　汐留シティセンター　　　　℡03-6735-5011

㈱ソーシャルテック
　〒160-0023　東京都新宿区西新宿7-7-30
　小田急西新宿O-PLACE 5F　　0120-958-303

㈱ソシア
　〒140-0013　東京都品川区南大井6-28-10　5F
　　　　　　　　　　　　　　℡03-3298-4488

㈱SOYOKAZE
　〒107-0061　東京都港区北青山2-7-13
　プラセオ青山ビル　　　　　0120-384-233

第一交通産業㈱
　〒103-0004　東京都中央区東日本橋1-1-20-2F
　　　　　　　　　　　　　　℡03-5825-9380

第一三共ヘルスケアダイレクト㈱
　〒761-8589　香川県高松市香南町横井460番地1
　　　　　　　　　　　　　　℡087-879-0033

泰星コイン㈱
　〒170-0013　東京都豊島区東池袋2-23-2
　UBG東池袋ビル1階　　　　℡03-3590-8222

ダイドードリンコ㈱
　〒530-0005　大阪府大阪市北区中之島2-2-7
　中之島セントラルタワー 18F　℡06-6222-2611

㈱だいにち堂
　〒399-8304　長野県安曇野市穂高柏原2843-28
　　　　　　　　　　　　　　0120-433-123

大鵬薬品工業㈱
　〒101-8444　東京都千代田区神田錦町1-27
　　　　　　　　　　　　　　℡03-3294-4527

㈱ダイワ
　〒591-8025　大阪府堺市長曽根町1607-1
　　　　　　　　　　　　　　℡072-255-5261

㈱髙島屋
　〒103-0016　東京都中央区日本橋小網町6-7
　第2山万ビル　　　　　　　℡03-5652-7907

タキイ種苗㈱
　〒600-8686　京都府京都市下京区梅小路通猪熊東入
　　　　　　　　　　　　　　℡075-365-0123

㈱TACKTA
　〒550-0013　大阪府大阪市西区新町1-3-16
　　　　　　　　　　　　　　℡06-4394-7022

ダン㈱
　〒101-0051　東京都千代田区神田神保町1-41
　駿河台下MKビル3F　　　　0120-205-880

ちゅら花㈱
　〒802-0002　福岡県北九州市小倉北区京町3-14-11
　　　　　　　　　　　　　　℡093-521-2181

㈱長寿乃里
　〒220-0012　神奈川県横浜市西区みなとみらい3-6-3
　MMパークビル12F　　　　℡045-640-3594

㈱ツカモトコーポレーション
　〒103-0023　東京都中央区日本橋本町1-6-5
　　　　　　　　　　　　　　℡03-3279-1511

㈱ディーエイチシー
　〒106-8571　東京都港区麻布2-7-1

㈱ディーブレス
　〒103-0005　東京都中央区日本橋久松町11-6
　日本橋TSビル4F　　　　　0120-966-550

ティーライフ㈱
　〒428-8651　静岡県島田市牛尾118
　　　　　　　　　　　　　　℡0547-46-3459

㈲ティシビィジャパン
　〒679-4002　兵庫県たつの市揖西町中垣内甲257-1
　　　　　　　　　　　　　　℡0791-66-3100

㈱TTC
　〒413-0101　静岡県熱海市上多賀686番地
　　　　　　　　　　　　　　℡0557-67-2323

㈱DINOS CORPORATION
　〒164-0012　東京都中野区本町2-46-2
　中野坂上セントラルビル　　℡03-5353-1111

㈱TBSグロウディア
〒107-6112　東京都港区赤坂5-2-20
赤坂パークビル12F

㈱てまひま堂
〒890-0081　鹿児島県鹿児島市唐湊4-17-1
℡099-284-0201

㈱テレス
〒063-0814　北海道札幌市西区琴似4条2-1-1-4003号
0120-12-4871

㈱テレビショッピング研究所
〒144-0051　東京都大田区西蒲田7-25-7
0120-840-055

㈱テレビ東京ダイレクト
〒105-0001　東京都港区虎ノ門4-3-12
日経虎ノ門別館3F　℡03-5401-0220

㈱燈音舎
〒102-0081　東京都渋谷区千駄ヶ谷4-11-8
ノビリティ千駄ヶ谷201　0120-378-030

東海テレビ事業㈱
〒461-0005　愛知県名古屋市東区東桜1-14-3
東海テレビ放送　北館　℡052-951-7511

㈱東急スポーツオアシス
〒107-0062　東京都港区南青山2-6-21
TK南青山ビル7F　0120-371-719

㈱トウ・キユーピー
〒182-0002　東京都調布市仙川町2-5-7
仙川キユーポート　℡03-5384-7655

㈱東京テレビランド
〒107-0052　東京都港区赤坂6-15-11
℡03-5777-2166

㈱トゥーコネクト
〒105-0004　東京都港区新橋2-9-16
新橋萬楽庵ビル7F　℡03-5830-8935

東洋ナッツ食品㈱
〒658-0023　兵庫県神戸市東灘区深江浜町30番地
℡078-452-0230

㈱トーカ堂
〒811-2412　福岡県粕屋郡篠栗町大字乙犬888
℡092-947-5575

常盤商事㈱
〒669-6553　兵庫県美方郡香美町香住区三谷735
℡0796-36-4001

ドクターリセラ㈱
〒533-0033　大阪府大阪市東淀川区東中島1-7-17
0120-410-248

トナミ運輸㈱
〒933-8566　富山県高岡市昭和町3-2-12
℡0766-21-1073

㈱富山常備薬
〒930-0085　富山県富山市丸の内1-8-17
℡076-471-5661

㈱DoCLASSE
〒158-0097　東京都世田谷区用賀4-10-1
ビジネススクエアタワー　18F　0120-178-788

㈱トリプルサン
〒160-0003　東京都新宿区四谷本塩町15-12
カーサ四谷羽毛田ビル2F　℡03-6825-7370

中田食品㈱
〒646-0292　和歌山県田辺市下三栖1475
℡0739-22-2486

中野BC㈱
〒642-0034　和歌山県海南市藤白758-45
0120-21-2340

㈲ナカノモードエンタープライズ
〒533-0013　大阪府大阪市東淀川区豊里1-3-23
℡06-6328-1710

㈱ナカムラ
〒145-0065　東京都大田区東雪谷4-20-10
℡03-3748-0201

㈱ナチュラルガーデン
〒279-0012　千葉県浦安市入船1-5-2
NBF新浦安タワー 13F　℡047-380-5821

㈱ナノエッグ
〒107-0052　東京都港区赤坂7-1-15
青山タワー 5F　0570-055-710

㈱ナミス
〒351-0011　埼玉県朝霞市本町2-12-16

㈱奈良大和生薬
〒630-8012　奈良県奈良市二条大路南1-2-11
0120-289-189

㈱ナリス化粧品
〒533-0001　大阪府大阪市福島区海老江5-1-6
℡06-6458-5801

関連協会会員名簿

南紀梅干㈱
　〒645-0022　和歌山県日高郡みなべ町晩稲1225-5
　　　　　　　　　　　　　　　TEL0739-74-2055

㈱新潟味のれん本舗
　〒940-1164　新潟県長岡市南陽1-1027-4
　　　　　　　　　　　　　　　TEL0258-23-2400

㈱ニーズ
　〒763-0092　香川県丸亀市川西町南甲244-1
　　　　　　　　　　　　　　　TEL0877-58-6767

西川㈱
　〒103-0006　東京都中央区日本橋富沢町8-8
　　　　　　　　　　　　　　　TEL03-3664-8161

㈱nijito
　〒105-0002　東京都港区芝公園1-8-12
　　ヒューリック芝公園大門通ビル4F　TEL03-6809-2715

㈱ニチレイフーズ
　〒104-8402　東京都中央区築地6-19-20
　　ニチレイ東銀座ビル　　　　　フリーダイヤル0120-86-2101

ニッカホーム㈱
　〒451-0043　愛知県名古屋市西区新道2-15-12
　　WALL CAPITAL HILL 1F

㈱日経BP
　〒103-8308　東京都港区虎ノ門4-3-12
　　　　　　　　　　　　　　　TEL03-5696-6000

日清医療食品㈱
　〒100-6420　東京都千代田区丸の内2-7-3
　　東京ビルディング20F　　　　TEL03-3287-3611

日清オイリオグループ㈱
　〒104-0033　東京都中央区新川1-23-1
　　　　　　　　　　　　　　　TEL03-3206-5005

日清ファルマ㈱
　〒104-8411　東京都千代田区神田錦町1-25
　　　　　　　　　　　　　　　フリーダイヤル0120-240-410

㈱ニッセン
　〒601-8412　京都府京都市南区西九条院町26番地
　　　　　　　　　　　　　　　TEL075-682-2000

㈱ニッピコラーゲン化粧品
　〒120-0044　東京都足立区千住緑町1-1-1
　　　　　　　　　　　　　　　TEL03-3888-7171

㈱ニップン
　〒102-0083　東京都千代田区麹町4-8

日本事務器㈱
　〒151-0071　東京都渋谷区本町3-12-1
　　　　　　　　　　　　　　　TEL03-3292-1511

㈱ニッポン放送プロジェクト
　〒102-0094　東京都千代田区紀尾井町3-6
　　紀尾井町パークビル　　　　　TEL03-3265-8261

㈱ニナファームジャポン
　〒104-0061　東京都中央区銀座7-13-10
　　損保ジャパン日本興亜銀座ビル7F　TEL03-5550-1444

日本カタログショッピング㈱
　〒151-8671　東京都渋谷区元代々木町14-3
　　　　　　　　　　　　　　　TEL03-3465-5187

㈱日本自然発酵
　〒501-5401　岐阜県高山市荘川町六厩796-3
　　　　　　　　　　　　　　　TEL052-856-7877

日本生活協同組合連合会
　〒169-0073　東京都新宿区百人町3-25-1
　　サンケンビルヂング3F　　　TEL03-6748-9632

日本第一製薬㈱
　〒812-0013　福岡県福岡市博多区博多駅東2-5-19
　　サンライフ第3ビル7F　　　TEL092-452-8787

日本直販㈱
　〒105-0003　東京都港区西新橋二丁目11番6号
　　ニュー西新橋ビル3階　　　TEL050-3504-2489（代表）

日本テレビ放送網㈱
　〒105-7444　東京都港区東新橋1-6-1
　　　　　　　　　　　　　　　TEL03-6215-4444

㈱日本文化センター
　〒169-8711　東京都新宿区高田馬場1-4-15
　　東豊ビル　　　　　　　　　TEL03-3200-2222

日本鞄材㈱
　〒501-3156　岐阜県岐阜市岩田西3-465
　　　　　　　　　　　　　　　フリーダイヤル0120-705-177

㈱日本薬師堂
　〒153-0042　東京都目黒区青葉台3-2-12
　　　　　　　　　　　　　　　フリーダイヤル0120-894-894

㈱日本薬健
　〒105-0004　東京都港区新橋二丁目20番15号
　　　　　　　　　　　　　　　TEL0800-888-0070

日本予防医薬㈱
　〒560-0082　大阪府豊中市新千里東町1-4-2
　　千里ライフサイエンスセンター 13F　TEL06-6831-3383

日本ロレアル㈱
　〒163-1071　東京都新宿区西新宿3-7-1
　新宿パークタワー

ニュートリー㈱
　〒460-0003　愛知県名古屋市中区
　いちご錦ファーストビル3F　　☎0120-200-181

㈱ネイチャー生活倶楽部
　〒862-0954　熊本県熊本市神水2-7-10
　神水中島ビル3F　　　　　　℡096-386-0030

㈱ノエビア
　〒650-8521　兵庫県神戸市中央区港島中町6-13-1

㈱ハーバー研究所
　〒100-0006　東京都千代田区神田須田町1-24-11
　HABAビル

㈱ハーブ健康本舗
　〒810-0041　福岡県福岡市中央区大名1-1-15
　　　　　　　　　　　　　　℡092-735-1024

㈱パーマンコーポレーション
　〒550-0021　大阪府大阪市西区川口4-1-5
　　　　　　　　　　　　　　℡06-6586-2001

㈱梅翁園.
　〒645-0012　和歌山県日高郡みなべ町山内1339
　　　　　　　　　　　　　　℡0739-72-5014

ハウスウェルネスフーズ㈱
　〒102-8560　東京都千代田区紀尾井町6-3

㈱バスクリン
　〒102-0073　東京都千代田区九段北4-1-7
　九段センタービル8F　　　　℡03-3511-5820

㈱はつらつ堂
　〒105-0004　東京都港区新橋2-3-7
　新橋第2中ビル4F　　　　　☎0120-78-8202

㈱花のギフト社
　〒329-0214　栃木県小山市乙女2-20-23
　　　　　　　　　　　　　　℡0285-45-0023

㈱はぴねすくらぶ
　〒810-0042　福岡県福岡市中央区赤坂1-14-6

パピリオ㈱
　〒531-0072　大阪府大阪市北区豊崎3-19-3

原沢製薬工業㈱
　〒108-0074　東京都港区高輪3-19-17
　　　　　　　　　　　　　　℡03-3441-5191

㈱原田
　〒370-1301　群馬県高崎市新町1207
　　　　　　　　　　　　　　℡0274-40-3331

㈱バルコス
　〒682-0002　鳥取県倉吉市中江48-1
　　　　　　　　　　　　　　℡0858-48-1440

㈱パーマンコーポレーション
　〒550-0021　大阪市西区川口4丁目1-5
　　　　　　　　　　　　　　℡06-6586-2001

㈱ハルメク
　〒162-0825　東京都新宿区神楽坂4-1-11
　　　　　　　　　　　　　　℡03-3261-1301

㈱ハルメク・アルファ
　〒531-0041　大阪市北区曽根崎新地2-2-16
　関電不動産西梅田ビル　　　℡06-6342-6390

㈱ハンコヤドットコム
　〒550-0004　大阪府大阪市西区靱本町1-13-1
　ドットコムビル　　　　　　℡06-6225-2110

㈱ピーアンドエイチサトウ
　〒107-0051　東京都港区赤坂1-5-10

㈱ピーチ・ジョン
　〒150-0001　東京都渋谷区神宮前6-17-11
　JPR原宿ビル4F　　　　　　℡03-6418-7888

㈱BS日本
　〒105-8644　東京都港区東新橋1-6-1

㈱ピエトロ
　〒810-0001　福岡県福岡市中央区天神3-4-5
　　　　　　　　　　　　　　℡092-716-0300

㈱美光
　〒130-0026　東京都墨田区両国3-3-12
　　　　　　　　　　　　　　℡03-3631-2391

久光ウエルネス㈱
　〒100-6330　東京都千代田区丸の内二丁目4番1号
　　　　　　　　　　　　　　℡03-5293-1739

七福醸造㈱
　〒444-1213　愛知県安城市東端町南用地57
　　　　　　　　　　　　　　℡0566-92-5213

㈱ひなたライフ
　〒260-0806　千葉県千葉市中央区宮崎2-6-1
　蘇我THビル4F　　　　　　℡043-312-6203

㈱日比谷花壇
　〒106-8587　東京都港区南麻布1-6-30
　　　　　　　　　　　　　　TEL03-5444-8700

㈱ビタブリッドジャパン
　〒107-6337　東京都港区赤坂5-3-1
　赤坂Bizタワー 37F　　　　0120-987-861

㈱ビューティ・ミッション
　〒812-0011　福岡県福岡市博多区博多駅前4-1-1
　日本生命博多駅前第二ビル5F　0120-7970-43

㈱ピュール
　〒819-1111　福岡県糸島市泊723-1
　　　　　　　　　　　　　　TEL092-321-3700

ヒラキ㈱
　〒654-0035　兵庫県神戸市須磨区中島町3-2-6
　　　　　　　　　　　　　　0120-673-111

HIROTSUバイオサイエンス
　〒102-0094　東京都千代田区紀尾井町4-1
　ニューオータニガーデンコート22F

㈱ファーマフーズ
　〒615-8245　京都府京都市西京区御陵大原1-4-9
　　　　　　　　　　　　　　TEL075-323-7170

ファイテン㈱
　〒104-0033　東京都中央区新川2-20-7
　TOKOHビル7F　　　　　TEL03-3537-7960

ファイブ・イー・ライフ㈱
　〒537-0024　大阪府大阪市東成区東小橋3-2-7
　　　　　　　　　　　　　　TEL06-6974-0055

㈱ファイン
　〒532-0003　大阪府大阪市淀川区宮原3丁目5-36
　新大阪トラストタワー 20F　TEL06-6379-0357

㈱ファミリー・ライフ
　〒170-6009　東京都豊島区東池袋3-1-1
　サンシャイン60-40F　　　TEL03-5950-5678

㈱ファンケル
　〒231-8528　神奈川県横浜市中区山下町89-1
　　　　　　　　　　　　　　TEL045-226-1200

フィブロ製薬㈱
　〒123-0863　東京都足立区谷在家3-10-6
　　　　　　　　　　　　　　TEL03-3855-7011

㈱fitfit
　〒152-0023　東京都目黒区八雲3-23-20
　　　　　　　　　　　　　　0120-178-788

㈱フェリシモ
　〒650-0035　兵庫県神戸市中央区浪花町59
　神戸朝日ビルディング　　　TEL078-325-5555

㈱フォーマルクライン
　〒100-0011　東京都千代田区内幸町1-1-7
　NBF日比谷ビル　　　　　TEL03-3539-5510

㈱フォーシーズンHD
　〒810-0022　福岡県福岡市中央区薬院1-1-1
　薬院ビジネスガーデン8F

フォーレスト㈱
　〒330-0844　埼玉県さいたま市大宮区下町2-1-1
　大宮プライムイースト3階　TEL048-610-0100

㈱ふくや
　〒810-8629　福岡県福岡市博多区中洲2-6-10
　　　　　　　　　　　　　　0120-86-2981

富士産業㈱
　〒763-8603　香川県丸亀市田村町1301
　　　　　　　　　　　　　　TEL0877-25-3111

フジッコ㈱
　〒650-8558　兵庫県神戸市中央区港島中町6-13-4
　　　　　　　　　　　　　　TEL078-303-5911

㈱富士フイルムヘルスケアラボラトリー
　〒206-0024　東京都多摩市諏訪2-5-1　研究棟5F
　　　　　　　　　　　　　　0120-686-225

㈱武州養蜂園
　〒360-0831　埼玉県熊谷市久保島945-1
　　　　　　　　　　　　　　TEL048-533-0038

㈱フューチャーラボ
　〒107-0052　東京都港区赤坂8-5-32　田中駒ビル4F
　　　　　　　　　　　　　　0120-766-153

㈱ブルックス
　〒225-0002　神奈川県横浜市青葉区美しが丘4-54-6
　　　　　　　　　　　　　　TEL045-902-3211

㈱ブルボン
　〒945-8611　新潟県柏崎市駅前1-3-1
　　　　　　　　　　　　　　TEL0257-23-2333

㈱フレッシュライン新潟
　〒950-0945　新潟県新潟市中央区美咲町1-23-26
　　　　　　　　　　　　　　TEL025-285-3915

㈱フレッシュロースター珈琲問屋
　〒210-0833　神奈川県川崎市川崎区桜本2-32-1
　SRC3F　　　　　　　　　TEL044-270-1440

プレミアアンチエイジング㈱
　〒106-0032　東京都港区六本木6-15-1
　六本木ヒルズけやき坂テラス　℡03-5770-8101

㈱ベルーナ
　〒362-8688　埼玉県上尾市宮本町4-2
　　　　　　　　　　　　　　℡048-771-7753

㈱ペー・ジェー・セー・デー・ジャパン
　〒150-6004　東京都渋谷区恵比寿4-20-3
　恵比寿ガーデンプレイスタワー 4F　℡03-5447-8900

ベースフード㈱
　〒153-0061　東京都目黒区中目黒5-25-2
　　　　　　　　　　　　　　℡03-6416-8905

㈱ベルネージュダイレクト
　〒102-0076　東京都千代田区五番町10-2
　五番町センタービル3F　℡03-3221-9851

㈱ポーラ
　〒141-8523　東京都品川区西五反田2-2-3
　　　　　　　　　　　　　　℡03-3494-7111

㈱宝寿園
　〒162-0832　東京都新宿区岩戸町4
　　　　　　　　　　　　　　℡03-3260-1805

ホソカワミクロン化粧品㈱
　〒573-1132　大阪府枚方市招提田近1-9
　　　　　　　　　　　　　　℡072-855-2212

㈱ホップス
　〒105-0004　東京都港区新橋3-3-9
　KHD東京ビル8F　℡03-6745-7507

㈱ポニーキャニオン
　〒160-8487　東京都港区六本木1-5-17
　泉ガーデンANNEX　℡03-6230-9700

㈱ほぼ日
　〒107-0061　東京都港区北青山2-9-5
　スタジアムプレイス9F　℡03-5770-1101

㈱ホンダコムテック
　〒351-0114　埼玉県和光市本町8-1
　　　　　　　　　　　　　　℡048-452-1000

㈱マードゥレクス
　〒150-0001　東京都渋谷区神宮前6-17-11
　JPR原宿ビル6　℡03-5467-8431

㈲マイケア
　〒162-0845　東京都新宿区市谷本村町2-5
　　　　　　　　　　　　　　℡0120-188-188

㈲毎日元気
　〒105-0004　東京都港区新橋1-18-12
　新橋1丁目ビル6F　℡0120-04-9898

㈱まるごと健康舎
　〒816-0912　福岡県大野城市御笠川6-5-24
　　　　　　　　　　　　　　℡092-503-0700

㈱丸八真綿
　〒222-0033　神奈川県横浜市港北区新横浜3-8-12 8F
　　　　　　　　　　　　　　℡0120-4649-08

マルハニチロ㈱
　〒135-8605　東京都江東区豊洲3-2-20 豊洲フロント
　　　　　　　　　　　　　　℡03-6833-4185

万田発酵㈱
　〒532-0003　大阪府大阪市淀川区宮原3-4-30
　ニッセイ新大阪ビル10F　℡06-6397-7700

三起商行㈱
　〒581-8505　大阪府八尾市若林町1-76-2
　　　　　　　　　　　　　　℡072-920-2111

御木本製薬㈱
　〒516-0018　三重県伊勢市黒瀬町1425
　　　　　　　　　　　　　　℡0596-22-4145

㈲ミクニオフィスサプライ
　〒121-0062　東京都足立区南花畑3-19-10
　　　　　　　　　　　　　　℡0120-24-3928

㈱ミトク
　〒108-0014　東京都港区芝5-29-14　田町日工ビル9F
　　　　　　　　　　　　　　℡03-5444-6701

明神水産㈱
　〒789-1720　高知県幡多郡佐賀町黒潮1番地
　　　　　　　　　　　　　　℡0880-55-2800

㈱ミル総本社
　〒612-8435　京都府京都市伏見区深草泓ノ壺町29-8
　　　　　　　　　　　　　　℡075-645-2440

ミンクルプロダクツ㈱
　〒820-0044　福岡県飯塚市横田869-1
　　　　　　　　　　　　　　℡0948-28-0348

㈱ムーンバブルトレードネットワークス
　〒101-0041　東京都千代田区神田須田町1-24
　　　　　　　　　　　　　　℡03-3527-1288

㈱メディアワークス・ブルーム
　〒108-0014　東京都港区芝5-31-10
　サンシャインビル4F　℡03-5419-8525

㈱メディカライズ
　　〒102-0083　東京都千代田区麹町2-7
㈱メディプラス
　　〒150-0013　東京都渋谷区恵比寿4-6-1
　　恵比寿MFビル2F　　　℡0120-34-8748
㈱メロディアンハーモニーファイン
　　〒581-0833　大阪府八尾市旭ケ丘1-33
　　　　　　　　　　　　℡072-924-3218
㈱もち吉
　　〒822-8585　福岡県直方市大字下境2400
　　　　　　　　　　　　℡0949-22-6311
森川健康堂㈱
　　〒151-0053　東京都渋谷区代々木1-36-1
　　　　　　　　　　　　℡0120-01-8835
森下仁丹㈱
　　〒540-8566　大阪府大阪市中央区玉造1-2-40
　　　　　　　　　　　　℡06-6761-1131
ヤーマン㈱
　　〒135-0016　東京都江東区東陽2-4-2
　　新宮ビル4F　　　　　℡03-5665-7330
㈱やずや
　　〒815-0081　福岡県福岡市南区那の川1-6-14
　　　　　　　　　　　　℡092-526-0828
㈲野草酵素
　　〒150-0002　東京都渋谷区渋谷2-1-6
　　青山エイティーンビル2F　℡0120-37-8353
㈱ヤマサキ
　　〒730-0843　広島県広島市中区舟入本町3-7
　　　　　　　　　　　　℡082-292-7141
ヤマサちくわ㈱
　　〒440-0086　愛知県豊橋市下地町橋口30-1
　　　　　　　　　　　　℡0532-52-7139
㈱山田養蜂場
　　〒708-0393　岡山県苫田郡鏡野町市場194
　　　　　　　　　　　　℡0868-54-1971
㈱やまちや
　　〒600-8175　京都府京都市下京区烏丸通五条下ル
　　大坂町400　　　　　　℡0120-21-8018
㈱山忠
　　〒959-1395　新潟県加茂市下条甲496-1
　　　　　　　　　　　　℡0256-52-1327

八幡物産㈱
　　〒689-3541　鳥取県米子市二本木498-2
　　　　　　　　　　　　℡0859-37-1122
UMIウェルネス㈱
　　〒160-0017　東京都新宿区左門町6-17　YSKビル6F
　　　　　　　　　　　　℡0120-657-032
㈱悠香
　　〒816-0912　福岡県大野城市御笠川5-11-17
　　　　　　　　　　　　℡092-514-1700
㈱ユーキャン
　　〒169-0075　東京都新宿区高田馬場4-2-38
　　　　　　　　　　　　℡03-3361-7580
㈱ユーグレナ
　　〒108-0014　東京都港区芝5-29-11
　　G-BASE田町2F・3F　　℡03-3453-4907
㈱郵趣サービス社
　　〒168-8081　東京都杉並区上高井戸3-1-9
　　　　　　　　　　　　℡03-3304-0112
㈱優生活
　　〒550-0004　大阪市西区靭本町1-5-6
　　本町辰巳ビル3F　　　℡06-6225-3655
㈱郵便局物販サービス
　　〒135-0016　東京都江東区東陽4-1-13
　　東陽セントラルビル10F
夢みつけ隊㈱
　　〒101-0042　千代田区神田東松下町17
　　フリージアグループ本社ビル7F
㈱横浜岡田屋
　　〒221-0835　横浜市神奈川区鶴屋町2-21-1
　　ダイヤビル301　　　　℡0120-59-4874
ライズ東京㈱
　　〒105-0021　東京都港区新橋2-12-1
　　PMO東新橋5F
㈱ライトアップショッピングクラブ
　　〒169-8228　東京都新宿区北新宿2-21-1
　　新宿フロントタワー 26F　℡03-6872-5300
㈱ライフィックス
　　〒810-0041　福岡県福岡市中央区大名2-10-29
　　福岡ようきビル5F　　℡092-721-6684
㈱ラクサス・テクノロジーズ㈱
　　〒730-0037　広島県広島市中区中町8-8

㈱LA・PITA
　〒510-0875　三重県四日市市大治田3-3-43
　　　　　　　　　　　　　　㉃059-329-5885
㈱ランドマーク
　〒163-1308　東京都新宿区西新宿6-5-1
　新宿アイランドタワー 8F　㉃03-5909-3351
㈱りぶメール
　〒836-0804　福岡県大牟田市長溝町22-10
㈱リプライオリティ
　〒812-0024　福岡県福岡市博多区綱場町9-26
　長府博多ビジネスセンター 3F　　0120-800-567
㈱リフレ
　〒362-0035　埼玉県上尾市仲町1-7-28
　　　　　　　　　　　　　　　0120-22-9299
リンベル㈱
　〒103-0027　東京都中央区日本橋3-13-6
　　　　　　　　　　　　　　㉃03-3246-1122
ルアン㈱
　〒371-0013　群馬県前橋市西方貝町1-300-5
　　　　　　　　　　　　　　㉃027-260-7611
㈱レティシアン
　〒104-0031　東京都中央区京橋2-2-1
　京橋エドグラン20F　　　　㉃0570-200-012
ロイヤルステージ㈱
　〒541-0053　大阪府大阪市中央区本町1-7-6
　本町センチュリービル10F　㉃06-6263-6770
ロート製薬㈱
　〒544-8666　大阪市北区大深3-1　B29F
　　　　　　　　　　　　　　㉃06-6758-1235
㈱LocoNet
　〒892-0822　鹿児島県鹿児島市泉町2-3
　そうしん本店5F　　　　　　　0120-550-759
㈱ロゼット
　〒140-0004　東京都品川区南品川2-2-10
　南品川Nビル8F　　　　　　㉃03-3471-7451
㈱ロッピングライフ
　〒106-0032　港区西麻布1-2-9
　EXタワー 5F　　　　　　　03-5772-2100
ワールドコーポレーション㈱
　〒140-0011　東京都品川区東大井6-1-10

㈱ワイオーユー
　〒107-0062　東京都港区南青山1-11-38
　　　　　　　　　　　　　　㉃03-5775-2297
㈱ワイドシステム
　〒755-0086　山口県宇部市大字中宇部229-4
　　　　　　　　　　　　　　㉃0836-21-8483
㈱わかさ生活
　〒600-8008　京都府京都市下京区四条烏丸長刀鉾町22
　　　　　　　　　　　　　　㉃075-213-7727
わかもと製薬㈱
　〒103-8330　東京都中央区日本橋本町2-2-2
　　　　　　　　　　　　　　㉃03-3279-1221
㈱ワコール
　〒601-8506　京都府京都市南区西九条北ノ内町6
㈱和生
　〒816-0813　福岡県春日市惣利2-5　　0120-10-6676
㈱ワンステップ
　〒670-0935　兵庫県姫路市北条口2-66
　キラットビル　　　　　　　㉃0792-88-5337
㈱ONE DAY DESIGN
　〒106-6224　東京都港区六本木3-2-1
　住友不動産六本木グランドタワー 24F

（社）日本ダイレクトメール協会

〒104-0041　東京都中央区新富1-16-8
日本印刷会館6F　　TEL 03-5541-6311

（令和6年1月現在　正会員）

㈱アテナ
　〒134-8585　江戸川区臨海町5-2-2　TEL 03-3689-6231

㈱アド・ダイセン
　〒550-0011　大阪市西区阿波座1-3-15
　JEI西本町ビル7F　　TEL 06-6534-2212

アドレス通商㈱
　〒134-8588　江戸川区臨海町3-6-3
　　　　　　　　　　　　TEL 03-3877-3111

㈱阿部紙工
　〒960-2195　福島県福島市庄野字柿場1-11
　　　　　　　　　　　　TEL 024-594-2727

㈲アリゴー
　〒116-0014　荒川区東日暮里6-59-8-403
　　　　　　　　　　　　TEL 03-5604-8520

㈱アン・デザイン
　〒231-0006　横浜市中区南仲通4-39-2
　箕田関内ビル3F　　TEL 045-212-1878

㈱イセトー
　〒103-0011　中央区日本橋大伝馬町12-12
　　　　　　　　　　　　TEL 03-5644-1855

岩岡印刷工業㈱
　〒354-0044　埼玉県入間郡三芳町北永井宮前157-3
　　　　　　　　　　　　TEL 049-258-6111

㈱ヴィアックス
　〒164-8677　中野区弥生町2-8-15
　　　　　　　　　　　　TEL 03-3299-6011

㈱ADKマーケティング・ソリューションズ
　〒105-6312　港区虎ノ門1-23-1
　虎の門ヒルズ森タワー　　TEL 03-6830-3810

エス・ディ・エム・コンサルティング㈱
　〒182-0004　調布市入間町1-31-23
　　　　　　　　　　　　TEL 03-3484-1211

㈱大塚商会
　〒102-8573　千代田区飯田橋2-18-4
　　　　　　　　　　　　TEL 03-3514-7625

キヤノンプロダクションプリンティングシステムズ㈱
　〒108-0075　港区港南2-13-29
　キヤノン港南ビル　　TEL 03-6719-9700

共同印刷㈱
　〒112-0002　文京区小石川4-14-12　TEL 03-3817-2202

㈱グーフ
　〒141-0032　東京都品川区大崎4-1-2
　ウィン第2五反田ビル3F　　TEL 03-5759-5179

コーキ封筒㈱
　〒584-0023　大阪府富田林市若松東3-7-8
　　　　　　　　　　　　TEL 0721-25-7210

コダック(同)
　〒140-0002　東京都品川区東品川4-10-3
　　　　　　　　　　　　TEL 03-6837-7275

小林クリエイト㈱
　〒104-0041　東京都中央区新富1-18-1
　　　　　　　　　　　　TEL 03-5566-0467

㈱ジェイエスキューブ
　〒135-0062　東京都江東区東雲一丁目7番地12号
　　　　　　　　　　　　TEL 03-6204-2730

㈱シャノン
　〒108-0073　港区三田3-13-16
　三田43MTビル4F　　TEL 03-6743-1551

シトマジャパン㈱
　〒107-0052　港区赤坂7-5-47　TEL 03-5575-3113

ＪＰビズメール㈱
　〒120-0023　足立区千住曙町42-4　TEL 03-5813-2151

㈱ＪＰメディアダイレクト
　〒105-0001　港区虎ノ門1-21-17
　虎の門NNビル5F　　TEL 03-5157-6071

㈱ジップ
　〒700-0035　岡山市北区高柳西町8-18
　　　　　　　　　　　　TEL 086-214-3217

㈱SING
　〒542-0081　大阪府大阪市中央区南船場2-5-8
　インターワンプレイス5F　　TEL 050-8880-8204

㈱SCREEN GPO ジャパン
　〒135-0044　東京都江東区越中島1-1-1
　ヤマタネ深川1号館　　TEL 03-5621-8266

㈱宣伝会議
　〒107-8550　港区南青山3-11-13　TEL 03-3475-3010

㈱ダイス
　〒060-0807　北海道札幌市北区北7条西4丁目4-3
　札幌クレストビル5F　℡011-738-7830

太成二葉産業㈱
　〒537-0001　大阪市東成区深江北3-17-15
　　　　　　　　℡06-6976-1131

ダイレクト㈱
　〒761-0701　木田郡三木町池1550-2
　　　　　　　　℡087-891-0011

㈱地区宅配
　〒179-0075　練馬区高松5-8-20
　ジェイ・シティタワー 16F　℡03-5372-6122

㈱TLP
　〒173-0026　東京都板橋区中刃町13-1
　ゲオ・タワー池袋　℡03-3972-9301

㈱テイケイスリッターサービス
　〒105-0003　港区西新橋1-11-1
　丸万1号館4F　℡03-6268-8600

㈱テイ・デイ・エス
　〒162-0814　新宿区新小川町8-30　山京ビル
　　　　　　　　℡03-5225-7770

㈱ディーエムエス
　〒101-0052　千代田区神田小川町1-11
　千代田小川町クロスタ10F　℡03-3293-2961

㈱電通ダイレクト
　〒105-7001　港区東新橋1-8-1
　電通本社ビル　℡03-6217-1400

TOPPANエッジ㈱
　〒105-8311　港区東新橋1-7-3　℡03-6253-6216

㈱東京ステップ
　〒105-0064　港区新橋5-23-7　ニュー三栄ビル5F
　　　　　　　　℡03-5425-7575

㈱東京メール
　〒151-0063　渋谷区富ヶ谷2-42-3　℡03-3467-1221

東京リスマチック㈱
　〒101-0047　千代田区内神田2-14-6
　神田アネックスビル　℡03-3256-6221

㈱日経BP社
　〒108-8646　港区虎ノ門4-3-12　℡03-6811-8011

㈱ニッピコラーゲン化粧品
　〒120-8602　足立区千住緑町1-1-1　℡03-3888-0390

西川コミュニケーションズ㈱
　〒461-0005　名古屋市東区桜2-11-16　西川ビル
　　　　　　　　℡052-979-0508

日本メール㈱
　〒460-0011　名古屋市中区大須4-1-52　℡052-263-3781

日本郵便㈱
　〒100-8798　千代田区霞ヶ関1-3-2
　　　　　　　　℡03-3504-9542

㈱ニューロ・テクニカ
　〒107-0052　東京都港区赤坂7-6-15
　赤坂ロイヤルビル301　℡03-5549-4621

㈱博報堂プロダクツ
　〒135-8619　江東区豊洲5-6-15
　NBFガーデンフロント　℡03-5144-7285

阪急阪神マーケティングソリューションズ㈱
　〒530-0015　大阪府大阪市中崎西2-4-12
　　　　　　　　℡06-6373-6801

パラシュート㈱
　〒003-0023　札幌市白石区南郷通18丁目北1-7
　　　　　　　　℡011-865-8180

㈱ビー・アンド・ディー
　〒104-0061　東京都中央区銀座5-13-16
　ヒューリック銀座イーストビル9F　℡03-6435-1100

フュージョン㈱
　〒064-0915　札幌市中央区南十五条西9-2-30
　フュージョンビル　℡011-551-8055

㈱福島封筒
　〒174-0063　板橋区前野町2-30-8　℡03-5392-2661

㈱藤ダイレクト
　〒164-0002　東京都中野区上高田2-10-4
　　　　　　　　℡03-5343-2341

富士フイルムビジネスイノベーション㈱
　〒107-0052　東京都港区赤坂9-7-3
　　　　　　　　℡03-6271-4101

㈱プラナクリエイティブ
　〒812-0013　福岡市博多区博多駅東3-5-15-2F
　　　　　　　　℡092-452-8560

ベーヴェシステックジャパン㈱
　〒160-0023　新宿区西新宿8-14-24　西新宿KFビル1F
　　　　　　　　℡03-5925-6280

㈱ベネッセコーポレーション
　〒700-8686　岡山市北区南方3-7-17　℡086-225-1100

㈱ポパル
　〒170-0013　豊島区東池袋1-17-8
　NBF池袋シティビル8F　　　　　℡03-3984-4489

㈱ミヤコシ
　〒275-0016　習志野市津田沼1-13-5
　　　　　　　　　　　　　　　℡047-493-3854

㈱メール
　〒242-0026　大和市草柳3-7-1　℡046-260-1800

㈱モーク・ワン
　〒162-0824　東京都新宿区揚場町2-14　新陽ビル
　　　　　　　　　　　　　　　℡03-5229-7231

山櫻
　〒104-0041　東京都中央区新富2-4-7
　　　　　　　　　　　　　　　℡03-5543-6311

ユーソナー㈱
　〒163-1415　東京都新宿区西新宿3丁目20番2号
　東京オペラシティ 15階　　　　℡03-5388-7000

リコージャパン㈱
　〒105-8503　港区芝3-8-2
　芝公園ファーストビル　　　　　℡03-6837-8800

㈱ロイヤリティマーケティング
　〒150-0013　渋谷区恵比寿1-18-14

日本メーリングサービス協会

〒111-0053　東京都台東区浅草橋5-2-3
鈴和ビル　　　℡03-5839-2006

（令和6年1月現在　正会員）

㈱アイエヌジー
　〒335-0035　戸田市笹目南町16-9　℡048-449-7893

㈱アイデーエム企画
　〒101-0031　千代田区東神田3-1-11　℡03-3866-8833

㈱アイネット
　〒220-8401　横浜市西区みなとみらい3-3-1
　三菱重工業ビル23F　　　℡045-682-0800

㈱アクセスプログレス
　〒150-0002　渋谷区渋谷2-15-1
　渋谷クロスタワー24F　　℡03-5774-2320

アグレックス
　〒163-1438　新宿区新宿3-20-2
　　　　　　　　　　　　℡03-5371-1500

旭事務器㈱
　〒113-0033　文京区本郷1-25-6　℡03-3812-9261

㈱アテナ
　〒134-8585　江戸川区臨海町5-2-2　℡03-3689-3511

アテナ企画㈱
　〒163-1529　新宿区西新宿1-6-1
　新宿エルタワー29F　　　℡03-4321-1101

㈱アテナ事務機
　〒980-0001　仙台市青葉区中江1-15-1
　　　　　　　　　　　　℡022-262-7711

㈱宛名商會本店
　〒120-0031　足立区千住大川町23-6　℡03-3881-0101

㈱アテナ商会
　〒571-0038　門真市柳田町14-12　℡06-6908-6360

アテナ商事㈱
　〒602-0872　京都市上京区土手町通丸太町下る
　駒之町561-11　　　　℡075-221-1131

㈱アド・ダイセン
　〒550-0011　大阪市西区阿波座1-3-15
　JEI西本町ビル7F　　　℡06-6534-2212

㈱アド・メール
　〒567-0868　茨木市沢良宜西4-5-12　℡072-633-7605

㈱アドレスサービス
　〒332-0001　川口市朝日4-22-7　℡048-224-4883

アドレス通商㈱
　〒134-8588　江戸川区臨海町3-6-3　℡03-3877-3111

㈱アドレス・メイリング
　〒101-0024　千代田区神田和泉町2-17　脇田ビル
　　　　　　　　　　　　℡03-3866-0318

㈱アルケ通信社
　〒153-0051　目黒区上目黒3-3-14
　アサヒ電機朝日生命中目黒ビル　℡03-5721-3961

㈱イシカワコーポレーション
　〒134-0083　江戸川区中葛西5-32-8　圭盟ビル
　　　　　　　　　　　　℡03-5659-8720

㈱イセトー
　〒604-0845　京都市中京区烏丸御池上ル二条殿町552
　　　　　　　　　　　　℡075-255-8700

㈱イムラ
　〒542-0076　大阪市中央区難波5-1-60
　なんばスカイオ18F　　　℡06-6586-6421

㈱インターメッツ
　〒140-0013　品川区南大井3-14-13　℡03-5493-0855

㈱ヴィアックス
　〒164-8677　中野区弥生町2-8-15　℡03-3299-6009

㈱エイチイム
　〒354-0045　入間郡三芳町上富1818-1
　　　　　　　　　　　　℡049-265-6500

㈱HMKロジサービス
　〒540-0008　大阪府大阪市中央区大手前1-7-31
　OMMビル11F　　　　℡06-4790-3930

エス　ディー　エム　コンサルティング㈱
　〒157-0066　世田谷区成城9-30-12-8F
　　　　　　　　　　　　℡03-3484-1211

㈱エム・エフ・アシスト
　〒332-0002　川口市弥平4-5-20　℡048-224-2338

㈱エルネット
　〒550-0004　大阪市西区靱本町1-10-24
　三共本町ビル3F　　　　℡06-6479-3123

㈱オーバルネットワーク
　〒140-0012　品川区勝島1-2-1　寶組倉庫E棟2F
　　　　　　　　　　　　℡03-5767-5454

垣見油化㈱
　〒102-0083　千代田区麹町3-2　℡03-3263-0811

㈱川嶋DMサービス
　〒164-0012　中野区本町5-30-11　℡03-3381-7537

第4部 関連資料

カワセコンピュータサプライ㈱
　〒541-0042　大阪市中央区今橋2-4-10
　大広今橋ビル8F　　　　　　☎06-6222-7474

㈱きかんし
　〒135-0053　江東区辰巳2-8-21　☎03-5534-1234

キヤノンプロダクションプリンティングシステムズ㈱
　〒108-8011　港区港南2-13-29
　キヤノン港南ビル8F　　　　☎03-6719-9701

九州総合サービス㈱
　〒812-0017　福岡市博多区美野島3-1-28
　　　　　　　　　　　　　　☎092-441-1711

㈱教宣文化社
　〒359-0012　所沢市坂之下794　☎04-2944-4323

㈱興和商会
　〒135-0053　江東区辰巳3-14-1　エヌエヌアール
　辰巳物流センター 3F　　　　☎03-3522-3701

㈱キョクエツ・コーポレーション
　〒226-0028　横浜市緑区いぶき野43-1
　　　　　　　　　　　　　　☎045-532-8832

㈱近代商事
　〒158-0098　世田谷区上用賀5-26-10
　　　　　　　　　　　　　　☎03-5717-6661

㈱楠紙工社
　〒538-0043　大阪市鶴見区今津南2-1-22
　　　　　　　　　　　　　　☎06-6962-8121

㈱ケイ・エム・エス
　〒360-0835　熊谷市大麻生2176-8　☎048-531-2406

高速発送㈱
　〒130-0011　墨田区石原4-35-6　☎03-3625-9229

江澤事務器㈱
　〒452-0902　愛知県清須市助七美里28
　　　　　　　　　　　　　　☎052-408-2345

㈱COCONET
　〒350-0027　川越市南田島584-1
　　　　　　　　　　　　　　☎049-293-3586

コーキ封筒㈱
　〒584-0023　富田林市若松町東3-7-8
　　　　　　　　　　　　　　☎0721-25-7210

コンピューター・サプライ㈱
　〒573-0065　大阪府枚方市出口2-38-8
　　　　　　　　　　　　　　☎072-833-3882

㈱札幌メールサービス
　〒065-0008　札幌市東区北8条東11-1-39
　　　　　　　　　　　　　　☎011-704-2111

サム技研Ⅱ
　〒476-0015　愛知県東海市東海町6-1-9
　　　　　　　　　　　　　　☎052-601-1531

㈲三恵ピーアール
　〒157-0061　世田谷区北烏山1-50-20
　　　　　　　　　　　　　　☎03-3309-6418

サンコーダイレクトメイリング㈱
　〒546-0041　大阪市東住吉区桑津1-11-2
　　　　　　　　　　　　　　☎06-6719-2877

㈱サン・プロンプト
　〒166-0002　高円寺北2-2-1　巳善ビル4F
　　　　　　　　　　　　　　☎03-3310-2348

シーピーユーメールサービス㈱
　〒134-0086　江戸川区臨海町3-6-1　☎03-5676-6211

㈱ジェイエスキューブ
　〒135-0062　江東区東雲1-7-12　☎03-5859-0170

JPビズメール㈱
　〒120-0023　足立区千住曙町42-4　☎03-5813-2151

㈱JPメディアダイレクト
　〒105-0001　港区虎ノ門1-21-17
　　　　　　　　　　　　　　☎03-5157-6075

㈱ジップ
　〒700-0035　岡山市高柳西町8-18　☎086-214-3217

シトマジャパン㈱
　〒107-0052　港区赤坂7-5-47　☎03-5575-3113

㈱城北企画
　〒179-0081　練馬区北町5-7-9　☎03-3931-1751

㈱新栄
　〒661-0025　尼崎市立花町3-18-15　ハイツ新栄1F
　　　　　　　　　　　　　　☎06-6429-8835

㈱精稿社
　〒532-0023　大阪市淀川区十三東1-14-18
　　　　　　　　　　　　　　☎06-6301-3341

㈱セッション
　〒136-0075　江東区新砂1-6-35
　Nビル東陽町7F　　　　　　☎03-6666-8200

㈱宣工社
　〒359-0022　所沢市本郷1118-6　☎04-2951-6300

ダイレクト・メール代行㈱
　〒462-0828　名古屋市北区東水切町2-28-2
　　　　　　　　　　　　　　　　℡052-982-8801
高千穂交易㈱
　〒160-0004　新宿区四谷1-6-1
　YOTSUYA TOWER7F
　　　　　　　　　　　　　　　　℡03-3355-1106
㈱竹永メール梱包
　〒124-0023　葛飾区東新小岩4-25-5　℡03-3695-7404
タナック㈱
　〒105-0014　港区芝2-22-15　　　℡03-3454-4141
㈱タマ・メール
　〒183-0053　府中市天神町3-5-6　℡042-365-9133
コトモ㈱
　〒559-0011　大阪市住之江区北加賀屋2-11-8
　北加賀屋千島ビル5F　　　　　℡06-6683-8833
中央発送㈱
　〒114-0023　北区滝野川7-49-17　℡03-3916-8205
㈱司情報サービス
　〒133-0061　江戸川区篠崎町7-1-5　℡03-3678-8500
㈱ティーエムコーポレーション
　〒470-0124　愛知県日進市浅田町美濃輪1-12
　　　　　　　　　　　　　　　　℡052-847-2633
㈱ディーエムエス
　〒101-0052　千代田区神田小川町1－11
　千代田小川町クロスタ10F　　℡03-3293-2961
㈱ディー・エム広告社
　〒136-0072　江東区大島1-9-8
　大島プレールビル2F　　　　　℡03-3637-9311
DMT Solutions Japan㈱
　〒140-0013　品川区南大井6-10
　カドヤ第10ビル6F　　　　　　℡03-5750-4338
㈱ディーエムリサーチセンター
　〒108-0073　港区三田3-2-3　万代三田ビル（3.4.5F）
　　　　　　　　　　　　　　　　℡03-5476-8861
㈱TLP
　〒173-0004　板橋区板橋1-53-2
　TM21ビル1F　　　　　　　　　℡03-5943-5210
ディーエムソリューションズ㈱
　〒180-0005　武蔵野市御殿山1-1-3
　クリスタルパークビル2F　　　℡0422-24-8500

㈱テイパーズ
　〒333-0835　川口市道合72－1　℡048-285-7005
㈱データビジネスメーション
　〒104-0033　中央区新川1-15-11　℡03-5543-1200
デュプロ㈱
　〒170-8416　豊島区東池袋3-23-14
　ダイハツ・ニッセイ池袋ビル4F　℡03-5952-6111
デュプロ㈱
　〒530-8535　大阪市北区東天満1-11-19
　　　　　　　　　　　　　　　　℡06-6352-7101
㈱寺岡精工
　〒146-8580　大田区久が原5-13-12　℡03-3752-9427
東栄情報サービス㈱
　〒108-0014　港区三田5-9-18　　　℡03-3453-8801
東京発送㈱
　〒105-0022　港区海岸1-9-14　　　℡03-3433-0774
東京物流企画㈱
　〒335-0026　戸田市新曽南4-4-11　℡048-447-7700
東京メールサービス㈱
　〒351-0014　朝霞市膝折町4-22-60　℡048-465-0222
㈱東京メール
　〒151-0063　渋谷区富ケ谷2-42-3　℡03-3467-1221
東京リスマチック㈱
　〒116-0014　荒川区東日暮里6-41-8　℡03-3891-7455
㈱東伸社
　〒135-0004　江東区森下3-12-5　丸八倉庫
　高橋2号倉庫　　　　　　　　　℡03-5638-0250
㈱東美運輸倉庫
　〒353-0003　志木市下宗岡3-11-13　℡048-472-1613
TOPPAN㈱
　〒112-8531　文京区水道1-3-3　　℡03-3835-5111
㈱トッパンコミュニケーションプロダクツ
　〒136-0075　江東区新砂2-3-5　　℡03-3615-5391
㈱西川印刷
　〒861-5514　熊本市北区飛田2-12-116
　　　　　　　　　　　　　　　　℡096-352-1121
日宣ビジネス㈱
　〒177-0031　練馬区三原台1-7-3　℡03-5933-2311
日本印刷㈱
　〒170-0013　豊島区東池袋4-4-24
　東池袋センタービル　　　　　℡03-5911-8660

日本宣伝販売㈱
　〒330-0856　さいたま市大宮区三橋3-278
　　　　　　　　　　　　　　　TEL048-620-1021
日本郵便オフィスサポート㈱
　〒105-0012　港区芝大門2-2-11
　　泉芝大門ビル3F　　　　　TEL03-5425-3870
日本郵便輸送㈱
　〒105-0033　港区西新橋1-16-2　TEL03-5843-8011
日本メール㈱
　〒460-0024　名古屋市中区正木3-13-8　山田ビル
バース・ジャパン㈱
　〒222-0033　横浜市港北区新横浜3-18-14
　　住生新横浜第2ビル10F　　TEL045-475-1258
㈱発送センター
　〒335-0036　戸田市早瀬1-6-19　TEL048-449-6550
㈱ビー・ピー・エス
　〒136-0076　江東区南砂2-31-17　TEL03-5683-1801
㈱ピクチャー
　〒103-0014　中央区日本橋蛎殻町1-20-3
　　福本ビル4F　　　　　　　TEL03-3664-1233
ビック情報㈱
　〒104-0032　中央区八丁堀4-9-4　東京STビル6F
　　　　　　　　　　　　　　　TEL03-3537-6771
㈱フクシン
　〒351-0024　朝霞市泉水3-8-6　TEL048-462-7100
富士フイルムビジネスイノベーションジャパン㈱
　〒135-0061　江東区豊洲2-2-1　TEL03-6630-8000
㈱プラスキャリー
　〒577-0011　東大阪市荒本北2-6-21
　　　　　　　　　　　　　　　TEL06-6747-5656
ベーヴェシステックジャパン㈱
　〒160-0023　新宿区西新宿8-14-24
　　西新宿KFビル1F　　　　TEL03-5925-6280
㈱ボンバー
　〒146-0082　大田区池上6-4-18
　　ブリックタウン小林408
　　　　　　　　　　　　　　　TEL03-6410-2758
㈱松谷メールサービス
　〒134-0082　江戸川区宇喜田町1400-5
　　　　　　　　　　　　　　　TEL03-5658-5011

㈱萬盛スズキ
　〒653-0836　神戸市長田区神楽町3-12-1
　　　　　　　　　　　　　　　TEL078-643-2201
㈱MISH（三島新聞堂）
　〒411-0036　静岡県三島市15-23　TEL055-972-0700
㈱メーリングジャパン
　〒984-0015　仙台市若林区卸町3-3-19
　　　　　　　　　　　　　　　TEL022-231-3681
メールソリューション・ジャパン㈱
　〒101-0031　千代田区東神田2-8-13
　　ALTビルディング2F　　　TEL03-5823-3200
㈱メールハウス
　〒350-1123　川越市脇田本町24-3　TEL049-249-2000
㈱メトロテック
　〒335-0034　戸田市笹目1-4-1　TEL048-422-1831
㈱山櫻
　〒104-0041　中央区新富2-4-7　TEL03-5543-6311
㈱ユニパック・ダイレクト
　〒135-8504　江東区永代1-7-12　TEL03-3641-6100
㈱ヨシダ
　〒331-0811　さいたま市北区吉野町1-46-1
　　　　　　　　　　　　　　　TEL048-662-7671
㈱ランディング
　〒350-1178　川越市大塚新町37-1　TEL049-240-5115
リコージャパン㈱
　〒108-0023　港区芝浦4-2-8
　　住友不動産ツインビル　　TEL050-3534-2101
理想科学工業㈱
　〒108-8385　港区芝五丁目34番7号
　　田町センタービル　　　　TEL03-5441-6683
㈱リンクル
　〒336-0022　さいたま市南区白幡6-19-17
　　　　　　　　　　　　　　　TEL048-866-2617
㈱ワイ・ビー・エス
　〒160-0806　新宿区早稲田鶴巻町544中川ビル
　　　　　　　　　　　　　　　TEL03-3513-7688
㈱若州
　〒136-0083　江東区若州2-3-7　TEL03-3522-3041

(社)日本コールセンター協会

〒101-0042　東京千代田区神田東松下町35
アキヤマビルディング2(4F)　℡03-5289-8891

(令和6年1月現在　正会員)

㈱アイヴィジット
　〒170-0013　東京都豊島区東池袋4-5-2
　ライズアリーナビル14階

㈱アイ・エス・ジー・ドットコム
　〒541-0048　大阪府大阪市中央区瓦町2-4-7
　新瓦町ビル

あいおいニッセイ同和損害保険㈱
　〒150-0013　東京都渋谷区恵比寿1-28-1

アイシェアテック㈱
　〒151-0063　東京都渋谷区富ヶ谷1-22-2

㈱アイティ・コミュニケーションズ
　〒060-0003　北海道札幌市中央区北3条西3丁目1-5
　シグマ北3条ビル9F

㈱アイティフォー
　〒102-0082　東京都千代田区一番町21
　一番町東急ビル

アイテック阪急阪神㈱
　〒553-0001　大阪府大阪市福島区海老江1-1-31

㈱アイネットサポート
　〒170-0005　東京都豊島区南大塚3-30-3
　南大塚アロービル4F

㈱アイ・ピー・エス・プロ
　〒104-0061　東京都中央区銀座4-12-15
　歌舞伎座タワー8階

アイビーシステム㈱
　〒392-0022　長野県諏訪市高島1-26-2

㈱アグレックス
　〒163-1438　東京都新宿区西新宿3-20-2
　東京オペラシティビル38F

㈱アサイアン
　〒106-0032　東京都港区六本木1-4-5
　アークヒルズサウスタワー12F

㈱アダムコミュニケーション
　〒140-0013　東京都品川区南大井6-20-14

㈱アドバンスト・メディア
　〒170-6042　東京都豊島区東池袋3-1-1
　サンシャイン60　42階

アップセルテクノロジィーズ㈱
　〒170-0021　東京都豊島区西池袋5-26-19
　陸王西池袋ビル6F

アデコ㈱
　〒100-0013　東京都千代田区霞が関東急ビル

㈱アテナ
　〒542-0086　大阪府大阪市中央区西心斎橋2-2-7
　御堂筋ジュンアシダビル6F

㈱アライブネット
　〒150-0002　東京都渋谷区渋谷3-19-1　オミビル7階

アルティウスリンク㈱
　〒151-8583　東京都渋谷区代々木2-2-1
　小田急サザンタワー

アルファコム㈱
　〒104-0061　東京都中央区銀座1-7-3
　京橋三菱ビル7F

㈱EPファーマライン
　〒171-0021　東京都豊島区西池袋3-27-12

㈱市川園
　〒421-0198　静岡県静岡市駿河区みずほ4-2-3

㈱イットーソフトウェア
　〒110-0005　東京都台東区上野2-12-20

㈱イデア・レコード
　〒160-0023　東京都新宿区西新宿7-8-10
　オークラヤビル6F

伊藤忠テクノソリューションズ㈱
　〒100-6080　東京都千代田区霞ヶ関3-2-5
　霞ヶ関ビル

岩崎通信機㈱
　〒168-8501　東京都杉並区久我山1-7-41

㈱インゲージ
　〒530-0012　大阪府大阪市北区芝田1-14-8
　梅田北プレイス

㈱インバウンドテック
　〒160-0022　東京都新宿区新宿2-3-13　大橋ビル

ウィズ・プランナーズ㈱
　〒141-0031　東京都品川区西五反田7-21-1
　第5TOCビル

㈱ウィリッチ
　〒163-0246　東京都新宿区西新宿2-6-1
　新宿住友ビル46階

㈱VPC
　〒105-0001　東京都港区虎ノ門3-7-7
　虎ノ門八束ビル8階

㈱ウィルオブ・ワーク
　〒160-0022　東京都新宿区西新宿3-1-24
　京王新宿三丁目ビル3F

㈱ウェルネストコミュニケーションズ
　〒150-0012　東京都渋谷区広尾1-1-39
　恵比寿プライムスクエアタワー 19階

㈱UKABU
　〒150-0031　東京都渋谷区桜丘町18-4
　二宮ビル1F-70

エイジス九州㈱
　〒812-0863　福岡県福岡市博多区金の隈2-24-10

㈱エイネス
　〒141-0031　東京都品川区西五反田2-27-3
　A-PLACE五反田2F

㈱エイブル
　〒107-0051　東京都港区赤坂1-5-5

ARアドバンステクノロジ㈱
　〒150-0002　東京都渋谷区渋谷1-14-16
　渋谷野村證券ビル8F

㈱AI Shift
　〒150-6122　東京都渋谷区2-24-12
　渋谷スクランブルスクエア22F

㈱エーアイスクエア
　〒101-0032　東京都千代田区岩本町3-9-3
　フォレスト秋葉原ビル8F

㈱Ex Play
　〒106-0032　東京都港区六本木6-10-1
　六本木ヒルズ森タワー

SCSKサービスウェア㈱
　〒135-0061　東京都江東区豊洲3-2-24
　豊洲フォレシア12F

エス・アンド・アイ㈱
　〒105-0003　東京都港区西新橋1-7-14
　京阪神虎ノ門ビル

㈱SSマーケット
　〒192-0904　東京都八王子市子安町4-7-1
　サザンスカイタワー八王子6F

SBモバイルサービス㈱
　〒105-7529　東京都港区海岸1-7-1
　東京ポートシティ竹芝オフィスタワー

㈱エスプールヒューマンソリューションズ
　〒163-0604　東京都新宿区西新宿1-25-1
　新宿センタービル41F

NHK営業サービス㈱
　〒151-0063　東京都渋谷区富ヶ谷1-17-10
　代々木公園ビル

㈱NSEリアルエステート
　〒530-0047　大阪府大阪市北区西天満2-6-8
　堂島ビルヂング4F

NSW㈱
　〒150-8577　東京都渋谷区桜丘町31-11

エヌ・ティ・ティ　コミュニケーションズ㈱
　〒100-0011　東京都千代田区内幸町1-1-6
　NTT日比谷ビル9F

㈱NTTデータ・スマートソーシング
　〒135-8677　東京都江東区豊洲センターアネックス4F

NTTテクノクロス㈱
　〒108-8202　東京都港区港南2-16-2
　太陽生命品川ビル

㈱NTTネクシア
　〒064-0922　北海道札幌市中央区南22条西6-2-20

㈱NTT東日本サービス
　〒169-0072　東京都新宿区大久保1-14-17
　NTT大久保ビル

エヌ・ティ・ティ　ビズリンク㈱
　〒112-0002　東京都文京区小石川1-4-1
　住友不動産後楽園ビル

㈱NTTマーケティングアクトProCX
　〒534-0024　大阪府大阪市都島区東野町4-15-82
　NTT WESTi-CAMPUS B棟8F

㈱エヌエフエー
　〒144-0051　東京都大田区西蒲田5-27-10
　りそな蒲田ビル4F

㈱エフザタッチ
　〒420-0857　静岡県静岡市葵区御幸町6
　静岡セントラルビル7F

㈱エフプレイン
　〒106-0031　東京都港区西麻布3-20-16
　西麻布アネックスビル6F

MS＆ADグランアシスタンス㈱
　〒359-1123　埼玉県所沢市日吉町10-21
　リ・クリエ所沢8F

MKIテクノロジーズ㈱
　〒164-0003　東京都中野区2-7-14

エム・ユー・コミュニケーションズ㈱
　〒151-0071　東京都渋谷区本町1-3-4
　初台ダイヤビル7F

㈱エン・コンシェル
　〒103-0002　東京都中央区日本橋馬喰町2-7-13

エントリーサービスプロモーション㈱
　〒810-0001　福岡県福岡市中央区天神3-6-26
　エントリーグループ本社ビル

㈱オークローンマーケティング
　〒461-0005　愛知県名古屋市東区東桜1-13-3
　NHK名古屋放送センタービル14F

オーナーズエージェント㈱
　〒163-0813　東京都新宿区西新宿2-4-1
　新宿NSビル18F

㈱オープンループパートナーズ
　〒160-0022　東京都新宿区新宿4-3-17
　ダヴィンチ新宿7F

岡田電機㈱
　〒105-0003　東京都港区西新橋2-11-9
　ワタルビル3F

沖電気工業㈱
　〒106-8460　東京都港区虎ノ門1-7-12

㈱カスタマーリレーションテレマーケティング
　〒530-0057　大阪府大阪市北区曽根崎1-2-9
　梅新ファーストビル4F

㈱学研ロジスティクス
　〒141-8421　東京都品川区西五反田2-11-8
　学研ビル

カラクリ㈱
　〒104-0045　東京都中央区築地2-7-3
　Camel　築地Ⅱ　5F

関西ビジネスインフォメーション㈱
　〒542-0005　大阪府大阪市北区中之島3-2-18
　住友中之島ビル7F

㈱かんでんＣＳフォーラム
　〒542-0081　大阪府大阪市中央区南船場3-2-4
　南船場ユーズビル9F

ギグワークスクロスアイティ㈱
　〒105-0003　東京都港区西新橋二丁目11番6号
　ニュー西新橋ビル3階

㈱キャリア
　〒163-0240　東京都新宿区西新宿2-6-1
　新宿住友ビル40F

キャリアリンク㈱
　〒163-0430　東京都新宿区西新宿2-1-1
　新宿三井ビル33F

キューアンドエー㈱
　〒151-0073　東京都渋谷区笹塚2-1-6
　笹塚センタービル5F

㈱きらぼしテック
　〒107-0062　東京都港区南青山3-10-43

キンドリルジャパン・テクノロジーサービス㈱
　〒106-6143　東京都港区六本木6丁目10-1
　六本木ヒルズ森タワー　43階

㈱グッドクロス
　〒141-0031　東京都品川区西五反田2-28-5
　第2オークラビル2F

㈱Clesonans
　〒160-0023　東京都新宿区西新宿8-15-17
　住友不動産西新宿ビル2号館4階

㈱グローバルキャスト
　〒453-6114　愛知県名古屋市中村区平池町4-60-12
　グローバルゲート14F

コーユーイノテック㈱
　〒105-0004　東京都港区新橋6-17-15

小林製薬㈱
　〒541-0045　大阪府大阪市中央区道修町4-4-10

㈱コムデザイン
　〒102-0093　東京都千代田区平河町2-7-5
　砂阪会館本館3F

Content Guru㈱
　〒107-0061　東京都港区青山1-2-3
　青山ビル211

㈱サウンズグッド
　〒160-0023　東京都新宿区西新宿1-17-1
　日本生命新宿西口ビル10F

㈱三愛テレコム
　〒450-0002　愛知県名古屋市中村区名駅3-9-13
　MKビル7F

サントリーコンシェルジュサービス㈱
　〒105-0011　東京都港区芝公園2-4-1
　芝パークビルA館11F

㈱サンミリオンマーケティング
　〒812-0093　福岡県福岡市博多区冷泉町1-1
　SHD博多ビル8F

GNオーディオジャパン㈱
　〒105-0004　東京都港区新橋1-10-6
　新橋M-SQUARE 7F

㈲シィズ・オフィス
　〒171-0022　東京都豊島区南池袋2-49-7
　インスクエア池袋

CTCファーストコンタクト㈱
　〒154-0012　東京都世田谷区駒沢1-16-7
　中村ビル5F

㈱ジーネクスト
　〒102-0093　東京都千代田区平河町2-8-9
　HB平河町ビル3F

㈱Cプロデュース
　〒153-0064　東京都目黒区下目黒1-8-1
　目黒アルコタワー　ウィズ内

㈱JR西日本カスタマーソリューションズ
　〒661-0976　兵庫県尼崎市潮江1-2-12
　JR尼崎駅NKビル

ジェイエスフィット㈱
　〒103-0027　東京都中央区日本橋1-20-5
　江戸橋ビルディング

ジェイエムエス・ユナイテッド㈱
　〒141-0033　東京都品川区西品川1-1-1
　住友不動産大崎ガーデンタワー 10F

JCOM㈱
　〒100-0005　東京都千代田区丸の内1-8-1
　丸の内トラストタワー N館

㈱JPツーウェイコンタクト
　〒550-0002　大阪府大阪市西区江戸堀2-1-1
　江戸堀センタービル7F

ジェネシスクラウドサービス㈱
　〒105-6923　東京都港区虎ノ門4-1-1
　神谷町トラストタワー WeWork内

㈱シジン
　〒810-0021　福岡県福岡市中央区今泉2-5-28
　ノイラ天神302

シスコシステムズ(同)
　〒107-6227　東京都港区赤坂9-7-1
　ミッドタウン・タワー

㈱ジャストファイン
　〒160-0023　東京都新宿区西新宿7-15-1
　アバライトビル6F

ジュピターショップチャンネル㈱
　〒104-0033　東京都中央区新川1-14-1
　国冠ビル

情報工房㈱
　〒532-0011　大阪府大阪市淀川区西中島7-4-17
　新大阪上野東洋ビル3F

一般社団法人情報通信ネットワーク産業協会
　〒105-0013　東京都港区浜松町2-2-12
　JEI浜松町ビル3F

人財BANK㈱
　〒101-0032　東京都千代田区岩本町3-10-4
　寿ビルディング3F

㈱ジーンステイト
　〒163-1305　東京都新宿区西新宿6-5-1
　新宿アイランドタワー 5階

㈱ズィーバーコミュニケーションズ
　〒105-0004　東京都港区新橋5-27-1
　パークプレイス4F

㈱スカパー・カスタマーリレーションズ
　〒141-0021　東京都品川区上大崎3-1-1

㈱スクロール360
　〒430-0807　静岡県浜松市中区佐藤2-24-1

㈱スタジアム
　〒107-0052　東京都港区赤坂3－4－3
　赤坂マカベビル6F

スリーコール㈱
　〒160-0023　東京都新宿区西新宿4-16-13
　西新宿MKビル3F

㈱セリオ
　〒530-0003　大阪府大阪市北堂島1-5-17
　堂島グランドビル8F

セントラル・アイ㈱
　〒158-0098　東京都世田谷区上用賀6-33-22

㈱Zendesk
　〒104-0031　東京都中央区京橋2-2-1
　京橋エドグラン20F

ソニー生命保険㈱
　〒107-8585　東京都港区南青山1-1-1
　新青山ビル東館
㈱ソフィア
　〒542-0081　大阪府大阪市中央区南船場3-9-10
　徳島ビル5F
㈱ソフツー
　〒103-0004　東京都中央区東日本橋1-1-7
　野村不動産東日本橋ビル5F
㈱ソフトフロントジャパン
　〒102-0074　東京都千代田区九段南一丁目4番5号
　泉九段ビル　6F
SOMPOコミュニケーションズ㈱
　〒170-0013　東京都豊島区東池袋1-12-3
　常陽池袋ビル
㈱ダーウィンズ
　〒101-0061　東京都千代田区三崎町3-8-5
　千代田区JEBL5F
㈱タイミー
　〒105-7135　東京都港区東新橋1-5-2
　汐留シティセンター 35階
タイムズコミュニケーションズ㈱
　〒141-0031　東京都品川区西五反田1-18-9
大和証券㈱
　〒100-6752　東京都千代田区丸の内1-9-1
㈱タカコム
　〒103-0012　東京都中央区日本橋堀留町2-9-8
　日本橋MSビル3F
㈱TACT
　〒150-0001　東京都渋谷区神宮前1-3-10　5F
㈱通信販売代行サービス
　〒169-0073　東京都新宿区百人町1-16-201
㈱中央事務所
　〒163-0409　東京都新宿区西新宿2-1-1
　新宿三井ビルディング9階
都築電気㈱
　〒105-8665　東京都港区新橋6丁目19番15号
㈱DNPコアライズ
　〒162-8001　東京都新宿区市谷加賀町一丁目1番1号
㈱TMJ
　〒160-0023　東京都新宿区西新宿7-20-1
　住友不動産西新宿ビル

ディー・キュービック㈱
　〒151-0053　東京都渋谷区代々木4-30-3
　新宿MIDWESTビル1F
㈱ディー・クリエイト
　〒105-0011　東京都港区芝公園2-4-1
　芝パークビルA館11F
㈱TDS
　〒360-0043　埼玉県熊谷市星川2-12
　東通ビル2F
TDCX JAPAN㈱
　〒105-0004　東京都港区新橋6-19-13
　Wework
㈱データセレクト
　〒470-1141　愛知県豊明市阿野町昭和5-1
TETRAPOT㈱
　〒530-0015　大阪府大阪市北区中崎西2丁目4-12
　梅田センタービル11F
㈱テレコメディア
　〒171-0033　東京都豊島区高田3-37-10
　ヒルサイドスクウェア
㈱テレネット
　〒163-0646　東京都新宿区西新宿1-25-1
　新宿センタービル46F
Teleperformance Japan㈱
　〒150-0022　東京都渋谷区恵比寿南3-1-1
　Green Glass6F
㈱Telemarketing One
　〒541-0059　大阪府大阪市中央区博労町3丁目4-15
　Acn心斎橋博労町ビル　6階
㈱テレワーク
　〒541-0053　大阪府大阪市中央区北浜3-1-6
　サン北浜ビル
㈱電算
　〒104-0061　東京都中央区銀座8-10-5
東京海上日動安心110番㈱
　〒113-6591　東京都文京区本駒込2-28-8
東京ガスカスタマーサポート㈱
　〒163-1025　東京都新宿区西新宿3-7-1
　新宿パークタワー 9F
東京水道㈱
　〒163-1337　東京都新宿区西新宿6-5-1
　新宿アイランドタワー 37F

東洋ワーク㈱
　〒980-0803　宮城県仙台市青葉区国分町1-7-18
　東洋ワークスビル5F

㈱ドゥファイン
　〒101-0064　東京都千代田区神田猿楽町2-7-6
　TK猿楽町ビル3F

TOPPAN㈱
　〒101-0024　東京都千代田区神田和泉町1

㈱トップマークス
　〒460-0008　愛知県名古屋市中区栄5-28-19

㈱トライバルユニット
　〒060-0042　北海道札幌市中央区大通西9-3-33
　キタコーセンタービルディング3F

トラムシステム㈱
　〒465-0063　愛知県名古屋市名東区新宿2-25

トランスコスモス㈱
　〒150-8530　東京都渋谷区渋谷3-25-18

AAAコンサルティング㈱
　〒103-0025　東京都中央区日本橋茅場町3-11-10
　PMO日本橋茅場町5F

ナイスジャパン㈱
　〒107-0052　東京都港区赤坂2-2-17
　ニッセイ溜池山王ビル7F

㈱長塚電話工業所
　〒152-0004　東京都目黒区鷹番2-11-1

㈱ニッピコラーゲン化粧品
　〒120-8702　東京都足立区千住緑町1-1-1

日本アバイア㈱
　〒106-0032　東京都港区六本木1-4-33
　第21森ビル

一般社団法人日本自動車連盟
　〒105-0012　東京都港区芝大門1-1-30
　日本自動車会館

日本生命保険㈽
　〒541-8501　大阪府大阪市中央区今橋3-5-12

日本ティー・エヌ・エス㈱
　〒105-0001　東京都港区虎ノ門1-2-8
　虎ノ門琴平タワー16階

㈱日本テレシステム
　〒166-0011　東京都杉並区梅里2-1-16

日本テレネット㈱
　〒604-8171　京都府京都市中京区烏丸御池下る
　井門明治安田生命ビル8F

日本電気㈱
　〒108-8001　東京都港区芝5-7-1

㈱日本トータルテレマーケティング
　〒150-0002　東京都渋谷区渋谷3-12-18
　渋谷南東急ビル

㈱日本パーソナルビジネス
　〒530-0011　大阪府大阪市北区大深町3-1
　グランフロント大阪タワーB12F

日本放送協会
　〒150-8001　東京都渋谷区神南2-2-1

Nuance Japan㈱
　〒104-0031　東京都中央区京橋2-2-1
　京橋エドグラン26F

㈱NEWGATE
　〒160-0023　東京都新宿区西新宿3-9-12
　西新宿ダイヤモンドビル4F

㈱ネオキャリア
　〒160-0023　東京都新宿区西新宿1-22-2
　新宿サンエービル2F

NEXCO中日本サービス㈱
　〒460-0008　愛知県名古屋市中区栄2-14-18
　岡谷鋼機ビル5F

ネクストリング㈱
　〒162-0801　東京都新宿区山吹町352-22
　クローサ・ユー新宿7F

㈱ネットセーブ
　〒107-0052　東京都港区赤坂1-4-1
　赤坂KSビル4F

㈱ノーリツ
　〒650-0033　兵庫県神戸市中央区江戸町93

㈱PKSHA Communication
　〒150-0013　東京都渋谷区恵比須1-19-15
　ウノサワ東急ビル7F

パーソルビジネスプロセスデザイン㈱
　〒135-0061　東京都江東区豊洲3-2-20
　豊洲フロント7F

バーチャレクス・コンサルティング㈱
　〒105-0001　東京都港区虎ノ門4-3-13
　神谷町セントラルプレイス8F

HARVEY㈱
　〒464-0852　愛知県名古屋市千種区青柳町5-6
㈱博報堂コネクト
　〒135-8118　東京都江東区豊洲15-6-15
　NBF豊洲ガーデンフロント
㈱バックスグループ
　〒150-0013　東京都渋谷区恵比寿1-19-19
　恵比寿ビジネスタワー 14F
㈱バッファロー ITソリューションズ
　〒100-6215　東京都千代田区丸の内1-11-1
　パシフィックセンチュリープレイス丸の内15F
㈱原田
　〒370-1301　群馬県高崎市新町1207
ビーウィズ㈱
　〒163-1032　東京都新宿区西新宿3-7-1
　新宿パークタワー 32F
㈱ビー・エスシー
　〒105-0011　東京都港区芝公園2-2-18
　オーク芝公園ビル
ピー・シー・エー㈱
　〒102-8171　東京都千代田区富士見1-2-21
　PCAビル
東日本電信電話㈱
　〒163-8019　東京都新宿区西新宿3-19-2
日立システムズフィールドサービス㈱
　〒135-0044　東京都江東区越中島3-5-25
　I.K＆T渡辺ビル
VideoTouch㈱
　〒150-0002　東京都渋谷区渋谷1-15-12
　LAIDOUT SHIBUYA 202
㈱ヒューマンリレーション
　〒810-0001　福岡県福岡市中央区天神2-4-38
　NTT-KFビル9F
㈱ファーストユニオン
　〒213-0025　神奈川県川崎市高津区蟹ヶ谷77-1
㈱ファミリー・ライフ
　〒170-6009　東京都豊島区東池袋3-1-1
　サンシャイン60-9F
富士ソフトサービスビューロ㈱
　〒130-0022　東京都墨田区江東橋2-19-7

富士通コミュニケーションサービス㈱
　〒220-0012　神奈川県横浜市西区みなとみらい4-4-5
　横浜アイマークプレイス
ブライシス㈱
　〒107-0062　東京都港区南青山3-8-38
　クローバー南青山3F
FlashIntel Japan㈱
　〒102-0082　東京都千代田区一番町10番8号
㈱プラスアルファ・コンサルティング
　〒105-0021　東京都港区東新橋一丁目9番2号
　汐留住友ビル25階
㈱フルキャストホールディングス
　〒141-0031　東京都品川区西五反田8-9-5
　ポーラ第3五反田ビル
プルデンシャル生命保険㈱
　〒100-0014　東京都千代田区永田町2-13-10
㈱ブレイブ
　〒163-0630　東京都新宿区西新1-25-1
　新宿センタービル30F
㈱プロシード
　〒100-0005　東京都千代田区丸の内1-6-6
　日本生命丸の内ビル22F
ブロードマインド㈱
　〒150-0022　東京都渋谷区恵比寿南1-5-5
　JR恵比寿ビル7F
㈱プロフェッショナルアカデミー
　〒110-0016　東京都台東区台東1-1-16
　YSTビル6F
ベクスト㈱
　〒153-0064　東京都目黒区下目黒1-8-1
　アルコタワー 7F
ベリントシステムズジャパン㈱
　〒102-0083　東京都千代田区麹町5-1
　NK真和ビル8F
㈱ベルウェール渋谷
　〒150-0036　東京都渋谷区南平台町15-13
㈱ベルクリック
　〒530-0018　大阪府大阪市北区小松原町3-3
　OSビル9F

㈱ベルシステム24ホールディングス
　〒104-6113　東京都中央区晴海1-8-11
　晴海アイランドトリトンスクエアオフィスタワー
　Y棟13F

㈱ベルテック
　〒102-0071　東京都新宿区揚場町2-18
　白宝ビル

ベルフェイス㈱
　〒150-6138　東京都渋谷区渋谷2-24-12
　渋谷スクランブルスクエア38F

㈱ホライズアンドカンパニー
　〒135-0063　東京都江東区有明3-5-7
　TOC有明イーストタワー 7F

㈱ホンダファイナンス
　〒180-0006
　東京都武蔵野市中町2-4-15

㈱マーキュリー
　〒163-0523　東京都新宿区西新宿1-26-2
　新宿野村ビル23階

㈱マイナビBX
　〒101-0052　東京都千代田区神田小川町2-4-5
　杉商ビル

㈱マックスコム
　〒151-8583　東京都渋谷区代々木2-2-1
　小田急サザンタワー 15F

㈱マックスサポート
　〒683-0067　鳥取県米子市東町234

㈱MAYASTAFFING
　〒163-0612　東京都新宿区西新宿1-26-2
　新宿野村ビル12F

丸紅情報システムズ㈱
　〒169-0072　東京都新宿区大久保3-8-2
　新宿ガーデンタワー

三井情報㈱
　〒105-6215　東京都港区愛宕2-5-1
　愛宕グリーンヒルズMORIタワー

㈱Me-Rise
　〒160-0023　東京都新宿区西新宿4-16-13
　西新宿MKビル1F

㈱ミライル
　〒110−0016　東京都台東区台東1-1-14
　D's VARIE秋葉原ビル5階

㈱メディアパートナーズ
　〒556-0011　大阪府大阪市浪速区難波3-4-1
　SOPHIA なんば STUDIO4F

モビルス㈱
　〒141-0031　東京都品川区西五反田3-11-6
　サンウエスト山手ビル5F

㈱森下仁丹ヘルスコミュニケーションズ
　〒540-0004　大阪府大阪市中央区玉造1-2-40

㈱森下仁丹ヘルスコミュニケーションズ
　〒540-0004　大阪府大阪市中央区玉造1-2-40

㈱山田養蜂場
　〒708-0315　岡山県苫田郡鏡野町市場194

ユニファイドコミュニケーションズ㈱
　〒105-0003　東京都港区西新橋3-24-9　飯田ビル8F

㈱ライフイン24group
　〒170-0013　東京都豊島区東池袋4丁目14番2号
　ワークスタジオ01ビル

㈱ラブキャリア
　〒160-0022　東京都新宿区新宿5-18-2
　SHINJUKU5-Ⅱビル2F

ランスタッド㈱
　〒102-8578　東京都千代田区紀尾井町4-1
　ニューオータニガーデンコート21F

㈱リクルートスタッフィング
　〒104-8001　東京都中央区銀座8-4-17
　リクルートGINZA8ビル

㈱リックテレコム
　〒113-0034　東京都文京区湯島3-7-7

リバース㈱
　〒151-0051　東京都渋谷区千駄ヶ谷2-9-6
　バルビゾン3番館B1

㈱Liv.Design
　〒465-0045　愛知県名古屋市東区姫若町3-2
　KTCビル3F

㈱リムライン
　〒140-0013　東京都品川区南大井6-3-7

㈱リンク
　〒107-0052　東京都港区赤坂7-3-37
　カナダ大使館ビル1F

ルーシッド㈱
　〒151-0051　東京都渋谷区千駄ヶ谷3-52-1
　クロスサイドビル32F

㈱レトリバ

〒163-0432　東京都新宿区2-1-1

新宿三井ビル32F

㈱Rev Comm

〒150-0002　東京都渋谷区渋谷1-3-9

ヒューリック渋谷一丁目ビル7F

ロイヤルカナンジャポン(合)

〒108-0075　東京都港区港南1-2-70

品川シーズンテラス7F

ログイット㈱

〒170-0005　東京都豊島区南大塚2-25-15

リクルート新大塚ビル8F

㈱WOWOWコミュニケーションズ

〒220-8080　神奈川県横浜市西区みなとみらい4-4-5

横浜アイマークプレイス3F

関連法規

機能性表示食品の制度改正の概要

※消費者庁食品表示課の公表資料から一部抜粋(2024年8月)

いわゆる「健康食品」と「保健機能食品」の関係

いわゆる「健康食品」と呼ばれるものについては法律上の定義がないが、医薬品以外で経口的に摂取される「健康の維持・増進に特別に役立つことをうたって販売されたり、そのような効果を期待して摂られている食品」のことをいう。「保健機能食品」である特定保健用食品、機能性表示食品、栄養機能食品も、この広義の「健康食品」に含まれる。

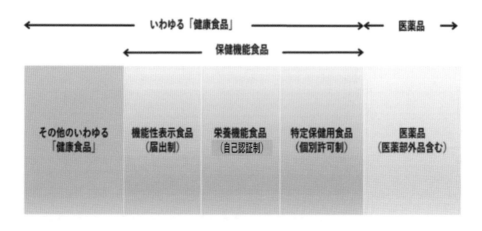

(図:厚生労働省ウェブサイト (https://www.mhlw.go.jp/stf/seisakunitsuite/bunya/kenkou_iryou/shokuhin/hokenkinou/index.html) より)

栄養や保健機能に関する食品表示制度

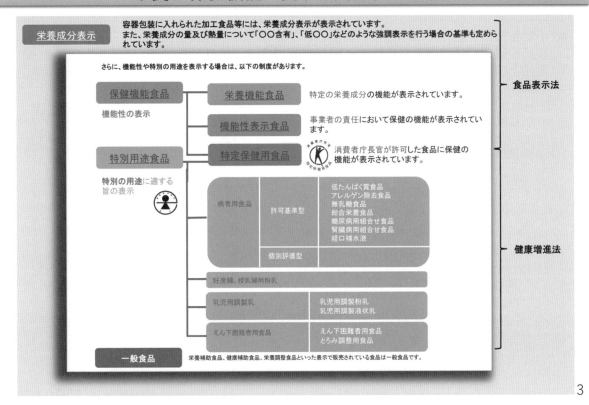

保健機能食品に関する各制度の比較

	特定保健用食品 (個別許可制)	機能性表示食品 (届出制)	栄養機能食品 (自己認証制)
概要	・消費者庁長官の許可を得て特定の保健の用途に適する旨が表示された食品 ・国が効果と安全性を審査。	・疾病に罹患していない者が対象 ・販売60日前までに、科学的根拠に裏打ちされた安全性・機能性に関する資料等を消費者庁長官に届け出ることにより特定の保健目的（疾病リスクの低減に係るものを除く。）が期待できる旨の表示が可能。届出事項等の容器包装上の表示義務。 ・安全性・機能性の科学的根拠について国の審査は行われず、その合理性の挙証責任はあくまでも届出者。	・ビタミン、ミネラルといった20の栄養成分について、食品表示法に基づく食品表示基準で定められた機能に関する表示（※）を行う食品 (※)「カルシウム」の例 ・栄養成分の機能：「骨や歯の形成に必要な栄養素です。」 ・上限値：600mg 下限値：204mg ・摂取をする上での注意事項：「本品は、多量摂取により疾病が治癒したり、より健康が増進するものではありません。1日の摂取目安量を守ってください。」
公定マーク	あり	なし	なし
疾病リスク低減表示	可能	不可	ー
第三者機関への意見聴取	安全性については食品安全委員会へ諮問 ※効果については特定保健用食品の表示許可等に関する部会で審議（消費者庁内）	ー	食品表示基準に定められた内容を改正する場合は、消費者委員会へ諮問
有効性の科学的根拠	最終製品を用いたヒト試験が必須	最終製品を用いたヒト試験又は 最終製品又は機能性関与成分に関する研究レビュー評価（システマティック・レビュー）	国の栄養目標及び健康政策を所管する厚生労働省と協議した上で規格基準を策定
許可・届出件数 (令和6年8月2日時点)	1,039件	6,890件	ー
根拠法令	健康増進法、食品表示法	食品表示法	食品表示法
創設時期	1991年（平成3年）	2015年（平成27年）	2001年（平成13年）

紅麹関連製品による健康被害を踏まえた対応

■ 小林製薬株式会社が機能性表示食品として届け出た、紅麹を原料とするサプリメント製品を摂取した消費者において、健康被害が発生。小林製薬株式会社において、紅麹製品との関連性を調査中　　※　調査の状況については厚生労働省ウェブサイトに掲載

＜本事案における対応状況＞

- 3月29日：
  第一回紅麹関連製品への対応に関する関係閣僚会合（官房長官・内閣府特命担当大臣（消費者及び食品安全担当）・厚生労働大臣・農林水産大臣）が開催され、官房長官から今後の対応につき指示。

- 4月19日～5月23日：
  機能性表示食品を巡る検討会を開催。

- 5月27日：
  機能性表示食品を巡る検討会報告書をとりまとめ。

- 5月31日：
  第二回紅麹関連製品への対応に関する関係閣僚会合が開催され、機能性表示食品制度等に関する今後の対応について、とりまとめ。

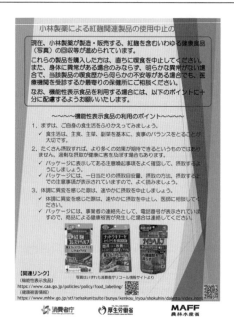

紅麹関連製品による健康被害を踏まえた対応

紅麹関連製品に係る事案を受けた機能性表示食品制度等に関する今後の対応については、令和6年5月31日の紅麹関連製品への対応に関する関係閣僚会合において、下記の事項がとりまとめられた。

I　今回の事案を踏まえた当面の対応
① 食品衛生法上の措置の対象となる製品の特定
② 健康被害の原因の究明
③ 今回の事案を受けた機能性表示食品制度の今後の在り方の検討
④ その他の取組

II　今回の事案を踏まえた今後の対応
1．健康被害の情報提供の義務化
2．機能性表示食品制度の信頼性を高めるための措置
3．情報提供のDX化、消費者教育の強化
4．国と地方の役割分担

III　今回の事案を踏まえた更なる検討課題

紅麹関連製品による健康被害を踏まえた対応

Ⅰ 今回の事案を踏まえた当面の対応（１）

①食品衛生法上の措置の対象となる製品の特定
- 回収命令の対象となった３製品と同じ原材料を使用している製品について各企業に自主点検を依頼
- この３製品を除いて、食品衛生法第６条第２号に該当しないことが確認された

②健康被害の原因の究明
- 令和６年５月末の状況は以下のとおり
  - 健康被害が多く報告されている製品の原料ロットに、プベルル酸のほか２つの化合物（$C_{28}H_{42}O_8$、$C_{23}H_{34}O_7$）が含まれる。また、２つの化合物はモナコリンKと基本骨格が類似
  - 工場内の青カビ（*Penicillium adametzioides*）が、培養段階で混入し、コメ培地を栄養源としてプベルル酸を産生したと推定
  - 青カビが紅麹菌との共培養により、モナコリンKを修飾して２つの化合物が生成されたと推定
  - プベルル酸については腎障害が確認されたが、２つの化合物については、引き続き、動物実験においてこれらの寄与度を確認することが必要

紅麹関連製品による健康被害を踏まえた対応

Ⅰ 今回の事案を踏まえた当面の対応（２）

③今回の事案を受けた機能性表示食品制度の今後の在り方の検討
- 機能性表示食品として届け出られている約7,000件の製品について、医療従事者からの健康被害情報の有無等を届出者に回答するよう依頼
- 消費者庁に報告を要することとなる「健康被害の発生及び拡大のおそれがある」場合としては、短期間に特定の製品への症例の集積がみられる状況が考えられるが、今回の調査で得られた情報からは回収命令の対象製品に係る報告を除き、これに該当する場合と直ちに判断できるものはなかった
- 消費者庁では、「機能性表示食品を巡る検討会」を設置し、報告書を取りまとめ

④その他の取組
- 日本腎臓学会を通じて得られた189症例の病像の把握に取り組み、以下の事実を公表
  - 摂取開始時期や摂取期間の長短にかかわらず、初診日は令和５年12月から令和６年３月に集中していること（大阪市が５月15日時点で解析した2050症例についても同様の傾向）
  - 患者の約８割は対象製品の摂取を中止することで症状が改善する傾向があること
  - 各種検査結果及び腎生検の結果から、近位尿細管の障害が生じたことが推測されること

紅麹関連製品による健康被害を踏まえた対応

Ⅱ 今回の事案を踏まえた今後の対応（1）

1．健康被害の情報提供の義務化

- 事業者の責任において機能性関与成分によって健康維持・増進に資する特定の保健目的が期待できる旨を表示し、反復・継続して摂取されることが見込まれる機能性表示食品について、事業者（届出者）は、健康被害と疑われる情報を収集し、健康被害と疑われる情報（医師が診断したものに限る。）を把握した場合は、当該食品との因果関係が不明であっても速やかに消費者庁長官及び都道府県知事等（※）に情報提供することを、食品表示法に基づく内閣府令である食品表示基準における届出者の遵守事項とする

（※）都道府県知事、保健所を設置する市の市長又は特別区の区長

- 提供期限については、重篤度等に対応した明確なルールを設ける
    ➡ 食品表示法に基づき、これらを遵守しない場合は機能性表示を行わないよう指示・命令する行政措置が可能

- 食品衛生法に基づく食品衛生法施行規則においては、食品全般について、健康被害と疑われる情報（医師が診断したものに限る。）を把握した営業者は都道府県知事等に情報提供するよう努めなければならないとされているが、機能性表示食品を製造・販売等する営業者（届出者）に対しては、都道府県知事等への情報提供を、食品衛生法施行規則において義務付ける
    ➡ 情報提供の義務化により、違反した場合は食品衛生法に基づいて営業の禁止・停止の行政措置が可能

- 都道府県知事等に提供された健康被害の事例については、引き続き、厚生労働省に集約し、医学・疫学的に分析・評価を行った上で、定期的に結果を公表

紅麹関連製品による健康被害を踏まえた対応

Ⅱ 今回の事案を踏まえた今後の対応（2）

2．機能性表示食品制度の信頼性を高めるための措置

（1）GMP（※1）の要件化
（※1）Good Manufacturing Practice（適正製造規範）

- 製造工程管理による製品の品質の確保を徹底する観点から、機能性表示を行うサプリメント（※2）についてはGMPに基づく製造管理を食品表示法に基づく内閣府令である食品表示基準における届出者の遵守事項とする
- 届出者が自主点検をするとともに、必要な体制を整備した上で消費者庁が食品表示法に基づく立入検査等を行う

（※2）現行の機能性表示食品の届出等に関するガイドラインにおいては、サプリメント形状の加工食品とは、「本制度の運用上、天然由来の抽出物であって分画、精製、化学的反応等により本来天然に存在するものと成分割合が異なっているもの又は化学的合成品を原材料とする錠剤、カプセル剤、粉末剤、液剤等の形状である食品を指す」とされている

（2）その他信頼性の確保のための措置

- 新規の機能性関与成分に係る機能性表示の裏付けとなる安全性・機能性の課題について科学的知見を有する専門家の意見を聴く仕組みの導入等、消費者庁における届出時の確認をより慎重に行う手続（販売前提出期限の特例）を食品表示基準に明記
- 届出後の定期的な自己評価・公表など、届出後の遵守事項の遵守を要件化
- PRISMA2020の準拠について令和7年4月からの新規届出から導入
- 事後チェックのための買上げ事業の対象件数の拡充
- 特定保健用食品（トクホ）との違いや摂取上の注意事項の記載方法などの表示方法や表示位置などの方式の見直し

紅麹関連製品による健康被害を踏まえた対応

Ⅱ 今回の事案を踏まえた今後の対応（3）

3．情報提供のDX化、消費者教育の強化

4．国と地方の役割分担

①複数の重篤例又は多数の健康被害が短期間に発生するなど緊急性の高い事案であって、
②食品の流通形態などから広域にわたり健康被害が生じるおそれがあり、全国的な対応が求められるもの
のうち、健康被害の発生機序が不明であり、その特定のために高度な調査が必要だと国が判断した事案については、都道府県等と連携しつつ、必要に応じて国が対応する

食品表示基準の改正について、消費者委員会への諮問やパブリックコメントなど所定の手続を経て、可及的速やかに公布し、届出者の準備期間を確保するための周知期間を設けた上で円滑に施行（食品衛生法施行規則の改正も同時期に公布・施行）

紅麹関連製品による健康被害を踏まえた対応

Ⅲ 今回の事案を踏まえた更なる検討課題

- 健康被害の原因究明を進めつつ、科学的な必要性がある場合には、本件及び同一の事案の発生を防止するための食品衛生法上の規格基準の策定や衛生管理措置の徹底を検討する

- 特定保健用食品（トクホ）についても、Ⅱの1及び2（1）と同様の措置を許可制度の運用上講ずることを速やかに検討する

- 機能性表示食品制度に対する信頼回復に向けた届出者による表示の適正化等の自主的な取組を促進する

- 食品業界の実態を踏まえつつ、サプリメントに関する規制の在り方、許可業種や営業許可施設の基準の在り方などについて、必要に応じて検討を進める
  ※平成30年の改正食品衛生法において施行後5年（令和7年6月）を目途とした検討規定が設けられている

紅麹関連製品による健康被害を踏まえた対応

機能性表示食品制度の見直し内容と施行期日等

	見直し項目	施行期日等	備考
①	健康被害情報の収集体制	即日実施	厚生労働省令（食品衛生法施行規則）の施行期日と合わせる必要
	医師の診断による健康被害情報の保健所等への提供		
②	天然抽出物等を原材料とする錠剤、カプセル剤等食品の届出に関する製造加工等におけるGMP基準の適用	令和6年9月1日施行	・令和7年度組織定員要求や予算要求により消費者庁における立入検査等の体制を整備
		令和8年9月1日実施	・今年度中に自主点検指針を作成
③	届出情報の表示方法の見直し		事業者の実行可能性（包材の切り替え等）を考慮
④	改正後の届出に関する事項（新規成分に係る届出者の評価を慎重に確認する手続（60日➡120日）を含む。）	令和7年4月1日施行	即日実施（PRISMA2020の導入に合わせる）	運用通知（届出ガイドライン）の内容は極力食品表示基準又は告示に規定することによるもの。

※特定保健用食品についても、上記①及び②を許可の要件等とする（運用通知改正）。

食品表示基準（内閣府令）－健康被害報告関係の抜粋－

別表第二十七（第二条関係）

三　健康被害の情報の収集及び提供に関する事項	一　届出に係る食品について、医師の診断を受け、当該症状が当該食品に起因する又はその疑いがあると診断された健康被害に関する情報を収集するとともに、その発生及び拡大のおそれがある旨の情報を得た場合には、当該情報を食品衛生法施行規則別表第十七第九号ハの規定により都道府県知事、地域保健法第五条第一項の政令で定める市の市長又は特別区の区長に速やかに提供すること。 二　前号に掲げるところにより提供した情報について消費者庁長官に提供すること。 三　消費者、医療従事者その他の情報提供者から健康被害に関する情報を得た場合であって、情報提供者が医師以外であり、医師による診察が行われていない場合にあっては、届出者の責任において、情報提供者へ医師への診察を勧める等適切な対応を行うこと。

関連法規

機能性表示食品における健康被害情報の収集等の流れ（現状）

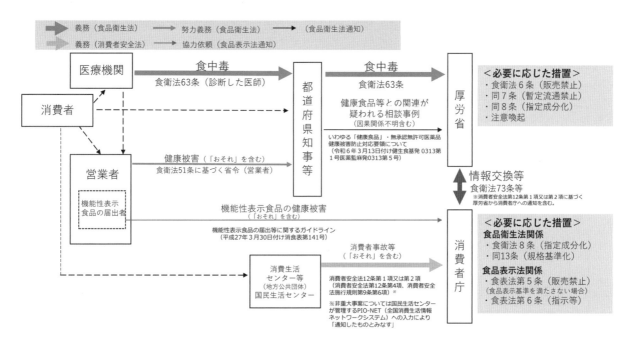

機能性表示食品における健康被害情報の収集等の流れ（対応後）

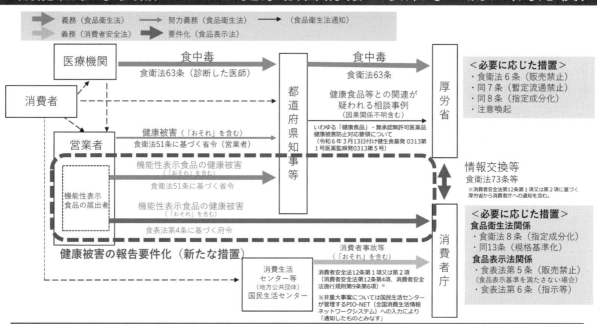

※ 健康被害情報の収集方法等に係るフローチャートについては、今回の改正を踏まえ、見直し、必要があれば順次変更届出の提出をお願いします。（例：行政機関への報告より評価が先になっている場合など）
なお、変更届の提出前であっても今回の改正後の内閣府令や省令の規定により対応してください。

適正製造規範（GMP）とは

Good Manufacturing Practice（適正製造規範（基準））の略で、GMPは原料の受入れから最終製品の出荷に至るまでの全工程において、「適正な製造管理と品質管理」を求めるもの。

【サプリメントにおけるGMPのイメージ】

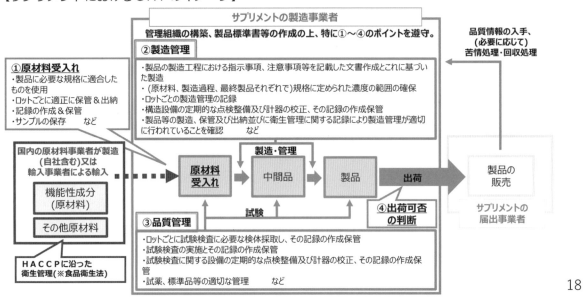

「天然抽出物等を原材料とする錠剤、カプセル剤等形状の加工食品である機能性表示食品の製造管理及び品質管理（GMP）に関する基準」（令和6年●月●日 内閣府告示）の対象範囲について　～一般的なサプリメントの製造工程を例として～

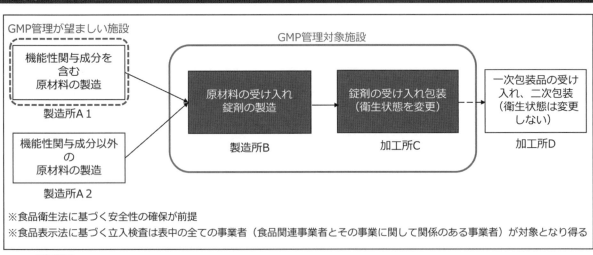

※食品衛生法に基づく安全性の確保が前提
※食品表示法に基づく立入検査は表中の全ての事業者（食品関連事業者とその事業に関して関係のある事業者）が対象となり得る

（別添1）錠剤、カプセル剤等食品の原材料の安全性に関する自主点検及び製品設計に関する指針（ガイドライン）
（令和6年3月11日付食品基準審査課長通知）に基づく安全性の確保
…使用する原材料や成分そのものの安全性（毒性等）についての事前確認

（別添2）錠剤、カプセル剤等食品の製造管理及び品質管理（GMP）に関する指針（ガイドライン）
（令和6年3月11日付食品基準審査課長通知）に基づく安全性の確保
…別添1により確認した原材料を用いた製品を適切に製造するための随時の製造管理及び品質管理（GMP）

表示事項（別表20）の新旧

		新	旧
（略）			
機能性表示食品	別記様式一の規定による。	第八条各号の規定によるほか、次に定めるところによる。 一　機能性表示食品である旨は、容器包装の主要面の上部に「機能性表示食品」の文字を枠で囲んで表示する。 二　［略］ 三　届出番号は、機能性表示食品である旨の表示に近接した箇所に表示する。	第八条各号の規定によるほか、次に定めるところによる。 一　機能性表示食品である旨は、容器包装の主要面に表示する。 二　［同上］ ［号を加える。］
（略）			

表示事項（第3条関係）の新旧（1／4）

	新	旧
機能性表示食品である旨	「機能性表示食品」と表示する。	「機能性表示食品」と表示する。
科学的根拠を有する機能性関与成分及び当該成分又は当該成分を含有する食品が有する機能性	「機能性表示」の文字を冠して、次に定めるところにより表示する。 一　機能性関与成分が有する機能性を表示する場合にあっては、機能性関与成分の名称及び当該機能性関与成分が有する機能性を科学的根拠に基づき表示する。その際、当該機能性について報告されている旨を的確に示す文言を表示する。 二　機能性関与成分を含有する食品が有する機能性を表示する場合にあっては、機能性関与成分の名称及び当該機能性関与成分を含有する食品が有する機能性を科学的根拠に基づき表示する。	消費者庁長官に届け出た内容を表示する。

表示事項（第3条関係）の新旧（2／4）

	新	旧
栄養成分の量及び熱量	1　栄養成分の量及び熱量については、熱量、たんぱく質、脂質、炭水化物及びナトリウム（食塩相当量に換算したもの）の一日当たりの摂取目安量当たりの量を表示する。2　1に定める成分以外の栄養成分を表示する場合は、一日当たりの摂取目安量当たりの当該栄養成分の量をナトリウムの量の次に表示する。3　1及び2に定めるほか、第一項の表の栄養成分（たんぱく質、脂質、炭水化物及びナトリウムをいう。以下この項において同じ。）の量及び熱量の項の1に定める表示の方法を準用する。この場合において、同項の1中「当該食品の百グラム若しくは百ミリリットル又は一食分、一包装その他の一単位（以下この項において「食品単位」という。）当たりの量」とあるのは「一日当たりの摂取目安量当たりの量」と読み替えるものとする。	1　栄養成分の量及び熱量については、熱量、たんぱく質、脂質、炭水化物及びナトリウム（食塩相当量に換算したもの）の一日当たりの摂取目安量当たりの量を表示する。2　1に定める成分以外の栄養成分を表示する場合は、一日当たりの摂取目安量当たりの当該栄養成分の量をナトリウムの量の次に表示する。3　1及び2に定めるほか、第一項の表の栄養成分（たんぱく質、脂質、炭水化物及びナトリウムをいう。以下この項において同じ。）の量及び熱量の項の1に定める表示の方法を準用する。この場合において、同項の1中「当該食品の百グラム若しくは百ミリリットル又は一食分、一包装その他の一単位（以下この項において「食品単位」という。）当たりの量」とあるのは「一日当たりの摂取目安量当たりの量」と読み替えるものとする。
一日当たりの摂取目安量当たりの機能性関与成分の含有量	消費者庁長官に届け出た内容を、別記様式二又は別記様式三の次に表示する。	消費者庁長官に届け出た内容を、別記様式二又は別記様式三の次に表示する。

表示事項（第3条関係）の新旧（3／4）

	新	旧
1日当たりの摂取目安量	消費者庁長官に届け出た内容を表示する。	消費者庁長官に届け出た内容を表示する。
届出番号	消費者庁長官への届出により付与された届出番号を表示する。	消費者庁長官への届出により付与された届出番号を表示する。
食品関連事業者の連絡先	食品関連事業者のうち表示内容に責任を有する者の電話番号を表示する。	食品関連事業者のうち表示内容に責任を有する者の電話番号を表示する。
機能性及び安全性について国による評価を受けたものではない旨	「本品は、特定保健用食品と異なり、機能性及び安全性について国による評価を受けたものではありません。届け出られた科学的根拠等の情報は消費者庁のウェブサイトで確認できます。」と表示する。	「本品は、事業者の責任において特定の保健の目的が期待できる旨を表示するものとして、消費者庁長官に届出されたものです。ただし、特定保健用食品と異なり、消費者庁長官による個別審査を受けたものではありません。」と表示する。
摂取の方法	消費者庁長官に届け出た内容を表示する。	消費者庁長官に届け出た内容を表示する。
摂取をする上での注意事項	医薬品及び他の機能性関与成分との相互作用、過剰摂取等に係る注意喚起等について、当該機能性関与成分の安全性に関する科学的根拠を踏まえて具体的に表示する。	消費者庁長官に届け出た内容を表示する。
バランスのとれた食生活の普及啓発を図る文言	「食生活は、主食、主菜、副菜を基本に、食事のバランスを。」と表示する。	「食生活は、主食、主菜、副菜を基本に、食事のバランスを。」と表示する。

表示事項（第3条関係）の新旧（4／4）

	新	旧
調理又は保存の方法に関し特に注意を必要とするものにあっては当該注意事項	消費者庁長官に届け出た内容を表示する。	消費者庁長官に届け出た内容を表示する。
疾病の診断、治療、予防を目的としたものではない旨	医薬品と異なり、疾病の診断、治療、予防を目的としたものではない旨又は医薬品ではない旨を表示する。	「本品は、疾病の診断、治療、予防を目的としたものではありません。」と表示する。
疾病に罹患している者、未成年者、妊産婦（妊娠を計画している者を含む。）及び授乳婦に対し訴求したものではない旨	「本品は、疾病に罹患している者、未成年者、妊産婦（妊娠を計画している者を含む。）及び授乳婦を対象に開発された食品ではありません。」と表示する。	「本品は、疾病に罹患している者、未成年者、妊産婦（妊娠を計画している者を含む。）及び授乳婦を対象に開発された食品ではありません。」と表示する。
疾病に罹患している者は医師、医薬品を服用している者は医師、薬剤師に相談した上で摂取すべき旨	疾病に罹患している者は医師に、医薬品を服用している者は医師、薬剤師に摂取について相談すべき旨を表示する。	「疾病に罹患している場合は医師に、医薬品を服用している場合は医師、薬剤師に相談してください。」と表示する。
体調に異変を感じた際は速やかに摂取を中止し医師に相談すべき旨	「体調に異変を感じた際は、速やかに摂取を中止し、医師に相談してください。」と表示する。	「体調に異変を感じた際は、速やかに摂取を中止し、医師に相談してください。」と表示する。

従前

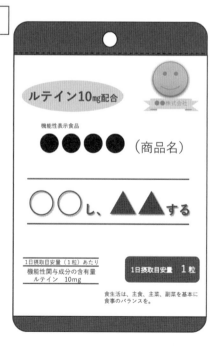
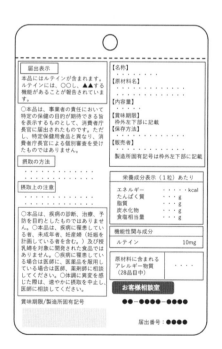

第4部 関連資料

【改正後】

食品表示基準第3条2項1号
機能性関与成分が有する機能性を表示する場合にあっては、機能性関与成分の名称及び当該機能性関与成分が有する機能性を科学的根拠に基づき表示する。その際、当該機能性について報告されている旨を的確に示す文言を表示する。

※変更部分は、便宜上赤字で表示しています。

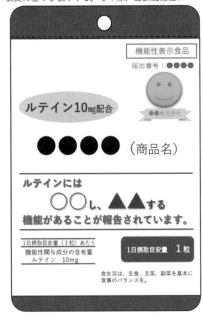

【従前】

機能性関与成分を含有する食品の場合（例）

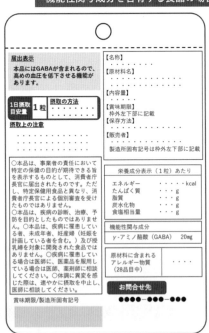

| 改正後 | ●食品表示基準第3条2項2号：機能性関与成分を含有する食品が有する機能性を表示する場合にあっては、機能性関与成分の名称及び当該機能性関与成分を含有する食品が有する機能性を科学的根拠に基づき表示する。 |

＜パターン1＞

※変更部分は便宜上赤字で表示しています。

| 改正後 | ●食品表示基準第3条2項2号：機能性関与成分を含有する食品が有する機能性を表示する場合にあっては、機能性関与成分の名称及び当該機能性関与成分を含有する食品が有する機能性を科学的根拠に基づき表示する。 |

＜パターン2＞

※変更部分は便宜上赤字で表示しています。

第4部 関連資料

生鮮食品の場合（例）

従前

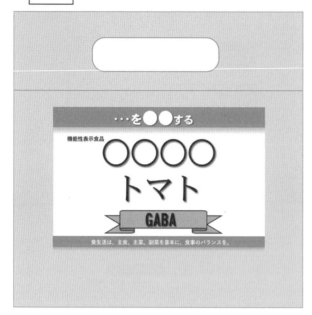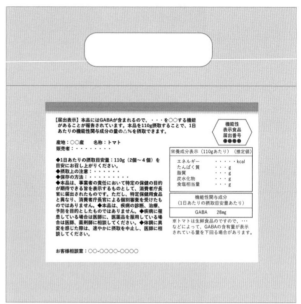

改正後

●食品表示基準第3条2項1号　機能性関与成分が有する機能性を表示する場合にあっては、機能性関与成分の名称及び当該機能性関与成分が有する機能性を科学的根拠に基づき表示する。その際、当該機能性について報告されている旨を的確に示す文言を表示する。

※変更部分は便宜上赤字で表示しています。

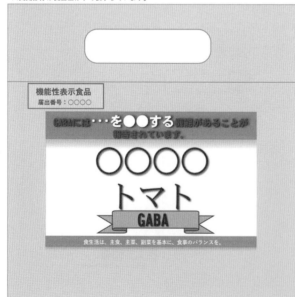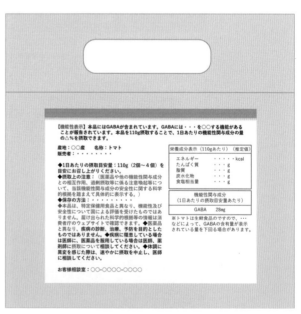

新規成分に係る届出資料を慎重に確認する手続について

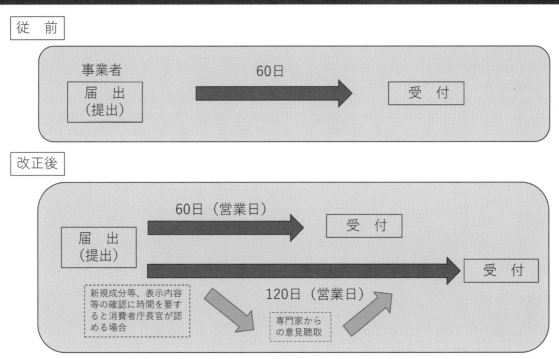

食品表示基準の一部改正の施行に関するタイムスケジュール

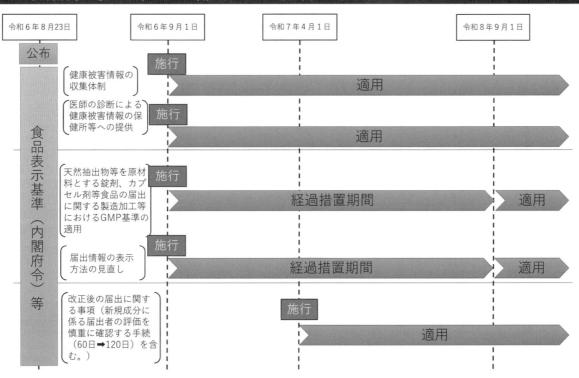

機能性表示食品として届け出られない食品について

従前
- 特別の用途に適する旨の表示をする食品（特別用途食品）
- 栄養機能食品
- アルコールを含有する飲料
- 国民の栄養摂取の状況からみてその過剰な摂取が国民の健康の保持増進に影響を与えているものとして健康増進法施行規則（平成十五年厚生労働省令第八十六号）第十一条第二項で定める栄養素の過剰な摂取につながる食品

改正後
- 特別の用途に適する旨の表示をする食品（特別用途食品）
- 栄養機能食品
- アルコールを含有する食品（アルコールを人体に摂取するためのものに限る。）
- 国民の栄養摂取の状況から見てその過剰な摂取が国民の健康の保持増進に影響を与えているものとして健康増進法施行規則第11条第2項で定める栄養素の過剰な摂取につながる食品
- 届出の日以降における科学的知見の充実により機能性関与成分によって健康の維持及び増進に資する特定の保健の目的が期待できる旨の表示をすることが適切でないと消費者庁長官が認める食品

機能性表示食品の食品区分について（別表二十六関係）

下記のいずれに該当するのかを判断し、届出する

(1) 天然物、若しくは天然由来の抽出物を用いて分画、精製、濃縮、乾燥、化学的反応等により本来天然に存在するものと成分割合が異なっているもの又は化学的合成品（**天然抽出物等**）**を原材料とする**錠剤、カプセル剤、粉末剤、液剤等の加工食品（**錠剤、カプセル剤等食品**）

(2) (1)以外の加工食品

(3) 生鮮食品

※(2)として届出を行う場合には、(1)に該当しないとする合理的な理由が必要

自己点検及び評価並びにその結果の報告に係る事項（1／3）

別表第二十七（第二条関係）

一　安全性及び機能性の根拠に関する事項	届出に係る機能性関与成分の安全性及び機能性についての新たな知見が得られたときは、その旨及び当該知見の内容を遅滞なく消費者庁長官に報告すること。	
二　生産・製造及び品質の管理に関する事項	一　届出に係る食品の製造施設及び従業員の衛生管理が別表第二十六の四の項イにより届出された体制により(同表の六の項ロ(1)により、天然抽出物等を原材料とする錠剤、カプセル剤等食品として届出をした届出者にあっては、内閣総理大臣が告示で定める基準に即して)製造又は加工されていること。 二　届出に係る食品の機能性関与成分を含有する原材料の規格書等（機能性関与成分を含有する原材料について、当該機能性関与成分の由来を確認することが品質管理上重要である場合においては当該由来を確認する方法及び確認頻度に関する資料を含む。）について届出者において適切に保管していること。 三　届出に係る食品の規格について次に掲げる事項を確認していること。 　イ　食品衛生法第十三条第一項及び第三項の規定に基づき定められた食品の基準及び規格に適合していること。 　ロ　機能性関与成分の成分量の規格の下限値（ただし、安全性を確保する上で必要な場合にあっては、下限値及び上限値）が適切に定められていること。 　ハ　機能性関与成分以外の成分のうち、安全性を確保する必要がある成分については、当該成分に係る規格が適切に定められていること。 　二　その他食品を特徴付ける規格が適切に定められていること。 四　規格に適合しない製品の出荷を防止するための体制、運送及び保管中の事故等を防止するための体制その他の規格に適合した食品を消費者に提供するための体制を整備していること。	

自己点検及び評価並びにその結果の報告に係る事項（2／3）

二　生産・製造及び品質の管理に関する事項	五　別表第二十六の四の項ロにより届け出た食品中の機能性関与成分の試験検査に関する事項について、届出後も定期的に試験検査を実施していること。 六　健康被害が発生した場合に備え、届出に係る食品と健康被害との因果関係を確認するため、必要な数のサンプルを適切に保管していること。 七　製造等に関する文書及び記録を適切に保存していること。 八　生鮮食品について遵守すべき事項その他の必要な事項として内閣総理大臣が告示で定める事項
三　健康被害の情報の収集及び提供に関する事項	一　届出に係る食品について、医師の診断を受け、当該症状が当該食品に起因する又はその疑いがあると診断された健康被害に関する情報を収集するとともに、その発生及び拡大のおそれがある旨の情報を得た場合には、当該情報を食品衛生法施行規則別表第十七第九号ハの規定により都道府県知事、地域保健法第五条第一項の政令で定める市の市長又は特別区の区長に速やかに提供すること。 二　前号に掲げるところにより提供した情報について消費者庁長官に提供すること。 三　消費者、医療従事者その他の情報提供者から健康被害に関する情報を得た場合であって、情報提供者が医師以外であり、医師による診察が行われていない場合にあっては、届出者の責任において、情報提供者へ医師への診察を勧める等適切な対応を行うこと。
四　遵守の状況等の自己点検及び評価並びにその結果の報告に係る事項	次のイ又はロに掲げる報告の区分に応じ、当該イ又はロに定める期日までに、この表の一の項から三の項までの事項に係る遵守状況及び別表第二十六に掲げる事項について自ら点検及び評価を行い、その結果を内閣総理大臣が告示で定めるところにより消費者庁長官に報告すること。 イ　一回目の報告　機能性表示食品に関する届出に係る届出番号が付与された日から起算して一年を経過する日 ロ　二回目以降の報告　前回の報告をした月の末日の翌日から起算して一年を経過する日

自己点検及び評価並びにその結果の報告に係る事項（3／3）

● <u>提出期日</u>

一回目の報告：機能性表示食品に関する届出に係る届出番号が付与された日から起算して一年を経過する日
　　　　　　　※令和7年3月31日までに届出番号が付与された届出にあっては、令和7年度中

二回目以降の報告：前回の報告月の末日の翌日から起算して一年を経過する日

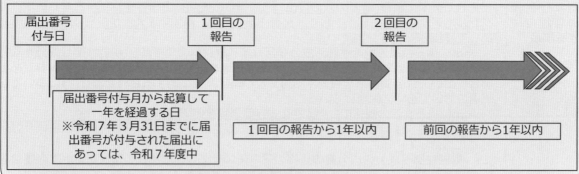

※期日までに提出がない届出は機能性表示食品としての要件を欠くこととなる。

● <u>提出方法</u>
機能性表示食品の届出等に関するデータベースにより提出。
※令和7年4月1日までに、本報告を受け付けるための機能を追加予定。

トクホ通知改正の概要

「通知改正の背景」

　R6.5.31にとりまとめられた関係閣僚会合において、特定保健用食品についても、機能性表示食品制度の見直しと同様の措置（健康被害の報告、GMPの要件化）を許可制度の運用上講ずることを速やかに検討するとされた。

「特定保健用食品の表示許可等について」（平成26年10月30日付け消食表第259号）の一部改正

＜主な改正＞
【許可等の要件の追加】

（既に許可等を受けている製品についても、当該許可等の要件を遵守していただく。）

・健康被害（医師の診断を受け、当該症状が当該食品に起因する又はその疑いがあると診断されたものに限る。）に関する情報を収集するとともに、その発生及び拡大のおそれがある旨の情報を得た場合には、当該情報を速やかに都道府県知事等及び消費者庁長官に提供する体制が整っていること。

【許可後の取扱い】
・健康被害に関する情報を収集するとともに、その発生及び拡大のおそれがある旨の情報を得た場合には、当該情報を速やかに都道府県知事等及び消費者庁長官に提供すること。

・消費者、医療従事者その他の情報提供者から健康被害に関する情報を得た場合であって、情報提供者が医師以外であり、医師による診察が行われていない場合にあっては、情報提供者に医師への診察を勧める等適切な対応を行うこと。

トクホ通知改正の概要

「特定保健用食品の表示許可等について」（平成26年10月30日付け消食表第259号）の一部改正

【申請資料の追加】
○健康被害の情報収集体制に関する情報として、次に掲げる情報を記載し、提出すること。

a 健康被害に関する情報について消費者、医療従事者等からの連絡に対応する窓口となる部署の連絡先
b aの対応が可能な日時
c 組織の体制を示した図
d 健康被害に関する情報の収集、評価、行政機関への提供等に関するフローチャート

追加申請資料の提出方法・時期（許可取得事業者）

【提出方法】
・消費者庁から許可取得事業者に対し、追加申請資料の提出依頼通知を発出。
・通知を受けた事業者は該当製品の資料を作成し、消費者庁に提出。
・その際、複数製品の許可を取得しており、健康被害の情報収集体制が同様の製品については、許可番号と製品名を鑑に記載することで、製品ごとの提出は要さない。

【提出時期】
・2024年9月30日までとする。
・提出に時間を要する場合は、消費者庁へ事前に連絡をする。

40

流通業務の総合化及び効率化の促進に関する法律及び貨物自動車運送事業法の一部を改正する法律

国土交通省
物流・自動車局

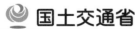

法改正の背景・必要性

〇物流は国民生活・経済を支える社会インフラ。物流産業を魅力ある職場とするため、働き方改革に関する法律が本年4月から適用される一方、物流の停滞が懸念される「**2024年問題**」に直面。

- 何も対策を講じなければ輸送力不足の可能性。
- 物流の効率化、商慣行の見直し、荷主・消費者の行動変容について、抜本的・総合的な対策が必要。
- 荷主企業、物流事業者（運送・倉庫等）、一般消費者が協力して我が国の物流を支えるための環境を整備。

〇軽トラック運送業において、死亡・重傷事故件数は最近6年で倍増。

→**物流の持続的成長**を図ることが必要。

1. 荷主・物流事業者に対する規制的措置　【流通業務総合効率化法】

荷主・物流事業者間の**商慣行を見直し**、荷待ち・荷役時間の削減や積載率の向上等を図る。

すべての事業者

〇①**荷主**＊（発荷主、着荷主）、②**物流事業者**（トラック、鉄道、港湾運送、航空運送、倉庫）に対し、物流効率化のために**取り組むべき措置**について**努力義務**を課し、当該措置について国が**判断基準**を策定。
　＊元請トラック事業者、利用運送事業者には荷主に協力する努力義務を課す。また、フランチャイズチェーンの本部にも荷主に準ずる義務を課す。
〇上記①②取組状況について、国が当該判断基準に基づき**指導・助言**、**調査・公表**を実施。

一定規模以上の事業者

〇上記①②の事業者のうち一定規模以上のもの（特定事業者）に対し、**中長期計画**の作成や**定期報告**等を**義務付け**、中長期計画の実施状況が不十分な場合、国が**勧告・命令**を実施。
〇特定事業者のうち荷主には**物流統括管理者**の選任を**義務付け**。

※法律の名称を「物資の流通の効率化に関する法律」に変更。
※鉄道・運輸機構の業務に、大臣認定事業の実施に必要な資金の出資を追加。〈予算〉

取り組むべき措置	判断基準（取組の例）
荷待ち時間の短縮	適切な貨物の受取・引渡日時の指示、予約システムの導入　等
荷役時間の短縮	パレット等の利用、標準化、入出庫の効率化に資する資機材の配置、荷積み・荷卸し施設の改善　等
積載率の向上	余裕を持ったリードタイムの設定、運送先の集約　等

2．トラック事業者の取引に対する規制的措置　　【貨物自動車運送事業法】

物流業界の**多重下請構造を是正**し、実運送事業者の適正運賃収受を図る。

○**運送契約**の締結等に際して、提供する役務の内容やその対価（附帯業務料、燃料サーチャージ等を含む。）等について記載した**書面交付等**を**義務付け**＊。
○**元請事業者**に対し、実運送事業者の名称等を記載した**実運送体制管理簿**の作成を**義務付け**。
○下請事業者への**発注適正化**について**努力義務**＊を課すとともに、一定規模以上の事業者に対し、当該適正化に関する**管理規程**の作成、**管理者**の選任を**義務付け**。

＊ 下請関係に入る利用運送事業者にも適用。

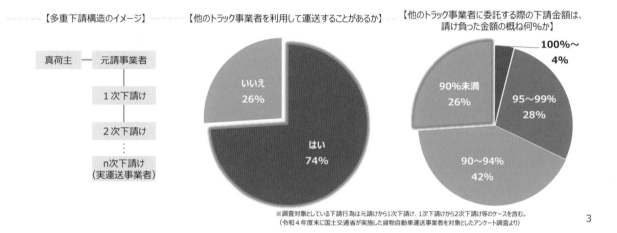

※調査対象としている下請行為は元請けから1次下請け、1次下請けから2次下請け等のケースを含む。
（令和4年度末に国土交通省が実施した貨物自動車運送事業者を対象としたアンケート調査より）

3．軽トラック事業者に対する規制的措置　　【貨物自動車運送事業法】

軽トラック運送業において、死亡・重傷事故件数は最近6年で倍増（保有台数当たりの件数も5割増）。

○軽トラック事業者に対し、①必要な法令等の知識を担保するための**管理者**選任と**講習**受講、②国交大臣への**事故報告**を**義務付け**。
○国交省による公表対象に、軽トラック事業者に係る事故報告・安全確保命令に関する情報等を追加。

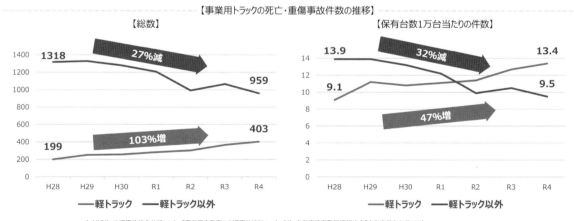

（（公財）交通事故総合分析センター「事業用自動車の交通事故統計」、（一財）自動車検査登録情報協会「自動車保有台数」より）

関連統計データ

令和5年度
電子商取引に関する市場調査報告書

令和6年9月
経済産業省
商務情報政策局
情報経済課
※一部抜粋して掲載

第1章　調査結果サマリー

1.1　日本のBtoC-EC市場規模

（1）物販系分野のBtoC-EC市場規模

物販系分野のBtoC-EC市場規模は、前年の13兆9,997億円から6,763億円増加し、14兆6,760億円となった。増加率は4.83%であった。EC化率は9.38%と前年より0.25ポイント増加した。

図表1-1：物販系分野のBtoC-ECの市場規模

	2022年	2023年	増減率
A. 物販系分野	13兆9,997億円 （EC化率9.13%）	14兆6,760億円 （EC化率9.38%）	4.83%

昨年における同市場の規模は2020年、2021年の新型コロナウイルス感染症の影響を受けた拡大と比べるとその伸び率は緩やかなものとなったが、引き続き底堅く推移する結果となった。

図表1-2：物販系分野のBtoC-EC市場規模及びEC化率の経年推移
（市場規模の単位：億円）

（2）サービス系分野、デジタル系分野のBtoC-EC市場規模

サービス系分野のBtoC-EC市場規模は、前年の6兆1,477億円から1兆3,692億円増加し、7兆5,169億円となり、前年比22.27%の増加となった。

図表1-3：サービス系、デジタル系分野のBtoC-EC市場規模

	2022年	2023年	増減率
B. サービス系分野	6兆1,477億円	7兆5,169億円	22.27%
C. デジタル系分野	2兆5,974億円	2兆6,506億円	2.05%

一方、デジタル系分野のBtoC-EC市場規模は、前年の2兆5,974億円から532億円増加し、2兆6,506億円となった。前年比2.05%の増加であった。

図表1-4：サービス系、デジタル系分野のBtoC-EC市場規模の経年推移
（単位：億円）

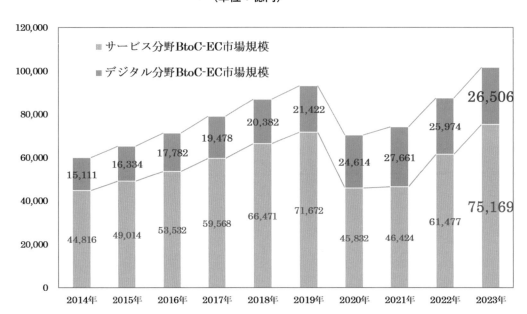

（3）3分野合計の国内BtoC-EC市場規模及び経年推移

2023年の3分野合計の国内BtoC-EC市場規模は、24兆8,435億円となった。前年比で2兆986億円の増加である。2014年からのBtoC-EC市場規模の推移は以下の通りである。

図表1-5：BtoC-EC市場規模の経年推移（単位：億円）

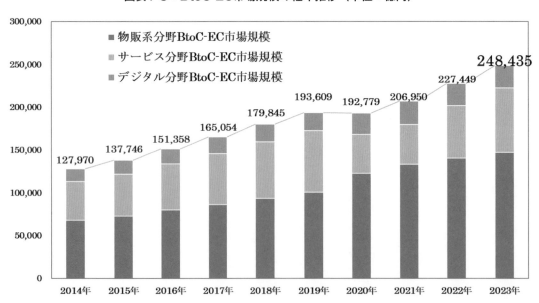

1.2 日本のCtoC-EC市場規模

本調査において、2023年のCtoC-ECの市場規模を推計したところ、2兆4,817億円（前年比5.0%増）となった。

図表1-6：CtoC-EC推定市場規模

	2022年	2023年	伸び率
CtoC-EC	2兆3,630億円	2兆4,817億円	5.0%

1.3 日本のBtoB-EC市場規模

2023年のBtoB-EC市場規模は、465兆2,372億円（前年比10.7％増）となった。「その他」を除いたEC化率は、前年から2.5ポイント増の40.0％であった。

図表1-7：BtoB-EC市場規模の推移

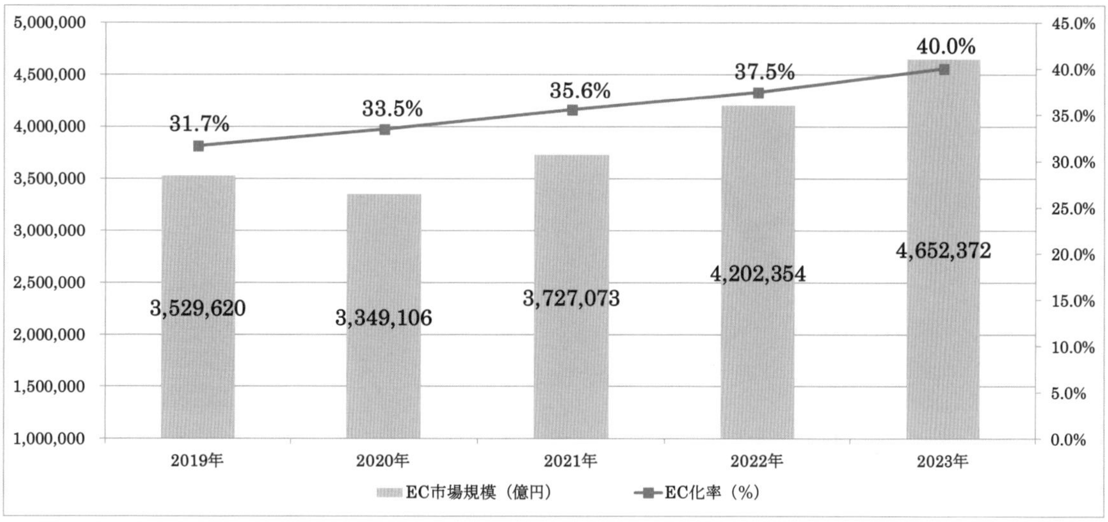

年	EC市場規模（億円）	EC化率（％）
2019年	3,529,620	31.7%
2020年	3,349,106	33.5%
2021年	3,727,073	35.6%
2022年	4,202,354	37.5%
2023年	4,652,372	40.0%

1.4 越境EC市場規模

各国間の越境EC市場規模の推計結果は、次に示す図表の通りとなった。日本の越境BtoC-EC（米国・中国）の総市場規模は4,208億円となった。このうち、米国経由の市場規模は3,768億円、中国経由の市場規模は440億円であった。

米国の越境BtoC-EC（日本・中国）の総市場規模は2兆5,300億円となった。このうち、日本経由の市場規模は1兆4,798億円、中国経由の市場規模は1兆502億円であった。

中国の越境BtoC-EC（日本・米国）の総市場規模5兆3,911億円となった。このうち、日本経由の市場規模は2兆4,301億円、米国経由の市場規模は2兆9,610億円であった。

図表1-8：日本・米国・中国3ヵ国間の越境EC市場規模（単位：億円）

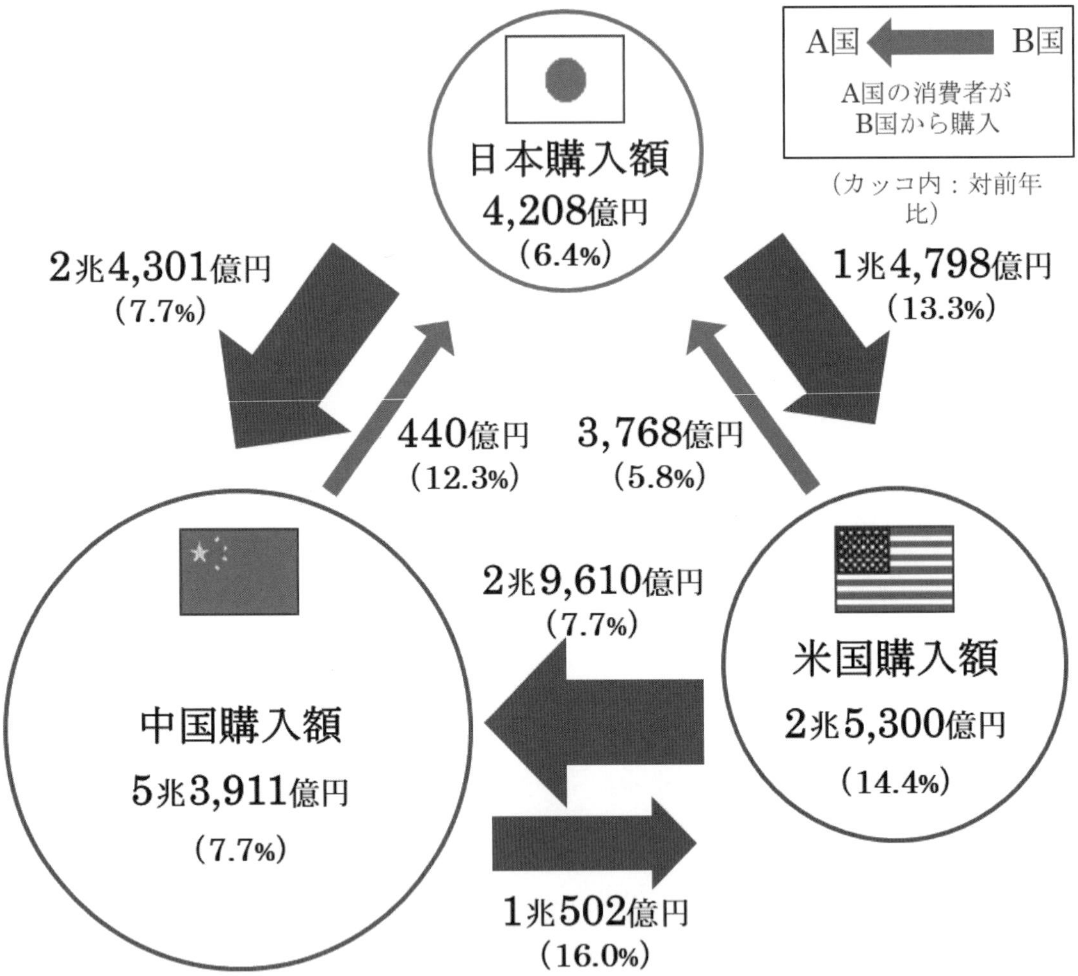

- 日本購入額 4,208億円（6.4%）
- 米国購入額 2兆5,300億円（14.4%）
- 中国購入額 5兆3,911億円（7.7%）

- 中国→日本：2兆4,301億円（7.7%）
- 米国→日本：1兆4,798億円（13.3%）
- 日本→中国：440億円（12.3%）
- 日本→米国：3,768億円（5.8%）
- 米国→中国：2兆9,610億円（7.7%）
- 中国→米国：1兆502億円（16.0%）

（A国←B国：A国の消費者がB国から購入）
（カッコ内：対前年比）

第2章　調査フレーム

2.1　本事業の背景・目的および各種定義

2.1.1　本調査の背景・目的

　我が国の電子商取引（以下、適宜ECと称する）を推進するための基礎的調査として、経済産業省では、我が国ECの黎明期である平成10年度から市場調査を実施しており、本年で25回目の実施となる。この市場調査では、過去継続的に企業間電子商取引（以下、適宜BtoB-ECと称する）、消費者向け電子商取引（以下、適宜BtoC-ECと称する）の市場規模及び電子商取引化率を推計してきた。

　市場調査による調査研究の成果は、「電子商取引レポート」や経済産業省ウェブサイト上で広く国民に公開され、我が国IT利活用の進捗に関する指標として用いられてきた。この他に、あらゆる業種のビジネス現場において活用され、我が国のEC発展、IT利活用の進展に大きく寄与してきたといえる。

　また、調査開始当初は、国内BtoC-EC、国内BtoB-ECの市場動向の把握及び市場規模の推計が市場調査の主な焦点であったが、近年では国内のみに留まらず、国境を越える越境ECにも注目し、日本・米国・中国3ヵ国間の越境ECの市場動向、市場規模、消費者の越境EC利用実態等を詳細に調査している。加えて平成28年度より、個人間の電子商取引であるCtoC-ECの市場規模推計も実施している。

過去調査一覧

回数	年度	調査概要
1回	平成10年度	「電子商取引の市場規模調査」：経済産業省（旧通商産業省）とアクセンチュア（旧アンダーセン・コンサルティング）による共同調査
2回	平成11年度	「電子商取引に関する市場実態調査」：次世代電子商取引推進協議会（ECOM、旧電子商取引実証推進協議会）とアクセンチュアによる共同調査。BtoCのみ実施
3回	平成12年度	「電子商取引に関する市場規模・実態調査」：経済産業省、次世代電子商取引推進協議会（ECOM）、アクセンチュアによる共同調査
4回	平成13年度	「電子商取引に関する市場規模・実態調査」：経済産業省、次世代電子商取引推進協議会（ECOM）、NTTデータ経営研究所による共同調査
5回	平成14年度	「電子商取引に関する市場規模・実態調査」：経済産業省、次世代電子商取引推進協議会（ECOM）、野村総合研究所による共同調査
6回	平成15年度	「電子商取引に関する市場規模・実態調査」：経済産業省、次世代電子商取引推進協議会（ECOM）、NTTデータ経営研究所による共同調査
7回	平成16年度	「電子商取引に関する市場規模・実態調査」：経済産業省、次世代電子商取引推進協議会（ECOM）、NTTデータ経営研究所による共同調査
8回	平成17年度	「電子商取引に関する市場調査」：経済産業省からの委託により、次世代電子商取引推進協議会（ECOM）の協力を得て、IDC Japanが調査
9回	平成18年度	「電子商取引に関する市場調査」：経済産業省からの委託により、次世代電子商取引推進協議会（ECOM）の協力を得て、NTTデータ経営研究所が調査
10回	平成19年度	「電子商取引に関する市場調査」：経済産業省からの委託により、次世代電子商取引推進協議会（ECOM）の協力を得て、NTTデータ経営研究所が調査
11回	平成20年度	「電子商取引に関する市場調査」：経済産業省からの委託により、次世代電子商取引推進協議会（ECOM）の協力を得て、NTTデータ経営研究所が調査
12回	平成21年度	「電子商取引に関する市場調査」：経済産業省からの委託により、次世代電子商取引推進協議会（ECOM）の協力を得て、NTTデータ経営研究所が調査
13回	平成22年度	「電子商取引に関する市場調査」：経済産業省からの委託により、日本情報処理開発協会（JIPDEC）の協力を得て、NTTデータ経営研究所が調査
14回	平成23年度	「電子商取引に関する市場調査」：経済産業省からの委託により、NTTデータ経営研究所が調査
15回	平成24年度	「電子商取引に関する市場調査」：経済産業省からの委託により、NTTデータ経営研究所が調査
16回	平成25年度	「電子商取引に関する市場調査」：経済産業省からの委託により、矢野経済研究所が調査
17回	平成26年度	「電子商取引に関する市場調査」：経済産業省からの委託により、大和総研が調査
18回	平成27年度	「電子商取引に関する市場調査」：経済産業省からの委託により、大和総研が調査
19回	平成28年度	「電子商取引に関する市場調査」：経済産業省からの委託により、大和総研が調査
20回	平成29年度	「電子商取引に関する市場調査」：経済産業省からの委託により、大和総研が調査
21回	平成30年度	「電子商取引に関する市場調査」：経済産業省からの委託により、大和総研が調査
22回	令和元年度	「電子商取引に関する市場調査」：経済産業省からの委託により、大和総研が調査
23回	令和2年度	「電子商取引に関する市場調査」：経済産業省からの委託により、大和総研が調査
24回	令和3年度	「電子商取引に関する市場調査」：経済産業省からの委託により、大和総研が調査
25回	令和4年度	「電子商取引に関する市場調査」：経済産業省からの委託により、大和総研が調査
26回	令和5年度（本年度調査）	「電子商取引に関する市場調査」：経済産業省からの委託により、大和総研が調査

2.1.2 ECの定義

OECD[1]では、次の内容で、広義（BROAD definition）及び狭義（NARROW definition）のECの定義を提示している。

図表2-1：OECDによるECの定義[2]

EC区分	OECD定義	統計調査運用上の定義
広義EC （BROAD definition）	物・サービスの売却あるいは購入であり、企業、世帯、個人、政府、その他公的あるいは私的機関の間で、<u>コンピュータを介したネットワーク上</u>で行われるもの。物・サービスの注文はこれらのネットワーク上で行われるが、支払い及び配送はオンラインで行われてもオフラインで行われても構わない。	左記定義に含まれる全てのインターネット取引及びEDI[3]またはその他の自動取引に利用されるオンライン・アプリケーション（Minitel、双方向電話システム等）上で受けた／行われた注文を含む。
狭義EC （NARROW definition）	物・サービスの売却あるいは購入であり、企業、世帯、個人、政府、その他公的あるいは私的機関の間で、<u>インターネット上</u>で行われるもの。物・サービスの注文はインターネット上で行われるが、支払い及び配送はオンラインで行われてもオフラインで行われても構わない。	Webページ、エクストラネット及びインターネット上のその他のアプリケーション、例えばインターネット上のEDI、インターネット上のMinitel、その他（モバイル、テレビ等）、アクセス方法を問わずあらゆるWebを活用したアプリケーション上で受けた／行った注文。ファックス、電話、従来型の電子メールで受けた／行った注文は含まれない。

これを受けて、本調査ではECの定義を「インターネットを利用して、受発注がコンピュータネットワークシステム上で行われること」を要件とする。従って、見積りのみがコンピュータネットワークシステム上で行われ、受発注指示が人による口頭、書面、電話、FAX等を介して行われるような取引は、本調査ではECに含めない。また、Eメール（またはその添付ファイル）による受発注のうち、定型フォーマットによらないものは、ECに含めないものとする。

---

[1] Organisation for Economic Co-operation and Development：経済協力開発機構
[2] OECD「Guide to Measuring the Information Society, 2009」
[3] Electronic Data Interchange（電子データ交換）の略称で、企業や行政機関などがコンピュータをネットワークで繋ぎ、伝票や文書を電子データで自動的に交換すること。

図表2-2：本調査におけるECの定義

広義ECの定義
- 「コンピューターネットワークシステム」を介して商取引が行われ、かつ、その成約金額が捕捉されるもの
  - ここでの商取引とは、「経済主体間で財の商業的移転に関わる受発注者間の物品、サービス、情報、金銭の交換をいう。
  - 広義ECには、狭義ECに加えて、VAN・専用回線、TCP/IPプロトコルを利用していない従来型EDI（例：全銀手順、EIAJ手順等を用いたもの）が含まれる。

狭義ECの定義
- 「インターネット技術を用いたコンピューターネットワークシステム」を介して商取引が行われ、かつ、その成約金額が捕捉されるもの
  - ここでの商取引とは、「経済主体間で財の商業的移転に関わる受発注者間の物品、サービス、情報、金銭の交換をいう。
  - 「インターネット技術」とはTCP/IPプロトコルを利用した技術を指しており、公衆回線上のインターネットの他、エクストラネット、インターネットVPN、IP-VPN等が含まれる。

商取引プロセスにおけるEC要件

受発注前	受発注時	受発注後
・製品情報入手 ・見積／商談／取次 ・需要計画、在庫情報共有	・受発注予約 ・確定受発注	・請求／決済／納品 ・設計情報共有 ・サービス利用

「受発注」がコンピューターネットワークシステム上で行われることがECの要件

2.1.3 ECの金額

本調査では、ECによる財またはサービスの販売額をEC取引金額とする。ECの定義として、コンピュータネットワークシステム上で受発注が行われることを要件としているため、見積等の受発注前段階の情報のみがコンピュータネットワークシステム上でやり取りされた際の取引金額は含めない。なお、ECの定義として、決済がコンピュータネットワークシステム上で行われることを要件とはしておらず、決済手段は問わない。

2.1.4 国内EC市場規模の定義
（1）BtoC-EC市場規模の定義

本調査では、BtoC-EC市場規模を企業と消費者間でのECによる取引金額とする。ここでの消費者への販売とは家計が費用を負担するものを指し、消費財であっても個人事業者の事業用途の物品購入は原則として含めない。

インターネット・オークションやフリマサービス等、インターネットを用いて個人間で取引を行うCtoCや、電子申請、税の電子申告等、政府がサービスを提供し、個人が対価を支払うGtoCについては、BtoC-EC市場規模に含めないこととしている。

EC金額は、販売サイドの金額（販売額）を捕捉している。従って、国内に拠点を置く企業が国内で販売した製品・サービスの額を算入対象としており、国内から海外への販売（輸出）は含まれるが、海外から国内への販売（輸入）、国内事業者による海外生産の販売分、製品が国内を経由しない取引の金額は含めない。商取引の流れとBtoB-EC及びBtoC-ECの算入範囲について、次のように整理できる。

図表2-3:EC市場規模の算入範囲

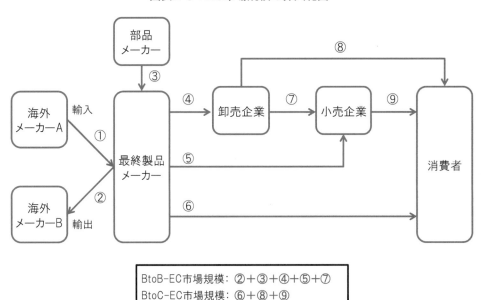

(2) BtoB-EC市場規模の定義

　本調査では、BtoB-EC市場規模を企業間または企業と政府（中央官庁及び地方公共団体）間で、ECを利用して受発注を行った財・サービスの取引金額とする。この場合、対価を支払うのは企業または政府であり、対価の受取側は企業となる。企業には個人事業者を含むものとする（ただし、個人事業者については判別が困難なものもある）。

　金融業に含まれる銀行業及び証券業については、取引金額でなく手数料収入分を算入する。保険業については「受取保険料－支払保険料」の合計を算入する。

　複数の売り手と買い手の仲介を目的として第三者が運営するeマーケットプレイスについては、卸売業の一形態として算入している。

　電子申請、税の電子申告等、政府がサービスを提供し、企業が対価を支払うGtoBについては、本調査の対象範囲外としている。

EC金額の捕捉には、調達サイドの金額を捕捉する方法と、販売サイドの金額を捕捉する方法があるが、本調査では販売サイドの金額を捕捉している。

従って、国内に拠点を置く企業が国内で販売した製品・サービスの額を算入対象としており、国内から海外への販売（輸出）は含まれるが、海外から国内への販売（輸入）、国内事業者による海外生産の販売分、製品が国内を経由しない取引の金額は含めない。

2.1.5　EC化率の定義

本調査におけるEC化率は、電話、FAX、Eメール、相対（対面）等も含めた全ての商取引金額（商取引市場規模）に対するEC市場規模の割合と定義する。これまでに記述した各種定義は、次のように整理できる。

図表2-4：EC関連定義一覧

定義項目		定義内容
電子商取引	広義	・コンピューターネットワークシステムを介して商取引（受発注）が行われ、かつその成約金額が捕捉されるもの。
	狭義	・インターネット技術を用いた、コンピューターネットワークシステムを介して商取引（受発注）が行われ、かつその成約金額が捕捉されるもの。
電子商取引金額		・電子商取引による財・サービスの購入額または販売額。
電子商取引市場規模	BtoB	・企業間または企業と政府間で、狭義または広義の電子商取引を利用して受発注を行った財・サービスの取引金額。
	BtoC	・企業と消費者間での電子商取引金額。
電子商取引化率		・全ての商取引額（商取引市場規模）に対する電子商取引市場規模の割合。

2.2 調査フレーム

2.2.1 調査対象国

本調査では、日本、米国、中国の3ヵ国を調査対象とした。

日本に関しては、国内BtoC-EC、国内BtoB-EC、国内CtoC-EC、越境ECを調査内容としており、これらに対して公知情報調査、業界団体及び事業者ヒアリング調査を実施した。

米国、中国に関しては、越境ECを調査内容としており、これらに対して公知情報調査、事業者ヒアリング調査を実施した。

2.2.2 推計対象期間

本調査における国内BtoC-EC市場規模、国内CtoC-EC市場規模、国内BtoB-EC市場規模、越境EC市場規模の推計対象期間は、2023年1月から2023年12月までとする。

2.2.3 公知情報調査

公知情報調査では、日本、米国、中国における新聞、雑誌、業界専門誌、政府の統計・報告書、各種論文、調査会社レポート、商用データベース情報、事業者やメディアのウェブサイト情報等を収集・分析した。

図表2-5：主な参考文献

調査対象国	主要な調査文献
日本	各種政府統計
	日本経済新聞、日経 MJ
	専門紙（通販新聞、日本ネット経済新聞）
	雑誌（日経ビジネス、週刊東洋経済、週刊ダイヤモンド）
	eMarketer
	富士経済「通販・e コマースビジネスの実態と今後 2023」
	調査会社レポート
	各種政府統計及び発表資料
	EC 関連各種ニュースサイト等
	民間企業発表情報（IR 等）
米国	日本経済新聞
	雑誌（日経ビジネス、週刊東洋経済、週刊ダイヤモンド）
	eMarketer
	全米小売業協会（NRF）ウェブサイト

	Chain Store Age
	調査会社レポート
	各種政府統計
中国	日本経済新聞
	雑誌（日経ビジネス、週刊東洋経済、週刊ダイヤモンド）
	eMarketer
	日本貿易振興機構　発表資料
	調査会社レポート
	中国商務部発表情報
	中国統計局発表情報
	中国の民間調査機関発表情報

2.2.4　事業者ヒアリング調査

　日本、米国、中国のEC事業者に対して、ヒアリング調査を実施した。日本に関しては、国内BtoC-ECを展開している事業者及び業界団体、国内BtoB-ECを展開している事業者及び業界団体、国内CtoC-ECを展開している事業者及び業界団体、越境ECを展開している事業者等を利活用している事業者を調査対象とした。

　米国、中国に関しては、越境ECを展開している事業者を調査対象とした。越境ECを展開している事業者には、「日本の事業者で米国または中国に現地法人を設立し、当該国の消費者を対象に、ECを実施している事業者」、「米国または中国の事業者で自国外の消費者を対象に、ECを実施している事業者」が該当する。

第3章　国内経済等の動向

3.1　国内経済等の動向

3.1.1　GDP成長率

我が国の2023年のBtoC-ECの市場規模を説明するにあたり、同年の我が国のマクロ経済の動向を俯瞰する。まずは同年のGDPの状況について振り返る。BtoC-ECは個人消費の一部であり、個人消費はGDPの約5割を占める。従ってGDPの状況を踏まえておくことはBtoC-ECの市場規模を客観的に捉える上で重要である。

図表3-1は2020年から2023年の四半期GDP（名目・実質併記）の推移を記したものである。また、図表3-2は、実質GDPの成長率の四半期推移をグラフ化したものである。

図表3-1：四半期GDP（名目・実質）推移

暦年	四半期	名目 国内総生産 （兆円）	名目 成長率 前期比 （％）	実質 国内総生産 （兆円）	実質 成長率 前期比 （％）
2020 年	1-3 月	554.4	0.8	544.8	0.5
	4-6 月	514.0	▲ 7.3	502.4	▲ 7.8
	7-9 月	540.6	5.2	530.1	5.5
	10-12 月	549.2	1.6	540.1	1.9
2021 年	1-3 月	551.3	0.4	541.5	0.3
	4-6 月	554.0	0.5	543.5	0.4
	7-9 月	550.7	▲ 0.6	540.9	▲ 0.5
	10-12 月	555.3	0.8	547.5	1.2
2022 年	1-3 月	555.1	0.0	543.8	▲ 0.7
	4-6 月	559.8	0.8	550.0	1.1
	7-9 月	557.2	▲ 0.5	548.9	▲ 0.2
	10-12 月	567.6	1.9	551.2	0.4
2023 年	1-3 月	580.4	2.3	557.2	1.1
	4-6 月	595.0	2.5	562.6	1.0
	7-9 月	594.6	▲ 0.1	557.9	▲ 0.8
	10-12 月	596.4	0.3	557.3	▲ 0.1

出所：内閣府「統計表（四半期別GDP1次速報値）＜2024年2月15日公表＞」より作成

※季節調整系列使用

2023年の実質GDPは1～3月期、4～6月期は前期比でそれぞれ1.1%、1.0%の増加となったが、7～9月期、10～12月期はそれぞれマイナス0.8%、マイナス0.1%となった。年間での実質GDP成長率は1.9%となった。

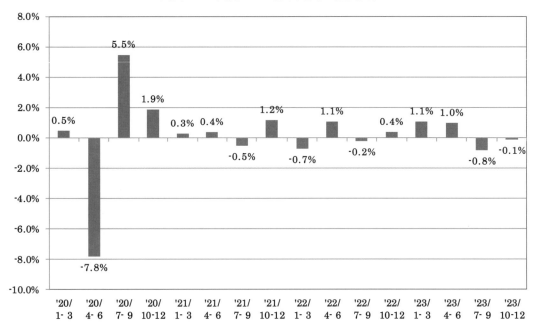

図表3-2：実質GDP成長率推移（前期比）

出所：内閣府「統計表（四半期別GDP1次速報値）＜2024年2月15日公表＞より作成

3.1.2 商業販売額（小売業）の推移

本項では、まず販売者側から見た小売業界のマクロの状況を概観する。図表3-3は、経済産業省発表の商業動態統計調査における小売業の月別商業販売額について、2019年から2023年までの5年間の数値を重ねて記したものである。2023年の動きを見ると、2022年と比較して月別商業販売額は全ての月で上回っており、新型コロナウイルス感染症拡大の影響前である2019年と比べても、販売額は全ての月で上回っている。

図表3-3：小売業の商業販売額の月別推移[4]
単位：億円

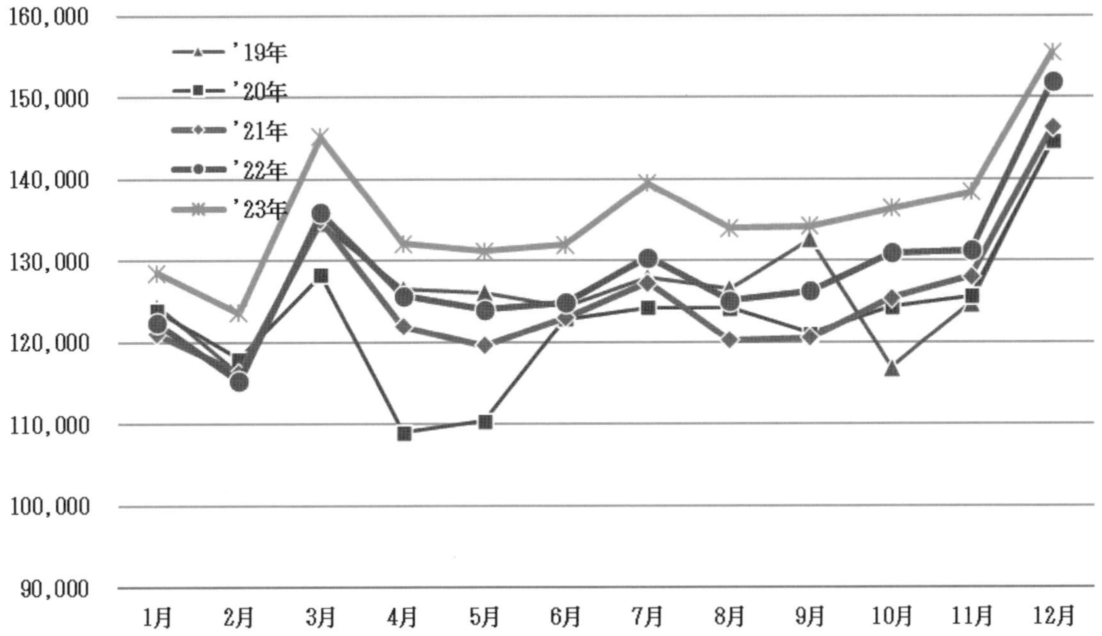

出所：経済産業省商業動態統計調査より作成

2020年から2022年前半にかけて、小売業の月別商業販売額が減少する様子が見られ、新型コロナウイルス感染症の拡大による小売業の販売額への影響は小さくなかった。一方、2023年には新型コロナウイルス感染症の拡大前の水準を上回る販売額となっている様子が見られ、「アフターコロナ」時代に移行したことを示す一つのデータと言えよう。

---

[4] 商業販売額は2020年3月分より平成28年経済センサス-活動調査を基に水準の調整が行われており、2020年2月分以前の販売額との間に不連続が生じているため、2020年2月分以前の販売額は「リンク係数」を乗じた金額としている。

次に、小売業の業態別商業販売額動向を見ていきたい。図表3-4は、小売業全体の商業販売額及び主な小売業態別の商業販売額に関し、コロナ禍前である2019年と、2022年、及び2023年を比較したものである。2023年の小売業全体の商業販売額は2019年比で6.8%増、前年比で5.6%の増加となっている。

小売業態別の金額を見ていくと、各種商品小売業、織物・衣服・身の回り品小売業を除き、2019年比で販売額が拡大している様子が伺える。小売業全体の商業販売額は新型コロナウイルス感染症拡大前を上回る水準に拡大したと言うことができる一方で、小売業態別の状況は大きく異なっている。新型コロナウイルス感染症拡大を契機とした消費者のライフスタイルの変化が定着しつつある現状を示唆する結果と言えるのではないだろうか。

図表3-4：小売業全体の商業販売額及び主な小売業態別商業販売額

	2019年	2022年	2023年	増減率 （対2019年比）	増減率 （対前年比）
小売業全体	152,604	154,404	163,034	6.8%	5.6%
各種商品小売業	12,151	10,968	11,574	▲4.8%	5.5%
織物・衣服・身の回り品小売業	10,251	8,709	8,516	▲16.9%	▲2.2%
飲食料品小売業	44,407	45,530	48,379	8.9%	6.3%
自動車小売業	18,178	16,273	18,355	1.0%	12.8%
機械器具小売業	9,712	9,752	9,819	1.1%	0.7%
医薬品・化粧品小売業	14,755	16,258	17,327	17.4%	6.6%
無店舗小売業	10,903	11,367	11,631	6.7%	2.3%

出所：経済産業省商業動態統計月報より作成

3.1.3 個人の消費動向

本項では「財（商品）」及び「サービス」の2面から個人消費の動向を捕捉する。図表3-5は、総務省統計局発表の「家計調査」より2012年から2023年の「財（商品）」及び「サービス」に関する年間支出金額についてまとめたものである。1世帯当たりの財（商品）の支出については、2023年は160.1万円と2012年以降で最高の水準であった。一方、サービスについては116.6万円であり、新型コロナウイルス感染症拡大の影響が甚大であった2020年から年を追うごとに回復しているものの、2019年比でマイナス3.7万円と新型コロナウイルス感染症拡大前の水準までわずかに届いていない状況である。

図表3-5：1世帯あたりの財（商品）及びサービス支出の年間支出金額
（単位：万円）

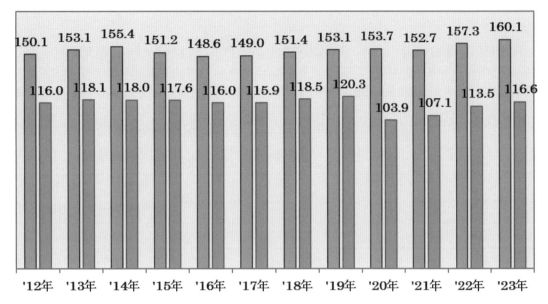

出所：総務省統計局「家計調査」家計収支編／総世帯より作成

　次に、総務省家計調査の詳細項目を基に商品カテゴリーごとの消費支出の状況を見ていきたい。「1世帯あたりのカテゴリー毎の年間平均支出金額」（図表3-5）をみると、最も大きな支出額となっている「食品、飲料、酒類」の2023年における支出額は、2019年に比べて7.7%増加、2022年比で3.0%増加した。これは新型コロナウイルス感染症拡大以降、家庭での食事回数が増えた消費者のライフスタイルの定着や、円安等を背景とする物価高騰の影響と推測される。

　「生活家電、AV機器、PC・周辺機器等」の支出金額は2019年比で11.7%増、前年比で2.8%増となった。自宅で過ごす時間が増えたことで家電やAV機器の買い替えが増えたほか、在宅勤務の広がりに伴いPCやPC周辺機器の購入が増加していたが、2023年に入りその需要も徐々に一服してきている可能性がある。

　「化粧品等」については、2022年までは外出機会の減少により支出額の減少が見られていたが、2023年には2019年を上回る水準に増加している。「医薬品等」の支出額は2022年までマスクや消毒液といった衛生関連用品や、検査薬、総合感冒薬、解熱鎮痛剤といった医薬品の購入が増加していたが、2023年にはそれらの需要が減少したことで前年比マイナスとなっていると考えられる。

「生活雑貨、家具、インテリア」は在宅の長時間化に伴う居住空間の改善・改装需要により支出金額が増加していたが、2023年にはそれらの需要が一服し前年比で減少となったと見られる。

「衣類・服飾雑貨」の支出金額の減少については、コロナ禍による外出機会の減少による需要減が大きく影響しており、その影響が2023年においても継続していることが分かる。

また、外食や旅行（宿泊費・パック旅行費）などのサービス分野へのカテゴリー別支出額を見ると、新型コロナウイルス感染症拡大前の水準とは依然として開きがある様子がわかる。2023年には消費者の外出機会が増加し、前年比でこうしたサービス分野への支出が増加しつつも、コロナ前の水準に回復しているとは言い難い状況である。

図表3-5：1世帯あたりのカテゴリー毎の年間平均支出金額
(単位：円)

カテゴリー	2019年	2022年	2023年	増減率（対2019年比）	増減率（前年比）
食品、飲料、酒類	649,172	678,516	698,876	7.7%	3.0%
生活家電、AV機器、PC・周辺機器等	57,304	62,305	64,020	11.7%	2.8%
化粧品等	48,743	47,341	49,590	1.7%	4.8%
医薬品等	64,559	67,004	66,350	2.8%	▲1.0%
生活雑貨、家具、インテリア	76,894	81,571	80,178	4.3%	▲1.7%
衣類・服飾雑貨	141,658	121,263	119,393	▲15.7%	▲1.5%
外食	162,606	130,264	156,113	▲4.0%	19.8%
交通費	70,131	50,432	60,677	▲13.5%	20.3%
宿泊費・パック旅行費	62,303	36,080	48,321	▲22.4%	33.9%
映画・演劇・スポーツ観戦	7,930	7,107	7,748	▲2.3%	9.0%

出所：総務省統計局「家計調査」家計収支編／総世帯より作成

3.2 インターネット利用動向

3.2.1 インターネットの利用の人口普及率

　我が国において、インターネットは既に企業の経済活動や国民の社会生活に深く根付いている。総務省の通信利用動向調査によれば、2022年時点でインターネットの人口普及率は84.9%であった。インターネット人口普及率は2013年より横ばいが続いていたが、2019年には9割に迫るところまで増加した。背景には、全年代でのインターネット利用が伸長したことが考えられる。インターネット人口の普及率は今後も引き続き高い水準で推移するものと想定される。

図表3-6：インターネット利用の人口普及率[5]

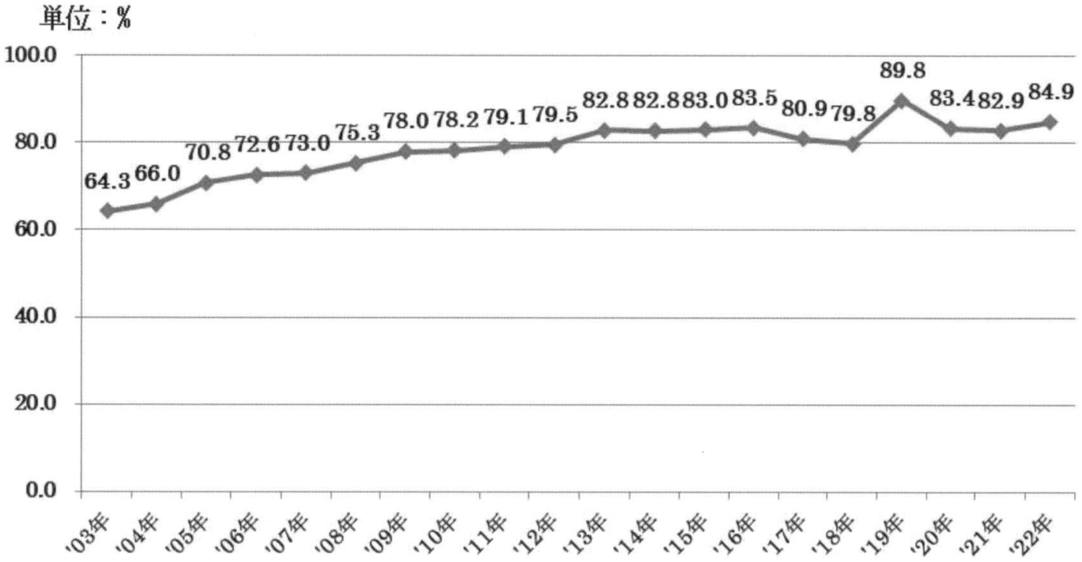

年	'03	'04	'05	'06	'07	'08	'09	'10	'11	'12	'13	'14	'15	'16	'17	'18	'19	'20	'21	'22
%	64.3	66.0	70.8	72.6	73.0	75.3	78.0	78.2	79.1	79.5	82.8	82.8	83.0	83.5	80.9	79.8	89.8	83.4	82.9	84.9

出所：総務省「令和4年通信利用動向調査」

---

[5] 総務省「通信利用動向調査」について、令和元年度（2019年度）の調査票の設計が一部例年と異なっていたとのことであり、経年比較に際しては注意が必要である。

3.2.2 情報通信機器の利用状況

図表3-7は、主な情報通信機器の保有状況（世帯）に関する統計データである。この数年スマートフォンの利用が急激に拡大し、2022年は世帯あたりの普及率が90.1%と最も高い数値となっている。対照的にパソコンの保有率が下落傾向にあり、2022年は69.0%となった。EC事業者をはじめ、インターネットビジネスを展開する事業者にとっては、スマートフォンを第一に想定したコンテンツやサービス作りが重要な時代になっていると言える。

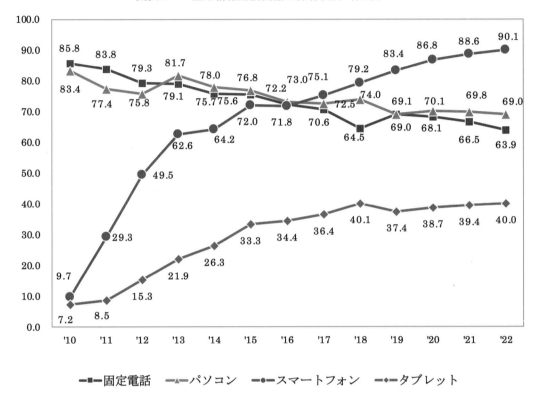

図表3-7：主な情報通信機器の保有状況（世帯）

出所：総務省「令和4年通信利用動向調査」

3.2.3 インターネット広告

図表3-8は、広告費全体に占めるインターネット広告とインターネット広告以外の広告費[6]経年推移を表したグラフである。2023年の広告費全体は7兆3,167億円（前年比3.0%増）となり、前年に引き続き過去最高を更新した。上半期は、新型コロナウイルス感染症の5類感染症移行に伴うリアルイベントの開催数増加や国内外の観光・旅行の活性化などにより回復が見られた。下半期は、夏から秋にかけての猛暑や中東問題などの影響を受けたものの、社会・経済活動の活発化に伴い「交通・レジャー」「外食・各種サービス」「飲料・嗜好品」を中心に広告需要が高まった。特に、インターネット広告は社会のデジタル化を背景に成長を続けており、3兆3,330億円と前年比で7.8%増加した。

インターネット広告費は2兆円を超えた2019年から4年の間で1兆円以上増加しており、背景には動画広告需要の高まりやデジタルプロモーション市場の拡大等があると見られる。また、物販系ECプラットフォーム広告費も引き続き在宅需要の普及に伴い、増加傾向にあると見られる。

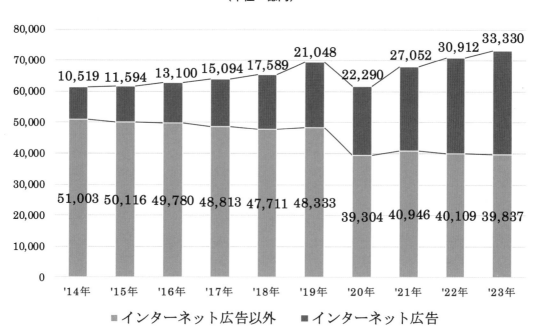

図表3-8：広告費全体とインターネット広告費
（単位：億円）

出所：電通「2023年 日本の広告費」[7]より作成

---

[6] マスコミ四媒体広告費（新聞、雑誌、ラジオ、テレビメディア）及びプロモーションメディア広告費（屋外、交通、折込、ダイレクトメールなど）の合計を指す。

[7] https://www.dentsu.co.jp/news/release/2023/0224-010586.html

第4章　国内BtoC-EC市場規模と動向

4.1　国内BtoC-EC市場規模

4.1.1　推計対象分野

本調査における推計対象は、先述のBtoC-EC市場規模の定義にのっとり、個人消費における全ての財（商品）、サービスのなかでインターネットを通じて行われた取引の金額とする。「何がどれだけ販売されているのか」を明確化するために、以下のカテゴリー毎にBtoC-ECの市場推計値を算出した。

図表4-1：BtoC-ECの市場推計分野一覧

A. 物販系分野	
(1)	食品、飲料、酒類
(2)	生活家電、AV機器、PC・周辺機器等（オンラインゲーム含まず）
(3)	書籍、映像・音楽ソフト　（書籍には電子出版含まず）
(4)	化粧品、医薬品
(5)	雑貨、家具、インテリア
(6)	衣類、服装雑貨等
(7)	自動車、自動二輪車、パーツ等
(8)	その他

B. サービス系分野	
(1)	旅行サービス
(2)	飲食サービス
(3)	チケット販売
(4)	金融サービス
(5)	理美容サービス
(6)	フードデリバリーサービス
(7)	その他（医療、保険、住居関連、教育等）

C. デジタル系分野	
(1)	電子出版（電子書籍・電子雑誌）
(2)	有料音楽配信
(3)	有料動画配信
(4)	オンラインゲーム
(5)	その他

4.1.2 推計ロジック

本調査におけるBtoC-EC市場規模の推計ロジックの概念図を以下に示した（図表4-2）。

本調査では財（商品）、サービス別に市場規模を推計するため、財（商品）、サービス毎のBtoC-EC販売動向の調査を市場規模推計の中心作業とした。具体的には、①文献調査、②企業ヒアリング、③その他調査を並行で行いながら、市場規模推計値を算出した。

市場規模推計作業では、BtoC-EC販売動向調査を補完すべく、(1) マクロ経済動向、(2) 個人消費動向、(3) 個別産業動向、(4) ネット利用動向の調査も並行で行った。このように多面的な調査をもって算出する市場規模推計値により客観性を確保する方針とした。

図表4-2：BtoC-ECの推計ロジック

4.1.3 EC化率の計算方法

　商取引市場規模全体におけるECの実施レベルを把握すべく、BtoCの商取引市場規模を分母、BtoC-ECの市場規模を分子としてEC化率を算出した。商品毎に消費状況を把握可能な総務省統計局発表の家計調査をベースに、内閣府発表国民経済計算（GDP統計）における国内家計最終消費支出を併せて使用することで、分母となる財（商品）別の商取引市場規模の推定を行った。

　分母となる商取引市場規模の具体的な算出方法を、食品・飲料・酒類の商取引市場規模を例に説明する。家計調査をもとに1世帯当たりの年間平均消費支出額全体に占める年間平均食料支出額（飲料、酒類含む）の比率を求め、その比率に対しGDP統計における国内家計最終消費支出を乗算することで、国内で個人が消費した食品・飲料・酒類の商取引市場規模の総額を推定する。同様の算出方法で物販系の各分野におけるBtoCの商取引市場規模を求める。

　なお、本調査ではBtoCのEC化率の算出対象を物販系分野に限定し、デジタル系やサービス系分野を除いている。デジタル系分野はそもそも商材がインターネットを通じた提供を前提としているため、EC化率算出の対象とはなり得ないのがその理由である（書籍、音楽ソフト、映像ソフト、ゲームソフトのネット販売は物販系分野のBtoC-EC市場規模に含まれている）。

　またサービス系分野では、例えば飲食サービスは、立食い蕎麦屋やファーストフード店等、元来ネット予約の対象とはなり難いタイプの飲食店が多く存在するため（フードデリバリーを除く）、単純に外食市場規模全体を分母としてEC化率を求めても、予約時のネット活用度を正確に捕捉しているとは言えない。金融サービスでは、例えばオンライントレードが既に一般化している状況下、証券取引では「店舗」と「ネット」それぞれが異なる性質のチャネルとして確立しているため、「取引時にどちらを選ぶか」といった単純比較が一概にできるものではなくなっている。このようなことから、本調査ではサービス系分野についても、カテゴリーを問わずEC化率を求めない方針とした[8]。

---

[8] 一方、旅行サービスはホテル、交通機関のネット予約が広く可能となっているため、EC化率を通じてネット活用度を測ることは決して不自然ではない。このようにサービス系分野全てにおいてEC化率を求めることが相応しくないという訳ではない。

4.1.4 国内BtoC-EC市場規模の推計

(1) 物販系分野のBtoC-EC市場規模

物販系分野のBtoC-EC市場規模は、前年の13兆9,997億円から6,763億円増加し、14兆6,760億円となった。増加率は4.83%であった。EC化率は9.38%と前年より0.25ポイント増加した。

図表4-3：物販系分野のBtoC-ECの市場規模

	2022年	2023年	増減率
A. 物販系分野	13兆9,997億円 （EC化率9.13%）	14兆6,760億円 （EC化率9.38%）	4.83%

2023年における同市場の市場規模は2020年、2021年の新型コロナウイルス感染症の影響を受けた拡大と比べると緩やかではあるが、比較的堅調に推移する結果となった。

図表4-4：物販系分野のBtoC-EC市場規模及びEC化率の経年推移
（市場規模の単位：億円）

（2）サービス系分野、デジタル系分野のBtoC-EC市場規模

サービス系分野のBtoC-EC市場規模は、前年の6兆1,477億円から1兆3,692億円増加し、7兆5,169億円となり、前年比22.27%の増加となった。

図表4-5：サービス系、デジタル系分野のBtoC-EC市場規模

	2022年	2023年	増減率
B．サービス系分野	6兆1,477億円	7兆5,169億円	22.27%
C．デジタル系分野	2兆5,974億円	2兆6,506億円	2.05%

一方、デジタル系分野のBtoC-EC市場規模は、前年の2兆5,974億円から532億円増加し、2兆6,506億円となった。前年比2.05%の増加であった。

図表4-6：サービス系、デジタル系分野のBtoC-EC市場規模の経年推移
（単位：億円）

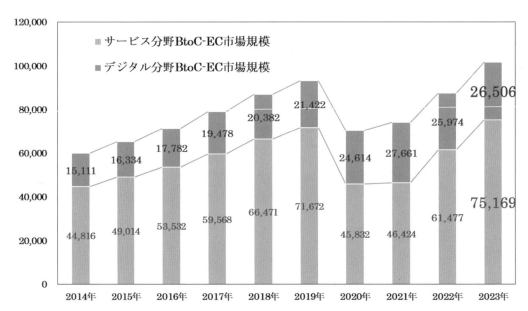

(3) 3分野合計の国内BtoC-EC市場規模及び経年推移

2023年の3分野合計の国内BtoC-EC市場規模は、24兆8,435億円となった。前年比で2兆986億円の増加である。2014年からのBtoC-EC市場規模の推移は以下の通りである。

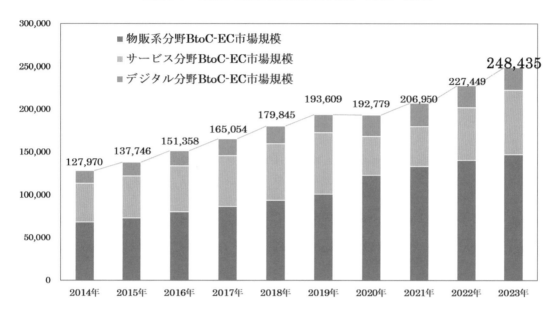

図表4-7：BtoC-EC市場規模の経年推移（単位：億円）

4.2 国内BtoC-EC市場のトレンド

4.2.1 市場概観

4.1.4に記載の通り、国内のBtoC-EC市場規模全体は3分野合計で24兆8,435億円と、前年比で2兆986億円の増加となった。そのうち、物販系分野のBtoC-EC市場規模は14兆6,760億円と前年比で4.83%の増加となり、2020年から2022年にかけての伸び率と比較すると鈍化した。2020年より新型コロナウイルス感染症拡大の影響から「巣ごもり需要」として消費者の間でECの利用が拡大したが、2023年に入って消費者の実店舗回帰の機運が高まり、需要が一服したこと等が主な背景と考えられる。

一方、2023年の国内BtoC-EC市場規模の増加に大きく寄与したのが昨年に引き続きサービス系分野である。2023年におけるサービス系分野のBtoC-EC市場規模は、7兆5,169億円と前年比22.27%の大幅増加となった。消費者の外出需要の高まりとともに、旅行サービス、飲食サービス、チケット販売の市場規模が拡大したことが主な要因となっている。なお、2019年のサービス系BtoC-EC市場規模は7兆1,672億円であったことを鑑みると、2023年は新型コロナウイルス感染症拡大前の水準を上回る市場規模となった。「アフターコロナ」の時代が到来したと言えよう。

また、昨年は前年比でマイナスであったが、2023年はプラスに転じたのがデジタル系分野である。2023年におけるデジタル系分野のBtoC-EC市場規模は、2兆6,506億円と前年比で2.05%の増加となった。具体的には、新型コロナウイルス感染症拡大の影響から「巣ごもり消費」の対象となった電子出版、有料動画配信、有料音楽配信は利用者の消費行動の定着が見られ、前年比プラスの伸びを継続した。一方、オンラインゲームの市場規模は前年比で減少した。結果としてデジタル系分野全体の市場規模は前年比で微増となった。

4.2.2 国内BtoC-EC市場の特徴

①実店舗の位置付け・役割の変化

マルチチャネル、O2O（Online To Offline）、オムニチャネル、OMO（Online Mergeswith Offline）といった、実店舗とECといった異なる販売チャネルに関するキーワードがその時々の変化に応じて取り上げられてきた。これまで新たな販路の拡大や店舗運営の効率化といった観点から実店舗とECの最適な融合が模索されてきたが、新型コロナウイルス感染症の拡大を契機に、実店舗を運営する多くの小売業が改めて実店舗の存在意義を再考し、消費者の行動変化に対応する動きが見られている。2023年は消費者の実店舗回帰が本格化し、ECから実店舗に消費者が流れる傾向が顕著であったこともあり、ECと実店舗を融合させる取組もより一層進んだと見られる。具体的な取組として、オンライン接客、ショールーミング化店舗、EC購入商品の店頭受け取りといった事例が挙げられる。以下順に説明する。

・オンライン接客

その名の通りインターネットを通じて双方向のコミュニケーションを取る接客方法である。効能や特性の違いがわかりづらい商品において、専門性を持つスタッフによるオンライン接客は消費者にとって情報の非対称性を解消できる有益な手段となっている。新型コロナウイルス感染症拡大を契機にアパレル販売や化粧品販売を中心に広まり、家具販売や家電販売、食品販売といった様々な業種でも導入が進んでいるという。また、EC側への送客に貢献した実店舗スタッフに対し、貢献相応分のインセンティブを支払うといった実績管理の仕組みを整備し、全体最適を図っているケースも見られる。

・ショールーミング化店舗

ショールーミングとは、実店舗（ショールーミング化店舗）で商品の現物をチェックしECで購入する消費行動を指す。以前からショールーミングの消費行動は広く認識されてはいたが、実店舗側からはネガティブな印象で捉えられていたことが多かった。ただ最近では、新型コロナウイルス感染症拡大を契機に消費者の新たな生活様式に即した販売スタイルとしてショールーミングを積極的に促す取組も行われている。例えば、実店舗には試着用商品のみを置き、在庫は置かずに省スペースで運営するアパレル店舗などが出てきている。また、実店舗を体験型店舗と位置付け、店頭で収集した消費者データを商品開発に活用しECでの売上拡大を目指すといったケースも少なくない。一方、実店舗にデジタルサイネージを設置し、実店舗でECのコンテンツを配信するなど、「実店舗をEC化」する事例も見られた。

・EC購入商品の店舗受け取り

「BOPIS：Buy Online Pick-up In Store」と言われ、着実に浸透し始めている。2021年9月に実施された調査によると、BOPIS利用者のうち約35％が月1回以上の頻度で利用しており、現在BOPISを利用していない消費者のうち36％程度が今後BOPISを利用したいという意向を示している[9]。消費者にとっては、送料負担がなく、好きなタイミングで商品を受け取ることができる他、商品を探す時間を短縮でき、返品も容易になるといったメリットがある。一方、企業側にとっても物流コストの低減化、ECから実店舗への送客、顧客との接客機会の創出といったメリットがある。また、BOPIS導入によりオンラインとオフラインに分散する消費者データを個別IDに紐づけて一元管理することで、マーケティング等に活用できるといったメリットもある。BOPIS導入にはモバイルアプリの開発や在庫管理システムの整備、作業スタッフの動線確保・効率化といった様々な分野への投資や整備が必要となるが、新たな消費者のショッピングスタイルに対応した動きとして、BOPISの浸透は継続していくのではないだろうか。

---

[9] NECソリューションイノベータ株式会社「Retail Innovations Vol.011 BOPIS利用状況と非利用者の消費特徴」

以上のように、実店舗の役割は変化しており、実店舗の特性を活かした実店舗とECの連携の動き、顧客体験の改善のトレンド等は加速していくことが予想される。

②物流の状況

物販分野のBtoC-EC市場規模の拡大に伴い、宅配便取扱個数も増加している。図表4-8は、国土交通省が毎年発表している我が国における宅配便取扱個数の推移である[10]。令和4年度（2022年度）は50億588万個となっており、平成21年度（2009年度）の31億3,700万個と比較して、約60%の伸長率である。

図表4-8：年度別宅配便取扱個数の推移
（単位：億個）

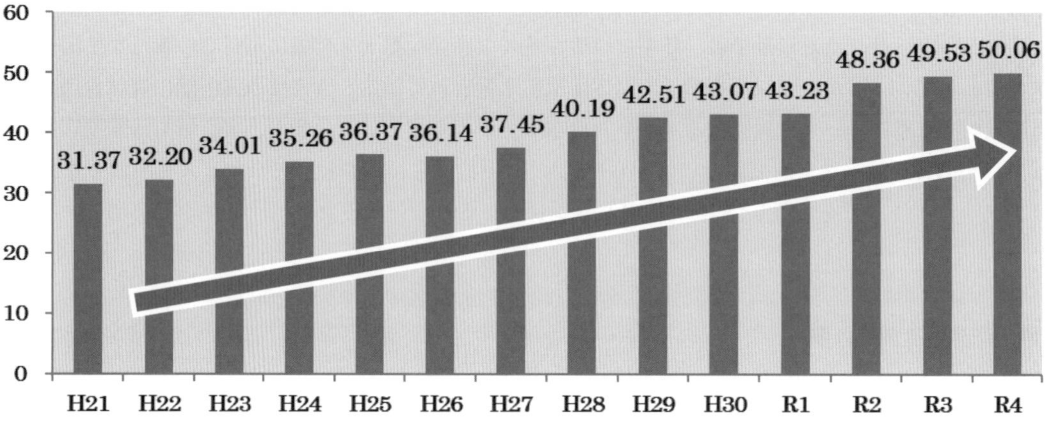

年度	H21	H22	H23	H24	H25	H26	H27	H28	H29	H30	R1	R2	R3	R4
個数	31.37	32.20	34.01	35.26	36.37	36.14	37.45	40.19	42.51	43.07	43.23	48.36	49.53	50.06

出所：国土交通省

図表4-9は、大手宅配便事業者3社を合計した2020年から2023年（共に暦年）の宅配便取扱個数の推移である。2022年の46.9億個に対し、2023年は46.4億個と前年比約1%の減少となった。

---

[10] 同省は「宅配便」を「一般貨物自動車運送事業の特別積合せ貨物運送又はこれに準ずる貨物の運送及び利用運送事業の鉄道貨物運送、内航海運、貨物自動車運送、航空貨物運送のいずれか又はこれらを組み合わせて利用する運送であって、重量30kg以下の一口一個の貨物を特別な名称を付して運送するものをいう」と定義している。

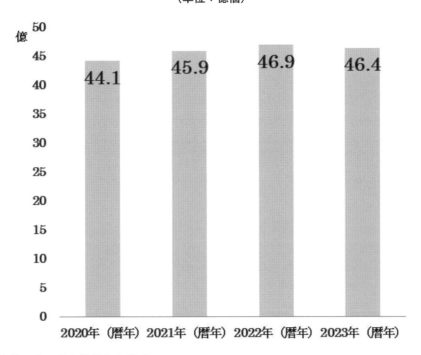

図表4-9：宅配大手3社の宅配便取扱個数
（単位：億個）

出所：次の各社による発表情報より作成
ヤマトホールディングス株式会社（宅急便）、SGホールディングス株式会社（飛脚便）、日本郵便株式会社（ゆうパック）

　その背景には、消費者のリアル回帰による宅配需要の弱含みをはじめ、原材料やエネルギー価格上昇に伴う物価上昇のほか、後述する物流の「2024年問題」等に対応した価格改定の影響などがあると考えられる。結果として、宅配大手3社ベースで見ると低調な宅配便取扱個数につながったと推察される。なお、この数値にはEC以外の宅配便も多く含まれている点に留意する必要がある。加えて、大手ECプラットフォーム事業者の中には、大手3社の宅配便事業者以外の特定の運送会社と契約してラストワンマイル[11]の配送を委託しているところもある。さらに、BOPISの広がりやDtoC（Direct to Consumer）としてメーカー自身が配送を行っているケースも少なくない。
　宅配大手3社の宅配取扱個数が減少しているにも拘らず物販系BtoC-EC市場が伸長している背景としては、こうした宅配大手事業者経由以外の配送手段が広まってきていることも一因として言えるだろう。

　また、物販系分野のEC市場規模拡大に伴い、ここ数年宅配便の再配達率の増加が社会問題化している。国土交通省は2017年10月より年2回の割合で再配達率に関するサンプル調査を行っているが、その調査結果によれば、2019年10月調査時点での再配達率は都市

---

[11] 最終拠点からエンドユーザーへの物流サービスのこと。

また、物販系分野のEC市場規模拡大に伴い、ここ数年宅配便の再配達率の増加が社会問題化している。国土交通省は2017年10月より年2回の割合で再配達率に関するサンプル調査を行っているが、その調査結果によれば、2019年10月調査時点での再配達率は都市部16.6％、都市部近郊14.3％、地方11.5％、2022年10月調査時点では都市部13.0％、都市部近郊11.2％、地方9.9％であったところ、2023年10月調査時点では都市部12.1％、都市部近郊10.7％、地方9.2％であった。全体として、2019年比及び前年比で都市部、都市部近郊、地方共に減少という結果であった。

2019年と比べて再配達率が改善している要因としては、新型コロナウイルス感染症拡大を契機に、消費者の在宅率が向上した結果、再配達率が下落したことが関係していると考えられる。他方、2023年は前年と比べると消費者の外出機会が増加している状況にも関わらず、前年比で再配達率が改善している。その背景には、店舗受け取りや宅配ロッカーの利用といった「クリック・アンド・コレクト」が徐々に浸透してきていることや、置き配[12]が一般化していることも関係していると考えられる。

図表4-10：宅配便の再配達率

	2023年10月調査			2022年10月調査			2019年10月調査		
	総　数	再配達数	再配達率	総　数	再配達数	再配達率	総　数	再配達数	再配達率
都市部	819,250	98,843	12.1%	970,571	126,381	13.0%	839,143	139,158	16.6%
都市部近郊	1,522,145	163,030	10.7%	1,483,510	166,493	11.2%	1,325,342	189,901	14.3%
地方	149,771	13,794	9.2%	147,719	14,637	9.9%	130,910	15,080	11.5%
総計	2,491,166	275,667	11.1%	2,601,800	307,511	11.8%	2,295,395	344,139	15.0%

出所：国土交通省（大手宅配事業者3社の合計数値。調査期間はいずれも10月1日～10月31日）

トラックドライバー不足が益々深刻化する物流業界において、再配達率の改善に資する取組は引き続き重要である。

このような中、物流の「2024年問題」が2023年に大きく話題になった。物流の「2024年問題」とは、トラックドライバーの残業規制などの強化によって輸送力が不足する問題を指す。2019年4月から順次施行された働き方改革関連法[13]による時間外労働の上限規制が、2024年4月からトラックドライバーなどにも適用され、年間の時間外労働が960時間に制限される。また、これに合わせ、ドライバーの拘束時間や休息などの基準を定めた厚生労働大臣の「改善基準告示」[14]も見直され、2024年4月からトラックドライバーの拘束時間が短縮されるとともに1日の休息時間が拡大される。結果的に、今まで1人のドライバーが1日で運べていた長距離輸送が不可能になるなど、物流に深刻な影響が出ると懸念されている。

---

[12] 購入者が予め指定した場所に、非対面で商品の配達を行う方法のこと。
[13] 2018年に成立した「働き方改革を推進するための関係法律の整備に関する法律」（平成30年法律第71号）。「労働基準法」（昭和22年法律第49号）を改正して時間外労働の上限規制が法定された。
[14] 「自動車運転者の労働時間等の改善のための基準」（平成元年労働省告示第7号「改善基準告示」）

物流の「2024年問題」により物流コストが増加するため、2023年には大手宅配事業者を中心に価格改定の動きが見られた。それに伴い、物流コスト上昇などの影響がEC事業者にも及び、各社は送料の見直しや送料無料バーの引き上げ、梱包の工夫等で物流コスト上昇分を転嫁・相殺するなどの対応に追われた。

　また、日本政府より物流の「2024年問題」や中長期にわたる輸送力不足の解消に向け2023年6月に「物流革新に向けた政策パッケージ」が、そして同年10月には「物流革新緊急パッケージ」が発表された。これらの中では、①物流の効率化、②荷主・消費者の行動変容、③商慣行の見直しに関する施策が示されている。

③情報セキュリティへの根強い不安

　ECにおける安全、安心な取引のために、個人情報が漏えいしないよう万全な情報セキュリティ対策を行うことは必要不可欠である。図表4-11は、インターネット利用において「不安を感じる」または「どちらかといえば不安を感じる」と回答した個人に対して、不安の内容を尋ねたアンケート結果（複数回答）である。それによると、「個人情報やインターネット利用履歴の漏えい」が88.7％と、個人情報の漏洩に対する懸念が相対的に非常に高い。特に氏名、住所、電話番号、生年月日といった情報の漏えいは消費者への影響が大きく、その中でもクレジットカード番号は金銭的な被害に直結するため、最も危険である。

　「個人情報やインターネット利用履歴の漏えい」に次いで回答者数が多かったのが「コンピュータウイルスへの感染」及び「架空請求やインターネットを利用した詐欺」である。「コンピュータウイルスへの感染」は近年、金銭的利益を目当てに情報を盗み取る営利目的のマルウェア[15]が増えていることが背景に挙げられる。また、「架空請求やインターネットを利用した詐欺」は偽サイトに誘導しクレジットカード情報等が抜き取られるフィッシングや、SMS等を利用した架空請求により金銭をだまし取る詐欺などの被害が増加しており、その手口が巧妙化していることが背景として挙げられるだろう。

---

[15] 悪意のあるソフトウェアの総称。

図表4-11：インターネット利用における不安の内容（複数回答）

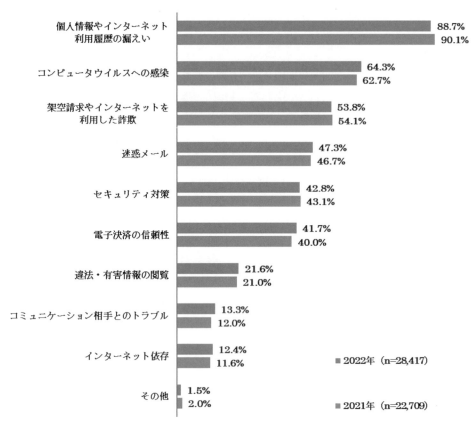

※インターネットを利用していて「不安を感じる」または「どちらかといえば不安を感じる」と回答した個人に占める割合

出所：総務省「令和4年通信利用動向調査」

図表4-12はクレジットカードの不正利用被害の発生状況の推移を表している。これによると、インターネット上の決済で多く用いられているクレジットカードの不正による被害額がここ数年高い水準にあることが示されている。

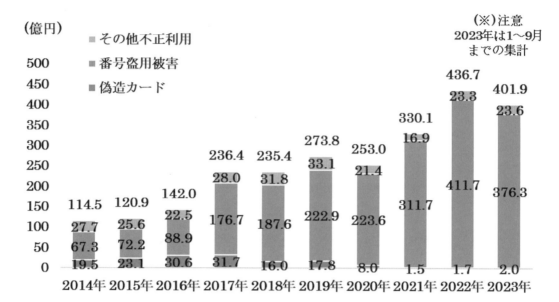

図表4-12：クレジットカード不正利用被害の発生状況

出所：一般社団法人日本クレジット協会「クレジット不正利用被害の発生状況」

一般社団法人日本クレジット協会によれば、クレジットカード不正による被害額は、2019年まで増加傾向にあった。2020年は前年比で減少となったが、2022年は436.7億円と過去最高となり、2023年も9月までの累計で既に401.9億円となっており、そのまま推移すると仮定した場合、過去最大の不正利用被害額となる可能性がある。BtoC-ECの場合、クレジットカードを決済手段として利用する機会が多いことから、このような大きな被害額が前述のアンケート結果のような消費者側の懸念に繋がっているものと見られる。

一般社団法人日本クレジット協会が中心となって設立された「クレジット取引セキュリティ対策協議会」は、2020年3月に「クレジットカード・セキュリティガイドライン」をとりまとめ、2023年3月に改訂版を発表[16]している。この中で、Ⅰ.クレジットカード情報保護対策分野とⅡ.不正利用対策分野に関する対策等が記載されており、Ⅱ.は(A)対面取引におけるクレジットカードの不正利用対策と(B)非対面取引におけるクレジットカードの不正利用対策に分けて取りまとめられている。(B)については、加盟店、クレジットカード会社、国際ブランド、行政業界団体等といった主体別の具体的な対策が策定されている。

---

[16] 経済産業省「クレジットカード・セキュリティガイドライン【4.0版】が改訂されました」(2023年3月15日)

④スマートフォン

　3.2.2項でも述べているように、2022年における世帯あたりのスマートフォンの普及率は90.1%であった。相対的に、パソコンの保有率は低下傾向にあり、スマートフォンの存在感は年々増している状況にある。電子商取引においてもその傾向は見られ、物販、サービス、デジタルの各分野においてスマートフォン経由での取引額が増加基調で推移している。本調査において、物販分野におけるスマートフォン経由のBtoC-EC市場規模を推計したところ、8兆6,181億円であった。これは、物販のBtoC-EC市場規模の約58.7％に相当する金額である（図表4-13）。

図表4-13：BtoC-EC（物販）におけるスマートフォン経由の市場規模

2023年の物販のBtoC-EC市場規模……（A）	14兆6,760億円
うち、スマートフォン経由……（B）	8兆6,181億円
スマートフォン比率（B）÷（A）	58.7%

出所：総務省「家計消費状況調査」、eMarketer "Japan Retail Mcommerce Sales"（Feb 2024）等に基づき推計

　図表4-14は、スマートフォン経由の物販のBtoC-EC市場規模とスマートフォン比率に関する推移である。2022年と比較すると、2023年におけるスマートフォン経由の物販のBtoC-EC市場規模は7,806億円増加しており、増加率は10.0％であった。物販系分野のBtoC-ECの市場規模が拡大する中でPCからスマートフォンへの移行がさらに進んでいるものと見られる。当面は、スマートフォンを通じた電子商取引が物販系BtoC-EC市場規模拡大の要因となる状況が継続するものと考えられる。

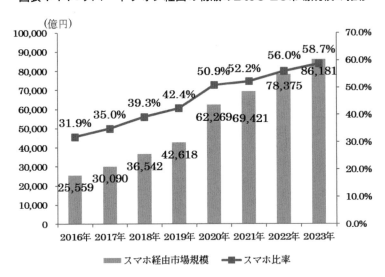

図表4-14：スマートフォン経由の物販のBtoC-EC市場規模の推移

出所：総務省「家計消費状況調査」、eMarketer, Feb 2024 等に基づき推計

スマートフォン経由の電子商取引がPC経由のそれと異なる特徴として、スマホアプリとしてサービスを提供している事例が挙げられる。PCのブラウザからECウェブサイトを利用する場合、一般にサービス事業者からの連絡・通知は当該ウェブサイトのマイページ上か別途メールにて行われる。一方、スマホアプリの場合はプッシュ通知機能を用いてサービス事業者が能動的に利用者へコミュニケーションを図ることができる。メール通知の場合は受信した複数のメールの中に埋もれてしまう可能性もあるが、スマホアプリの通知であれば当該サービスから通知が来たことを利用者側は即座に察知することができ、さらに当該スマホアプリ内で直ちにサービスを利用することもできる。

　このため、スマホアプリは利用者にとって利便性が高く、事業者にとっても消費者とより強いリレーションを構築するチャネルとして期待されている。ライフスタイルが多様化する中でBtoC事業を拡大するためには、事業者が消費者とより強いリレーションを構築することが重要な要素の一つとされ、存在感を増すスマートフォン経由の動線を確立することが欠かせない。なお、スマートフォンへの対応という観点では、スマートフォンが具備するカメラや決済といった機能を活用し新たなEC体験を提供するといった事例も見受けられる。

⑤SNS利用のさらなる広がり
　LINE、X（旧Twitter）、InstagramといったSNSはそれぞれに用途が異なり、また、中心的な利用者の年代も各SNSツールで異なる。スマートフォンの高い普及率を背景に、SNSの利用が社会生活において定着している。

　図表4-15は2020年から2022年にかけてのSNSの利用状況に関する統計データである。2022年におけるSNS利用率は80.0%で、2021年と比較するとほぼ全ての年齢階層で増加し、特に6～12歳及び70歳以上の各年齢階層での伸び率が大きい。

図表4-15：SNSの利用状況（個人）

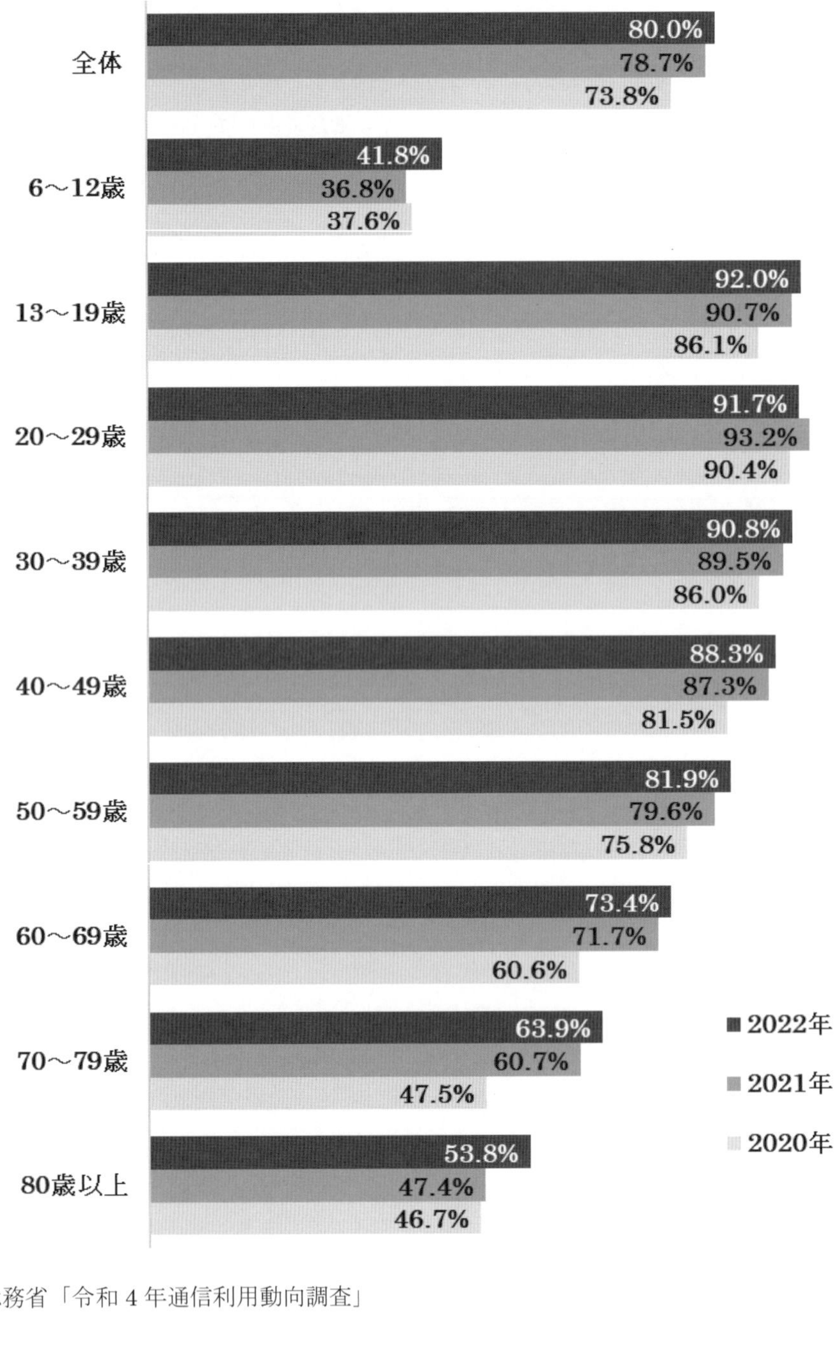

年齢	2022年	2021年	2020年
全体	80.0%	78.7%	73.8%
6～12歳	41.8%	36.8%	37.6%
13～19歳	92.0%	90.7%	86.1%
20～29歳	91.7%	93.2%	90.4%
30～39歳	90.8%	89.5%	86.0%
40～49歳	88.3%	87.3%	81.5%
50～59歳	81.9%	79.6%	75.8%
60～69歳	73.4%	71.7%	60.6%
70～79歳	63.9%	60.7%	47.5%
80歳以上	53.8%	47.4%	46.7%

出所：総務省「令和4年通信利用動向調査」

　買物の情報源としてのSNSの活用も広まっている。写真や動画の投稿をメインとするInstagramは既にEC機能を備えている等、SNSとECとの連携が進み、顧客の購買体験価値の向上につながっていると言えよう。

　ECにおけるSNS活用を検討するに当たっては、SNSの媒体別利用動向を年代別で把握することも有用である。図表4-16は、2021年度と2022年度における主なSNSサービス毎の年代別利用率を示している。

それによると、最も広く利用されているサービスはLINEであり、2022年度は全年代で、90%を超える利用率となっている。年代別でも、60代を除く各年代で90％を超える利用率となっている。Twitter[17]は全年代では横ばいであるが、20代の利用率が高く、78.8%となっている。2021年度と比較すると10代の利用率が大きく減少し、20代の利用率はほぼ横ばいである。Instagramは全年代で増加しており、LINEに次ぐ利用率となっている。20代を除きLINEに次いで高い利用率となっている。Facebookは、全年代では減少し、各年代で減少またはほぼ横ばいとなった。TikTokは全年代及び各年代で顕著な増加が見られ、10代では60%を超える利用率となっている。

　ECにおけるマーケティング等でSNSサービスを活用するに当たっては、自社のターゲット層にリーチし得るSNSサービスを、年代別利用動向を勘案しつつ選択することが望ましい。ただし、必ずしも単一のサービスに絞る必要はなく、効果的に自社の商材・サービスを浸透させるため、複数のSNSサービスを活用する事業者も増加している傾向にある。また、近年はTikTokをはじめとする縦型ショート動画の人気が高まっており、ECに活用する事例も増加している。自社商材・サービスのターゲット層の利用率に加え、各SNSサービスの特徴を複合的に捉えた上で活用方法を検討することが望ましい。

---

[17] 2023年7月よりTwitterは「X」というブランドに変更となったが、2022年の利用率に関する記述ではTwitterと表記している。

図表4-16:年代別主なSNSサービスの利用率

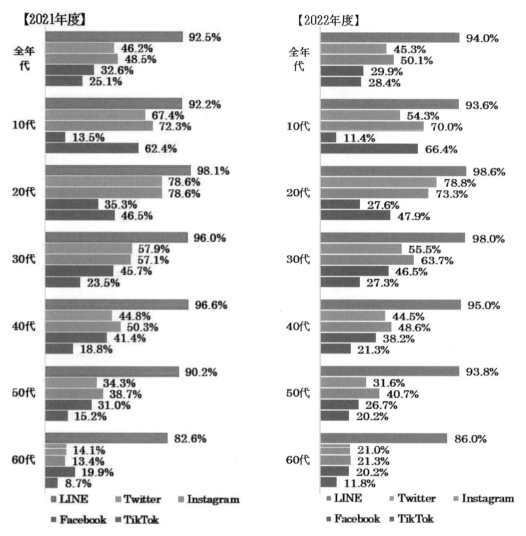

出所:総務省「令和4年度情報通信メディアの利用時間と情報行動に関する調査」

　これからもSNSの利用度は堅調に推移し、ECとの結びつきもより高まると考えられる。また、中長期的な視点で捉えても、SNS活用の巧拙はEC事業の成果に直結すると考えられる。

4.3 推定市場規模と動向＜物販系分野＞

4.3.1 市場規模

物販系分野の商品毎のEC市場規模及びEC化率は以下の通りである。

図表4-17：物販系分野のBtoC-EC市場規模

分類		2022年		2023年	
		市場規模 （億円） ※下段：前年比	EC化率	市場規模 （億円） ※下段：前年比	EC化率
①	食品、飲料、酒類	27,505 （9.15%増）	4.16%	29,299 （6.52%増）	4.29%
②	生活家電、AV機器、PC・周辺機器等	25,528 （3.84%増）	42.01%	26,838 （5.13%増）	42.88%
③	書籍、映像・音楽ソフト	18,222 （4.02%増）	52.16%	18,867 （3.54%増）	53.45%
④	化粧品、医薬品	9,191 （7.48%増）	8.24%	9,709 （5.64%増）	8.57%
⑤	生活雑貨、家具、インテリア	23,541 （3.47%増）	29.59%	24,721 （5.01%増）	31.54%
⑥	衣類・服装雑貨等	25,499 （5.02%増）	21.56%	26,712 （4.76%増）	22.88%
⑦	自動車、自動二輪車、パーツ等	3,183 （5.55%増）	3.98%	3,223 （1.26%増）	3.64%
⑧	その他	7,327 （5.22%増）	1.89%	7,391 （0.87%増）	1.91%
	合計	139,997 （5.37%増）	9.13%	146,760 （4.83%増）	9.38%

市場規模の大きい順に「食品、飲料、酒類」、「生活家電、AV機器、PC、周辺機器等」、「衣類・服装雑貨等」、「生活雑貨、家具、インテリア」、「書籍、映像・音楽ソフト」であった。このうち上位4カテゴリーが2兆円を突破した。これらの4カテゴリー合計で物販系分野の約73%を占めている。

図表4-18：物販系分野内での各カテゴリーの構成比率
（単位：億円）（％は構成比率）

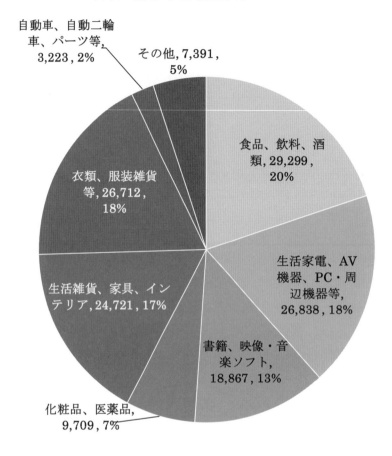

4.3.2 食品、飲料、酒類

「食品、飲料、酒類」分野におけるBtoC-ECの市場規模は2兆9,299億円となり、前年比で6.52%増加した。EC化率は4.29%であった。先述の3.1.3で記載しているように、総務省統計局家計調査によれば、2023年の1世帯あたりの「食品、飲料、酒類」の年間平均支出は698,876円と、新型コロナウイルス感染症拡大前の2019年と比較すると7.7%増加している。項目別にみると、特に調理食品の伸びが大きく、その他酒類、菓子類、肉類等が伸びている。

本カテゴリーに参入している企業はGMS（総合スーパー、General Merchandise Store）等によるネットスーパー、EC販売に特化した（またはEC販売を主要事業とした）ネットスーパー、EC大手企業、飲料専門事業者、従来型通販事業者、菓子メーカー、酒類販売業、百貨店に加え、日用品メーカー等の他業界からの参入も見られ、バラエティに富んでいる。売上規模ベースでは、大手ネットスーパーが目立つことから、本カテゴリーの市場規模拡大にはネットスーパーが大きく寄与していると推察される。新型コロナウイルス感染症拡大を契機として広がった食品をECで購入する消費行動が定着し、ネットスーパー市場が拡大した。背景には、既存事業者がネットスーパー事業強化を進めていることや、ネットスーパーへの新規参入が増えていることも関係している。

こうした中、大手小売企業では受注キャパシティの拡充を目的とした物流拠点への積極的な投資が進んでいる。また、配達員がバイクや自転車により店舗の食材を数十分ほどで届ける「クイックコマースサービス」も広がりを見せている。同サービスは都市部を中心に、子育てや介護などで買い物に行く時間が取りにくい消費者向けに、店舗食材の配達や来店サービスを一切実施していない配達専用店舗（ダークストア）からの商品配送などを行うものである。大手ECプラットフォーム事業者の参入などで市場が盛り上がりを見せている一方、同事業から撤退を決める事業者も出ており、展開は容易ではない様子がわかる。

ところで、ネットスーパー事業の配送方法には、実店舗の陳列品または在庫の中からピッキングを行い消費者の自宅まで配送する「店舗出荷型」と、在庫を集約させた配送センターから消費者へ届ける「センター出荷型」に大別される。店舗出荷型は通常の店舗営業に加えてネットからの注文に対してピッキング業務を行う必要があるため、作業負荷が高いと言われている。また、店舗出荷型は自社店舗から配送することになり、配送コスト負担増に加え、配送エリアも限定的にならざるを得ない。このようなことから、小売事業者が営むネットスーパーは「店舗出荷型」を基本とするも、経営規模が大きな小売事業者は「店舗出荷型」と「センター出荷型」を併用した配送形態を採用するケースも見られ、コストバランスに配慮した取組が実践されている。そもそも食料品は在庫管理、受注管理、配送、アフターフォローまでの様々なフルフィルメント業務において他の商品カテゴリーに比べてコストが比較的高くなることが多いとも言われており、ネットスーパー事業を進めるにあたっては、トータルの運営コストの最適化が急務となっている。そのためには、フルフィルメント業務において自社で行う業務と、第三者に委託する業務の効率的な組み合わせを実現することが先決であろう。例えばピッキングに際しては店内ピッキングや店内倉庫ピッキングの他、マイクロフルフィルメントセンター[18]やダークストア、大規模倉庫の活用等、様々なオプションが考えられる。キャパシティや処理速度、自動化の程度が異なる様々なオプションについて、流通取扱総額や取扱商品の特性等に併せて、収益性を高める最適な選択を検討する必要がある。また、配送に関しては自社配送や第三者への配送業務の委託の他、先述したクイックコマースの利用等の選択肢がある。これらもキャパシティやコスト、配達スピード等で異なり、自社商品の特徴に鑑みて効率的な選択を行うことが不可欠である。

---

[18] 店舗併設型の小型物流拠点。

健康食品分野でもBtoC-ECの売上が拡大したと見られる。元々、健康食品のメインユーザーである高齢者がテレビ通販やカタログ販売等から徐々にECでの購入に移行しつつあるといった点に加え、新型コロナウイルス感染症拡大を契機として生活習慣病予防、ダイエット、健康増進といった消費者のニーズを捉えた商品が注目されたことが売上拡大の主要因とも推察される。幅広い機能性を有する健康食品はECとの相性が良いと指摘する向きもあり、今後も市場規模の拡大は継続する可能性が想定される。

4.3.3　生活家電、AV機器、PC・周辺機器等

「生活家電、AV機器、PC・周辺機器等」分野におけるBtoC-ECの市場規模は2兆6,838億円となり、前年比で5.13%の増加となった。EC化率は42.88%であり、物販系の中でEC化率が高いカテゴリーの一つである。先述の3.1.3で記載しているように、総務省統計局家計調査によれば、2023年の1世帯あたりの「生活家電、AV機器、PC・周辺機器等」の年間平均支出は64,020円となっており、2022年の62,305円と比較すると2.8%の増加であり、新型コロナウイルス感染症拡大前の2019年との比較では11.7%の増加となっている。コロナ禍からの社会経済活動の正常化が進んだ2023年は、人流の活発化に伴い在宅時間が減少し、調理家電等の利用シーンが少なくなったこと等による家電需要の減少や、物価高などに伴う実質賃金の低下・可処分所得の減少による耐久消費財の買い控えなどがあった一方、省エネを意識した製品ニーズの高まりによる高単価商品の需要増加が見られ、結果として前年比で緩やかな伸び率となった模様である。

本カテゴリーのBtoC-EC市場は、引き続きAmazon等の大手ECプラットフォーム事業者対大手家電量販店、通販事業者という市場の構図となっている。生活家電、AV機器、PCといった製品は、財の性質上「探索財」に分類されるものである。食品やアパレルのような「経験財」とは異なり、製品の仕様が明確であるため事前の調査（探索）行為を通じて製品の内容や特徴を理解しやすい。従って、元来本カテゴリーの製品はECでの販売に親和性が高いと言える。

本カテゴリーはBtoC-ECの市場拡大と共に、実店舗の新たな役割が模索されてきたカテゴリーでもある。大手家電量販店の中には、早い段階から消費者のショールーミング志向を逆手にとった戦略をとっているところがある。一例を挙げれば、実店舗の電子棚札とECサイトの価格をリアルタイムで連動させることにより、実店舗とECサイト上の販売価格の差をなくすとともに、後日配送でも差し支えない商品に関してはECサイトから購入を促す仕組みを導入する動きが挙げられよう。また、店内にWi-Fi環境を整備し、店内での商品撮影やSNS投稿を解禁し、むしろECに誘導することを歓迎する手法によってEC販売額を拡大させている例がある。加えて、物流力がEC販売の明暗を分けるのも本カテゴリーの特徴である。受注後短時間での配送を実現するための配送網の整備と共に、近年大型の物流センターの整備を進めることでECの市場規模拡大を支えてきた一面がある。

そして近年広がりを見せているのが、家電ECにおけるリユース・リサイクル市場である。大手家電量販店などで家電を宅配回収し、リユース・リサイクル品の販売サービスを開始する事業者が増加している。背景には、半導体不足に起因する新品の家電不足や物価高騰の影響に加え、代替品としてのリユース家電需要の増加も無視できない。消費者のサステナビリティ意識の高まりが後押ししている面もあろう。家電のリユース市場は小物家電を中心に取り扱いを開始する事業者が多くを占めるが、大型の白物家電を取扱うケースも増えており、今後本カテゴリー市場の拡大に寄与することが期待されている。

4.3.4 書籍、映像・音楽ソフト（オンラインコンテンツを除く）

本カテゴリーは、書籍、映像ソフト・音楽ソフト（オンラインコンテンツを除く）から構成される。2023年のBtoC-ECの市場規模は1兆8,867億円という推計結果であった。前年比で3.54％の増加、EC化率は53.45％となった。公益社団法人全国出版協会によれば、2023年の紙の出版物（書籍・雑誌合計）の市場規模は1兆612億円、前年比でマイナス6.0％であった[19]。近年の紙の出版市場規模の減少傾向に対し、書籍のBtoC-EC市場は緩やかな拡大を継続してきたが、2020年、2021年に見られた新型コロナウイルス感染症拡大による巣ごもり需要が終息したことや、物価高騰により趣味・娯楽品の一つである出版物への買い控えが発生したこと等が理由で2023年の本カテゴリーの市場規模は緩やかな伸びとなった。また、近年は電子出版（電子書籍、電子雑誌）の市場規模も拡大傾向にあり、4.5.2で記載の通り2023年の同市場は本カテゴリーの伸び率を上回って大きく伸長している。ただし電子出版市場の大半はコミックが占めることから、コミックに関する紙の出版市場への影響は想定されるものの、それ以外の電子出版物が紙の出版市場に与える影響は、大きくないと考えられる。一方で、書籍を読む場所（外出先もしくは自宅など）や、ジャンル（コミックもしくは実用書など）によって実物の書籍と電子書籍の使い分けを行うといった消費者行動に関する調査結果もあり[20]、双方の市場が共存することも想定される。

映像・音楽ソフト（オンラインコンテンツを除く）についても、2023年のBtoC-ECの市場規模は拡大した。しかしながら、一般社団法人日本映像ソフト協会の発表[21]によれば、同協会に加盟するソフトメーカーの2023年におけるビデオソフト（DVD、ブルーレイ）の出荷実績は横ばいとなっている。こうしたことから後述の4.5.3、4.5.4で記載の通り、近年の市場規模拡大にはオンラインコンテンツである動画配信や音楽配信の伸長が影響していると考えられる。

---

[19] 公益社団法人全国出版協会・出版科学研究所「出版月報2024年1月号」（2024年1月25日）
[20] honto「読書の状況と書店の認知と利用動向に関するアンケート」（2018年2月に全国10代～60代男女1,200名に対して実施）
[21] 一般社団法人日本映像ソフト協会「2023年ビデオソフトの売上」

4.3.5 化粧品、医薬品

　本カテゴリーの推計対象は、化粧品全般、医薬品、及び美容・健康関連器具である。「化粧品、医薬品」分野におけるBtoC-ECの市場規模は9,709億円となり、前年比で5.64%増加する結果となった。EC化率は8.57%であった。先述の3.1.3で記載しているように、総務省統計局家計調査によれば、2023年の1世帯あたりの「化粧品等」「医薬品等」の年間平均支出はそれぞれ49,590円、66,350円と、2019年と比較するとそれぞれ1.7%増、2.8%増であり、2022年と比較するとそれぞれ4.8%増、1.0%減となった。化粧品等は、マスクの規制緩和や新型コロナウイルス感染症の5類移行に伴う外出機会の増加により、メイクアップ用品全般の支出が拡大した。一方、医薬品等は、新型コロナウイルス感染症拡大によりマスクや消毒液といった衛生商品の需要により支出が拡大したが、2023年においてはマスクの規制緩和もあり前年比で減少しており、需要が一服したと考えられる[22]。

　化粧品業界は大きく国内大手企業、通販系企業、外資系企業に分類される。販売チャネルも多様であり、百貨店、GMS、ドラッグストア、コンビニエンスストアといった実店舗に加え、訪問販売、カタログ通販、テレビ通販と様々である。化粧品はスキンケア・基礎化粧品、ベースメイク、メイクアップ、香水、オールインワン等種類が多く、製品の訴求ポイントも無添加やオイルフリー、アンチエイジング、肌の保湿等、メーカーによって様々である。化粧品は実際に試してみないと分からないため「経験財」に分類される。日本はドラッグストア等の店頭販売が充実しており、実店舗で購入するケースも多い。また、化粧品には安価な商品が多い一方、カウンセリングを伴う対面販売が適しているケースも多く、EC向きとは言えない化粧品の存在感が大きいのも事実である。以上のことから化粧品は他のカテゴリーよりもEC化率が低いことが特徴であり、一般的に対面依存度が高いカテゴリーと理解されている。

　そのような中、2020年は新型コロナウイルス感染症拡大の影響で実店舗での化粧品販売が不振に陥ったことや、訪日外国人観光客の激減に伴うインバウンド需要の消失が打撃となり本カテゴリーは大きく縮小を余儀なくされた。2021年以降は少しずつ回復傾向にあったが、2023年はマスクの規制緩和や外出機会の増加により支出が拡大し、新型コロナウイルス感染症拡大前である2019年度の市場規模を上回る結果となっている。コロナ禍以降、オンライン会議で自分の顔を見る機会が増えたことで、女性だけでなく男性の美容意識が高まり、男性化粧品の市場が拡大していることも一因であると推察される。

---

[22] 総務省統計局の「家計調査」では、マスクは「保健用消耗品」として「保健医療」というカテゴリーに分類されている。

本カテゴリーのBtoC-EC市場規模は前年比5.64%の増加であり、新型コロナウイルス感染症拡大を契機にECでの支出が増加している。化粧品メーカー各社が新型コロナウイルス感染症拡大による実店舗需要の減少に対応するため、ECでの販売に大きく力を注いだ結果と言える。百貨店等を主要チャネルとするメーカーは肌測定ツールやメークアップシミュレーションなどをECサイトで展開するだけでなく、Web広告やライブコマースを強化するといった各種施策により、EC利用の増加につなげている。

　アパレルで見られるオンライン接客について、化粧品でも大手化粧品メーカーを中心に、専門スタッフによるカウンセリングなど同様の取組を積極的に推進しており、LINEやチャットで消費者とコミュニケーションをとる事例も増えている。化粧品業界もまた、ECへのシフトを念頭に実店舗の役割を柔軟に変化させていることが良く理解できる。加えて、テクノロジーの進化も化粧品販売にプラスの効果をもたらしている。例えば、AR（拡張現実）の技術を活用し、サイト上で自身の写真や動画を用いてバーチャルに化粧品を試すことで、化粧品の購入前にシミュレーションが可能になるサービスが登場している。

　2023年は行動制限が解除され、外出機会が増加したことで実店舗回帰が進んだが、コロナ禍に進んだオムニチャネル化により、コロナ禍前と比べると、実店舗とECの役割が変化してきている。今後も、実店舗とECそれぞれの特性を生かした棲み分けと連動強化が進むと見られる。

　一方、医薬品のネット販売に関しては、薬事法の改正によってインターネット上でほとんどの一般用医薬品の販売が可能となった。これにより市場規模はまだ小さいものの、医薬品のEC売上が右肩上がりで伸びている。また、2020年には新型コロナウイルス感染症拡大に際して、パソコンやスマートフォンを使用して薬剤師が患者に薬の飲み方を説明する「オンライン服薬指導」が時限的・特例的な対応として初診も含め解禁となり、2022年には上記時限的特例を恒久化する規制緩和が実施された。ただし、その利用率は依然として低く[23]、オンライン服薬指導が可能な処方箋であっても対面で服薬指導が実施されているケースもあると指摘されている[24]。他方、2023年1月から「電子処方箋」が開始された。これは、これまで患者が医療機関で受け取り、薬局に持ち込んでいた紙の処方箋をデジタル情報にしたもので、医師は患者に電子処方箋の番号を伝え、薬剤師は患者の示す番号に基づき、処方箋を閲覧する仕組みであり、オンライン服薬指導の普及に繋がることが期待されている。今後オンラインでの診療や服薬指導に係る課題が解決されれば、一般用医薬品のネット販売に対する消費者の心理的ハードルが下がり、市場拡大が一層進む可能性も示唆される。

---

[23] 厚生労働省「第2回薬局薬剤師の業務及び薬局の機能に関するワーキンググループ」資料3-1「オンライン服薬指導について」一般社団法人日本保険薬局協会「管理薬剤師アンケート報告書」（2023年3月）

[24] 一般社団法人日本経済団体連合会「オンライン診療・服薬指導の普及に向けて」（2021年10月7日）

4.3.6　生活雑貨、家具、インテリア

　本カテゴリーは、家事雑貨（食器台所用品等）、家事用消耗品（洗剤やティッシュ等）、一般家具、インテリア（カーテン等）、寝具類により構成される。2023年のBtoC-ECの市場規模は2兆4,721億円となり、前年比で5.01%増加した。EC化率は31.54%である。BtoC-ECの売上の内訳は、約7割が家事雑貨、家事用消耗品、残りの約3割が一般家具、インテリア、寝具類である。先述の3.1.3で記載しているように、総務省統計局家計調査によれば、2023年の1世帯あたりの「生活雑貨、家具、インテリア」の年間平均支出は80,178円と、新型コロナウイルス感染症拡大前である2019年と比較すると4.3%増であり、2022年と比較すると1.7%減となった。

　日用品や雑貨に関して、新型コロナウイルス感染症拡大の状況下においては外出を控える行動により普段使いの商品のストック需要の高まりと共にネットでの購入が増加したが、2022年には需要が一服し伸び率は鈍化し、2023年もその傾向は継続している。家事雑貨、家事用消耗品は取扱品目数が非常に多く、また個々の商品単価が安価であるため、販売側の立場では品揃えとコストとのバランスが課題と想定される。また、送料との見合いから単価の低い日用品のまとめ買いのニーズや、他の商品の購入に伴う「ついで買い」に支えられている面も強いと想定される。近年、購入頻度の高い消耗品についてはサブスクリプションの利用が広がっており、EC市場規模拡大への寄与が期待される。また、食品分野でも新たな展開として注目されているクイックコマース（4.3.2参照）が日用品分野においても取扱いが拡大しているという動きもあり、新たな需要の取込みにつながる可能性がある。

　家具やインテリア商品について、2021年から継続している巣ごもり需要の一巡感や、外出機会が増加したことで室内を充実させるニーズにも落ち着きが見られ、市場の伸びは鈍化したものと見られる。家具やインテリア商品は、一部物理的なサイズが大きいこともあり、豊富なラインナップを取り揃えるには売り場や在庫の制約がある。また、サイズや色に関して、各家庭のニーズに合わせて様々な取り揃えが求められるといった事情もある。この点、ECサイトでは同じ商品の色違いやサイズ違いの掲載が可能となり、また家具類を利用した部屋のコーディネートもパターン別で紹介することができる。従って、家具やインテリア商品はEC販売と相性の良いカテゴリーと言える。

　また、拡張現実（AR）の技術を使い、家具やインテリア商品を自宅の部屋に置いたイメージをスマートフォンで確認できる機能を提供する事業者も増えている。こうした技術の活用により、購入前に実店舗で実物を確認したいといった需要が根強い家具やインテリア商品について、部屋の広さや雰囲気に適しているかを把握しやすくなり、ECでの購入の抵抗感を薄める一助となっている。さらに、AIを活用しECサイト上で消費者の好みに沿った商品を提案する技術も進化しており、従来のキーワード検索では辿り着けなかった商品の提案により、新たな需要の発掘が期待されている。

4.3.7 衣類、服装雑貨

本カテゴリーは、衣類（インナーウエア・アウターウエア）、服装雑貨（靴、鞄、宝飾品、アクセサリー）、子供服（ベビー服含む）、スポーツ用品といった製品群で構成される。「衣類、服装雑貨」分野におけるBtoC-ECの市場規模は2兆6,712億円となり、前年比で4.76%増加した。EC化率は22.88%であった。BtoC-ECの売上の内訳は、約半分程度をアウターウエアが占め、服装雑貨系（靴、鞄、宝飾品等）、インナーウエアが続いている。

先述の3.1.3で記載しているように、総務省統計局家計調査によれば、2023年の1世帯あたりの「衣類、服装雑貨」の年間平均支出は119,393円と2019年と比較すると15.7%減、2022年と比較すると1.5%減となった。新型コロナウイルス感染症拡大下において外出自粛による衣類、服飾雑貨等の購入機会の減少や、在宅勤務の浸透による軽装化等による支出の減少のほか、SDGsやサステナビリティといった社会的関心の高まりもあり、短期サイクルで服を買い替えていくのではなく、自分が本当に気に入った服を長く大事に着ようという価値観の変化も見られる。加えて、2023年は暖冬傾向にあり、売上に占める割合の高いアウターウエアが不振であったことから、2023年の支出は前年比で減少したと推察される。

本カテゴリーのBtoC-EC市場規模は2020年、2021年と新型コロナウイルス感染症拡大を契機に大きく伸びたが、2022年、2023年はその傾向は落ち着き、緩やかな伸びとなっている。2023年は行動制限が解除され、外出機会が増加したことで実店舗回帰が進んだが、コロナ禍でのオムニチャネルの定着により、OMO（Online Mergeswith Offline）を含むECと実店舗の在り方が変容してきている。一例を挙げれば、ECサイト上の商品を店舗に取り寄せ、試着してから購入するサービスや、サイト上から来店予約及びスタッフによるスタイリング提案を受けられるサービスを予約できる取組を展開する事業者が増えている。店舗の機能を活用することにより消費者にとっての魅力を高め、EC売上を増加させることを目的としている。また、スマートフォンの専用アプリを使用したオンライン接客も広がっている。オンライン接客では、スタッフが実店舗と同じようにリモートで消費者に接客することができ、消費者にとっては利便性が高く、接客技術を有する販売員に活躍の場を与えることができるメリットもある。また、EC側への送客に貢献した販売員に対し、貢献相応分のインセンティブを支払うといった実績管理の仕組みを整備することで、販売員のオンライン接客へのモチベーションを高めている事例も増えてきている。このように、アパレル業界ではECと実店舗の役割が変化してきており、今後もその変化は継続するものと推測される。

また、一部においてメタバース[25]やNFT[26]領域に進出するケースも増えている。メタバースは空間内で情報が発信されたり、ユーザー同士が交流したりという点でSNSのような側面も持っている。メタバース内ではアバターと呼ばれる、人に近い形のユーザーの識別アイコンが利用されることが多く、その中でファッションを楽しむ需要が生まれるため、アパレル業界とメタバースは他業界と比べても親和性が高いと言われている。本カテゴリーにおけるメタバース領域での取組としては、VR上でのイベント開催や仮想店舗の出店、アバターと服のデータをセットで販売するケースなどが挙げられる。また、NFTの領域については、これまでNFTアイテム自体を販売することで売上を計上する事例が多かったが、最近の事例では、ブランド側がNFTそのものの販売を目的とするのではなく、NFT保有ユーザーのみが特別な商品を購入できる等の特典を「会員証」に近い性格のものとして位置付けることが増えている。まだ一般消費者に広く浸透しているとは言えないメタバースやNFT領域だが、今後の盛り上がり次第では本カテゴリーの市場拡大に寄与する可能性があり、期待が寄せられている。

---

[25] インターネット上の仮想世界・仮想空間サービスの総称。

[26] Non-Fungible Tokenの略で、「代替不可能なトークン」を意味する。

4.4 推定市場規模と動向＜サービス系分野＞

4.4.1 市場規模

サービス系分野のEC市場規模は以下の通りである。

図表4-19：サービス系分野のBtoC-ECの市場規模

分類		2022年 市場規模（億円）※下段：前年比	2023年 市場規模（億円）※下段：前年比
①	旅行サービス	23,518 (67.95%増)	31,953 (35.87%増)
②	飲食サービス	6,601 (33.69%増)	8,165 (23.68%増)
③	チケット販売	5,581 (73.89%増)	6,658 (19.30%増)
④	金融サービス	7,557 (6.11%増)	8,483 (12.25%増)
⑤	理美容サービス	6,139 (3.01%増)	6,854 (11.65%増)
⑥	フードデリバリーサービス	5,300 (10.56%増)	5,868 (10.72%増)
⑦	その他（医療、保険、住居関連、教育等）	6,782 (6.00%増)	7,189 (6.00%増)
	合計	61,477 (32.43%増)	75,169 (22.27%増)

　2023年は、旅行サービス、飲食サービス、チケット販売が昨年に引き続き大きく増加した。市場規模は旅行サービスが3兆1,953億円（前年比35.87%増）、飲食サービスが8,165億円（同23.68%増）、チケット販売が6,658億円（同19.3%増）となった。飲食サービスおよびチケット販売は、新型コロナウイルス感染症拡大の影響を大きく受け、2020年から2021年にかけて市場規模が落ち込んだが、2023年は2019年を上回る水準まで拡大する結果となった。

4.4.2　旅行サービス

2023年の旅行サービスのBtoC-EC市場規模は3兆1,953億円となり、前年比約36%の増加となった。このカテゴリーは、旅行代理店への申し込み、航空機利用（国内便・国際便）、鉄道（新幹線・その他在来線）、バス利用、ホテル・旅館の宿泊費によって構成される。なお、BtoC-ECの市場規模算出においてはビジネスユースである出張は除外している。海外旅行に関しては、日本国内の事業者に対し支払う金額は市場規模に含め、旅行先の国外で利用する交通機関の料金は除外した。また海外旅行に出かけるために日本国内で利用する交通機関は、市場規模の中に含んでいる。

先述の3.1.3で記載しているように、総務省統計局家計調査によれば、2023年の1世帯あたりの「宿泊費・パック旅行費」の年間平均支出は48,321円と、2019年と比べるとまだ22.4%減とコロナ禍前の水準に戻り切ったとは言い難いが、2022年の36,080円と比較すると1.3倍超、2021年比では2.5倍超の大幅増加となった。

国内旅行については、新型コロナウイルス感染症対策として緊急事態宣言やまん延防止等重点措置が繰り返し発出された2020年から2021年にかけ自粛する傾向が強かった。しかし、観光需要喚起策「全国旅行支援」が2022年10月から始まったことや2023年5月に同感染症が「5類」に移行されて隔離措置が終了したことに加え、外出の自粛要請及び就業制限がなくなったこともあり、2022年から回復傾向にあった旅行支出が2023年には更に増加したと見られる。一方、海外旅行については、2022年前半には出入国における水際対策が一部緩和され、2023年5月には水際対策が撤廃される追い風があったが、前年からの世界的な物価上昇と円安が継続し、航空券費用も含めた海外旅行の割高感が続いたため、需要の回復は限定的であった。

また、訪日旅行については、日本への入国の水際対策撤廃や円安の影響を背景に急速に回復、2023年の訪日旅行市場の規模は2019年水準に迫るまで急回復したと推測されている。

オンライン旅行市場に話を絞ると、もともと旅行市場でのインターネットの活用比率は高く、オンライン販売比率は年々増加傾向にあったところ、コロナ禍でその販売行動・購買行動の両方で変化が加速した。旅行事業者の中には、実店舗を閉鎖してその人材をオンライン販売へシフトする例が増加している。

その一方、対面サービスとオンラインサービスのそれぞれの利便性を顧客事情に応じて使い分けるあるいは併用する例も少なくない。単純な「予約経路」としてはオンラインが圧倒的な主流になりつつあるものの、予約に至るまでの情報提供の段階で、従来の対面サービスや電話サービスに準じたWebミーティングシステムを用いた商談や説明を行うケースもあり、対面サービスとオンラインサービスの利点をどのように活かすかが、各社の差別化の重要な要素になりそうである。

4.4.3 飲食サービス

BtoCにおける飲食サービスとは、インターネットを使用した飲食店の予約のことを指す。座席のみの予約、料理内容の予約を問わず、事前のネット予約全てを対象とする。本カテゴリーの市場規模は新型コロナウイルス感染症拡大の影響で2020年、2021年と減少していたが、2022年に増加に転じ2023年は8,165億円と前年比23.68%の増加となった。

2023年の外食産業は、新型コロナウイルス感染症拡大による行動制限か緩和から解除へと進んだことで人流が戻り、訪日外国人数の回復によりインバウンド需要が拡大したこともあって、全体の売上高は前年比114.1%、2019年比でも107.7%となった（図表4-20）。業態で見ると、テイクアウトやデリバリーの定着等で好調を維持したファーストフードを除く、多くの店内飲食業態が新型コロナウイルス感染症拡大前の売上水準まで回復していない状況は、前年と同様であった。特に「パブレストラン/居酒屋」は忘年会等の宴会需要が回復しつつあるものの、店舗数自体は2019年比で69.0%と減少傾向にある[27]。全体の店舗数も2019年のみならず前年の水準を割り込み、人手不足の常態化による売上機会の逸失等が、引き続き本カテゴリーの市場規模回復の阻害要因となっている。

図表4-20：外食産業の2023年売上状況

	2022年比	2019年比
全体	114.1%	107.7%
ファーストフード	110.4%	120.1%
ファミリーレストラン	117.5%	98.9%
パブレストラン/居酒屋	134.9%	66.5%
ディナーレストラン	122.7%	93.6%
喫茶	120.6%	96.2%
その他	117.5%	112.0%

出所：一般社団法人日本フードサービス協会「外食産業市場動向調査　令和5年（2023年）年間結果報告」

---

[27] 一般社団法人日本フードサービス協会「外食産業市場動向調査令和5年（2023年）年間結果報告」

4.4.4 チケット販売

チケット販売のBtoC-ECとは、インターネットでのチケットの申込みのことを指し、クレジットカード決済、コンビニ決済等の決済方法は問わない。ここでいうチケットの対象は、音楽系（コンサート、フェス等）、ステージ系（演劇、ミュージカル、お笑いライブ等）、スポーツ系（野球、サッカー等）、及び映画である。

チケット販売のBtoC-ECの市場規模は2021年、2022年と前年比で大幅増加となったが、2023年においても増加の傾向が続き、6,658億円で前年比19.30%の増加となった。2019年の本カテゴリーのBtoC-ECの市場規模は5,583億円であり、新型コロナウイルス感染症拡大前の水準を上回る水準まで市場規模が拡大した。新型コロナウイルス感染症の5類移行を受け、スポーツやアーティストの全国ツアー、ドーム規模の来日公演等が活発化し、コロナ禍前以上の拡大基調となっている模様である。先述の3.1.3で記載しているように、総務省統計局家計調査によれば、2023年の1世帯あたりの「映画・演劇・スポーツ観戦」の年間平均支出は7,748円と、前年の7,107円から大幅に増加していることからも、増加の様子がうかがえる。

4.4.5 理美容サービス

本カテゴリーには「ヘアサロン」「ネイルサロン」「エステサロン」「リラクゼーション」「アイビューティ」のサービスのインターネット予約を含んでいる。2023年のBtoC-ECの市場規模は6,854億円と、前年比で11.65%増加した。

本市場規模の推計を開始した2015年は2,420億円であったが、その後（2016年）3,261億円、（2017年）4,188億円、（2018年）4,928億円、（2019年）6,212億円[28]と毎年高い成長率を記録し、新型コロナウイルス感染症拡大の影響を受けた2020年においても6,229億円と微増ながらも成長が継続した。2021年は5,959億円と前年比で減少する結果となったものの、2022年には6,139億円と前年比で増加に転じ、2023年においては2020年を上回る結果となり、推計開始以来最も大きな市場規模となった。

---

[28] 利用頻度や一回あたりの料金単価には前年から大きな変動は見られないため、市場規模の拡大はネット予約率の増加によるものである（令和元年度デジタル取引環境整備事業（電子商取引に関する市場調査）より）。

4.4.6　フードデリバリー

　サービス系分野の中で新型コロナウイルス感染症拡大を追い風にBtoC-EC市場規模を拡大させているのがフードデリバリーである。2020年のBtoC-ECの市場規模は3,487億円であったが、2021年は4,794億円で前年比37.48%と大幅に増加し、2022年は5,300億円で前年比10.56%の増加となった。2023年においては5,868億円で前年比10.72%と増加し、市場の拡大は続いていることから、消費者の購買行動としてフードデリバリーサービスを利用して食事を注文することが定着した可能性を示唆する結果となった。

　フードデリバリーの注文方法は、「飲食店に直接電話」「飲食店が提供するウェブサイト・専用アプリで注文」「フードデリバリー専用のウェブサイト・アプリで注文」がある。このなかで、インターネットを利用せず飲食店に直接電話する消費者は一定数存在すると見られる。我が国の外食産業は約17兆円規模[29]と見られており、このようなことからも、同BtoC-EC市場規模はまだ大きな成長余地があると考えられる。国民の食事量の総量が急に増加するわけではないため、外食、中食、内食、テイクアウト、フードデリバリーで市場を取り合う構図に変わりはない。消費者によるフードデリバリー利用の定着については、引き続き消費者動向を見守ることが重要である。

　なお、フードデリバリー事業者の新たな展開として、配達員がバイクや自転車により食品や日用品等を数十分ほどで届ける「クイックコマースサービス」が注目されている。背景として、都市部を中心に子育てや介護などで買い物に行く時間が取りにくい消費者のニーズが広がっていることや、配達員が食事の宅配のみを行うと昼食・夕食時間帯にサービス提供が集中し、それ以外の時間帯の稼働・収入が限定的となるため、食事の時間帯以外にも安定した稼働を確保したいフードデリバリー事業者の関心が高まっていることなどがあると推察される。

　また、自動配送ロボットによるラストワンマイル配送は、フードデリバリー事業とも親和性が高く、公道での特定自動運行を可能とする改正道路交通法の2023年4月の施行を受け、実用化に向けた取り組みの加速が期待されている。こうした新たな技術も活用し消費者のニーズに応え続けることにより、フードデリバリー各社が収益機会を拡大し、成長性の高い市場として在り続けることができるのか、今後の動向が注目される。

---

[29] 一般社団法人日本フードサービス協会「令和3年外食産業市場規模推計について」(2023年3月) より、2021年の数値。

4.5 推定市場規模と動向＜デジタル系分野＞

4.5.1 市場規模

デジタル系分野のEC市場規模は以下の通りである。

図表4-21：デジタル系分野のBtoC-EC市場規模

分類		2022年 市場規模（億円）※下段：前年比	2023年 市場規模（億円）※下段：前年比
①	電子出版（電子書籍・電子雑誌）	6,253 (10.16%増)	6,683 (6.87%増)
②	有料音楽配信	1,023 (14.27%増)	1,165 (13.87%増)
③	有料動画配信	4,359 (14.98%増)	4,717 (8.20%増)
④	オンラインゲーム	13,097 (▲18.79%)	12,626 (▲3.60%)
⑤	その他	1,242 (6.00%増)	1,316 (6.00%増)
	合計	25,974 (▲6.10%)	26,506 (2.05%増)

　デジタル系分野で最もBtoC-ECの市場規模が大きいのは、オンラインゲームで1兆2,626億円であったが、前年比マイナス3.6%と、減少という結果であった。以下、電子出版（6,683億円）、有料動画配信（4,717億円）、有料音楽配信（1,165億円）の順に続いている。

4.5.2 電子出版（電子書籍・電子雑誌）

　ここでいう電子出版とは、既に紙媒体として出版されている書籍の電子化に加え、始めからデジタルコンテンツで電子出版するものも含めた出版物を指す。スマートフォンやタブレットの普及を背景に、電子出版の市場規模は拡大傾向にある。2014年から2022年にかけて、1,276億円、1,771億円、2,151億円、2,587億円、2,783億円、3,355億円、4,569億円、5,676億円、6,253億円と拡大してきており、2023年の市場規模は6,683億円（前年比6.87％増）となり、前年に引き続き過去最高を更新した。

　2020年、2021年の本カテゴリーの市場規模は、新型コロナウイルス感染症拡大の影響による「巣ごもり消費」の対象として、概ね前年比プラス2割〜3割の大幅成長であった。一方、2022年は巣ごもり消費の一巡感により伸長率は前年までと比較すると鈍化するも、拡大した利用者層の消費行動が一定程度定着し、堅調な伸びとなり、2023年もその傾向は継続している。

　本市場の牽引役は引き続き電子コミックであり、電子書籍市場のうち電子コミックのシェアは9割[30]に達した。近年の電子コミック市場規模拡大の要因としては、新型コロナウイルス感染症拡大を契機とする巣ごもり需要を捉えた電子コミックの新規利用者の獲得、その後の利用者の定着や購入の継続、縦スクロールコミックを読める電子コミックアプリの普及による電子書籍ユーザーの拡大等が考えられる。他方、電子コミックを提供するサービス・アプリが多数リリースされており、飽和状態にあるとの指摘もある。他サービスと差別化できるサービスやコンテンツを持たない限り埋もれてしまいユーザーの獲得が難しくなってきているため、オリジナル作品などのコンテンツの強化により売上の拡大を目指す事業者も増えている。また、越境ECにより電子書籍コンテンツを海外向けに展開することで拡大を目指す事例や、電子書籍にNFTデジタルコンテンツを付与して販売し、付加価値を高めて販売単価増を目指す事例なども出てきている。

　電子雑誌においては、定額制会員の減少により市場規模が縮小しており、電子書籍市場に課題を残している。一部の週刊誌ではWeb版での雑誌閲覧を可能にすることで広告費を得るというビジネスモデルも出てきており、Web版雑誌を通じた電子雑誌市場におけるビジネスモデルの多様化が進んでいる。

　2021年1月に改正著作権法が施行されたことにより海賊版問題の対策がなされているが、2023年においても海賊版による被害は依然として存在している。一般社団法人ABJの調査によると、2023年の1年間に漫画などの出版物が海賊版サイトによって「ただ読み」された金額[31]は、紙の本に換算して約3,818億円に上っている。2022年の約5,069億円からは約25％減であった。2021年から2022年にかけてアクセス数を多く集めていた海賊版サイトが閉鎖されたことにより、2021年の約1兆19億円をピークに2022年以降は縮小傾向にある。しかし、新たな海賊版サイトの開設が後を絶たず、手口も悪質化してきており、海賊版問題の被害を抑えきれていない状況である。今まで漫画を読まなかった層を取り込んできた電子コミックサービスは、「手軽に漫画を読みたい」との動機で利用されている場合も多く、結果的にこうしたユーザーが海賊版サイトに流出している傾向も確認され、特に大きな被害を受けている模様である。

---

[30]　公益社団法人全国出版協会・出版科学研究所「季刊出版指標2024年冬号」
[31]　ABJによれば、「ただ読みされた金額」とは、推計されたアクセス数と単行本販売価格などから推計された数値である。

4.5.3 有料動画配信

2023年の有料動画配信の市場規模は4,717億円（前年比8.2％増）となった。有料動画配信には、定額制による視聴サービスであるSVOD（Subscription Video On-Demand）、都度課金制のTVOD（Transaction Video On-Demand）、ダウンロード型視聴サービスのEST（Electronical Sell Through）の3つの視聴形態がある。SVODは定額型見放題サービス、いわゆるサブスクリプションであり、TVODは都度課金のレンタルサービス、ESTはデジタルデータでの購入を意味している。支払額が固定されているSVODは追加請求を心配することなく利用できるスタイルが近年人気を呼んでおり、TVODやESTと比べると利用率が高くなっている[32]。

2020年、2021年の有料動画配信サービス市場は新型コロナウイルスの感染症拡大に伴う巣ごもり消費の対象として大きく底上げされていた。2022年は需要の一巡感もあり伸び率は鈍化し、2023年も前年と似通った動きであった。消費者行動として有料動画配信が定着し、市場規模の拡大に寄与しているものと考えられる。2023年においては、Amazonプライムで野球のワールドベースボールクラシック（WBC）が生中継され、新規加入者やコネクテッドTV端末の販売が大きく増えた。消費者の間で動画配信の認知はさらに進み、利用者の裾野が広がっている。

そのような中、有料動画配信サービスの提供事業者数が増加しており、競争の激化を指摘する声もある。各社では多額の資金を投資してオリジナルコンテンツを制作したり、独占配信コンテンツの獲得を拡充したり、あるいは多様なジャンルの作品を網羅的に取り揃えるなどの戦略により利用者の拡大を目指している。一方で、コンテンツの獲得・制作に係る費用負担が課題となっており、一部事業者ではSVODの利用料金を値上げしたり、SVODプランのみを提供していた事業者が広告付きプランを提供したりと収益性を高めるための施策を実施する事例が見られている。最近では、ディズニープラスとHuluがセットプランを導入するという協力体制も注目される。また、従来は映画作品を有料動画配信サービスで扱う場合、映画の興行収入への配慮から、劇場公開のタイミングから一定程度期間を空けて有料動画配信サービスでの配信開始となるのが一般的であったが、コロナ禍で有料動画配信での需要を取り込むため、劇場公開からほとんど期間を設けずに有料動画配信サービスでの配信を開始するケースが広がった。しかし配給会社によってはその期間を設け直す（45日以上など）動きもあり、有料動画配信サービス各社とコンテンツプロバイダーの動向には、今後とも注目が必要である。

---

[32] 映像メディア総合研究所「映像メディアユーザー実態調査2023」

4.5.4 有料音楽配信

2023年の有料音楽配信市場は1,165億円（前年比13.87%増）となった。有料動画配信と同様に、有料音楽配信でも、月額等一定期間の定額制で好きなだけ音楽を楽しむことができるPC・スマートフォン向けのサブスクリプション型配信サービスが市場拡大に寄与し、継続的な成長につながっている。日本レコード協会が発表する2023年の年間音楽配信売上実績によると、サブスクリプションと広告収入を合わせたストリーミングの売上が音楽配信全体売上の9割を超えた。

有料音楽配信の市場規模は、調査開始以降、2022年に初めて1,000億円を突破し、2023年には最高額を更新した。2020年や2021年においては電子出版や有料動画配信サービス市場と比べると新型コロナウイルス感染症拡大を契機に大幅に拡大した動きではなかったが、サブスクリプション型配信サービスの利用者の伸びと共に市場規模は堅調に推移している。

利用者の新たなライフスタイルの定着により、音楽配信サービスを利用しながら仕事をするという新しい利用シーンも出現している。また、R&B等の落ち着いた音楽の利用が増加しているとの意見や、2023年にはポップスや古い曲が復刻して再脚光を浴びるケースも注目され、過去に比べると視聴される楽曲のジャンルに広がりが出てきたと言えそうである。

本カテゴリーに影響を与えている事項として電子書籍市場と同様、海賊版問題が挙げられる。違法音楽アプリにより無料で海賊版の音楽視聴が可能となり、その利用が広がってきていたことから、かねてより市場成長を阻害する要因として問題視されていた。

そうした中、行われた改正著作権法施行（2020年10月）により、違法音楽アプリの利用抑制に一定の効果があらわれている模様である。日本レコード協会の調査[33]によると、違法音楽アプリの利用者数の2021年10月以降の推計値は前年同時期と比較して約4割減少している。リーチサイト[34]の利用者数についても前年同時期と比較して約3割の減少が見られた。一方で、先述の違法音楽アプリの規制を強化する改正著作権法の認知状況は、施行1年以上が経過した2021年11月における日本レコード協会の調査によると、前年同時期の調査と比較してほぼ横ばい（46.4%）となっている。また、リーチサイトの規制強化を目的とした改正著作権法に関する認知状況は24.4%と違法音楽アプリの規制を強化する同法の認知状況を下回る結果であった。2023年も以前と比較して違法音楽アプリ等の利用者数が減少しているとの声もあり、改正著作権法の認知度が高まることによる更なる被害抑制効果が今後も期待されている。

---

[33] 日本レコード協会「違法音楽アプリ及びリーチサイトに関する利用実態調査」（2022年2月）
[34] 日本レコード協会によると、リーチサイトとは「他のウェブサイトにアップロードされたコンテンツ（音楽・雑誌・漫画等）へのリンク情報等を提供し、利用者を誘導するためのウェブサイト」のこと。

4.5.5　オンラインゲーム

　デジタル系分野における最も大きな市場はオンラインゲームである。2023年の市場規模は1兆2,626億円と推定され、前年比マイナス3.60%と2022年（1兆3,097億円、前年比18.79%減）に続き減少となった。市場規模拡大に一服感はあるものの、2023年においてもオンラインゲーム市場はデジタル系分野全体の約半数を占めており、依然として大きな市場であると言える。

　2020年、2021年と新型コロナウイルス感染症拡大による巣ごもり需要の対象として市場規模が大きく拡大したが、2022年は一転して縮小し、続く2023年も微減となった。2022年以降は、外出機会の増加や余暇の選択肢が増えたことから、長時間ゲームをプレーする課金ユーザーの減少やインフレによる可処分所得の減少等が影響し、市場規模縮小につながっていると推察される。

　2023年は市場規模が縮小した本カテゴリーであるが、今後の市場拡大に影響を与え得る分野として、コンピューターゲームの対戦協議「eスポーツ」[35]が挙げられる。日本におけるeスポーツ市場は新型コロナウイルス感染症拡大下においてもオンライン開催の定着によって堅調に推移し、2022年は徐々に増加してきたオフライン開催との相乗効果も相まって大きく成長した。今後も年平均20%を超える成長率で拡大し、2025年には約218億円の規模まで成長することが見込まれている[36]。eスポーツの市場規模はオンラインゲーム市場全体と比較すると大きいとは言えないが、オンラインゲームの認知度向上、利用者の裾野拡大に繋がる可能性のある領域として期待が寄せられている。

---

[35]　「eスポーツ(esports)」とは、「エレクトロニック・スポーツ」の略で、広義には、電子機器を用いて行う娯楽、競技、スポーツ全般を指す言葉であり、コンピューターゲーム、ビデオゲームを使った対戦をスポーツ競技として捉える際の名称。（一般社団法人日本eスポーツ連合ウェブサイト）

[36]　角川アスキー総合研究所「日本eスポーツ白書2023」

第5章　国内CtoC-ECの市場実態

5.1　国内CtoC-EC市場の状況

5.1.1　推計対象分野

　本調査では、国内CtoC-EC市場として、フリマアプリ[37]とネットオークションを取り上げる。フリマアプリが登場したのは2012年頃であるが、市場規模が急激に膨らんでいる。フリマアプリ市場は、①総合プラットフォーム事業者、②アニメ、本、ブランド品、チケット、家電といった特定カテゴリー、③ハンドメイドマーケットの3つに分類される。①、②はリユース、即ちモノの二次流通を基本とするが、③は作家によるハンドメイド商品の販売であり、二次流通ではない。海外を見るとハンドメイド商品の取引が盛んであり、我が国においても今後同市場が拡大する可能性がある。一方のネットオークションについては、我が国でサービスが開始されて約20年が経過している。

5.1.2　CtoC-EC市場規模の推計

　本調査において、2023年のCtoC-ECの市場規模を、統計情報、関連企業へのヒアリング等各種情報リソースに基づいて推計したところ、2兆4,817億円（前年比5.0%増）となった。ただし、CtoC取引は個人間に留まるものではなく、実際にはBtoB、BtoCの取引も含まれていることには留意が必要であり、本市場規模はそれらも含む数値である。市場規模の拡大には、主にフリマアプリ市場の成長が貢献している。

図表5-1：CtoC-EC推定市場規模

	2022年	2023年	伸び率
CtoC-EC	2兆3,630億円	2兆4,817億円	5.0%

---

[37] 本調査ではスマートフォン向けだけでなくPC向け（フリマサイト）も含めている。

5.2　国内CtoC-EC市場トピック

5.2.1　国内リユース市場概観

　CtoC-EC市場を広く捉えると、中古品売買を行うリユース市場の一形態と見ることもできる。リユース市場にはフリマアプリやネットオークションなどのCtoC-EC市場や、BtoC中古品売買市場（実店舗及びEC）等が含まれる。リユース業界の市場規模（EC、実店舗含む）は2023年に3.05兆円、2030年には4兆円に達すると予測されている。昨今のSDGs（持続可能な開発目標）達成に向けた施策展開など、社会課題の解決に向けた意識の高まりも背景に、リユース利用人口は今後も拡大していくと見られている[38]。

　2020年の新型コロナウイルス感染症拡大を契機として、外出自粛や在宅勤務が広がり、家の中の整理に伴う出品等が増加した一方、実店舗の需要が減退し2022年以降、国内リユース市場の市場規模における前年比伸び率は緩やかとなった。2022年から2023年にかけては、消費者の外出機会の増加から店舗需要が回復したことに加え、2022年10月の入国規制緩和を契機に外国人利用客も増加し、市場規模拡大につながった。特に実店舗で商品を確認するニーズが高い中古ブランド品は、消費者の実店舗回帰と共に需要が拡大しており、結果としてリユース市場全体の顧客単価が上昇したと見られている。また2023年は、物価高や環境意識の高まりによりリユース品が見直されたこと、Z世代を中心にリユース品の購入に対する抵抗感が薄れていること、加えてリセールバリュー（再販価値）を意識した購買行動が増えたことなどの複数の要因から、リユース市場が活気づいた。

5.2.2　国内CtoC-EC市場概観

　5.1.2に記載の通り、2023年のCtoC-EC市場規模は2兆4,817億円で、前年比5.0％増となった。2020年、2021年は新型コロナウイルスの感染症拡大の影響によりCtoC-ECの利用者が拡大し市場規模が増加したが、2022年には消費者の実店舗回帰もあって需要が一服したが、2023年も同様の状況が続き、比較的緩やかな伸びとなった。

　商品カテゴリーの売れ筋については、新型コロナウイルス感染症拡大により、消費者の在宅時間が増え、インドアで楽しむエンタメ・ホビー用品が増加した様子が見られた。2023年においては、2022年に引き続き消費者の外出機会が増加したものの、前年と比べて売れ筋の傾向自体に大きな変化はなかった模様である（図表5-2参照）。

---

[38]　リサイクル通信「リユース市場データブック2023」

図表5-2：カテゴリー別構成比（金額ベース、メルカリ）

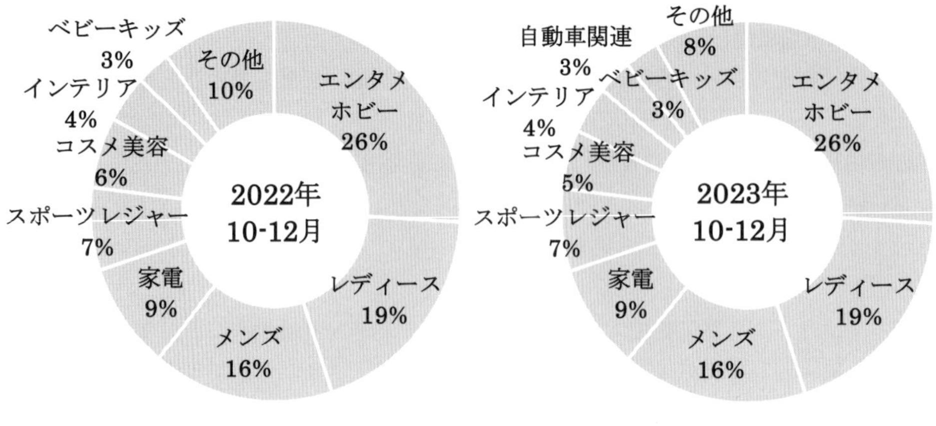

2022年 10-12月
- エンタメホビー 26%
- レディース 19%
- メンズ 16%
- 家電 9%
- スポーツレジャー 7%
- コスメ美容 6%
- インテリア 4%
- ベビーキッズ 3%
- その他 10%

2023年 10-12月
- エンタメホビー 26%
- レディース 19%
- メンズ 16%
- 家電 9%
- スポーツレジャー 7%
- コスメ美容 5%
- インテリア 4%
- ベビーキッズ 3%
- 自動車関連 3%
- その他 8%

出所：株式会社メルカリ　決算資料

5.2.3　CtoC市場とリユース市場の関係性

　昨今のCtoC市場の興隆が、リユース市場の中のBtoC市場に与える影響を懸念する声も聞かれるが、リユースの中のCtoC市場とBtoC市場はそれぞれ異なる価値を提供して共存していくと見る向きもある。例えば、CtoC市場はECが主体で、特にスマートフォンをベースとしているため、手軽に売買を行うといったことに利便性を見出す利用者が多い。一方で、BtoC市場、特にブランド物を取り扱う中古売買市場では、商品の価格が比較的高額となるため、より商品査定の厳格さを重要と考える利用者が多いと考えられる。また、ITリテラシーの高くない利用者にとっては、店舗に行って商品を実際に手に取って売買を行うことに価値を置く場合もあるだろう。リユース市場におけるCtoC市場とBtoC市場といった形態は、対象となる利用者層や売買を行う商品により、異なるニーズを満たし、共存していくことが想定される。

5.2.4　一次流通と二次流通の関係性

　二次流通市場は、一次流通によって製造・販売された製品が消費者の手で流入されることによって市場が形成されるため、一次流通の事業者の存在なくして二次流通の市場の形成は不可能である。一方で、一次流通の事業者の目には、二次流通市場は自社の領域を侵食する敵対関係にある存在のように見られることもある。しかしながら、二次流通を入口にブランドの認知が広まることで、新品が欲しいとの消費者願望が醸成され、やがて一次流通側がその恩恵を受けるというシナリオも考えられる。

　また、若年層を中心に残存価値や中古市場での需要を考慮して新品の商品を購入するといった購買行動が広がっているという見方もあり、売ることを前提として新品を購入するために、今までは購入されなかった新品への需要を創出していると見ることもできる。

最近では、二次流通事業者と一次流通事業者が相互に保有するデータを連携する動きが見られる。例えば二次流通事業者が保有する利用者の行動データを個人情報に配慮した上で一次流通事業者に連携し、一次流通事業者側では中古市場で売ることを前提とした消費者の購買行動に対応した値付けや販売戦略立案に生かすといった事例がある。二次流通事業者側でも、一次流通事業者が保有する商品カタログデータ等を入手することで、利用者が出品する際の商品情報入力を省き、出品を促進させるといった動きを推進しているケースがある。また大手百貨店が二次流通事業者と組んで不用品の買い取りや引き取りサービスを手掛ける例も増加している。一次流通事業者と二次流通事業者の連携は普及し始めており、両者が相互補完の関係を築き、双方の市場規模が拡大していくことが期待されている。

5.2.5 安心・安全な取引環境を整備するための取組

CtoC-ECでは、時に偽ブランドや不適切な出品が社会的に話題となることがあるが、CtoC-ECのプラットフォーム事業者は安心・安全、健全な取引環境を提供すべく、未然に不正出品を徹底的に防止する取組を継続的に進めている。

具体的な対策は大きく2つの領域に分類できる。1つは不正出品の監視機能である。万一そのような商品が出品された場合、買い手が商品に接触することのないよう監視によってそれを特定し事前に排除する。この監視機能は人海戦術による監視と、ITを駆使した自動監視に分類される。人間の目検による商品の監視は可能だが、出品数が多くなればなるほど投入すべき人数も比例して多くならざるを得ないため、人手のみに依存する監視は限界がある。そこで、ITを駆使して自社のプラットフォーム上に出品されている商品を自動監視する仕組みが併用されている。

今一つは、外部機関との連携による不正出品の抑制対策がある。例えばCtoC-ECの大手プラットフォーム事業者が加盟する「インターネット知的財産権侵害品流通防止協議会（通称：CIPP）」では、プラットフォーム事業者間の情報交換や権利侵害商品の抑止対策の検討、ガイドラインの策定などに取り組んでいる。

以上のような取組以外にも、プラットフォーム事業者自身の強化策として、出品基準やルールの厳格化などは適切に行われているものと推測される。不正出品はたとえ一つでもあってはならないため、このような取組をもって一層安心・安全な取引環境の整備・維持が図られることが期待される。

図表5-3：CtoC-ECの安全性を成立させるための対策

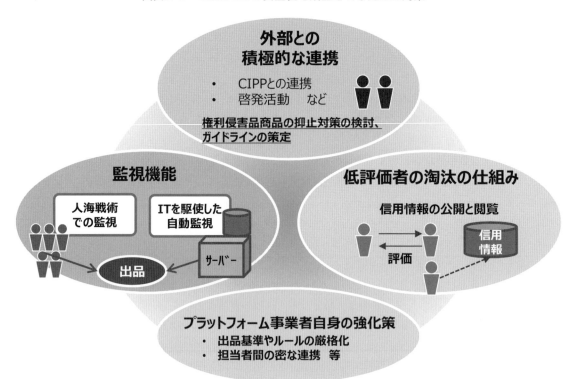

また、2022年5月に「取引デジタルプラットフォームを利用する消費者の利益の保護に関する法律」が施行された。同法の制定に先立って、2019年12月に消費者庁に設置された「デジタルプラットフォーム企業が介在する消費者取引における環境整備等に関する検討会」により、2021年1月25日付「デジタルプラットフォーム企業が介在する消費者取引における環境整備等に関する検討会報告書」が公表された。同報告書では、違法な製品や事故のおそれのある商品等に関わる取引による重大な消費者保護被害の防止や、一定の事案における取引の相手方の連絡先の開示を通じた紛争解決・被害回復のための基盤の確保、デジタルプラットフォーム企業の自主的な取組の促進と取組状況の開示を促すようなインセンティブ設計等といった課題に対処する施策を新法に盛り込むことが示されていた。

同報告書を基に制定された同法では、取引デジタルプラットフォームにおける消費者利益の保護を図るため、取引デジタルプラットフォーム提供者の努力義務、内閣総理大臣による商品等の出品の停止要請、消費者による販売業者に係る情報の開示請求権等が定められている。なお、同法においてはBtoC取引のみが対象とされており、CtoC取引は対象としていないが、個人を装って法人事業者が取引を行っているケースも存在する。2022年6月22日、「特定商取引に関する法律等の施行について」が通達され[39]、併せて「インターネット・オークションにおける「販売業者」に係るガイドライン」が公表され[40]、インターネット・オークションを通じて販売を行っている場合であっても、営利の意思を持って反復継続して販売を行う場合は、法人・個人を問わず事業者に該当し、特定商取引法の規制対象となることが明確にされた。

　そのほか、CtoC取引において紛争が発生した場合の解決手段としてODR（オンライン紛争解決）の普及が期待されている[41]。CtoC取引では金額が少額のものも多く、従来の裁判手続き等は時間的・経済的コストの観点から選択しづらい紛争解決手段と考えられ、その結果、場合によってはユーザー間の不適切な交渉を通じて不適切な解決が図られているケースも少なくない。この点、プラットフォーム事業者が当事者間の紛争解決に介入できれば一定程度、適切な解決が図られると思われるが、取引契約が消費者間で行われる場合（当該契約にプラットフォーム事業者が当事者として関与しない場合）、プラットフォーム事業者は弁護士法上、当事者間の紛争に介入できない。そこで、時間的コストや経済コスト等を節約しながら紛争解決を図れるODRの普及が期待されている。しかし弁護士法上の課題をはじめ、事業者が安心してODRを普及・推進させていくための課題も存在している。今後、ODRがCtoC取引に広く普及すれば、トラブルを懸念する消費者の市場参入を促すことにつながり、さらなる市場興隆が期待される。

---

[39] 消費者庁ウェブサイト特定商取引法通達（令和4年6月22日付）
[40] 消費者庁ウェブサイト特定商取引法ガイドラインなど（令和4年6月22日付）「別添1インターネット・オークションにおける「販売業者」に係るガイドライン」
https://www.caa.go.jp/policies/policy/consumer_transaction/specified_commercial_transactions/assets/consumer_transaction_cms202_220622_01.pdf
[41] 一般社団法人シェアリングエコノミー協会デジタルプラットフォームにおけるODR推進研究会「シェアリングエコノミー領域におけるODR（オンライン紛争解決）の推進に向けた論点整理」（2023年2月3日）

通信販売年鑑
2025年版

2025年4月10日　初版発行	定価　38,000円
	（本体　34,546円）

発行人　　國重　琢己

発行所　　宏文出版株式会社

〒113-0033　東京都文京区本郷2－14－3
　　　　　　入山ビル 3F
　　電話：03-3815-7525(代)　FAX：03-3815-7183

編　集　　株式会社通販新聞社

〒113-0033　東京都文京区本郷2－11－6
　　　　　　谷口ビル 4F
　　電話：03-3815-7635　FAX：03-3815-7196

ISBN978-4-906546-61-9 C2502 ¥34546E
©2025　Printed in Japan
落丁・乱丁本はお取り替えいたします。
無断転載を禁ず